MEYERS
GROSSES
TASCHEN-
LEXIKON
Band 13

Meyers Grosses Taschen-Lexikon

in 24 Bänden

Herausgegeben und bearbeitet von
Meyers Lexikonredaktion
2., neu bearbeitete Auflage

Band 13:
Lat – Mand

B.I.-Taschenbuchverlag
Mannheim/Wien/Zürich

Chefredaktion:
Werner Digel und Gerhard Kwiatkowski

Redaktionelle Leitung der 2. Auflage:
Klaus Thome

Redaktion:
Eberhard Anger M. A., Dipl.-Geogr. Ellen Astor,
Dipl.-Math. Hermann Engesser, Reinhard Fresow, Ines Groh,
Bernd Hartmann, Jutta Hassemer-Jersch, Waltrud Heinemann,
Heinrich Kordecki M. A., Ellen Kromphardt, Wolf Kugler,
Klaus M. Lange, Dipl.-Biol. Franziska Liebisch, Mathias Münter,
Dr. Rudolf Ohlig, Ingo Platz, Joachim Pöhls, Dr. Erika Retzlaff,
Hans-Peter Scherer, Ulrike Schollmeier, Elmar Schreck,
Kurt Dieter Solf, Jutta Wedemeyer, Dr. Hans Wißmann,
Dr. Hans-Werner Wittenberg

CIP-Kurztitelaufnahme der Deutschen Bibliothek

Meyers Großes Taschenlexikon: in 24 Bd./hrsg. u. bearb. von
Meyers Lexikonred. [Chefred.: Werner Digel u. Gerhard
Kwiatkowski]. – Mannheim; Wien; Zürich: BI-Taschenbuchverlag
ISBN 3-411-02900-5
NE: Digel, Werner [Red.]
Bd. 13. Lat–Mand. – 2., neubearb. Aufl. – 1987
ISBN 3-411-02913-7

Lat

Lat, Al (Allat), Name einer weibl. altarab. Gottheit, deren Kult als „Tochter Allahs" von Mohammed bekämpft wurde.

Latacunga, Hauptstadt der zentralecuadorian. Prov. Cotopaxi, am Río Patate, 2 800 m ü. d. M., 56 000 E. Kath. Bischofssitz; Papierfabrik, Mineralwasserabfüllung, Herstellung von Tonwaren und Textilien, ✶. - Mehrfach Erdbebenschäden. - 1534 gegr.

La Taille, Jean de [frz. la'taj], * Bondaroy (Loiret) zw. 1533 und 1540, † zw. 1607 und 1617, frz. Dichter. - Nahm als Hugenotte an den Hugenottenkriegen teil; Vertreter des frz. Renaissancedramas; schrieb auch Komödien, Gedichte, Satiren und Traktate.

Latakia, schwarz geräucherter Orientwürztabak aus dem Einzugsgebiet der syr. Stadt Al Ladhakijja; vorwiegend in engl. Pfeifentabakmischungen.

Lätare [lat. „freue dich!"] (Mittfasten), der vierte Sonntag der österl. Bußzeit, ben. nach dem Introitusbeginn der Tagesmesse. In Rom weihte zu L. der Papst eine ↑ Goldene Rose (bis 1967; daher in kath. Gegenden auch Bez. Rosensonntag). In vielen Ländern waren mit L. zahlr. Frühlingsbräuche verbunden. Heute noch übl. ist die Feier des **Sommertags,** an dem in manchen Gegenden S-Hessens, Rheinhessens, der Pfalz und des Odenwalds (ebenso wie früher in Schlesien und N-Böhmen) Brauchspiele und **Sommertagsumzüge** stattfinden, die den Sieg des Sommers über den Winter zum Thema haben und damit den Frühlingsbeginn markieren.

Lateef, Yusef [engl. læ'ti:f], eigtl. William Evens, * Chattanooga (Tenn.) 1921, amerikan. Jazzmusiker (Flöte, Tenorsaxophon, Oboe, Komposition). - Gründete 1955 seine eigene Band; spielte seit 1960 in New York, 1960/61 mit C. Mingus, 1962/63 mit J. Adderley; danach mit eigener Gruppe auf Tournee durch die USA, Europa und Japan; auch erfolgreicher Musikpädagoge.

Latein (Lingua latina), die zum italischen Zweig der indogerman. Sprachen gehörende Sprache der Stadt Rom und ihrer allernächsten Umgebung, die sich mit der Ausdehnung der polit. Macht Roms schon früh über Latium, dann allmähl. über ganz Italien und weite Teile W-Europas und des Mittelmeergebietes als eine Weltsprache im Röm. Weltreich ausgebreitet hat; sie war bis etwa ins 19. Jh. die geläufige abendländ. Gelehrten-

sprache und wird als liturg. Sprache (Kirchenlatein) noch heute benutzt. Infolge der überlegenen polit. Macht des Zentrums Rom ist das L. eine Sprache ohne ausgeprägte lokale Dialekte, also in ihrer geschriebenen Form eine Standardsprache.

Geschichte: Die älteste Epoche (bis zur Mitte des 3. Jh. v. Chr.) ist nur durch Namen, einzelne Wörter und spätere Zitate sowie wenige, nicht genau datierbare Inschriften bekannt; sie zeigen einen archaischen Sprachzustand (z. B. noch keine Vokalschwächungen in unbetonten Silben). Die tiefgreifenden (v. a. lautl.) Veränderungen zwischen dem 5. und 2. Jh. v. Chr. haben das Aussehen der Sprache vollständig gewandelt (z. B. Monophthongierung von *ei* zu *ī*, von *oi* und *eu/ou* zu *ū*, Rhotazismus von intervokal. *s*) und verleihen den zahlr. literar. Zeugnissen (Q. Ennius, T. M. Plautus, Terenz) der **altlatein. Periode** (bis etwa 100 v. Chr.) ihre sprachwiss. Bedeutung. In dieser Zeit wurde der Wortschatz durch Übernehmen aus der Sprache der unterworfenen Nachbarvölker stark erweitert (z. B. *lupus* „Wolf", *lacrima* „Träne"). Ebenso fällt in diese Zeit die Ausbildung einer Schrift- und Dichtersprache nach griech. Vorbild und unter dem Einfluß der griech. Städte Unteritaliens; auch sie waren eine Quelle für die Erweiterung des lat. Wortschatzes v. a. durch Lehnwörter und -übersetzungen.

Im 1. Jh. v. Chr. erreicht die Schriftsprache ihre letzte Präzisierung und für alle Zukunft verbindl. Normierung durch die Prosaschriftsteller der sog. **goldenen Latinität,** Cicero und Cäsar. - Kodifizierung der grammat. Regeln, klar-eleganter Periodenbau mit strengen syntakt. Regeln und Purismus im Wortschatz sind die Hauptmerkmale des L. der **klass. Zeit.** Der Wortakzent hob die vorletzte Silbe, wenn sie lang war, sonst die drittletzte hervor; der Quantität des Vokals kam also wesentl. Bed. zu (v. a. in der Metrik). In der Nominalflexion wurden sechs Kasus unterschieden; von Grund auf umgestaltet (Verschmelzung von Aorist und Perfekt, Konjunktiv und Optativ usw.) war das aus indogerman. Zeit ererbte Verbalsystem, das nicht mehr den Aspekt bezeichnete, sondern die Zeitverhältnisse, z. T. durch neugeschaffene Tempora wie Plusquamperfekt und Futurum exaktum. - In der Periode der **silbernen Latinität** (etwa 14–117 n. Chr.) macht sich ein Vordringen von

Lateinamerika

Provinzialismen und Vulgarismen, andererseits aber auch von Gräzismen und Archaismen bemerkbar. Typ. ist die von der Rhetorik aus vorgedrungene Effekthascherei mancher Autoren (z. B. Tacitus). Manche dieser Tendenzen sind verstärkt zu beobachten in der folgenden **archaisierenden Periode** (2. Jh. n. Chr.), bevor dann trotz der Nachahmung der klass. Vorbilder der Verfall der klass. Standardsprache im 3. Jh. verstärkt einsetzt (**Spätzeit**) und der Einfluß der gesprochenen Volkssprache, vornehml. bei christl. Autoren, immer stärker wird (z. B. bei Bibelübersetzungen und Augustinus).

Neben der normierten Schriftsprache gab es von Anfang an das im alltägl. Gebrauch gesprochene L. (**Vulgärlatein**), das sich ständig wandelte. Daß diese Volkssprache nicht einheitl., sondern nach Gesellschaftsklassen, Bildungsstand usw. verschieden ist, zeigen die Briefe Ciceros und seiner Briefpartner deutl.; Charakterist. für den *„sermo plebeius"* (den Soziolekt der Plebejer) sind v. a. ellipt. Konstruktionen und zahlreiche Verkleinerungsformen. Das gesprochene L. entfernte sich in **nachklass. Zeit** immer stärker von der normierten Schriftsprache: in Aussprache und Lautstand (z. B. ['tsitsero:] für ['kikero:] „Cicero"; Vokalschwund in unbetonten Silben) im Wortschatz, in der Syntax (z. B. Reduktion der Flexionskasus und Ersatz von Genitiv, Dativ, Ablativ durch Präpositionalgefüge).

Während des Altertums war das L. zugleich auch die über das ganze Röm. Reich verbreitete Amts- und Verwaltungssprache. Aus diesen verschiedenen lat. Umgangssprachen, die neben der normierten Schriftsprache bestanden, entwickelten sich die roman. Sprachen, indem sie sich immer mehr verselbständigten, bis sie schließl. als gänzlich davon geschiedene Sprachen angesehen wurden. Neben diesen bestand aber auch die lat. Sprache noch als Verkehrs-, Literatur-, Unterrichts- und Gelehrtensprache und v. a. als die Sprache der kath. Kirche fort.

Das **Mittellatein** (ungefähr zw. 500 und 1500) überwand als Sprache der Geistlichkeit und der durch sie Ausgebildeten alle nat. Grenzen; gerade in der Zeit der sich entfaltenden german. und roman. Volkssprachen war es eine Intellektuelle aller Grade verbindende Gemeinsprache. Es ist einerseits die am Vorbild der klass. Latinität entwickelte Literatursprache, andererseits ist es für Formen und Begriffe der german. und roman. Volkssprachen stets empfängl., wie sich an der Sprache der Privaturkunden, aber auch der Literatur zeigt. Im Bereich der Morphologie setzen sich Tendenzen fort, die bereits im vulgären und späten L. angelegt waren, während der Wortschatz von innersprachl. Neubildungen und volkssprachl. Entlehnungen gekennzeichnet ist.

Nach einer längeren Übergangsperiode (von der Polemik F. Petrarcas gegen das Mittel-L.,. Mitte des 14. Jh., bis zum Erscheinen der „Epistolae obscurorum virorum", 1515 bzw. 1517) wurde das ma. L. vom sog. **Neulatein** verdrängt, für das allein die Sprache Ciceros vorbildhaft sein sollte. Der humanist. Streit zw. Ciceroniani und Anticiceroniani war erst gegen Ende des 17. Jh. ausgetragen. Sprachl. kennzeichnen das Neu-L. neben der übertriebenen Anlehnung an klass. Muster die Bildung von Diminutivableitungen und Neologismen sowie die Beimischung von volkssprachl. Ausdrücken. Der Humanismus erreichte zwar eine Vervollkommnung der lat. Sprachfertigkeit, beraubte die Sprache jedoch weitgehend ihres literar.-lebendigen Aspekts und verwandelte sie in eine nicht weiter entwicklungsfähige Kunstsprache.

☐ *Eisenhut, W.: Die lat. Sprache. Mchn.* [5]*1985. - Lindsay, W. M.: Die lat. Sprache. Hildesheim Nachdr. 1984. - Marouzeau, J.: Einf. ins L. Dt. Übers. Zürich u. a. 1966. - Palmer L. R.: The Latin language. London* [3]*1961.*

Lateinamerika [so ben. wegen der lat. Basis der mittel- und südamerikan. Verkehrssprachen] (Iberoamerika), die Gesamtheit der Span. und Portugies. (Brasilian.) sprechenden Länder Mittel- und Südamerikas einschließl. Mexiko.

Lateinamerikanische Freihandelszone (engl. Latin American Free Trade Association [Abk. LAFTA], span. Asociación Latinoamericana de Libre Comercio [ALALC]), Zusammenschluß lateinamerikan. Staaten zur Errichtung einer Freihandelszone. Die Gründung wurde 1960 in Montevideo beschlossen, die Organisation arbeitet seit 1962, nachdem der Vertrag am 1. Juli 1961 formelle Wirksamkeit erlangt hatte. Mitglieder: Argentinien, Bolivien, Brasilien, Chile, Ecuador, Kolumbien, Mexiko, Paraguay, Peru, Uruguay, Venezuela. Nicht erreichtes Ziel war der Abbau von Handelshemmnissen (Kontingenten, Zöllen) zw. den Mitgliedsländern. Die L. F. wurde 1980 durch die seit 1. Jan. 1981 arbeitende **Lateinamerikan. Integrationsvereinigung** (span. **Asociación Latinoamericana de Integración** [Abk. **ALADI**]) abgelöst, die mit denselben Mitgliedern lediglich die Handelsabkommen zw. einzelnen Mitgliedsländern überwachen und anerkennen soll.

lateinamerikanische Kunst, die Kunst in den Span. und Portugies. sprechenden Ländern Mittel- und Südamerikas seit der Kolonisierung durch Spanien und Portugal.

Jesuitenkirchen: Sie entstehen in allen Kolonien (nach direktem Vorbild von Il Gesù in Rom), u. a. in Quito in Ecuador (1605 ff.), in Arequipa in Peru (1698), in Buenos Aires in Argentinien (San Ignacio, 1712 ff.) sowie in Cuzco in Peru (1651–68), aber hier in einem Mischstil von italien. und span. Einflüssen.

Span. Kolonialkunst: Frühe Baudenkmäler sind u. a. die befestigten Kirchen der Bettelorden, z. B. die Dominikanerkirche in Tepoztlán (Mexiko, 1588). Die Kirchen der Barockzeit zeigen ein übersteigertes Streben nach Monumentalität. Der Haupttyp des span.-amerikan. Gotteshauses, das an einem großen freien Platz steht, ist ein einziges langgestrecktes Schiff mit einem kurzen Querschiff und seitl. Anbauten (u. a. Taufkapelle), meist einer zweitürmigen Fassade, über der Vierung eine Kuppel. Der üppige Dekor verdeckt die strukturellen Elemente außen wie bes. im Innern: hohe Retabeln, Fresken (auch Gemälde auf Leinwand), Azulejos, kräftig bemalte Stuckornamentik. Beispiele: in Peru: San Augustín in Lima (Fassade 1720), Kathedrale in Puno (1757, mit typ. indian. Dekor); in Mexiko: Santo Domingo (1575 ff., Rosenkranzkapelle 1650–90, Dekor 1725–31) in Oaxaca de Juárez, Kathedrale von Zacatecas (Fassade 1734–52), San Martin in Tepotzotlán (1670–82, Fassade 1760–62), Santa Prisca in Taxco de Alarcón (1751–59), Wallfahrtskirche Santuario de la Virgen Ocotlán bei Tlaxcala de Xicoténcatl (Fassade um 1745–60), Santa María von Tonantzintla (Mitte des 18. Jh.), Capillo del Pocito in Mexiko (1791), in Bolivien: San Francisco in La Paz (1743–84), Kathedrale von Potosí (1809–36), in Argentinien: die Kathedralen von Buenos Aires (1755–1823) und von Córdoba (1690–1758), in Guatemala: die Merced (um 1760) und der Carmen (1728) in Antigua Guatemala. **Portugies. Bereich:** Vom Baustil in Lissabon beeinflußt, zeigt die brasilian.-portugies. Kathedrale eine Tendenz zur Einfachheit und Geschlossenheit. Das rechteckige Schiff wird unterteilt, auch das Querschiff ist in das Bauwerk integriert und von außen nicht sichtbar, der [Rokoko]dekor beschränkt sich auf den Innenraum der Kirche. Bed. Bauten sind die Kathedrale von São Salvador (1657–72), die Klosterkirche São Bento in Rio de Janeiro (1633–1720), Nossa Senhora do Rosario (1753–85) sowie v. a. São Francisco de Asis (1766–94) und Nossa Senhora do Carmo (1770–95) in Ouro Prêto, Schöpfungen von A. F. ↑ Lisboa.

20. Jahrhundert: Nachdem die Unabhängigkeitskriege und die zahllosen Wirren eine eigtl. künstler. Tätigkeit nicht haben aufkommen lassen, erreicht die l. K. im 20. Jh. einen neuen hohen Stand. Brasilien wird führend in der internat. modernen Architektur (↑ brasilianische Kunst), auch in Mexiko hat die internat. moderne Architektur Fuß gefaßt; eine bes. Eigenart sind hier die monumentalen Wandmalereien mit revolutionärer Thematik (↑ auch mexikanische Kunst).

📕 *Bayon, D.: Lateinamerikan. Kunst der Gegenwart.* Bln. 1981. - *Altamerikan. Kulturen.* Hg. v. L. Séjourne. Dt. Übers. Ffm. 1978. - *Pianzola, M.: Brésil baroque.* Genf 1974. - *Kubler, G./Soria, M.: Art and architecture in Spain und Portugal and in their American dominions, 1500 to 1800.* Harmondsworth (Middlesex) [2] 1969.

Lateinamerikanische Kunst.
Wallfahrtskirche Santuario de la Virgen (begonnen 1691; Fassade um 1745–60) Ocotlán bei Tlaxcala de Xicoténcatl (links); São Francisco de Asis (1766–94). Ouro Prêto (rechts)

lateinamerikanische Literatur

lateinamerikanische Literatur, der geograph. Raum der l. L. umfaßt die von den Spaniern eroberten Gebiete Mittel- und Südamerikas, heute also die Literatur Argentiniens, Boliviens, Chiles, Ecuadors, Kolumbiens, Kubas, Mexikos, Paraguays, Perus, Uruguays und Venezuelas sowie das von den Portugiesen kolonisierte Brasilien (die einst oder noch von Frankr. und den Niederlanden abhängigen oder dem Commonwealth angehörenden Gebiete dieses Raums weisen eine zu unterschiedl. und wesentl. später einsetzende eigenständige Kulturentwicklung auf, um sie der l. L. zuzurechnen). Grundlage der l. L., deren bedeutendsten Werke von allen Völkern Lateinamerikas als Gemeinbesitz angesehen werden, sind gemeinsame histor. und kulturelle Traditionen, die weitgehend gemeinsame Sprache sowie große Gemeinsamkeiten in der Überwindung der Kolonialzeit und der Zurückdrängung des amerikan. Einflusses.

📖 *L. L. der Gegenwart in Einzeldarstellungen. Hg. v. W. Eitel. Stg. 1978. - Reichardt, D.: Lateinamerikan. Autoren. Lit.lex. u. Bibliogr. der dt. Übersetzungen. Tüb. u. Basel 1972. - Lorenz, G. W.: Die zeitgenöss. Lit. in Lateinamerika. Tüb. u. Basel 1971.*

lateinamerikanische Musik, umfaßt hauptsächl. die Musik der Span. und Portugies. sprechenden Länder Mittel- und Südamerikas. Mit der im 16. Jh. erfolgten Einwanderung von Europäern „lat." Kultur ergab sich eine Vorherrschaft der röm., d. h. kath. Musikkultur, die v. a. in ihren spätbarocken Ausprägungen wirksam wurde, über die in der sog. vorkolumb. Epoche durch die in den einzelnen Kulturen sehr unterschiedl. entwikkelte indian. Musik. Neben den importierten Werken waren es nicht zuletzt die Instrumente (z. B. Orgeln), die die bodenständige Musiktradition überwucherten. Bei fortdauernder Bindung an die europ. Entwicklung brachte erst das 19. Jh. eine (immer noch gemäßigte) Einbeziehung von Elementen aus der Tradition der indian. Urbevölkerung und der v. a. aus Westafrika stammenden schwarzen Bev. sowie das Hervortreten nat. Schulen. Seit den 20er Jahren des 20. Jh. bildete sich auf der Grundlage des lateinamerikan. Kolorits eine zur internat. Moderne zählende Musik aus. Herausragende Komponisten der l. M. sind: die Brasilianer H. Villa-Lobos, M. C. Guarnieri, die Argentinier J. C. Páz, M. Kagel, die Mexikaner C. Chávez und S. Revueltas.

📖 *Musikkulturen Lateinamerikas. Hg. v. R. Günther. Regensburg 1983. - Schreiner, C.: Musica Latina. Ffm. 1982.*

lateinamerikanische Tänze, allgemein Bez. für die im „Weltsportprogramm" des „Internat. Rates für Tanzsport" 1963 im Gegensatz zu den Standardtänzen festgelegten Tänze Rumba, Samba, Paso doble und Cha-Cha-Cha.

Lateinersegel, seit dem 8. Jh. im Mittelmeerraum und im Ind. Ozean verbreitetes, dreieckiges Segel, das an einer schräg nach oben weisenden Stenge unsymmetrisch am Mast befestigt ist.

lateinische Kirche, Bez. für die kath. Kirche, soweit sie die Liturgie in lat. Sprache feierte.

Lateinischer Münzbund (Lat. Münzunion; frz. Union monétaire latine [Union latine]), erster, auf Betreiben Napoleons III. unternommener Versuch zur Errichtung eines Weltwährungssytems, gegr. auf das frz. Geldsystem, d. h. auf Frankenwährung mit Dezimalteilung. Dem Pariser Vertrag vom 23. 12. 1865 zw. Frankr., Belgien, Italien und der Schweiz trat 1868 Griechenland bei, zahlr. andere Staaten übernahmen die Grundsätze ohne förml. Anschluß. Erlosch 1927, da die Inflation nach dem 1. Weltkrieg zu starker Differenzierung der beteiligten Währungen geführt hatte.

lateinische Schrift, das Alphabet der Römer, urspr. nur das von Latium, das sich mit der lat. Sprache über ganz Italien und die Westprovinzen des Röm. Reiches verbreitete und durch die Vermittlung des Christentums heute eine weltbeherrschende Stellung einnimmt. Bei der etwa im 7. Jh. v. Chr. erfolgten Übernahme aus der griech. Schrift, zurückgehend wahrscheinl. auf das griech. Alphabet von Cumae in Unteritalien, spielte die etruskische Schrift die Mittlerrolle. An die Stelle der semit.-griech. Buchstabennamen Alpha, Beta usw. (außer Jota, Ypsilon, Zeta) traten die bloßen Lautwertbezeichnungen wie *be, de, ef.* Auf den ältesten Inschriften in l. S., die noch linksläufig oder wechselnd rechts- und linksläufig geschrieben sind, ähneln die Buchstaben stark den griech. Vorbildern. Wie bei der griech. Schrift existierte auch bei der l. S. zunächst nur eine Majuskelschrift (v. a. auf Steininschriften); daraus ist beim Schreiben mit anderem Schreibgerät (Pinsel, Griffel) auf anderem Schriftträger (Papyrus, Pergament, Wachstafel) schon gegen Ende des 1. Jh. v. Chr. die kursive Minuskelschrift mit „Kleinbuchstaben" hervorgegangen.

Lateinisches Kaiserreich, nach der Besetzung Konstantinopels durch die Kreuzfahrer des 4. Kreuzzuges und die Venezianer (13. April 1204) gegr. Reich, das einen Teil Konstantinopels, Thrakien, NW-Kleinasien und einige ägäische Inseln umfaßte; bestand bis zur Rückeroberung Konstantinopels durch Kaiser Michael VIII. von Nizäa am 25. Juli 1261. - ↑auch Byzantinisches Reich.

lateinisches Kreuz ↑Kreuzformen.

Lateinschulen, i. e. S. Bez. der städt. Schulen v. a. seit dem 16. Jh. (Ratsschulen, später z. T. Gymnasien), außerdem waren alle ma. (Kloster- und Domschulen, Stiftsschulen) und die nachma. höheren Schulen bis ins 19. Jh. hinein L., sowohl die Landesschulen

(↑Fürstenschulen) wie die Jesuitenkollegien. Aus den lateinlosen höheren Bürgerschulen des 19. Jh. spalteten sich dann wieder L. (Rektoratsschulen) ab, die im allg. der Unterstufe der Gymnasien entsprachen.

La-Tène-Kultur [la'tɛːn], nach der seit Mitte des 19. Jh. bekannten Fundstelle La Tène am Neuenburger See ben. Kultur der jüngeren vorröm. Eisenzeit (5.–1. Jh.); während ihrer größten Ausdehnung im 3. und 2. Jh. von Britannien bis zur unteren Donau und von der Mittelgebirgszone bis N-Italien verbreitet. Ihre Träger waren kelt. Stämme. Kennzeichnend sind v. a. gemeinsame Züge in der Ornamentik und in den Schmuckformen (**La-Tène-Stil**), z. T. auch in der Keramik, ferner eiserne Waffen (bes. Schwerter- und Lanzenspitzen). Die stilist. Eigentümlichkeiten der La-T.-K. wurden wahrscheinl. an Fürstenhöfen im westl. Teil des Gebietes der Hallstattkultur geprägt. Die Sozial- und Wirtschaftsordnungen waren innerhalb des Bereichs der La-T.-K. nie ganz einheitlich. Größere stadtartige Siedlungen (als Handels- und Produktionszentren), vereinzelt schon in der Frühphase, bestimmen das Kulturbild in der Spätphase. Durch Übernahme mediterraner Techniken (z. B. in Glasverarbeitung, Metallurgie, Keramik) verdichten sich bes. im 1. Jh. v. Chr. die Kulturverbindungen zur späthellenist. Kultur. Vielgestaltige religiöse Vorstellungen und Rituale werden durch unterschiedl. Bestattungssitten und Kultstätten belegt. Die La-T.-K. wirkte als Vermittlerin hellenist. Kulturzüge auch auf ihre Nachbarkulturen, bes. im N. Auf den Brit. Inseln lebten Spätformen der La-T.-K. noch im 1. Jt. n. Chr. weiter. Die Einteilung der **La-Tène-Zeit** in die Hauptphasen der älteren (A und B, 5.– 3. Jh.), mittleren (C, 3./2. Jh.) und späten (D, 1. Jh.) La-Tène-Zeit erfolgte v. a. auf Grund der Fibel-, Schwert- und Gefäßformen.

📖 *Studien zu Siedlungsfragen der Latènezeit. Hg. v. O. H. Frey u. H. Roth. Buch 1985. - Navarro, J. M. de: The finds from the site of La Tene. Bd. 1. London 1972. - Hatt, J.-J.: Kelten u. Galloromanen. Dt. Übers. Mchn. 1970.*

latent [lat.], verborgen, nicht sogleich erkennbar, ohne typ. Merkmale.

latentes Bild ↑Photographie.

latente Wärme, diejenige Wärme, die erforderl. ist, um einen Körper *ohne Temperaturerhöhung* aus dem festen in den flüssigen *(Schmelzwärme)* oder aus dem flüssigen in den gasförmigen Aggregatzustand *(Verdampfungswärme)* überzuführen.

Latenz [zu lat. latere „verborgen sein"], physiolog. Bez. für die Zeit zw. Reizbeginn und Beginn der beobachteten Reaktion.
◆ svw. ↑Inkubationszeit.
◆ nach S. Freud die erbl. verankerte Phase psych. Entwicklung, die vorübergehende Desexualisierung von Gefühlen und Objektbeziehungen erkennen läßt. Diese *sexuelle L.pe-* riode liegt nach Freud zwischen dem Abschluß infantiler Sexualität (5./6. Lebensjahr) und dem Beginn der Pubertät.

Latenzeier, svw. ↑Dauereier.

lateral [zu lat. latus „Seite"], in der *Anatomie:* den von der Mittellinie abgewandten Bereich eines Organs betreffend.

Laterallaut, svw. ↑Seitenlaut.

Lateralsklerose (Charcot-Krankheit), unheilbare Degeneration der Pyramidenbahn und der Vorderhornzellen im Rückenmark mit fortschreitenden schlaffen (auch spast.) Lähmungen.

Lateran [ben. nach den früheren Besitzern, der röm. Fam. der Laterani], päpstl. Palast und Basilika in Rom, seit dem L.vertrag von 1929 exterritorial (Teil der Vatikanstadt). Das 326 von Konstantin d. Gr. der Kirche geschenkte Gelände (mit Bauten) war bis 1308 päpstl. Residenz. Sixtus V. ließ 1586 ff. von D. Fontana den jetzigen **Lateranpalast** als päpstl. Sommerresidenz erbauen (seit 1841 Museum). Die **Lateranbasilika** San Giovanni in Laterano ist die Kathedrale des Bischofs von Rom. Grundriß und Maße der fünfschiffigen Basilika gehen auf die konstantin. Gründung zurück; 1646–49 wurde das Innere von F. Borromini barock umgestaltet, 1733–35 die Fassade von A. Galilei vorgeblendet.

Laterankonzilien, die im Lateran abgehaltenen allg. Konzilien. - **1. Laterankonzil** (9. allg. Konzil; 1123, Kalixt II.): Bestätigung früherer Dekrete über den Gottesfrieden und des Wormser Konkordats. - **2. Laterankonzil** (10. allg. Konzil; 1139, Innozenz II.): Reformdekrete im Geist der gregorian. Reform. - **3. Laterankonzil** (11. allg. Konzil; 1179, Alexander III.): Vorschriften zur Papstwahl und Laienpredigt; Ausweitung des Kreuzzugsablasses. - **4. Laterankonzil** (12. allg. Konzil; 1215, Innozenz III.): Behandlung der Lehre der Albigenser und anderer Glaubensfragen (z. B. Transsubstantiation); Bestimmung, daß Juden bes. Kleidung tragen mußten. - **5. Laterankonzil** (18. allg. Konzil; 1512–17, Julius II., Leo X.): Wiederholung der Lehre von der Individualität und Unsterblichkeit der Seele; Verurteilung des Konziliarismus und der Pragmat. Sanktion von Bourges.

Lateranverträge, Sammelbez. für die 1929 zw. Italien (Mussolini) und dem Hl. Stuhl (vertreten durch Kardinalstaatssekretär Gasparri) zur Regelung der Verhältnisse zw. dem italien. Staat und der kath. Kirche abgeschlossenen Verträge; hoben das italien. Garantiegesetz 1871 auf. Der eigtl. *Lateranvertrag* hatte die Gründung (Neugründung?) des souveränen Staates *Vatikanstadt* (Città del Vaticano) mit dem Papst als Staatsoberhaupt zum Inhalt und garantierte die Souveränität des Hl. Stuhls in internat. Beziehungen. Die sog. Röm. Frage wurde als beiderseitig gelöst erklärt und das ausschließl. Eigentum des Hl.

Stuhls an verschiedenen Kirchen und Palästen im italien. Staatsgebiet von Rom anerkannt. Das *Konkordat* von 1929 zw. kath. Kirche und italien. Staat bestätigte die kath. Religion als Staatsreligion. Durch das neue Konkordat von 1984 ist die kath. Religion nicht mehr Staatsreligion. Das *Finanzabkommen* von 1929 sicherte dem Hl. Stuhl eine einmalige Zahlung von 1,75 Mrd. Lire als Entschädigung für die Einziehung des Kirchenstaates zu. - Die L. wurden durch die italien. Verfassung 1947 bekräftigt.

Laterit [zu lat. later „Ziegel" (wegen der Farbe)] ↑ Bodenkunde.

Laterna magica [lat. „Zauberlaterne"], Vorläufer des Projektors.
♦ urspr. für den tschechoslowak. Pavillon der Brüsseler Weltausstellung (1958) von A. Radock und J. Svoboda entwickeltes Montageverfahren zur Kombination von Film und Diapositiv mit der realen Bühnendarstellung, wobei die Sequenzen mit der Vorstellung von Räumlichkeit und Illusion spielen: Personen wechseln z. B. in das Bild hinein und wieder heraus, wirkl. Tänzer tanzen mit projizierten, der Ton wird real erzeugt oder vom Band gespielt. Seit 1959 hat die L. m. ein eigenes Theater in Prag.

Laterne [zu griech. lamptér „Leuchter, Fackel"], Gehäuse mit durchsichtigen oder durchscheinenden Flächen zum Schutz einer Lichtquelle vor Witterungseinflüssen.

Laterne des Aristoteles, laternenähnl. Kauapparat der Seeigel, der sich aus rd. 20 kalkigen Elementen zusammensetzt, von denen fünf die mit je einem Zahn endenden, durch Muskeln bewegl. Kieferspangen darstellen.

Laternenfische, (Anomalopidae) Fam. etwa 10–30 cm langer, an der Wasseroberfläche lebender Schleimkopffische mit nur wenigen, seitl. abgeflachten, hochrückigen Arten in der Südsee. Das vermutl. zur Anlockung der Beutetiere dienende Licht aus dem großen, paarigen, unter den Augen liegenden Leuchtorgan wird von Leuchtbakterien erzeugt und kann durch eine schwarze Klappe verdeckt oder durch Drehung des Organs nach innen gerichtet und so abgeblendet werden.

Laternenträger (Langkopfzirpen, Leuchtzikaden, Leuchtzirpen, Fulgoridae), v. a. in den Tropen und Subtropen verbreitete, rd. 6 500 etwa 8–90 mm lange, oft bunt gefärbte Arten umfassende Fam. der Zikaden; Kopf meist kegelförmig vorgezogen, z. T. einen vielgestaltigen, bis über halbkörperlangen (jedoch nicht leuchtenden) Kopffortsatz tragend. Einzige Art in Deutschland ist der 1 cm lange, grüne **Europ. Laternenträger** (Fulgora europaea).

Latex [griech.-lat. „Flüssigkeit"], die durch Pflanzenproteine stabilisierte wäßrige Emulsion oder Dispersion (Milchsaft) der Kautschukbäume. Aus L. wird nach der Gerinnung (Koagulation) ↑ Naturkautschuk gewonnen. Als *synthet. L.* bezeichnet man ein feindisperses System aus Wasser und Vinylpolymerisaten. Verwendung u. a. in **Latexfarben** für wasserfeste Wandanstriche.

Latifundien (Einz.: Latifundium) [lat., zu latus „breit" und fundus „Grund(stück)"], im antiken Italien seit der 1. Hälfte des 2. Jh. v. Chr. Anhäufung von Grundbesitz in der Hand von röm. Senatoren, die kraft Gesetzes ihr Vermögen in italischem Land anlegen mußten, und von Rittern. Die L. wurden mit großen Sklavenmassen bewirtschaftet. Im modernen Sprachgebrauch wird der Begriff L. auf den Großgrundbesitz namentl. der mediterranen Gebiete mit betonter Weidewirtschaft und auf die Bereiche des osteurop. extensiven Getreidebaus, darüber hinaus auf verwandte Verhältnisse im Orient wie in Lateinamerika angewandt. Hier wurde L.wirtschaft auch in den unabhängig gewordenen Republiken ein wesentl., teilweise sich noch verfestigendes Element der Agrar- und Sozialstruktur und stellt heute eines der wichtigsten Probleme der Bodenreform dar.

Latimer, Hugh [engl. 'lætɪmə], * Thurcaston (Leicestershire) um 1480/85, † Oxford 16. Okt. 1555, engl. Reformator. - Ab 1524 Anhänger der Reformation in England, an der er v. a. durch seine Volkspredigten mitwirkte; trat kompromißlos für Arme und Unterdrückte ein; 1535–39 Bischof von Worcester, 1540–47 Predigtverbot, Inhaftierung und Ausweisung aus London; seit 1547 erneute Tätigkeit als Prediger (Ehrenname: „Apostle to the English"); wurde unter der kath. Maria I. 1553, zus. mit T. Cranmer und N. Ridley, erneut gefangengenommen und verbrannt.

Latimeria [nach M. E. D. Courtenay-Latimer, * 1907, der Leiterin eines Londoner Museums], Gatt. der ausgestorbenen Quastenflosser mit der einzigen rezenten, 1938 entdeckten Art Latimeria chalumnae; lebt im Ind. Ozean (v. a. im Gebiet der Komoren) als Bodenbewohner in Tiefen von 150–400 m. Die rd. 1,5 m langen, bis 80 kg schweren Tiere haben einen Spiraldarm und eine rudimentäre Lunge. Die paarigen Flossen sowie Afterflosse und zweite Rückenflosse weisen einen muskulösen, beschuppten Stiel auf. Die Chorda dorsalis bleibt zeitlebens erhalten; das Skelett ist nur z. T. verknöchert; lebendgebärend; bis heute sind 80 Tiere bekannt.

Latina, italien. Stadt in Latium, im Zentrum der Pontin. Sümpfe, 21 m ü. d. M., 96 000 E. Hauptstadt der Prov. L.; Reifen-, Nahrungsmittel- und Genußmittelind. - L. entstand im Zuge der Urbarmachung der Pontin. Sümpfe. Grundsteinlegung und Einweihung 1932. Die Stadt wurde auf einem oktogonalen Grundriß errichtet.

Latiner (lat. Latini), im Altertum die Bewohner von Latium, das sich in der Antike im S von Rom bis Tarracina (= Terracina) erstreckte, im O von Apennin und Mons Lepinus (= Monti Lepini) begrenzt wurde und in den Albaner Bergen seinen Mittelpunkt hatte; kult. Mittelpunkt war das Heiligtum des Jupiter Latiaris auf dem Albanus mons. Als Hauptort der L. galt Alba Longa, bed. Städte waren Tibur (= Tivoli), Praeneste (= Palestrina), Antium (= Anzio) und Lavinium. Im 6. Jh. v. Chr. erhielt Rom das Übergewicht über die L., die sich zu Beginn des 5. Jh. von Rom lossagten und den Latin. Städtebund um das Heiligtum der Diana von Aricia gründeten. Unter dem Druck der Volsker- und Äquergefahr schlossen L. und Römer ein Bündnis, das um 460 zu datieren ist. Im Bundesgenossenkrieg erhielten 89 v. Chr. alle L. das röm. Bürgerrecht.

Latini, Brunetto, * Florenz zw. 1210 und 1220, † ebd. 1294 oder 1295, italien. Gelehrter und Dichter. - Nahm als Guelfe aktiv am polit. Leben teil; 1260 in diplomat. Mission in Spanien, danach bis 1266 im frz. Exil, 1273 Stadtkanzler in Florenz; schrieb in frz. Sprache eine Art Enzyklopädie des Wissens seiner Zeit u. d. T. „Li livres dou tresor", in italien. Versen u. a. die allegor.-didakt. Dichtung „Il tesoretto" (beide etwa 1265).

latinisieren [lat.], in die lat. Sprachform bringen; der lat. Sprachart angleichen; v. a. bei Namen, z. B. Georg Bauer, latinisiert Georgius Agricola.

Latinismus [lat.], Übernahme syntakt. oder stilist. Eigenheiten der lat. Sprache in eine andere, im Dt. v. a. bestimmte Partizipialkonstruktionen.

Latin Rock [engl. 'lætın 'rɔk], Verbindung von Rhythmen, Instrumenten, melod.-harmon. Wendungen der lateinamerikan. bzw. iber. Musik mit Rockmusik; v. a. um 1969 durch die Gruppe „Santana" bekanntgeworden.

Latinum [lat.], der Nachweis bestimmter Kenntnisse in der lat. Sprache (Großes und Kleines L.); das (große) L. war bis in die 1960er Jahre Voraussetzung für das Studium zahlr. Fächer; Voraussetzung des Theologiestudiums sowie im allg. der Promotion. Es kann an Gymnasien erworben oder während des Studiums abgelegt werden.

Latium, mittelitalien. Region und Großlandschaft am Tyrrhen. Meer, 17 203 km², 5,08 Mill. E (1985), mit den Prov. Viterbo, Rieti, Rom, Latina und Frosinone; Hauptstadt Rom. L. geht von der unterschiedl. breiten, ehem. versumpften Küstenebene in niedrige Bergländer über. Den extensiv weidewirtschaftl. genutzten siedlungsarmen Kalkgebirgen stehen die Gartenlandschaften der breiten Talungen und des vulkan. Hügellands mit Obstbaumkulturen, Wein-, Getreide- und Futterbau und bed. Viehzucht gegenüber. Die Ind. konzentriert sich auf Rom und sein Einzugsgebiet.

Geschichte: Bezeichnete urspr. nur das Wohngebiet der † Latiner, später auch die Gebiete der Volsker und Aurunker; teilte nach der Pippinschen Schenkung (754) die Geschicke des Kirchenstaates.

Latona † Leto.

Latorre, Mariano, * Cobquecura (Prov. Nuble) 4. Jan. 1886, † Santiago de Chile 12. Nov. 1955, chilen. Schriftsteller. - Begründete mit Romanen und Erzählungen über Chile und seine Bewohner den chilen. Regionalismus.

Latosol [lat./russ.; zu lat. later „Ziegel"] (Roterde), aus Silicatgesteinen unter Einfluß trop. Klimas entstandener Boden mit Anreicherung von Eisen- und Aluminiumoxiden.

La Tour [frz. la'tu:r], Georges de, * Vic-sur-Seille (Moselle) 1593, † Lunéville 30. Jan. 1652, frz. Maler. - Eigenwilliger Künstler, der in der Provinz arbeitete. Der Einfluß Caravaggios und der italien.-fläm. Helldunkelmalerei ist unverkennbar; fast ausschließl. Szenen mit künstl. Beleuchtung. Er verzichtet bewußt auf jedes Beiwerk, stellt bibl. und profane Themen unterschiedslos myst.-entrückt dar. U. a. „Beweinung des hl. Sebastian" (1634–43, Berlin-Dahlem), „Frau mit Floh" (Nancy, Musée des Beaux-Arts), „Maria Magdalena mit dem Totenschädel" (Paris, Louvre). - Abb. Bd. 7, S. 219.

La T., Maurice Quentin de, * Saint-Quentin 5. Sept. 1704, † ebd. 17. Febr. 1788, frz. Maler. - Ausschließl. Pastellmaler; bed. Porträtist; bes. natürl. in der Darstellung seine Porträtstudien (im Museum von Saint-Quentin).

La Tour du Pin, Patrice de [frz. laturdy'pɛ̃], * Paris 16. März 1911, † ebd. 28. Okt. 1975, frz. Lyriker. - Seine lyr. Gedichte in klass. Sprache zeigen eine religiös-myst. Grundhaltung, u. a. „Une somme de poésie" (1946), „Une lutte pour la vie" (1970).

Latrine [lat., zu lavare „waschen"] † Abort.

Latrobe Valley [engl. lə'troʊb 'vælɪ] † Great Valley (Australien).

LATS, Abk. für engl.: long-acting-thyroid-stimulator; ein im Blut zirkulierendes Gammaglobulin, das langzeitig die Schilddrüsensekretion stimuliert und wahrscheinl. eine ursächl. Rolle bei der Basedow-Krankheit spielt.

Latsche (Legföhre, Pinus mugo var. pumilio), Varietät der † Bergkiefer in den mittel- und osteurop. Gebirgen; Wuchs mehrstammig-strauchig; mit dicht gestellten Ästen, aufwärts gerichteten Zweigen.

Lätschpfahl, in der Seilerei verwendeter kon. Dorn zum Spleißen von Seilen.

Latten, Schnitthölzer meist quadrat. oder rechteckigen Querschnitts, z. B. Dachlatten.

Lattich [lat., letztl. zu lac „Milch"] (Lactuca), Gatt. der Korbblütler mit rd. 100 Arten, vorwiegend auf der Nordhalbkugel; milchsaftführende Kräuter mit ausschließl. zun-

Lattmann

genförmigen Blüten. In Deutschland kommen sieben Arten vor, u. a.: **Giftlattich** (Lactuca virosa), bis 1,5 m hoch, mit gelben Blüten in Rispen und breiten, ovalen stengelumfassenden, gezähnten Blättern; Milchsaft giftig; auf steinigen Hängen und in Gebüschen. **Kompaßlattich** (Stachel-L., Lactuca serriola), bis 1,2 m hoch, mit fiederspaltigen, stachelig gezähnten Blättern und gelben Blüten; Stengelblätter mit um 90° gedrehten und meist in dieselbe Richtung orientierten Spreiten; an Wegrändern und auf trockenen Plätzen. Die wirtschaftl. wichtigste Art ist der **Gartensalat** (Garten-L., Lactuca sativa); einjährig, mit in Rosetten stehenden, oft „Köpfe" bildenden Grundblättern. Wichtige Sorten sind: **Kopfsalat** (Kopfbildung durch Entfaltungshemmung der Rosettenblätter), **Schnittsalat** (die Blätter werden vor dem Austrieb der Blütenstengel geschnitten oder gepflückt), **Spargelsalat** (die stark verdickten Sproßachsen werden roh oder gekocht gegessen) und **Röm. Salat** (Sommerendivie, Bindesalat; mit steil aufwärts gerichteten, grundständigen, bis 30 cm langen, oft locker kopfförmig zusammenstehenden Blättern mit kräftiger Mittelrippe).

Lattmann, Dieter, * Potsdam 15. Febr. 1926, dt. Schriftsteller. - 1968 Präs. der Bundesvereinigung Dt. Schriftstellerverbände, 1969–74 Vors. des neugegr. Verbandes Dt. Schriftsteller; setzte sich erfolgreich für die gewerkschaftl. Organisation der Schriftsteller ein; 1972–80 MdB (SPD); Verf. von Romanen, Essays, Hörspielen. - *Werke:* Ein Mann mit Familie (R., 1962), Zwischenrufe und andere Texte (Essays, 1967), Schachpartie (R., 1968), Die Literatur der BR Deutschland (1973), Die Brüder (R., 1985).

Lattre de Tassigny, Jean de [frz. latrədtasiˈɲi], * Mouilleron-en-Pareds (Vendée) 2. Febr. 1889, † Paris 11. Jan. 1952, frz. Marschall (postum 1952). - 1944 Oberbefehlshaber der 1. frz. Armee in Algerien, mit der er in S-Frankr. landete und über den Rhein bis nach Vorarlberg vorstieß; unterzeichnete am 8. Mai 1945 für Frankr. die dt. Kapitulation; 1948 Generalinspekteur der frz. Armee und Oberbefehlshaber der Landstreitkräfte der WEU; 1950–52 Hochkommissar und Oberbefehlshaber der frz. Truppen in Indochina.

Lattuada, Alberto, * Mailand 13. Nov. 1914, italien. Regisseur. - Anfang der 1940er Jahre Regieassistent und Drehbuchautor; erste eigene Regie 1942 mit dem Film „Giacomo, der Idealist". L., der häufig literar. Werke als Vorlage verwendet („Das Verbrechen des Giovanni Episcopo", 1947; „Der Mantel", 1952), gilt als einer der frühen Vertreter des italien. Neoverismus. - *Weitere Filme:* Lichter des Varietés (1950), Anna (1951), Die Wölfin (1952), Die Nacht vom Gelübde (1960), Mandragola (1965), Bleib wie du bist (1978).

Latwerge [zu griech. ekleiktón „Arznei, die man im Mund zergehen läßt"] (Electuarium), brei- oder teigförmig zubereitete Arzneimittel; mundartl. für Fruchtmus.

Lau (Chondrostoma genei), etwa 15–30 cm langer, schlanker Karpfenfisch in N- und M-Italien sowie in S-Frankreich, sehr selten auch im Inn und Oberrhein; Rücken graugrün, Körperseiten silbrig mit schwärzl. Längsband, Bauch weiß.

Laub, Gabriel, * Bochnia bei Krakau 24. Okt. 1928, poln. Schriftsteller. - Lebte 1939–46 in der UdSSR, seit 1946 als Journalist in Prag; emigrierte 1968 in die BR Deutschland. Schreibt seit 1969 zum dt. Sprache v. a. Satiren, u. a. „Ur-Laub zum Denken" (1972), „Doppelfinten" (1975), „Alle Macht den Spionen" (1978), „Entdeckungen in der Badewanne" (1985) und Aphorismen wie „Erlaubte Freiheiten" (1975), „Denken erlaubt" (1977).

Laub, die Gesamtheit der Blätter der ↑Laubhölzer.

Laubach, hess. Stadt im westl. Vorderen Vogelsberg, 270 m ü. d. M., 9 500 E. Luftkurort; Eisengießereien und Holzverarbeitung. - Im 8. Jh. erstmals und 1405 als Stadt erwähnt. - Pfarrkirche (13. und 18. Jh.), Schloß (13.–15. Jh., später ausgebaut; heute Museum); zahlr. Fachwerkhäuser (15.–18. Jh.).

Laubblatt, Blatt der Samenpflanzen und Farne. Im typ. Fall besteht ein L. aus der Blattspreite, die flächig entwickelt ist und in der bei fast allen Pflanzen die Photosynthese abläuft, dem stengelartigen Blattstiel und dessen Übergang in die Achse, dem Blattgrund. Blattspreite und -stiel werden auch als *Oberblatt,* der Blattgrund als *Unterblatt* bezeichnet. Ist der Blattstiel flächig verbreitet (z. B. bei Zitruspflanzen) spricht man von *Flügelung.* Die **Blattspreite** (Lamina) weist eine der Stützung und dem Wasser- und Nährstofftransport dienende Blattnervatur (*Blattrippen,* -adern, -nerven) auf. Nach der Form der Blattspreite unterscheidet man zw. einfachen und zusammengesetzten Laubblättern. Sie ist bei einfachen Laubblättern ungeteilt, hat aber meist einen mehr oder weniger gelappten Rand. Bei zusammengesetzten Laubblättern sitzen an der urspr. Mittelrippe (Blattspindel, Rhachis) mehrere kleine Blattspreiten. Einkeimblättrige Pflanzen haben meist einfache Laubblätter, zweikeimblättrige Pflanzen häufig zusammengesetzte *(geteilte)* Laubblätter. Die verschiedenen Formen der einfachen Laubblätter werden nach der Beschaffenheit des Randes bezeichnet: **ganzrandig** (1), wenn der Rand völlig glatt ist; **gesägt** (2), wenn die Spitzen im rechten Winkel zusammenstoßen; **doppelt gesägt** (3), wenn große mit kleinen Spitzen abwechseln; **gezähnt** (4), wenn die Vorsprünge spitz und die Einschnitte abgerundet sind; **gekerbt** (5), wenn die abgerundeten Vorsprünge im spitzen Winkel zusammenstoßen; **gebuchtet** (6), wenn

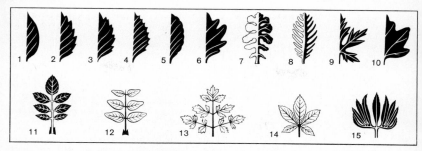

die Vorsprünge und Einschnitte abgerundet sind; sind die Einschnitte tiefer, so wird die Blattspreite in Abschnitte aufgeteilt, die dem Verlauf der Blattnerven entsprechen: **fiederspaltig** (7) oder leierförmig gefiedert, wenn die nicht sehr tiefen Einschnitte paarweise aufeinander zulaufen; **fiederteilig** (8), wenn die paarweise angeordneten Einschnitte bis zur Mittelrippe reichen; **handförmig geteilt** (9), wenn die Einschnitte alle nach dem Grund der Blattspreite zu gerichtet sind; **gelappt** (10), wenn die L.fläche durch spitze Einschnitte in breitere und abgerundete Abschnitte geteilt ist. Nach der Form der Blattspreite unterscheidet man nadelförmig, linealförmig, spatelförmig, eiförmig, pfeilförmig u. a. Das zusammengesetzte L. besteht dagegen aus mehreren, voneinander getrennten Blättchen oder **Fiedern**. Die Fiedern sitzen meist paarweise an der verlängerten Mittelrippe. Hier unterscheidet man: **unpaarig gefiedert** (11), wenn mehrere Fiederpaare und eine Endfieder vorhanden sind; **paarig gefiedert** (12), wenn die Endfieder reduziert ist; **doppelt gefiedert** (13), wenn die Fiedern selbst wieder gefiedert sind; mehrfach gefiedert, wenn doppelt gefiederte L. nochmals gefiedert sind. Strahlen die Fiedern von einem Punkt aus (bei Hemmung der Längsentwicklung der Mittelrippe), spricht man von einem **fingerförmig gefiederten** L. (14). Entwickelt sich die Mittelrippe nicht längs, sondern quer zum Blattstiel, so entsteht das **fußförmig gefiederte** L. (15). - Die Fiederung der Palmenblätter beruht nicht auf Wachstumsvorgängen, sondern auf nachträgl. Zerreißung entlang abgestorbener Gewebeteile. Der **Blattstiel** führt der Spreite Wasser und Mineralsalze zu und transportiert die Assimilationsprodukte ab. Durch Wachstumsbewegungen bringt er die Blattfläche in die günstigste Lage zum Lichteinfall. Bei einigen Pflanzen (bes. bei der Mimose) ist die Basis oder die Spitze des Stiels verdickt und bildet ein wie ein Gelenk wirkendes Blattpolster, das dem L. eine große Beweglichkeit gibt. Bei vielen Einkeimblättrigen fehlt der Blattstiel. Die Blattspreite ungestielter oder sitzender Laubblätter sind meist mit einem breiten Blattgrund am Stengel an-gewachsen. Bei den Zweikeimblättrigen ist der Blattgrund gegenüber dem Stiel nur mäßig verdickt, trägt aber oft ein Paar Nebenblätter (Stipeln). Bei einigen Pflanzen hat er sich zu einer Blattscheide entwickelt, die den Stengel umschließt (stengelumfassende Laubblätter). Die Gräser stabilisieren so ihren schwachen Stengel. Bei ihnen findet sich an der Übergangsstelle zw. Blattgrund und -spreite ein kleines Blatthäutchen (Ligula).

Aufbau: Auf der Ober- und Unterseite der Spreite ist meist eine einschichtige **Epidermis** ausgebildet, deren ineinander verzahnte Zellen keine oder nur wenige Chloroplasten enthalten. Unter der oberen Epidermis liegt das **Palisadenparenchym**, dessen langgestreckte Zellen den größten Teil aller Chloroplasten des L. enthalten und daher das *Assimilationsgewebe* darstellen. Unter dem Palisadengewebe liegt das **Schwammparenchym**, das aus unregelmäßig geformten, wenige Chloroplasten enthaltende Zellen besteht, zw. denen sich große Interzellularräume befinden, die der Wasserdampfabgabe und der Durchlüftung dienen. Entsprechend den Spaltöffnungen, durch die Sauerstoff und Kohlendioxid mit der Luft ausgetauscht werden, häufig nur an der Blattunterseite zu finden. Palisaden- und Schwammparenchym zus. werden auch als *Mesophyll* bezeichnet.

Entwicklung: Das L. entsteht als seitl. Höcker neben dem Sproßvegetationspunkt. Das Meristem an der Spitze der Blattanlage wird ersetzt durch teilungsfähige Zellen an der Basis von Blattgrund, -stiel und -spreite. Dadurch wächst das L. in die Länge. Das Breitenwachstum beginnt mit Zellen am Blattrand. Zusammengesetzte L. entstehen dadurch, daß die teilungsfähigen Zellen nur in bestimmten Zonen des Blattrandes vorkommen.

Stellung: Zur Beschreibung der Blattstellung an einer Pflanze benutzt man ein Diagramm, bei dem die Blätter auf Kreisen liegen, deren Mittelpunkt der Stengel bildet. Grundsätzl. gibt es zwei Arten: 1. Entspringen an einem Knoten zwei oder mehr Blätter, nennt man ihre Stellung **gegenständig** oder wirtelig. 2. Entspringt an einem Knoten nur ein Blatt, stehen die Blätter **wechselständig** oder schraubig. Sind es im ersteren Fall nur zwei Blätter pro Knoten, stehen sie **kreuzständig** (dekussiert), d. h. von Knoten zu Knoten um jeweils 90° versetzt. Aber auch wenn mehrere Blätter gebildet werden, stehen sie immer auf Lücke (Alternanzregel). Steht nur ein Blatt an einem Knoten, liegen sich die Blätter eines Stengels oft genau gegenüber, oder sie sind schraubenförmig um den Stengel angeordnet; dabei bleibt der Winkel, um den die Ansatzstelle des oberen gegenüber der des darunterliegenden Blattes versetzt ist, immer der gleiche (Äquidistanzregel). Alle L. sind also immer so angeordnet, daß die oberen den unteren das Sonnenlicht nicht wegnehmen und so eine hohe Photosyntheseleistung ermöglichen.

Metamorphosen: Übernehmen L. spezielle Aufgaben, so verändern sie ihr Aussehen; verdickte *Speicherblätter* für Nährstoffe (verschiedene Zwiebelpflanzen) oder Wasser (Blattsukkulenten; Mauerpfeffer); *Blattranken* als Kletter- oder Haftorgane (Erbse, Wikke); *Blattdornen* (Berberitze); *Kannen-* und *Schlauchblätter* bei fleischfressenden Pflanzen. Die **Lebensdauer** der L. beträgt eine Vegetationsperiode (sommergrüne) oder wenige Jahre (immergrüne).

Der **Blattfall** (Laubfall) steht unter dem Einfluß von Wuchsstoffen und ist der Klimarhythmik (Kälte-, Trockenperioden) angepaßt. Stoffwechselveränderungen wie Abnahme des Chlorophyllgehalts, Zunahme der Anthozyane, Abtransport von Mineralstoffen sind die Vorerscheinungen. Zur Ablösung wird ein Trenngewebe an der Basis des Blattstiels ausgebildet.

Laube, Heinrich, * Sprottau 18. Sept. 1806, † Wien 1. Aug. 1884, dt. Schriftsteller und Publizist. - Journalist und Redakteur; zeitweilig Wortführer des Jungen Deutschland („Das neue Jh.", 1833); 1834 wegen seiner Sympathie für die frz. Julirevolution aus Sachsen ausgewiesen und in Berlin festgehalten, 1837–39 Festungshaft; seine Schriften wurden durch die Bundesversammlung des Dt. Bundes verboten. Nach Reisen nach Frankr. und Algerien wurde er 1848 Mgl. der Frankfurter Nationalversammlung („Das erste dt. Parlament", 1849); 1849–67 Direktor des Wiener Burgtheaters, das er zu hoher Blüte brachte (Förderer F. Grillparzers). 1871 begründete er das Wiener Stadttheater und leitete es bis 1879. Verfaßte auch histor.-polit. Skizzen, geschichtl. Romane und Dramen wie „Die Karlsschüler" (1846), „Struensee" (1847) und „Graf Essex" (1856).

Laube [zu althochdt. louba „(aus Laub gefertigtes) Schutzdach, Hütte"], überdeckter Sitzplatz im Garten; kleines, leichtes Gartenhaus.

◆ dem Baukörper vorgesetzte offene Vorhalle eines Hauses. - ↑ auch Loggia.

Laubengang, offener Bogengang an

Häusern, der mitunter ganze Straßen und Plätze umzieht; auch auf der Hofseite eines Hauses.

Laubenvögel (Ptilonorhynchidae), Singvogelfam. mit 17 Arten auf Neuguinea und in Australien. Die ♂♂ bauen zur Anlockung von ♀♀ für ihre Balztänze sog. Lauben, die sie mit Federn, Schneckengehäusen u. a. schmücken.

Lauber, Diebold, elsäss. Schreiber und Verleger des 15. Jh. - Erster bekannter Leiter einer größeren Handschriftenmanufaktur, die zw. 1425 und 1467 in Hagenau tätig war.

Lauberhornrennen, alljährl. durchgeführte internat. alpine Skiwettbewerbe am Lauberhorn bei Wengen (Schweiz).

Laubflechten ↑ Flechten.

Europäischer Laubfrosch

Laubfrösche (Baumfrösche, Hylidae), mit Ausnahme Afrikas südl. der Sahara, Madagaskars und Teilen S-Asiens weltweit verbreitete Fam. der Froschlurche mit mehreren 100 etwa 2–12 cm großen, häufig lebhaft gefärbten Arten; Finger und Zehen fast stets mit Haftscheiben; überwiegend Baum- und Strauchbewohner; Eiablage im Wasser, manchmal auch auf Blättern über dem Wasser; Larvenentwicklung im Wasser. - Die artenreichste und am weitesten verbreitete Gatt. der L. ist *Hyla* mit dem **Europ. Laubfrosch** (Hyla arborea) in Europa (ausgenommen im N), im westl. Asien, in NW-Afrika, auf den Balearen, den Kanar. Inseln und auf Madeira; etwa 5 cm groß, Oberseite glatt und glänzend, meist leuchtend laubgrün (gelegentl. mit Farbwechsel zu grau, braun, gelbl.), von der weißl. Bauchseite durch ein schwarzes, oben weiß gesäumtes Band abgesetzt; ♂♂ mit großer, unpaarer Schallblase.

Laubheuschrecken (Laubschrecken, Tettigonioidea), weltweit verbreitete Überfam. der Langfühlerschrecken mit rund 5000 Arten; Fleisch- oder Pflanzenfresser. In Deutschland vorkommende Gatt. und Arten sind u. a.: **Heupferd** (Tettigonia) mit dem bis 8 cm langen **Grünen Heupferd** (Tettigonia viridissima); mit sehr langen, fadenartigen Fühlern. **Warzenbeißer** (Decticus verrucivorus), etwa 2–4 cm lang, grün, meist dunkel gefleckt. Die Gatt. **Strauchschrecken** (Buschschrecken, Pholidoptera) haben sechs Arten, einheim. ist die 13–18 mm lange **Gewöhnl. Strauchschrecke** (Pholidoptera griseoaptera); Flügeldecken beim ♂ kurz, beim ♀ sehr klein, schuppenförmig.

Laubhölzer (Laubgehölze), bedecktsamige Pflanzen mit mehrjährigen, meist langlebigen, verholzten Sproßachsen (Bäume, Sträucher, Halbsträucher), die im Ggs. zu den nacktsamigen Nadelhölzern breitflächige Laubblätter ausbilden. Die Samen der L. sind in Früchten eingeschlossen, aus denen sie sich zur Reifezeit lösen. - Die Wuchsform der L. wird meist durch sympodiale Verzweigung bestimmt, d. h., die Entwicklung der Hauptachse tritt hinter der der Seitenachsen zurück, wodurch weit ausladende Kronen entstehen. Je nach Dauer der Beblätterung sind die L.arten immergrün (z. B. Stechpalme, Buchsbaum, Rhododendron) oder laubwerfend (z. B. sommergrüne Arten der gemäßigten Zonen). L. sind in weiten Gebieten der Erde die beherrschende Wuchsform der natürl. Vegetation.

Laubhüttenfest (Sukkot), jüd. Erntedankfest. Es beginnt am 15. Tischri und dauert in Israel 7, außerhalb Israels 8 Tage. Der Name geht auf die Hütten zurück, in denen man nach dem Auszug aus Ägypten während der Wüstenwanderung lebte. Die Hütten werden auch heute noch errichtet, in ihnen nimmt man während der Festtage die Mahlzeiten ein. Am 8. Tag schließt sich der Festtag Schemini Azeret (Schlußfest) an, dem wiederum der Tag Simchat Tora (Tag der Gesetzesfreude) folgt. An diesem Tag wird die Lesung des jährl. Zyklus der Thora abgeschlossen.

Laubkäfer (Maikäferartige, Melolonthinae), weltweit verbreitete Unterfam. der Skarabäiden mit rd. 7 000 bis 5 cm langen Käferarten mit drei- bis siebengliedriger, geblätterter Fühlerkette. In Deutschland vorkommende Arten sind Maikäfer, Gartenlaubkäfer und Getreidelaubkäfer.

Laubmoose (Musci), rund 16 000 Arten umfassende, weltweit verbreitete Klasse der Moose. Thallus (Gametophyt) immer in Stämmchen und Blättchen gegliedert. Die Sporenkapsel ist der Sporophyt; somit ist ein ausgeprägter Generationswechsel vorhanden. L. sind von großer Bed. als Wasserspeicher in den Wäldern, als Indikatoren für bestimmte Bodenqualitäten und für den Aufbau der Torfmoore. Bekannte L. sind Goldenes Frauenhaarmoos, Drehmoos, Torfmoos, Weißmoos und Etagenmoos.

Laubsäge ↑ Säge.

Laubsänger (Phylloscopus), artenreiche Gatt. zierl. Grasmücken in den Laubwäldern Eurasiens; Insekten- und Beerenfresser. Einheim. Arten sind: **Fitis** (Phylloscopus trochilus), etwa 10 cm lang, oberseits graugrünl., unterseits gelblichweiß; mit gelbl. Überaugenstreif und hellbraunen Beinen. **Waldlaubsänger** (Phylloscopus sibilatrix), 13 cm lang, oberseits gelblichgrün, unterseits (mit Ausnahme der gelben Kehle) weiß; mit breitem, gelben Überaugenstreif. **Zilpzalp** (Weiden-L., Phylloscopus collybita), etwa 10 cm lang, unterscheidet sich vom sonst sehr ähnl. Fitis durch dunkle Beine und den artspezif. Gesang.

Laubschrecken ↑ Laubheuschrecken.

Laubwald, Pflanzengemeinschaft, in der Laubhölzer vorherrschen (im Ggs. zum Misch- und Nadelwald), wobei sich klimabedingte, die Erde umziehende Gürtel ausbilden.

Laubwerk, Blattwerk als Zierat, u. a. an Kapitellen, bes. in der Gotik.
◆ (Laub- und Bandelwerk) svw. ↑ Bandelwerk.

Lauch, (Allium) Gatt. der Liliengewächse mit rd. 300 Arten auf der Nordhalbkugel; Stauden mit Zwiebeln oder Zwiebelstamm; Blätter grundständig, verschiedenartig, oft gefaltet oder röhrenförmig. In Deutschland kommen mehr als 15 Arten vor, u. a. der häufige Bärenlauch. Zahlr. Arten sind wichtige Nutzpflanzen, z. B. Knoblauch, Zwiebel, Porree, Schalotte und Schnittlauch.
◆ volkstüml. Bez. für den ↑ Porree.

Lauchheim, Stadt an der oberen Jagst, Bad.-Württ., 492 m ü. d. M., 3 400 E. - Ehem. Deutschordensschloß (15.–18. Jh.).

Lauchstädt, Bad ↑ Bad Lauchstädt.

Laud, William [engl. lɔːd], * Reading 7. Okt. 1573, † London 10. Jan. 1645 (hingerichtet), Erzbischof von Canterbury (seit 1633). - Trat für die Bewahrung der Episkopalverfassung ein; bekämpfte die Puritaner und leitete im presbyterian. Schottland 1639/40 Aufstände aus; vom Langen Parlament zum Tode verurteilt.

Lauda, Nikolaus (gen. „Niki"), * Wien 22. Febr. 1949, östr. Automobilrennfahrer. - Weltmeister 1975, 1977 und 1984; auf dem Nürburgring 1976 schwer verunglückt.

Lauda [lat.-italien.], ein vom 13. bis 17. Jh. in Italien gepflegter geistl. Lobgesang, dem als frühestes Beispiel der „Sonnengesang" des Franz von Assisi zuzurechnen ist.

Lauda-Königshofen, Stadt an der Tauber, Bad.-Württ., 192–201 m ü. d. M., 14 500 E. Heimatmuseum; metallverarbeitende und Textilind., Bundesbahnbetriebswerkstätte; Weinbau. - Ort und Burg 1150 erstmals erwähnt; seit 1344 Stadt (verlor das Stadtrecht 1936, Neuverleihung 1950). - Barocke Pfarrkirche (nach 1694ff.) mit spätgot. Chor im Ortsteil Lauda.

Laudanum [mittellat.], in der Medizin des MA Bez. für jedes Beruhigungsmittel; später nur noch Bez. für Opiumtinktur (Lösung von Opium in Alkohol).

Laudatio

Laudatio [lau'da:tsio; lat.], Lob, Lobrede [auf Preisträger, Verstorbene usw.]; **Laudator**, jemand, der eine L. hält.

Laudes [lat. „Lobgesänge"], Morgengebet des röm.-kath. ↑ Stundengebets.

Laudi, italien. volkstüml. geistl. Lieder aus dem 13. Jh.; einer der bekanntesten Dichter war Iacopone da Todi, der in seinen dialog. Lauden Ansätze zum Mysterienspiel entwikkelte.

Laudon (Loudon), Gideon Ernst Freiherr von (seit 1759), * Tootzen (= Tootsi, Estn. SSR) 13. Febr. 1717 (?), † Neutitschein (= Nový Jičín) 14. Juli 1790, östr. Feldmarschall (seit 1779). - Trat 1732 in russ., 1742 in östr. Dienste; im Siebenjährigen Krieg maßgebl. an den östr. Siegen bei Kunersdorf (1759) und Landeshut i. Schles. (1760) beteiligt. Im Türkenkrieg (1787–92) Oberbefehlshaber der östr. Truppen.

Laue, Max von, * Pfaffendorf (= Koblenz) 9. Okt. 1879, † Berlin 24. April 1960, dt. Physiker. - Prof. in Zürich, Frankfurt am Main, Berlin und Göttingen, Direktor des Instituts für Physikal. Chemie und Elektrochemie in Berlin (ab 1948 Fritz-Haber-Institut der Max-Planck-Gesellschaft); lieferte 1912 durch die Entdeckung der Röntgenstrahlinterferenzen an Kristallen den Nachweis für die Wellennatur dieser Strahlen sowie für die Gitterstruktur der Kristalle. Weitere Hauptarbeitsgebiete: die Relativitätstheorie und die Theorie der Supraleitung; Nobelpreis für Physik 1914.

Laue-Diagramm ↑ Laue-Verfahren.

Lauenburg, ehem. dt. Hzgt. an der Niederelbe; im Früh-MA von wend. Polaben besiedelt; im 12. Jh. von den Welfen unterworfen; bestand zum größten Teil aus der Gft. Ratzeburg, die nach dem Sturz Heinrichs des Löwen an die Askanier kam. Das bei der askan. Teilung Ende 13. Jh. gegr. Hzgt. **Sachsen-Lauenburg** fiel an die ältere Linie, nach

Aussterben der Askanier 1689 an Lüneburg-Celle, 1705 an Hannover, 1815 an Preußen, das L. gegen Schwed.-Vorpommern an Dänemark abtrat; 1848–51 vom Dt. Bund verwaltet; 1853 in den dän. Gesamtstaat integriert; gelangte 1864 mit Holstein unter preuß.-östr. Kondominium, wurde 1865 in Personalunion mit Preußen verbunden und bildete 1876 in den preuß. Prov. Schleswig-Holstein den Kreis Hzgt. Lauenburg.

Lauenburg/Elbe, Stadt an der Elbe und dem Elbe-Lübeck-Kanal, 35 km sö. von Hamburg, Schl.-H., 45 m ü. d. M., 10 700 E. Elbschiffahrtsmuseum; Elbhafen; Schiffswerft, Zündhölzer- und Wellpappenfabrikation. Grenzübergang in die DDR. - Lauenburg entstand in Anlehnung an die Burg, die die Askanier 1182 errichteten, und erhielt vor 1260 Stadtrecht. Zur weiteren Geschichte ↑ Lauenburg (Herzogtum). - Maria-Magdalenen-Kirche (um 1300 und nach 1700), mit der Gruft der Hzg. von Sachsen-Lauenburg; Bürgerhäuser (16.–18. Jh.); älteste in Europa erhaltene Schleuse (1725).

Lauenburg i. Pom. (poln. Lębork), Stadt in Ostpommern, Polen', 20 m ü. d. M., 28 000 E. Heimatmuseum; u. a. Holz-, Textilind. - Die Stadt wurde um 1341 vom Dt. Orden gegr., der hier 1363 eine Burg baute. 1637 als Lehen an Polen, 1657 an Brandenburg. - Got. Jakobikirche (15. Jh.), Reste der Deutschordensburg (14. Jh.).

Laue-Verfahren (Laue-Methode), auf M. von Laue (1912) zurückgehendes Verfahren zur Aufklärung von Kristallgitterstrukturen. Ein scharf gebündelter Röntgen- oder Elektronenstrahl trifft senkrecht auf den zu untersuchenden, als dünnes Plättchen vorliegenden Kristall und wird an den Gitterpunkten bestimmter Netzebenen des Kristalls gebeugt; die abgebeugten Strahlen breiten sich je nach Kristallstruktur in ganz bestimmten, durch die **Laue-Gleichungen** festgelegten Richtungen aus; sie belichten eine hinter dem Kristall aufgestellte Photoplatte an entsprechenden Stellen, so daß eine Reihe von Interferenzflecken entsteht, die das sog. **Laue-Diagramm** bilden und für die jeweilige Kristallstruktur charakterist. sind.

Lauf, wm. Bez. für das Bein der jagdbaren Säugetiere (ausgenommen Bär, Dachs und Marder).
◆ der aus einem Stahlrohr bestehende Teil von Faust- und Handfeuerwaffen, dem der Geschoß die Richtung, bei einem *gezogenen* L. auch Drall verleiht.
◆ in der *Musik* schnelle, stufenweise auf- oder absteigende Folge von Tönen.

Laufachse, mitlaufende, nicht angetriebene Achse eines [Trieb]fahrzeugs.

Lauf a. d. Pegnitz, Krst. an der unteren Pegnitz, Bay., 333 m ü. d. M., 21 800 E. Verwaltungssitz des Landkr. Nürnberger Land; u. a. Keramikind., Fahrzeugbau. - Auf der

Laue-Verfahren. Laue-Diagramm

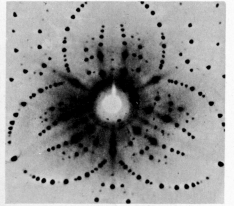

Pegnitzinsel wurde Anfang des 12. Jh. eine Burg errichtet. - Ev. Stadtpfarrkirche mit spätgot. Chor und barockem Langhaus (um 1700), spätgot. Schloß (14. und 16. Jh.).

Laufbahn, im Beamtenrecht die Gesamtheit aller Ämter derselben L.gruppe, die eine gleiche Vor- und Ausbildung erfordern. Die vier L.gruppen, denen alle von ↑Beamten bekleideten Ämter angehören, sind: 1. *einfacher Dienst;* Vorbildungsanforderung: Hauptschulabschluß oder entsprechende Vorbildung; Beispiele: Amtsgehilfen, Amtsmeister; 2. *mittlerer Dienst;* Vorbildungsanforderung wie einfacher Dienst: Assistenten, Sekretäre, Amtsinspektoren; 3. *gehobener Dienst;* Realschulabschluß: Inspektoren, Amtmänner, Amtsräte; 4. *höherer Dienst;* Hochschulabschluß: Regierungsrat, Staatssekretär. Der Aufstieg von einer L. in die nächsthöhere setzt das Bestehen einer Aufstiegsprüfung voraus. Zu unterscheiden ist zw. *L.bewerbern,* die Vorbereitungsdienst und L.prüfung absolvieren müssen, und den sog. *Außenseitern,* bei denen zu prüfen ist, ob sie die erforderl. Befähigung durch Lebens- und Berufserfahrung erworben haben.

◆ Fachrichtung, in der der Soldat eingesetzt ist; in der Bundeswehr: Truppendienst, Sanitätsdienst, Militärmusikdienst; militärgeograph. Dienst und militärfachl. Dienst (nur bei Offizieren).

Laufen, Stadt an der Salzach, Bay., etwa 400 m ü. d. M., 5700 E. Akad. für Naturschutz und Landschaftspflege; Textilind., Meßgeräteherstellung. - L., um 1050 als „urbs" erwähnt, gehörte zum Erzstift Salzburg. - Got. Kirche Mariä Himmelfahrt (1332 ff.), Schloß (15. und 17. Jh.), Rathaus (v. a. 1564/65).

L., Hauptort des Bez. L. im schweizer. Kt. Bern, an der Birs, 358 m ü. d. M., 4400 E. U. a. Metallverarbeitung, Textilind. - 1195 Ersterwähnung, seit 1296 Stadtrecht. - Katharinenkirche (1698), Stadttore.

Laufen ↑Fortbewegung.

◆ im *Sport* als Ggs. zum Gehen diejenige Fortbewegungsart, bei der nie beide Füße zugleich den Boden berühren. L. war zur Zeit der antiken Olymp. Spiele wesentl. Bestandteil des Wettkämpfes. Man kannte den Lauf über 1 Stadion (192 m), den Doppellauf über 2 Stadien und den Langlauf (7–24 Stadien). L. gehört als wichtigstes natürl. Hilfsmittel der allg. Organschulung (Steigerung der phys. Belastungsfähigkeit von Bewegungsapparat, Herz, Kreislauf und Atmungssystem) zur wirksamsten Übung sowohl im *Training* wie im *Ausgleichssport* (Trimm-Dich, Volkslauf), um Ausdauer, Schnelligkeit, Kraft und Gewandtheit zu entwickeln. L. als Wettkampf ist der Mittelpunkt der Leichtathletik; wichtigste Wettbewerbe sind: Kurz-, Mittel-, Langstreckenlauf, Hürden- und Hindernislauf, Staffel- und Marathonlauf.

Laufenburg, Hauptort des Bez. L. im schweizer. Kt. Aargau, am Hochrhein, 318 m ü. d. M., 1900 E. Holzverarbeitung, Herstellung von Keramikwaren. - Spätgot. Pfarrkirche (1489); Türme der Stadtbefestigung und Reste des habsburg. Schlosses. - ↑auch Laufenburg (Baden).

Laufenburg (Baden), dt. Stadt am Hochrhein, gegenüber von ↑Laufenburg, 313 m ü. d. M., 7200 E. Chem. und Elektroind.; Wasserkraftwerk. - Seit 1207 habsburg., seit 1250 als Stadt angesehen. Der Frieden von Lunéville (1801) teilte das bisherige Laufenburg durch die Rheingrenze; Groß-Laufenburg (↑Laufenburg) kam zum schweizer. Kt. Aargau, Klein-L., das heutige L. (B.), zu Baden. - Die ma. Altstadt steht unter Denkmalschutz; Burgruine Hauenstein.

laufender Hund ↑Mäander.

laufender Keiler, Wettbewerb im ↑Schießsport.

laufendes Gut ↑Gut.

Läufer, Figur im ↑Schach.

◆ (Läuferstein) mit der Langseite parallel zur Mauerflucht verlegter Ziegel.

◆ (Rotor) bei Kraft- und Arbeitsmaschinen mit rotierender Bewegung der im feststehenden Gehäuse umlaufende, mit der Welle verbundene Teil, der die für die Energieumwandlung entscheidenden Bauteile trägt (z. B. bei Strömungsmaschinen die Laufschaufeln, bei elektr. Maschinen die Wicklungen).

◆ Stahlbügel an Ringspinnmaschinen.

◆ langer, schmaler Teppich ohne Muster oder mit (durchgehendem) Rapport.

Läuferstein, svw. ↑Läufer.

Läuferverband ↑Mauersteinverband.

Lauffen am Neckar, Stadt am Neckar, Bad.-Württ., 172 m ü. d. M., 8800 E. Portlandzementwerk, Textil- u. a. Ind., Wein- und Obstbau. - 823 erstmals erwähnt. 1200 gründeten die Grafen von Lauffen die Stadt, die im 14. Jh. an Württemberg kam. - Reste eines röm. Gutshofes; Stadtpfarrkirche (13. und 16. Jh.) mit Wandmalereien (16. Jh.), Regiswindiskapelle (um 1240); Neckarbrücke von 1530.

Lauffeuer (Bodenfeuer), sich rasch ausbreitendes Feuer, das trockene Bodenflora erfaßt; sprichwörtl. *wie ein L.:* sehr schnell.

Laufgraben (frz. tranchée), der vom Belagerer einer Festung zu seiner Deckung ausgehobene Annäherungsgraben (frz. approche), der Infanteriestellungen untereinander verbindet.

Laufhühnchen (Kampfwachteln, Turnicidae), Fam. der Kranichvögel mit 15 etwa 12–20 cm großen, Wachteln oder kleinen Hühnern ähnelnden und wie diese auf dem Boden lebenden Arten in Grasländern, Steppen, offenem Busch- und Baumland warmer Gebiete der Alten Welt, davon eine Art auch in S-Spanien und Portugal, selten noch auf Sizilien; die ♀♀ sind bes. kämpferisch.

Laufhunde, in der Schweiz gezüchtete

Rassegruppe kleiner bis mittelgroßer, schnell und ausdauernd laufender Jagdhunde mit Hängeohren, langer Rute und kurzhaarigem Fell; folgen dem Wild mit der Nase und geben dann Laut.

läufig (heiß, hitzig), sich in der Brunst befindend (von Hündinnen gesagt).

Laufkäfer (Carabidae), weltweit verbreitete, rd. 25 000 Arten umfassende Käferfamilie der ↑Adephaga mit überwiegend dunkler, metall. glänzender Körperfärbung. In Deutschland kommen rd. 600 Arten vor, darunter z. B. ↑Goldschmied und **Gartenlaufkäfer** (Carabus hortensis), 22–28 mm groß, schwarz, seidigglänzend; mit kupferig-goldenen Grübchen in Längsreihen auf den Flügeldecken.

Laufkatze ↑Krane.

Laufkran ↑Krane.

Laufmilben (Samtlaufmilben, Trombidiidae), weltweit verbreitete, artenreiche Fam. an und im Boden lebender Milben mit häufig bunten (v. a. rötl.) und samtartig dicht behaarten, bis 1 cm großen Arten; bekannteste Arten sind ↑Erntemilbe und die etwa 4 mm große, scharlachrote **Scharlachmilbe** (Trombidium holose:;ceum).

Laufrad, Schaufelrad von Turbinen, hydrodynam. Kupplungen u. ä.
◆ nicht angetriebenes Rad von [Trieb]fahrzeugen, Laufwerken, -katzen, -winden usw.
◆ svw. ↑Draisine.

Laufschrift, über eine rasterförmig mit Glühlampen besetzte Rechteckfläche an Gebäudefassaden u. a. durch gesteuertes Ein- und Ausschalten hinlaufende Schrift (für Kurzinformationen oder Werbezwecke)

Lauftraining ↑Training.

Laufwasserkraftwerk ↑Kraftwerk.

Laufzeiteffekte, Sammelbez. für alle Erscheinungen, die bei Teilchenstrahlen (speziell bei Elektronen und Ionen) auftreten, wenn die Laufzeit der Teilchen in einem hochfrequenten elektromagnet. Wechselfeld in der Größenordnung der Schwingungsdauer liegt.

Laufzeitröhren, Elektronenröhren zur Erzeugung und Verstärkung von Mikrowellen (0,3 bis 300 GHz). Bei den L. dient die endl. Flugdauer der Elektronen (in einem Elektronenstrahl) dazu, aus einem *geschwindigkeitsmodulierten* Elektronenstrahl (der aus einem Strahl konstanter Geschwindigkeit entsteht, wenn dieser ein von Mikrowellen gebildetes hochfrequentes elektr. Wechselfeld durchläuft) einen *dichtemodulierten* Strahl zu erhalten; ein solcher entsteht, weil die schnelleren Elektronen langsamere einholen. Dieser Strahl kann dann seine Energie durch Abbremsung [an ein Wechselfeld gleicher Frequenz wie das erste] abgeben. Eine Steuerung des Elektronenstroms durch räuml. stehende Wechselfelder findet beim **Klystron** (*Zweikammerklystron, Triftröhre*) statt. Hier dient zur Geschwindigkeitsmodulation ein Doppelgitter, das die Elektronenstrahl durch-

quert und das mit zwei Wandflächen eines Hohlraumresonators auf jeweils gleichem Potential liegt; in diesen Resonator koppelt man die zu verstärkende Signalspannung ein. Mit solchen Röhren lassen sich hohe Verstärkungen schmaler Frequenzbänder erzielen. In **Wanderfeldröhren** wird die Wechselwirkung einer längs eine wendelförmigen Verzögerungsleitung fortschreitenden elektromagnet. Welle und eines Elektronenstrahls ausgenutzt. Durch die Verzögerungsleitung wird die Phasengeschwindigkeit der Welle herabgesetzt, so daß sie etwa gleich der Geschwindigkeit der Elektronen ist. Die Wechselwirkung ruft im Elektronenstrahl Raumladungswellen hervor, die wiederum auf die elektromagnet. Welle zurückwirken und sie verstärken können; Verwendung zur Verstärkung breiter Frequenzbänder (Bandbreite z. B. 800 MHz bei 3 GHz Trägerfrequenz). Ein nach dem Prinzip der Wanderfeldröhre arbeitender Oszillator ist das **Karzinotron** (*Carcinotron, Rückwärtswellenröhre*), bei dem die Rückkopplung durch eine gegen den Elektronenstrahl laufende elektromagnet. Welle erfolgt. Das [**Vielschlitz**]**magnetron** besteht aus einem [Kupfer]block mit symmetr. um einen zylindr. Hohlraum liegenden Bohrungen, die mit diesem durch Schlitze verbunden sind; der Block bildet die Anode, axial im Hohlraum ist die Kathode angeordnet; die gesamte Anordnung befindet sich zw. den Polschuhen eines Magneten. Die Überlagerung des beschleunigenden elektr. Feldes in der Anoden-Kathoden-Strecke und des magnet. Feldes läßt die Elektronen dichtemodulierte, zykloidenähnl. Bewegungen um die Kathode ausführen; dabei regen sie die durch die Schlitze mit dem Kathodenraum verbundenen Resonatoren an, die zusammen wie eine kreisförmig ausgeführte Verzögerungsleitung wirken. Der Arbeitsfrequenzbereich liegt zw. 3 und 300 GHz; Dauerleistungen von 500 W und Impulsleistungen von 5 MW lassen sich erreichen. Magnetrons werden in der Radartechnik und als Wärmegeneratoren (Hochfrequenzheizung) verwendet.

📖 *Pehl, E.: Mikrowellentechnik Bd. 2: Mikrowellenantennen, Mikrowellenröhren, Mikrowellenhalbleiter u. Halbleiterschaltungen. Hdbg. 1984. - Müllender, R.: Höchstfrequenztechnik Stg. 1978.*

Laugen, in der *Chemie* Bez. für wäßrige Lösungen von ↑Basen; sie reagieren alkalisch. Häufig wird die Bez. für die wäßrigen Lösungen von Natriumhydroxid (Natronlauge) und Kaliumhydroxid (Kalilauge) verwendet.
◆ in der *Technik* Bez. für nicht reine Salzlösungen und Lösungsgemische. Die beim der Auskristallisation eines Stoffes zurückbleibende Flüssigkeit wird als **Mutterlauge** bezeichnet. Als L. werden vielfach auch wäßrige Lösungen bzw. Lösungsgemische bezeichnet, die - unabhängig von ihrem Gehalt

an Hydroxidionen - alle mögl. Nutz- und Ballastbestandteile enthalten können, z. B. Bleich-L., Waschlaugen.

Laugenbrezel, vor dem Backen in 1- bis 3 %ige, kochende Natronlauge getauchte und mit Salz bestreute Brezel; **Laugenbrötchen** werden genauso behandelt.

Laugerud García, Kjell Eugenio [span. laŭxe'ruð ɣar'sia], * Guatemala 24. Jan. 1930, guatemaltek. General und Politiker. - 1970–74 Verteidigungsmin. und Generalstabschef des Heeres; 1974–78 Präs. von Guatemala.

Laugeverfahren, svw. ↑ Laugung.

Laughton, Charles [engl. lɔːtn], * Scarborough (Yorkshire) 1. Juli 1899, † Los Angeles-Hollywood 15. Dez. 1962, amerikan. Schauspieler brit. Herkunft. - Bed. Charakterdarsteller, bes. in Dramen von Tschechow und Shakespeare, aber auch z. B. von Brecht (als Galilei 1947 in Los Angeles). Auch in zahlr. Filmen (v. a. Hollywoodfilme) bewies L. seine vom Komödiantischen bis zu distanzierter Intellektualität reichende Vielseitigkeit, u. a. „Meuterei auf der Bounty" (1935), „Der Glöckner von Notre Dame" (1939) „Zeugin der Anklage" (1957), „Sturm über Washington" (1961).

Francesco Laurana, Bildnisbüste (um 1475). New York, Frick Collection

Charles Laughton (1957)

laugieren, textile Stoffe mit schwacher Natronlauge behandeln; ergibt Krepp- oder Schrumpfeffekte und erhöht die Farbstoffaufnahmefähigkeit.

Laugung (Laugeverfahren), Verfahren zur Abtrennung eines Metalls aus Erz oder einem anderen Ausgangsmaterial durch Extrahieren mit Wasser, sauren, alkal. oder anderen Lösungsmitteln.

Launceston [engl. 'lɔːnsɛstən], austral. Hafenstadt im N der Insel Tasmanien, am River Tamar, 64 600 E. Queen-Victoria-Museum mit Bibliothek; Zoo, Textil-, Elektro-, Nahrungsmittelind., Motoren-, Fahrzeug- und Bootsbau, Hafen, ⚓. - L. wurde 1806 gegr., war Walfang- und Seglerstation; seit 1888 Stadt (City).

Launcher [engl. 'lɔːntʃə; zu to launch „schleudern" (von lat. lanceare „die Lanze schwingen")], Startgestell für Raketen, ausgeführt als Einzel- oder Mehrfachgestell.

Laupen, Hauptort des Bez. L. im schweizer. Kt. Bern, an der Sense, 489 m ü. d. M., 2 300 E. Kartonagenherstellung, Biskuitfabrik, Buchdruckerei. - Burg (10. Jh.; umgebaut 1648).

Laupheim, Stadt 20 km sw. von Ulm, Bad.-Württ., 515 m ü. d. M., 15 100 E. Arzneimittelfabrik; metallverarbeitende Ind., Hopfenextraktwerk. - 778 erstmals erwähnt; kam 1331 unter habsburg. Lehnshoheit (Vorderösterreich) und wurde 1806 württembergisch. - Barocke Stadtpfarrkirche (17. Jh.), spätgot. Friedhofskapelle (15. Jh.), Schloß Klein-L. (1769; jetzt Amtsgericht), Schloß Groß-L. (16.–18. Jh.).

Laura, aus dem Italien. übernommener weibl. Vorname, wahrscheinl. Kurzform von Laurentia.

Laura (Lawra) [mittelgriech. „(enge) Gasse, Hohlweg"], urspr. eine bes. Form monast. Lebens im Orient: eine Gruppe von Einsiedlern, die unter der Leitung eines Abtes steht und zu bestimmten Gemeinschaftsübungen zusammenkommt; später auch Name von größeren Klöstern.

Laurana, Francesco, * Vrana (Dalmatien) um 1430, † Avignon (?) vor dem 12. März 1502, italien. Bildhauer und Medailleur. - Wahrscheinl. Bruder von L. Laurana; bed. Meister der italien. Frührenaissance; Reliefs für San Francesco in Palermo (1468), Madonnenstatuen (Madonna di Noto, 1471) und weibl. Marmorbüsten von zartem Stimmungsgehalt. 1461–66 entstanden von seiner Hand in Frankr. datierte Medaillen.

Laurana

L., Luciano, * Vrana (Dalmatien) um 1425, † Pesaro 1479, italien. Baumeister. - Wahrscheinl. Bruder von Francesco L.; tätig in Neapel (vielleicht Entwurf des Triumphbogens am Castel Nuovo) und Mantua; um 1465 von Federigo da Montefeltre nach Urbino berufen, wo er den Palazzo Ducale ausund weiterbaute. Wegbereiter der Baukunst der Hochrenaissance.

Laurasia [zu Laurentia, dem latinisierten Namen des Sankt-Lorenz-Stroms, und Asia „Asien"], Bez. für den bis ins Erdmittelalter bestehenden Nordkontinent, der im wesentl. das heutige Nordamerika, Europa und Asien umfaßte (Südkontinent ↑ Gondwanaland).

Laureat [lat., zu laurus „Lorbeerbaum, Lorbeerkranz"], Preisträger, bes. Ausgezeichneter.

Laurel, Stan [engl. 'lɔrəl], eigtl. Arthur Stanley Jefferson, * Ulverston (Lancashire) 16. Juni 1890, † Santa Monica (Calif.) 23. Febr. 1965, amerikan. Schauspieler engl. Herkunft. - ↑ Dick und Doof.

Laurens, Henri [frz. lɔ'rãːs], * Paris 18. Febr. 1885, † ebd. 5. Mai 1954, frz. Bildhauer. - L. begegnete 1911 Braque, begann alsbald mit Konstruktionen und Collagen und schuf v. a. bed. polychrome kubist. Steinplastik; nach 1927 baute er seine Bronzeplastik (v. a. Frauenakte) zunehmend auf organ. Volumenwerten auf. Charakterist. die fragmentar. freie Behandlung des Körpers; bes. bekannt seine Sirenen und der „Große Amphion" (1937; Paris, Musée National d'Art Moderne). Auch Buchillustrationen u. a.

Laurentia, weibl. Vorname (↑ Laurentius).

Henri Laurens, Kopf (1917). Privatbesitz

Laurentia [nach dem latinisierten Namen des Sankt-Lorenz-Stroms], der alte Festlandskern Nordamerikas.

Laurentischer Schild [nach Laurentia, dem latinisierten Namen des Sankt-Lorenz-Stroms] ↑ Kanadischer Schild.

Laurentium, svw. ↑ Lawrencium.

Laurentius, männl. Vorname lat. Ursprungs, eigtl. „der aus der Stadt Laurentum Stammende"; weibl. Form: Laurentia.

Laurentius, hl., † Rom 258, Diakon in Rom. - L. begleitet seinen Lehrer Sixtus zur Hinrichtung, dieser gibt L. den Auftrag, seine Habe an die Armen zu verteilen und verheißt ihm das Martyrium binnen drei Tagen. L. führt den Auftrag gegen den Willen Kaiser Valerians aus. Der Kaiser befiehlt, ihn auf dem Rost zu Tode zu bringen. - Konstantin ließ 330 die Kirche San Lorenzo fuori le Mura über dem Grab errichten, eine der sieben Hauptkirchen Roms. Die Darstellungen zeigen L. meist mit Rost, Buch und Kreuzstab. - Fest: 10. August.

Laurentius von Brindisi (Giulio Cesare Russo), hl., * Brindisi 22. Juli 1559, † Lissabon 22. Juli 1619, □ in Villa Franca de Biezo (Bistum Astorga), italien. kath. Theologe. - Seit 1575 Kapuziner, bereits 1580 Ordensprovinzial, 1602–05 Generaloberer; trug zur Bildung der kath. ↑ Liga von 1609 entscheidend bei; seit 1959 als Kirchenlehrer verehrt.

Laurentius Andreae [schwed. an-'dreːə], eigtl. Lars Andersson, * Strängnäs um 1470, † ebd. 14. April 1552, schwed. Reformator und Kirchenpolitiker. - 1524 Archidiakon des Erzbistums Uppsala; als Sekretär und Berater König Gustavs I. (seit 1523) gewann er diesen für die Reformation, die deshalb 1527 in Schweden eingeführt werden konnte; schuf zus. mit Olaus Petri die erste schwed. Bibelübersetzung.

Laurentiuschronik, ältestes Denkmal der russ. Chronistik; Pergamenthandschrift aus dem Jahre 1377, kopiert in Nischni Nowgorod unter Leitung des Mönches Lawrenti nach einer Fassung von 1305.

Laurentiusschwarm, nach dem Auftreten um den Tag des hl. Laurentius (10. Aug.) ben. Meteorstrom, svw. ↑ Perseiden.

Lauretanische Litanei [nach dem latinisierten Namen des italien. Wallfahrtsortes Loreto], in der kath. Volksfrömmigkeit ein seit dem 16. Jh. allg. gebräuchl. Wechselgebet zu Ehren Marias.

Laurier, Sir (seit 1897) Wilfrid [engl. 'lɔrɪɛɪ, 'lɔrɪɛ; frz. lɔr'je], * Saint Lin (Prov. Quebec) 20. Nov. 1841, † Ottawa 17. Febr. 1919, kanad. Politiker. - Ab 1874 Mgl. des Parlaments, 1896–1911 als erster Katholik Premiermin. L. betonte gegenüber Großbrit. die Autonomie Kanadas auch in außenpolit. Fragen; seine bedeutendste innenpolit. Leistung war die durch ihn eingeleitete Besiedlung Westkanadas.

Laurin […ri:n] (auch „König L." oder: „Der kleine Rosengarten"), mittelhochdt. paargereimtes Heldenepos, entstanden wohl Mitte des 13. Jh. in Tirol. Gehört zu den kleineren Epen des Sagenkreises um Dietrich von Bern; es handelt von einem Unternehmen Dietrichs und seiner Gefolgsleute gegen L., wobei der Zwergenkönig und Herr des Rosengartens zunächst besiegt wird, die Berner dann aber überlisten kann. Das Epos endet mit der Versöhnung Dietrichs und Laurins.

Laurinsäure [lat./dt.] (n-Dodekansäure), $CH_3-(CH_2)_{10}-COOH$, höhere gesättigte geradkettige Fettsäure; die als **Laurate** bezeichneten Salze und Ester der L. werden als Stabilisatoren, Weichmacher und Emulgatoren verwendet.

Lauritz, männl. Vorname (zu Laurids, der dän. Form von Laurentius).

Lausanne [frz. lo'zan], Hauptstadt des schweizer. Kt. Waadt, am N-Ufer des Genfer Sees, 374 – etwa 850 m ü. d. M., 125 000 E. Univ. (gegr. 1537, bis 1890 Akad.), Eidgenöss. TH, Theolog. Hochschule der Freien Ev. Kirche, Konservatorium; Hotelfachschule; Eidgenöss. Landw. Forschungsanstalt; Museen, Kantonsbibliothek; Sitz des Schweizer. Bundesgerichts; Handelsstadt mit jährl. Messen und Ausstellungen; Bahnknotenpunkt, Fremdenverkehr.
Geschichte: Bereits in vorröm. Zeit entstand eine Siedlung, die in röm. Zeit ausgebaut wurde. Um 590 ließen sich die Bischöfe von Avenches in L. nieder. Für die Cité (seit dem 9. Jh. im Besitz des Bischofs) und die Unterstadt (seit dem 11. Jh. in dessen Besitz) bestanden verschiedenes Recht und eine getrennte Verwaltung; 1434 unter Vorbehalt der bischöfl. Rechte zur freien Reichsstadt erklärt; 1536–1798 unter bern. Herrschaft; 1803 wurde L. Hauptort des neuen Kt. Waadt. - Der am 18. Dez. 1912 geschlossene **Friede von Lausanne** beendete den Italien.-Türk. Krieg (1911/12). Der in der Türkei als Triumph Kemal Atatürks, in Griechenland als Niederlage bewertete **Friede von Lausanne** vom 24. Juli 1923 beendete den Griech.-Türk. Krieg (1919–22) zugunsten der Türkei.
Bauten: Frühgot. Kathedrale (12. Jh.), an der Stelle einer karoling. Basilika; Neues bischöfl. Schloß (1397–1406; jetzt Sitz der Kantonsregierung), Rathaus (15. Jh.; umgebaut); Palais de Rumine (1898–1906, heute u. a. Kantonalmuseum und Münzkabinett).

Lausanne-Genf-Freiburg [frz. lo-'zan], Bistum, das die vier kath. Kt. der Schweiz (Freiburg, Waadt, Neuenburg, Genf) zusammenfaßt (seit 1924). Sitz Freiburg. - ↑auch katholische Kirche (Übersicht).

Lausanner Konferenz [frz. lo'zan], vom 16. Juni bis 9. Juli 1932 in Lausanne tagende Reparationskonferenz, die das formelle Ende der Reparationen des Dt. Reiches brachte; die von der Konferenz festgelegte Restschuld von 3 Mrd. RM wurde nicht mehr bezahlt.

Lausanner Schule [lo'zan] ↑Grenznutzenschule.

Lauschangriff (Lauschaktion, Lauschoperation), eigtl. Bez. für das geheime Abhören („Belauschen") mittels versteckt angebrachter Mikrophone („Wanzen") in der Wohnung einer Person, dann auch für die Vorbereitungshandlungen des Abhörens (das gewaltsame Eindringen in die Wohnung). L. staatl. Stellen werden meist durch den Verdacht der Spionage, des Terrorismus o. ä. begründet. Der L. stellt eine Verletzung der Privatsphäre und der Menschenwürde nach Art. 13 GG dar.

Lausche, höchster Berg des Lausitzer Gebirges, an der Grenze zw. DDR und ČSSR, 793 m hoch.

Lauscher, wm. Bez. für die Ohren bei allem Schalenwild (außer Wildschwein).

Läuse (Echte L., Anoplura, Siphunculata), mit knapp 400 Arten weltweit verbreitete Ordnung 1–6 mm langer, stark abgeflachter, flügelloser, an Säugetieren (einschließl. Mensch) blutsaugender Insekten; in M-Europa etwa 20 Arten. Die Eier *(Nissen)* werden an Wirtshaaren festgeklebt. L. sind z. T. Krankheitsüberträger. - Hauptfam.: ↑Menschenläuse, ↑Tierläuse.
◆ ↑Pflanzenläuse.
◆ ↑Rindenläuse.

Läusebefall, svw. ↑Pedikulose.

Läusekraut (Pedicularis), Gatt. der Rachenblütler mit rd. 600 Arten auf der Nordhalbkugel, v. a. in den Gebirgen Z-Asiens; Halbparasiten, meist auf Gräsern; Blätter meist mehrfach fiederschnittig bzw. fiederteilig; Blüten zweilippig, in Ähren oder Trauben. Einheim. Arten sind u. a.: **Waldläusekraut** (Pedicularis silvatica), mit schmal-lanzenförmigen Blättern und roten bis hell purpurfarbenen Blüten; auf feuchten Wiesen und Flachmooren NW-Deutschlands. **Sumpfläusekraut** (Pedicularis palustris), bis 50 cm hoch, mit sitzenden oder kurz gestielten Blättern und roten bis purpurfarbenen Blüten; auf Sumpfwiesen und Flachmooren. **Karlszepter** (Pedicularis sceptrum-carolinum), mit bis 3 cm großen gelben Blüten in bis 90 cm hohem Blütenstand; auf feuchten Wiesen, Flachmooren und an Seeufern.

Läusetyphus, svw. ↑Fleckfieber.

Lausfliegen (Hippoboscidae), weltweit verbreitete Fliegenfam. mit rd. 150 etwa 4–8 mm großen, auf der Haut von Vögeln und Säugetieren ektoparasit. lebenden, blutsaugenden Arten; Körper extrem flachgedrückt, mit kräftigen, große Klauen tragenden Beinen; Flügel oft rückgebildet; larvengebärend. Bis 5 mm lang und gelbl. ist die bes. an Rothirschen und Rehen saugende **Hirschlausfliege** (Lipoptena cervi). Die **Schaflausfliege** (Melophagus ovinus) ist 5–6 mm lang, rostgelb bis bräunl. und flügellos; lebt zuweilen massenhaft in der Wolle von Hausschafen; kann auch den Menschen befallen.

Lausitz, zusammenfassende Bez. für die histor. Landschaften ↑Niederlausitz und ↑Oberlausitz.

Lausitzer Bergland, Teil der ostdt. Mittelgebirgsschwelle in der südl. Oberlausitz, DDR, im Weißerberg 587 m hoch.

Lausitzer Gebirge (Zittauer Gebirge), Gebirge im SO der Oberlausitz, DDR und ČSSR. Die höchsten Gipfel (Lausche 793 m, Hochwald 750 m) bestehen aus vulkan. Gesteinen.

Lausitzer Heide ↑Niederschlesische Heide.

Lausitzer Kultur, nach Urnenfeldern in der Niederlausitz ben. spätbronzezeitl. Kulturgruppe, deren Ursprünge in der Hügelgräberkultur der mittleren Bronzezeit liegen und die in einigen Gebieten bis in die La-Tène-Zeit angedauert hat; gekennzeichnet durch ihre Keramik, als deren älteste die Buckelkeramik im Gesamtverbreitungsgebiet erscheint; aus ihr bildeten sich Sondergruppen heraus. Funde aus Urnengräbern, von befestigten bzw. offenen Siedlungen, aus oft großen Depots.

Lausitzer Neiße (Görlitzer Neiße), linker Nebenfluß der mittleren Oder (ČSSR, Polen▾, DDR), entspringt am SW-Hang des Isergebirges, mündet sö. von Frankfurt/Oder; 256 km lang (seit 1945 z. T. Grenze zw. der DDR und Polen).

Lausmilben, svw. ↑Krätzmilben.

Laut (Sprachlaut), in der *Phonetik* einzelnes Element der gesprochenen Sprache nach ihrer Zerlegung in möglichst kleine, von einem normalen menschl. Ohr wahrnehmbare Teile. Die übl. Einteilung der Laute erfolgt v. a. nach artikulator. Gesichtspunkten. Einteilung nach der **Artikulationsart:** 1. *Konsonanten:* Verschlußlaute [p b t d c k g], Nasale [m n ɲ ŋ], Seitenlaute [l ʎ], gerollte (und geschlagene) Laute [r], Reibelaute [β f v θ ð s z ʃ ʒ c ʑ j x ɣ h], Halbvokale (Halbkonsonanten) [w ɥ j]; 2. *Vokale:* [i e ɛ æ a ɑ ɔ ɐ ʌ ɣ ʏ œ ʉ u ʊ o]. Einteilung nach der **Artikulationsstelle** (bes. für *Konsonanten*): bilabial [p b m β w ɥ], labiodental [f v], dental [t d n l r θ ð s z], palatoalveolar [ʃ ʒ], alveolopalatal [c ʑ], palatal [c ɲ ʎ ç j], velar [k g ŋ x ɣ], glottal [h]. Die Einteilung der *Vokale* erfolgt 1. nach der **Zungenvertikallage** (Geschlossenheit bzw. Offenheit; Zungenhöhe): hohe [i y ɨ ʉ u], fasthohe [ɪ ʏ ʊ], mittelhohe [e ø o], mitteltiefe [ə], mittetiefe [ɛ œ ʌ ɔ], fasttiefe [æ ɐ] und tiefe [a ɑ] Vokale; 2. nach der **Zungenhorizontallage:** vordere (palatale) [i y ɪ ʏ e ø ɛ œ æ a], zentrale [ɨ ʉ ə ɐ] und hintere (velare) [u ʊ o ʌ ɔ ɑ] Vokale; 3. nach der **Lippenstellung** (Grad der Lippenrundung): ungerundete (illabiale) [i ɪ e ɛ æ a ɨ ə ɐ ʌ ɑ] und gerundete (labiale) [y ʏ ø œ ʉ ɔ u ʊ o ɔ] Vokale.

Laute [zu arab. al ud, eigtl. „(Instrument) aus Holz"], i. w. S. jedes (aus Hals und Resonanzkörper) zusammengesetzte Saiteninstrument, bei dem die Saitenebene parallel zur Decke des Resonators liegt. Man unterscheidet Joch-L. (↑Leier) und Stiel-L. (darunter Hals-L.); zu letzteren gehören z. B. außereurop. Langhals-L., ferner die Gitarre und unsere Streichinstrumente. - L. i. e. S. bezeichnet ein Musikinstrument mit gezupften [Darm]saiten, kurzem Hals, einem aus dünnen Spänen (i. d. R. Holz) zusammengesetzten Resonanzkörper in Form einer längs gehälfteten Birne und einem meist vom Hals abgeknickten Wirbelkasten. Das Griffbrett ist mit Bünden versehen, das Schalloch in der Decke mit einer Rosette verziert. - Die L. (i. e. S.) entwickelte sich im 13./14. Jh. in Spanien aus dem ↑Ud. Sie hatte zunächst vier Saiten in Quartstimmung und wurde bis um 1500 mit Plektron gespielt. Die Normalstimmung der L. war im 16. Jh. A-d-g-h-e¹-a¹ oder G-c-f-a-d¹-g¹. Sie hatte mit Ausnahme der höchsten Saite doppelten Bezug („Doppelchöre"). Die Stimmung A-d-f-a-d¹-f¹ verbreitete sich um 1640. Die Blütezeit der L. lag im 16./17. Jh. Wegen ihrer Eignung zur Polyphonie und akkord. Spiel entsprach ihre damalige Bedeutung etwa der der Klavierinstrumente im 18. und 19. Jh. Neben ihrer Verwendung als Soloinstrument und im Ensemble ist sie v. a. als Generalbaßinstrument wichtig (bes. die tieferen Formen ↑Theorbe und ↑Chitarrone).

Lautenklavizimbel (Lautenklavier), in der 1. Hälfte des 18. Jh. ein Cembalo mit doppelten Darmsaiten und lautenähnl. Klang.

Lautensach, Hermann, * Gotha 20. Sept. 1886, † Wildbad im Schwarzwald 20. Mai 1971, dt. Geograph. - Prof. in Greifswald und Stuttgart; veröffentlichte wichtige Arbeiten zur Länderkunde und zur Methodik der Geographie, u. a.: „Allg. Geographie zur Einführung in die Länderkunde" (1926), „Portugal" (2 Bde., 1932–37), „Korea" (1945), „Die Iber. Halbinsel" (1964).

Lautensack, Heinrich, * Vilshofen 15. Juli 1881, † Eberswalde 10. Jan. 1919, dt. Dichter. - Schrieb Lieder fürs Kabarett (v. a. für „Die Elf Scharfrichter" in München) und balladenhafte Gedichte sowie bühnenwirksame Dramen, in denen er sich u. a. für Liberalisierung und Enttabuisierung des Sexuellen einsetzte. - *Werke:* Die Pfarrhauskomödie (Kom., 1911), Altbayr. Bilderbogen (Prosadichtungen, hg. 1920).

Lautenschläger, Karl, * Bessungen (= Darmstadt) 11. April 1843, † München 30. Juni 1906, dt. Bühnentechniker. - Richtete 1895 am Münchner Residenztheater die erste Drehbühne Deutschlands und am Münchner Hoftheatern 1883 und 1886 die ersten elektr. Beleuchtungsanlagen ein.

Lautentabulatur, eine Griffschrift für die Laute (↑Tabulatur).

Lautenzug, Vorrichtung am ↑Cembalo zur Dämpfung der Saitenschwingung (mittels eines Filzstreifens), wodurch der Klang dem einer Laute ähnelt.

Lauterbach (Hessen), Krst. auf der NO-Abdachung des Vogelsberges, 300 m ü. d. M., 14 400 E. Verwaltungssitz des Vogelsbergkreises, wirtsch. Zentrum zw. Vogelsberg und Knüll; Papier-, Bekleidungs-, Nahrungs-, Genußmittel- u. a. Industrie. - Eine Kapelle wird erstmals 812 gen.; Abt Bertho II. von Fulda ließ um 1265 im Verlauf der Fuldaer Stiftsfehde die Burg L. erbauen, den Ort befestigen und erteilte L. 1265 Stadtrecht. - Rokokostadtkirche (18. Jh.) mit Grabmälern (16. Jh.) der Frhr. Riedesel zu Eisenbach, Barockschloß Hohhaus (18. Jh.; heute Museum).

Lauterberg im Harz, Bad ↑Bad Lauterberg im Harz.

Lauterbrunnen, Gemeinde und Talschaft im Berner Oberland, Kt. Bern, 3 400 E. Zur Gem. gehören auch die Wintersportzentren **Wengen** (1 725 m ü. d. M.) und **Mürren** (1 640 m ü. d. M.). Das Dorf L. (796 m ü. d. M.) ist Ferienort. - L. gehört seit 1528 zur Landvogtei Interlaken.

Lauterecken, Stadt im Nordpfälzer Bergland, Rhld.-Pf., 156 m ü. d. M., 2 300 E. - 1343 erstmals gen. und spätestens seit 1384 Stadt, war das seit 1444 zu Pfalz-Zweibrücken gehörende L. 1543–1694 Regierungssitz der Linie Pfalz-Veldenz.

Läuterung, in der *Forstwirtschaft* das Auslichten in einem jungen Waldbestand.
◆ in der *Erzaufbereitung* ↑Aufbereitung.

Lautgeschichte ↑Lautlehre.

Lautgesetz, Bez. für die Regeln, nach denen sich Lautwandel unter gleichen Bedingungen, d. h. auch in einer bestimmten Sprache zu bestimmter Zeit, ausnahmslos vollzieht. Diese am entschiedensten von den Junggrammatikern vertretene Annahme ausnahmsloser L. stieß auf verbreitete Kritik.

Lautharmonie, Angleichung (Assimilation) [un]mittelbar benachbarter Laute.

Lautiermethode, verbreitete Methode im ↑Leseunterricht, bei der die einzelnen Buchstaben von vornherein als Schriftbild eines Lautes beigebracht werden.

Lautlehre, Teilgebiet der Sprachwiss., das sich mit den Sprachlauten befaßt; sie wird eingeteilt in 1. ↑Phonetik (L. i. e. S.), die die Beschreibung der Laute selbst, ihrer Erzeugung und der Sprechwerkzeuge zum Gegenstand hat; 2. ↑Phonologie, die Lehre von den Phonemen, d. h. von der Funktion der Laute im Sprachsystem; 3. Lautgeschichte („histor. L."), die die Veränderungen der Laute im Lauf der Sprachentwicklung erforscht und darstellt.

Lautmalerei (Onomatopöie; Lautnachahmung, Schallnachahmung, Klangmalerei), 1. die Wiedergabe nichtsprachl. akust. Ereignisse (Tierlaute, Naturgeräusche, maschinelle Geräusche) mit Hilfe von Sprachlauten, z. B. *miau* (Katze), *töff* (Motorrad); 2. der Versuch, bestimmte Vorstellungen, Gefühle usw. durch Sprachlaute wiederzugeben bzw. Sprachlauten zuzuordnen (**Lautsymbolik, Klangsymbolik**), z. B. der Laut [i] (häufiger Gebrauch in Kosenamen) bedeute etwas Kleines oder Kleinheit.

Lautréamont, Comte de [frz. lotrea-'mõ], eigtl. Isidore Lucien Ducasse, * Montevideo 4. April 1846, † Paris 24. Nov. 1870, frz. Dichter. - Kam 20jährig nach Paris; lebte einsam und in ärml. Verhältnissen; starb an Tuberkulose. Aus seinen Prosagedichten in 6 Gesängen „Die Gesänge des Maldoror"

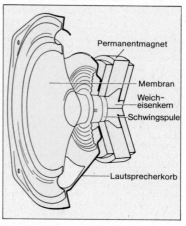

Dynamischer Lautsprecher mit Permanentmagneten

Elektrostatischer Lautsprecher mit Hochspannungsteil

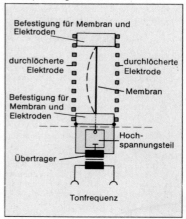

Lautschrift

(1869) spricht Verzweiflung und Auflehnung gegen Gott; von großem Einfluß auf den Surrealismus.

Lautschrift (phonet. Schrift, phonet. Umschrift, phonet. Transkription), Schrift, die gesprochene Sprache genauer wiedergibt als die traditionelle Rechtschreibung; sie gibt nach Möglichkeit *einen* Laut immer durch dasselbe *eine* Zeichen wieder. Sie verwendet meist die Buchstaben der Rechtschreibung und zusätzl. Zeichen, z. B. [ʃ] für *sch*, ferner diakritische Zeichen. Die bekannteste Lautschrift ist die Internationale L. der ↑ Association Phonétique Internationale.

Lautsprecher, elektroakust. Wandler, der elektr. Wechselströme im Tonfrequenzbereich, wie sie z. B. vom Niederfrequenzverstärker eines Wiedergabegeräts (Rundfunkempfänger, Tonbandgerät u. a.) geliefert werden, in hörbaren Schall (Luftschallschwingungen) umwandelt. Eine möglichst originalgetreue Klangwiedergabe läßt sich wegen der breiten Tonfrequenzbandes (16 Hz–20 kHz, d. h. über 10 Oktaven) mit einem einzigen L. prakt. nicht verwirklichen; man verwendet deshalb z. B. in den L.boxen von Hi-Fi-Anlagen Kombinationen mehrerer Spezial-L. (Hoch-, Mittel- und Tiefton-L.), wobei **Frequenzweichen** (bestehend aus Drosselspulen, die tiefe Frequenzen durchlassen und hohe Frequenzen sperren, sowie aus entgegengesetzt funktionierenden Kondensatoren) dafür sorgen, daß die Tonfrequenzbereiche dem jeweils adäquaten Einzel-L. der Box zugeführt werden. Bei der sog. **aktiven Box** ist jedem Einzel-L. ein Endverstärker zugeordnet, der in der L.box untergebracht ist. Der am häufigsten verwendete **dynamische Lautsprecher** besteht aus einem kräftigen Permanentmagneten, in dessen Luftspalt sich ein elektr. Leiter in Form einer schwingfähig aufgehängten Spule befindet. Fließt durch die Schwingspule ein tonfrequenter Wechselstrom, so bewegt sie sich nach dem Induktionsgesetz axial im Luftspalt, und zwar im Rhythmus des Wechselstroms; die an ihr befestigte und mitschwingende Konusmembran regt dadurch die umgebende Luft zu Schallschwingungen an. Da der optimale Durchmesser der Membran und damit ihr abzustrahlenden Frequenzbereich abhängen (⌀ zw. 45 cm bei Baß-L. und 2 cm bei Hochton-L.), gibt es für Hochton-L. als Spezialformen den *Kalotten-L.*, bei dem die Kalotte der Membranfunktion übernimmt, und den *Bändchen-L.*, bei dem die Metallmembran selbst der Leiter ist. Um die bei der Verwendung von Frequenzweichen in passiven Boxen erzeugten Phasenverschiebungen der Frequenzen zu vermeiden, wurden L. konstruiert, die den gesamten Frequenzbereich durch meist mehrere gleichartige L.chassis abstrahlen (z. B. Bose-L. 901, der zugleich dadurch, daß nur eine Einheit direkt nach vorne abstrahlt, die anderen 8 indirekt nach hinten, Konzertsaalverhältnisse [11 % direkter, 89 % indirekter Schallanteil] schaffen will; der Ohm-F-L. mit der sog. Walsh-Membran, die keine Hubkolbenbewegung ausführt, sondern sich zu von oben nach unten am Konus entlanglaufenden Biegewellen deformiert). Zur Verbesserung der Baßwiedergabe wurden verschiedene Baßreflexsysteme entwickelt, bekanntestes die **Baßreflexbox,** die im Unterschied zu den normalen L.boxen nicht luftdicht geschlossen ist, sondern eine oder mehrere Öffnungen enthält. Aus diesen Öffnungen heraustretende Schallwellen von der Rückseite der Membran des Baß-L. verstärken bei genauer Berechnung die vom Baß-L. nach vorne abgestrahlten Baßtöne. Vom Volumen her wurden *Miniboxen* geschaffen, die trotz geringer Abmessungen beachtl. Klangfülle vermitteln.

Der **elektrostat. Lautsprecher** beruht auf dem Kondensatorprinzip: Zw. 2 starren durchlöcherten Elektroden und einer zw. ihnen ausgespannten dünnen leitenden Membran liegt eine hohe Gleichspannung (einige kV). Werden die tonfrequenten Wechselströme den beiden elektr. parallelgeschalteten Elektroden zugeführt, so wird die Membran von beiden Elektroden nicht mehr gleich stark angezogen und schwingt damit im Rhythmus dieser Wechselspannung. Neben den Elektrostaten wurden ähnl. aussehende **Magnetostaten** entwickelt, bei denen die Membran auch eine großflächige, aber nur auf schmalen Bahnen leitende Folie ist. Beim Durchfließen erzeugen tonfrequente Wechselströme ein sich rhythm. änderndes Magnetfeld, das die Membran in Wechselwirkung mit einer Vielzahl von über die gesamte Chassisfläche verteilten Permanentmagneten bewegt. Der in der Frühzeit des Hörfunks fast ausschließl. verwendete, nach dem Prinzip des Telefons funktionierende **magnet. Lautsprecher,** bei dem später die Metallmembran durch eine Papiermembran ersetzt wurde, weist v. a. bei etwas größeren Lautstärken sehr hohe Verzerrungen auf, sein Frequenzumfang ist begrenzt, und bestimmte Frequenzbereiche werden stark bevorzugt. Auch seine verbesserte Ausführung, der *Freischwinger*, ist überholt. - **Kristall-Lautsprecher** beruhen auf dem piezoelektr. Effekt: Bestimmte Kristalle zeigen eine mechan. Verformung, wenn eine elektr. Spannung in Richtung der elektr. Achse angelegt wird. Da diese Änderungen nur sehr klein sind, werden geeignet geschnittene und beidseitig metallisierte Kristallplättchen so zu einer Doppelplatte zusammengeklebt, daß bei Anlegen einer Spannung das eine Kristallplättchen sich ausdehnt und das andere sich zusammenzieht, d. h. die Doppelplatte sich verbiegt. Die mechan. Auslenkung wird dadurch erhebl. größer als die eines einzelnen Kristallplättchens. Eine am Kristallsystem befestigte Papierkonusmembran verbessert außerdem die Schallabstrahlung. Kristall-L. sind nur für kleinere Leistung geeignet und werden deshalb nur noch wenig verwendet. - **Ionenlautsprecher** kommen dem idealen Wandler am nächsten, da sie die elektr. Tonfrequenzspannungen direkt, d. h. ohne Zwischenschaltung von mechan. Gliedern wie Schwingspule oder Membran, in Schallschwingungen umsetzen. Die Luft in einer Kammer wird durch eine hochfrequente Hochspannung ionisiert und durch die überlagerte Tonfrequenzspannung in deren Rhythmus zum Schwingen gebracht. Diese Schwingungen werden über einen vorgeschalteten Exponentialtrichter als Schallwellen abgestrahlt. Infolge des heute noch großen techn. Aufwandes für die Ionisation und der erforderl. Größe eines Trichters für tiefe Frequenzen ist dieser L.typ prakt. noch bedeutungslos. - Abb. S. 23.

📖 *Gölz, R.: HIFI-Boxen. Stg. 1986. - Klinger, H. H.: L. u. L.gehäuse für HiFi. Mchn.* [13] *1986. - Stark, B.: L.-Hdb. Theorie u. Praxis des Boxenbaues. Mchn.* [2] *1986. - Oberhoff, H.: Alles über L. Neubiberg 1982.*

Lautstärke (Lautstärkepegel), Maß für die Stärke einer Schallempfindung. Nach dem Weber-Fechnerschen Gesetz nimmt die Intensität einer Empfindung proportional dem Logarithmus des sie auslösenden physikal. Reizes zu; folgl. ist die L. A eine lineare Funktion des Logarithmus der Schallintensität (Schallstärke) J. Zur Definition der L. wurde eine Bezugsschallintensität $J_0 = 10^{-16}$ Watt/cm^2 festgelegt, die *Schwellenschallintensität* oder *Hörschwelle*, die sich auf eine Frequenz von 1 000 Hz bezieht. Mit ihrer Hilfe definiert man die L. eines Schalls als den zehnfachen dekad. Logarithmus des Quotienten J/J_0 aus seiner Schallintensität J und der Schwellenschallintensität J_0, also $A = 10 \lg (J/J_0)$. Bei L.angaben bzw. -messungen gemäß dieser Definition fügt man das Hinweiswort *Phon* hinzu. Eine Angabe $A = 20$ phon besagt: $A = 10 \lg (J/J_0) = 20$, d. h. J

Lautstärken (in Phon)

0	Reiz- oder Hörschwelle
10	sehr leises Blätterrauschen
20	Flüstern
30	schwacher Straßenlärm
40	normale Unterhaltungssprache
50	normale Lautsprechermusik
60	laute Lautsprechermusik
70	starker Verkehrslärm
80	sehr starker Verkehrslärm, Schreien
90	lautes Autohupen
100	ungedämpftes Motorrad
110	stärkster Fabriklärm
120	Preßlufthammer (1 m entfernt)
130	Schmerzschwelle

$= 100 \, J_0$; die Schallintensität ist also einhundertmal so groß wie die Schwellenschallintensität (eines Vergleichstons von 1 000 Hz).

Lautstärkemessung ↑ Schallmessung.

Lautsymbolik (Klangsymbolik) ↑ Lautmalerei.

Lautverschiebung, in der histor. Sprachwissenschaft Bez. für die Veränderung eines Teils des Lautsystems einer Sprache, der in gleicher Richtung verändert („verschoben") wird. Die **german. (erste) Lautverschiebung** (zw. 5. Jh. v. Chr. und 3. Jh. n. Chr.) ist die deutlichste Veränderung der german. Sprachen gegenüber der indogerman. Grundsprache; sie erfaßt: 1. die stimmhaften Verschlußlaute, die stimmlos wurden, z. B. lat. *decem* („zehn"): engl. *ten*; 2. die stimmlosen Verschlußlaute, die zu stimmlosen oder stimmhaften Reibelauten wurden, z. B. lat. *pater* („Vater"): german. (erschlossen) *faðar*, got. *fadar*; 3. die stimmhaften aspirierten Verschlußlaute, die zu stimmhaften Reibelauten und weiter zu stimmhaften Verschlußlauten wurden, z. B. indogerman. (erschlossen) *ghostis* (zu lat. *hostis*): neuhochdt. *Gast*. Die **hochdt. (zweite) Lautverschiebung** (6./7. Jh.) grenzt das Hochdt. von den anderen ↑ deutschen Mundarten und den übrigen german. Sprachen ab; durch sie kam das althochdt., im wesentl. bis heute erhaltene Konsonantensystem zustande; es entwickelten sich: 1. die german. stimmlosen Verschlußlaute *p, t, k* je nach ihrer Stellung zu Affrikaten *pf, tz/z, ch*, z. B. engl. *ten*: neuhochdt. *zehn*, oder zu doppelten stimmlosen Reibelauten *ff, ss, hh/ch*, z. B. engl. *water*: neuhochdt. *Wasser*; 2. die german. stimmhaften Verschlußlaute *b, d͡, g* zu stimmlosen *p, t, k*, z. B. engl. *door*: neuhochdt. *Tor*. Die einzelnen Veränderungen haben das hochdt. Sprachgebiet in unterschiedl. Ausmaß durchdrungen und so zu dem reich differenzierten dt. Mundartsystem entscheidend beigetragen.

📖 *Schrodt, R.: Die german. L. u. ihre Stellung im Kreise der indogerman. Sprachen. Wien* [2] *1976. - Brinkmann, H.: Der lautl. Vorgang der german. u. der hochdt. L. In: Brinkmann: Studien zur Gesch. der dt. Sprache u. Lit. Bd. 1. Düss. 1965.*

Lava [italien., zu lat. labi „stürzen"], Gesteinsschmelze (Magma), die an der Erdoberfläche austritt. Ihre Erstarrungsformen sind abhängig von Temperatur, Viskosität, Gasgehalt der Schmelze und der Gestalt der Erdoberfläche. Aus einer dünnflüssigen Schmelze entsteht **Fladenlava** mit glatter Oberfläche, seilartig gedrehte **Stricklava** oder auch aufgetürmte **Schollenlava**. Bei mittlerer Viskosität entsteht die wie Schlacke aussehende Brokkenlava. Bei zähflüssiger Schmelze bilden sich Halden von **Blocklava**. Bei untermeer. Ergüssen wird die heiße L. vom Meerwasser abgeschreckt, es bilden sich rundl. Formen mit einer Kruste aus vulkan. Glas (**Kissenlava**).

Lavabel [frz., zu lat. lavare „waschen"] (Crêpe lavable, Lavable), leinwandbindige Gewebe aus Seide oder Cuprofäden, für deren Kette Voilegarne, für deren Schuß sehr weiche, kaum gedrehte Garne verwendet werden.

Lavabo [lat. „ich werde waschen"], nach dem lat. Anfangswort des Begleittextes (Ps. 26, 6–12) ben. rituelle Händewaschung in der kath. Liturgie als symbol. Reinigungsakt vor der Vornahme einer hl. Handlung (v. a. am Beginn der Opfermesse); auch Bez. für die dabei verwendeten liturg. Geräte (z. B. Kanne und Becken).

Laval, Gustaf de [schwed. dɔla'val], * Orsa (Län Kopparberg) 9. Mai 1845, † Stockholm 2. Febr. 1913, schwed. Ingenieur frz. Abstammung. - Entwickelte ab 1883 die nach ihm ben. einstufige Gleichdruckdampfturbine mit axialer Einströmung und konstruierte 1889 eine ebenfalls nach ihm ben. Düse.

L., Pierre [frz. la'val], * Châteldon (Puy-de-Dôme) 26. Juni 1883, † Paris 15. Okt. 1945 (hingerichtet), frz. Politiker. - Rechtsanwalt; ab 1914 Abg. (bis 1919 Sozialist, dann parteilos), 1927–40 Senator, 1925–31 wiederholt Min., 1931/32 Min.präs. und Innenmin., Außenmin. 1934–36 und erneut 1935/36 Min.-präs; wurde nach der Besetzung Frankr. durch dt. Truppen 1940 in der sog. Vichy-Reg. stellv. Min.präs., brachte die Kammer dazu, die Macht auf Marschall Pétain zu übertragen; distanzierte sich bald von dessen autoritärem Regime; im Dez. 1940 abgesetzt und verhaftet, 1942 auf dt. Pressionen hin zum Min.präs. ernannt; floh 1945 aus seinem Zwangsexil in Sigmaringen nach Spanien, wurde aber nach Österreich abgeschoben und von den USA an Frankr. ausgeliefert; in Paris wegen Kollaboration zum Tode verurteilt.

Laval [frz. la'val], frz. Stadt an der Mayenne, 50 400 E. Verwaltungssitz des Dep. Mayenne; kath. Bischofssitz; Museen; metallverarbeitende, opt., chem., Molkerei- u. a. Ind.- L., im MA ein bed. Marktort, wurde 1429 Hauptstadt einer eigenen Gft., 1790 des Dep. Mayenne. - Mehrere bed. Kirchen, u. a. roman. Kathedrale (1150–60, 14.–19. Jh.); Notre-Dame-d'Avénières (1140–70); Notre-Dame-des-Cordeliers (14., 15., 17. Jh.). Altes Schloß (v. a. 14./15. Jh.) mit roman. Kapelle (11. Jh.). Neues Schloß im Renaissancestil (1540; heute Justizpalast), Alte Brücke (13. Jh.).

L., 1965 gebildete kanad. Stadt, umfaßt alle Ortschaften auf der Île-Jésus im Sankt-Lorenz-Strom, 228 000 E.

Laval-Düse [nach G. de Laval] ↑ Düse.

Lavalleja [span. laβa'jexa], Dep. in SO-Uruguay, 10 016 km², 65 000 E (1975), Hauptstadt Minas. Das Dep. ist trotz Bleierz-, Granit- und Marmorvorkommen nahe Minas landw. orientiert.

Lavandinöl [lat./dt.], äther. Öl aus den Blütenständen der Lavandinpflanze (Große

Lavande, Kreuzungsbastard aus Echtem Lavendel und Speik); in der Kosmetikind. häufig anstelle von Lavendelöl verwendet.

Lavandula [lat.], svw. ↑ Lavendel.

Lavant, Christine, eigtl. C. Habernig, geb. Thonhauser, * Wolfsberg (Kärnten) 4. Juli 1915, † ebd. 7. Juni 1973, östr. Schriftstellerin. - Aus verarmter Bergmannsfamilie; schrieb formstrenge, zum Mystischen neigende Lyrik sowie Erzählungen. - *Werke:* Das Kind (E., 1948), Die unvollendete Liebe (Ged., 1949), Die Bettlerschale (Ged., 1956), Spindel im Mond (Ged., 1959), Der Pfauenschrei (Ged., 1962), Das Ringelspiel (En., 1963), Hälfte des Herzens (Ged., 1967), Kunst wie meine ist nur verstümmeltes Leben (hg. 1978).

L., Rudolf, eigtl. Richard Cramer, * Leipzig 30. Nov. 1844, † ebd. 6. Dez. 1915, dt. Schriftsteller und Publizist. - Wandte sich bes. in seinen Gedichten gegen Antisemitismus und Rassenhetze als Mittel der Verdummung der Menschen; bed. sein Zeitroman „Ein verlorener Posten" (1878). Gab 1884 in Zürich die Anthologie revolutionärer Gedichte „Vorwärts" heraus, die von weitreichender Bed. war.

Lavant, bis 1962 Name des heutigen jugoslaw. Bistums ↑ Maribor.

Lavanttal, Talschaft im östl. Kärnten, zw. Saualpe und Koralpe.

La Varende, Jean Mallard, Vicomte de [frz. lava'rã:d], * Schloß Bonneville-Chamblac (Eure) 24. Mai 1887, † Paris 8. Juni 1959, frz. Schriftsteller. - Beschäftigte sich intensiv mit der Geschichte der Seefahrt („Die romant. Seefahrt", Essays 1952); in seinen Romanen schildert er meist Seefahrerschicksale und Begebenheiten seiner normann. Heimat, z. B. „Unter der Maske" (1936), „Der Himmelsreiter" (1938).

Lavater, Johann Kaspar, * Zürich 15. Nov. 1741, † ebd. 2. Jan. 1801, schweizer. ev. Theologe, Philosoph und Schriftsteller. - 1775 Pfarrer in Zürich; Bekanntschaft mit Herder, Goethe und Hamann. Als Theologe versuchte L. eine rationale Apologie des christl. Glaubens und der bibl. Offenbarung. Sein Einfluß während des Sturm und Drangs beruht auf einer undogmat. Vermittlung zw. pietist. und ästhet. Positionen. In der seinerzeit überschätzten Physiognomik (u. a. in „Von der Physiognomik", 1772) vertrat er die Ansicht, aus Körperformen auf den Charakter eines Menschen schließen zu können. Schrieb auch religiöse Erbauliche, Epen, bibl. Dramen.

Lavater-Sloman, Mary, * Hamburg 14. Dez. 1891, † Zürich 5. Dez. 1980, dt. Schriftstellerin. - Lebte 1909–17 in Rußland, 1920–23 in Athen. Sie schrieb zahlr. histor. Romane, u. a. „Die große Flut" (1943), Biographien und Charakterbilder histor. Persönlichkeiten (u. a. J. C. Lavater, Katharina II., die Große, Elisabeth I., H. Schliemann, Jeanne d'Arc). - *Weitere Werke:* Hinterlassene Spuren (1971),

Der vergessene Prinz (1973), Zwölf Blätter aus meiner Kinderstube (1974).

Lavendel (Lavandula) [mittellat.-italien., zu lat. lavare „waschen" (wegen der Verwendung als Badeessenz)], Gatt. der Lippenblütler mit 26 Arten im Mittelmeergebiet, auf den Kanar. Inseln und in Vorderindien. Die bekanntesten Arten aus dem westl. Mittelmeergebiet sind der **Echte Lavendel** (Kleiner Speik, Lavandula angustifolia): bis 60 cm hoher, Lavendelöl enthaltender Halbstrauch mit linealförmigen, silbergrau-filzigen Blättern und blauvioletten Blüten, wird v.a. in S-Frankr. zur Gewinnung von ↑ Lavendelöl angebaut, und der **Große Speik** (Narde, Lavandula latifolia): 30–40 cm hoher Halbstrauch mit breit-linealförmigen, bis 6 cm langen und etwa 1 cm breiten, beiderseits graufilzigen Blättern und filzig behaarten blauvioletten Blüten; wird zur Gewinnung von ↑ Lavendelöl und ↑ Speiköl feldmäßig angebaut.

Lavendel ↑ Film (Aufnahmeformate und Filmarten).

Lavendelöl (Oleum Lavandulae), farbloses äther. Öl aus den Blüten des Echten Lavendels; in der Kosmetikind. verwendet (v. a. Herstellung von Lavendelwasser).

La-Venta-Kultur ↑ Venta, La.

Laveran, Alphonse [frz. la'vrã], * Paris 18. Juni 1845, † ebd. 28. Mai 1922, frz. Bakteriologe. - Militärarzt in Algier, Prof. an der Militärschule in Val-de-Grâce, ab 1896 am Institut Pasteur in Paris tätig; arbeitete hauptsächl. über Malaria und Trypanosomenkrankheiten (insbes. der afrikan. Schlafkrankheit). Für die Entdeckung des Malariaerregers (1880) erhielt er 1907 den Nobelpreis für Physiologie oder Medizin.

Laverton [engl. 'lævətn], Ort in Westaustralien, 250 km nnö. von Kalgoorlie; Goldminen, nahebei Nickelerzvorkommen.

Laves, Georg Ludwig Friedrich ['la:vəs], * Uslar 17. Dez. 1788, † Hannover 30. April 1864, dt. Baumeister. - Prägte mit seinen klassizist. Bauten das Stadtbild Hannovers: Umbau des Residenzschlosses (1816 ff. und 1831 ff.; heute Landtagssitz). Hoftheater (1845–52), Mausoleum in Herrenhausen (1842–46). Von seinen städtebaul. Plänen wurden v. a. der Bahnhofs- und der Waterlooplatz mit Waterloosäule (1832) ausgeführt.

lavieren [niederl., eigtl. „die Windseite (Luv) gewinnen"], seemänn. (veraltet) svw. ↑ kreuzen; auch: durch enges, schwieriges Fahrwasser hindurchmanövrieren; *übertragen:* sich aus Schwierigkeiten herauswinden.

lavieren [frz., zu lat. lavare „waschen"], eine [Feder]zeichnung mit einer Wasserfarbe meist in mehreren Tonstufen kolorieren *(lavierte [Feder]zeichnung).*

Lavigerie, Charles Martial Allemand [frz. lavi'ʒri], * Huire bei Bayonne 31. Okt. 1825, † Algier 25. Nov. 1892, frz. kath. Theologe und Kardinal (seit 1882). - 1867 Erzbischof von Algier, ab 1884 auch von Karthago und Primas von Afrika; gründete 1868 die Missionsgesellschaft der ↑ Weißen Väter, 1869 die der Weißen Schwestern für die Mission in islam. Ländern; Vorkämpfer der Antisklavereibewegung.

Lavin, Mary [engl. 'lævın], * East Walpole (Mass.) 11. Juni 1912, ir. Schriftstellerin amerikan. Herkunft. - Kam als Kind nach Irland; schildert in lebendig geschriebenen Kurzgeschichten („Der Rebell", 1956), Erzählungen („Unter ir. Himmeln", 1969) und Romanen humorvoll das ir. Alltagsleben.

lävogyr [lat.; griech.], Zeichen l, L oder L, die Ebene polarisierten Lichts nach links drehend.

Lavoisier, Antoine Laurent de [frz. lavwa'zje], * Paris 26. Aug. 1743, † ebd. 8. Mai 1794 (hingerichtet), frz. Chemiker. - Mgl. der Académie des sciences. Durch seine quantitativen Methoden (Elementaranalysen) war L. ein Begründer der modernen Chemie. L. widerlegte die damals vorherrschende Phlogistontheorie, in dem er die Verbrennung als Sauerstoffaufnahme erkannte. Darüber hinaus befaßte sich L. mit physiolog., mineralog., techn., geolog. und meteorolog. Problemen. 1789 erschien sein berühmtes „Traité élémentaire de chimie" (2 Bde.), in dem er u.a. eine pragmat. Elementdefinition gab und eine neue chem. Nomenklatur propagierte. - L. wurde während der frz. Revolutionswirren als ehem. Steuerpächter der Erpressung angeklagt und guillotiniert.

Lävulinsäure [lat./dt.] (4-Ketovpentansäure), die einfachste Ketocarbonsäure; bildet farblose, wasserlösl. Kristallblättchen. L. wird durch Erhitzen von Saccharose oder Stärke gewonnen und zur Herstellung von Kunststoffen und pharmazeut. Präparaten verwendet. Chem. Strukturformel:

$$CH_3 - CO - CH_2 - CH_2 - COOH.$$

Lävulose [lat.], veraltete Bez. für ↑ Fructose.

Law [engl. lɔː], Andrew Bonar, * New Brunswick (Kanada) 16. Sept. 1858, † London 30. Okt. 1923, brit. Politiker (Konservative und Unionist. Partei). - 1900 Unterhausabg., 1911–15 Fraktions- und Parteiführer; 1915/16 Kolonialmin.; 1916–19 Schatzkanzler; Premiermin. Okt. 1922 bis Mai 1923.

L., John, ≈ Edinburgh 21. April 1671, † Venedig 21. März 1729, schott. Finanzreformer und Nationalökonom. - Sein berühmter Plan zur Neuordnung der Bank von Schottland wurde vom schott. Parlament abgelehnt. 1716 gründete er in Paris die private Notenbank „Banque Générale" (seit 1718 als „Banque Royale" Staatsnotenbank unter L.s Direktion). 1719 vereinigte L. die frz. Überseehandelskompanien zur „Compagnie des Indes", 1720 wurde er Generalkontrolleur der Finanzen. - Sein System beruhte auf der

Ansicht, Papiergeldüberfluß fördere den öffentl. Wohlstand, und dieser wiederum diene der Vermehrung der öffentl. Macht und des öffentl. Reichtums. Anfangs gelang es ihm auch, die Staatsschuld zu vermindern; Intrigen und Spekulationen, die sich allerdings nicht auf L. zurückführen ließen, führten 1720 zum Zusammenbruch der Bank (erste Papiergeldinflation).

Lawan, iran. Insel im Pers. Golf, 22 km lang, 6 km breit; Erdölcamp mit Meerwasseraufbereitungsanlage.

Law and order [engl. 'lɔ ənd 'ɔːdə „Gesetz und Ordnung"], polit. Schlagwort mit dem Ruf nach Bekämpfung von Kriminalität, Rauschgiftsucht und Gewalt durch entsprechende (z. T. drast. bzw. harte) Gesetzes-, Polizei- oder ähnl. Maßnahmen.

Lawine [rätoroman., zu lat. labi „gleiten"], an Gebirgshängen plötzl. niedergehende große Schnee- und Eismassen, deren Abgehen durch eine Lösung des Zusammenhalts der Schneedecke infolge zu großen Gewichts der Schneemassen oder Wasserdurchtränkung des Schnees (v. a. zur Zeit der Schneeschmelze), durch menschl. Einflüsse (Skifahren), Schallwellen u. a. verursacht wird. Ihre Bez. erfolgt nach ihren stoffl. und mechan. Eigenschaften (z. B. ob der Schnee locker oder fest, trocken oder naß ist), nach der Art ihrer Bewegung (ob sie z. B. gleitend, fließend oder stiebend abgeht), nach der Form der Bahn, die sie nimmt (z. B. schmal, flächenhaft oder wolkenförmig), nach der Menge ihrer Schneemassen (z. B. ob nur obere Schichten oder die ganze Schneedecke abgehen). Die wichtigsten L.arten sind: Schneebrett-, Lockerschnee-, Staub- und Eislawine.

Die **Schneebrettlawine** ist durch einen scharfkantigen linearen Anriß gekennzeichnet; Voraussetzung ist eine gewisse Festigkeit im Schneeverband, so daß sich Spannungen großflächig übertragen können. Die Form ist stets flächenhaft. Sie kann als Oberlawine wie als Grundlawine abgehen; das Material kann trocken bis naß sein. Sie gilt als die gefährlichste der L.arten, denn die sie verursachenden Kräfte können tage- bis wochenlang konserviert werden. Da diese Schneebretter für den Laien kaum erkennbar sind, ist erklärl., daß etwa 90 % aller von Skitouristen ausgelösten L.unglücke durch Schneebrett-L. passieren. - Die **Lockerschneelawine** hat einen punktförmigen Anriß, gleich, ob der Schnee trocken oder naß ist. Auch können beim Abgang eine oder alle Schichten des Schneegefüges erfaßt werden. Die Form ist im Idealfall birnen- oder flaschenförmig. Am häufigsten sind Lockerschnee-L. nach Neuschneefällen oder in der wärmeren Jahreszeit infolge Aufhebung des inneren Gefüges durch Sonneneinstrahlung. - Der Abgang einer **Staublawine** ist von einem für sie günstigen Gelände (steil und hoch) und einer relativ lockeren Schneeart

abhängig. Sie zeichnet sich durch sehr hohe Geschwindigkeiten (Schätzungen gehen bis 360 km/Std.) aus. - Die **Eislawine** ist während des ganzen Jahres bes. Gefahrenquelle in Gletschergebieten. Sie tritt weitgehend unabhängig von kürzeren Temperaturschwankungen auf, mit ihr ist v. a. bei länger andauernden Warmwetterzonen zunehmend zu rechnen. Bes. gefährdet sind Zonen unter Hängegletschern sowie in der Nähe von Gletscherbrüchen und Eistürmen.

Lawinengefahr tritt v. a. von Dez. bis April auf, aber auch im Sommer werden Bergsteiger (v. a. Eisgeher) im Hochgebirge mit ihr konfrontiert. Zu ihrer Beurteilung ist das genaue Kenntnis der lawinenbildenden Faktoren *Gelände, Schneedecke* und *Wetter* unerläßlich. Zum L.schutz werden Hänge mit sog. Bannwald aufgeforstet, Schutzwälle, -mauern und -zäune, Stütz- und Ablenkverbauungen sowie Überdachungsbauwerke (L.galerien) von Verkehrswegen errichtet. Weitere Schutzmaßnahmen sind künstl. Auslösen von L., z. B. durch Beschießen der Schneemassen.

Verhalten bei Gefahr: Informieren durch Abhören des Lawinenlageberichtes, keine Alleingänge im verschneiten Hochgebirge, Meiden verdächtiger Hänge, Überprüfen vorhandener Spuren, Öffnen von Stockschlaufen u. Fangriemen der Skier, Beachten von (durch Warntafeln bekanntgemachten) L.sperrungen, Begehen von Wächtengraten auf der Luvseite. Verhalten in der L.: Skier, Stöcke und Rucksack abwerfen, durch Schwimmbewegungen sich an der Oberfläche der L. zu halten versuchen, einen Atemraum vor Mund und Nase freihalten. Im Moment einer Verschüttung durch Schneemassen gelten bereits 20 % der Betroffenen als tot. Nach 1 Stunde rd. 50 %, nach 2 Stunden nur noch etwa 10 % am Leben.

Wichtigste **Lawinensuchgeräte** sind Lawinensonden (meist rd. 3 m lange zusammensteckbare Metallstäbe für die Suche nach Verschütteten) sowie elektron. Hilfsgeräte, z. B. Förster-Sonde. Lawinenwarndienste sind als amtl. Einrichtungen gegliedert in eine L.warnzentrale, die den L.lagebericht zusammenstellt, Beobachtungsstellen und örtl. L.kommissionen.

📖 *Hdb. der Lawinenkunde.* Hg. v. K. Gabl u. B. Lackinger. Innsb. 1985. - Gayl, A.: *Lawinen.* Mchn. ⁵1982.

Lawn-Tennis [engl. 'lɔːn 'tɛnis „Rasen-Tennis"], engl. Bez. für ↑Tennis.

Lawrence [engl. 'lɔrəns], D[avid] H[erbert], * Eastwood (Nottinghamshire) 11. Sept. 1885, † Vence bei Nizza 2. März 1930, engl. Schriftsteller. - Sohn eines Bergarbeiters und einer Lehrerin; zeitweilig Lehrer; Reisen nach Italien, Australien und in die USA, längere Aufenthalte in New Mexico, Italien und S-Frankreich. Grundthema seines Werkes ist der Kampf gegen erstarrte bürgerl. Konven-

Lawine. Links: kleine
Staublawinen;
rechts: Lockerschneelawine

tionen, denen er die Forderung nach freier
Entfaltung der Persönlichkeit, nach Harmonie von Instinkt und Intellekt sowie die Betonung des Naturverbundenen und Erot.-Se-
xuellen gegenüberstellt. Stark autobiograph.
ist der Roman „Söhne und Liebhaber" (1913);
die Wandlung der konfliktreichen Beziehung
zw. Mann und Frau schildern die Romane
„Der Regenbogen" (1915) und „Liebende
Frauen" (1920); „Lady Chatterley und ihr
Liebhaber" (dt. 1930, 1960 u. d. T. „Lady
Chatterley") durfte erst 1960 ungekürzt in
Großbrit. gedruckt werden. Schrieb auch Gedichte, Erzählungen, Dramen, Reisebücher
und Essays. - *Weitere Werke:* Der weiße Pfau
(1911), Todgeweihtes Herz (R., 1912), Der
Hengst St. Mawr (R., 1925), Die Frau, die
davonritt (Novellen, 1928), Pornographie und
Obszönität (Essay, 1929).

L., Ernest Orlando, * Canton (S. Dak.) 8.
Aug. 1901, † Palo Alto (Calif.) 27. Aug. 1958,
amerikan. Physiker. - Ab 1936 Direktor des
Radiation Laboratory der University of California in Berkeley; entwickelte 1929/30 das
Zyklotron, mit dessen Hilfe ihm insbes. die
Herstellung einer Vielzahl künstl. Radioisoto-
pe gelang; erhielt dafür 1939 den Nobelpreis
für Physik.

L., T[homas] E[dward], gen. Lawrence of
Arabia (L. von Arabien), * Tremadoc (Wales)
15. Aug. 1888, † Moreton (Dorset) 19. Mai
1935, brit. Archäologe und Schriftsteller. -
Trat nach Teilnahme an Ausgrabungen im
1. Weltkrieg als brit. Agent in den Dienst
des Arab Bureau in Kairo und organisierte,
unterstützt von dem späteren König von Irak,
Faisal I., den Aufstand der Araber gegen

die Türken mit großem Erfolg; hatte 1919
als Sachverständiger auf der Friedenskonfe-
renz von Versailles so wenig Erfolg wie im
brit. Kolonialamt (1921/22); trat als einfacher
Soldat in die Royal Air Force ein und war
längere Zeit, zunächst unter dem Namen
Ross, später Shaw, in Indien; verstarb wenige
Wochen nach seinem militär. Abschied an
den Folgen eines Motorradunfalls; verfaßte
u. a. eine Darstellung des Araberaufstands in
dem Werk „Die sieben Säulen der Weisheit"
(1926).

L., Sir (seit 1815) Thomas, * Bristol 13. April
1769, † London 7. Jan. 1830, engl. Maler. -
Folgte dem Stil J. Reynolds' und B. Wests
und begann bereits um 1790 seine glanzvolle
Karriere als Porträtist des engl. Hofes und
des Hochadels.

Lawrence [engl. 'lɔrəns], Stadt am Kansas River, Kans., USA, 256 m ü. d. M., 52 700 E.
Univ. (gegr. 1864), höhere Schule des Bundes
für Indianer (gegr. 1884); Museen; Zentrum
eines Agrargebiets. - Gegr. 1854, 1857 Town,
1950 City. Vor und während des Sezessionskrieges war L. das Zentrum der Gegner der
Sklaverei in Kansas.

Lawrence of Arabia [engl. 'lɔrəns əv
ə'reɪbjə] ↑ Lawrence, T[homas] E[dward].

Lawrencium [lo'rɛntsiɔm; nach E. O.
Lawrence] (Laurentium), chem. Symbol Lr
(früher Lw); radioaktives, metall. Element aus
der Actinoidenreihe des Periodensystems der
chem. Elemente; Ordnungszahl 103.

Lawrenjow, Boris Andrejewitsch [russ.
lɐvrɪ'njɔf], * Cherson 17. Juli 1891, † Moskau
7. Jan. 1959, russ.-sowjet. Schriftsteller. - Einer
der bedeutendsten sowjet. Erzähler; gestaltete
in seinen frühen Erzählungen, z. B. „Der Ein-
undvierzigste" (1928, 1960 u. d. T. „Der letzte
Schuß"), Erlebnisse aus dem Bürgerkrieg; das
Drama „Die Bresche" (1928) behandelt Ereig-

nisse auf der „Aurora" am Vorabend der Oktoberrevolution.

Lawrion, griech. Hafenstadt an der O-Küste der S-Spitze Attikas, 8 900 E. Verhüttung und Verschiffung der nahebei abgebauten Erze. - Seit dem 6. Jh. v. Chr. Silberabbau; seit 1865 Blei-, Zink- und Eisenmanganerzabbau; seit 1892 Zink- und Bleiverhüttung.

Lawrow, Pjotr Lawrowitsch, * Melechowo (Gebiet Pleskau) 14. Juni 1823, † Paris 6. Febr. 1902, russ. Sozialphilosoph und Soziologe. - Lehrte ab 1844 Mathematik und Wissenschaftsgeschichte an der Petersburger Militärakademie; 1867 verbannt; 1870 Flucht nach Paris, 1871 Beteiligung an der Kommune. Stand unter Einfluß von Kant, Hegel, Comte, Proudhon und Marx. In seiner Kritik des Materialismus vertrat er eine russ. Variante des Positivismus. Ziel der Geschichte, die durch die Dialektik von Solidarität und Individualität bestimmt sei, sei die Synthese des menschl. Fortschritts, die in der freiheitl. Entwicklung des Individuums ihren Ausdruck finde.

Laws, Hubert [engl. lɔːs], * Houston (Tex.) 10. Nov. 1939, amerikan. Jazzmusiker (Flöte, Saxophon, Gitarre, Klavier, Komposition). - Bed., klass. inspirierter Vertreter des modernen Jazz.

Lawson, Henry [engl. lɔːsn], eigtl. H. Hertzberg Larsen, * Grefell (Neusüdwales) 17. Juni 1867, † Sydney 2. Sept. 1922, austral. Schriftsteller und Journalist. - Spiegelt in realist.-lebensnahen Erzählungen eigenes Erleben in Goldfeldern, Busch und Siedlungen; volkstümlichster Erzähler Australiens. Verfaßte auch Balladen und Gedichte sozialer Anklage.

lax [zu lat. laxare „schlaff machen, lockern"], energielos, nachlässig, unbekümmert.

Laxans [Laxativum, Laxativ) [lat. (zu ↑lax)], mildes ↑Abführmittel.

Laxenburger Allianz, antifrz. Verteidigungsbündnis zw. Kaiser Leopold I. und der Frankfurter Allianz; am 10. Juni 1682 in Laxenburg (bei Mödling) v. a. auf Betreiben von Georg Friedrich Fürst von Waldeck zustandegekommen.

Laxismus [lat. (zu ↑lax)], Bez. einer Richtung der kath. Moraltheologie v. a. im 17. Jh., die Handlungen auch dann für erlaubt hält, wenn nur eine schwach begründete Wahrscheinlichkeit besteht, daß sie erlaubt seien; mehrfach verurteilt.

Laxness, Halldór Kiljan, eigtl. Guðjónsson, * Reykjavík 23. April 1902, isländ. Schriftsteller. - Sohn eines Straßenarbeiters; Einfluß auf sein Schaffen hatten die Sagas, daneben der dt. Expressionismus, der Katholizismus, zu dem sich 1923/24 bekannte, der Surrealismus, mit dessen Vertretern er während seines Frankreichaufenthalts 1924-26 in Berührung kam, und sozialist. Ideen, die er nach seiner Rückkehr von einem Kana-

da- und Kalifornienaufenthalt (1926-29) vertrat. Neben Lyrik, Essays, Erzählungen und Dramen sind v. a. die sozialkrit. Romane über das heutige Island von Bedeutung, in denen L. den ep. Sagastil aufnahm und meisterhaft umgestaltete; 1955 Nobelpreis. - *Werke:* Salka Valka (R., 1931/32), Der Freisasse (R., 1934, 1969 u. d. T. Sein eigener Herr), Weltlicht (R., 1937-40), Islandglocke (R.-Trilogie, 1943-46), Atomstation (R., 1948), Das Fischkonzert (R., 1957), Das wiedergefundene Paradies (R., 1960), Zeit zu schreiben (Autobiogr., 1963), Seelsorge am Gletscher (R., 1968), Die Litanei von Gottesgaben (R., 1972), Auf der Hauswiese (R., 1975), Siebenmeistergeschichte (R., 1978).

Lay, August, * Bötzingen (Landkr. Breisgau-Hochschwarzwald) 30. Juli 1862, † Karlsruhe 9. Mai 1926, dt. Pädagoge. - Mitarbeiter von E. ↑Meumann; hatte maßgebl. Einfluß auf den Volksschulunterricht. - *Werke:* Experimentelle Didaktik (1903), Experimentelle Pädagogik (1908), Die Tatschule (1911), Lehrbuch der Pädagogik (1913/14), Die Lebensgemeinschaftsschule (hg. 1927).

Layard, Sir (seit 1878) Austen Henry [engl. lɛəd], * Paris 5. März 1817, † London 5. Juli 1894, engl. Archäologe. - Ausgedehnte Orientreisen ab 1839 führten zu Ausgrabungen in Assyrien (1845-51), bes. in ↑Kalach und ↑Ninive, die entscheidend für die Entstehung der Altorientalistik wurden.

Laye, Camara, * Kouroussa 1. Jan. 1928, † Dakar 4. Febr. 1980, guineischer Schriftsteller. - Technikstudium in Conakry, dann in Frankr., 1956 Rückkehr nach Guinea, seit 1964 im Exil in Senegal. Schrieb in frz. Sprache; seine z. T. autobiograph. Romane („Einer aus Kurussa", 1953) schildern in stark antikolonialist. Tendenz und oft dunkler Symbolik die Konfrontation zw. afrikan. und westl. Welt. - *Weitere Werke:* Der Blick des Königs (R., 1954), Dramouss (R., 1966).

Layout [ˈleːaʊt, –ˈ–; engl. ˈlɛɪaʊt, ˈ–ˈ–, – ˈ–; eigtl. „das Auslegen, Ausbreiten"], im *graph. Gewerbe* Bez. für die Text- und Bildgestaltung einer Seite bzw. eines Buches, auch der Entwurf. V. a. für Prospekte, Zeitschriften und Bücher mit Bildern wird von meist als Graphiker ausgebildeten *Layoutern* für jede Seite die Plazierung von Text und Bild genau bestimmt und mit Hilfe von Fahnenabzügen und Bildandrucken als Vorlage für den Umbruch zusammengestellt *(Klebebuch).*

Lázár, György, * Isaszeg bei Budapest 15. Sept. 1924, ungar. Politiker. - Seit 1945 Mgl. der ungar. KP; 1970-73 Arbeitsmin.; 1973-75 stellv. Min.präs. und Präs. des Staatl. Planungskomitees; seit März 1975 Mgl. des Politbüros des ZK der Ungar. Sozialist. Arbeiterpartei; seit Mai 1975 Ministerpräsident.

Lazarett [italien., nach der venezian. Kirche Santa Maria di Nazaret (in deren Nähe sich ein Aussätzigenspital befand) unter dem Einfluß von italien. lazzaro „aussätzig" (↑Lazarus)], Militärkrankenhaus; als *Feld-L.* (auch als L.schiff, L.flugzeug) zur direkten Versorgung der kämpfenden Truppe. L.personal und in ein L. Eingelieferte haben nach den Genfer Konventionen Nichtkombattantenstatus.

Lazaristen (eigtl. Congregatio Missionis, Abk. CM), kath. Ordensgemeinschaft, nach der ersten Niederlassung Saint-Lazare in Paris ben., 1625 von Vinzenz von Paul (daher auch **Vinzentiner**) für Seelsorge und Priesterausbildung gegründet. In Deutschland seit dem 18. Jh. verbreitet. - 1986 rd. 4000 Mgl. in 538 Niederlassungen.

Lazarsfeld, Paul Felix ['la:tsarsfɛlt, engl. 'lɛɪzəzfɛld], * Wien 13. Febr. 1901, † New York 30. Aug. 1976, amerikan. Soziologe östr. Herkunft. - Lehrte u. a. 1940–57 an der Columbia University; trug mit seinen Arbeiten zur Methodenlehre der empir. Sozialforschung und wesentl. zur Entwicklung einer quantitativen Analyse gesellschaftl. und polit. Verhaltensprozesse bei.

Lazarus, neutestamentl. Personenname: 1. **L. von Bethanien,** der nach Joh. 11, 1–44 von Jesus wieder zum Leben erweckte Bruder der Martha und Maria von Bethanien. Nach einer Legende soll er Bischof von Marseille geworden sein. - Die Auferweckungsszene ist beliebtes Motiv der frühchristl. Grabkunst. - 2. **Der arme L.** in dem Gleichnis Luk. 16, 19–31, der als Aussätziger starb und in den Himmel kam; obwohl keine histor. Person, als Patron v. a. der Aussätzigen verehrt.

Lazeration [lat.], *medizin.* Bez. für: Einriß, Riß.

Lazise [italien. lat'tsi:ze], italien. Gem. am O-Ufer des Gardasees, 76 m ü. d. M., 5500 E. Fremdenverkehr; Weinbau und Ölbaumkulturen. - 983 als **Lasitium** erwähnt, 1193 an Verona. Im 15. Jh. während der Kriege zwischen den Visconti und Venedig mehrmals zerstört, 1439 venezianisch. - Erhalten sind die ma. Stadtmauer und die Scaligerburg (13. Jh.).

Lazulith [zu mittellat.-roman. lazulum „Blaustein, Blaufarbe" und griech. líthos „Stein"] (Blauspat), himmelblaues bis bläulichweißes Mineral $(Mg,Fe)Al_2[OH|PO_4]_2$; Mohshärte 5 bis 6, Dichte 3,1 g/cm³.

Lazzaroni [latsa'ro:ni; italien., nach dem armen Lazarus], Gelegenheitsarbeiter und Bettler in Neapel, 1647 Träger des Aufstandes gegen die Spanier.

lb, Einheitenzeichen für ↑Pound.

l.c., Abk. für: ↑loco citato.

LCD, Abk. für engl.: liquid crystal display (= Flüssigkristallanzeige), ↑Flüssigkristalle.

Ld, Abk. für: ↑Lord.

Ld., Abk. für: ↑limited.

LDPD, Abk. für: ↑Liberal-Demokratische Partei Deutschlands.

Lea, weibl. Gestalt des A. T.; nach 1. Mos. 29 f. älteste Tochter Labans, Schwester Rahels, an deren Stelle durch Betrug Labans die erste Frau Jakobs.

Leaching [engl. 'litʃɪŋ] (Bioleaching), Bez. für ein Verfahren zur Anreicherung von Metallen (z. B. aus minderwertigen Erzen oder ehemaligen Abraumhalden) mit Hilfe von Mikroorganismen; wird daher auch als *bakterielle Laugung* bezeichnet. Bes. bekannt wurde bisher die Anreicherung von Kupfer aus sulfid. Erzen, in denen Kupfer neben zahlr. anderen Metallen in nur geringer Menge (bis etwa 0,4 %) enthalten ist. Die Anreicherung gelingt hier mit den Bakterien Thiobacillus ferrooxidans (oxidiert Sulfide zu Sulfaten) und Thiobacillus thiooxidans (das den durch Reaktion von Sulfaten mit Sulfiden entstehenden Schwefel zu Schwefelsäure oxidiert). Bei diesen Umsetzungen geht das Kupfer als Sulfat in Lösung und kann anschließend durch Zementation gewonnen werden. Weitere L.verfahren hofft man z. B. für die Gewinnung von Uran, Nickel, Mangan und Edelmetallen zu finden.

Lead [engl. li:d „anführen"], im *Journalismus* svw. Aufmacher (Lead-story) bzw. zusammenfassende Einleitung (zu einem Zeitungsartikel o. ä.).
◆ in der *Musik* Bez. für die Führungsstimme in einer [Jazz]band.

Zarah Leander (1942)

League [engl. li:g], altes brit. Längenmaß, 4,828 km (= 3 miles) oder 5,565 km („league nautical").

Leakey, Louis [engl. 'li:kɪ], * Kabete (Kenia) 7. Aug. 1903, † London 1. Okt. 1972, brit. Paläontologe, Anthropologe und Ethnologe. - Museumskurator in Nairobi; zus. mit seiner Frau Mary und seinem Sohn Richard machte er bed. prähistor. Funde und Forschungen in Kenia und Tansania; schrieb u. a. „Steinzeit-Afrika" (dt. 1938).

Lean, David [engl. li:n], * Croydon (= London) 25. März 1908, brit. Filmregisseur. - Erfolgreich durch Romanverfilmungen und

Leander

aufwendige Projekte, z. B. „Oliver Twist" (1948), „Die Brücke am Kwai" (1957), „Lawrence von Arabien" (1962), „Doktor Schiwago" (1965), „Reise nach Indien" (1984).

Leander, männl. Vorname griech. Ursprungs, eigtl. „Mann aus dem Volk" (zu griech. laós „Volk" und anér „Mann").

Leander, griech. Sagengestalt, ↑ Hero und Leander.

Leander, Zarah [Stina], geb. Hedberg, * Karlstad 15. März 1907, † Stockholm 23. Juni 1981, schwed. Filmschauspielerin und Sängerin. - 1936–45 einer der erfolgreichsten Stars der Ufa: „Zu neuen Ufern" (1937), „Es war eine rauschende Ballnacht" (1939), „Die große Liebe" (1942); „Bei dir war es immer so schön" (1954), „Der blaue Nachtfalter" (1959). Erinnerungen: „Es war so wunderbar: Mein Leben" (1973). - Abb. S. 31.

Lear (Leir) [li:r; engl. lɪə], sagenhafter britann. König. Den beiden älteren seiner drei Töchter vererbt er vorzeitig sein Reich. Als er darauf von diesen verstoßen wird, nimmt sich die enterbte jüngste Tochter seiner an. - Die Sage ist kelt. Ursprungs. In der obigen Form ist der Stoff zuerst in der „Historia regum Britanniae" (vor 1139) des Geoffrey of Monmouth überliefert. Bekannteste Bearbeitung von Shakespeare („König L.", Erstdruck 1608).

Lear, Edward [engl. lɪə], * London 12. Mai 1812, † San Remo 30. Jan. 1888, engl. Dichter. - War Zeichner, Maler, Illustrator; bereicherte die Nonsense-Dichtung um die Gattung des ↑ Limericks; eine dt. Übers. erschien 1964 („E. L. Nonsense Verse").

Leasing ['li:zɪŋ; engl. 'li:sɪŋ], die mietweise Überlassung von längerlebigen Wirtschaftsgütern durch die Produzenten (direktes L.) oder durch L.gesellschaften (indirektes L.). Vorteile des L. für den mietenden Unternehmer: 1. Die Liquidität wird erhebl. weniger angespannt als beim Kauf der Anlage, da nur die laufenden Mietzahlungen zu leisten sind; 2. die Mietzahlungen sind steuerl. in voller Höhe absetzbar; 3. es können immer die modernsten Produkte gemietet werden. Nachteile sind die relativ hohen Kosten.

Léautaud, Paul [frz. leo'to], Pseud. Maurice Boissard, * Paris 18. Jan. 1872, † Robinson (= Le Plessis-Robinson) 22. Febr. 1956, frz. Schriftsteller. - Einzelgänger und Skeptiker; schrieb originelle und geistvolle Kritiken; daneben einige Erzählungen, Theaterstücke und ein bed. „Journal littéraire" (19 Bde., hg. 1954–66, dt. Ausw. 1966 u. d. T. „Literar. Tagebuch 1893–1956").

Lebasee, 75 km² großer Strandsee an der pommerschen Ostseeküste, Polen▾.

Lebedew, Pjotr Nikolajewitsch [russ. 'ljebɪdɪf], * Moskau 8. März 1866, † ebd. 14. März 1912, russ. Physiker. - Prof. in Moskau; wies die Doppelbrechung der elektr. Wellen und den Lichtdruck nach.

Le Bel, Achille [frz. lə'bɛl], * Pechelbronn (Elsaß) 21. Jan. 1847, † Paris 6. Aug. 1930, frz. Chemiker. - Arbeiten u. a. über Stereochemie und kosm. Strahlung. Durch einen 1874 veröffentlichten Aufsatz über den Zusammenhang zw. Strukturformeln und opt. Drehung wurde er zusammen mit J. H. van't Hoff zum Begründer der Stereochemie.

Leben, stationärer „Zustand" eines materiellen Systems komplizierter chem. Zusammensetzung, der aus einem Zusammenwirken aller Einzelbestandteile auf Grund physikal. und chem. Wechselwirkungen resultiert. Allen Lebewesen gemeinsam sind folgende **Merkmale:** Stoffwechsel, Fortpflanzung, Veränderung der genet. Information, Aufbau aus einer oder mehreren Zellen, Besitz bestimmter Strukturen innerhalb der Zellen, Ablauf bestimmter biochem. Reaktionen. Diese Gemeinsamkeiten weisen auf einen gemeinsamen Ursprung des L. hin, was bes. durch die Universalität des genet. Codes sowie die Aufbauprinzipien der makromolekularen Strukturen belegt wird.

Der **Anfang des Lebens** auf der Erde ist nicht genau zu datieren. Anzunehmen ist, daß L. vor etwa 3–4 Milliarden Jahren in der Uratmosphäre (enthielt v. a. Wasserstoff sowie einfache Kohlenstoff-, Stickstoff-, Sauerstoff- und Schwefelverbindungen wie Methan, Ammoniak, Wasserdampf, Kohlenmonoxid, Schwefelwasserstoff u. a.) unter der Einwirkung verschiedener Energieformen (insbes. durch die UV-Strahlung der Sonne und elektr. Entladungen) entstanden ist.

Die Forschungsergebnisse der Molekularbiologie - v. a. in den letzten drei Jahrzehnten - haben zu einem grundlegenden Verständnis der L.erscheinungen geführt. Die Urstadien chem. Evolution können heute im Labor nachvollzogen werden. Dabei zeigte sich, daß die verschiedenen organ. Verbindungen durch eine ↑ abiogene Synthese entstehen konnten. Sie wurden dann mit dem Regen in die entstehenden Ozeane geschwemmt, konnten darin untereinander weiter reagieren und neue Verbindungen bilden. Dadurch ergab sich eine Konzentration von einfachen organ. Verbindungen im Wasser, die sog. Ursuppe. - Zu Beginn des L. entstanden zuerst kleine, später größere Moleküle. Diese lagerten sich zu einfachen, dann zu komplizierteren Verbindungen und Molekülketten zus. Danach entstanden Makromoleküle wie Proteine und Nukleinsäuren. Da die chem. Verbindungen in den primitivsten Lebensformen zusammenarbeiten mußten, war es notwendig, geschlossene Gebilde entstehen zu lassen und sie mit einer Membran nach außen abzugrenzen. Die Zelle - der einzige Bestandteil der heutigen einzelligen Lebensformen und der Baustein für die komplexeren Strukturen mehrzelliger Organismen - scheint sich aus Proteinen entwickelt zu haben, die von einer aus Proteinen und Fetten bestehenden Membran eingeschlossen waren. Durch die Membran wurde eine höhere Konzentration von Proteinen innerhalb dieses Raumes mögl. und infolgedessen eine zahlenmäßige Steigerung der chem. Reaktionen. Außerdem ermöglichte die Membran eine Konzentration enzymat. wirkender Stoffe an der äußeren Membranoberfläche. Auf Grund der dort ablaufenden chem. Reaktionen bekam das umhüllte Tröpfchen „aktive" Eigenschaften und übernahm die sehr wichtige Rolle, die Austauschprozesse mit dem umgebenden Medium selektiv zu regeln. - Die ident. Vermehrung (Fortpflanzung) wird jedoch nur durch die Nukleinsäuren ermöglicht. Die wichtigste Eigenschaft des DNS-Moleküls ist die Bildung einer Doppelhelix. Wenn beide Ketten getrennt werden, zieht jede andere Stickstoffbasen an und bildet eine Kette, mit der sie sich wieder ergänzt. Am Ende dieses Vorgangs gibt es zwei ident. Doppelketten und nach der folgenden Zellteilung zwei Zellen. Eine solche Selbstvermehrung können die Proteine nicht durchführen. Die Nukleotide dagegen können nicht als Enzyme fungieren. Mit der Bildung der beiden notwendigsten Stoffe für die einfachsten Lebensformen war die chem. Evolution beendet. - Die Nukleinsäuren wurden Träger der Erbinformation. Die biolog. Evolution, die bei diesen einfachen L.formen neben die chem. Evolution trat, beruht auf der Veränderung der Erbinformation, d. h. auf einer ständigen Neukombination der Gene durch geschlechtl. Fortpflanzung. Entscheidend war auch die natürl. Auslese, die Beschränkung der L.dauer eines Individuums und die Ausbildung von Sinneszellen mit dem zugehörigen Nervensystem. - Mit dem großen Fortschritt in der Evolution der Arten setzte auch ein genet. vorprogrammiertes, durch planmäßiges Altern erfolgendes Ableben, der Tod, ein.

Die Grenze zw. Belebtem und Unbelebtem ist nicht scharf zu ziehen. Eine Zwischenstellung nehmen die Viren ein. Sie bestehen aus Nukleinsäure und einer Eiweißhülle. Durch die Nukleinsäure können sie sich ident. vermehren und mutieren. Jedoch haben sie keinen eigenen Stoffwechsel, sodaß sie für ihre Vermehrung den Stoffwechsel fremder Zellen brauchen. Die Merkmale des L. sind aber in zwei Punkten erfüllt, sodaß man sie zw. Lebewesen und unbelebter Materie einordnen kann.

L. auf anderen Planeten (**extraterrestr. Leben**) ist nach bisherigen Erkenntnissen wahrscheinlich.

Künstliches Leben: Im Labor können Gene durch synthet. Aufbau der diesen zugrundeliegenden Nukleinsäuresequenzen künstl. erzeugt werden, jedoch ist man weit davon entfernt, das umfangreiche Genom eines Lebewesen auf diese Weise zu erstellen. Genreparatu-

ren und -neukombinationen können mit Hilfe der ↑ Restriktionsenzyme vorgenommen werden. Schließl. können auch vollständige Individuen dadurch erzeugt werden, daß man die Zellkerne somat. Zellen (Körperzellen) in entkernte Eizellen transplantiert. Dadurch lassen sich, da keine Rekombinationsstadien durchlaufen werden, erbl. ident. Kopien von Lebewesen (sog. Klone) in beliebiger Anzahl herstellen.

Reflexionen über das L. und Versuche, seinen Ursprung zu erklären und das L. selbst in Begriffe zu fassen, sind so alt wie die Menschheit. - Die *Religionen* glauben an einen göttl. Ursprung des L., das den Gegenständen und dem Menschen von den Göttern verliehen wird. Meist wird das L. mit den L.trägern identifiziert: z. B. mit dem *Atem* in der mesopotam. und syr. sowie der ägypt. Religion (z. T. auch im A. T.), mit dem *Blut* bei den zentralasiat. Nomaden, oder mit dem *Wasser* in Polynesien, Ägypten und Mesopotamien (↑ auch Lebenswasser). Vielfach sublimiert sich diese Vorstellung zur Annahme einer „Seele", die weder genau erklärt noch genau lokalisiert werden kann. Sie gilt meist als Teilhabe am ewigen L. der Götter und ist dadurch selbst unsterblich. Dieser Glaube führt zur Ausbildung der verschiedensten Mythen über ein L. nach dem Tod, z. B. die Paradies- bzw. Höllenvorstellung in der zoroastr. Religion, in Judentum, Christentum und Islam, die Wiederauferstehung in Judentum, Christentum und den Mysterienkulten, die Seelenwanderung im Hinduismus, das Schattenreich der griech. Religion, und zu dem weitverbreiteten Totenkult. Hierin zeigt sich, daß L. ohne gleichzeitige Erklärung des ↑ Todes selbst nicht erklärt werden kann, der deshalb als defizienter Modus des L. gesehen werden muß, um nicht zu einem „Ende" des L. zu führen.

Der *philosoph.* Begriff des L. ist ebenso wenig eindeutig wie der religionswiss.-theolog., greift aber auch wie dieser über ein rein naturwiss.-biolog. Verständnis hinaus. - Für Aristoteles ist L., das er auch „Seele" nennt, eine Entelechie, d. h. etwas, das sein Ziel in sich selbst hat und deshalb Selbstsein, Selbstbewegung ist und insofern weder anfangen noch aufhören kann. Das L., die Seele, ist also unsterblich und steht damit im Ggs. zum Tod. Augustinus identifiziert die individuelle Seele (das L.) mit dem denkenden Individuum und bildet somit erste Ansätze einer philosoph. Psychologie. Das individuelle L. steht in Ggs. zu allen anderen und ist doch gleichzeitig der Ort der Verbindung von denkendem Individuum und göttl. Prinzip des L. Die genaue Abgrenzung zw. Einzel-L. und göttl. L. gelingt Augustinus jedoch nicht. Diese Lücke wird in der ma. Scholastik durch religiöse Glaubenssätze, etwa der Schöpfungslehre, wenn nicht philosoph., so doch theolog. geschlossen. - Nach Descartes ist L. nichts anderes als ein Modus einer denkenden Substanz und kommt in der tradierten Bed. des Wortes nur noch dem autonomen und lebensunabhängig konzipierten Geist, dem Denken („cogitatio") zu. Um der so entstandenen Schwierigkeit, objektive Phänomene (z. B. eine ohne äußeren Anstoß sich beschleunigende Bewegung) zu erklären, begegnen zu können, greift Leibniz wieder auf metaphys. „substantielle Formen" zurück. d. h. auf das durch ein inneres Prinzip Selbstbewegte. Dieses Prinzip der Selbstbewegung (die Kraft, lat. „vis") wird bei Leibniz zum ontolog. Prinzip alles Seienden (↑ auch Vitalismus). Während bei Kant L. die unmittelbare Voraussetzung eines transzendentalen Selbstbewußtseins als eines Urteilsvermögens ist, wird es bei Hegel zu einer Kategorie in der Erfahrung und Selbsterfahrung des Geistes. - Da menschl. L. sich v. a. in Handlungen äußert, die an Werten orientiert sind, die sich der Mensch entweder autonom setzt oder aus gegebenen frei wählt, umfaßt die philosoph.- und theolog.-eth. Frage nach dem *Wert* des L. den gesamten Bereich der Sittlichkeit und Weltanschauung. Ihre Beantwortung ist infolgedessen abhängig von dem philosoph.-weltanschaul. bzw. theolog.-religiös als Handlungsnorm zugrundegelegten Wertekatalog. Wohl allen eth. Systemen gemeinsam ist heute die Vorstellung, daß das L. das höchste Gut des Menschen und somit prinzipiell unantastbar ist. - ↑ auch Existenzphilosophie, ↑ Lebensphilosophie, ↑ Seele.

📖 *Asimov, I.:* Außerird. Zivilisationen. Dt. Übers. Köln 1981. - *Breuer, R.:* Kontakt mit den Sternen. Bln. 1981. - *Heimsoeth, H.:* Der sechs großen Themen der abendländ. Metaphysik u. der Ausgang des MA. Darmst. [7]1981. - *McAlester, A. L.:* Die Gesch. des Lebens. Dt. Übers. Mchn.; Stg. 1981. - L. u. Tod in den Religionen. Hg. v. G. Stephenson. Darmst. 1980. - *Löw, R.:* Philosophie des Lebendigen. Ffm. 1980. - *Rahmann, H.:* Die Entstehung des Lebendigen. Stg. [2]1980. - *Kaplan, R. W.:* Der Ursprung des Lebens. Stg. [2]1978. - *Haber, H.:* Brüder im All: von den Möglichkeiten kosm. Lebens. Rbk. 44.-50. Tsd. 1977. - *Sagan, C./Agel, J.:* Nachbarn im Kosmos. Dt. Übers. Mchn. 1975.

lebende Bilder (frz. tableaux vivants), stumme, unbewegte Darstellungen von Szenen aus der antiken Mythologie, christl. Überlieferung und nat. Geschichte durch lebende Personen auf der Bühne, häufig nach dem Vorbild bekannter Werke aus der Malerei und Plastik, v. a. als prunkvolle Einlagen bei festl. Anlässen.

lebende Fossilien ↑ Fossilien.

Lebende Steine, (Lithops) Gatt. der Eiskrautgewächse mit mehr als 70 Arten in S- und SW-Afrika; sukkulente, niedrige, meist polsterartig wachsende Wüstenpflanzen mit zu geschlossenen Körperchen verwachsenen Blattpaaren (ähneln Kieselsteinen); Blätter oft mit kleinen Fenstern, Blüten groß, weiß oder gelb; beliebte Pflanzen für Sukkulentensammlungen.

◆ Bez. für Pflanzen verschiedener Gatt. der Eiskrautgewächse mit kieselsteinartigem Aussehen, u. a. ↑ Fenestraria.

lebendgebärend (vivipar), lebende Junge zur Welt bringend; im Unterschied zu eierlegenden Tieren. - ↑ auch Viviparie.

Lebendgebärende Zahnkarpfen (Poeciliidae), Fam. der Zahnkarpfen mit zahlr. sehr verschiedengestalteten Arten im trop. und subtrop. Amerika; einige Arten (zur Stechmückenbekämpfung) auch in anderen Gebieten, u. a. in S-Europa, eingeführt; meist Süßwasserbewohner; mit einer Ausnahme lebendgebärend; z. T. sehr beliebte, anspruchslose Aquarienfische, z. B. Guppy, Schwertträger, Platy.

Lebendgewicht, im Fleischhandel im Ggs. zum Schlachtgewicht das Gewicht der lebenden, ungefütterten Tiere.

Lebendimpfstoff ↑ Impfstoffe.

Leben-Jesu-Forschung, in der Theologie Bez. für die seit der Aufklärung betriebene wiss. Erforschung des Lebens des histor. Jesus. Nach ersten Ansätzen der Kritik an der bisherigen, von der Dogmatik bestimmten Auffassung vom histor. Jesus bei den engl. Deisten des 18. Jh. und bei H. S. Reimarus gilt der Versuch von D. F. Strauß, den Stoff der Evangelien als weitgehend „myth.", also ungeschichtl. zu erweisen, als Beginn der eigtl. L.-J.-F. Doch erst die nach Strauß gewonnenen quellenkrit. Einsichten gaben ihr eine method. Grundlage. Die auf dieser Grundlage beruhende Darstellung des Lebens Jesu als Entwicklung vom „galiläischen Frühling" bis zum Todesweg nach Jerusalem in der L.-J.-F. der 2. Hälfte des 19. Jh. und die Interpretation der Verkündigung Jesu als Ansage eines geistl. Gottesreichs wurde - ausgehend von A. Schweitzer - zu Beginn des 20. Jh. entscheidend in Frage gestellt, da man erkannt hatte, daß auch das Markusevangelium, in dem man bisher eine histor. einigermaßen gesicherte Quelle gesehen hatte, eine dogmat. Konzeption ist. Die daraus gezogene Folgerung, eine Darstellung des geschichtl. Jesus sei überhaupt unmögl., wurde durch die Erkenntnisse der „formgeschichtl." und „redaktionsgeschichtl." Evangelienforschung weiter bestärkt. Die neueste Forschung findet jedoch zu solcher Skepsis keinen Anlaß, denn sowohl die method. Anwendung krit. Maßstäbe zur Feststellung der älteren Jesusüberlieferung als auch die Berücksichtigung des Zusammenhangs und des Ggs. der Jesusüberlieferung gegenüber dem zeitgenöss. Judentum erlauben die Gewinnung eines für die Darstellung eines wiss. Jesusbildes ausreichend gesicherten Quellenbestandes.

📖 *Schweitzer, A.:* Gesch. der L.-J.-F. Tüb.

[9] *1984. - Trilling, W.: Gesch. u. Ergebn. der historisch-krit. Jesusforschung. In: Jesus v. Nazareth. Hg. v. F. J. Schierse. Mainz 1972.*

Lebensalter, Abk. LA, im Unterschied zum Intelligenzalter jene Altersphase, in der sich der Mensch auf Grund der Entwicklung und Wandlung seiner Organe und körperl. Funktionen befindet (**biolog. Alter**). Da das Alterungstempo individuell verschieden ist, ist hiervon das rein **kalendar. Alter** zu unterscheiden. Die wichtigsten Stufen des L. sind Kindheit, Jugend, Erwachsenenalter und schließ. Greisenalter (etwa ab dem 75. Lebensjahr). - ↑auch Rechte und Pflichten nach Altersstufen.

Lebensarbeitszeit, die Gesamtzahl der Arbeitsstunden eines Berufstätigen vom Eintritt ins Berufsleben bis zum Erreichen des Ruhestandes. Errechnet wird die L. für Tätigkeitsbereiche unter Zugrundelegung von Durchschnittswerten der Lebensdauer, des Berufseintrittsalters und der Jahresarbeitszeit. Von Interesse ist die L. v. a. im Zusammenhang mit Modellen einer Verkürzung der Arbeitszeit, die nicht die Wochenarbeitszeit erfassen, sondern auf eine Reduktion der L. durch früheren Eintritt in den Ruhestand, Einschieben von längeren Urlaubsdauern u. a. abzielen.

Lebensbaum, (Thuja) Gatt. der Zypressengewächse mit sechs Arten in N-Amerika und O-Asien; immergrüne Bäume, seltener Sträucher, mit mehr oder weniger abgeflachten Zweigen; Blätter schuppenförmig, dicht, dachziegelartig angeordnet. Einige Arten sind giftig.
◆ der Baum als myth. Symbol menschl. Lebens; steht gelegentl. in Verbindung mit dem Weltenbaum, im Christentum zum „Baum des Kreuzes". In der *Volkskunde* auch Bez. für ein volkstüml. Ornament, das seit dem 17. Jh. zur Ausschmückung von bestimmtem Gerät, Hochzeitsgut, von Hausfassaden u. a. verwendet wurde.

Lebensbaumzypresse (Scheinzypresse, Chamaecyparis), Gatt. der Zypressengewächse mit 7 Arten in N-Amerika und O-Asien; immergrüne, meist kegelförmige, schlanke, hohe Bäume; Zweige mehr oder weniger abgeflacht; Blätter schuppenförmig; häufig als Zierpflanzen.

Lebensbeschreibung ↑Biographie.

Lebensborn, auf Veranlassung Himmlers 1935 aus rass. und bev.polit. Überlegungen gegr. Einrichtung (Verein) mit der satzungsgemäßen (1938) Aufgabe, „den Kinderreichtum in der SS zu unterstützen, jede Mutter guten Blutes zu schützen und zu betreuen und für hilfsbedürftige Mütter und Kinder guten Blutes zu sorgen", und das Fernziel der Menschenzüchtung. In den Entbindungsheimen des L. wurden rd. 11 000 (meist nichtehel.) Kinder geboren, in den Kinderheimen seit 1941 auch die „Eindeutschung" verwaister oder „rass. wertvoller" Kinder aus den besetzten Gebieten betrieben.

Lebensbuch (himmlisches Buch), religionsgeschichtl. mehrfach auftretende Vorstellung von einer schriftl. Aufzeichnung, die das vorausbestimmte Geschick jedes Menschen enthalten kann. Von diesem prädestinator. Sinn des L. ist ein eth. zu unterscheiden; nach ihm werden die Taten der Menschen in Büchern festgehalten, die beim jüngsten Gericht aufgeschlagen werden (z. B. Apk. 20, 12).

Lebensdauer, Zeitspanne zw. Geburt bzw. dem Entwicklungsbeginn und dem Tod eines Lebewesens, auch die Zeit des Amlebenbleibens von Teilen eines Organismus oder von bestimmten Stadien (z. B. Dauerstadien, Sporen, Samen).
◆ in der *Physik* Bez. für eine charakterist. Größe in statist. sich ändernden physikal. Systemen. Sie gibt den Zeitraum an, in dem das System im statist. Mittel unverändert existiert. Der Begriff L. wird v. a. bei angeregten Zuständen von Atomen, Molekülen und Atomkernen und bei Elementarteilchenzerfällen verwendet. Die L. angeregter Atome beträgt in der Regel etwa 10^{-8} s, die niedriger Kernniveaus 10^{-10} bis 10^{-13} s.

Lebenselixier, Zaubertrank bzw. Universalarznei, die Jugend, Schönheit und langes Leben verleihen bzw. erhalten soll.

Lebenserwartung, Anzahl der Jahre, die ein Mensch bei bestimmtem Alter und Geschlecht in einer bestimmten Bev. durchschnittl. noch erleben wird; eine Ausnahme von der sich daraus ergebenden log. Konsequenz sinkender L. bei zunehmendem Alter stellt wegen der Säuglingssterblichkeit das 1. Lebensjahr dar, nach dem die L. höher ist

Lebenshaltungskosten. Zusammensetzung des für ihre Berechnung zugrunde gelegten Warenkorbs

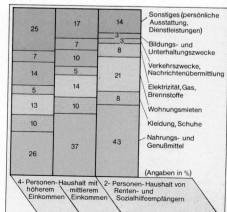

4-Personen-Haushalt mit höherem Einkommen	mittlerem Einkommen	2-Personen-Haushalt von Renten- und Sozialhilfeempfängern	
25	17	14	Sonstiges (persönliche Ausstattung, Dienstleistungen)
	7	3	Bildungs- und Unterhaltungszwecke
7	10	8	Verkehrszwecke, Nachrichtenübermittlung
14	5	21	Elektrizität, Gas, Brennstoffe
5	14		Wohnungsmieten
13	10	8	Kleidung, Schuhe
10			Nahrungs- und Genußmittel
26	37	43	

(Angaben in %)

Lebensfaden

als bei der Geburt. Von der L. zu unterscheiden ist die Erlebenswahrscheinlichkeit, die sich aus der Sterbetafel ergibt. Die **Sterbetafel** gibt an, wieviel Personen des gleichen Alters das nächsthöhere Alter erleben; die **Erlebenswahrscheinlichkeit** errechnet sich als Verhältnis zur Gesamtzahl dieses Personenkreises. Umgekehrt ergibt das Verhältnis der Anzahl der Toten zur Ausgangszahl die **Sterbewahrscheinlichkeit.**

Lebensfaden (Schicksalsfaden), antike Vorstellung, nach der das Leben jedes einzelnen Menschen an einem Faden hängt, den drei weibl. Schicksalsmächte spinnen, die griech. Moiren, denen in der röm. Religion die Parzen entsprechen. Wahrscheinl. war das Wirken der Nornen, der german. Schicksalsschwestern, urspr. ebenfalls mit der Vorstellung vom Spinnen eines L. verbunden.

Lebensformen, in der Biologie: Gruppen nicht näher miteinander verwandter Lebewesen, die auf Grund ähnl. Lebensweise gleichartige Anpassungserscheinungen an die Umwelt aufweisen.

Lebensgemeinschaft, (Biozönose) Bez. für eine Vergesellschaftung von Pflanzen und Tieren, die durch gegenseitige Beeinflussung und Abhängigkeit in Wechselbeziehung stehen. Die L. stellt den organ. Anteil eines Ökosystems dar, während der Lebensraum dessen anorgan. Komponente ausmacht. Eine L. ist z. B. die Gesamtheit der Organismen in einem See, einem Moor oder einem Buchenwald. In einer Kulturlandschaft können sich nur selten L. halten. Die Gesamtheit der Tiere in einer L. wird als **Zoozönose,** die der Pflanzen als **Phytozönose** bezeichnet.

◆ das Zusammenleben von Erwachsenen (und eventuell ihrer Kinder), das im voraus unbefristet ist (Ehe) bzw. längere Zeit besteht oder bestanden hat (eheähnl. Verhältnis). Die gesetzl. geschützte Form ist die ↑ eheliche Lebensgemeinschaft. Das Zusammenleben miteinander nicht verheirateter verschiedenen Geschlechts heißt *eheähnl. Partnerschaftsbeziehung* (ugs. auch **Konkubinat, wilde Ehe**). Diese hat in der BR Deutschland nicht dieselben rechtl. Wirkungen wie die Ehe. Es entstehen keine Unterhalts- bzw. Versorgungsausgleichsansprüche, aus ihr entstammende Kinder sind nichtehelich. Gänzlich ohne Rechtswirkungen sind eheähnl. Partnerschaftsbeziehungen jedoch nicht. Lebt jemand mit einem geschiedenen Partner zusammen, so kann sich mittelbar für ihn eine fakt. Unterhaltsverpflichtung dadurch ergeben, daß der geschiedene Partner seinen Unterhaltsanspruch verliert, da der Unterhaltsverpflichtete eine L. seines geschiedenen Ehegatten auch nicht mittelbar mitfinanzieren muß. Zumindest reduziert sich der angemessene Lebensbedarf des geschiedenen Ehegatten, so daß dieser bei einer von ihm eingegangenen eheähnl. L. weniger Unterhalt als sonst beanspruchen

kann. Eheähnl. Partnerschaftsbeziehungen können auch den Verlust staatl. Sozialhilfe zur Folge haben. Brechen eheähnl. Partnerschaftsbeziehungen auseinander, so werden sie nach bereicherungsrechtl. (§§ 812 ff BGB) bzw. gesellschaftsrechtl. (§§ 705 ff BGB) Regelungen abgewickelt.

Lebenshaltungskosten, in der amtl. Statistik die bei der Berechnung des Preisindexes der Lebenshaltung ermittelten Ausgaben; zugrunde gelegt wird ein (je nach Haushaltstyp unterschiedl.) sog. **Warenkorb,** der aus einer nach Menge und Struktur gleichbleibenden Kombination von Gütern und Dienstleistungen gebildet wird, um Änderungen der L. unabhängig von Änderungen der Konsumgewohnheiten messen zu können.

Lebenshilfe, im weitesten Sinn alle Hilfestellungen, die gegeben werden, um einen Mitmenschen zu befähigen, sein Leben zu bewältigen (z. B. durch persönl. Initiative, Massenmedien, Erwachsenenbildungseinrichtungen). L. reicht von sozialer Unterstützung über Hilfen zur besseren Qualifikation im Berufsleben, psycholog. Beratung (z. B. Ehe- und Erziehungsberatung), Hinweise für vernünftiges Verhalten, Veranstaltungen z. B. für alternde Menschen bis zur Unterstützung Behinderter, deren sich insbes. die „Bundesvereinigung L. für geistig Behinderte e. V." annimmt (1979 rd. 90 000 Mgl. und rd. 100 000 betreute Personen in 2 000 Tageseinrichtungen).

Lebenskraft (Vis vitalis), Bez. für eine (hypothet.) geheimnisvolle Energie, mit deren Hilfe es nur Organismen möglich sei, organ. Verbindungen (etwa Zucker, Fett, Eiweiß, Alkohol, biolog. Farbstoffe) aufzubauen. Die Lehre von der L., bes. von Chemikern des 17.–19. Jh. vertreten, wurde zuerst 1828 von F. Wöhler widerlegt.

Lebenslauf, individueller Lebens- und Entwicklungsverlauf von der Geburt bis zum Tode; in der *L.forschung* erfährt der L. eine Auswertung nach verschiedenen Gesichtspunkten (entwicklungs-, sozial-, kulturpsycholog.) und mit verschiedenen Methoden (biograph., klin., statist.); bed. für die psycholog. Diagnostik.

◆ (Curriculum vitae) kurze schriftl. Darstellung des eigenen Lebenslaufs (v. a. bei Bewerbungen).

Lebenslinie, Furche der Innenhand, die nach der Handlesekunst eine individuelle Lebensdauer anzeigen soll; wird in der Anthropologie als **Daumenfurche** bezeichnet.

Lebensmittel, nach den Definitionen des L.gesetzes (↑ Lebensmittelrecht) Bez. für alle Stoffe, die dazu bestimmt sind, in rohem oder zubereitetem Zustand gegessen oder getrunken zu werden. L. sind in erster Linie Träger der für die Ernährung wichtigen Nährstoffe, v. a. also der Proteine (Eiweiße), Fette, Kohlenhydrate, ferner der Vitamine sowie der anorgan. Bestandteile (Mineralstoffe, Spurenelemente); daneben zählt man auch einige Stoffe zu den L., die nicht wegen ihres Nährwerts, sondern nur oder vorwiegend wegen ihres Geschmacks oder Geruchs genossen werden (u. a. Kaffee, Tee, Gewürze, Tabak). - Nach ihrer Herkunft lassen sich die L. in tier. und pflanzl. Erzeugnisse unterteilen; als „synthet. L." sind z. B. die L.farbstoffe, die für L. verwendeten Konservierungsmittel und die künstl. Süßstoffe zu bezeichnen.

Lebensmittelchemie, Teilgebiet der Chemie, das sich mit Zusammensetzung und ernährungsphysiolog. Eigenschaften, den Veränderungen bei Zubereitung, Lagerung, Konservierung und der Ermittlung von Verfälschungen und Verderbnisvorgängen der Lebensmittel beschäftigt. Auch die Prüfung der mit den Lebensmitteln in Berührung kommenden Gebrauchsgegenstände wie Verpackungsmaterialien, Eß-, Trink- und Kochgeschirren ist Gegenstand der Lebensmittelchemie.

Lebensmittelfarbstoffe, Farbstoffe, die unansehnl. Lebensmitteln appetitanregendes Aussehen verleihen. Nach heutiger gesetzl. Regelung sind L. selbst Lebensmittel, da sie zusammen mit ihnen verzehrt werden. Während früher auch anorgan. Pigmente und zahlr. künstl. organ. Farbstoffe verwendet wurden, sind heute nur noch Naturfarbstoffe (z. B. Karotin) und einige wasserlösl. Azofarbstoffe zugelassen, nachdem bei einigen L. krebserzeugende Wirkung (z. B. bei Buttergelb) festgestellt wurde.

Lebensmittel-Kennzeichnungsverordnung, VO über die äußere Kennzeichnung von Lebensmitteln i. d. F. vom 25. 1. 1972 (mehrfach geändert). Sie verpflichtet den Hersteller oder Importeur von Fleisch, Fleischerzeugnissen, Fischen, Gemüse, Obst u. anderen Lebensmitteln, die in Packungen u. Behältnissen verkauft werden, auf der Pakkung deutl. sichtbar anzugeben: 1. Name oder Firma sowie Ort des Herstellers, 2. Inhalt nach handelsübl. Bez., 3. Menge des Inhalts, 4. bei bestimmten, leicht verderbl. Waren: Datum der Herstellung, u. U. der Abpackung oder der Haltbarkeit.

Lebensmittelrecht, Gesamtheit der Vorschriften zum Schutz der Verbraucher vor Gesundheitsgefährdung durch nicht einwandfreie Lebensmittel und vor Täuschung durch nachgemachte oder verfälschte Lebensmittel. Das L. ist zum größten Teil Bundesrecht (Art. 74 Nr. 19 und 20 GG), sein Vollzug liegt bei den Ländern. Es wurde 1974 - ausgehend vom LebensmittelG von 1934 - neu geregelt. Lebensmittel im Sinne des Lebensmittel- und BedarfsgegenständeG vom 15. 8. 1974 sind alle Stoffe, die dazu bestimmt sind, in unverändertem, zubereitetem oder verarbeitetem Zustand von Menschen verzehrt zu werden, soweit sie nicht überwiegend zur Beseitigung, Linderung oder Verhütung von

Krankheiten bestimmt sind (Arzneimittel); den Lebensmitteln stehen gleich: *Zusatzstoffe* (Farben, Fremdstoffe, Konservierungsmittel), *Tabakerzeugnisse,* kosmet. Mittel und *Bedarfsgegenstände* (z. B. Lebensmittelverpakkungen, Spielwaren, Bekleidungsgegenstände, Reinigungsmittel). Keine Unterscheidung wird mehr zw. Nahrungs- und Genußmitteln gemacht. Das LebensmittelG geht vom sog. Mißbrauchsprinzip aus; danach ist verboten, Lebensmittel für andere derart herzustellen oder in den Verkehr zu bringen, daß ihr Genuß die menschl. Gesundheit zu schädigen geeignet ist. Ferner ist verboten, zum Zwecke der Täuschung Lebensmittel nachzumachen oder zu verfälschen und verdorbene, nachgemachte oder verfälschte Lebensmittel ohne ausreichende Kenntlichmachung in den Verkehr zu bringen. Das Zusetzen fremder Stoffe ist grundsätzl. verboten, nur solche Stoffe, die ausdrückl. zugelassen sind, dürfen zugesetzt werden. Lebensmittel und Bedarfsgegenstände, die nicht dem dt. L. entsprechen, dürfen nicht eingeführt werden. Verstöße gegen lebensmittelrechtl. Vorschriften sind mit Strafe oder Bußgeld bedroht. - Vom Bundesmin. des Inneren wird das **Deutsche Lebensmittelbuch** herausgegeben, das in Leitsätzen Beurteilungsmerkmale hinsichtl. der Herstellung und Zusammensetzung von Lebensmitteln enthält, dem jedoch nicht die verbindl. Kraft einer Rechtsnorm zukommt.
In *Österreich* und in der *Schweiz* gelten ähnl. Bestimmungen.

Lebensmitteltechnik, Teilgebiet der Verfahrenstechnik, das sich mit Methoden und Verfahren zur rationellen Erzeugung und Verarbeitung von Lebensmitteln befaßt. Zu den mechan. Methoden zählen Reinigen, Sortieren, Zerkleinern, Sieben, Mischen, Filtrieren, Pressen, Emulgieren, Zentrifugieren und Extrahieren. Therm. Methoden (z. B. Gefrieren und Kühlen) haben v. a. bei der Konservierung Bedeutung. Daneben werden auch zahlr. biochem. Verfahren angewandt, die meist zu einer tiefgreifenden Veränderung der Ausgangsmaterialien führen (z. B. bei den Gärprozessen).

Lebensmittelvergiftung (Nahrungsmittelvergiftung), Bez. für Allgemeinerkrankungen sowie Magen-Darm-Erkrankungen, die nach dem Genuß von giftigen Tieren (Giftfische) und Pflanzen (Giftpilze), von bakteriell infizierten, chem. verunreinigten oder zersetzten Speisen bzw. Getränken auftreten. 3 bis 36 Std. nach der Aufnahme verdorbener Nahrung kommt es meist zu Übelkeit, heftigem Erbrechen, Koliken und Durchfällen. In jedem Fall ist eine Blut- bzw. Stuhluntersuchung erforderl., um eine (meldepflichtige) Salmonellenerkrankung auszuschließen. Durch Lebensmittelüberwachung und Fleischbeschau wird die Möglichkeit einer L. stark eingeschränkt.

Lebensphilosophie

Lebensphilosophie, auf F. Schlegel zurückgehende Sammelbez. für Philosophien des 19./20. Jh., die gegen den Rationalismus und die Aufklärung das ↑ Leben als „Erleben" unter Betonung des Emotionalen und des Intuitiven zum Ausgangs- und Orientierungspunkt ihres Denkens erheben, wie v. a. Vertreter der Romantik, des Pragmatismus, der Phänomenologie (M. Scheler) und der Existenzphilosophie (S. Kierkegaard, F. Nietzsche). Die bedeutendsten Vertreter der L. waren in Frankr. H. ↑ Bergson, in Deutschland W. Dilthey, für den die Erkenntnismöglichkeit für das „vom Menschen gelebte Leben" im „Erleben" und „Nachverstehen" liegt. Neben Dilthey haben M. Scheler und G. Simmel die L. methodolog. und erkenntnistheoret. vertreten. O. F. Bollnow, E. Rothacker u. a. haben die Begriffe der L. - v. a. „Zeit" und „Dasein" - neu gefaßt.

Lebensqualität (Qualität des Lebens), in den 1960er Jahren in den USA („quality of life") aus der wohlfahrtstheoret. Kritik am einseitigen Wachstumsdenken entstandener komplexer Begriff, für den es noch keine allg. anerkannte Definition gibt. Ziele der polit. und sozialen Institutionen, die eine Steigerung der L. anstreben, sind insbes. Humanisierung der Arbeitswelt, Entgiftung der Umwelt und der Nahrungsmittel, Schaffung gleicher Bildungs- und Aufstiegschancen und Abbau sonstiger Ungleichheiten, bessere Versorgung mit öffentl. Gütern und eine gerechtere Einkommens- und Vermögensverteilung.

Lebensraum, (Lebensstätte, Biotop) der von einer Lebensgemeinschaft (oder einer bestimmten Organismenart) besiedelte Raum (innerhalb eines Ökosystems), durch physikal. und chem. Faktoren gekennzeichnet und dadurch zur Besiedlung für bestimmte Lebewesen geeignet. - In der Botanik wird für L. häufig die Bez. *Standort* verwendet.
◆ seit etwa 1870 in Umlauf gekommener polit. Begriff, der überwiegend im Sinne des Sozialdarwinismus zur Begründung von Gebietsforderungen und territorialer Expansion diente; wurde zu einem Zentralbegriff der Geopolitik und spielte eine bed. ideolog. und propagandist. Rolle in den imperialist. und faschist. Bewegungen zw. den Weltkriegen.

Lebensstandard, die dem Einkommen (der Kaufkraft) und den Bedürfnissen der einzelnen oder eines Volkes entsprechende Art der Befriedigung der Lebensbedürfnisse; in der Marktforschung ein idealler Bedarfsfaktor gemäß den Wünschen der Verbraucher.

Lebenstrieb, nach der dualist. Triebtheorie S. Freuds der dem Todestrieb entgegengesetzte Grundantrieb des Menschen. Der L., als dessen wichtigste Komponente die Libido (Sexualtrieb) gilt, erstreckt sich nach Freud auf alle Bereiche der Erhaltung und Entfaltung des Lebens.

lebensunwertes Leben ↑ Euthanasie.

Lebensversicherung, nach den Prämieneinnahmen mit Abstand der bedeutendste Zweig der Individualversicherung und durch den Sparprozeß wichtiges Kapitalsammelbecken. Die L. deckt das in der Ungewißheit über die Lebensdauer begründete Risiko, insbes. im Zusammenhang mit der Absicherung von Sparvorgängen. Die Versicherungsleistung wird in der BR Deutschland überwiegend als einmalige (steuerfreie) Kapitalzahlung, als Rente oder als Rente und Kapitalzahlung gewährt. Man unterscheidet *Klein-* (bis 5000 DM) und *Groß-Lebensversicherung.* Der größte Teil der Überschüsse in der L. geht an die Versicherten, deren Gewinnbeteiligung Bestandteil des Geschäftsplanes ist und von der Versicherungsaufsichtsbehörde genehmigt werden muß. Die Gewinne können zur Erhöhung der Versicherungssumme (Bonussystem), zur Verkürzung der Laufzeit und zur verzinsl. Ansammlung verwendet oder an die Versicherungsnehmer ausgeschüttet werden. Versicherungsarten: **kurzfristige Risikoversicherung:** Die Versicherungsleistung wird nur fällig, wenn der Versicherte während der Vertragsdauer stirbt (Zweck: z. B. Absicherung eines Kreditgebers, von Hypotheken, Bauspardarlehen); **reine (lebenslängl.) Todesfallversicherung** mit abgekürzter oder lebenslängl. Prämienzahlung (prämienfreie Lebensversicherung): Die Versicherungsleistung wird auf jeden Fall, und zwar mit dem Tode des Versicherten fällig (z. B. *Erbschaftsteuerversicherung*); **Erlebensfallversicherung:** Die Versicherungsleistung wird nur fällig, wenn der Versicherte den Ablauf des Versicherungsvertrages erlebt (Leibrente- und Pensionsversicherung); **abgekürzte (gemischte) Lebensversicherung** auf den Todes- oder Erlebensfall: Die Versicherungsleistung (Kapital oder Rente) wird auf jeden Fall entweder mit dem Tode des Versicherten oder nach Ablauf des Versicherungsvertrages fällig. Dieser Art sind heute etwa 80 % der Verträge in der L. (Hinterbliebenen- und Altersversorgung). **Versicherung mit festem Auszahlungstermin:** Die Versicherungsleistung wird an einem festgesetzten Zeitpunkt fällig. Prämienfreiheit vom Tode des Versicherten an (v. a. als **Aussteuer-** und **Ausbildungsversicherung**); **Zusatzversicherungen:** Bei der Invaliditätszusatzversicherung wird die Versicherungsleistung mit der teilweisen oder völligen Arbeitsunfähigkeit fällig. Sie kann in der Prämienfreiheit, einer Kapital- oder Rentenzahlung bestehen. Bei der Unfallzusatzversicherung wird die Versicherungsleistung mit dem Unfalltod des Versicherten fällig. Ihre Höhe richtet sich nach der Grundversicherungssumme (und bringt meist deren Verdoppelung bei einem Unfalltod).

📖 *Hagelschuer, P. B.:* L. Wsb. ²1986. - *Meyer, Hans D.:* Ratgeber L. Mchn. 1984. - *Reuter, H.-P.:* Die L. im Steuerrecht. Herne ⁶1984.

Lebensversicherungsgesellschaften, Versicherungsunternehmen, die das Lebensversicherungsgeschäft betreiben; als Rechtsformen sind nur AG und Versicherungsverein auf Gegenseitigkeit (VVaG) zugelassen. Allg. zählt man dagegen auch die öffentl.-rechtl. Lebensversicherer dazu. - ↑auch Versicherungsgesellschaften (Übersicht).

Lebenswasser, nach weit verbreiteter, abergläub. Vorstellung das - v. a. aus einem ↑Jungbrunnen geschöpfte - Wasser, das Unsterblichkeit verleiht.

Leben und körperliche Unversehrtheit (Recht auf L. und k. U.), elementares, in Reaktion auf die nationalsozialist. Gewaltverbrechen durch ausdrückl. Verfassungsvorschrift (Art. 2 Abs. 2 GG) geschützte Grundrechte, die auch zivilrechtl. (§§ 823 ff. BGB) und strafrechtl. Schutz (§§ 211 ff. StGB) genießen, von den Ausnahmesituationen der Notwehr und des Notstandes abgesehen. In die Grundrechte kann durch Gesetz oder auf Grund eines Gesetzes eingegriffen werden, z. B. durch Zwangsuntersuchungen und -behandlungen und durch polizeil. Zwangsanwendung. Verboten dagegen sind, weil gegen die Menschenwürde verstoßend, Prügelstrafe und Folter. Umstritten ist das ↑Züchtigungsrecht der Lehrer.

Leber, Georg, * Obertiefenbach (= Beselich bei Limburg) 7. Okt. 1920, dt. Gewerkschaftsführer und Politiker (SPD). - Kaufmänn. Angestellter und Maurer; seit 1949 Funktionär der IG Bau, Steine, Erden; 1957 bis 66 deren Vors.; 1957–83 MdB; 1966–72 Bundesverkehrs-, 1972–78 Bundesverteidigungsmin.; 1979–83 Bundestagsvizepräsident.

L., Julius, * Biesheim (Elsaß) 16. Nov. 1891, † Berlin 5. Jan. 1945 (hingerichtet), dt. Politiker. - 1913 Eintritt in die SPD; 1921–33 Chefredakteur des „Lübecker Volksboten"; 1924 bis 33 MdR. 1933–37 KZ- und Gefängnishaft; danach in engem Kontakt zum Kreisauer Kreis an den Vorbereitungen zum 20. Juli 1944 beteiligt und als Innenmin. im Kabinett Goerdeler vorgesehen; am 4. Juli 1944 verhaftet, am 20. Okt. 1944 zum Tode verurteilt.

Leber (Hepar), größte Drüse des menschl. Organismus (beim erwachsenen Menschen rd. 1,5 kg schwer). Sie liegt in der Bauchhöhle unter dem Zwerchfell und füllt die ganze rechte Zwerchfellkuppel aus. Sie ist durch eine Furche in einen größeren rechten und einen kleineren linken L.lappen geteilt. Am unteren rechten L.lappen liegt die Gallenblase. Außer der Lunge ist die L. das einzige Organ, das sowohl arterielles als auch venöses Blut erhält. Die Sauerstoffversorgung verläuft über die Leberarterie. Durch die Pfortader gelangt das gesamte venöse Blut aus den Verdauungsorganen mit den im Darm resorbierten Nahrungsstoffen, außerdem das mit den Abbaustoffen der zugrundegegangenen roten Blutkörperchen beladene Blut der Milz in die Leber.

Feingeweblicher Aufbau: Die L. besteht aus meist fünf- oder sechseckigen *Leberläppchen* von 1–2 mm Durchmesser und 2 mm Länge. An jeder Ecke des Läppchens verlaufen je ein Ästchen der L.arterie, der Pfortader und des Gallengangs. Die Pfortaderästchen und die Arterienästchen bilden ein dichtes Kapillarnetz (Sinusoide), das sich zum Zentrum des Läppchens hin vereinigt und dort in die Zentralvene mündet. Die Wand der Sinusoide besteht u. a. aus einem Netz von Bindegewebsfasern und aus den Kupffer-Sternzellen, die Fremdkörper wie Zelltrümmer und Bakterien auffangen. Ein zweites Gefäßsystem sind die Gallengänge.

Funktionen: Die L. nimmt eine zentrale Stelle im Stoffwechsel ein und ist u. a. auch am Abbau überalterter roter Blutkörperchen sowie an der Blutspeicherung (bis zu 20 % der Gesamtmenge) beteiligt. Außerdem verwandelt sie Eiweiße in Kohlenhydrate, speichert diese in Form von Glykogen und verarbeitet Kohlenhydrate zu Fetten. In der L. wird der Blutfarbstoff in Gallenfarbstoffe umgewandelt und zus. mit den Gallensäuren in den Darm abgegeben. Schließl. entgiftet die L. das Blut, indem sie die Abbauprodukte des an den Eiweißstoffwechsel anschließenden ↑Harnstoffzyklus in Harnstoff umwandelt.

📖 *Popper, H.: Fortschritte in der Hepatologie. Freiburg 1986. - Motta, P., u. a.: Die L. Dt. Übers. Stg. 1980. - Brühl, W.: L. u. Gallenwegserkrankungen. Stg. [4]1970. - Franken, F. H.: Die L. u. ihre Krankheiten. Zweihundert Jahre Hepatologie. Stg. 1968. - Popper, H./Schaffner, F.: Die L. Struktur u. Funktion. Stg. 1961.*

Leberatrophie (Leberdystrophie), Atrophie (Schwund) des Lebergewebes infolge eines Hungerzustands, auszehrender Krankhei-

Leber. Blockschema der normalen menschlichen Leber. Vorn Mitte: Leberpforte mit Gallengang G, Leberarterie L und Pfortader P; Lk arterielle Leberkapillare, V kleine Lebervene, Z Zentralvene

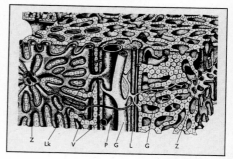

Leberbalsam

ten und im Alter (braune L.) oder infolge tox. Leberzellschädigung mit ausgedehnten Lebernekrosen, Gelbsucht, starken Schmerzen im Oberbauch, Erbrechen, Verwirrtheit und Koma (akute gelbe L.). - Die Behandlung der akuten gelben L. besteht in künstl. Ernährung, in der Gabe von Antibiotika und Glukokortikoiden sowie in Bluttransfusionen.

Leberbalsam (Ageratum), Korbblütlergatt. mit über 30 Arten in N- und S-Amerika; ästige Kräuter oder Sträucher, Köpfchen aus Röhrenblüten, in dichten Doldentrauben oder in Rispen; eine bekannte, in zahlr. Sorten kultivierte Beetpflanze ist Ageratum houstonianum.

Leberbiopsie ↑ Leberpunktion.

Leberblümchen (Hepatica), Gatt. der Hahnenfußgewächse mit 6 Arten in Eurasien und im atlant. N-Amerika; in Deutschland kommt in Laubwäldern nur das **Echte Leberblümchen** (Hepatica nobilis) vor; bis 15 cm hohe Staude mit dreilappig-herzförmigen Blättern; Blüten blau, seltener weiß; früher als Mittel gegen Leberleiden verwendet.

Leberdiät (Leberschonkost, Leberschutzkost), fettarme, aber kohlenhydrat- und eiweißreiche, vitaminreiche Kost für Leberkranke; Alkohol und Nikotin sind verboten.

Leberdystrophie, svw. ↑ Leberatrophie.

Leberegel, Gruppe von Saugwürmern, die erwachsen v. a. in Gallengängen der Leber von Wild- und Haustieren (bes. Wiederkäuern, Schweinen, Pferden), z. T. auch des Menschen, leben. Am bekanntesten sind: **Großer Leberegel** (Fasciola hepatica), 3–4 cm lang, lanzettl.-blattförmig; Eier (etwa bis ein Jahr in Dung lebensfähig) werden mit dem Kot ausgeschieden; bei Regen oder Überschwemmungen gelangt die daraus schlüpfende Larve (Miracidium) in Gewässer, wo sie sich in Wasserschnecken einbohrt und dort zu einer Sporozyste heranwächst; diese erzeugt die zweite Larvengeneration (Redien), die ihrerseits die dritte Larvengeneration (Zerkarien) bildet; letztere durchbrechen die Schneckenhaut, enzystieren sich an Pflanzen, von wo sie vom Endwirt aufgenommen werden (bei Haustieren können sie ↑ Egelfäule hervorrufen); **Kleiner Leberegel** (Lanzettegel, Dicrocoelium lanceolatum), etwa 1 cm lang, lanzettförmig; erster Zwischenwirt sind Schnecken, zweiter Zwischenwirt Ameisen, Endwirt v. a. Schafe; **Chin. Leberegel** (Opisthorchis sinensis), bis 2,5 cm lang; befällt in China, SO- und O-Asien Menschen, Haus- und Wildtiere (Klonorchiase); Entwicklungszyklus ähnl. dem des Großen L., nur suchen hier die Redien einen zweiten Zwischenwirt (Süßwasserfische); durch Verzehr von rohem Fischfleisch gelangen die Zerkarien in den Endwirt.

Leberegelkrankheit, svw. ↑ Fasziolose.

Leberentzündung (Hepatitis), entzündl. Erkrankung der Leber mit Schädigung und Funktionseinschränkung der Leberzellen. L. können einerseits im Gefolge anderer Erkrankungen auftreten (z. B. bei Mononukleose, Gelbfieber, Fleckfieber, Syphilis, Tuberkulose). Sie können ferner durch Viren verursacht werden. Zu den durch Viren hervorgerufenen L. gehören: 1. **infektiöse Leberentzündung** (Virushepatitis, epidem. Gelbsucht) durch Virus A, meldepflichtig. Die Übertragung erfolgt bes. durch Schmier- oder Schmutzinfektion, durch infiziertes Wasser, verunreinigte Nahrungsmittel. Die Erkrankung tritt (nach einem Vorläuferstadium ohne Gelbsucht) gewöhnl. 6–42 Tage nach der Ansteckung auf; 2. **hämatogene Leberentzündung** (homologer Serumikterus, Transfusions-L., Spritzen-L.), hervorgerufen durch das Virus B. 60–160 Tage nach der Ansteckung, die nur durch direkten Kontakt mit infektiösem Blut (z. B. durch Bluttransfusion, verunreinigte Spritzen) erfolgen kann, kommt es zum Ausbruch der L. **Anzeichen** einer L. sind Abgeschlagenheit, Übelkeit, Brechreiz, Appetitlosigkeit, Verdauungsstörungen (Blähungen, Völlegefühl), Abneigung gegen Alkohol, Fett und Nikotin, Gelenkbeschwerden und dumpfe Schmerzen unter dem rechten Rippenbogen. Hauptsymptom ist die ↑ Gelbsucht, die 2–6 Wochen anhalten kann. - Die **Behandlung** einer akuten L. besteht in strikter Bettruhe bis zum Abklingen der Entzündungszeichen und in ↑ Leberdiät. In den meisten Fällen ist eine L. nach 4–5 Monaten vollständig ausgeheilt.

Leberfleck (Naevus pigmentosus), angeborenes oder anlagebedingtes, bräunl. bis schwarzbraunes Hautmal infolge fleckenförmiger Anhäufung des Hautfarbstoffs.

Leberfunktionsprüfungen, Prüfungen zur Untersuchung der Leistungen der Leber als Stoffwechsel- und Sekretionsorgan in Labortests, bes. auch zur Differenzierung der verschiedenen Formen der Gelbsucht. Geprüft werden: Umsatz und Ausscheidung von Gallenfarbstoffen; Kohlenhydratstoffwechsel; Eiweißstoffwechselfunktion; Fettstoffwechsel; Ausscheidungsfunktion der Leber.

Leberkäse ↑ Fleischkäse.

Leberknödel, aus zerkleinerter Leber, Speck oder Nierenfett, Semmeln, Ei und Gewürzen hergestellte Knödel.

Leberkoma (Coma hepaticum), Bewußtseinstrübung unterschiedl. Grades infolge Überschwemmung des Gehirns mit giftigen, stickstoffhaltigen Stoffwechselprodukten (v. a. Ammoniak) bei Versagen der Leberfunktion (**Leberausfallskoma**) oder ausgedehntem Lebergewebszerfall (**Leberzerfallskoma**); Folge von Entzündungen, Vergiftungen, Leberzirrhose und akuter gelber Leberatrophie. - Die Sterblichkeit beträgt beim Leberzerfallskoma nahezu 100%.

Lebermoose (Hepaticae), mit rd. 10000 Arten weltweit verbreitete Klasse der Moose. Nach dem Bau des Thallus lassen sich zwei große Gruppen unterscheiden: 1. L. mit flächigem, oft gabelig verzweigtem Thallus *(thallose L.)*; 2. L., die in Stämmchen und Blättchen (ohne Mittelrippe) gegliedert sind *(foliose L.)*. Die Sporenkapseln der L. besitzen meist keine Columella, oft aber Schleuderzellen. Bekannt ist das an feuchten Orten vorkommende **Brunnenlebermoos** (Marchantia polymorpha). - Abb. Bd. 6, S. 98.

Leberpilz (Blutschwamm, Fleischpilz, Fleischschwamm, Fistulina hepatica), zur Fam. der Reischlinge zählender Ständerpilz mit zungen- bis handförmig abstehendem, braunrotem Fruchtkörper; an den Stümpfen alter Eichen; jung eßbar.

Leberpunktion, Punktion der Leber zur Gewinnung einer für die Diagnose oder Verlaufskontrolle von Leberkrankheiten verwendeten Gewebsprobe (**Leberbiopsie**).

Leberreim, kurzes, aus dem Stegreif verfaßtes Gebrauchs- bzw. Gelegenheitsgedicht mit beliebigem, meist scherzhaftem Inhalt, dessen Eingangsvers das Stichwort „Leber" enthält, z. B. „Die Leber ist von einem Hecht/ und nicht von einer Schleie,/der Fisch will trinken, gebt ihm was,/daß er vor Durst nicht schreie" (Fontane). Ursprüngl. wohl Tischsprüche bei Lebergerichten.

Leberschau, Orakel zur Erforschung der Zukunft und des göttl. Willens. Es beruht auf der Vorstellung, daß Macht und Kraft des Opfertieres, häufig eines Schafes, in der Leber konzentriert seien. Die L. spielte eine hervorragende Rolle bei der Zeichendeutung der Etrusker, die ihr mant. Wissen später den Römern (↑ Haruspex) übermittelten.

Leberschonkost, svw. ↑ Leberdiät.

Leberschrumpfung, svw. ↑ Leberzirrhose.

Leberstärke, svw. ↑ Glykogen.

Leberstauung ↑ Stauungsleber.

Leberstein (Hepatolith), Konkrement („Gallenstein") in den Gallengängen der Leber.

Lebertran (Oleum Jecoris), aus der Leber von Heilbutten oder Dorschen gewonnenes klares, schwach fischartig riechendes, fettes Öl von gelbl. Farbe, mit hohem Anteil an ungesättigten Fettsäuren und Vitamin A, E und D; medizin. Anwendung u. a. bei Rachitis und Skrofulose sowie als Stärkungsmittel, äußerl. in Salben zur Wundbehandlung.

Lebertransplantation ↑ Transplantation.

Leberverfettung, svw. ↑ Fettleber.

Lebervergrößerung (Hepatomegalie), Umfangszunahme der Leber infolge vermehrten Wachstums von Bindegewebe (↑ Leberzirrhose), bei Geschwulsterkrankungen, Blutstau im großen Kreislauf oder bei Speicherkrankheiten.

Leberwurstbaum (Wurstbaum, Elefan-

Charles Le Brun, Der Kanzler Séguier beim Einzug Ludwigs XIV. in Paris im Jahre 1660 (1660). Paris, Louvre

Leberzirrhose

tenbaum, Kigelia), Gatt. der Bignoniengewächse mit 10 Arten im trop. Afrika und auf Madagaskar; Bäume mit gefiederten Blättern; Früchte stark verlängert, an langen Stielen herabhängend.

Leberzirrhose (Leberschrumpfung), chron. fortschreitende Erkrankung der Leber, die durch eine Vermehrung des Leberbindegewebes gekennzeichnet ist und so die Leberfunktion beeinträchtigt. Als Ursachen einer L. kommen in erster Linie chron. Alkoholmißbrauch und/oder Fehl- und Mangelernährung, jedoch auch Leberentzündung, erbl. Stoffwechselstörungen (Speicherzirrhose), Gallengangsverschlüsse und Herzgefäßerkrankungen bei Blutrückstau infolge Rechtsinsuffizienz des Herzens in Betracht. Bisher ist noch keine spezif. Therapie bekannt.

Lebewesen, Bez. für jede einzelne Pflanze (pflanzl. L.), jedes Tier (tier. L.) und jeden Menschen, die alle die Merkmale des ↑Lebens tragen.

Lebkuchen, Dauerbackware aus Mehl, [Kunst]honig (oder Farinzucker) und einer Lebkuchengewürzmischung aus Nelken, Muskat sowie nach Rezept Koriander, Kardamom, Anis, Zimt, Ingwer.

Leblanc [frz. lə'blã], Maurice, * Rouen 11. Dez. 1864, † Perpignan 6. Nov. 1941, frz. Schriftsteller. - Begann mit Erzählungen und psycholog. Romanen; schuf mit seinen zahlreichen populären Kriminal- und Abenteuerromanen die bekannte Figur des Arsène Lupin (u. a. „Die Abenteuer des Arsène Lupin", 12 Bde., 1907–35).

L. (Le Blanc), Nicolas, * Ivoy-le-Pré (Cher) 6. Dez. 1742, † Saint-Denis 16. Jan. 1806 (Selbstmord), frz. Chemiker. - Leibarzt des Herzogs von Orléans; entwickelte das nach ihm benannte Verfahren zur Sodaherstellung (Leblanc-Sodaprozeß).

Le Bon [frz. lə'bõ], * Nogent-le-Rotrou (Eure-et-Loir) 7. Mai 1841, † Paris 15. Dez. 1931, frz. Philosoph und Sozialwissenschaftler. - Urspr. Arzt; wurde mit seinem Buch „Psychologie der Massen" (1895) zum Begründer der Massenpsychologie.

Lebork [poln. 'lɛmbɔrk], poln. für ↑Lauenburg i. Pom.

Lebowa, Heimatland der Nord-Sotho (↑Sotho) im N von Transvaal, Republik Südafrika, 21 300 km² in 7 Teilgebieten, 1,75 Mill. E (1980), Hauptstadt Lebowakgomo. L. verfügt über 3 Lehrerseminare, eine Landw.-schule, ein techn. College und die Univ. des Nordens in Turfloop (gegr. 1959). Dominierend ist die Landw. Von den vorhandenen Bodenschätzen werden Asbest, Chromerz, Platin, Kaolin u. a. abgebaut. Ein Teil der Bev. arbeitet als Gastarbeiter in der Republik Südafrika. - Erhielt 1969 innere Autonomie, 1971 eine gesetzgebende Versammlung; seit 1972 ein sich selbstregierendes Territorium unter Chefmin. C. N. Pathudi (seit 1973).

Lebrecht (Leberecht), in der Zeit des Pietismus gebildeter männl. Vorname.

Lebrun [frz. lə'brœ̃], Albert, * Mercy-le-Haut (Meurthe-et-Moselle) 29. Aug. 1871, † Paris 6. März 1950, frz. Politiker. - Bergwerksingenieur; 1911–13 und 1913/14 Kolonialmin., 1917–19 Min. für die Blockade und die befreiten Gebiete; Mgl. des Senats ab 1920 (dessen Präs. 1931/32); letzter Präs. der 3. Republik (1932–40).

L., Charles François, * Saint-Sauveur-Lendelin (Manche) 19. März 1739, † Saint-Mesmes (Seine-et-Marne) 16. Juni 1824, frz. Politiker. - Als Präs. des Rates der Fünfhundert (1796–99) unterstützte L. Napoléon Bonapartes Staatsstreich und wurde von ihm zum 3. Konsul berufen. Als Großschatzmeister (1804) reorganisierte er das Finanzwesen und gründete den Rechnungshof; 1808 zum Hzg. von Piacenza ernannt, 1810–13 Statthalter von Holland.

L., Élisabeth ↑Vigée-Lebrun, Élisabeth.

Le Brun (Lebrun), Charles [frz. lə'brœ̃], * Paris 24. Febr. 1619, † ebd. 12. Febr. 1690, frz. Maler. - 1642–45 Italienreise mit N. Poussin; Mitbegr. (1648) und 1668 Direktor der Académie Royale de Peinture et de Sculpture in Paris, zahlr. weitere Ämter. Schöpfer und Organisator des schweren Repräsentativstils ↑Louis-quatorze. Höhepunkt sind seine dekorativen allegor. Gestaltungen (Schloß Vaux-le-Vicomte für Fouquet; ab 1661 im Louvre [v. a. Galerie d'Apollon und Salon Carré], ab 1668 in Versailles [Spiegelsaal, Grand Appartement, Salon de la Guerre, Salon de la Paix u. a.] tätig). Zahlr. Gobelinentwürfe, Tafelbilder. - Abb. S. 41.

Lec, Stanisław Jerzy [poln. lɛts], * Lemberg 6. März 1909, † Warschau 7. Mai 1966, poln. Lyriker. - Bes. bekannt wurde er durch seine Aphorismen „Unfrisierte Gedanken" (1959); auch Epigramme.

Lecanuet, Jean Adrien François [frz. ləka'nɥɛ], * Rouen 4. März 1920, frz. Politiker. - Während der dt. Besetzung in der Résistance aktiv; 1951–55 Abg. (MRP); 1959–73 und seit 1977 Mgl. des Senats; 1963–65 Vors. des MRP; 1965 erfolglose Kandidatur bei den Präsidentschaftswahlen; 1966 Gründer und Vors. (bis 1976) des Centre Démocrate, 1976 des Centre des Démocrates Sociaux, 1974–76 Justizmin., 1976/77 Min. für Planung und Raumordnung (1974–77 zugleich Staatsmin.).

Le Carré, John [frz. ləka're], eigtl. David John Moore Cornwell, * Poole (Dorset) 19. Okt. 1931, engl. Schriftsteller. - Zeigt in seinen erfolgreichen Romanen realist. und illusionslos die Fragwürdigkeit der Geheimdienstarbeit. - *Werke:* Der Spion, der aus der Kälte kam (R., 1963), Eine kleine Stadt in Deutschland (R., 1968), Dame, König, As, Spion (R., 1974), Ein blendender Spion (1986).

Lecce [italien. 'lettʃe], italien. Stadt im

südl. Apulien, 51 m ü. d. M., 94 800 E. Hauptstadt der Prov. L.; kath. Bischofssitz; Univ. (gegr. 1965); Museen, Bibliotheken, Staatsarchiv. Handelszentrum; Tabakmanufaktur, Weinkellereien, Öl- und Getreidemühlen u. a. Ind. - Das heutige L. liegt in der Nähe des antiken **Lupiae**; 542 und 549 von Totila zerstört; Mitte des 16. Jh. von den Aragonesen befestigt. - Bed. sind die Kirchen Santi Nicola e Cataldo (1180 ff.) mit Barockfassade, Santa Croce (1549–1695) und Santa Maria del Rosario (1691–1728). Röm. Amphitheater; Schloß und Triumphbogen (beide 16. Jh.).

Lecco [italien. 'lekko], italien. Stadt am Comer See, 214 m ü. d. M., 51 400 E. Stahlwerk, Zement-, Papier- und Seidenind.; Hafen. - Als **Leuko** 845 erstmals erwähnt, im 9. Jh. Mittelpunkt einer Gft., fiel im 10. Jh. an die Erzbischöfe von Mailand.

Lech, rechter Nebenfluß der Donau, entsteht als Abfluß des Formarinsees in Vorarlberg, tritt bei Füssen in das Alpenvorland ein, mündet bei Donauwörth; 248 km lang; mehrfach gestaut (u. a. Forggensee).

Le Chatelier, Henry [frz. ləʃatəˈlje], * Paris 8. Okt. 1850, † Miribel-les-Échelles (Isère) 17. Sept. 1936, frz. Chemiker. - Prof. in Paris; stellte das Prinzip des kleinsten Zwanges auf († Le-Chatelier-Braunsches Prinzip) und erfand das thermoelektr. Pyrometer.

Le-Chatelier-Braunsches Prinzip [frz. ləʃatəˈlje; nach H. Le Chatelier und K. F. Braun] (Prinzip des kleinsten Zwanges), thermodynam. Prinzip, wonach ein im Gleichgewicht befindl. System bei Anwendung eines äußeren Zwanges (z. B. von Druck) diesen durch Anpassung einer anderen Zustandsgrößen (z. B. durch Volumenverminderung oder Temperaturänderung) zu kompensieren versucht. So verflüssigt sich z. B. ein unter hohem Druck stehendes Gas unter Volumenverminderung.

Lechenich † Erftstadt.

Lecher-Leitung (Lecher-System) [nach dem östr. Physiker E. Lecher, * 1856, † 1926], eine möglichst verlustfreie elektr. Leitung aus zwei parallelen Drähten, z. B. Band- oder Koaxialleitung. L.-L. werden zu exakten Frequenzmessung einer sehr hochfrequenten Spannung benutzt (Meßleitung).

Lechfeld, Schotterebene zw. dem Lech und der Wertach, südl. von Augsburg, Bay. - Die **Schlacht auf dem Lechfeld** (10.–12. Aug. 955) wurde ausgelöst durch einen der zahlr. Magyareneinfälle nach S-Deutschland, in dessen Verlauf ein magyar. Heer Augsburg belagerte. Das magyar. Heer wurde eingekreist und vernichtet. Der Sieg verhinderte weitere Ungarneinfälle und gilt als wichtigste Vorstufe für das Kaisertum Ottos I., d. Gr.

Lechi, Abk. für hebr. Lochame cherat Jisrael („Kämpfer für die Freiheit Israels"), jüd. Untergrundorganisation in Palästina; gegr. 1940 von A. Stern (daher auch „Stern-Grup-

pe"), verübte bis 1948 zahlr. Terrorakte gegen Araber und die brit. Mandatsmacht.

Lechner, Leonhard, * im Etschtal um 1553, † Stuttgart 9. Sept. 1606, dt. Komponist. - Schüler von O. di Lasso; bed. Schöpfer v. a. dt. Lieder und Liedmotetten: „Newe teutsche Lieder" (gedruckt 1576–89), „Johannespassion" (1594), „Das Hohe Lied Salomonis" (1606), „Dt. Sprüche von Leben und Tod" (1606).

Lechoń, Jan [poln. ˈlɛxɔ̃in], eigtl. Leszek Serafinowicz, * Warschau 13. März 1899, † New York 8. Juni 1956 (Selbstmord), poln. Lyriker. - Jüngstes Mitglied des engeren Kreises der „Skamander"-Gruppe; emigrierte 1939, lebte nach Kriegsende in den USA. Gestaltete v. a. die Themen Liebe und Tod in pessimist. Grundhaltung.

Lechtaler Alpen, Teil der Nördl. Kalkalpen in Tirol und Vorarlberg, in der Parseierspitze 3 036 m hoch.

Lechter, Melchior, * Münster 2. Okt. 1865, † Raron 8. Okt. 1937, dt. Buchkünstler und [Glas]maler. - Schuf 1897–1907 die Jugendstilausstattung sämtl. Werke S. Georges, 1898 auch M. Maeterlincks „Schatz der Armen". Außerdem Exlibris, Glasgemälde, Bilder. Typ. sind schmückende Rahmenleisten, in die die Schrift eingeordnet ist.

Lecithine † Lezithine.

Lecithus [griech.], svw. † Dotter.

Leck [niederdt.], undichte Stelle in der Außenhaut eines Schiffes oder einer Behälterwand.

Leckage [lɛˈkaːʒə] (Coulage), Gewichtsverlust flüssiger Waren durch Verdunsten, Aussickern u. a.; auch svw. † Leck.

Melchior Lechter, Vorzeichnung zum Titelbild von Stefan Georges Gedichtzyklus „Der Teppich des Lebens und die Lieder von Traum und Tod" (1899). Autotypie

Lecksuchgerät

Lecksuchgerät (Lecksucher, Lecksuchmassenspektrometer), auf dem Prinzip des Massenspektrometers beruhendes Gerät zum Auffinden von Undichtigkeiten in Hochvakuumanlagen. Mit einem feinen Gasstrahl wird die Anlage außen „abgetastet". Tritt Spürgas durch ein Leck in die Anlage ein, so gelangt es auch in das angeschlossene L., wo es ionisiert, durch einen Ablenkmagneten auf einen Auffänger geleitet wird und eine Anzeige oder ein Signal auslöst.

Lecksucht, Stoffwechselmangelkrankheit v. a. stallgefütterter Wiederkäuer, die futterfremde Gegenstände (Krippen, Wände u. a.) gierig benagen und belecken.

Leclair, Jean-Marie [frz. lə'klɛːr], gen. L. l'Aîné, * Lyon 10. Mai 1697, † Paris 22. oder 23. Okt. 1764 (ermordet), frz. Violinist und Komponist. - Einer der hervorragendsten Geiger seiner Zeit. Hinterließ eine bed. Violinliteratur (v. a. Konzerte, Sonaten, Trios).

Leclanché-Element [frz. ləklä'ʃe; nach dem frz. Chemiker G. Leclanché, * 1839, † 1882] ↑elektrochemische Elemente.

Leclercq (d'Orlancourt), Henri [frz. lə'klɛːr], * Tournai 4. Dez. 1869, † London 23. März 1945, frz. kath. Theologe und Benediktiner (seit 1895). - Verfasser zahlr. Werke zur Liturgie, christl. Archäologie und Kirchengeschichte. Hg. des „Dictionnaire d'archéologie chrétienne et de liturgie" (1903–53).

Le Clézio, Jean-Marie Gustave [frz. ləkle'zjo], * Nizza 13. April 1940, frz. Schriftsteller. - Schildert in seinen handlungsarmen Romanen in ausdrucksstarker Prosa und alptraumhaften Bildern v. a. das Ausgeliefertsein des Einzelmenschen an die ihn bedrängende Umwelt. - *Werke:* Das Protokoll (R., 1963), Das Fieber (En., 1965), Die Sintflut (R., 1966), Terra amata (R., 1967), Der Krieg (R., 1970), Voyages de l'autre côté (R., 1975), Voyage à Rodrigues (1986).

Lecocq, Alexandre Charles [frz. lə'kɔk], * Paris 3. Juni 1832, † ebd. 24. Okt. 1918, frz. Komponist. - Neben J. Offenbach und F. Hervé einer der beliebtesten frz. Operettenkomponisten seiner Zeit; u. a. „La fille de Madame Angot" (1873) „Giroflé-Girofla" (1874).

Leconte de Lisle, Charles Marie [frz. ləkõtdə'lil], eigtl. C. M. Lecomte, * Saint-Paul auf Réunion 22. Okt. 1818, † Voisins-le-Bretonneux bei Paris 18. Juli 1894, frz. Dichter. - Gilt als der bedeutendste Vertreter der literar. Gruppe des „Parnasse"; sein pessimist. Weltbild steht dem Schopenhauers nahe, sein Pantheismus ist durch den Buddhismus geprägt.

Le Corbusier [frz. ləkɔrby'zje], eigtl. Charles-Édouard Jeanneret-Gris, * La Chaux-de-Fonds 6. Okt. 1887, † Roquebrune-Cap-Martin (Alpes-Maritimes) 27. Aug. 1965, frz.-schweizer. Architekt, Städteplaner

Le Corbusier, Unité d'Habitation (1947–52). Marseille (links); Skizze, die Le Corbusiers Proportionssystem „Modulor" verdeutlicht

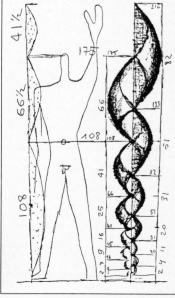

und Maler. - Nach Ausbildung bei J. Hoffmann in Wien, A. Perret in Paris und bei P. Behrens in Berlin ließ sich Le C. 1917 in Paris nieder. Funktionelle Strukturformen und formale Erfindungskraft bestimmen die ästhet. Gestalt seiner Bauten, die Le C. mit dem Ziel der Entfaltungsmöglichkeit des einzelnen wie der Gemeinschaft konzipiert. - Seit 1920 trat er v. a. als Maler (↑ Purismus) und Publizist hervor (Zeitschrift „L'Esprit Nouveau"; Ausstellungsbau 1922, Paris), er entwarf ideale Städtebauprojekte mit einer klaren Trennung der Funktionszonen („Ville contemporaine", 1922; „Ville radieuse", 1935). Mit seinen ersten Bauten schuf er die Grundlagen eines neuen Wohnhaustyps (u. a. zwei Häuser für die Weißenhofsiedlung in Stuttgart, 1927), ließ die kub. Baukörper auf Betonstützen (Piloti) ruhen und lockerte die herkömml. Stockwerkabfolge durch ineinander übergehende Räume auf. Seine Ideen fanden durch die 1928 von ihm mitbegr. ↑ CIAM Verbreitung. Le C. übernahm zahlr. städteplaner. Aufgaben (Paris, Madrid, Chandigarh, Berlin, Moskau) und eine Reihe bed. Großbauten (Nachtasyl der Heilsarmee Paris, 1929; Schweizer Haus der Cité Universitaire Paris, 1930–32, Erziehungsministerium Rio de Janeiro, 1936, Ausführung von L. Costa und O. Niemeyer; Gebäude der UN in New York, 1947). Danach setzte sich ein - gelegentl. schon angedeuteter - von skulpturellen Formen durchsetzter monumentaler Stil durch. Erstes Beispiel ist die Unité d'Habitation in Marseille (1947–52), zugrunde liegt ein von ihm entwickeltes Proportionssystem *(Modulor)*, das von einer Körpergröße von 1,75 m (bzw. 2,16 m mit erhobener Hand) ausgeht und auf dem Goldenen Schnitt beruht; auf diesen Bau wird die Stilbez. ↑ Brutalismus angewandt. Höhepunkt seines skulpturalen Bauens ist die Wallfahrtskirche von Ronchamp (1952–55; Abb. Bd. 7, S. 219); großartige Raumlösungen zeigen auch das Museum für Moderne Kunst in Tokio (1959), das Dominikanerkloster La Tourette in Éveux bei Lyon (1957–60) und das Carpenter Art Center in Harvard (1963).

📖 *Le C. Hg. v. W. Boesiger. Zürich* ⁴*1984. - Le C. 1910–1965. Hg. v. W. Boesiger u. H. Girsberger. Zürich* ²*1979. - Hilpert, T.: Die Funktionelle Stadt. Le Corbusiers Stadtvision - Bedingungen, Motive, Hintergründe. Wsb. 1978. - Huse, N.: Le C. Rbk. 1976.*

Lectori salutem [lat. = dem Leser Heil], Abk. L. S., Begrüßungsformel für den Leser in alten Handschriften.

LED [Abk. für engl.: **l**ight **e**mitting **d**iode „lichtemittierende Diode"], svw. Leuchtdiode (↑ Lumineszenzdiode).

Leda, Gestalt der griech. Mythologie. Gemahlin des spartan. Königs Tyndareos, Mutter von Helena, Klytämnestra und der ↑ Dioskuren; Helena und Polydeukes stammen von

Zeus, der sich L. in Schwanengestalt genähert hat. - In der bildenden Kunst ist L., v. a. mit dem Schwan, seit der Antike (z. B. griech. Vasenbilder) und dann wieder seit der Renaissance dargestellt worden. Berühmt das Gemälde der stehenden L. von Leonardo da Vinci (um 1503–05).

Ledebour, Georg ['le:dəbu:r], * Hannover 7. März 1850, † Bern 31. März 1947, dt. Journalist und Politiker. - 1900–18 und 1920–24 sozialdemokrat. MdR; lehnte im 1. Weltkrieg die sozialdemokrat. Politik des Landesverteidigung ab; 1917 Mitbegr. der USPD; beteiligte sich 1919 am Spartakusaufstand in Berlin; lehnte die Vereinigung von USPD und KPD 1920 wie den Zusammenschluß der Rest-USPD 1922 mit der SPD ab; trat 1931 der Sozialist. Arbeiter-Partei bei; emigrierte 1933.

Leder, aus tier. Haut durch Gerben hergestelltes Produkt. Für die Umwandlung der Haut in den lederartigen Zustand sind v. a. die beim Gerbprozeß ablaufenden Vorgänge verantwortlich, bei denen die von Haaren, Oberhaut (Epidermis) und Unterhaut (Subcutis) befreite L.haut (Corium) der Einwirkung von Gerbstoffen ausgesetzt wird. Im Verlaufe dieser Vorgänge lagern sich die Gerbstoffe in die aus kollagenen Fasern bestehende Hautsubstanz ein und führen zu einer Vernetzung der Hautfasermoleküle; dadurch wird die Hautsubstanz verfestigt; gleichzeitig

Leder. 1 Ziegenleder (Futterleder), 2 Schweinsleder (Handschuhleder), 3 Rindfeinleder (Täschnerleder), 4 Rindspaltleder (Täschnerleder), 5 Wildleder, 6 Sämischleder (Bekleidungsleder), 7 Ziegenleder, 8 Maroquin (Täschnerleder), 9 Eidechsenleder (Täschnerleder)

nimmt ihr Quellvermögen stark ab. Während bei der Rohhaut beim Trocknen die Hautfasern zu einer steifen Masse verkleben, bleiben beim gegerbten L. Weichheit und Schmiegsamkeit erhalten. Weitere Eigenschaften des L. sind seine Dehnbarkeit und „Zügigkeit", die auf der netzartigen Verflechtung der kollagenen Fasern beruhen, ferner seine Porosität, auf die Wärmeisoliervermögen sowie Durchlässigkeit für Luft und Luftfeuchtigkeit zurückzuführen sind. Nach den verarbeiteten Häuten unterscheidet man Rind-, Schweins-, Kalb-, Ziegen-L. usw., die jeweils charakterist. Narbenbilder zeigen; nach der Art der Gerbung (z. B. Chromgerbung mittels Chromsalzen) oder Zurichtung unterscheidet man ferner pflanzl. gegerbte L., Chrom-L., Sämischbzw. Lack-L., Preßnarben-L. usw., nach dem Verwendungszweck z. B. Schuh-L., Täschner-, Handschuh-, Bekleidungs- und Buchbinderleder.

Lederarbeiten, kunstgewerbl. Verwendung von Leder ist schon aus den Kulturen des Alten Orient bezeugt, die einflußreichen kopt. L. (4.–8. Jh.) zeigen Ritz- und Schälarbeit, Goldauflagen, Flechtarbeit, Färbung, Punzung. Die frühesten europ. L. stammen aus dem 13. Jh., neben der oriental. Blindpressung mit Stempeln wurden u. a. ↑ Lederschnitt und Treibarbeit weiter entwickelt (Reliefwirkung). Ein bed. Werk um 1350 ist das in Prag gefertigte Futteral für die dt. Kaiserkrone (Wien, Schatzkammer). Bes. in Frankr. entstanden im 14. Jh. Minnekästchen, im 15. Jh. kam hier eine neue Technik des Goldlederschnittes auf, Norditalien bildete um 1500 einen sehr plast. figürl. Stil aus; in Spanien blühte bes. im 15. Jh. die von den Mauren übernommene Preßtechnik (↑ Ledertapeten). Seit dem Ende des 15. Jh. gewann die aus dem Orient übernommene Handvergoldung v. a. für den ledernen Bucheinband Bedeutung, insbes. in Neapel und Ungarn, in der Spätrenaissance für den frz. Hof. Im 18. Jh. wurde der Ledermosaikeinband bevorzugt.

Lederbeeren, Bez. für durch Befall mit Falschem Rebenmehltau graue, geschrumpfte (trockenfaule) Weinbeeren.

Lederberg, Joshua [engl. ˈlɛɪdəbɔːg], * Montclair (N. J.) 23. Mai 1925, amerikan. Mikrobiologe. - Prof. an der University of Wisconsin in Madison und an der Stanford University. Durch Kreuzung von Bakterienstämmen wies L. in Zusammenarbeit mit E. L. Tatum die geschlechtl. Fortpflanzung von Bakterien nach. Darüber hinaus gelang ihm 1952 der Nachweis der Transduktion von Bakteriophagen. Für diese Forschungsarbeiten erhielt er (mit G. W. Beadle und Tatum) 1958 den Nobelpreis für Physiologie oder Medizin.

Ledereinband, Bucheinbandart, bei der der Buchblock von einer vollständig *(Ganz-L.)* oder teilweise *(Halb-L.)* mit Leder über-

zogenen Buchdecke umschlossen ist.

Lederer, Jörg, * Füssen um 1475, † ebd. Dez. 1550, dt. Bildschnitzer. - Vielleicht Schüler von M. Pacher; ab 1507 in Kaufbeuren; schuf u. a. den Hochaltar der Kirche in Stuben (zu Klösterle/Vorarlberg; 1513), den Sankt-Blasius-Altar in Kaufbeuren (1518; Sankt-Blasius-Kapelle), den Hindelanger Altar (Bad Oberdorf; 1519) und den Choraltar der Spitalkirche in Latsch (um 1520).

Lederhaut ↑ Haut.

Lederherstellung, die Verarbeitung von tier. Häuten bis zum fertigen Leder; sie umfaßt zahlr. mechan. und chem. Einzelschritte (Gerbung sowie Lederzurichtung). Die **Konservierung** (für Transport und Lagerung) der frischen Tierhäute erfolgt unter Entzug der Gewebsflüssigkeit meist durch Einsalzen, in trop. Ländern auch durch Trocknen an der Luft. In der **Wasserwerkstatt** werden die konservierten Häute in die sog. gerbfähigen Blößen überführt. Zunächst werden die Häute durch Wässern (Weichen) in den Zustand der „grünen" Haut zurückversetzt (Weichdauer je nach Hautart 1–4 Tage); dabei werden Verunreinigungen und Konservierungsmittel entfernt; Netzmittel beschleunigen den Weichvorgang, Chemikalien verhindern eine bakterielle Zersetzung der Häute. Danach erfolgt die **Haarlockerung** und **-entfernung.** Eine der ältesten und schonendsten Methoden ist das sog. Schwitzen (insbes. beim Enthaaren von Schaffellen), um die noch anhängende Wolle zu gewinnen (Schwitzwolle). Bei der enzymat. Enthaarung werden ausgewählte Bakterien- oder Schimmelpilzproteinasen verwendet (z. B. bei der Gewinnung von Borsten aus Wildschwein-Häuten). Die häufigste Methode ist das **Kälken,** eine Haarlockerung mit einer natriumsulfidhaltigen Kalksuspension, dem sog. Äscher. Eine weitere Methode der Haarentfernung bes. bei dünnen Häuten ist das **Schwöden,** bei dem mit Natriumsulfid vermischten Kalkbrei auf die Fleischseite der Häute aufträgt. Äscher wirken nicht nur auf die Haare und Haarwurzeln, sondern auch auf die lederbildende Hautsubstanz ein; diese wird in ihrer Struktur aufgelockert, wodurch sich u. a. eine größere Porosität, Weichheit oder „Zügigkeit" des Leders ergibt. Das eigentl. **Enthaaren** geschieht mit dem Haareisen, das **Entfleischen** (Entfernung der Unterhaut von der Lederhaut) mit dem Scherdegen. Enthaarungsmaschinen haben im allg. stumpfe Spiralmesser (Schabeisen), Entfleischungsmaschinen scharfe Messer. Dicke Häute werden auf der Spaltmaschine in bis zu drei „Spalte" zerlegt: Narbenspalt (mit Narbenschicht; sog. *Volleder),* Fleischspalt und Mittelspalt (ohne Narbenschicht; sog. *Spaltleder).* Beim **Entkälken** werden die Kalkreste, die zu einer Verzögerung des Gerbprozesses führen, durch eine Säurebehandlung (u. a. Sulfophthal-, Ameisen-, Essig-, Milchsäure) entfernt. Unter dem **Beizen** versteht man eine Behandlung mit proteolyt. Enzymen (Pankreas- und Bakterienproteasen), durch die eine weitere Auflockerung des Kollagens (Aufschließen der Fibrillenbündel) erzielt wird. Beim anschließenden **Streichen** (Glätten, Reinmachen) mit dem Streicheisen oder mit der Streichmaschine werden Haarreste u. a. entfernt.

Die **Gerberei** umfaßt neben der eigentl. Gerbung (d. h. Umwandlung der Blößen in Leder mit Hilfe von Gerbstoffen) auch die Färbung und Fettung sowie die Trocknung der Leder. Zu den wichtigsten Gerbverfahren zählt die pflanzl. Gerbung (d. h. mit pflanzl. Gerbstoffen; heute vielfach mit synthet. Gerbstoffen; u. a. für Schuhleder), die mineral. Gerbung (u. a. für Ober-, Bekleidungs-, Handschuhleder) und die Fettgerbung (für Wildleder, Bekleidungsleder); daneben zahlr. kombinierte Verfahren. Bei der **pflanzl. Gerbung** wird häufig die **Grubengerberei** angewandt, das älteste Gerbverfahren überhaupt; man überstreut die Blößen mit zerkleinerten pflanzl. Gerbmitteln (sog. Lohe) und füllt mit Wasser auf; die Gerbstoffe werden langsam vom Wasser ausgelaugt und von den Blößen aufgenommen; die Gerbung dauert je nach Lederart 9–24 Monate. Eine Weiterentwicklung ist die Gerbung in sog. **Farbengängen**, Folgen von mehreren Gruben, die Gerbbrühen mit steigender Konzentration enthalten. Die Durchgerbung wird durch Temperaturerhöhung (Höchsttemperatur 40 °C; **Hotpit-Gerbung**) beschleunigt. Eine wesentl. Abkürzung der Gerbzeiten wird durch die sog. **Faßgerbung** erzielt; hier werden die Blößen in einer rotierenden Trommel mit Gerbflotten (bis 70 °C) behandelt; die Konzentration der Gerbbrühen wird in gewissen Zeitabständen erhöht. Bei den **mineral. Gerbverfahren** sind v. a. die Chromgerbung sowie die Gerbung mit Alaun (Kaliumaluminiumsulfat) zu nennen. Die älteste Mineralgerbung ist die heute seltene **Alaun-** oder **Weißgerbung**. Bei der **Chromgerbung** verwendet man bas. Chrom(III)-Salze, oder man geht von Dichromaten aus, die durch Schwefeldioxid Sulfite, Glucose usw. zu Chrom(III)-Verbindungen reduziert werden. Die Chromgerbung erfolgt heute meist im **Einbadverfahren**, wobei man mit einer sog. Pickelbehandlung (Säure- und Salzlösung; ein bis zwei Stunden) beginnt, um den Rest der Äscherchemikalien zu entfernen; danach werden die Blößen mit Chromsalzlösung gewalkt; im Laufe der Gerbung (Dauer 4–12 Stunden) werden die Brühen mit Soda abgestumpft, die Gerbwirkung wird so erhöht. Zur **Fettgerbung** (v. a. bei Fellen von Ziegen, Schafen und Rotwild zur Herstellung von Sämischleder) werden als Gerbmittel ungesättigte Fette (Trane von Dorsch, Hai und Wal) verwendet; die Gerbung erfolgt durch Autoxidation der Fette.

Lederarbeiten. Von oben:
Handschuhe mit seidenbestickten Stulpen (französisch; um 1620).
München, Bayerisches Nationalmuseum; Kasten für Kleinodien (süddeutsch; um 1650).
Offenbach am Main, Deutsches Ledermuseum.

Eine **Fettung** ist allg. bei allen Ledern notwendig, um sie weich, geschmeidig und wasserabweichend zu machen. Fettungsmittel werden direkt aufgetragen oder mit Hilfe von wäßrigen Emulsionen (Fettlickern) im sog. Lickerfaß eingewalkt. Für die **Färbung** der Leder wurden zahlr. synthet. Farbstoffe entwickelt, die sich u. a. durch Farbechtheit, Verträglichkeit mit Gerbstoffen und Fettungsmitteln auszeichnen. Vor der **Trocknung** wird das Leder auf einer Walzenmaschine ausgereckt und vorentwässert. Danach wird es unter genauer Regelung von Temperatur und Luftfeuchtigkeit getrocknet. Durch **Bügeln** oder **Pressen** erhält man eine gleichmäßige, mattglänzende Oberfläche. Sohlleder wird durch **Walzen** oder **Hämmern** gehärtet. Unter **Stollen** versteht man eine Auflockerung der Lederstruktur durch mechan. Dehnung. Durch leichtes Schleifen lassen sich Narbenfehler beseitigen, durch stärkeres Schleifen mit rotierenden

Lederholz

Schmirgelwalzen erhält man eine samtartige Schauseite (Velourleder, Rauhleder, Samtleder). - Bes. Bedeutung hat v. a. die **Deckfarbenzurichtung** (d. h. das Aufbringen von Appreturen und Pigmentemulsionen) erlangt, um damit aus dem Fleisch- und Mittelspalt der Haut Leder mit einheitlicher Oberfläche herzustellen. Solche Spaltleder werden mit einem Narbenersatz versehen, um sie dem Aussehen des normalen Leders anzugleichen. Die Deckfarben bestehen prinzipiell aus geeigneten Pigmenten sowie Bindemitteln. Zuletzt werden die Leder mit schweren Bügelpressen unter Erwärmen gepreßt und, sofern notwendig, mit einem künstl. Narben versehen (Preßnarben). Für **Lackleder** verwendet man heute v. a. synthet. Reaktionslacke (z. B. auf der Basis von Polyestern und Isocyanaten).

❔ *Hegenauer, H.: Fachkunde für lederverarbeitende Berufe. Essen* [5] *1981. - Ledertechnik. Hg. v. W. Werner. Lpz. 1979. - Stather, F.: Gerbereichemie u. Gerbereitechnologie. Bln.* [4] *1967.*

Lederholz (Bleiholz, Dirca), Gattung der Seidelbastgewächse mit zwei Arten in Nordamerika; sommergrüne Sträucher mit kleinen, glockigen trichterförmigen Blüten in Büscheln. Die zähe Rinde dient seit altersher den Indianern zur Herstellung von Stricken.

Lederkorallen (Alcyoniidae), Familie der Blumentiere in allen Meeren; rd. 800 Arten, fast stets Kolonien bildend, selten einzelnlebende, etwa 3–10 mm lange Polypen. In der Nordsee und in anderen gemäßigten Meeren kommt die bis etwa 20 cm hohe, lappig verzweigte, manchmal handförmige Kolonien bildende **Totemannshand** (Seemannshand, Alcyonium digitatum) vor; Kolonie weiß bis fleischfarben oder orange, schwillt zweimal tägl. durch Wasseraufnahme stark an; Polypen weiß.

Lederlaufkäfer (Carabus coriaceus), 34–42 mm großer, schwarzer Laufkäfer auf feuchten Standorten in M- und O-Europa mit stark lederartig gerunzelten Flügeldecken.

Lederman, Leon Max [engl. 'lɛdəmən], * New York 15. Juli 1922, amerikan. Physiker. - Ab 1954 Prof. an der Columbia University in New York, seit 1979 Direktor des Fermi National Accelerator Laboratory in Batavia (Ill.). Bed. Arbeiten zur Elementarteilchenphysik; beobachtete u. a. als erster die Paritätsverletzung beim Zerfall des Myons und entdeckte mehrere Elementarteilchen.

Lederporlinge (Coriolus), Gatt. der Porlinge mit 8 einheim. Arten an totem Laub- und Nadelholz; unregelmäßig konsolartige, stiellose Fruchtkörper mit lederartiger, gezonter, z. T. zottiger Oberfläche.

Lederschildkröte (Dermochelys coriacea), einzige Art der Fam. L. (Dermochelydidae) in fast allen warmen und gemäßigten Meeren; seltene, größte rezente Schildkröte; Gewicht bis rd. 600 kg; Panzer bis 2 m lang;

dunkelbraun mit rundl., gelbl. Flecken; Weichteile braungrau, hell gefleckt. Extremitäten flossenartig, sehr großflächig, ohne freie Krallen.

Lederschnitt, Verzierungstechnik für Leder, bei der die Muster eingeritzt oder eingeschnitten und (mit Punzen) niedergepreßt werden; von der Rückseite wird dann das Muster plast. herausgetrieben (Treibarbeit). Zusätzl. z. T. Vergoldung.

Ledertange (Blattange), Sammelbez. für eine Reihe von marinen Großtangen aus der Gruppe der Braunalgen mit lederartigen, derben Thalli; bes. an Felsküsten der nördl. und südl. gemäßigten Meere.

Ledertapeten, v. a. im 16. und 17. Jh. verbreitete, mit Reliefmustern, Farben, Silber und Gold verzierte Wandbekleidung; die Pressung der Muster erfolgte von der Rückseite über Holzmodeln. Die L. sind eine maur. Erfindung, von Spanien aus gelangten sie nach Italien, in die Niederlande (Mecheln), nach Frankr. und Deutschland.

Ledertäubling, Bez. für drei Arten aus der Gatt. der Täublinge; mit flach trichterförmigem, braunem bis purpurrot-violettem Hut mit stumpfen Randlamellen. Der **Braune Ledertäubling** (*Braunroter L.*, Russula integra) kommt in Nadelwäldern, der **Weinrote Ledertäubling** (Russula alutacea) und der **Rotstielige Ledertäubling** (Russula olivacea) in Laubwäldern vor; gute Speisepilze.

Lederwanzen, svw. ↑Randwanzen.

Lederzecken (Saumzecken, Argasidae), weltweit verbreitete Fam. der Zecken mit lederartiger Haut ohne große Platten; zeitweilig Blutsauger v. a. an Vögeln und Säugetieren.

Ledig, Gert, * Leipzig 4. Nov. 1921, dt. Schriftsteller. - Zeit- und gesellschaftskrit. Werke, u. a. „Die Stalinorgel" (R., 1955), „Das Duell" (Hsp., 1958), „Tödl. Leidenschaft" (R., 1978).

Ledóchowska, Maria Theresia Gräfin [poln. lɛdu'xɔfska], * Loosdorf (Niederösterreich) 29. April 1863, † Rom 6. Juli 1922, poln. Ordensstifterin. - Gründete ab 1888 Antisklavereivereine, aus denen 1894 die *Petrus-Claver-Sodalität für die afrikan. Missionen* hervorging: eine weibl. Ordensgemeinschaft (seit 1947 *Missionsschwestern des hl. Petrus Claver*) und ein freier Mgl.verein für Afrikamission.

Ledóchowski, Miecysław Halka Graf [poln. lɛdu'xɔfski], * Klimontów bei Sandomierz 29. Okt. 1822, † Rom 22. Juli 1902, poln. Kardinal (seit 1875). - Leistete als Erzbischof von Gnesen-Posen (seit 1866) Widerstand gegen während des Kulturkampfes erlassene Gesetze (z. B. Religionsunterricht in poln. Sprache); deshalb 1874 verhaftet und abgesetzt; leitete nach seiner Ernennung zum Kurienkardinal seit 1876 sein Amt von Rom aus bis zu seinem Verzicht 1886; seit 1892 Präfekt der Propagandakongregation.

Ledoux, Claude Nicolas [frz. lə'du], * Dormans (Marne) 1736, † Paris 19. Nov. 1806, frz. Baumeister. - Baute zahlr. klassizist. Adelspalais (Hôtel d'Uzès, Paris, 1767; Schloß Bénouville bei Caen, 1770–77). Das Theater in Besançon (1775–84), die Salinenstadt („Chaux") in Arc-et-Senans (1774 ff., unvollendet, fragmentar. erhalten) und der Ring der Pariser Zollhäuser (1785–89, unvollendet, 4 erhalten) gehören zur sog. Revolutionsarchitektur. Bed. sein theoret. Werk „L'architecture considérée sous le rapport de l'art, des mœurs et de la législation" (1804).

Lê Duân [vietnames. le zɯ̣ən] (Le Dung), * in der Prov. Quang Tri (= Prov. Binh-Tri-Thiên) 7. April 1907, † Hanoi 10. Juli 1986, vietnames. Politiker. - 1930 Gründungsmitglied der Kommunist. Partei Indochinas; schloß sich nach mehrmaliger Verhaftung dem Vietminh an; Mgl. des ZK der vietnames. KP nach 1945; leitete nach der Teilung Vietnams 1954 die Untergrundaktivitäten in Süd-Vietnam und gründete 1960 die nat. Befreiungsfront Süd-Vietnams (Front National de Libération, FNL) als polit. Arm des Vietcong; seit 1968 Generalsekretär der Vietnames. Arbeiterpartei (Kommunist. Partei Vietnams).

Lê Ðuc Tho [vietnames. le duk θɔ; frz. lədyk'to], * 1911, vietnames. Politiker. - 1930 Mitbegr. der Kommunist. Partei Indochinas; 1963–65 Außenmin. Nord-Vietnams, Mgl. des Politbüros der Kommunist. Arbeiterpartei Vietnams; 1968–73 nordvietnames. Hauptunterhändler bei den Pariser Vietnamverhandlungen. Erhielt zus. mit H. A. Kissinger den Friedensnobelpreis 1973, den er aus polit. Gründen ablehnte.

Led Zeppelin [engl. lɛt'sɛplɪn], brit. Rockmusikgruppe, 1968 gegr.; spielte vom Blues inspirierten Hard Rock; löste sich 1980/81 auf.

Lee [engl. li:], Harper, * Monroeville (Ala.) 28. April 1926, amerikan. Schriftstellerin. - Hatte großen Erfolg (Pulitzerpreis) mit ihrem ersten Roman „Wer die Nachtigall stört" (1961), der den Rassenkonflikt darstellt.

L., Nathaniel, * Hatfield um 1653, □ London 6. Mai 1692, engl. Dramatiker. - Verfaßte histor. Dramen von großer Bühnenwirksamkeit, u. a. „The rival queens" (1677).

L., Robert Edward, * Stratford (Va.) 19. Jan. 1807, † Lexington (Va.) 12. Okt. 1870, amerikan. General. - Lehnte bei Ausbruch des Sezessionskrieges den Oberbefehl über die Unionstruppen ab und stellte sich - obwohl Gegner der Sezession - seinem Heimatstaat Virginia zur Verfügung. Führte die Truppen der Konföderierten zu bed. Erfolgen, unterlag jedoch bei Gettysburg (Juli 1863); kapitulierte 1865 bei Appomattox.

L., Tsung Dao, * Schanghai 24. Nov. 1926, amerikan. Physiker chin. Herkunft. - Prof. an der Columbia University in New York und am Institute for Advanced Study in Prin-

ceton; sagte 1956 gemeinsam mit C. N. Yang die später experimentell nachgewiesene Nichterhaltung der ↑ Parität bei schwachen Wechselwirkungen (insbes. beim Betazerfall) voraus; Nobelpreis für Physik 1957 (mit C. N. Yang.)

L., Yuan Tse, * Hsinchu (Taiwan) 29. Nov. 1936, amerikan. Chemiker. - Seit 1974 Prof. an der Univ. von Kalifornien in Berkeley; erarbeitete zus. mit D. R. Herschbach die Methodik der gekreuzten Molekülstrahlen zur Erforschung der chem. Reaktionskinetik. Erhielt dafür 1986 zus. mit D. R. Herschbach und C. Polanyi den Nobelpreis für Chemie.

Lee [niederdt., eigtl. „warme Stelle"], die dem Wind abgewandte Seite (eines Schiffes, einer Erhebung oder eines Gebäudes), die im Windschatten liegt (Ggs. Luv).

Leeb, Wilhelm Ritter von, * Landsberg a. Lech 5. Sept. 1876, † Hohenschwangau 29. April 1956, dt. Generalfeldmarschall (seit 1940). - Befehligte im 2. Weltkrieg die Heeresgruppe C im Westfeldzug, die Heeresgruppe Nord im Ostfeldzug (1941/42); als Gegner Hitlers entlassen.

Leeds, Thomas Osborne, Earl of Danby (seit 1674), Herzog von (seit 1694) [engl. li:dz], * Kiveton (= Kiveton Park) 20. Febr. 1632, † Easton Neston (Northamptonshire) 26. Juli 1712, engl. Staatsmann. - Nach dem Sturz des Cabalministeriums 1674 leitender Min. Karls II.; bekämpfte vergeblich dessen Geheimverbindungen zu Frankr., 1679 wegen angebl. Beteiligung an papist. Umtrieben gestürzt; stieg unter Wilhelm III. 1689 zum Lordpräs. des Geheimen Rats auf (bis 1699).

Leeds [engl. li:dz], engl. Stadt in den Pennines, 448 500 E. Kath. Bischofssitz; Univ. (gegr. 1904), techn. College; Museum, Kunstgalerie, Bibliothek; Theater. V. a. Textilind., Maschinen- und Flugzeugmotorenbau. - Seit dem 14. Jh. ist Wollhandel in L. bezeugt, das 1626 Stadtrecht erhielt; im 18. Jh. Beginn der Industrialisierung; 1816 wurde der Leeds and Liverpool Canal vollendet, 1848 bestanden Bahnverbindungen mit allen wichtigen Nachbarstädten; seit 1893 City. - Got. Kirche Saint John (1632–34), kath. Kathedrale (geweiht 1904); klassizist. Rathaus (19. Jh., mit großer Konzerthalle).

Leer, Landkr. in Niedersachsen.

leere Menge, eine Menge, die kein Element enthält (↑ Mengenlehre).

Leerformel, ein v. a. von der positivist. Sozialwiss. geprägter erkenntnis- und sprachkrit. Fachbegriff zur Bez. formelhafter sprachl. Aussagen, die nur scheinbar einer bestimmten Realität oder Erfahrung entsprechen und deshalb weder empir. überprüfbar, noch eindeutig interpretierbar sind.

Leerfrüchtigkeit (Kenokarpie), Samenlosigkeit bei Früchten.

Leergewicht, bei Kraftfahrzeugen das Gewicht des betriebsfertigen, vollbetankten

Leergut

Fahrzeugs einschließl. der mitgeführten Ausrüstungsteile (z. B. Ersatzrad, Wagenheber).

Leergut, Verpackungsmittel wie Flaschen, Kisten, Kanister u. a. zur mehrmaligen Verwendung.

Leerlauf, unbelasteter Zustand einer im Betrieb befindl. Maschine, u. a. auch eines Getriebes.

Leerlaufdüse ↑ Vergaser.

Leerlaufhandlung, in der Verhaltensforschung der ziel- und sinnlos erscheinende Ablauf einer Instinkthandlung ohne Vorliegen einer adäquaten Reizsituation (Auslöser).

Leerlaufverluste, lastunabhängige Verluste elektr. Maschinen, bestehend aus den mechan. Reibungs- und den ↑ Eisenverlusten.

Leer (Ostfriesland), Krst. an der Mündung der Leda in die Ems, Nds., 7 m ü. d. M., 30 500 E. Verwaltungssitz des Landkr. Leer; Fachhochschule für Seefahrt; Hafen; hafennahe Ind., Nahrungsmittelind., Schreibmaschinenfabrik. - Ende des 8. Jh. wurde von Liudger hier die wahrscheinl. älteste Kirche Ostfrieslands errichtet. Der Ort konnte sich zu einem bed. Markt entwickeln (1508 Gallimarkt); 1823 Stadtrecht. - Häuser des 17./18. Jh., die Waage (1714) und das Rathaus (19. Jh.) prägen das Bild der niederl. beeinflußten Hafenstadt.

Leerverkäufe (Windhandel, Découvert), im Termingeschäft Verkauf von Werten, die der Verkäufer zu dem Termin erst kaufen muß (und zu einem möglichst niedrigen Kurs zu beschaffen hofft).

Leerwechsel ↑ Wechsel.

Leeuw [niederl. le:u̯], Aart van der, * Delft 23. Juni 1876, † Voorburg 17. April 1931, niederl. Dichter. - Neuromantiker mit schwermütig-stimmungsvollen Gedichten und Prosadichtungen, u. a. „Ich und mein Spielmann" (R., 1927), „Der kleine Rudolf" (R., 1930). **L.,** Gerardus van der, * Den Haag 18. März 1890, † Utrecht 18. Nov. 1950, niederl. Religionswissenschaftler, ev. Theologe und Ägyptologe. - Ab 1918 Prof. für Religionsgeschichte, ev. Theologie und Ägyptologie in Groningen, 1945/46 Kultusmin. der Niederlande; einer der bedeutendsten Vertreter einer auf das Verstehen fremdreligiöser Erscheinungen ausgerichteten Religionsphänomenologie.

Leeuwarden [niederl. 'le:wardə], Stadt im Marschengebiet der nördl. Niederlande, 1 m ü. d. M., 85 000 E. Verwaltungssitz der Prov. Friesland, wirtschaftstechn. Inst.; fries. Museum, Museum javan. und chin. Kunst, Archive, Bibliotheken, Kunstsammlung. Handelszentrum mit Verarbeitung landw. Produkte sowie Gießereien, Papier-, Möbel-, Kunststoff-, Textil-, Schuhind.; Hafen; ✈ (NATO-Basis) - L. entwickelte sich aus 3 Wurtdörfern, **Oldehove, Nijehove** und **Hoek.** 1435 wurden die von Nijehove im 11. Jh. erworbenen Stadtrechte auf Oldehove und Hoek ausgedehnt und beide Orte in die Um-

wallung einbezogen. Seit dem 13. Jh. war L. ein wichtiges Handelszentrum, 1524–80 Sitz der habsburg. Statthalter, 1584–1747 der Statthalter aus dem Hause Nassau-Diez. - Grote Kerk (urspr. Kirche des Dominikanerklosters; 12. Jh., nach 1492 erneuert); Kanzlei, Statthalterhof und Alte Waage (alle 16. Jh., wiederholt erneuert), Stadthaus (1715); Bürgerhäuser des 17. und 18. Jh. an den Grachten.

Leeuwenhoek, Antonie van [niederl. 'le:wənhu:k], * Delft 24. Okt. 1632, ▢ ebd. 26. Aug. 1723, niederl. Naturforscher. - Urspr. Kaufmann; entdeckte mit Hilfe selbstkonstruierter Mikroskope u. a. die Infusorien (1674), Bakterien (1676) und Spermien (1677) sowie die roten Blutkörperchen (1673/74) und wichtige histolog. Strukturen (u. a. 1682 die quergestreiften Muskelfasern).

Leeward Islands [engl. 'li:wəd 'aɪləndz] ↑ Antillen.

Leewellen, sich an der dem Wind abgewandten Seite eines Berges oder Gebirges in der Luft ausbildende stehende Wellen.

Leewirbel, Bez. für die hinter einem in einer Strömung befindl. Hindernis auftretenden Wirbel.

LEF [russ. ljɛf], Abk. für: **L**ewi **f**ront is**k**ustwa („linke Front der Kunst"), Name einer 1923 in Moskau von W. Majakowski begründeten literar. Gruppe um die Zeitschrift gleichen Namens (1923–25; 1927/28 als „Nowy LEF" [„Neue LEF"]). Das (wahrscheinl.) von Majakowski verfaßte Manifest steht in der Tradition des Futurismus, von dem sich die LEF dadurch abhob, daß ihre Vertreter „keine Hohenpriester der Kunst, sondern Arbeiter, die einen sozialen Auftrag ausführen", sein wollten.

Lefebvre [frz. lə'fɛ:vr], François Joseph, Herzog von Danzig (seit 1807), * Rufach (Haut-Rhin) 25. Okt. 1755, † Paris 14. Sept. 1820, frz. Marschall (seit 1804). - Ab 1793 General der frz. Revolutionsarmee, unterstützte als Gouverneur von Paris 1799 Napoléon Bonapartes Staatsstreich, kämpfte 1806/07 gegen Preußen (1807 Einnahme Danzigs) und unterdrückte 1809 den Tiroler Freiheitskampf. **L.,** Marcel, * Tourcoing (Nord) 29. Nov. 1905, frz. Erzbischof. - 1929 Priester, 1948 Titularerzbischof, 1955 Missionsbischof von Dakar. Der rechtsradikalen, autoritär-antiparlamentar. Action française nahestehend; Initiator und Leiter der traditionalist. kath. Bewegung von Ecône, seit 1979 in Rickenbach, Kt. Solothurn (↑ Internationale Priesterbruderschaft des Hl. Pius X.); 1976 von Papst Paul VI. als Bischof suspendiert.

Lefèbvre, Henri [frz. lə'fɛ:vr], * Hagetmau (Landes) 16. Juni 1905, frz. Philosoph und Soziologe. - 1930–40 Lehrer, 1940–43 amtsenthoben, 1961 Prof. in Straßburg, seit 1965 in Nanterre. Versucht, die für die Probleme der Gegenwartsgesellschaft nicht mehr relevanten Interpretationen eines orth.-marxist. dialekt. Materialismus zu überwinden, um zu einer zeitgemäßen (marxist.) polit. Handlungslehre beizutragen.

Lefèvre [frz. lə'fɛ:vr], Pierre, frz. Theologe, † Favre, Pierre.

L., Théodore-Joseph, * Gent 17. Jan. 1914, † Brüssel 19. Sept. 1973, belg. Politiker. - Jurist; 1940–44 in der Résistance; 1945 Mitbegr. der Christelijke Volkspartij; ab 1946 Abg.; 1958–61 Innenmin., 1961–65 Min.präs.; 1968–71 Wissenschaftsminister.

Lefèvre d'**Estaples,** Jacques [frz. ləfɛvrədeˈtapl], frz. Humanist und Theologe, † Faber, Jacobus.

Leffler, Anne Charlotte, * Stockholm 1. Okt. 1849, † Neapel 21. Okt. 1892, schwed. Schriftstellerin. - War mit Romanen (u. a. „Weiblichkeit und Erotik", 1890), Erzählungen und Dramen, in denen sie bevorzugt Frauenschicksale darstellte, eine der führenden Gestalten des gesellschaftskrit. Naturalismus in Schweden.

Lefkas, (Leukas, L. Ajia Marina) griech. Stadt an der N-Spitze der Insel L., 6400 E. Hauptort des Verw.-Geb. L.; Museum; Straßenbrücke zum Festland; ᛗ. - Im 7. Jh. v. Chr. als korinth. Kolonie gegr.; wurde 230 v. Chr. Hauptstadt des Akarnan. Bundes. Im 15. Jh. wurde das heutige L. als **Hamaxichi** neu gegr.; als **Santa Maura** 1684–1797 venezian. - Reste der Stadtmauer und des Theaters (wohl 230–167); Festung gegenüber L. (13. und 17./18. Jh.).

L., (Leukas) eine der Ion. Inseln, 303 km², bis 1158 · m ü. d. M., von der Küste Akarnaniens durch einen schmalen Sund getrennt; Wein- und Getreidebau. - 197 v. Chr. bemächtigten sich die Römer der Insel und bauten sie als Flottenbasis aus; gehörte 1204–94 zu Epirus, 1331–62 den Venezianern, 1362–1479 als Hzgt. Leukadien den Tocchi; dann osman. bis 1684, danach venezian. und teilte das Schicksal der Ion. Inseln.

Lefkoşa [türk. lɛfˈkɔʃa], türk. für † Nikosia.

Lefkosia, griech. für † Nikosia.

Le Fort, Gertrud Freiin von [lə'fo:r], * Minden 11. Okt. 1876, † Oberstdorf 1. Nov. 1971, dt. Schriftstellerin. - Entstammte einer Hugenottenfamilie; trat 1925 in Rom zum Katholizismus über. Sie veröffentlichte 1926 unter dem Pseud. Petrea Vallerin den histor. Kriminalroman „Der Kurier der Königin" (neuhg. 1976). In ihren Hauptwerken gestaltete sie mit großer Sprachkraft religiöse und histor. Themen; das Opfer des einzelnen ist für sie nur mit der aus Glaube und Liebe geschöpften Kraft möglich („Die Letzte am Schafott", Nov., 1931); der erste große Roman war „Das Schweißtuch der Veronika" (1. Teil 1928, 1946 u. d. T. „Der röm. Brunnen", 2. Teil 1946: „Der Kranz der Engel").

Weitere Werke: Hymnen an die Kirche (Ged., 1924), Der Papst aus dem Ghetto (R., 1930), Hymnen an Deutschland (Ged., 1932), Die Magdeburgische Hochzeit (R., 1938), Das Gericht des Meeres (E., 1943), Die Consolata (E., 1947), Das fremde Kind (E., 1961), Aphorismen (1962), Hälfte des Lebens (Erinnerungen, 1965), Das Schweigen (Legende, 1967).

Lefze, wm. Bez. für die Lippe des Raubwildes und des Hundes.

leg., Abk. für: † legato.

legal [lat., zu lex „Gesetz"], gesetzlich [erlaubt], dem Gesetz gemäß.

Legal, Ernst, * Schlieben (Landkr. Herzberg) 2. Mai 1881, † Berlin 29. Juni 1955, dt. Schauspieler und Regisseur. - Tätig u. a. in Wiesbaden, Darmstadt, Kassel, Berlin, wo er 1928–36 Leiter u. a. der Krolloper und des Staatl. Schauspielhauses war. 1945–52 Generalintendant der Staatsoper Berlin (Ost).

Legalisation [lat. († legal)], amtl. Bestätigung der Echtheit einer Unterschrift, eines Siegels oder Stempels sowie der Eigenschaft der unterzeichneten Personen einer öffentl. Urkunde, die im Ausland vorgelegt werden soll.

Legalität [lat. († legal)], Bez. für die äußere, formale Übereinstimmung der Handlung eines einzelnen oder des Staates mit konkreten gesetzl. Ordnungen ohne Berücksichtigung der inneren Einstellung des Handelnden zum Recht und seiner Handlungsmotive; so in der Aufklärungsphilosophie, insbes. bei Kant, im Unterschied zur † Moralität. Die Staatstheorie der frühen 19. Jh. entwickelte für den parlamentar. Gesetzgebungsstaat den **Legalitätsgrundsatz,** nach dem der Staat nur durch allg. Gesetze regelnd oder eingreifend in die Sphäre der bürgerl. Gesellschaft tätig werden darf.

Legalitätsprinzip, die Verpflichtung der Strafverfolgungsbehörden, wegen aller mit Strafe bedrohten und verfolgbaren Handlungen bei zureichenden Anhaltspunkten von Amts wegen (also ohne Strafanzeige) einzuschreiten, sofern nicht bereits im Rahmen des † Opportunitätsprinzips Ausnahmen bestehen.

Legasthenie [zu lat. legere „lesen" und † Asthenie] (Lese-Rechtschreib-Schwäche), Schwäche im Erlernen des Lesens und orthograph. Schreibens bei vergleichsweise durchschnittl. oder sogar guter Allgemeinbegabung des Kindes; äußert sich v. a. in der Umstellung und Verwechslung einzelner Buchstaben oder ganzer Wortteile. Die Medizin sieht in der L. eine reduzierte Leistungsfähigkeit des Gehirns in einem bestimmten Bereich. Für Psychologen und Pädagogen stellt sich die L. dagegen als eine schul. Lernstörung dar, die eine ganze Reihe von Verursachungsmomenten haben kann. So lassen sich bei den *Legasthenikern* oft eine geringe sprachl. Begabung ganz allg. und eine mangelhafte Leistung des

Legat

Gedächtnisses und Konzentrationsschwäche (Flüchtigkeitsfehler) feststellen. Bei frühzeitiger Hilfe (z. B. Aufmerksamkeitstraining, systemat. Verbesserung des Sprachvermögens, intensives Üben und fortwährende Wiederholung des im Rechtschreibunterricht Gelernten, ständige Ermutigung und Vermittlung von Erfolgserlebnissen) kann die Lernstörung nach und nach abgebaut werden.

▯ *Firnhaber, M.: L. Ffm. [2]1985. - Höfle, K. H.: Legastheniker entdecken neue Lernmethoden. Salzburg 1985. - Schenk-Danzinger, L.: L. Basel 1984. - Niemeyer, W.: Lese-, Rechtschreibeschwäche. Stg. 1978.*

Legat [lat.], 1. röm. Bez. für einen Gesandten in diplomat. Mission; 2. im militär. Bereich Führungsgehilfe des Oberbefehlshabers. Von hier aus erklärt sich die Bez. „legatus Augusti pro praetore" („L. des Kaisers an Stelle eines Prätors") für die senator. Statthalter kaiserl. Provinzen.
In der *kath. Kirche* päpstl. Gesandter. Ständige L. sind: 1. Apostol. Delegat (L. mit nur religiös-kirchl. Aufgaben ohne diplomat. Charakter); 2. L., die zusätzl. mit der diplomat. Vertretung des Papstes bei Staatsregierungen betraut sind; 3. Leiter und Mitglieder päpstl. Missionen bei internat. Organisationen.

Legationsrat [lat./dt.], Rangstufe des diplomat. Dienstes; dem Regierungsrat der inneren Verwaltung entsprechend.

legato (ligato) [italien.], Abk. leg., musikal. Vortragsbez.: gebunden, d. h., die Töne sollen, ohne daß man absetzt, aneinandergebunden werden; in der Notation durch einen Legatobogen (↑ Bogen) angezeigt (Ggs. **staccato**); **legatissimo**: so gebunden wie möglich.

lege artis [lat.], Abk. l. a., vorschriftsmäßig, nach den Regeln der (ärztl.) Kunst.

Legenda aurea [lat. „goldene Legende"], urspr. „Legenda sanctorum"; beliebteste ma. Sammlung von Heiligenlegenden, vor 1264 von Jacobus a Voragine in lat. Sprache verfaßt, in zahlr. stark erweiterten Ausgaben und Übersetzungen weit verbreitet; großer Einfluß auf Kunst und Volksfrömmigkeit.

Legendar [lat.] (Passionar, Heiligenlektionar), ma. liturg. Buchtyp, der für das Stundengebet die Lesungen aus Märtyrergeschichten und Heiligenviten enthielt.

Legende [zu mittellat. legenda, eigtl. „die zu lesenden Stücke"], kurze, volkstüml. religiöse Vers- oder Prosaerzählung, meist über das Leben von Heiligen und Märtyrern, auch von sagenhaften Wundern, die im Sinne der jeweiligen histor. religiösen Gemeinschaft oder Kirche eine tendenziös-belehrende oder erbaul.-myst. Schilderung erfuhren (Heiligen-L.); die 2. Form, die Volks-L., diente als geistl. Volkssage zur Unterhaltung und bzw. dann nicht auf den christl. Glauben beschränkt. Die ältesten L. finden sich bereits in apokryphen Evangelien und Apostelgeschichten. Die

älteste erhaltene lat. Prosasammlung stammt von Papst Gregor I., d. Gr. („Dialogi de miraculis patrum Italicorum", 6. Jh.); die beliebteste ma. Sammlung war die ↑ „Legenda aurea"; die umfassendste hagiograph. Sammlung wurde im 17. Jh. von den Bollandisten begonnen (↑ „Acta Sanctorum").
Einen ersten breiteren Aufschwung nahm die L. mit der Verbreitung der Heiligenverehrung im 6. Jh.; aus dieser Zeit stammen auch die ältesten poet. Gestaltungen (z. B. Gregor von Tours, „Siebenschläfer-L." u. a.). Eine zweite Blütezeit bildet die Karolingik (z. B. Alkuins L. über den hl. Willibrord, Walahfrid Strabos Gallus-Vita). Die ältesten volkssprachl. Heiligendichtungen stammen aus dem 9. Jh.; erst im 11. Jh. begegnen L.erzählungen, z. B. das ↑ „Annolied"; die Ausbreitung der Marienverehrung im 12. Jh. förderte die Entstehung von Mariendichtungen. Auch die höf. Epiker griffen L.stoffe auf, so Heinrich von Veldeke („Sankt Servatius"), Hartmann von Aue („Der arme Heinrich", „Gregorius"), Rudolf von Ems („Der gute Gerhard"), Konrad von Würzburg („Silvester", „Alexius", „Pantaleon"). Später entstanden bed. Sammlungen, u. a. das „Passional", das „Väterbuch", um 1340 auch die ersten deutschsprachigen Prosasammlungen, z. B. das „Heiligenleben" von Hermann von Fritzlar. Mit der Reformation trat das Interesse an der L. v. a. durch Luthers Kritik am Heiligenkult zurück. Erst im Zuge der Gegenreformation und im Barock erfolgte eine Wiederbelebung; das 18. Jh. entdeckte dann auch den poet. Reiz der L. (Herder); Goethe schuf z. B. mehrere L.gedichte (u. a. „Der Gott und die Bajadere"). Eine bes. Vorliebe für die L. entwickelte im Gefolge der Romantik (L. Tieck, H. Heine, L. Uhland, E. Mörike). Mit G. Kellers L.zyklus („Die sieben L.") begann die Phase der L.dichtung, in der an die Stelle naiver Gläubigkeit oder ästhet. Faszination mehr und mehr die psycholog. Fundierung der iron. Distanz traten, u. a. bei C. F. Meyer, G. Hauptmann, H. Hesse und T. Mann.

▯ *Buber, M.: Die En. der Chassidim. Zürich 1984. - Rosenfeld, H.: L. Stg. [3]1972. - Günter, H.: Psychologie der L. Freib. 1949.*

◆ in der *Numismatik* die Schriftbestandteile im Gepräge: Umschrift (am Rand umlaufend), Auf- oder Inschrift (im Feld) und Randschrift.

◆ Zeichenerklärung auf [Land]karten.

Legendre (Le Gendre), Adrien Marie [frz. lǝˈʒãːdr], * Paris 18. Sept. 1752, † ebd. 10. Jan. 1833, frz. Mathematiker. - Prof. in Paris; Arbeiten über Zahlentheorie, Theorie der ellipt. Integrale, Himmelsmechanik und Geometrie.

leger [leˈʒɛːr; frz., zu lat. levis „leicht"], lässig, ungezwungen; oberflächlich, bequem.

Léger [frz. leˈʒe], Marie-René-Alexis [Saint-Léger], frz. Lyriker, ↑ Saint-John Perse.

L., Fernand, * Argentan (Orne) 4. Febr. 1881,

† Gif-sur-Yvette bei Paris 17. Aug. 1955, frz. Maler und Graphiker. - Begann 1908 nach kubist. Prinzipien zu malen und gelangte zu strengen, auf geometr. Grundformen der Maschine aufgebauten Kompositionen (z. B. „Die Kartenspieler", 1917, Otterloo, Rijksmuseum Kröller-Müller). 1920 arbeitete L. mit Le Corbusier zusammen (↑ Purismus), in den 30er Jahren wurden die Formen organischer, die große Figurengruppe steht im Zentrum des späten Werks. Charakterist. sind die Umrißzeichnung und die großen zugrundegelegten Farbbänder und -kreise.

Legeröhre, längl.-röhrenförmiges Organ am Hinterleib vieler weibl. Insekten (auch *Legebohrer, Legestachel* genannt), durch das Eier abgelegt werden.

Legge, James [engl. lɛg], * Huntly (Aberdeenshire) 20. Dez. 1815, † Oxford 29. Nov. 1897, brit. anglikan. Missionar und Sinologe. - Übersetzte die wichtigsten Werke des konfuzian. Literaturkanons ins Englische.

leggiero [le'dʒeːro; italien.] (leggieramente, leggiadro), musikal. Vortragsbez.: leicht, spielerisch, perlend.

Leggins ['lɛgins; engl. 'lɛgɪnz; zu leg „Bein"], lederne Beinlinge bzw. hosenartige Bekleidung bei nordamerikan. Indianern.

Leghorn (Weiße L.), nach dem engl. Namen des früheren Ausfuhrhafens Livorno (Italien) benannte, über Amerika nach Deutschland gelangte Legerasse weißer Haushühner; Schnabel und Beine gelb; ♂ mit Stehkamm, ♀ mit umgelegtem Kamm.

Legien, Karl, * Marienburg (Westpr.) 1. Dez. 1861, † Berlin 26. Dez. 1920, dt. Gewerkschaftsführer. - 1890 Mitbegr. und bis 1919 Vors. der Generalkommission der Gewerkschaften Deutschlands, 1913 Mitbegr. und Präs. des Internat. Gewerkschaftsbundes, 1919 Mitbegr. und Vors. des ADGB; verfocht einen reformist. Gewerkschaftskurs, leitete 1920 den erfolgreichen Generalstreik gegen den Kapp-Putsch.

legieren [zu italien. legare (von lat. ligare) „(ver)binden"], eine ↑ Legierung herstellen.
◆ Suppen oder Soßen mit Eigelb und Sahne (ersatzweise mit Mehl oder Stärke) binden.

Legierungen [zu italien. legare (von lat. ligare) „(ver)binden"], metall. Werkstoffe aus zwei oder mehreren Metallen und oft noch zusätzl. Nichtmetallen (z. B. Kohlenstoff, Bor, Silicium) in unterschiedl. Zusammensetzung. Man unterscheidet nach der Zahl der Legierungskomponenten *binäre, ternäre, quaternäre* und *höhere* L. (oder *Zweistoff-, Dreistoff-, Vierstoff-* und *Mehrstoff-L.*), wobei eine überwiegende Komponente als *Grund-* oder *Basismetall* bezeichnet wird. Nach der Zahl der Phasen bzw. Gefügebestandteile werden *einphasige (homogene)* und *mehrphasige (heterogene)* L. unterschieden. - Die Herstellung von L. erfolgt u. a. durch Zusammenschmelzen und -gießen, durch Pressen oder Sintern,

Fernand Léger, Frau in Blau (1912). Basel, Öffentliche Kunstsammlung

durch Eindiffundieren von Legierungszusätzen z. B. in das Grundmetall, seltener durch Zersetzung von Metallverbindungen. L. haben oft völlig andere physikal., chem. und mechan. Eigenschaften als die Ausgangsmetalle; häufig werden durch das Zulegieren von geeigneten Elementen bestimmte günstige Eigenschaften des Grundmetalls verbessert (z. B. Steigerung der Festigkeit durch Zusatz von Silicium zu Kupfer in Bronzen, von Kohlenstoff zu Eisen in Stählen). Großen Einfluß auf Gefüge und Eigenschaften von L. hat die Art und Weise, wie sich aus dem Schmelzfluß gleichzeitig oder nacheinander die einzelnen Gefügearten bzw. Phasen ausscheiden und ob nach dem Erstarren Umkristallisationen und Umwandlungen erfolgen.

L. werden im allg. nach dem Basismetall bezeichnet (z. B. Aluminium-L., Blei-L., Kupfer-L.; häufig werden hier aber histor. Bez. wie z. B. Bronze, Messing verwendet) oder nach einer Legierungskomponente, die bes. charakterist. Eigenschaften verleiht (z. B. Beryllium-L.), sowie nach ihrem Erfinder (z. B. Heuslersche L.). Nach der Art ihrer Weiterverarbeitung unterscheidet man *Guß-L.* (die sich nur durch Gießen verarbeiten lassen,

Legion

z. B. Lettern-L.) und *Knet-L.*, die eine verformende Bearbeitung zulassen. - ↑ auch Eutektikum.

Legion [lat.], röm. Truppenverband; anfangs das gesamte Bürgerheer, dann ein Teilverband, in Manipel und Zenturien gegliedert, seit der Heeresreform des Gajus Marius Einteilung in 10 Kohorten zu je 3 Manipeln, von wechselnder Stärke (um 6000 Mann, im 4. Jh. n. Chr. etwa 1000), im wesentl. Infanterie.

◆ in neuerer Zeit Bez. für ein selbständiges Truppenkontingent aus fremdländ. Freiwilligen, meist Überläufern, Emigranten bzw. Abenteurern (z. B. die Dt. Legion, die in brit. Diensten gegen Napoleon I. stand, zahlr. akadem. L. während der Revolution von 1848, die 1867 errichtete Welfenlegion, in Frankr. und Spanien die Fremdenlegionen).

Legionärskrankheit, eine Form der Lungenentzündung. Der Erreger ist ein Bakterium, das den Namen Legionella pneumophila bekam. Es wurde erst gefunden, nachdem im Sommer 1976 zahlr. Teilnehmer eines Veteranentreffens der American Legion in Philadelphia an dieser schwer verlaufenden hochfiebrigen Lungenentzündung erkrankten (29 von ihnen starben). Erst durch diese Epidemie wurde man auf das Krankheitsbild aufmerksam und erkannte, daß die L. keineswegs regional begrenzt auftritt. Wahrscheinl. werden etwa 1–2 % aller schweren Verlaufsformen der Lungenentzündung in der ganzen Welt durch Legionella pneumophila verursacht. Eine spezif. Behandlung ist bisher nicht bekannt, jedoch konnten mit bestimmten Antibiotika gute Erfolge erzielt werden.

Legion Condor, Bez. für die Gesamtheit der im Span. Bürgerkrieg (1936–39) auf seiten Franco Bahamondes eingesetzten dt. Streitkräfte (gebildet aus Luftwaffen-, Panzer-, Nachrichten- und Transportverbänden sowie Lehrstäben); Stärke bis zu 5500 Mann.

Legion d'honneur [frz. leʒɔ̃dɔˈnœːr], Ehrenlegion, höchster frz. ↑ Orden.

Legion Mariens (lat. Legio Mariae), 1921 in Dublin gegr. internat. kath. Laienorganisation (bes. Krankenbesuche, seelsorgl. Gespräche) mit etwa 10 Mill. Mgl., davon 1 Mill. aktiv.

Legislative [lat.], svw. gesetzgebende Gewalt (↑ Gesetzgebung).

Legislatur (Legislation) [lat.], Bez. für Gesetzgebung, gesetzgebende Körperschaft; **Legislaturperiode:** Zeitraum der Tätigkeit eines Parlaments (Wahlperiode).

Legisten [zu lat. lex „Gesetz"], im MA Rechtsgelehrte, die das weltl. (röm.) Recht interpretierten, im Ggs. zu den Kirchenrechtlern (Dekretalisten bzw. Kanonisten).

legitim [lat., zu lex „Gesetz"], rechtmäßig, gesetzlich anerkannt; begründet; **legitimieren,** etwas oder jemanden für legitim erklären, mit einer Vollmacht ausstatten; **Legi-**

timation, Beglaubigung, Berechtigungs[ausweis].

Legitimation nichtehelicher Kinder [lat./dt.], nichtehel. Kinder können die Rechtsstellung ehel. Kinder erlangen (legitimiert werden): 1. durch nachfolgende Ehe von Vater und Mutter (§ 1719 BGB), sofern die Vaterschaft in öffentl. Urkunde anerkannt oder durch Gerichtsentscheidung festgestellt ist (§ 1600a BGB); 2. durch Ehelicherklärung a) auf Antrag des Vaters, dessen Vaterschaft in öffentl. Urkunde anerkannt oder durch Gerichtsentscheidung festgestellt ist (§§ 1723 ff., 1600a BGB). Erforderl. sind u. a.: die Einwilligung des Kindes, beim geschäftsunfähigen oder noch nicht 14 Jahre alten Kind die Einwilligung seines gesetzl. Vertreters, beim minderjährigen Kind die Einwilligung der Mutter, falls der Vater verheiratet ist, die Einwilligung seiner Ehefrau. Auf Antrag des Kindes kann das Vormundschaftsgericht die Einwilligung von Mutter oder Ehefrau ersetzen. Antrag auf L. n. K. und Einwilligungserklärungen bedürfen der notariellen Beurkundung. Die L. n. K. erfolgt durch das Vormundschaftsgericht. Mit der L. n. K. wird die Mutter von der Ausübung der elterl. Sorge ausgeschlossen; das Vormundschaftsgericht kann ihr sie jedoch wieder übertragen; die Mutter hat nur nachrangig nach dem Vater für den Unterhalt des Kindes aufzukommen; b) auf Antrag des Kindes, dessen Eltern in einem Verlöbnis standen, das durch den Tod des einen Teils aufgelöst worden ist (§ 1740a BGB).

Legitimationspapiere [lat./dt.], Urkunden, auf deren Vorlage der Schuldner an den Inhaber der Urkunde mit befreiender Wirkung leisten kann aber nicht muß. **Einfache Legitimationspapiere** (*Legitimationszeichen*) sind z. B. die Garderobenmarke und der Gepäckschein. Der Berechtigte kann seine Berechtigung auch ohne das Legitimationspapier nachweisen, wobei er allerdings die Beweislast trägt. Nach überwiegender Meinung gehören die **qualifizierten Legitimationspapiere** (auch *hinkende Inhaberpapiere* genannt; z. B. Sparbuch) zu den Wertpapieren, da der Schuldner nur gegen Aushändigung der Urkunde zur Leistung verpflichtet ist.

Legitimisten [lat.], die Vertreter des monarchist. Legitimitätsprinzips, v. a. Gruppen, die nach dem Sturz einer Dyn. ihre Restauration fordern. In Frankr. im 19. Jh. die Anhänger des Bourbonen; in Österreich heute die Anhänger der Habsburger, die für deren Wiedereinsetzung eintreten.

Legitimität [lat.], Bez. für die Rechtfertigung bzw. innerstaatl. und völkerrechtl. Anerkennung der Rechtmäßigkeit eines Staates und seines Herrschaftssystems durch Grundsätze und Wertvorstellungen, die im Unterschied zu Legalität mit dem Ursprung dieser Ordnungsgewalt verknüpft sind. Vom MA bis ins 18. Jh. war monarch. Herrschaft durch das Gottesgnadentum legitimiert. Im 19. Jh. entwickelte sich das Prinzip der erbmonarch. L. als Rechtsgrundlage des monarch. Prinzips, in der dt. Staatslehre schließl. zur L. gesetzespositivist. Legalität. Die heute entscheidende L.basis der repräsentativen Demokratie beruht auf den Prinzipien der Volkssouveränität und des modernen Rechtsstaats.

Legnano [italien. leŋˈpaːno], italien. Stadt 30 km nw. von Mailand, 199 m ü. d. M., 49 700 E. Baumwollweberei und -spinnerei. - Kirche San Magno (1518), erzbischöfl. Palais (13. Jh.), Kastell (16. und 17. Jh.). - In der **Schlacht von Legnano** (29. Mai 1176) wurde Kaiser Friedrich I. Barbarossa von überlegenen Streitkräften Mailands und des Lombardenbundes besiegt.

Leguane (Iguanidae) [karib.-span.-niederl.], Fam. der Echsen mit über 700 etwa 10 cm bis über 2 m langen Arten in Amerika (einschließl. der vorgelagerten Inseln), auf Madagaskar sowie auf den Fidschi- und Tongainseln; oft lebhaft bunt gefärbt und mit auffallenden Körperanhängen (Hautsäume, Stacheln); Schwanz meist wesentl. länger als der Körper. - Bekannte Vertreter sind u. a. Anolis, Basilisken, Dornschwanzleguane, Drusenköpfe.

Leguía, Augusto Bernardino [span. leˈyia], * Lambayeque 19. Febr. 1862, † Lima 6. Febr. 1932, peruan. Politiker. - Finanzmin. 1903/04; wurde 1904 Min.präs.; Staatspräs. 1908–12 und, mit diktator. Vollmacht, 1919–30; gestürzt und angeklagt, starb im Gefängnis.

Leguminosen [lat.], svw. ↑ Hülsenfrüchtler.

Legwespen (Legimmen, Schlupfwespen, Terebrantes), weltweit verbreitete, über 60 000 Arten umfassende Gruppe der Taillenwespen mit mehreren Überfam. und Fam. (Gallwespen, Schlupfwespen, Brackwespen, Erzwespen, Zehrwespen, Hungerwespen); Legebohrer der Weibchen dient in Ggs. zu den Stechimmen als Eilegeapparat.

Leh, ind. Stadt im Industal, Bundesstaat Jammu und Kashmir, 3 505 m ü. d. M., 8 000 E. Hauptort von Ladakh; Handels- und Verkehrszentrum zwischen Indien und Tibet.

Lehár, Franz [ˈleːhar, leˈhaːr, ungar. ˈlɛhaːr], * Komorn 30. April 1870, † Bad Ischl 24. Okt. 1948, östr.-ungar. Operettenkomponist. - Knüpfte an die Wiener Operettentradition an; u. a. „Die lustige Witwe" (1905), „Der Graf von Luxemburg" (1909), „Paganini" (1925), „Der Zarewitsch" (1927), „Friederike" (1928), „Das Land des Lächelns" (1929).

Lehen ↑ Lehnswesen.

Lehm, durch Eisenverbindungen gelb bis bräunl. gefärbter kalkarmer Ton.

Lehmann, Arthur Heinz, * Leipzig 17. Dez. 1909, † Bernau a. Chiemsee 28. Aug. 1956 (Autounfall), dt. Tierbuchautor. - Hatte

großen Erfolg mit seinen Büchern über Pferde, v. a. „Hengst Maestoso Austria" (1940), „Die Stute Deflorata" (1948) und „Maestoso Orasa" (hg. 1958).

L., Else, * Berlin 27. Juni 1866, † Prag 6. März 1940, dt. Schauspielerin. - V. a. unter O. Brahm führende Darstellerin des Naturalismus.

L., Fritz, * Mannheim 17. Mai 1904, † München 30. März 1956, dt. Dirigent. - 1927–38 Dirigent in Hildesheim und Hannover (ab 1929), 1938–47 in Wuppertal, 1946–50 in Göttingen; häufig Gastdirigent großer Orchester.

L., Hermann, * Halle/Saale 8. Juli 1910, brit. Molekularbiologe dt. Herkunft. - Prof. in Cambridge; entdeckte und erforschte zahlr. abnorme Hämoglobine und arbeitete bes. über Wirkungsweise und genet. Aspekte der Serumcholinesterase.

L., Karl, * Sigmaringen 16. Mai 1936, dt. kath. Theologe. - 1968–71 Prof. für Dogmatik in Mainz, seit 1971 in Freiburg im Breisgau, seit 1974 Mitglied der Internat. Theologenkommission; seit 1983 Bischof von Mainz.

L., Lilli, verh. Kalisch, * Würzburg 24. Nov. 1848, † Berlin 16. Mai 1929, dt. Sängerin (Koloratursopran, später dramat. Sopran); erfolgreiche Wagner-, später Mozartsängerin u. a. in Berlin, New York und Bayreuth.

L., Lotte, verh. Krause, * Perleberg 27. Febr. 1888, † Santa Barbara (Calif.) 26. Aug. 1976, dt.-amerikan. Sängerin (Sopran). - Gefeierte Primadonna der Wiener Hof- bzw. Staatsoper (1914–38) und der Metropolitan Opera in New York (1934–45), danach Konzertsängerin.

L., Wilhelm, * Puerto Cabello (Venezuela) 4. Mai 1882, † Eckernförde 17. Nov. 1968, dt. Lyriker und Erzähler. - Bed. sind v. a. seine streng geformten Gedichte, in denen er die Beziehung des Menschen zur Natur darstellt; verwendet eine symbol- und bilderreiche Sprache; übte großen Einfluß auf die neuere dt. Lyrik aus.

Werke: Weingott (R., 1921), Antwort des Schweigens (Ged., 1935), Der grüne Gott (Ged., 1942), Entzückter Staub (Ged., 1946), Ruhm des Daseins (R., 1953), Dichtung als Dasein (Essays, 1956), Sichtbare Zeit (Ged., 1967).

Lehmbau, Bauweise mit ungebranntem Lehm (unter Mitverwendung z. B. von Stroh) im Ggs. zum Backsteinbau. Beim **Lehmstampfbau** wird Lehm in zerlegbare Formkästen bzw. in durch Stege zusammengehaltene Bretter gestampft und, dem Fortschreiten des Stampfens entsprechend, versetzt und hochgeführt. Der **Lehmziegelbau** erfolgt mit Formsteinen, die aus [mit Fasermaterial vermischtem] Lehm geformt und an der Luft getrocknet werden (*Luftziegel, Lehmsteine, Adobe*). Beim **Lehmwellerbau** wird u. a. mit Stroh vermischter Lehm (*Wellerspeise*) ohne Schalung aufgeschichtet und nachträgl. durch

Lehmbruck

Abstechen in die gewünschte Form gebracht. Der **Lehmfachwerkbau** zeichnet sich dadurch aus, daß die Gefache entweder mit Lehmziegeln ausgemauert oder mit einer *Lehmstakung* (Latten oder Holzknüppel und Lehm) ausgefüllt sind. Die Lehmbauweise ist noch heute, bes. in den Trockengebieten, weitverbreitet.

Lehmbruck, Wilhelm, * Meiderich (= Duisburg) 4. Jan. 1881, † Berlin 25. März 1919 (Selbstmord), dt. Bildhauer und Graphiker. - Arbeitete 1910–14 in Paris. Bed. Vertreter dt. expressionist. Plastik; seine Figuren in überlängter, feingliedriger Formstruktur tragen stark allegor.-sinnbildhafte Züge, u. a. „Emporsteigender Jüngling" (Bronze, 1913/14; New York, Museum of Modern Art), „Der Gestürzte" (Steinguß, 1915/16; Duisburg, Wilhelm-Lehmbruck-Museum).

Lehmwespen (Eumeninae), weltweit verbreitete Unterfam. der ↑ Faltenwespen mit rd. 3 500 etwa 1–3 cm langen, einzeln lebenden Arten. Von den 35 in Deutschland lebenden Arten sind am bekanntesten die Pillenwespen und Mauerwespen.

Lehnbedeutung (Bedeutungsentlehnung), Übernahme der Bed. eines laut- oder bedeutungsähnl. fremden Wortes. So hat z. B. *vital* neben der Bed. „voller Lebenskraft" die Bed. „lebenswichtig" aus engl. *vital* übernommen: *vital interests - vitale Interessen*.

Lehnbildung (Lehnprägung), Neubildung eines Wortes nach fremdem Vorbild. Man unterscheidet: **Lehnschöpfung**, die formal unabhängige Neubildung nach fremdem inhaltl. Vorbild (z. B. *Fallbeil* nach *Guillotine*); **Lehnübersetzung**, die Glied für Glied wiedergebende Übers. (z. B. *Halbwelt* von frz. *demimonde*); **Lehnübertragung**, die freiere Übertragung aus einer Fremdsprache (z. B. *Halbinsel* von lat. *paeninsula*, eigtl. „Fastinsel"). Werden ganze Redewendungen übersetzt oder übertragen, dann spricht man von einer **Lehnwendung.**

Lehne ↑ Schichtstufe.

Lehnmühletalsperre ↑ Stauseen (Übersicht).

Lehnswesen, Grundlage des ma. abendländ. Feudalismus, dessen Staats- und Gesellschaftsordnung auf dem Verhältnis von **Lehnsleuten** und **Lehnsherrn** (**Lehnsverband**) beruhte. Grundkomponenten der während des 8. Jh. im Fränk. Reich entstandenen L. waren im wesentl. ein dingl. (Benefizium) und ein persönl. (Vassalität) Element. In der Vassalität verschmolzen die keltoroman. Kommendation (Einlegen der Hände in die des Herrn als Zeichen der Ergebung) und der Treuebegriff der german. Gefolgschaft, der Lehnsherrn und Lehnsmann gleichermaßen verpflichtete. Das Benefizium wurde im **Lehen** zur Belehnung mit einer Sache (Land, Amt) oder einem Recht auf Lebenszeit umgestaltet, die den Vasallen zu Dienst (Kriegsdienst, Hoffahrt) und Treue dem Lehnsherrn gegenüber

Wilhelm Lehmbruck. Die Kniende (1911). Duisburg, Wilhelm-Lehmbruck-Museum

verpflichteten; der Lehnsherr seinerseits hatte dem Lehnsmann Schutz zu bieten. Um die Großen des Fränk. Reiches für den Reiterdienst heranziehen zu können, veranlaßten die Karolinger die Kirche zur Übertragung von Benefizien aus Kirchengut an die Vasallen, die als Berufskrieger allmähl. den allg. Heerbann verdrängten. Von der Heeresorganisation griff das L. auf den Herrschaftsverband über (Personenverbandsstaat). In der **Lehnspyramide** trennten die Kronvasallen (**Lehnsfürsten**) als Lehnsmänner des Königs/ Kaisers diesen von den **Aftervasallen**, d. h. den Lehnsmännern, die ihre Lehen (**Afterlehen**) von einem Lehnsmann erhielten, der seinerseits Vasall eines anderen Lehnsherrn war, und den Untertanen. Die durch die zunehmende Verlehnung von Regalien, die Erblichkeit der Lehen und die Doppelvasallität verstärkten partikularen Kräfte konnten während des Hoch-MA in W-Europa (England, Frankr.) durch direkte königl. Herrschaft über die Untervasallen (durch Untertaneneid und Treuevorbehalte) überwunden werden. Im Hl. Röm. Reich führte das Überwiegen des dingl. Elements (Heerschildordnung, Fürstenlehen, Leihezwang) zur Ausbildung von Landesherrschaften mit Verfügungsgewalt über alle Lehen im eigenen Machtbereich (**Lehnshoheit**). Entsprechend der Verlehnungszeremonie hießen die Lehen der weltl. Fürsten **Fahnlehen**, die der geistl. **Zepterlehen.**

Der im „Sachsenspiegel" formulierte, aber reichsrechtl. nie sanktionierte **Leihezwang** besagte, daß der König ein erledigtes Fahnlehen binnen Jahr und Tag wieder ausgeben müsse.

Die Kodifikation des **Lehnsrechts** erfolgte im Hl. Röm. Reich im 13. Jh. („Sachsenspiegel", „Schwabenspiegel"). Der **Belehnung** ging ein **Lehnsvertrag** voraus, in dem sich der Lehnsherr verpflichtete, ein bestimmtes Gut zu Lehen zu geben. Das Lehnsverhältnis wurde durch die Verpflichtung des Lehnsmannes zu Gehorsam und Diensten (**Homagium**), den **Lehnseid** und die Investitur begründet; nur bei den **Handlehen** mußte kein Lehnseid geleistet werden, die übrigen Verpflichtungen bestanden jedoch weiter. Seit dem 13. Jh. bezeugte ein **Lehnsbrief** den Belehnungsakt, den er schließl. ersetzte. Die Lehen wurden schon früh erbl. (Entzug nur bei vorsätzl. Bruch des Treueverhältnisses [Felonie]). Der Tod eines der Partner (**Herrenfall** bzw. **Mannfall**) machte aber stets die Nachsuchung um Lehnserneuerung erforderl. (**Mutung**). Die Pflicht des Lehnsmannes, beim Herrenfall den neuen Lehnsherrn anzuerkennen, nannte man **Lehnsfolge**. Beim Mannfall hatten zunächst nur lehnsfähige Agnaten, später auch Seitenverwandte Folgerecht. Voraussetzungen der **Lehnsfähigkeit** waren Ritterbürtigkeit, Vollbesitz der Ehre und Waffenfähigkeit; später wurden auch städt. Gemeinden, Bürger und Frauen lehnsfähig. Lehnsnehmer, die den Lehnsdienst nicht selbst erfüllen konnten, benötigten einen **Lehnsträger**. Mehrere Lehnsleute konnten gemeinsam mit einem Gut belehnt werden (Gesamtbelehnung). Über Lehnsstreitigkeiten zw. Lehnsherrn und Lehnsleuten sowie der Vasallen untereinander entschied das **Lehnsgericht**, ein Sondergericht des Lehnsherrn.

Mit der Verdrängung der Ritter- durch die Söldnerheere und dem Eindringen Bürgerlicher in die Verwaltung verlor das L. seit dem Ausgang des MA an Bed.; die Lehen wurden vielfach in volleigenen Besitz des ehem. Lehnsmannes umgewandelt. Das Hl. Röm. Reich blieb aber verfassungsrechtl. bis 1806 ein Lehnsstaat.

📖 *Ganshof, F. L.: Was ist das L.? Dt. Übers. Darmst. ⁶1983. - Kammler, H.: Die Feudalmonarchien. Köln 1974. - Bosl, K., u. a.: Studien zum ma. Lehenswesen. Sigmaringen ²1972.*

Lehnwort, aus einer fremden Sprache übernommenes *(entlehntes)* Wort, das sich in Aussprache oder Schreibweise und/oder Flexion der übernehmenden Sprache angepaßt hat, z. B. *Mauer* aus lat. *murus, tanzen* aus frz. *danser, Streik* aus engl. *strike.* Die Abgrenzung zw. L. und Fremdwort ist oft nicht eindeutig.

Lehr, Robert, * Celle 20. Aug. 1883, † Düsseldorf 13. Okt. 1956, dt. Politiker. - Jurist; 1924–33 Oberbürgermeister von Düsseldorf (DNVP), stand danach in Opposition zur NSDAP. 1945 Mitbegr. der CDU; 1947–50 MdL in NRW; 1948/49 Mgl. des Parlamentar. Rates; 1949–53 MdB; 1950–53 Bundesinnenminister.

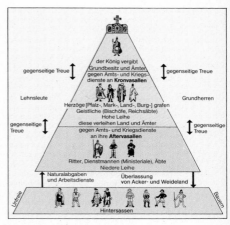

Lehnswesen. Schema der Lehnspyramide

Lehramt, öffentl. Amt im staatl. Schuldienst, dessen Inhaber Beamtenstatus haben. Ein öffentl. L. wahrnehmen können u. U. auch Lehrkräfte mit entsprechender Ausbildung im Angestelltenverhältnis. Unterschieden werden das L. an Grund- und Hauptschulen, an Realschulen sowie an Gymnasien und berufl. Schulen (**höheres Lehramt**), für die unterschiedl. Ausbildungsvoraussetzungen gelten. Das höhere L. setzt ein Universitätsstudium oder Besuch einer Kunst- oder Musikhochschule voraus, die übrigen Ausbildungen erfolgen an pädagogischen Hochschulen, vereinzelt sind die dort angebotenen Studiengänge an Univ. oder Gesamthochschulen integriert. Stets folgt eine prakt. pädagog. Ausbildung (Referendarzeit). Sonderschullehrer absolvieren ein Aufbaustudium. Einige Länder haben abweichende Regelungen, Bremen kennt z. B. nur ein L. an öffentl. Schulen mit Stufenschwerpunkten, Hamburg L. und erweitertes L. mit Schwerpunkt Grundstufe bzw. Mittelstufe.

In *Österreich* wird das Studium an den pädagog. Akad. mit der L.prüfung für die Volks- und Hauptschule abgeschlossen, an den berufspädagog. Lehranstalten mit der L.prüfung für berufsbildende mittlere und höhere Schulen, die L.prüfung für allgemeinbildende höhere Schulen wird nach Hochschulstudium und Referendarzeit abgelegt.

In der *Schweiz* erfolgt die Ausbildung der Volksschullehrer (Grund-, Hauptschullehrer) im allg. in Lehrerseminaren. Die zukünftigen Lehrer der Sekundarstufe I studieren (Ausnahme: Kanton Sankt Gallen) wie die Gymnasial-, Handelsschul- und Spezialschullehrer an den Universitäten.

Lehrauftrag

◆ (kirchl. L.) nach *kath.* Verständnis die auf dem 1. Vatikan. Konzil definierte Lehr- und Jurisdiktionsgewalt, die von Jesus Christus seiner Kirche in den Aposteln und ihren Nachfolgern (apostol. Sukzession) übertragen wurde. Nach ihrem Selbstverständnis ist demnach die kath. Kirche im Besitz der Wahrheit, so daß das kirchl. L. den übrigen Gläubigen mit Autorität gegenübersteht. Träger des kirchl. L. sind das Bischofskollegium in Übereinstimmung mit dem Papst und der Papst allein (↑ Unfehlbarkeit), in geringerem Maß auch die mit der ↑ Missio canonica ausgestatteten Priester, Professoren der Theologie, Religionslehrer, Prediger und Katecheten. Gegenstand des kirchl. L. sind der Inhalt der christl. Offenbarung selbst und alles, was zur Verkündigung, Reinerhaltung und Verteidigung der Offenbarung gehört. – Das Selbstverständnis der *ev. Kirchen* schließt ein kirchl. L. nach kath. Verständnis aus; Richtschnur für Verkündigung und Erklärung der Lehre sind das Evangelium und die Bekenntnisschriften.

Lehrauftrag, Verpflichtung, an einer Hochschule Vorlesungen oder Übungen in einem bestimmten Fach abzuhalten; der **Lehrbeauftragte** erhält eine Vergütung; er ist nicht Beamter.

Lehrberuf, zus. mit dem Begriff Anlernberuf durch den Begriff ↑ Ausbildungsberuf ersetzt.

Lehrbrief, svw. Studienbrief (↑ Fernunterricht).

Lehrbuch, sachgerecht, systemat. und didakt. aufgebaute Darstellung eines Wissensgebietes, z. T. unter Berücksichtigung lernpsycholog. Erkenntnisse auf die jeweilige Stufe der Ausbildung ausgerichtet.

Lehrdichtung (lehrhafte Dichtung, didakt. Dichtung, didakt. Poesie), Wissensvermittlung und Belehrung in poet. Form. Manche poet. Gattungen gehören wesensmäßig oder stoffbedingt zum Grenzbereich der L.: u. a. Fabel, Parabel, Legende, Spruchdichtung, Gnome. In L. wurden alle Wissensgebiete von der Religion über Philosophie, Morallehre, Naturkunde, Landwirtschaft bis zu Dichtungstheorien behandelt.
Die *ältesten* erhaltenen L. sind Hesiods „Theogonie" und die „Werke und Tage". Im 5. Jh. v. Chr. folgten die philosoph. L. der Vorsokratiker Xenophanes, Parmenides und Empedokles. Von weitreichender Wirkung waren in der *röm. Literatur* im 1. Jh. v. Chr. Lukrez' „De rerum natura", Vergils „Georgica" und Horaz' „Ars poetica". Die *christl.-apologet.* L. begann im 4. Jh. mit Commodianus („Instructiones", „Carmen apologeticum"). Auch in den *mittelalterl. volkssprachl.* Literaturen war die L. die populärste Form der Wissensvermittlung, z. B. die mittelhochdt. Morallehren (Freidanks „Bescheidenheit" [13. Jh.], „Der Renner" [1300] von Hugo von Trim-

berg). Neben diesen umfangreichen Werken fanden sich bis ins Spät-MA eine Fülle von gereimten Stände-, Minne- und Morallehren, von moral. Spruchsammlungen, Sittenspiegeln, Tischzuchten, Kalendern, Koch-, Schach-, Wahrsage- und Traumbüchern, ferner von naturkundl. Darstellungen. Auch im Zeitalter des *Humanismus* hielt die Vorliebe für systemat., rhetor. ausgeschmückte L. an. Die letzte fruchtbare Zeit für die L. war die *Aufklärung.* Weite Wirkung hatten die anthropolog., philosoph. und religiösen L. von A. Pope u. a., in der dt. Literatur insbes. B. H. Brockes („Ird. Vergnügen in Gott", 1721–48), A. von Haller („Die Alpen", 1732); Schillers philosoph. Gedicht „Der Spaziergang" (1795) und Goethes „Metamorphose der Pflanzen" (1799) sind Höhepunkte der L., die im 19. Jh. mehr und mehr zurücktrat.

Lehre, in ein System gebrachte wiss. oder religiöse Inhalte; bei der L. wiss. Disziplinen an Univ. ist ↑ Lehrfreiheit und die Koppelung von *L. und Forschung* traditionelle Grundlage, um den neuesten wiss. Stand der L. zu sichern und der Verschulung der Univ. vorzubeugen.
◆ Berufsausbildung, ↑ Lehrling.
◆ Gerät zum Prüfen der Maße und Formen eines Werkstücks hinsichtl. der Einhaltung der Toleranzgrenzen. **Maßlehren** sind Körper, an denen zwei Toleranzmarken zur Kontrolle einer Strecke angebracht sind. Hierzu gehören z. B. die **Fühlerlehre** (Spion) mit verschieden dicken Blechstreifen zum Ausmessen von kleinen Abständen (z. B. Elektrodenabstand von Zündkerzen). Zum Ausmessen von Bolzen dient die **Lochlehre,** eine mit verschiedenen Bohrungen versehene Stahlplatte. Mit **Kalibern** werden die Toleranzgrenzen von Außen- oder Innendurchmessern geprüft. **Formlehren** dienen der Überprüfung der Konturen des Prüfstücks. Hierzu gehören z. B. die **Radiusschablonen** (Radius-L.) zur Kontrolle von Außen- oder Innenradien oder die **Gewindeschablonen** (Gewinde-L.) zur Überprüfung des Gewindeprofils. **Paarungslehren** stellen eine Kombination von Maß- und Form-L. dar. Die Paarungs-L. zeigt die Gutseite des für das Werkstück zugelassenen Toleranzfeldes (Gut-L.), während die Ausschußseite des Toleranzfeldes durch entsprechende Maß-L. angezeigt wird (Ausschuß-L.). Meist werden die zusammengehörigen Gut- und Ausschuß-L. zu einem Meßwerkzeug, der **Grenzlehre,** zusammengebaut. So dient der **Lehrdorn** (Bohrungs-L.) zur Kontrolle der Toleranzgrenzen einer Bohrung (Grenzbohrungs-L., Grenzlehrdorn). Die **Rachenlehre** (Wellen-L.) dient zum Überprüfen der Toleranzgrenzen z. B. von Wellen (Grenzrachen-L., Grenzwellenlehre).

Lehrer, Bez. für alle, die berufsmäßig Kindern, Jugendlichen oder Erwachsenen Unterricht erteilen; i. e. S. Träger eines öffentl.

↑Lehramtes. Der L.stand genießt heute ein vergleichsweise hohes Ansehen, wozu sein Beamtenstatus, seine Funktion, gesellschaftl. Normen und Werte zu vermitteln, sein Bildungsstand und nicht zuletzt seine Monopolstellung bei der Erteilung von Zutrittsberechtigungen für Ausbildung und Studium beitragen. Die Gesellschaft erwartet andererseits von dieser Gruppe, daß sie auf extreme Positionen und Verhaltensweisen verzichtet. Das Gefälle des Sozialprestiges vom Gymnasial-L. bis zum Volksschul-L. steht in Zusammenhang mit der traditionell höheren Bewertung wiss. orientierter Bildung gegenüber berufl. und „volkstüml." Bildung. Dieser Rangordnung entsprechen auch die staatl. Investitionen im Bildungssektor.

Die **Volksschullehrer** entstammten bis ins 19. Jh. dem Handwerk, dem Soldatenstand oder niederen kirchl. Diensten (Küster). Grundfertigkeiten im Lesen, Schreiben, Rechnen und Katechetisieren genügten; Einstellung war Sache der Gemeinden. Eine erste Anhebung des Niveaus der Volksschulen erfolgte durch das preuß. Generallandschulreglement von 1763, wichtig wurde bes. die Einrichtung von Lehrerseminaren. Der 1848 gegr. Allg. Dt. Lehrerverein forderte akadem. Lehrerausbildung und allg. 8jährige Schulpflicht. Der restaurative Rückschlag, die Verbote der Stiehlschen Regulative (1854), konnte erst nach 1870 überwunden werden. 1897 stellte das erste Besoldungsrecht die L. den Subalternbeamten gleich. Die Forderung nach akadem. L.bildung wurde um 1900 von der Reformpädagogik aufgenommen, dem entsprach dann die Reichsverfassung von 1919 (Art. 143); je nach Land erfolgte sie an den bisherigen Seminaren, an Univ. oder - in Preußen seit 1926 - an pädagog. Akad. Die nationalsozialist. L.bildungsanstalten wurden in der BR Deutschland ersetzt durch die pädagog. Akademien bzw. (seit 1962) pädagog. Hochschulen, vereinzelt wurde die L.ausbildung auch in Univ. oder später in Gesamthochschulen integriert. Die Studiendauer wurde von 4 auf 6 Jahre erhöht und z. T. für Grund- und Hauptschul-L. getrennt. In den meisten Ländern gibt es nach wie vor den Typ des **Grund- und Hauptschullehrers**, der in allen Klassen der Grund- und Hauptschule unterrichtet, obwohl sich die Kultusministerkonferenz 1970 grundsätzlich auf das Stufenlehrerkonzept geeinigt hat, wonach die L. nicht für bestimmte Schultypen ausgebildet werden, sondern für Jahrgangsstufen, d. h. Primarstufe (Klasse 1–4) und Sekundarstufe I (Klasse 5–10). Solche **Stufenlehrer** werden in NRW und Bremen ausgebildet, in Hessen ist Spezialisierung auf die Grundschule (Primarstufe) möglich. Der Hamburger Volksschullehrer wählt in seiner Ausbildung Schwerpunkte (z. B. Grundschule), in Berlin (West) erfolgt die Ausbildung zum 1-Fach-

oder 2-Fach-Lehrer. Der Einsatz hängt aber überall vom Schultyp ab, da die Lehrämter nach wie vor an den Schultypen orientiert sind. Nach 1–3 Jahren Praxis 2. Lehrerprüfung, weitere Qualifizierung zum **Realschullehrer** ist möglich. Zum Realschullehrerberuf führt auch ein 6semestriges Hochschulstudium, 2 Semester pädagog. Hochschule und 1–2 Jahre Praxis als Anwärter. Der **Sonderschullehrer** absolviert nach der allg. Lehrerausbildung sowie Praxis ein 4semestriges Spezialstudium.

Der Beruf des **Gymnasiallehrers** blieb bis ins 19. Jh. bes. in den ev. Ländern Durchgangsberuf für den Kirchen- oder Staatsdienst. Auf kath. Seite wurde die höhere Schulbildung v. a. von Orden getragen (Jesuitenkollegien). Die Forderung nach berufsbezogenem Studium und Trennung des Lehramtes vom geistl. Amt wurde Ende des 18. Jh. v. a. von E. C. Trapp und F. A. Wolf erhoben; die klass. Philologie trat in der Ausbildung dann an die Stelle der Theologie. 1810 wurde in Preußen die erste staatl. reglementierte Lehramtsprüfung eingeführt; ein Probe- und Seminarjahr (1826 eingeführt) ergänzte in schulprakt. Hinsicht. Heute weist der Gymnasial-L. wie auch der Studienrat an berufl. Schulen ein wiss. Hochschulstudium von zwei oder drei Fächern nach, in der Referendarzeit (1 $\frac{1}{2}$ Jahre) erfolgt die pädagog. Ausbildung. Sinkende Schülerzahlen wegen geburtenschwacher Jahrgänge, steigende Zahlen von Studienabgängern und Sparmaßnahmen der Kultusbehörden ließen die Anzahl der arbeitslosen Lehrer 1985 auf 100 000 ansteigen. Deren Anstellung in diesem Beruf ist in absehbarer Zeit nicht zu erwarten.

📖 *Hannappel, H.: Lehren lernen. Bochum 1984. - Belke, H., u. a.: Keine Zukunft für L. L.arbeitslosigkeit. Essen 1983. - Dubs, R.: Aspekte des L.verhaltens. Aarau u. Ffm. 1978. - Aregger, K., u. a.: L.bildung f. die Schulreform. Stg. 1975. - Combe, A.: Kritik der L.rolle. Mchn. 24. Tsd. 1973.*

Lehrerkonferenz, i. e. S. die amtl. Zusammenkunft aller Lehrer einer Schule; sie hat bei direktorialer Schulleitung Mitspracherecht, bei kollegialer Schulleitung (Grund- und Hauptschule) handelt der Schulleiter als Organ der L. (wird aber von der Schulbehörde ernannt). Daneben gibt es Teilkonferenzen (Klassen-, Fachkonferenz) und übergreifende L. (z. B. Bezirks-, Kreiskonferenzen).

Lehrerverbände, freiwillige Zusammenschlüsse von Lehrern mit staatl. Lehrbefähigung.

Fachverbände: Dt. Altphilologenverband, Dt. Germanistenverband, Verband der Geschichtslehrer Deutschlands, Fachverband Moderne Fremdsprachen, Dt. Verein zur Förderung des mathemat. und naturwiss. Unterrichts e. V., Verband Dt. Schulgeographen, Bund Dt. Kunsterzieher, Bund Ev. Lehrer, Dt.

Lehrfilme

Sportlehrerverband, der auch Sportlehrer ohne staatl. Lehrbefähigung organisiert und auch als Interessenvertretung handelt.

Interessenverbände: Konfessionell bestimmt sind die Kath. Erziehergemeinschaft Deutschlands (KEGD) und der Verein Kath. dt. Lehrerinnen. Der Dt. Philologenverband e. V. (Gymnasiallehrer), der Bundesverband der Lehrer an berufl. Schulen e. V. und der Verband Dt. Realschullehrer stellen ihre bes. Ansprüche unter dem Hinweis auf Art und Dauer der Ausbildung und Vorbereitungszeit. - Da in der BR Deutschland nur Spitzenorganisationen Anhörungs- und Mitwirkungsrechte bei der Vorbereitung beamtenrechtl. Regelungen eingeräumt sind, haben sich diese Verbände (z. T. die Landesverbände) im Dt. Beamtenbund zusammengefunden. Die meisten sind auch Mgl. des ↑Deutschen Lehrerverbands. Nichtgewerkschaftl. Verband für Grund- und Hauptschullehrer ist der Verband Bildung und Erziehung (VBE).

Die größte Lehrerorganisation ist die Gewerkschaft Erziehung und Wissenschaft (GEW) im Dt. Gewerkschaftsbund.

In *Österreich* besteht seit 1953 der Östr. Lehrerverband in der Gewerkschaft der öffentl. Bediensteten. - In der *Schweiz* besteht auf Landesebene der Schweizer. Lehrerverein und der Schweizer. Gymnasiallehrerverein. Die Konferenz Schweizer. Lehrerorganisationen (gegr. 1970) umfaßt 25 Lehrerverbände.

Lehrfilme, instruktive Filme, die meist in Hinblick auf den Schulunterricht konzipiert sind, aber auch Forschungsfilme; verwaltet vom ↑Institut für Film und Bild in Wissenschaft und Unterricht.

Lehrfreiheit, das durch Art. 5 Abs. 3 GG geschützte Grundrecht, die aus wissenschaftl. Forschung gewonnenen Erkenntnisse und Überzeugungen frei von staatl. Einflußnahme in Wort und Schrift zu verbreiten. Die L. entbindet nicht von der Treue zur Verfassung.

◆ nach *kath.-dogmat.* Verständnis die den in Forschung und Lehre tätigen Theologen offenstehende Freiheit zur Entfaltung des Glaubensinhaltes. Ihre Grenzen findet die L. in den Wahrheiten der Offenbarung und in den Äußerungen des kirchl. Lehramtes. - Im Verständnis der *ev. Kirchen* ist die L. an die mit dem Ordinationsversprechen verbundene Verpflichtung (Lehrverpflichtung) auf das Bekenntnis der jeweiligen Kirche gebunden.

Lehrherr, Ausbilder, ↑Lehrling.

Lehrling (mit Erlaß des Berufsbildungsgesetzes [BBiG] 1969 ersetzt durch die Bez. **Auszubildender**), Jugendlicher oder Erwachsener, der einen ↑Ausbildungsberuf in Wirtschaftsbetrieben, in vergleichbaren Einrichtungen (öffentl. Dienst, freie Berufe) oder Haushalten erlernt. Neben die betriebl. Berufsbildung tritt Berufsschulunterricht („duales System"). Das BBiG regelt als Rahmengesetz die betriebl. Berufsbildung. Das Berufsausbildungsverhältnis (Lehre, Lehrverhältnis) wird durch schriftl. Vertrag begründet; der Mindestinhalt und welche Vereinbarungen im Vertrag nichtig sind, ist im BBiG geregelt, ebenso die Pflichten bzw. Rechte des Auszubildenden wie des Ausbildenden: der Ausbildende hat dafür zu sorgen, daß dem Auszubildenden in der vorgesehenen Ausbildungszeit planmäßig, zeitl. und sachl. gegliedert die notwendigen Fertigkeiten und Kenntnisse vermittelt werden. Ausbildungsmittel sind kostenlos zur Verfügung zu stellen; dem Auszubildenden dürfen nur Verrichtungen übertragen werden, die dem Ausbildungszweck dienen und seinen körperl. Kräften angemessen sind; weiter sind geregelt die Freistellung zur Teilnahme am Berufsschulunterricht (zwingend bis zur Vollendung des 18. Lebensjahres, sonst auf freiwilliger Basis oder auch nach tarifl. Vereinbarung), das Zeugnis sowie die Vergütung (tarifl. Vereinbarungen). Der Auszubildende hat sich seinerseits zu bemühen, das Ausbildungsziel zu erreichen; er untersteht der Weisungsbefugnis des Ausbildenden und anderer Weisungsberechtigter. Abweichend vom allg. Arbeitsvertragsrecht gelten bes. Vorschriften über Beginn und Beendigung des Berufsausbildungsverhältnisses. Abschluß durch Gesellen-, Facharbeiter- oder Kaufmannsgehilfenprüfung.

Die Zahl der Auszubildenden betrug 1985 rd. 1,83 Mill.; der Anteil von Industrie und Handel an den Auszubildenden sank von 56,6% (1966) auf 47% (1985), gleichzeitig stieg der Anteil des Handwerks von 34,1% auf 37,5%. Zahlenmäßig von geringer Bed. ist die Aufnahme Auszubildender im öffentl. Dienst (3,8%) und in der Landw. (2,9%; jeweils 1985). Nach bed. Schwierigkeiten bei der Bereitstellung von Ausbildungsplätzen Anfang der 80er Jahre konnten 1985/86 fast alle Bewerber vermittelt werden.

In *Österreich* gilt nach dem Berufsausbildungsgesetz (BAG) vom 26. 3. 1969 im wesentl. Entsprechendes. - In der *Schweiz* ist das Lehrverhältnis ledigl. als ein bes. Arbeitsverhältnis geregelt (Art. 344 bis 346a OR).

📖 *Crusius, R.:* Krise von Jugend, Ausbildung u. Beruf. Mchn. 1985. - L.-Hdb. Aktualisierte Aufl. 1984. - *Hoffmann, H./Sauerwein, R.:* Deine Rechte als L. Hdb. f. Auszubildende. Dortmund 1977. - *Daviter, J.:* Der L. im Betrieb. Mchn. [3]1976. - *Crusius, R.:* Der L. in der Berufsschule. Mchn. [3]1975.

Lehrpfade, [Rund]wanderwege, die sich mit einem (oder mehreren) naturwiss., forstkundl., landw. oder kulturhistor. Thema befassen, das auf Schautafeln erläutert wird.

Lehrplan, Auswahl und Abfolge der Lehrinhalte in den einzelnen Schularten; mit der Einführung von Wahlmöglichkeiten steckt der L. nur noch den Rahmen (Anzahl der Leistungskurse und Wahlpflichtfächer) für das Lehrangebot der Schularten ab. Für die L. der einzelnen Fächer sind Rahmenrichtlinien erlassen. Die Lehrpläne beruhen auf Vereinbarungen der Ständigen Konferenz der Kultusminister.

Lehrprogramm, im ↑programmierten Unterricht der techn. fixierte Lehrgang (Curriculum).

Lehrstück, Bez. B. Brechts für eine Gruppe kleinerer Dramen aus den Jahren 1929/30, die, einer marxist.-leninist. Gesellschaftslehre verpflichtet, an Modellsituationen Mißstände der Gesellschaft aufzeigen (u. a. „Der Jasager und der Neinsager").

Lehrstuhl, öffentl. Amt im staatl. Hochschulwesen, dessen Inhaber Beamtenstatus haben; setzt an wiss. Hochschulen grundsätzl. Hochschulstudium, an Kunst- und Musikhochschulen künstler. Arbeit, meist auch ein entsprechendes Studium voraus. An Fachhochschulen ist ein Studium an wiss. Hochschulen und 5jährige Praxis Voraussetzung.

Lehrte, Stadt im O des Großraums Hannover, Nds., 63 m ü. d. M., 38 700 E. Maschinen- und Apparatebau, chem. und Zuckerind.; Eisenbahnknotenpunkt. - Seit 1898 Stadt.

Lehrverhältnis, Berufsausbildungsverhältnis, ↑Lehrling.

Lehrverpflichtung, urspr. Doktor- und Priestereid des ausgehenden MA und das Ordinationsgelübde ev. Pfarrer (seit dem 16. Jh.), in den konfessionell gebundenen Territorialkirchen des 16. und 17. Jh. v. a. zur Abwehr nicht geduldeter Denominationen jedem öff. Beamten durch Diensteid auferlegt. Mit dem aufklärer. Toleranzgedanken wurde im 18. Jh. allg. Lehrfreiheit zugebilligt, ein lehrverpflichtender Bekenntniszwang bestand unter der staatskirchl. Restauration im 19. Jh. jedoch weiter, bis der Kirchenkampf des 20. Jh. eine Neuorientierung einleitete. Danach ist die ev. L. die gewissensmäßige Bindung des Pfarrers an seinen geistl. Auftrag, der die Lehrfreiheit inhaltl. begrenzt.

◆ mit jeder Professur verbundene Pflicht, eine bestimmte Anzahl Lehrveranstaltungen abzuhalten (d. h. sich nicht ausschließl. der Forschung zu widmen).

Lehrwerkstätten, für Ausbildungszwecke eingerichtete Werkstätten in Großbetrieben; *überbetriebl.* L. (Gemeinschaftswerkstätten verschiedener Betriebe) werden mit öffentl. Mitteln gefördert (seit 1975).

Lehrzuchtverfahren, in den ev. Kirchen Maßnahme zur Abwehr von abweichenden Lehren; im Territorialstaat der Reformationszeit durch kirchl. Visitation durchgeführt; seit 1945 ist das L. ein geordneter Rechtsakt, in dem ein zuständiges Spruchkollegium eine geistl. Leitungsentscheidung zu treffen hat, deren unmittelbare Rechtsfolgen für die beanstandeten geistl. Amtsträger nicht disziplinar. aufzufassen sind.

Lei (Ley), mundartl. Bez. für Schiefer, Stein, Fels (z. B. Loreley, Erpeler Ley).

Leibarzt, Arzt, der vornehml. hochgestellte Persönlichkeiten (v. a. Fürsten) sowie meist auch deren Angehörige betreut.

Leib Christi, 1. im N. T. bezeichnet L. C. den Leib, der gekreuzigt wurde und von den Toten auferstand und somit Mittel bzw. Zentrum des Heils ist. - 2. In der neutestamentl. Abendmahlsüberlieferung wird das Brot mit dem L. C. gleichgesetzt. Von daher wird in den christl. Kirchen der sakramentale Charakter des Abendmahls begründet. - 3. In der kath. Theologie Bez. für Kirche (Corpus Christi mysticum); die einzelnen Menschen verstehen sich infolgedessen als „Glieder" des Leibes Christi.

Leibeigenschaft, im 14. Jh. entstandene Bez. für eine spezif., von der Sklaverei grundsätzl. unterschiedene unfreiheitl., v. a. bäuerl. Abhängigkeit seit dem MA, die auf Grund unterschiedl. wiss. Ableitung und ideolog. Anwendung unterschiedl. gebraucht wird.

1. Im klass. Sinn entsprang die L. als bes. ma. Form der bäuerl. Unfreiheit german. Rechtsanschauung. Die später als **Leibeigene** (Eigenleute) Bezeichneten waren Personen, die durch persönl. Abhängigkeit vom Herrn (Leibherrn) gekennzeichnet waren, deren Abgabe- und Dienstpflicht also nicht an dingl. Abhängigkeit (an Grund- oder Schollengebundenheit) haftete und die die Rechtsfähigkeit bzw. relative Eigentumsfähigkeit besaßen (↑auch Halbfreie); im Ggs. dazu standen die **Liten,** die an ihrem Boden gebunden und zu Dienstleistungen und Kopfzinszahlung verpflichtet waren.

Bereits in der 1. Entwicklungsphase der L. (9. bis Ende 12. Jh.) flossen Leib- und Grundherrschaft zusammen, wobei die grundsätzl. von den **Hörigen** (Grundholden) - die an den Boden gebunden waren bzw. sich als Freie in den Schutz des Grundherren begeben hatten (Schutzhörigkeit) - unterschiedenen Leibeigenen zunächst die Mehrheit der unfreien Bauern bildeten und den Hörigen in ihrer sozialen Stellung teils sehr nahe kamen: als „servi casati" (behauste Eigenleute) mit einem Bauerngut zu Leihe im Fronhofverband gegen Zahlung eines Kopfzinses und gegen Dienstleistungen; daneben die eigtl. Eigenleute im Herrenhaus, als „servi in domo" bzw. „in perpetuo servitio" (in ungemessener Dienstleistung und engster persönl. Abhängigkeit vom Leibherrn oder als Tagelöhner und Handwerker), als „servi quotidiani" (mit kleinem Haus- und Landbesitz ohne Kopfsteuerzahlung). Sozialer Aufstieg von Leibeigenen war mögl. durch Freilassung, im dt. Bereich durch den persönl. Sonderdienst (Aufstieg zu Ministerialen und zum Niederadel), jedoch konnte L. noch im 10./11. Jh. neu entstehen (Freie, die durch die Übernahme von Handarbeit in die L. absanken, Kin-

Leibeigenschaft

der aus Ehen zw. Freien und Unfreien).
Die 2. Entwicklungsphase der L. (13.–15. Jh.) war strukturell und in der gesellschaftl. Dynamik entscheidend verändert. In weiten Teilen Frankr. verschmolzen im 13. Jh. die schollengebundenen, zu gemessenen Diensten und Abgaben verpflichteten „serfs" mit der ländl. Hauptmasse der „vilains", die überwiegend frei und meist nur mit an ihrem Leihegut haftenden Abgaben belastet waren. Im normann. England entsprach der Status bäuerl. Unfreiheit („serfdom") des „villein" weitgehend dem des frz. „serf". Hier führte im 14. Jh. jedoch die Wandlung bzw. Auflösung der Grundherrschaft zur Ablösung der L. gen. Unfreiheit durch den Status des „copyholders", der weitgehend freier Besitzer seiner Bauernstelle war. - Im dt. Bereich setzte seit

Leibeshöhle. a Schematischer Querschnitt durch einen Fadenwurm mit primärer Leibeshöhle, b schematischer Querschnitt durch einen Ringelwurm mit sekundärer Leibeshöhle, c schematische Organisation eines männlichen Säugetiers (die gestrichelte Linie schließt das Zölom ein). B Blutgefäße, D Darm, Ei Eizellen, Ex Exkretionskanal, G Geschlechtsdrüsen, H Herz, L Lunge, Le Leber, M Muskeln, Ma Magen, N Nervenstrang, Ne Nephridien, Nn Nachniere, pL primäre Leibeshöhle, sL sekundäre Leibeshöhle, Z Zwerchfell

dem 12. Jh. eine Lockerung der L. ein, bedingt durch die Eingliederung der Leibeigenen in die ordentl. Gerichtsbarkeit (Steigerung ihrer Rechtsfähigkeit), durch die Auflösung der Fronhofsverfassung, die Verschmelzung der „servi quotidiani" mit den Grundholden, die Umsetzung der Fronen in bemessene und beschränkte Zinsabgaben. Als zusätzl. fördernde Kraft wirkte das bessere Recht der dt. Ostsiedlung und der Sog der Abwanderung in die Stadt. Im dt. SW hingegen vollzog sich, um den Rückgang der grundherrl. Einnahmen auszugleichen, eine Neubildung von L., die zur histor. Bez. L. im 14. Jh. führte. Kauf oder Veräußerung eines Leibeigenen, die im Zuge der Territorienbildung übl. wurden, bezogen sich zwar nicht auf dessen leibl. Person, sondern auf das Recht, von der Person des Leibeigenen fixierte Abgaben zu beziehen. Dies führte nichtsdestoweniger zur Angleichung von leib- und nichtleibeigenen Bauern, zur Konsolidierung der Rechtsstellung der Leibeigenen in einem relativ geschlossenen Stand der Bauern, wenn auch nicht zur unmittelbaren Aufnahme in die Dorfgenossenschaft. Die Geld- oder Naturalleistungen der Leibeigenen sind in Weistümern oder anderen Rechtsquellen festgehalten. Die neugebildete L. wurde zwar ein v. a. moral. Element des Aufbegehrens im Bauernkrieg, bestand sie in den einzelnen Typen dt. Grundherrschaft im Spät-MA und in der frühen Neuzeit keineswegs durchgehend. Differenziert in personale, lokale und vererbte L., gab es L. nur noch im dt. SW als reine Reallast. In SO-Deutschland (einschl. der östr. Länder) war L. selten, im westelb. M-Deutschland und in Franken fehlte sie völlig, und nur im W bzw. teils im dt. NW führte eine weitere Neubildung im 14./15. Jh. nochmals zu verschärfter Ausprägung der persönl. Leibeigenschaft.
2. Demgegenüber entstand seit dem 15. Jh. durch Beseitigung der Sonderrechte aus der *dt. Ostsiedlung* im ostelb. Brandenburg, Mecklenburg und Pommern, in Teilen Schleswig-Holsteins, Schlesiens und Böhmens, in Polen und Ungarn auf der Basis der Gutsherrschaft die nicht aus persönl. Abhängigkeit, sondern aus bäuerl. Schollengebundenheit entwickelte **Erbuntertänigkeit,** die im Extremfall durch Verpfändung und Handel mit Leibeigenen bis in die Nähe sklav. Knechtschaft führen konnte. Sie wurde bereits in der polit. Aufklärung als eigtl. **Realleibeigenschaft** interpretiert und von der Geschichtswiss. des 19. Jh. zu einem Allgemeinbegriff von L. als bäuerl. Unfreiheit erweitert. Diese Begriffswandlung wurde durch die marxist.-leninist. Interpretation fortgeführt, wobei Lenin die russ. Extremform der L. („krepostnitschestwo"; gekennzeichnet durch die totale Rechtlosigkeit des Bauern, der verschenkt, verkauft, verpfändet werden konnte und der Gerichtsbarkeit seines Herrn unterstand)

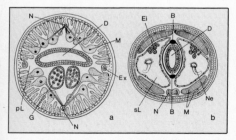

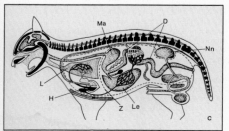

auch auf die westl. Form der persönl. Herr-schaftsabhängigkeit übertrug bzw. diese nur als gemäßigte Form nichtsdestoweniger gleicher L. bezeichnete (↑ auch Bauernbefreiung). 3. In Rußland hieß L. erbl. Verfügungsrecht eines (meist adligen) Herrn bzw. des Staates oder der Kirche, uneingeschränkt gegenüber dem Gut, eingeschränkt (d. h. ohne Tötungsrecht) gegenüber der Person des bäuerl. Leibeigenen. Die russ. L. entstand seit der 2. Hälfte des 16.Jh. im Zuge der Ausbildung eines zur Kriegsleistung verpflichteten Dienstadels, der vom Staat Land erhielt und mit staatl. Beihilfe Verfügung über die zunächst nomadisierenden Bauern und deren Arbeitskraft gewann. Der Weg führte über die zunächst (1592/93) befristete, schließl. (1649) dauernde Aufhebung des bäuerl. Abzugsrechts (er durfte sein Land nicht mehr verlassen) bis zur Einführung der Kopf- bzw. Seelensteuer (1719), d. h. über die Schollenpflichtigkeit zur dingl. Fesselung an den Leibherrn und seine Gerichtsbarkeit. Im Normalfall war der Leibeigene ein Bauer mit selbständig geführter Wirtschaft, der zur Fron auf dem Herrenhof und/oder zu Natural- bzw. Geldabgaben an den Herrn nach dessen Gutdünken verpflichtet wurde. Daneben gab es Leibeigene jedoch auch zunehmend in Handel und Gewerbe, sowohl als abhängige Arbeitskräfte wie als selbständige Unternehmer. Erst das „Statut über die aus der L. befreiten Bauern" (1861) gewährte diesen die persönl.-rechtl., nicht aber die wirtsch.-soziale Freiheit.

🕮 *Rabe, H.: Das Problem der L. Wsb. 1977. - Bosl, K.: L. als Ausgangspunkt gesellschaftl. Bewegung in Europa. In: Bosl: Mensch u. Gesellschaft in der Gesch. Europas. Mchn. 1972. - Hdb. der dt. Wirtschafts- u. Sozialgesch. Hg. v. H. Aubin u. W. Zorn. Bd. 1. Stg. 1971. - Robinson, G. T.: Rural Russia under the old regime. New York Neuaufl. 1967.*

Leibeserziehung (Sporterziehung), in der Schule (↑ Schulsport), aber auch in Turnvereinen usw. erfolgende Bewegungsschulung im Rahmen der Sportarten. Pädagog. Ziele sind darüber hinaus die Entfaltung der Persönlichkeit, Gemeinschaftserziehung und Gesundheitserziehung.

Leibesfrucht (Frucht), im medizin. Sprachgebrauch svw. ↑ Embryo, i. w. S. auch svw. ↑ Fetus. Die L. ist nicht rechtsfähig (§ 1 BGB), hat jedoch schon Menschenwürde und ein [Grund]recht auf Leben (Art. 1, 2 GG). Gegen Tötung (↑ Schwangerschaftsabbruch) ist sie strafrechtl. geschützt, ebenso gegen Körperverletzung (streitig). Bei einer Körperverletzung können auch Schadenersatzansprüche gegen den Schädiger, bei Tötung des Unterhaltspflichtigen Rentenansprüche gegen den Täter entstehen. Im Erbrecht steht die L. dem rechtsfähigen Menschen gleich.

Leibeshöhle, Bez. für die Hohlräume zw. den einzelnen Organen des tier. und menschl. Körpers. Die *primäre L.* ist die Furchungshöhle (Blastozöl) des Blasenkeims. - Die *sekundäre L.* (Zölom) ist von einem Epithel ausgekleidet. Sie wird von den Ausführgängen der Ausscheidungs- und Geschlechtsorgane sowie des Verdauungssystems durchbrochen. - Die sekundäre L. der Weichtiere enthält nur Herz, Ausscheidungs- und Geschlechtsorgane. Bei den Gliedertieren besteht sie aus segmental angeordneten Abschnitten (Zölomkammern) mit paarigen Zölomsäckchen ober- und unterhalb des Darms. Bei Blutegeln und Gliederfüßern werden die zunächst angelegten Zölomsäckchen wieder aufgelöst, und es entsteht ein einheitl. Hohlraum aus sekundärer und primärer L. (Mixozöl, *tertiäre L.*). - Bei Wirbeltieren und beim Menschen kleidet die äußere Wand der sekundären L. die Innenflächen der Körperhöhle aus; die innere Wand überzieht Darm, Herz und Lungen. Die L. der Säugetiere und des Menschen wird durch das Zwerchfell in Brust- und Bauchhöhle geteilt.

Leibesübungen, Gesamtheit aller Bewegungsausübungen aus den Bereichen des Sports, der Gesundheitserziehung (Prävention, Rehabilitation) und der Freizeit. Die begriffl. Systematik nennt neben L. noch Leibeserziehung, Spiel und Sport. Die Abgrenzung ist bislang unzureichend, was sich auch in der unterschiedl. Interpretation der Übungsabsichten (pädagog. Intentionen) zeigt. L. werden beschrieben als Bewegungen und Kraftanwendungen, die zur Vervollkommnung des Körpers dienen, als planmäßig betriebene körperl. Übungen zur Erhaltung oder Steigerung der phys. und psych. Leistungsfähigkeit. Ansätze zu einer Theorie der L. werden unter verschiedenen wiss. Aspekten unternommen (Anthropologie, Philosophie, Pädagogik, Medizin, Sozialwissenschaften usw.). Die Fachvertreter versuchen, eine eigenständige Wissenschaft zu entwickeln und den Bereich der L. in seiner histor. Überlieferung mit neuem Verständnis zu füllen. In der gegenwärtigen Begriffsdiskussion wird gegenüber den L. dem Sport als dem offeneren, neutraleren und somit geeigneterem Sammelbegriff der Vorzug gegeben.

Leibesvisitation, allg. Bez. für die Durchsuchung einer Person [nach der StPO].

Leibgarde, Truppe urspr. zum persönl. Schutz eines Fürsten, später zu bes. Diensten bei Hofe (Wach-, Ordonnanz-, Hof-, Palastdienst). **Leibtruppen** hießen im 16./17. Jh. die Kompanien, deren Chef der Regimentsinhaber war (Bezug der Einkünfte, im Dienst vertreten), dann auch Truppen, deren Chef Landesfürst oder Angehöriger seines Hauses war.

Leibholz, Gerhard, * Berlin 15. Nov. 1901, † Göttingen 19. Febr. 1982, dt. Jurist. - Prof. für Staats- und Verfassungstheorie, öffentl. Recht und polit. Wissenschaften in Greifswald (1929) und Göttingen (1931–35); emigrierte 1938 nach Großbrit.; 1947 Prof. in Göttingen; 1951–71 Richter am Bundesverfassungsgericht. Zahlr. Veröffentlichungen (Rechtsgeschichte, Verfassungsrecht).

Leibl, Wilhelm, * Köln 23. Okt. 1844, † Würzburg 4. Dez. 1900, dt. Maler. - Bed. Vertreter des Realismus in Deutschland. Schüler an der Münchner Akad.; Kontakt mit Courbet (1869 in München, 1869/70 in Paris). Nach München zurückgekehrt, sammelte er den L.-Kreis um sich (u. a. W. Trübner, C. Schuch, R. Hirth du Fresnes, T. Alt, K. Haider und vorübergehend auch H. Thoma); 1873 zog er sich nach Oberbayern zurück, wo er sein eigtl. Thema, den bäuerl. Menschen, entdeckte. Verbindet Detailtreue mit freier, großzügiger Gesamtgestaltung, im letzten Jahrzehnt Auflockerung der Malweise. - *Werke:* Die Dorfpolitiker (1877; Winterthur, Stiftung O. Reinhart), Die drei Frauen in der Kirche (1881; Hamburg, Kunsthalle), Die Wildschützen (1882–86; Berlin, neue Nationalgalerie, Fragment; weitere Teile erhalten).

Leibnitz, östr. Bez.hauptstadt 30 km südl. von Graz, 274 m ü. d. M., 6 700 E. Museum; Handelszentrum mit Getreide-, Obst- und Weinbau. - Um 970 Errichtung einer Burg mit Kirchsiedlung in **Lipnizza.** Der neue

Markt L. wurde 1170 gegr.; seit 1913 Stadt. - Urspr. roman., spätgot. umgebaute Stadtpfarrkirche; nahebei Schloß Seggau (v. a. nach 1500) und die spätbarocke Wallfahrtskirche Frauenberg (1766).

Leibniz, Gottfried Wilhelm, * Leipzig 1. Juli 1646, † Hannover 14. Nov. 1716, dt. Philosoph und Universalgelehrter. - Seit 1667 im Dienst der Mainzer Kurfürsten; 1672–76 in diplomat. Mission in Paris; 1673 Aufenthalt in London und Ernennung zum Mgl. der „Royal Society"; 1676–1716 Hofrat und Bibliothekar des Welfenhauses, dessen Geschichte er verfaßte. Sein Einsatz für die Gründung wiss. Akad. in Berlin, Dresden, Petersburg und Wien führte 1700 zur Errichtung der „Societät der Wiss." in Berlin. L. nahm maßgebl. an den Einigungsverhandlungen der Kirchen teil. - Im Mittelpunkt seiner nichtmechanist. Begründung des traditionellen naturphilosoph. Mechanismus steht seine Monadentheorie. Die Monade ist nach L. eine einfache, nicht ausgedehnte, unteilbare, äußeren mechan. Einwirkungen unzugängl., jedoch mit anderen Monaden in Wechselwirkung stehende Substanz. In spontanen *Perzeptionen* (Wahrnehmungen) repräsentiert („spiegelt") jede Monade das Universum, das eine Hierarchie von Monaden darstellt. Die Monaden unterscheiden sich nur durch die Deutlichkeit ihrer Perzeptionen: Die „nackten Monaden", die „wahren Atome", haben nur unbewußte Perzeptionen; die Seelenmonaden bewußtere, deutlichere Perzeptionen und Gedächtnis; nur Gott, die Urmonade, allein hat deutl. Perzeptionen des gesamten Universums und seiner gesamten Entwicklung. In diesem Zusammenhang stehen die Lehre von der ↑prästabilierten Harmonie und die These von der Welt als der besten aller mögl. Welten, auch der theoret. Versuch der Lösung des Problems der ↑Theodizee. L. entwarf das Programm einer Idealsprache, der sog. „Characteristica universalis" (**Leibnizsche Charakteristik),** deren Zeichen (Charaktere) nach bestimmten Kombinationsregeln gebildet und den von ihnen bezeichneten Begriff nicht nur eindeutig, sondern auch mit allen ihren Beziehungen zu anderen Begriffen „charakterisieren". Mit der im Anschluß an R. Lullus, G. Bruno und Descartes entwickelten Art einer formal-deduktiven Logik leitete L. die Geschichte der mathemat. bzw. formalen Logik ein. Wichtige Elemente seiner Theorie der Begründung sind der Satz vom ↑Grund, der Satz vom ↑Widerspruch und der ↑Ununterscheidbarkeitssatz. Neben Newton begründete L. die ↑Differentialrechnung. Ferner entwickelte er das binäre Zahlensystem mit den Ziffern 0 und 1 (↑Dualsystem), das heute in der Computertechnik wichtig ist. - Außer auf den Gebieten der Theologie, Philosophie, Jurisprudenz und Mathematik trat L. auch als Naturforscher und Techniker (z. B.

Wilhelm Leibl, Die drei Frauen in der Kirche (1881). Hamburg, Kunsthalle

Konstruktion einer Rechenmaschine und Einsatz der Kraft des Windes zur Grubenentwässerung im Harzbergbau) hervor.

📖 *Burkhardt, H.: Logik u. Semiotik in der Philosophie v. Leibniz. Mchn. 1980. - Enge, T. O.: Der Ort der Freiheit im Leibnizschen System. Meisenheim 1979. - Müller, Kurt/Krönert, G.: Leben u. Werk v. G. W. Leibniz. Eine Chronik. Ffm. 1969.*

Gottfried Wilhelm Leibniz (1703)

Leibnizsche Regel (Leibnizsches Kriterium) [nach G. W. Leibniz], Regel über das Konvergenzverhalten alternierender Reihen: Wenn die Absolutbeträge der Glieder einer alternierenden Reihe eine monotone Nullfolge bilden, so ist die Reihe konvergent.

Leibowitz, René [frz. lɛbɔˈvits], * Warschau 17. Febr. 1913, † Paris 28. Aug. 1972, frz. Komponist poln. Herkunft. - Schüler von A. Webern, M. Ravel und P. Monteux, lebte seit 1926 in Paris. L. setzte sich als Dirigent, Komponist, Lehrer (P. Boulez, H. W. Henze) und Schriftsteller für die Zwölftonmusik ein. Komponierte Opern, Sinfonien, Kammer- und Klaviermusik und Lieder.

Leibrente, auf einem vertragl. begründeten *Stammrecht* beruhende, regelmäßig wiederkehrende Leistungen, meist auf Lebenszeit des Gläubigers zu erbringen, in Geld oder anderen vertretbaren Sachen.

Leibschmerzen (Bauchschmerzen, Enteralgie, Enterodynie), schmerzhafte Mißempfindungen im Bereich des Bauchraums; unterschiedl. hinsichtl. Charakter, Intensität und Dauer je nach Ursache und Lokalisation des schmerzauslösenden Ereignisses: z. B. krampfartige (nahrungsabhängige) L. im rechten Oberbauch häufig bei Magenschleimhautentzündung und Magengeschwür; dumpfer Druck im rechten Oberbauch bei Lebererkrankungen; heftigste, gürtelförmige Schmerzen im Mittelbauch, bis in den Rücken ausstrahlend, bes. bei akuten Entzündungen der Bauchspeicheldrüse; diffuse L. bei beginnender Blinddarmentzündung; heftige Koliken, bis in die rechte Schulter ausstrahlend,

bei Gallenblasenentzündung oder Gallensteinen; krampfende, kolikartige oder stechende Schmerzen bei Darmerkrankungen; allg. L. können auch bei Erkrankungen der Geschlechtsorgane, Nieren-, Herz- oder Lungenerkrankungen auftreten.

Leib-Seele-Problem (psychophys. Problem), neuzeitl. Folgeproblem des dualist. Aufbaus der Wirklichkeit bei Descartes und im Kartesianismus. Ausgehend von der phänomenalen Einheit von Leib und Seele im Menschen wird das Problem einer materiellen Verbindung und kausalen Wechselwirkung zw. einer körperl. und einer seel.-geistigen Substanz im ↑ Okkasionalismus durch „gelegentl." göttl. Eingriffe oder eine durch Gott bewirkte andauernde Korrespondenz beider Substanzen zu erklären versucht. Der metaphys. Dualismus des L.-S.-P. wurde zur Grundlage der idealist. Unterscheidung von Subjekt und Objekt.

Leib- und Lebensstrafen, die schwersten Strafen des älteren Strafrechts, die vom **Halsgericht** verhängt wurden. Die blutigen Strafen wurden als Strafen zu **Hals und Hand** bezeichnet nach der charakterist. Vollstreckungsform (Handabschlagen, Enthauptung). Eine Mittelstellung zw. den Leibes- und Ehrenstrafen nahmen die unblutigen Körperstrafen ein (Auspeitschen, Stockschläge); Leibesstrafen wurden in Deutschland im 19. Jh. abgeschafft.

Leibung ↑ Laibung.

Leicester [engl. ˈlɛstə], Robert Dudley, Earl of (seit 1564), * 24. Juni 1532 (?), † Cornbury (Oxfordshire) 4. Sept. 1588, engl. Offizier. - Seit 1559 Favorit Königin Elisabeths I., konnte die angestrebte Ehe mit ihr nicht erreichen; 1586/87 Oberbefehlshaber der Hilfstruppen, mit denen England die Niederlande gegen Spanien unterstützte.

L., Simon de Montfort, Earl of ↑ Montfort, Simon de, Earl of Leicester.

Leicester [engl. ˈlɛstə], engl. Stadt 38 km nö. von Coventry, 279 800 E. Verwaltungssitz der Gft. L. (amtl. Leicestershire); anglikan. Bischofssitz; Univ. (gegr. 1957), techn., Kunst- und Designcollege; archäolog. Museum, Theater; traditionelle Wirk- und Strickwaren-, Schuhind. und Maschinenbau. - Das röm. **Ratae Coritanorum** wurde 120 n.Chr. Stadt; 877 wurde L. dän., bis ins 10. Jh. eine der dän. „Fünfburgen"; ab 1100 Sitz der Grafen von L., fiel 1589 an die engl. Krone; ab 1919 City, wurde 1926 Zentrum eines Bistums. - Kathedrale (12./13. und 19. Jh.), Guildhall (14. Jh.); Burgruine (11. Jh.ff.).

Leicestershire [engl. ˈlɛstəʃɪə], engl. Grafschaft in den östl. Midlands.

Leich, Werner, * Mühlhausen 31. Jan. 1927, dt. ev. Theologe. - 1967–78 Präses der Synode und seit Mai 1978 Landesbischof der Ev.-Luth. Kirche in Thüringen.

Leich [zu althochdt. leih „Spiel, Gesang"],

Leichdorn

Großform der mittelhochdt. Sangverslyrik; vokales Musikstück, aufgebaut aus formal verschiedenen Abschnitten (Versikelgruppen), die sich aus mehreren stroph. Elementen (Versikel) zusammensetzen. Die L. der Blütezeit (13. Jh.) zeichnen sich durch themat. und formale Vielfalt aus (Minne-, religiöse und polit. Thematik; häufig sind Tanzleichs).

Leichdorn, svw. ↑Hühnerauge.

Leiche [zu althochdt. lîh „(toter) Körper, Leib, Fleisch"], der menschl. Körper nach dem Eintritt des Todes. - Zum *Recht* ↑Bestattung.

◆ bei Tieren ↑Kadaver.

Leichengifte, bei der Eiweißfäulnis (u. a. an Leichenteilen) auftretende, z. T. giftige organ. Basen (Ptomaine), die Fäulnisbasen Kadaverin und Putrescin sowie andere zu den biogenen Aminen zählende Stoffe.

Leichenöffnung, Eröffnung der Körperhöhlen eines Verstorbenen zur Untersuchung der Körperorgane. Eine L. kann mit Einverständnis der Anverwandten aus medizin. Gründen (**Sektion**) oder bei Verdacht auf das Vorliegen einer Straftat von jurist. Seite angeordnet werden (**Obduktion**).

Leichenschändung, Vornahme von sexuellen Handlungen an Leichen. Die L. als solche ist nicht strafbar, u. U. kommt aber Störung der Totenruhe in Betracht.

Leichenschau, Untersuchung einer Leiche zur Feststellung des Todes und/oder der Todesursache: 1. Die richterl. L. (Autopsie) ist die Vornahme eines Augenscheins im Strafverfahren. Die Leichenöffnung (*innere L.* [Obduktion]) ist von der äußeren Besichtigung einer Leiche (*äußere L.,* L. i. e. S.) zu unterscheiden. Die *äußere L.* muß der Richter grundsätzlich unter Hinzuziehung eines Arztes vornehmen. 2. Die ärztl. L. kann nach landesrechtl. Regelungen vorgeschrieben sein, um die Bestattung Scheintoter zu verhindern.

Leichenstarre, svw. ↑Totenstarre.

Leichentuch Christi ↑Grabtuch Jesu.

Leichenverbrennung ↑Bestattung.

Leichenwachs (Leichenfett, Fettwachs, Adipocire), bes. im Bereich des Unterhautfettgewebes von Leichen bei längerem Liegen in Wasser oder feuchtem Erdreich unter Luftabschluß entstehende, gelblich-weiße, bröckelige, evtl. auch teigige Masse von verseiftem Fett.

Leichenwesen ↑Bestattung.

Leichtathletik, Sammelbez. für die Sportarten, die sich aus den natürl. Bewegungsformen des Menschen entwickelt haben: Gehen, Laufen, Springen, Werfen und Stoßen. Die L. steht im Mittelpunkt der Olymp. Spiele; für Männer gibt es hierbei 23 Wettbewerbe (100 m, 200 m, 400 m, 800 m, 1 500 m, 5 000 m, 10 000 m, Marathonlauf, 4 × 100-m-Staffel, 4 × 400-m-Staffel, 110 m Hürden, 400 m Hürden, 3 000 m Hindernislauf, 20 km Gehen, Weitsprung, Hochsprung, Dreisprung, Stab-

hochsprung, Kugelstoßen, Speerwerfen, Diskuswerfen, Hammerwerfen und Zehnkampf), für Frauen 14 Wettbewerbe (100 m, 200 m, 400 m, 800 m, 1 500 m, 4 × 100-m-Staffel, 4 × 400-m-Staffel, 100 m Hürden, Weitsprung, Hochsprung, Kugelstoßen, Speerwerfen, Diskuswerfen und Fünfkampf).

Leichtbau (Leichtbauweise), Bauweise im Fahrzeug- und Maschinen- sowie im Brücken- und Hochbau. Wesentl. Voraussetzungen für L.konstruktionen sind Werkstoffe mit geringem Gewicht und/oder hoher gewichtsbezogener Festigkeit (Leichtmetalle, glasfaserverstärkte Kunststoffe, z. B. im Fahrzeugbau, Leichtbeton, Leichtbauplatten, Kunst- und Schaumstoffe sowie Holz z. B. im Baugewerbe), geeignete Querschnittsformen und weitgehende Vermeidung nichttragender Bauteile (z. B. Fachwerk-, Misch- oder Zellenbauweise) sowie eine möglichst genaue Kenntnis der zu erwartenden Belastungen.

Leichtbaustoffe, Bez. für Bau- und Werkstoffe mit Dichten unter 1 g/cm³ (bzw. unter 0,48 g/cm³ bei Leichtbauplatten). L. bestehen aus leichten, porösen anorgan. (Bims, Blähton, Hochofenschlacke, Kieselgur u. a.) und organ. Materialien (Kork, Torf u. a.) oder sie sind aus diesen Materialien und Bindemitteln geformte Platten und Steine. Weiter werden auch geschäumte Stoffe (Gasbeton, Schaumstoffe u. a.), Gips oder Holzwolle, Glas- und Mineralwolle, mit mineral. Bindemitteln gebundene Holzspäne u. a. zu Leichtbaustoffelementen, insbes. zu Dämmplatten und Verbundplatten, verarbeitet. Derartige **Leichtbauplatten** haben eine große Wärmedämmung und ein gutes Schallschluckvermögen.

Leichtbeton ↑Beton.

Leichtentritt, Hugo, * Pleschen (= Pleszew, Woiwodschaft Posen) 1. Jan. 1874, † Cambridge (Mass.) 13. Nov. 1951, dt. Musikforscher. - Kompositionslehrer und Musikkritiker in Berlin, seit 1934 Prof. an der Harvard University; schrieb u. a.: „Geschichte der Motette" (1908), „Musikal. Formenlehre" (1911), „Analyse der Chopin'schen Klavierwerke" (2 Bde., 1921/22).

leicht entzündlich, Eigenschaft von gefährl. Arbeitsstoffen, die sich bei gewöhnl. Temperatur an der Luft erhitzen und schließl. entzünden können, in festem Zustand leicht entzündet werden können und weiterbrennen, in flüssigem Zustand einen Flammpunkt unter 21 °C haben. - ↑auch Gefahrklassen, ↑gefährliche Arbeitsstoffe.

Leichter, flachgehender kleiner Frachtkahn, meist ohne eigenen Antrieb, in den Teilladungen von Schiffen, deren Tiefgang verringert werden soll, umgeschlagen, **geleichtert** werden.

leichter Kreuzer ↑Kreuzer.

Leichtgewicht ↑Sport (Gewichtsklassen, Übersicht).

Leichtlohngruppen ↑Lohngleichheit.
Leichtmetalle, Metalle mit einer Dichte unter 4,5 g/cm³, z. B. Alkali-, Erdalkalimetalle, Aluminium, Magnesium, Titan und Beryllium.

Leichtöl (Rohbenzol), ein bei der Destillation von Steinkohlenteer gewonnenes Brenn- und Heizöl.

Leichtschwergewicht ↑Sport (Gewichtsklassen, Übersicht).

Leid, Schmerz, Krankheit, Entbehrung, Hoffnungslosigkeit, v.a. seel. Betrübnis. Die Frage nach Ursprung, Zweck und Überwindung des L. ist in der Religionsgeschichte sehr unterschiedl. beantwortet worden. Die sog. primitiven Religionen erkennen im L. häufig eine Einwirkung dämon. Kräfte oder mag. Mittel. Der Konfuzianismus setzt Glück und L. in einen Kausalzusammenhang zum moral. Verhalten des Menschen, ähnl. auch die ind. Lehre vom Karma. Der frühe Buddhismus sah im L. die beherrschende Qualität des individuellen Seins, das mit dem Eingang ins Nirwana überwunden wird. Für den Islam ist L. eine Prüfung, die zu Allah führen und das Vertrauen auf ihn festigen soll. Nach alttestamentl. Anschauung ist dem Menschen ein urspr. leidloser paradies. Zustand durch den Sündenfall verwehrt. Die neutestamentl. Passionsgeschichte berichtet, wie Jesus Christus die Leiden der Menschen auf sich genommen hat.

Leideform ↑Passiv.

Leiden, Lucas van ↑Lucas van Leyden.
L., Niclaus von ↑Gerhaert von Leiden, Nicolaus.

Leiden ['laɪdən; niederl. 'lɛɪdə], niederl. Stadt am Alten Rhein, 105 300 E. Univ. (gegr. 1575), königl. Inst. für ostind. Sprachwiss., Anthropologie und Geographie, biometeorolog. Forschungszentrum, Inst. für Präventivmedizin; Sternwarte; mehrere Museen, botan. Garten (gegr. 1587); Konzert- und Theaterhaus; Markt- und Versorgungszentrum; metallverarbeitende, Seifen-, Parfüm- und Nahrungsmittelind.; graph. Gewerbe. - L. entstand bei einer Burg der Grafen von Holland aus dem 11. Jh. und erhielt 1266 Stadtrecht. Wirtsch. Grundlage war die Tuchherstellung. - Kirchen des 14. Jh. sind die Sint-Pieterskerk und die Sint-Pancraskerk; ehem. Tuchhalle (1639/40; jetzt Museum); ehem. Pesthaus (1658–61); Waage (17. Jh.); Burg (im Kern 11. Jh.).

Leidener Flasche [nach der Stadt Leiden] (Kleistsche Flasche), techn. Ausführung eines Zylinderkondensators. Ein Glaszylinder ist innen und außen mit einer metall. Schicht überzogen. Das Glas wirkt als Dielektrikum. Die Leidener Flasche ist bis zu Spannungen von 50 000 Volt verwendbar. Sie hat Kapazitäten um 10⁻⁸ Farad. Die L. F. wurde 1745 (unabhängig voneinander) von dem Domdechanten E. G. von Kleist (* 1700, † 1748) in Cammin i. Pom. und dem Leidener Physiker P. van Musschenbroek (* 1682, † 1761) erfunden.

Leidenfrost-Phänomen [nach dem dt. Mediziner J. G. Leidenfrost, * 1715, † 1794], Erscheinung, die auftritt, wenn eine Flüssigkeit einen Gegenstand berührt, dessen Temperatur höher ist als die Siedetemperatur der Flüssigkeit. Es bildet sich zw. Flüssigkeit und Unterlage eine Dampfschicht, die die Benetzung verhindert. Ein Beispiel für das L.-P. ist das Schweben von Wassertropfen auf einer heißen Herdplatte. Durch das sich sofort zw. Platte und Tropfen bildende Wasserdampfpolster ist der Tropfen weitgehend gegen Wärmezufuhr von der Platte her geschützt; er erwärmt sich nur langsam bis auf 100 °C und verdampft dann in dem Augenblick explosionsartig, in dem diese Temperatur erreicht ist.

Leidenschaft, übermäßiges, meist auf ein bestimmtes Objekt gerichtetes Begehren; in der Psychologie kaum verwendete Bez. für Antrieb oder Affekt.

Leidenswerkzeuge (Passionswerkzeuge, Arma Christi), aus dem Zusammenhang des ↑Jüngsten Gerichts im späten MA verselbständigte Darstellung der Sinnbilder des Leidens Christi. Zusammen mit den klass. Werkzeugen der Passion wie Dornenkrone, Rutenbündel, Nägel, Hammer, Stricke, Essigschwamm, Rohr und Lanze sind bis zu 30 L. überliefert, die mittelbar mit dem Leiden Christi in Verbindung stehen, z. B. die Silberlinge des Judas, der Hahn aus der Verleugnung Petri, die Würfel, mit denen die Soldaten um den Rock Christi gewürfelt haben.

Leider, Frida, * Berlin 18. April 1888, † ebd. 4. Juni 1975, dt. Sängerin (hochdramat. Sopran). - Bed. Wagner-Sängerin der Berliner Staatsoper (seit 1923), der Bayreuther Festspiele (seit 1928) und vieler internat. Opernhäuser.

Leier ↑Sternbilder (Übersicht).

Leier [zu griech. lýra mit gleicher Bed.], Oberbegriff für Musikinstrumente mit Schallkörper und zwei Jocharmen, die als Saitenhalter dienende Joch tragen. Die Saiten werden in der Regel gezupft, ohne daß der Spieler sie durch Abgreifen verkürzt. Zu den L. gehören u. a. ↑Crwth, ↑Kithara, ↑Lyra.

Leierantilopen (Halbmondantilopen, Damaliscus), Gatt. der Kuhantilopen in den Steppen und Savannen Afrikas; mit meist leierförmig geschwungenem Gehörn. Man unterscheidet zwei Arten: *Damaliscus dorcas* mit den Unterarten **Bläßbock** (Damaliscus dorcas philippsi; 1,4–1,6 m lang, 85–110 cm schulterhoch; dunkelbraun mit weißl. Band und leuchtend weißer Zeichnung auf Stirn und Nase) und **Buntbock** (Damaliscus dorcas dorcas; etwa 1 m schulterhoch; unterscheidet sich vom Bläßbock v. a. durch eine stärkere Weißfärbung der Kruppe, der Läufe und des

Leierfisch

vorderen Gesichts). Die 2. Art ist *Damaliscus lunatus* (Leierantilope i. e. S.) mit zahlr. Unterarten wie **Korrigum** (Damaliscus lunatus korrigum; O- und W-Afrika, bis 1,4 m schulterhoch, oberseits rotbraun mit schwärzl. Fleck auf Gesicht und Oberschenkeln), **Topi** (Damaliscus lunatus topi; O-Afrika; kleiner, mit ähnl. Zeichnungen) und **Sassaby** (Damaliscus lunatus lunatus; bes. S-Afrika; bis 1 m schulterhoch, kastanienbraun mit schwarzen Abzeichen auf Stirn, Schultern und Schenkeln).

Leierfisch ↑ Spinnenfische.

Leierhirsch (Thamin, Cervus eldi), Hirsch in Hinterindien und im Manipurtal (Indien); Körperlänge etwa 1,8 m, Schulterhöhe bis rund 1,15 m; ♂ mit etwa leierförmigem Geweih.

Leierkasten, umgangssprachl. für ↑ Drehorgel.

Leierschwänze (Menuridae), Fam. der Sperlingsvögel mit zwei fasanengroßen, fluguntüchtigen Arten in den feuchten Wäldern SO-Australiens; mit sehr langem, bei der Balz nach vorn gebogenem Schwanz; die äußersten Schwanzfedern leierförmig.

Leif Eriksson (Erikson) [norweg. 'lɛif], *um 970, norweg. Seefahrer. - Sohn Erichs des Roten; wurde um das Jahr 1000 durch einen Sturm auf der Fahrt von Norwegen nach Grönland an die O-Küste Nordamerikas (Labrador) verschlagen. Gilt als erster europ. Entdecker Amerikas.

Leifs, Jón [isländ. lɛifs], * Hof Sólheimar (N-Island) 1. Mai 1899, † Reykjavík 30. Juli 1968, isländ. Komponist. - In Leipzig u. a. Schüler von H. Scherchen; suchte in seinen Kompositionen (zwei Edda-Oratorien, Requiem, Orchester-, Kammermusik, Lieder) einen modernen nat. Stil zu verwirklichen.

Leigh, Vivien [engl. liː], eigtl. Vivian Mary Hartley, * Darjeeling (Indien) 5. Nov. 1913, † London 8. Juli 1967, engl. Schauspielerin. - Spielte an Londoner Bühnen, u. a. am Old Vic, häufig mit ihrem Mann, Sir L. Olivier; internat. bekannt wurde sie u. a. durch die Filme „Vom Winde verweht" (1939), „Lord Nelsons letzte Liebe" (1941), „Endstation Sehnsucht" (1951), und „Das Narrenschiff" (1964).

Leiharbeitsverhältnis, entgeltl. Überlassung eines Arbeitnehmers für maximal 3 aufeinanderfolgende Monate durch seinen Arbeitgeber (Verleiher) zur Arbeitsleistung im Betrieb eines anderen Arbeitgebers (Entleiher), ohne daß das Arbeitsverhältnis mit dem Verleiher gelöst wird. Die Überlassung ist nur mit Zustimmung des Arbeitnehmers möglich. Den Entleiher trifft die Fürsorgepflicht, während der Lohn vom Verleiher gezahlt wird.

Leihbücherei, privater gewerbl. Betrieb, der Bücher gegen Entgelt für eine befristete Zeit ausleiht.

Leihe, vertragsmäßige, unentgeltl. Gestat-

tung des Gebrauchs einer Sache mit der Verpflichtung ihrer Rückgabe, geregelt in §§ 598 ff. BGB. Gefälligkeitshandlungen sind keine Leihverträge. Der Verleiher haftet nur für Vorsatz und grobe Fahrlässigkeit. Der Entleiher darf von der Sache nur den vertragsgemäßen Gebrauch machen und ist zur Rückgabe verpflichtet.

Leihezwang ↑ Lehnswesen.

Leihhaus ↑ Pfandleiher.

Leimbildner, svw. ↑ Kollagene.

Leime, kolloide, wasserlösl. Klebstoffe, deren Klebwirkung auf organ. Stoffen wie Eiweiß, Gelatine (Glutin), Weizenkleber, Stärke oder Zellulosederivate beruht. **Leimlösungen** sind in warmem Wasser gelöste Leime. **Kaltleim** bindet bei normaler Temperatur, **Warmleim** bei 50–80 °C und **Heißleim** bei 100–160 °C ab. Die als **Glutinleim** zusammengefaßten Leimarten werden aus Kollagenen (von tier. Häuten und Knochen, Lederabfällen u. a.) gewonnen *(Haut-, Knochen-, Lederleim);* sie kommen in Form von Tafeln **(Tafelleim),** Plättchen, Perlen **(Perlleim),** Körnern oder Pulvern in den Handel und werden bes. für Holzverbindungen verwendet. **Kaseinleim** besteht u. a. aus Kasein (aus Magermilch) und gelöschtem Kalk. Der **Albuminleim** enthält Blutalbumin (aus dem Blut von geschlachteten Tieren). **Chromatleime** bestehen aus Gelatine und chromsauren Salzen; sie werden in der graph. Ind. für lichtempfindl. Schichten verwendet. - Aus pflanzl. Produkten hergestellte L.: **Stärke-** oder **Pflanzenleim** werden bei höherer Temperatur aus verkleisterter Stärke unter Zusatz bestimmter Chemikalien hergestellt. Die aus Dextrinen hergestellten **Dextrinleime** werden zum Verkleben von Papier (Büroleim, Klebpaste) und zur Herstellung gummierter Papiere verwendet. L. aus Pflanzensäften sind z. B. *Gummiarabikum* und *Tragant [gummi].* L. aus wasserlösl. Zellulose werden wie Stärke-L. v. a. zum Ankleben von Tapeten, in der Buchbinderei sowie als Kartonagenleim verwendet. Wäßrige L. auf Stärke-, Mehl- oder Zellulosebasis werden meist als **Kleister** bezeichnet. **Kunstharzleime** sind synthet., aus Phenol-, Harnstoff-, Melaminharzen und anderen Kunstharzen hergestellte L., die sehr feste und wasserbeständige, z. T. auch kochfeste Verbindungen liefern (Sperrholz, Spanplatten, Bootsbau). Der zur Holzverleimung häufig verwendete **Weißleim** besteht aus einer Polyvinylacetat-Dispersion mit Zusätzen. - ↑ auch Klebstoffe.

Ⓜ *Baumann, H.: L. u. Kontaktkleber. Bln. u. a. 1967. - Vogt, H.: Leim- u. Preßtechnik. Prien a. Chiemsee 1961. - Sauer, E.: Chemie u. Fabrikation der tier. L. u. der Gelatine. Bln. u. a. 1958.*

Leimfarben, pigmenthaltige Anstrichmittel mit wasserlösl. Klebstoffen als Bindemittel; nur für Innenanstriche.

Leimkraut (Silene), Gatt. der Nelkengewächse mit über 400 weltweit verbreiteten Arten; Kräuter oder Halbsträucher; in Deutschland kommen rd. 10 Arten vor, z. B. der **Taubenkropf** (Aufgeblasenes L., Silene cucubalus; bis 1 m hoch, weiße Blüten mit netzadrigem, kugeligem Kelch) und das **Stengellose Leimkraut** (Silene acaulis; in den Hochgebirgen der Nordhalbkugel; 1–4 cm hoch, polsterbildend; einzelne Blüten mit rosafarbenen Kronblättern). - Abb. Bd. 1, S. 250.

Leimring (Klebegürtel), mit einer klebenden Masse beschichteter Papierstreifen, der, vor dem ersten Frost um den Stamm von Obstbäumen gelegt, Schädlinge abfangen soll, die am Stamm hochklettern.

Leimruten, für den Vogelfang verwendete, heute in der BR Deutschland verbotene, mit Leim bestrichene Ruten, an denen die Vögel hängenbleiben.

Leimsaat (Schleimsame, Collomia), Gatt. der Sperrkrautgewächse mit 18 Arten im westl. N- und S-Amerika; Kräuter mit roten, orangefarbenen oder weißen Blüten in Trugdolden; Zierpflanzen.

Lein (Linum), Gatt. der Leingewächse mit rd. 200 Arten in den subtrop. und gemäßigten Gebieten der Erde; Kräuter oder Halbsträucher; Blüten blau, weiß, gelb oder rot. In Deutschland kommen acht Arten vor, u. a. der ↑ Alpenlein; wirtschaftl. wichtig ist der ↑ Flachs.

Leinberger, Hans, * Landshut (?) zw. 1480 und 1485, † ebd. nach 1530, dt. Bildhauer. - Zw. 1513–30 in Landshut nachweisbar; erfüllt seine Figuren mit leidenschaftl. Pathos und kraftvollem Ausdruck. Die Oberfläche der statuar. und plast. ausgeformten Skulpturen ist maler. aufgelockert, mit stark bewegtem Faltenstil. *Werke:* Hochaltar der ehem. Stiftskirche Sankt Kastulus in Moosburg (1513/14), Maria mit dem Kind (Landshut, Sankt Martin, um 1520), Hl. Georg (Münchener Frauenkirche, um 1520), Hl. Jakobus d. Ä. (München, Bayer. National-Museum, um 1525).

Leinblatt (Vermainkraut, Thesium), Gatt. der zweikeimblättrigen Leinblattgewächse (Santalaceae; 35 Gatt. mit rd. 400 Arten) mit über 200 Arten, v. a. in Afrika und im Mittelmeergebiet; grüne Halbschmarotzer mit kleinen, trichterförmigen Blüten in Trauben oder Rispen.

Leindotter (Camelina), Gatt. der Kreuzblütler mit 10 Arten in M-Europa, im Mittelmeergebiet und in Z-Asien; Kräuter mit einfachen, pfeilförmigen Blättern und gelben Blüten. In Deutschland kommt nur der **Öldotter** (Camelina sativa) vor; 30–100 cm hoch, mit dottergelben Blüten und birnenförmigen Schötchen. Eine Unterart wurde früher zur Gewinnung von Öl kultiviert.

Leine, linker Nebenfluß der Aller, entspringt auf dem Eichsfeld (DDR), fließt zunächst nach W, dann im Leinegraben nach N, mündet nördl. von Schwarmstedt, 241 km lang, 112 km schiffbar.

Leine, svw. dünnes Seil.

Leinebergland, Teil des Niedersächs. Berglandes beiderseits der mittleren Leine. Dazu zählen links der Leine Selter (393 m), Duinger Berg (330 m) und Thüster Berg (441 m), denen im NO der Külf vorgelagert ist, rechts der Leine die Sieben Berge (395 m), anschließend der Sackwald, der sich im SO bis zum Heber erstreckt.

Leinegraben, 40 km langer, 8 km breiter Teil der ↑ Mittelmeer-Mjösen-Zone in Nds.; bes. deutl. ist der 200 m hohe Bruchrand beiderseits der Leine zw. Friedland und Northeim ausgebildet.

Leinen (Leinengewebe), dauerhaftes, glattes Gewebe in Leinwandbindung, das in Kette und Schuß aus reinen Flachsfasergarnen (Leinwandgarnen) besteht (↑ auch Halbleinen); bes. dichte, feinfädige L.gewebe werden als **Feinleinen** bezeichnet, grobe, kräftige als **Bauernleinen.** Verwendung u. a. als Bett- und Tischwäsche, Geschirrtücher, Möbel- und Kleiderstoffe, Maler-L., Segeltuch. **Geschichte:** Gewebe aus Flachsfasern lernten die Griechen von den Phönikern kennen. Berühmt waren die feinen ägypt. L.gewebe (z. B.

Hans Leinberger, Verhör des heiligen Kastulus. Ausschnitt aus einem der Flügelreliefs des Hochaltars der ehemaligen Stiftskirche Sankt Kastulus (1513/14). Moosburg

Leinenbatist

Mumienbinden). Griechen und Römer waren vorwiegend auf Flachsimporte angewiesen. Im MA war L. neben Wolle der wichtigste Kleidungsstoff. Die ältesten Produktionszentren für Leinwand lagen in Schwaben und in Westfalen, seit dem 16. Jh. auch in Sachsen und in der Lausitz. Im 18. Jh. war Niederschlesien ein Zentrum der Flachsverarbeitung. Mit der Ausbreitung der Baumwolle sank die Bedeutung des L. als Bekleidungsstoff. Zur Zeit der Kontinentalsperre erlebte die dt. Flachsverarbeitung einen Rückschlag, gleichzeitig nahm die schott.-ir. L.fabrikation ihren Aufschwung. Zur selben Zeit wurde durch P. H. de Girard die Flachsspinnerei mechanisiert.

Leinenbatist, ↑ Batist aus feinen Leinengarnen.

Leineneinband, Einbandart, bei der der Buchblock von einer vollständig *(Ganz-)* oder teilweise *(Halb-L.)* mit Gewebe v. a. aus Flachs- oder Leinengarnen überzogenen Buchdecke umschlossen ist.

Leinenpapiere ↑ Papier.

Leinfelden-Echterdingen, Krst. in Bad.-Württ., südl. an Stuttgart anschließend, 420–432 m ü. d. M., 34 900 E. Spielkartenmuseum; Elektroind., Spielkartenfabrik, Orgelbau, internat. ⚇ von Stuttgart. - 1975 durch Zusammenlegung der Stadt Leinfelden (1269 erstmals erwähnt, 1965 Stadtrecht) mit der Gemeinde Echterdingen entstanden.

Leingewächse (Linaceae), Pflanzenfam. der Zweikeimblättrigen mit etwa 25 Gatt. und rd. 500 Arten von den Tropen bis in die gemäßigten Zonen; Blüten meist in ährenförmigen Wickeln oder rispigen Trugdolden. Zu den L. zählen viele Zier- und Nutzpflanzen, v. a. Arten der Gatt. ↑ Lein.

Leiningen, Fürst Karl zu, * Amorbach 12. Sept. 1804, † ebd. 13. Nov. 1856, dt. Politiker. - Vom 9. Aug. bis 5. Sept. 1848 Präs. des ersten dt. Reichsministeriums in Frankfurt am Main.

Leiningen, ehem. Gft. und gräfl. Fam. (seit Ende 11. Jh. nachgewiesen, in männl. Linie 1220 ausgestorben) in Wormsgau (spätere Erwerbungen im Speyergau, im Elsaß und in Lothringen). 1317 entstanden durch Teilung die ältere Linie (1467 im Mannesstamm erloschen, in weibl. Linie unter dem Namen Grafen zu *L.-Westerburg* fortgeführt) und die jüngere Linie, die 1467 aus dem Erbe der älteren Linie die Gft. Dagsburg erhielt und seither den Namen *L.-Dagsburg* führte. Diese teilte sich 1560 in die Linien *L.-Dagsburg-Falkenburg* und *L.-Dagsburg-Hardenburg,* die 1779 in den Reichsfürstenstand erhoben wurde und 1803 ein neuerrichtetes (1806 Baden unterstelltes) rechtsrhein. Ft. um Amorbach erhielt.

Leinkraut (Frauenflachs, Linaria), Gatt. der Rachenblütler mit rd. 150 Arten auf der Nordhalbkugel, v. a. im Mittelmeergebiet und in Vorderasien; überwiegend Kräuter; Blüten gespornt, zweilippig. In Deutschland kommen 7 Arten vor, u. a. das an Dämmen, auf Dünen und Äckern häufige **Gemeine Leinkraut** (Linaria vulgaris) mit gelben Blüten.

Leino, Eino [finn. 'lɛinɔ], eigtl. Armas E. Leopold Lönnbohm, * Paltamo 6. Juli 1878, † Tuusula 10. Jan. 1926, finn. Schriftsteller. - Vertreter aller Gattungen (Romane, lyr. Dramen, Balladen, Lyrik, Essays, Memoiren, Reisebilder, Literaturgeschichte) und als Übersetzer (u. a. Goethe, Schiller, Dante). Als Lyriker gilt L. heute als Klassiker, auf den sich auch die Moderne beruft.

Leinöl, ein aus Leinsamen gewonnenes Öl v. a. zur Herstellung von Firnissen, Ölfarben und Linoleum, auch als Speiseöl.

Leinölsäure, svw. ↑ Linolsäure.

Leinpfad (Treidelweg), unmittelbar an Flüssen und Kanälen entlangführender Weg, von dem aus früher Menschen oder Tiere Kähne gegen die Strömung ziehen **(treideln)** konnten.

Leinsamen, stark ölhaltiger Samen des Flachses.

Leinsdorf, Erich, * Wien 4. Febr. 1912, amerikan. Dirigent östr. Herkunft. - 1938–43 Dirigent an der Metropolitan Opera in New York, dann Leiter des Cleveland Orchestra, 1947–56 Musikdirektor des Rochester Philharmonic Orchestra, 1962–69 Chefdirigent des Boston Symphony Orchestra; danach Gastdirigent.

Leinster [engl. 'lɛnstə], histor. Prov. in SO-Irland, umfaßt die Gft. Carlow, Dublin, Kildare, Kilkenny, Laoighis, Longford, Louth, Meath, Offaly, Westmeath, Wexford und Wicklow; 19 633 km², einschließl. der Städte Dublin u. Dun Laoghaire 1,8 Mill. E.

Leinwandbindung, Grundbindungsart, bei der die Kettfäden abwechselnd über und unter den Schußfäden liegen.

Leip, Hans, * Hamburg 22. Sept. 1893, † Fruthwilen (Thurgau) 6. Juni 1983, dt. Schriftsteller. - Die meisten Romane und Erzählungen sind von Abenteuerlust und Liebe zur See bestimmt. Seine Lyrik umfaßt sowohl volksliedhafte, an Shanties erinnernde Balladen (z. T. vertont; weltberühmt wurde „Lili Marleen") als auch kunstvoll gereimte „Kadenzen" (1942) und „Pentamen" (1963); auch Dramen und Hörspiele.
Weitere Werke: Godekes Knecht (R., 1925), Die kleine Hafenorgel (Ged., 1937), Das Muschelhorn (R., 1940), Bordbuch des Satans. Eine Chronik der Freibeuterei (1959), Die Taverne zum mus. Schellfisch (autobiograph. R., 1963), Aber die Liebe (R., 1969), Das Tanzrad oder ... (Lebenserinnerungen, 1979).

Leiprecht, Carl Joseph, * Hauerz (= Bad Wurzach) 11. Sept. 1903, † Ravensburg 29. Okt. 1981, dt. kath. Theologe. - 1949–74 Bischof von Rottenburg; gründete 1950 in Stuttgart-Hohenheim eine kath. Akademie.

Leipzig, Hauptstadt des Bez. L., DDR, in der Leipziger Tieflandsbucht, 120 m ü. d. M., 553 700 E. Univ. (gegr. 1409), TH, PH, zahlr. Inst. der Akad. der Wiss. der DDR, Herder-Inst., Inst. für Literatur, Hochschulen für Handel, Körperkultur, Musik, Graphik und Buchkunst, Theater, Nat. Forschungs- und Gedenkstätten Johann Sebastian Bach; zahlr. Museen, u. a. Dt. Buch- und Schriftmuseum, Museum für Völkerkunde; Bibliotheken; Oper, mehrere Theater, Gewandhausorchester, Thomanerchor; Zoo, botan. Garten. Wichtigster Ind.zweig ist der Maschinenbau, weiter elektrotechn. und elektron., polygraph., Textil-, Bekleidungs- und chem. Ind.; Druckereien und Verlage, Buchmesse, Leipziger Messe und internat. Pelzauktion; ✈.

Geschichte: In verkehrsgeograph. günstiger Lage entstand an der Stelle einer älteren slaw. Siedlung im 10. Jh. eine 1015 als **urbs Libzi** gen. dt. Burg. In Burgnähe begr. im 12. Jh. dt. Kaufleute in planmäßiger, gitterförmiger Anlage eine Marktsiedlung, die wohl zw. 1161/70 Stadtrecht erhielt. Die Bestrebungen, Reichsstadt zu werden, fanden mit der endgültigen Eingliederung von L. in das wettin. Territorium Anfang des 14. Jh. ihr Ende. Die (seit 1458 jährl. 3) einwöchigen Jahrmärkte erhielten kaiserl. und päpstl. Privilegien, auf Grund derer sich die Stadt zu einem Handelszentrum von europ. Rang entwickelte. Bis Mitte des 18. Jh. erreichte auch das Kunst- und Kulturleben europ. Bedeutung. Im Wirtschaftsleben der Stadt, das bes. durch die frz. Refugiés neue Impulse erhielt, nahmen seit dem späten 17. Jh. Rauchwarenhandel, Musikalienhandel, Notendruck und v. a. Buchhandel und Buchdruck einen bes. Platz ein, so daß L. im 18. Jh. Frankfurt am Main als Zentrum des dt. Buchhandels ablösen konnte (1825 Börsenverein dt. Buchhändler). Schwere Schäden erlitt L. in den Napoleon. Kriegen. Die Teilung Sachsens 1815 brachte L. in eine wirtsch. Randlage, deren Nachteile erst durch den Beitritt Sachsens zum Dt. Zollverein 1833 gemildert wurden. Der Bau eines sächs.-dt. Eisenbahnnetzes mit L. als Zentrum leitete gegen die Jh.mitte eine rege Industrialisierung ein. Bis 1871 wuchs L. auf über 100 000 E an. Mit der Zunahme der Arbeiterschaft wurde die Stadt ein Zentrum der dt. Arbeiterbewegung. Hier wirkten F. Lassalle, A. Bebel und K. Liebknecht, die „Leipziger Volkszeitung" wurde Sprachrohr der sozialist. Bewegung. Der 2. Weltkrieg brachte der Stadt schwere Zerstörungen, bes. betroffen wurde der Stadtkern, der betont modern wiederaufgebaut wurde und Citycharakter hat. Seit 1953 Bez.hauptstadt. - Die **Völkerschlacht bei Leipzig** vom 16.–19. Okt. 1813 war die Entscheidungsschlacht des Herbstfeldzugs 1813 der Befreiungskriege. Die Operationen der verbündeten Armeen zwangen Napoleon I. zum Rückzug von Dresden nach L., wo es nach zahlr. Vorgefechten am 16. Okt. zur „Völkerschlacht" (205 000 Mann der Alliierten gegen 190 000 der frz. Armee) kam, am 19. Okt. zur Einnahme von L. und Gefangennahme König Friedrich Augusts I. von Sachsen; Napoleon entkam.

Bauten: Bei dem Wiederaufbau nach dem 2. Weltkrieg entstanden zahlr. große Verwaltungs-, Geschäfts- und Wohnbauten; der größte Teil der histor. Bauten wurde wiederhergestellt. Den Mittelpunkt der Stadt bildet der Markt mit dem Alten Rathaus (Neubau 1556 ff. im Renaissancestil; 1948–50 wiederhergestellt; jetzt Stadtgeschichtl. Museum) und der Alten Waage (nach 1555; 1964/65 wiederaufgebaut). In der Nähe des Marktes liegen die got. Nikolaikirche (12.–16. Jh., Inneres 1784–97 klassizist. umgestaltet) und die Thomaskirche (got. Hallenkirche, 14./15. Jh.). Hervorzuheben sind auch die Alte Börse (1678–87; seit 1953 wiederhergestellt), das Romanushaus (1701–04), Gohliser Schlößchen (erbaut 1755/56 im Dresdner Barockstil; heute Bacharchiv). An der Stelle der ehem. Stadtbefestigung wurde nach 1763 ein Promenadenring angelegt, der die Innenstadt umschließt.

📖 *Fellmann, W./Czok, K.: L. Lpz. 1971.* - *Arndt, H., u. a.: L. in acht Jh. Lpz. 1965.* - *Goebel, C. R.: L. Vom Werden der Messestadt. Lpz. 1963.*

L., Landkr. im Bez. Leipzig, DDR.

L., Bezirk im südl. Teil der DDR, 4 966 km², 1,38 Mill. E (1985), Hauptstadt Leipzig. Umgeben von der Bördenregion im W, dem Lößhügelland im S, dem Porphyrhügelland beiderseits der Mulde, der Dübener und Dahlener Heide im O sowie dem Raum von Bitterfeld im NO nimmt die Leipziger Tieflandsbucht den zentralen Bereich des Bez. ein. - In der Landw. herrscht Getreideanbau vor, um Delitzsch werden v. a. Zuckerrüben angebaut. Die bed. Rinderwirtschaft gründet sich auf den Anbau von Feldfutterpflanzen. Ein bes. Problem entsteht durch den steten Ver-

Walter Leistikow, Kraniche (1899). Farblithographie

Leipziger Allerlei

lust landw. Nutzfläche an den Braunkohlentagebau. Geschlossene Waldbestände finden sich in der Dahlener und Dübener Heide. Wichtigster Bodenschatz sind die Braunkohlenvorkommen im Borna-Meuselwitzer Revier im SW des Bez., die in Tagebauen ausgebeutet werden. Daneben wird Porphyr und Kalkstein gebrochen sowie Kaolin abgebaut. - Maschinen- und Fahrzeugbau, chem. und Nahrungsmittelind. sind die wichtigsten Ind.zweige, die sich in 4 Gebieten konzentrieren: Leizpig, Borna-Altenburg, Döbeln-Oschatz und Torgau-Eilenburg. Der Bez. ist durch Straßen und Eisenbahn verkehrsmäßig gut erschlossen.

Leipziger Allerlei, Gemüsegericht aus jungen Erbsen, Karotten, Blumenkohl, Spargel [und Morcheln].

Leipziger Buchmesse, internat. Buchausstellung, die auf die wohl seit dem 15.Jh. in Leipzig veranstalteten Buchmessen (erster Meßkatalog 1594) zurückgeht; findet seit dem 2. Weltkrieg alljährl. während der ↑Leipziger Messe statt.

Leipziger Disputation, theolog. Streitgespräch vom 27. Juni bis 16. Juli 1519 zw. Karlstadt, J. Eck und M. Luther, dessen Hauptthema die Bed. des Papstamtes war. Durch seine - von Eck provozierte - Kritik am päpstl. Primat und seine Behauptung, daß unter den auf dem Konstanzer Konzil 1415 verurteilten Sätzen von Johannes Hus dem Evangelium gemäße gewesen seien, konnte Luther der Häresie bezichtigt werden.

Leipziger Messe, älteste und lange Zeit bedeutendste internat. Messe; entstanden um 1165, privilegiert 1507 von Kaiser Maximilian I., aufgeblüht während der Ausdehnung des Handels mit Polen und Rußland nach dem Erwerb der poln. Krone durch den sächs. Kurfürsten, später noch einmal nach der Gründung des Dt. Zollvereins. Im 19.Jh. vollzog sich die Wandlung von der Waren- zur Mustermesse. Nach dem 2. Weltkrieg gewann sie erst allmähl. wieder Bedeutung, insbes. für die Ostblockländer, aber in wachsendem Maße auch für den Ost-West-Handel.

Leipziger Mission (eigtl. Ev.-luth. Mission zu Leipzig), dt. luth. Missionsgesellschaft; 1836 gegr.; aus ihrer Tätigkeit in S-Indien und O-Afrika entstanden starke einheim. Kirchen.

Leipziger Neueste Nachrichten, nat.-konservative Tageszeitung; 1861 gegr. als „Leipziger Nachrichten", seit 1892 L. N. N.; 1945 eingestellt. Seit 1954 erscheint (z. Z. monatl.) eine Ausgabe in Frankfurt am Main.

Leipziger Schule ↑Junggrammatiker.

Leipziger Tieflandsbucht, buchtenförmig in die dt. Mittelgebirgsschwelle eingreifender Teil des Norddt. Tieflandes im Bez. Halle und Leipzig, DDR.

Leipziger Volkszeitung, dt. Zeitung, ↑Zeitungen (Übersicht).

Leir [engl. lıǝ] ↑Lear.

Leis [gekürzt aus: Kyrieleis (↑Kyrie eleison)], Bez. für geistl. Refrainlieder des MA, die zu einer einprägsamen Melodie gesungen und mit „Kyrieleis" abgeschlossen wurden. Das L., aus dem lat. Sequenzen entstanden, wurde als muttersprachl. Lied innerhalb der lat. Liturgie hoher Festtage verwendet.

Leisegang, Hans, * Bad Blankenburg 13. März 1890, † Berlin 5. April 1951, dt. Philosoph. - 1920 Prof. in Leipzig, 1930 in Jena (aus polit. Gründen 1934 entlassen), 1948 an der Freien Universität Berlin. Arbeiten v. a. zur [Religions]philosophie des Altertums, insbes. des Hellenismus und der Gnosis.

Leiser, Erwin, * Berlin 16. Mai 1923, dt. Publizist und Filmregisseur. - Emigrierte 1938 nach Schweden; lebt seit 1962 in Zürich. Internat. Beachtung fanden seine Kompilationsfilme „Mein Kampf" (1960) und „Eichmann und das Dritte Reich" (1961), die eine Analyse des NS in Deutschland versuchten. Weitere Filme: „Die Mitläufer" (1985), „Hiroshima - Erinnern und Verdrängen" (1985).

Leisewitz, Johann Anton, * Hannover 9. Mai 1752, † Braunschweig 10. Sept. 1806, dt. Dramatiker. - Sein einziges bed. Werk, das Trauerspiel „Julius von Tarent" (1776), das als eines der wichtigsten Dramen des Sturm und Drangs den jungen Schiller stark beeinflußt hat, behandelt wie dessen „Braut von Messina" das Thema der feindl. Brüder.

Leishmania (Leishmanien) [laɪʃ...; nach dem schott. Mediziner Sir W. B. Leishman, * 1865, † 1926], Gattung intrazellulär (v. a. in Milz, Leber und Knochenmark) bei Wirbeltieren (einschließl. Mensch) parasitierender Flagellaten; werden durch Insekten (v. a. Schmetterlingsmücken) übertragen; u. a. Erreger von ↑Kala-Azar und ↑Orientbeule.

Leishmaniosen (Leishmaniasen) [laɪʃ...; ↑Leishmania], durch Leishmaniaarten verursachte langwierige und in Abständen wiederkehrende Erkrankungen der Haut (↑Orientbeule), der Schleimhäute und der Eingeweide (*viszerale L.,* ↑Kala-Azar).

Leiste, schmaler Steg aus Holz, Kunststoff oder Metall zum Verdecken von Fugen (z. B. als *Fuß-L.*) oder zum Schutz von Kanten; bei Holzvertäfelung als *Deck-L.,* bei Türfüllungen als *Kehl-L.* (zum Verdecken der Schwindfugen u. a.).

◆ (Leistenbeuge, Regio inguinalis) bei Säugetieren und beim Menschen der seitl. Teil der Bauchwand am Übergang zum Oberschenkel der hinteren Extremität. In der L. zw. Bauchhöhle und Schamgegend verläuft der **Leistenkanal,** der beim Mann den Samenstrang, bei der Frau das Mutterband enthält.

Leisten [zu althochdt. leist, eigtl. „[Fuß]abdruck"], bei der Schuhherstellung als Maß, † bei der Reparatur als Gegenhalter benutzte hölzerne oder eiserne Fußform.

Leistenbeuge, svw. ↑ Leiste.

Leistenbruch ↑ Bruch.

Leistenkanal ↑ Leiste.

Leistenkrokodil ↑ Krokodile.

Leistenpilze (Leistlinge, Cantharellaceae), Fam. der Ständerpilze; Pilze mit fast stets offenen Fruchtkörpern; Fruchtschicht auf oft gabelig verzweigten Leisten an der Unterseite des kreisel- bis trichterförmigen Hutes; u.a. Pfifferling und Totentrompete.

Leistikow, Walter [...ko], * Bromberg 25. Okt. 1865, † Schlachtensee (= Berlin) 24. Juli 1908, dt. Maler und Graphiker. - 1898 Mitbegr. der Berliner Sezession; stimmungsvolle Motive der märk. Seenlandschaft, z. T. in reinem Jugendstil.

Leistung, Formelzeichen P, der Quotient aus der verrichteten Arbeit W und der dazu benötigten Zeit t, also $P = W/t$. Ist die Arbeit nicht konstant, dann ergibt sich die **Durchschnittsleistung** im Zeitintervall Δt zu $P = \dfrac{\Delta W}{\Delta t}$ und für die *Augenblicksleistung* **(Momentanleistung:** $P = \lim\limits_{\Delta t \to 0} \dfrac{\Delta W}{\Delta t} = \dfrac{dW}{dt}$. Die L. ist also gleich der Ableitung der Arbeit nach der Zeit. Für die **mechanische Leistung** gilt: $P = \dfrac{F \cdot s}{t} \cos \alpha$ (F Kraft, s Weg, α Winkel zw. Kraft- und Wegrichtung). Die **elektrische Leistung** eines Gleichstromes ist bestimmt durch: $P = U \cdot I$ (U Spannung, I Stromstärke). Für die mittlere elektr. L. eines sinusförmigen Wechselstromes während einer Periode T, die sog. **Wirkleistung** gilt: $P = I_{eff} \cdot U_{eff} \cdot \cos \varphi$, wobei I_{eff} die effektive Stromstärke, U_{eff} die effektive Spannung und φ der Phasenverschiebung zw. Spannung und Stromstärke ist. Die Größe $\cos \varphi$ bezeichnet man als den **Leistungsfaktor.** SI-Einheit der L. ist das Watt (W). Festlegung: 1 Watt ist gleich der Leistung, bei der während der Zeit 1 Sekunde (s) die Energie 1 Joule (J) umgesetzt wird: 1 Watt = 1 J/s = 1 Nm/s = 1 VA.

◆ Grad der körperl., sittl. und/oder geistigen Selbstbeanspruchung (innerhalb eines Erwartungshorizontes) bzw. ihr Ergebnis; im Vergleich mit einer Gruppe wird sowohl die Einsatzbereitschaft als auch das Ergebnis am (fiktiven) Durchschnitt der Gruppen-L. gemessen (z. T. mit hochspezif. Tests), wobei für den L.stand nicht nur die L.motivation entscheidend ist, sondern auch Gegebenheiten wie Befähigung (Begabung, Intelligenz und bestimmte Fähigkeiten [z. B. Schnelligkeit]) und Ausbildungsstand; wesentl. Leitvorstellung der Ind.nationen (↑ auch Leistungsgesellschaft).

◆ in den *Sozial-* und *Kulturwiss.* ↑ Funktion. - ↑ auch Funktionalismus.

◆ in der *Betriebswirtschaftslehre* das Ergebnis der betriebl. Tätigkeit, der entstandene Wertzugang (L. als Ggs. zu den Kosten). Die *Gesamt-L.* des Betriebes setzt sich zusammen aus der Markt-L. (Produktion von Sachgütern und Diensten) und den innerbetriebl. L. (z. B. selbsterstellte Maschinen, Werkzeuge, Reparaturen in eigener Werkstatt).

◆ im *Zivilrecht:* 1. der Gegenstand eines Schuldverhältnisses, der seinem Inhalt nach aus einem Tun oder Unterlassen [des Schuldners] besteht und selbst wieder als Gegenstand den L.erfolg (nach dem uneinheitl. Sprachgebrauch oft selbst L. genannt) hat. Zu unterscheiden ist die *Haupt-* von der *Nebenleistung* (bestimmt sich nach dem Inhalt des zugrundeliegenden Schuldverhältnisses). Zu unterscheiden sind ferner L. und Annahme (durch den Gläubiger); 2. die zweckgerichtete bewußte Vermehrung fremden Vermögens.

Leistung an einen Nichtberechtigten, im bürgerl. Recht Leistung des Schuldners an einen Dritten (statt an den Gläubiger), der nicht berechtigt (oder ermächtigt) ist, die Leistung anzunehmen; befreit im allg. nicht von der Pflicht, an den Schuldner (also noch einmal) zu leisten.

Leistung an Erfüllungs Statt, vom Gläubiger [mit schuldbefreiender Wirkung] angenommene Leistung einer anderen als der geschuldeten Sache.

Leistung erfüllungshalber, Leistung, die der Schuldner anstelle der von ihm eigentl. geschuldeten erbringt, aus der sich der Gläubiger ersatzweise befriedigen kann oder soll, die vom Gläubiger aber nicht als Leistung an Erfüllungs Statt angenommen wird. Durch die L. e. erlischt die Schuld erst dann, wenn der Gläubiger aus der Ersatzleistung befriedigt ist.

Leistungsabzeichen, für bes. sportl. Leistungen von verschiedenen Sportverbänden verliehene Auszeichnung, u. a. Deutsches Sportabzeichen, Deutsches Radsport-Abzeichen, Deutsches Reiterabzeichen.

Leistungsbeschreibung (Leistungsverzeichnis), als Unterlage für die Ausschreibung von Bauleistungen dienendes Verzeichnis der geforderten Bauleistungen. Diese müssen nach der Verdingungsordnung für Bauleistungen unter Beachtung der DIN-Normen so erschöpfend und eindeutig beschrieben werden, daß alle Bewerber sie im gleichen Sinne verstehen müssen und ihre Angebotspreise ohne Vorarbeiten sicher berechnen können. Außerdem müssen die genauen Verhältnisse an der Baustelle (z. B. Zugangswege, Wasser- und Stromanschluß) angegeben werden.

Leistungsbilanz, 1. Bez. für die Erfolgsrechnung im Rahmen der dynam. Bilanztheorie (↑ Bilanz); 2. kontenmäßige Gegenüberstellung der zusammengefaßten Werte der Sachgüter- und Dienstleistungstransaktionen zw. der in- und ausländ. Volkswirtschaften im Laufe einer Periode. Die L. entsteht aus der Zusammenfassung von Handelsbilanz und Dienstleistungsbilanz und ist eine Teilbilanz der ↑Zahlungsbilanz (die hier als **Bilanz der laufenden Posten** die Handels-, Dienstleistungs- und Kapitalverkehrsbilanz umfaßt). Der Saldo der L. ergibt den Nettobeitrag der außenwirtschaftl. Beziehungen zum Sozialprodukt.

Leistungsdichte, bei Kernreaktoren die pro Zeit- und Volumeneinheit freiwerdende Wärmeenergie (angegeben in W/cm^3 oder kW/l).

Leistungselektronik ↑Elektronik.

Leistungsfähigkeit, in der *Physiologie* i. e. S. das Vermögen eines Organs, eine Funktion auszuüben *(organ. L.)*; getestet wird diese L. durch eine Funktionsprüfung. - Die Messung der allg. *körperl. L.* (Gesamt-L. eines Organismus; gegebenenfalls auch die sportl. L.) geschieht mit Hilfe eines ↑Ergometers.
◆ in der *Psychologie* die Fähigkeit zu Intelligenzleistungen *(geistige L.).*

Leistungsfaktor ↑Leistung.

Leistungsfutter ↑Futter.

Leistungsgesellschaft, Bez. für eine moderne Ind.gesellschaft, in der die materiellen und sozialen Chancen, die Produktionsergebnisse und die gegenseitigen sozialen Anerkennungen und Bewertungen sowie die sozialen Positionen im System der Über- und Unterordnung nach „Leistung" vergeben werden (nicht, wie in ständ. Gesellschaften, nach Stand, Herkunft). Funktionsvoraussetzung dieses Verteilungs- und Bewertungsprinzips (**Leistungsprinzip**) ist, daß individuelles wie soziales Handeln durch Leistungsmotivation stimuliert werden und ein gewisser Konsens über die Leistungsstandards (inhaltl. Leistungsnormen und -bemessungsgrundlagen) besteht. Die L. soll, sofern ihre Strukturprinzipien wirkl. eingelöst und damit mehr als nur verschleiernde Ideologie sind, die Gewähr für optimale gesamtgesellschaftl. Produktivität wie für soziale Chancengleichheit und Gerechtigkeit bieten. An der L. kritisiert wird die Tendenz zu individualist.-konkurrenzbetonter Lebenseinstellung, die Einsichten in das gesellschaftl. Bedingungsgefüge von persönl. Leistungsvermögen behindere und überdies im Leistungswettbewerb der Einzelnen psych. Streßsituationen und sozialer Entfremdung aussetze.

Leistungsgewicht (Leistungsmasse, Masse-Leistungs-Verhältnis), der Quotient aus dem Gewicht (der Masse) eines Motors bzw. Kraftfahrzeugs und der Nennleistung des Motors; SI-Einheit kg/kW (bisher in kg/PS). Das L. ist u. a. ein Maß für die erreichbare Beschleunigung.

Leistungsgrad, allg. das Verhältnis zw. einer effektiven Ist-Leistung und einer als Bezugsgröße dienenden Soll-Leistung als Vergleichsmaßstab. Der L., der meist in % ausgedrückt wird, kann z. B. für die Ermittlung eines leistungsbezogenen Lohns herangezogen werden.

Leistungsklage (Verurteilungsklage), eine Klageart, bei welcher der Kläger die Verurteilung des Beklagten zu einer Leistung (Tun, Unterlassen, Dulden) anstrebt. Sie dient der Durchsetzung eines fälligen Anspruchs, kann in bes. Fällen (z. B. bei wiederkehrenden Leistungen) aber auch auf künftige Leistung gerichtet sein.

Leistungskurs ↑Grundkurs.

Leistungslohn ↑Lohn.

Leistungsmasse ↑Leistungsgewicht.

Leistungsmesser, elektr. Meßgerät zur Messung elektr. Leistungen; ein dem Drehspulmeßwerk ähnl. elektrodynam. Meßwerk, durch dessen feste Spule ein dem Verbraucherstrom und durch dessen beweg. Spule ein der Spannung proportionaler Strom fließt. Der L. mißt bei Gleich- und Wechselstrom die Wirkleistung (↑Leistung).

Leistungsmotivation, Summe der [sekundären] Bestimmungsgründe eines Individuums, von ihm als wichtig bewertete Aufgaben mit Energie und Ausdauer bis zum erfolgreichen Abschluß durchzuführen.

Leistungsort, Ort, an dem die Leistungshandlung aus einem Schuldverhältnis zu erbringen ist (ungenau **Erfüllungsort** gen.). Der L. kann vertragl. bestimmt werden; davon wird meist in allg. Geschäftsbedingungen Gebrauch gemacht. Der L. kann sich ferner aus den Umständen, insbes. aus der Natur des Schuldverhältnisses ergeben. Ansonsten ist L. der Wohnsitz des Schuldners zur Zeit der Entstehung des Schuldverhältnisses; daher sind Schulden grundsätzl. **Holschulden;** *Bringschulden* (Leistung am Wohnsitz des Gläubigers) müssen bes. vereinbart sein.

Leistungsprinzip ↑Leistungsgesellschaft.

Leistungsprüfung, Prüfung zur Erfassung der Leistungen und bes. Qualitäten von Nutztieren bzw. der Zuchtleistung bei Nutztieren oder Pflanzen. - Im Pferdesport Prüfung in Form eines Leistungsvergleichs.

Leistungsrassen, auf Leistung (z. B. Milch-, Woll-, Fleisch-, Legeleistung) gezüchtete Rassen der landw. Nutztiere.

Leistungsreaktor ↑Kernreaktor.

Leistungsschalter ↑Schalter.

Leistungsschutz, der rechtl. Schutz, den bestimmte wiss., techn., organisator. oder künstler. Leistungen auf Grund des Urheberrechtsgesetzes (UrhG) genießen. Im Unterschied zur Werkleistung des Urhebers stellen diese Leistungen keine schöpfer. geistige Arbeit, sondern i. d. R. eine Nachschöpfung dar (Wiedergabe oder Auswertung eines fremden Werks). - ↑auch Urheberrecht.

Leistungssport ↑Sport.

Leistungsverfügung ↑einstweilige Verfügung.

Leistungsverstärker ↑Verstärker.

Leistungsverwaltung, 1. im materiellen Sinne die staatl. und kommunale Betätigung auf dem Gebiete der Daseinsvorsorge; 2. im organisator. Sinne die Gesamtheit der staatl. und kommunalen Einrichtungen, die Aufgaben der L. im materiellen Sinne erfüllen. Während sich der Staat bis zur Mitte des 19. Jh. im wesentl. darauf beschränkte, seine Bürger gegen Störungen der öffentl. Sicherheit und Ordnung zu schützen, hat er seither in ständig zunehmendem Umfange auch die Aufgabe übernehmen müssen, die individuellen und sozialen Bedürfnisse der Bevölkerung zu befriedigen (Daseinsvorsorge). Die Leistungsfunktion des Staates hat inzwischen dessen Ordnungsfunktion (↑ Eingriffsverwaltung) weit überflügelt. Zur L. zählen u. a. Bau und Unterhaltung von Straßen und Schiffahrtswegen, das Post- und Telegrafenwesen, die Energieversorgung, Müll- und Abwasserbeseitigung, Unterricht und Bildung, das Gesundheitswesen, Sozialversicherung und Sozialhilfe, die Wohnungsbauförderung und die Subventionsgewährung auf zahlreichen Gebieten. Die L. bedient sich sowohl öffentl.-rechtl. als auch privatrechtl. Organisationsformen und Gestaltungsmittel.

Leistungsverweigerung, Verhalten bes. von Jugendl., aus Protest gegen Leistungsprinzip, Leistungsdruck oder allg. gegen die Leistungsgesellschaft die von der Allgemeinheit oder bestimmten Autoritätspersonen (Eltern, Lehrer) gestellten Leistungsanforderungen bewußt nicht zu erfüllen.
◆ im *Recht* die Verweigerung einer vertragl. geschuldeten Leistung. Sofern nicht ein Recht auf L. besteht (↑ Einrede), greifen die gesetzl.

Leitbündel. Querschnitt durch a ein kollaterales Leitbündel (Maissproß), b ein konzentrisches Leitbündel (Maiglöckchenrhizom), c ein radiales Leitbündel (Bohnenwurzel), E Endodermis, G Gefäße des Xylems, Ls Leitbündelscheide, M Mark, P Parenchym, Pe Perizykel, R Rinde, S Siebteil

bzw. im Rahmen der Gesetze getroffenen vertragl. Regelungen über die Vertragsverletzung (z. B. ↑ Vertragsstrafe).

Leistungszeit, Zeitpunkt, zu dem ein Schuldverhältnis zu erfüllen ist. Die Bestimmung der L. unterliegt der freien Vereinbarung der Vertragsparteien. Ist eine Zeit für die Leistung weder bestimmt noch aus den Umständen zu entnehmen, so kann der Gläubiger die Leistung sofort verlangen, der Schuldner sie sofort bewirken. Bei der Bestimmung der L. sind die Begriffe Fälligkeit und Erfüllbarkeit zu unterscheiden. Der Zeitpunkt, an dem der Schuldner leisten muß, ist die **Fälligkeit.** Die **Erfüllbarkeit** bestimmt, wann der Schuldner leisten darf.

Leistungszentrum, Sportstätte, in der Hochleistungssportler bestimmter Sportarten durch intensives Training gefördert werden. In der BR Deutschland gab es 1987 25 Bundes- und 55 Landesleistungszentren, dazu 190 Bundesstützpunkte für Leistungssport.

Leistungszulage, Teil des Arbeitsentgelts, das für überdurchschnittl. Leistungen gezahlt wird.

Leitartikel, publizist., kommentierender Beitrag in einer Zeitung oder Zeitschrift an bestimmter, oft hervorgehobener Stelle, in dem aktuelle Zeitfragen erörtert werden.

Leitbild, im Unterschied zum konkreten Vorbild Bez. für Vorstellungen über Verhaltensideale von Menschen oder Menschengruppen (insbes. bei ideolog. „Bewegungen"). Im weiteren Sinn ist ein L. auch das Image, das bestimmte Personen, Institutionen oder Sachverhalte bei einzelnen Personen oder Gruppen genießen.

Leitbündel (Gefäßbündel), strangförmig zusammengefaßte Verbände des Leitgewebes bei höheren Pflanzen. Sie stellen ein verzweigtes Röhrensystem dar und durchziehen den ganzen Pflanzenkörper. Ihre Aufgabe ist der Transport von Wasser und den darin gelösten Nährsalzen. Zusätzl. haben sie auch noch Festigungsfunktion. Die L. sind von einer

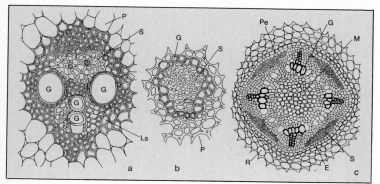

L.scheide aus Parenchym oder Festigungsgewebe umgeben.

Die beiden in den L. vorkommenden Gewebearten sind Sieb- und Gefäßteil, einschließl. Grundgewebe (Bast- und Holzparenchym) und Festigungselemente (Bast- und Holzfasern). Der **Siebteil** *(Bastteil, Phloem)* besteht aus lebenden, langgestreckten, unverholzten Siebröhren mit siebartig durchbrochenen Querwänden (Siebplatte) und plasmareichen Zellen mit großen Zellkernen, den *Geleitzellen.* Im Siebteil verläuft der Transport der in den Blättern gebildeten organ. Stoffe zu den Zentren des Verbrauchs. Der **Gefäßteil** *(Holzteil, Xylem)* besteht aus toten, langgestreckten, verholzten Zellen in Form der Tracheen (mit großem Innendurchmesser) und Tracheiden (mit kleinem Innendurchmesser). Im Gefäßteil wird das von den Wurzeln aufgenommene Wasser mit den darin gelösten Nährstoffen sproßaufwärts geleitet.

Je nach räuml. Anordnung der beiden Gewebeteile unterscheidet man: 1. *kollaterale L.,* hier liegen Sieb- und Gefäßteil nebeneinander; kommen in den meisten Sprossen und Blättern vor. Grenzen Sieb- und Gefäßteil direkt aneinander, werden sie als *geschlossen kollaterale L.* bezeichnet (kommen in Sprossen von einjährigen Ein- und Zweikeimblättrigen sowie in Blättern vor). Werden Sieb- und Gefäßteil durch ein teilungsfähiges Bildungsgewebe (L.kambium) getrennt, nennt man sie *offen kollaterale L.* (kommen in den Sprossen aller mehrjährigen zweikeimblättrigen Pflanzen vor); 2. *konzentrische L.,* ein Gewebeteil wird mantelförmig von einem anderen umschlossen; kommen bei Farnen, in Wurzelstöcken und in Stämmen einiger einkeimblättriger Pflanzen vor; 3. *radiale L.,* enthalten mehrere getrennte Sieb- und Gefäßteile. Im Querschnitt betrachtet, liegen die Siebteile in den Buchten zw. den sternförmig (radial) angeordneten Gefäßteilen; kommen in den Wurzeln vor.

leitende Angestellte, rechtl. nicht genau geregelter, in seiner Bedeutung im einzelnen umstrittener Begriff für Arbeitnehmer, die wegen ihrer bes. Stellung von der Geltung des Betriebsverfassungsgesetzes (BetrVG) ausdrücklich ausgenommen sind (§ 5 Abs. 3 BetrVG). L. A. können ohne die sonst erforderl. Begründung durch den Arbeitgeber gekündigt werden und haben kein Recht auf einen an den Betriebsrat gerichteten Kündigungseinspruch. Außerdem haben l. A. kein aktives und passives Wahlrecht zum Betriebsrat.

Zur Abgrenzung können verschiedene *Merkmale* herangezogen werden, insbes. die Wahrnehmung wesentl. unternehmer. (Teil-)Aufgaben, das Recht zur selbständigen Einstellung und Entlassung von Arbeitnehmern, das Bestehen einer Generalvollmacht oder Prokura. Im Einzelfall haben die Arbeitsgerichte

über die Zugehörigkeit zur Gruppe der l. A. nach den konkreten Umständen unter bes. Berücksichtigung der Verkehrsauffassung zu entscheiden. Von Interesse ist die Frage der Zugehörigkeit zu dieser Gruppe auch im Zusammenhang mit der Mitbestimmung, da nach dem Mitbestimmungsgesetz die l. A. wahlberechtigt sind und mindestens einen Vertreter in den Aufsichtsrat eines mitbestimmten Unternehmens entsenden.

Leiter, (Elektrizitäts-L.) ein Stoff oder Körper, der - im Ggs. zu einem Isolator - den elektr. Strom [gut] leitet. Erfolgt der Ladungstransport durch Elektronen, wie z.B. bei den meisten Metallen, so spricht man von *L. erster Ordnung* oder **Elektronenleitern.** Erfolgt der Ladungstransport durch Ionen, wie z.B. in Elektrolyten oder Salzschmelzen, so bezeichnet man die L. als *L. zweiter Ordnung* oder **Ionenleiter.**

◆ ↑Freileitungen.

Leiter, Steigvorrichtung, in der einfachsten Form aus durch Sprossen verbundenen hölzernen *L.bäumen* (Holmen) bestehend *(Sprossen-L.);* Ausführungen in [Leicht]metall meist in Form von *Stufen-L.* mit flachen, waagerechten Trittstufen. Man unterscheidet u.a. nach oben sich verjüngende *Baum-L.,* frei auffließbare *Steh-L.* mit Stützvorrichtung, *Gerüst-L.* (im Bauwesen), *Strick-L.* (v.a. auf Schiffen) und *Feuer-L.,* bes. kräftige, im Feuerlöschwesen verwendete L. in Form von *Anstell-, Anhänge-, Klapp-, Schieb-* oder *Dreh-L.* mit mehrteiligen Leitersätzen.

Leiterplatte, Montageplatte für miniaturisierte elektron. Bauelemente, die aus einem isolierenden, mit Bohrungen versehenen Trägermaterial und haftfest aufgebrachten Leiterbahnen besteht. Die Anschlüsse der Bauelemente werden in die Bohrungen eingefügt und an die Leiterbahnen angelötet.

Leiterspannung ↑Drehstrom.

Leitfähigkeit (Leitvermögen) ↑Wärmeleitfähigkeit.

◆ (spezifische elektr. L., Konduktivität), Formelzeichen σ, Kehrwert des spezif. elektr. Widerstandes ρ, also $\sigma = 1/\rho$. SI-Einheit:

$$1 \frac{\text{Siemens}}{\text{Meter}} = 1 \frac{\text{S}}{\text{m}} = 1 \frac{1}{\Omega \cdot \text{m}} .$$

Leitform, svw. ↑Charakterart.

Leitfossilien ↑Fossilien.

Leitgeb, Josef, * Bischofshofen 17. Aug. 1897, † Innsbruck 9. April 1952, östr. Schriftsteller. - Lyriker in der Nachfolge von G. Trakl und R. M. Rilke; Erzähler („Kinderlegende", R., 1934).

Leitgewebe, Nähr- und Aufbaustoffe transportierendes pflanzl. Dauergewebe. - ↑auch Leitbündel.

Leith [engl. li:θ] ↑Edinburgh.

Leitha, rechter Nebenfluß der Donau, entsteht südl. von Wiener Neustadt (Österreich) aus zwei Quellflüssen, mündet bei Mosonmagyaróvár, Ungarn, 180 km lang.

Leithagebirge, Ausläufer der Zentralalpen im östl. Österreich, im Sonnenberg 483 m hoch.

Leitich, Ann Tizia, verh. Korningen, * Wien 25. Jan. 1897, † ebd. 3. Sept. 1976, östr. Schriftstellerin. - Behandelt in ihren Romanen v. a. Wiener Stoffe; schrieb auch kulturhistor. und biograph. Werke. - *Werke:* Vienna gloriosa (1947), Der Kaiser mit dem Granatapfel (R.-Biogr., 1955), Damals in Wien (1958), Eine rätselhafte Frau (R.-Biogr., 1967), Elisabeth von Österreich (1971).

Leitisotop ↑ Indikatormethode.

Leitmeritz ↑ Litoměřice.

Leitmotiv, in Programm- und in wortgebundener *Musik* ein rhythm., melod. oder harmon. prägnantes Tongebilde, das durch sein wiederholtes Auftreten bei bestimmten Worten, Personen, realen oder vorgestellten dramat. Situationen eine symbol. Bed. erhält und der Verdeutlichung oder Kommentierung des Geschehens dient. Die Technik des L. geht auf die Verwendung von Erinnerungs- oder personencharakterisierenden Motiven in Opern der Wiener Klassik (Mozart), der frz. Schule (Grétry, Méhul), der dt. Romantik (Spohr, E. T. A. Hoffmann, C. M. von Weber, Marschner) und auf die „idée fixe" der Sinfonik Berlioz' zurück. Bei R. Wagner bildet sie das vorrangige musikdramat. Gestaltungsprinzip: Das ganze Werk ist als ein Gewebe von wiederkehrenden und kontrastierenden Grundthemen komponiert. Die nachwagnersche Oper (z. B. R. Strauss, Debussy, A. Berg) und die Filmmusik machen sich die einheitsbildende und assoziative Kraft des L. zunutze.

Leitner, Ferdinand, * Berlin 4. März 1912, dt. Dirigent. - 1947 Operndirektor (1950 Generalmusikdirektor) in Stuttgart, 1969 Opernchef in Zürich; auch Gastdirigent.

Leitomischl ↑ Litomyšl.

Leitpflanzen, Pflanzenarten, die ein bestimmtes Gebiet oder eine Pflanzengesellschaft kennzeichen. Als L. ist z. B. der Glatthafer auf Talwiesen anzusehen. Eine bestimmte Gruppe der L. sind die ↑ Bodenanzeiger.

Leitplanke (Führungsplanke), Schutzvorrichtung entlang des Straßenrandes, bes. an Kurven, bei Autobahnen auch auf dem Mittelstreifen; meist aus Profilstahl.

Leitrim [engl. 'li:trɪm], Gft. in NW-Irland, 1 525 km², 27 600 E (1981), Verwaltungssitz Carrick-on-Shannon. Überwiegend ein Bergland (bis 586 m ü. d. M.), im SO Flachland, stellenweise mit Torfmooren oder Seen. Neben Schafhaltung v. a. Milchwirtschaft.

Leitschou (Leizhou) [chin. lɛjdʒɔu], südchin. Halbinsel in der Prov. Kwangtung, wellige Rumpffläche (10–50 m ü. d. M.), über die sich bis 100 bzw. 250 m Aschenvulkane erheben; Hauptort Chankiang; bed. Seesalzgewinnung.

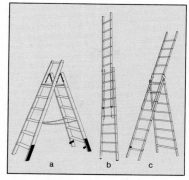

Leiter. a Doppelseitige Stufenleiter mit Sicherheitsbrücke, b zweiteilige Baumleiter, c ausziehbare Stehleiter mit Stützvorrichtung

Leitstrahl, ein als Funknavigationshilfe oder der Fernlenkung dienender gerichteter Sendestrahl, meist die Schnittgerade zweier Leitebenen, die von sog. Leitebenensendern schmaler Strahlungscharakteristik aufgebaut werden (z. B. beim ↑ Instrumentenlandesystem).

Leitstudie (Explorationsstudie), sozialwiss. Beobachtungsverfahren zur Vorbereitung einer größeren Untersuchung. Es wird mit der L. versucht, die wichtigsten veränderl. Größen eines Bereichs möglichst vollständig zu erfassen, damit sie auch in der eigentlichen Untersuchung angemessen repräsentiert sind.

Leittier, in der *Biologie* Bez. für das ranghöchste, führende Alttier in Herden mit Rangordnung.

Leitton, ein Ton, der auf Grund seiner harmon. oder melod. Bindung nach Auflösung in einen um einen Halbtonschritt entfernten Ton (steigend oder fallend) strebt, im Dur-Moll-System bes. der Halbton unter der Tonika. Der L. kann natürl. (leitereigen) oder künstl. (durch chromat. Erhöhung oder Erniedrigung gebildet) sein. Seit dem MA ist der L. v. a. in der mehrstimmigen Musik eine der Grundbedingungen der Abschnitts- und Schlußbildung.

Leittrieb (Leitzweig), Bez. für den Haupt- oder Mitteltrieb eines Obstbaums nach einem Erziehungsschnitt.

Leitung, ein bes. menschl. Handeln der Willensbildung und -durchsetzung, das sich im Ggs. zum reinen Ausführungshandeln auf die Regelung der Durchführung von Tätigkeiten (der Aufgabenerfüllung) anderer Personen bezieht. Es handelt sich um überwiegend geistiges Tätigsein, durch das der Leitende (organisator. die Instanz) Ziele und Maßnahmen bestimmt und deren Verwirklichung durch die geleiteten Personen (als Aufgabenträger) durchsetzt. Das L.handeln weist folgende Tätigkeitsmerkmale auf: 1. Es werden Entscheidungen über das Ausführungshandeln fremder Personen getroffen (Fremdentscheidungen); 2. es müssen Anweisungen (Befehle) zur Mitteilung und Durchsetzung dieser Entscheidungen erteilt werden; 3. das Leiten ist ein richtungweisender Akt, der auf der Eigeninitiative des Leitenden beruht, d. h. durch selbständige Entfaltung seiner persönl. Aktivität zustande kommt; 4. die Befolgung der Anweisungen bzw. die Verwirklichung der getroffenen Entscheidungen wird durch Kontrollen festgestellt und überwacht; 5. die L. ist durch eine bes. Verantwortlichkeit gekennzeichnet.

◆ (Elektrizitäts-L.) der Durchgang von elektr. Ladungsträgern und damit eines elektr. Stromes durch Materie bei Einwirkung von elektr. Feldern bzw. bei Vorhandensein von elektr. Potentialdifferenzen (Spannungen).

◆ (elektr. L.) draht- oder röhrenförmiger metall. Leiter zur Übertragung von elektr. Energie vom Erzeuger zum Verbraucher bzw. zur Übertragung von elektr. Signalen (z. B. Nachrichtenübertragung). In der prakt. Ausführung unterscheidet man zw. Außen-L. (Freileitungen, [Erd]kabel) und Innen-L. (d. h. in Räumen verlegte elektr. L.). Zu den Innen-L. zählen Kupfer-L. mit Gummi- oder Kunststoffisolierung und zusätzl. Ummantelung bei mehradrigen L. Die bes. flachen *Stegleitungen* bestehen aus einzelnen isolierten Adern, deren Umhüllung einen zusammenhängenden Steg bildet. In der Hoch- und Höchstfrequenztechnik spielen die L. für hochfrequente Ströme und elektromagnet. Wellen (sog. *Wellenleiter*) eine bes. Rolle. Durch eine metall. Abschirmung oder eine Ausführung als Koaxialkabel können L.verluste verringert und auch bei höheren Frequenzen (insbes. wenn die L.länge $^{1}/_{10}$ der Wellenlänge der zu übertragenden elektr. Schwingung überschreitet) die Wellen im Innern des Kabels geführt werden. Im Frequenzbereich oberhalb von 1 GHz werden Hohlleiter oder Hohlkabel verwendet.

◆ svw. ↑ Rohrleitungen.

Leitungsanästhesie ↑ Anästhesie.

Leitungselektronen, Bez. für die Elektronen, die als Ladungsträger für den Stromtransport verantwortl. sind.

Leitvermögen, svw. ↑ Leitfähigkeit.

Leitwährung, Währung, die im internat. Geld- und Kapitalmarkt weit verbreitet ist, möglichst frei konvertierbar ist und auch in Gold umgewechselt werden kann. L. dienen als internat. Reservemedien. An ihren Kursen orientieren sich andere Währungen (Bindung oder Kopplung).

Leitwerk ↑ Flugzeug.

Leitwert (elektrischer L.), Formelzeichen

G, der Kehrwert des elektr. Widerstandes *R*, also $G = 1/R$; *SI-Einheit* des L. ist das Siemens, Einheitenzeichen S;

$$1\,\text{S} = 1\,\Omega^{-1} = 1/\Omega.$$

Leitzahl (Blitzleitzahl), Kennzahl, die über die Lichtleistung von Blitzlampen und Elektronenblitzgeräten Auskunft gibt; sie ist das Produkt aus der zu verwendenden Arbeitsblende und der Entfernung Lichtquelle - Objekt in Metern, wobei für die Blende und damit die L. die Filmempfindlichkeit maßgebend ist (beträgt die L. für einen 21-DIN-Film 33 und die Blitzentfernung 3 m, so ist Blende 11 zu verwenden).

Leitzmann, Albert, * Magdeburg 3. Aug. 1867, † Jena 16. April 1950, dt. Germanist. - Ab 1898 Prof. in Jena; zahlr. Untersuchungen zur Literatur des MA und des 18./19. Jh. Hg. von mittelhochdt. Texten (u. a. Wolfram von Eschenbach und Hartmann von Aue).

Lẹk, 72 km langer schiffbarer Flußarm im Rheindelta.

Lẹk [benannt nach dem urspr. Münzbild (Alexander der Große)], Währungseinheit in Albanien; 1 Lek = 100 Qindarka.

Lékéti, Oberlauf des ↑ Alima.

Lektion [zu lat. lectio „das Lesen"], in den christl. Gottesdiensten Bez. für die Schriftlesung, auch übertragen auf die gelesenen [Bibel]abschnitte; in der kath. Liturgie in Messe und Offizium musikal. gestaltet im *L.ton.* - Im 16. Jh. wird das Wort in die Schulsprache übernommen (zunächst für die humanist. Fächer): Behandlung eines bestimmten Abschnitts (Vorlesen einer Textstelle und ihre Kommentierung), Unterrichtsstunde bzw. dieser Abschnitt oder der Lehrstoff selbst (Lernabschnitt, Lehrpensum, Aufgabe, Unterrichtseinheit); in übertragener Bed.: Zurechtweisung.

Lektionar[lat.], Lesepult.

◆ in den *Ostkirchen* und in der *kath. Kirche* das Buch mit den Schriftlesungen für Eucharistiefeier und Stundengebet. - In den *ev. Kirchen* das Buch mit den liturg. Lesestücken in der Ordnung des Kirchenjahres.

Lektor [lat. „Leser, Vorleser"], im christl. Gottesdienst der Laie, der die bibl. Lesungen vorträgt.

◆ Beruf mit wiss. oder literar. Vorbildung bei Verlagen, oft im **Lektorat,** z. T. auch bei Rundfunk- und Fernsehanstalten. Der Verlags-L. begutachtet eingehende Manuskripte, veranlaßt gegebenenfalls Umarbeitungen, macht Vorschläge für Buchprojekte, sucht dafür Autoren oder Übersetzer.

◆ Lehrkraft an wiss. Hochschulen für prakt. Übungsaufgaben, v. a. für Fremdsprachen.

Lektüre [frz., zu lat. legere „lesen"], 1. das Lesen [einer Schrift]; 2. der Gegenstand des Lesens, der Lesestoff.

Lẹkythos [griech.], griech. Henkelkrug; kleines Salbgefäß mit schmalem Hals, häufig

Grabbeigabe, bes. die weißgrundigen, farbig bemalten Lekythen des 5. Jh. v. Chr.; auch auf Gräbern (hohe Marmorvasen). - Abb. S. 80.

Leland, Charles Godfrey [engl. 'li:lənd], * Philadelphia 15. Aug. 1824, † Florenz 20. März 1903, amerikan. Schriftsteller. - Ab 1869 meist in Europa; folklorist. Studien, u. a. bei Zigeunern („The gipsies", 1882). Bekannt v. a. durch die in dt.-amerikan. Mischdialekt geschriebenen „Hans Breitmann's ballads" (1871), die satir. die Lebens- und Denkweise der Deutschamerikaner darstellen.

Lelewel, Ignacy (Joachim), * Warschau 22. März 1786, † Paris 29. Mai 1861, poln. Historiker preuß. Abkunft. - Prof. in Wilna (1815–18 und 1822–24) und Warschau (1818–22); 1824 aus polit. Gründen entlassen. Beim Novemberaufstand 1830 zum Mgl. der Nat.-reg. ernannt; lebte nach der Niederschlagung des Aufstandes (1831) in Paris und Brüssel; bed. Arbeiten zur ma. und neueren poln. Geschichte.

Leloir, Luis [frz. lə'lwa:r], * Paris 6. Sept. 1906, argentin. Biochemiker frz. Herkunft. - Erkannte, daß die Biosynthese der Polysaccharide stets nach dem gleichen Prinzip verläuft, und entdeckte, daß hierbei Nukleotide als Enzyme fungieren. 1970 Nobelpreis für Chemie.

Lelouch, Claude [frz. lə'luʃ], * Paris 30. Okt. 1937, frz. Filmregisseur -produzent und Kameramann. - Seine Filme zeichnen sich durch betont ästhet. Kameraeinstellungen aus, u. a.: „Ein Mann und eine Frau" (1966), „Das Leben, die Liebe, der Tod" (1968), „Voyou" (1970), „Ein Leben lang" (1974), „Ein Hauch von Zärtlichkeit" (1976), „Der Kater und die Maus" (1979), „Un homme et une femme: vingt ans déjà" (1986).

Lely, Sir (seit 1680) Peter [engl. 'li:lı], eigtl. Pieter van der Faes, * Soest (Westfalen) 14. Sept. 1618, † London 30. Nov. 1680, niederl.-engl. Maler. - Ab etwa 1641 in England. Steht v. a. mit seinem Frühwerk in der Nachfolge van Dycks, nach dessen Tod führender Bildnismaler Englands; u. a. Serie der Windsor Beauties (Hofdamen; heute Hampton Court Palace) und der Admirale (Greenwich, National Maritime Museum).

Lelystad, niederl. Ort an der W-Küste des Polders Ostflevoland, 58 000 E. Zentrum und Verwaltungssitz der neuen Prov. Flevoland. - 1958 gegründet.

Lem, Stanisław, * Lemberg 12. Sept. 1921, poln. Schriftsteller. - Arzt; Begr. der Poln. Astronaut. Gesellschaft; schreibt neben philosoph., literar. und kybernet. Essays, Hör- und Fernsehspielen v. a. utop., jedoch Struktur und Methode gegenwärtiger wiss. Denkens spiegelnde Romane und Erzählungen, mit denen er zu den bedeutendsten Science-fiction-Autoren zählt; u. a. „Das Hospital der Verklärung" (R., 1948), „Der Planet des Todes" (R., 1951), „Eden" (R., 1959), „Solaris" (R., 1961),

„Die Jagd" (En., 1968), „Die Astronauten" (R., 1970), „Die Untersuchung" (R., 1971), „Transfer" (R., 1973), „Der Schnupfen" (R., 1974), „Fiasko" (R., 1986).

Lemaire, Philippe [frz. lə'mɛ:r], * Valenciennes 9. Jan. 1798, † Paris 2. Aug. 1880, frz. Bildhauer. - Klassizist. Reliefs u. a. am Arc de Triomphe de L'Étoile (1834) in Paris.

Lemaire de Belges, Jean [frz. ləmɛrdə'bɛlʒ], * Bavay 1473, † vor 1525 (?), frz. Dichter. - Führte italien. Formen- und Gedankengut in die frz. Dichtkunst ein; den Rhétoriqueurs nahestehend; Vorläufer der Pléiade.

Lemaitre, Jules [frz. lə'mɛtr], * Vennecy (Loiret) 27. April 1853, † Tavers (Loiret) 5. Aug. 1914, frz. Schriftsteller. - Gilt mit seinen Studien über zeitgenöss. Schriftsteller, in seinen Chroniken und Theaterkritiken als Wegbereiter des impressionist. Kritik; verfaßte auch Gedichte, Erzählungen und (meist moralisierende) Dramen. Seit 1895 Mgl. der Académie française.

Lemaître [frz. lə'mɛtr], Frédérick, * Le Havre 28. Juli 1800, † Paris 26. Jan. 1876, frz. Schauspieler. - Führender Darsteller der frz. Bühne der Romantik.

L., Abbé Georges, * Charleroi 17. Juli 1894, † Löwen 20. Juni 1966, belg. Astrophysiker. - Domherr und Prof. in Löwen; entwickelte 1927 das Modell eines expandierenden Weltalls und stellte die Hypothese vom „Urknall" († Kosmologie) auf.

Léman, Lac [frz. lakle'mã], frz. für † Genfer See.

Lemanische Republik, Name der Waadt 1798 nach der Trennung als eidgenöss. Unterland von Bern (Jan.) und dem Einmarsch frz. Revolutionstruppen bis zum Eintritt (April) als Kt. Léman in die Helvet. Republik.

Lemass, Seán [engl. lə'ma:s], * Dublin 15. Juli 1899, † ebd. 11. Mai 1971, ir. Politiker (Fianna Fáil). - Teilnahme am ir. Osteraufstand 1916; kämpfte 1919–23 gegen die neue ir. Reg. und den brit.-ir. Ausgleich; ab 1924 Abg., zw. 1932 und 1959 mehrmals Min., u. a. für Handel und Ind.; 1959–66 Min.präsident.

Lembeck, ehem. Gemeinde im Landkreis Recklinghausen, NRW, heute zu Dorsten; münsterländ. Wasserschloß (Ende des 17. Jh. neu erbaut; Michaelskapelle (1726) und Ausstattung des Großen Saals (nach 1729) im Herrenhaus von J. C. Schlaun.

Lemberg (russ. Lwow), sowjet. Gebietshauptstadt im W der Ukrain. SSR, 728 000 E. Orth. Bischofssitz; Univ. (gegr. 1661), 10 Hochschulen, Inst. der Akad. der Wiss. der Ukrain. SSR, Museen und Theater, Philharmonie. Metallverarbeitende-, elektrotechn., chem., Nahrungsmittel- u. a. Ind.; Druckereien und Musikinstrumentenbau; ⚒.

Geschichte: Um 1250 als Festung gegen die Mongolen gegr.; die Stadt entwickelte sich

Lemberg

Lekythos. Achilleus-Maler, Krieger und junge Frau (um 430 v. Chr.); weißgrundig; aus Eretria. Athen, Archäologisches Nationalmuseum

im 13./14. Jh. zu einem bed. Handels- und Handwerkszentrum. 1353 für Polen annektiert; erhielt Magdeburger Stadtrecht nebst großen Handelsprivilegien; fiel 1772 an Österreich; bis 1918 Hauptstadt des östr. Reichsteils Galizien und Lodomerien; wurde 1918/19 poln., 1939 von der UdSSR annektiert und mit Ostgalizien der Ukrain. SSR angegliedert; gehörte während der dt. Besetzung (1941–44) zum Generalgouvernement; die jüd. Bev. (1936: 110000 von 361000 E) wurde deportiert und vernichtet; 1944 von der Roten Armee zurückerobert; Vertreibung der poln. Bev. (1936: 180000).
Bauten: Bed. Kirchen sind die Uspenski-Kathedrale (17. Jh.) mit dem Glockenturm Kornjakt (1578; 66 m hoch), die röm.-kath. Kathedrale (14./15. Jh.), die Armen. Kirche (14.–20. Jh.) u. a.
Lemberg, mit 1 015 m höchster Berg der Schwäb. Alb.
Lemberger ↑ Limberger.

Lemercier [frz. ləmɛr'sje], Jacques, * Pontoise bei Paris um 1585, † Paris 4. Juni 1654, frz. Baumeister. - Gehört neben F. Mansart und L. Le Vau zu den Initiatoren der klass. frz. Architektur des Barock. Schuf u. a. die berühmte Kuppel der Pariser Kirche Valde-Grâce, deren Bau ihm 1646 an Stelle von F. Mansart übertragen wurde und dessen Pläne er mitbenutzte, den Plan für die Stadt Richelieu (ausgeführt ab 1631) und die Kirche der Sorbonne (1635–56).
L., Népomucène, * Paris 21. April 1771, † ebd. 7. Juni 1840, frz. Dichter. - Klassizist. Dramatiker und Epiker im Zeichen der Vorromantik, schrieb u. a. die Tragödie „Agamemnon" (1797), das aufsehenerregende „regellose" Drama „Christophe Colomb" (1809) sowie Epen. 1810 Mgl. der Académie française.
Lemgo, Stadt im Lipper Bergland, NRW, 98 m ü. d. M., 39 100 E. Fachhochschule Lippe (Abteilung L.), Holzverarbeitung, Maschinenbau, Herstellung von Leuchten u. a. - Gegen Ende des 12. Jh. als befestigte Stadt gegr. (3 Hauptstraßen als fingerförmig von einem Tor ausgehende Längsstraßen, erste Ausführung des lipp. Stadtgründungstyps). Das Stadtrecht, 1245 bestätigt, wurde Vorbild der lipp. Stadtrechte. Als bed. Handelsstadt schon im 13. Jh. Mgl. der Hanse. - Got. Hallenkirchen, u. a. Sankt Nikolai in der Altstadt und Sankt Marien in der Neustadt sowie zahlr. Fachwerk- und Steinhäuser des 16. Jh.; Rathaus (v. a. 15.–17. Jh.).
Lemke, Klaus, * Landsberg/Warthe 13. Okt. 1940, dt. Regisseur. - Zunächst Kurzfilme wie „Kleine Front" (1965), „Henker Tom" (1966); für seine Spielfilme mit Jugendlichen, u. a. „Paul" (1974), „Amore" (1977), „Ein komischer Heiliger" (1979) und „Sweethearts" (1979) studierte L. ausführl. Milieu und Lebensweise der porträtierten Gesellschaftsgruppe, engagierte Laiendarsteller für die Hauptrollen und ließ diese nach einem nur vage festgelegten Drehbuch alle Dialoge improvisieren. Drehte 1983 „Der Kleine".
Lemma [griech.], Stichwort in einem Nachschlagewerk (Lexikon, Wörterbuch).
◆ in *Logik* und *Mathematik* ein Hilfssatz, der nur zur Ableitung anderer Sätze verwendet wird.
Lemmer, Ernst, * Remscheid 28. April 1898, † Berlin (West) 18. Aug. 1970, dt. Politiker. - Schloß sich 1918 der DDP an; 1922–33 Generalsekretär der Hirsch-Dunckerschen Gewerkschaften; 1924–33 MdR; 1945 Mitbegr. der CDU in der SBZ, 1947 deren 2. Vors., 1948 von der sowjet. Militärverwaltung abgesetzt; 1950–56 Fraktionsvors. der CDU im Abg.haus von Berlin (West); 1956–61 Landesvors.; 1952–70 MdB; 1956/57 Bundespostmin.; 1957–62 Bundesmin. für Gesamtdt. Fragen; 1964/65 Bundesvertriebenenmin.; 1965–69 Sonderbeauftragter des Bundeskanzlers für Berlin.

Lemminge (Lemmini) [dän.], Gattungsgruppe der Wühlmäuse mit elf Arten in N-Europa, N-Asien und N-Amerika; Körper gedrungen, etwa 7,5–15 cm lang; Vorderfüße mit langen Krallen. - L. verbringen die Wintermonate weitgehend unter der Schneedecke (halten jedoch keinen Winterschlaf). Sie neigen in der warmen Jahreszeit zur Massenvermehrung, was zu Wanderungen (*Lemmingzüge*; bes. beim Skand. Lemming) großer Gruppen führen kann. Die L. machen bei diesen Wanderungen oft auch an der Meeresküste nicht halt und ertrinken (trotz guten Schwimmvermögens) in großen Mengen bei dem Versuch, Meeresarme zu überqueren.

Lemmon, Jack [amerikan. ˈlɛmən], * Boston 8. Febr. 1925, amerikan. Schauspieler und Regisseur. - Nach Variété- und Bühnenengagements ab 1954 beim Film; internat. Erfolg mit seiner subtilen, nuancenreichen Spielweise, v. a. in „Manche mögen's heiß“ (1959), „Das Appartement“ (1960), „Das Mädchen Irma la Douce“ (1963), „Wie bringt man seine Frau um?“ (1964), „Ein seltsames Paar“ (1967), „Extra Blatt“ (1974), „Vermißt“ (1982), „Macaroni“ (1985).

Lemniskate [lat., zu griech. lēmnískos „(wollenes) Band“], ebene algebraische Kurve in Form einer liegenden Acht.

Lemnos, griech. Insel, ↑Limnos.

Lemoine, Victor [frz. ləˈmwan], * Delme (Moselle) 21. Okt. 1823, † Nancy 12. Dez. 1911, frz. Pflanzenzüchter. - Züchtete fast 600 Varietäten von Gartenpflanzen und führte weit über 100 Pflanzenarten und -namen in den Gartenbau ein.

Lemongras [engl. ˈlɛmən „Zitrone“], svw. ↑Zitronellgras.

Lemongrasöl [engl. ˈlɛmən], rötlichgelbes äther. Öl von intensivem Zitronengeruch und -geschmack; Destillat frischer Triebe verschiedener Bartgrasarten; enthält 70–85 % Zitral; Verwendung in der Parfüm-, Seifen- und Genußmittelindustrie.

Lemonnier, Camille [frz. ləmɔˈnje], * Ixelles bei Brüssel 24. März 1844, † Brüssel 13. Juni 1913, belg. Schriftsteller. - Schildert in seinen dem frz. Naturalismus nahestehenden Romanen, u. a. „Der Wilderer“ (1881), „Der eiserne Moloch“ (1886), „Es geht ein Wind durch die Mühlen“ (1901) das Leben der Landleute und Fabrikarbeiter sowie soziale Mißstände.

Le Moyne (Le Moine), François [frz. ləˈmwan], * Paris 1688, † ebd. 4. Juni 1737 (Selbstmord), frz. Maler. - In der Spätzeit bereits Rokokoelemente, bes. Deckengemälde im Schloß von Versailles (Apotheose des Herkules, 1732–36).

Lemuren [lat.] (Larven), bei den Römern im Ggs. zu den segensreichen Laren und Penaten böse Spuk- und Quälgeister, die der Familienvater am Fest **Lemuria** zu bannen suchte.

Lemuren [lat.] (Makis, Lemuridae), formenreiche Fam. der Halbaffen auf Madagaskar; 16 Arten von rd. 10–50 cm Körperlänge mit etwa 12–70 cm langem Schwanz; Fell dicht und weich, oft mit lebhafter Färbung oder Zeichnung; Hinterbeine wesentl. länger als Vorderbeine, meist gute Springer. Zu den L. gehört die Unterfam. **Makis** (Lemurinae). Sie umfaßt folgende Gatt.: **Halbmakis** (Hapalemur) mit zwei Arten; 30–45 cm lang, Schwanz etwa körperlang, buschig behaart; Kopf rundl., Ohrmuscheln dicht behaart; Fell oberseits meist braungrau bis grünl., unterseits weißl., grau oder gelblich; fressen vorwiegend Pflanzen. Ebenfalls zwei Arten hat die Gatt. **Wieselmakis** (Lepilemur): **Großer Wieselmaki** (Wiesellemur, Lepilemur mustelinus) und **Kleiner Wieselmaki** (Lepilemur ruficaudatus); beide sind Pflanzenfresser; 30–35 cm lang. Die Gatt. **Echte Makis** (Fuchsaffen, Lemur) hat sechs Arten, u. a. der bis etwa 50 cm lange **Katta** (Lemur catta); Fell oberseits grau bis zimtfarben, unterseits weißl., mit weißem Gesicht, schwarzen Augenringen und schwarzer Schnauzenspitze; Schwanz etwa körperlang, schwarz und weiß geringelt; vorwiegend Früchtefresser. Der **Vari** (Lemur variegatus) ist etwa 50 cm lang und hat einen über körperlangen Schwanz; Fell dicht, wollig, häufig auf schwärzl. oder rotbraunem Grund weiß gescheckt; nachtaktiv. Etwa 50 cm lang ist auch der **Mohrenmaki** (Akumba, Lemur macaco); ♂ tiefschwarz, teilweise mit rotbraunem Überflug, ♀ fuchsrot bis gelbbraun mit weißl. Unterseite und weißl. Backenbart. Zu den L. gehören auch die ↑Katzenmakis.

Lena (Lene), weibl. Vorname, Kurzform von Helene und Magdalene.

Lena [russ. ˈljɛnɐ], Strom in Sibirien, entspringt im Baikalgebirge, mündet in die Laptewsee, 4400 km lang, Einzugsgebiet 2,49 Mill. km². Schiffbar ab Ust-Kut, für kleinere Schiffe ab Katschug; im Unterlauf Mitte Juni–Mitte Okt. eisfrei.

Lenai [griech.], svw. ↑Mänaden.

Le Nain [frz. ləˈnɛ̃], drei Brüder: *Antoine,* * Laon um 1588, † Paris 25. Mai 1648; *Louis,* * Laon um 1593, † Paris 23. Mai 1648; *Mathieu,* * Laon 1607, † Paris 20. April 1677; frz. Maler. - Die Brüder arbeiteten in enger Gemeinschaft (in Paris), die Unterscheidung ihrer Arbeiten, soweit überhaupt mögl., beruht auf Zuschreibungen. Berühmt für ihre Bauerndarstellungen, schufen auch religiöse Tafelbilder und Porträts. Nach dem heutigen Stand der Forschung zeigt Antoine am stärksten fläm.-niederl. Einfluß. Louis, wohl der begabteste, ist offenbar der Maler der Bauernszenen, in kräftigen grauen und braunen Tönen mit sparsamen Akzenten in rot, wohl von der italien. (Genre)malerei angeregt. Mathieu scheint techn. in der Helldunkelwirkung (Caravaggio) und in der Farbe raffinierter als seine Brüder gewesen zu sein.

Werke: Junger Mann (um 1646, Brüssel, Musées Royaux des Beaux-Arts), Besuch bei der Großmutter, Familie der Milchfrau (beide Leningrad, Eremitage), Venus in der Schmiede des Vulkan (1641, Reims, Musée des Beaux Arts), Rückkehr von der Heuernte (1641 [Abb. Bd. 7, S. 219]), Bauernmahlzeit (1642), Familienversammlung (1642), Tric-Trac-Spieler, Die Schmiede, Anbetung der Hirten (alle Paris, Louvre).

Lenape [engl. lə'nɑːpɪ], Eigenbez. der †Delaware.

Lenard, Philipp, * Preßburg 7. Juni 1862, † Messelhausen (= Königshofen, Main-Tauber-Kreis) 20. Mai 1947, dt. Physiker. - Prof. in Kiel und Heidelberg. L. war maßgebl. an der Aufklärung des Mechanismus der Phosphoreszenz und der Natur der Kathodenstrahlen beteiligt. Sein Atommodell (Dynamidentheorie) stellte einen wichtigen Vorläufer des Rutherfordschen Atommodells dar, seine Experimente zum Photoeffekt waren die Grundlage der Einsteinschen Lichtquantenhypothese. L. war später einer der Hauptgegner der Relativitätstheorie und Initiator einer „dt. Physik". Nobelpreis für Physik 1905.

Lenard-Effekt [nach P. Lenard], (Wasserfalleffekt) das Auftreten getrennter elektr. Ladungen verschiedenen Vorzeichens beim Zerspritzen von Wassertropfen.
◆ Bez. für die durch Ultraviolettstrahlung hervorgerufene Ionisation eines Gases.

Lenardfenster [nach P. Lenard], dünne luftundurchlässige Aluminiumfolie (Dicke 0,002 mm) oder dünnes Glimmerblättchen (Dicke etwa 0,05 mm) in der Wand einer Gasentladungsröhre, durch die schnelle Kathodenstrahlen austreten können.

Lenau, Nikolaus, eigtl. Nikolaus Franz Niembsch, Edler von Strehlenau, * Csatád (Ungarn; = Lenauheim, Rumänien) 13. Aug. 1802, † Oberdöbling (= Wien) 22. Aug. 1850, östr. Dichter. - Lebte 1807–18 in Ungarn; studierte u. a. in Wien, wo er mit F. Grillparzer, J. C. Zedlitz, F. Raimund und A. Grün zusammenkam; in Stuttgart stand er mit dem Schwäb. Dichterkreis in Verbindung. 1832 ging er nach Nordamerika, kehrte aber 1833 enttäuscht zurück. Persönl. Enttäuschung steigerte seine Schwermut bis zum geistigen Zusammenbruch; ab 1844 in einer Heilstätte. Die musikal. empfundene, romant. Naturbeseelung seiner landschaftl. lyr. Stimmungsbilder, bes. der „Schilflieder" und „Waldlieder" spiegelt Weltschmerz und Ruhelosigkeit wider. Schuf ep.-dramat. Dichtungen um monumentale Stoffe der Weltliteratur, u. a. „Die Albigenser" (1842), sowie Fragmente „Faust" (1836) und „Don Juan" (im Nachlaß), die gedankl. den freiheitl. Anschauungen des Jungen Deutschland nahekommen.

Lenbach, Franz von (seit 1882), * Schrobenhausen 13. Dez. 1836, † München 6. Mai 1904, dt. Maler. - 1857 Schüler von Piloty in München; etwa 1860 begann seine glanzvolle Karriere als Porträtmaler. In seinen realist. Porträts wird das Gesicht in markanten und charakterisierenden Zügen aus dem braunen Hintergrund hervorgehoben.

Lencker, Hans (Johannes), † Nürnberg 28. Nov. 1585, dt. Goldschmied. - 1551 Bürger in Nürnberg; neben W. Jamnitzer führender Renaissancegoldschmied.

Lenclos, Ninon de [frz. lã'klo], eigtl. Anne de L., * Paris 10. Nov. 1620, † ebd. 17. Okt. 1705, frz. Kurtisane. - Berühmt wegen ihrer Schönheit und Bildung; zahlr. Verbindungen mit bed. Persönlichkeiten (Scarron, Molière, La Rochefoucauld u. a.); nicht gesichert ist, ob sie die Verf. aller ihr zugeschriebenen Briefe sowie der Memoiren ist.

Lende, bei Säugetieren (einschließl. Mensch) der hinterste bzw. unterste Teil des Rückens beiderseits der Lendenwirbelsäule zw. dem Unterrand der Rippen und dem oberen Rand des Darmbeins.

Lendl, Ivan, * Ostrau 7. März 1960, tschechoslowak. Tennisspieler. - Lebt in den USA; Davis-Pokal-Sieger 1980, Sieger des Masters-Turniers 1981 und 1982, gewann viele internat. Meisterschaften; 1986 auf der Weltrangliste auf Platz eins.

Lendenschurz, die Schamteile und das Gesäß bedeckender Schurz aus Rinde, Stoff u. ä., von vielen Naturvölkern getragen.

Lengefeld, Charlotte von, * Rudolstadt 22. Nov. 1766, † Bonn 9. Juli 1826, Gattin Friedrich von Schillers. - Schwester von Karoline Freifrau von Wolzogen, geb. von L.; ab 22. Febr. 1790 ∞ mit Schiller.
L., Karoline von, dt. Schriftstellerin, †Wolzogen, Karoline Freifrau von L.

Lenggries, aus 50 Einzelortschaften bestehende Gem. an der Isar, Bay., 679 m ü. d. M., 8 300 E. Luftkurort und Wintersportplatz.

Lengyel, József [ungar. 'lɛndjɛl], * Marcali 4. Aug. 1896, † Budapest 14. Juli 1975, ungar. Schriftsteller. - Mitbegr. der ungar. KP; mußte 1919 emigrieren, lebte in Wien, Berlin und (ab 1930) in Moskau; Rückkehr 1955. Seine Romane, u. a. „Das unruhige Leben des Ferenc Prenn" (1958) und Erzählungen („Die Attraktionen des Herrn Tördeky", 1964) sind durch eigenes Erleben und Kritik am Personenkult bestimmt.

Lengyelkultur [ungar. 'lɛndjɛl], nach Funden aus dem Erdwerk (das nicht der L. zuzurechnen ist) von Lengyel (Pécs, Ungarn) ben. jungneolith. (etwa Anfang 3. Jt. v. Chr.) Kulturgruppe Ungarns.

Leni, Paul, * Stuttgart 8. Juli 1885, † Los Angeles-Hollywood 2. Sept. 1929, dt. Bühnenbildner, Regisseur. - Die in Deutschland gedrehten Filme wie „Prinz Kuckuck" (1919), „Die Hintertreppe" (1921), „Das Wachsfigurenkabinett" (1924) schwanken zw. realist.

und expressionist. Darstellung. Drehte in Hollywood Kriminalfilme: „Erbschaft um Mitternacht" (1927).

Lenica, Jan [poln. len'itsa], * Posen 4. Jan. 1928, poln. Maler, Graphiker und Animationsfilmer. - Lebt in Paris. Internat. bekannt durch seine Plakate, Kinderbücher und surrealist. Zeichentrickfilme wie „Monsieur Tête" (1959), „Jan der Musikant" (1960), „Das Labyrinth" (1962), „Die Nashörner" (1963), „Adam Zwo" (1978).

Lenin, Wladimir Iljitsch ['le:ni:n, russ. 'lje-nin], eigtl. W. I. Uljanow, * Simbirsk (= Uljanowsk) 22. April 1870, † Gorki bei Moskau 21. Jan. 1924, sowjetruss. Politiker. - Bereits während seines jurist. Studiums (1887–91) in Kasan und Petersburg und nach seiner dortigen Zulassung als Rechtsanwalt (1893) Hinwendung zur revolutionären Bewegung; nach Rückkehr von einer Reise in die Schweiz (1895; Zusammentreffen mit G. Plechanow und P. B. Axelrod) wegen polit. Agitation verhaftet und von 1897 bis 1900 nach Sibirien verbannt; lernte dort seine spätere Frau und enge Mitarbeiterin N. K. Krupskaja kennen und schrieb (1899) sein gegen die Narodniki gerichtetes Werk über „Die Entwicklung des Kapitalismus in Rußland". Ab 1900 in der Emigration (London, München, Genf), gründete L. mit Plechanow und L. Martow die sozialdemokrat. Zeitung „Iskra" („Der Funke"), deren 1. Nummer am 24. Dez. 1900 in Leipzig erschien; darin und v. a. in seiner bedeutendsten theoret. Schrift „Was tun? Brennende Fragen unserer Bewegung" (1902) entwickelte und begründete L. sein Konzept einer Kaderpartei, die die Führung des Proletariats im Kampf um den Sozialismus zu übernehmen habe. Diese Forderung führte 1903 mit zur Spaltung der russ. Sozialdemokratie in die von ihm geführten Bolschewiki und in die Menschewiki. 1905 nach Rußland zurückgekehrt, war seine erneute Emigrationszeit (1907–17; mit den Hauptstationen Genf, Paris, Krakau bis Aug. 1914, danach Bern und Zürich) ausgefüllt mit wiss. Betätigung, z. B. der Weiterentwicklung der marxist. Philosophie in seinem Werk „Materialismus und Empiriokritizismus" (1909) und prakt. parteipolit. Wirken, v. a. Bekämpfung der „linken" und „rechten Opportunisten", organisator. Trennung von den Menschewiki (1912), Bildung einer selbständigen Fraktion in der Duma und Herausgabe einer eigenen Parteizeitung „Prawda" („Wahrheit"; ab Mai 1912), sowie (ab 1914) unablässiges Agitieren gegen den „imperialist." 1. Weltkrieg, den er als Beginn der allg. Krise des Kapitalismus deutete, bes. in seinem Werk „Der Imperialismus als höchstes Stadium des Kapitalismus" (1916). Die Februarrevolution 1917 in Rußland eröffnete L. die Möglichkeit, sein von der Mehrheit der linken Sozialisten zunächst abgelehntes Konzept prakt. zu erproben, „den

Louis und Mathieu Le Nain,
Bauern vor dem Hause (undatiert).
San Francisco, California
Palace of the Legion of Honor

Krieg in einen Bürgerkrieg zu verwandeln" und so die proletar. Revolution herbeizuführen. Nachdem L. über Deutschland, Schweden und Finnland am 16. April 1917 Petersburg erreicht hatte, verkündete er in den „Aprilthesen" sein radikales Aktionsprogramm mit den massenwirksamen Parolen

Jan Lenica, Alban Berg
„Wozzeck" (1964)

Lenin

„Frieden um jeden Preis!", „Alles Land den Bauern!", „Alle Macht den Sowjets!". Nach einer von den Bolschewiki mitgetragenen mißglückten Arbeiter- und Soldatenrevolte (Juli 1917) floh L. nach Finnland, wo er mit der Schrift „Staat und Revolution" (1917) eine marxist. Staatstheorie entwickelte; dem gescheiterten Putschversuch des Generals Kornilow (Anfang Sept.) folgte am 25. Okt. 1917 der von L. D. Trotzki vorbereitete Aufstand

Wladimir Iljitsch Lenin (um 1920)

in Petersburg, der den Sieg der ↑ Oktoberrevolution in Rußland und L. als Vorsitzenden des Rates der Volkskommissare an die Macht brachte. Gegenüber dem Ausland verfolgte L., beginnend mit der von ihm durchgesetzten Annahme des Friedens von Brest-Litowsk (März 1918), eine doppelpolige Politik: die langfristige der „Weltrevolution", die er nicht zuletzt mit Hilfe der 1919 gegr. Komintern voranzutreiben hoffte, und eine kurzfristige des zeitweisen Auskommens mit den kapitalist. Mächten. Bed. innenpolit. bzw. innerparteil. Maßnahmen waren die Ersetzung des ↑ Kriegskommunismus der unmittelbaren Revolutionsphase durch die ↑ Neue Ökonomische Politik, die Schaffung des Politbüros und des Sekretariats des ZK (1919) sowie das Verbot der Fraktionsbildung (1921), wodurch das Schwergewicht der Macht innerhalb der Kommunistischen Partei der Sowjetunion auf eine kleine elitäre Führungsgruppe konzentriert wurde. Die Abberufung J. Stalins vom Amt des Generalsekretärs der Partei, die L. in seinem sog. „Testament" vom Dez. 1922/Jan. 1923 gefordert hatte, konnte jedoch von ihm wegen seines schlechten Gesundheitszustandes nicht mehr durchgesetzt werden. ☐ *Carr, E. H.: Die russ. Revolution. L. u.Stalin 1917–1929.* Dt. Übers. Stg. u.a. 1980. - *Schaefer, A.: L. 1917.* Bln. 1980. - *Singer, L.: Korrekturen zu L.* Stg. 1980.

Lenin, Pik, mit 7134 m höchster Berg des Transalaigebirges, vergletschert.

Leninabad [russ. lɪninaˈbat], sowjet. Gebietshauptstadt am Syrdarja, Tadschik.

SSR, 147 000 E. PH, Museum; Theater; botan. Garten; Seidenkombinat; Baumwollentkörnung, Nahrungsmittelind.; Kunstgewerbe. - Am Platz des heutigen L. gründete Alexander d. Gr. 329 v. Chr. die Stadt **Alexandreia Eschate.** Die Stadt **Chodschent** (Name bis 1936) hatte im MA Bed. durch ihre Lage am Karawanenhandelsweg von China in die Mittelmeerländer. 1866 von Rußland annektiert.

Leninakan [russ. lɪninaˈkan], sowjet. Stadt im W der Armen. SSR, etwa 1 500 m ü. d. M., 220 000 E. PH, Museum; Theater; Zentrum der Textilind. in der Armen. SSR. - Schon in der Bronze- und frühen Eisenzeit bewohnt (Ausgrabungen seit 1934), im MA eine große Siedlung, gen. Kumairi; als Stadt **Alexandropol** (Name bis 1924) 1834 gegründet.

Leninbibliothek (Staatl. L. der UdSSR), Nationalbibliothek der UdSSR in Moskau, ↑Bibliotheken (Übersicht).

Leningrad [russ. lɪninˈgrat] (früher dt. [Sankt] Petersburg, russ. 1703–1914 Sankt-Peterburg, 1914–24 Petrograd), sowjet. Gebietshauptstadt im Newadelta am Finn. Meerbusen, RSFSR, 570 km², 4,3 Mill. E. Zweitgrößte Stadt der UdSSR, nach Moskau wichtigstes Kultur- und Wirtschaftszentrum, russ.-orth. Metropolitensitz, Univ. (gegr. 1819), Hochschulen, Forschungsinst. und wiss. Einrichtungen, Museen, darunter die Eremitage, Bibliotheken, Theater, Philharmonie; Sternwarte, Planetarium. Neben dem Bau von Schiffen, Werkzeugmaschinen, Traktoren, Turbinen, Generatoren, Fernseh- und Rundfunkgeräten sind Textil-, chem., opt., Nahrungsmittelind. und Druckereien wichtig; Kernkraftwerk. Der Hafen ist der wichtigste für den sowjet. Überseehandel und bed. für die Binnenschiffahrt dank Kanalverbindung zum Kasp. und Weißen Meer. Endpunkt von 12 Eisenbahnlinien; internat. ✈.

Geschichte: Zur Verteidigung der den Schweden abgenommenen Gebiete begann Peter I. 1703 mit dem Bau der Peter-und-Pauls-Festung auf einer kleinen Insel vor der Mündung der Newa; der Bau des Hafens und der Festung Kronstadt schloß sich an; ab 1704 entstanden die Schiffswerft (Admiralität) und ihre Arbeitersiedlung. Mit der Verlegung der Hauptstadt von Moskau nach Petersburg 1712 setzte ein rascher Aufschwung der Stadt ein, bereits 1726 wurden 90% aller Im- u. Exportgüter in Petersburg umgeschlagen. 1715 wurde durch Ukas das fächerförmig auf die Admiralität ausgerichtete Radialstraßensystem mit Ringstraßen für verbindl. erklärt. 1737 Stadtbrand. Dem raschen Wachstum der Stadt und ihrer Bev. entsprach ein Aufschwung von Handel, Handwerk und Ind.; bes. nach dem Bau der ersten Eisenbahnen (1837: erste Strecke auf russ. Boden von Petersburg nach Zarskoje Selo) entstanden neue Ind. (Maschinenbau, Papierfabriken), die

traditionellen Ind.zweige (v. a. Textil- und Baustoffind.) ergänzten. Zw. 1862/1900 stieg die Zahl der Arbeiter von 21 000 auf 131 000. Die schlechte soziale Lage der Arbeiter und wirtsch. Krisen (1902–04) führten zu einer Reihe von Aufständen, die in der Proklamation der sowjet. Reg. am 7. Nov. 1917 endeten. Während des 2. Weltkrieges war L. 900 Tage lang von Ende 1941 bis Frühjahr 1944 belagert. Alle Kriegsschäden im histor. Kern der Stadt wurden bald nach 1945 behoben.
Bauten: Drei Bauepochen verleihen der Stadt ihre unverwechselbare Erscheinung: bis 1725 entstanden erste einfache Barockbauten unter niederl.-dt. Einfluß (Architekt D. Trezzini), bis 1760 die italien.-barocken Großbauten (Architekt B. F. Rastrelli) und 1760–1850 klassizist. Bauwerke. Als erstes größeres Bauensemble entstand seit 1703 die Peter-und-Pauls-Festung mit der Peter-und-Pauls-Kathedrale (1712–32; Turm 1751); Trezzini erbaute auch - auf dem Südufer der Newa - den Sommerpalast Peters d. Gr. (1714), ungefähr gleichzeitig mit dem Menschikow-Palast (D. Fontana und G. Schädel; um 1740 umgebaut), der das erste große Bauvorhaben auf der Wassiljewinsel war, gefolgt vom Bau der Kunstkammer (1718–34). Die Krönung des Werks von Rastrelli ist - auf dem Südufer der Newa neben der Admiralität (1704ff.) - der sog. Vierte Winterpalast (1754–63; unregelmäßiger Vierflügelbau; das Innere klassizist. erneuert). Rastrelli erbaute u. a. auch das Smolny-Kloster mit Kathedrale (1748–64; klassizist. Innenausbau 1832–35). Bauten des frühen Klassizismus sind v. a. Kleine Eremitage (1764–67) und die Akad. der Schönen Künste (1764–88; beide J.-B. M. Vallin de la Mothe), das voll entfalteten Klassizismus Eremitage (1775–84 von J. M. Velten), Alexander-Newski-Kathedrale (1776–90 von I. E. Starow) im Alexander-Newski-Kloster (Kloster 1713–90), Kasaner Kathedrale (1802–12 von A. N. Woronichin und I. J. Starow) sowie die Admiralität (Neubau 1806–23 von A. D. Sacharow, Turm mit goldener Spitze vom Vorgängerbau, 1730–40). Der letzten Phase des Klassizismus verdankt L. seine schönsten Platzanlagen (Architekt K. I. Rossi): Platz der Künste mit Palast des Großfürsten Michael (heute Staatl. Russ. Museum; 1819–25), Anlage um das heutige Puschkin-Theater (1829–32) und heutiger Dekabristenplatz mit Gebäude des Senats und der Synode (1829–34). Als letzte Bauten des Klassizismus errichtete A. Montferrand die Isaak-von-Kiew-Kathedrale (1817–57) und L. von Klenze die Neue Eremitage (1839–52; Ausführung W. P. Stassow). - Abb. S. 86.
Ⅲ *Bechtolsheim, H. v.: L. Mchn. 1980. - Kennett, A./Kennett, V.: Die Paläste v. L. Dt. Übers. Luzern u. Ffm. 1974. - Parigi, I.: L. u. die Schlösser der Umgebung. Stg. 1973.*
Leninismus ↑ Marxismus-Leninismus.

Leninogorsk [russ. lınina'gɔrsk], sowjet. Stadt in der Tatar. ASSR, 54 000 E. Erdöltechnikum, Erdöl- und Erdgasförderung.
Leninorden, sowjet. ↑ Orden.
Lenk (L. im Simmental), schweizer. Gem. im oberen Simmental, Kt. Bern, 1 068 m ü. d. M., 2 100 E. Kurort (Schwefelquelle); Skilifte. - Seit 1860 dank seiner Mineralquellen Fremdenkurort.
Lenkerberechtigung ↑ Fahrerlaubnis.
Lenkung, Vorrichtung an nicht schienengebundenen Fahrzeugen zum Ändern der Fahrtrichtung; ein einwandfreies Abrollen aller Räder während der Kurvenfahrt ist nur dann gewährleistet, wenn die Verlängerungen aller Radachsen sich im Kurvenmittelpunkt schneiden. Einspurfahrzeuge besitzen eine bes. einfache Lenkeinrichtung, bei der die mit dem Vorderrad verbundene Gabel drehbar gelagert ist; die mit der Gabel verbundene *Lenkstange* ermöglicht das Einschwenken des Vorderrades. Zweispurfahrzeuge weisen in der Regel lenkbare Vorderräder auf. Die *Achsschenkel-L.* ist bei Kfz. am häufigsten: Die Räder einer Achse schwenken jeweils um einen Achsschenkelbolzen (↑ Fahrwerk), wobei das kurveninnere Rad stärker eingeschwenkt werden muß als das kurvenäußere. Beim Drehen des *Lenkrades* wird die Drehbewegung über eine *Lenkstange* oder *Steuersäule* auf das *Lenkgetriebe* (Untersetzung 8 : 1 bis 12 : 1) und weiter über *Lenkstock-* und *Lenkhebel* auf die Räder übertragen. Die Räder sind durch eine [meist geteilte] *Spurstange* verbunden. Um zu vermeiden, daß bei Unfällen die starre Lenkstange in den Innenraum getrieben wird, ist bei der **Sicherheitslenkung** die Steuersäule zweimal abgeknickt und mit Gelenken versehen (eine einfachere Lösung stellt ein Faltsystem dar, bei dem ein Teil der Steuersäule mit einem Scherengitter ausgebildet ist, das sich bei einem Aufprall zusammenschiebt).
Bauarten: Bei der **Zahnstangenlenkung** ist das Ende der Lenksäule mit einem Ritzel verbunden, das in eine Zahnstange eingreift und diese beim Drehen der L. seitl. verschiebt. Zur Gruppe der Schneckengetriebe zählt die **Schneckenlenkung,** die aus einem mit der Lenkstange verbundenen Schneckengewinde besteht: Ein Schneckenradsegment greift in das Schneckengewinde ein, das die Lenkwelle und den darauf befestigten *Lenkstockhebel* verdreht. Bei der **Spindellenkung** ist die Lenksäule mit der Lenkspindel verbunden, die bei Drehung auf der Lenkspindel laufende Lenkmutter verschiebt, wodurch die mit einem Hebel versehene Lenkwelle mit dem zugehörigen Lenkstockhebel verdreht wird. Bei der *hydraul.* L. (**Servolenkung**) wird die vom Fahrer aufgebrachte Lenkkraft durch Öldruck verstärkt. Ein am Lenkgetriebe angebrachtes und von der Lenksäule betätigtes Steuerventil steuert den Öldruck. Zur Ver-

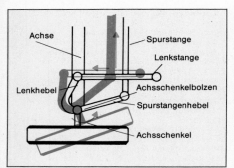

Achse
Spurstange
Lenkstange
Lenkhebel
Achsschenkelbolzen
Spurstangenhebel
Achsschenkel

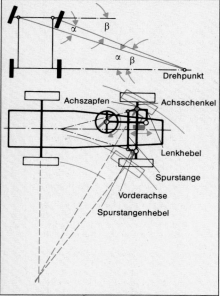

α β
α β
Drehpunkt

Achszapfen
Achsschenkel
Lenkhebel
Spurstange
Vorderachse
Spurstangenhebel

Achsschenkellenkung.
Wichtigste Bauteile (oben) und
schematische Darstellung des
Lenkvorganges (das innere Rad
muß zur Kurvenfahrt stärker
eingeschlagen werden)

Leningrad.
Peter-und-Pauls-Kathedrale
(1712–32; Turm 1751)
in der Peter-und-Pauls-Festung

Lenné, Peter Josef, * Bonn 29. Sept. 1789,
† Potsdam 23. Jan. 1866, dt. Gartenbaumei-
ster. - Seit 1854 Generaldirektor der königl.
Gärten in Preußen. Anlagen im klass. Stil
des engl. Landschaftsgartens in Sanssouci und
Schloß Babelsberg (Potsdam), Magdeburg,
Dresden; Umgestaltung des Tiergartens in
Berlin.

Lennep, Jacob van, * Amsterdam 24.
März 1802, † Oosterbeek bei Arnhem 25.
Aug. 1868, niederl. Dichter. - Populär v. a.
durch seine von W. Scott beeinflußten histor.
Romane, z. B. „Der Pflegesohn" (1833), „Die
Rose von Dekama" (1836), „Die Abenteuer
Ferdinand Huyck's" (1841) und Erzählungen;
Vondel-Ausgabe mit Biographie (1855–69).

Lennestadt, Stadt im Sauerland, NRW,
500–700 m ü. d. M., 26 000 E. Elektroind., Metallverarbeitung, Tabakindustrie. - Entstand
1969 durch Zusammenschluß mehrerer Gemeinden. - Roman. Hallenkirche (13. Jh.) und
Karl-May-Freilichtbühne im Ortsteil Elspe. -
Beim Ortsteil **Meggen** Abbau von Schwefel-
kies, Schwerspat und Zinkblende.

Lenngren, Anna Maria [schwed.

meidung von Lenkschwingungen werden
L.dämpfer (Schwingungsdämpfer) eingebaut,
die schnelle Schwingungen dämpfen. Zwei-
und dreiachsige Anhänger haben überwiegend eine **Drehschemellenkung.** Die starre
Achse ist mit den Federn in einem Gestell
angeordnet, das über eine Zapfen- oder
Drehkranzführung drehbar mit dem Anhän-
gergestell verbunden ist.

'lɛngre:n], geb. Malmstedt, * Uppsala 18. Juni 1754, † Stockholm 8. März 1817, schwed. Dichterin. - Verfaßte klass. gewordene Satiren und Epigramme, vorwiegend gegen die Lebensführung des Adels, allg. auch geger Egoismus und Eitelkeit.

Lennon, John [engl. 'lɛnən] † Beatles.

Lenoir, Étienne [frz. lə'nwa:r], * Mussy-la-Ville (bei Arel) 12. Jan. 1822, † La Varenne-Saint-Hilaire (= Saint-Maur-des-Fossés) 7. Aug. 1900, frz. Mechaniker belg. Herkunft. - Vielseitiger Erfinder (Autodidakt); konstruierte u. a. 1860 den ersten brauchbaren Gasmotor sowie das erste damit angetriebene Straßenfahrzeug (1863) und Motorboot (1866).

Lenore, weibl. Vorname, Nebenform von Leonore.

Lenormand, Henri René [frz. lənɔr'mã], * Paris 3. Mai 1882, † ebd. 16. Febr. 1951, frz. Dramatiker. - Seine aufsehenerregenden, von Freud, Strindberg und Pirandello beeinflußten Stücke zeigen Menschen, die dämon. Naturgewalten und Trieben hilflos ausgeliefert sind, bes. „Im Schatten des Bösen" (1925). Auch Verf. von Erzählprosa und Studien zur Ästhetik des Theaters.

Le Nôtre, André [frz. lə'no:tr], * Paris 12. März 1613, † ebd. 15. Sept. 1700, frz. Gartenbaumeister. - Eigtl. Schöpfer des „Frz. Gartens": 1653–90 Vaux-le-Vicomte, 1664 ff. Jardin des Tuileries, Clagny (1674 ff.), Marly (1677 ff.) und v. a. Versailles (1663–88), eine Anlage mit Achsensystem und sternförmig ausstrahlenden Alleen, bereichert von Bosketts, Rondells, Wasserbecken, Plätzen, Statuen; Vorbild für viele europ. Gartenanlagen des Barock.

Lensing, Elise, * Lenzen/Elbe 14. Okt. 1804, † Hamburg 18. Nov. 1854, Geliebte F. Hebbels. - Half als Näherin dem jungen Hebbel aus seiner größten finanziellen Not; Hebbel verließ sie jedoch und heiratete C. Enghaus, die L. in Freundschaft verbunden blieb.

lentando (lentato) [italien.], musikal. Vortragsbez.: langsamer werdend, zögernd.

Lentikulargläser [lat./dt.] † Brille.

Lentikulariswolken [zu lat. lenticularis „linsenförmig"] † Wolken.

Lentini, Giacomo da † Giacomo da Lentini.

Lentizellen [lat.] (Korkporen, Korkwarzen, Rindenporen), luftdurchlässige, nach außen warzenförmige Erhebungen bildende Kanäle im Korkmantel der Sproßachsen von Holzgewächsen. Sie dienen dem Gasaustausch der Pflanze mit der Außenluft.

lento [italien.], musikal. Vortragsbez.: langsam, schleppend (zw. largo und adagio).

Lentulus, Beiname (wahrscheinl. etrusk. Herkunft) des patriz. Geschlechtes der Cornelier in Rom. Bed. Namensträger:

L., Publius Cornelius L. Spinther, † 47/46, Konsul (57). - Setzte sich als Konsul für die Rückberufung Ciceros aus dem Exil ein; 56–54 Statthalter in Kilikien; kämpfte im Bürgerkrieg auf der Seite des Pompejus.

L., Publius Cornelius L. Sura, † Rom 5. Dez. 63 v. Chr., Konsul (71). - Wurde 70 wegen seines Lebenswandels aus der Senatsliste gestrichen, wegen seiner Teilnahme an der Catilinar. Verschwörung 63 hingerichtet.

Lenya, Lotte ['lɛnja], * Wien 18. Okt. 1900, † New York 27. Nov. 1981, östr. Schauspielerin und Sängerin. - In erster Ehe ∞ mit K. Weill; zunächst in Berlin (Seeräuber-Jenny in der „Dreigroschenoper" von B. Brecht); emigrierte 1933 in die USA; bekannt als Interpretin der Lieder von K. Weill nach Texten von B. Brecht. Erfolgreich in der Titelrolle der „Mutter Courage" von B. Brecht bei den Ruhrfestspielen 1965; auch Filmrollen, u. a. „Der röm. Frühling der Mrs. Stone" (1961, nach T. Williams).

Lenz, Heinrich, * Dorpat 12. Febr. 1804, † Rom 10. Febr. 1865, balt. Physiker. - Prof. in Petersburg. Arbeiten über die elektromagnet. Induktion und die therm. Wirkung elektr. Ströme (Entdeckung der Temperaturabhängigkeit des elektr. Widerstandes). - † auch Lenzsche Regel.

L., Hermann, * Stuttgart 26. Febr. 1913, dt. Schriftsteller. - 1951–71 Sekretär des Süddt. Schriftstellerverbandes. Verfaßt Prosa und Lyrik, teils impressionist., teils mag.-realist.; wurde bekannt mit dem Roman „Nachmittag einer Dame" (1961); auch autobiograph. Romane wie „Neue Zeit" (1975), „Tagebuch vom Überleben und Leben" (1978). Erhielt 1978 den Georg-Büchner-Preis. - *Weitere Werke:* Der Kutscher und der Wappenmaler (R., 1972), Der Tintenfisch in der Garage (En., 1977), Andere Tage (R., 1979), Das stille Haus (E., 1982), Ein Fremdling (R., 1983), Durch den Krieg kommen (1983), Der Letzte (E., 1984), Leben und Schreiben. Frankfurter Vorlesungen (1986), Der Wanderer (1986).

L., Jakob Michael Reinhold, * Seßwegen (Livland) 12. Jan. 1751, † Moskau 24. Mai 1792, dt. Dichter. - Studierte in Königsberg (Pr) Theologie, begegnete 1771 in Straßburg Goethe; 1776 in Weimar, das er 1777 nach Differenzen mit Goethe verließ; reiste - geistig bereits erkrankt - wiederholt in die Schweiz, nach Riga, lebte zuletzt in Moskau in ärml. Verhältnissen. Als typ. Vertreter des Sturm und Drangs stellt alle seine Werke stark von persönl. Erlebnissen und ungezügelter Phantasie bestimmt. Bed. sind die Dramen „Der Hofmeister" (1774) und „Die Soldaten" (1776), die moderne Formkonzeptionen vorausnehmen (impressionist. Szenenfolge, Situationstechnik) und inhaltl. die damals vielerörterten Sozialkonflikt. Themen variieren.

L., Siegfried, * Lyck (Ostpreußen) 17. März 1926, dt. Schriftsteller. - Zunächst Redakteur. Grundthemen seiner Erzählwerke, Dramen und Hörspiele sind: Erfahrung der Unfreiheit,

Verstrickung in Schuld und Verfolgung, Erlebnis von Einsamkeit und Versagen. Internat. bekannt wurde L. durch den Roman „Deutschstunde" (1968), in dem parabelhaft dt. Verhalten im NS gedeutet wird. In dem Roman „Das Vorbild" (1973) geht es um fragwürdige Vorbildvermittlungen, u.a. durch Schullesebücher. - *Weitere Werke:* Es waren Habichte in der Luft (R., 1951), So zärtl. war Suleyken (En., 1955), Der Mann im Strom (R., 1957), Das Feuerschiff (En., 1960), Zeit der Schuldlosen (Dr., 1962), Stadtgespräch (R., 1963), Der Spielverderber (En., 1965), Haussuchung (Hörspiele, 1967), Der Geist der Mirabelle. Geschichten aus Bollerup (En., 1975), Heimatmuseum (R., 1978), Der Verlust (R., 1981), Elfenbeinturm und Barrikade (Essays, 1983), Ein Kriegsende (E., 1984), Exerzierplatz (R., 1985).

Lenz [zu althochdt. lenzo „lang" (nach den länger werdenden Tagen)], dichter. für Frühling; übertragen in der Mrz. auch für: Lebensjahre.

Lenzburg, Bez.hauptort im schweizer. Kt. Aargau, 404 m ü.d.M., 7600 E. Zwei Museen; Nahrungsmittel- u.a. Ind. - Bei der Burg der Grafen von L. entstand eine Siedlung, die im 13.Jh. Marktrecht, 1306 Stadtrecht erhielt; behielt auch nach der Eroberung durch Bern (1415) eigene Gerichtsbarkeit und Militärhoheit; 1803 zum Kt. Aargau. - Schloß (11.–15. und 17.Jh.), Rathaus und Stadtkirche (beide 17.Jh.), röm. Theater (1964 entdeckt, 1972 konserviert).

lenzen [niederdt.], 1. einen Schiffsraum von Leck- oder Schwitzwasser, auch Ballasttanks vom Ballastwasser leerpumpen; 2. ohne oder mit kleinster Besegelung vor dem Sturm herlaufen.

Lenzerheide (amtl. L./Lai), schweizer. Wintersportplatz und Sommerfrische im gleichnamigen Hochtal, Kt. Graubünden, 18 km südl. von Chur, 1473 m ü.d.M. - 1835 als Name für eine Postablage auf der damals neuerbauten Paßstraße Chur–Tiefencastel belegt. - Das Hochtal wurde z.T. durch Bergstürze verschüttet.

Lenzmonat (Lenzing), alter Name (aus der Liste Karls d.Gr.) für den März.

Lenzsche Regel (Lenzsches Gesetz), ein von Heinrich Lenz 1834 gefundenes Gesetz zur elektromagnet. Induktion: Die induzierte Spannung ist stets so gerichtet, daß das Magnetfeld des durch sie verursachten Stromes der Induktionsursache entgegenwirkt.

Leo, männl. Vorname, Kurzform von Leonhard und Leopold.

Leo, Name von Päpsten:
L. I., der Große, hl., * in Tuszien, † Rom 10. Nov. 461, Papst (seit 29. Sept. 440). - Erreichte die Unabhängigkeit des Primatsanspruchs des röm. Bischofs von staatl. Zustimmung; griff in den christolog. Streit ein und ging entschieden gegen abweichende Lehren

seiner Zeit vor. In L.s Person erreichte das altkirchl. Primatsbewußtsein, das für die westl. Kirche bestimmend blieb, seinen ersten Höhepunkt. - Erhalten sind Briefe und zahlr. Predigten. - Fest: 10. November.
L. III., hl., † 12. Juni 816, Papst (seit 27. Dez. 795). - Krönte am Weihnachtsfest 800 Karl d.Gr. in der Peterskirche zum Röm. Kaiser und erneuerte damit das Röm. Kaisertum, was für das ma. Verhältnis von Papst und Kaiser von entscheidender Bedeutung war.
L. IX., hl., * Egisheim (Elsaß) 21. Juni 1002, † Rom 19. April 1054, vorher Bruno Graf von Egisheim und Dagsburg, Papst (seit 12. Febr. 1049). - 1026 Bischof von Toul; der bedeutendste der dt. Päpste des MA. Mit L. kam die kluniazens. Reform zum Sieg und wurde die gregorian. Reform eingeleitet; er ging v.a. gegen Simonie und Priesterehe vor und leitete die Bildung des Kardinalskollegiums und der Röm. Kurie neuen Stils ein - beides künftig Hilfsorgane zur Regierung der Gesamtkirche. - Fest: 19. April.
L. X., * Florenz 11. Dez. 1475, † Rom 1. Dez. 1521, vorher Giovanni de' Medici, Papst (seit 11. März 1513). - Renaissancepapst, Mäzen der Künste, ohne geistl. Verantwortungsbewußtsein. Der Ablaßhandel zur Finanzierung des Neubaus der Peterskirche gab Anlaß zum Hervortreten M. Luthers 1517. L. suchte die Kaiserwahl Karls V. zu verhindern, ließ deshalb den Lutherprozeß drei Jahre ruhen, was die Reformation entscheidend förderte, und verhängte am 3. Jan. 1521 über Luther den Kirchenbann und verband sich Ende Mai mit Karl V. gegen Franz I. von Frankreich.
L. XII., * Schloß Genga bei Spoleto 22. Aug. 1760, † Rom 10. Febr. 1829, vorher Annibale Sermattei della Genga, Papst (seit 28. Sept. 1823). - Ab 1794 als Nuntius mit zahlr. diplomat. Missionen betraut, v.a. in Deutschland; machte sich durch hartes Polizeiregiment im Kirchenstaat verhaßt, setzte aber nach außen die Politik des liberalen Kardinalstaatssekretärs E. Consalvi fort; kirchl. Neuorganisation im Königreich Hannover 1824 und in der Oberrhein. Kirchenprovinz; Neuordnung der Kirche in Lateinamerika nach der Trennung von Spanien und Portugal.
L. XIII., * Carpineto 2. März 1810, † Rom 20. Juli 1903, vorher Vincenzo Gioacchino Pecci, Papst (seit 20. Febr. 1878). - Ihm gelang die Beendigung des Kulturkampfes im Dt. Reich und die Verbesserung der Beziehungen zu anderen Staaten (jedoch Scheitern der Versöhnung mit Italien und der auf das Ralliement gestützten Frankreichpolitik). In der Enzykl. Rundschreiben behandelte er kirchl., wiss., polit. und soziale Fragen (z.B. „Rerum novarum", 1891, erste päpstl. Sozialenzyklika). L. förderte die missionar. Ausbreitung, die neuthomist. Scholastik und öffnete 1881 das Vatikan. Archiv der wiss. Forschung;

zeigte aber auch reaktionäre Tendenzen (u. a. Verstärkung des röm. Zentralismus, Einsetzung einer Bibelkommission zur Überwachung der Exegeten).

📖 Lill, R.: *Die Wende im Kulturkampf: L. XIII., Bismarck u. die Zentrumspartei; 1876 bis 1880.* Tüb. 1973. - *Weber, Christoph: Quellen u. Studien zur Kurie u. zur vatikan. Politik unter L. XIII.* Tüb. 1973.

Leo, Heinrich, * Rudolstadt 19. März 1799, † Halle/Saale 24. April 1878, dt. Historiker. - Prof. in Berlin (1825) und Halle (ab 1830); legte das Schwergewicht seiner Forschungen auf die kulturpolit. und geopolit. Darstellung der Staatengeschichte; die Geschichte war für ihn ein göttl. geleiteter Heilsprozeß. L. war ein bed. konservativer Denker seiner Zeit.

L., Leonardo, * San Vito degli Schiavi (= San Vito dei Normanni) 5. Aug. 1694, † Neapel 31. Okt. 1744, italien. Komponist. - Bed. Vertreter der neapolitan. Schule; komponierte etwa 80 Bühnenwerke, Oratorien, Kirchenmusik, Instrumentalwerke.

Leo [lat. „Löwe"] ↑ Sternbilder (Übersicht).

Leo Africanus, eigtl. Al Hasan Ibn Muhammad Al Wassan, * Granada um 1490, † Tunis nach 1550, arab.-maur. Reisender und Geograph. - Bereiste ab 1508 N-Afrika und vielleicht Vorderasien; 1520 Übertritt zum Christentum. Sein Hauptwerk ist eine arab. konzipierte, 1526 von ihm ins Italien. übersetzte Beschreibung N-Afrikas (italien. 1550, dt. 1805).

Leoba, hl. ↑ Lioba, hl.

Leo Baeck Institute [engl. 'li:oʊ 'bɛk 'ɪnstɪtjuːt], nach Leo Baeck ben., 1954 vom „Council of Jews from Germany" gegr. wiss. Einrichtung zur Sammlung von Materialien zur Geschichte der dt. Juden in den letzten 200 Jahren und deren wiss. Bearbeitung. In der „Schriftenreihe wiss. Abhandlung der L. B. I. of Jews from Germany" sind seit 1959 mehr als 30 Monographien erschienen.

Leoben, österr. Bez.hauptstadt an der oberen Mur, 532 m ü. d. M., 32 000 E. Montanist. Hochschule, Forschungsinst. für Gießerei und Magnesit, Museum, Stadttheater (1790/91). Eisenhüttenwerk im Stadtteil Do-**nawitz.** - 904 war **Liupina** Zentrum einer Gft., seit 1160 Markt. Zw. 1261 und 1280 wurde eine neue, befestigte Stadt angelegt, die seit dem 15. Jh. ein Zentrum der Eisenverarbeitung und des Eisenhandels ist, 1939 mit den Orten Donawitz (seit dem 19. Jh. steir. Schwerind.zentrum), Göss, Judendorf und Leitendorf vereinigt. - Spätgot. Kirche Maria am Waasen (Chor 14. Jh.) mit bed. Glasgemälden; ehem. Jesuitenkirche (1660–65); im Stadtteil **Göss** Stiftskirche (14. und 16. Jh.) mit frühroman. Krypta (11. Jh.) und Bischofskapelle (13. Jh.) des ehem. Benediktinerinnenstifts.

Leobgytha, hl. ↑ Lioba, hl.

Leochares, griech. Bildhauer des 4. Jh. v. Chr. aus Athen (?). - Tätig ab 370; beteiligt am Skulpturenschmuck des Mausoleums von Halikarnassos (gegen 350); die Zuweisung des Apoll vom Belvedere (Vatikan) und der Artemis von Versailles (Louvre) an L. bleibt hypothetisch.

Leo Hebräus (Jehuda Leone, Leone Ebreo), eigtl. J[eh]uda León Abravanel (Abarbanel), * Lissabon um 1460, † Neapel nach 1523, portugies.-jüd. Arzt, Philosoph und Dichter. - Berührung mit der platon. Akademie in Florenz; Vertreter des Neuplatonismus unter dem Einfluß von Maimonides und Ibn Gabirol; in seinem Hauptwerk „Dialoghi d'amore" (postum 1535) sieht er das letzte Ziel der Liebe in der Vereinigung der Schöpfung mit dem Guten und der Schönheit in Gott.

Leo Minor [lat.] ↑ Sternbilder (Übersicht).

Leon, männl. Vorname, Kurzform von Leonhard.

Leon, Name byzantin. Herrschern:
L. I., der Große, * in Thrakien um 400, † Konstantinopel 3. Febr. 474, Kaiser (seit 457). - Vermutl. als erster Kaiser vom Patriarchen von Konstantinopel gekrönt. Durch den Alanen Aspar zur Herrschaft gelangt, suchte er dann die Hilfe der Isaurier gegen Aspars Einfluß.
L. III., der Syrer, * Germanikeia (Syrien) um 675, † Konstantinopel 18. Juni 741, Kaiser (seit 717). - Zwang Theodosius III. zum Rücktritt und begründete die syr. Dyn.; errang 717/718 und 740 Siege über die Araber; unter ihm Beginn des Bilderstreites.
L. V., der Armenier † Konstantinopel 26. Dez. 820 (ermordet), Kaiser (seit 813). - Bekämpfte erfolgreich Bulgaren (Sieg bei Mesembria 13./14. April 814) und Araber; erneutes Aufflammen des Bilderstreites.
L. VI., der Weise, * Konstantinopel um 865, † ebd. 12. Mai 912, Kaiser (seit 886). - Ab 870 Mitkaiser; unter seiner militär. schwachen Reg. mußte das Reich Bulgaren (893 vor Konstantinopel), Langobarden in Italien, Araber und Russen (907) abwehren. L. veranlaßte die Sammlung der Gesetze des Oström. Reiches (↑ Basilika).

Léon, Viktor [le'o:n], eigtl. V. Hirschfeld, * Wien 4. Jan. 1858, † ebd. 3. Febr. 1940, österr. Bühnenschriftsteller und Dramaturg. - Verf. zahlr. Volksstücke und Operettenlibretti, u. a. zu „Wiener Blut" (1899) von J. Strauß, „Die lustige Witwe" (1905) und „Das Land des Lächelns" (1929) von F. Lehár.

León, nordspan. Stadt am N-Rand der Meseta, 822 m ü. d. M., 131 000 E. Verwaltungssitz der Prov. L.; kath. Bischofssitz; Inst. für sozialwiss. Forschungen; Nahrungsmittel- und chem. Ind., Tonwarenherstellung. - Wurde 68 n. Chr. Sitz eines röm. Prokurators und

León

Standort der VII. Legion; 910–1230 Hauptstadt des Kgr. León; bei einer Belagerung durch die Mauren 988 halb zerstört, wenig später wieder aufgebaut. Handelsplatz und Raststation an der Pilgerstraße nach Santiago de Compostela. Verlor seine Bed., als 1230 die Reiche Kastilien und León endgültig vereinigt wurden. - Roman. Stiftskirche (11. und 12. Jh.) mit dem sog. Pantheon der Könige, got. Kathedrale (13.–15. Jh.) mit bed. Glasfenstern und spätgot. Kreuzgang; Renaissancekloster San Marcos (1513 begonnen); Palast Casa de los Guzmanes (16. Jh.).

L., span. Prov. in der Region Kastilien-L., 15 468 km², 524 000 E (1981). L. liegt im W der Nordmeseta, reicht im N bis ans Kantabr. Gebirge, im S bis ins Kastil. Scheidegebirge hinein. Das Landesinnere hat kontinentales Klima. Vorherrschend ist die Landw.; angebaut werden Getreide, Hülsenfrüchte, Reben. Im N herrscht Rinder-, im S Schafzucht vor. Bodenschätze sind Kohle und verschiedene Erze; Nahrungsmittelindustrie.

Geschichte: Nach Abdankung König Alfons' III. von Asturien († 912) wurde das Reich unter seine 3 Söhne aufgeteilt: Asturien, L., Galicien; 914 vereinigten sich L. und Galicien; 10 Jahre später schloß sich auch Asturien dem Kgr. L. an, das damit das ganze ehem. Asturien umfaßte; 1037 wurde Kastilien durch Heirat mit L. vereinigt; zeitweilig gewann L. seine Unabhängigkeit zurück (1065–1072 und 1157–1230) bis Ferdinand III. von Kastilien endgültig die Einigung herbeiführte.

L., Hauptstadt des Dep. L. in W-Nicaragua, am Pazifik, 100 m ü. d. M., 158 600 E. Kath. Bischofssitz; Univ. (gegr. 1812); Handelszentrum. - 1610 erbaut; bis 1852 Hauptstadt von Nicaragua. - Kolonialzeitl. Stadtbild; Kathedrale (18. Jh.).

Leonard [engl. 'lɛnəd], engl. Form des männl. Vornamens Leonhard.

Leonard [engl. 'lɛnəd], Ward, * Cincinnati 8. Febr. 1861, † New York 18. Febr. 1915, amerikan. Elektrotechniker. - Mitarbeiter von T. A. Edison; gründete 1894 die W. L. Electric Company in Bronxville (N. Y.), die durch seiner Erfindungen (automat. Zugbeleuchtungssystem, Regelungssystem für Elektromotoren [↑ Leonard-Schaltung], Fahrstuhlkontrollsystem u. a.) in Produktion nahm.

Léonard [frz. leɔ'na:r], frz. Form des männl. Vornamens Leonhard.

Leonardo [italien. leo'nardo, span. leo-'narðo], italien. und span. Form des männl. Vornamens Leonhard.

Leonardo da Vinci [italien. dav'intʃi], * Vinci bei Florenz 15. April 1452, † Château de Cloux (= Clos-Lucé) bei Amboise 2. Mai 1519, italien. Maler, Bildhauer, Baumeister, Zeichner und Naturforscher. - Unehel. Sohn des Ser Piero, Notars der florentin. Stadtregierung, und eines Bauernmädchens, siedelte wahrscheinl. 1466 mit seinem Vater nach Florenz über. - Bei Verrocchio ausgebildet, wurde er 1472 in die Malerzunft aufgenommen. Nach langjähriger Tätigkeit (1482–99) am Mailänder Hof des Herzogs Ludovico il Moro (Ludwig von Mailand) kehrte L. über Mantua und Venedig nach Florenz (1500–06) zurück, ging dann jedoch auf Einladung des frz. Statthalters wieder nach Mailand. 1513 begab er sich in Erwartung päpstl. Aufträge nach Rom und folgte 1516 einer Einladung des ihn verehrenden Königs Franz I. nach Frankreich.

Der Bestand an gesicherten Gemälden ist zahlenmäßig gering. Neben vereinzelten Werken der Wandmalerei („Abendmahl", 1495–97, Mailand, Santa Maria delle Grazie; sehr schlechter Zustand) schuf L. Bildnisse („Dame mit Hermelin", um 1485, Krakau, Museum Narodowe; „Mona Lisa", um 1503, Paris, Louvre) und Andachtstafeln („Verkündigung", 1479–82, Florenz, Uffizien; „Madonna mit Nelke", München, Alte Pinakothek; „Madonna Benois", um 1480, Leningrad, Eremitage; „Felsgrottenmadonna", nach 1483, Louvre, zweite Fassung unter Mitwirkung von Schülern 1506–08, London, National Gallery; „Anna selbdritt", 1501–07, Louvre). Einige Werke des oft in unerprobten Techniken experimentierenden Malers blieben unvollendet („Anbetung der Könige", um 1481, Uffizien; „Hl. Hieronymus", nach 1483, Vatikan. Sammlungen; „Anghiari-Schlacht", 1504–06, für den Florentiner Rathaussaal, zerstört, in Kopien überliefert). Seine durch ungewöhnliche Beobachtungsschärfe, waches Naturgefühl und psycholog. Einfühlung gekennzeichneten Werke streben kompositionell nach einer formalen Ausgewogenheit von klass. Klarheit und erscheinen maler. in ein weiches Halblicht („Sfumato") getaucht, das ihnen einen viel bewunderten atmosphär. Reiz verleiht. Die gesamte mailänd. Malerei des 16. Jh. erhielt durch L. eine unverkennbare Prägung. Als Bildhauer beschäftigte L. sich in Mailand mit zwei monumentalen Reiterstandbildern; Skizzen und Bronzemodelle zeugen von der weit über die Epoche hinausweisenden Großartigkeit der nie ausgeführten Projekte. Eine Vielzahl von Entwürfen für ideale Gartenund Schloßanlagen, Kirchenbauten, Festungswerke, Kanäle, mehrgeschossige Straßen und kriegstechn. Einrichtungen belegen L. Tätigkeit auf architekton. Gebiet, doch blieb sein Wirken hier auf allg. Impulse beschränkt, und nur einige der skizzierten Bauideen aus den letzten Jahren fanden bei der Errichtung des Schlosses Chambord unmittelbare Verwendung.

Von der überraschenden Vielseitigkeit L. legen v. a. seine Zeichnungen (in Silberstift, Feder, Kreide, Kohle, Rötel oder Tusche) Zeugnis ab. Sie beziehen sich nicht nur auf vollendete oder geplante Werke in Malerei, Plastik und Architektur, sondern weisen L. als Wegbereiter einer anschaul. Naturforschung auf dem Gebiet der Anatomie, Botanik, Zoologie, Geologie, Hydrologie, Aerologie, Optik und Mechanik aus. Als Naturforscher und Techniker war L. ein typ. Empiriker. Er strebte weniger nach wiss. Gesamtschau als nach Einsichten in Einzelerscheinungen der Natur. In prakt. Anwendung aufgefundener Gesetzmäßigkeiten konstruierte L. eine erstaunl. Anzahl Geräte, u. a. Stechheber, Pumpen, Brennspiegel, Fallschirme, Kräne, Schleudern sowie Maschinen zur Tuchherstellung („Musterbuch der Maschinenlehre", Madrider Nationalbibliothek, 1967 aufgefunden). Seine Landkarten der Toskana sind Marksteine der modernen Kartographie. Als Theoretiker sammelte L. eine Reihe von Aufzeichnungen für verschiedene Lehrschriften. Ein Traktat über die Malerei (hg. 1651 von Dufresne) forderte das Naturstudium und neben der Linien- auch die Luftperspektive farbiger Schatten (Sfumato). Ziel der schriftl. Aufzeichnungen war die Zusammenfassung aller geplanten „Bücher" zu einer umfassenden Lehre von den mechan. funktionellen Urgesetzen der Natur, eine Art großangelegter Kosmologie. - Universalgenie wie kein anderer seiner Zeitgenossen, vielseitig begabter, phantasievoller Künstler wie aufmerksamer, von forscher. Interessen angetriebener Beobachter von Naturphänomenen, hat L., nach einer neuartigen Synthese von Kunst und Wissenschaften suchend, sein breites Streben nicht nur zur Verwirklichung bildner. Vorstellungen eingesetzt, sondern v. a. auch in den Dienst eines neuzeitl. Erkenntnisdranges gestellt. - Abb. S. 92 und Bd. 2, S. 16.

📖 *Baur, O., u. a.: L. da Vinci. Köln 1984. 2 Bde. - Friedenthal, R.: L. Mchn. 1983. - Arasse, D.: L. da Vinci und seine Welt. Bayreuth 1982. - Pedretti, C.: L. da Vinci - Architekt. Dt. Übers. Stg. 1981. - Schumacher, J.: L. da Vinci. Bln. 1981. - Nardini, B.: L. da Vinci. Dt. Übers. Stg. ²1980.*

Leonard-Schaltung [engl. ˈlɛnəd; nach W. Leonard], Schaltung zur verlustarmen Drehzahlsteuerung von Gleichstrommotoren. Die L.-S. besteht aus einem Drehstrommotor zum Antrieb des Steuergenerators, der die Klemmenspannung für den Antriebsmotor liefert. Diese wird durch Steuerung des Generatorerregerstroms in Höhe (Drehzahl) und Polarität (Drehrichtung) mit dem [Umkehr]feldsteller gesteuert. Verwendung: Antrieb von Walzstraßen und Fördergeräten. - Abb. S. 93.

Leonberg, Stadt im westl. Großraum von Stuttgart, Bad.-Württ., 386 m ü. d. M., 39 000 E. Metall-, Gummi-, opt. u. a. Ind. - 1249 als Stadt in Gitterform mit 3 parallelen Hauptstraßen gegr.; 1457 Tagungsort des ersten örtl. sicher bestimmbaren württemberg. Landtags; bis ins späte 19. Jh. Ackerbürgerstadt. - Got. Pfarrkirche (13./14. Jh.); Fachwerkbauten, u. a. Rathaus (1482); Schloß (16. Jh.).

Leonberger [nach der Stadt Leonberg], zu den Doggen zählende dt. Hunderasse; Schulterhöhe 85 cm, mit Hängeohren und langer Rute; Haar mittellang, leicht abstehend, meist gelb- bis rotbraun; Wach- und Begleithunde.

Leoncavallo, Ruggiero, * Neapel 23. April 1857, † Bagni di Montecatini (= Montecatini Terme) 9. Aug. 1919, italien. Opernkomponist. - War nach mehreren mißlungenen Opernversuchen mit dem bis heute beliebten „Bajazzo" (1892) erfolgreich.

Leone, Giovanni, * Neapel 3. Nov. 1908, italien. Politiker. - Jurist; ab 1936 Prof. in Messina, Bari, Neapel und Rom; 1946 Mgl. der Konstituante, maßgebl. an der Ausarbeitung der Verfassung beteiligt; ab 1948 Abg. (DC); 1955–63 Präs. der Kammer; 1963 und 1968 Min.präs.; seit 1967 Senator auf Lebenszeit, 1971–1978 Staatspräsident.

L., Sergio, * Rom 3. Jan. 1929, italien. Filmregisseur. - Drehte zunächst Historienfilme wie „Der Koloß von Rhodos" (1960). Neben S. Corbucci Hauptvertreter des Italo-Westerns, v. a. mit „Für eine Handvoll Dollar" (1964), „Spiel mir das Lied vom Tod" (1968) und „Todesmelodie" (1972); erfolgreiche Westernparodie „Mein Name ist Nobody" (1974). Drehte auch „Es war einmal in Amerika" (1984).

Leonfelden, Bad ↑ Bad Leonfelden.

León Felipe [span. leˈɔnfeˈlipe], eigtl. L. F. Camino, * Tábara (Prov. Zamora) 11. April 1884, † Mexiko 18. Sept. 1968, span. Dichter. - Während des Span. Bürgerkriegs auf republikan. Seite; lebte in Mexiko. Vom Modernismo, von Whitman, später auch vom Surrealismus beeinflußter, sehr persönl. Lyriker.

Leonhard, männl. Vorname (zu lat. leo „Löwe" und althochdt. harti „hart").

Leonhard, Rudolf, * Lissa (= Lezno) 27. Okt. 1889, † Berlin 19. Dez. 1953, dt. Dichter. - Vater von Wolfgang L.; beteiligte sich aktiv an der Novemberrevolution; lebte ab 1927 in Frankr., ab 1950 in Berlin (Ost). Lyriker, Dramatiker, Erzähler und Essayist, im Frühwerk vom Expressionismus geprägt, bevorzugte später eine realist. Gestaltung. - *Werke:* Über den Schlachten (Ged., 1914), Spartakussonette (1922), Geiseln (Trag., 1947).

L., Wolfgang, * Wien 16. April 1921, dt. polit. Schriftsteller. - Sohn von Rudolf L.; emigrierte mit seiner Mutter 1933 nach Schweden, 1935 in die UdSSR; ab 1945 Mitarbeiter W. Ulbrichts in der SBZ, 1949 Flucht in die BR Deutschland; setzt sich in seinen Publikationen mit dem Kommunismus auseinander, u. a. „Die Revolution entläßt ihre Kinder" (1955), „Kreml ohne Stalin" (1959), „Die Dreispaltung des Marxismus" (1970) „Euro-Kommunismus" (1978), „Dämmerung im Kreml" (1984).

Leonid

Leonardo da Vinci, Ginevra de'
Benci (um 1480). Washington,
National Gallery of Art (oben);
Die Jungfrau mit dem Kind, der
heiligen Anna und dem kleinen
Johannes (um 1500). London,
National Gallery

Leonid [leoˈniːt, ˈleːoniːt; russ. lɪaˈnit],
männl. Vorname griech. Ursprungs, eigtl.
„der Löwengleiche" (griech. Leonidas, Leoni-
des, zu léōn „Löwe").

Leonidas, ✕ an den Thermopylen 480
v. Chr., spartan. König (seit 488) aus dem
Geschlecht der Agiaden. - Hielt während des
pers. Griechenlandzuges im Juli/Aug. 480 den
Thermopylenpaß mehrere Tage und fiel nach
Verrat seiner Stellung durch Ephialtes an Xer-
xes I. zus. mit 300 Spartanern sowie 700 Thes-
piern.

Leonid Breschnew [russ. lɪaˈnit ˈbrjɛʒ-
nɪf] (bis 1982 Nabereschnyje Tschelny), sowjet. Stadt an der unteren Kama, Tatar. ASSR,
414 000 E. Größtes Automobilwerk der Sowjetunion.

Leoniden [griech.], der um den 15. Nov.
regelmäßig wiederkehrende Meteorstrom,
dessen Ausstrahlpunkt im Sternbild Leo liegt.

leoninischer Hexameter (lat. versus
leoninus) ↑ Hexameter.

Leoninus, frz. Magister und Komponist
der 2. Hälfte des 12. Jh. - Bed. Komponist
der Notre-Dame-Schule, der den (zweistimmi-
gen) „Magnus liber organi de gradali et anti-
phonario" schuf (wohl zw. 1163 und 1182
für Notre-Dame in Paris geschrieben).

leonisch [nach der span. Stadt León],
mit Metallfäden umwickelt oder umsponnen
(z. B. l. Garn, l. Fäden); aus oder mit Hilfe
von Metallfäden oder -gespinsten gefertigt.

Leonore, weibl. Vorname, Kurzform von
Eleonore.

Leonow [russ. lɪˈɔnɛf], Alexei Archipo-
witsch, * Listwjanka (Gebiet Kemerowo) 30.
Mai 1934, sowjet. Kosmonaut. - Verließ 1965
als erster Mensch im Weltraum das Raum-
schiff (Woschod II).

L., Leonid Maximowitsch, * Moskau 31. Mai
1899, russ.-sowjet. Schriftsteller. - Sohn eines
Dichters bäuerl. Herkunft; L. schildert in
seinen erzählenden und dramat. Werken
meist (individuelle) Probleme, die beim Aufbau der sozialist. Gesellschaft und ihrer Lebensformen entstanden. Neben einem an stilist. Ornamenten reichen Frühwerk stehen
psycholog. Romane und Dramen. - *Werke:*
Aufzeichnungen eines Kleinstädters (Nov.,
1923), Die Bauern von Wory (R., 1924; 1963
auch u. d. T. Die Dachse), Der Dieb (R., 1927),
Aufbau (R., 1930, 1949 u. d. T. Das Werk im
Urwald), Der Weg zum Ozean (R., 1935),
Der russ. Wald (R., 1953).

Leontes, Fluß in Libanon, ↑ Litani, Al.

Leontiasis [zu griech. léōn „Löwe"]
↑ Löwengesicht.

Leontief, Wassily [engl. lɪˈɔntɪəf], * Petersburg 5. Aug. 1906, amerikan. Wirtschaftswissenschaftler russ. Herkunft. - Seit 1931 in
den USA, seit 1946 Prof. an der Harvard
University. Sein Lebenswerk ist die Ausarbeitung und Anwendung der Input-Output-Ana-
lyse. 1973 erhielt er den sog. Nobelpreis für
Wirtschaftswissenschaften.

Leontjew, Konstantin Nikolajewitsch
[russ. lɪˈɔntjɪf], * Kudinowo bei Kaluga 25.
Jan. 1831, † Kloster des hl. Sergius bei Mos-

kau 24. Nov. 1891, russ. Philosoph. - Vertreter einer pessimist. Kulturphilosophie, nach der die Kultur sich von einfacheren zu komplexeren Formen und dann zu ihrem Untergang entwickelt; übte scharfe Kritik an der europ. Technisierung.

Leopard [lat., zu leo (von griech. léōn) „Löwe" und pardus (von griech. párdos) „Pardel, Panther"] (Panther, Panthera pardus), etwa 1–1,5 m lange (mit Schwanz bis 2,5 m messende), überwiegend dämmerungs- und nachtaktive Großkatze bes. in Steppen, Savannen, Regenwäldern, auch Hochgebirgen Afrikas (ausgenommen die Sahara), in Teilen der Arab. Halbinsel, SW- und S-Asiens; Fell oberseits fahl- bis rötlichgelb, unterseits weißl., mit schwarzen Flecken, die (im Unterschied zum sonst sehr ähnl. Jaguar) keine dunklen Innentupfen aufweisen; auch völlig schwarze Exemplare (**Schwarzer Panther**). Der L. jagt meist allein, wobei er sich bis auf wenige Meter an die Beute (bes. Antilopen) heranpirscht, die er nach raschem Sprung durch Nacken- oder Kehlbiß tötet. Größere Beutetiere trägt er oft auf Bäume. Während der Paarungszeit (in den Tropen an keine Jahreszeit gebunden, sonst Januar bis März) jagen ♂ und ♀ meist gemeinsam. - Nach einer Tragzeit von 90 bis 100 Tagen werden je Wurf 1–3 (anfangs blinde) Junge geboren, die nach zwei Jahren geschlechtsreif werden. Die L. werden bes. wegen ihres schönen (vom Rauchwarenhandel sehr begehrten) Fells stark verfolgt. - **Geschichte:** Alte Darstellungen von L. sind aus Mesopotamien (Tempelbilder, keram. Gefäße), Persien und Ägypten erhalten. Bei den Griechen tritt der L. als Attribut der Jagdgöttin Artemis in Erscheinung. Im röm. Kulturraum wurden L. hauptsächl. mit Dionysos oder im „Zweikampf" mit Männern dargestellt.

Leopardendrückerfisch ↑Drückerfische.

Leopardi, Giacomo Graf, * Recanati 29. Juni 1798, † Neapel 14. Juni 1837, italien. Dichter. - Aus streng kath. Landadel; stets kränkl., schlug sich nach Verlassen des Elternhauses (1822) mit literar. Arbeiten durch; Atheist. Gilt mit seiner von klass. Formwillen geprägten Lyrik, die Ausdruck seiner seel. Zerrissenheit und romant. Schwermut ist, als der größte italien. Lyriker nach Petrarca. Bes. sind die „Pensieri di varia filosofia e di bella letteratura" (gewöhnl. bezeichnet als „Zibaldone di pensieri", entstanden 1817–32, hg. 1898–1907; dt. Ausw. 1943 u. d. T. „Gedanken aus dem Zibaldone").

Leopold, alter dt. männl. Vorname, der sich aus der althochdt. Form Luitbald (zu althochdt. liut „Volk" und bald „kühn") entwickelt hat.

Leopold, Name von Herrschern: Hl. Röm. Reich:

L. I., *Wien 9. Juni 1640, †ebd. 5. Mai

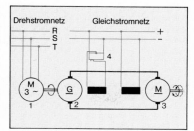

Leonard-Schaltung.
1 Drehstrommotor,
2 Steuergenerator,
3 Antriebsmotor,
4 Umkehrfeldsteller;
R, S, T Phasen

1705, König von Ungarn (seit 1655) und Böhmen (seit 1656), Kaiser (seit 1658). - Zweiter Sohn Kaiser Ferdinands III.; Hauptproblem seiner Reg.zeit war die Verbindung von frz. und osman. Expansionsstreben, die fast unablässig Kriege erforderte. Der Reunionspolitik Ludwigs XIV. trat L. durch Beteiligung am Niederl.-Frz. Krieg, am Pfälz. Erbfolgekrieg und an gegen die frz. Bestrebungen gerichteten Allianzen entgegen. Während die Auseinandersetzungen mit Frankr. für das Reich und das Haus Österreich ungünstig endeten, begr. L. nach zwei Türkenkriegen (1663/64 und 1683–99) den Aufstieg Österreichs zur europ. Großmacht. Als Folge des Zurückdrängens der Osmanen und der niedergeschlagenen Aufstände in Ungarn konnte L. die Anerkennung seiner Oberhoheit durch Ungarn (1687) und Siebenbürgen durchsetzen (1691).

L. II., *Wien 5. Mai 1747, †ebd. 1. März 1792, als L. I. Großhzg. von Toskana (seit 1765), Kaiser (seit 1790). - Als Großhzg. von Toskana veranlaßte L. im Sinne der Aufklärung umfassende Reformen in Wirtschaft und

Leopard

Leopold

Verwaltung; hob als Kaiser die Reformen Josephs II. z.T. wieder auf; gelangte in der Konvention von Reichenbach (1790) zum Ausgleich mit Preußen; verhielt sich gegenüber der Frz. Revolution zunächst abwartend, war aber 1792 in einem Bündnis mit Preußen zum Schutz der frz. Monarchie bereit.
Anhalt-Dessau:
L. I., gen. **der Alte Dessauer,** * Dessau 3. Juli 1676, † ebd. 9. April 1747, Fürst (seit 1693), Feldmarschall im preuß. Dienst. - Führte in seinem Regiment den Gleichschritt ein; kämpfte erfolgreich im Span. Erbfolgekrieg (Schlacht bei Höchstädt 1704) und im 2. Nord. Krieg.
Belgien:
L. I., * Coburg 16. Dez. 1790, † Laeken (= Brüssel) 10. Dez. 1865, König (seit 1831). - Nahm 1831 nach der Revolution in Brüssel seine Wahl zum König der Belgier an und heiratete eine Tochter Louis Philippes von Frankreich. L. regierte streng konstitutionell und verstand es, die belg. Neutralität zu sichern.
L. II., * Brüssel 9. April 1835, † Laeken (= Brüssel) 17. Dez. 1909, König (seit 1865). - Hatte großen persönl. Anteil am wirtsch. Aufschwung des Landes und förderte die Möglichkeiten zur Ausbeutung des von Stanley in seinem Auftrag gegr. Kongostaates, als dessen Souverän er 1885 anerkannt wurde; in den parlamentar. Kämpfen zw. Liberalismus und polit. Katholizismus konnte L. die Stellung der konstitutionellen Monarchie ungefährdet erhalten.
L. III., * Brüssel 3. Nov. 1901, † ebd. 25. Sept. 1983, König (1934-44 und 1950/51). - Seit 1926 ∞ mit Prinzessin Astrid von Schweden, nach deren Unfalltod 1935 in geheim gehaltener 2. Ehe (seit 1941) mit Liliane Baels (Prinzessin de Réthy); mußte 1940 vor der dt. Armee kapitulieren und lebte bis Juni 1944 auf Schloß Laeken (= Brüssel), danach in dt. Kriegsgefangenschaft; seit 1945 im Exil; übertrug seine Rechte im Aug. 1950 auf seinen Sohn Baudouin und dankte 1951 ab:
Hohenzollern-Sigmaringen:
L., * Krauchenwies (Landkr. Sigmaringen) 22. Sept. 1835, † Berlin 8. Juni 1905, Fürst. - Bruder König Karls I. von Rumänien; gab 1870 durch Annahme der span. Thronkandidatur Anlaß zum Dt.-Frz. Krieg.
Österreich (Babenberger):
L. III., der Heilige, * Melk um 1075, † 15. Nov. 1136 (auf der Jagd), Markgraf (seit 1095). - Gründete 1133 das Augustiner-Chorherrenstift Klosterneuburg und das Kloster Heiligenkreuz; 1485 heiliggesprochen (Fest: 15. Nov.), 1663 zum östr. Landespatron erklärt.
L. VI., der Glorreiche, * 1176 (?), † San Germano 28. Juli 1230, Hzg. von Steiermark (seit 1194) und Österreich (seit 1198). - Unternahm 1212 einen Zug nach Spanien gegen die Mau-

ren, 1217-19 einen [Kreuz]zug nach Ägypten; vermittelte in San Germano einen Frieden zw. Kaiser Friedrich II. und Papst Gregor IX.
Österreich (Habsburger):
L. V., * Graz 9. Okt. 1586, † Innsbruck 3. Sept. 1632, Erzhzg., Graf von Tirol (seit 1625). - Bischof von Passau (1598/1605-25) und Straßburg (1598/1607-25); griff 1610/11 zugunsten Kaiser Rudolfs II. in Prag ein, woraufhin sich die böhm. Stände endgültig dem späteren Kaiser Matthias zuwandten.

Leopold, Jan Hendrik, * Herzogenbusch 11. Mai 1865, † Rotterdam 21. Juni 1925, niederl. Dichter. - Gilt mit seiner sensiblen, metaphernreichen symbolist. Lyrik als der bedeutendste Dichter in den Niederlanden vor dem 1. Weltkrieg.

Leopoldina, Kurzbez. für ↑ Deutsche Akademie der Naturforscher Leopoldina.

Leopoldinische Linie ↑ Habsburger.

Leopoldsorden, belg. ↑ Orden.
◆ (L.-II.-Orden) belg. Orden (↑ Orden, Übersicht).

Léopoldville [leɔpolt'vil] ↑ Kinshasa.

Leopold Wilhelm, * Graz 6. Jan. 1614, † Wien 20. Nov. 1662, östr. Erzhzg. und Feldherr. - Bischof von Passau und Straßburg (seit 1625), Halberstadt (1628-48), Olmütz (seit 1637) und Breslau (seit 1655), Hoch- und Deutschmeister (seit 1642); schlug 1640 die Schweden aus Böhmen zurück.

Leotychidas II., † Tegea 469 v.Chr., spartan. König (seit 491) aus dem Geschlecht der Eurypontiden. - Errang zus. mit dem Athener Xanthippos 479 den griech. Flottensieg über die Perser bei Mykale.

Lepanto, alter italien. Name für das heutige Nafpaktos (nördl. des Eingangs des Golfs von Korinth). In der **Seeschlacht bei Lepanto** (7. Okt. 1571) besiegte die Flotte der am 20. Mai 1571 als Reaktion auf die osman. Eroberung Zyperns von Papst Pius V., Spanien und Venedig gebildeten Hl. Liga (Liga von I.) die zahlenmäßig überlegene Flotte der Osmanen und leitete damit den Niedergang der osman. Vorherrschaft im Mittelmeer ein.

Le Parc, Julio [span. le'park], * Mendoza 23. Sept. 1928, argentin. Licht- und Objektkünstler. - Lebt seit 1958 in Paris; Vertreter der ↑ kinetischen Kunst bzw. Lichtkunst; arbeitet mit opt. Verzerrungen.

lepido..., Lepido... [zu griech. lepís „Schuppe"], Bestimmungswort in Zusammensetzungen mit der Bed. „Schuppen...".

Lepidodendron [griech.] ↑ Schuppenbäume.

Lepidokrokit [griech.], svw. ↑ Rubinglimmer.

Lepidolith [griech.], in schuppigen und blättrigen Aggregaten vorkommendes, zartrotes, weißes oder graues Mineral $KLi_2Al[(F,OH)_2|Si_4O_{10}]$; Vorkommen in Graniten und granit. Gängen. Mohshärte 2,5 bis 4,

Dichte 2,8 bis 2,9 g/cm³; wichtiger Lithiumrohstoff.

Lepidophyten [griech.], zusammenfassende Bez. für Schuppenbäume, Siegelbäume und andere fossile Bärlappe.

Lepidoptera [griech.], svw. ↑Schmetterlinge.

Lepidopteris [griech.] (Schuppenfarn), zu den Samenfarnen zählendes Leitfossil des Räts; die Mittelrippe der doppelt gefiederten Blattwedel zeigt schuppenartige Papillen.

Lepidotus [griech.], Gatt. ausgestorbener, bis 1 m langer Knochenschmelzschupper v. a. im Oberlias; mit ↑Ganoidschuppen und Pflasterzähnen.

Lepidus, Beiname einer altröm., zum patriz. Geschlecht der Aemilier gehörenden Fam. Bed.:

L., Marcus Aemilius, Konsul (187 und 175). - 179 Zensor; baute die Via Aemilia (187) sowie die Basilica Aemilia in Rom; 183 Mitbegr. der röm. Kolonien Mutina (= Modena) und Parma.

L., Marcus Aemilius, *um 90, †13 oder 12 v. Chr., Triumvir. - 46 Konsul, 46–44 Magister equitum Cäsars und dessen Vertreter in Rom, nach Cäsars Tod Pontifex maximus; schloß 43 mit Antonius und Oktavian das 2. Triumvirat; 40 erhielt er Afrika als Prov.; 36 durch Oktavian seines Amtes enthoben.

Le Play, Frédéric [frz. lə'plε], *La Rivière-Saint-Sauveur (Calvados) 11. April 1806, †Paris 13. April 1882, frz. Bergbauingenieur und Sozialreformer. - Prof. in Paris; in der frz. Bergbauverwaltung tätig; Staatsrat 1855, Senator 1867–70; organisierte die Weltausstellungen 1855, 1862 und 1867; einer der bedeutendsten frz. kath.-konservativen Sozialreformer; leistete als einer der Pioniere der empir. Sozialforschung bed. Beiträge zur Familiensoziologie.

Lepontisch, die indogerman., dem Festlandkeltischen nahestehende Sprache von fast 100 kurzen (Grab- und Vasen-)Inschriften (v. a. Personennamen); sie sind in einem nordetrusk. Alphabet geschrieben (4. Jh. v. Chr. bis 1. Jh. n. Chr.) und stammen aus dem Süden des Tessins sowie aus der Gegend um die oberitalien. Seen.

Leporellofalzung [nach dem Buch des Dieners Leporello in Mozarts Oper „Don Giovanni"], harmonikaartige Falzung bei Bilderbüchern, Prospekten, Landkarten u. a.

Leporidae [lat.], svw. ↑Hasen.

Leppich, Johannes, *Ratibor 16. April 1915, dt. kath. Theologe und Jesuit. - Seit 1946 seelsorgl. in Flüchtlingslagern, Gefängnissen und im Großstadtapostolat tätig; bekannt durch seine Volks- und Straßenpredigten.

Lepra [griech., zu leprós „schuppig, rauh"] (Aussatz, Hansen-Krankheit), chron. bakterielle Infektionskrankheit des Menschen mit vorwiegendem Befall der Haut und/

Lepidotus elvensis (aus dem Posidonienschiefer des Lias bei Holzmaden; 62 cm groß). Heidelberg, Geologisch-Paläontologisches Institut

oder des peripheren Nervensystems, die zu Verunstaltungen des Körpers, bes. der Weichteile und der ↑Akren führt. Die Übertragung des Erregers Mycobacterium leprae erfolgt nur bei langdauerndem, unmittelbarem Kontakt mit L.kranken, vermutl. durch Tröpfchen- oder Schmierinfektion; die Inkubationszeit beträgt 9 Monate bis 15 Jahre. Auftreten der L. bes. in den Tropen und Subtropen, seltener in Europa (Herde in Norwegen, Portugal, Rumänien, der UdSSR, in Ungarn, Tirol und Bosnien). Zur Behandlung der L. werden v. a. Sulfone, Thiosemizarbazone und Isoniazid verwendet (↑Tuberkulostatika). Schwerpunkte der L.bekämpfung sind die Isolierung der Erkrankten sowie eine Verbesserung der hygien. Verhältnisse.

Geschichte: Rund 4 000 Jahre alt sind Informationen über die L. aus Ägypten und Mesopotamien. Die Schilderung des Aussatzes im A. T. (3. Mos. 13 und 14) bezieht sich auf mehrere Hautkrankheiten. Vom 6. bis 13. Jh. ist eine starke Zunahme der L. zu verzeichnen. Die Leprosen- bzw. Aussätzigenschau (schon im Altertum, v. a. aber im MA üblich) ist eine der frühesten Maßnahmen der öffentl. Gesundheitspflege. Sie wurde vielfach von vereidigten **Leprösen** (Leprakranken, also medizin. Laien) vorgenommen, erst seit dem Spät-MA auch von Ärzten. Die Leprösen wurden erbarmungslos aus der menschl. Gesellschaft ausgestoßen, oft enterbt und vielfach sogar für tot erklärt. Die kirchl. und örtl. Fürsorge ließ mit dem **Leprosorium** einen speziellen Hospitaltyp entstehen. Die Leprosorien lagen meist außerhalb der Stadtmauern. Zum Betteln zogen die L.kranken oft in die Städte, mußten sich aber durch eine spezielle L.kleidung und eine L.klapper (Lazarusklapper) oder ein L.horn kenntl. machen. Erst 1870 gelang dem norweg. Arzt G. H. A. Hansen der Nachweis des L.erregers.

leprös

📖 Handbook of leprosy. Hg. v. W. H. Jopling. Philadelphia (Pa.) ²1978. - Arnold, H. L./Fasal, P.: Leprosy: diagnosis and management. Springfield (Ill.) ²1973.

leprös [griech.], an ↑Lepra leidend, aussätzig; die Lepra betreffend.

Lepsius, Carl Richard, * Naumburg/Saale 23. Dez. 1810, † Berlin 10. Juli 1884, dt. Ägyptologe. - 1842–45 Leiter des preuß. Expedition nach Ägypten und dem Sudan („Denkmäler aus Aegypten und Aethiopien", 12 Bde., 1849–58). Prof. in Berlin, seit 1865 Direktor des Berliner ägypt. Museums. Begründer der dt. Ägyptologie bzw. ihrer Methodik; zahlr. weitere Veröffentlichungen. **L.,** Richard, * Berlin 19. Sept. 1851, † Darmstadt 20. Okt. 1915, dt. Geologe. - Sohn von Carl Richard L.; Prof. in Darmstadt und Direktor der Hess. Geolog. Landesanstalt; Hg. der „Geolog. Karte des Dt. Reiches".

Leptis Magna, Ruinenstätte östl. von Al Chums, Libyen. Um 700 v. Chr. von Phönikern gegr., im 6. Jh. karthag., seit 46 v. Chr. bei Rom, 455–533 von den Vandalen eingenommen, seit dem 7. Jh. n. Chr. versandet; Ausgrabungen seit 1921. Nächst dem Hafenbecken liegt das alte Zentrum mit Markt, Kurie, Tempeln des 1. Jh. n. Chr. Westl. liegen ein zweiter Markt mit augusteischem Theater, weiter südl. die großen Hadriansthermen (126/127). Unter Septimius Severus und Caracalla entstanden u. a. das großartige neue Forum (Arkadenhof 100 × 60 m mit Podiumtempel), Basilika (216 vollendet), Prachtstraße zum Hafen und Ehrenbogen des Septimius Severus. Im O Circus (450 m lang) mit Amphitheater; im W guterhaltene Thermen.

lepto..., Lepto... [zu griech. leptós „dünn, schwach"], Bestimmungswort in Zusammensetzungen mit der Bed. „schmal, klein".

Leptolepis [griech.], ausgestorbene, vom Jura bis zur Kreide bekannte Gatt. primitiver, heringsgroßer Echter Knochenfische; mit vollständig verknöchertem Skelett und ↑Zykloidschuppen mit dünnem Ganoinbelag.

leptomorph (leptosom), schmal, schlankwüchsig; ein ↑Körperbautyp.

Lepton [griech. „klein, dünn"] (Mrz. Lepta), Bez. für das antike Kleingeld; kleinste Münze des modernen Griechenland (seit 1828), seit 1831 = $^{1}/_{100}$ Drachme.

Leptonen [griech.], Sammelbez. für alle Elementarteilchen mit halbzahligem Spin (Fermionen), die nicht einer starken Wechselwirkung unterworfen sind. Sie haben kleine Massen und treten – ausgenommen das Elektron als Bestandteil der Atome – nur bei Prozessen mit schwacher Wechselwirkung (z. B. Betazerfall) auf. Zu den L. gehören neben dem Elektron (e^-) das Myon (μ^-), das Elektronneutrino (ν_e), das Myonneutrino oder μ-Neutrino (ν_μ) sowie die entsprechenden Antiteilchen (e^+, μ^+, $\bar\nu_e$, $\bar\nu_\mu$). Treten beim Zerfall

von Elementarteilchen L. auf, so spricht man von einem *lepton. Zerfall.*

Leptonenzahl ↑Quantenzahlen.

leptosom [griech.], svw. ↑leptomorph.

Leptospiren (Leptospira) [griech.], Bakteriengatt. der Ordnung Spirochaetales: lokkere, sehr dünne, streng aerobe Spiralen mit eingekrümmten Enden („Kleiderbügelform"); z. T. freilebend, z. T. parasit. in Säugetieren und im Menschen; verursachen fiebrige, grippeähnl. Erkrankungen (**Leptospirosen**).

Leptotän [griech.], erstes Stadium der ersten Prophase der ↑Meiose. Die Chromosomen werden als langgestreckte, dünne Fäden sichtbar.

Lepus [lat.] ↑Sternbilder (Übersicht).

Lepus [lat.] ↑Hasen.

Lercaro, Giacomo, * Quinto al Mare (= Genua) 28. Okt. 1891, † Bologna 18. Okt. 1976, italien. kath. Theologe, Kardinal (seit 1953). - 1952–68 Erzbischof von Bologna; wegen seiner sozial-karitativen Tätigkeit und seiner unkonventionellen Seelsorge von großem Einfluß auf die italien. nachkonziliare Kirche.

Lerchen (Alaudidae), mit Ausnahme S-Amerikas weltweit verbreitete Fam. finkenbis drosselgroßer, unauffällig gefärbter Singvögel mit rd. 70 Arten in baumarmen Landschaften; Bodenvögel, die ihren Gesang häufig im steil aufsteigenden Rüttelflug vortragen. In M-Europa kommen u. a. vor: **Feldlerche** (Alauda arvensis), etwa 18 cm groß, oberseits erdbraun, dunkel längsgefleckt, (mit Ausnahme der Bruststreifung) unterseits rahmweiß; auf Feldern, Wiesen und Mooren großer Teile Eurasiens und NW-Afrikas; mit kurzer, aufrichtbarer Haube und weißen Außenfedern am Schwanz. **Haubenlerche** (Galerida cristata), etwa 17 cm groß; unterscheidet sich von der ähnl., aber schlankeren Feld-L. v. a. durch die hohe, spitze Haube und die gelbbraunen Schwanzseiten; breitet sich in M-Europa mit der Entstehung der Kultursteppen immer weiter aus; singt häufig vom Boden aus. Etwa 15 cm groß ist die **Heidelerche** (Lullula arborea); unterscheidet sich von der ähnl., aber größeren Feld-L. durch einen kürzeren Schwanz (ohne weiße Kanten), feineren Schnabel und auffallende, im Nacken zusammenstoßende, weiße Augenstreifen; kommt in baumarmen, trockenen Landschaften und Heidegebieten Europas, NW-Afrikas und Kleinasiens vor. Mit Schwanz etwa 19 cm groß ist die **Kalanderlerche** (Melanocorypha calandra); mit graubrauner, dunkelstreifiger Oberseite, weiß. Unterseite und großem, schwarzem Halsseitenfleck; auf Feldern und Steppen S-Eurasiens und NW-Afrikas. In den Halbwüsten Tunesiens und Algeriens kommt die etwa 20 cm große **Dupontlerche** (Chersophilus duponti) vor; unterscheidet sich von der sonst sehr ähnl. Feld-L. v. a. durch die schlankere Gestalt, den langen, dünnen, leicht abwärts gebogenen Schnabel und den auffallend hellen Überaugenstreif.

Lerchensporn (Corydalis), Gatt. der Mohngewächse mit rd. 300 Arten, v. a. in Eurasien und in N-Amerika; meist ausdauernde Kräuter mit zygomorphen, roten, weißen oder gelben Blüten. In Deutschland kommen bis zu acht Arten vor, u. a. der **Hohle Lerchensporn** (Erdapfel, Hohlwurz, Corydalis bulbosa); 10–35 cm hoch, mit kugeliger, bald hohl werdender Knolle; Blätter doppelt bis dreizählig gefiedert; Blüten purpurfarben oder weiß, gespornt, zu 10 bis 20 in aufrechter Traube; in Laubmisch- und Buchenwäldern M- und S-Europas.

Lérida, span. Stadt am Segre, 150 m ü. d. M., 109 600 E. Verwaltungssitz der Prov. L.; kath. Bischofssitz; Nahrungsmittel-, Textil-, Holz- und Korkind. - In der Antike **Ilerda**; 713–1149 in maur. Besitz; wurde nach der Reconquista Sitz der katalan. Cortes und hatte 1300–1713 eine bed. Univ. - Bei dem damaligen Ilerda schlug Cäsar 49 v. Chr. das Heer des Pompejus. - Alte Kathedrale im roman.-got. Übergangsstil (13. Jh.), klassizist. Neue Kathedrale (18. Jh.), Rathaus (13. Jh.), Mauern der Zitadelle (13.–15. Jh.).

Lermontow, Michail Jurjewitsch ['lɛrmɔntɔf, russ. 'ljɛrmɛntəf], * Moskau 15. Okt. 1814, † Pjatigorsk 27. Juli 1841, russ. Dichter. - Kornett in einem Garderegiment; wurde im Duell getötet. Hauptvertreter der Weltschmerzpoesie in der russ. Literatur; begann mit pathet. Lyrik, kam unter dem Einfluß Byrons zur Verserzählung und fand zur künstler. vollendeten Prosa; sein Hauptwerk, der Roman „Ein Held unserer Zeit" (1840) läßt bereits Züge des psycholog. Romans erkennen; seine Dramenversuche blieben ohne Erfolg. - *Weitere Werke:* Der Novize (Poem, 1840), Der Dämon (Poem, 1. Fassung 1841, 1. vollständige Ausg. hg. 1856).

Lernäische Hydra ↑ Herakles.

Lernbehindertenpädagogik, Teil der ↑ Sonderpädagogik, der die Förderungsmöglichkeiten für Lernbehinderte zum Gegenstand hat. Insbes. muß auf eine Trennung der verschiedenen Gruppen in den Sonderschulen geachtet werden, da unterschiedl. pädagog. Verhaltensweisen notwendig sind.

Lernen, Sammelbez. für durch Erfahrung entstandene, relativ überdauernde Verhaltensänderungen bzw. -möglichkeiten. L. kann also als Prozeß verstanden werden, der bestimmte Organismen, jedoch auch techn. Anlagen (z. B. Automaten) befähigt, auf Grund früherer Erfahrungen und durch organ. Eingliederung weiterer Erfahrungen situationsangemessen zu reagieren. Generell ist zu unterscheiden zw. *einsichtigem L.,* das Bewußtsein voraussetzt, *L. durch Dressur* und *L. durch Versuch und Irrtum.* Menschl. L. ist eine überwiegend einsichtige, aktive, sozial vermittelte Aneignung von Kenntnissen und Fertigkei-

ten, Überzeugungen und Verhaltensweisen. Die dabei auftretenden **Lernvorgänge** lassen sich u. a. in 4 Lernphasen einteilen: die *Vorbereitungsphase,* in der Aufmerksamkeit, Wahrnehmung und Reizunterscheidung erfolgen, die *Aneignungsphase* mit der Assoziation als Verknüpfungsprozeß (d. h. L. durch Versuch und Irrtum mit nachfolgenden inneren Verarbeitungsprozessen), die *Speicherungsphase* mit der Codierung (Verschlüsselung) der Erfahrung und deren Speicherung im ↑ Gedächtnis und die *Erinnerungsphase,* in der das gespeicherte Material abgerufen, decodiert (entschlüsselt) und in eine Reaktion umgesetzt wird. In allen diesen Phasen können Lern-, Gedächtnis- oder Erinnerungsstörungen auftreten. Zu den häufigsten **Lernstörungen** (Lernbehinderungen) als generelle oder partielle Minderleistungen, die unter dem individuellen Begabungs- und Entwicklungsniveau liegen, zählen *totale Begabungsstörungen* (unzureichendes Intelligenzniveau, das nicht für die gewählte Schulart ausreicht), *partielle Begabungsstörungen* (Legasthenie, Ausfälle in einzelnen Lernbereichen), *Entwicklungsstörungen* (Schulunreife, Pupertätskrisen), sonstige *Persönlichkeitsstörungen* (Antriebsschwäche, Angst, Konzentrationsschwäche) und sog. *Umweltstörungen,* z. B. Milieuschädigung, elterl. Fehlerziehung, Vorurteile des Lehrers, mangelnder Kontakt zu Mitschülern, Reizüberflutung.

Je nach Reiz- und Reaktionsmodalitäten werden gewöhnlich **Lernarten** unterschieden: Im *Wahrnehmungs-L.* wird bei. die visuelle, auditive und taktile Wahrnehmung verändert (z. B. bei der Gehörschulung); beim *motor. L.* erfolgt das Erlernen, Automatisieren oder Selbstregeln von Bewegungsabläufen (z. B. beim Sport oder Autofahren); durch *verbales L.* wird Spracherwerb mögl. (z. B. das L. von Vokabeln oder Texten); durch *kognitives L.* werden Begriffe gebildet, Ordnungen, Regeln und Systeme erlernt, erfolgen Problemlösungen; *soziales Lernen* umfaßt L. im sozialen Kontext wie auch L. von sozialen Verhaltensweisen. Nach Art der Darbietung und Übung teilt man die Lernarten ein in: *intentionales L.,* das absichtl. erfolgt (z. B. das *schul. L.*), beiläufiges, *inzidentelles L.,* bei dem neben den vorzuprägenden Inhalten auch noch andere aufgefaßt und behalten werden, die nicht zu lernen waren, sowie *programmiertes L.,* bei dem der Lehrstoff, in Lernschritten portioniert, vom Lernenden in einem ihm gemäßen Lerntempo angeeignet werden kann (↑ programmierter Unterricht). Nach der Struktur des **Lernprozesses** ergeben sich u. a. folgende Lernarten: *Signal-L., Verstärkungs-L.* (Äußerung bestimmter Verhaltensweisen infolge eines angenehmen Reizes), *Imitations-L.* (Übernahme neuen Verhaltens auf Grund der Beobachtung erfolgreichen fremden Verhaltens), *Begriffs- und Konzept-L.* (Verallgemeinerung

Lernen

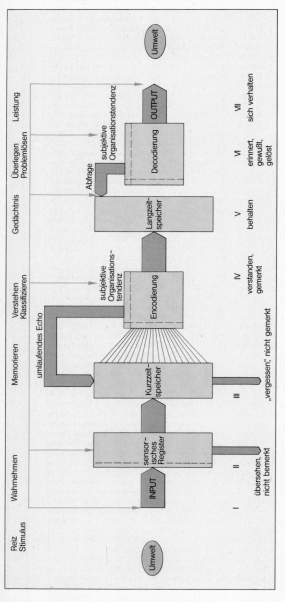

Lernen. Flußdiagramm des Lernprozesses: I. Input = physikalischer Reiz, dem das Individuum begegnet;
II. dieser Reiz trifft auf die Sinnesorgane des Menschen; ein Teil wird als Information weitergeleitet;
III. der Rest erreicht als Wahrnehmung den Kurzzeitspeicher, der durch ständiges Wiederholen der Information
das Material so lange aufbewahrt, bis eine Codierung erfolgt; IV. an der Codierungsstelle erhält
die Information ihre Bedeutung; es erfolgt die Begriffsbildung; V. der Langzeitspeicher ist das Gedächtnis;
das dort Abgelegte ist unverlierbar, unterliegt jedoch gewissen Veränderungseinflüssen aus neuen Lernprozessen;
Erinnerung ist somit das Abrufen von Informationen aus dem Langzeitspeicher; VI. dieser Abruf erfolgt
aus der Forderung, entweder eine Regel zu finden oder ein Problem zu lösen; wenn die Anforderungsstruktur
der Aufgabe der subjektiven Organisationstendenz (= die für jedes Individuum typische Ordnungs- und Abrufweise
des Materials) entspricht, bestehen optimale Lernbedingungen; VII. Output = die Lernleistung,
die als Verhalten zum Ausdruck kommt

von konkreten Inhalten auf Konzepte oder in Kategorien bei gleichzeitiger Unterscheidung), *Strukturierung* (Zerlegung von Sinneinheiten und Ordnen von Inhalten), *Problemlösen* (L. durch ↑Einsicht).

Das Vermögen, Erfahrungen für künftiges Verhalten zu verwerten, wird als an das Gedächtnis gebundene **Lernfähigkeit** bezeichnet, die neben speziell programmierten Automaten (Rechnern) allen Organismen eigen ist, die ein Nervensystem bzw. ein Gehirn besitzen. Die Lernfähigkeit bei Tieren ist schon vom Regenwurm bekannt; sein *sensor. L.* ermöglicht ihm u. a., die Instinktbewegungen mittels der angeborenen Taxien auf bestimmte Ziele zu richten, die hierfür nötigen Sinnesleistungen zu schärfen und zu spezialisieren, Erfahrungen zu bilden und zu speichern. *Motor. L.* in Instinkthandlungen hinein zeichnet die höheren Tiere aus (z. B. Flugspiele der Rabenvögel, Rüssel-, Schnabel- und Handgeschick bei Elefanten, Papageien, Affen); es erfolgt bes. durch Prägung oder Nachahmung; vom Menschen gesteuert wird es v. a. durch Abrichten oder Dressur. - Lernfähigkeit wird auch bestimmten techn. Systemen mit Informationsverarbeitung zugeschrieben (**lernende Automaten**), bei denen durch Programmierung die Arbeits- bzw. Verhaltensweise von früheren (gespeicherten) Arbeitsergebnissen (Erfahrungen) abhängig gemacht wird; Ziel ist dabei, einen beabsichtigten Arbeitsprozeß zu verbessern (optimieren) oder den Automaten zur Anpassung an neue Bedingungen zu befähigen. Neben dem *Erfahrungsspeicher* haben diese lernenden Automaten ein programmiertes *Modell der Umwelt* und die Empfangsmöglichkeit für *Belehrung* zu Beginn oder während des Lernprozesses; dieser wird auf der *Lernmatrix* erfaßt, die für jeden zu lernenden Begriff eine Gruppe verknüpfender und speichernder Elemente enthält; in der sog. *Lernphase* werden dann zu einem Begriff mehrmals abgewandelte Codegruppen angeboten, wobei die am häufigsten offerierte Gruppe am stärksten eingeprägt bleibt und dem zu lernenden Begriff zugeordnet wird; die Lernmatrix vergleicht dann in der *Kannphase* die angebotenen Codegruppen mit den eingeprägten Gruppen und liefert den Begriff mit der besten Codeübereinstimmung, d. h. die Lösung. Waren urspr. die lernenden Automaten bes. als Simulatoren für die Verhaltensweisen lebendiger Organismen gedacht, werden sie heute auf einen jeweils bestimmten Verwendungs- und Verwertungszweck hin konstruiert, z. B. als Schachcomputer, Lerncomputer, ärztl. Diagnosecomputer, Wettervorhersagecomputer. Hauptziel ist jedoch die Entwicklung universeller Automaten, die ihre Arbeitsweise oder Struktur (bes. die selbstorganisierenden Systeme) dem jeweiligen Verwendungszweck anpassen.

Wesentl. Merkmal für *Lernreife* und von bes. Bed. für den *Lernerfolg* ist die **Lernbereitschaft**, d. h. die positive Einstellung des Menschen im Hinblick auf eine bevorstehende Leistung; als zentraler Begriff der Lernpsychologie dient sie einmal zur Bez. der Einstellung des Menschen, während seiner Entwicklung Inhalte, Fertigkeiten oder Wissen zu erwerben, die Verhaltensänderungen bewirken können, zum anderen speziell zur Kennzeichnung der Motivation, in bestimmten Situationen etwas zu lernen *(Lernwille, Lernmotivation)*. Bes. in Schule und Hochschule wird das angestrebte Endverhalten des Lernenden durch **Lernziele** zum Ausdruck gebracht, durch die erst ein sinnvolles ↑Curriculum ermöglicht wird. *Lernzielbeschreibungen* stellen das beobachtbare Verhalten dar, das der Lernende nach Abschluß des Lernprozesses zu zeigen hat wie auch den Unterrichtsgegenstand (Lerninhalt), an dem dieses Verhalten zu zeigen ist.

L. ist der am intensivsten erforschte Gegenstand der **Lernpsychologie**, einer Teildisziplin der Psychologie, die sich mit den phys., psych. und kybernet. Bedingungen des Lernens befaßt und entsprechende Theorien entwickelt bzw. Gesetze formuliert. Bislang kann auf keine einheitl. Lerntheorie verwiesen werden, die ausschließl. auf die Erklärung und systemat. Darstellung des Lernprozesses abzielt, indem sie die verschiedenen Lernphänomene auf möglichst wenige und einfache Grundprozesse zurückführt. Mit dem Beginn der experimentellen **Lernforschung** wurden 1885 durch H. Ebbinghaus (Vergessenskurve), 1889 durch I. P. Pawlow (klass. Konditionierung und 1898 durch E. L. Thorndike (instrumentelle Konditionierung) die ersten Versuche unternommen, aus sog. Lerntheorien, bei denen es sich mehr oder weniger um allg. Verhaltenstheorien handelt, Gesetze abzuleiten, die Erklärung und Prognose von Lernverhalten ermöglichen sollten. Die Frage, welche Bedingungen und Mechanismen zur Erklärung des Lernprozesses herangezogen werden sollen, wurde und wird von verschiedenen **Lerntheorien** unterschiedl. beantwortet, wobei v. a. die Assoziationspsychologie (↑Assoziation), die ↑Gestaltpsychologie, der ↑Behaviorismus und die ↑Psychoanalyse eigene Auffassungen über das L. entwickelt haben. Unter den „klass." Lerntheorien unterscheidet man im wesentl.:
1. *Reiz-Reaktions-Theorien* (Stimulus-Response oder S-R-Theorien), bei denen Lernprozesse über die Verknüpfung von Reizkonstellationen und Reaktionsweisen dargestellt werden. Je nach Art der unterstellten Zusatzmechanismen spricht man von *S-R-Verstärkungstheorien* bzw. von *S-R-Kontiguitätstheorien* (zu den ersteren gehören E. L. Thorndikes *Verknüpfungstheorie* (Lernen durch Versuch und Irrtum [↑Trial-and-error-Methode] und C. L. Hulls *systemat. Verhaltenstheorie;* zu

den S-R-Kontiguitätstheorien wird die von E. R. Guthrie konzipierte *Theorie des instrumentellen L.* gerechnet, bei der es ledigl. auf die zeitl. Berührung zw. Reiz und einer ausgeführten Bewegung ankommt, wobei die Verstärkung einer S-R-Verbindung nur eine sekundäre Rolle spielt); 2. die *Theorie der klass. Konditionierung* von I. P. Pawlow; 3. die *Theorie der operanten* (operativen oder instrumentellen) *Konditionierung* von B. F. Skinner (programmierter Unterricht); 4. die *kognitiven Lerntheorien* von E. C. Tolman, W. Köhler, K. Koffka, K. Lewin u. a., nach denen Problemsituationen durch einsichtiges L. bewältigt werden können. Die Betonung von Wahrnehmungs- und Repräsentationsprozessen sowie die Kritik an allen S-R-Modellen sind diesen neobehaviorist. (Tolman) bzw. gestaltpsycholog. (Köhler, Koffka, Lewin) Konzepten gemeinsam. Die urspr. Erwartungen des Behaviorismus, alle Lernvorgänge in einer umfassenden Verhaltenstheorie zu repräsentieren, wurden gegenwärtig in der Lernforschung weitgehend aufgegeben zugunsten von speziellen Theorien (sog. Miniaturmodellen), deren Gültigkeit nur für einen einzelnen Mechanismus bzw. für begrenzte Bereiche der Lernforschung (z. B. motor. oder verbales L.) postuliert wird. Die jüngste Entwicklung der Lernforschung bemüht sich um eine verstärkte Formalisierung der Ansätze (Entwicklung probabilist. Lernmodelle sowie Simulationsversuche von Lernprozessen) und konzentriert sich auf die Erforschung der neurophysiolog. Grundlagen der Lernprozesse.

📖 *Geikowski, U.: Lerntechniken - Lernhilfen. Erlangen.* [2]*1985. - Leitner, S.: So lernt man l. Freib.* [13]*1985. - Steindorf, G.: L. u. Wissen. Bad Heilbrunn 1985. - Joerger, K.: Einf. in die Lernpsychologie. Freib.* [10]*1984. - L. u. seine Horizonte. Hg. v. W. Lippitz u. a. Ffm.* [2]*1984. - Rogers, C. R.: L. in Freiheit. Dt. Übers. Mchn.* [4]*1984. - Straka, G. A.: L., Lehren, Bewerten. Stg. 1983. - Wolff, E.: Lernschwierigkeiten Erwachsener. Erlangen 1983. - Berkson, W. u. a.: L. aus dem Irrtum. Dt. Übers. Hamb. 1982. - Gagne, R. M.: Die Bedingungen des menschl. L. Dt. Übers.* [4]*1982. - Straka, A./Macke, G.: Lehren u. L. in der Schule. Stg.* [2]*1981. - Begabung u. L. Hg. v. H. Roth. Stg.* [12]*1980. - Dahmer, H./Dahmer, J.: Effektives L. Stg.* [2]*1979. - Leonhard, H. W.: Behaviorismus u. Pädagogik. Bad Heilbrunn 1978. - Vester, F.: Denken, L., Vergessen. Stg. 1978. - Halberstadt, J.: Individualisieren u. soziales L. Hagen 1977. - Mager, R. F.: Lernziele u. Unterricht. Dt. Übers. Weinheim u. a. Neuaufl. 1977. - Entwicklung u. Lernen. Hg. v. E. A. Lunzer u. J. F. Morris. Dt. Übers. Stg. 1976. 3 Bde. - Lehrer u. Lernprozeß. Hg. v. R. D. Strom u. G. E. Becker. Dt. Übers. Mchn. u. a. 1976. 2 Bde.*

Lerner, Alan J[ay] [engl. ˈləːnə], * New York 31. Aug. 1918, † ebd. 14. Juni 1986, amerikan. Librettist. - Mitarbeiter von F. Loewe bei dem Musical „My fair Lady" (1956); schrieb ferner die Texte für das Musical „Camelot" (1960) und die Filme „Ein Amerikaner in Paris" (1951) und „Gigi" (1958).

Lernet-Holenia, Alexander, * Wien 21. Okt. 1897, † ebd. 3. Juli 1976, östr. Erzähler, Dramatiker und Lyriker. - Behandelt in seinen spannenden Romanen und Erzählungen sowie bühnenwirksamen Dramen verschiedenartige Stoffe (v. a. aus Altösterreich). *Werke:* Ich war Jack Mortimer (R., 1933), Der Baron Bagge (E., 1936), Ein Traum in Rot (R., 1939), Beide Sizilien (R., 1942), Das Halsband der Königin (R., 1962), Die weiße Dame (R., 1965), Pilatus (R., 1967), Die Hexen (R., 1969), Die Geheimnisse des Hauses Österreich (R., 1971).

Lernfahrausweis ↑ Fahrerlaubnis.

Lernforschung ↑ Lernen.

Lerngeräte (Lehrgeräte, Lernmaschinen), Sammelbez. für Geräte, die einen programmierten Lehr- und Lernvorgang steuern. Moderne elektron. L. informieren, verlangen Reaktionen ab, bei falschen Antworten geben einige Programme Hilfsfragen oder blockieren. - ↑ auch programmierter Unterricht, ↑ audiovisuelle Medien, ↑ Lernen.

Lernmittelfreiheit, in den meisten Ländern der BR Deutschland allg. geltender Grundsatz, daß an öffentl. Schulen Lernmittel (v. a. Schulbücher) dem Schüler kostenlos für die Zeit seines Schulbesuchs zur Verfügung gestellt werden.

Lernmotivation, svw. Lernbereitschaft (↑ Lernen).

Lernprozeß ↑ Lernen.

Le roi est mort, vive le roi [frz. lərwaˈmɔːr, vivləˈrwa „Der König ist tot, es lebe der König"], Verkündung eines Herolds entsprechend der Thronfolge in einer Erbmonarchie, wonach die Krone beim Tode des regierenden Monarchen unmittelbar an den Thronfolger übergeht.

Leroux, Pierre [frz. ləˈru], * Bercy (= Paris) 17. April 1797, † Paris 11. April 1871, frz. Philosoph. - Bed. Theoretiker des Saint-Simonismus. Von ihm stammen die frz. Termini „socialiste", „socialisme", die um 1840 ins Dt. übernommen wurden.

Le Roy [frz. ləˈrwa], Adrian, * Montreuil-sur-Mer um 1520, † Paris 1598, frz. Musikdrucker, Komponist und Lautenist. - Begründete mit seinem Vetter R. Ballard 1551 den Pariser Musikverlag Le R. & Ballard; gab Lauten- und Gitarrentabulaturen sowie eine Chansonsammlung (25 Bücher) heraus.

Le R., Édouard, * Paris 18. Juni 1870, † ebd. 11. Nov. 1954, frz. Philosoph und Mathematiker. - 1921 Nachfolger Bergsons am Collège de France, später Prof. an der Sorbonne in Paris. Wie Bergson betrachtete Le R. die Intuition als ein dem Intellekt überlegenes Erkenntnismittel; bed. Einfluß auf Teilhard de Chardin.

Lersch, Heinrich, * Mönchengladbach 12. Sept. 1889, † Remagen 18. Juni 1936, dt. Arbeiterdichter. - Kesselschmied; Autodidakt; seit 1925 freier Schriftsteller; im Mittelpunkt seines vom Expressionismus beeinflußten Werkes stehen die Welt des Arbeiters und das Leid des Volkes im Krieg: u. a. „Herz! Aufglühe dein Blut" (Ged., 1916), „Deutschland" (Ged., 1918); sein Hauptwerk, „Mensch im Eisen" (Ged., 1925), trägt autobiograph. Züge. - *Weitere Werke:* Hammerschläge (R., 1930), Im Pulsschlag der Maschinen (Novellen, 1935).

L., Philipp, * München 4. April 1898, † ebd. 15. März 1972, dt. Psychologe. - Prof. in Dresden (1936), Breslau (bis 1939), Leipzig und München (seit 1942); Arbeiten speziell zur Ausdruckspsychologie („Gesicht und Seele", 1932) und Charakterkunde („Aufbau des Charakters", 1937) sowie allg. zur Anthropologie, wobei es L. bes. der Wiederherstellung der einst engen Verbindung von Psychologie und Philosophie ankam.

Lerwick [engl. 'ləːwɪk], schott. Stadt auf den Shetlandinseln, 6 100 E. Verwaltungssitz der Islands Area Shetland; Fischereihafen.

Lesage (Le Sage), Alain René [frz. ləˈsaːʒ], * Sarzeau (Morbihan) 8. Mai 1668, † Boulogne-sur-Mer 17. Nov. 1747, frz. Schriftsteller. - Verfaßte Theaterstücke (u. a. etwa 100 Komödien für die Jahrmarktsbühne) und Romane; am bekanntesten sind die in klarer Sprache und bildhafter Anschaulichkeit geschriebenen kom. Romane „Der hinkende Teufel" (1707) und „Gil Blas von Santillana" (4 Bde., 1715–35), nach dem Vorbild des span. Schelmenromans angelegt, die eine glänzende, realist.-satir. Schilderung des zeitgenöss. Frankreich bieten.

Lesart, unterschiedl. Fassung einer Textstelle in Handschriften, auch in verschiedenen krit. oder histor.-krit. Ausgaben; die von der L. des Haupttextes abweichenden L. (Varianten) werden im krit. Apparat (sämtl. Anmerkungen über Varianten) zusammengestellt.

Lesbe, salopp für **Lesbierin,** weibl. Homosexuelle.

Lesbia, Name, unter dem Catull seine Geliebte ↑Clodia in den Gedichten verherrlichte.

lesbische Liebe [nach der Insel Lesbos mit Bezug auf Sappho, die hier lebte] ↑Homosexualität.

Lesbos, griech. Insel vor der O-Küste Kleinasiens, 1 630 km², Hauptort Mitilini. Im S und W greifen 2 Buchten weit in das Innere der bis 968 m hohen Insel. Hauptwerbszweig der Bev. ist die Landw. - Seit dem 11./10.Jh. das bekannteste äol. Siedlungsgebiet; fiel als legd. Besitz 546 an Persien, wurde nach kurzer Selbständigkeit im 4.Jh. makedon., war ab 79 v.Chr. Teil der röm. Prov. Asia; später byzantin., kam nach venezian. Besetzung im 12.Jh. zum Latein. Kaiserreich (1204), zum Kaiserreich Nizäa (1225), in den Besitz der genuesischen Fam. Gattilusio (1354–1462), später an die Osmanen, 1912 an Griechenland.

Lese, das Sammeln (z. B. Ährenlese) oder Ernten (z. B. Weinlese) von Früchten usw.

Leseautomaten (Lesegeräte), Geräte, die auf einem Informationsträger [in codierter Form] vorhandene Zeichen mechan., opt., elektr. oder magnet. abtasten und zugeordnete Schaltvorgänge in Maschinen auslösen, z. B. Lochstreifenabtaster an Fernschreibmaschinen, oder bestimmte Funktionsabläufe in Datenverarbeitungsanlagen in Gang setzen, z. B. Kombination mit anderen Daten, Speicherung.

Lesebuch, Auswahlband literar. u. a. Texte v. a. für den schul. Gebrauch. In seinen frühesten Formen (Fibel) war das L. religiös ausgerichtet, das L. des aufklärer. 18. Jh. sittl.-moral. (z. B. das erste L. für Gymnasien, hg. von J. G. Sulzer, 1768), das L. im 19. Jh. verbreitete die philosoph. Ethik des dt. Idealismus und seit etwa 1870 nationalist. Ideologien, das L. der pädagog. Reformbewegung Anfang des 20. Jh. legte Wert auf das Gemüthafte, das Heimatgefühls im Sinne der „Deutschkunde", das nationalsozialist. L. auf die „völk." Erziehung. Nach 1945 wurden bewährte Standardwerke wieder aufgelegt (z. B. das „Dt. L.", 1922/23). Das rein literar.-ästhet. L. wurde seit etwa 1963 abgelöst von einem Sach- und Arbeitsbuch, das auch aktuelle sachbezogene, soziale und kulturkrit. Texte berücksichtigt sowie Beispiele aus dem Gebiet der Jugend- und Trivialliteratur aufnimmt. Bes. seit Mitte der 1970er Jahre wird diese L.konzeption z. T. starker Kritik ausgesetzt, sie entspricht aber grundsätzlich dem erzieher. Auftrag in einem demokrat. und sozialen Rechtsstaat, der Erziehung zur krit. Mitarbeit an unserer Industriegesellschaft.

Lesedrama (Buchdrama), literar. Werk, das zwar die äußere Form eines Dramas hat, das aber keine Rücksichten auf eine techn. und personelle Aufführbarkeit nimmt.

Lesen, lange ein Privileg einer Bildungsschicht (geistl. und weltl. Gelehrte, Hofbeamte, auch Kaufleute), die sich seit Erfindung des Buchdrucks allmähl. erweiterte und sich seit der Aufklärung auf breite bürgerl. Schichten erstreckte (Bildungsbürgertum). Im 19. Jh. erlosch im Mitteleuropa nach und nach, v. a. durch Einführung der Schulpflicht, der Analphabetentum; damit war eine Voraussetzung der modernen Industriegesellschaft gegeben. Über prakt. Bedürfnisse oder beim berufl./fachl. Interesse hinausgehendes L. hat die verschiedensten Motivationen, worauf die Spanne des Angebots von der Trivialliteratur bis zum philosoph. Schrifttum hinweist, i. d. R. ist es aber auf ständige Weiterbildung gerichtet.

Leseranalyse, auf Grund repräsentativer Umfragen durchgeführte Werbeträgerfor-

Lese-Rechtschreib-Schwäche

schung, die detaillierte Daten (v. a. demograph. Daten, Konsum- und Kaufgewohnheiten) über die Leserschaft einer einzelnen Zeitung oder Zeitschrift bzw. entsprechende vergleichbare Daten über die Leserschaft möglichst viele Presseorgane ermittelt, z. B. die L. der Arbeitsgemeinschaft L. e. V. und die Allensbacher Werbeträger-Analysen.

Lese-Rechtschreib-Schwäche, Abk. LRS, ↑ Legasthenie.

Lesering, svw. ↑ Buchgemeinschaft.

Lesestift, ein bleistiftförmiger Zeichenleser, der v. a. im Handel (z. B. an Registrierkassen) verwendet wird, um opt. (z. B. im Strichcode) oder magnet. codierte Daten von Etiketts u. ä. zu erfassen.

Leseunterricht, aus der Erkenntnis, daß beim vollendeten Leseprozeß gleich das Wortganze oder -komplexe erfaßt und darüber hinaus vermutete Sinngehalte als Lesehilfe herangezogen werden, wurden für den **Erstleseunterricht** in den 1930er Jahren die ↑ Ganzheitsmethoden entwickelt, die mit dem Schriftbild des ganzen Wortes oder kurzen Satzes einsetzen. Erst im Laufe des Unterrichts werden dann die immerwiederkehrenden Zeichen entdeckt und diese als Lautbilder erkannt. Die älteren Methoden lassen die Zusammensetzung der Sprache aus Lauten nicht von den Kindern selbst entdecken, sondern bringen es ihnen bei, in der alten Buchstabiermethode hatte jeder Buchstabe einen Namen (b = „be"), in der **Lautiermethode** (seit dem 19. Jh.) wird das Schriftbild der Buchstaben gleich mit dem wiedergegebenen Laut in Verbindung gebracht (b = „b"). Gleichzeitig mit dem Lesen wird heute in allen Schulen auch das Schreiben gelehrt. Der Streit, ob die Lautiermethode oder die Ganzheitsmethoden besser sind, ist heute noch aktuell. Bei der Frage, wann ein Kind lesen lernen soll, tendiert man heute zu der Auffassung, daß frühes Lesenlernen (2./3. Lebensjahr) eine ganz einseitige Förderung des Kindes darstellt.

Lesezirkel, Vertriebsart von Zeitschriften; die von den Verlagen an ein L.unternehmen verkauften Zeitschriften werden (in bes. Umschläge geheftet) in Mappen zusammengestellt und gegen bestimmte Gebühren für je eine Woche (in der 1. Woche die höchsten Gebühren) verliehen.

Lesgisch, zur östl. Gruppe der kaukas. Sprachen gehörende Sprache in SO-Dagestan und im Gebiet des mittleren und unteren Samur und bis in den N der Aserbaidschan. SSR hinein; wird in 3 Dialekten (Kürinisch, Samurisch, Kubinisch) von über 300 000 Sprechern gesprochen.

Lesina ↑ Hvar.

Leskien, August [lɛsˈkiːn], * Kiel 8. Juli 1840, † Leipzig 20. Sept. 1916, dt. Slawist und Indogermanist. - 1869 Prof. in Jena, ab 1870 in Leipzig; einer der Methodiker der Junggrammatiker; Verf. bed. Handbücher zum

Altkirchenslaw. und einer „Grammatik der serbo-kroat. Sprache" (1914).

Leskow, Nikolai Semjonowitsch (Lesskow), Pseud. N. Stebnizki, * Gorochowo (Gouv. Orel) 16. Febr. 1831, † Petersburg 5. März 1895, russ. Schriftsteller. - Schildert in seinen realist. Romanen die Welt des alten Rußland, der Kleinbürger, der Kaufleute und bes. der Popen; unter dem Einfluß L. Tolstois wandte er sich der Volkslegende zu, die er durch Bearbeitungen und eigene Schöpfungen erneuerte. - *Werke:* Lady Macbeth des Mzensker Umkreises (Nov., 1865), Die Klerisei (R., 1872), Der verzauberte Pilger (Nov., 1873), Der ungetaufte Pope (E., 1877), Der stählerne Floh (E., 1881), Der Gaukler Pamphalon (E., 1887).

Leslie, Sir (seit 1832) John [engl. ˈlɛzlɪ], * Largo (Schottland) 16. April 1766, † Coates (Schottland) 3. Nov. 1832, brit. Physiker. - Prof. in Edinburgh; bed. Arbeiten zur Wärmestrahlung; erfand verschiedene Meßinstrumente, u. a. das **Lesliesche Differentialthermometer,** ein einfaches Gerät zum Nachweis und zur Messung von Wärmestrahlen.

Leśniewski, Stanisław [poln. lɛɕˈɲɛfski], * Serpuchow (Gebiet Moskau) 28. März 1886, † Warschau 13. Mai 1939, poln. Philosoph und Logiker. - Seit 1919 Prof. für Philosophie der Mathematik in Warschau. Führte das Entstehen der Russelschen Antinomie auf die Vermischung zweier verschiedener Arten von Klassenbildungen zurück. Durch Präzisierung und Untersuchung des „kollektiven" Klassenbegriffs gewann L. die Basis, auf der er eine umfassende formale und in allen Teilen interpretierte Grundlagentheorie für alle Wiss. zu entwickeln versuchte, ähnl. der von Whitehead/Russel für die Mathematik.

Lesort, Paul André [frz. ləˈsɔːr], * Granville (Manche) 14. Nov. 1915, frz. Schriftsteller. - Kath. Romancier, trat mit psycholog. Romanen und Novellen hervor, in denen die Ereignisse aus der Perspektive der verschiedenen Romanfiguren erzählt werden. - *Werke:* Auf Herz und Nieren (R., 1946), Der Wind weht, wo er will (R., 1954), Das Brandmal (R., 1954), Das blaue Tagebuch oder Das Leben des Guillaume Périer (R., 1966).

Lesotho

(amtl.: Kingdom of Lesotho), Königreich in Südafrika, zw. 28° 35' und 30° 40' s. Br. sowie 27° und 29° 30' ö. L. **Staatsgebiet:** L. ist vollständig von der Republik Südafrika umgeben. **Fläche:** 30 355 km². **Bevölkerung:** 1,48 Mill. E (1984), 48,8 E/km². **Hauptstadt:** Maseru. **Verwaltungsgliederung:** 10 Distrikte. **Amtssprachen:** SeSotho und Englisch. **Nationalfeiertage:** 12. März (Moshoeshoe-Tag) und 4. Okt. (Unabhängigkeitstag). **Währung:** Loti (M) = 100 Lisente (s). **Internat. Mitgliedschaften:** UN, GATT, Commonwealth; der EWG assoziiert. **Zeitzone:** Osteurop. Zeit, d. i. MEZ + 1 Std. (mit Sommerzeit).

Landesnatur: L. ist überwiegend ein in über 2000 m Höhe liegendes Hochland, das im O und S das Umland 800–2000 m überragt und daher auch Dach Südafrikas gen. wird. In den Drakensbergen an der O-Grenze liegt die höchste Erhebung, der Thabana Ntlenyana (3482 m). Das Hochland wird vom Oranje und seinen Nebenflüssen in bis zu 800 m tiefen Tälern zerschnitten. Im W hat L. noch Anteil an dem in rd. 1000 m Höhe liegenden Vorland des Plateaus. Der starken Bodenerosion in diesem Landesteil versucht man u. a. durch Terrassierung und Wasserregulierung entgegenzuwirken.
Klima: Es herrscht durch die Höhenlage gemäßigtes subtrop. Klima mit einer Regenzeit (Okt.–April). Frost ist häufig. Dank hoher, im Winter als Schnee fallender Niederschläge im Stau der Berge ist L. wasserreich und Quellgebiet vieler Flüsse.
Vegetation: Auf den Hochplateaus finden sich ausgedehnte Torfmoore. Weit verbreitet sind Grasländer, die aber infolge Überweidung von Hartlaubgewächsen verdrängt werden. Im urspr. waldlosen L. wird aufgeforstet (Pappeln, Nadelbäume) als Maßnahme gegen die Bodenabtragung.
Bevölkerung: Rd. 80 % gehören dem Bantuvolk der Süd-Sotho (↑ Sotho) an, 20 % den Zulu. 93 % sind Christen. Die Bev. ist sehr ungleich über das Land verteilt. Rd. 70 % leben in dem schmalen Vorland des Hochlandes. Einzige städt. Agglomeration ist Maseru. Der Anteil der als Wanderarbeiter für je 12–18 Monate in Südafrika lebenden Lesother beträgt ständig 10–15 % der Bevölkerung. Alle 6–12jährigen gehen in die Schule. Die 1964 gegr. Univ. für L., Botswana und Swasiland wurde 1975 zur Nat. Univ. von L. umgebildet.
Wirtschaft: Über 85 % der Bev. sind von der Landw. abhängig. Die Ernten reichen aber nicht zur Selbstversorgung aus. Angebaut werden, je nach Höhenlage, Mais, Weizen, Gerste, Hirse, Hülsenfrüchte u. a. An Tieren werden v. a. Schafe, Ziegen, Rinder und Schweine gehalten. An Bodenschätzen werden Diamanten abgebaut; Wasserkraft wird seit 1965 genutzt.
Außenhandel: L. steht in Zollunion mit Südafrika, Botswana und Swasiland, von denen Südafrika der wichtigste Partner ist. L. verkauft v. a. Lebendvieh, Diamanten, Schafwolle, Mohair, Weizen und kauft Mais, Hirse, Hülsenfrüchte, Maschinen und Geräte.
Verkehr: Über eine kurze Stichbahn ist die Hauptstadt an das südafrikan. Eisenbahnnetz angeschlossen. Von 4085 Straßenkilometern sind 458 km asphaltiert. Die nat. Fluggesellschaft L. Airways fliegt von Maseru aus nach Johannesburg, Kapstadt, Port Elizabeth und

East London und bedient die 32 Landeplätze des Inlands bei Bedarf.
Geschichte: Ureinwohner des Landes waren wohl Buschmänner. Infolge der von den Tschaka ausgelösten Völkerwanderung flüchteten zw. 1824/27 die Sotho aus dem späteren Oranjefreistaat in die Drakensberge. Sie konnten sich in dauernden Kämpfen gegen andere Stämme und gegen die Buren behaupten. Seit 1868 als **Basutoland** brit. Protektorat. 1964 erhielt das Land die innere Autonomie und wurde 1966 als Kgr. L. innerhalb des Commonwealth unabhängig. Da L. vom Gebiet der Südafrikan. Republik umgeben ist, betrieb es eine gemäßigt nationalist. Politik. Zu Spannungen mit der Südafrikan. Republik kam es 1976, als die Transkei für unabhängig erklärt wurde und L. behauptete, die Grenze zw. beiden Ländern sei geschlossen worden. Blutige Auseinandersetzungen zw. der Polizei und Anhängern der oppositionellen Basotho Congress Party 1979 hatten einen Flüchtlingsstrom nach Südafrika und Botswana zur Folge. Im Jan. 1986 enthob Generalmajor J. Lekhanya, der Kommandeur der Milizstreitkräfte, den seit 20 Jahren diktator. regierenden Premiermin. L. Jonathan seines Amtes und übernahm provisor. die Regierungsgeschäfte.
Politisches System: L. ist eine konstitutionelle Monarchie im Commonwealth. *Staatsoberhaupt* ist der König (seit 1966 Moshoeshoe II.). Die *Exekutive* liegt beim Kabinett unter Führung des Premiermin., die *Legislative* beim Parlament, das aus der Nationalversammlung (60 auf 5 Jahre gewählte Abg.) und dem Senat (22 Stammeshäuptlinge und 11 vom König ernannte Mgl.) besteht. Die gegenwärtigen Mgl. der Nat.versammlung wurden 1973 vom König ernannt, 1974 wurde eine Verfassungskommission eingesetzt. Stärkste *Partei* ist die Basotho National Party, die für die Zusammenarbeit mit Südafrika eintritt, während die fast gleich starke Basotho Congress Party eine panafrikan. Politik vertritt. Die *Verwaltung* der 10 Distrikte erfolgt durch ernannte Beamte. Das *Rechts-* und Gerichtswesen ist am brit. Vorbild orientiert und umfaßt einen Appellationsgerichtshof, einen Hohen Gerichtshof und Distriktgerichte. Daneben kommt den Stammesgerichten eine gewisse Bed. zu. Die Bildung von eigenen *Streitkräften* wurde angekündigt; die Stärke der z. Z. bestehenden paramilitär. Kräfte beträgt rd. 1500 Mann. - Karte S. 104.

⏚ *Murray, C.: Families divided. The impact of migrant labour in L.* London 1981. - *Klimm, E., u. a.: Das südl. Afrika. Bd. 1: Rep. Südafrika, Swasiland, L.* Darmst. 1980. - *Strom, G. W.: Development and dependence in L., the enclave of South Africa.* New York 1978. - *Jeske, J.: Botswana, L., Swaziland.* Mchn. 1977.

Lespinasse, Julie de [frz. lɛspi'nas], * Lyon 9. Nov. 1732, † Paris 23. Mai 1776, frz. Schriftstellerin. - J. de L. war Mittelpunkt

Lesotho. Übersichtskarte

des Salons der Marquise du Deffand, später eines eigenen Salons; ihre leidenschaftl. Briefe an den Grafen Guibert gehören zu den bedeutendsten persönl. Briefen des 18. Jh.

Lesseps, Ferdinand Marie Vicomte de, * Versailles 19. Nov. 1805, † La Chênaie (Indre) 7. Dez. 1894, frz. Diplomat u. Ingenieur. - Initiator und Leiter (1859–69) des Baues des Sueskanals; 1879 begann er auch mit dem Bau des Panamakanals, scheiterte jedoch. Er schrieb u. a. „Percement de l'isthme de Suez" (5 Bde., 1855–61) und „Erinnerungen" (1887).

Lessing, Carl Friedrich, * Breslau 15. Febr. 1808, † Karlsruhe 5. Juni 1880, dt. Maler. - Großneffe von Gotthold Ephraim L.; Vertreter der ↑ Düsseldorfer Malerschule; in seinen Historienbildern (bes. Serie über J. Hus) zeigt sich seine aktive liberale Gesinnung; auch realist. Landschaftsbilder. Seit 1858 Direktor der Karlsruher Kunsthalle.

L., Doris, * Kermanschah (Iran) 22. Okt. 1919, engl. Schriftstellerin. - Verbrachte ihre Jugend in Rhodesien, kam 1949 nach England. Sie schreibt u. a. Romane und Kurzgeschichten über die polit. Verhältnisse in Rhodesien sowie über die Probleme der Frau in der vom Mann beherrschten Welt. - *Werke:* Afrikan. Tragödie (R., 1950), The children of violence (R.-Zyklus, 5 Bde., 1952–1969), Das goldene Notizbuch (R., 1962), Die Memoiren einer Überlebenden (R., 1974), Die Liebesgesch. der Jane Somers (1985).

L., Gotthold Ephraim, * Kamenz (Bezirk Dresden) 22. Jan. 1729, † Braunschweig 15. Febr. 1781, dt. Schriftsteller, Kritiker und Philosoph. - Nach dem Schulbesuch in Meißen, Studium der Theologie und Medizin in Leipzig (1746–48) Beginn der dramat. Produktion im Stil der sächs. Typenkomödie. 1748–55 Journalist und freier Schriftsteller in Berlin,

verfaßte theolog., philolog., ästhet., krit., polem., dramaturg. Schriften; anakreont. Lyrik, Sinngedichte, Fabeln und Erzählungen, Übersetzungen und Dramen. Mitarbeit an verschiedenen Zeitschriften. 1755 Rückkehr nach Leipzig, von 1758–60 wieder in Berlin. 1759 veröffentlichte er drei Bücher „Fabeln"; zw. 1759–65 erschienen seine berühmten „Briefe, die neueste Literatur betreffend", die ihn als Literaturkritiker bekannt machten. 1760 ging L. nach Breslau (hier entstand „Minna von Barnhelm", 1767), seit 1765 lebte er wieder in Berlin. 1766 erschien „Laokoon: oder über die Grenzen der Malerei und Poesie". In seiner „Hamburger Dramaturgie" (1767–69) entwarf L. eine für die weitere Entwicklung grundlegende bürgerl. Poetik des Dramas. 1768/69 publizierte er die polem. „Briefe antiquar. Inhalts" und 1769 die Schrift „Wie die Alten den Tod gebildet". Ende 1769 nahm er die Berufung als Bibliothekar in Wolfenbüttel an; 1776 Eheschließung mit Eva König. 1771 erschienen das Trauerspiel „Emilia Galotti" und die gesammelten Sinngedichte mit den „Anmerkungen über das Epigramm". 1779 folgte das dramat. Gedicht

Gotthold Ephraim
Lessing (um 1767)

„Nathan der Weise", und im Jahr 1780 erschienen die geschichtsphilosoph. Schrift „Die Erziehung des Menschengeschlechts" und die staats- und gesellschaftskrit. Freimaurerdialoge „Ernst und Falk" (2 Tle., 1778–80). L. gilt als der einzige dt. Aufklärer von europ. Rang und als der eigentl. Begründer der modernen dt. Literatur, Literaturtheorie und einer literar. Öffentlichkeit. Zu seinen Prinzipien gehörte es, überall mit „eigenen Augen" zu sehen, jede Sache von möglichst vielen Seiten anzugehen, stets als ein „ungläubiger Anwalt" der Wahrheit aufzutreten und den Leser, Zuhörer und Zuschauer an einer analyt. und möglichst vorurteilslosen Untersuchung teilnehmen zu lassen, einen jeden möglichst auf seinem eigenen Weg zur Erkenntnis zu führen und den Fortschritt nicht im Bruch

mit der Vergangenheit, sondern in exakter, produktiver Auseinandersetzung mit der Tradition herbeizuführen. L. verstand Aufklärung als unendl. Erziehungs-, Erkenntnis- und Vervollkommnungsprozeß des einzelnen Menschen und der gesamten Menschheit. L. hat dem dt. Drama und Theater die engl., italien. und span. Traditionen erschlossen und seine Poetik des Dramas in Auseinandersetzung mit der frz. Klassik und der Aristotelischen Poetik entworfen. Der dt. Literaturkritik hat L. erstmals Maßstäbe gesetzt; die klass. und dt. Philologie und Literaturgeschichte sowie die Archäologie hat er durch zahlr. Studien angeregt. Desgleichen waren auch seine kirchengeschichtl. und theolog. Beiträge von Bedeutung. Als zentrale Aufgabe seiner Geschichtsphilosophie sah er die Erziehung des Menschengeschlechts durch Vernunft und Toleranz und den Abbau aller Schranken zw. den Menschen.
📖 Ter-Nedden, G.: Lessings Trauerspiele. Stg. 1985. - Durzak, M.: Zu G. E. L. Poesie im bürgerl. Zeitalter. Stg. 1984. - Hildebrandt, D.: L. Biogr. einer Emanzipation. Bln. 1982. - L. Epoche, Werk, Wirkung. Hg. v. W. Barner u. a. Mchn. ⁴1981.

L., Theodor, * Hannover 8. Febr. 1872, † Marienbad 30. Aug. 1933 (ermordet), dt. Publizist, Schriftsteller und Kulturphilosoph. - 1922–25 Prof. für Pädagogik und Philosophie an der TH Hannover, hatte Anteil an der antirationalist. Kultur- und Gesellschaftskritik des 19./20. Jh. (Nietzsche, O. Spengler); vertrat publizist. einen pragmat. Sozialismus (u. a. Gleichberechtigung der Frau, Völkerverständigung); unterzog in „Europa und Asien" (1916) die techn. Zivilisation mit ihren kolonialist. Tendenzen und der Zerstörung der Umwelt radikaler Kritik. - Weitere Werke: Geschichte als Sinngebung des Sinnlosen (1916), Die verfluchte Kultur (1921), Prinzipien der Charakterologie (1926).

Lessivierung [lat.-frz.], in der Bodenkunde Bez. für die Verlagerung von Ton unter wechselfeuchten Klimabedingungen.

Lesskow, Nikolai Semjonowitsch ↑ Leskow, Nikolai Semjonowitsch.

Leste [span., eigtl. el este „der Osten, der Ostwind"], Wüstenwind aus der Sahara.

Lester, Richard,* Philadelphia (Pa.) 19. Jan. 1932, amerikan. Filmregisseur. - Drehte v. a. komödiant. Filme, u. a. mit den Beatles „A hard day's night" (1964) und „Help!" (1965); eine Verbindung gegensätzl. Stilmittel gelang ihm u. a. in „Wie ich den Krieg gewann" (1967), in dem sich surrealist. Effekte und soziale Aussage gegenüberstehen, aber auch in den Filmen „Die drei Musketiere" (1974) und „Robin und Marian" (1976) und „Cuba" (1979), wo Burleske und Satire bzw. romant. Verklärung und realist. Detailtreue zusammentreffen. Drehte auch „Superman II" (1980), „Superman III" (1983).

Le Sueur [frz. lə'sɥœːr], Eustache, ≈ Paris 19. Nov. 1616, † ebd. 30. April 1655, frz. Maler. - Schüler S. Vouets, mit denen er lange zusammenarbeitete. Klassizist mit ausgeprägter Klarheit und Distanziertheit. - Werke: Leben des hl. Bruno, Zyklus für das Pariser Kartäuserkloster (1645–48; heute im Louvre bis auf „Hl. Bruno im Gebet", 1646, Berlin, Museumsinsel), Predigt des hl. Paulus in Ephesus (1649; Louvre).

Le S., (Leseuer) Jean François, * Drucat-Plessiel bei Abbeville 15. Febr. 1760, † Paris 6. Okt. 1837, frz. Komponist. - Wurde 1804 Hofkapellmeister Napoleons I., 1814 königl. Hofkomponist und Opernkapellmeister, 1817 Prof. am Conservatoire (Lehrer von Berlioz und Gounod). L. war einer der Schöpfer der romant. Oper und suchte in seiner Kirchenmusik (Oratorien, Messen u. a.) einen dramat.-programmat. Stil zu verwirklichen.

Lesung ↑ Epistel.

◆ Beratung von Gesetzesentwürfen und Haushaltsvorlagen in den Parlamenten. Gesetzesentwürfe sowie der Entwurf des Haushaltsgesetzes und des Haushaltsplans werden im Dt. Bundestag in drei L., völkerrechtl. Verträge sowie Haushalts- und Finanzvorlagen dagegen in nur zwei L. beraten. In der 1. L. kann eine allg. Aussprache (Generaldebatte) stattfinden, an die sich die Ausschußüberweisung anschließt. Das Kernstück der 2. L. ist die Einzelberatung und Beschlußfassung über jede selbständige Bestimmung der Vorlage; Änderungsanträge sind zulässig. An die 2. L. schließt sich in der Regel unmittelbar die 3. L. an, die mit der Schlußabstimmung über die Vorlage endet.

Für Österreich gilt weithin Entsprechendes. In der Schweiz wird unterschieden zw. der Eintretensdebatte, in der meist grundsätzl. Fragen eines Entwurfs behandelt werden, und der daran anschließenden artikel- oder abschnittsweisen Detaildebatte. - ↑ auch Gesetzgebungsverfahren.

Lesur, Daniel [frz. lə'sy:r] (Daniel-Lesur), * Paris 19. Nov. 1908, frz. Komponist. - Mitbegründer der Gruppe ↑ Jeune France. Seine zur Neoromantik tendierende Musik ist durch verhaltene Expressivität und traditionelle Schreibweise charakterisiert: zahlr. Instrumental- und Vokalwerke, u. a. Kantate „Cantique des cantiques" (1953), Oper „Andrea del Sarto" (1968, nach A. de Musset).

Leszczyński, Stanisław ↑ Stanislaus I. Leszczyński, König von Polen.

letal [lat., zu letum „Tod"], bes. in der Biologie und Medizin für: tödlich, zum Tode führend.

Letalfaktor, durch eine Gen-, Genomoder Chromosomenmutation entstandene, krankhafte Erbanlage, die bei dem betroffenen Lebewesen im Verlauf seiner Entwicklung zum Ausfall einer lebenswichtigen Funktion führt und daher dessen Tod noch vor der Weitergabe des Erbguts zur Folge hat.

L'État c'est moi [frz. le'ta sɛ'mwa „der Staat bin ich"], angebl. Ausspruch Ludwigs XIV., der in der Identifizierung von Staat und Herrscher sein Selbstverständnis und die Regierungspraxis kennzeichnet.

Letek [hebr.], bibl. Hohlmaß unterschiedl. Größe, etwa 100 bis 200 Liter.

Lethargie [zu griech. lethargía „Schlafsucht"], Zustand hochgradiger Interesselosigkeit, verbunden mit körperl. Trägheit. Letharg. Erscheinungen sind v. a. unter Hypnose und bei Hysterien zu beobachten, außerdem als starkes Schlafbedürfnis (mit Bewußtseinsstörungen) bei Vergiftungen, Gehirnentzündungen, Gehirntumor u. a.

Lethbridge [engl. 'lɛθbrɪdʒ], kanad. Stadt am O-Fuß der Rocky Mountains, 59 900 E. Univ. (gegr. 1967); Zentrum eines Landw.gebiets. - Entstand 1872 als **Coal Banks**, 1885 in L. umbenannt.

Lethe, in der griech. Mythologie ein Strom der Unterwelt, von dem die Seelen der Verstorbenen trinken, um ihr ird. Dasein zu vergessen.

Leticia [span. le'tisja], Hauptstadt des Verw.-Geb. Amazonas im sö. Kolumbien, 96 m ü. d. M., 13 200 E. Hafen am Amazonas, ✈.

Letkiss, vom finn. Letkajenkka (finnisch „Reihenpolka") abgeleiteter Gesellschaftstanz mit geselligen Elementen. Er steht in mäßig bewegtem 4/4-Takt, ist musikal. dem Rheinländer verwandt und wird als Kettentanz mit Hüpfschritten ausgeführt. Nach 1964 wurde er kurze Zeit Mode in Europa.

Letmathe ↑ Iserlohn.

Leto (bei den Römern **Latona**), in der griech. Mythologie Geliebte des Zeus, Mutter des Zwillingspaars Apollon und Artemis.

Lettau, Reinhard, * Erfurt 10. Sept. 1929, dt. Schriftsteller; lebte zeitweise in den USA; satir. Erzählungen: „Schwierigkeiten beim Häuserbauen" (1962), „Auftritt Manigs" (1963), „Feinde" (1968), „Tägl. Faschismus" (1971), „Frühstücksgespräche in Miami" (1977), „Herr Strich schreitet zum Äußersten" (1983).

Letten, überwiegend in der Lett. SSR lebendes, mit den Litauern verwandtes Volk.

Letten, Bez. für rote und grünl. kalkarme, sandhaltige Tone.

Lettenbauer, Wilhelm, * Fürth 30. Juli 1907, † Ehrenstetten (Landkr. Breisgau-Hochschwarzwald) 5. Jan. 1984, dt. Slawist. - Prof. in München, Erlangen, seit 1962 in Freiburg im Breisgau; Verf. zahlr. Aufsätze über die Sprachen der Slawen (bes. über das Russ.), ihre Literatur und Kultur, u. a. „Russ. Literaturgeschichte" (1955).

Letter [frz., zu lat. littera „Buchstabe"], Druckbuchstabe; auch svw. ↑ Drucktype.

Letternholz (Buchstabenholz, Schlangenholz), das sehr dekorative, sehr harte, rot-

braune, schwärzlich gesprenkelte Holz des Letternholzbaums (Brosimum aubletii; ein Maulbeergewächs auf Trinidad, in Guayana und in N-Brasilien); v. a. als Drechslerholz und für Intarsien verwendet.

Letternmetall (Schriftmetall), aus 5 bis 6 % Zinn, 28 bis 29 % Antimon und Restanteil Blei bestehende Legierung zum Gießen von Drucktypen.

Lette-Verein, 1866 in Berlin von W. A. Lette (* 1799, † 1868) gegr. „Verein zur Förderung der Erwerbsfähigkeit des weibl. Geschlechts" (seit 1872 L.-V.); Träger von Berufsfachschulen u. a.

Lettgallen (lett. Latgale), histor. Prov. im SO der Lett. SSR, UdSSR; Hügelland (bis 289 m ü. d. M.); Hauptstadt Dünaburg. - L. war Teil des alten ↑ Livland. Als die balt. Lande 1561 ihren staatl. Zusammenhalt verloren, fiel L. als Teil des „überdün. Livland" an Polen, bei dem es auch nach dem Frieden von Oliva (1660) verblieb, als das übrige Livland schwedisch wurde. „Polnisch Livland", die Woiwodschaft Inflanty, fiel bei der 1. Poln. Teilung (1772) an Rußland, 1920 an Lettland (↑ Lettische SSR).

Lettisch, zur Gruppe der baltischen Sprachen gehörende Sprache der Letten mit rd. 1,5 Mill. Sprechern in 3 Dialektgruppen. Wird in lat. Schrift (mit Zusatzzeichen) geschrieben.

lettische Literatur, eine eigenständige Literatur in lett. Sprache konnte sich erst in der 2. Hälfte des 19. Jh. entwickeln, als aus dem wirtschaftl. erstarkenden Bauerntum eine Intelligenzschicht hervorging, die nicht mehr gewillt war, in der dt. Oberschicht aufzugehen. Auch knüpfte man an die reiche Volksdichtung an, die systemat. gesammelt, aufgezeichnet und erforscht wurde. Bedeutendes wurde in der Ära des Realismus geschaffen, dessen bedeutendste Vertreter A. Niedra (* 1871, † 1943) und R. Blaumanis (* 1863, † 1908) waren. Die Dichtung der 1890er Jahre war vom russ. und westeurop. Sozialismus beeinflußt. Die Zeit der Eigenstaatlichkeit (1918–40) war durch eine reiche und vielseitige Entwicklung gekennzeichnet. Bes. erfolgreich war V. Lācis mit seinem Roman „Der Fischersohn" (1933). Mit der Besetzung durch die sowjet. Armee 1944 setzte eine Massenflucht in den Westen ein. Die trotz allem ungebrochene Vitalität der Schriftsteller ließ schon in den dt. Auffanglagern eine Literatur von Rang entstehen, die in der westeurop. Emigration ihre Fortsetzung fand (u. a. Z. Lazda, M. Ziverts, Z. Maurina). In der Lett. SSR kamen zunächst die bereits früher kommunist. Schriftsteller im Land oder aus dem Exil zu Wort.

lettische Religion, die vorchristl. Religion der Letten, mit ausgesprochen bäuerl. Charakter. Der Himmelsgott Dievs ist Schöpfer der Welt und der Menschen, deren

Schicksale er bestimmt; fördert die Fruchtbarkeit der Felder, sorgt für das Vieh. Saule, die Herrin der Sonne, wird gelegentl. als schöne Jungfrau verehrt, meist aber als Mutter vieler Töchter. Eine spezielle Schicksalsgöttin (verbunden mit Geburt, Heirat, Tod) ist Laima oder Laima māte, die „Glücksmutter". Zu den Wesenszügen der l. R. gehörte die Annahme einer numinosen Belebtheit der gesamten Natur.

Lettische SSR (Lettland), eine der 3 balt. Republiken im äußersten NW der UdSSR, 63 700 km², 2,59 Mill. E (1984), Hauptstadt Riga.

Landesnatur: Das glazial überformte Land gliedert sich in Hügellandschaften, zw. denen weite Ebenen liegen. Entlang der Ostseeküste erstreckt sich eine 10–40 km breite Küstenebene. Der Sommer ist mäßig warm, der Winter nicht sehr kalt. Die größten zusammenhängenden Wälder (Kiefern und Fichten) liegen in Kurland. In den Niederungen nehmen Sümpfe große Flächen ein.

Bevölkerung, Wirtschaft, Verkehr: Neben 57 % Letten (1979) leben Russen, Weißrussen, Polen, Ukrainer, Litauer und Juden in der L. SSR. Vor dem 2. Weltkrieg gehörte der größte Teil der Bev. zur ev.-luth. Kirche. Die L. SSR verfügt über 10 Hochschulen. - Angebaut werden Futterpflanzen, Getreide, Kartoffeln, Flachs, Gemüse, Zuckerrüben. Schwerpunkt in den meisten landw. Großbetrieben ist die Rinder- und Schweinehaltung. An Bodenschätzen gibt es Torf, Kalkstein, Sand, Lehm. Die arbeitsintensive Metallverarbeitung und elektrotechn. Ind. sind die führenden Betriebszweige. Daneben besteht ein Eisenhüttenwerk, traditionelle Textilind. und Nahrungsmittelind. – Größte verkehrsgeograph. Bed. haben die Hafenstädte, über die ein Teil der sowjet. Ein- und Ausfuhr läuft; sie sind auch Endpunkte wichtiger Eisenbahnstrecken. Vom ⚓ Riga aus bestehen Verbindungen nach allen wichtigen sowjet. Städten.

Geschichte: Bis zum Ende des 1. Weltkrieges hatten die Letten kein eigenes nat. Staatswesen; ihre Wohngebiete, im MA Teil ↑ Livlands, gehörten seit dem 18. Jh. zum Zarenreich. Eine aus Emigranten gebildete lett. Sowjetregierung proklamierte im Dez. 1918 ein unabhängiges Lettland und ließ große Teile des Landes durch die lett. Schützendivisionen besetzen. Der von den Deutschen unterstützten Nationalregierung gelang es erst 1919, mit Hilfe ausländ. Freiwilligenverbände die Kontrolle über den größeren Teil Lettlands zu gewinnen. Die erneute Unabhängigkeitserklärung vom Mai 1920 wurde von der Sowjetregierung im Rigaer Abkommen vom Aug. 1920 akzeptiert. Die Grenzen wurden nach der Sprachgrenze festgesetzt, Lettland umfaßte ↑ Kurland, das südl. ↑ Livland und ↑ Lettgallen. Wie die anderen balt. Rep. mit einer toleranten Minderhei-

tengesetzgebung ausgestattet und auf eine neue, aktive Kleinbauernschaft gegr., erlebte das kleine Staatswesen eine intensive kulturelle und wirtschaftl. Blüte, die auch durch den Staatsstreich im Mai 1934 und das anschließende autoritäre Regime unter Karlis Ulmanis nicht unterbrochen wurde. Im ↑ Deutsch-Sowjetischen Nichtangriffspakt vom 23. Aug. 1939 wurde Lettland dem Einflußbereich der Sowjetunion überlassen. Mit dem erzwungenen Beistandspakt vom Okt. 1939 schuf diese die Voraussetzungen für die Inkorporation Lettlands in die UdSSR, die endgültig am 5. Aug. 1940 erfolgte. Nach 1945 setzte eine Bevölkerungsverschiebung großen Ausmaßes ein; etwa 100 000 Letten wurden nach Mittelasien und Sibirien deportiert, dieselbe Zahl von Nichtletten in Lettland angesiedelt. Erst 1959 erreichte die Bevölkerungszahl etwa den Vorkriegsstand, während sich die ethn. Zusammensetzung völlig verändert hat.

⊔ *Hehn, G. v.: Zur Entwicklung der nat. Verhältnisse in den balt. Sowjetrepubliken.* Gött. 1975. - *Latvia. Past and present.* Hg. v. E. *Andersons u. a.* Waverly (Iowa) 1969. 2 Bde. - *Lett. Sozialist. Sowjetrepublik.* Dt. Übers. Moskau 1967.

Lettmann, Reinhard, * Datteln 9. März 1933, dt. kath. Theologe. - Kirchenrechtler; 1967–1973 Generalvikar des Bistums Münster; 1973 Weihbischof, seit 1980 Bischof von Münster.

Lettner [zu mittellat. lectionarium „Lesepult"], Lese- oder Sängerbühne (aus Stein) in ma. Kirchen (etwa seit dem 12./13. Jh.). Überwiegend in Kloster- und Stiftskirchen sowie Bischofskirchen, sondert er das Laienschiff vom Klerikerchor. Normalerweise steht vor ihm ein Altar oder - in Frankr. - 2 seitl. Altäre. Schon frühzeitig bot der L. auf einer Schauseite Möglichkeiten für plast. Schmuck, der sich zu ausgedehnten Bildprogrammen ausweiten konnte (z. B. in Naumburg). Im späteren MA öffnete sich der L., urspr. als Wand konzipiert, vielfach in mehreren Arkaden zum Laienbereich; im 17. Jh. meistens beseitigt.

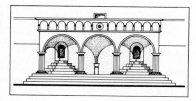

Lettner

Lettow-Vorbeck, Paul von ['lɛto], * Saarlouis 20. März 1870, † Hamburg 9. März 1964, dt. General. - 1913 Kommandeur der Schutztruppe von Kamerun, 1914–18 von

Lettre de cachet

Dt.-Ostafrika; konnte während des 1. Weltkriegs eine Kapitulation vermeiden; 1919 Befehlshaber der Reichswehrbrigade in Schwerin; 1920 wegen Teilnahme am Kapp-Putsch verabschiedet; 1928–30 MdR (DNVP).

Lettre de cachet [frz. lɛtradka'ʃɛ „Siegelbrief"], geheimer, im Namen des frz. Königs geschriebener und gesiegelter Haftbefehl, mit dem ohne ordentl. Gerichtsverfahren eine Einweisung in die Bastille angeordnet wurde.

Lettrismus (frz. Lettrisme) [zu lat.-frz. lettre „Buchstabe"], 1945 in Paris von Isidor Isou (* 1925) begründete und v. a. von ihm repräsentierte literar. Bewegung, die die von den Futuristen und Dadaisten begonnene Reduktion der Sprache auf sinnfreie Buchstaben- und Lautfolgen konsequent fortsetzte und systematisierte. Das Alphabet stellt für den L. ledigl. ein materiales Repertoire akust. Zeichen dar, über das der Dichter kompositorisch verfügt.

Letzlinger Heide, bewaldetes Endmoränengebiet im S der Altmark, DDR.

letzte Ölung ↑ Krankensalbung.

letztwillige Verfügung, svw. ↑ Testament.

Leu, Hans, d. J., * Zürich um 1490, ✕ am Gubel bei Zug 24. Okt. 1531, schweizer. Maler und Zeichner. - Beeinflußt von Dürer und H. Baldung, stehen seine schweizer. Landschaftszeichnungen mit lavierter Feder der ↑ Donauschule nahe. Bes. seine kleinformatigen Gemälde zeigen feinfühlige Farbgebung („Orpheus und die Tiere", 1519, Basel, Öffentl. Kunstsammlung); Risse für Glasfenster.

Leu [letztl. zu griech. léōn (mit gleicher Bed.)], dichter. für Löwe.

Leu [lat.-rumän., eigtl. „Löwe"] (Mrz. Lei), Abk. l, Währungseinheit in Rumänien; 1 l = 100 Bani.

Leubinger Kultur ↑ Aunjetitzer Kultur.

Leubus (poln. Lubiąż), niederschles. Ort östl. von Liegnitz, ▾Polen. Pfarrkirche (1734–45) in der Ortschaft, 3 km entfernt das ehem. Zisterzienserkloster L., 1175–1810. Das reiche Kloster war im MA und erneut im 17. Jh. kultureller Mittelpunkt Schlesiens. Got. Stiftskirche (1307–40, wiederaufgebaut 1508, barockisiert), Jakobskirche (1696–1729), ausgedehnter Klosterkomplex des 17./18. Jh. (223 × 118 m); Kriegsschäden.

Leucate-Barcarès [frz. lø'kat barka'rɛs], moderne frz. Feriendstadt 20 km nö. von Perpignan, Dep. Aude. Wassersportzentrum am Mittelmeer und am Étang de Leucate. 8 km langer Badestrand.

Leuchsenring (in Frankr.: Leisring, Liserin), Franz Michael, * Kandel 1746, † Paris im Febr. 1827, dt. Erzieher und Sprachlehrer. - Machte als hess.-darmstädt. Hofrat und Reisebegleiter des Erbprinzen ausgedehnte Reisen; Goethe verspottete ihn als „falschen Propheten" in seinem „Fastnachtsspiel vom Pater Brey" (1773); A. von Arnim stellte ihn in der Figur des Predigers Frank in seinem Roman „Armut, Reichtum, Schuld und Buße der Gräfin Dolores" (1810) dar. Nach 1792 (Frz. Revolution) in Paris.

Leuchtanregung, svw. ↑ Lumineszenz.

Leuchtbakterien, Gruppe hauptsächl. im Meer lebender, mariner, fakultativ anaerober, gramnegativer, begeißelter Bakterien, die eine bläulichgrüne Biolumineszenz (↑ Chemilumineszenz) verursachen. Manche L. gehen Leuchtsymbiosen mit Fischen, Tintenfischen und Feuerwalzen ein, andere rufen Meeresleuchten und das Leuchten von toten Meeresfischen hervor.

Leuchtbombe, von Flugzeugen am Fallschirm abgeworfener Leuchtsatz aus Aluminium- oder Magnesiumpulver zur Beleuchtung des zu bombardierenden Zielgebiets.

Leuchtdichte, Formelzeichen L, eine photometr. Größe zur Bewertung des Helligkeitseindrucks, den eine leuchtende Fläche hervorruft; sie ist definiert als der Quotient aus der Lichtstärke I einer gleichmäßig leuchtenden Fläche und der Größe A dieser Fläche: $L = I/A$. Diese Beziehung gilt nur, wenn die Beobachtungsrichtung mit der Richtung der Flächennormalen (d. h. der Senkrechten auf der leuchtenden Fläche) übereinstimmt. Bilden sie einen Winkel ε miteinander, dann gilt für die L. die Beziehung: $L = I/A \cdot \cos \varepsilon$. SI-Einheit der Leuchtdichte ist 1 Candela pro Quadratmeter (cd/m^2), häufig auch die abgeleitete Einheit 1 Candela pro Quadratzentimeter (cd/cm^2).

Mittlere Leuchtdichte einiger Lichtquellen in cd/cm^2	
Sonne (mittags)	150 000
Bogenlampe	20 000–100 000
Glühlampe (klar)	200–2 000
Glühlampe (matt)	5–50
Kerze	0,75
Leuchtstofflampe	0,35–1,4
klarer Himmel	0,3–0,5
Mond	0,25

Leuchtdichtesignal, svw. Luminanzsignal (↑ Fernsehen).

Leuchtdiode, svw. ↑ Lumineszenzdiode.

Leuchte, Vorrichtung zur Aufnahme von künstl. Lichtquellen (z. B. Lampen) und zur Lenkung, Filterung sowie zur besseren Verteilung (und damit besseren Nutzung) des von den Lichtquellen abgestrahlten Lichts; sie dient außerdem zum Schutz der Lichtquellen gegen Beschädigung, Feuchtigkeit und Staub. **Direktleuchten** strahlen zu etwa 90 % nach unten ab, **Indirektleuchten** entsprechend nach oben. **Sichtleuchten** haben insbes. Signalfunktion (Verkehrsampel, Leuchtfeuer, **Form- leuchten** stellen Zeichen oder Buchstaben dar (Leuchtschrift).

Leuchtelektron, im allg. das am leichtesten anzuregende Elektron der äußersten (nicht abgeschlossenen) Schale eines Atoms. Bei Anregung wird meistens dieses Außenelektron in einen energet. höheren Quantenzustand gehoben und strahlt beim Zurückfallen in einen energet. tieferen Zustand bzw. in den Grundzustand die Energiedifferenz beider Zustände als Photon wieder aus.

Leuchtenberg, Eugène de Beauharnais, Herzog von (seit 1817), * Paris 3. Sept. 1781, † München 21. Febr. 1824, Fürst von Eichstätt. - Sohn von A. de Beauharnais und der späteren Quantenkaiserin Joséphine; 1805 von Napoleon I. zum Vizekönig von Italien eingesetzt, 1807 adoptiert und zum Erben des Kgr. Italien erklärt; 1813 Befehlshaber der frz. Armee in Deutschland; von Maximilian I. Joseph von Bayern erhielt er 1817 die Landgft. Leuchtenberg mit dem Ft. Eichstätt als Standesherrschaft.

leuchtende Nachtwolken, zarte, meist wellen- oder bandenförmige Wolken in rund 75 bis 90 km Höhe, die noch lange nach Sonnenuntergang leuchten. Sie bestehen wahrscheinl. aus Staubteilchen (z. B. von Vulkanausbrüchen) oder aus interplanetarer Materie, an denen Sonnenlicht reflektiert wird.

Leuchter, urspr. svw. Beleuchtungskörper, heute svw. Kerzenhalter. In den christl. Kirchen ist der L. auf dem oder am Altar übl., im jüd. Kult unterscheidet man den siebenarmigen (↑Menora) und den achtarmigen (↑Chanukka) Leuchter.

Leuchterblume (Ceropegia), Gatt. der Schwalbenwurzgewächse mit rd. 150 Arten, v. a. in Asien und Afrika; Kräuter oder Halbsträucher mit meist knolligem Erdstamm; Blüten mit verlängerter, am Grund bauchig aufgetriebener Röhre (eine Kesselfallenblume).

Leuchtfarben, svw. ↑Leuchtstoffe.

Leuchtfeuer (Feuer), Orientierungshilfen im Luft- und v. a. im Seeverkehr, die auch bei Nacht die Bestimmung des Standortes, das Navigieren in Küstennähe bzw. den Landeanflug ermöglichen. Als Lichtquellen dienen elektr. Bogen- und Glühlampen oder (v. a. bei Leuchttonnen) Gasglühlichtbrenner. Die L. unterscheiden sich durch die Farbe (*weiß:* Leitweg, Fahrwasser, Ortsangabe, Gefahrenpunkt; *grün:* Steuerbord, rechts, frei; *rot:* Backbord, links, Gefahr, geschlossen; *gelb:* Sonderfeuer, durch Kennung (*Funkel-L.:* mehr als 60 Blitze/min.; *Blitz-L.:* Lichtschein aus relativ langer Dunkelheit heraus kürzer als 1 s; *Blink-L.:* Lichtschein mindestens 2 s aus relativ langer Dunkelheit; *Fest-L.:* steter Lichtschein ohne Unterbrechung) und durch ihre Träger: Leuchtturm (an der Küste oder auch in See), Feuerschiff, Leuchtbake, Leuchttonne (Leuchtboje). L. werden mit Hilfe des Leuchtfeuerverzeichnisses, das von den Hydrograph. Instituten des betreffenden Landes herausgegeben wird, erkannt und für die Navigation verwendet. - Das seit 1977 in nordeurop. Gewässern eingeführte Betonnungssystem „A" kennt laterale (seitenbezogene), kardinale (ortsbezogene), Einzelgefahren- und Mitte-Fahrwasser-Leuchtfeuermarkierungen. - Abb. S. 110.

Leuchtgas ↑Stadtgas.

Leuchtgasvergiftung, svw. ↑Kohlenmonoxidvergiftung.

Leuchtkäfer (Lampyridae), mit rd. 2 000 Arten weltweit verbreitete Fam. etwa 8-25 mm großer Käfer, v. a. in wärmeren Ländern; Larven und Vollinsekten haben auf der Bauchseite einiger Hinterleibssegmente ↑Leuchtorgane. In M-Europa kommen drei Arten vor, deren Imagines etwa um Johannis (24. Juni) erscheinen (*Johanniskäfer*). Am häufigsten sind der **Große Leuchtkäfer** (Lampyris noctiluca; 11-18 mm lang) und der **Kleine Leuchtkäfer** (Phausis splendidula; 8-10 mm lang). Die weißlichgelben, flugunfähigen ♀♀ werden (wie die leuchtfähigen Larven) als *Johanniswürmchen (Glühwürmchen)* bezeichnet. Sie klettern (zur Anlockung der ebenfalls leuchtenden ♂♂) auf Grashalme und senden ein grünlichgelbes Licht aus.

Leuchtkondensator, svw. ↑Leuchtplatte.

Leuchtkraft, Maß für die absolute ↑Helligkeit bzw. die Energieabgabe eines Sterns pro Sekunde durch Strahlung, gemessen z. B. in erg/s oder in Größenklassen der bolometr. Helligkeit.

Leuchtkraftklassen, Klassen, die sich bei Einteilung der Sterne nach der Größe ihrer ↑Leuchtkraft entsprechend ihrer Lage im ↑Hertzsprung-Russell-Diagramm ergeben.

Leuchtkrebse (Euphausiacea), mit rd. 90 Arten in allen Meeren verbreitete Ordnung bis 8 cm langer, garnelenförmiger Krebse; mit langen Fühlern, Chitinpanzer, langen, beborsteten Brustbeinen und ↑Leuchtorganen. Die L. leben pelagisch, kommen oft in großen Schwärmen vor und haben als Hauptbestandteil des ↑Krills wirtsch. Bedeutung.

Leuchtmittel, zur Geländebeleuchtung, Übermittlung von Signalen oder als Erkennungszeichen verwendete Mittel. Als L. dienen v. a. die pyrotechn. Leuchtsätze enthaltenden **Leucht-** oder **Signalpatronen,** die mit einer **Leuchtpistole** verschossen werden, wo sie als weiße (bei Leuchtpatronen) oder farbige (bei Signalpatronen) **Leuchtkugeln** sichtbar sind.

Leuchtmoos (Schistostega pinnata), sehr kleines (3-7 mm) Laubmoos schattiger, luftfeuchter, kalkfreier Standorte in den Alpen und Mittelgebirgen; flach zweizeilig beblättert. Der überdauernde Vorkeim ist aus kugeligen Zellen aufgebaut, die wie ein Hohlspiegel schwaches einfallendes Licht gebündelt reflektieren.

Leuchtorgane (Photophoren), durch

Leuchtpistole

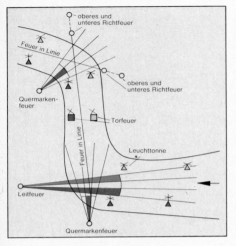

Leuchtfeuer. Befeuerung eines
Fahrwassers bei Dunkelheit

Chemilumineszenz selbst lichterzeugende
oder über das Vorhandensein symbiont. Bakterien (↑Leuchtbakterien) zur Lichtquelle
werdende Organe vieler Tiefseefische und einiger Insekten. Sie sind z. T. mit Linsen, Re-
flektoren und Pigmenten ausgestattet und sollen Beutetiere oder Geschlechtspartner an-
locken oder Feinde abschrecken.

Leuchtpistole (Signalpistole) ↑Leucht-
mittel.

Leuchtplatte (Leuchtkondensator, Elek-
trolumineszenzlampe), plattenförmige Licht-
quelle von 3 bis 5 mm Dicke, in der ein
Leuchtstoff durch ein elektr. Wechselfeld zum
Leuchten angeregt wird. Die L. stellt in ihrem
Aufbau einen Kondensator dar: Zw. einer

Leuchtorgane. Links: Schnitt
durch das an der Unterlippe
sitzende Leuchtorgan des
Ritterfisches Monocentris
japonicus; rechts: Schnitt
durch das Leuchtorgan des
Kopffüßers Sepiola ligulata,
das in den Tintenbeutel
eingebettet ist und eine Linse
besitzt

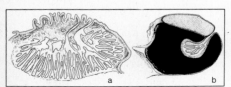

metall. Grundplatte und einer elektr. leitenden, lichtdurchlässigen Schichtelektrode befindet sich eine Glas- oder Kunststoffschicht,
in die der Leuchtstoff - z. B. Zinksulfid und
ein Aktivator - eingebettet ist. Verwendung
z. B. zur Skalenbeleuchtung.

Leuchtqualle (Pelagia noctiluca), hoch-
seebewohnende Quallenart in wärmeren Teilen des Atlantiks und im Mittelmeer; Schirm
halbkugelig (etwa 6–8 cm Durchmesser), blaß
purpurn bis braunrot; Entwicklung ohne Po-
lypengeneration; kommt oft in großen
Schwärmen vor; hat starkes Leuchtver-
mögen, das durch Wasserbewegungen
ausgelöst wird.

Leuchtrahmensucher ↑photographi-
sche Apparate.

Leuchtrakete, Rakete mit einem während des Fluges abbrennenden Leuchtsatz.

Leuchtröhre, röhrenförmige Nieder-
druck-Gasentladungslampe mit unbeheizten
Elektroden (im Ggs. zur ↑Leuchtstofflampe).
Die Betriebsspannung beträgt etwa 1 000 V
je Meter Rohrlänge. Die Lichtfarbe der L.
richtet sich nach der Gasfüllung (Neon ergibt
rotes Licht, Neon mit Quecksilber blaues
Licht) und der Färbung des Glases. Weitere
Möglichkeiten zur Farbgestaltung bei gleichzeitig gesteigerter Lichtausbeute bietet eine
Leuchtstoffschicht auf der Innenseite (**Leucht-
stoffröhre**). Verwendung in der Lichtreklame
(„Neonröhre").

Leuchtschirm (Fluoreszenzschirm), mit
Leuchtstoffen beschichteter Auffangschirm
zur Sichtbarmachung von elektromagnet.
oder Korpuskularstrahlung. Farbton und
Nachleuchtdauer lassen sich durch geeignete
Leuchtstoffe erreichen, z. B. Zinksulfid mit
Silberzusätzen (blaue Farbtöne, mittlere
Nachleuchtzeiten), Zinkoxid (grüne Farbtöne, relativ kurze Nachleuchtzeiten). Für
Schwarzweißbildröhren werden v. a. Zink-
Cadmium-Sulfid mit Zusätzen sowie Zinkoxid und Siliciumdioxid mit Manganzusätzen
verwendet (geringe bis verschwindende Nachleuchtzeiten). Für Farbbildröhren sind drei
verschiedene Leuchtstoffe erforderlich. Zur
Sichtbarmachung von Röntgenstrahlen benutzt man das durch Silberzusätze gelbgrün
fluoreszierende Zink-Cadmium-Sulfid.

Leuchtschnellkäfer (Cucujo, Pyrophorus), Gatt. bis 6 cm langer Schnellkäfer mit
rd. 100 Arten in S-Amerika, die auf dem Halsschild zwei und auf dem ersten Hinterleibs-
sternit ein Leuchtorgan besitzen. Bes. die etwa
4 cm lange Art **Pyrophorus noctiluca** wird wegen ihres starken Leuchtvermögens von Eingeborenen in Gazebeutelchen oder kleinen,
geflochtenen Körbchen eingesperrt und als
lebende Lampe getragen. - 40 Käfer haben
zus. die Leuchtkraft einer Kerze.

Leuchtspurgeschoß ↑Munition.

Leuchtstoffe (Leuchtfarben, Leucht-
massen), Stoffe, die die auf sie auffallende

Strahlung (sichtbares Licht, Ultraviolett-, Röntgen-, α-, β-, γ-Strahlung) absorbieren und als sichtbares Licht abstrahlen (Lumineszenz). **Nichtnachleuchtende Leuchtstoffe** (fluoreszierende L.) werden z. B. in Leuchtstofflampen und Fernsehbildschirmen, **nachleuchtende Leuchtstoffe** (phosphoreszierende L.) zur Markierung von Lichtschaltern verwendet. **Selbstleuchtende Leuchtstoffe** werden durch zugefügte radioaktive Stoffe zum Leuchten angeregt (Radium in Zinksulfid für Leuchtzifferblätter). **Optische Aufheller** (opt. Bleichmittel, Weißtöner) sind organ. L., die unsichtbares ultraviolettes Licht absorbieren und als sichtbares blaues Licht abstrahlen und auf Textilien, Papier, Kunststoffen den durch Vergilben hervorgerufenen Gelbton kompensieren; sie werden vielfach Waschmitteln zugesetzt.

Leuchtstofflampen, röhrenförmige ↑Gasentladungslampen mit Leuchtstoffbeschichtung, die die bei der Quecksilber-Niederdruckentladung erzeugte UV-Strahlung in sichtbares Licht umwandelt. Da die L. mit 220 V Netzspannung betrieben wird, aber erst bei 300–450 V zündet, ist eine bes. Schaltung erforderl.: Parallel zur L. liegt ein Glimmzünder (**Starter**), in dem durch Glimmentladung ein Bimetallkontakt erwärmt wird, sich aufbiegt und den Gegenkontakt berührt; damit fließt ein Strom, der die Glühwendel der L. kurz aufheizt; im Glimmzünder erlischt die Entladung, der Bimetallkontakt öffnet sich, dabei erzeugt die Drosselspule einen Spannungsstoß, der die L. zündet. Die Drosselspule begrenzt die Spannung der L.

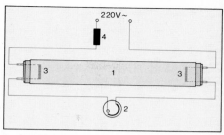

Leuchtstofflampen.
Schaltungsschema
(1 Leuchtstofflampe,
2 Starter, 3 Glühwendel, 4 Drosselspule)

auf die Brennspannung, die kleiner als die Zündspannung des Glimmzünders ist. Die Lichtausbeute der L. beträgt etwa das 3-fache, die Lebensdauer etwa das 7,5-fache einer Glühlampe. **Dreibandenlampen** strahlen durch spezielle Beschichtung intensiv in den Spektralbereichen Rot, Grün und Blau; im Auge entsteht daraus der Eindruck „Weiß". Energieersparnis gegenüber gewöhnl. L. rd. 10 %.

Leuchttonne ↑Leuchtfeuer.

Leuchtturm, Seezeichen in Form eines

Leuchtturm „Großer Vogelsand"
(Position 53° 59,8′ n. Br. und
8° 28,7′ ö. L. nördlich der halben
Distanz Neuwerk-Scharhörn)

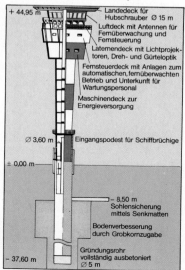

+ 44,95 m — Landedeck für Hubschrauber Ø 15 m

Luftdeck mit Antennen für Fernüberwachung und Fernsteuerung

Laternendeck mit Lichtprojektoren, Dreh- und Gürteloptik

Fernsteuerdeck mit Anlagen zum automatischen, fernüberwachten Betrieb und Unterkunft für Wartungspersonal

Maschinendeck zur Energieversorgung

Ø 3,60 m — Eingangspodest für Schiffbrüchige

± 0,00 m

– 8,50 m
Sohlensicherung mittels Senkmatten

Bodenverbesserung durch Grobkornzugabe

Gründungsrohr vollständig ausbetoniert Ø 5 m

– 37,60 m

Leuchtzikaden

hohen und daher weithin sichtbaren Turmes mit einem starken Leuchtfeuer an der Spitze, der an Land oder auch im Wasser an für die Navigation wichtigen Punkten steht und, durch Form, Farbgebung und Lichtkennung identifizierbar ist. Sein Licht (Glühlampe oder Lichtbogen) wird durch Fresnellinsen und/ oder Spiegelsysteme stark gebündelt, so daß es scharf abgegrenzt ist und weit trägt.
Geschichte: 283 v. Chr. wurde bei Alexandria ein Turm erbaut, der seit dem 1. Jh. n. Chr. ein Feuer trug und bis zum 12. Jh. existierte. Er zählte zu den Sieben Weltwundern. Mit dem 13. Jh. begann man an der Nord- und Ostseeküste mit dem Bau von L., meist in Form von steinernen oder hölzernen Baken, die ein offenes Holz- oder Steinkohlenfeuer trugen, sog. *Blüsen.* Bekannte L. sind der steinerne L. auf den Eddystone Rocks vor Plymouth, der „Rote Sand" in der Wesermündung sowie sein Nachfolger „Alte Weser" (unbemannt, vollautomat. arbeitend), einer der modernsten L. mit Hubschrauberlandeplatz, Radargeräten, Funkfeuern, Nebelsignalsendern und eigener Kraftstation.

Leuchtzikaden ↑Laternenträger.

Leuchtzirpen ↑Laternenträger.

Leucin [zu griech. leukós „leuchtend, weiß"] (Leuzin, 2-Amino-4-methylpentansäure, α-Aminoisocapronsäure), Abk. Leu, für den Menschen und viele Tiere lebensnotwendige wasserlösl. Aminosäure; Bestandteil der Eiweiße in allen Organismen. Chem. Strukturformel:

$$H_3C \diagdown CH-CH_2-\overset{\overset{H}{|}}{C}-C\overset{\diagup O}{\diagdown OH}$$
$$H_3C \diagup \qquad\quad\underset{NH_2}{|}$$

Leucit ↑Leuzit.

Leucochloridium [griech.], Gatt. erwachsene parasit. in Vögeln lebender Saugwürmer. Die mit dem Vogelkot ausgeschiedenen Eier werden von Bernsteinschnecken aufgenommen, wo sich die Larve in den Fühlern zu einer wurzelartig verzweigten Sporozyste mit grün oder rotbraun geringelten, schlauchförmigen Fortsätzen entwickelt.

Leucojum [griech.], svw. ↑Knotenblume.

Leuenberger Konkordie [nach dem Tagungsort, dem schweizer. Ort Leuenberg bei Basel], die Übereinkunft reformator. Kirchen in Europa, die in ihrer letzten Fassung vom 16. März 1973 die Kanzel- und Abendmahlsgemeinschaft zw. fast allen luth., ref. und unierten Kirchen Europas, den Waldensern und den Böhm. Brüdern wieder herstellte.

Leuk, Hauptort des schweizer. Bez. L., Kt. Wallis, 747 m ü. d. M., 3 000 E. - Rathaus (ehem. Wohnturm, 1534 umgebaut); spätgot. Pfarrkirche (1497 ff.) mit roman. Glockenturm (12. Jh.).

Leukämie [zu griech. leukós „weiß" und haῖma „Blut"], von R. Virchow 1845 erstmals als „Weißblütigkeit" beschriebene, bösartige Erkrankung des weißen Blutkörperchen bildenden Gewebes in Knochenmark, Milz und Lymphknoten bei Mensch und Haustieren (bes. Geflügel). Als auslösende Ursachen der als *Leukosen* bezeichneten verschiedenen Formen der L. sind ionisierende Strahlen, bestimmte Chemikalien (z. B. Benzol) und Chromosomenanomalien wahrscheinlich. Beim Menschen ist (im Ggs. zu den Tieren) eine Entstehung durch Viren noch nicht bewiesen.
Die beiden Formen der L., die **Knochenmarksleukämie** *(myeloische L.)* wie auch die **Milz-Lymphknotenleukämie** *(lymphat. L.),* kommen als akute oder chron. Erkrankungen vor. Akute L. sind bei Kindern häufiger. Dabei treten oft unreife weiße Blutkörperchen (Leukozyten) ins Blut über. Gleichzeitig besteht auf Grund der Verdrängung der normalen Knochenmarkszellen ein Mangel an roten Blutkörperchen und Blutplättchen. Die chron. Knochenmarks-L. kommt fast ausschließl. bei Erwachsenen vor. Die chron. Milz-Lymphknoten-L. kommt bevorzugt im höheren Lebensalter vor. Außerdem besteht eine Schwäche des körpereigenen Abwehrsystems.
Die **Anzeichen** einer L.erkrankung sind zunächst meist uncharakteristisch (Müdigkeit, Schwäche, Reizbarkeit, Leistungsabfall). Bei der akuten L. treten häufig hartnäckige fieberhafte Infekte und Entzündungen der Mundschleimhaut als Frühsymptome auf. Chron. Knochenmarks-L. fällt durch schmerzlose Vergrößerung von Milz und Leber auf, chron. Milz-Lymphknoten-L. durch schmerzlose, an vielen Stellen vergrößerte Lymphknoten. Im Blutbild fällt eine Vermehrung der weißen Blutkörperchen auf 100 000–200 000 pro mm³ auf (normal sind 5 000–10 000 pro mm³). Gelegentl. kann der Anstieg der weißen Blutkörperchen ausbleiben; dann ist das Knochenmark mit Vorstufen der weißen Blutkörperchen überfüllt. Dies führt u. a. auch zur Verdrängung der Bildungsstätten für rote Blutkörperchen und Blutplättchen. Daher können im Verlauf der Erkrankung auch die Symptome der Anämie und des Blutplättchenmangels (Blutaustritt unter der Haut) auftreten. Da die zahlenmäßig vermehrten weißen Blutkörperchen nicht voll funktionsfähig sind, treten oft Infekte hinzu, die von den weißen Blutkörperchen nicht abgewehrt werden können und so schließl. zum Tode führen.
Behandlung: Jede L.form kann heute medikamentös behandelt werden. Der entscheidende Fortschritt gelang v. a. durch die Entwicklung und den gezielten Einsatz neuer Zytostatika. In etwa gleiche Erfolge (Überlebensrate 15–20 %) erzielt die Knochen-

markstransplantation. Sie wird bei L.kranken durchgeführt, bei denen eine aggressive Kombinationstherapie (Ganzkörperbestrahlung mit Gammastrahlen und Zytostatika in hohen Dosierungen) nach einem Rückfall zwar alle L.zellen vernichtet, aber gleichzeitig auch die normale Blutbildung zerstört. Eine neue Behandlungsmöglichkeit ist die Transplantation von körpereigenem Knochenmark, das nach einer Besserung des Krankheitsbildes entnommen, konserviert und bei einem Rückfall transplantiert wird. Dadurch sind immunolog. Unverträglichkeitsreaktionen ausgeschlossen. - Die Chemotherapie der akuten L. verwendet Zytostatika in hohen Dosen, die dann durch Antagonisten nach kurzer Zeit wieder abgebaut werden. Damit soll eine schnelle Besserung erreicht und gleichzeitig die Toxizität der Substanzen vermindert werden. Durch die rasche Besserung wird auch eine mögl. Zytostatikaresistenz geringer. Mit einer Polychemotherapie können in über 50% der Fälle Besserungen erzielt werden. Bei der akuten Milz-Lymphknoten-L. im Kindesalter sind heute echte Heilungen möglich. - Wichtig für die Entwicklung neuer Therapien sind Versuche zur Feststellung der zellkinet. Besonderheiten der L.zellen. Die Forschung konzentriert sich auf antileukäm. Medikamente, die nur die L.zellen, nicht aber das gesamte Gewebe angreifen. Mit den derzeitigen Behandlungsmöglichkeiten ist es jedoch noch nicht gelungen, auch die letzte bösartige L.zelle zu vernichten.

📖 *Leukemia. Recent developments in diagnosis and therapy. Hg. v. E.Theil u.a. Bln u.a. 1984. - Hdb. der inneren Medizin Bd. 2, Tl. 6: Leukämien. Hg. v. H. Begemann. Bln. u.a. 1978.*

Leukas ↑Lefkas (Insel).

Leukerbad, schweizer. Gem. 10 km nördl. von Leuk, Kt. Wallis, 1401 m ü.d.M., 1100 E. Thermalbad mit 20 radioaktiven Gipsthermen (39 °C und 51 °C), die bereits im Altertum bekannt waren.

Leukindigo ↑Indigo.

Leukipp von Milet, griech. Philosoph der 2. Hälfte des 5.Jh. v.Chr. - Schüler Zenons, Lehrer Demokrits, Gründer einer Philosophenschule in Abdera (Thrakien) und erster Vertreter des ↑Atomismus.

Leukippiden, in der griech. Mythologie die Töchter des peloponnes. Königs **Leukippos,** Priesterinnen der Artemis bzw. der Athena, die von den Dioskuren entführt werden.

leuko..., Leuko..., leuk.., Leuk... [zu griech. leukós „weiß, glänzend"], Bestimmungswort von Zusammensetzungen mit der Bed. „weiß, glänzend".

Leukodermie (Leukoderma) [griech.], durch Pigmentmangel oder Pigmentschwund bedingtes helles bis weißl. Aussehen der Haut.

Leukofarbstoffe (Leukoverbindungen), wasserlösl., reduzierte Form der ↑Küpenfarbstoffe, die nur in dieser Form in die zu färben-de Faser einziehen; durch Oxidation an der Luft werden die L. wieder in die farbgebenden urspr. Farbstoffe zurückverwandelt.

Leukonschwamm [griech./dt.], Bez. für den höchstorganisierten Schwammtyp bei den meisten Kalkschwämmen und allen übrigen Schwämmen. Die Kragengeißelzellen sind auf die Wandung kleiner Kammern (Geißelkammern) im Schwammkörper beschränkt. Meist haben die in vielen Schichten angeordneten Kammern eigene zu- und abführende Kanäle.

Leukonychie [griech.], angeborene oder (durch Trauma, Vergiftung u.a.) erworbene völlige oder fleckartige, auch streifenförmige Weißfärbung der Nägel.

Leukopenie (Leukozytopenie) [griech.], krankhafte Verminderung der weißen Blutkörperchen (unter 4000/mm³) im strömenden Blut.

Leukoplakie [griech.] (Weißschwielenkrankheit), fleckenweise auftretende, weißl. Verdickung und übermäßige Verhornung des Körperoberflächengewebes, auch der Schleimhäute. Ursachen der L. sind chron. Reizzustände oder die Einwirkung krebsauslösender Substanzen. Sie gelten als Präkanzerosen (Vorstadium vom Krebs).

Leukoplasten [griech.], farblose, photosynthet. inaktive ↑Plastiden; befinden sich meist in Speicherorganen der Pflanzen (bes. als Stärkespeicher).

Leukopoese (Leukozytopoese) [griech.], die über verschiedene Reifungsstadien erfolgende Bildung der weißen Blutkörperchen (Leukozyten).

Leukosen [griech.] ↑Leukämie.

Leukotomie [griech.] (Lobotomie, De-

Leukämie. Krankheitsfälle nach Altersgruppen

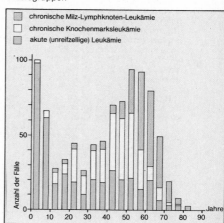

chronische Milz-Lymphknoten-Leukämie
chronische Knochenmarksleukämie
akute (unreifzellige) Leukämie

Anzahl der Fälle

Jahre

Leukotriene

frontalisation), umstrittener, heute ungebräuchl. psychochirurg. Eingriff in die weiße Gehirnsubstanz, um die Symptome bestimmter Geisteskrankheiten zu mildern.

Leukotriene, den Prostaglandinen nahestehende Gewebshormone; z. T. allergie- oder entzündungsauslösend. 1979 entdeckt.

Leukozyten [griech.] ↑ Blut.

Leukozytopenie, svw. ↑ Leukopenie.

Leukozytopoese, svw. ↑ Leukopoese.

Leuktra, antiker Name einer Ebene (vielleicht auch Ortschaft) im südl. Böotien nahe Thespiai und Plataä; berühmt durch den Sieg (371 v. Chr.) der von Epaminondas geführten Thebaner über die Spartaner.

Leumann, Ernst, * Berg (Thurgau) 11. April 1859, † Freiburg im Breisgau 24. April 1931, dt. Indologe schweizer. Herkunft. - 1884 Prof. in Straßburg, ab 1919 in Freiburg i. Br.; erforschte bes. den Dschainismus und das Sakische.

Leumundszeugnis ↑ Führungszeugnis.

Leuna, Ind.stadt an der Saale, Bez. Halle, DDR, 10 000 E. Chem. Ind. - Funde ungewöhnl. reich ausgestatteter sog. Fürstengräber belegen, daß hier um 300 n. Chr. der Sitz einer adligen german. Familie bestand.

Leuna-Werk „Walter Ulbricht", VEB, größter Industriebetrieb der DDR, Sitz Leuna, gegr. 1916 als **Ammoniakwerk Merseburg GmbH.** Erbaut wurden die „Leunawerke" im Auftrag der BASF AG, später standen zu 75 % im Besitz der I. G. Farbenindustrie AG; kriegswichtig war insbes. die Produktion von Stickstoff und dem synthet. Leuna-Benzin (aus Kohlehydrierung); seit 1951 VEB; heutige Hauptprodukte: Diesel- u. a. Kraftstoffe, Ammoniumsulfat, Ammoniak, Hochdruckpolyäthylen.

Leupold, Jakob, * Planitz (= Zwickau) 25. Juli 1674, † Leipzig 12. Jan. 1727, dt. Mechaniker. - Verf. einer ausführl. Beschreibung fast aller zu seiner Zeit bekannten Maschinenarten.

Leuschner, Bruno, * Berlin 12. Aug. 1910, † ebd. 10. Febr. 1965, dt. Politiker (SED). - Trat 1931 der KPD bei; 1936–45 inhaftiert; 1952–61 Vors. der Staatl. Plankommission in der DDR; seit 1950 Mgl. des ZK der SED, seit 1958 des Politbüros, 1960–63 des Staatsrates.

L., Wilhelm, * Bayreuth 15. Juni 1890, † Berlin 29. Sept. 1944 (hingerichtet), dt. Gewerkschafter und Politiker (SPD). - Holzbildhauer; trat früh der Gewerkschaftsbewegung bei; 1924–33 MdL in Hessen, 1928–33 hess. Innenmin.; 1933/34 im KZ festgehalten; stand als Leiter gewerkschaftl. Widerstandsgruppen in Kontakt zum Kreisauer Kreis; nach dem 20. Juli 1944 zum Tode verurteilt.

Leutensdorf ↑ Litvínov.

Leuthen (poln. Lutynia), niederschles. Gem. westl. von Breslau, Polen⁕; bekannt durch den Sieg Friedrichs d. Gr. über die

Österreicher am 5. Dez. 1757.

Leuthold, Heinrich, * Wetzikon (ZH) 5. Aug. 1827, † Zürich 1. Juli 1879, schweizer. Dichter. - Gehörte dem Münchner Dichterkreis an; seit 1877 geisteskrank, starb in einer Heilanstalt; bekannt durch die mit E. Geibel übersetzten „Fünf Bücher frz. Lyrik" (1862).

Leutkirch im Allgäu, Stadt im Alpenvorland, Bad.-Württ., 650 m ü. d. M., 19 700 E. Neben metall- und holzverarbeitender Ind. v. a. Textilind. und Käsereien. - 848 erstmals erwähnt; kam um 1240 in den Besitz der Staufer und wurde 1397 reichsunmittelbar (1293 Stadtrecht). - Spätgot. kath. Stadtpfarrkirche (16. Jh.); Barockrathaus (18. Jh.); Reste der ma. Stadtbefestigung.

Leutnant [zu frz. lieutenant, eigtl. „Stellvertreter" (von mittellat. locum tenens mit gleicher Bed.)], ↑ Dienstgradbezeichnungen (Übersicht).

Leutnant zur See ↑ Dienstgradbezeichnungen (Übersicht).

Leutschau, Stadt in der ČSSR, ↑ Levoča.

Leutze, Emanuel, * Schwäbisch Gmünd 24. Mai 1816, † Washington 18. Juli 1868, amerikan. Maler dt. Herkunft. - Kam als Kind in die USA, in Düsseldorf Schüler von C. F. Lessing, ging 1859 in die USA zurück; histor. Bilder („Übergang Washingtons über den Delaware", 1850, Bremen, Kunsthalle; 1851, Metropolitan Museum), Bildnisse.

Leuven [niederl. 'lø:və] ↑ Löwen.

Leuwerik, Ruth, * Essen 23. April 1926, dt. Schauspielerin. - Star im dt. Nachkriegsfilms (seit Anfang der 50er Jahre); u. a. „Ein Herz spielt falsch" (1953), „Königl. Hoheit" (1953), „Die Trapp-Familie" (1956), „Die Rote" (1962), „Elf Jahre und ein Tag" (1963). *Weitere Filme:* Das weite Land (1969), Unordnung und frühes Leid (1977), Buddenbrooks (1979).

Leuzin ↑ Leucin.

Leuzit (Leucit) [zu griech. leukós „weiß"], Mineral von weißl. bis grauer Farbe, glasglänzend. Chem. ähnl. Zusammensetzung wie Kalifeldspat, aber weniger SiO_2 enthaltend (Feldspatvertreter): $K[AlSi_2O_6]$; Mohshärte 5,5–6; Dichte 2,5 g/cm³. Die Kristalle sind oft modellartig als Ikositetraeder ausgebildet. Vorkommen meist in Ergußgesteinen: z. B. am Vesuv, Laacher See, Kaiserstuhl.

Leuzitoeder [griech.] ↑ Ikositetraeder.

Levade [lat.-frz.], Übung der ↑ Hohen Schule.

Levalloisien [ləvaloazi'ɛ̃:; frz.], nach einer Fundstelle in Levallois-Perret, Frankr., ben., zunächst als bes. „Kulturgruppe" interpretierte Technik der Steinwerkzeugherstellung; v. a. im Mittelpaläolithikum Eurasiens und im Middle Stone Age Afrikas angewandt.

Levante [lat.-italien., eigtl. „(Sonnen)aufgang"], Bez. für die Länder des östl. Mittelmeers, insbes. für deren Küste.

Levantetaler, silberne Handelsmünzen,

speziell für den Levantehandel geprägt, v. a. von Österreich (↑ Mariatheresientaler).

Levantiner, Bez. für die europ.-oriental. Mischbev. der ↑ Levante.

Levator [lat.] (Hebemuskel, Musculus levator), in der Anatomie Kurzbez. für Muskeln, die gewisse Organe oder Körperbereiche anheben, nach oben ziehen.

Le Vau, Louis [frz. ləˈvo], * Paris 1612, † ebd. 11. Okt. 1670, frz. Baumeister. - Einer der Schöpfer des frz. Repräsentationsstils während der Epoche Ludwigs XIV.; 1655 erhielt er die Bauleitung am Louvre (u. a. bis 1663 Vollendung des Südflügels), 1661 die Bauleitung von Versailles. Erbaute u. a. Schloß Vaux-le-Vicomte für den Finanzminister Fouquet (1656–61), für den Kardinal Mazarin das Pariser Collège des Quatres Nations (1662 ff.; heute Institut de France).

Levée en masse [frz. ləveaˈmas „Massenerhebung"], 1793 von Nationalkonvent und Wohlfahrtsausschuß durchgeführtes militär. Massenaufgebot für alle 18- bis 25jährigen Ledigen; später wurde das Massenaufgebot von Napoleon I. (Jan. 1814) und Gambetta (Herbst 1870) durchgeführt.

Level [engl., zu lat. libella „Waage"], Niveau, Leistungsstand.

Levellers [engl. ˈlɛvləz „Gleichmacher" (↑ Level)], Bez. für die seit 1645 aufgetretene königs- und gentryfeindl., dem städt. Mittelstand verbundene Agitationsgruppe, die vollkommene bürgerl. und religiöse Freiheit forderte. Eine radikale Untergruppe (**Diggers**) bestand auf Abschaffung von Privateigentum und Ehe; 1649 mit Gewalt unterdrückt.

Lever [ləˈveː; lat.-frz. „das Aufstehen"], Morgenaufwartung bei einem absolutist. Fürsten, bes. am frz. Hof im 17./18. Jh.; Gunsterweis für den Adel sowie Machtdemonstration.

Leverkusen [ˈleːvɐr...], Stadt in der nördl. Kölner Bucht, NRW, 34–198 m ü. d. M., 155 200 E. Theater; Chemie-Fachbibliothek; jap. Garten, Standort der chem. Großind. (Farben, Medikamente, Kunstfasern, Kunststoffe, Filme u. a) sowie Metallverarbeitung, Apparatebau, Textilind. - 1862 gründete K. Leverkus in **Wiesdorf** die Ultramarinfabrik Leverkusen, deren Namen die Stadt Wiesdorf (Stadtrecht 1921) bei der Eingemeindung der umliegenden Ortschaften 1930 erhielt. 1975 wurden die Städte Opladen und Bergisch Neukirchen mit L. zusammengeschlossen. - Mittelpunkt der modernen City ist das Forum (1966–69); das Verwaltungsgebäude der Bayer AG ist 122 m hoch (1960–63); in L.-Schlebusch Schloß Morsbroich (18./19.Jh.) mit Museum für moderne Kunst.

Le Verrier, Urbain (Leverrier) [frz. ləvɛˈrje], * Saint-Lô (Manche) 11. März 1811, † Paris 23. Sept. 1877, frz. Astronom. - Schloß 1846 aus Störungen der Bahnen von Merkur und Uranus auf einen weiteren Planeten, dessen Bahn er berechnete. J. G. Galle konnte

daraufhin den Neptun nahe der vorhergesagten Stelle auffinden.

Levetzow, Ulrike Freiin von [ˈleːvətso], * Leipzig 4. Febr. 1804, † Gut Triblitz (Böhmen) 13. Nov. 1899, Freundin Goethes. - Goethe traf sie in den Sommern 1821–23 in Marienbad. Seinen Schmerz über die Abweisung seines Heiratsantrags drückte er in seiner „Marienbader Elegie" (1823) aus.

Levi, Carlo, * Turin 29. Nov. 1902, † Rom 4. Jan. 1975, italien. Schriftsteller. - Arzt, Maler; wurde 1935/36 wegen seiner antifaschist. Einstellung nach Lukanien verbannt. Die Erfahrungen, die er dort sammelte, legte er seinem dokumentar. Roman „Christus kam nur bis Eboli" (1945) zugrunde. - *Weitere Werke:* L'orlogio (R., 1950), Worte sind Steine (Reisebericht, 1955), Aller Honig geht zu Ende (Tagebuch, 1964).

L., Primo, * Turin 1919, italien. Schriftsteller. - Als Anführer einer Partisanengruppe 1944 nach Auschwitz deportiert. In seinen Romanen „Ist das ein Mensch?" (1947) und „Atempause" (1963) schildert er KZ-Grauen. Für seinen Roman „La chiave a stella", in dem er von den Erlebnissen eines „superspezialisierten" Montagearbeiters erzählt, erhielt er 1979 den Premio Strega.

Leviathan [hebr. „gewundenes Tier" (?)], im A. T. Bez. für: 1. den Chaosdrachen der Urzeit, aus Babylon bzw. Kanaan übernommen; 2. das Krokodil nach Hiob 40, 25 ff.; 3. Ägypten.

Levi Ben Gerson (Gersonides), gen. Ralbag (Abk. für: **Rabbi Levi Ben Gerson**), * Bagnols (Provence) 1288, † Perpignan 1340, jüd. Philosoph, Bibelkommentator, Mathematiker und Astronom. - In der Nachfolge von Maimonides und Averroes Anhänger des ↑ Aristotelismus; bed. Kommentare zu bibl. Büchern.

Levi-Montalcini, Rita [italien. ...ˈtʃiːni], * Turin 22. April 1909, italien.-amerikan. Biologin. - Erhielt zus. mit S. Cohen den Nobelpreis für Physiologie oder Medizin 1986 für die Entdeckung von Wachstumsfaktoren.

Levin, Rahel [ˈleːviːn, leˈviːn] ↑ Varnhagen von Ense, Rahel.

Levine [engl. ləˈviːn], James. * Cincinnati 23. Juni 1943, amerikan. Dirigent. - Pianist; 1964–70 stellvertretender Dirigent des Cleveland Orchestra, seit 1973 Chefdirigent der Metropolitan Opera in New York, seit 1976 auch deren musikal. Direktor, seit 1983 auch deren künstler. Leiter.

L., Philip, * Klezk (Gebiet Minsk) 10. Aug. 1900, amerikan. Serologe russ. Herkunft. - Entdeckte u. a. die Bed. des Rhesusfaktors bei der hämolyt. Anämie der Neugeborenen.

Leviratsehe (Levirat) [zu lat. levir „Bruder des Ehegatten"], bei altoriental. und Naturvölkern sowie im A. T. vorgeschriebener Brauch der Ehe eines Mannes mit der Frau seines kinderlos verstorbenen Bruders zum Zweck der Kinderzeugung; ein Sohn aus einer L. galt als gesetzl. Sohn und Erbe des Verstorbenen.

Lévi-Strauss, Claude [frz. levis'tro:s], *Brüssel 28. Nov. 1908, frz. Ethnologe. - Feldforschungen in Brasilien; 1941 Emigration in die USA, 1959 Prof. am Collège de France in Paris, 1973 Mgl. der Académie française. Entwickelte die ethnolog. Methode des Strukturalismus weiter, insbes. zur Analyse der Verwandtschaftssysteme und Denkformen der schriftlosen Gesellschaften. Schrieb u. a. „Traurige Tropen" (1955), „Strukturale Anthropologie" (1958).

Levita, Elia, auch Germanus oder Tischbi, eigtl. Elia Levi Ben Ascher, *Neustadt a. d. Aisch 13. Febr. 1469, †Venedig 28. Jan. 1549, jüd. Dichter und Grammatiker. - Verfaßte zahlr. Konkordanzen und grammat. Abhandlungen, ferner das erste jidd.-hebr. Wörterbuch; als jidd. Volksschriftsteller verfaßte er Ritterdichtungen, die z. T. als Parodien heroischer Stoffe gedacht waren.

Levitation [zu lat. levitas „Leichtigkeit"], vermeintl. Aufhebung der Schwerkraft, freies Schweben eines Körpers im Raum; als Traumerlebnis oder als parapsycholog. Erscheinung.

Leviten, 1. im A. T. die Tempeldiener aus dem Stamm Levi; 2. in der kath. Liturgie Subdiakon und Diakon als Assistenten des Priesters beim feierl. Hochamt (**Levitenamt**); 1972 mit der Abschaffung des Subdiakonats aufgehoben. - Die Redewendung **„jemandem die Leviten lesen",** d. h. „jemanden zur Rede stellen" bezieht sich auf das Vorlesen der Vorschriften für Priester und Subdiakone.

Levitikus (Leviticus) [hebr.], das 3. Buch Mose (3. Mos.), das vorwiegend kult. („levit.") Bestimmungen über Opfer, Reinigungen u. a. enthält. Das wichtigste Gesetzeswerk in L. ist das sog. Heiligkeitsgesetz (17–26), das auf Grund von Gesetzen unterschiedl. Alters nach dem Exil zusammengestellt wurde.

Levittowns [engl. 'lɛvitaunz], in den Außenzonen amerikan. Großstädte errichtete Wohnsiedlungen aus einheitl. Fertighäusern, nach dem Häuserfabrikanten A. S. Levitt benannt.

Levkoje [zu griech. leukóion „weißes Veilchen"] (Matthiola), Gatt. der Kreuzblütler mit rd. 50 Arten, v. a. im östl. Mittelmeergebiet; Kräuter oder Halbsträucher mit längl. Blättern, Blüten in Trauben, einfach oder gefüllt, verschieden gefärbt, oft duftend; bekannte Zierpflanzen, v. a. die je nach Kultur als *Sommer-L., Herbst-L.* oder *Winter-L.* bezeichneten Sortengruppen der Art Matthiola incana.

Levoča [slowak. 'lɛvɔtʃa] (dt. Leutschau), Stadt im Ostslowak. Gebiet, ČSSR, 573 m ü. d. M., 12 000 E. Zipser Museum; Textilind. - 1245 von dt. Kolonisten gegr.; 13.–15. Jh. wichtigster Handelsplatz, gehörte zu den Zip-

ser Städten (↑Zips). - Mehrere got. Kirchen, Renaissancerathaus, alte Bürgerhäuser; fast vollständig erhaltene ma. Stadtmauer.

Levy, Rudolf ['le:vi], *Stettin 15. Juli 1875, †Auschwitz oder Dachau 1944, dt. Maler. - 1903–14 in Paris, u. a. beeinflußt von Matisse; dann u. a. in Berlin und Florenz, 1943 verschleppt. Pastos (mit dickem Farbauftrag) gemalte, von leuchtenden Farben bestimmte Landschaften, Stilleben und Figurenbilder.

Lévy-Bruhl, Lucien [frz. levi'bryl], *Paris 10. April 1857, †ebd. 13. März 1939, frz. Philosoph und Ethnologe. - Seit 1889 Prof. für Philosophiegeschichte an der Sorbonne. Bed. und umstritten ist v. a. seine Theorie der grundsätzl. Verschiedenheit zw. dem Denken der primitiven („prälog." Denken) und dem der modernen industrialisierten Völker.

Lew [lɛf; bulgar., eigtl. „Löwe"] (Mrz. Lewa), Abk. Lw, Währungseinheit in Bulgarien; 1 Lw = 100 Stotinki (St).

Lewadia, griech. Stadt an den N-Hängen des Helikon, 18 000 E. Hauptort des Verw.-Geb. Böotien; griech.-orth. Bischofssitz; bed. Textil- und Nahrungsmittelind. - Das antike **Lebadeia** war durch sein Orakel bekannt. Im griech. Freiheitskrieg (1821–29) zerstört, nach 1830 in Schachbrettform neu aufgebaut.

Lewes [engl. 'lu:is], südostengl. Stadt am Ouse, 13 800 E. Verwaltungssitz der Gft. East Sussex; archäolog. Museum; Zement- u. a. Ind.; Schafmarkt. - Seit dem 11. Jh. Marktzentrum; seit 1881 Stadtrecht. In der **Schlacht von Lewes** 1264 wurde König Heinrich III. von den engl. Baronen besiegt.

Lewin (Levin), männl. Vorname, niederdt. Form von Liebwin.

Lewin, Kurt ['le:vi:n, le'vi:n], *Mogilno bei Gnesen 9. Sept. 1890, †Newtonville (Mass.) 12. Febr. 1947, amerikan. Psychologe dt. Herkunft. - Emigrierte 1933 in die USA, leitete das „Research Center for Group Dynamics" am Massachusetts Institute of Technology. Er entwickelte die topolog. Psychologie (↑auch Feldtheorie) zu entwickeln unter bes. Berücksichtigung der Motivations- und Gruppenpsychologie. - *Werke:* A dynamic theory of personality (1935), Grundzüge der topolog. Psychologie (1936), Die Lösung sozialer Konflikte (hg. 1953).

Lewis [engl. 'lu:is], Alun, *Aberdare (Wales) 1. Juli 1915, ✗ Arakan (Birma) 5. März 1944, engl. Schriftsteller. - Seine Gedichte und Kurzgeschichten sind vom Erlebnis des Krieges bestimmt.

L., Carl, *Willingborough (N. J.) 1. Juni 1961, amerikan. Leichtathlet. - Olympiasieger 1984 über 100 und 200 m, im Weitsprung und mit der 4 × 100 m-Staffel.

L., Cecil Day ↑Day-Lewis, Cecil.

L., Clive Staples, Pseud. C. Hamilton, *Belfast 29. Nov. 1898, †Oxford 22. Nov. 1963, engl. Schriftsteller und Literaturwissenschaft-

ler. - 1954 Prof. in Cambridge; neben wiss. Arbeiten zur engl. Literatur des MA und religiösen Schriften (u. a. „Dämonen im Angriff", 1942; 1958 u. d. T. „Dienstanweisung für einen Unterteufel") verfaßte er utop. Romane und Kinderbücher. - *Weitere Werke:* Jenseits des schweigenden Sterns (R., 1938, 1948 u. d. T. Der verstummte Planet), Die böse Macht (R., 1945), Du selbst bist die Antwort (R., 1956).
L., George, * New Orleans 13. Juli 1900, † ebd. 31. Dez. 1968, amerikan. Jazzmusiker (Klarinettist). - Spielte häufig mit Bunk Johnson und zählt zu den bekanntesten Vertretern des New-Orleans-Jazz.
L., Gilbert Newton, * Weymouth (Mass.) 25. Okt. 1875, † Berkeley (Calif.) 23. März 1946, amerikan. Physikochemiker. - 1905–12 Prof. am Massachusetts Institute of Technology in Cambridge (Mass.), anschließend in Berkeley; bed. Arbeiten zur Thermodynamik und zur homöopolaren Bindung. Bed. wurde seine Definition von Basen und Säuren († Säure-Base-Theorie).
L., Jerry, eigtl. Joseph Levitch, * Newark (N.J.) 16. März 1926, amerikan. Filmkomiker. - Filme: „Geld spielt keine Rolle" (1963), „Wo, bitte, geht's zur Front" (1970), „Slapstick" (1982), „Immer auf die Kleinen" (1983).
L., Jerry Lee, * Ferriday (La.) 29. Sept. 1935, amerikan. Rockmusiker (Pianist und Sänger). - Zahlr. Rock 'n' Roll-Hits 1957/58, die durch Country-and-Western- sowie Rhythmand-Blues-Elemente geprägt waren; artist. Klavierspiel unter Einsatz von Ellenbogen, Knien und Fäusten; 1968 Comeback.
L., John [Aaron], * La Grange (Ill.) 3. Mai 1920, amerikan. Jazzmusiker (Pianist und Komponist). - Gründete 1952 mit Milt Jackson das „Modern Jazz Quartet", das mit seiner kammermusikal., an europ. Klangideale anknüpfenden Stilistik zu einem der beständigsten und erfolgreichsten Ensembles der Jazzgeschichte wurde (1974 aufgelöst).
L., John Llewellyn, * Lucas (Iowa) 12. Febr. 1880, † Washington 11. Juni 1969, amerikan. Gewerkschaftsführer. - 1920–60 Präs. des Bergarbeiterverbandes; 1935–40 Präs. des von ihm mitbegr. Congress of Industrial Organizations (CIO).
L., Sinclair, * Sauk Center (Minn.) 7. Febr. 1885, † Rom 10. Jan. 1951, amerikan. Romancier. - In seinen realist. Erzählungen und Romanen übt er Kritik an der amerikan. Gesellschaft, verspottet in satir. und sarkast. Weise ihre Scheinideale, bekämpft die Konventionen seiner Zeit und die religiöse Heuchelei; Nobelpreis 1930. - *Werke:* Die Hauptstraße (R., 1921), Babbitt (R., 1922), Dr. med. Arrowsmith (R., 1925), Elmer Gantry (R., 1927), Sam Dodsworth (R., 1929), Ann Vickers (R., 1933), Cass Timberlane (R., 1945), Wie ist die Welt so weit (R., hg. 1951).
L., Sir (seit 1963) W[illiam] Arthur, * St. Lucia 23. Jan. 1915, brit. Nationalökonom. - Prof.

in Manchester (ab 1949) und Princeton (seit 1963). Verfasser bedeutender Werke über Entwicklungsökonomie (v. a. „The theory of economic growth", 1955; „Development planning", 1966); erhielt für seine Leistungen auf diesem Gebiet 1979 zus. mit T. W. Schultz den sog. Nobelpreis für Wirtschaftswissenschaften.
L., Wyndham, * auf See (bei Neuschottland) 17. März 1884, † London 7. März 1957, engl. Schriftsteller und Maler. - Entwickelte 1914 seine gegen den Spätimpressionismus gerichtete Theorie des † Vortizismus. Vorherrschendes Stilmittel seines literar. Werkes ist die Satire. L. wandte sich unter dem Einfluß des Imagismus gegen den Realismus. Hauptwerk ist die Romantetralogie „The human age", von der nur drei Bände erschienen: „The childermass" (1928), „Monstre gai" (1955) und „Malign fiesta" (1955).
Lewisie (Lewisia) [nach dem amerikan. Forschungsreisenden M. Lewis, * 1774, † 1809], Gatt. der Portulakgewächse mit rd. 20 Arten im westl. N-Amerika; stengellose Stauden mit dickem Wurzelstock und fleischigen Blättern; Blütenhüllblätter meist rosa oder weiß.
Lewis-Säuren [engl. 'luːɪs; nach G. N. Lewis] † Säure-Base-Theorie.
Lewis with Harris [engl. 'luːɪs wɪð 'hærɪs], nördlichste und größte Insel der Äußeren Hebriden, Hauptorte sind Stornoway und Tarbert.
Lewitan, Issaak Iljitsch, * Kibartai (Litauische SSR) 30. Aug. 1860, † Moskau 4. Aug. 1900, russ. Maler. - Malte atmosphär. Landschaften, die zu den bedeutendsten der russ. Malerei im 19. Jh. zählen (Auseinandersetzung mit der Schule von Barbizon und dem Impressionismus), u. a. „Goldener Herbst" (1895, Moskau, Tretjakow-Galerie).
LeWitt, Sol [engl. lə'wɪt], * Hartford (Conn.) 9. Sept. 1928, amerikan. bildender Künstler. - Lebt in New York; einer der Hauptvertreter der Minimal art in den USA, der teilweise (Zeichnungen) nur konzeptionell arbeitet.
Lewizki, Dmitri Grigorjewitsch, * Kiew (?) um 1735, † Petersburg 16. April 1822, ukrain. Maler. - Führender Porträtist seiner Zeit; v. a. beseelte Rokokobildnisse.
Lewy, Ernst [...vi], * Breslau 19. Sept. 1881, † Dublin 25. Sept. 1966, dt. Sprachwissenschaftler. - 1931 Prof. in Berlin, emigrierte 1933 nach Großbritannien, ab 1947 Prof. in Dublin; bed. Forschungen zum Uralaltaischen; Untersuchungen über die Sprachtypologie („Der Bau der europ. Sprachen", 1942).
Lex (Mrz. Leges) [lat.], 1. im antiken Rom z. Z. der Republik das unter Mitwirkung des Volkes zustandegekommene Gesetz (**Lex publica** im Ggs. zu der nur Privatpersonen rechtsgeschäftl. bindenden **Lex dicta**). **Lex ro-**

Lexem

gata war ein von den Magistraten, v. a. den
Konsuln, der Volksversammlung zur Abstim-
mung vorgelegtes Gesetz. Ein Gesetz, das von
einem vom Volk ermächtigten Magistrat er-
lassen wurde, hieß **Lex data** (z. B. Zwölftafel-
gesetz). Schon im 3. Jh. v. Chr. trat an die
Stelle der L. vielfach das Plebiszit. L. und
Plebiszit wurden nach dem antragstellenden
Magistrat bzw. Volkstribun benannt. In der
Kaiserzeit erfolgte die Gesetzgebung durch
Beschlüsse des Senats (**Senatusconsulta**) und
zunehmend durch kaiserl. Konstitutionen.
Seit Diokletian wurden alle Entscheidungen
des Kaisers als des nunmehr alleinigen Ge-
setzgebers als Leges bezeichnet. 2. seit dem
Früh-MA das geschriebene Recht im Ggs.
zum mündl. überlieferten Gewohnheitsrecht;
heute im nichtamtl. Sprachgebrauch ein aus
einem bestimmten Anlaß ergangenes Gesetz,
wobei unter Anspielung auf die altröm. Gesetzgebung der Name des Antragstellers oder
des Betroffenen hinzugefügt wird (z. B. Forderung nach einer „Lex Springer" gegen die
Pressekonzentration).

Lexem [griech.], kleinste Einheit des
Wortschatzes (des Lexikons) einer Sprache;
derjenige Bestandteil eines Wortes, der dessen
lexikal. (begriffl.) Bedeutung trägt (HAUS in
Haus, Hauses, Häuser; GEH in *gehen, geht*
usw.), im Ggs. zu den (grammat.) ↑ Morphe-
men, die zus. mit den L. verschiedene Wort-
formen bilden.

Lexer, Matthias von (seit 1885), * Liesing
(= Lesachtal, Kärnten) 18. Okt. 1830, † Nürnberg 16. April 1892, dt. Germanist. - Prof.
in Freiburg i. Br., Würzburg, seit 1891 in
München; Mitarbeit am „Deutschen Wörterbuch"; Hg. des bis heute als Standardwerk
geltenden „Mittelhochdt. Handwörterbu-
ches" (1869–78, Nachdruck 1970).

Lex generalis [lat.], allg. Rechtssatz,
allg. Gesetz. - Ggs. ↑ Lex specialis.

Lexik [griech.], der Wortschatz einer
Sprache, auch einer bestimmten Fachsprache.

lexikalisch [griech.], die Untersuchung
von Wörtern betreffend; bezieht sich auf das
isolierte Wort, ohne Berücksichtigung des
Satz-, Text-, Verwendungszusammenhangs.

lexikalische Solidarität ↑ Feld.

Lexikographie [griech.], Aufzeichnung
und Erklärung des Wortschatzes (des Lexikons) einer Sprache oder mehrerer Sprachen
oder der Begriffsinventare von Sachgebieten
in Form von Wörterbüchern. Je nach Zweck
und Benutzerkreis unterscheiden sich die Verfahren der L. und die Wörterbücher als ihre
Ergebnisse, und zwar hinsichtl. des Materials,
dessen Anordnung, der Erklärungsweise und
der gegebenen Informationen. Der Wortschatz kann der eines bed. Sprechers (z. B.
Goethe) oder der einer Gemeinschaft sein.
Gemeinsprachl. Wörterbücher - im Ggs. zu
Wörterbüchern der Mundarten sowie der
Fach- und Sondersprachen - erfassen den
Wortschatz einer natürl. Sprache oder bei
mehrsprachigen Wörterbüchern (Übersetzungs-
wörterbücher) die Lexik mehrerer natürl. Sprachen. Bes. Probleme bietet die kom-
plizierte semant. Struktur des Wortschatzes
natürl. Sprachen; Lösungswege können die
Ergebnisse der ↑ Lexikologie weisen. Hierher
gehören v. a. die Ermittlung der Bedeutung
(u. a. durch Selbstbefragung und Informan-
tenbefragung) und die Form der Bedeu-
tungsangabe (meist eine Paraphrase des Stich-
worts oder auch die bildl. Darstellung der
von einem Wort bezeichneten Sache
[Bildwörterbuch]). Neben den Angaben zur
Bedeutung nehmen die meisten Wörterbücher weitere Informationen auf: z. B. Angaben
zur Flexion, über die Kombinierbarkeit z. B.
von Verben mit Objekten, histor. (etymolog.)
und stilist. Informationen. Es können auch
typ. Kontexte und Fundstellenangaben beigegeben werden. - ↑ auch Wörterbuch.

Lexikologie [griech.], Bereich der
Sprachwiss., der sich mit dem Wortschatz
einer Sprache beschäftigt, und zwar mit der
Herkunft, der morpholog. Zusammengehö-
rigkeit (Wortbildung) und den inhaltl. Zusammenhängen der Wörter untereinander. Die
histor.-vergleichende L. untersucht die Herkunft und die Geschichte der Wörter (↑ Ety-
mologie). In der synchron. L. wird der Wortschatz einer gegebenen Sprache im Hinblick
auf seine systemhafte Ordnung untersucht
und beschrieben. Mit paradigmat. Verfahren werden Ersetzbarkeit bzw. Nichtersetz-
barkeit von Wörtern in einem bestimmten
Kontext getestet und Synonyme *(Samstag-
Sonnabend)*, Antonyme *(heiß-kalt)*, Hypony-
me *(Pferd-Schimmel)* usw. festgestellt, durch
die sich der Wortschatz strukturieren läßt
und möglicherweise ein zugrundeliegendes
Begriffssystem erkennbar wird. Syntagmat.
Verfahren untersuchen die Kombinierbarkeit
von Wörtern (z. B. *ist blond* mit *Haar,* nicht
aber mit *Kleid* usw. kombinierbar). Methoden
und Ergebnisse der L. sind wichtig für die
Lexikographie und für die automat. Textver-
arbeitung und -übersetzung durch Computer.

Lexikon [zu griech. lexikón (biblíon) „das
Wort betreffendes (Buch), Wörterbuch"],
nach Stichwörtern geordnetes Nachschlagewerk, das entweder ein oder mehrere Sach-
und Wissensgebiete (↑ Enzyklopädie) oder den
Wortschatz einer oder mehrerer Sprachen,
von Fach-, Sonder-, Gruppensprachen usw.
zu verschiedenen Zwecken auflistet (↑ Wörterbuch).
◆ Gesamtheit der Wörter (Lexeme) einer
Sprache.

Lexington-Fayette, Stadt im nördl.
Kentucky, USA, 292 m ü. d. M., 204 200 E. 2
Univ. (gegr. 1865 bzw. 1970); Pferdezuchtzen-
trum; Tabakmarkt; metall- und holzverarbeitende Ind. - Entstand 1775, City seit 1832.

Lex specialis [lat.], bes. Rechtssatz, das

der Lex generalis vorangehende Sondergesetz.

Ley, Robert, * Niederbreidenbach (= Nümbrecht bei Waldbröl) 15. Febr. 1890, † Nürnberg 25. oder 26. Okt. 1945 (Selbstmord), dt. Politiker. - Trat 1924 der NSDAP bei, wurde 1925 Gauleiter im Rheinland; ab 1928 MdL in Preußen, ab 1930 MdR; nach Ausscheiden G. Strassers der Hitler allein verantwortl. Stabsleiter der „Polit. Organisation" der NSDAP, 1934 Reichsorganisationsleiter; vollzog am 2. Mai 1933 die Gleichschaltung der Gewerkschaften, leitete danach die Dt. Arbeitsfront; erhängte sich noch vor Eröffnung des Hauptkriegsverbrecherprozesses in seiner Zelle.

Leyden, Ernst von (seit 1895), * Danzig 20. April 1832, † Berlin 5. Okt. 1910, dt. Internist. - Prof. in Königsberg, Straßburg und in Berlin. Seine Arbeiten betrafen die Pathologie des Herzens, der Lunge, der Niere und v. a. des Nervensystems.

L., Gerhaert van [niederl. ˈlɛidə] ↑ Gerhaert von Leiden, Nicolaus.

L., Lucas van ↑ Lucas van Leyden.

Leyen, Friedrich von der, * Bremen 19. Aug. 1873, † Kirchseeon (Landkr. Ebersberg) 6. Juni 1966, dt. Germanist. - Prof. in München und Köln (1937–46 im Ruhestand); bed. Märchen- und Sagenforscher („Das Märchen", 1911; „Die Welt der Märchen", 2 Bde., 1953/54; „Das dt. Märchen und die Brüder Grimm", 1964).

Leyland [engl. ˈlɛilənd], engl. Ind.ort, 8 km südl. von Preston, Gft. Lancashire, 26 600 E. Einer der Hauptstandorte der brit. Kfz.-Industrie.

Leyster, Judith [niederl. ˈlɛistər], * Haarlem 28. Juli 1609, □ Heemstede 18. Febr. 1660, niederl. Malerin. - ∞ mit J. M. Molenaer. Schuf, in unmittelbarer Nachfolge von F. Hals, Halbfigurenbilder sowie seit Mitte der 1630er Jahre von P. Codde und Molenaer angeregte kleinfigurige Gesellschafts- und Genrestücke (Kindergruppen).

Lezithinasen (Lecithasen, Lecithinasen) [griech.], zur Gruppe der Phosphatasen zählende Enzyme, die Lezithine hydrolyt. spalten und daher Zellmembranen und -organellen schädigen können; sie kommen in Bakterien, Pflanzen sowie im Pankreas und in den Erythrozyten von Mensch und Tier vor und sind der hämolyt. wirkende Bestandteil mancher Schlangengifte.

Lezithine [zu griech. lékithos „Eigelb"], fettähnl. Stoffe, bei denen zwei Hydroxylgruppen des Glycerins mit langkettigen Fettsäuren (z. B. Ölsäure, Palmitinsäure), die dritte Hydroxylgruppe über Phosphorsäure mit Cholin, einer starken organ. Base, verestert sind. Die L. sind wichtige Bestandteile menschl., tier. und pflanzl. Zellen, bes. der biolog. Membranen. Sie sind v. a. im Nervengewebe, Eidotter und in Samen von Hülsenfrüchten enthal-

ten. L. werden heute meist aus Sojabohnensamen gewonnen und in der Nahrungs- und Futtermittelind. sowie als Stärkungsmittel verwendet.

lfd., Abk. für: laufend.

lfdm (lfd. m.), Abk. für: laufende Meter.

lg, Funktionszeichen für den dekad. ↑ Logarithmus.

LG, Abk. für: Landgericht.

LH, Abk. für: Luteinisierungshormon (↑ Geschlechtshormone).

Lhasa (Lasa), Hauptstadt der Autonomen Region Tibet, China, in einem Becken des Transhimalaja, 3 650 m ü. d. M., etwa 90 000 E. Mittelpunkt einer Oase mit Zementwerk, Nahrungsmittel-, Textil-, holz- und lederverarbeitender, pharmazeut. u. a. Ind.; Verkehrsmittelpunkt Tibets, ✠. - Im 7. Jh. gegr.; altes polit., wirtsch. und religiös-kulturelles Zentrum Tibets, v. a. durch den 5. Dalai Lama (1617–82) prachtvoll ausgebaut; 1717 von mongol. Ölöten (Dsungaren) erobert und besetzt, konnte 1720 mit Hilfe chin. Truppen entsetzt werden (Beginn der chin. Schutzherrschaft über Tibet). - L. wird im NW vom Potala, der ehem. Palastburg des Dalai Lama, überragt (urspr. 7. Jh., heutige Gestalt 17. Jh.).

L'Herbier, Marcel [frz. lɛrˈbje], * Paris 23. April 1890, † ebd. 26. Nov. 1979, frz. Filmregisseur. - Schuf symbolist. beeinflußte stimmungsvoll-poet. Filme, z. B. „Rose-France" (1919), „Le carnaval des vérités" (1919), „L'Homme du large" (1920), „Eldorado" (1921), „Don Juan et Faust" (1922), die zu den bedeutendsten Dokumenten des frühen frz. Avantgarde-Films zählen. Weitere Filme sind „L'argent" (1928), „La nuit fantastique" (1942), „Das Halsband der Königin" (1946), „Die letzten Tage von Pompeji" (1948).

L'hombre [ˈlõːbər] ↑ Lomber.

L'Hôpital (L'Hospital), Michel de [frz. lopiˈtal], * Aigueperse zw. 1505 und 1507, † Schloß Belesbat bei Paris 13. März 1573, frz. Staatsmann. - 1554 erster Präs. der Rechnungskammer; wurde nach der Verschwörung von Amboise im April 1560 von Katherina von Medici zum Kanzler berufen; suchte den Konflikt zw. Guise und Hugenotten polit. zu lösen, konnte aber sein Toleranzedikt vom Jan. 1562, das den Hugenotten beschränkte Freiheit der Religionsausübung gewährte, nicht durchsetzen.

L'Hospital, Guillaume-François-Antoine, Marquis de Sainte-Mesme, Comte d'Entremont [frz. lopiˈtal], * Paris 1661, † ebd. 2. Febr. 1704, frz. Mathematiker. - Verfaßte das erste Lehrbuch der Differentialrechnung, in dem auch die nach ihm benannte **L'Hospitalsche Regel** für die Bestimmung von Grenzwerten des Quotienten zweier Funktionen $f(x)$ und $g(x)$ angegeben ist. Sie sagt:

$$\text{Ist} \quad f'(a) = f''(a) = \ldots = f^{(n-1)}(a) = 0$$
$$\text{und} \quad g'(a) = g''(a) = \ldots = g^{(n-1)}(a) = 0,$$

jedoch $g^{(n)}(a) \neq 0$, so ergibt sich dieser unbestimmte Ausdruck zu

$$\lim_{x \to a} \frac{f(x)}{g(x)} = \frac{f^{(n)}(a)}{g^{(n)}(a)}.$$

Lhote, André [frz. lɔt], * Bordeaux 5. Juli 1885, † Paris 24. Jan. 1962, frz. Maler und Graphiker. - Freie Verarbeitung kubist. Elemente, v. a. große dekorative Figurenkompositionen und Wandbilder.

Lhotse, Gipfel im Himalaja, Nepal, 8 501 m hoch; Erstbesteigung 1956 durch F. Luchsinger und E. Reiß.

Li, palämongolide Volksstämme im Bergland der chin. Insel Hainan.

Li, chem. Symbol für ↑Lithium.

Li [chin.], zentraler Begriff („ordnende Kraft") der alten chin. Reichsreligion. Konfuzius ethisierte den Begriff, der nunmehr die Bed. von „Sitte" als gestaltender Kraft der Ordnungen in Staat und Familie gewann.

Liaison [ljɛ'zõː, frz. ljɛ'zõ; zu lat. ligare „(ver)binden"], allg. Vereinigung, Verbindung; Liebesverhältnis [ohne Heiratsabsicht].
♦ Auftreten von sonst nicht gesprochenen Lauten zw. eng zusammengehörenden Wörtern, v. a. nach vokal. Auslaut und vor vokal. Anlaut, z. B. frz. les hommes [le'zɔm], aber les héros [le e'ro].

Lianen [frz.] (Kletterpflanzen), bes. für trop. Regenwälder charakterist. Pflanzengruppe; klimmen an anderen Gewächsen, auch an Felsen und Mauern empor, um ihre Blätter, ohne selbst Stämme auszubilden, aus dem Schatten ans Licht zu bringen. Nach der Art des Kletterns unterscheidet man: **Spreizklimmer** (Brombeere, Kletterrose) halten sich mit seitl. abstehenden Stacheln, Dornen, Seitensprossen fest. **Wurzelkletterer** (Efeu) haben sproßbürtige Haftwurzeln. **Rankenpflanzen** (Wein, Erbse) umfassen mit ↑Ranken auf einen Berührungsreiz hin die Stütze. **Schlingpflanzen** (Hopfen, Bohne) winden den langen dünnen Stengel um die Stütze.

Liaoho (Liaohe) [chin. ljau̯xʌ], Fluß in NO-China, entspringt im westmandschur. Bergland, mündet bei Yingkow in das Gelbe Meer, 1 345 km lang.

Liaoning [chin. ljau̯nɪŋ], Prov. in NO-China, 146 000 km², 36 Mill. E (1982), Hauptstadt Schenjang. Umfaßt Teile des ostmandschur. Berglandes, die Flußebene des Liaoho und den zur Großen Ebene führenden Tieflandkorridor im SW sowie Teile des südwestmandschur. Berglandes. Angebaut werden v. a. Kauliang, Hirse, Mais; L. ist der wichtigste Baumwoll- und Tabakerzeuger der Mandschurei; Seidenraupenzucht und Obstbau auf der Halbinsel Liaotung. Die Prov. ist reich an Bodenschätzen (Kohle, Ölschiefer, verschiedene Erze), daher herrscht heute Schwerind. vor, daneben traditionelle Textilind. und Verarbeitung landw. Produkte.

Liaotung (Liaodong) [chin. ljau̯dʊŋ], gebirgige Halbinsel in der südl. Mandschurei, zw. dem Golf von L. und der Koreabucht (China).

Liaoyüan (Liaoyuan) [chin. ljau̯-ỹæn], chin. Stadt in der Mandschurei, am Liaoho, 177 000 E. Mittelpunkt eines Steinkohlenreviers, Textilkombinat.

Liaquat Ali Khan, * Karnal 1. Okt. 1895, † Rawalpindi 16. Okt. 1951 (ermordet), pakistan. Politiker. - Rechtsanwalt; arbeitete als führendes Mgl. der Muslimliga eng mit M. A. Dschinnah zusammen für die Gründung des Staates Pakistan; dessen erster Premiermin. 1947–51.

Liard [frz. lja:r], frz. Kleinmünze, seit dem 15. Jh. in schlechtem Silber, seit 1649 in Kupfer geprägt, zuletzt 1793.

Lias [frz.-engl., zu frz. liais „feinkörniger Sandstein"], unterste Abt. des Jura (↑Geologie, Formationstabelle).

Libanon

(amtl.: Al Dschumhurijja Al Lubnanijja), Republik in Vorderasien, zw. 33° und 35° n. Br. sowie 35° und 36° 40′ ö. L. **Staatsgebiet:** L. grenzt im W an das Mittelmeer, im N und O an Syrien und im S an Israel. **Fläche:** 10 400 km². **Bevölkerung:** 3,5 Mill. E (1984), 336,5 E/km². **Hauptstadt:** Beirut. **Verwaltungsgliederung:** 4 Prov. und das Gebiet der Hauptstadt. **Amtssprache:** Arabisch, Französisch ist zweite Landessprache. **Nationalfeiertag:** 22. Nov. **Währung:** Libanes. Pfund (L£) = 100 Piastres (P. L.). **Internat. Mitgliedschaften:** UN und Arab. Liga; Kooperationsabkommen mit der EWG. **Zeitzone:** Osteurop. Zeit, d. i. MEZ + 1 Std.

Landesnatur: L. ist überwiegend Gebirgsland. Die Küstenebene am Mittelmeer ist schmal, sie erreicht nur im N eine Breite von etwa 10 km. Parallel der Küste verläuft der Gebirgszug des Libanon. Er erreicht im N 3 088 m ü. d. M. und flacht sich nach S ab. Er fällt im O an Verwerfungen steil ab zum 10–15 km breiten Grabenbruch der Bika, der nördl. Fortsetzung des Jordangrabens. Östl. dieser Senke reicht das Staatsgebiet bis auf die Höhe des Antilibanon und Hermon, die den östl. Horst der Grabenzone bilden.
Klima: Es ist mediterran mit warmen, trockenen Sommern und niederschlagsreichen Wintern. Die Niederschläge fallen in N-Lagen in über 2 800 m Höhe ganzjährig als Schnee. Die nördl. Bika hat bereits Wüstenrandklima.
Vegetation: Durch Raubbau wurde die urspr. dichte Bewaldung (Kiefer, Eiche, Zeder) fast völlig vernichtet. Macchien und Gariguen haben sich ausgebreitet.
Bevölkerung: Die Libanesen unterscheiden sich stark von den Bewohnern der benachbarten arab. Länder. In über 3 000 Jahren bildete

sich eine ethn. Mischung phönik., ägypt., griech., röm., arab. und turkmen. Elemente heraus. Typ. für L. ist die große Zahl der Glaubensgemeinschaften, die die soziale Struktur stark beeinflussen. Größte der christl. Gruppen sind die Maroniten, der etwa 28 % der Bev. angehören. Sie leben überwiegend im zentralen Nord-L.; zum griech.-orth. Glauben bekennen sich rd. 10 %, daneben gibt es zahlr. kleinere christl. Glaubensgemeinschaften. Größte der muslim. Gruppen sind mit etwa 20 % der Bev. die Sunniten. Sie siedeln v. a. in der Küstenebene und in den fruchtbaren Teilen der Bika. Etwa 18 % sind Schiiten; sie leben in der nördl. unfruchtbaren Bika sowie im unterentwickelten S des Landes. Außerdem leben noch etwa 160 000 Drusen und mindestens 300 000 Palästinaflüchtlinge in L. Die Analphabetenquote beträgt 14%. L. verfügt über 5 Universitäten.

Wirtschaft: 50 % der Erwerbstätigen arbeiten in der Landw. Angebaut werden in der Küstenebene Bananen und Zitrusfrüchte, in der Nähe der Städte v. a. Gemüse. An den Berghängen werden Öl-, Feigen- und Mandelbäume, Tabak und Reben gepflanzt; in höheren Lagen wird v. a. Kern- und Steinobst angebaut. Zuckerrohr, Getreide und Gemüse sind die Hauptprodukte in der Bika. Die traditionelle halbnomad. Weidewirtschaft (Ziegen, Schafe) geht zurück. Über 50 % der Bauern verfügen nur über maximal je 0,5 ha Land. 25 % der landw. Nutzfläche gehören den Kirchen. 803 Familien besitzen landw. Betriebe mit jeweils mehr als 40 ha Land. L. verfügt nur über geringe Bodenschätze. Vor dem Bürgerkrieg waren die Textil-, Nahrungsmittel- und Holzind. die wichtigsten Ind.zweige. L. war der bedeutendste Finanz- und Umschlagplatz im Nahen Osten. Auch der ehem. bed. Fremdenverkehr kam zum Erliegen.

Außenhandel: Vor dem Bürgerkrieg waren die EG-Länder, die arab. Nachbarn und die USA die wichtigsten Partner.

Verkehr: Das Eisenbahnnetz hat eine Länge von 417 km, das Straßennetz von 7 700 km, davon 5 500 km asphaltiert. Wichtigster Seehafen ist Beirut. Der internat. ✈ der Hauptstadt wurde vor dem Bürgerkrieg von rd. 40 ausländ. Gesellschaften angeflogen, eine nat. Gesellschaft bedient den Nahen Osten, Europa und Westafrika.

Geschichte: Im Altertum entstanden hier die Handelsstädte der Phöniker. Während der osman. Herrschaft (1516–1918) bewahrten Drusen- und später Maronitenemire den Land weitgehende Autonomie. 1840 wurde Frankr. Schutzmacht der unierten Christen (Maroniten). Zw. ihnen und den Großbrit. unterstützten Drusen kam es zum Bürgerkrieg, der in den Christenmassakern von 1860 gipfelte. Daraufhin setzte Frankr. durch, daß das Gebiet um Beirut 1864 autonomer Sandschak unter einem christl. Gouverneur

wurde. Im 1. Weltkrieg besetzten 1918 erst brit., dann frz. Truppen das Land, das mit Syrien frz. Völkerbundmandat wurde. 1920 schuf Frankr. unter Einbeziehung von Tripoli, Sur, Saida und der Bika das Gebiet L. in seinen heutigen Grenzen, mit einer geringen Mehrheit christl. Einwohner. Die 1926 erlassene Verfassung löste L. aus der staatl. Bindung an Syrien. Nach der Besetzung durch brit. Truppen (1941) versprach das Freie Fränkr. L. die Unabhängigkeit, doch wurde erst 1944 die Aufhebung des Mandats erreicht. 1946 räumten die brit. und frz. Truppen das Land. Am 1. Israel.-Arab. Krieg 1948/49 nahm L. nur nominell teil; es mußte zahlr. arab. Palästinaflüchtlinge aufnehmen. Der zunehmende arab. Nationalismus verstärkte in der Folgezeit die Spannungen zw. den prowestl. Christen und den arab.-nationalist. Muslimen. Nach der Vereinigung Ägyptens und Syriens zur VAR (1958) kam es zu pronasserist. Aufständen, worauf auf Ersuchen des Staatspräs. Schamun Truppen der USA in L. intervenierten. Die zunehmende Aktivität palästinens. Guerillaorganisationen von libanes. Gebiet aus bewirkte israel. Vergeltungsschläge. Die Palästinenser erhielten einen exterritorialen Status. Im Mai 1973 kam es zu blutigen Auseinandersetzungen zw. den Fedajin und der libanes. Armee, auf deren Druck die Freischärier ihre Bewegungsfreiheit einschränken mußten. Im April 1975 brachen schließl. erneut schwere innenpolit. Auseinandersetzungen zw. Christen (meist Anhänger der Phalange-Partei) und Muslimen (vorwiegend palästinens. Freischärler) aus, gipfelnd in blutigen Straßenkämpfen, in die ab April 1976 syr. Truppen (Mitte des Jahres gegen die Palästinenser) eingriffen, in deren Verlauf die libanes. Streitkräfte entsprechend ihrer polit.-konfessionellen Zusammensetzung auseinanderbrachen und die bis zur Feuereinstellung im Okt. 1976 etwa 64 000 Menschenleben forderten. Nachdem durch Verfassungsänderung die Möglichkeit für einen vorzeitigen Rücktritt von Staatspräs. S. Farandschijja (seit 1970) geschaffen worden war, wählte das Parlament im Mai 1976 E. Sarkis zum neuen Staatspräs. Die im Okt. von arab. Staatschefs vereinbarte und eingerichtete arab. Interventionsstreitmacht konnte Kämpfe unter verfeindeten Palästinensergruppen nicht verhindern, und v. a. in dem von ihr nicht kontrollierten Süd-L. gingen die Gefechte zw. Palästinensern und christl. Milizen weiter, in die auch Israel März-Juli 1978 massiv zugunsten der christl. Milizen eingriff. Auf Ersuchen der libanes. Reg. entsandte die UN eine Friedenstruppe dorthin. Trotzdem kam es immer wieder zu Kämpfen, die mit der israel. Besetzung Süd-L. und der Belagerung der PLO-Kämpfer in W-Beirut (Juni–Sept. 1982) einen neuen Höhepunkt erreichten. Der zum Staatspräs. gewählte Führer

Libanon

wählte Präs. (seit 1982 A. Gemayel; sofortige Wiederwahl nicht zulässig). Er ist berechtigt, mit Zustimmung des Min.rats die Abg.kammer vorzeitig aufzulösen. Gemäß dem Proporzsystem gehört er stets der maronit. (christl.) Gemeinschaft an. An der Spitze des Min.rats steht ein Min.präs., der sunnit. (muslim.) Gemeinschaft angehört. Die *Legislative* liegt beim Einkammerparlament, der Nationalversammlung (99 nach konfessionellem Proporzsystem für 4 Jahre gewählte Abg.; 53 Christen, 45 Muslime). Die Nationalversammlung, bis 1979 Abg.kammer genannt, wurde zuletzt 1972 gewählt; seither wurde ihre Amtszeit mehrfach verlängert, zuletzt bis Juni 1983. Die *Parteien* sind weitgehend konfessionell gebunden. 1975 gab es 21 Parteien, die sich zu mehreren „Blöcken" zusammenschlossen, u. a. den rechtsgerichteten Block aus Phalange-Partei und Nat.-Liberaler Partei (18 Abg.), den libanes.-traditionalist. bzw. arab.-nationalist. ausgerichteten sog. „Dreierblock" (13 Abg.), die linksgerichtete „Nat. Kampffront" (9 Abg.), den „Neuen zentralist. Block" (7 Abg.), den libanes.-traditionalist. „Demokrat.-sozialist. Block" (8 Abg.). Die mitgliedsschwachen *Gewerkschafts*verbände sind in der Confédération Générale des Travailleurs du Liban (CGTL) zusammengeschlossen. *Verwaltungsmäßig* ist L. in 4 Prov. und den Bez. der Hauptstadt unterteilt. Ein Sperrgebiet von 25 km Tiefe entlang der israel. Grenze hat Sonderstatus. Auf den Gebieten des öffentl. *Rechts* und des Zivilrechts ist das libanes. Rechtswesen am frz. Vorbild orientiert. Die *Streitkräfte* umfassen rund 17 400 Mann, davon 16 000 im Heer.

📖 *Gilmour, D.: Lebanon. The fractured country.* Oxford u. New York 1983. - *Köhler, W.: Die Vorgesch. des Krieges im L.* Wsb. 1980. - *Hachem, N.: L. Sozio-ökonom. Grundll.* Opladen 1969.

Libanon, Gebirge in Vorderasien, erstreckt sich küstenparallel durch den gesamten Staat L., im Kurnat As Sauda 3 088 m hoch. Niederschlagsreich, oberhalb 2 800 m Höhe z. T. ganzjährig Schnee; Waldreste.

Libanonzeder ↑ Zeder.

Libatio (Libation) [lat.], religionswiss. Bez. für Trankopfer.

Libau, Stadt an der Ostsee und am NW-Ufer des 15 km langen Libauer Sees, Lett. SSR, 108 000 E. Fakultät der polytechn. Hochschule von Riga, PH, Seefahrtschule; 2 Theater. Eisenhüttenwerk, Landmaschinenfabrik, Metallwarenkombinat, Linoleumfabrik, Nahrungsmittelind.; eisfreier Hafen, Seebad. - Erstmals 1253 als Hafen im Besitz des Dt. Ordens erwähnt; Ende des 19. Jh. zum russ. Kriegshafen ausgebaut.

Libavius, Andreas, eigtl. Andreas Libau, * Halle/Saale um 1550, † Coburg 25. Juli 1616, dt. Arzt und Chemiker. - 1588–91 Prof. für Sprachwiss. in Jena. Seine „Alchimia" (1597)

der christl. Milizen B. Gemayel fiel am 14. Sept. 1982 einem Bombenattentat zum Opfer; daraufhin besetzten israel. Truppen das von der PLO geräumte W-Beirut. Die wenig später von Phalangisten verübten Massaker in 2 Beiruter Palästinenserlagern lösten Kritik an der israel. Besatzungspolitik aus. Am 23. Sept. wurde B. Gemayels Bruder Amin Staatspräsident. Anfang 1984 drängten insbes. drus. und schiit. Milizen Gemayel in die Defensive, als die mit Hilfe der USA neu aufgebaute libanes. Armee wieder zerfiel und die multinat. Truppen sich aus L. zurückzogen. Versöhnungskonferenzen der verfeindeten Parteien tagten 1983 und 1984 in der Schweiz ohne Erfolg. In das durch den Rückzug der Israelis entstandene Machtvakuum drängte v.a. die schiit. Amal-Miliz. Zwischen ihr und den Palästinensern kam es zu heftigen Kämpfen. Im Juni 1986 begannen Verhandlungen über den Abzug aller Milizen aus den umkämpften Stadtteilen Beiruts, die jedoch erfolglos blieben. Im Febr. 1987 rückten syr. Truppen in Westbeirut ein.

Politisches System: L. ist eine Republik mit parlamentar.-demokrat. Reg.system, begründet auf einer Verteilung der Funktionen im Staat unter die bestehenden Religionsgemeinschaften. *Staatsoberhaupt* und Inhaber der *Exekutive*, die er in Zusammenarbeit mit der von ihm ernannten Reg., dem Min.rat, ausübt, ist der von der Abg.kammer für 6 Jahre ge-

ist das erste systemat. Textbuch der Chemie.
Libby, Willard Frank [engl. 'lɪbɪ],
*Grand Valley (Colo.) 17. Dez. 1908, † Los
Angeles 9. Sept. 1980, amerikan. Physiker und
Chemiker. - Prof. in Berkeley, Chikago und
Los Angeles; entdeckte und entwickelte die
Radiocarbonmethode (C-14-Methode) zur
↑Altersbestimmung und erhielt hierfür 1960
den Nobelpreis für Chemie.
Libelle [zu lat. libella „Wasserwaage,
kleine Waage"], Hilfseinrichtung vieler In-
strumente zur Horizontierung oder Vertikal-
stellung; meist wird eine Gasblase in einem
mit Flüssigkeit gefüllten Gefäß beobachtet
(*Röhren-, Dosen-L.*, oft mit Teilung zur Messung kleiner Neigungswinkel), in Flugzeug-
instrumenten eine Stahlkugel in einem nach
unten gekrümmten Glasrohr *(Kugel-L.).*

Röhrenlibelle

Libellen [zu lat. libella „(kleine) Waage,
Wasserwaage" (nach den beim Flug waagrecht ausgespannten Flügeln)] (Wasserjung-
fern, Odonata), weltweit verbreitete Insekten-
ordnung mit rd. 4700 1,8–15 cm langen, far-
benprächtigen, am Wasser lebenden Arten
(in Deutschland etwa 80 Arten); Körper
schlank, mit großem Kopf, kurzen,
borstenförmigen Fühlern, großen Facetten-
augen und vier häutigen, netzadrigen, nicht
faltbaren Flügeln, die in Ruhe seitl. vom Körper weggestreckt (↑Großlibellen) oder über
dem Rücken zusammengeklappt werden. Zu
den letzteren gehören die 1200, bis 5 cm langen, weltweit verbreiteten Arten der Unterordnung **Kleinlibellen** (Zygoptera); in M-Europa kommen 20 Arten vor; wichtigste Fam.
sind Seejungfern, Schlank-L. und Teichjung-
fern. - L. erreichen hohe Fluggeschwindigkeiten (bis 54 km/h); sie erbeuten ihre Nahrung
(andere Insekten) mit Hilfe ihrer Beine größtenteils im Fluge. Bei der Paarung bilden die
L. ein „Rad", indem das Männchen mit seinem Hinterleibsende das Weibchen hinter
dem Kopf festhält u. dieses sein Hinterleibsende an ein mit einer Samentasche verbunde-
nes Begattungsorgan heranführt. Die Eier
werden ins Wasser oder an Wasserpflanzen
abgelegt. Die Entwicklung erfolgt im Wasser. - Fossil sind die L. seit dem Oberkarbon
bekannt: **Riesenlibellen** (Meganeura), mit einer Flügelspannweite von 70 cm und 30 cm
Körperlänge die größten bekannten Insekten. - Abb. S. 124.
Liber (Liber Pater), italischer Fruchtbar-
keits- und Vegetationsgott, zus. mit der weibl.
Gottheit *Libera* und Ceres auf dem Aventin
verehrt.
Liber (Mrz. Libri) [lat.], Buch.

liberal [lat., zu liberalis „die Freiheit betreffend"], allg.: hochherzig, freigebig, großzügig; freiheitl. gesinnt, i. e. S. eine weltanschaul. Haltung, die überkommenen Normen,
Wertvorstellungen und gesellschaftl. Verhaltensweisen vorurteilslos krit., neueren Denk-
weisen, Experimenten usw. aber aufgeschlos-
sen gegenübersteht; die dogmat. Denken ab-
lehnt und den Einsatz für das Recht und
die größtmögl. persönl. Freiheit des Individuums zum Grundsatz sozialen Handelns
macht. - ↑auch Liberalismus.
Liberal Arts College [engl. 'lɪbərəl 'ɑːts
'kɔlɪdʒ] ↑College.
Liberal-Demokratische Partei (jap.
Dschiju-Minschuto), Abk. LDP, polit. Partei
in Japan; entstanden 1955 durch den Zusammenschluß zweier konservativer Parteien;
vertritt v. a. die Interessen von Ind., Handel
und Landw., führt seit ihrer Gründung unun-
terbrochen die Regierung. Vors. (seit 1982) J.
Nakasone.
**Liberal-Demokratische Partei
Deutschlands,** Abk. LDPD, polit. Partei
in der DDR; gegr. 1945 als bürgerl.-liberale
Partei, ab 1949 in das Blocksystem integriert;
Parteivors. (seit 1967) M. Gerlach.
Liberale Internationale (L. Welt-
union), 1947 in Oxford gegr. loser Zusammenschluß liberaler Parteien; Präs. seit 1970 G.
Thorn.
Liberale Partei der Schweiz, 1977
aus der Liberal-demokrat. Union der Schweiz
(vor 1961 Liberal-demokrat. Partei) entstandene liberale schweizer. Partei mit antizentra-
list. Orientierung. Ihre Schwerpunkte liegen
in den Kt. Basel-Stadt, Waadt, Neuenburg
und Genf. 1983 mit 8 Abg. im Nationalrat und
3 Mgl. im Ständerat vertreten.
liberale Parteien, polit. Parteien, die
sich in ihrer Programmatik auf die Grundsätze des ↑Liberalismus berufen. Ein loser Zusammenschluß ist die ↑Liberale Internationale.
Deutschland: In der 1. Hälfte des 19. Jh. lag
der Schwerpunkt der liberalen Bewegung in
den dt. Mittelstaaten. In den süddt. Staaten
waren zw. 1818/20 im Zuge des Frühkonsti-
tionalismus gesamtstaatl. Volksvertretungen
errichtet worden. Die Wirkungsmöglichkei-
ten der liberalen Abg. waren freil. äußerst
begrenzt, da auf Grund der Festschreibung
des monarch. Prinzips in der Wiener Schluß-
akte die alleinige polit. Entscheidungsgewalt
bei den Fürsten lag. So beschränkten sich
die Liberalen im wesentl. darauf, die Freiheitsrechte des einzelnen Staatsbürgers gegen
Übergriffe der staatl. Verwaltung zu schützen.
Ihre polit. Praxis war auf die Durchsetzung
des Rechtsstaats, nicht auf die Beteiligung
an der polit. Macht ausgerichtet. Dieser durch
die Umstände erzwungene Verzicht auf eine
gestaltende polit. Rolle war äußerst folgenreich für die weitere Entwicklung der dt. Liberalismus im 19. Jh. Zu Partei- oder Fraktions-

liberale Parteien

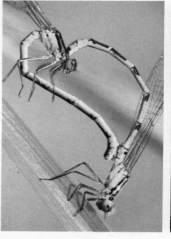 

Libellen. Links: Paarungsrad der zu den Schlanklibellen gehörenden Becherazurjungfer (Enallagma cyathigerum); rechts: an Wasserpflanzen seine Eier ablegendes Weibchen der Blauen Prachtlibelle (Calopterix virgo)

bildungen kam es im Vormärz noch nicht, doch trennten sich bereits damals die radikaleren Demokraten, die konsequent den Gedanken der Volkssouveränität vertraten, von den gemäßigten Liberalen, den Liberalen i. e. S. Ein kontinuierl. Unterscheidungsmerkmal war die Position, in der beide Richtungen in der Wahlrechtsfrage bezogen: Während der linke oder demokrat. Flügel für das allg. und gleiche Wahlrecht eintrat, befürwortete der rechte Flügel ein nach Besitzkriterien abgestuftes Wahlrecht. Hinter dieser Frage stand der soziolog. Unterschied der Zielgruppen: Die gemäßigten Liberalen appellierten v. a. an das besitzende und gebildete Bürgertum, während sich die Demokraten als Sprecher der kleinbürgerl. Massen, des „Volkes", fühlten. In der Revolution von 1848/49 wurde als weiterer Streitpunkt die Verfassungsfrage akut. Die Demokraten, gleich ob Republikaner oder Anhänger einer parlamentar. Monarchie, forderten eine allein durch die Volksvertretung zu beschließende Verfassung; die Liberalen strebten eine Vereinbarung der Reichsverfassung zw. Parlament und Fürsten an. Die Entscheidung für ein (dann an der Ablehnung Friedrich Wilhelms IV. gescheitertes) kleindt. Erbkaisertum der Hohenzollern war fakt. ein Sieg der Vereinbarungstheorie. Feste Parteibindungen gab es 1848/49 noch nicht, wohl aber parlamentar.

Fraktionen, die nach ihren Treffpunkten ben. wurden: die Linke mit einem gemäßigten („Dt. Hof") und einem radikalen Flügel („Donnersberg") und eine liberal-konservative Gruppe, die in der Nat.versammlung die Rechte bildete („Café Milani"); die Mitte mit dem rechten („Casino") und dem linken Zentrum („Augsburger Hof") und kleineren Gruppierungen. Die Erbkaiserl. Partei wurde im wesentl. vom rechten und linken Zentrum gebildet. Aus dem „Casino" gingen 1849 die Gothaer hervor, die gemäßigt-liberalen Kleindt., die sich 1859 mit den Demokraten im Dt. Nat.verein vereinigten. Eine Allianz zw. Demokraten und gemäßigten Liberalen war auch die 1861 gegr. Dt. Fortschrittspartei in Preußen, die erste wirkl. polit. Partei in Deutschland. Die Fortschrittspartei zerbrach schließl. an Gegensätzen in der nat. Frage. Der rechte Flügel, aus dem 1867 die Nat.liberale Partei entstand, sah in der Schaffung der dt. Einheit eine notwendige Vorbedingung der innenpolit. Liberalisierung und trat deshalb nach dem preuß. Sieg über Österreich (1866) für eine Verständigung mit Bismarck ein (Annahme der Indemnitätsvorlage). Die Demokraten dagegen beharrten auf dem Vorrang der innerstaatl. Freiheit vor der nat. Einheit. Die Fortschrittspartei vereinigte sich 1884 mit den Sezessionisten (Liberale Vereinigung), die sich 1880 von der Nat.liberalen Partei getrennt hatten, zur Freisinnigen Partei, die sich 1893 in die Freisinnige Vereinigung und in die Freisinnige Volkspartei spaltete. 1903 gewann die Freisinnige Vereinigung eine gewisse Verstärkung durch F. Naumanns Nat.sozialen Verein. 1910 schlossen sich beide freisinnigen Gruppen mit der demokrat. orientierten Dt. Volkspartei (DtVP) zur Fortschrittl. Volkspartei zusammen. Die Spaltung in eine rechts- und eine linksliberale Partei überdauerte den 1. Weltkrieg. In der Weimarer Republik setzte die Dt. Demokrat. Partei (DDP; seit 1930, nach der Vereinigung mit dem Jungdt. Orden, Dt. Staatspartei) das Erbe der Fortschrittl. Volkspartei fort, während die Dt. Volkspartei (DVP) an die Nat.liberale Partei anknüpfte. Beide Parteien sanken nach dem 1930 begonnenen Aufstieg des NS zu Splitterparteien herab. Die durch regionale liberale Gruppierungen in den westl. Besatzungszonen 1948 gegr. Freie Demokrat. Partei (FDP) (in Baden-Württemberg auch Demokrat. Volkspartei, im Saarland auch Demokrat. Partei Saar gen.) ist der erfolgreiche Versuch, die Spaltung in eine rechts- und eine linksliberale Partei zu überwinden. 1956 trennte sich ein rechtsliberaler „Ministerflügel" von der FDP; die Freie Volkspartei gewann jedoch keinen breiteren Anhang und vereinigte sich 1957 mit der konservativen Dt. Partei. - Die 1945 gegr. Liberal-Demokrat. Partei Deutschlands (LDPD) besteht in der DDR formell als unabhängige Partei weiter, verfügt aber gegenüber der SED über keinerlei polit. Handlungsspielraum.

Österreich: Die Tradition der 1861 gegr., die dt.sprachige bürgerl. Oberschicht repräsentierenden Verfassungspartei, die sich ebenso energ. gegen die Bildung eines kleindt. Reiches unter preuß. Führung wie gegen eine ethn. Dezentralisierung der Habsburgermonarchie wehrte, führte die Dt.liberale Partei fort, die 1867-79 die Mehrheit im Reichsrat der östr. Reichshälfte hatte. Versuche der Einigung mit den linksliberalen Klubs (1881-85: Vereinigte Linke; 1888-95: Vereinigte Dt. Linke) waren nur vorübergehend erfolgreich. 1897 verloren die Liberalen endgültig die parlamentar. Mehrheit. Von der im Kleinbürgertum verankerten christl.-sozialen Bewegung, die durch die antiklerikale Kirchenpolitik der Liberalen Auftrieb erhielt, und der ebenfalls großdt. orientierten dt.nat. Bewegung hart bedrängt, schloß sich 1910 die aus den Umgruppierungen des liberalen Lagers hervorgegangene Dt. Fortschrittspartei mit der dt.nat. Bewegung zum Dt. Nat.verband zusammen. In ihm triumphierte eindeutig das großdt.-nationalist. über das liberale Element. Das Erbe des Dt. Nat.verbandes setzte in der Republik die 1920 gegr. Großdt. Volkspartei fort. Deren Tradition nahm nach dem 2. Weltkrieg der 1949 gegr. Verband der Unabhängigen wieder auf, der sich 1955 mit der Freiheitspartei zur Freiheitl. Partei Österreichs (FPÖ) zusammenschloß.

Schweiz: Die bedeutendste liberale Partei ist die 1894 konstituierte Freisinnig-demokrat. Partei der Schweiz. In den 1870er Jahren bildete sich durch den Zusammenschluß von Konservativen und Altliberalen eine zweite liberale Gruppierung. Aus dieser ging 1913 die Liberal-demokrat. Partei hervor, an deren Stelle 1961 die Liberal-demokratische Union der Schweiz trat, aus der 1977 die ↑ Liberale Partei der Schweiz gebildet wurde.

Großbritannien: ↑ Liberal Party.

Frankreich: Auf dem linken Flügel des frz. Liberalismus steht die Parti Radical Socialiste. 1869 formulierte L. Gambetta das Programm der Radikalen, die nur lose parlamentar. Vereinigungen bildeten. G. B. Clemenceau führte ab 1876 eine auf der äußersten Linken stehende Gruppierung der Radikalen, die sich 1892 als Groupe Républicain Radical-Socialiste formierte. Durch die Wiedervereinigung dieser Gruppe mit den übrigen Radikalen entstand 1901 die Parti Républicain Radical et Radical-Socialiste (kurz Radikale oder Radikalsozialisten gen.), heute unter dem Namen Parti Radical Socialiste. Den rechten Flügel des frz. Liberalismus bilden die Unabhängigen Republikaner (Républicains Indépendants), die sich von den Radikalsozialisten v. a. durch das Fehlen einer antiklerikalen Programmatik unterscheiden. Sie spalteten sich 1910 als rechter Flügel von den Républicains Modérés ab. Die heutige Parti Républicain (Unabhängige Republikaner) trennte sich 1966 als Fédération Nationale des Républicains Indépendants vom Centre National des Indépendants et Paysans.

Italien: Der italien. Liberalismus, eigtl. Träger des Risorgimento, ist traditionell in 2 Richtungen gespalten, ohne daß es vor dem 1. Weltkrieg zu einer festen Parteibildung gekommen wäre. Energ. liberalen Widerstand gegen den aufsteigenden Faschismus hat es vor der Machtergreifung Mussolinis 1922 nicht gegeben. Die nach dem Zusammenbruch des Faschismus neu gegr. rechtsliberale Partito Liberale Italiano (PLI) lehnt Koalitionen mit den sozialist. Parteien strikt ab. Als linksliberale Partei kann die traditionsreiche, ihre Ursprünge auf G. Mazzini zurückführende Partito Repubblicano Italiano (PRI) bezeichnet werden.

Die Parteien der BR Deutschland. Hg. v. O. K. Flechtheim. Hamb. 1973. - Hamer, D. A.: Liberal politics in the age of Gladstone and Rosebery. Oxford 1972. - Eisfeld, G.: Die Entstehung der l. P. in Deutschland. 1858-70. Hannover 1969. - Bergsträsser, L.: Gesch. der polit. Parteien in Deutschland. Hg. v. W. Mommsen. Mchn. u. Wien [11]1965.

Liberaler Studentenbund Deutschlands, Abk. LSD, gegr. 1950 als unabhängige linksliberale Vereinigung, die der FDP nahestand; erlebte 1967-69 seinen Höhepunkt, zerfiel dann; seit 1970 wurden von den Jungdemokraten neue liberale, im 1973 gegr. Liberalen Hochschulverband (LHV) als Dachverband organisierte Hochschulgruppen aufgebaut.

liberale Theologie, neben der restaura-

Liberale Vereinigung

tiven und der Vermittlungstheologie die dritte theolog. Hauptrichtung des 19. Jh., deren Wurzeln in Aufklärung und Idealismus liegen. Eines ihrer entscheidenden Verdienste ist die Herausbildung und Anwendung der histor.-krit. Methode, mit der v. a. die bibl. Quellen krit. untersucht wurden. Auch andere religionsgeschichtl. Quellen wurden für die Theologie erstmals zugängl. gemacht. Die erste Zeit der l. T. steht unter dem Einfluß von F. C. Baur und D. F. Strauß. Die Arbeit Baurs wurde von der von ihm begr. ↑ Tübinger Schule fortgeführt. Aus dem Kreis der Schüler A. Ritschls ging die letzte bed. Gruppe der l. T. hervor, die „Religionsgeschichtl. Schule", deren bedeutendste Vertreter H. Gunkel und E. Troeltsch waren. Die dialekt. Theologie und die Formgeschichte bereiteten der l. T. zu Beginn dieses Jh. ein Ende.

Liberale Vereinigung, dt. polit. Gruppierung 1880–84, die nach der Sezession (im Aug. 1880) von 28 Mgl. der nat.liberalen Fraktionen des Reichstags und des preuß. Abgeordnetenhauses aus Protest gegen Bismarcks Schutzzollpolitik am 19. Nov. 1880 gegründet wurde; verschmolz 1884 mit der Dt. Fortschrittspartei zur Freisinnigen Partei.

Liberalisierung [lat. (↑liberal)], 1. allg. die Befreiung von einschränkenden Vorschriften. 2. Aufhebung bzw. Reduzierung dirigist. Eingriffe in einen freien Austausch von Gütern und Produktionsfaktoren; bezogen auf den Außenwirtschaftsverkehr: systemat. Abbau von Handelshemmnissen (Zölle, Kontingente) und Kapitalverkehrsbehinderungen (Devisenbewirtschaftung).

Liberalismus [lat.-frz. (↑liberal)], weltanschaul. Richtung, die das Individuum und sein Recht auf Freiheit in den Vordergrund stellt. Als breite *polit. Bewegung* ist der L. eine nachrevolutionäre Erscheinung. Er setzt die histor. Erfahrung einer revolutionären Kraftprobe zw. dem aufstrebenden Bürgertum und den Kräften des Ancien régime bereits voraus. Der entwickelte L. ist durch eine doppelte Frontstellung gekennzeichnet: durch seine Gegnerschaft zu allen Formen des absoluten Staates wie zu radikaldemokrat. Bewegungen, die sich auf das Prinzip unmittelbarer Volksherrschaft berufen. Die Abwehr von polit. Omnipotenz ist daher zum Hauptmerkmal aller Richtungen des L. geworden.

Seine histor. früheste Ausprägung erfuhr der L. im England des 17. Jh. (J. Locke). Von Anfang an ist der Kampf für die Freiheit des Glaubens, der Meinungsäußerung und der Vereinigung und für einen umfassenden Rechtsschutz des Individuums unlösbar verknüpft mit dem Eintreten für seinen Anspruch auf eine angemessene Rolle im polit. Entscheidungsprozeß und für die freie Entfaltung der Einzelpersönlichkeit (Individualismus) auch im wirtsch. Bereich. Die engl. Bill of Rights

von 1689, die Verfassung der USA von 1787 und die von der frz. Nat.versammlung 1789 verabschiedete „Déclaration des droits de l'homme et du citoyen" sind bis heute die klass. Formulierungen der individuellen Grundrechte geblieben. Die elementaren Freiheiten des einzelnen werden zu Schranken der öffentl. Gewalt: Die staatl. Eingriffsverwaltung ist strikt an allg. Gesetze gebunden und bleibt gerichtl. nachprüfbar. Die Sicherung von Grundrechten durch eine unabhängige richterl. Gewalt und einen umfassenden Rechtsweganspruch des Bürgers macht das Wesen des liberalen Rechtsstaates aus. Die Unabhängigkeit der Rechtsprechung bildet ihrerseits einen integralen Bestandteil des liberalen, auf Locke und Montesquieu zurückgehenden Prinzips der Gewaltentrennung zw. vollziehender Gewalt, Gesetzgebung und Rechtsprechung, durch das eine unkontrollierbare Konzentration der Staatsmacht nach Art des Absolutismus für immer ausgeschlossen werden soll.

Der *wirtsch. L.,* der seine klass. Begründung durch A. Smith erhalten hat, geht von der anthropolog. Annahme aus, daß der Egoismus eine angeborene Eigenschaft jedes Menschen ist, durch freien Wettbewerb jedoch zum Nutzen der ganzen Volkswirtschaft ausschlägt. Das freie Wechselspiel von Angebot und Nachfrage erzwingt eine Preisbildung in der Nähe der Produktionskosten und dient daher dem Interesse des Verbrauchers. Staatseingriffe, wie sie für den Merkantilismus typ. sind, lehnt der wirtsch. L. strikt ab. Die künstl. Produktionsbeschränkungen, die das Zunftsystem kennzeichnen, gelten ebenso als Fessel des Fortschritts wie Zollbarrieren zw. den Staaten. Gewerbefreiheit und Freihandel sind daher die wichtigsten Postulate des frühen Wirtschafts-L. Das Gebot der Nichteinmischung des Staates gilt prinzipiell auch für die Beziehung zw. Arbeitgebern und Arbeitnehmern. Die soziale Frage kann nach Auffassung auch noch den klass. L. nur durch Selbsthilfe der Betroffenen und durch eine Verbesserung des Bildungswesens gelöst werden. Das Gesellschaftsmodell, an dem der L. lange Zeit orientiert hat, ist das einer vorindustriellen Gemeinschaft selbständiger Kleinproduzenten.

Die *Gesellschaftspolitik* des L. ist vom Anspruch des Bürgertums geprägt, die Gesellschaft insgesamt zu vertreten. Die Fiktion des „allg. Standes" hat der soziale Öffnung des L. in Richtung auf das industrielle Proletariat in dem Maße erschwert, als dieses seiner eigenen Interessen bewußt wurde und sich selbständig zu organisieren begann. Z. T. waren es konservative Sozialkritiker und der Versuch konservativer Parteien, ihre Wählerbasis unter den Arbeitern zu verbreitern, die eine allmähl. Neuorientierung im L. herbeiführten.

Geschichte: Der L. entstand als die polit. Weltanschauung des aufstrebenden Bürgertums, das seinen Anspruch, der „allg. Stand" zu sein, mit relativem Recht gegenüber anderen sozialen Gruppen behaupten konnte: gegenüber dem Adel, weil dieser keine wesentl. gesellschaftl. Funktionen mehr ausübte, die nicht der „dritte Stand" wirksamer hätte ausfüllen können, und gegenüber den besitzlosen Unterschichten, die sich noch nicht organisiert hatten und ihre Forderungen noch nicht selbständig artikulieren konnten. Dabei nahm die *Entwicklung des L. in den einzelnen Ländern* einen unterschiedl. Verlauf. Anders als in Frankr., wo sich das Bürgertum in der Julirevolution 1830 zur herrschenden Klasse machte und später seine Interessen durch die bonapartistische Diktatur sichern ließ, und in Großbrit., wo Mitte des 19. Jh. die klass. Zeit des Wirtschafts-L. und eine fortlaufende Verwirklichung der polit. liberalen Forderungen einsetzte, fand in Deutschland (wie in Italien) das Bürgertum nicht schon den Nat.staat vor, in dem es sich seine polit. Führungsrolle erkämpfen konnte. Die mit der Herstellung eines dt. Nat.staates verknüpften außenpolit. Probleme waren mit ein Grund für das Scheitern der Revolution von 1848/49, in der erstmals das Bürgertum selbst als Träger liberaler Forderungen auftrat. Die materiellen und ideellen Gewinne, die sich das Bürgertum von einer nat.staatl. Einigung versprach, ließen 1866 die Mehrheit der preuß. Liberalen in Bismarcks „Revolution von oben" einwilligen und eine nat. Einigung ohne die gleichzeitige Einführung eines parlamentar. Reg.systems akzeptieren. In Österreich konnten die liberalen Gruppen zwar ähnl. wie in Preußen/Deutschland in den 1860er Jahren eine parlamentar. Vormachtstellung erringen, auf die Außenpolitik hatten sie jedoch kaum größeren Einfluß als die Nat.-liberalen in Dt. Reichstag. In Italien, das seine Einigung überwiegend ebenfalls einer „Revolution von oben" verdankte, mehr noch auf der Iber. und auf der Balkanhalbinsel sowie in O-Europa war die strukturelle Unterentwicklung des Bürgertums der Hauptgrund für die Schwäche der liberalen Bewegung. Im 20. Jh. haben dann die Erfahrungen vieler Länder der Dritten Welt nochmals deutl. gezeigt, daß die liberale Demokratie auf bestimmten sozioökonom. und kulturellen Voraussetzungen beruht, die zunächst nur in den entwickelten westl. Ländern vorlagen; der L. hat sich daher nur bedingt als geeignet für andere Gesellschaften erwiesen.
Die große Depression (1873–95/96) erschütterte in ganz Europa langfristig den optimist. Glauben an die selbsttätige Wirtschaftsregulierung durch die „unsichtbare Hand" (A. Smith), die Grundannahme des ökonom. L. Die nat. Parole, die in Deutschland bis in die 1860er Jahre ein Ausdruck des bürgerl. Emanzipationsstrebens war, wurde seit den 1870er Jahren immer mehr zum Vehikel einer konservativen Sammlungsbewegung gegen die internat. Tendenzen im Links-L. und in der Sozialdemokratie. Die anhaltenden Stimmenverluste, die die liberalen Parteien bald nach der Gründung der Weimarer Republik hinnehmen mußten, wurden symptomat. für eine allg. Krise des L; wo die liberalen Parteien in der Vergangenheit Arbeiter für sich gewinnen konnten, mußten sie sie später an die aufsteigenden Arbeiterparteien abgeben. Die urspr. Wählerbasis der liberalen Parteien, die selbständigen Mittelschichten, erwiesen sich seit dem ausgehenden 19. Jh. in zunehmendem Maß anfällig für sozialprotektionist. Versprechungen, was vielfach konservativen Bewegungen zugute kam. Soweit die liberalen Parteien in der jüngsten Zeit (etwa in der BR Deutschland) ihre Stellung in gewissem Umfang wieder stabilisieren können, bilden offensichtl. soziale Aufsteigergruppen aus der „Dienstleistungsklasse" (R. Dahrendorf), v. a. Beamte, Angestellte und Angehörige freier Berufe, die im Ggs. zur Bourgeoisie des 18./19. Jh. keine wirtsch. dominierende Stellung mehr innehaben, das entscheidende Wählerreservoir.
Die *Wirkungen des L.* auf andere gesellschaftl.-polit. Bewegungen sind vielfältig. Viele seiner urspr. Forderungen sind inzwischen längst von konservativen und sozialdemokrat. Parteien übernommen worden.
V. a. unter amerikan. Einfluß vollzog sich ein *Bed.wandel des Begriffs liberal:* In den USA, wo es eine liberale Partei im europ. Sinn ebensowenig gegeben hat wie eine konservative, versteht man unter liberal seit dem „Progressive Movement" des frühen 20. Jh. das Engagement für die Achtung und Ausweitung von Bürgerrechten, die öffentl. Kontrolle wirtsch. Macht und die Verbesserung sozialer Fürsorgeleistungen. Der moderne amerikan. L. bejaht die wirtsch. und soziale Staatsintervention. Damit geht diese Erscheinungsform des L. noch erhebl. über den dt. Neoliberalismus der Freiburger Schule hinaus, der dem Staat die Aufgabe zuerkennt, die Rahmenbedingungen eines funktionsfähigen Wettbewerbs zu schaffen und durch eine aktive Antimonopolpolitik die Aufrechterhaltung der Marktwirtschaft zu gewährleisten.
📖 *Der europ. L. im 19. Jh.* Hg. v. L. Gall u. R. Koch. Bln. u. a. 1981. 4 Bde. - Dahrendorf, R.: *Der L. u. Europa.* Dt. Übers. Mchn. u. Zürich 1980. - L. Hg. v. L. Gall. Königstein im Taunus ²1980. - Polit. L. in der Bundesrepublik. Hg. v. L. Albertin. Gött. 1980. - Winkler, H. A.: L. u. Antiliberalismus. Gött 1979. - Die Krise des L. zw. den Weltkriegen. Hg. v. R. v. Thadden. Gött. 1978.

Liberal Party [engl. ˈlɪbərəl ˈpɑːtɪ „liberale Partei"], brit. polit. Partei; entwickelte sich seit Mitte des 19. Jh. aus der Partei der Whigs

Liberec

und vertrat v. a. industrielle, mittelständ. und nichtanglikan. Interessen; prägte durch eine Kontinuität von Reformen das polit. Gesicht des spätviktorian. Großbrit.; nach der Spaltung u. a. über die ir. Frage Existenzkrise im und nach dem 1. Weltkrieg; seit 1945 wieder (infolge des relativen Mehrheitswahlrechts jedoch eingeschränkte) Wahlerfolge; Parteiführer (seit 1976) D. Steel.

Liberec [tschech. 'libɛrɛts] ↑ Reichenberg.

Liberia

(amtl.: Republic of Liberia), Republik in Westafrika, zw. 4° 20′ und 8° 30′ n. Br. sowie 7° 30′ und 11° 30′ w. L. **Staatsgebiet:** L. grenzt im SW an den Atlantik, im NW an Sierra Leone, im N an Guinea, im O an die Elfenbeinküste. **Fläche:** 111 369 km² (UN-Angabe). **Bevölkerung:** 1,9 Mill. E (1984), 17 E/km². **Hauptstadt:** Monrovia. **Verwaltungsgliederung:** 9 Counties. **Amtssprache:** Englisch. **Nationalfeiertag:** 26. Juli. **Währung:** Liberian. Dollar (Lib$) = 100 Cents (c). **Internat. Mitgliedschaften:** UN, OAU, ECOWAS; der EWG assoziiert. **Zeitzone:** Greenwich Mean time, d. i. MEZ – 1 Std.

Landesnatur: An die 550 km lange Küste mit zahlr. Lagunen und Küstenseen schließt sich eine unterschiedl. breite Küstenebene an, in der sich nur einzelne Berge oder vulkan. Felsen erheben. Hinter der Ebene steigt das Relief stufenförmig an zu einem Plateau- und Hügelland, das durchschnittl. 200–400 m ü.d. M. liegt. Es wird im N und im Zentrum von Mittelgebirgen überragt. Die höchste Erhebung (1 384 m ü.d. M.) liegt im Nimba nahe der Grenze zu Guinea. Zahlr. Flüsse, die im wesentl. senkrecht zur Küste fließen, teilen das Land in parallele Landschaftsblöcke; typ. sind gerundete granit. Inselberge.

Klima: Es ist subäquatorial mit einer Regenzeit (Anfang Juni–Ende Okt.). Im äußersten S treten 2 Regenzeiten auf (Mai–Juni und Sept.–Okt.).

Vegetation: L. ist fast ganz mit trop. Regenwald bedeckt. Savannen entstanden durch menschl. Einfluß v. a. im äußersten N und im Küstenbereich. An der Küste sind Mangroven häufig.

Tierwelt: Neben den selten werdenden Elefanten, Leoparden und Kaffernbüffeln sind v. a. mehrere Affenarten, Krokodile, Schlangen, Skorpione u. a. vertreten.

Bevölkerung: Sie setzt sich aus 16 ethn. Gruppen der Sudaniden zusammen sowie aus den etwa 24 000 Nachkommen der ehem. schwarzen Sklaven, die im 19. Jh. aus der Neuen Welt einwanderten. Die meisten Liberianer sind Anhänger traditioneller Religionen; etwa 300 000 sind Muslime. Die knapp 100 000 Christen sind in 42 Kirchen und Sekten zersplittert. Es besteht Schulpflicht von 6–16 Jahren, doch wird sie nur z. T. ausgeübt. Von den drei Hochschulen erhielt das College in Monrovia 1951 Universitätsrang.

Wirtschaft: Wichtigster Zweig der Landw. ist die Kautschukgewinnung; Parakautschukbäume werden nicht nur in Großplantagen (die Firestone-Plantage ist die größte der Erde und größter Arbeitgeber des Landes), sondern auch in kleinbäuerl. Betrieben angepflanzt. Außerdem gibt es Kakao-, Kaffee- und Ölbaumplantagen. Die Viehzucht ist durch die Verbreitung der Tsetsefliege eingeschränkt. Die Forstwirtschaft verfügt über riesige Waldreserven, doch lassen fehlende Transportwege nur eine begrenzte Nutzung zu. Süßwasser- und Küstenfischerei decken den Eigenbedarf an Fisch zu rd. 20 %. L. ist der zweitgrößte Eisenerzproduzent Afrikas mit mehreren bed. Vorkommen. Außerdem werden Gold und Diamanten gewaschen.

Außenhandel: Ausgeführt werden Eisenerz, Kautschuk, Holz, Ind.diamanten, Kaffee, Ölkuchen u. a., eingeführt Kfz., Maschinen, Reis, Erdöl, Baumwollgewebe, Eisen und Stahl u. a. Wichtigste Partner sind die USA, gefolgt von den EG-Ländern, bei denen die BR Deutschland an erster Stelle steht.

Verkehr: An Eisenbahnlinien bestehen 3 Erzbahnen. Von 7 847 km Straßen sind rd. 3 300 km ganzjährig befahrbar. Wichtigste Häfen sind Monrovia (Freihafen) und Buchanan. Da L. zu den sog. Ländern der billigen Flagge gehört, sind hier knapp 14 % der Welthandelsflotte registriert. Der internat. ✈ nahe Monrovia wird von 9 Fluggesellschaften angeflogen.

Geschichte: Der 1816 in Washington gegr. Kolonisationsverein zur Ansiedelung freigelassener schwarzer Sklaven erwarb östl. vom Kap Mesurado einen Küstenstreifen mit der Insel Providence im Mesurado von den dort lebenden Stämmen. Hier wurden 1822 die ersten „Repatriierten" angesiedelt, weitere Siedlungen entstanden gegen den heftigen Widerstand der Eingeborenen entlang der Pfefferküste, auch außerhalb des angekauften Territoriums. Mitte der 1840er Jahre schlossen sich die Siedlungen zusammen und am 26. Juli 1847 wurde die unabhängige Republik L. ausgerufen. Bis weit ins 20. Jh. lebten die Amerikoliberianer prakt. von nur amerikan. Unterstützung. Versuche des 1971 gestorbenen Präs. Tubman, die Rivalität zw. den Eingeborenen und den Nachkommen der Amerikoliberianer, die die polit. und wirtsch. Schlüsselstellung innehaben, zu beseitigen und die zahlr. ethn. Gruppen in den Staat zu integrieren, blieben weitgehend ohne Erfolg, auch unter Tubmans Nachfolger, Präs. W. R. Tolbert. Die 1974 in New York gegr. Oppositionsgruppe Progressive Alliance of L. (PAL) hielt 1978 ihre erste Konferenz in dem traditionell von der True Whig Party beherrschten Einparteienstaat L. ab und organisierte im April 1979 Protestdemonstrationen gegen die massiven Erhöhungen des Reispreises. Nach Unruhen, bei denen 70 Demonstranten getötet wurden, rief Präs. Tolbert das Ausnahmerecht aus. Im März 1980 wurden dann weitere Repressionsmaßnahmen gegen die People's Progressive Party (PPP) ergriffen, die sich im Jan. 1980 aus Mgl. der PAL gebildet hatte. Bei einem Militärputsch am 12. April 1980, der sich gegen das Regime der Amerikoliberianer richtete, wurde Präs. Tolbert getötet. Der Führer des Putsches, Hauptfeldwebel S. K. Doe, der als erstes Staatsoberhaupt der Schicht der eingeborenen Liberianer entstammt, bildete einen Volkserlösungsrat und eine neue Reg. Auf der Grundlage der Verfassung von 1983/84 fanden im Okt. 1985 Wahlen statt, die bestenfalls als „halbdemokrat." gelten können. Aus ihnen gingen erwartungsgemäß Staatspräs. Doe und seine National Democratic Party of L. als Sieger hervor. Im Nov. 1985 unternahm der ehem. Kommandant der Streitkräfte, T. Quiwonkpa, einen erfolglosen Putschversuch, der ihn das Leben kostete. Am 5. Jan. 1986 wurde Doe als Präs. vereidigt.

Politisches System: Die Verfassung vom 26. Juli 1847 wurde nach dem Militärputsch am 25. April 1980 aufgehoben. Nach der neuen Verf. von 1983/84 liegt die *Legislative* bei der aus Senat (26 Mgl.) und Repräsentantenhaus (64 Mgl.) bestehenden Nationalversammlung, deren Mgl. aus allgemeinen Wahlen hervorgehen. Die *Exekutive* liegt beim Präs., der Staatsoberhaupt, Min.präs. und Chef der Streitkräfte ist. *Verwaltungs*mäßig ist L. in 9 Counties gegliedert. Das *Recht*swesen ist nach amerikan. Vorbild organisiert. Die *Streitkräfte* werden von der rd. 5 220 Mann starken Nationalgarde gebildet. Paramilitär. Kräfte umfassen rd. 7 600 Mann.

📖 *Koppel, R.:* L. *Wirtschaftl. u. polit. Entwicklung 1971–1980.* Hamb. 1980. - *Wreh, T.:* The love of liberty: the rule of president W. V. S. Tubman in L. 1944–71. New York 1976. - *Schulze, Willi:* L. *Länderkundl. Dominanten u. regionale Strukturen.* Darmst. 1973.

Liberman, Jewsei Grigorjewitsch, * Slawuta (Gebiet Chmelnizki) 20. Okt. 1897, † Charkow (?) im Frühjahr 1982, sowjet. Wirtschaftswissenschaftler. - Prof. in Moskau und in Charkow. Führte seit 1956 in seinen Schriften den Begriff „Profit" in die sozialist. Wirtschaftstheorie ein. Seit 1965 wird seine Theorie nach und nach in der sowjet. Wirtschaft verwirklicht; in diesem System der Planwirtschaft zeigt der Profit (wie im Kapitalismus) die produktivsten Verwendungen der Produktionsmittel an.

Libero [lat.-italien. „freier (Mann)"], im Fußball Bez. für denjenigen Abwehrspieler, der ohne direkten Gegenspieler zur Sicherung der eigenen Abwehr beiträgt, sich aber, wenn es die Situation erlaubt, in den Angriff einschalten kann.

Liber Pontificalis [lat. „päpstl. Buch"], Sammlung von Papstbiographien, die über Namen, Herkunft, Taten und Regierungsdauer der Päpste (bis 1431) Auskunft gibt; der älteste Teil, „Catalogus Felicianus" (bis 530), ist wahrscheinl. schon unter Bonifatius II. († 532) zusammengestellt worden.

Libertad, La [span. la liβɛr'taô], Dep. in NW-Peru, am Pazifik, 23 241 km², 962 900 E (1981), Hauptstadt Trujillo. Erstreckt sich von der schmalen Küstenebene bis zum Kamm der Zentralkordillere. Bed. Landw., etwas Bergbau auf Erze und Kohle.

Libertas [lat. „Freiheit"], im antiken Rom die als Göttin verehrte polit. Freiheit; seit 238 v. Chr. Tempel auf dem Aventin; erscheint häufig auf kaiserzeitl. Münzen.

Libertät [lat.], v. a. seit der Reformationszeit Schlagwort für die sich auf die Freiheitsrechte gründenden Unabhängigkeitsbestrebungen der Reichsstände.

Liberté [frz. libɛr'te „Freiheit" (zu lat. libertas)], im Selbstverständnis der Träger der Frz. Revolution und wirkungsgeschichtl. die bedeutendste der drei revolutionären Devisen L., Égalité, Fraternité, die, verstanden als natürl. Recht, als Freiheit, alles zu tun, was keinem anderen schadet, das Hauptthema der „Déclaration des droits de l'homme et du citoyen" wurde.

Liberté, Égalité, Fraternité [frz. libɛr'te, egali'te, fratɛrni'te] ↑ Freiheit, Gleichheit, Brüderlichkeit.

Libertinage [...'na:ʒə; lat.-frz.], weitreichende Freizügigkeit (bes. im sexuellen Bereich); Zügellosigkeit.

Libertiner [zu lat. libertinus „Freigelassener"], in der Reformationszeit verketzernde Bez. für die Anhänger einer polit. Partei in Genf 1546–55, die sich in Opposition zu Calvin (v. a. in Fragen der Kirchenzucht) befand.

Libertinismus [lat. († Libertiner)], allg. Zügellosigkeit, Leichtfertigkeit.

◆ im N. T. Sammelbez. für Richtungen innerhalb des Urchristentums, die entweder den paulin. Freiheitsgedanken als Zügellosigkeit mißverstanden oder einen gnostisierenden Dualismus vertraten.

Liberty ship [engl. ʹlɪbətɪ ʹʃɪp „Freiheitsschiff"], ähnlich dem späteren und größeren Freedom ship und dem T2 Tanker während des 2. Weltkriegs in den USA in Großserie gebauter Handelsschifftyp von rd. 10000 tdw; wurde später Vergleichsmaß für die Nutzen-Kosten-Rechnung in der Seeschiffahrt.

Liberum arbitrium [lat. „freie Entscheidung"] ↑ Willensfreiheit.

Liberum veto [lat. „freies Veto"], freies, nicht weiter zu begründendes Einspruchsrecht, die äußerste Auslegung des Einstimmigkeitsprinzips; galt 1652–1791 in Polen. Danach konnte der Sejm durch das L. v. eines einzigen Reichstagsmgl. beschlußunfähig gemacht werden.

Liber Usualis [lat. „dem Gebrauch dienendes Buch"], liturg. Choralbuch, 1895 erstmals für den kath. Gottesdienst zusammengestellter Auszug Gregorian. Gesänge aus Missale und Brevier.

Libidibi [indian.-span.], svw. ↑ Dividivi.

libidinös [lat.], auf die Libido bezogen; die sexuelle Lust betreffend; **Libidinist**, triebhafter Mensch.

Libido [lat.], svw. Begierde; Trieb, insbes. Geschlechtstrieb.

◆ Zentralbegriff der psychoanalyt. Triebtheorie für den von S. Freud postulierten sexuellen Charakter der seel. Impulse. Die libidinöse Entwicklung verläuft nach Freud in verschiedenen Stufen (orale Phase, anale Phase, phall. Phase, genitale Phase).

Liborius, männl. Vorname lat. Ursprungs.

Libra [lat.] ↑ Sternbilder (Übersicht).

Libra [lat.], alte Gewichtseinheit, im antiken Rom etwa = 327,5 g; die span. L. entsprach 459,52 g, die portugies. L. 459 g.

Library of Congress [engl. ʹlaɪbrərɪ əv ʹkɔŋgrɛs] (Kongreßbibliothek), die Nationalbibliothek der USA in Washington (D. C.). 1800 als Parlamentsbibliothek gegr., seit 1897 Nationalbibliothek, Zentralbibliothek und (seit dem 2. Weltkrieg) nat. Informationszentrum.

Libretto [lat.-italien. „kleines Buch"], Textbuch von Opern, Operetten, Singspielen, Oratorien, Kantaten; auch Bez. für das Szenarium eines Balletts.

Libreville [frz. librəʹvil], Hauptstadt der Republik Gabun, an N-Ufer des Gabunästuars, 257000 E. Verwaltungs- und Kulturzentrum des Landes: Sitz der Ev. Kirche Gabuns und eines kath. Erzbischofs, Moschee; Universität, mehrere Forschungsinsti-

tute, Schule für medizin. Hilfskräfte, kath. Lehrerseminar; Bibliothek, Nationalmuseum. U. a. Stoffdruckerei, Sägewerke, Schiffbau, Küstenfischerei; Importhafen; internat. ✈. - L. wurde 1849 für 46 aus einem Sklavenschiff befreite Afrikaner nahe dem 1843 erbauten frz. Fort Aumale gegründet. Von 1888 bis 1904 war L. die Hauptstadt des damaligen „Congo Français", seit 1910 Hauptstadt der Kolonie, seit 1960 der Republik Gabun.

Liburne [lat.], leichtes, auch zum Segeln verwendetes Ruderschiff der röm. Flotte des 1. Jh. v. Chr. mit etwa 120 Mann Besatzung.

Liburner (lat. Liburni), im Altertum durch Seeräuberei berüchtigter Volksstamm in NW-Dalmatien.

Libussa (tschech. Libuše), sagenhafte Gründerin Prags, Ahnherrin der Przemysliden. Mehrfach Thema von Ritterromanen und -dramen.

Libyen

(amtl.: Al Dschamahirija Al Arabija Al Libija Asch Schabija Al Ischtirakija), Republik in Nordafrika, zw. 20° und 33° n. Br. sowie 9° und 25° ö. L. **Staatsgebiet:** L. grenzt im N an das Mittelmeer, im O an Ägypten, im äußersten SO an die Republik Sudan, im S an Tschad und Niger, im W an Algerien und Tunesien. **Fläche:** 1759540 km². **Bevölkerung:** 3,8 Mill. E (1985), 2,2 E/km². **Hauptstadt:** Tripolis. **Verwaltungsgliederung:** 10 Mukata. **Amtssprache:** Arabisch. **Staatsreligion:** Islam. **Nationalfeiertag:** 1. Sept. **Währung:** Libyscher Dinar (LD.) = 1000 Dirhams. **Internationale Mitgliedschaften:** UN, OAU, Arab. Liga, GATT, OPEC, OAPEC. **Zeitzone:** Osteuropäische Zeit, d. i. MEZ + 1 Std.

Landesnatur: L. erstreckt sich vom Mittelmeer bis in die zentrale Sahara. Auf den Küstenstreifen folgt im NW der 400–500 m hohe Steilanstieg zum Tripolitan. Dschabal, einem bis 968 m hohen Bergland. Südl. davon liegt ein Schichtstufen- und Plateauland, das in eine Hammada überleitet, die bereits zur Sahara gehört wie auch der durch eine Steilstufe südl. von ihr abgetrennte Fessan und die im SW liegenden Ausläufer des Tassili der Adjer, die bis über 1000 m ansteigen. Auf den Golf der Großen Syrte folgt unmittelbar eine stark gegliederte unfruchtbare Schichtstufen- und Plateaulandschaft, die aber dank ihres Erdölreichtums von größter Bed. für L. ist. Im O, der Cyrenaika, folgt auf den Küstenstreifen der bis 865 m hohe immergrüne Gebirgszug des Dschabal Al Achdar. Er geht nach S über eine 15 m u. d. M. liegende Senke in die nö. Sahara, d. h. die Libysche Wüste über. Ausläufer des Tibesti greifen im S auf L. über. Hier liegt die höchste Erhebung des Landes mit 2285 m ü. d. M. Die Senken und Becken der Wüste werden z. T. von Inselbergen überragt, die Oasen werden von Grundwasser gespeist.

Klima: Das Küstengebiet hat mediterranes Klima; nach S folgt semiarides und arides Klima.

Vegetation: Die urspr. Vegetation des Küstenbereichs ist Steppe. In den Gebirgen haben sich Reste mediterranen Baumbestands meist als Macchie erhalten.

Tierwelt: Neben zahlr. Vögeln, u. a. Adler, Falke, Geier, kommen Gazellen, Fennek, Hyänen, Schakale, Schlangen und Insekten vor.

Bevölkerung: An der Küste leben v. a. Araber, in den Küstengebirgen und deren Hinterland Berber sowie Mischlinge zw. Arabern und Berbern, auch zw. Arabern und Türken. Neben den Tuareg und Tubu lebt im Fessan noch eine schwarzafrikan. beeinflußte Mischbev.; fast die gesamte Bev. bekennt sich zum Islam. Rd. 90 % der Bev. leben im Küstenbereich. Der Besuch der 6jährigen Grundschule ist Pflicht an Orten mit Unterrichtsmöglichkeiten. L. verfügt über Univ. in Bengasi (gegr. 1955) und Tripolis (gegr. 1973).

Wirtschaft: Nur ein geringer Teil des Landes kann landw. genutzt werden. Pflanzungen wurden großenteils von Italienern angelegt (Ölbaumhaine, Zitrus-, Mandelbaumkulturen, Rebflächen). Charakterist. für die Oasen sind Dattelpalmhaine und intensiver Gartenbau. Die Nomaden halten große Schaf-, Ziegen- und Kamelherden. Wichtigster Wirtschaftsfaktor ist die Erdölwirtschaft. Sie ist zum größten Teil verstaatlicht und erbringt über 90 % der Staatseinnahmen. Eisenerzvorkommen sollen ab Ende der 80er Jahre ausgebeutet werden. Die Ind. verarbeitet landw. Produkte und stellt Verbrauchsgüter her sowie Zubehör für die Erdölind.; die Erdgasverflüssigungsanlage in Marsa Al Buraika ist der z. Z. der größte der Erde.

Außenhandel: Ausgeführt werden Erdöl, Erdgas, Erdölprodukte sowie Häute und Felle, eingeführt Maschinen und Geräte, Kfz., Bekleidung, Garne und Textilwaren, Eisen und Stahl, Getreide, Chemikalien, Arzneimittel u. a. Haupthandelspartner sind die EG-Länder, bei denen die BR Deutschland an 2. Stelle hinter Italien steht, die USA, Türkei, Jugoslawien, Japan u. a.

Verkehr: Der Eisenbahnverkehr wurde 1965 eingestellt. Neben rd. 11 000 km Straßen gibt es 10 000 km Pisten. Für Erdöl besteht ein Rohrleitungsnetz von 2320 km, für Erdgas von 177 km Länge. Wichtigster Handelshafen ist Tripolis. 4 Erdölhäfen liegen an der Großen Syrte, davon auch über Tobruk wird Erdöl exportiert. Die nat. Fluggesellschaft Libyan Arab Airlines bedient Nordafrika, Europa und Vorderasien, im Inlandsdienst werden 8 ✈ angeflogen. Tripolis und Bengasi verfügen über internat. ✈, die von 20 ausländ. Gesell-

Libyen. Übersichtskarte

schaften angeflogen werden.

Geschichte: Die „3 Städte" in Tripolis (Sabratha, Oea, Leptis Magna) sind phönik. Gründungen etwa aus der Wende 8./7. Jh. v. Chr. Die Griechen gründeten gleichzeitig in der Cyrenaika Kolonien, deren Zentrum Kyrene war. Nach dem 2. Pun. Krieg wurde Tripolis numid., 46 v. Chr. röm.; die Cyrenaika kam zunächst zum Ptolemäerreich, 96 v. Chr. zu Rom (74 v. Chr. röm. Prov.). Die Reichsteilung 395 n. Chr. teilte Tripolis dem Weström., die Cyrenaika dem Oström. Reich zu. 450 von den Vandalen erobert, 533 von Ostrom zurückgewonnen und beherrscht bis zum Einfall der Araber 643 n. Chr. Nach dem Einfall der Banu Hilal im 11. Jh. übernahm Oea den Landschaftsnamen Tripolis (arab. Tarabulus). Bis zum Beginn der osman. Herrschaft in Tripolis (1551) versuchten christl. Mächte mehrmals, dort Fuß zu fassen. Im 18. Jh. gelang es der Dyn. der Karamanli, sich von der osman. Herrschaft prakt. frei zu machen: Tripolis wurde zentraler Markt für weiße und schwarze Sklaven. 1835 wurde die Karamanli-Dyn. gestürzt; seitdem gehörte das Gebiet als Prov. zum Osman. Reich. Unter den in der Barka lebenden arab. Nomaden gewann im 19. Jh. die Senussi-Bruderschaft großen Einfluß. Nach dem Italien.-Türk. Krieg (1911/12) erhielt Italien das gesamte heutige L.; die Senussi leisteten heftigen Widerstand und vertrieben im 1. Weltkrieg die Italiener mit dt. und türk. Unterstützung; erst das faschist. Italien konnte die Senussi besiegen (1923–31), deren Widerstand jedoch nie ganz erlosch. 1934 faßten die Italiener Tripolis, Cyrenaika und Fessan als Kolonie L. zusammen, die 1939 Italien als Prov. eingegliedert wurde. 1940–43 war L. Schauplatz harter Kämpfe zw. Truppen der Achsenmächte und der Alliierten, nach deren Ende Cyrenaika und Tripolis unter brit., der Fessan unter frz. Besatzung blieb. Die Senussi, die die Alliierten unterstützt hatten, forderten die Unabhängigkeit für L., das 1951 als konstitutionelle Monarchie unabhängig wurde. König wurde das Oberhaupt der Senussi unter dem Namen Idris I. Seit dem Militärputsch vom 1. Sept. 1969 unter Führung von Oberst Al Kadhdhafi betreibt L. eine Politik der Islamisierung und des panarab. Nationalismus. 1970 wurden fast alle Italiener ausgewiesen; die ausländ. Erdölgesellschaften, Banken und Versicherungsgesellschaften wurden verstaatlicht. Der Plan einer Fusion mit Ägypten löste 1973 heftige Spannungen zw. beiden Ländern aus. Die mit Tunesien vereinbarte Vereinigung wurde von H. Burgiba im Jan. 1974 verhindert.

Oberst Al Kadhdhafi, der nach dem Militärputsch von 1969 Oberbefehlshaber der Streitkräfte und als Vors. des Revolutionären Kommandorates Staatschef (1970–72 zugleich Reg.chef), seit 1977 gewähltes Staatsoberhaupt war, trat im März 1979 zurück und nahm den Titel eines „Revolutionären Führers" an. 1980 griffen libysche Truppen in den Bürgerkrieg im Tschad ein, doch der geplante Zusammenschluß von L. und Tschad scheiterte wie alle ähnl. Projekte. Mit scharfen Maßnahmen ging Staatschef Kadhdhafi gegen seine polit. Gegner vor. Er rief wiederholt zum Kampf gegen die USA als „Weltfeind Nr. 1" auf und bekräftigte seinen Willen, Terrorismus in andere Länder zu exportieren. Eine Kette von Terroranschlägen, in die das libysche Regime verwickelt gewesen sein soll, führte im April 1986 zu einem amerikan. Luftangriff auf die Städte Bengasi und Tripolis. **Politisches System:** Nach der Verfassung vom 23. Nov. 1976 ist L. eine Sozialist. Arab. Volksrepublik. *Staatsoberhaupt* ist der vom Allg. Volkskongreß gewählte Präs. (seit 1979: der bisherige Vors. des Allg. Volkskomitees Abdul Ati Al Ubaidi). Das Volk übt die Macht zum einen durch Volkskongresse aus, die Volkskomitees als Exekutivorgane wählen, zum anderen über Gewerkschaften und Berufsorganisationen. Oberstes Organ der *Legislative* ist der Allg. Volkskongreß (980 Mgl.), der aus dem Allg. Nationalkongreß der „Sozialist. Arab. Union" hervorging und dessen ständiges Organ das Generalsekretariat (5 Mgl., die zuvor dem aufgelösten Revolutionären Kommandorat angehörten) ist. Die *Exekutive* wird vom Allg. Volkskomitee (21 Mgl.) ausgeübt. Staats*partei* ist die „Arab. Sozialist. Union". Ihre ideolog. Grundlagen sind der Islam als Staatsreligion, ein religiös begründeter Nationalismus und Sozialismus. *Verwaltungs*mäßig ist L. in 10 Verw.-Geb. (Mukata) gegliedert. 1973 wurden die *Rechts*vorschriften des Korans an Stelle des seit der Unabhängigkeit 1951 v. a. nach ägypt. Vorbild ent-

wickelten Zivil-, Handels- und Strafrechtskodex reaktiviert. Neue Gesetze müssen mit den Prinzipien des Islams übereinstimmen. Die *Streitkräfte* sind 73 000 **Mann** stark (Heer 58 000, Luftwaffe 8 500, Marine 6 500).

  □ *Fergiani, M. B.: The Libyan Jamahiriya. London 1984. - Wright, J.: Libya. A modern history. London 1982. - The geology of Libya. Hg. v. M. J. Salem u. M. T. Busrewil. New York u. London 1981. 3 Bde. - Libya. Agriculture and economic development. Hg. v. J. A. Allan u. a. London 1973. - Die Sahara u. ihre Randgebiete. Hg. v. H. Schiffers. Mchn. 1971–73. 3 Bde.*

libysche Schriften, den semit. Schriften verwandte reine Konsonantenschriften, von denen die *berber. Schrift* (**Tifinagh**) bis heute von den Tuareg benutzt wird. Die *numid. (altlib.) Schrift* ist in vielen Inschriften aus N-Afrika bezeugt; die Zeilen laufen meist senkrecht von unten nach oben; auch anlautende Vokale bleiben unbezeichnet. Die ausgestorbene Sprache dieser Inschriften (**Libysch**) gehört zur libyco-berber. Gruppe der hamitosemit. Sprachen; bislang wenig erforscht.

Libysche Wüste, nö. Teil der Sahara, (Libyen, Ägypten, Republik Sudan) mit weit auseinanderliegenden Schichtstufen, bis 1 892 m hoch; extrem trockenes Klima.

Lic., Abk. für: li*centiatus* (↑ Lizentiat).

licet [lat.], es ist erlaubt.

Lich, hess. Stadt am nördl. Rand der Wetterau, 171 m ü. d. M., 11 200 E. Elektroapparatebau, Textil- und Nahrungsmittelind. - 788 erstmals erwähnt, 1300 Stadtrecht; ab 1436 Residenz von Solms-L., 1718 von Solms-Hohensolms.

Li Chao Tao (Li Zhao Dao), * um 670, † nach 730, chin. Maler. - Bekanntester Vertreter der frühen chin. Landschaftsmalerei.

Lichen [griech.] (Knötchenflechte), akute oder chron. Hauterkrankung mit kleinpapulösen Effloreszenzen.

Lichenes [griech.], svw. ↑ Flechten.

Lichenifikation (Lichenisation) [griech./lat.], Vergröberung und Verdickung der Hautfelderung, bes. bei chron. Ekzem.

Lichenin [griech.], Reservezellulose (Glucosepolysaccharid) in den Zellwänden vieler Flechten.

Li chi (Liji) [chin. lidzi „Aufzeichnungen über die speziell. Normen"], einer der „Fünf Klassiker" des Konfuzianismus, in der späteren Hanzeit (25–220) aus älteren Quellen (bis etwa 400 v. Chr.) kompiliert; enthält neben Opfervorschriften v. a. moral. Traktate.

Lichinga (früher Vila Cabral), Distr.-hauptstadt in Moçambique, östl. des Njassasees, 37 000 E.

Lichnowsky [lɪçˈnɔfski], schles. Adelsgeschlecht, seit 1491 bezeugt; 1773 in den preuß. 1846 in den östr. Fürstenstand erhoben; bed. Vertreter:

L., Felix Fürst, * Hradec bei Opava 5. April 1814, † Frankfurt am Main 19. Sept. 1848,

Parlamentarier. - Ultrakonservatives Mgl. des preuß. Vereinigten Landtags, 1848 der Frankfurter Nationalversammlung. L. vertrat einen rigorosen Legitimismus. Der Lynchmord an L. sowie H. von Auerswald durch Extremisten löste die Septemberrevolution 1848 aus.

L., Karl Max Fürst von, *Kreuzenort bei Ratibor 8. März 1860, †Chuchelna (Nordmähr. Gebiet) 27. Febr. 1928, Diplomat. - Ab 1885 im diplomat. Dienst; 1912 dt. Botschafter in London, setzte sich entschieden für eine dt.-brit. Verständigung auf Kosten des Zweibundes ein.

L., Mechtilde Fürstin, geb. Gräfin von und zu Arco-Zinneberg, *Schloß Schönburg bei Griesbach i. Rottal 8. März 1879, †London 4. Juni 1958, Schriftstellerin. - ∞ mit Karl Max Fürst von L.; lebte ab 1948 - in 2. Ehe ∞ mit einem brit. Major - in London. L. schrieb Romane aus dem Leben der Aristokratie vor 1914, Dramen, Gedichte, Essays, sprachästhet. Abhandlungen und aphorist. Prosastücke.

Licht [zu althochdt. lioht, eigtl. „das Leuchten, der Glanz"], der für das menschl. Auge sichtbare Bereich des Spektrums elektromagnet. Strahlung im Wellenlängenbereich zw. 400 nm (Blau) und 800 nm (Rot); dies entspricht Frequenzen der Größenordnung $3 \cdot 10^{14}$ Hz. *Ultraviolett* (UV; Wellenlänge unter 400 nm) und *Infrarot* (IR; Wellenlänge über 800 nm) schließen sich an. L. hat seinen Ursprung im atomaren Bereich. Beim Übergang „angeregter" Elektronen in energetisch tiefer liegende Zustände („Bahnen") wird die Energiedifferenz in Form von L. ausgestrahlt. Jedem Energiebetrag bzw. jeder Frequenz oder Wellenlänge entspricht eine bestimmte L.farbe. L., das aus mehr oder weniger intensitätsgleichen Wellen aller Wellenlängen aus dem sichtbaren Bereich besteht, wird vom Auge als **weißes Licht** wahrgenommen. L. breitet sich wie alle elektromagnet. Wellen im Vakuum mit ↑Lichtgeschwindigkeit aus. Die ungestörte Ausbreitung erfolgt geradlinig (↑Optik), so daß für viele Betrachtungen der Wellencharakter vernachlässigt werden kann. **Lichtstrahlen** entsprechen dabei der Ausbreitungsrichtung der Wellenflächen. Trifft L. bei seiner Ausbreitung auf die Trennfläche zweier Medien (z. B. Vakuum-Glas, Luft-Wasser), dann zeigen sich Erscheinungen wie Beugung, Brechung, Interferenz, Polarisation und Reflexion. Diesen Erscheinungen stehen Effekte gegenüber, die sich nicht mit der *Wellennatur*, sondern nur mit der *Quantennatur (Teilchennatur)* des L. erklären lassen (z. B. ↑Photoeffekt). Die Energie des L. ist auf „*Lichtkorpuskeln" (Lichtquanten, Photonen)* atomarer Dimension „konzentriert". Photonen kann sowohl eine Masse als auch ein Impuls (↑Lichtdruck) zugeordnet werden. Beide Eigenschaften des L. - Welle

oder Korpuskel - existieren gleichberechtigt nebeneinander und werden als ↑*Welle-Teilchen-Dualismus* bezeichnet.

Geschichte: Zwei Theorien über das L. spielten seit dem 17. Jh. eine Rolle. Nach der *Emanations-* oder *Emissionstheorie des L.* (R. Descartes; I. Newton, 1704) ist L. ein Strom von winzig kleinen L.teilchen, die von der L.quelle ausgesendet werden und deren elast. Eigenschaften die Änderung der Ausbreitung bei Brechung und Reflexion erklären sollten. Nach der *Wellen-* oder *Undulationstheorie des L.* (F. M. Grimaldi, 1665, R. Hooke, 1665, C. Huygens, 1678) ist L. eine Wellenerscheinung in einem sehr feinen, kontinuierl., elast. Medium, dem L.äther (↑Äther), wobei die L.ausbreitung stets durch Überlagerung von Kugelwellen zustande kommt (↑Huygenssches Prinzip). Im 19. Jh. schienen die Experimente zur Interferenz, Beugung und Polarisation des L. und die von J. C. Maxwell formulierte elektromagnet. L.theorie eindeutig die Wellenvorstellung zu bestätigen. Die Situation zweier konkurrierender Vorstellungen über das Wesen des L. entstand erneut zu Beginn des 20. Jh. durch die von M. Planck (1900) und A. Einstein (1905) eingeführte L.quanten- oder Photonenhypothese, mit der dem L. wieder korpuskulare Eigenschaften zugesprochen wurden. Im Rahmen der Quantentheorie interpretierte N. Bohr 1927 beide Vorstellungen als komplementäre Seiten derselben physikal. Realität.

ᄆ *Mueller, Conrad G./Rudolph, M.: L. u. Sehen. Dt. Übers. Rbk. 1981. - Haken, H.: L. u. Materie. Mhm. u. a. 1979–81. 2 Bde. - Regler, F.: L. u. Farbe. Mchn. 1974. - Rüchardt, E.: Sichtbares u. unsichtbares L. Bln. u. a.* ²*1952. -* ↑ *auch Optik.*

Lichtablenkung, die Beeinflussung der geradlinigen Ausbreitung des Lichtes durch ↑Reflexion, ↑Brechung und ↑Beugung; i. e. S. die Ablenkung des Lichtes in einem Gravitationsfeld (*Gravitationsaberration*).

Lichtarbeit, svw. ↑Lichtmenge.

Lichtäther ↑Äther.

Lichtausbeute, der Quotient aus dem von einer künstl. Lichtquelle abgestrahlten Lichtstrom und der von ihr aufgenommenen Leistung. Einheit der L. ist das Lumen/Watt (lm/W). Die L. beträgt z. B. bei Kerzen 0,1 lm/W, bei Glühlampen 9 bis 34 lm/W, bei Leuchtstofflampen z. T. bis 100 lm/W und bei Natriumdampflampen 120 bis 150 lm/W.

Lichtbehandlung (Phototherapie), die Anwendung von Sonnenlicht (*Heliotherapie*) oder von künstl. Lichtquellen (z. B. Rotlicht-, UV-Lichtlampen) zu therapeut. Zwecken; als Ganzkörper- oder Teilbestrahlung durchgeführt; Anwendung bei chron. Entzündungen, Haut-, Blut- und Knochenkrankheiten.

Lichtbild, ein nicht künstler. photograph. Erzeugnis im Unterschied zum (künstler.) ↑Lichtbildwerk. Seinem Hersteller (Lichtbild-

Roy Lichtenstein, Shipboardgirl
(1963). Lithographie

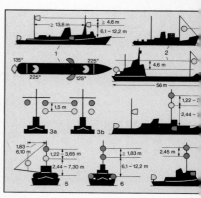

Lichter. 1 Dampfer (bzw. Motorschiff)
in Fahrt, 2 vor Anker,
3 Seebagger, nur auf der Seite mit
„Rot über Weiß" (a) und „in
Fahrtrichtung rechts" zu passieren (b),
4 Fischereischiff beim Fang mit
dem Schleppnetz, 5 Fischereischiff
ohne Fahrt mit Netz, wenn dieses
mehr als 153 m waagrecht nach
Steuerbord vom Schiff wegsteht,
6 manövrierunfähiges Schiff in
Fahrt (bei Festsitzen ohne
Seitenlichter), 7 Lotsenschiff
in Fahrt (Lotse an Bord)

ner) steht (v. a. gegen Vervielfältigungen) ein
dem Urheberrecht ähnl. Leistungsschutzrecht
zu.

Lichtbildwerk, ein photograph. Erzeugnis künstler. Art. An ihm hat der Schöpfer
ein (auf 25 Jahre begrenztes) Urheberrecht.

Lichtbogen ↑Bogenentladung.

Lichtbogenofen ↑Schmelzöfen.

Lichtbogenschweißen ↑Schweißver-
fahren.

Lichtbogenspritzen, das Aufbringen
einer dünnen Metallschicht (insbes. als Kor-
rosionsschutz) durch Aufspritzen eines im
Lichtbogen erschmolzenen, mittels Preßluft
zerstäubten Metalls aus einer Düse. Das Metall (z. B. Aluminium beim **Alucoating**) wird
dabei in Form zweier Drähte fortlaufend in
den zw. ihren Enden brennenden Lichtbogen
nachgeschoben.

Lichtbrechung ↑Brechung.

Lichtdermatosen, zusammenfassende
Bez. für Schädigungen bzw. Erkrankungen
der Haut durch Lichtstrahlen. Die häufigste
Form ist der↑Sonnenbrand. - Bestimmte pho-
todynam. Substanzen (z. B. Teerfarbstoffe,
Sulfonamide, Phenothiazinderivate) können
die Lichtempfindlichkeit der Haut so stark
erhöhen, daß es zu Hautrötung, Schwellung
und Blasenbildung kommt.

Lichtdruck, (Strahlungsdruck) in der

Physik Bez. für den von Lichtquanten (↑Pho-
tonen) beim Auftreffen auf eine Fläche aus-
geübten Druck. Die Quantentheorie erklärt
den L. durch Impulsübertragung von den
Photonen auf die Oberfläche des reflektieren-
den Körpers. Der L. spielt v. a. in der *Astro-
physik* eine bed. Rolle; er kann z. B. für kleine
Teilchen im Weltraum die Wirkung der Gra-
vitationskräfte übertreffen bzw. führt an Bal-
lonsatelliten zu nicht zu vernachlässigenden
Driftbewegungen. Auf der Erdoberfläche beträgt der L. auf eine vollkommen reflektieren-
de Fläche bei senkrechtem Sonnenlichteinfall
etwa 10^{-4} mp/cm^2 ≈ 10^{-5} N/m^2.

◆ in der *Drucktechnik* ↑Drucken.

Lichtechtheit, Widerstandsfähigkeit
von Färbungen, Drucken und Farbstoffen gegen Lichteinwirkung (insbes. Tageslicht).

lichtelektrischer Effekt, svw. ↑Pho-
toeffekt.

lichtelektrische Zelle, svw. ↑Photo-
zelle.

lichtempfindliche Gläser ↑Brille.

Lichtempfindlichkeit, svw. ↑Empfind-
lichkeit.

Lichtenau, Wilhelmine Gräfin von (seit
1796), eigtl. Wilhelmine Enke, * Dessau 29.
Dez. 1752, † Berlin 9. Juni 1820, Geliebte König Friedrich Wilhelms II. von Preußen. -

Tochter eines Musikers; aus der Verbindung mit Friedrich Wilhelm gingen 5 Kinder hervor.

Lichtenberg, Georg Christoph, * Ober-Ramstadt 1. Juli 1742, † Göttingen 24. Febr. 1799, dt. Physiker und Schriftsteller. - Prof. in Göttingen; war ein vielseitiger Naturwissenschaftler und einer der führenden Experimentalphysiker seiner Zeit. Sein Ruf als Schriftsteller beruht auf naturwiss. und philosoph.-psycholog. Aufsätzen, bes. aber auf seinen iron.-geistvollen „Aphorismen" (hg. 1902–08), in denen er sich als scharfsinniger Beobachter und zugleich als Repräsentant der Aufklärung erweist.

Lichtenberger [frz. liʃtɐbɛrˈʒe], André, * Straßburg 29. Nov. 1870, † Paris 23. März 1940, frz. Schriftsteller und Soziologe. - Bruder von Henri L.; veröffentlichte neben histor. und soziolog. Arbeiten auch Romane und Erzählungen aus Geschichte, Vorgeschichte und Mythologie sowie erfolgreiche Kinderbücher, u. a. „Mein kleiner Trott" (1898).

L., Henri, * Mülhausen (Elsaß) 12. März 1864, † Biarritz 4. Nov. 1941, frz. Germanist. - Bruder von André L.; seit 1905 Prof. für dt. Literatur in Paris; 1929 Gründer des „Institut d'Études Germaniques" an der Sorbonne.

Lichtenbergsche Figuren [nach G. C. Lichtenberg], büschelförmige Figuren, die bei der elektr. Entladung zw. einer spitzen und einer plattenförmigen Elektrode auf einer dazw. angebrachten, mit Lykopodiumpulver, Schwefelblüte u. a. bestreuten Isolierplatte oder auf einer Photoplatte entstehen.

Lichtenfels, Krst. am oberen Main, Bay., 271 m ü. d. M., 20 100 E. Staatl. Fachschule für Korbflechterei, Zentrum der traditionellen oberfränk. Korbflechterei. - 1142 erstmals erwähnt; Anfang des 13. Jh. als Stadt planmäßig angelegt, vor 1315 ummauert. - Altes Stadtbild mit zwei Tortürmen (15./16. Jh.), spätgot. Pfarrkirche, Schloß (1555) und barockes Rathaus (1743).

L., Landkr. in Bayern.

Lichtenstein, Alfred ['‒‒‒], * Berlin 23. Aug. 1889, ✗ Vermandevillers bei Reims 25. Sept. 1914, dt. Dichter. - Mitarbeiter der Zeitschrift „Die Aktion"; expressionist. Lyriker und Erzähler. - *Werke:* Die Geschichte des Onkel Krause (Kinderb., 1910), Die Dämmerung (Ged., 1913), Gedichte und Geschichten (hg. 1919).

L., Roy [engl. 'lıktənstaın], * New York 27. Okt. 1923, amerikan. Maler und Graphiker. - Einer der Hauptvertreter der Pop-art in den USA; greift auf Bildvorlagen wie Comic strips und Inserate zurück. Flächenhaftigkeit, Beschränkung auf wenige Farben, ondulierende Linien tragen zum plakativen Eindruck bei.

Lichtenstein, am Trauf der Schwäb. Alb, südl. von Reutlingen gelegene Burg, 1840/41 erbaut an der Stelle einer 1802 abgetragenen ma. Burg.

Lichter, Bez. für die hellsten Partien im photograph. Positiv; *durchgezeichnete (offene) L.* weisen eine detailreiche Tonwertabstufung auf, *Spitzlichter* sind rein weiß ohne Zeichnung.

◆ Lampen bzw. Laternen, die Wasserfahrzeuge und Flugzeuge gemäß internat. Regeln zu führen haben. Positions-L. sind das Topplicht (meist am Mast), auch Dampferlaterne gen., die Seiten-L. (Backbord: rot, Steuerbord: grün) und das Hecklicht. Sie haben feste Bestreichungswinkel und Tragweiten, so daß man in ihnen Fahrt und Lage schätzen kann. Für Spezialschiffe (Schlepper, Lotse, Zoll, Bagger und Kriegsschiffe), ankernde und manövrierunfähige Fahrzeuge ist eine bes. L.führung vorgeschrieben.

◆ wm. Bez. für die Augen beim Schalenwild.

Lichterfest ↑ Chanukka.

lichte Schrift, [Druck]schrift mit nur aus Konturen bestehendem Bild; v. a. für Akzidenzschriften.

lichtes Maß, svw. ↑ Lichtmaß.

Lichtfluß, das Produkt aus reduzierter ↑ Leuchtdichte (Lichtstärke pro Flächeneinheit) und Lichtleitwert (bei Brechungsindex quadrat. abhängige photometr. Größe für Flächenstrahler mit der physikal. Dimension einer Fläche).

Lichtfreunde (urspr. Protestant. Freunde), eine unter Einfluß des Rationalismus 1841 durch L. Uhlich (* 1799, † 1872) in Gnadau gegr. freireligiöse Gemeinschaft, die die Bibel als einzig gültige Norm des Christentums ablehnte und den im Menschen vorhandenen Geist zur christl. Norm erhob; vom preuß. und sächs. Staat verboten; seit 1848/49 Annäherung an die freireligiösen Deutschkatholiken, mit denen sich die L. 1859 zum „Bund freier religiöser Gemeinden" zusammenschlossen.

Lichtgaden (Obergaden), Fensterzone des Mittelschiffs einer Basilika (oberhalb der Erdgeschoßarkaden der Seitenschiffe).

Lichtgeschwindigkeit, diejenige Geschwindigkeit, mit der sich Licht oder allg. eine elektromagnet. Welle oder Strahlung ausbreitet. Die L. stellt nach der ↑ Relativitätstheorie für die Energieübertragung oder Signalübermittlung eine Grenzgeschwindigkeit dar, die unabhängig vom Bewegungszustand der Lichtquelle oder des Beobachters einen konstanten Wert hat. Für die Lichtausbreitung im leeren Raum (**Vakuumlichtgeschwindigkeit** c_0) gilt: $c_0 = 299\,792{,}458$ km/s. In einem [durchsichtigen] Medium (Luft, Glas o. ä.) mit dem Brechungsindex $n > 1$ verringert sich die L. auf $c = c_0/n$ (↑ Brechung). Hierbei ist zu unterscheiden zw. *Gruppengeschwindigkeit* (= Geschwindigkeit des Energietransports) und *Phasengeschwindigkeit* (= Geschwindigkeit, mit der sich die Phase einer Lichtwelle ausbreitet). Letztere kann Werte größer als c_0 annehmen; es be-

Lichtgriffel

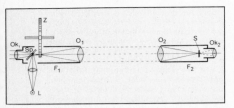

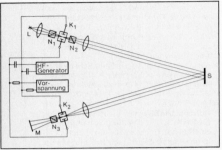

Lichtgeschwindigkeit. Oben:
Versuchsanordnung von Hippolyte
Fizeau zur Messung der
Lichtgeschwindigkeit mit der
Hilfe eines rotierenden Zahnrads
(Z). F_1 und F_2 sind zwei mit ihren
Objektiven O_1 und O_2 einander
gegenüberstehende Fernrohre,
Ok_1, Ok_2 Okulare der Fernrohre,
L Lichtquelle,
Sp halbdurchlässiger Spiegel,
S reflektierender Spiegel;
unten: Versuchsanordnung von
August Karolus und Otto
Mittelstaedt zur Messung der
Lichtgeschwindigkeit mit Hilfe
zweier Kerr-Zellen K_1 und K_2.
L Lichtquelle, N_1, N_2, N_3
Nicolsche Prismen,
S Spiegel, M Mattscheibe

steht jedoch kein Widerspruch zur Relativitätstheorie, da keine Energie oder Information übertragen wird.
Geschichte: Nach vergebl. Versuchen zur Bestimmung der L. durch G. Galilei errechnete erstmals O. Rømer 1675/76 die L. aus Beobachtungen der Verfinsterungen eines Jupitermondes, nachdem er entdeckt hatte, daß die Intervalle zw. den Verfinsterungen anwuchsen, wenn sich die Erde auf ihrer Bahn vom Jupiter entfernte, und abnahmen, wenn sie sich ihm näherte. Eine genauere Bestimmung der L. erfolgte dann durch H. Fizeau (1849), der in seiner **Zahnradmethode** das Licht mit einem rasch rotierenden Zahnrad in einzelne Lichtimpulse zerlegte, die an einem entfernt

aufgestellten Spiegel reflektiert wurden. Die Laufzeit vom Zahnrad zum Spiegel und zurück konnte aus der inzw. erfolgten Drehung des Zahnrades ermittelt werden. L. Foucault (1850) verwendete anstelle des Zahnrads einen rotierenden Spiegel; seine **Drehspiegelmethode** wurde durch A. A. Michelson (1878–82 und 1927) zu höchster Präzision entwickelt. Moderne Verfahren benutzten Kerr-Zellen zur Lichtunterbrechung oder ermitteln die L. aus der Resonanzfrequenz von elektr. Hohlraumresonatoren oder arbeiten mit Mikrowelleninterferometern. Mit Hilfe von Laserlicht wurde 1974 die L. im Vakuum zu $c_0 = 2,99\,792\,458 \cdot 10^8$ m/s bestimmt.
📖 *Sanders, G. H.: Die L. Dt. Übers. Wsb. 1970.*

Lichtgriffel ↑ Bildschirmgerät.

Lichthof, durch Lichtstreuung innerhalb einer photograph. Schicht (**Diffusionslichthof**) oder durch Reflexion des Lichts am Schichtträger (**Reflexionslichthof**) bedingte Überstrahlung *(Halo)* heller Bildpunkte; als **Lichthofschutz** werden absorbierende Farbstoffe in der Schicht und spezielle L.schutzschichten verwendet, bei Kleinbildfilmen wird der Schichtträger grau eingefärbt *(Graubasis)*.
◆ Hof, von dem das Licht in die angrenzenden Räume fällt; auch zentrale Halle mit Oberlichtverglasung (z. B. in Kaufhäusern).

lichthydraulischer Effekt, Bez. für die Erscheinung, daß in Flüssigkeiten, wenn sie von intensiven Laserstrahlen durchquert werden, Stoßwellen mit Drücken von nahezu 1 Mill. bar auftreten; Anwendung bei der Bearbeitung von Werkstoffen.

Lichtjahr, Einheitenzeichen Lj, in der Astronomie verwendete Längeneinheit; die Entfernung, die das Licht in einem trop. Jahr zurücklegt: 1 Lj = 9,4605 Billionen km = 0,3066 pc (Parsec). Der erdnächste Fixstern, Proxima centauri, ist 4,3 Lj von der Erde entfernt.

Lichtkoagulation [dt./lat.], svw. Laserkoagulation (↑ Laser).

Lichtkompaßreaktion ↑ Menotaxie.

Lichtleiter ↑ Glasfaseroptik.

Lichtmaschine, elektr. Generator, der in einem [Kraft]fahrzeug die zur Versorgung der elektr. Anlagen und zur Aufladung der Batterie[n] erforderl. Energie liefert. Die L. von Kfz. wird meist über Keilriemen von der Kurbelwelle angetrieben. Die **Gleichstromlichtmaschine** ist ein Nebenschlußgenerator mit Eigenerregung, bei dem die Gleichrichtung des induzierten Wechselstromes im Kollektor erfolgt; zur Glättung des in seiner Stärke pulsierenden Gleichstroms sind auf dem Anker viele gegeneinander versetzte Drahtwicklungen aufgebracht. Da die Drehzahl der L. mit der Motordrehzahl schwankt, sie aber eine gleichbleibende Spannung erzeugen soll, muß mit Hilfe eines sog. *Reglers* die Spannung der L. bei unterschiedl. Drehzahlen durch Veränderung des durch die Erregerspule fließenden Stromes auf nahezu konstanter Höhe gehalten werden (die *Ladeanzeigeleuchte* dient dabei als Kontrolle für die Spannungsdifferenz zw. L. und Batterie). Bei der **Drehstromlichtmaschine** *(Wechselstrom-L.,* *Alternator)* wird der Wechselstrom in den im Ständer eingelassenen Ständerwicklungen erzeugt; die Gleichrichtung erfolgt in sechs in Brückenschaltung angeordneten Halbleiterdioden (im Gehäuse der L.). Als Drehstrom-L. wird in Kfz. häufig die *Klauenpolmaschine* (mit vielpoligem, klauenartigem Läufer) eingesetzt, die sich durch großen Durchmesser bei kleiner axialer Baulänge auszeichnet. Die Regelung erfolgt prinzipiell wie die der Gleichstromlichtmaschine.

Lichtmaß (lichtes Maß), kürzeste Entfernung zw. zwei gegenüberliegenden Begrenzungen, z. B. lichte Weite eines Rohres (Innendurchmesser), lichte Höhe einer Unterführung (nutzbare Durchfahrthöhe).

Lichtmenge (Lichtarbeit), das Produkt aus dem von einer Lichtquelle ausgehenden Lichtstrom und der Zeit.

Lichtmeß (Mariä L., Mariä Reinigung), volkstüml. Bez. für das Fest der Darstellung des Herrn (2. Febr.), abgeleitet von der Kerzenweihe und Lichterprozession der Tagesliturgie. Das Fest von der Darstellung des Herrn geht zurück auf den bibl. Text Luk. 2, 22–39. - Im bäuerl. Leben war L. früher der Beginn (bzw. das Ende) des Arbeitsjahres, Zahltag, sowie der Termin für den Beginn der Feldarbeit. L. war ein wichtiger Lostag.

Lichtmessung ↑ Photometrie.

Lichtmetaphysik, Lehre, nach der das Licht die Ursubstanz der Welt darstellt. Ausgehend vom ↑ Neuplatonismus wird sie durch Augustinus christl. umgebildet und im 13. Jh. zentraler Bestandteil einer spekulativen Naturphilosophie, v. a. bei der Grosseteste.

Lichtmodulatoren, Vorrichtungen zur Steuerung von Strahlung im sichtbaren oder auch infraroten Wellenlängenbereich nach Intensität, Frequenz oder Phase *(zeitl. Lichtmodulation)* oder zur Änderung der Richtung von Lichtbündeln mit meist nur sehr geringem Öffnungswinkel *(ablenkende* oder *räuml. Lichtmodulation).* L. sind bes. für techn. Anwendungen des Lasers, z. B. bei der opt. Nachrichtenübermittlung von Bedeutung. Man unterscheidet mechan. L. (Modulationsfrequenzen im kHz-Bereich), opt.-mechan. L. (bis zu einigen MHz), elektroopt L. (v. a. als Pulsmodulatoren oder Lichtablenker [räuml. L.]), akustoopt. L. (für Schaltzeiten bis etwa 1 μs) und magnetoopt. L. (Drehung der Polarisationsebene).

Lichtmotten, svw. ↑ Zünsler.

Lichtnelke (Lychnis), Gatt. der Nelkengewächse mit 35 Arten in der nördl. gemäßigten und arkt. Zone; meist dicht behaarte Kräuter mit roten, weißen oder rotgestreiften Blüten. Bekannte Arten sind u. a.: ↑ Brennende Liebe; **Kuckuckslichtnelke** (Lychnis flos-cuculi), 20–90 cm hoch, auf feuchten Wiesen und in Mooren in Europa und Sibirien, mit rosenroten Blüten. **Jupiterblume** (Lychnis flos-jovis), bis 50 cm hoch, mit weißfilzigen Blättern und rosenroten bis hellpurpurfarbenen Blüten; Gartenpflanze. **Kronenlichtnelke** (Vexiernelke, Lychnis coronaria), bis 1 m hoch, weiß behaarte Stengel und Blätter, rote oder violette Blüten.

Lichtnußbaum, svw. Kerzennußbaum (↑ Lackbaum).

Lichtorgel, elektron. Gerät zur Steuerung von Scheinwerfern im Rhythmus der Musik (bes. in Diskotheken oder „light shows"). Akust. Eingangssignale werden dazu verwendet, Lichtschalter ein- und auszuschalten. Die Lichtintensität entspricht im allg. der Intensität des Signals. Töne hoher, mittlerer und tiefer Lage sprechen bei Verwendung von Frequenzfiltern verschiedene Lichtschalter und damit Scheinwerferfarben an.

Lichtpause ↑ Kopierverfahren.

Lichtquanten ↑ Photonen.

Lichtquelle, allg. ein Körper, der sichtbares Licht infolge hoher Temperatur (z. B. Sonne, Gaslicht, Glühlampe), durch elektr. Anregung von Gasmolekülen (Bogenlampen, Gasentladungslampen), durch Lumineszenz (Leuchtstoffe) oder durch erzwungene Emission (Laser) aussendet; daneben wird noch elektromagnet. Strahlung benachbarter Wellenlängenbereiche ausgesandt (bei Glühlampen z. B. rd. 95 % als Wärmestrahlung). - In

Lichtmaschine. Klauenpolmaschine.
1 Schleifringlagerschild, 2 Gleichrichter,
3 Leistungsdiode, 4 Erregerdiode, 5 Regler,
Bürstenhalter und Kohlebürsten, 6 Ständer,
7 Läufer, 8 Lüfter, 9 Riemenscheibe,
10 Antriebslagerschild

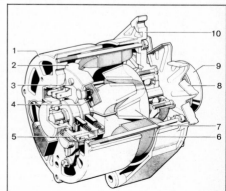

Lichtraumprofil

der Technik werden als L. alle Geräte zur Erzeugung von künstl. Licht bezeichnet.

Lichtraumprofil, im *Eisenbahnwesen* der Umriß des Raumes über (Höhe bis 4,8 m) und neben den Gleisen (bis 1,2 m), der für die Benutzung durch Schienenfahrzeuge freigehalten werden muß. Im *Straßenverkehrswesen* der Umriß des lichten Raumes (Verkehrsraum + Sicherheitsraum; Höhe insges. 4,50 m, Breite ab 10,50 m). Einschränkungen des L. werden durch Zusatztafeln angezeigt.

Lichtreaktion, (Photoreaktion, photochem. Reaktion) lichtabhängige Reaktion der ↑Photosynthese.
◆ ↑Pupillenreaktion.

Lichtsatz ↑Setzerei.

Lichtscheu (Photophobie), Abwehrreaktion gegen helles Licht infolge erhöhter Blendungsempfindlichkeit bei entzündl. Erkrankungen des Auges und als Begleitsymptom bei einigen Allgemeinerkrankungen (z. B. Gehirnhautentzündung, Migräne), sowie gegen erhöhten Lichteinfall (und entsprechend stärkere Belichtung der Netzhaut), der durch Pigmentmangel medikamentös bedingte Pupillenerweiterung oder operativen Eingriff verursacht wird.

Lichtschranke, photoelektron. Einrichtung zum Auslösen von Warn-, Zähl-, Kontroll- oder Steuergeräten: Ein auf eine Photozelle fallender gebündelter Lichtstrahl ruft bei Unterbrechung eine Änderung des Photozellenstroms hervor, wodurch z. B. eine Alarmvorrichtung oder das Anfahren einer Rolltreppe ausgelöst oder das automat. Schließen einer Aufzugstür verhindert wird.

Lichtsignale ↑Verkehrssignalanlagen.

Lichtsinn, die Fähigkeit der Tiere und des Menschen, Lichtreize wahrzunehmen. Während Einzeller (oft mit einem Pigmentfleck als L.organelle) und Hohltiere Licht über nicht bes. differenzierte Zellen wahrnehmen können, sind bei den meisten übrigen Tieren und beim Menschen spezielle **Lichtsinneszellen** bzw. **Lichtsinnesorgane** ausgebildet, die durch einen bei Licht erfolgenden chem. Prozeß im Sehpigment (z. B. im Sehpurpur) Licht in elektr. Impulsmuster umwandeln. Beim menschl. Auge sind zehn Lichtquanten notwendig, um eine eben noch feststellbare Lichtempfindung auszulösen. Der L. dient den Lebewesen zur Orientierung in ihrer Umwelt (↑Gesichtssinn) und zur Erkennung von Partnern, Feinden und Beute. L.zellen können über die ganze Körperoberfläche verteilt oder in den Lichtsinnesorganen (Augen) konzentriert sein.

Lichtspurverfahren, Bez. für das photograph. Festhalten von Körperbewegungen als psychodiagnost. und insbes. arbeitswiss. Mittel (↑Bewegungsstudien). Eine kleine Lichtquelle z. B. an der Hand verursacht bei langer Belichtungszeit auf dem Film eine Lichtspur.

Lichtstärke, Formelzeichen I, Quotient aus dem Lichtstrom Φ, der von einer Lichtquelle in den Raumwinkel Ω ausgestrahlt wird, und der Größe dieses Raumwinkels selbst: $I = \Phi/\Omega$. SI-Einheit der L. ist die ↑Candela.
◆ ↑photographische Objektive.

Lichtstift ↑Bildschirmgerät.

Lichtstrom, Formelzeichen Φ, Bez. für die nach der spektralen Empfindlichkeit der menschl. Auges bewertete Strahlungsleistung einer Lichtquelle. SI-Einheit des Lichtstroms ist das ↑Lumen (lm).

Lichtsymbolik, religionsgeschichtl. Bez. für die Verwendung des Lichtes als Sinnbild der Gottheit, bes. Heiligkeit, des menschl. Lebens und des eth. Guten. Im Polytheismus sind spezielle Lichtgötter oft entweder mit dem Feuer (wie der altind. Agni) oder mit der Sonne verbunden, z. B. der ägypt. Re, der babylon. Schamasch, der griech. Helios, der Sol invictus der Spätantike. - Dualist. Systeme wie Gnosis, Manichäismus, die Religion der Mandäer u. a. fassen den Ggs. von Licht (= der Geist, das Gute) und Finsternis (= die Materie, das Böse) kosmolog., anthropolog. und soteriolog.; die Vermischung beider Prinzipien muß zur erlösenden Trennung gebracht werden. Im A.T. ist die Erschaffung des Lichtes das erste Schöpfungswerk Gottes. Die christl. Mystik sieht die menschl. Seele als Trägerin göttl. Lichtes („scintilla animale" = Seelenfunke) und beschreibt die myst. Gotteserfahrung als Lichtschau.

Lichttechnik, auf den Grundlagen der physikal. und der physiolog. Optik aufbauendes Teilgebiet der Technik, das sich mit der Lichtmessung (*Photometrie*) und -bewertung (*Lichtbewertungstechnik*), den Methoden der Lichterzeugung (*Leuchttechnik*) und der Beleuchtung (*Beleuchtungstechnik*) befaßt. Dabei sind auch physiolog. und psycholog. Wirkungen des Lichts auf den Menschen zu berücksichtigen. Lichttechn. Probleme sind von Bedeutung bei der Beleuchtung von Arbeitsplätzen (blendfrei, geringe Helligkeitskontraste, ausreichende Allgemeinbeleuchtung), [Farb]fernsehstudios, Sportstadien (Gesamtausleuchtung bzw. Aufhellung natürl. Schatten mit Flutlichtanlagen bei Fernsehübertragung), Straßen und Fußgängerüberwegen (Herabsetzung der Unfallgefahren bei Dunkelheit), Straßenunterführungen und Tunnels (Helligkeitsübergänge unter Berücksichtigung der zulässigen Fahrgeschwindigkeit und Adaptionsgeschwindigkeit des Auges).

Lichttonverfahren (Lichtsteuerverfahren, Lichttonaufzeichnung[sverfahren]) ↑Film (Prinzip des Tonfilms).

Lichtverstärker, svw. ↑Laser.

Lichtwark, Alfred, * Reitbrook (= Hamburg) 14. Nov. 1852, † Hamburg 13. Jan. 1914, dt. Kunsthistoriker. - Seit 1886 Direktor der

Hamburger Kunsthalle. Führender Vertreter der Kunsterziehungsbewegung; sah in der Kunstbegegnung einen Weg zur Bildung überhaupt. Schrieb u. a. „Übungen in der Betrachtung von Kunstwerken" (1897).

Lichtwer, Magnus Gottfried, * Wurzen 30. Jan. 1719, † Halberstadt 7. Juli 1783, dt. Dichter. - Von Bed. sind seine von C. F. Gellert beeinflußten Fabeldichtungen „Vier Bücher Äsopischer Fabeln" (1748).

Lichtwert (Belichtungswert, Exposure Value), Abk. LW (EV), in der Photographie Zahlengröße, die gleichwertige Blenden-Belichtungszeit-Kombinationen kennzeichnet; LW 13 entspricht Bl. 11–1/60 s; Bl. 8–1/125 s; Bl. 5,6–1/250 s; Bl. 4–1/500 s usw. Die **Lichtkopplung** von [Zentral]verschluß und Blende sorgt für die richtige Paarung bzw. Veränderung von Zeit und Blende entsprechend dem gemessenen Lichtwert.

Lichtzeit, svw. ↑ Aberrationszeit.

Licinius, bedeutendstes plebej. Geschlecht im alten Rom; bed. Vertreter:
L., Gajus L. Macer, † 66 v. Chr., Politiker und Historiker. - Kämpfte als Volkstribun 73 um die Wiederherstellung der von Sulla beseitigten Tribunenrechte; schrieb eine mindestens 16 Bücher umfassende röm. Geschichte.
L., Gajus L. Stolo, Volkstribun (376–367) und Konsul (364 oder 361). - Nach der unsicheren Überlieferung gehen auf L. und seinen Kollegen im Tribunat Lucius Sextius Lateranus die **Licinisch-Sextischen Gesetze** zurück, die den Plebejern den Zugang zum Konsulat eröffneten.
L., Lucius L. Murena, Prätor (65 v. Chr.) und Konsul (62). - 64 Statthalter von Gallien; nach der Wahl zum Konsul wegen Wählerbestechung angeklagt, wurde durch die Verteidigung Catos d. J. und Ciceros freigesprochen.

Licinius, Valerius Licinianus, * in der Präfektur Illyricum um 250, † Thessalonike (Saloniki) 325 (hingerichtet), röm. Kaiser (seit 308). - 308 durch Galerius zum Augustus erhoben, 311 nach Auseinandersetzungen mit Maximinus Herrscher über die illyr. Präfektur; verband sich mit Konstantin I., d. Gr.; sein Machtstreben führte nach dem Tod des Maximinus zum Krieg (wohl bereits ab 314), zu den Niederlagen von Cibalae (= Vinkovci) und Adrianopel und zum Verlust Illyricums bis auf die thrak. Diözese.

Licker [engl.], Fettemulsion, mit der Leder nach der Gerbung gefettet wird.

Lid [zu althochdt. (h)lit „Deckel, Verschluß" (eigtl. „das Angelehnte")] (Augenlid, Palpebra), bei Wirbeltieren (einschließl. Mensch) dem Schutz des Auges dienende, meist von oben und unten her bewegl. Hautfalte.

Lidar (Colidar) ['li:dar; engl. 'laɪdɑ:, Abk. für: (**C**oherent) **li**ght **d**etecting **a**nd **r**anging „Entdecken und Entfernungsmessen mit (kohärentem) Licht"], Verfahren bzw. Gerät zur Rückstrahlortung von Objekten bzw. zur Sondierung der Atmosphäre mittels Laserstrahlen. Ein Laserstrahl wird auf das zu untersuchende Objekt gerichtet und die Intensität der reflektierten oder zurückgestreuten Strahlung photoelektr. gemessen. Das L. eignet sich v. a. zur Erkennung von Staub-, Dunst- und Wolkenschichten sowie zur Untersuchung der Diffusion von Luftverunreinigungen und Turbulenzen in der Atmosphäre.

Liddell Hart, Sir Basil Henry [engl. 'lıdl 'ha:t], * Paris 31. Okt. 1895, † Marlow 29. Jan. 1970, brit. Offizier und Militärschriftsteller. - Militärkorrespondent 1925–39; Theoretiker der mechanisierten Kriegführung; Anhänger der Rüstungskontrolle und der konventionellen Verteidigung.

Lidholm, Ingvar, * Jönköping 24. Febr. 1921, schwed. Komponist. - Nach neoklassizist. Anfängen wandte er sich seriellen Techniken zu, u. a. „Ritornell" (1955) und „Poesis" (1963) für Orchester; Kammermusiken, Bühnen- und Vokalwerke.

Lidice [tschech. 'lidjitsɛ] (dt. Liditz), Ort östl. von Kladno (westl. von Prag), nach der Ermordung R. Heydrichs am 10. Juni 1942 als Vergeltungsmaßnahme von Gestapo, SS und SD dem Erdboden gleichgemacht; rd. 190 männl. Einwohner über 16 Jahre wurden erschossen, die Frauen in das KZ Ravensbrück eingeliefert, wo 52 von 195 umkamen; 98 Kinder wurden zum Zweck der „Eindeutschung" in SS-Lager deportiert; Symbol brutaler NS-Repressalien.

Lidlohn, im schweizer. Recht gesetzl. Anspruch der mündigen Kinder oder Großkinder, die ihren Eltern oder Großeltern im gemeinsamen Haushalt Arbeit oder Einkünfte zugewendet haben, auf eine angemessene Entschädigung.

Lidman, Sara, * Jörn (Västerbotten) 30. Dez. 1923, schwed. Schriftstellerin. - Ihr Werk (vorwiegend psycholog. motivierte Romane) zeichnet sich durch starkes soziales und polit. Engagement aus. - *Werke:* Der Mensch ist so geschaffen (R., 1953, 1967 u. d. T. Das Teertal), Im Land der gelben Brombeeren (R., 1955), Mit fünf Diamanten (R., 1964).

Lidmücken (Netzflügelmücken, Netzmücken, Blepharoceridae), mit rd. 150 Arten weltweit verbreitete Fam. bis 1,5 cm großer Mücken an Fließgewässern; Larven asselartig, mit Bauchsaugnäpfen.

Lido [italien., zu lat. litus „Strand"] ↑ Küste.

Lidschlußreaktion (Lidschlußreflex) ↑ Pupillenreaktion.

Lidzbark Warmiński [poln. 'lidzbark var'mĩjski] ↑ Heilsberg.

Lie, Jonas, * Modum oder Eiker bei Drammen 6. Nov. 1833, † Stavern (?) 5. Juli 1908, norweg. Schriftsteller. - Neben Seeromanen und Schilderungen aus dem Arbeitermilieu schrieb er realist. Ehe- und Familienromane;

Max Liebermann, Schweinemarkt
in Haarlem (1886). Mannheim,
Kunsthalle

u. a. „Der Geisterseher" (R., 1870), „Eine Ehe"
(R., 1887), „Böse Mächte" (R., 1890), „Wenn
der Vorhang fällt" (R., 1902).

L., Sophus, * Nordfjordeid (Sogn og
Fjordane) 17. Dez. 1842, † Kristiania (= Oslo)
18. Febr. 1899, norweg. Mathematiker. - Prof.
in Leipzig und Kristiania; schuf die Theorie
der kontinuierl. Transformationsgruppen
(Lie-Gruppe) und ihrer Invarianten, außerdem eine Integrationstheorie partieller Differentialgleichungen.

L., Trygve Halvdan, * Grorud bei Oslo 16.
Juli 1896, † Geilo 30. Dez. 1968, norweg. Politiker. - Rechtsanwalt; 1935–39 Justiz-,
1939/40 Versorgungsmin., 1941–46 Außenmin. der Exilreg.; 1946–52 erster Generalsekretär der UN; 1963/64 Ind.-, 1964/65 Handelsminister.

Liebe, die dem Haß entgegengesetzte Zuneigung zu bestimmten Personen (eng verbunden mit dem Gefühl der Geborgenheit),
im übertragenen Sinne auch zu Sachen; insbes. die der instinktiven Veranlagung (Sexualtrieb, Brutpflegetrieb u. a.) entsprechende seel.
Bindung des Menschen speziell an den Geschlechtspartner (L. im eigentl. Sinn) und an
die aus dieser Partnerschaft hervorgehende
Nachkommenschaft (Eltern-L., L. zum Kind).
In der *Religionsgeschichte* ist L. Qualität der
Gottheit wie auch ein für den Menschen gültiges Gebot. Polytheist. Religionen kennen oft
spezielle L.gottheiten. In prophet. Religionen
ist L. ein Charakteristikum des Gottesbildes.
Ihm korrespondiert das Gebot der **Gottesliebe,** das im A. T. dem Menschen auferlegt wird

und das das N. T. wiederholt und vertieft,
indem es die L. zu Gott als Antwort auf
die L. Gottes zu den Menschen auffaßt. Prüfstein dieser christl. L., der ↑Agape, ist die
Nächsten-L., die die Feindes-L. einschließt. -
In der myst. Religiosität ist L. das Streben der
menschl. Vereinigung mit der Gottheit nicht
frei von erot. Zügen; sie treten als symbol.
Aussage der L.mystik sehr häufig auf. Altruist., auf den Mitmenschen gerichtetes Handeln wird im allg. von der Mystik weniger
stark betont als von prophet. Religionen.

📖 *Eibl-Eibesfeldt, J.: L. u. Haß. Zur Naturgesch. elementarer Verhaltensweisen.* Mchn.
[12] *1987.* - *Bornemann, E.: Lex. der L. Materialien zur Sexualwiss.* Bln. *1984.* - *Pieper, J.: Über
die L.* Mchn. [5] *1984.* - *Lauster, P.: Die L. Psychologie eines Phänomens.* Rbk. *1982.* - *Lepp, I.:
Psychoanalyse der L.* Dt. Übers. Freib. u. a.
[10] *1980.*

Liebeneiner, Wolfgang, * Liebau i.
Schles. 6. Okt. 1905, dt. Schauspieler und
Regisseur. - Bühnenengagements seit 1928
u. a. in München, Berlin, Wien; seit 1931 beim
Film, ab 1937 als Regisseur; 1942–45 Produktionsleiter der Ufa; bekannt durch den Film
„Der Mustergatte" (1937), den (heute umstrittenen) polit. Film „Ich klage an" (1941),
der für die Tötung kranker und geistesschwacher Menschen eintrat, „Großstadtmelodie" (1943); danach v. a. gehobene Unterhaltungsfilme, u. a. mit seiner 2. Frau, Hilde
Krahl (∞ seit 1944), wie „Liebe 47" (1949),
„Urlaub auf Ehrenwort" (1955), „Die Trappfamilie in Amerika" (1958), „Götz von Berlichingen" (1978, zus. mit H. Reinl), „Der Garten" (1983); auch zahlr. Fernsehinszenierungen, u. a. „Das chin. Wunder" (1976).

Liebenstein, Bad ↑Bad Liebenstein.

Liebenwerda, Bad ↑Bad Liebenwerda.
Liebenzell, Bad ↑Bad Liebenzell.
Lieberkühn-Drüsen [nach dem dt. Anatomen J. N. Lieberkühn, *1711, †1756] (Lieberkühn-Krypten, Glandulae intestinales) ↑Darm.

Liebermann, Max, *Berlin 20. Juli 1847, †ebd. 8. Febr. 1935, dt. Maler und Graphiker. - Hauptvertreter des dt. Impressionismus; Ausbildung in Berlin und Weimar. Sein Frühwerk, in dem der arbeitende Mensch das zentrale Thema ist, steht unter dem Einfluß von Courbet und Millet (1873–78 Aufenthalt in Paris). 1878–84 in München, Anregungen durch Leibl. Ab 1884 in Berlin, wo er, beeindruckt von zahlr. Aufenthalten in Holland, zu einer persönl. Form des Impressionismus gelangte, die durch die Darstellung der Bewegung in pastosem Farbauftrag charakterisiert ist.
Werke: Polospieler (1902/03, Hamburg, Kunsthalle), A. von Berger (1905, ebd.), Judengasse in Amsterdam (1905, Köln, Wallraf-Richartz-Museum), F. Sauerbruch (1932, Hamburg, Kunsthalle).
L., Rolf, *Zürich 14. Sept. 1910, schweizer. Komponist. - Schüler von H. Scherchen und W. Vogel; 1959–72 und seit 1985 Intendant der Staatsoper Hamburg, der er durch Aufführungen zeitgenöss. Musiktheaters zu Weltgeltung verhalf, 1972–80 Intendant der Pariser Oper. Seine Kompositionen zeichnen sich trotz (abgewandelter) Zwölftontechnik durch sinnl. Klangschönheit aus: Opern „Leonore 40/45" (1952), „Penelope" (1954), „Die Schule der Frauen" (1955), Orchester- und Kammermusik, Vokalwerke.

Liebesentzug, zu psych. Schäden führender Entzug von Zuwendung (v. a. bei Kindern). Die (zeitweilige) Verstoßung wegen Ungehorsams wird nicht als Buße empfunden, auf die eine Versöhnung folgt, sondern als ein Hinweis darauf, daß der Bestrafte nicht liebenswert sei.

Liebesfuß, bei Blasinstrumenten mit Rohrblatt ein birnenförmiges Schallstück mit kleiner Öffnung, das den Klang dämpft und färbt; Instrumente mit L. sind Englischhorn, Oboe d'amore, Oboe da caccia, Clarinetto bzw. Fagotto d'amore.

Liebesgarten, Bildthema v. a. des 14.–16. Jh., dessen Ursprung in der höf. Kultur des 13. Jh. zu suchen ist und zuerst in der burgund.-frz. Buchmalerei auftritt. Der Garten, in dem ein Liebespaar dargestellt ist, ist ein verweltlichter Paradiesgarten (Hortus conclusus). Weiterwirkung auf Giorgione, Tizian, Rubens, Watteau, Manet u. a.

Liebesgras (Eragrostis), Gatt. der Süßgräser mit rd. 300 Arten in allen wärmeren Ländern, bes. in Afrika; Ährchen meist in Rispen. Viele Arten sind Kultur- und Futterpflanzen, z. B. Tef (Eragrostis tef), eine Getreideart in Äthiopien.

Liebesmahl, 1. ↑Agape; 2. seit 1963 wiederbelebte, ökumen. ausgerichtete christl. Mahlfeier (oft in Verbindung mit einer [Haus]eucharistiefeier), z. B. in den niederl. Schalom-Gruppen.

Liebespfeil, bei einigen Lungenschnecken (z. B. der Weinbergschnecke) in einem Drüsensack des Geschlechtsapparats ausgebildeter, bis 1 cm langer, stilettartiger Körper aus kohlensaurem Kalk, der bei der wechselseitigen Begattung dieser (zwittrigen) Tiere als Reizobjekt dem Partner in die Muskulatur des Fußes getrieben wird.

Liebesspiele, sexuelle Handlungen, die bei Mensch und Tier der Vorbereitung oder Einleitung einer Kopulation (Balz, Brunst) bzw. eines Geschlechtsverkehrs dienen oder den Geschlechtsverkehr teilweise oder ganz ersetzen.

Liebestätigkeit, svw. ↑Karitas. - ↑auch Agape.

Liebestraube (Agapetes), Gatt. der Heidekrautgewächse mit rd. 30 Arten, v. a. in den feuchten Bergwäldern von Nepal bis N-Australien; oft epiphyt. Sträucher; Blüten meist rot, in traubenartigen Blütenständen; z. T. Zierpflanzen.

Liebeszauber, weltweit verbreitete zauber. Manipulationen zur Erregung von Liebe und sexuellen Verlangen; bes. in der oriental. und griech.-röm. Antike übl.; das MA kannte L. v. a. in Form von Liebestränken.

Liebhaberbühne (Liebhabertheater), im 18. und 19. Jh. vorwiegend von Hofgesellschaften (z. B. in Weimar) gepflegtes Bühnenspiel mit literar. Anspruch. Im Lauf des 19. Jh. entstanden dann organisierte Amateurtheater v. a. des gebildeten Bürgertums. - ↑auch Laienspiel.

Liebig, Justus Freiherr von (seit 1845), *Darmstadt 12. Mai 1803, †München 18. April 1873, dt. Chemiker. - Prof. in Gießen, wo er den Laboratoriumsunterricht begründete, und München. Neben Arbeiten zur techn. und analyt. Chemie sind seine Forschungen auf dem Gebiet der organ. Chemie wichtig, das er u. a. durch Untersuchungen über „Radikale" (Benzoesäure, Harnsäure usw.) und durch die Entdeckung neuer Stoffe (Chloral, Chloroform, Hippursäure u. a.) erhebl. erweiterte. Große Verdienste erwarb sich L. auch durch seine physiolog.-chem. Untersuchungen und durch die agrikulturchem. Begründung der Mineraldüngung, wodurch die landwirtsch. Produktion erhebl. gesteigert werden konnte.

Liebknecht, Karl, *Leipzig 13. Aug. 1871, †Berlin 15. Jan. 1919, dt. Politiker. - Sohn von Wilhelm L.; Rechtsanwalt; trat 1900 der SPD bei (Mgl. des linken Flügels), Mgl. des preuß. Abg.hauses 1908, MdR 1912–17; Mitbegr. (1907) und bis 1910 Präs. der Sozialist. Jugendinternationale; verfocht den Massenstreik und lehnte am 2. Dez. 1914

Liebknecht

als einziger Abg. die Kriegskredite ab; im Jan. 1916 wegen seiner Opposition gegen den Burgfrieden aus der Fraktion ausgeschlossen; nach einer Antikriegsdemonstration im Mai 1916 verhaftet und wegen Hochverrats zu Zuchthaus verurteilt (begnadigt im Okt. 1918); einer der Gründer und Führer des Spartakusbundes; proklamierte am 9. Nov. 1918 in Berlin die „Freie sozialist. Republik" und beteiligte sich an der Gründung der KPD; mit Rosa Luxemburg nach Teilnahme am Januaraufstand 1919 von Freikorpsoffizieren ermordet.
□ *Trotnow, H.: K. L. Eine polit. Biogr. Köln 1980.*

Karl Liebknecht (um 1915)

L., Wilhelm, * Gießen 29. März 1826, † Berlin 7. Aug. 1900, dt. Journalist und Politiker. - Nahm an der Märzrevolution 1848 teil, lebte danach im schweizer. und brit. Exil; stand ab 1850 in enger Verbindung zu Marx und Engels; ab 1890 Chefredakteur des „Vorwärts" in Berlin. Mit Bebel war L. der erste sozialdemokrat. Abg. im (Norddt.) Reichstag (1867–70); ab 1874 MdR. L. war die bedeutendste polit. Persönlichkeit der Eisenacher Richtung der dt. Arbeiterbewegung.

Liebmann, Otto, * Löwenberg i. Schles. 25. Febr. 1840, † Jena 14. Jan. 1912, dt. Philosoph. - 1872 Prof. in Straßburg, 1882 in Jena. Gab mit seiner Schrift „Kant und die Epigonen" (1865) den entscheidenden Anstoß zum †Neukantianismus.

Liebstöckel (Levisticum), Gatt. der Doldenblütler mit drei Arten in Kleinasien; hohe, aufrechte Stauden mit aromat. duftenden Blättern und hellgelben Blüten. Die bekannteste Art ist das **Maggikraut** (L. im engeren Sinn, Levisticum officinale), das in einigen Gebieten Europas und N-Amerikas als Gewürzpflanze kultiviert wird: 1–2 m hohe, sellerieartig riechende Staude.

Liebstöckelrüßler (Luzernerüßler, Otiorrhynchus ligustici), 9–15 mm langer, schwarzer, z. T. fleckig gelblichgrau beschuppter Rüsselkäfer in Europa und Ameri-

ka; Käfer und Larven können durch Blatt- und Wurzelfraß an Kulturpflanzen (bes. Zucker- und Runkelrüben, Luzerne) schädl. werden.

Liechtenstein

(amtl.: Fürstentum Liechtenstein), konstitutionelle Erbmonarchie in Mitteleuropa, zw. 47° 03′ und 47° 14′ n. Br. sowie 9° 29′ und 9° 38′ ö. L. **Staatsgebiet:** L. grenzt im O an Österreich, im S und W an die Schweiz. **Fläche:** 160 km². **Bevölkerung:** 26 680 E (1984), 166,8 E/km². **Hauptstadt:** Vaduz. **Verwaltungsgliederung:** 11 Gemeinden. **Amtssprache:** Deutsch. **Nationalfeiertag:** 15. Aug. **Währung:** Schweizer Franken. **Internat. Mitgliedschaft:** EFTA. **Zeitzone:** MEZ.

Landesnatur: L. umfaßt den westl. Kamm der Rätikonkette, den sich östl. anschließenden oberen und mittleren Teil des Saminatals mit dessen Seitentälern sowie den östl. Teil des unteren Alpenrheintals.
Klima und Vegetation: Das Klima ist mild; Föhn ist häufig. Klimat. bevorzugt sind die Sonnenhänge der am Gebirgsrand von Wildbächen aufgeschütteten Schwemmkegel. Das Alpenrheintal ist bis etwa 550 m waldfrei, es folgen Laub-, darüber Nadelwald, danach alpine Matten.
Bevölkerung: Mit Ausnahme der walser. Streusiedlungszone Triesenberg lebt die überwiegend kath. Bev. in 16 Siedlungen. Rd. ⅓ der Bev. besitzt eine ausländ. Staatsangehörigkeit. Es besteht 8jährige Schulpflicht.
Wirtschaft: Wirtsch. wichtiger als der Ackerbau (u. a. im Rheingebiet Weizen, Mais, Kartoffeln, Tabak, in unteren Hanglagen Obst und Weinreben) sind Viehhaltung und Milchwirtschaft. Die sich nach dem 2. Weltkrieg rasch entwickelnde Ind. (v. a. Metallverarbeitung, Apparatebau und Textilind.) ist eng mit der schweizer. Wirtschaft verbunden (Zollunion, Währungseinheit). Nach Schätzungen haben etwa 40 000 Holding- und Domizilgesellschaften ihren Sitz in L.; ihre Steuern, der Verkauf von Briefmarken sowie der Fremdenverkehr sind wichtige Einnahmequellen.
Verkehr: Die L. durchquerende Eisenbahnlinie von Buchs nach Feldkirch wird von den Östr. Bundesbahnen betrieben. Das Straßennetz hat eine Länge von 140 km.
Geschichte: Das aus den Herrschaften Vaduz und Schellenberg entstandene und 1719 zum Reichs-Ft. erhobene L. war 1806–14 Mgl. des Rheinbundes und gehörte 1815–66 zum Dt. Bund. 1818 wurde eine landständ. Verfassung eingeführt (1862 durch eine konstitutionelle Verfassung abgelöst). Der Zusammenbruch der Habsburgermonarchie 1918 setzte der engen Anlehnung an Österreich ein Ende und führte zu einem Anschluß an die Schweiz, die L. auch diplomat. vertritt. 1921 trat eine

neue Verfassung in Kraft. 1973 wurden ein neues Wahlsystem mit Kandidatenproporz und, nach einem Referendum im Sept. 1976, das Frauenstimmrecht in Vaduz eingeführt.
Politisches System: Nach der Verfassung vom 5. Okt. 1921 ist L. eine konstitutionelle Erbmonarchie. *Staatsoberhaupt* ist Fürst Franz Joseph II. (seit 1938). Er hat Gesetzessanktionsrecht, Ernennungsrecht der Beamten und das Recht, den Landtag aufzulösen. Die *Exekutive* liegt bei der vom Landesfürsten auf Vorschlag des Landtages ernannten und beiden Institutionen verantwortl. Regierung. Die *Legislative* wird vom Landtag ausgeübt (15 nach dem Proporzwahlsystem für 4 Jahre gewählte Mgl.). Die 2 einflußreichen *Parteien* sind die liberal-konservative Fortschrittl. Bürgerpartei (FBP, 7 Mandate) und die linksliberale Vaterländ. Union (VU, 8 Mandate). Die *Verwaltung* wird durch die Gemeinderäte der 11 Gemeinden des Ft. wahrgenommen. Das Gerichtswesen hat 3 Instanzen, das *Recht* ist teils nach schweizer., teils nach östr. Vorbild kodifiziert.

 Matt, A.: Unbekannter Nachbar L. Aarau u. Stuttgart 1986. - Das Fürstentum L. Ein landeskundl. Porträt. Bühl 1981. - Schlapp, M.: Das ist L. Stg. 1980. - Malin, G.: Kunstführer Fürstentum L. Bern [2]*1977. - Raton, P.: L. Staat u. Gesch. Dt. Übers. Vaduz 1969.*

Lied, allg. ein gesungenes, zum Singen bestimmtes oder singbares Gedicht, meist aus mehreren gleichgebauten und gereimten Strophen. Als eine der Grundformen sprachl. und musikal. Gestaltung erscheint das L. in einer Vielfalt histor., nat., kulturell, sozial, funktional, inhaltl. und formal verschiedener Typen. Zum Charakter des „Liedhaften" gehören eine gewisse Abgeschlossenheit und eine nicht allzugroße Ausdehnung des Materials; ein Tonumfang, der auch von ungeschulten Stimmen bewältigt werden kann; eine Vertonungsweise, die vorwiegend syllab. ist (d. h. ein Ton pro Textsilbe); eine im wesentl. diaton. geführte Melodie; metr., harmon. und formal einfache Anlage, oft in als Aufstellung und Antwort gebildeten Zweitaktgruppierungen. Urspr. mündl. überliefert, findet sich das L. bei allen Völkern und reicht zeitl. bis in die Anfänge menschl. Kulturentwicklung zurück; meist überindividuellen, öffentl. und gemeinschaftl. Charakters, bildete sich schon früh eine Differenzierung der L. etwa in Arbeits-, Tanz-, Kult-, Liebes-, Kinder-L., in chor. oder solist., rein vokales oder instrumentenbegleitetes L. heraus. Das eigtl. *Volks-L.* entwickelte sich nach der vollzogenen Unterteilung der Gesellschaft in Klassen, Stände und Schichten (schon in den Hochkulturen der Alten Welt faßbar), dem das *Kunst-L.* als L. der herrschenden und/oder gebildeten Schichten (etwa einer Priesterkaste) gegenüberstand. Diese beiden L.typen sind bei außereuropäischen „Naturvölkern" oder Hoch-

Liechtenstein. Schloß Vaduz, Residenz des Fürsten

kulturen auch heute noch faßbar.
Für den *dt. Sprachraum* gilt ein weitgreifender L.begriff, der sich zunächst auf ep.-balladeske, im Sprechgesang vorgetragene Dichtungen wie die frühgerman. Heldenlieder (z. B. das „*Hildebrandslied*") bezieht sowie auf deren zu Versepen zusammengestellte Erweiterungen und Zusammenfassungen (z. B. „*Nibelungenlied*", „*Gudrunlied*"). Als singbare Lyrikform tritt das dt. L. erstmals im 9./10. Jh. auf. Aus den neulatein. christl. Marienhymnen entwickelte sich das **geistliche Lied** als stroph. religiöse Form, meist für den gemeinschaftl. (einstimmigen) Volksgesang (z. B. das „*Melker Marienlied*", 1140). Das einstimmige L. im Hoch- und Spät-MA begegnet weiter in der vom Vorbild der nordfrz. Trouvères geprägten Kunst des ↑Minnesangs mit den Hauptformen Spruch, L. und Leich (seit etwa 1150) sowie in der Vagantendichtung, deren L. durch volkstüml. Ton ohne Stilisierung, persönl. Haltung, Ursprünglichkeit, Wirklichkeits- und Naturnähe, Weltlust sowie sinnenhafte Lebens- und Genußfreude gekennzeichnet waren. Hauptthemen sind Spiel, Wein und Liebe; wichtigste dt. Sammlung sind die „*Carmina burana*" ([11.]/12./13. Jh.); in Frankr. gipfelte die Vagantendichtung in den balladesken L. des F. Villon. Aus diesen **Vagantenliedern** entstanden die später im *Kommersbuch* zusammengefaßten **Studentenlieder,** die neben Natur- und Wander-L. sowie polit.-patriot. Dichtungen bes. Kneip- und Liebes-L., Schmaus- und Würfel-L. umfaßten. V. a. im 15. und 16. Jh. wurde die Tradition des Minnesangs im bürgerl. ↑Meistersang fortgeführt, wobei Regelhaftigkeit und Künstlichkeit die Grenzen des L. oft überschritten.

Lied

Frühe Form des geistl. volkstüml. L. sind die **Geißlerlieder**, die als Wallfahrts- und Pilger-L. (in Deutschland bes. seit dem Pestjahr 1349) von herumziehenden Flagellanten gesungen wurden. Formal an diese Wallfahrtsgesänge angelehnt ist das aus dem kirchl. Volksgebrauch stammende **Heiligenlied** zur Anrufung eines oder mehrerer Heiliger, mit deren Lobhymnus und Ersuchen um Fürbitte. Das für den gottesdienstl. Gebrauch als Gemeindegesang bestimmte, stroph. **Kirchenlied** wurde jedoch erst mit der Reformation in die Liturgie eingeführt und in *Gesangbüchern* gesammelt, z. T. in mehrstimmigen Sätzen, u. a. von J. Walter. Neben geistl. und Kirchen-L. treten in der ma. Formenwelt Tanz- und Refrain-L. hervor; v. a. die Gegenüberstellung von Strophe (mit wechselndem Text) und Refrain (mit gleichbleibendem Text) ist eine Grundform des L., die noch in modernen Typen wie Song und Schlager dominiert. Im mehrstimmigen L. folgte schlichter Dreistimmigkeit das kunstvollere **Tenorlied** (oft mit vorgegebenem Cantus firmus; z. B. H. Isaac, L. Senfl). Allmähl. setzte sich ein von Oberstimmenmelodie (Kantilenensatz) und Dur-Moll-tonaler Harmonik geprägter Tonsatz durch. Innerhalb mehrstimmiger Vokalmusik unterscheidet bes. die Oberstimmenmelodik das L. von polyphonen Gattungen mit annähernder Gleichberechtigung der Stimmen und gehört bis heute zur Vorstellung von „L." und „Melodie" überhaupt. Im 16. Jh. mündete diese Tendenz in die Entstehung des instrumental, v. a. lautenbegleiteten **Solo-lieds** ein.

Viele Formen und Gattungen von Chor- und Solo-L. vom 16.–19. Jh. werden unter dem Begriff **Gesellschaftslied** zusammengefaßt, das weder dem Kunst-L. noch dem Volks-L. zuzuordnen ist. Nach Herkunft und Tradition war diese L.gattung für den Gebrauch durch singende Gemeinschaften der Mittelschicht bestimmt, deren Vorstellungen und Gefühle es repräsentierte; hiermit und mit der Beschränkung auf bestimmte inhaltl. Aussagen und Themen (Liebe, Wein, Musik, Geselligkeit, Freundschaft) hängt die meist schriftl. Überlieferungsform in Liederbüchern wie *„Venusgärtlein"* (1657) oder *„Singende Muse an der Pleiße"* (1736–45) zusammen.

Das **Volkslied** bildete sich während der ma. Stadtkultur zw. 14./16. Jh. heraus; früheste Spuren zeigen sich z. T. in den Spielmannsliedern und im Minnesang. Vom Gesellschafts- und Kunst-L. unterscheidet es sich durch Alter und Langlebigkeit, eine zunächst nicht schriftl., sondern mündl.-gedächtnismäßige Überlieferung und die daraus resultierende Veränderlichkeit des Textes und der Melodie (Um-, Zurecht- und Zersingen) sowie durch Verwendung typ. Sprach- und Melodieformeln; außerdem durch die Spontaneität seines Gebrauchs und seine Gebundenheit an

Gruppen oder Gemeinschaften, die nur selten sozial eindeutig bestimmbar sind. Zu den sprachl. Elementen des Volks-L. gehören: Mischung der Stilelemente (Pathos und Trivialität, Bericht und Ausdruck von Stimmung, Gefühl, Wechsel von Heiterkeit und Traurigkeit), bruchstückhafte Ereigniswiedergabe, Vernachlässigung von Logik und Informationsgenauigkeit, Anspielungscharakter. Die vielfältigen Strophenformen (bes. verbreitet ist die *Volksliedstrophe* aus 4 vierhebigen Zeilen mit wechselnd weibl. und männl. Ausgang) sind meist gereimt, teilweise assoziierend, reich an metr. und rhythm. Elementen und Wiederholungsfiguren. Da nur für wenige seltene Arten des Volks-L. spezif. musikal. Merkmale feststellbar sind, erfolgt die Unterteilung v. a. nach textl.-inhaltl. Gesichtspunkten: Aus der anonymen typenhaften **Volksballade** des späten MA entwickelte sich über das **Zeitungslied** (15./16. Jh.; gedruckter Neuigkeitsbericht in Versform, meist in siebenzeiligen Strophen vorgetragen und anschließend verkauft) im 17./18. Jh. der **Bänkelsang** mit der Moritat. Das balladeske, oft lyr. durchsetzte **historische Lied** um histor. Ereignisse und Personen stellte diese teils wahrheitsgetreu aus eigener Anschauung (Berichts-L.), teils tendenziös zur Beeinflussung (Partei-L.) dar. Das Landsknechts-L. (15.–17. Jh.) ist die Gruppe der sog. **Ständelieder**, die, an einen bestimmten Stand, eine bestimmte Zunft oder Berufsgruppe gebunden, deren Lebens- und Berufsethos ausdrückten, z. B. Bergmanns-, Bauern-, Handwerker-, Soldaten- oder Studentenlieder. **Arbeitslieder** sind meist Volks-L., die, lautmalend oder rhythm. einer bestimmten Arbeit angepaßt, zu dieser gesungen werden, z. B. der **Shanty** der Seeleute z. Z. der Segelschiffe. Neben **Brauchtumsliedern** (u. a. Ernte-, Braut-, Gassel-, Heische-L.) gibt es Heimat-, Scherz- und Spott-L. (z. B. das Schnadahüpfl). Volksliedhaften Charakter haben die **Kinderlieder**; diese durch oder für Kinder gesungenen Texte kennzeichnen einfachste Form (kurze Strophen und Verse, häufig verwendete Reimpaare), Formelhaftigkeit, Anschaulichkeit, Verzicht auf alles Abstrakte sowie Stilmerkmale mündl. Überlieferung wie Sprunghaftigkeit, Sinnveränderung, Wandermotive. Mögl. Formen reichen von den aus frühkindl. Lallgesängen entwickelten Klangspielereien der sog. Unsinnsverse bis zu anspruchsvollen Vokalkompositionen (Kinderkunstlied). Der Textinhalt umfaßt die gesamte Umwelt des Kindes; er ist mehr oder weniger deutl. auf Sozialisation und Enkulturation gerichtet: Mit L. lernt das Kind das Einschlafen zu festen Zeiten, Laufen, das Umgehen mit Eßgeräten, Spielen, Zählen, Sprechen, das sozial gewünschte Verhalten usw. Diese Funktion des Kinder-L. als Vermittler der in der jeweiligen Gesellschaft gültigen Normen und Werte sozialen wie musikal. Verhaltens wird jedoch heute vielfach in Frage gestellt, sind in ihnen (bei ständiger Erneuerung) doch noch Formen und Inhalte einer vorindustriellen Umwelt dominierend. L.texte über techn. Gegenstände oder zeitgemäße Erfahrungswelten sind noch nicht als Allgemeingut zu bezeichnen, z. B. D. Süverkrüps „*Baggerführer Willibald*" (1973).

Im Ggs. zum Volks-L. entwickelte sich Ende des 16. Jh. unter Aufnahme der literar. Traditionen der (latein.) humanist. Kunstlyrik des 15./16. Jh. eine L.dichtung, deren Verf. bekannt waren und die sich allmähl. als eigenständiger Text von der Musik trennte und unter der Bez. **Kunstlied** eine eigene Gattung wurde. Typ. für das barocke Kunst-L. war die rational-ästhet. Verarbeitung humanist. Bildungsgutes (u. a. M. Opitz, P. Flemming, C. Hofmann von Hofmannswaldau). Seine musikal. Ausformung erhielt es im 17. Jh. als **Generalbaßlied**, das sich im Rahmen der Monodie stark an der Opernarie orientierte und sich von liedhafter Gestaltung zunehmend entfernte (H. Albert, A. Krieger). Eine gefühlshafte Ausweitung erfuhr dieser L.typus zuerst in geistl. L. (F. von Spee, J. Scheffler, P. Gerhardt), v. a. in denen des Pietismus. Nicht zuletzt die Folgen des Dreißigjährigen Krieges hatten dazu geführt, daß ein breiter (für Klassik und Romantik entscheidender) Neuansatz der L.produktion erst nach 1750 mit der der Aufklärung verpflichteten *Berliner Liederschule* begann; J. A. Schulz, J. F. Reichardt, C. F. Zelter zielten auf Sangbarkeit und Volkstümlichkeit in engem Bezug zum Text. Damit einher gingen zum einen die Wertschätzung und Rezeption des Volks-L. (1778/79 von Herder als Begriff eingeführt; literar. gefaßt v. a. von M. Claudius, G. A. Bürger), zum anderen die vielfältigen Produktionen von Kunst-L., die nun v. a. als L. mit auskomponierter Klavierbegleitung erscheinen. Mit ihrer sinngerechten Deutung des Textes und der Fülle von Ausdrucks- und Formmitteln zählen die L. F. Schuberts zu einem ersten Höhepunkt dieses Schaffens: Neben dem **Strophenlied**, bei dem alle Textstrophen auf die gleiche Strophenmelodie gesungen werden, finden sich **variiertes Strophenlied** und **durchkomponiertes Lied**, bei dem die Musik den Inhalt jeder einzelnen Strophe getrennt versinnbildlicht. Die weitere (textl.-inhaltl.) Entwicklung des L. im 19. Jh. modifizierte ledigl. den Typus des Goetheschen klass.-humanen **Seelenlieds**, z. T. durch Übersteigerung des Gefühlshaften oder der Klangreize (C. von Brentano, A. von Arnim, L. Uhland, J. Kerner), durch neue Themen (z. B. polit.-nat. L. anläßl. der Befreiungskriege 1813–15) oder durch Überbetonung des Formalen (F. Rückert). Kennzeichnend für die Volkstümlichkeit des L. im 19. Jh. ist v. a. die große Zahl von L., die für den Dilettanten

und seine Hausmusik (mit Klavier oder Gitarre) oder als Chor-L. für sog. *Liedertafeln* und *Gesangvereine* (u. a. von C. M. von Weber, L. Spohr, C. Kreutzer, F. Silcher) geschrieben wurden. Im Ggs. zu dieser häusl.-privaten Kunstdarbietung hatten die L. der Burschenschaften, der Turnbewegung sowie die anläßl. der Revolution 1848/49 entstandenen L. (z. B. das „*Heckerlied*", 1848) öffentl.-polit. Charakter.

Bed. L.komponisten nach Schubert waren zunächst C. Loewe, R. Schumann und J. Brahms (der sich bewußt wieder volkstüml. Einfachheit zuwandte), gegen Ende des 19. Jh. H. Wolf (bei dem sich die textausdeutende Rolle des Klaviersatzes steigerte) und H. Pfitzner; R. Strauss und G. Mahler schrieben auch **Orchesterlieder**. Trotz der Tendenz zu wachsender Kompilierung und Auflösung des „Liedhaften" und der Beziehung zum volkstüml. L. entstanden auch im 20. Jh. bed. L.schöpfungen (u. a. mit Texten von C. F. Meyer, R. M. Rilke, S. George, D. von Liliencron, O. J. Bierbaum) oft als Zyklen, deren bedeutendste Komponisten v. a. A. Schönberg, A. Webern, A. Berg, P. Hindemith, H. Eisler sind; in der Gegenwart u. a. H. W. Henzes „Stimmen" (1973).

Mit der Entwicklung der dt. Arbeiterbewegung in den 1860er Jahren eng verknüpft ist das **Arbeiterlied**; als polit. Massen-L. ist es zu unterteilen in überwiegend mündl. überliefertes Arbeitervolks-L., z. B. das „*Lied der schles. Weber*" (1844) oder als literar. existierendes, nicht folklorist. Arbeiter-L., z. B. „*Die Internationale*" (1888). In Ablösung des sog. Tendenz-L. der alten Arbeitervereine entstand in den 1920er und 1930er Jahren im Zuge der Verschärfung der gesellschaftl. Auseinandersetzungen das **Kampflied** als polit.-agitator. Gesang; als herausragende Vertreter gelten Brecht und Eisler. Diese Tendenz hatten auch die L. der Arbeiterjugendbewegung, während die L. der (bürgerl.) Jugendbewegung (gesammelt im „*Zupfgeigenhansel*", 1909) oftmals nat.-romant. Gefühle stimulierten; kosmopolit. bestimmt war die Pflege internat. L.guts bei der bünd. Jugend. Formen und Melodien bes. von Arbeiter-L. wurden vom NS übernommen und als Aufmarsch- und Hetz-L. mißbraucht. - Nach dem 2. Weltkrieg entwickelte sich aus der Bürgerrechtsbewegung für die gesellschaftl. Gleichstellung der Schwarzen in den USA der **Protestsong** als Mittel der Agitation und Solidarisierung unter Anknüpfung an die L.traditionen der Schwarzen (wie Blues, Gospelsong) sowie als Arbeitermittel der weltweites Ausdrucksmittel des gewaltlosen Widerstands während der Demonstrationswelle in den 1960er Jahren wurde; in der BR Deutschland vertreten von den „Ostermarschierern" (Atomwaffengegner). In dieser Tradition des polit. L. stehen die **Liedermacher** der 1970er Jahre, die L.

Lieder ohne Worte

mit aktuellem Text (u. a. gegen Kernkraftwerke, Umweltverschmutzung, Einschränkung demokrat. Rechte, Betriebsstillegungen, Wohnraumvernichtung) selbst verfassen, komponieren, singen und begleiten. Hierzu zählen u. a. W. Biermann, F.-J. Degenhardt, H. D. Hüsch, P. Mossmann, D. Süverkrüp, H. Wader. Spezif. **Gruppenlieder** entstehen v. a. durch Umdichtung vorhandenen L.materials oder Verwendung traditioneller L.formen, z. B. Gewerkschafts-L., L. der Studenten- und Frauenbewegung. Einen Rückzug ins Private deuten neuerdings die solist. **Dialektlieder** sowie die chansonähnl. sog. **Lyriklieder** an, die nach Textinhalt und Hörergruppe durchaus Züge des früheren Gesellschaftslieds tragen, z. B. R. Mey, A. Heller, K. Wecker. Gegenüber der in der Geschichte vorherrschenden Betonung des nat. Charakters im populären L. erscheinen in der Gegenwart Tendenzen zu einer gewissen Internationalisierung bemerkenswert, wie sie sich in der wesentl. vokalen Pop- und Rockmusik, im Schlager, Chanson sowie in der Verbreitung von Folk-music im weitesten Sinne zeigen.

📖 *Fecker, A.: Sprache u. Musik. Hamb. 1984. - Debryn, C.: Vom L. zum Kunstlied. Göppingen 1983. - Scheitler, I.: Das geistl. L. im dt. Barock. Bln. 1982. - Lammel, I.: Das Arbeiter-L. Ffm. [3] 1980. - Heiner, W.: Bekannte Lieder - wie sie entstanden. Neuhausen 1980. - Rothschild, T.: Liedermacher. Ffm. 1980. - Alte u. neue polit. Lieder. Hg v. W. Mossmann u. P. Schleuning. Rbk. 1978. - Karbusicky, V.: Ideologie im L., L. in der Ideologie. Köln 1973.*

Lieder ohne Worte, von F. Mendelssohn Bartholdy zuerst gebrauchte Bez. für kurze liedhafte Klavierstücke, danach Bez. kleiner lyr. Instrumentalstücke, bes. für Klavier.

Liedertafel, Name des von Zelter 1809 in Berlin gegründeten Männergesangvereins, der zu einem wichtigen Ausgangspunkt des dt. Männerchorwesens wurde. Die Bez. L. wurde von zahlr. Chören übernommen.

Liedform, von A. B. Marx (1839) eingeführte Bez. für einfache, vom Lied abgeleitete zwei- und dreiteilige formale Abläufe in der Musik, bes. auf die Instrumentalmusik angewendet. In der zweiteiligen L. wird jeder der beiden meist melod. verschiedenen Teile für sich wiederholt ‖: A :‖‖: B :‖; in der dreiteiligen L., der L. i. e. S., kehrt der erste Teil als Schlußteil wieder und wird mit dem Mittelteil zusammen wiederholt ‖: A :‖‖: BA :‖. Von zusammengesetzter L. spricht man z. B. bei Menuett oder Scherzo mit Trio.

Liedtke, Harry, * Königsberg (Pr) 12. Okt. 1888, † Bad Saarow-Pieskow (Landkr. Fürstenwalde) 28. April 1945, dt. Schauspieler. - Seit 1911 beim Film. Als Partner von H. Porten und P. Negri entwickelte er sich zu einem Star des dt. Vorkriegsfilms. Filme:

u. a. „Die Kameliendame" (1917), „Das Weib des Pharao" (1922), „Der Bettelstudent" (1927), „Quax, der Bruchpilot" (1941).

Lieferantenkredit, vom Lieferanten dem Käufer eingeräumter Kredit, der durch Einräumung eines Zahlungsziels entsteht.

Lieferbeton, svw. ↑ Transportbeton.

Lieferschein, im Lagerverkehr die Anweisung an einen Lagerhalter, eine Ware an die im L. genannte Person oder Firma auszuliefern.

Lieferung, die Übergabe der gekauften Sache an den Käufer durch Aushändigung bzw. Versendung oder durch Anweisung zur Übergabe am bzw. Versendung ab Lager.

Lieferungsbedingungen (Lieferbedingungen), Vereinbarungen, die bei Kauf- oder Werkverträgen zw. Käufer und Verkäufer getroffen werden und Einzelheiten der Vertragsabwicklung festlegen. L. sind von industriellen Verbänden, Konzernen, großen Unternehmen, aber auch vom Handwerk und von der öffentl. Hand als allg. Muster aufgestellt. Mit ihrer Hilfe wird die Abwicklung typ. Geschäfte erleichtert und beschleunigt.

Lieferwagen, drei- oder vierrädrige Kraftfahrzeuge (Lastkraftwagen) mit Pritschen- oder Kastenaufbau zur Beförderung von leichten Gütern.

Liege, zum Liegen, Ausruhen o. ä. dienendes, meist gepolstertes Möbelstück; häufig ohne Armlehne und Rückenteil. Die **Zweibeinliege** (z. B. für Camping) ist zusammenklappbar und hat eine dreiteilige Liegefläche; Kopf- und Fußteil beliebig verstellbar. Bei der standfesteren **Dreibeinliege** ist nur das überstehende Kopfteil verstellbar; zum Transport zusammenklappbar. Der **Liegestuhl** besteht aus einem Holz- oder Alu-Gestell meist mit Armlehne; verstellbar mit Sitz- und Liegestellung.

Liège [frz. ljɛːʒ], belg. Stadt, ↑ Lüttich.

Liegegeld, ein auf dem Frachtvertrag beruhendes gesetzl. Entgelt, auf das der Verfrachter Anspruch hat, wenn das Be- und Entladen z. B. eines Schiffes über die vereinbarte Liegezeit hinaus erfolgt.

Liegekur, Freiluftbehandlung v. a. von Tuberkulosekranken.

Liegendes ↑ Geochronologie.

Liegenschaft, svw. unbewegl. Sache (Grundstück). - Ggs. Fahrnis (= bewegl. Sache[n]).

Liegestuhl ↑ Liege.

Liegestütz, turner. Übung. Bodenübung, bei der der Körper von den Armen gestützt wird und auf den Fußspitzen bzw. der Innenseite des Fußes ruht.

Liegewagen ↑ Eisenbahn.

Liegezeit, in der *Schiffahrt* die Zeit, die für das Laden und Löschen eines Schiffes benötigt wird.

◆ nach der *REFA-Lehre* diejenige Zeit, in der der Werkstoff, also der Gegenstand, der gewonnen, erzeugt, hergestellt oder bearbeitet wird, ohne jede Veränderung im Betrieb ruht.

Liegnitz (poln. Legnica), Stadt an der Katzbach, Polen▼, 120 m ü. d. M., 96 500 E. Hauptstadt der Woiwodschaft L.; traditionelle Textilind., Kupferhütte, Metallverarbeitung, Elektrotechnik, Nahrungsmittelind., Musikinstrumentenbau. - Im 12. Jh. als Handelssiedlung bei einer Burg entstanden; 1163 Sitz einer Linie der piast. Herzöge von Schlesien (Mittelpunkt eines Teil-Ft.); 1241 auf der **Wahlstatt bei Liegnitz** Niederlage eines dt.-poln. Ritterheeres unter Hzg. Heinrich II. von Niederschlesien (✗) gegen das Reiterheer Batu Khans; 1252 Stadtrechte; im 2. Weltkrieg stark zerstört. - Piastenschloß (13., 15. und 16. Jh.; wiederhergestellt), Peter-und-Pauls-Pfarrkirche (1333 ff.), ehem. Franziskanerkirche (1294 ff., wiederhergestellt 1714–27) mit der 1677/78 erbauten Piastengruft, Glogauer Tor (15. Jh.), Rathaus (1737–41).

Liek [niederdt.], Verstärkung eines Segel- oder Flaggensaumes durch eingenähtes Tauwerk.

Lien [lat.], svw. ↑ Milz.

Liénart, Achille [frz. lje'na:r], * Lille 7. Febr. 1884, † ebd. 15. Febr. 1973, frz. kath. Theologe (seit 1930). - 1928–68 Bischof von Lille; förderte die kath.-soziale Bewegung in Frankreich.

Lienert, Meinrad, * Einsiedeln 21. Mai 1865, † Küsnacht (ZH) 26. Dez. 1933, schweizer. Schriftsteller. - Schrieb naturverbundene Dialektgedichte sowie Erzählungen und Romane, in denen er oft Sagen und Bräuche seiner Heimat verarbeitete. - *Werke:* 's Schwäbelpfyffli (Ged., 1913–20), Bergdorfgeschichten (1914), Der doppelte Matthias und seine Töchter (R., 1929).

Lienhard, Friedrich, * Rothbach (Elsaß) 4. Okt. 1865, † Eisenach 30. April 1929, dt. Schriftsteller. - 1920–28 Hg. der Zeitschrift „Der Türmer"; mit A. Bartels und H. Sohnrey Vorkämpfer der Heimatkunst. - *Werke:* Neue Ideale (Essays, 1901), Wartburg (Dramentrilogie: Heinrich von Ofterdingen, 1903; Die hl. Elisabeth, 1904; Luther auf der Wartburg, 1906), Oberlin (R., 1910).

Lienitis [li-e...; lat.], svw. ↑ Milzentzündung.

Lienz ['li:ɛnts], Bez.hauptstadt von Osttirol, Österreich, an Isel und Drau, 673 m ü. d. M., 12 000 E. Holz-, leder- und metallverarbeitende Ind.; Garnison, Fremdenverkehr. - 4 km östl. von L. die Reste (Ausgrabungen seit 1912) von **Aguntum.** - L., 1021 bezeugt, wurde Anfang des 13. Jh. als Stadtsiedlung neu angelegt und 1271 Sitz der „vorderen" Gft. Görz. Kam nach 1550 zu Tirol. - Bed. spätgot. Kirchen, v. a. die Pfarr- und Franziskanerkirche; Reste der Stadtbefestigung, u. a. der Iselturm; außerhalb auf hohem Fels Schloß Bruck (13.–16. Jh.) mit spätgot. umgestalteter Burgkapelle und Museum.

Lienzer Dolomiten ['li:ɛntsər] ↑ Gailtaler Alpen.

Lier (frz. Lierre), belg. Stadt 12 km sö. von Antwerpen, 8 m ü. d. M., 31 000 E. Museen; Seidenspinnereien, Spitzenherstellung, Kunststickerei; Metallwaren-, Kunststoff-, Baustoffind., Brauereien. - Entstand neben einer um 760 errichteten Klause, wurde um 1195 Stadt. Die urspr. spät-ma. Befestigungsanlagen, 1784 geschleift, wurden 1830 neuerrichtet. Spielte im 1. Weltkrieg 1914 eine wichtige strateg. Rolle. - Spätgot. Kirche Sint-Gummarus, alte Zunfthäuser, got. Belfried (1369) am Rokokorathaus (1741).

Liesbeth (Lisbeth), weibl. Vorname, Kurzform von Elisabeth.

Lieschgras [zu althochdt. lisca „Farn"] (Phleum), Gatt. der Süßgräser mit 12 Arten in den gemäßigten Zonen der Nord- und Südhalbkugel; Futter- und Wiesengräser. In Eurasien, N-Afrika und N-Amerika das 20–100 cm hohe **Wiesenlieschgras** (Timotheegras, Phleum pratense); ausdauernd, mit in langen schlanken Ährenrispen stehenden Ährchen.

Liese (Lise), weibl. Vorname, Kurzform von Elisabeth.

Lieselotte (Liselotte), weibl. Vorname, gebildet aus Elisabeth und Charlotte.

Liestal, Hauptort des schweizer. Halbkantons Basel-Landschaft und des Bez. L., 322 m ü. d. M., 12 100 E. Lehrerseminar, Staatsarchiv; Textilind., Maschinenbau, chem. Ind. - 1189 erstmals erwähnt; um 1240 Stadt, 1305 vom Bischof von Basel erworben, 1400 an Basel verkauft, 1832 Hauptort des Halbkantons. - Roman.-got. Kirche (11. und 13. Jh.), Rathaus (16. Jh.) mit spätgot. Fassade.

Lieste (Halcyon), Gatt. sehr bunter, vorwiegend insektenfressender Eisvögel mit über 30 Arten in Afrika, S- und O-Asien und in der indoaustral. Region; Schnabel kräftig, lang und spitz.

Lietz, Hermann, * Dumgenevitz (= Kasnevitz, Landkreis Rügen) 28. April 1868, † Haubinda (= Westhausen, Landkr. Hildburghausen) 12. Juni 1919, dt. Pädagoge. - Führender Vertreter der dt. Reformpädagogik; 1896/97 Gastlehrer an einer engl. fortschrittl. Privatschule (New School Abbotsholme), die ihn zu dem Entwurf einer idealen Schule anregte („Emlohstobba. Roman oder Wirklichkeit?", 1897) und ihm den Anstoß zur Gründung der ersten Landerziehungsheime gab.

Lietzau, Hans, * Berlin 2. Sept. 1913, dt. Regisseur und Theaterleiter. - 1964–69 Schauspieldirektor am Staatsschauspiel München, 1972–80 Intendant an den Staatl. Schauspielbühnen Berlin, dann freier Regisseur.

Lietzmann, Hans, * Düsseldorf 2. März 1875, † Locarno 25. Juni 1942, dt. ev. Theologe. - 1905 Prof. in Jena, ab 1924 in Berlin; v. a. bekannt durch seine Arbeiten zum N. T. sowie über die alte Kirche.

Lieue [frz. ljø; zu gall.-lat. leuca „gall. Meile"], alte frz. Längeneinheit (Wegemaß); 1 L. commune (L. de terre) entsprach 4,445 km, 1 L. marine 5,565 km, 1 L. de poste 3,898 km.

Lieven ['li:vən], baltendt. Adelsgeschlecht; 1799 in den russ. Grafenstand, 1826 in den Fürstenstand erhoben; bed. Vertreterin:

L., Dorothea Fürstin von, geb. von Benkendorf, * Riga 30. Dez. 1784, † Paris 27. Jan. 1857. - Frau des russ. Diplomaten Christoph Fürst von L. (* 1744, † 1839); ihr polit. Salon in Paris, wo sie seit 1837 lebte, war ein Sammelpunkt der europ. Diplomatie.

Lievens, Jan [niederl. 'li:vəns], * Leiden 24. Okt. 1607, † Amsterdam 4. Juni 1674, niederl. Maler und Graphiker. - Schüler u. a. von P. Lastman; 1625–32 in Leiden in enger Arbeitsgemeinschaft mit Rembrandt, dessen Einfluß im Frühwerk zu bed. Leistungen führte (Porträts und großfigurige bibl. Szenen); später v. a. repräsentative Bildnisse und Historienbilder.

Lifar, Serge, * Kiew 2. April 1905, † Lausanne 15. Dez. 1986, russ.-frz. Tänzer und Choreograph. - Schüler von B. Nijinska und E. Cecchetti. Von Diaghilew 1923 an die „Ballets Russes" engagiert, entwickelte sich L. zu einem der brillantesten Solotänzer Frankreichs. Seine internat. Karriere begann mit seiner Berufung zum Ballettmeister der Pariser Oper (1930–44; 1947–69). 1944–47 arbeitete er beim Ballett von Monte Carlo. L. gab sowohl dem klass. als auch dem modernen Tanz wesentl. Impulse. Er schrieb u. a. „Le manifeste du chorégraphe" (1935), „Traité de chorégraphie" (1952), „Histoire du ballet" (1966).

Life [engl. laıf „Leben"], amerikan. Illustrierte, erschien 1936–72; begr. von Henry R. Luce; erste Bilderzeitschrift im modernen Sinn; 1978 neu begründet.

Life and Work [engl. 'laıf ənd 'wə:k „Leben und Arbeit"], engl. Name der „Bewegung für Prakt. Christentum", ein Zweig der ökumen. Bewegung, 1938 im entstehenden Ökumen. Rat der Kirchen aufgegangen.

Life-island [engl. 'laıf 'aılənd „Lebensinsel"], steriles Kunststoffgehäuse oder -zelt, in dem ein Patient für einige Zeit untergebracht wird, wenn seine körpereigenen Abwehrreaktionen nicht mehr funktionieren.

Lift [engl., zu to lift „in die Höhe heben"], svw. ↑Fahrstuhl. - ↑auch Fördermittel.

Lift-dumper [engl. 'lıft,dʌmpə; zu lift „Auftrieb" und to dump „auskippen"], auf der Tragflügeloberseite von Flugzeugen angebrachte großflächige Spreizklappe, die beim Landevorgang sofort nach dem Aufsetzen ausgefahren wird, um den noch vorhandenen Restauftrieb zu beseitigen.

Liften [engl.], svw. ↑Facelifting.

Liga [span., zu lat. ligare „(fest)binden"] (frz. ligue, engl. league), 1. Bez. für fürstl. Bündnisse, v. a. vom 15. bis 17. Jh.; seit der Reformationszeit meist für Bündnisse kath. Staaten oder Stände (L. von Cambrai, Heilige L.), v. a. für die im Sommer 1609 gegen die prot. Union unter Führung Bayerns zur Verteidigung des Landfriedens und der kath. Religion gebildete kath. **Liga,** der mit Ausnahme des Hauses Österreich und Salzburgs fast alle kath. Stände angehörten. Sie war die eigentl. Machtstütze des Kaisers zu Beginn des Dreißigjährigen Krieges; wurde im Frieden von Prag 1635 aufgelöst.

2. In neuerer Zeit Bez. für polit. oder weltanschaul. Zielsetzung, u. a. Arab. L., L. für Menschenrechte, L. der Nationen (Völkerbund), Ligue des patriotes, Freimaurerliga, Muslimliga.

◆ im *Sport* Spielklasse, Wettkampfklasse, in der Vereinsmannschaften, die sich qualifiziert haben, zusammengefaßt sind. Höchste Spielklasse in vielen Sportarten in der BR Deutschland ist die Bundesliga.

Ligabue, Antonio, eigtl. Laccabue, * Zürich 18. Dez. 1899, † Gualtieri (Prov. Reggio nell'Emilia) 27. Mai 1965, schweizer.-italien. Maler. - Führte ein unruhiges, vagabundierendes Leben in Italien; seine [Selbst]porträts und Tierbilder zählen zu den bedeutendsten Werken naiver Kunst.

Liga für Menschenrechte (frz. Ligue pour la défense des droits de l'homme et du citoyen), 1898 in Paris im Verlauf der Dreyfusaffäre gegr. Verband. Die einzelnen Sektionen schlossen sich 1922 zu einer internat. Föderation mit Sitz in Paris (jetzt London) zusammen, die pazifist. und allg. humanitäre Ziele verfolgt.

Ligament (Ligamentum) [lat.] ↑Band (Anatomie).

Ligand [zu lat. ligare „verbinden"], Atom, Molekül oder Ion, das sich an ein Zentralatom bzw. Zentralion unter Bildung von sog. ↑Koordinationsverbindungen, anlagert.

Ligasen [lat.] (Synthetasen), Enzyme, die die Verknüpfung von Molekülen bewirken, z. B. der Aminosäuren in der Proteinsynthese.

ligato [lat.], svw. ↑legato.

Ligatur [zu lat. ligatura „Band"], in der *Schriftkunde* Zusammenziehung von Buchstaben, die ein flüssigeres Schreiben ermöglichte; in der *Drucktechnik* die Verbindung meist zweier Buchstaben auf einem Zeichen auf einer Drucktype, z. B. fl für fl, æ für ae.

◆ in der *Musik* Bez. für die Verbindung mehrerer Noten zu einer Notengruppe (eigtl. das dafür stehende Zeichen) in der Modalnotation und in der Mensuralnotation; in der heutigen Notenschrift das Binden zweier Noten gleicher Tonhöhe durch einen Haltebogen (↑Bogen).

◆ in der *Medizin:* 1. operative Unterbindung (Naht) bes. von Blutgefäßen; 2. Abbindung, Umschnürung einer Gliedmaße zur Blutstillung oder zur Erzeugung einer vorübergehenden Blutleere.

Ligeti, György, * Tîrnăveni (Rumänien) 28. Mai 1923, ungar. Komponist. - Emigrierte 1956; wirkte in Köln, lebte 1959–69 meist in Wien; seit 1973 Prof. für Komposition in Hamburg. L. ist durch die postserielle Klangfarbenkomposition „Atmosphères" (1961) berühmt geworden: kompositor. Kleinstarbeit schlägt in eine verblüffend homogene Klangwirkung von flächiger Dynamik um. Obgleich L. diesen kompositor. Ansatz beibehielt, gelang ihm doch eine Vereinfachung der musikal. Schreibweise, v. a. in der Kammermusik (2. Streichquartett, 1968; „Ramifications", 1969). Diesem kompositionstechn. Aspekt stellt L. das Bestreben nach möglichst großer Sprachähnlichkeit und Bildhaftigkeit der musikal. Wirkung zur Seite („Aventures", 1962; „Requiem", 1963–65), die L. bis zu einem neuen Typ von „Melodik" weiterentwickeln möchte („Melodien", 1971) und neuerdings auf das Musiktheater überträgt („Rondeau", 1977; „Le grand macabre", 1978).

Lightfoot, Gordon [engl. ˈlaitfʊt], * Orilla 17. Nov. 1938, kanad. Popmusiker (Gitarrist und Sänger). - Erfolgreich mit Folk- und Country-Songs; die von ihm getexteten und komponierten Songs werden von zahlr. anderen Künstlern interpretiert.

Ligne [frz. liɲ], Adelsfamilie mit Stammsitz im Hennegau; 1545 Reichsgrafen, 1601 Reichsfürsten; bed. Vertreter:

L., Charles Joseph Fürst von, * Brüssel 23. Mai 1735, † Wien 13. Dez. 1814, östr. Feldmarschall (seit 1808) und Diplomat. - Zeichnete sich im Siebenjährigen Krieg und im Bayr. Erbfolgekrieg aus. Auf erfolgreichen diplomat. Missionen nach Rußland gewann er das Vertrauen Katharinas II. Aus einer reichen Tätigkeit als Schriftsteller hinterließ er seinen Briefwechsel mit Friedrich d. Gr., Katharina II., Voltaire, Rousseau, Goethe und Wieland.

Lignin [zu lat. lignum „Holz"] (Holzstoff), neben der Zellulose wichtigster Holzbestandteil, der bei Einlagerung in die pflanzl. Zellwände deren Verholzung (**Lignifizierung**) bewirkt.

Ligorio, Pirro, * Neapel um 1510, † Ferrara 30. Okt. 1583, italien. Baumeister. - Ab 1555 Baumeister im Dienste der Päpste; vollendete nach 1567 sein Hauptwerk, die manierist. Gärten für die Villa d'Este in Tivoli; seit 1572 für den Hof von Ferrara tätig. Veröffentlichte zw. 1553–58 Material über Denkmäler und Pläne des antiken Rom; Ausgrabungen in der Hadriansvilla für den Kardinal I. (II.) d'Este.

Ligue des patriotes [frz. ligdepatriˈɔt „Liga der Patrioten"], 1882 von P. Déroulède gegr. frz. nationalist. Organisation mit dem Ziel der Vorbereitung militär. Revanche für die Niederlage im Dt.-Frz. Krieg; 1889

Feuerlilie (oben) und Madonnenlilie

aufgelöst, 1895 neugegr.; Ende noch vor 1939.

Ligula [lat.] ↑ Laubblatt.

Ligurer (lat. Ligures), ein Volk, das in mehrere Stämme unterteilt, urspr. von den Pyrenäen bis in die Poebene und auf Korsika siedelte, seit dem 6. Jh. v. Chr. durch die Etrusker, im 4. Jh. durch die Kelten auf das Gebiet der Meeralpen und den Ligur. Apennin zurückgedrängt wurde. Erste Kämpfe mit Rom 328 und 236, Unterwerfung 187–175. - Ihre Sprache (**Ligurisch**), von der außer wenigen Namen nur Reliktwörter in den modernen roman. Dialekten des Gebiets zw. Marseille und Arezzo erhalten blieben, läßt sich nur z. T. als indogerman. deuten, z. T. wirkt sie ganz unindogermanisch.

Ligurien, norditalien. Region am Ligur. Meer, 5 416 km², 1,778 Mill. E (1985), Hauptstadt Genua. Von tiefen Schluchten zerschnittenes Gebirgsland mit buchtenreicher Küste, mildem Klima und mediterraner Vegetation. Die Hafenstädte Genua, Savona und La Spe-

Ligurische Alpen

zia sind bed. Ind.zentren. In den wenigen landw. orientierten Gem. spielt die Blumenzucht eine große Rolle; lebhafter Fremdenverkehr.

Geschichte: In röm. Zeit **Liguria**, das in der Antike im N bis zum Po reichte; unter Augustus als 9. Region eingerichtet. Nach ostgot., byzantin., langobard. und fränk. Herrschaft folgte die (lose) Zugehörigkeit zu Reichsitalien. Seit Anfang 11. Jh. wurde Genua zur führenden Macht in L.; 1797 richtete Napoléon Bonaparte die Ligurische Republik ein. 1805 verlor L. Autonomie und Namen, als es von Frankr. in 3 Dep. geteilt wurde; seit 1815 als Hzgt. Genua zum Kgr. Sardinien.

Ligurische Alpen, italien. Gebirgslandschaft im westl. Ligurien zw. Colle di Tenda im W und Col di Cadibona im O.

Ligurischer Apennin, italien. Gebirgslandschaft im nördl. Ligurien und südl. Piemont, im Monte Maggiorasca 1 803 m hoch.

Ligurische Republik (frz. République Ligurienne, italien. Repubblica Ligure), Name der von Napoléon Bonaparte 1797 in eine demokrat. Republik umgewandelten Adelsrepublik Genua.

Ligurisches Meer, Teil des westl. Mittelmeers, zw. der N-Spitze Korsikas und den Küsten Frankr. und Italiens.

Liguster [lat.] (Rainweide, Ligustrum), Gatt. der Ölbaumgewächse mit rd. 50 Arten, v. a. im östl. Asien; immer- oder sommergrüne Sträucher mit ganzrandigen, gegenständigen Blättern und weißen, meist kleinen Blüten in endständigen Rispen. Zahlr. Arten werden für Zierhecken kultiviert. In M-Europa kommt in Hecken und Gebüschen der **Gemeine Liguster** (Ligustrum vulgare) vor, ein bis 5 m hoher, sommergrüner Strauch mit stark duftenden Blüten und schwarzen, giftigen Beeren.

Ligusterschwärmer (Sphinx ligustri), hauptsächl. in Eurasien verbreiteter, etwa 9–10 cm spannender, dämmerungs- und nachtaktiver Schmetterling (Fam. Schwärmer).

Li Hsien-nien (Li Xiannian), * Hwangan (Prov. Hupeh) 1909 (?), chin. Politiker. 1954–75 Finanzmin., 1954–80 stellv. Min.-präs.; seit 1956 Mgl. des Politbüros der KPCh, 1977–83 stellv. Parteivors.; seit 1983 Staatspräsident.

Li Hung-chang (Li Hongzhang) [chin. lixʊŋdʒaŋ], * Luchow (= Hofei) 15. Febr. 1823, † Peking 7. Nov. 1901, chin. Politiker. - Versuchte während der Restaurationsära 1862–74 durch Einfuhr westl. Technologie und Rüstung die Mandschu-Reg. außenpolit. zu stärken. Nach dem Boxeraufstand vermittelte er für den Kaiserhof den Westmächten und unterzeichnete 1901 das Boxerprotokoll.

liieren [frz., zu lat. ligare „(fest)binden"], sich eng mit jemandem verbinden; mit jemandem eng zusammenarbeiten.

Lijmers [niederl. 'lɛimərs], Landschaft im sö. Teil der niederl. Prov. Geldern.

Likasi, Stadt im südl. Shaba, Zaïre, 1 270 m ü. d. M., 201 000 E. Größtes Bergbau- und Ind.zentrum Shabas mit Kupfer-, Kobalt- und Uranerzbergbau, Kupfer- und Kobaltraffinerie, chem. Industrie.

Likör (Liqueur) [frz., eigtl. „Flüssigkeit" (zu lat. liquor)], süßes Dessertgetränk mit mindestens 30 Vol.-% Alkohol (Ausnahme: Eierlikör) und 220 g/l Extraktgehalt (Fruchtextrakte oder äther. Öle).

Likörweine, gespritete Dessertweine, die bis zu 25 Vol.-% Alkohol und 6 % Zucker enthalten. Zu ihnen gehört u. a. Sherry.

Liktoren (lat. lictores), im antiken Rom Amtsdiener; schritten den höheren Magistraten mit dem Faszes voran; versahen außerdem untergeordnete Dienstgeschäfte.

Likud, 1973 gebildeter israel. Parteienblock, bestehend u. a. aus der rechtsgerichteten Cherut-Partei (gegr. 1948) und der Liberalen Partei (gegr. 1961); bildete 1977–83 Koalitionsregierungen unter M. Begin; verlor bei den Neuwahlen 1984 ihre knappe Mehrheit in der Knesset von 1981 und ging mit der Mapai eine große Koalition ein. Vors. seit 1983 Y. Schamir.

Lila [frz., letztl. zu Sanskrit nīla „schwarz, bläulich"], ein mit Weiß (bzw. hellem Grau) aufgehelltes (gebrochenes) Violett; L. ist eine ausgesprochen ungesättigte, gebrochene Farbe, z. B. die Farbe des Flieders.

Lilangeni, Abk. E (Mrz. Emalangeni); Währungseinheit in Swasiland; 1 E = 100 Cents (c).

Liliaceae [lat.], svw. ↑ Liliengewächse.

Lilian [engl. 'lɪlɪən], engl. weibl. Vorname (zu lat. lilium „Lilie").

Lilie (Lilium) [lat.], Gatt. der L.gewächse mit rd. 100 Arten in der gemäßigten Zone der Nordhalbkugel; Zwiebelpflanzen mit meist einfachen Stengeln, schmalen Blättern und trichterförmigen bis fast glockigen Blüten. Bekannte Arten: **Feuerlilie** (Lilium bulbiferum), mit feuerroten, schwarz gefleckten Blüten und lineal.-lanzenförmigen Blättern; auf Gebirgswiesen der Alpen und höherer Mittelgebirge; geschützt. **Madonnenlilie** (Weiße L., Lilium candidum), bis 1,5 m hoch, mit 10–15 cm langen, reinweißen, abends wohlriechenden Blüten in Trauben; im östl. Mittelmeergebiet bis SW-Asien. **Türkenbund** (Türkenbund-L., Lilium martagon), bis 1 m hoch, mit duftenden, nickenden Blüten; Blütenhüllblätter hell purpurnfarben, dunkel gefleckt; geschützt; auf Gebirgswiesen Eurasiens. **Königslilie** (Lilium regale), bis 1,5 m hoch, Blüten dicht gedrängt am Stengelende, außen rosa, innen weiß, am Grund kanariengelb; stark duftend; in W-China. **Prachtlilie** (Lilium speciosum), 50–150 cm hoch, mit kahlem, grünem Stengel und drei bis zwölf weißen, etwas rot verwaschenen, großen Blüten;

in Japan und Korea. **Tigerlilie** (Lilium tigrinum), bis 1,5 m hoch, Blüten leuchtend-orangerot, dunkelpurpurfarben gefleckt, in Trauben; in China und Japan. Mehrere Kulturformen sind beliebte Rabattenstauden.
In der **Heraldik** wird die L. meist nur als stark stilisierte L.blüte verwendet; als symbol. Ornament schon im Alten Orient geläufig, kam die L. in ma. vorherald. Zeit auf Zeptern, Kronen und als Schildornament vor. Die Könige von Frankr. führten seit dem späten 12. Jh. den mit goldenen L. besäten blauen Schild, seit dem späten 14. Jh. drei L. Das L.banner (weiß, mit L. besät) war von der Mitte des 17. Jh. bis 1790 und 1814–30 die Flagge Frankreichs.

Liliencron [...kro:n], Detlev von, eigtl. Friedrich Adolf Axel Freiherr von L., * Kiel 3. Juni 1844, † Alt-Rahlstedt (= Hamburg) 22. Juli 1909, dt. Dichter. - Preuß. Offizier; mußte 1875 wegen großer Schulden Abschied vom Dienst nehmen; seit 1887 freier Schriftsteller in München und Berlin. L. gehört zu den Vorkämpfern des Naturalismus und setzte sich für bedingungslose Naturtreue ein. Er schrieb meisterhafte impressionist. Natur- und Liebeslyrik, Balladen, die z. T. an die Tradition des Bänkelsangs und Vagantenlieds anknüpfen und Novellen, bes. die realist. Kriegserzählungen; weniger erfolgreich waren seine Romane und Dramen. - *Werke:* Adjutantenritte (Ged., 1883), Unter flatternden Fahnen (En., 1888), Kriegsnovellen (1895), Poggfred (Epos, 1896).

L., Rochus Freiherr von, * Plön 8. Dez. 1820, † Koblenz 5. März 1912, dt. Germanist. - Seit 1852 Prof. in Jena; Mithg. und redaktioneller Leiter der „Allgemeinen Dt. Biographie". Seine Sammlung „Die histor. Volkslieder der Deutschen vom 13. bis 16. Jahrhundert" (4 Bde., 1 Nachtragsband, 1865–69, Nachdruck 1966) ist bis heute gültig.

Lilienfeld, niederöstr. Bez.hauptstadt 20 km südl. von Sankt Pölten, 383 m ü. d. M., 3 300 E. Museum; Luftkur- und Wintersportort. - Entstand im 13. Jh. um eine Zisterzienserabtei (gegr. 1202; 1789/90 vorübergehend aufgehoben). - Die spätroman.-frühgot. Stiftskirche (13. Jh.; im 18. Jh. barockisiert) ist eine der größten Kirchen Österreichs.

Liliengewächse (Liliaceae), Pflanzenfam. der Einkeimblättrigen mit über 200 Gatt. und rd. 3 500 Arten; meist ausdauernde Kräuter mit Wurzelstöcken, Knollen oder Zwiebeln; Blüten meist radiär. Zu den L. zählen viele Zierpflanzen, u. a. Graslilie, Grünlilie, Lilie, Tulpe und Nutzpflanzen, z. B. Knoblauch, Zwiebel, Schnittlauch, Spargel.

Lilienhähnchen (Lilioceris), Gatt. 5–10 mm großer Blattkäfer mit zahlr. Arten in Eurasien, N-Afrika sowie in M- und S-Amerika; in M-Europa drei vorwiegend rote oder rötlichgelbe Arten, u. a. die 6–8 mm lange Art **Lilioceris lilii,** die von Mai bis Juni bes. auf

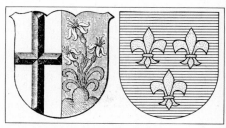

Lilie in der Heraldik. Links: „natürliche Lilien" im Wappen von Fulda, rechts: stilisierte Lilien im Wappen der Bourbonen

der Madonnenlilie vorkommt. Käfer und Larven können durch Blatt- und Zwiebelfraß an Liliengewächsen schädl. werden.

Lilienschweif, svw. ↑ Steppenkerze.

Lilienthal, Otto, * Anklam 23. Mai 1848, † Berlin 10. Aug. 1896 (Folgen eines Absturzes), dt. Ingenieur und Flugpionier. - L. führte aerodynam. Untersuchungen zur Erforschung des Vogelflugs („Der Vogelflug als Grundlage der Fliegekunst", 1889) durch und unternahm in Gleitflugzeugen, die er zusammen mit seinem Bruder Gustav L. (* 1849, † 1933) konstruierte, ab 1891 Gleitflüge bis zu 300 m Länge.

L., Peter, * Berlin 27. Nov. 1929, dt. Filmregisseur. - 1939–58 in Uruguay. Drehte zunächst Experimentalfilme, seit 1964 auch Spielfilme fürs Fernsehen, u. a. „Der Beginn" (1966), „Malatesta" (1970). Wichtige polit. Filme sind „La Victoria" (1973) über Chile kurz vor dem Militärputsch, „Es herrscht Ruhe im Land" (1976) über den faschist. Terror eines fiktiven diktator. Regimes in einer südamerikan. Stadt und „David" (1979) über einen jüd. Jungen im Deutschland der 1930er Jahre. Drehte außerdem „Dear Mr. Wonderful" (1982), „Das Autogramm" (1984), „Das Schweigen des Dichters" (1986).

Liliput, fiktives Land der Zwerge in J. Swifts Roman „Gullivers sämtl. Reisen"; danach die Bez. **Liliputaner** für (ohne erkennbare Ursache) bes. klein gewachsene Menschen.

Lilith, weibl. altisrael. schädl. Dämon, einem babylon. Sturmdämon („lilitu") entsprechend; volksetymolog. in Israel wegen des Anklangs an *lajil* (hebr. „Nacht") als Nachtgespenst aufgefaßt (Jes. 34, 14). - Nach rabbin. Tradition die erste Frau Adams, die ihn verließ und zum Dämon wurde. - Als „erste Menschin" wurde sie zu einem Symbol der Frauenbewegung der 1970er Jahre.

Lilje, Hanns, * Hannover 20. Aug. 1899, † ebd. 6. Jan. 1977, dt. luth. Theologe. - 1935 Generalsekretär des Luth. Weltkonvents; 1944 als Mitarbeiter der Bekennenden Kirche inhaftiert; 1947 in Lund Mitbegr. des Luth. Weltbundes, dessen Präsident er 1952–57 war; Mgl. des Rates der EKD, 1947–71 Bischof der Ev.-luth. Landeskirche Hannovers, ab 1950 als Abt zu Loccum, 1955–69 leitender Bischof der VELKD.

Lille [frz. lil], frz. Ind.stadt in Flandern, 168 400 E. Verwaltungssitz des Dep. Nord und der Region Nord; kath. Bischofssitz; Univ., Fachhochschulen, Kunstmuseum, Theater, Oper. Handelszentrum und Mittelpunkt des Ballungsraums L.-Roubaix-Tourcoing, ein Zentrum der fläm. Textilind.; ferner Maschinenbau- und Autoind., chem., Baustoff-, Gerberei- und Nahrungsmittelind., Flußhafen und ⚓. - Früher **L'Isle**, seit dem 11. Jh. als **Insula** belegt; entstand um eine Burg aus dem 9. Jh., erhielt im 11. Jh. Marktrecht, 1127 Stadtrecht; im 12. Jh. eine der bedeutendsten Städte Flanderns; 1302 und ab 1304 vom frz. König besetzt, 1312 an diesen abgetreten, 1369 wieder flandr.; 1477 habsburg., 1667/68 endgültig frz.; blieb bis zum 1. Weltkrieg eine der wichtigsten frz. Festungen (von Vauban ausgebaut); 1691 Hauptstadt der Prov. Flandern und Hennegau, seit 1804 Dep.hauptstadt. - Spätgot. sind die Kirchen Saint-Maurice und Sainte-Catherine; Zitadelle (17. Jh.), Alte Börse im Renaissancestil, Pariser Tor (1682–95), modernes Univ.-klinikum (1936–53).

Lillehammer, Hauptstadt des norweg. Verw.-Geb. Oppland, am N-Ende des Mjøsensees, 22 100 E. Zentraler Ort für große Teile des Gudbrandsdals. - Im frühen 19. Jh. gegr., erhielt 1827 Stadtrecht. - Im SO der Stadt befindet sich eines der größten skand. Freilichtmuseen (gegr. 1887).

Lilli (Lili), weibl. Vorname, Koseform von Elisabeth.

Lillo, George [engl. 'lıloʊ], * London 4. Febr. 1693, † ebd. 3. Sept. 1739, engl. Dramatiker. - Schrieb das erste bürgerl. Trauerspiel in engl. Sprache „The London merchant, or the history of George Barnwell" (1731, dt. 1772 u. d. T. „Der Kaufmann von London, oder Begebenheiten George Barnwells"), das Lessings „Miß Sara Sampson" maßgebl. beeinflußte.

Lilly, John [engl. 'lılı] ↑ Lyly, John.

Lilo, weibl. Vorname, Kurzform von Lieselotte.

Lilongwe, Hauptstadt von Malawi, 1 067 m ü. d. M., 186 800 E. Kath. Bischofssitz; Handelszentrum eines Agrargebiets; internat. ⚓. Nahebei die Landw.schule der Univ. von Malawi sowie landw. Versuchs- und Lehranstalt.

Lilybaeum ↑ Marsala.

Lima, Hauptstadt Perus und des Dep. L., am Río Rímac, 150 m ü. d. M., städt. Agglomeration 5,26 Mill. E. Kath. Erzbischofssitz; 13 Univ. und Hochschulen, wiss. Akad. und Inst.; Nationalarchiv, -bibliothek, Museen,

Theater. Wichtigstes Handels- und Ind.zentrum Perus; internat. ⚓.
Geschichte: 1535 als Hauptstadt der Gobernación de Nueva Castilla (als Ersatz für Cuzco) durch F. Pizarro gegr. als **Ciudad de los Reyes;** entwickelte sich zum bedeutendsten polit. und kulturellen Zentrum des span. Kolonialreiches in S-Amerika; 1542–1821 Hauptstadt des Vize-Kgr. Peru, ab 1542 Sitz eines Obersten Gerichtshofes (Audiencia), mit der königl. Münze (1565–72 und seit 1683), der ältesten Univ. (1551) und Druckerei (1585) und dem ältesten Theater (1563) S-Amerikas. 1683 Errichtung einer Stadtmauer (1869 geschleift); 1961 lebten in der Agglomeration L.-Callao rd. 20 % der Gesamtbev. (und über 40 % der städt. Bev.) Perus.
Bauten: L. war neben Cuzco Zentrum kolonialspan. Architektur und Kunst in S-Amerika: Kathedrale (1598–1624; mit Mumie von F. Pizarro); San Francisco (1657–74; dreischiffige Basilika mit kuppelgewölbten Seitenschiffen); Torre-Tagle-Palast (um 1735) mit zweigeschossigem Patio.

L., Dep. im westl. Z-Peru, am Pazifik, 33 895 km², 4,75 Mill. E (1981), Hauptstadt Lima. Umfaßt Teile der Küstenebene und der Westkordillere. Bewässerungsfeldbau in der Küstenebene, im Hochland Weizen-, Mais- und Kartoffelanbau; Schafzucht.

Limagne [frz. li'maɲ], N–S verlaufende, vom Allier durchflossene Grabenzone im nö. Zentralmassiv, Frankreich.

Liman [türk.-russ., zu griech. limén „Hafen"] ↑ Küste.

Limanda [lat.], Gatt. der Schollen, zu der u. a. die Kliesche gehört.

Limann, Hilla [engl. 'lımən], * Gwollu 1934, ghanaischer Diplomat und Politiker. - Seit 1965 im diplomat. Dienst tätig; wurde als Vors. der People's National Party 1979 zum Staatspräs. gewählt, am 31. Dez. 1981 von J. Rawlings gestürzt.

Liman von Sanders, Otto, * Stolp 17. Febr. 1855, † München 22. Aug. 1929, preuß. General und türk. Marschall. - 1913 Chef der dt. Militärmission in der Türkei und Reorganisator der türk. Armee; verteidigte 1915 erfolgreich die Dardanellen gegen die alliierte Invasion; wurde 1918 Oberbefehlshaber der türk. Heeresgruppe in Syrien.

Limassol, Stadt an der zentralen S-Küste Zyperns, 107 200 E. Orth. Bischofssitz; Nahrungs- und Genußmittelind., Parfümherstellung, Hafen. - L. ist die Nachfolgesiedlung des 8 km weiter östl. gelegenen antiken **Amathus.** - 10 km westl. von L. liegen die Johanniterburg **Kolossi** (13. Jh.) sowie die ausgegrabenen Reste der antiken Stadt **Kurion.** Westl. und sw. von L. liegt das Gebiet des brit. Militärstützpunktes **Akrotiri.**

Limba [afrikan.] (L.holz, Afara, Fraké, Korina), Bez. für das gelb- bis grünlichbraune Holz des in W-Afrika wachsenden, bis 25 m hohen Langfadengewächses Terminalia superba. - ↑auch Hölzer (Übersicht).

Limbe, Stadt in Malawi, ↑Blantyre.

Limberger (Lemberger, Blaufränkischer, Kékfrankos), Rotweintraube (in Östr., Ungarn und Württemberg angebaut).

limbisches System [zu lat. limbus „Saum, Rand"] ↑Gehirn.

Limbourg [frz. lɛ̃'buːr], Prov. in Belgien, ↑Limburg.

Limbu, altnepales. mongolider Volksstamm mit tibetobirman. Sprache, v. a. in O-Nepal, aber auch in Bhutan und Indien.

Limburg, Brüder von [niederl. 'lɪmbʏrx], Paul, Herman und Jan (eigtl. Malouel), * Nimwegen zw. 1375 und 1385, † Bourges 1416 (an der Pest?), niederl.-burgund. Miniaturisten. - Um 1400 in Paris, wo sie in den Dienst Phillips und vermutl. seit 1404 des Herzogs Jean von Berry traten, für den sie in Bourges ihre berühmten Stundenbücher schufen (u. a. „Les très riches heures du Duc de Berry", 1413–16, Chantilly, Musée Condé), die zu den Hauptwerken des Weichen Stils zählen. In der Verbindung der Tradition niederl.-burgund. Buchmalerei mit italien. Vorbildern (v. a. Giotto und den Sienesen) und einer unmittelbaren realist. Sehweise legten sie die Grundlage für die niederländ. Malerei des 15. Jh.

Limburg ['– –], Bistum, Suffragan von Köln (seit 1930); errichtet 1821 als Suffragan von Freiburg mit Gebieten der ehem. Erzbistümer Trier, Mainz und Köln. - ↑auch katholische Kirche (Übersicht).

L. [niederl. 'lɪmbʏrx], Prov. in den sö. Niederlanden, 2 209 km², 1,09 Mill. E (1986), Verwaltungssitz Maastricht. Die in ihrer ganzen N–S-Erstreckung von der Maas durchflossene Prov. grenzt im O an die BR Deutschland, im S und SW an Belgien. Mit Ausnahme des stärker industrialisierten S-Teils überwiegt die Landw.; der Steinkohlenbergbau im S wurde 1972 eingestellt.

Geschichte: Durch den Wiener Kongreß (1815) geschaffen; 1830 von Belgien beansprucht; im Londoner Protokoll 1839 endgültige Festlegung der niederl.-belg. Grenzen (der Teil westl. der Maas kam zu Belgien, der Teil östl. der Maas blieb bei den Niederlanden). Die niederl. Prov. war als Hzgt. L. (offizielle Bez. bis 1906) auch Mgl. des Dt. Bundes; wurde erst im 20. Jh. voll integrierter Bestandteil der Niederlande.

L. [niederl. 'lɪmbʏrx] (frz. Limbourg), Prov. in NO-Belgien, 2 422 km², 792 600 E (1985), Verwaltungssitz Hasselt. Vom Haspengau im SO fällt das Land von 150 auf 20 m ü. d. M. am Zusammenfluß von Gete und Demer ab. Nördl. schließt sich das niedrige Plateau des Kempenlandes an. Sandböden sind weitgehend von Heide oder Kiefernwäldern bedeckt. Die Prov. ist überwiegend landw. ausgerichtet (u. a. Anbau von Getreide, Kartof-

Limburg a. d. Lahn. Burg (links) und Dom

feln, Futterpflanzen; im Haspengau auch Obstbau; Milchwirtschaft; Kohlenbergbau.

Limburg a. d. Lahn, hess. Krst. an der Lahn, 122 m ü. d. M., 28 800 E. Verwaltungssitz des Landkr. L.-Weilburg; kath. Bischofssitz; Museen; Priesterseminar; neben Metallverarbeitung Herstellung von Elektrogeräten und Glaswaren sowie Textilind. - An der wichtigen Lahnfurt befand sich wohl in merowing. Zeit eine Befestigung; 910 errichteten die Konradiner auf dem Felsen das Kollegiatstift Sankt Georg (seit 1827 Bischofskirche des 1821 gegr. Bistums), nach deren Aussterben ging die Herrschaft über das Stiftsgebiet, das von der Gft. eximiert (↑Exemtion) war, an die Pfalzgrafen, um 1180 an die Grafen von Leiningen, um 1220 an die Herren von Isenburg (seit 1232 Isenburg-Limburg) über. Stadtrecht der Siedlung schon vor 1220; zw. 1322 und 1407 gewann das Erzstift Trier schrittweise die Lehns- und Landeshoheit; fiel 1802/03 an Nassau, 1866 an Preußen. - Burg und Dom (nach 1211 an der Stelle der alten Stiftskirche errichtet) bilden eine eindrucksvolle Baugruppe über der Stadt mit ihren zahlr. Stein- und Fachwerkbauten des 16. und 17. Jh.; got. Stadtkirche (14. Jh.), Lahnbrücke (1315 ff.; wiederhergestellt). Im Ortsteil **Dietkirchen** roman. ehem. Stiftskirche (11./12. Jh.).

Limburger Becken, von der unteren Lahn durchflossene Senke zw. dem Taunus im S und dem Westerwald im N.

Limburgit [nach der Limburg im Kaiserstuhl], Ergußgestein mit meist über 50 % glasiger Grundmasse und Einsprenglingen v. a. von Augiten und Olivin.

Limburg-Weilburg, Landkr. in Hessen.

Limbus [lat. „Saum, Rand"], Bez. für einen Ort (auch **Vorhölle** gen.) bzw. Zustand, in dem sich diejenigen Verstorbenen befinden, die nach einer heute nur noch mit Vorbehalt vorgetragenen Lehre der kath. Kirche weder im Himmel noch in der Hölle oder im Fegefeuer sind; gilt v. a. für ungetauft verstorbene Kinder und die vorchristl. Gerechten.

◆ Gradkreis, Teilkreis an Winkelmeßinstrumenten.

Limerick, Stadt am Shannon, Irland, 60 700 E. Verwaltungssitz der Gft. L.; Sitz eines anglikan. und eines kath. Bischofs; Museum, Kunstgalerie; bed. Handelszentrum, Hafen- und drittgrößte Ind.stadt des Landes; zahlr. Erwerbstätige pendeln zum Ind.zentrum Shannon Airport. - Bis zum Ende des 10. Jh. Hauptstadt eines (Wikinger-)Kgr.; 1197 Stadtrecht; 1609 Stadtgrafschaft. - Burg (13./15. Jh.), anglikan. Kathedrale (1142–80).

L., Gft. in SW-Irland, südl. des unteren Shannon, 2 667 km², 100 900 E (1981). Verwaltungssitz L.; überwiegend Flachland- und Plateaucharakter, im O und SO von Bergländern umrahmt. V. a. Rindermast und Milchviehhaltung. - Im MA Teil von Munster, ab 1127 von Thomond; 1194 vom Kgr. England in Besitz genommen; Mitte des 13. Jh. Bildung der Verwaltungs-Gft. (County) Limerick.

Limerick [engl. 'lımərık; wohl nach dem Kehrreim „Will you come up to Limerick?" („Willst Du nach Limerick [Stadt in Irland] kommen?")], seit 1822 nachweisbares engl. Versgedicht in 5 Zeilen (nach dem Schema aabba) mit kom.-grotesker, häufig ins Unsinnige umschlagender Endzeile; als Begründer und Meister gilt E. Lear. Neben klass. Nonsense-Versen von A. C. Swinburne, D. G. Rossetti, R. Kipling, E. Gorey gibt es zahllose anonyme, auch dt. verfaßte L. wie: Ein seltsamer Alter aus Aachen,/der baute sich selbst einen Nachen;/umschiffte die Welt,/kam heim ohne Geld,/beherrschte jedoch siebzehn Sprachen.

Limes [lat. „Grenzweg, Grenze, Grenzwall"], in der röm. Kaiserzeit die befestigte Reichsgrenze. Der seit dem 1. Jh. n. Chr. angelegte L. diente urspr. v. a. der Kontrolle des Vorfeldes; er wurde im 2. und 3. Jh. entsprechend der nun nötigen Schutzfunktion weiter ausgebaut, vermochte aber seit der Zeit Mark Aurels nicht mehr standzuhalten. - Der *niedergerman.* L. bestand aus einer Reihe von Befestigungen am Rheinufer mit rückwärtigem Straßensystem. Der *obergerman.* L., zw. Bad Hönningen und Rheinbrohl, gegenüber der Mündung des Vinxtbaches (Grenze der Provinzen Obergermanien und Niedergermanien) beginnend und nach Einbeziehung von Taunus und Wetterau mainaufwärts bis zur Linie Wörth a. Main–Bad Wimpfen führend, stammt aus flav. Zeit und wurde unter Antoninus Pius auf die Linie Miltenberg–Lorch vorgeschoben; im 2. Jh. befestigt durch Palisaden, Wall, steinerne Wachttürme, dahinter Kastelle. Der Verlauf des L. ist v. a.

im Taunus (Kastelle Saalburg, Heidenstock) noch gut zu erkennen. Der *rät.* L. an der Linie Lorch–Gunzenhausen–Eining war mit Palisaden, Holztürmen, seit Antoninus Pius mit Steintürmen befestigt; eine steinerne Mauer unter Caracalla wurde nicht vollendet. Der L. in Britannien (↑ Hadrianswall) ist die am besten ausgebaute lineare Befestigung. Der Sicherung Afrikas diente ein Grabensystem mit Kastellen und Straßenanlagen. Durch eine Kette von Festungen, Militärlagern und Kastellen wurden die Grenzen an der mittleren und unteren Donau gesichert, durch eine Linie von Kastellen das Gebiet zw. Trapezunt und Euphrat und zw. Petra, Bostra und Amida.

⌑ *Beck, W./Planck, D.: Der L. in Südwestdeutschland. Stg. 1980.*

◆ in der *Mathematik* svw. ↑Grenzwert.

Limette [frz.] (Limone, Limonelle), Frucht der in feuchten Tropengebieten, v. a. in W-Indien, kultivierten Zitruspflanze *Citrus aurantiifolia:* eiförmig, grün bis gelb, dünnschalig. Das saftreiche saure Fruchtfleisch wird zur Gewinnung von *L.saft (Lime juice)* genutzt; aus den Schalen werden äther. Öle gewonnen.

Limfjord [dän. 'limfjo:'r] ↑Jütland.

limikol [lat.], schlammbewohnend.

Limikolen [lat.], svw. ↑Watvögel.

Limit [frz.-engl., zu lat. limes „Grenze"], allg. die Grenze, die räumlich, zeitlich, mengen- oder geschwindigkeitsmäßig nicht über- bzw. unterschritten werden darf.

limited [engl. 'lımıtıd „begrenzt" (zu lat. limes „Grenze")], Abk. Ltd., lim., Lim. oder Ld., Zusatz bei Handelsgesellschaften mit beschränkter Haftpflicht in Großbrit. (insbes. für limited company [↑Company]).

Limmat, rechter Nebenfluß der Aare, Schweiz, entspringt als **Linth** in den Glarner Alpen, mündet im Escherkanal in den Walensee, fließt von dort über den Linthkanal zum Zürichsee. Als L. wird der Ausfluß des Zürichsees bezeichnet, der etw. nw. von Baden mündet, 140 km lang (einschließl. Linth).

Limnäus, Johannes, *Jena 5. Jan. 1592, †Ansbach 13. Mai 1663, dt. Jurist. - Begründete die neuere dt. Staatsrechtswiss.; sein Hauptwerk ist „Juris publici Imperii Romano-Germanici libri IX" (1629–99).

Limneameer [griech./dt.] ↑Holozän (Übersicht).

limnikol [griech./lat.], in Süßwässern lebend.

Limnimeter (Limnograph) [griech.], Pegel zum Messen und Aufzeichnen des Wasserstandes eines Sees u. a.

limnisch [griech.] (lakustrisch), im Süßwasserbereich vorkommend.

Limnologie [zu griech. límnē „Teich" (Süßwasserbiologie), Teilgebiet der Hydrobiologie; befaßt sich mit den Süßgewässern und deren Organismen.

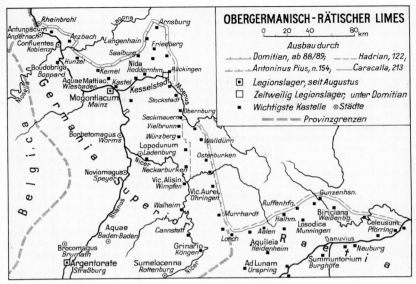

OBERGERMANISCH - RÄTISCHER LIMES

0   20   40   80 km

Ausbau durch

— Domitian, ab 88/89;   — — Hadrian, 122;
—·—· Antoninus Pius, n.154;   — — Caracalla, 213

▣   *Legionslager, seit Augustus*
▢   *Zeitweilig Legionslager, unter Domitian*
▪   *Wichtigste Kastelle* ◎ *Städte*
═════   *Provinzgrenzen*

Limnos (Lemnos), griech. Insel im nördl. Ägäischen Meer, 476 km², bis 430 m hoch, Weinbau, Ölbaumkulturen. - Kam um 510 v. Chr. an Athen (bis etwa 200 v. Chr.); gehörte im MA zum Byzantin. Reich, dann zu Venedig, 1453–56 zu Genua, ab 1479 zum Osman. Reich, fiel 1912 an Griechenland.

Limoges [frz. liˈmɔːʒ], frz. Stadt an der Vienne, 290 m ü.d. M., 140400 E. Verwaltungssitz des Dep. Haute-Vienne, Hauptstadt der Region Limousin; kath. Bischofssitz; Univ. (gegr. 1808), Konservatorium; Porzellanmuseum; Theater; Handelszentrum des westl. Limousin; Porzellanmanufakturen u. a. Ind. - In der Antike Hauptort der Lemoviker, hieß unter Augustus **Augustoritum,** später **Lemovicum**; wurde im 3. Jh. Bischofssitz, im Hoch-MA Handels- und Wirtschaftszentrum von Z-Frankr.; bed. Schmuck- und Emailwerkstätten, deren Malereien berühmt wurden; Ende des 12. Jh. Stadtrecht; kam 1607 zur frz. Krondomäne; danach Prov.hauptstadt, seit 1790 Departementssitz. - Got. sind die Kathedrale (1273 ff.) mit prunkvollen Bischofsgrabmälern (14. Jh.) und die Kirchen Saint-Michel-des-Lions (14.–16. Jh.) und Saint-Pierre-du-Queyroix (12.–16. Jh.); Brükken (13. Jh.), ma. Wohnhäuser.

Limón, Hauptstadt der Prov. L. im O von Costa Rica, 52 600 E. Wichtigster Hafen des Landes am Karib. Meer.

Limonade [frz.; zu pers.-arab. līmūn „Zitrone(nbaum)"], alkoholfreies, süßes Getränk mit Geschmacksstoffen und kohlensäurehaltigem Wasser oder Tafelwasser.

Limone [pers.-arab.], svw. ↑Zitrone.
◆ svw. ↑Limette.
Limonelle [pers.-arab.], svw. ↑Limette.
Limonen [pers.-arab.] (p-Menthadien), flüssiger Kohlenwasserstoff mit zitronenartigem Geruch; findet sich in Zitrusfrüchten, Harzölen und Pfefferminzöl. L. wird zur Herstellung von Parfüm und als Riechstoff für Seifen und Waschmittel verwendet.

Limosiner Email. Jean I. Pénicaud, Verkündigung an Maria (um 1530). London, Victoria and Albert Museum

Limonit [griech.], svw. ↑ Brauneisenstein.

Limonium [griech.], svw. ↑ Widerstoß.

Limosella [lat.], svw. ↑ Schlammkraut.

Limosiner Email [e'mar], in Limoges etwa seit dem 12. Jh. hergestellte Emailarbeiten, zunächst in Grubenschmelzarbeit (kirchl. Geräte u. ä.), im 15.–17. Jh. auch Maleremail (Gefäße aller Art, Bildnisse, Altäre u. a.), Hauptmeister N. Pénicaud (*um 1485, †um 1555) und L. Limosin (*um 1505, †zw. 1575/77). - Abb. S. 155.

Limousin [frz. limu'zɛ̃], frz. Region im nw. Zentralmassiv, 16 942 km², 737 200 E (1982), Regionshauptstadt Limoges. Das L. ist dünn besiedelt, von anhaltender Bev.-abwanderung betroffen und gering verstädtert. Wirtsch. Basis bildet die Grünland-, insbes. die Weidewirtschaft; Uranerzbergbau, traditionelle Porzellan- und Schuhind. - Urspr. das Gebiet der kelt. Lemoviker; der röm. **Pagus Lemovicinus** umfaßte die heutigen Dep. Haute-Vienne, Corrèze und Creuse; stand seit 507 unter fränk., vom 12.–14. Jh. mehrmals unter engl. Herrschaft; wurde 1588 selbständige Prov., 1790 in Dep. aufgeteilt, 1973 Region.

Limousine [...mu...; frz.; eigtl. „weiter Mantel" (der Fuhrleute im Limousin)], Pkw mit geschlossenem Verdeck (auch mit Schiebedach).

Limpopo, Fluß in S-Afrika, entspringt am Witwatersrand, Republik Südafrika, mündet sw. von Xai-Xai, Moçambique, in den Ind. Ozean, rd. 1 600 km lang; bildet im Mittellauf die Grenze der Republik Südafrika gegen Botswana und Simbabwe; in Moçambique gestaut.

Limulus [lat.], seit dem Jura bekannte Gatt. der Pfeilschwanzkrebse. Die einzige noch heute vorkommende Art ist die **Königskrabbe** (*Atlant. Schwertschwanz*, L. polyphemus) an der Atlantikküste N-Amerikas, die bis 60 cm lang (einschließl. Schwanzstachel) ist.

Linaloeöl [...lo-e-ø:l; span./dt.], äther. Öl aus dem Holz von Balsambaumgewächsen; Hauptbestandteil ist das **Linalool**, ein ungesättigter primärer Alkohol mit maiglöckchenartigem Geruch; daneben enthält L. stark riechende Ester; Verwendung als Parfümerierohstoff.

Linalylacetat [span./lat.], der Essigsäureester des Linalools; wesentl. Geruchsstoff des Lavendel- und Bergamottöls; synthet. L. ersetzt heute weitgehend diese Öle in der Parfümerie.

Linard, Piz, höchster Gipfel der Silvrettagruppe, im schweizer. Kt. Graubünden, 3 411 m hoch.

Linares, span. Stadt in Andalusien, 418 m ü. d. M., 53 000 E. Zentrum der span. Bleigewinnung. - Bei L. befinden sich die Ruinen der iber. Siedlung **Castulo**, die unter karthag. Einfluß stand, sich aber im 1. Pun. Krieg

(264–241) den Römern beugen mußte.

Lincke, Paul, *Berlin 7. Nov. 1866, †Clausthal-Zellerfeld 3. Sept. 1946, dt. Komponist. - Hauptvertreter der Berliner Operette, u. a. „Im Reiche des Indra" (1899), „Frau Luna" (1899; darin u. a. „Das ist die Berliner Luft"), „Lysistrata" (1902), „Casanova" (1913), „Ein Liebestraum" (1940); komponierte auch Schlager, Tanz- und Filmmusik.

Lincoln, Abraham [engl. 'lɪŋkən], *Hodgenville (Ky.) 12. Febr. 1809, †Washington 15. April 1865 (ermordet), 16. Präs. der USA (1861–65). - Autodidakt; 1836 Anwalt; 1834–42 Mgl. der Volksvertretung von Illinois, 1847–49 Kongreßabg. in Washington. 1856 schloß sich L. der neugegr. Republikan. Partei an, die er zu moral. Rigorismus in der Sklavenfrage drängte. Als L. zum Präs. gewählt wurde, war dies das Signal für die von der Abschaffung der Sklaverei wirtsch. bedrohten Südstaaten zur Sezession von den USA, doch L. lehnte einen Kompromiß in der Sklavenfrage ab. Im Sezessionskrieg gab L. durch seine kaltblütige Entschlossenheit und durch den Machtzuwachs der Exekutive im Krieg dem Präsidentenamt neues Gewicht. Nach den Siegen von Gettysburg und Vicksburg konnte L. seine Stellung zw. den radikalen Abolitionisten und den verhandlungsbereiten Demokraten behaupten. Nach der bedingungslosen Kapitulation General Lees veröffentlichte er ein großzügiges Wiederaufbauprogramm. 1864 mit 212 gegen 21 Wahlmännerstimmen wiedergewählt; L. wurde von dem Rassenfanatiker J. W. Booth im Theater erschossen, bevor er die von ihm entworfene Politik der nat. Wiederannäherung verwirklichen konnte.

Abraham Lincoln
(um 1865)

Lincoln [engl. 'lɪŋkən], Stadt in O-England, 76 700 E. Verwaltungssitz der Gft. Lincolnshire; anglikan. Bischofssitz; Museen. V. a. Maschinenbauind. - 47 n. Chr. wurde **Lindum** röm. Legionslager, 877 eine der dän. „Fünfburgen", 940 engl. Besitz; erhielt 1200

Londoner Stadtrecht; seit dem 12. Jh. bed. Handels-, seit 1327 Messestadt; wurde 1409 Stadtgrafschaft; seit 1974 Verwaltungssitz der neugegliederten Gft. Lincoln. Seit 1075 Sitz der Bischöfe von Leicester, seit 1559 anglikan. - Von 52 Kirchen der Stadt sind 13 erhalten, u. a. die got. Kathedrale (11.–14. Jh.); zehneckiges Kapitelhaus (um 1225). Bauten mit normann. Bauformen, u. a. Saint Mary's Guildhall (1180/90) und Jew's House (12. Jh.), ma. Tore, aus der Römerzeit Reste der Stadtmauer und der sog. Newportbogen.

L., Hauptstadt des Bundesstaates Nebraska, USA, 350 m ü. d. M., 150 000 E. Kath. Bischofssitz, 2 Univ. (gegr. 1869 und 1887), College; Museum. Handelszentrum eines Weizenanbau- und Viehzuchtgebietes, Ind.standort, Druckereien. - Gegr. 1859 als **Lancaster** (nach Lancaster, Pa.); Hauptstadt von Nebraska seit 1867; City seit 1887. - State Capitol (1922–32).

Lincoln Center for the Performing Arts [engl. 'lɪŋkən 'sɛntə fə ðə pə'fɔːmɪŋ 'ɑːts „Lincoln-Zentrum für die darstellenden Künste"], Kulturzentrum in New York. Es umfaßt u. a. eine Konzerthalle (1962 eröffnet), das New York State Theatre (1964), das Vivian Beaumont Theatre (1965) und die neue Metropolitan Opera (1967).

Lincolnshire [engl. 'lɪŋkənʃɪə], Gft. in O-England.

Lincomycin ↑ Linkomyzin.

Lind, Jakov, eigtl. J. Landwirt, * Wien 10. Febr. 1927, östr. Schriftsteller. - Wurde bekannt durch seine Erzählungssammlung „Eine Seele aus Holz" (1962), in der er Grotesk-Absurdes in erdrückenden Visionen darstellte. - *Weitere Werke:* Landschaft in Beton (R., 1963), Eine bessere Welt (R., 1966), Angst und Hunger (2 Hörspiele, 1967), Nahaufnahme (Autobiogr., dt. 1973), Reisen zu den Emu (Prosa, 1983).

L., Jenny, verh. Goldschmidt, * Stockholm 6. Okt. 1820, † Malvern Hills (Großbrit.) 2. Nov. 1887, schwed. Sängerin (Sopran). - Sang, gefeiert als „schwed. Nachtigall", an den großen Bühnen Europas (v. a. in Opern Bellinis, Donizettis und Meyerbeers).

Linda (Linde), weibl. Vorname, Kurzform von Namen, die auf -linde enden, z. B. Sieglinde.

Lindau (Bodensee), Krst. am SO-Ufer des Bodensees, Bay., 394–407 m ü. d. M., 23 500 E. Stadtmuseum, Reichsstädt. Bibliothek; Fremdenverkehr; Maschinenbau, Nahrungsmittel- u. a. Ind.; Hafen mit Leuchtturm und Denkmal (bayer. Löwe). - Nach der ersten Nennung des Reichsklosters 882 entstand der Ort wohl Ende des 11. Jh.; vor 1216 Stadt, gehörte schon 1241 zu den reichsten Städten Oberschwabens; erlangte unter Rudolf I. die Stellung einer Reichsstadt (bis 1803); fiel 1805 an Bayern; nahm wegen Zugehörigkeit zur frz. Besatzungszone nach 1945

eine Sonderstellung ein; 1955 wieder Bayern angegliedert. - In der auf einer Insel liegenden Altstadt u. a. ehem. Sankt-Peters-Kirche (11. Jh.; frühgot. verlängert, jetzt Kriegergedächtnisstätte), ev. Stadtkirche (1180 ff.; spätgot. und barock umgebaut), kath. Pfarrkirche (1748–51 erneuert); Altes Rathaus (1422–36; umgestaltet); Wohnbauten des 16. und 17. Jh., Reste der Stadtbefestigung (12.–15. Jh.).

L. (B.), Landkreis in Bayern.

Lindbergh, Charles [August] [engl. 'lɪndbəːg], * Detroit 4. Febr. 1902, † auf Manui (Hawaii) 26. Aug. 1974, amerikan. Flieger. - L. führte 1927 in 33$^1/_2$ Stunden den ersten Alleinflug von New York über den Atlantik nach Paris durch („Mein Flug über den Ozean", 1953).

Lindblad, Bertil, * Örebro 16. Nov. 1895, † Stockholm 25. Juni 1965, schwed. Astronom. - L. trug wesentl. zur Kenntnis der Galaxien bei (Bewegung der Sterne in Sternsystemen, Rotation der Milchstraße).

Linde, Carl von (seit 1897), * Berndorf (= Thurnau, Landkreis Kulmbach) 11. Juni 1842, † München 16. Nov. 1934, dt. Ingenieur und Industrieller. - Prof. für Maschinenlehre am Polytechnikum (später TH) in München; gründete 1879 die „Gesellschaft für L.'s Eismaschinen" (heute Linde AG). Er entwickelte 1876 eine mit Ammoniak als Kältemittel arbeitende Kältemaschine. 1895 gelang ihm die Herstellung von flüssiger Luft (↑ Linde-Verfahren), ab 1901 die Produktion von flüssigem Sauerstoff und Stickstoff im Großverfahren.

L., Otto zur, * Essen 26. April 1873, † Berlin 16. Febr. 1938, dt. Schriftsteller. - Stellte sich bewußt in Gegensatz zum Naturalismus und strebte eine Verbindung der Dichtung mit einer pantheist.-idealist. Philosophie an. Seine Lyrik weist expressionist. Züge auf.

Linde (Tilia), Gatt. der Lindengewächse mit rd. 30 meist formenreichen Arten in der nördl. gemäßigten Zone; bis 40 m hohe, z. T. bis 1 000 Jahre alt werdende, sommergrüne Bäume; Blüten gelbl. oder weißl., meist in hängenden, kleinen Trugdolden mit flügelartig vergrößertem unterem Vorblatt; das Holz ist für Schnitz- und Drechslerarbeiten geeignet. In M-Europa verbreitete Arten: **Sommerlinde** (Großblättrige L., Tilia platyphyllos), mit breit eiförmiger Krone, bis 12 cm langen, unterseits weißl. behaarten Blättern und gelblichweißen Blüten; wird oft als Alleebaum gepflanzt. **Winterlinde** (Tilia cordata), bis 25 m hoch, mit asymmetr., herzförmigen, oberseits kahlen Blättern, unterseits mit rotbraunen Haarbüscheln an den Blattaderwinkeln; oft in Parks und an Alleen.

Geschichte: Bei den Germanen und Slawen spielte die L. in Volksbrauchtum und Sage eine wichtige Rolle. Zahlr. Gerichts-, Feme-, Blut- und Geister-L. fanden sich in M- und O-Europa noch bis in die jüngste Zeit. Feste, Versammlungen und Trauungen fanden seit

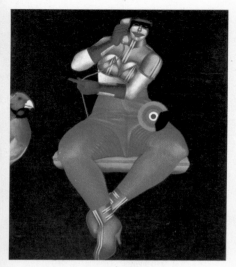

Richard Lindner, Hello (1966).
Privatbesitz

der Zeit der Germanen bevorzugt unter Dorf-, Brunnen- und Burg-L. statt. Seit dem 16./17. Jh. wird der *L.blütentee* als schweißtreibendes und fiebersenkendes Heilmittel bei Erkältung und Grippe verwendet.

Lindegren, Erik, * Luleå 5. Aug. 1910, † Stockholm 31. Mai 1968, schwed. Lyriker. - Nahm bes. in den 1940er Jahren eine führende Position unter den Vertretern der neuen schwed. Lyrik ein.

Lindemann, Ferdinand von ['– – –], * Hannover 12. April 1852, † München 6. März 1939, dt. Mathematiker. - Prof. in Freiburg i. Br., Königsberg (Pr) und München; bewies die Transzendenz der Zahl π und damit die Unmöglichkeit der zeichner. Darstellung der Quadratur des Kreises. Weitere Arbeiten betrafen v. a. die Funktionalgleichungen.

L., Frederick Alexander [engl. 'lɪndɪmən], brit. Physiker, ↑ Cherwell, Frederick Alexander Lindemann, Viscount.

L., Gustav ['– – –] ↑ Dumont, Luise.

L., Kelvin [dän. 'lenəma'n], * Kainsk (Sibirien) 6. Aug. 1911, dän. Schriftsteller. - Korrespondent im Span. Bürgerkrieg; schrieb unter dem Einfluß des Krieges histor. Romane (bes. aus dem 17./18. Jh.), die Parallelen zu seiner Zeit aufzeigen, u. a. „Das Haus mit dem grünen Baum" (1942), „Nachtfalter und Lampion" (1959); ferner Erzählungen und Kurzgeschichten.

Lindemann-Fenster [engl. 'lɪndɪmən; nach F. A. Lindemann, Viscount ↑ Cherwell], ein aus Lithium-Beryllium-Borat *(Lindemann-Glas, Berylliumglas)* bestehendes Fenster in Röntgenröhren, das noch sehr weiche (langwellige) Röntgenstrahlen austreten läßt.

Linden, hess. Stadt im südl. Vorortbereich von Gießen, 160–180 m ü. d. M., 10 900 E. - **Großen-Linden** wurde 790 erstmals erwähnt; 1585 Flecken, Stadtrecht 1605 bestätigt. L. entstand durch die Zusammenfassung Großen-Lindens mit der Gemeinde **Leihgestern** 1977. - Im Ortsteil Großen-Linden roman.-got. Pfarrkirche, spätgot. Pfarrhaus; Fachwerkrathaus (z. T. 1611).

Lindenberg, Udo, * Gronau (Westf.) 17. Mai 1946, dt. Rockmusiker (Schlagzeuger und Sänger). - Spielte mit bekannten Jazz- und Rockmusikgruppen (u. a. „Passport"); gründete schließl. als eigene Gruppe das „Panik-Orchester". Schuf als erster dt. Rocksong-Texte, die in schnoddrigem Pennälerjargon Witz und manchmal soziales Engagement zeigen. Unter der Regie P. Zadeks brachte er 1979 das Rocktheater „Dröhnland-Rockrevue 79" heraus. Filme: „Panische Zeiten" (1979) und „Super" (1983).

Lindenberg i. Allgäu, Stadt am N-Rand des Bregenzerwaldes, Bay., 751 m ü. d. M., 10 200 E. U. a. Milchverarbeitung, Hutfabriken. - 857 erstmals genannt; Stadtrecht seit 1914.

Lindenblütentee ↑ Linde.

Lindenfels, hess. Stadt im Odenwald, 364 m ü. d. M., 4 900 E. Heilklimat. Kurort. - Vor 1123 erbauten die Vögte des Klosters Lorsch die Burg L., bei der ein Burgflecken entstand, der 1336 Stadtrecht erhielt. - Stauf. Burg, heute Ruine (12. Jh., 14.–16. Jh.); z. T. erhaltene Stadtbefestigung (15. Jh.) mit Toren.

Lindengewächse (Tiliaceae), Pflanzenfam. mit 45 Gatt. und mehr als 400 meist trop. Arten; hauptsächl. Bäume oder Sträucher. Die bekannteste Gatt. ist ↑ Linde.

Lindenmeiertradition [engl. 'lɪndənmaɪə], nach dem Fundort Lindenmeier (Colo., USA) ben. frühindian. Kultur im SW und in den Prärien der USA; etwa 9000–8000; kennzeichnend sind die Folsomspitzen.

Lindenschmit, Ludwig, * Mainz 4. Sept. 1809, † ebd. 14. Febr. 1893, dt. Prähistoriker. - Initiator der Gründung (1852) des Röm.-German. Zentralmuseums in Mainz, das er bis zu seinem Tode leitete.

Lindenschwärmer (Mimas tiliae), etwa 6 cm spannende Nachtfalter (Fam. Schwärmer), v. a. in großen Teilen Eurasiens; fliegt von Mai bis Juli. Die Raupen fressen v. a. an Blättern von Linden, Erlen und Birken.

Linder, Max [frz. lɛ̃'dɛːr], eigtl. Gabriel Maximilien Leuville, * Saint-Loubès (Gironde) 16. Dez. 1883, † Paris 30. Okt. 1925, frz. Schauspieler und Regisseur. - Ab 1905 beim Film, wirkte in über 200 Filmen mit. L., einer der besten Komiker des Stummfilms, beeinflußte den Stil C. Chaplins wesentlich.

Linderhof ↑ Ettal.

Linde-Verfahren [nach C. von Linde], ein Verfahren zur Verflüssigung von Luft u. a. Gase unter Ausnutzung des Joule-Thomson-Effektes (↑ Drosselung): In einem Kompressor wird Luft auf etwa 200 at verdichtet, durchläuft einen Ölabscheider, einen Kohlendioxidabscheider, einen Trockenturm (um Wasserdampf und Kohlendioxid zu entfernen) und mehrere Gegenstromkühler. Das an einem Drosselventil entspannte und abgekühlte Gas strömt durch die Kühler zum Kompressor zurück, kühlt dabei die komprimierte Luft und durchläuft den Kreislauf von neuem. So kühlt sich die Luft immer weiter ab, bis die Luftverflüssigung einsetzt.

Astrid Lindgren (1972)

Lindgren, Astrid, geb. Ericsson, * Näs bei Vimmerby 14. Nov. 1907, schwed. Schriftstellerin. - Eine der bekanntesten Kinderbuchautorinnen. Schreibt v. a. aus der Perspektive selbständig denkender und handelnder Kinder; schildert dabei eine Welt, in der die Kinder- und Phantasiefiguren ohne Bevormundung von Erwachsenen leben können. So opponiert z. B. die Hauptfigur in der Pippi-Langstrumpf-Serie (1945–48), ein respektloses, freches, rebell. „Überkind", gegen vordergründige Ruhe-und-Ordnung-Parolen sowie gegen Äußerlichkeiten wie adrettes Aussehen, anständiges Betragen, Forderungen einer zwar gut gemeinten, jedoch strengkonventionellen Erziehung. Detektivgeschichten für Kinder sind die Bücher um Kalle Blomquist (1946–53). Häufiges Thema der neueren Bücher ist fehlende Geborgenheit und die kindl. Anstrengung, sie wiederherzustellen, z. B. „Die Brüder Löwenherz" (1973), „Ronja Räubertochter" (1981). Erhielt 1978 den Friedenspreis des Börsenvereins des Dt. Buchhandels.

Lindisfarne [engl. ˈlɪndɪsfɑːn] ↑ Holy Island.

Lindman, Arvid, * Österby bei Uppsala 19. Sept. 1862, † Croydon (= London) 3. Dez. 1936 (Flugzeugabsturz), schwed. Admiral und Politiker. - 1882–92 Marineoffizier, danach Großindustrieller; 1905–11 Mgl. der 1. Kammer des Reichstags, 1912–35 Führer der Konservativen in der 2. Kammer; 1906–11 und 1928–30 Min.präs.; führte 1907 das allg. Wahlrecht für die 1. Kammer ein.

Lindner, Richard, * Hamburg 11. Nov. 1901, † New York 16. April 1978, amerikan. Maler und Graphiker dt. Herkunft. - 1941 Emigration in die USA. Stellt kontrastfarbig und plakativ den unpersönl., idolhaften, isolierten Maschinenmenschen der modernen Großstadt dar.

Lindorm, Erik [schwed. ˌlindurm], * Stockholm 20. Juli 1889, † ebd. 30. Jan. 1941, schwed. Schriftsteller. - Schrieb v. a. Volkskomödien, in denen er mitfühlend ironisierend menschl. Schwächen aus dem Kleinbürgertum und Proletariat darstellt; auch Kurzgeschichten und Lyrik.

Lindsay, [Nicholas] Vachel [engl. ˈlɪndzɪ], * Springfield (Ill.) 10. Nov. 1879, † ebd. 5. Dez. 1931 (Selbstmord), amerikan. Dichter. - Eine umfassende mus. Begabung und sein Missionieren für ein Evangelium der Schönheit („Gospel of beauty") ließen ihn zum populären fahrenden Bänkelsänger und Rezitator werden.

Lindtberg, Leopold, * Wien 1. Juni 1902, † Sils Maria (Graubünden) 18. April 1984, schweizer. Regisseur östr. Herkunft. - Führte Regie u. a. in Berlin und am Züricher Schauspielhaus (1933–45; 1965–1968 dessen Direktor) sowie am Wiener Burgtheater. Pflegt eine lebendige Theatertradition (Shakespeare, Nestroy); zahlr. Uraufführungen (Brechts „Mutter Courage", 1941).

Lindwurm [zu althochdt. lint „Schlange, Drache"], in Mythos und Sage gelegentl. Bez. für ↑ Drache.

Línea, La, span. Stadt am Hals der Halbinsel Gibraltar, 54 000 E. - Entstand im Bereich von Befestigungsanlagen des 18. Jh., die 1810 im Zusammenhang mit dem span. Unabhängigkeitskrieg durch Großbrit. zerstört wurden.

Lineage [engl. ˈlɪnɪ-ɪdʒ; zu lat. linea „Linie"], völkerkundl. Bez. für eine Sozialeinheit, deren Angehörige alle von einem gemeinsamen Ahnen abstammen; sie ist nach der väterl. (**Patrilineage**) oder nach der mütterl. Linie (**Matrilineage**) ausgerichtet.

Lineal ↑ Sternbilder (Übersicht).

Lineal [mittellat., zu lat. linea „Strich, Linie, Richtschnur"], Gerät zum Zeichnen von Geraden, häufig mit Millimeterskala; **Stahllineale** dienen zur Führung des Messers beim Zerschneiden dünner Materialien. Zum Zeichnen. Zeichnen werden **Parallellineale** verwendet, die aus zwei durch gleich lange Gelenkstücke verbundenen L. bestehen.

Lineament [lat.] (Erdnaht, Geofraktur, Geosutur), in der Geologie Bez. für einen großen Grabenbruch.

linear

linear [lat.], geradlinig, linienförmig, eindimensional.
◆ unbestimmte (variable) Größen höchstens in der ersten Potenz enthaltend, z. B. *l. Gleichung;* im erweiterten Sinn auch svw. durch eine l. Gleichung darstellbar (z. B. *l. Abbildung*).

linear abhängig, gesagt u. a. von zwei Gleichungen, wenn eine von ihnen ein Vielfaches der anderen ist.

Linear-Antiqua-Schriften, zusammenfassende Bez. für ↑Groteskschriften und ↑Egyptienne (serifenlose und serifenbetonte Formen der L.-A.-Schriften).

Linearbandkeramik ↑bandkeramische Kultur.

Linearbeschleuniger ↑Teilchenbeschleuniger.

lineare Abschreibung ↑Abschreibung.

lineare Optimierung ↑Optimierung.

lineare Programmierung, svw. lineare ↑Optimierung.

Linearform ↑Polynom.

Linearmotor (Wanderfeldmotor), ein elektr. Antriebsmotor, bei dem (im Unterschied zu den rotierenden elektr. Maschinen) sich der eine Motorteil unter dem Einfluß elektromagnet. Kräfte gegenüber dem anderen geradlinig verschiebt, so daß ein Vortrieb bzw. eine geradlinige Bewegung erzeugt wird. - Den *Asynchron-L.,* den meistverwendeten L., kann man sich aus einem Drehstromasynchronmotor entstanden denken, dessen Teile nach Aufschneiden in übereinanderliegenden Ebenen abgerollt wurden: Er besteht aus einer ebenen Magnetisierungseinrichtung als Ständer und einem ebenen Sekundärteil aus elektr. und magnet. gut leitendem Material als Läufer. Wird in die Wicklungen des Ständers ein Drehstrom eingespeist, so entsteht ein längs des Ständers fort-

schreitendes Magnetfeld (Wanderfeld), das im Sekundärteil elektr. Wechselspannungen induziert. Die damit verknüpften Wirbelströme und das magnet. Wanderfeld bilden Kräfte aus, die das berührungsfrei schwebende bewegl. Motorenteil in der zur Fortschreittung des Wanderfeldes entgegengesetzten Richtung bewegen. Der Läufer ist bei *einseitigen L. (Leitermotoren)* entweder als Metallplatte oder -schiene ausgebildet. Bei *doppelseitigen L.,* befindet sich der Sekundärteil in Form einer unmagnet., leitenden Platte zw. zwei Primärteilen, deren Drehstromwicklungen sich gegenüberliegen (Doppelständerausführung). Durch einen zweiten Ständer, der ein Wanderfeld in entgegengesetzter Richtung erzeugt, können hin- und hergehende Bewegungen erreicht werden. - Wegen der berührungslosen Kraftübertragung erscheinen L. als Antriebsmittel für zukünftige Einschienen[schnell]bahnen (Magnetschwebebahnen) bes. geeignet, wobei der Sekundärteil meistens als Fahrschiene ausgebildet ist (Kurzständerausführung).

Linearplanung, svw. lineare Programmierung (↑Optimierung).

Linearschrift, Bez. für die Weiterentwicklung einer Bilderschrift, in der die urspr. figürl. Formen sich nicht aufgelöst haben, sondern nur (z. T. bis zur Unkenntlichkeit entstellt) mit einfachen Strichen gezeichnet sind. Bekannt sind die L. auf Kreta: **Linear A** aus mittel- und spätminoischer Zeit (noch nicht endgültig entziffert); **Linear B** aus spätminoisch-myken. Zeit (seit dem 15. Jh. v. Chr.) auf Kreta (Palast von Knossos) und dem griech. Festland; sie kennt außer Lautzeichen auch Ideogramme sowie Zahl-, Maß- und Gewichtszeichen; ihre Sprache ist ein archaischer griech. Dialekt (Mykenisch).

Linearstrahler ↑Antennen.

Line Islands [engl. 'laɪn 'aɪləndz], Bez. für eine Reihe von Inseln im zentralen Pazifik beiderseits des Äquators, u. a. ↑Christmas Island.

Ling, Pehr Henrik, *Södra Ljunga (Gemeinde Ljungby, Verw.-Geb. Kronoberg) 15. Nov. 1776, †Stockholm 3. Mai 1839, schwed. Leibeserzieher und Schriftsteller. - Begründer der schwed. Gymnastik, die er v. a. in Anlehnung an die Gymnastik F. Nachtegalls bzw. GutsMuths entwickelte (z. B. Sprossenwand, Gitterleiter, Schwedenbank).

Linga [Sanskrit „Kennzeichen, Phallus"], symbol. Darstellung des männl. Gliedes als Kultbild in Indien. Älteste Darstellungen des L. (naturalist. oder als Säulenstumpf) im Hinduismus stammen aus dem 1. Jh. v. Chr.; gilt als Symbol ↑Schiwas.

Lingajata [Sanskrit], ind. Sekte, ↑Wiraschaiwa.

Lingen, Theo, eigtl. Theodor Schmitz, *Hannover 10. Juni 1903, †Wien 10. Nov. 1978, dt.-östr. Schauspieler. - Engagements

Doppelseitiger Linearmotor in Kurzständerausführung (oben) und das entstehende Wanderfeld

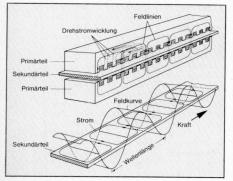

u. a. in Berlin und seit 1948 am Wiener Burgtheater; einer der bekanntesten Charakterkomiker des dt. Sprachraums (Glanzrollen: Malvolio in Shakespeares „Was ihr wollt", Riccaut in Lessings „Minna von Barnhelm"); erreichte seine Popularität v. a. durch zahlr. Filmrollen; u. a. „Im weißen Rößl" (1935), „Opernball" (1939), „Der Theodor im Fußballtor" (1950), „Hurra, die Schule brennt" (1969).

Lingen (Ems), Stadt im Emsland, Nds., 33 m ü. d. M., 44 600 E. Erdölraffinerie (Hydrokracker), Elektrostahlwerk, Wäschefabriken, metallverarbeitende, chem. u. a. Ind.; Zentralviehmarkt; Kernkraftwerk (L.-1 stillgelegt, L.-2 „Emsland" im Bau), Erdgaskraftwerk (800 MW); Hafen am Dortmund-Ems-Kanal. - Im Anschluß an die vor 1150 gebaute Burg (1516 und nach 1600 zur Festung ausgebaut, ab 1633 geschleift) der Grafen von Tecklenburg entwickelte sich L. zu einem bed. Handels- und Marktort (1306 Stadtrecht). Seit 1493 aus der Gft. Tecklenburg herausgelöst, dessen Hauptort es war. Kam 1551 an die Niederlande, 1702 an Preußen, 1815 an Hannover. - Ref. Kirche (1770) mit spätgot. Chor und roman. W-Turm; Rathaus (barock umgebaut) mit spätgot. Staffelgiebel.

Lingg, Hermann von, * Lindau (Bodensee) 22. Jan. 1820, † München 18. Juni 1905, dt. Dichter. - Mitgl. des Münchner Dichterkreises. Seine starke rhetor. Begabung offenbarte sich v. a. in seinen Balladen. In seinem Epos „Die Völkerwanderung" (1866–68) faszinieren prachtvolle Einzelschilderungen.

Lingonen (lat. Lingones), kelt. Stamm im Gebiet des Oberlaufs von Seine und Marne. Als Bundesgenossen Roms nahmen sie am Aufstand gegen Cäsar 52 v. Chr. nicht teil. 70 n. Chr. bei der Erhebung des Julius Sabinus wurden sie fast vernichtet.

Lingua [lat.], in der Anatomie und Medizin svw. Zunge.

Lingua franca [italien.], urspr. v. a. mit arab. Elementen vermischtes Italienisch, das zur Zeit der venezian. und genues. Herrschaft im östl. Mittelmeerraum Verkehrssprache war; danach allg. Bez. für die Verkehrssprache eines größeren, mehrsprachigen Raumes.

lingual [lat.], auf die Zunge bezogen.

Lingualpfeife (Zungenpfeife), neben der ↑Labialpfeife verwendete Orgelpfeifenart; der den Ton erzeugende Luftstrom wird durch eine schwingende Zunge aus Metall period. unterbrochen.

Linguatulida [lat.], svw. ↑Zungenwürmer.

Linguistik [lat.], Ausprägung der ↑Sprachwissenschaft, die in Abkehr von spekulativen, psychologisierenden, nur historisierenden Ansätzen die Systemhaftigkeit von Sprache untersucht. Bes. in der BR Deutschland ist L. seit den 1950er Jahren Bez. für

ein sprachwiss. und wissenschaftspolit. Programm, das an die strukturalist. Sprachforschung des Auslandes anknüpfen und sie in Forschung und Lehre vertreten will. U. a. wurden die folgenden Richtungen der internationalen L. rezipiert: F. de Saussure und die Genfer Schule (↑auch Strukturalismus), die Kopenhagener Schule (↑Glossematik) um L. Hjelmslev, die ↑Prager Schule um N. Trubetzkoi und R. Jakobson, der amerikan. Deskriptivismus (geht nicht von abstrakten Theorien, sondern von der konkreten Sprache aus, v. a. L. Bloomfield, Z. S. Harris), die ↑generative Grammatik N. Chomskys, die ↑Dependenzgrammatik von L. Tesnière. Kennzeichen des linguist. Ansatzes sind u. a.: Theoriebezogenheit, Objektivierung der Methodik, Vorrang der gesprochenen Sprache und der ↑Synchronie.

📖 *Lyons, J.: Einf. in die moderne L. Dt. Übers. Mchn.* ⁶*1984. - Lex. der germanist. L. Hg. v. H. P. Althaus u. a. Tüb.* ²*1980.*

linguistische Paläontologie, Bez. für eine Forschungsmethode, die auf Grund von sprachwiss. Kriterien die materielle und geistige Kultur eines vorgeschichtl. Volkes, das (noch) nicht mit einer bestimmten prähistor. Kulturgruppe identifiziert ist, zu erschließen versucht. Die l. P. verknüpft Sprach- und Sachforschung: sie schließt aus dem Vorhandensein eines Wortes auf das Vorhandensein der betreffenden Sache.

linguistischer Phänomenalismus (Philosophie der Normalsprache) ↑analytische Philosophie.

Lingula [lat.], seit dem Kambrium bekannte Gatt. der Armfüßer mit 15 rezenten

Linearschrift. Linear B auf einer Tontafel aus dem Palast von Knossos (um 1400 v. Chr.)

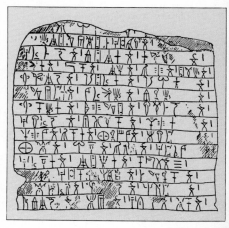

Arten; mit ausstreckbarem, langem Stiel, mit dem sich die Tiere im Sand eingraben; Schalen spatelförmig, grünl. bis kupfrig. Die bekannteste Art ist die 3–5 cm lange **Zungenmuschel** (Lingula unguis), mit zungenförmigen, grünspanfarbenen Schalen und einem bis 30 cm langen Stiel.

Linhartová, Věra [tschech. 'linhartɔva:], * Brünn 22. März 1938, tschech. Schriftstellerin. - Schreibt durch disziplinierte Sprache und starke Reflexion ausgezeichnete Prosa, die dem Surrealismus verwandt ist. Dt. erschienen u. a. „Geschichten ohne Zusammenhang" (1964, dt. 1965), „Haus weit" (1968, dt. 1970), „Chimäre ... (dt. 1970); auch Übersetzungen.

Linie [zu lat. linea „Linie, Richtschnur"], in der *Mathematik* ein (abstraktes) eindimensionales geometr. Grundgebilde ohne Querausdehnung.

♦ *militär.:* 1. takt. die in gleichmäßigen Abständen nebeneinander aufgestellte Truppe (Ggs. Kolonne); 2. in der Heeresorganisation früher die Truppen des stehenden Heeres gegenüber der Reserve bzw. der Landwehr.

♦ im *Straßen-* und *Luftverkehr* sowie in der *Schiffahrt* eine regelmäßig von Verkehrsmitteln befahrene bzw. beflogene Verkehrsverbindung.

Linienbandkeramik ↑bandkeramische Kultur.

Linienraster ↑Raster.

Linienrichter, bei verschiedenen Ballspielen Assistent des Schiedsrichters, der vom Spielfeldrand aus insbes. die Grenzlinien überwacht und Regelverstöße anzeigen kann.

Linienriß, im Schiffbau die zeichnerische Darstellung der Form eines Schiffes durch Schnitte in verschiedenen Ebenen: **Längsriß** (Schnitte parallel der Mittellängslinie), Wasserlinienriß (parallel zur Wasserlinie), **Spantenriß** (parallel zum Hauptspant, rechts Vor-, links Hinterschiff) und **Sentenriß** (in verschieden quer geneigten Ebenen). Übersichts- und Konstruktions-L. werden heute meist durch EDV-Anlagen erstellt.

Linienschiff, schwerstes Kriegsschiff der Segelschiffszeit mit mehreren Batteriedecks; die L. bildeten, „in der Linie" kämpfend, den Kern der Flotte. Später wurde das schwer bewaffnete und geschützte, relativ langsame L. und Groß-L. zum Vorläufer des Schlachtschiffes.

♦ in der Linienschiffahrt eingesetztes Handelsschiff.

Linienschiffahrt, die Schiffahrt auf festgelegten Routen *(Linien)* nach einem festen Fahrplan, unabhängig vom Ladungsangebot (im Ggs. zur ↑Trampschiffahrt).

Linienspektrum (Serienspektrum), ein aus einer Folge diskreter Spektrallinien bestehendes ↑Spektrum, das - im Ggs. zum ↑Bandenspektrum, einem Molekülspektrum - bei den Übergängen der Leuchtelektronen zw. den Energiezuständen der Atome oder Atomionen eines Gases emittiert bzw. absorbiert wird. Jedem Übergang entspricht eine bestimmte Frequenz, d. h. eine bestimmte Spektrallinie. Die gesetzmäßige Folge der Linien eines Linienspektrums bezeichnet man als **Linienserie,** die für ihre Wellenlängen bzw. Frequenzen gültigen Gesetze als **Seriengesetze.** Das L. ist für jedes chem. Element charakteristisch. - Abb. S. 164.

Liniensystem, in der *Musik* die Zusammenstellung von horizontal parallelen, von unten nach oben gezählten Linien, die in ihren Zwischenräumen die Noten aufnehmen; in einfachster Form als Bezugslinie für diastematisch notierte ↑Neumen, bei Hucbald als Abbild mehrerer Saiten, in deren durch *t* (Tonus) und *s* (Semitonium) bezeichnete Zwischenräume der Text eingetragen wurde. Seit Guido von Arezzo sind Linien im Terzabstand gebräuchlich. Während die Choralnotation mit vier Linien und Wechsel des ↑Schlüssels arbeitet, setzte sich seit dem ausgehenden MA für die mehrstimmige Musik (Ausnahme ↑Tabulatur) das Fünf-L. mit (bis zu fünf) Hilfslinien über und unter dem System durch.

Linientaufe (Äquatortaufe), ulkig-derbe, scherzhafte „Reinigungs"- und Aufnahmebräuche, denen Mitglieder einer Schiffsbesatzung unterzogen werden, die erstmals den Äquator passieren; diese Bräuche werden in jüngster Zeit auch auf Passagiere ausgedehnt.

Linienzugbeeinflussung ↑Eisenbahn.

Liniment (Linimentum) [lat. „Schmiere"], dickflüssiges, salbenartiges Gemisch aus Seife, Fetten und Alkoholen mit Arzneimittelzusätzen; wird v. a. zur Rheumabehandlung verwendet.

Linke, aus der nach 1814 übl. Sitzordnung (in Blickrichtung des Präs.) der frz. Deputiertenkammer übernommene Bez. für die „Bewegungsparteien", die auf eine (weitreichende) Änderung der polit.-sozialen Verhältnisse hinwirken.

linke Hand (Ehe zur linken Hand) ↑morganatische Ehe.

Linklater, Eric Robert Russell [engl. 'lɪŋkleɪtə], * Dounby (Orkney) 8. März 1899, † Aberdeen 7. Nov. 1974, schott. Schriftsteller. - Seinen größten Erfolg hatte er mit dem witzig-satir. Schelmenroman „Juan in Amerika" (1931). - *Weitere Werke:* Soldat Angelo (R., 1946), Auf der Höhe der Zeit (R., 1958).

Linkomyzin (Lincomycin), bakteriostat. auf grampositive Bakterien, bes. Kokken wirkendes Antibiotikum.

Linköping [schwed. ˌlintɕøːpiŋ], Hauptstadt des Verw.-Geb. Östergötland im sö. M-Schweden, 114700 E. Luth. Bischofssitz; Univ. (gegr. 1970), geotechn. Forschungsinstitut; Bibliothek, Museen; Garnison; Flugzeug- und Kraftfahrzeugbau, Elektronikind.,

Maschinenbau. - Seit dem 12. Jh. Stadt; die wirtsch. Entwicklung der Kleinstadt (um 1850 5000 E) wurde durch den Bau des Götakanals (1832), den Eisenbahnanschluß (1873), im 2. Weltkrieg durch die Entstehung der Flugzeugwerke gefördert. - Roman.-spätgot. Domkirche (13.–15. Jh.), Schloß (vor 1500).

Linkrusta (Lincrusta) [Kw.], widerstandsfähiger, abwaschbarer Wandbelag; Gewebe oder starkes Papier, auf das eine [ohne Korkmehl hergestellte] Linoleummasse aufgebracht und reliefartig geprägt ist.

links, bezeichnet die Körperseite, auf der beim Menschen gewöhnl. das Herz liegt und deren Hand bei den meisten Menschen ungeschickter ist (↑ dagegen Linkshändigkeit). Die Bed. und Bewertung von l. und rechts ist bei den Völkern unterschiedlich (↑ rechts und links).

Linksauslage ↑ Auslage.

Linkseindeutigkeit ↑ Eindeutigkeit.

linksgängig (linkssteigend), vom Gewinde bestimmter Schrauben, Schnecken oder Fräser gesagt: bei aufrechtstehender [Dreh]-achse steigt die sichtbare Schraubenlinie von rechts nach links an.

Linkshändigkeit (Sinistralität), bevorzugter Gebrauch der linken Hand, bedingt durch stärkere funktionelle Differenzierung der rechten Gehirnhälfte. Die L. kommt bei etwa 2–5 % der Menschen vor.

Linkshegelianismus ↑ Hegelianismus.

Linkshypertrophie ↑ Herzhypertrophie.

Linksinsuffizienz ↑ Herzkrankheiten.

Links-rechts-Shunt [ʃʌnt], krankhafter Übertritt von arteriellem Blut aus dem linken Herzen (oder aus einer Schlagader) in das venöse Blut führende rechte Herz (bzw. in eine Vene); z. B. bei einem Defekt der Herzscheidewand (↑ Fallot-Kardiopathien).

linkssteigend, svw. ↑ linksgängig.

Linkssystem ↑ Dreibein.

Link-Trainer ⓦ [engl., nach dem amerikan. Erfinder E. A. Link, * 1904], Flugsimulator für die Pilotenschulung am Boden: Der Führerraum des Flugzeugs ist genau nachgebildet, alle Flugzustände werden durch elektron. Steuerung nachgeahmt.

Linlithgow, Victor Alexander John Hope, Marquess of (seit 1908) [engl. lin'lɪθɡoʊ], * Mbala (Sambia) 29. Sept. 1887, † auf seinem Besitz in West Lothian 5. Jan. 1952, brit. Politiker. - Vors. des Parlamentsausschusses, der die ind. Verfassung von 1935 ausarbeitete; 1936–43 Vizekönig von Indien; führte die 1935 vom Parlament beschlossene Trennung Birmas von Indien durch, führte 1937 die Selbstverwaltung der ind. Prov. ein.

Linlithgow [engl. lɪn'lɪθɡoʊ], schott. Stadt 25 km westl. von Edinburgh, Region Lothian, 6100 E. Handels- und Verarbeitungszentrum für landw. Erzeugnisse. - 1389 Burgh, bis etwa 1600 einer der bedeutendsten

Orte Schottlands. - Got. Pfarrkirche (13. Jh.), Schloß (1425–1539; heute Ruine).

Linna, Väinö, * Urjala 20. Dez. 1920, finn. Schriftsteller. - Sein (auch verfilmter) realist. Roman „Kreuze in Karelien" (1954) über den Krieg an der Ostfront 1941–44 wurde ein Welterfolg.

Linné, Carl von (seit 1762, bis dahin C. Linnaeus), * Hof Råshult bei Stenbrohult (Kronoberg, Småland) 23. Mai 1707, † Uppsala 10. Jan. 1778, schwed. Naturforscher. - Studium der Medizin und Biologie; 1738 Arzt in Stockholm, wo er im folgenden Jahr die Gründung der Schwed. Akademie der Wiss. anregte, deren 1. Präs. er wurde. 1741 Prof. in Uppsala; 1747 erhielt er den Titel „Archiater" („königl. Leibarzt"). In Uppsala schuf L. ein naturhistor. Museum und legte darüber hinaus ein großes privates Herbarium an. Seine erstmals 1735 erschienene Abhandlung „Systema naturae" ist die Grundlage der modernen biolog. Systematik. L. führte die binäre lat. Bezeichnung (↑ Nomenklatur) durch, die mit der Festlegung des Artbegriffs verbunden war. Basis seiner Klassifikation waren die Geschlechtsorgane (Staub- und Fruchtblätter) der Pflanzen (Einführung der Symbole ♂ und ♀), nach deren Verteilung, Zahl und Verwachsung er die z. T. bis heute übl. Diagnosen der systemat. Stellung in der Botanik entwickelte. Er bemühte sich, neben diesem „künstl." System auch ein natürl. System (Einteilung nach Ähnlichkeiten) zu erstellen. - L. dehnte sein System auch auf die zu seiner Zeit bekannten Tiere und Minerale aus. Von der 12. Auflage seines „Natursystems" (1766) an stellte er dann erstmals die Menschen unter den Bez. Homo sapiens in die Ordnung „Herrentiere" (neben den Schimpansen und den Orang-Utan). - *Weitere Werke: Genera plantarum* (1737), *Materia medica* (1749), *Philosophia botanica* (1751), *Species plantarum* (1753).

⚇ *Goerke, H.: C. v. L. Stg. 1966. - C. v. Linnés Bed. als Naturforscher u. Arzt. Dt. Übers. Hg. v. der Königl. Schwed. Akad. d. Wiss. Jena 1909. Nachdr. Wsb. 1968.*

L., Carl von, * Falun 20. Jan. 1741, † Uppsala 1. Nov. 1783, schwed. Botaniker. - Sohn von Carl von L.; arbeitete v. a. über Pflanzensystematik („Supplementum plantarum systematis vegetabilium", 1781).

Linneit [nach C. von Linné] (Kobaltkies), Mineral der chem. Zusammensetzung Co_3S_4 aus der Kobaltnickelkiesgruppe; bildet grauweiße bis stahlgraue, kub. Kristalle mit Metallglanz; Mohshärte 4,5–5,5; Dichte 4,5–4,8 g/cm^3; meistens auf hydrothermalen Lagerstätten; Vorkommen u. a. im Siegerland, Schweden.

Linolensäure [lat./dt.] (9, 12, 15-Octadecatriensäure), dreifach ungesättigte essentielle Fettsäure, die v. a. in trocknenden pflanzl. Ölen vorkommt.

Linoleum

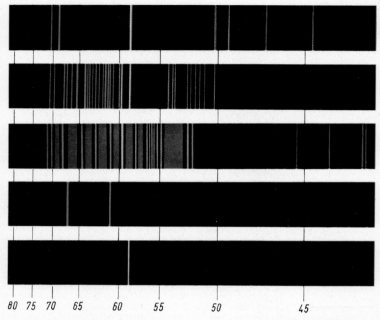

Linienspektrum. Von oben: Helium,
Neon, Argon, Lithium, Natrium (rechts)

Linoleum [zu lat. linum oleum „Leinöl"],
ein Fußbodenbelag, der aus einem Grundgewebe aus Jute besteht, auf das einseitig eine
aus einer Mischung von Kork- oder Holz-
mehl, Farbstoffen, Harzen und aus Leinöl
gewonnenem Linoxyn bestehende Belagmas-
se (sog. L.deckmasse) aufgepreßt wurde.

Linolsäure [lat./dt.] (Leinölsäure, 9, 12-
Octadecadiensäure), doppelt ungesättigte essentielle Fettsäure, die mit hohem Anteil (15–
16 %) im Leinöl, aber auch in vielen anderen
pflanzl. und tier. Ölen und Fetten vorkommt,
z. B. im Sonnenblumenöl (etwa 50 %) und
Olivenöl (10–15 %) sowie im Schweinefett
(14 %). L. senkt den Cholesterinspiegel des
Blutes und ist Bestandteil von Phospholipi-
den und Prostaglandinen. - Techn. wird L.
zur Herstellung von Seifen, Emulgatoren und
Anstrichfarben verwendet. Chem. Strukturformel:

$$CH_3 - (CH_2)_4 - CH = CH - CH_2 - CH =$$
$$= CH - (CH_2)_7 - COOH$$

Linolschnitt [lat. dt.], dem Holzschnitt
verwandte Hochdrucktechnik (seit dem frühen 20. Jh.; v. a. Picasso), bei der die Zeichnung nicht in einen Holzstock, sondern in
eine weiche Linoleumplatte geschnitten wird;
auch Bez. für den Druck. Der **Farblinolschnitt**
wird nach stufenweiser Veränderung zw. den
einzelnen Druckgängen mit deckenden
Druckfarben eingewalzt und abgezogen;
leichte, für den Werkkunstunterricht geeignete Technik. - ↑ auch Drucken.

Linon [li'nõ:; frz., zu lat. linum „Flachs"],
leinwandbindiges Baumwollgewebe; rechts-
seitig mit Glanzappretur, dadurch leinenarti-
ges Aussehen; für Bett- und Leibwäsche.

Linotype ⓦ ['laınotaıp; engl.] ↑ Setzerei.

Lin Piao (Lin Biao) [chin. lınbjaʊ],
* Hwangan (Prov. Hupeh) 1907, † 1971, chin.
Politiker. - Seit 1927 Mgl. der KPCh; 1945
Mgl. des ZK der KPCh; 1946 Oberkomman-
dierender der Roten Armee, besiegte die Heere der Kuomintang im 3. revolutionären Bürgerkrieg (1945–49); 1950 Mgl. des Politbüros,
1955 Marschall der Volksbefreiungsarmee,
1959 Verteidigungsmin.; in der Kulturrevolution auf der Seite Mao Tse-tungs, löste 1968
Liu Shao-ch'i als stellv. Parteivors. ab; stellte
sich 1970 gegen Mao Tse-tungs Idee der
„permanenten Revolution", von dessen Anhängern seine Fraktion nur knapp über-
stimmt wurde; versuchte am 8. Sept. 1971
einen Staatsstreich durch Bildung eines separaten ZK, der aber scheiterte; kam bei dem
Versuch, sich in die UdSSR abzusetzen (nach
unbestätigten Meldungen am 12. Sept. 1971
über der Mongol. VR) ums Leben.

Linolschnitt. Pablo Picasso, Picador und Torero (Ausschnitt; 1959)

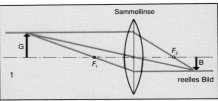

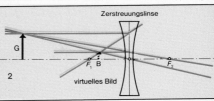

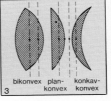
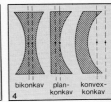

Linsen. Strahlengang und Entstehung eines Bildes bei einer Konvexlinse (1) und einer Konkavlinse (2). G Gegenstand, B Bild, F_1 und F_2 Brennpunkte; 3 Konvexlinsen; 4 Konkavlinsen

Linsange [malai.], Bez. für drei Arten kurzbeiniger, bis 40 cm langer Schleichkatzen in den Wäldern Z- und W-Afrikas sowie S-Asiens (hier die Arten **Bänderlinsang,** Priono- don linsang, und **Fleckenlinsang,** Prionodon pardicolor); nachtaktive, auf Bäumen ge- schickt kletternde Raubtiere mit ockerfarbe- nem bis hellgrauem, dunkel geflecktem Kör- per und buschigem, dunkel geringeltem Schwanz.

Lins do Rêgo Cavalcanti, José [brasi- lian. 'lĩz du 'rregu kaval'kɐnti], * Farm Corre- dor bei Pilar (Paraíba) 3. Juni 1901, † Rio de Janeiro 12. Sept. 1957, brasilian. Schrift- steller. - Sein Hauptwerk ist der aus 6 Roma- nen bestehende gesellschaftskrit. „Ciclo da cana de açúcar" (Zuckerrohrzyklus, 1932–43; Bd. 1, 3 und 4 dt. 1953 u. d. T. „Santa Rosa").

Linse (Lens culinaris), wickenähnl. Schmetterlingsblütler; alteKulturpflanze aus dem Orient; einjähriges, 30–50 cm hohes Kraut mit paarig gefiederten, meist in Ranken endenden Blättern mit kleinen, bläulich-wei- ßen Blüten in ein- bis dreiblütigen, achselstän- digen Trauben; Hülsenfrüchte rautenför- mig. - Die ein bis drei gelben, roten oder schwarzen, scheibenförmigen Samen *(Lin- sen)* ergeben gekocht ein eiweiß- und kohlen- hydratreiches Gemüse; Kraut und Stroh sind ein eiweißreiches Viehfutter.

Geschichte: In den alten Kulturen in Mesopo- tamien, Ägypten, Persien und Israel waren Linsen Volksnahrungsmittel. Bes. bekannt sind die Grabbeigaben aus der 12. ägypt. Dyn. und die Erwähnung des Linsengerichtes im A. T. In M-Europa ist die Wildform der L. für die bandkeram. Kultur nachgewiesen.

Linsen, lichtdurchlässige Körper, die durch ↑Brechung des Lichts eine opt. ↑Abbil- dung vermitteln können. Sie sind meist von Kugelflächen begrenzt **(sphär. Linsen).** Je nach Art der Wölbung unterscheidet man bei sphär. L. zw. **Konvexlinse,** die in der Mitte dicker sind als am Rand, und **Konkavlinse,** die in der Mitte dünner sind als am Rand. Ist das Linsenmaterial opt. dichter als die Umgebung (z. B. Glaslinse in Luft), dann wir- ken Konvex-L. als **Sammellinse** und Konkav- L. als **Zerstreuungslinse.** Die Verbindungs- gerade der Mittelpunkte der begrenzenden Ku- gelflächen bezeichnet man als **Linsenachse** *(opt. Achse),* ihre Durchstoßpunkte auf den Begrenzungsflächen als **Linsenscheitel** und den Mittelpunkt der Verbindungsstrecke bei-

der L.scheitel als **Linsenmittelpunkt**. Für dünne L. und nahe der opt. Achse verlaufende Strahlen gilt:
Bei Sammel-L.: 1) parallel zur opt. Achse einfallende Strahlen vereinigen sich nach Durchgang durch die L. in einem Punkt der opt. Achse, dem **Brennpunkt**; sein Abstand vom L.mittelpunkt wird als **Brennweite** bezeichnet; 2) vom Brennpunkt ausgehende Strahlen verlaufen nach Durchgang durch die L. parallel zur opt. Achse; 3) durch den L.mittelpunkt verlaufende Strahlen erfahren keine Richtungsänderung.
Bei Zerstreuungs-L.: 1) parallel zur opt. Achse einfallende Strahlen verlaufen nach Durchgang durch die L. so, als ob sie von einem Punkt der opt. Achse, dem **Zerstreuungspunkt** (*virtueller Brennpunkt*) ausgingen; 2) in Richtung auf den (jenseitigen) Zerstreuungspunkt einfallende Strahlen verlaufen nach Durchgang durch die L. parallel zur opt. Achse; 3) durch den L.mittelpunkt verlaufende Strahlen erfahren keine Richtungsänderung.
◆ (Elektronen-L.) ↑ Elektronenmikroskop.

Linsenantennen, Antennen für Zentimeter- und Millimeterwellen, bestehend aus einem Hornstrahler und einem davorgesetzten linsenförmigen Körper aus dielektr. Material, der eine sammelnde und bündelnde Wirkung hat.

Linsenaugen ↑ Auge.

Linsenkopfschraube ↑ Schraube.

Linsentrübung, svw. grauer Star (↑ Starerkrankungen).

Lint [engl.], Bez. für die verspinnbaren Fasern der Baumwolle.

Linters [engl.], Baumwollfasern, die für das Verspinnen zu kurz sind; sie werden als Ausgangsmaterial bei der Herstellung von Chemiefasern aus Zellstoff nach dem ↑ Kupferoxid-Ammoniak-Verfahren und dem ↑ Acetatverfahren verwendet.

Linth, Oberlauf der ↑ Limmat.

Linus, männl. Vorname, der auf den griech. Personennamen Linos zurückgeht.

Lin Yutang [chin. lɪn-iytaŋ], * Amoy 10. Okt. 1895, † Hongkong 26. März 1976, chin. Schriftsteller. - Studium an der Harvard University, in Jena und Leipzig; 1923–26 Prof. für engl. Philologie an der Universität Peking; ging 1936 nach New York; u. a. 1954/55 Rektor der Nanyang University in Singapur. Schrieb meist in engl. Sprache Zeitromane aus dem modernen China, u. a. „Peking, Augenblick und Ewigkeit" (1940), „Blatt im Sturm" (1941).

Linz, Landeshauptstadt von Oberösterreich, im Winkel zw. Donau und Traun, 260 m ü. d. M., 198 000 E. Kath. Bischofssitz; Landesbehörden; Univ., mehrere Hochschulen, Bundesstaatl. Bakteriolog.-Serolog. Untersuchungsanstalt, Landw.-Chem. Bundesversuchsanstalt; Priesterseminar, Museen, Landestheater. Vereinigte Östr. Eisen- und Stahlwerke, Chemiewerk u. a. Ind.betriebe; Straßen- und Bahnknotenpunkt; Donauhafen.
Geschichte: Auf dem Freinberg und Gründberg links bzw. rechts der Donau Abschnittswälle spätkelt. Zeit (1. Jh. v. Chr.). In röm. Zeit Kastell **Lentia** mit angeschlossener Zivilsiedlung; bajuwar. Gräberfeld der 2. Hälfte des 7. Jh. beim alten Donauhafen als erster ma. Siedlungsbeweis; 799 Nennung der Martinskirche, am Anfang des 10. Jh. des Marktes, der um 1210 an die Babenberger fiel; erstmals 1236 als Stadt bezeichnet; im 13./14. Jh. erste Vorstädte (bes. das n. nördl. Donauufer gelegene, seit 1497 mit L. durch eine Brücke verbundene **Urfahr**; 1808 Markt, 1882 Stadt, 1919 in L. eingemeindet); Sitz des Hauptmanns ob der Enns; ab 1785 Bischofssitz; bis ins 19. Jh. war die Textilind. führend; im Dritten Reich Ausbau der Stadt, u. a. Nibelungenbrücke (1939–41).
Bauten: Neben der alten Martinskirche (im Kern frühes 8. Jh.) auf dem Römerberg sind zahlr. bed. Bauten zu nennen, u. a.: ehem. Deutschordenskirche (1718–25; Entwurf J. L. von Hildebrandt), Jesuitenkirche (Alter Dom; 1669–78), ehem. Minoritenkirche (1751 ff. Umbau im Rokokostil), Landhaus (1564–71) mit Renaissanceportal und Laubenhof (vermutl. 1568–74) sowie Planetenbrunnen (1582), das barocke Rathaus (1658 ff.) mit spätgot. Erker vom Vorgängerbau (1513), Schloß (1599 ff.; der manierist. Bau 1800 z. T. zerstört), wohl von J. Prandtauer als Stiftshaus Kremsmünster 1721–26 erbaut); einige Türme der Befestigung (1830–36) erhalten; moderner Bau: Tabakfabrik von P. Behrens (1929–36).
L., östr. Bistum (↑ katholische Kirche [Übersicht]).

Linz am Rhein, Stadt am Rhein, gegenüber der Ahrmündung, Rhld.-Pf., 55 m ü. d. M., 5 600 E. Steinind. - 874 erstmals gen., erhielt etwa 1320 Stadtrecht. - Spätroman.-frühgot. Pfarrkirche mit Wandmalereien; got. Rathaus (stark umgestaltet); kurköln. Burg (um 1365; Westtrakt 1707).

Linzer Programm, 1. das 1882 in Linz aufgestellte Programm der deutschnationalen Bewegung, das u. a. die Umwandlung des Zweibundes in einen Staatsvertrag und soziale Reformen forderte; 2. das 1926 beschlossene Parteiprogramm der östr. Sozialdemokratie, das für den Fall einer faschist. Machtübernahme Gewaltanwendung vorsah.

Lioba (Leoba, Leobgytha), hl., * Wessex um 710, † Schornsheim (Landkr. Alzey-Worms) 782, engl. Benediktinerin. - Verwandt mit dem hl. Bonifatius, der sie nach Deutschland rief; Äbtissin des Klosters Tauberbischofsheim und Erzieherin. - Fest: 28. Sept.

Liobaschwestern (Benediktinerinnen von der hl. Lioba), Frauenkongregation nach der Regel des hl. Benedikt; 1920 gegr.; sie sind in Seelsorge und Unterricht sowie karitativ tätig.

Lion [engl. 'laɪən], engl. Form des männl. Vornamens Leo; Koseform Lionel.

Lion, Golfe du [frz. gɔlfdy'ljõ], Golf des westl. Mittelmeers an der frz. S-Küste vor der Rhonemündung.

Lionne, Hugues de [frz. ljɔn], Marquis de Berny, * Grenoble 1611, † Paris 1. Sept. 1671, frz. Staatsmann. - Unterhändler bei den Verhandlungen zum Westfäl. Frieden und zum Pyrenäenfrieden; ab 1663 Außenmin.; bereitete den Devolutionskrieg (1667/68) diplomat. vor und isolierte die Vereinigten Niederlande durch den frz.-engl. Vertrag von Dover (1670).

Lionni, Leo, * Amsterdam 5. Mai 1910, amerikan.-italien. Maler und Graphikdesigner niederl. Herkunft. - Kam 1925 nach Italien; wanderte 1939 in die USA aus; lebt seit 1962 wieder in Italien. Einer der stilist. vielfältigsten Bilderbuchkünstler; benutzt einen der jeweiligen Tierfabel angepaßten Stil und wechselndes Material, z. B. Stempeldruck, Pastell und Bleistift, Collage, Mischtechniken, auch ältere Maltechniken. - *Werke:* Swimmy (1963), Frederick (1967), Alexander und die Aufziehmaus (1969), Theodor und der sprechende Pilz (1971), Im Kaninchengarten (1975).

Lions International [engl. 'laɪənz ɪntə'næʃənəl] (offiziell: The International Association of Lions Clubs; Lions, Abk. für: Liberty, Intelligence, Our Nation's Safety), 1917 in Illinois begr. Klub-Organisation führender Persönlichkeiten des öffentl. Lebens; karitativ tätig, um internat. Verständigung bemüht; Hauptsitz: Oak Brook (Ill.); es bestehen mehr als 35 000 Klubs mit über 1,3 Mill. Mgl. in 157 Ländern (1982).

Liotard, Jean Étienne [frz. ljɔ'ta:r], * Genf 22. Dez. 1702, † ebd. 12. Juni 1789, schweizer. Maler. - In zahlr. europ. Städten sowie in Konstantinopel tätig; v. a. Pastellporträts.

Liouville, Joseph [frz. lju'vil], * Saint-Omer (Pas-de-Calais) 24. März 1809, † Paris 8. Sept. 1882, frz. Mathematiker. - Prof. in Paris; untersuchte u. a. Probleme der Analysis, Funktionentheorie, Differentialgeometrie, Zahlentheorie und der statist. Mechanik.

Lipämie [griech.], erhöhter Fettgehalt des Blutes; normal nach fettreichen Mahlzeiten; patholog. u. a. bei Stoffwechselerkrankungen und Leberkrankheiten.

Lipari, italien. Insel 30 km nö. von Sizilien, größte der Lipar. Inseln, bis 602 m ü. d. M. Thermalquellen, Hauptort L. (10 600 E, kath. Bischofssitz). Weinbau, Schwefel-, Alaun-, Bimsstein- und Borsäuregewinnung, Fremdenverkehr. - Dom (13., 17. und 19. Jh.); Museum im bischöfl. Palais.

Liparische Inseln (Äolische Inseln), italien. Inselgruppe vulkan. Ursprungs nö. von Sizilien, insgesamt 117 km². - Die älteste Sied-

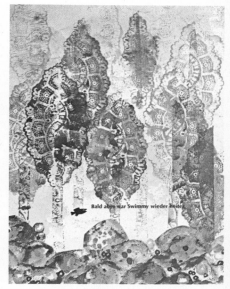

Leo Lionni, Bald aber war Swimmy wieder heiter; aus „Swimmy" (deutscher Text von James Krüss; 1963)

lung, Castellaro Vecchio auf Lipari, gehört der Stentinellokultur an; in der Folgezeit ständige Besiedlung und Befestigung der Akropolis von Lipari bis zu ihrer Zerstörung um 850 v. Chr.; bis zur Besiedlung durch Kolonisten aus Knidos und Rhodos von Sizilien her um 575 v. Chr. unbewohnt; 252 v. Chr. den Karthagern von den Römern entrissen (wichtiger Flottenstützpunkt).

Liparit [nach den Lipar. Inseln] (Rhyolith), dem ↑ Quarzporphyr entsprechendes, junges Ergußgestein.

Lipasen [zu griech. lípos „Fett"], zu den Hydrolasen zählende Enzyme, die Fette in Glycerin und Fettsäuren spalten. Bei der Fettverdauung werden die L. durch Gallensäuren aktiviert.

Lipatti, Dinu, * Bukarest 19. März 1917, † Genf 2. Dez. 1950, rumän. Pianist und Komponist. - Schüler von A. Cortot, N. Boulanger, C. Münch u. a.; internat. gefeierter Pianist (v. a. von Werken J. S. Bachs und Chopins); 1944–50 Prof. am Genfer Konservatorium; Komponist von Orchester-, Kammer-, Klaviermusik und Liedern.

Lipchitz, Jacques [frz. lip'ʃits], eigtl. Chaim Jacob, * Druskieniki (= Druskininkai, Litauische SSR) 22. Aug. 1891, † auf Capri 26. Mai 1973, frz.-amerikan. Bildhauer litauischer Herkunft. - 1908–41 in Paris; schuf 1915–22 bed. kubist. Plastik, in der Folgezeit entwickelte L. einen vom plast. Volumen bestimmten, allegor. Figurenstil. - Abb. Bd. 12, S. 248.

Lipezk [russ. 'lipıtsk], sowjet. Gebietshauptstadt am Woronesch, RSFSR, 440 000 E. PH, polytechn. Hochschule, Theater; bed. Zentrum der Hüttenind.; Kurort (Schlammbäder, Mineralquellen). - Gegr. im 13. Jh., Ende des 13. Jh. durch Tataren zerstört; seit 1779 Stadt.

Lipica [slowen. 'li:pitsa] (italien. Lipizza), jugoslaw. Ort östl. von Triest; Lipizzanergestüt. - 1580 von den Habsburgern gegründet.

Lipide [zu griech. lípos „Fett"], Sammelbez. für Fette und fettähnl. Substanzen (↑ Lipoide). L. werden von pflanzl. und tier. Organismen gebildet; kennzeichnend sind ihre gemeinsamen Löslichkeitseigenschaften, sie sind unlösl. in Wasser und lösl. in vielen organ. Lösungsmitteln wie Benzol, Äther und Chloroform.

Lipizzaner, sehr gelehriges und edles Warmblutpferd, benannt nach dem Stammgestüt Lipizza (↑ Lipica) bei Triest; Prüfung und Auslese der Hengste seit 1735 in der Span. Reitschule in Wien; Schulterhöhe etwa 1,60 m; Körper etwas gedrungen, Brust breit, Beine kurz, stark; meist Schimmel.

Lipmann, Fritz Albert, * Königsberg (Pr) 12. Juni 1899, † Poughkeepsie (N. Y.) 24. Juli 1986, amerikan. Biochemiker dt. Herkunft. - Lehrtätigkeit in Boston, Ithaca (N. Y.) und New York; arbeitete hauptsächl. über B-Vitamine und Enzyme. Er entdeckte das Koenzym A und dessen Bed. für den Intermediärstoffwechsel. Erhielt 1953 (zus. mit Sir H. A. Krebs) den Nobelpreis für Medizin.

Li Po (Li Bo) [chin. libo] (Li T'ai-po, Li Tai-peh), * in Szetschuan 701, † bei Nanking 762, chin. Lyriker. - 742/743 am Kaiserhof in Changan; gilt neben Tu Fu, mit dem er eng befreundet war, als der bedeutendste chin. Lyriker; neben Naturschilderungen Gedichte gegen soziale Ungerechtigkeit; beteiligte sich 754 an einem Aufstand gegen die Tang-Dynastie.

lipo..., Lipo... [zu griech. lípos „Fett"], Bestimmungswort in Zusammensetzungen mit der Bed. „Fett...", „fetthaltig".

Lipochrome [griech.] ↑ Karotinoide.

Lipoide [zu griech. lípos „Fett"], lebenswichtige fettähnl. Stoffe, die mit den Fetten zu den ↑ Lipiden zusammengefaßt werden. L. spielen beim Aufbau der Zellmembran eine wesentl. Rolle. Zu den L. gehören u. a. die Glycerinphosphatide (Kephaline, Lezithine), die Glykolipide (Zerebroside), die Steroide (Gallensäuren, Steroidhormone) und die Karotinoide.

Lipom [griech.] (Fettgeschwulst), gutartige, langsam wachsende, geschwulstige Neubildung aus Fettgewebe.

lipophil, sich in Fetten, Ölen und anderen fettähnl. Substanzen leichtlösend. - Ggs. **lipophob.**

Lipoproteide (Lipoproteine), zusammengesetzte Eiweißstoffe, die neben der Proteinkomponente auch Lipide (Triglyceride, Cholesterin u. a.) enthalten. L. kommen v. a. als Bestandteile des Blutplasmas vor: 1. als Vehikel für wasserunlösl. Lipide, 2. Very-low-density-L. (VLDL; 92 % Lipide), 3. Low-density-L. (LDL; 79 % Lipide, wahrscheinl. verantwortl. für die Cholesterinablagerung in den Gefäßwänden), 4. High-density-L. (HDL; 52 % Lipide, entfernen überschüssige Lipide aus den Gefäßwänden).

Lippe, ehem. westfäl. Adelsgeschlecht und Territorium. Bernhard I. (1113–44) nannte sich nach seinem Allodialbesitz an der Lippe (um Lippstadt) „edler Herr zur Lippe". 1528/29 Erhebung der Edelherren in den Reichsgrafenstand. Nach dem Tod Simons VI. (1563–1613) Teilung in die Gft. L.-Detmold (1627 zweigte sich von ihr die Nebenlinie L.-Biesterfeld ab), L.-Brake (1709 erloschen) und L.-Alverdissen (seit 1643 Schaumburg-Lippe). Die Grafen von L.-Detmold wurden 1789 in den Reichsfürstenstand erhoben, traten 1807 dem Rheinbund und 1815 dem Dt. Bund bei. Das Ft., seit 1905 unter der Herrschaft Leopolds IV. aus der Linie L.-Biesterfeld, bestand bis 1918, war bis 1945 Freistaat und ist seit 1947 Teil Nordrhein-Westfalens.

Lippe, Kreis in Nordrhein-Westfalen.

L., rechter Nebenfluß des Rheins, entspringt bei Bad Lippspringe, mündet bei Wesel, 228 km lang.

Lippe [niederdt., eigtl. „schlaff Herabhängendes"], (Labium) paarige, bewegl., weiche Verdickung oder paarige Hautfalte am Mundrand bes. bei Säugetieren (einschließl. Mensch). Die der Menschen sind drüsenreich (innen Mundhöhlenschleimhaut außen Talg- und Schweißdrüsen). Sie werden von verschiedenen Muskeln durchzogen und sind stark durchblutet (Lippenrot). Beim Säugling tragen die L. innen einen feinen Zottensaum, der die Haftung an der Brustwarze verbessert.

◆ als Oberlippe (Labrum) und Unterlippe (Labium) werden Teile der ↑ Mundgliedmaßen der Insekten bezeichnet.

Lippenbär (Melursus ursinus), bis 1,7 m langer, schwarz- und langhaariger, nachtaktiver Bär in den Wäldern Vorderindiens und Ceylons; mit heller Schnauze, weit vorstreckbaren Lippen, kurzen Beinen, großen Füßen und langen Krallen; Insekten-, Honig- und Früchtefresser.

Lippenblüte, für die Lippenblütler charakterist. dorsiventrale Blüte, deren verwachsener, häufig zweilippiger Kelch eine langröhrige Krone mit einer aus zwei Blättern verwachsenen Oberlippe und einer dreiteiligen Unterlippe umgibt.

Lippenblütler (Labiaten, Labiatae, Lamineae), weltweit verbreitete Pflanzenfam. mit rd. 200 Gatt. und über 3 000 Arten; meist Kräuter oder Stauden mit Lippenblüten; Frucht durch Klausenbildung in meist vier Nüßchen geteilt. Zu den L. zählen viele Heil- und Gewürzpflanzen, z. B. Melisse, Salbei, Lavendel, Thymian, Majoran, Basilienkraut.

Lippenfarn, svw. ↑Cheilanthes.

Lippenkrebs (Lippenkarzinom), bösartige Geschwulst, bes. im Bereich der Unterlippe. Der L. kommt bei Männern doppelt so oft vor wie bei Frauen und ist v. a. bei Pfeifenrauchern relativ häufig. Erste Anzeichen sind nicht selten weißl. Schleimhautflecke *(Leukoplakien)*. Später bilden sich warzenförmige Knötchen, die infiltrierend in die Umgebung wachsen.

Lippenlaute ↑labial.

Lippenpfeife, svw. ↑Labialpfeife.

Lippenpflöcke, von vielen Naturvölkern in die Lippen eingefügter Schmuck aus Holz, Ton, Knochen oder Stein.

Lippenspalte, svw. ↑Hasenscharte.

Lippenstifte (Lippenschminkstifte), zu den dekorativen Kosmetika zählende farbige, fetthaltige Massen in Stiftform (in einer *Drehhülse*) zum Färben und Konturieren der Lippen. L. enthalten natürl. und synthet. Wachse, Fette und Öle (z. B. Ceresin, Bienen- und Karnaubawachs, Glycerinstearate, Paraffin- und Rizinusöl), auch Fettalkohole und Glykole, sowie Farbstoffe (meist Eosinfarbstoffe), Emulgatoren, Geruchs- und Geschmacksstoffe. **Fettstifte** dienen der Pflege trockener Lippen. **Cremestifte,** meist als L. bezeichnet, sind bes. fetthaltig und stark deckend. **Glosser** („lip gloss") in Stiftform oder als Paste verleihen einen intensiven Glanz. Der Glanzeffekt bei **Perlmuttstiften** beruht auf feinsten Kunststoffpartikeln. **Transparentstifte** sind Farbfettstifte mit hohem Fettanteil und geringer Deckkraft. *Abschminkmittel* für L. sind wäßrige Lösungen der Monoschwefelsäureester von Fettalkoholen, die mit Triäthanolamin auf den pH-Wert 8 gebracht werden.

Lipper Bergland, Teil des westl. Weserberglands, zw. Werre im W, Weser im N und O, Brakeler Hochfläche im S, Egge im SW, im Köterberg 497 m hoch.

Lippe-Seitenkanal, Schiffahrtsweg am N-Rand des Ruhrgebietes, begleitet das linke Ufer der Lippe; 107 km lang.

Lippfische (Labridae), Fam. einige cm bis fast 3 m langer Barschartiger Fische mit über 600 Arten, v. a. an Korallenriffen und Felsküsten warmer und gemäßigter Meere; meist sehr bunte, vorwiegend Weichtiere und Krebse fressende Fische mit zieml. kleiner Maulöffnung, häufig dicken Lippen und kräftigen, kegelförmigen Zähnen. - Zu den L. gehört u. a. der bis 25 cm lange **Meerjunker** (Pfauenfederfisch, Coris julis) an den Meeresküsten des O-Atlantiks und der Adria; zwitt-

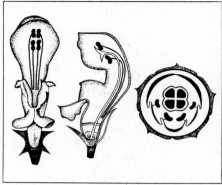

Lippenblüte der Taubnessel.
Links: Ansicht von vorn;
Mitte: längsgeschnitten;
rechts: Blütendiagramm

riger Fisch, der erst als braunes ♀, dann als prächtig gefärbtes ♂ mit orangefarbenem Seitenband erscheint; beliebter Seewasseraquarienfisch.

Lippi, Filippino, * Prato 1457 (?), † Florenz 18. April 1504, italien. Maler. - Sohn des Fra Filippo L.; ab 1472 Schüler Botticellis; Fresken (Brancaccikapelle in Santa Maria del Carmine, Florenz, um 1481–83); Andachtsbilder und Gemälde mytholog. Inhalts in lyr.-melanchol. Stimmung.

L., Fra Filippo, * Florenz um 1406, † Spoleto 8. oder 10. Okt. 1469, italien. Maler. - Vater von Filippino L., Mönch in Santa Maria del Carmine in Florenz, Schüler von Masaccio. 1452 bis 1466 in Prato (Fresken in der Chorkapelle des Domes), ab 1466 in Spoleto (Fresken in der Apsis des Domes) tätig, auch Altarbilder (u. a. Madonna mit Kind, 1452, Florenz, Palazzo Pitti). Bed. Vertreter der Renaissance, der stilist. die florentin. Kunst der zweiten Hälfte des 15. Jh. einleitete; von feinem Licht weich und plast. gezeichnete, statuar. Figuren vor fein gestaffelten Hintergründen, z. T. Landschaften.

Lippisch, Alexander Martin, * München 2. Nov. 1894, † Cedar Rapids (Ia.) 11. Febr. 1976, amerikan. Flugzeugkonstrukteur dt. Herkunft. - Entwickelte Segelflugzeuge, Gleiter und das erste Deltaflügelflugzeug der Welt; konstruierte die Me 163 (erstes dt. Raketenflugzeug; 1 003 km/h) bei der Messerschmitt AG (1943). Nach dem 2. Weltkrieg in den USA; 1965 Gründung der L. Research Corporation in Cedar Rapids; gleichzeitig Mitarbeit in der dt. Luftfahrtindustrie.

Lippische Landeskirche, ref. Landeskirche, die das Gebiet zw. Teutoburger Wald und Weserbogen bei Rinteln umfaßt; Verfas-

Lippischer Wald

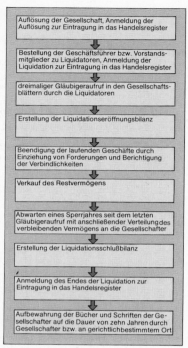

Auflösung der Gesellschaft, Anmeldung der Auflösung zur Eintragung in das Handelsregister

Bestellung der Geschäftsführer bzw. Vorstandsmitglieder zu Liquidatoren, Anmeldung der Liquidation zur Eintragung in das Handelsregister

dreimaliger Gläubigeraufruf in den Gesellschaftsblättern durch die Liquidatoren

Erstellung der Liquidationseröffnungsbilanz

Beendigung der laufenden Geschäfte durch Einziehung von Forderungen und Berichtigung der Verbindlichkeiten

Verkauf des Restvermögens

Abwarten eines Sperrjahres seit dem letzten Gläubigeraufruf mit anschließender Verteilung des verbleibenden Vermögens an die Gesellschafter

Erstellung der Liquidationsschlußbilanz

Anmeldung des Endes der Liquidation zur Eintragung in das Handelsregister

Aufbewahrung der Bücher und Schriften der Gesellschafter auf die Dauer von zehn Jahren durch Gesellschafter bzw. an gerichtlich bestimmtem Ort

Liquidation von
Kapitalgesellschaften
(schematischer Ablauf)

sung seit 1931, Gemeindeordnung seit 1957; 1958 Staatsvertrag mit dem Land Nordrhein-Westfalen.

Lippischer Wald, sö. Teil des ↑Teutoburger Waldes.

Lippitudo [lat.], svw. ↑Triefauge.

Lippl, Alois Johannes, * München 21. Juni 1903, † Gräfelfing 8. Okt. 1957, dt. Schriftsteller. - Schrieb bühnenwirksame Laienspiele und Volksstücke, ferner Drehbücher, Hörspiele und Romane.

Lippmann, Gabriel [frz. lip'man], * Hollerich (Luxemburg) 16. Aug. 1845, † auf See 12. Juli 1921, frz. Physiker. - Prof. an der Sorbonne in Paris; entwickelte ein Verfahren zur Photographie in natürl. Farben unter Ausnutzung der Interferenz stehender Lichtwellen; Nobelpreis für Physik 1908.

L., Walter [engl. 'lɪpmən], * New York 23. Sept. 1889, † ebd. 14. Dez. 1974, amerikan. Publizist. - 1923–37 Chefredakteur der „New York World", danach Mitarbeiter verschiedener Zeitungen, v. a. der „New York Herald Tribune"; seine polit. Kommentare u. d. T.

„Today and tomorrow" wurden von über 250 Zeitungen gedruckt; schrieb u. a. „Die öffentl. Meinung" (1922), „Die Gesellschaft freier Menschen" (1938), „Die Außenpolitik der Vereinigten Staaten" (1943).

Lipps, Theodor, * Wallhalben (Landkr. Pirmasens) 28. Juli 1851, † München 17. Okt. 1914, dt. Philosoph und Psychologe. - 1884 Prof. in Bonn, 1890 in Breslau, 1894 in München. Für L. ist die Psychologie Grundlage der Philosophie, ja sie fällt „als Wiss." mit ihr zusammen. Obwohl L. die Gesetze der Logik als Gesetze des Denkens eines „reinen Bewußtseins" versteht, bleibt sein Logikverständnis letztl. psychologisch. - *Werke:* Grundzüge der Logik (1893), Vom Fühlen, Wollen und Denken (1902), Leitfaden der Psychologie (1903), Ästhetik (2 Bde., 1903–06).

Lippspringe, Bad ↑Bad Lippspringe.

Lippstadt, Stadt im östl. Münsterland, NRW, 77 m ü. d. M., 60 600 E. Elektro-, Textil-, Möbel-, Metallind. Heilbad im Stadtteil **Bad Waldliesborn.** - Die Stadt **Lippe** wurde von den Edelherren zur Lippe Ende des 12. Jh. als Rechteck mit gitterartigem Straßennetz planmäßig angelegt. Das dem Soester Recht nachgebildete Lipper Recht wurde Vorbild lipp. Stadtgründungen. Vom 13. Jh. an war Lippe ein bed. ma. Handelsplatz. Ende des 17. Jh. wurde der Name L. üblich. L. war Kreisstadt des 1974 aufgelösten Kreises Lippstadt. 1975 wurde die zuvor selbständige Gemeinde **Cappel bei Lippstadt** eingemeindet. - Bed. sind die Große Marienkirche (1222 geweiht), die Ruine der Kleinen Marienkirche (13. Jh.), Fachwerkhäuser (16. und 17. Jh.), das Haus der Familie von Redberg (um 1721). Im Ortsteil Cappel roman. Stiftskirche (12. Jh.) des ehem. Prämonstratenserinnenklosters (1139/40–1588).

Lips, Eva, geb. Wiegandt, * Leipzig 6. Februar 1906, dt. Ethnologin. - ∞ mit Julius L.; Prof. in Leipzig; v. a. Arbeiten über die Indianer Nordamerikas.

L., Joest, niederl. Philologe, ↑Lipsius, Justus.

L., Julius, * Saarbrücken 8. Sept. 1895, † Leipzig 21. Jan. 1950, dt. Ethnologe. - Direktor des Rautenstrauch-Joest-Museums in Köln, 1933–48 Prof. an mehreren Univ. in den USA, danach in Leipzig. Schrieb v. a. Arbeiten zur Wirtschaft und zum Recht der Naturvölker.

Lipscomb, William Nunn, jun. [engl. 'lɪpskəm], * Cleveland (Ohio) 9. Dez. 1919, amerikan. Chemiker. - Prof. in Minnesota und an der Harvard University; bei seinen Arbeiten über die ↑Borane, deren stereochem. Aufbau er erstmals theoret. deuten konnte, erbrachte er den Beweis für das Vorkommen der sog. ↑Dreizentrenbindung; erhielt 1976 den Nobelpreis für Chemie.

Lipset, Seymour Martin [engl. 'lɪpsɪt], * New York 18. März 1922, amerikan. Soziologe. - Ab 1956 Prof. in Berkeley (Calif.), seit 1966 an der Harvard University; Arbeiten

v. a. zu Problemen der polit. Soziologie (u. a. „Soziologie der Demokratie", 1960) und der sozialen Schichtung.

Lipsius, Justus [niederl. 'lıpsi:ys], eigtl. Joest Lips, * Overijse bei Brüssel 18. Okt. 1547, † Löwen 23. März 1606, niederl. klass. Philologe. - Prof. in Jena, Löwen, Leiden, seit 1592 wieder in Löwen. Gilt noch heute als einer der besten Kenner der Altertumswiss.; als lat. Stilist übte er bed. Einfluß aus und fand viele Nachahmer (*Lipsiani*). Seine Ausgabe der Werke Tacitus' (1574) war epochemachend. In seinem Werk „Politicorum sive civilis doctrinae libri sex" (1589) entwickelte er seine *„philosophia militans"* als Lehre des modernen Machtstaates. Die Fürstenlehre von L. bestimmte die monarch. Herrschaftspraxis des Absolutismus.

L., Richard Adelbert ['---], * Gera 14. Febr. 1830, † Jena 19. Aug. 1892, dt. ev. Theologe. - 1859 Prof. für systemat. Theologie in Leipzig, 1861 in Wien, 1865 in Kiel, 1871 in Jena; liberaler Dogmatiker in der Auseinandersetzung mit der altprot. Dogmatik; Mitbegr. des Ev. Bundes.

liq., Abk. für lat.: **li**quidus („flüssig"); in der Pharmazie svw. in flüssigem Zustand, flüssig gemacht; bes. bei Arzneizubereitungen.

Liquefaktion [lat.], Verflüssigung; Überführung eines festen Stoffes in die flüssige Form.

Liquidation [mittellat., zu lat. liquidus „flüssig"], Abwicklung der laufenden Geschäfte, abschließende Befriedigung der Gläubiger und Verwertung und Verteilung des Vermögens einer Personengesellschaft oder Kapitalgesellschaft, eines Vereins oder einer Genossenschaft nach Auflösung oder Verlust der Rechtsfähigkeit (Abwicklungsfirma, Firmenzusatz: i. L. = in Liquidation). Keine L. findet statt, wenn über das Vermögen das Konkursverfahren eröffnet worden ist. Bei *Personengesellschaften* kann auch eine andere Art der Auseinandersetzung gewählt werden, da hier die L. in erster Linie den Interessen der Gesellschafter dient. Die L. wird durch **Liquidatoren** (*Abwickler*) durchgeführt. Sie beendigen die laufenden Geschäfte, ziehen die Forderungen ein und setzen das übrige Vermögen in Geld um. Bei *Kapitalgesellschaften* steht die Sicherung der Gläubiger im Vordergrund. Mit der Verteilung des Vermögens darf deshalb erst nach Ablauf eines *Sperrjahres* seit der dritten öffentl. Aufforderung an die Gläubiger, ihre Ansprüche anzumelden, begonnen werden. Zu Beginn und zu Ende der L. erstellen die Liquidatoren eine ↑ Liquidationsbilanz. Nach Abschluß der L. ist das Erlöschen der Firma (des Vereins, der Genossenschaft) von ihnen zur Eintragung in das Handels- bzw. das sonst entsprechende Register anzumelden.

Für das *östr.* und *schweizer. Recht* gilt Entsprechendes.

♦ Kostenrechnung freier Berufe (z. B. eines Arztes).

Liquidationsbilanz, 1. *Liquidationseröffnungsbilanz :* die bei Beginn der Liquidation aufzustellende Bilanz, in die die Vermögenswerte zu den mutmaßl. Veräußerungswerten einzubeziehen sind; 2. *Liquidationsschlußbilanz :* die nach Veräußerung der Vermögensgegenstände und Befriedigung der Gläubiger aufzustellende Bilanz, in der nur noch die Auseinandersetzungsguthaben der Gesellschafter ausgewiesen werden.

Liquidationsvergleich ↑ Vergleichsverfahren.

Liquidatoren [lat.] ↑ Liquidation.

Liquide [zu lat. liquidus „flüssig"], in der Sprachwiss. Sammelbez. für Seitenlaute und Vibranten, oft unter Einschluß der Nasale.

liquidieren [mittellat., zu lat. liquidus „flüssig"], 1. ein Unternehmen bzw. eine Gesellschaft auflösen; 2. Sachwerte in Geld umwandeln; 3. eine Rechnung ausstellen (bei freien Berufen für eine erbrachte Leistung); 4. jemanden (bes. aus polit. Gründen) beseitigen, ermorden.

Liquidität [mittellat. (↑ liquidieren)], 1. Zahlungsfähigkeit eines Unternehmens, d. h. die Fähigkeit, den Zahlungsverpflichtungen jederzeit nachzukommen (Ggs. Zahlungsunfähigkeit, **Illiquidität**); 2. die Zahlungsmittel (flüssige Mittel) selbst: Man unterscheidet L. ersten Grades (Bargeld und Sichtguthaben bei Banken), L. zweiten Grades (Wertpapiere, Warenforderungen), L. dritten Grades (Warenbestände und andere Sachgüter, die relativ schwer oder mit Verlust zu liquidieren sind).

Liquiditätsreserve, flüssige Mittel eines Kreditinstituts zur Aufrechterhaltung seiner Zahlungsbereitschaft, v. a. in Zeiten bes. Anspannung (z. B. Steuertermine).

Liquiditätstheorie ↑ Zinstheorien.

Liquor [lat.], in der *Anatomie:* seröse Flüssigkeit bestimmter Körperhohlräume; z. B. *L. cerebrospinalis* (↑ Gehirn-Rückenmarks-Flüssigkeit).

Liquordruck, svw. ↑ Gehirndruck.

Liquorrhö [lat./griech.], der Ausfluß von ↑ Gehirn-Rückenmarks-Flüssigkeit aus Nase und/oder Ohr (bei Schädelbasisbruch).

Lira [italien., zu lat. libra „Waage, Pfund"] (Mrz. Lire), eigtl. „Pfund", dann Münzbez.; zunächst nur Rechnungsmünze (= 20 Soldi), als einzelnes Geldstück zuerst 1472 in Venedig von dem Dogen Niccolò Tron geprägt (**Lira Tron**), dann auch von anderen italien. Staaten nachgeahmt, ebenso in Tirol. Im Napoleon. Kgr. Italien erfolgte 1806 nach frz. Vorbild die Neuteilung nach dem Dezimalsystem in 100 Centesimi. Die **Lira italiana** des neuen Kgr. Italien (seit 1861) setzte die **Lira sarda** des Kgr. Sardinien fort.

Lira [italien., zu griech. lýra (↑ Lyra)], vom 15. bis 17. Jh. eine Familie von Streichinstrumenten der europ. Kunstmusik im vorder-

Liriopeidae

ständigen Wirbeln. Die Saiten wurden v. a. in Quinten gestimmt. Die **Lira da braccio** (Arm-L.) hatte in der Regel sieben Saiten, zwei davon waren abgespreizt und wurden nicht abgegriffen.

Liriopeidae [lat.], svw. ↑ Faltenmücken.

Lisbeth ↑ Liesbeth.

Lisboa, Antônio Francisco, gen. Aleijadinho („der kleine Krüppel"), * Ouro Prêto 1730, † 1814, brasilian. Baumeister. - Baute die wohl bedeutendsten lateinamerikan. Barockkirchen: São Francisco de Asis (1766–94) und Nossa Senhora do Carmo (1770–95) in Ouro Prêto; auch Bildhauer, u. a. zw. 1796 und 1814 Skulpturen für die Wallfahrtskirche Bom Jesus de Matozinhos in Congonhas (Minas Gerais).

Lisboa [portugies. liʒˈβoɐ] ↑ Lissabon.

Liscow, Christian Ludwig [ˈlɪsko], * Wittenburg 29. (26.?) April 1701, † Gut Berg bei Eilenburg 30. Okt. 1760, dt. Satiriker. - Verspottete in geistreichen Satiren v. a. die Torheiten seiner Zeit; am bedeutendsten: „Die Vortrefflichkeit und Notwendigkeit der Elenden Skribenten gründl. erwiesen" (1734).

Liselotte ↑ Lieselotte.

Liselotte von der Pfalz ↑ Elisabeth Charlotte (Orléans).

Lisene [zu frz. lisière „Saum, Rand"], Wandgliederungselement vorwiegend in der roman. Baukunst: flacher vorgelegter senkrechter Mauerstreifen; z. T. durch Rundbogen verbunden.

Lisette [liˈzɛtə, frz. liˈzɛt], aus dem Frz. übernommener weibl. Vorname, Verkleinerungsform von Elisabeth.

Lisieux [frz. liˈzjø], frz. Stadt in der Normandie, Dep. Calvados, 24900 E. Kunstmuseum; metallverarbeitende, chem. u. a. Ind., Käseherstellung. - Als *Noviomagus* Hauptstadt der kelt. Lexovier. Das im 6. Jh. gegr. Bistum wurde 1801 aufgehoben. L. kam 911 zum Hzgt. Normandie, 1203 aus engl. Herrschaft an die frz. Krondomäne. - Frühgot. Kathedrale (12.–15. Jh.); spätgot. Kirche Saint-Jacques (um 1500); die Basilika Sainte-Thérèse (1929–52) ist die zweitwichtigste frz. Wallfahrtskirche (↑ Theresia von Kinde Jesu).

Lispector, Clarice [brasilian. lispeˈtor], * Tschetschelnik (Ukraine) 10. Dez. 1925 (?), † Rio de Janeiro 9. Dez. 1977, brasilian. Schriftstellerin sowjet. Herkunft. - Verfaßte existentialist. Erzählungen („Die Nachahmung der Rose", 1952) und Romane, u. a. „Der Apfel im Dunkeln" (1961) mit psychologisierender Tendenz.

Lispeln (Sigmatismus, Blaesitas), durch Zahn-Kiefer- bzw. Bißanomalien verursachte oder gewohnheitsbedingte Sprechstörung mit falscher Aussprache der Zischlaute [z. B. s, z, ʃ, ʒ].

Liss, Johann (Jan Lys), * im Land Oldenburg um 1597, † Venedig um 1629/30, dt. Maler. - Bed. Vertreter des Frühbarock in Deutschland, der in Haarlem, Rom (Caravaggio) und Venedig lernte; Szenen aus dem Bauernleben, mytholog. Darstellungen und religiöse Themen in freier Gruppierung; u. a. „Der verlorene Sohn" (1624, Wien, Gemäldegalerie der Akad.), „Tod der Kleopatra" (um 1626–28, München, Alte Pinakothek).

Lissa, jugoslaw. Insel, ↑ Vis.

Lissabon (portugies. Lisboa), Hauptstadt von Portugal am Mündungstrichter des Tejo, 807900 E. Kath. Erzbischofssitz; Akad. der Wiss., histor. Akad., Univ. (gegr. 1290), TU, kath. Univ. (gegr. 1968), Veterinärhochschule, Kunstakad., Konservatorium, zahlr. wiss. Inst., Dt. Archäolog. Inst., Militärakad., Nationalarchiv und -bibliothek, Kongreßzentrum, Gulbenkianstiftung mit Kunstsammlung, zahlr. Museen, u. a. Textilmuseum, Nationaltheater, Oper, botan. Garten, Zoo. Die Ind. ist v. a. im O und NO der Stadt angesiedelt; Hafen mit einer Kailänge von 14 km; Containerterminal; Straßen- und Eisenbahnbrücke über den Tejo, auch Fährverkehr; internat. ✈.

Geschichte: An der Stelle oder in der Nähe des heutigen L. lag der phönik. und karthag. Handelsplatz **Alis Ubbo,** unter röm. Herrschaft (205 v. Chr.–407 n. Chr.) **Olisippo,** dann **Felicitas Iulia**; 200 n. Chr. Munizipium, Hauptstadt der Prov. Lusitania, Bischofssitz ab Mitte des 4. Jh.; unter westgot. Herrschaft (ab 5. Jh.), **Ulixippona** gen., wichtige Festung, auch in maur. Zeit (ab 715/16); 1147 von König Alfons I. von Portugal mit Hilfe einer Kreuzfahrerflotte erobert, hieß nun **Lixboa** (später Lisboa), wurde wieder Bischofssitz und Hauptstadt des Kgr.; nach der endgültigen Reconquista des heutigen Portugal 1260 Residenzstadt; gewann als Hauptstadt und wichtigster Hafen Portugals rasch neue Bed. und war Ende des 14. Jh. eine der reichsten Städte Europas; wurde im Entdeckungszeitalter auf Grund der Wirtschaftsverbindungen mit W-Afrika (seit 1441), S- und SO-Asien sowie Brasilien zu einem der wichtigsten Handelsplätze Europas. Das Erdbeben von 1755 zerstörte, mit einer Flutwelle und Bränden, über die Hälfte der Stadt (30000 Tote von 110000 E).

Bauten: Unterhalb der vom Kastell São Jorge (maur. Ursprungs, 1938–40 restauriert) gekrönten Anhöhe liegt die Altstadt, die **Alfama.** Hier befinden sich die roman.-got. Kathedrale Sé Patriarcal (1147 begonnen, nach 1344 und 1755 erneuert) die 1590 ff. erbaute Spätrenaissancekirche São Vicente de Fora. Die anschließende, regelmäßig angelegte Unterstadt (**Cidade Baixa**) mit der Praça do Comercio ist das Geschäfts- und Bankenzentrum. Die modernen Wohnviertel umschließen heute die Wallfahrtskirche Santo Amaro (1549; Zentralbau der Frührenaissance), die Kirche São Roque (1566 ff.) mit Johanneskapelle (1742), die Basílica da Estrela (1779–90), den

Palacio Real das Necessidades (1745–50; ehem. königl. Schloß, heute Außenministerium). Im Vorort **Belém** steht das ehem. Hieronymitenkloster, Hauptwerk des Emanuelstils, mit Hallenkirche (1499–1571), Kreuzgang sowie der Torre de Belem (1515–21).

📖 *Schubert, J.: Lissabon u. Umgebung. Ffm. 1981.*

Lissajous-Figuren [frz. lisaˈʒu; nach dem frz. Physiker J. A. Lissajous, *1822, †1880], Bez. für die ebenen Kurven, die bei der Überlagerung zweier in unterschiedl. Richtung erfolgender Schwingungen entstehen. Die Form der Kurven ist von den Verhältnis der Amplituden $A_1 : A_2$, dem Frequenzverhältnis $f_1 : f_2$ und der Phasendifferenz $\Delta\varphi$ der Schwingungen abhängig.

Lissauer, Ernst, *Berlin 10. Dez. 1882, †Wien 10. Dez. 1937, dt. Dichter. - Seine Lyrik war zuerst betont nationalist. („Haßgesang gegen England", 1914) und freireligiös, später stärker verinnerlicht.

Lissitzky, El [...ki], eigtl. Lasar Markowitsch Lissizki, *Potschinok (Gebiet Smolensk) 22. Nov. 1890, †Moskau 30. Dez. 1941, sowjet. Maler und Graphiker. - Studierte Architektur; machte sich seit 1916 in der künstler. Avantgarde einen Namen, 1919 Prof. in Witebsk; in Verbindung mit Malewitsch schuf er einen bed. Beitrag zur konstruktivist. Kunst. U. a. Kontakte zu der Stijl-Gruppe und zum Bauhaus, 1925–28 in Hannover (Kabinett der Modernen im Landesmuseum [zerstört]); sowjet. Ausstellungsgebäude in Köln (1928) und Dresden (1930); seitdem in der UdSSR. Neben seinen Bildkompositionen („Prouns") Entwürfe von Plakaten, avantgardist. Architekturprojekte, typograph. Gestaltungen.

List, Friedrich, *Reutlingen 6. Aug. 1789, †Kufstein 30. Nov. 1846 (Selbstmord), dt. Volkswirtschaftler und Politiker. - Seit 1817 Prof. in Tübingen; als Mitbegr. des „Dt. Handels- und Gewerbevereins" und Verfechter dt. zollpolit. Einigung geriet er in Ggs. zur württemberg. Reg., verlor seine Professur (1820) und wurde wegen seiner radikal-liberalen Haltung in der 2. Kammer zu Festungshaft verurteilt, der er sich durch Flucht in die USA entzog, wo er v. a. publizist. tätig war. Seit 1830 im konsular. Dienst der USA in Europa, wurde er zum Vorkämpfer des Eisenbahnbaus in Deutschland und zum Propagandisten des Dt. Zollvereins. Ursprüngl. Anhänger der Lehre vom Freihandel, vertrat L. mit nachhaltiger Wirkung die Notwendigkeit von Erziehungszöllen zur Herstellung gleicher internat. Wettbewerbslage. L. ging dabei von gemeinsamen kontinentaleurop. und amerikan. Wirtschaftsinteressen aus. Mit seiner „Theorie der produktiven Kräfte", die er der klass. „Theorie der Werte" entgegensetzte, wurde L. zum Vorläufer der histor. Schule [der Nationalökonomie]. Sein Haupt-

Lissabon. Torre de Belém (1515–21)

werk ist „Das nat. System der polit. Ökonomie" (1841).

L., Herbert, *Hamburg 7. Okt. 1903, †München 4. April 1975, dt. Photograph. - Entwickelte in den 1930er Jahren eine surrealist. Konzeption in der Photographie; später manierist.-symbolist. Bilder, deren Kunstweltcharakter Realität nur bedingt zuließ, soziale Bezüge jedoch völlig ausklammerte. Veröffentlichte u. a. „Licht über Hellas" (1953).

L., Wilhelm, *Oberkirchberg (= Illerkirchberg bei Ulm) 14. Mai 1880, †Garmisch-Partenkirchen 16. Aug. 1971, dt. Generalfeldmar-

El Lissitzky, Proun (1920). Privatbesitz

schall (1940-42). - Im 2. Weltkrieg Oberbefehlshaber im Polen- und Westfeldzug; leitete
1941 den Aufmarsch der 12. Armee in Bulgarien und Rumänien, 1942 den Vorstoß der
Heeresgruppe A in den Kaukasus; im Sept.
1942 von Hitler entlassen; 1948 zu lebenslan-
ger Haft verurteilt, 1952 freigelassen.

List, Gem. an der N-Spitze der Insel Sylt,
Schl.-H., 3 300 E. Seebad, Fischereihafen;
Fährverkehr zur dän. Insel Röm.

List, schlau, hinterlistig ausgeklügelter
Plan und entsprechendes Vorgehen, um einen
Gegner oder Verfolger zu täuschen und sich
dadurch in einer gefährlichen Situation zu
retten oder um die Oberhand über jemanden
zu gewinnen, um etwas Bestimmtes zu erreichen.
◆ im österr. *Zivilrecht* der Versuch, durch bewußte und absichtl. Vorspiegelung falscher
Tatsachen jemanden zu einer Willensäuße-
rung zu bewegen.

Listenpreis, in einem Verzeichnis festge-
haltener Preis; Bruttopreis, von dem noch
Skonto, Rabatte u. a. abgezogen und die entstehenden Kosten für Fracht, Versicherung
u. a. hinzugerechnet werden müssen, um den
endgültigen Einstandspreis zu erhalten.

Listenwahl ↑Wahlsystem.

Lister, Joseph, Baron L. of Lyme Regis
(seit 1897) [engl. 'lɪstə], * Uptonhouse (Essex)
5. April 1827, † Walmer (Kent) 10. Febr. 1912,
brit. Chirurg. - Prof. in Glasgow, Edinburgh
und London; versuchte, die vermutl. Erreger
der Wundinfektionen, die Mikroben, durch
chem. Stoffe zu bekämpfen. Damit ist er Begr.
der Antisepsis.

Listera [nach dem brit. Arzt M. Lister,
* 1638, † 1712], svw. ↑Zweiblatt.

Listeriosen [nach J. Baron Lister],
durch Listerien (Stäbchenbakterien) hervorgerufene Infektionskrankheiten bei Warmblütern: meist symptomlos, aber auch akut-
sept. (z. B. Lungenentzündung) und chron.-
sept. (z. B. Endokarditis) verlaufend. - Therapie: Sulfonamide, Penicilline, Tetrazykline.

Listertalsperre ↑Stauseen (Übersicht).

Listspinne ↑Raubspinnen.

Lisu, Bergbauernvolk am oberen Saluen
und Mekong sowie im N Birmas und Thai-
lands; zur Lologruppe gehörend. Die rd.
400 000 L. sprechen eine tibetobirman. Sprache; sie betreiben extensiven Hackbau (Trok-
kenreis, Mais, Hirse, Mohn).

Liszt [lɪst], Franz von (seit 1859), * Rai-
ding (Burgenland) 22. Okt. 1811, † Bayreuth
31. Juli 1886, ungar.-dt. Pianist und Komponist. - Schüler von Czerny und Salieri in Wien,
seit 1823 von Paer und Reicha in Paris, feierte
als Pianist Triumphe in ganz Europa; lebte
1835-39 mit der Gräfin Marie d'Agoult (3
Kinder, darunter Cosima, ∞ mit H. von Bülow und R. Wagner) zusammen, seit 1848
in Weimar (Hofkapellmeister) mit der Fürstin
Caroline von Sayn-Wittgenstein, auf deren

Veranlassung er sich ganz der Komposition
widmete. In Weimar scharten sich um ihn
der Kreis der neudeutschen Schule und viele
Klavierschüler (u. a. Bülow, Tausig). Seit 1861
in Rom (erhielt 1865 die niederen Weihen
[„Abbé L."]); wechselte später seinen Wohnsitz zwischen Rom, Weimar und Budapest.
Die Genialität des Pianisten spiegelt sich in
der Virtuosität und den stimmungsmalenden
Klangeffekten seiner Vorweimarer Klavierwerke. In der von ihm geschaffenen Gattung
der sinfonischen Dichtung erstrebte er eine
Erneuerung der Musik durch deren enge Verknüpfung mit der Poesie. Er wurde zum Begründer der neuen Klaviertechnik und war
mit seinen Orchesterwerken wegweisend
noch für das 20. Jh. Wie für bed. Zeitgenossen
(u. a. Wagner, Berlioz, F. Cornelius), setzte
er sich auch für das soziale Ansehen des Musi-
kerstandes ein.

Werke: *sinfon. Dichtungen:* Tasso (1849,
1854), Les préludes (1848, 1854), Prometheus
(1850, 1855), Mazeppa (1851, 1854), Helden-
klage (1850, 1854), Hungaria (1854), Hamlet
(1858), Die Ideale (1857); *Sinfonien:* Faust
(1854, 1857), Dante (1855, 1856); *Kirchenmusik* (u. a. Messen, Psalmen, Kantaten); *Oratorien:* Die Legende der hl. Elisabeth (1857-
62), Christus (1862-67); *Chöre; Lieder; Orgel-
musik; Klavierwerke:* Konzerte in Es- und
A-Dur, Fantasien und Totentanz (Paraphrase
über „Dies irae", 1849, 1859) mit Orchester,
Années de pèlerinage (1859-77), Ungar.
Rhapsodien, h-Moll-Sonate.

📖 *Dömling, W.: F. L. u. seine Zeit.* Laaber
1984. - *F. L.* Hg. v. H. K. Metzer u. R. Riehn.
Mchn. 1980. - *Wessling, B. W.: F. L.* Mchn.
1979.

L., Franz von, * Wien 2. März 1851, † See-
heim (Landkr. Bergstraße) 21. Juni 1919, dt.
Jurist und Kriminalpolitiker. - Vetter des Musikers Franz von L.; Prof. in Gießen, Marburg, Halle/Saale und Berlin (1899-1916).
Seit 1912 MdR (Fortschrittl. Volkspartei). L.
war Begründer der soziolog. Strafrechtsschu-
le. Sein Verdienst war es, das Verbrechen
als soziales Phänomen zum Gegenstand empir. Untersuchung gemacht zu haben. Das
Interesse für den Delinquenten führte L. zur
Abkehr vom herrschenden Prinzip der Tat-
vergeltung und der Generalprävention (↑Stra-
fe) und zum Eintreten für Spezialprävention
und schuldunabhängige Maßregeln der Sicherung und Besserung. Mitbegr. der Internat. Kriminalist. Vereinigung. - *Werke:* Lehrbuch des dt. Strafrechts (1881), Der Zweck-
gedanke im Strafrecht (1882).

Li T'ai-po, chin. Lyriker, ↑Li Po.

Litanei [zu griech. litaneía „das Bitten,
Flehen"], 1. in der kath. Liturgie ein wiederkeh-
rendes Flehgebet aus aneinandergereihten
Anliegen oder Anrufungen des Vorbeters und
gleichbleibenden Antworten der Gemeinde.
Im Osten entstanden (Ektenie), wurde die L.

Ende des 5. Jh. in Rom übernommen und bes. bei Bittprozessionen verwendet. Im 7. Jh. entstand als Mischtyp aus Anliegen und Anrufungen die Allerheiligen-L., aus der die Vorformen der ↑ Lauretanischen Litanei hervorgingen. Seit dem 19./20. Jh. gibt es eine Fülle von privaten, nicht approbierten Litaneien. - 2. in der ev. Liturgie eine von Luther 1528 verfaßte L., die Bestandteil luth. Gottesdienstordnungen wurde und heute im Ev. Kirchengesangbuch enthalten ist.

Litani, Al (in der Antike **Leontes**), Fluß in Libanon, entspringt westl. von Baalbek, mündet nördl. von Sur in das Mittelmeer, 145 km lang.

Litauen ↑ Litauische SSR.

Litauer, eine balt. Sprache sprechendes, v. a. in der Litauischen SSR lebendes Volk.

Litauisch, zur Gruppe der balt. Sprachen gehörende Sprache der Litauer mit rd. 2,5 Mill. Sprechern in 2 Dialektgebieten: Niederlitauisch oder Schemaitisch im NW und Hochlitauisch oder Aukschtaitisch im S und SO der Litauischen SSR. Die Schriftsprache beruht auf den hochlitauischen Dialekten, sie wird in lat. Schrift (mit Zusatzzeichen) geschrieben.

litauische Literatur, urspr. sehr reiche Volksdichtung (lyr. Lieder, Märchen, Sagen); seit der Reformation gab es ein von Geistlichen beider Konfessionen geschaffenes Schrifttum. Im 18. Jh. setzte eine weltl. Kunstpoesie ein, bed. das Epos „Die Jahreszeiten" (hg. 1818) von K. Duonelaitis (* 1714, † 1780). Nach der Niederschlagung des Aufstandes von 1863 verbot das zarist. Regime das litauische Schrifttum in latein. Schrift bis 1904. Erst am Ausgang des 19. Jh. wurde die eigenständige l. L. wiederbelebt, u. a. durch die Erzähler Vaižgantas (* 1869, † 1933) und V. Krėvė-Mickievičius (* 1882, † 1954) sowie die dem russ. bzw. frz. Symbolismus nahestehenden Lyriker J. Baltrušaitis (* 1873, † 1944) und Vydūnas (* 1868, † 1953). In der Zeit der Eigenstaatlichkeit (1918–40) wurden v. a. Roman und Drama gepflegt. Nach 1944 entwickelte sich eine reichhaltige Emigrantenliteratur, bes. in den USA. Für die Literatur in der Litauischen SSR ist seit 1956 eine breite Entwicklung aller literar. Gattungen und Themen kennzeichnend, z. B. durch den Lyriker E. Mieželaitis, den Erzähler und Dramatiker J. M. Marcinkevičius.

litauische Religion, vorchristl. Religion des litauischen Volkes, deren älteste Überlieferungen sich in der Chronik des Malalas vom Jahre 1261 finden; viele verwandte Züge mit der lett. Religion. Der Donnergott Perkunas nimmt eine hervorragende Stellung ein als Vermittler von Regen und Fruchtbarkeit und als Schutzherr des Rechts und Verfolger der Dämonen. Neben den Naturmächten wurden Hausgötter verehrt. Öffentl. Kulte, die immer mit tier. Opfern verbunden waren,

vollzog man in einem hl. Hain („alka"). Das Priestertum unterschied zw. dem Zauberer („burvis") und dem Wahrsager („zīmlemis").

Litauische SSR (Litauen), eine der balt. Republiken im NW der UdSSR, 65 200 km², 3,54 Mill. E (1984), Hauptstadt Wilna.

Landesnatur: Das Relief wurde von der Eiszeit geprägt: entlang der Ostseeküste und im Landesinneren breiten sich Ebenen bzw. feuchte Niederungen aus, im S und N liegen Moränenwälle, die 100–250 m Höhe erreichen. - Die Sommer- und Wintertemperaturen sind gemäßigt, nach O nimmt die Kontinentalität zu. - Wälder liegen in SO und N; etwa 7 % des Landes nehmen Moore ein, etwa 17 % Wiesen und Weiden.

Bevölkerung, Wirtschaft, Verkehr: 80 % der Bev. sind Litauer, daneben Russen, Polen, Weißrussen, Ukrainer, Juden. Die L. SSR verfügt über 12 Hochschulen. Die Akad. der Wiss. der L. SSR unterhält 10 Inst. - Die Viehzucht ist der führende Zweig der Landw.; neben Küsten- auch Hochseefischerei. Das Land ist arm an Bodenschätzen. Wichtige Ind.zweige sind Maschinenbau, Metallverarbeitung, Elektrotechnik, chem., Baustoff-, holzverarbeitende, Textil-, Nahrungsmittel- u. a. Ind. Hauptindustriestandorte sind außer Wilna Kaunas, Memel und Schaulen. Auf der Kur. Nehrung liegt das Ostseebad Neringa. Der Hafen Memel ist eisfrei.

Geschichte: Etwa Anfang des 9. Jh. nahmen die balt. Litauer, von den Slawen aus ihren urspr. Siedlungsgebieten an der oberen Oka und Wolga verdrängt, das Gebiet des heutigen Litauen in Besitz. Der Angriff des Dt. Ordens gab um 1240 dem Fürsten Mindaugas die Gelegenheit, das bisher in zahlr. Klein-Ft. zersplitterte Litauen zu einigen. Die Schwächung der russ. Ft. durch den Mongoleneinfall ermöglichte es dem Fürsten Gedymin, Teile Rußlands zu annektieren; er unterstellte Minsk und Witebsk seiner Oberhoheit. Das Groß-Ft. Litauen entwickelte sich im 14. Jh. zu einer bed. Macht, die neue russ. Gebiete (Mstislaw, Brjansk, Nowgorod-Sewerski, Tschernigow, Kiew) erobern konnte. Großfürst Jagello schloß zum Schutz gegen den Dt. Orden die Union mit Polen, ließ sich taufen und erhielt nach Heirat mit der poln. Thronerbin Hedwig 1386 die poln. Königskrone. In der Schlacht von Tannenberg (1410) brachte das vereinigte poln.-litauische Heer dem Dt. Orden eine vernichtende Niederlage bei. Im Unionsvertrag von Brest (1446) sicherte König Kasimir Litauen die Selbständigkeit und Souveränität zu. Seine Stellung im O. konnte Litauen infolge der westwärts orientierten Politik Kasimirs nicht halten. Moskau ging Bündnisse mit den Krimtataren ein und nahm Litauen stets neue Gebiete ab (Smolensk, Tschernigow, Brjansk, Gomel). Während des Livländischen Krieges mußten 1569 auf einem gemeinsam in Lublin tagenden

Liten

poln.-lit. Reichstag die lit. Vertreter, angesichts der Bedrohung ihres Landes durch Moskau, unter massivem poln. Druck der völligen Vereinigung beider Länder zustimmen. Innere Kämpfe rivalisierender Adelsfamilien des Doppelreiches schwächten dieses stark und führten eine bürgerkriegsähnl. Situation herbei, die Österreich, Rußland und Preußen nutzten, um Polen 1772, 1773 und 1795 zu teilen. Nach der 3. Teilung war der Hauptteil des lit. Siedlungsgebietes bei Rußland, das Gebiet um Suwałki wurde preußisch (bis 1807). Die brutale Russifizierungspolitik bewirkte eine starke Auswanderungsbewegung nach den USA und nach Kanada. Als Reaktion auf diese Russifizierung entstand eine lit. Nationalbewegung. Erste Zentren des geistigen Widerstandes und Pflegestätten des Litauertums waren die Priesterseminare; später griff die Bewegung auf breite Kreise des Kleinadels und bes. der Intelligenz über und geriet auch in Gegensatz zum Polentum. Nach der Revolution von 1905/06 mußte die russ. Reg. den Litauern Zugeständnisse machen; sie erhielten einen eigenen Landtag, litauische Abg. zogen in die Duma ein, Schulen, Bildungseinrichtungen usw. entstanden. 1915 besetzten dt. Truppen Litauen, 1918 proklamierte der mit dt. Zustimmung gebildete Landesrat die unabhängige Republik Litauen. Die Sowjet-Reg. erkannte die Republik erst 1920 an, nachdem ein Versuch, Litauen zu annektieren, gescheitert war. 1920 annektierte Polen unter Piłsudski das Wilnagebiet; Litauen bemächtigte sich 1923 des Memellandes. Innenpolit. war das Land nach 1926 Unruhen und heftigen Parteikämpfen ausgesetzt. Am 22. März 1939 mußte Litauen nach einem dt. Ultimatum das Memelland aufgeben. Der Dt.-Sowjet. Grenz- und Freundschaftsvertrag teilte Litauen der sowjet. Interessensphäre zu; noch 1939 besetzten sowjet. Truppen in Litauen Stützpunkte, am 15. Juni 1940 wurde ganz Litauen besetzt. Der Deportation und Liquidierung der litauischen Intelligenz durch die sowjet. Behörden folgte die Judenverfolgung durch dt. Besatzungsorgane. Nach der Rückeroberung Litauens durch die Rote Armee im Sommer 1944 wurden im Verlauf neuer Deportationen etwa 250 000 Litauer nach Z-Asien und Sibirien verschleppt.

□ *Hellmann, M.:* Grundzüge der Gesch. Litauens u. des Litauischen Volkes. Darmst. ³1986.

Liten (Lassen, Laten) ↑ Leibeigenschaft.

Liter [mittellat.-frz., zu griech. lítra „Pfund" (als Gewicht und Münze)], Einheitenzeichen l, meist bei Flüssigkeiten verwendeter Name für die Volumeneinheit Kubikdezimeter: 1 l = $^1/_{1000}$ m³ = 1 dm³. Häufig verwendete Vielfache und Teile des L. sind: *Dekaliter* (dal; 1 dal = 10 l), *Hektoliter* (hl; 1 hl = 100 l), *Deziliter* (dl; 1 dl = $^1/_{10}$ l), *Zentiliter* (cl; 1 cl = $^1/_{100}$ l), *Milliliter* (ml; 1 ml = $^1/_{1000}$ l).

Literalsinn [lat./dt.], buchstäbl. Sinn einer Textstelle, bes. in der Bibelexegese.

literar..., Literar... [zu lat. litterarius „die Buchstaben betreffend"], Bestimmungswort in Zusammensetzungen mit der Bed. „Literatur...".

Literarhistoriker (Literaturhistoriker), Kenner und Erforscher der Geschichte einzelner Nationalliteraturen, auch einzelner literar. Gattungen, Epochen usw.

literarisch [↑ literar...], die Literatur betreffend.

literarische Zeitschriften (Literaturzeitschriften) ↑ Literatur.

Literarkritik, literaturwiss. Verfahren v. a. der bibl. Exegese, mit dem die durch Wortwahl, Syntax, Stil u. a. unterschiedenen *Quellen* eines Textes isoliert werden, um eine Geschichte seiner Entstehung zu rekonstruieren.

literarkritische Schule, zusammenfassende Bez. einer Gruppe von ev. Theologen im 19./20. Jh., die sich durch das gemeinsame Interesse an der Erforschung der literar. Quellen und der Textgeschichte von A. T. und N. T. auszeichneten. Im Unterschied zur religionsgeschichtl. Schule stützte die l. S. sich weitgehend auf den isolierten kanon. Bibeltext und berücksichtigte kaum die religiöse Umwelt der Texte. Der bedeutendste Vertreter war J. Wellhausen.

Literat [zu lat. litteratus „schriftkundig, gelehrt"], bezeichnete urspr. den wiss. Gelehrten. Im 18. Jh. war damit der hauptberufl. Schriftsteller gemeint, der im Bereich des Zeitungswesens seine Betätigung hatte und eine Zwischenstellung einnahm zw. dem traditionellen Dichter und dem späteren Journalisten. Heute bezeichnet der Begriff in ironisierender Distanz einen etwas weltfremden Schriftsteller.

Literatur [zu lat. litteratura „Buchstabenschrift, Sprachkunst"], bezeichnet zunächst jede Form schriftl. Aufzeichnung gegenüber urspr. nur mündl. tradierten sprachl. Formen (z. B. Märchen); i. w. S. unterscheidet man *poet. Texte,* dazu gehören erzählende Texte (Epik), szen. Texte (Dramatik) und Gedichttexte (Lyrik), von *Gebrauchstexten,* die nicht, wie die poet., ihren Gegenstand selbst konstituieren, sondern v. a. zweckbestimmt sind; hierbei treten 4 Textgruppen auf: Texte privaten Gebrauchs (Brief, Tagebuch, Autobiographie, Memoiren), wiss. Gebrauchstexte (Traktat, Abhandlung, Aufsatz, Essay, Monographie, Rezension, Kommentar, Protokoll), didakt. Gebrauchstexte (Rede, Predigt, Vortrag, Vorlesung, Referat, Formen des Schulaufsatzes, Schulbuch, Sachbuch) und publizist. Gebrauchstexte (Nachricht, Bulletin, Chronik, Bericht, Reportage, Interview, Leitartikel, Glosse, Feuilleton, Flugblatt, Flugschrift, Pamphlet, Anzeige [Inserat, Annonce], polit.

und kommerzielle Werbetexte). I. d. R. wird L. jedoch nur auf geistesgeschichtl. oder stilist. bed. Schriftwerke, oft auch speziell nur auf Sprachkunstwerke (↑ Dichtung) bezogen und dann meist unterteilt in Belletristik, Unterhaltungs-, Trivial-, Gebrauchs-, Tendenz- und Zweck-L., sowie u. a. in wiss., techn., medizin. und polit. Literatur. Zur *Weltliteratur* zählt allg. die gesamte L. aller Völker und Zeiten; im bes. jedoch der Kanon der nach den jeweiligen ästhet. Normen als überzeitl. und allgemeingültig angesehenen literar. Werke aus dieser Gesamtliteratur. Als *Nationalliteratur* bezeichnet man das in einer bestimmten Nationalsprache verfaßte Schrifttum.

Einige Fachdisziplinen, Institutionen und Medien haben die L. ausdrückl. zum Gegenstand. Dazu gehört die **Literaturwissenschaft,** die zunächst jede Art wiss. Beschäftigung mit L. bezeichnet, als programmat. Begriff „allg. L.wissenschaft" jedoch den Gegensatz zu Methode und Praxis der L.geschichte und Philologie bezeichnet und sich in diesem Sinne als eine Disziplin der Ästhetik versteht; ihr Interesse gilt den allg. Prinzipien des Sprachschaffens, den inneren Gesetzen der Formfindung, dem Typologischen, den Theorien der Interpretation, der Erfassung allg. Strukturen, formaler, motivl. oder themat. Kategorien aller Literaturen. Dabei versucht sie, Methoden und Ergebnisse der Poetik, Stilistik, L.typologie, -soziologie, -psychologie und -philosophie zu kombinieren. Die L.wiss. weitet dabei ihren Untersuchungsbereich nicht nur über die nationalsprachl. Grenzen der traditionellen Studienfächer (Germanistik, Anglistik usw.) aus, sondern auch über die Gegenstände der älteren L.geschichtsschreibung, die an einem engeren L.begriff orientiert war. Das Interesse der L.wiss. gilt somit nicht nur der Dichtung, sondern allen literar.-textl. Produktionszweigen; damit geht sie sogar noch über die weit gefaßte Gegenstandsdefinition des angloamerikan. „literary criticism" hinaus, der auch schon polit., histor. und theolog. Schriften einbezogen hatte. Aus diesem Selbstverständnis ergibt sich auch eine stärkere interdisziplinäre Orientierung an Philosophie, Psychologie, Soziologie und Kunstgeschichte. - Der Begriff L.wiss. begegnet erstmals 1842 in T. Mundts „Geschichte der Literatur der Gegenwart".

Die *positivist. L.wissenschaft* orientierte sich method. an den Naturwiss. und betrieb unter dem Einfluß des Historismus nicht vornehml. L.geschichtsschreibung. Erst als Reaktion auf eine bisweilen beziehungslose Faktenanhäufung der positivist. L.wissenschaft und einen wertungsfreien Historismus wurden theoret. Ansätze zu einer *allg. L.wissenschaft* deutl.; E. Elstner forderte in seinen „Prinzipien der Literaturwissenschaft" (1897) erstmals, diese konsequent von der Philologie zu trennen und letztere zur allg. L.wiss. auszuweiten. Es

entstand die sog. *geistesgeschichtl. Richtung* (W. Dilthey), die an die Stelle des kausalgenet. Erklärens das „Verstehen" (Hermeneutik) setzte. In diesen Darstellungen erhielten größere geistige Zusammenhänge und Strömungen den Vorrang vor dem Einzelwerk. Als Reaktion auf diese spekulativ geprägte Geisteswiss., die L. außerliterar. Aspekten unterordnete, entwickelte sich die formalästhet. Werkbetrachtung der *textimmanenten Interpretation* (E. Staiger). Der von russ. Anregungen geprägte *Formalismus* wandte sich, auf linguist. Methoden basierend, der Formensprache literar. Texte zu; der ihm ähnl. amerikan. *New criticism* untersuchte vornehml. die poet. Sprache und machte sich dabei die Erkenntnisse von Anthropologie, Psychologie und Soziologie zunutze (K. Burke, R. Wellek, A. Warren); außerdem hat der anthropolog. Strukturalismus (C. Levi-Strauss) und die strukturalist. Linguistik (N. Chomsky) die auf das literar. Werk zentrierte Betrachtung beeinflußt. Um noch größere Exaktheit bei der wiss. Erfassung von L. zu erreichen, wurden auch Ansätze der neueren Linguistik berücksichtigt, die sich der Methoden der Informatik und Statistik bedient (M. Bense, W. Fucks).

Der histor. Materialismus hat eine sich gegenüber der bürgerl. Literaturwiss. scharf abgrenzende Disziplin hervorgebracht (F. Mehring, G. Plechanow, G. Lukács), die sich nachdrückl. auch um eine marxist. **Literaturtheorie** bemüht hat. So vertrat G. Lukács die Auffassung, daß das Kunstwerk einen objektiven Einblick in das Wesen der Gesellschaft ermögliche, weil das Kunstwerk Probleme und Phänomene der Realität konzentriere. Neuere Ansätze fragen genauer als die „Widerspiegelungs"-Theorie und am Einzelfall orientiert, wie die Zusammenhänge auftreten und ob es sich dabei um Kausalität, Analogie oder ähnl. handelt.

Mit den geschichtl. Zusammenhängen und Entwicklungen der L. befaßt sich die **Literaturgeschichte,** wobei 1. Nationalliteraturen oder eine übernat. Weltliteratur, 2. einzelne Epochen (z. B. Romantik) oder 3. einzelne Gattungen (z. B. Roman) dargestellt werden. L.geschichtsschreibung führt, sofern sie nicht bloße chronolog. Faktenaufreihung sein will, auch zu einer Wertung des Dargestellten und ordnet sich in größere (theoret. oder ideolog.) Bezugsrahmen ein, wobei in die Abgrenzung des jeweiligen Standortes häufig die Kritik der anderen eingeht.

Von der Antike bis ins MA begegnen Kataloge literar. Werke, die jedoch als Bestandsaufnahmen verfaßt worden waren und deshalb nicht als L.geschichten i. e. S. bezeichnet werden können; dennoch erfüllen sie aus heutiger Sicht eine solche Funktion. Von einer bloßen statist. Aufzählung zu einer „Erklärung des Gewordenen" kam erstmals D. G. Morhof

Literatur

sowohl in seinem „Unterricht der Teutschen Sprache und Poesie" (1682) als auch in seiner Geschichte der Welt-L. „Polyhistor..." (1688–92). Ähnl. umfassende Überblicke entstanden erst wieder in der Romantik mit A. W. Schlegels „Geschichte der alten und neuen Literatur" (1812/13). Es erschienen Geschichten der „Nationalliteratur" (A. Koberstein, 1827; G. G. Gervinus, 1835–40), in denen L. in die polit. Geschichte eingeordnet wird. Seit Mitte des 19. Jh. nahm die Zahl der L.geschichten, z. T. mit popularisierender Tendenz, beträchtl. zu. Das grundlegende Nachschlagewerk zur dt. Literatur schuf K. Goedeke mit seinem „Grundriß zur Geschichte der dt. Dichtung" (1857–81). Im 20. Jh. entstanden v. a. Einzeldarstellungen zu bestimmten Epochen und Gattungen; große Sammelwerke entstanden als Gemeinschaftsarbeiten (z. B. „Reallexikon der dt. Literaturgeschichte", 1925–31, [2]1955 ff.; „Dt. Philologie im Aufriß", 1952–55).

Neben die chronolog. Werkbeschreibungen des 19. Jh. treten im 20. Jh. immer mehr Versuche, L.geschichte als Geistes- und Problemgeschichte oder, in jüngster Zeit, in ihrer sozialökonom. Abhängigkeit zu betrachten. Dies ist die Perspektive der **Literatursoziologie**, die sich mit den sozialen und ökonom. Voraussetzungen der Produktion, Verbreitung, Rezeption und Weiterverarbeitung von Literatur befaßt. - P. Merker proklamierte 1921 eine „sozialliterar. Methode", die sich analog zur Entwicklung der Soziologie in den 1920er und 1930er Jahren durchsetzte (Kohn-Bramstedt, Balet u. a.). Die materialist. Literaturbetrachtung führte diesen Ansatz weiter aus (G. Lukács). In der BR Deutschland knüpfte man nach 1945 an die Literatursoziologie der 1930er Jahre an (A. Hauser) u. setzte sich mit empir. Untersuchungen über Lesekulturen und dem Verhältnis von Kunst und Massenmedien in der angelsächs. Soziologie auseinander (H. N. Fügen). Gegenwärtig verarbeitet die L.soziologie Anstöße aus dem frz. Strukturalismus und der marxist. L.wiss.; ferner werden der Leser, seine Bildungsgeschichte, seine Erwartung an L., seine Lesemotivation sowie deren Steuerung durch die Vermittlungsinstanzen, d. h. generell die Rezeption von L. im Zusammenhang mit den gesellschaftl. Mechanismen der Sozialisation untersucht.

In der **Literaturkritik** werden literar. Werke und Stile einer krit. Reflexion, Interpretation und Wertung unterzogen, wobei die Maßstäbe bis zum 18. Jh. poetolog. Normen- und Regelkatalogen sowie literar. Traditionen und Autoritäten entnommen wurden. Seit Ende des 18. Jh. entwickelten sich neue Maßstäbe, die sowohl aus den Entstehungsbedingungen des Werkes (Herder) als auch aus dem Werk selbst (Sturm und Drang) abgeleitet wurden. - L.kritik gab es schon in der griech. Antike und in Rom; ihre Maßstäbe waren die Regeln der antiken Rhetorik und Poetik. Im lat. MA kam die religiös motivierte, in der mittelhochdt. L. die ästhet., stilist. wertende L.kritik auf. Während des Humanismus war die L.kritik durch polit.-religiöse Polemik geprägt; eine krit. Auseinandersetzung mit literar. Traditionen setzte erst mit M. Opitz wieder ein; L.kritik auf breiter Basis gab es jedoch erst in der Aufklärung (Gottsched, F. Nicolai, Lessing). Die Weimarer Klassik suchte für ihre Kritik nach objektiven Gattungsgesetzen, die Romantik hingegen knüpfte an die alle äußeren Regeln mißachtende L.kritik des Sturm und Drang wieder an (Brüder Schlegel, L. Tieck, Novalis). Eine erste Politisierung der L.kritik wagte das Junge Deutschland; bis ins 19. Jh. wurde sie noch weitgehend von Schriftstellern selbst geschrieben, erst im 20. Jh. von berufsmäßigen L.kritikern (z. B. A. Abusch, H. Ihering, H. Karasek, A. Kerr, K. Kraus, H. Krüger, H. Mayer, A. Polgar, M. Reich-Ranicki, P. Rilla).

Der Sammlung, Erhaltung, Erschließung und z. T. auch Auswertung literar. Dokumente wie Dichterhandschriften, Erstdrucke und Erstausgaben, Bilder usw. dienen **Literaturarchive**. Sie entwickelten sich im 19. Jh. als Sonderabteilungen in großen Bibliotheken, im 20. Jh. als Bestandteil von Dichtermuseen und wurden dann selbständige Institutionen. Heute sind sie mit ihrem Fundus an literarhistor. Quellenmaterial zu wichtigen wiss. Forschungsstätten geworden. Bed. L.archive sind: *Goethe- und Schiller-Archiv* (Weimar), *Dt. L.archiv im Schiller-Nationalmuseum* (Marbach am Neckar), *L.archiv des Freien Dt. Hochstifts* (Frankfurt am Main) und das *Archiv für Arbeiterdichtung und soziale Literatur* (Dortmund).

Alphabet. geordnete Nachschlagewerke zu Teilbereichen oder der Gesamtheit der L. sind die **Literaturlexika**; dabei sind zu unterscheiden: 1. *Autorenlexika* zur Weltliteratur, den einzelnen Nationalliteraturen und zu literar. Epochen. Sie enthalten biograph. Daten, Werkregister und meist bibliograph. Angaben (z. B. „Lexikon der Weltliteratur", hg. von G. von Wilpert, 1963); 2. *Werklexika*, die Inhaltsangaben, Daten über Entstehungszeit und -jahr sowie Spezialbibliographien zu den in ihnen enthaltenen Titeln bieten (z. B. „Kindlers L.-Lexikon", 1964–74); 3. *Reallexika*, die über literar. Gattungen, Stile, Epochen, Metrik, Rhetorik usw. informieren (z. B. „Reallexikon der dt. Literaturgeschichte", hg. von W. Kohlschmidt und W. Mohr, [2]1955 ff.); 4. *Stoff- und Motivlexika*, die die Tradierung von Stoffen und Motiven der Weltliteratur verfolgen (z. B. Frenzel, E.: „Stoffe der Weltliteratur", [4]1976); 5. *Mischformen*, die Autoren-, Werk- und Reallexikon kombinieren (z. B. „Kleines literar. Lexikon", hg. von H. Rüdiger und E. Koppen, [4]1966–73).

Der Veranschaulichung literar. Phänomene dient der **Literaturatlas**, der graph. und bildl. Darstellungen zur L. enthält: 1. geograph. Karten, die u. a. Geburts- und Wohnorte, Reiserouten einzelner Dichter, Zentren geistiger Strömungen usw. verzeichnen; 2. Werktabellen, Diagramme usw.; 3. Bilddokumente wie Faksimiles von Handschriften, Porträts und Werkillustrationen. Der Popularisierung von L. und L.kritik dienten die **literarischen Zeitschriften** (Literaturzeitschriften), die im 18. und 19. Jh. das einzige literar. „Massen"-Medium waren, über die ein nicht nur aus Fachgelehrten bestehendes Publikum zu erreichen war. Seit Lessing waren sie das Forum für L.kritik. Bed. sind die literar. Zeitungen der Weimarer Klassik: „Der Teutsche Merkur" (1773–1810), die „Allg. Literatur-Zeitung" (1785–1849), die „Horen" (1795–97). Die programmat. Zeitung der romant. Bewegung war das „Athenäum" (1798–1800). Aus diesen Ansätzen entstanden im 19. Jh. die wiss. Publikationen, z. B. die „Zeitschrift für dt. Altertum" (1841 ff.). Daneben gab es zahllose Almanache und Taschenbücher, wie die „Blätter für literar. Unterhaltung" (1818–1898), „Deutsche Rundschau" (1874–1942; 1946–64) und die „Neue Rundschau" (1890 ff.). Kurzlebig waren die Programmzeitschriften des Naturalismus und des Jugendstils. Zu Anfang des 20. Jh. wurden die literar. Zeitschriften weitgehend durch polit.-weltanschaul. Tendenzen geprägt: expressionist. Blätter („Der Sturm", 1910–32; „Die Aktion", 1911–32 u. a.) spiegelten dies ebenso wie bürgerl.-konservative Organe („Kunstwart", 1887–1932; „Die neue Literatur", 1900–43 u. a.). Neutrale Blätter waren „Das literar. Echo" (ab 1923), „Die Literatur" (1898–1944) und „Der neue Merkur" (1914–25); eine unabhängige progressive Zeitschrift blieb „Die literar. Welt" (1925–41); kommunist. Organ war „Die Linkskurve" (1929–33), Publikationsorgan des Bundes proletar.-revolutionärer Schriftsteller. - In zunehmendem Maße erfüllen heute Feuilletons und Literaturbeilagen der großen Tages- und Wochenzeitungen die Funktion von rein literar. Zeitschriften. Gegenwärtig gibt es rd. 120 deutschsprachige Literaturzeitschriften, die bes. für junge Autoren von Bed. sind, da sie ihnen erste und oft einzige Publikationsmöglichkeit bieten und ihnen damit den Weg in die literar. Öffentlichkeit ebnen.

📖 *Meyers Kleines Lex. L. Hg. v. den Fachredaktionen des Bibliogr. Inst. Mhm. u. a. 1986. - Abend, B.: Grundlagen einer Methodologie der Sprachbeschreibung. Würzburg 1985. - Hauptmeier, H./Schmidt, Siegfried J.: Einf. in die Empirische L.wiss. Wsb. 1985. - Link, J.: Literaturwissenschaftl. Grundbegriffe. Mchn. ³1985. - Schulte-Sasse, J./Werner, R.: Einf. in die L.wiss. Mchn. ³1985. - Schöning, U.: L. als Spiegel. Hdbg. 1984. - Erkenntnisse der L. Theorien, Konzepte, Methoden der L.wiss. Hg. v. D. Harth u. P. Gebhardt. Stg. 1982. - Strelka, J.: Methodologie der L.wiss. Tüb. ²1982. - L. u. Kritik. Hg. v. W. Jens. Stg. 1980. - Link, J./Link-Heer, U.: L.soziolog. Propädeutikum. Mchn. 1980. - Weimar, K.: Enzykl. der L.wiss. Mchn. 1980. - Empirie in L.- u. Kunstwiss. Hg. v. Siegfried J. Schmidt. Mchn 1979. - L.wiss. heute. Hg. v. F. Nemec u. W. Solms. Mchn. 1979. - Zima, P. V.: Kritik der L.-Soziologie. Dt. Übers. Ffm. 1978. - Dt. L.kritik. Hg. v. Hans Mayer. Ffm. 1978. 4 Bde. - Weimann, R.: L.gesch. u. Mythologie. Ffm. 1977. - Neues Hdb. der L.wiss. Hg. v. K. See. Wsb. 1972 ff. Auf 25 Bde. berechnet. Bis 1986 sind 21 Bde. erschienen.*

Literaturarchiv ↑ Literatur.

Literaturatlas ↑ Literatur.

Literaturgeschichte ↑ Literatur.

Literaturkalender, Verzeichnis biograph. und bibliograph. Daten lebender Schriftsteller; maßgebl. Werk für die deutschsprachige Literatur ist „Kürschners Dt. Literatur-Kalender" (↑Kürschner, Joseph).

Literaturkritik ↑ Literatur.

Literaturlexikon ↑ Literatur.

Literaturpreis, eine period. vergebene, meist mit einem Geldpreis verbundene Auszeichnung eines Schriftstellers. Es gibt gattungsmäßig-formal orientierte L. und solche, bei denen der Preisträger nach themat., eth., oder polit.-ideellen Gesichtspunkten ausgewählt wird. Stifter können Staaten, Bundesländer, Städte, Verbände, Stiftungen, Akademien oder Einzelpersönlichkeiten sein. Der bekannteste international vergebene L. ist der *Nobelpreis für Literatur*, ebenfalls bed. ist der *Friedenspreis des Börsenvereins des Dt. Buchhandels.* Daneben gibt es eine große Anzahl nat. Literaturpreise.

Literaturrevolution, Sammelbez. für die literar. Umwälzungen zu Beginn des 20. Jh., die sich in einer Vielzahl z. T. heterogener literar. Tendenzen und Gruppierungen in Europa herausbildeten: *Futurismus* (Italien und UdSSR), *Expressionismus* (Deutschland), *Dadaismus* (Schweiz, Deutschland, Frankr.), *Kubismus, Surrealismus* (Frankr.). Gemeinsam ist den Gruppierungen der L. die Ablehnung des Bildungsbürgertums und seines Literatur- (bzw. Dichtungs-)verständnisses, Ablehnung der traditionellen Dichtungsformen und der bürgerl. Ästhetik. Neue Zielsetzungen waren die Suche nach neuen Ausdrucksmöglichkeiten, z. B. in Collagen, in mit akust. Experimenten verbundener abstrakter Dichtung. Charakterist. für die Anhänger der L. war ihre Radikalisierung der angewandten Methoden, ihr gesellschaftl. Engagement und ihre jeweilige ideolog. Bindung.

Literatursoziologie ↑ Literatur.

Literaturwissenschaft ↑ Literatur.

Literaturzeitschriften ↑ Literatur.

Literleistung ↑ Hubraum.

Litfaßsäule, Anschlagsäule für die Außenwerbung; erstmals 1855 in Berlin von dem

Drucker E. Litfaß (* 1816, † 1874) und dem Zirkusdirektor Renz aufgestellt.

lith..., Lith... ↑litho..., Litho...

Lithagogum [griech.] (Lithikum), steinabführendes Medikament, das die Ausschwemmung von Gallen- und bes. Blasen- oder Nierensteinen herbeiführt.

Lithiasis [griech.], svw. ↑Steinleiden.

Lithikum [griech.], svw. ↑Lithagogum.

Lithioneisenglimmer [griech./dt.], svw. ↑Zinnwaldit.

Lithiophilit [griech.] ↑Triphylin.

Lithium [zu griech. líthos „Stein" (mit Bezug auf die Entdeckung in einem Mineral, dem Petalit)], chem. Symbol Li; metall. Element aus der I. Hauptgruppe des Periodensystems der chem. Elemente, Ordnungszahl 3, mittlere Atommasse 6,941, Schmelzpunkt 180,54 °C, Siedepunkt 1 347 °C. Das silberweiße, weiche, sehr reaktive Alkalimetall ist das leichteste Metall überhaupt (Dichte 0,534 g/cm^3). Es reagiert mit Wasser unter Wasserstoffentwicklung zu L.hydroxid; bei Entzündung verbrennt es mit intensiv rotem Licht zu L.oxid. L. kommt in Form von Silicat- und Phosphatmineralen (↑Spodumen) vor. Gewonnen wird es durch Schmelzelektrolyse aus L.chlorid. Techn. Bed. hat L. als Legierungszusatz und in der Kern- und Reaktortechnik als Neutronenabsorber, Kühlflüssigkeit und Moderator. Die Verbindung von L. (insbes. des Isotops Li 6) mit Deuterium, **Lithiumdeuterid**, LiD, ist Ausgangssubstanz bei der Kernfusion (erstmals 1953 in sowjet. Wasserstoffbomben verwendet).

L.salze werden zunehmend zur Behandlung der Manie bei manisch-depressiven Psychosen verwendet.

Lithiumalanat (Aluminiumlithiumhydrid), LiAlH$_4$, ein weißes, kristallines, nichtflüchtiges Pulver, das durch Wasser rasch zu Lithiumaluminiumhydroxid, LiAl(OH)$_4$, und Wasserstoff zersetzt wird; wird v. a. in der präparativen organ. Chemie zur Hydrierung verwendet.

Lithiumdeuterid [griech.] ↑Lithium.

Lithiumzelle, elektrochem. Element, bei dem als Anode das elektrochem. am stärksten negative Metall Lithium verwendet wird. Als Kathodenmaterialien dienen z. B. gepreßte Pulver aus Mangandioxid, Kupfersulfid, Silberchromat u. a. oxidierende feste Substanzen, denen bis zu 20% Kohlenstoff zugemischt wird.

Litho, Abk. für: ↑Lithographie.

litho..., Litho..., lith..., Lith... [zu griech. líthos „Stein"], Bestimmungswort von Zusammensetzungen mit der Bed. „stein..., Gestein...".

Lithobiontik (Geomikrobiologie), Teilgebiet der Mikrobiologie; beschäftigt sich mit dem Verhalten bestimmter Mikroorganismen, die an geochem., geolog. oder mineralog. Vorgängen beteiligt sind, den sog. *Lithobionten*,

sowie mit den Möglichkeiten zur prakt. Anwendung (↑Leaching) derartiger Mikroorganismen.

Lithocholsäure ↑Gallensäuren.

Lithoglyptik, svw. ↑Steinschneidekunst.

Lithographie (Litho, Steindruck), Verfahren zur Vervielfältigung von Graphiken nach dem Prinzip des Flachdrucks; das Verfahren beruht auf der Fähigkeit bestimmter feinporiger Kalksteinplatten (sog. *L.steine*) bzw. präparierter Zink- oder Aluminiumplatten, sowohl Fett wie Wasser aufzusaugen, sowie auf dem Prinzip der gegenseitigen Abstoßung von Wasser und fettiger Farbe. Durch chem. Umsetzung der entsprechend der Zeichnung aufgetragenen fetthaltigen Kreide oder lithograph. Tusche (aus Fett, Wachs und Lampenruß) mit dem kohlensauren Kalk des Steins zu fettsaurem Kalk wird dieser an den Stellen der Zeichnung farbspeichernd und wasserabstoßend: nur diese Stellen drucken. Dagegen wird der Stein durch Antrocknen und Behandlung einer sauren Gummiarabikumlösung an den zeichnungsfreien Flächen abgedichtet; er nimmt dort keine Farbe an. Für die Farb-L. verwendet man mehrere Platten nacheinander. Die Anzahl der Abzüge von einem Stein ist theoret. unbegrenzt. - ↑auch Drucken. 1796/97 entdeckte A. Senefelder die L.; ihr künstler. Durchbruch erfolgte in Frankr., seit 1814 bei Delacroix, seit 1817 bei Géricault, schließl. im Werk Goyas. Bevorzugtes Feld der L. wurde dann die Karikatur (Daumier). Eine Erweiterung der Möglichkeiten der L. brachte die Farb-L., v. a. im Plakatdruck (Toulouse-Lautrec). Um 1900 erlebte sie ihren bis dahin größten Aufschwung durch Zeitschriften - z. B. „L'Estampe originale" - und durch die enge Verbindung zur Buchillustration. In Deutschland wurde die L. u. a. von den Expressionisten aufgegriffen (Mueller, Nolde, Kirchner), dann von den satir. und krit. Künstlern der 20er Jahre (A. Kubin, G. Grosz, O. Dix, K. Kollwitz). Picasso wurde zum Ausgangspunkt für die jüngste lithograph. Entwicklung von der Op-art bis zum neuen Realismus, die bes. in den USA starken Widerhall fand (Motherwell, Francis, Lichtenstein, Rauschenberg u. a.). - Tafel S. 182.

📖 *Dohmen, die L. Köln 1982. - Weber, Wilhelm: Saxa loquuntur. Steine reden. Gesch. der L. Gräfelfing 1961–64. 2 Bde.*

Lithoklasie (Lithotripsie) [griech.], Zertrümmerung von Blasensteinen mit einem eingeführten Lithoklasten (sondenähnl. Instrument).

Lithophanie [griech.], Platte aus dünnem, unglasiertem Porzellan, in das ein Relief eingepreßt ist, das bei durchscheinendem Licht hellere und dunklere Partien ergibt. Sind die reliefierten Vertiefungen mit Glasur gefüllt, so heißt die Technik **Lithoponie**.

lithophile Elemente, Bez. für v. a. in

der ↑Lithosphäre angereicherte Elemente wie z. B. Sauerstoff, Silicium, Aluminium, Alkalimetalle, Erdalkalimetalle, Titan.

Lithophone [griech.], instrumentenkundl. Bez. für ↑Idiophone aus Stein, v. a. für Steinplattenspiele mit abgestimmten, horizontal oder vertikal befestigten Platten, u. a. in China und Korea bekannt.

Lithopone [griech.], gut deckende weiße Farbe (Gemisch von Bariumsulfat und Zinksulfid); wichtiges Weißpigment für Innenanstriche und Füllstoff für Kunststoffe, Gummi, Weißbeton.

Lithoponie [griech.] ↑Lithophanie.

Lithops [griech.] ↑Lebende Steine.

Lithosphäre, im Schalenbau der Erde die obersten 100 km. Die L. umfaßt sowohl die Erdkruste als auch die obersten Teile des Erdmantels, die von der Festigkeit her eine Einheit bilden.

Lithotripter (Lithotriptor) [griech.], 1. svw. Lithoklast (↑Lithoklasie); 2. mit Stoßwellen arbeitendes Gerät zur [Nieren]steinzertrümmerung.

Li Ti (Li Di), * Hojang (Honan) um 1100, † Hangtschou um 1197, chin. Maler. - Berühmter Blumen- und Tiermaler (Wasserbüffel), auch dunstverschleierte Stimmungslandschaften. - Abb. Bd. 4, S. 281.

Litoměřice [tschech. 'litɔmjɛrʒitsɛ] (dt. Leitmeritz), Stadt an der Elbe, ČSSR, 171 m ü. d. M., 24 800 E. Kath. Bischofssitz; Priesterseminar; Museen. Nahrungsmittel- und chem. Ind., Lederwarenherstellung. - Stadtrecht 1227, 1282 Oberhof der Städte Magdeburger Rechts in Böhmen. - Zahlr. v. a. barokke Baudenkmäler: Dom, Stadtkirche, Jesuitenkirche, Wenzelskapelle, bischöfl. Residenz; Renaissancerathaus mit Stadtmuseum; Reste der ma. Stadtbefestigung.

Litomyšl [tschech. 'litɔmiʃl] (dt. Leitomischl), Stadt 75 km nnö. von Brünn, ČSSR, 347 m ü. d. M., 10 200 E. - Entstand um eine Burg des 9. Jh.; 1090 Gründung eines Benediktinerklosters (1145 Prämonstratenserabtei, 1344–1664 Bischofssitz). - Got. Propsteikirche (14. Jh.), Renaissanceschloß (1568–73), Renaissance- und Barockhäuser.

Litoral [zu lat. litus „Küste"], Uferbereich der Gewässer, d. h. der Bereich zw. der untersten Grenze des Pflanzenwuchses bis zur obersten Hochwasserflutlinie bei Meeren bzw. des jahreszeitl. höchsten Wasserstands bei Süßgewässern.

Litorinameer [lat./dt.] ↑Holozän (Übersicht).

Litotes [griech., eigtl. „Einfachheit"], ↑rhetorische Figur, untertreibende oft iron. Ausdrucksweise, bei der ein Superlativ oder Elativ durch die Verneinung des Gegenteils ersetzt wird, z. B. *nicht unbekannt* (für *[sehr] berühmt*).

Litschibaum [chin./dt.] (Litchi), Gatt. der Seifenbaumgewächse mit zwei Arten in

S-China. Die bekannteste Art ist **Litchi chinensis,** ein in den Tropen beliebter, bis 9 m hoch werdender Obstbaum; Früchte (*Litschipflaume, Zwillingspflaume,* Lychee) pflaumengroß, mit harter, warzig gefelderter Fruchtwand und einem großen Samen mit saftigem, erdbeerähnl. schmeckendem Samenmantel, der hauptsächl. für Kompott und Cocktails verwendet wird.

Litt, Theodor, * Düsseldorf 27. Dez. 1880, † Bonn 16. Juli 1962, dt. Philosoph und Pädagoge. - 1919 Prof. in Bonn, 1920–37 und 1945–47 in Leipzig, seit 1947 wieder in Bonn. Krit. verbunden v. a. mit dem Neukantianismus, dem Neuhegelianismus, der Phänomenologie Husserls und der Lebens- und Kulturphilosophie, stellte in das Zentrum seiner wissenschaftstheoret. Entwürfe die Geisteswiss. und ihre method. Grundlegung. Als method. Hauptproblem erweist sich dabei der Ggs. von Erkennen und Leben als zweckgerichtetem Sinnen und Handeln, aber auch als Ggs. von Geisteswiss. und ihrem Gegenstand, der Kulturpraxis, konkretisiert. Dem Verstehen der Geisteswiss. entspricht das Erleben der Kulturpraxis als dessen Quelle. - L. ist der Begründer der dialekt.-reflexiven Erziehungswiss.; für die Erziehung bedeutet der im Menschen gegebene Antagonismus von Erkennen und Leben, daß beiden Motiven, „verantwortungsbewußtem Führen" und dem „wachsenden Leben", ihr Recht gelassen werden muß. *Werke:* Geschichte und Leben (1918), Ethik der Neuzeit (1926), Möglichkeiten und Grenzen der Pädagogik (1926), Führen und Wachsenlassen. Eine Erörterung des pädagog. Grundproblems (1927), Einleitung in die Philosophie (1933), Berufsbildung, Fachbildung, Menschenbildung (1958), Freiheit und Lebensordnung (1962).

Littérature engagée [frz. litera'tyr äga'ʒe], von J.-P. Sartre im Zusammenhang seiner ↑Existenzphilosophie vorgeschlagene Bez. für eine von ihm geforderte „Literatur der Praxis", der „Stellungnahme", des „in der Literatur" stehenden Dichters im Ggs. zu einer reinen „Seins-Literatur".

Little Aden [engl. 'lıtl 'eıdn], Ort auf der vulkan. Halbinsel sw. von Aden, Demokrat. VR Jemen, Erdölraffinerie, Salzgärten. - L. A. war Teil der Kronkolonie ↑Aden und gehört zur Stadt Aden.

Little Bighorn River [engl. 'lıtl 'bıgho:n 'rıvə], rechter Nebenfluß des Bighorn River im südl. Montana, USA. - Am L. B. R., 90 km osö. von Billings, geriet am 25. Juni 1876 eine von General G. A. Custer geführte Abteilung der US-Kavallerie in einen Hinterhalt der von Crazy Horse und Sitting Bull geführten Indianer (v. a. Sioux) und wurde in dem mehrstündigen Gefecht völlig vernichtet. Das Schlachtfeld ist heute Nationalfriedhof und Nationaldenkmal.

Little Diomede Island [engl. 'lıtl 'daıə-

Lithographie

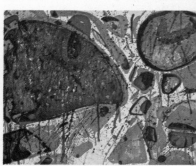

Links (von oben): Honoré Daumier, Ratapoil und
die Republik (1857): „Darf ich Ihnen meinen
Arm geben?" — „Ihre Liebe kommt zu plötzlich,
als daß ich an sie glauben könnte";
Henri de Toulouse-Lautrec, Weiblicher
Clown (1896); rechts (von oben): Ernst
Ludwig Kirchner, Weißes Haus in
Hamburg (1910); Pablo Picasso,
Stierkampf (1959); Sam Francis, Bright Jade
Gold Ghost (1963)

mi:d 'aılənd] ↑ Diomede Islands.

Little-Krankheit [engl. lıtl; nach dem brit. Chirurgen W. J. Little, * 1810, † 1894], Sammelbez. für die verschiedenen (bes. angeborenen doppelseitigen) Formen der zerebralen Kinderlähmung auf Grund embryonaler Entwicklungsstörungen bzw. frühkindl. Schädigungen der motor. Nervenbahnen des Gehirns. Die betroffenen Kinder leiden an Gehstörungen infolge spast. Lähmung der Beine (sog. „Scherengang"). Zusätzl. können epilept. Krampfanfälle und Intelligenzdefekte vorkommen. Therapie: v. a. Massage, Gymnastik, chirurg.-orthopäd. Maßnahmen.

Little Minch, The [engl. ðə 'lıtl 'mıntʃ] ↑ Hebriden.

Little Richard [engl. 'lıtl 'rıtʃəd], eigtl. Richard Penniman, * Macon (Ga.) 25. Dez. 1935, amerikan. Rockmusiker (Sänger). - Zahlr. Hits zw. 1955/57; danach Gospelsänger; Comebacks als Rockmusiker 1963 und 1970; hatte großen Einfluß auf Soulsänger und brit. Popmusikgruppen.

Little Rock [engl. 'lıtl 'rɔk], Hauptstadt des Bundesstaates Arkansas, USA, am Arkansas River, 158 500 E. Sitz eines anglikan., kath. und methodist. Bischofs; Univ. (gegr. 1927); College; Museen. L. R. liegt im Zentrum des bedeutendsten Bauxitvorkommens der USA. - Entstand um 1812, wurde 1821 Hauptstadt des Territoriums, 1836 von Arkansas; 1957/58 Schauplatz heftiger Auseinandersetzungen um die Gleichberechtigung der farbigen Bevölkerung.

Little Tibet [engl. 'lıtl ti'bet] ↑ Baltistan.

Littlewood, Joan Maud [engl. 'lıtlwʊd], * London 1914, engl. Theaterleiterin. - Gründete 1945 das Theatre of Action, später Theatre Workshop (seit 1953 in London im Gebäude des Theatre Royal), ein polit. engagiertes Theaterkollektiv, das sich u. a. der Mittel des Musicals bedient, auch der Brechtschen Verfremdungseffekte („Oh, what a lovely war", 1963), und unmittelbaren Kontakt zum Publikum sucht.

Littmann, Enno, * Oldenburg (Oldenburg) 16. Sept. 1875, † Tübingen 4. Mai 1958, dt. Orientalist. - Prof. in Straßburg, Göttingen, Bonn, ab 1921 in Tübingen. Nahm an archäolog. Expeditionen nach Syrien und Äthiopien teil; neben sprach- und literaturwiss. Arbeiten schuf er die erste vollständige Übersetzung von „Erzählungen aus den 1001 Nächten" (1921–28; Neudr. 1968).

Littorina [lat.] ↑ Strandschnecken.

Liturgie [zu griech. leiturgía „öff. Dienst, öff. Werk"], in der röm.-kath. und ostkirchl. Tradition die in fest vorgeschriebenen Formen vollzogene Gottesdienst, in den reformator. Kirchen die Formen des Gottesdienstes. - 1. In der *kath. Kirche* wird L. nach dem 2. Vatikan. Konzil als Vollzug des Priesteramts Christi gedeutet. Zus. mit Zeugnis und Diakonie (Karitas) gilt die L. als wesentl. Lebens-

funktion der Kirche. Vollzogen wird sie in der Feier der Eucharistie und der Sakramente, in der Wortverkündigung und im Stundengebet, im Gedenken der Heilsereignisse und in den Gedenktagen von Glaubenszeugen. Das liturg. Handeln geschieht in Zeichen: in Wort, Symbol, Ritus und darstellendem Tun. Um den erstarrten und z. T. unverständl. gewordenen Gottesdienst neu zu beleben, beschloß das 2. Vatikan. Konzil - in Fortführung der ↑ liturgischen Bewegung - eine **Liturgiereform,** die seit 1964 vom röm. L.rat und seit 1969 von der Kongregation für den Gottesdienst durchgeführt wird. Die Veränderungen betreffen im einzelnen: Volkssprache (seit 1964), Hochgebete (seit 1968), Kalender, Rituale, Messe (seit 1969) und Stundengebet (seit 1971). - 2. In den *Ostkirchen* bezeichnet L. allein den eucharist. Gottesdienst, der sich aus der L. der Katechumenen (Wortgottesdienst) und der L. der Gläubigen mit den Höhepunkten Anaphora und Kommunion zusammensetzt. Anders als im Westen versteht man die L. stärker als Vergegenwärtigung des ganzen Heilswerks. Die Entfaltung einzelner Aspekte der Heilsgeschichte bleibt dem Stundengebet vorbehalten. - In der *orth. Kirche* haben sich die dramat. gestaltete Chrysostomus-L. bzw. die Basilius-L. durchgesetzt. Im Osten hat sich die Tatsache, daß das christl. Dogma seinen Ursprung in der L. hat, deutlicher erhalten als im Westen, in dem sich die Dogmatik sehr bald von der L. absetzte. - 3. Die *ev. Kirchen* unterscheiden zw. ↑ Gottesdienst und L., in der der Gottesdienst ledigl. seinen unmittelbaren Ausdruck findet. Die L. der Reformatoren baute in ihren Formen weitgehend auf ma. Traditionen auf, soweit sie der Verwirklichung des Grundgedankens der prinzipiellen Einheit von Predigtgottesdienst und Abendmahl zuließen. Nur die Gemeinden der oberdt. und schweizer. Reformation verselbständigten die beiden Formen weitgehend. Erst das 19. Jh. leitete eine L.reform ein, die über die hochkirchl. Bewegung, die ↑ Berneuchener Bewegung und den ↑ Alpirsbacher Kreis zu kirchenamtl. Agendenrevisionen führte, die in den 50er Jahren dieses Jh. einen vorläufigen Abschluß fanden.

📖 *Bieritz, K. H./Ulrich, M.: Gottesdienstgestaltung.* Gött. 1985. - *Wegmann, H. A.: Gesch. der L. im Westen u. Osten.* Dt. Übers. Regensburg 1979. - *Mayer, Anton L.: Die L. in der europ. Geistesgesch.* Darmst. Nachdr. 1978. - *Adam, A.: Erneuerte L.* Freib. 1972.

Liturgiewissenschaft (Liturgik), die theolog. Wiss. vom Gottesdienst. 1. In der *kath. Kirche* war L. bis in die nachreformator. Zeit die seelsorgl. und histor. Erklärung der Liturgie, nach dem Tridentinum die rein jurid. Lehre von liturg. Weisungen (Rubrizistik); heute tritt neben die histor.-systemat. Erforschung der Liturgie eine anthropolog. ausge-

liturgische Bewegung

richtete L. - 2. In den *ev. Kirchen* ist L. (hier meist Liturgik gen.) ein Zweig der systemat. Theologie, der sowohl eine dogmat. Lehre vom Gottesdienst entwickelt als auch Leitlinien für den Aufbau neuer und für die zeitgemäße Anpassung traditioneller Liturgien erstellt.

liturgische Bewegung, Bez. für die neuzeitl. Bemühungen in der kath. Kirche, die Gemeinde aktiv am Vollzug der Liturgie zu beteiligen. Nach Vorformen in Aufklärung und Romantik begann man seit 1909 (Katholikentag in Mecheln) v. a. in Belgien und Deutschland, liturg. Texte in den Landessprachen zu publizieren. Die l. B. wurde 1913/14 von akadem. Kreisen um die Abtei Maria Laach (v. a. Abt I. Herwegen) aufgegriffen und dann von der kath. dt. Jugendbewegung verbreitet, gestützt durch zahlr. neue liturgiehistor. und „volksliturg." Arbeiten. 1940 kam es zur Errichtung eines „liturg. Referats" durch die dt. Bischöfe. Gesamtkirchl. wurde die l. B. erst zögernd nach dem 2. Weltkrieg (1947 Enzyklika „Mediator Dei") fruchtbar, bis sie mit dem 2. Vatikan. Konzil zur vollen Wirkung und zu ihrem Abschluß kam.

liturgische Bücher, in den christl. Kirchen die offiziellen Zusammenstellungen der Texte, Noten und Anweisungen für den Gottesdienst, zusammengestellt entweder (Ostkirchen) nach den verschiedenen liturg. Diensten oder (lat. Kirche) für die verschiedenen Gottesdienste (Missale, Brevier u. a.); die Liturgiereform nach dem 2. Vatikan. Konzil kehrte zum Rollenbuch für Gemeinde, Chor, Lektor und Zelebrant zurück. - In den *ev. Kirchen* ist die ↑Agende das liturg. Buch, in der anglikan. Kirche das ↑„Common Prayer Book".

liturgische Farben, in der kath. Kirche die seit karoling. Zeit je nach Fest bzw. Zeit des Kirchenjahres wechselnden Farben der liturg. Gewänder und Tücher. Sie sind unter Pius V. im Missale 1570 festgelegt worden: weiß (als Lichtfarbe; bei Herren- und Marienfesten), rot (Symbolik des Blutes und Feuers; Pfingsten, Leiden Christi, Märtyrerfeste), violett (Buße und Trauer; Fastenzeiten vor Weihnachten und Ostern), schwarz (Karfreitag und Messen für Verstorbene, z. T. abgeschafft), rosa (die Sonntage Gaudete und Lätare), grün (für alle Sonntage außerhalb der Festkreise). Nach dem 2. Vatikan. Konzil besteht die Möglichkeit, die l. F. einem in anderen Kulturkreisen vorherrschenden Farbsymbolkanon anzupassen.

liturgische Gewänder (Paramente), in den christl. Kirchen die verschiedenen Teile der gottesdienstl. Bekleidung. - Grundgewand jedes liturg. Funktionsträgers in der *kath. Kirche* ist die Albe. Hinzu kommen beim Priester Stola und Dalmatik. Der Bischof trägt bei bestimmten liturg. Handlungen zusätzl. Mitra, Handschuhe und das evtl. verliehene Pallium. Von allen kann das Pluviale

getragen werden. - Die *Ostkirchen* kennen als Grundgewand die Tunika; dazu tragen die Diakone Stola, die Priester Stola und Mantel, der Bischof zusätzl. das Epigonation (quadrat. schürzenartiges Tuch), die Kopfbedeckung (Mitra, Tiara oder Turban) und manchmal das Omophorion (über der linken Schulter getragener langer Seidenstreifen). - In den *ev. Kirchen* besteht die gottesdienstl. Tracht heute meist aus dem schwarzen ↑Talar und dem weißen Beffchen. - Von den l. G. zu unterscheiden ist die sog. *Standeskleidung* des kath. und ostkirchl. Klerus, die im Westen allerdings mehr und mehr der Zivilkleidung weicht. Zu ihr gehören in der kath. Kirche v. a. die Soutane bzw. Soutanelle (Talar) und das Birett, in den Ostkirchen das ↑Kamilavkion und ebenfalls der Talar.

liturgische Sprache, die ↑Kultsprache der christl. Gottesdienste.

Lituus [lat.], im antiken Rom der oben gebogene, knotenlose Krummstab der Auguren zur Bez. des Beobachtungsraumes („templum").
◆ militär. Signalinstrument der Römer; gehört zur Fam. der Trompeten.

Litvak, Anatole [engl. ˈlɪtvɑːk], * Kiew 10. Mai 1902, † Neuilly-sur-Seine 15. Dez. 1974, amerikan. Regisseur russ. Herkunft. - Seit 1929 in Deutschland bei der Ufa, außerdem in Paris und London (u. a., „Das Lied einer Nacht", 1932; „Mayerling", 1936). 1939 emigrierte er in die USA und startete in Hollywood eine internat. Karriere mit Filmen wie „Hölle, wo ist dein Sieg" (1940), „Entscheidung vor Morgengrauen" (1950), „Lieben Sie Brahms?" (1960).

Litvínov [tschech. ˈlitviːnɔf] (dt. Leutensdorf), Stadt 10 km nördl. von Brüx, ČSSR, 320 m ü. d. M., 21 800 E. Zw. L. und Brüx liegt das größte tschechoslowak. Chemiewerk. - Barockschloß (1732).

Litwinow, Maxim Maximowitsch [russ. lit'vinəf], eigtl. Max Wallach, * Białystok 17. Juli 1876, † Moskau 31. Dez. 1951, sowjet. Politiker. - Trat als Volkskommissar für Auswärtiges (1930–39) v. a. für ein System der kollektiven Sicherheit gegenüber der Bedrohung des nat.-soz. Deutschland und das faschist. Italien ein; 1941–43 Botschafter in Washington.

Litze [zu lat. licium „Faden, Band"], ein aus dünnen Einzeldrähten bestehender, leicht biegsamer elektr. Leiter.
◆ (Helfe) in der *Weberei* Hubelement für die Kettfäden, die mit ihm ein Fach gebildet wird. Die L. haben in der Mitte ein Öhr, das sog. *L.auge,* durch das jeweils ein Kettfaden läuft.
◆ Flachgeflechtband (Einfaß- und Besatzlitzen).

Liudger (Ludger) [ˈliːɔtgɛr, ˈluːtgɛr], hl., * in Friesland um 742, † Billerbeck 26. März 809, Bischof, Missionar Frieslands und Westfalens. - Seit 792 auf Betreiben Karls d. Gr.

Leiter der Friesen- und Sachsenmission, 804 erster Bischof von Münster; gründete mehrere Klöster. - Fest: 26. März.

Liudolfinger (Ludolfinger, Ottonen), sächs. Adels- und dt. Herrschergeschlecht, begr. von dem im östl. Sachsen begüterten Graf Liudolf († 866); seine Söhne Brun und Otto erlangten die Herzogswürde, sein Enkel Heinrich I. wurde dt. König. Die weiteren L. regierten von Otto I. bis zum Tode Heinrichs II. (1024) für ein Jahrhundert das Hl. Röm. Reich.

Liu Shao-ch'i (Liu Shaoqi) [chin. ljoʊʃaʊtɕi], *in der Prov. Hunan 1899 (?), † Kaifeng 12. Nov. 1969, chin. Politiker. - 1927 Mgl. des ZK, 1932–34 des Politbüros der KPCh; 1945–68 stellv. Parteivors.; 1949 stellv. Vors. der zentralen Volksreg.; 1955–58 1. stellv. Vors., ab 1958 Vors. des Nat. Volkskongresses; nach Ausbruch der Kulturrevolution stark kritisiert, wurde er im Aug. 1968 als „Kollaborateur und Arbeiterverräter" beschuldigt und 1969 aus der KPCh ausgeschlossen. Starb im Gefängnis. 1980 postum rehabilitiert.

Liuthard † Codex aureus.

Liutizen (Lutizen, Wilzen), westslaw. Stämme, i. e. S. der Schutz- und Kultverband der *Kessiner, Zirzipaner, Tollenser* und *Redarier; i. w. S.* Bez. für die Stämme im Mittelabschnitt des Gebietes der Elbslawen. Die L. erhoben sich 983 mit den Obotriten gegen die dt. Oberherrschaft und konnten im wesentl. ihre Freiheit bis 1150 bewahren.

Liutprand (Luitprand) ['liːʊtprant, 'luːɪt...], † 744, König der Langobarden (seit 712). - Unterwarf große Teile Italiens (u. a. das Exarchat Ravenna). Dem dadurch drohenden Konflikt mit Papst Gregor III. begegnete er durch ein Bündnis mit Karl Martell.

Liutprand (Liudprand, Luitprand) **von Cremona** ['liːʊtprant, 'luːɪt...], *Pavia (?) um 920, † um 972, Bischof von Cremona (seit 961). - Nach diplomat. Diensten für König

Berengar II. bis 955 war L. für Otto I., d. Gr., tätig; seine Werke („Antapodosis", „Historia Ottonis", „Relatio de legatione Constantinopolitana") sind trotz ihrer tendenziösen Einstellung wichtige Geschichtsquellen.

Live-Elektronik [engl. 'laɪf], Sammelbez. für † elektronische Musik, die unmittelbar im Konzertsaal „gespielt" und nicht vorher im Studio produziert und über Tonband reproduziert wird; auch die Kombination von Musik ausübenden und Elektronik (v. a. bei K. Stockhausen).

Liven, südl. Zweig der Ostseefinnen, größtenteils in Letten und Esten aufgegangen.

Liverpool, Robert Banks Jenkinson, Earl of (seit 1808) [engl. 'lɪvəpuːl], Baron Hawkesbury (seit 1803), *London 7. Juni 1770, † ebd. 4. Dez. 1828, brit. Politiker. - 1801–04 Außenmin., 1804–06 und 1807–09 Innenmin., 1809–12 Kriegs- und Kolonialmin., 1812–27 Premiermin.; verhinderte eine Wahlreform und die Emanzipation der Katholiken.

Liverpool [engl. 'lɪvəpuːl], Stadt in NW-England, an der Mündung des Mersey in die Irische See, 510 300 E. Verwaltungssitz der Metropolitan County Merseyside; anglikan. und kath. Erzbischofssitz; Univ. (gegr. 1903), angeschlossen: Schule für Tropenmedizin und meeresbiolog. Forschungsstation; Museum, Kunstgalerie, Theater. Bed. Handels- und Versicherungszentrum; wichtiger Importhafen (v. a. Baumwolle), Containerumschlag; Passagierverkehr mit Irland. Nach London ist L. das größte engl. Zentrum für die Verarbeitung importierter Nahrungsmittel u. a. Rohstoffe. - Im 8. Jh. von Wikingern besiedelt. 1191 Ersterwähnung, 1207 Stadtrecht; Aufschwung um 1700 mit dem Sklavenhandel; mit Beginn der Dampfschiffahrt nach Amerika seit dem 19. Jh. einer der wichtigsten Häfen der Erde; 1880 City, 1888 Stadtgrafschaft. - Anglikan. neugot. Kathedrale (1904–78), kath. Kathedrale (1933 ff.); bed. auch Speke Hall (15. Jh.), Old Blue coat Hospital (1717);

Lithurgische Gewänder. a katholische Dalmatik mit Stola, b orthodoxer Mantel

Rathaus (1754; Kuppel nach 1795), Saint George's Hall (1838–54). - Abb. S. 188.

Live-Sendung [laif; engl. „lebendig"], Direktsendung (Originalübertragung im Unterschied zur Aufzeichnung) bei Hörfunk und Fernsehen (z. B. bei aktuellen Diskussionen, Theateraufführungen, bunten Abenden, Sportreportagen).

Livia Drusilla, * 58 v. Chr., † 29 n. Chr., röm. Kaiserin. - 43 in erster Ehe verheiratet mit Tiberius Claudius Nero, dem sie die beiden Söhne Tiberius und Drusus gebar, 38 in zweiter Ehe mit dem späteren Kaiser Augustus, auf den sie großen Einfluß gewann; 42 n. Chr. von Kaiser Claudius zur Göttin erklärt.

Livingstone, David [engl. 'lɪvɪŋstən], * Blantyre bei Glasgow 19. März 1813, † Chitambo (Sambia) 1. Mai 1873, brit. Missionar und Forschungsreisender. - Durchquerte 1849–56 als erster Forscher S-Afrika von W nach O; auf seinen Reisen entdeckte er den Ngamisee (1849), die Victoriafälle (1855), den Chilwasee und den Njassasee (1859); bis 1864 erforschte L. den Lauf des Sambesi und kam 1867 in das Gebiet am Tanganjikasee. Am 28. Okt. 1871 wurde der als verschollen Geltende von H. M. Stanley in Ujiji angetroffen. L. starb auf der Suche nach den Nilquellen.

Livingstone [engl. 'lɪvɪŋstən], Stadt in Sambia, ↑Maramba.

Livingstonefälle [engl. 'lɪvɪŋstən] ↑Kongo (Fluß).

Living Theatre [engl. 'lɪvɪŋ 'θɪətə „lebendes Theater"], 1951 von Julian Beck (* 1925, † 1985) und Judith Malina (* 1926), Schülern von E. Piscator, in New York gegr. avantgardist. Theaterkollektiv. Spielte ab 1952 im Cherry Lane Theatre, 1957–63 im eigenen Theater, in dem sie zunehmend eigene Stücke spielten. 1964–68 „Exil" in Europa (Straßentheater), 1970 ff. in Brasilien, Brooklyn und Pittsburgh mit dem Ziel „direkter Theateraktion" vor der arbeitenden Bev., seit 1975 wieder in Europa. Sie erarbeiteten im Geist von Pazifismus, gewaltlosem Anarchismus und Individualismus u. a. „The brig" (1963), „Mysteries" (1964), den Zyklus „Kains Erbe" (1970 ff.), „Prometheus" (1978).

Livistona [nach dem Schotten P. Murray, Baron of Livistone (18./19. Jh.)], Palmengatt. mit über 30 Arten im trop. Asien bis Australien; z. T. Zierpflanzen.

Livius, Titus, * Patavium (= Padua) 59 v. Chr., † ebd. 17 n. Chr., röm. Geschichtsschreiber. - Schrieb eine röm. Geschichte mit dem Titel „Ab urbe condita libri" (Die Bücher von der Stadtgründung an) in 142 Büchern, die die Zeit von 753 bis zum Tod des Drusus (9 v. Chr.) behandelt; erhalten sind Buch 1–10 (für die Jahre 753–293) und Buch 21–45 (218–167), ferner kaiserzeitl. Inhaltsangaben fast aller Bücher. In seiner Geschichtsdarstellung hat L. formal und inhaltl. die republikan.

Annalistik fortgesetzt und abgeschlossen, seine Quellen (neben den Annalisten auch Polybius) inhaltl. kaum verändert, aber literar. selbständig verarbeitet.

Livius Andronicus, Lucius, * um 284, † um 204, röm. Dichter. - Freigelassener aus Tarent; seine Übersetzung der „Odyssee" in saturn. Versmaß ist die erste umfangreiche [Nach]dichtung des Stoffes in lat. Sprache; mit der lat. Bearbeitung griech. Tragödien und Komödien begründete er das lat. Kunstdrama; erste Aufführung 240 v. Chr.

Livland, histor. Landschaft in der UdSSR; im Baltikum; als L. wurde zunächst das gesamte Gebiet zw. der Ostsee, dem Peipussee und dem lit. Herrschaftsbereich im S bezeichnet. Vermutlich aus dem Weichselgebiet vorrückende balt. Stämme überlagerten im 9. Jh. z. T., v. a. im S und SO, die dünne Schicht finnougr. Einwohner. Die Küstengebiete gerieten unter den Einfluß von Dänen und Schweden, im Landesinnern überwog der Einfluß der Ostslawen, der im 11. Jh. zu Tributpflichten gegenüber Nowgorod und Polozk führte. Von S her bedrängten die seit der 1. Hälfte des 12. Jh. staatlich erstarkten Litauer die auch untereinander verfeindeten Stämme der Liven, Esten, Kuren, Semgaller und Lettgaller. Um 1160 errichteten lüb. Kaufleute an der Dünamündung eine Handelsniederlassung; der dt. Einfluß verstärkte sich, als um 1180 der Augustiner-Chorherr Meinhard aus dem holstein. Kloster Segeberg an der Düna mit der Missionierung begann. 1186 wurde er vom Bremer Erzbischof zum Bischof mit Sitz in Üxküll geweiht. 1201 gründete Bischof Albert I. Riga und verlegte dorthin den Bischofssitz. In seinem Ziel, der Errichtung einer geistl.-weltl. Herrschaft, vom ↑Schwertbrüderorden unterstützt, erreichte er 1207 die Belehnung mit L. als Reichslehen. - Nach der vernichtenden Niederlage der Schwertbrüder gegen Litauer und Semgaller bei Saule (1236) übernahm der Dt. Orden 1237 deren Aufgaben. Nach Unterwerfung der einheim. Stämme und der Erwerbung der dän. Gebiete in Estland (1346) wurde die polit. Gestalt L.s von fünf geistl. Territorien geprägt: dem Erzbistum Riga, den Bistümern Dorpat, Ösel-Wik und Kurland sowie dem Ordensgebiet, dem größten von allen. Eine dt. Oberschicht (Adel mit Großgrundbesitz, städt. Bürgertum) richtete sich in L. ein, die von Städten und Burgen aus über eine einheim. Bauernbevölkerung herrschte. Eine bäuerl. dt. Ansiedlung kam nicht zustande. Innere Zwistigkeiten zw. dem Orden und den Erzbischöfen von Riga, stetiger Kampf gegen lit. und russ. Bedrohung bestimmten die Geschichte L.s bis ins 16. Jh. Im Zuge der durch die Reformation ausgelösten Wirren und im Ringen zw. Polen-Litauen, Schweden und Moskau um L. (Livländischer Krieg) zerbrach die alte Einheit: Der N suchte Schutz bei Schweden, das „Ft. Esten in Livland" ent-

stand (↑ auch Estnische SSR, Geschichte), südlich und westlich der Düna wurde, nach Auflösung des Ordens in L., 1561 Gotthard Kettler poln. Lehnsherzog („in Livland Herzog von Kurland und Semgallen"; ↑ auch Kurland, Geschichte), die Mitte, das „überdün. L.", wurde polnisch, die Insel Ösel dänisch. Die überdün. Lande, an denen allein fortan der Name L. haftete, fielen 1629/1660 an Schweden (mit Ausnahme ↑ Lettgallens), 1721 (↑ Nystad, Friede von) zus. mit Estland an Rußland. Aus der russ. Niederlage im 1. Weltkrieg und den Revolutionskämpfen gingen die Staaten Estland und Lettland hervor, unter die L. geteilt wurde.
📖 *Wittram, R.: Balt. Gesch. Darmst. Neuaufl. 1973.*

Livorno, italien. Stadt an der ligur. Küste, Toskana, 3 m ü. d. M., 175 800 E. Verwaltungssitz der Prov. L.; kath. Bischofssitz; Marineakad., Museen, Gemäldegalerie, Meerwasseraquarium. Zahlr. bed. Ind.betriebe; Handelsbörse; Handels-, Passagier-, Marine- und Fischereihäfen, Verkehrsknotenpunkt. - Anfang 14. Jh. unbed. Hafenort, 1421 von Florenz erworben; von den Medici mit weitreichenden Privilegien ausgestattet; entwickelte sich seit 1530 zum wichtigsten Hafen des florentin. Staates; mit dem Ausbau des Hafens seit dem 16. Jh. wurde die Entwicklung zum Freihafen (bis 1860) eingeleitet. Auf Grund der „Costituzione livornina" von 1593, die die Freiheit des Aufenthalts, des Handels und der Religion gewährte, stieg die Bev.zahl rasch an. - Dom und alte Festung (beide 16. Jh.), südl. die Wallfahrtskirche Santuario di Montereno (1345–1575, 1721 erneuert).

Livre [frz. li:vr; zu lat. libra „Pfund"], alte frz. Gewichtseinheit unterschiedl. Größe; als Pariser Marktgewicht 489,506 g, als Apothekergewicht 367,129 g; von 1818 bis 1839 (bzw. 1861) 1 L. [usuelle] = 500 g. In der Schweiz rechnete man ab 1853 1 L. = 500 g.
◆ Münzbez. zunächst für eine Rechnungsmünze (= 20 Sols; bis zur Einführung des Franc, 1795).

Livre d'heures [frz. livrə'dœ:r] ↑ Stundenbücher.

Livree [frz., eigtl. „(vom Herrn den Dienern) Geliefertes"], uniformartige Diener- bzw. Dienstkleidung.

Livry-Gargan [frz. livrigar'gã], frz. Stadt im nö. Vorortbereich von Paris, Dep. Seine-Saint-Denis, 32 800 E. Ind.zentrum mit Landmaschinen- und Kranbau, Herstellung von Möbeln und Kinderwagen.

Liwadija, sowjet. Schwarzmeerkurort an der S-Küste der Krim, Ukrain. SSR. - Palast des Zaren (1865; heute Sanatorium). L. war 1945 Tagungsort der ↑ Jalta-Konferenz.

Liwan ↑ Iwan.

Li Yü (Li Yu) [chin. li-y], * Nangking 937, † Kaifeng 978, chin. Lyriker. - Thema seiner buddhist. beeinflußten Lieder sind Reflexionen von Weltflucht, Abschiedsschmerz und Verschmelzung der menschl. Existenz mit der Natur im ewigen Wandel der Jahreszeiten.

Liz [engl. lız], engl. weibl. Vorname, Koseform von Elizabeth.

Lizard, The [engl. ðə 'lızəd], Halbinsel an der S-Küste von Cornwall, mit dem Kap **Lizard Point,** dem südlichsten Punkt der brit. Hauptinsel.

Lizentiat [mittellat., zu lat. licentia „Erlaubnis"], Abk. Lic. bzw. Liz., im MA dem Bakkalaureat folgender akadem. Grad; in Frankreich tradiert (Licence); im deutschsprachigen Raum heute nur noch von wenigen Fakultäten bzw. Universitäten verliehen.

Lizenz [zu lat. licentia „die Freiheit (etwas zu tun), Erlaubnis"], die vom Urheber oder Inhaber eines Patents, Gebrauchsmusters, Sortenschutzes oder eines sonstigen Nutzungsrechts erteilte Erlaubnis, sein Recht, meist gegen eine **Lizenzgebühr,** ganz oder teilweise zu benutzen. Die **ausschließl. Lizenz** setzt den L.nehmer unter Ausschluß von Dritten an die Stelle des L.gebers. Bei der **einfachen Lizenz** behält der L.geber die Verfügungsbefugnis; der L.nehmer erhält eine schuldrechtl. Berechtigung. - Die L. kann hinsichtlich Art, Umfang, Menge, Gebiet der Verbreitung oder Zeit der Ausübung beschränkt werden. Als Beschränkung gelten nicht Absprachen u. a. über Preisbindung, Wettbewerb im Ausland, Verpflichtung des L.nehmers zum Nichtangriff auf das Schutzrecht. Dem L.nehmer dürfen keine Beschränkungen auferlegt werden, die über den Inhalt des Schutzrechts hinausgehen.
◆ die einem *Berufssportler* (z. B. Boxer, Fußballspieler, Rennfahrer) durch seinen Verband erteilte Erlaubnis zur berufl. Ausübung seines Sportes; auch die Erlaubnis, im *Amateursport* als Kampf- und Punktrichter zu fungieren.

Lizenzausgabe, Buchausgabe auf Grund einer bes. Ermächtigung durch den berechtigten Verleger (↑ Lizenz).

Lizenzpresse, publizist. System, das die Herausgabe von Periodika an behördl. Erlaubnis bindet; insbes. Bez. für die Presse der Besatzungszeit in Österreich und in Deutschland (1945–49); hob durch die Besatzungstruppen hg. Nachrichtenblätter ab. Die i. d. R. dt. Lizenzträger (Verleger/Hg.) und Redakteure hatten am demokrat. Aufbau mitzuwirken. In der SBZ ging die Lizenzierungsbefugnis auf die Behörden der DDR über (heute: Presseamt beim Vors. des Min.rats).

Lizenzspieler, in der BR Deutschland Fußballspieler, der auf der Basis von vom Dt. Fußballbund erteilten Spielerlizenz als Angestellter seines Vereins gegen feste monatl. Vergütung (und zusätzl. Prämien) in den Fußballbundesliga spielberechtigt ist.

Lj, Einheitenzeichen für ↑ Lichtjahr.

Liverpool. Kathedrale (1904–78)

Ljubljana (dt. Laibach), Hauptstadt der jugoslaw. Republik Slowenien, an der oberen Save, 290 m ü. d. M., 303 500 E. Kath. Erzbischofssitz; Kultur- und Wirtschaftszentrum Sloweniens, Nationalarchiv, -bibliothek, -museum und -galerie; Univ. (gegr. 1595), Fakultät für Theologie, Kernforschungsinstitut, Kunstakad., Theater-, Rundfunk-, Film- und Fernsehakad., Konservatorium; Museen, Oper. Metallverarbeitende, chem. u. a. Ind.; Messestadt; ✈.

Geschichte: Die Römer bauten die illyr. Siedlung **Emona** zu einem Militärlager aus; um 34 v. Chr. röm. Kolonie; kam im 10. Jh. zur Mark Krain, gehörte seit etwa 1100 den Spanheimern (bis 1269); 1144 erstmals als **Laibach,** 1146 unter dem slowen. Namen **Luwigana** erwähnt; erhielt 1320 Stadtrecht; kam 1335 an das Haus Österreich; 1461 Bischofssitz; im 16. Jh. Zentrum der Reformation in Slowenien; 1809–13 Hauptstadt der Illyr. Prov.; nach 1848 kultureller und polit. Schwerpunkt der slowen. Nationalbewegung; 1918 jugoslawisch. - Der **Kongreß von Laibach** (Jan.–Mai 1821) unter Teilnahme der meisten europ. Mächte beschloß unter Führung Rußlands, Österreichs, Preußens und Frankr. die bewaffnete Intervention Österreichs in Piemont und Neapel zur Niederschlagung der Revolution. -
Bauten: Zahlr. barocke Sakral- und Profanbauten: u. a. Dom, Franziskanerkirche, die Kreuzherrenkirche, erzbischöfl. Palais; Rathaus von 1718; ehem. Palais Auersperg (17. Jh.).

Ljungström, Fredrik [schwed. ˌjʊŋstrœm], *Stockholm 16. Juni 1875, † ebd. 18. Febr. 1964, schwed. Ingenieur. - Konstruierte 1908 zus. mit seinem Bruder Birger L. (*1872, †1948) eine nach ihnen benannte

↑ Dampfturbine und entwickelte 1927 das erste vollautomat. Getriebe für Kraftfahrzeuge.

Ljusneälv [schwed. ˌjʊːsnɔɛlv] (Ljusna [schwed. ˌjʊːsna]), Fluß im südl. Nordschweden, entspringt in 884 m Höhe nahe der norweg. Grenze, durchfließt eine Reihe von Seen und mündet bei Ljusne in die Bottensee, 430 km lang; Holzflößerei; Wasserkraftwerke.

Ljutaga [russ.] ↑ Flughörnchen.

Lkw (LKW), Abk. für: Lastkraftwagen (↑ Kraftwagen).

Llandrindod Wells [engl. læn'drɪndɔd 'wɛlz], walis. Heilbad, im Ithontal, 4 000 E. 30 salz-, schwefel- und eisenhaltige Quellen, die seit 1696 bekannt sind.

Llanelly [engl. læ'nɛɵlɪ], walis. Stadt am Burry Inlet, Gft. Dyfed, 24 100 E. Bed. Standort der Stahlind. - 1913 Stadtrecht.

Llano Estacado [engl. 'lɑːnoʊ ɛstə'kɑːdoʊ] (Staked Plain), semiaride Hochfläche im nw. Texas und östl. New Mexico, Teil der Great Plains. Erdöl- und Erdgasvorkommen.

Llanokultur [engl. 'lɑːnoʊ], nach dem Llano Estacado ben. paläoindian. Kultur in den USA (↑ Cloviskomplex).

Llanos ['ljaːnɔs, span. 'janɔs; zu lat. planus „eben, flach"], Bez. für trop. und subtrop., baumarme bis baumlose Ebenen in Lateinamerika, v. a. aber für die des Orinokotieflands, die **Llanos del Orinoco,** verbunden mit der für diese typ. Vegetation aus Grasland und Savannen. Die höher gelegenen Teile (L. altos) sind von Tälern tief zerschnitten, die tiefer gelegenen (L. bajos) stellen eine nur von Uferdämmen überragte Schwemmlandniederung dar, die in der Regenzeit weithin überflutet ist. Extensive Rinderweidewirtschaft, die ihren Höhepunkt um die Mitte des 19. Jh. hatte, bestimmt noch heute weite Teile.

Llewellyn, Richard [engl. lu:'ɛlɪn], eigtl. R. Dafydd Vivian L. Lloyd, *Saint David's bei Milford Haven 8. Dez. 1907, †London 30. Nov. 1983, walis. Schriftsteller. - Verfaßte zahlr. realist., psycholog. eindringl. Romane v. a. über die Arbeits- und Lebensweise walis. Bergarbeiterfamilien, z. B. „So grün war mein Tal" (1939), „Das neue Land der Hoffnung" (1959), „... und morgen blüht der Sand" (1973). Schrieb auch Dramen und Drehbücher.

Lloyd [engl. lɔɪd], Harold, *Burchard (Nebr.) 20. April 1893, †Los Angeles-Hollywood 8. März 1971, amerikan. Schauspieler. - Zunächst beim Theater, seit 1914 beim Film. Durch Filme wie „Ausgerechnet Wolkenkratzer" (1923), „Harold Lloyd, der Sportstudent" (1925), „Um Himmels willen, Harold Lloyd" (1926) wurde er einer der bekanntesten Komiker des amerikan. Stummfilms.

L., John Selwyn Brooke (seit 1976 Selwyn-Lloyd, Baron of Wirral in the County of Merseyside), *Liverpool 28. Juli 1904, †Preston-Crowmarsh (Oxford) 17. Mai 1978, brit. Politiker. - Jurist; seit 1945 konservativer Unterhausabg.; 1954/55 Versorgungs-, 1955 Verteidigungs-, 1955–60 Außenmin.; 1960–62 Schatzkanzler; 1963/64 Lordsiegelbewahrer; 1971–74 Sprecher des Unterhauses.

L., Richard Dafydd Vivian Llewellyn, walis. Schriftsteller, ↑ Llewellyn, Richard.

Lloyd George, David [engl. 'lɔɪd 'dʒɔːdʒ], Earl of Dwyfor (seit 1944), * Manchester 17. Jan. 1863, † Llanystumdwy (Gwynedd) 26. März 1945, brit. Politiker. - Vom liberalen Wahlsieg 1906 bis zum Zerfall der Kriegskoalition 1922 beherrschende Figur der brit. Politik. Als kompromißloser Vertreter des walis. Nationalismus, als Gegner des Burenkrieges und der Empire-Schutzzölle profilierte sich L. G. auf dem radikalen Flügel der Liberal Party. Als Handelsmin. (1905–08) und als Schatzkanzler (1908–15) wurde er Motor der Reformpolitik (u. a. Lösung der ir. Frage, Einführung der Sozialversicherung). Im 1. Weltkrieg war L. G. als Kriegsmin. (1915/16) Organisator der brit. wirtsch. Mobilmachung. Im Dez. 1916 wurde er mit konservativer Unterstützung Premiermin. und hatte bis Kriegsende eine quasidiktator. Stellung inne. Im Versailler Vertrag gelang ihm die Milderung der alliierten territorialen Friedensbedingungen gegenüber Deutschland, in der Demobilmachungsphase als Premiermin. einer konservativ-liberalen Reg. (1919–22) die Abwendung drohender sozialer Unruhen. Zugleich erreichte er 1921 mit der Gewährung des Dominionstatus für Irland (außer Ulster) eine Teillösung der ir. Frage. Seit 1929 nach mehreren Wahlniederlagen der Liberalen polit. einflußlos.

Lloyd's [engl. lɔɪdz; nach dem Londoner Kaffeehaus von E. Lloyd († 1713), in dem sich Schiffsversicherer trafen] (L. Underwriters Association), Vereinigung engl. Einzelversicherer zum börsenmäßigen Betrieb von Versicherungsgeschäften aller Art, insbes. auf dem Gebiet der Seeversicherung, zur Schiffsklassifikation und -registrierung („L. Register of Shipping"). Die bed. Handlungsfreiheit der für ihre gezeichneten Summen persönl. haftenden Underwriters ermöglicht selbst die Übernahme von Versicherungsrisiken spekulativen Charakters. Die Anfänge von L. reichen bis 1683 zurück; die Geschäftsbedingungen wurden 1911 durch die Lloyd's erst festgelegt.

Lloyds Bank Ltd. [engl. 'lɔɪdz 'bæŋk 'lɪmɪtɪd], engl. Kreditinstitut, Sitz London, gegr. 1765 in Birmingham als Taylors and Lloyds, seit 1889 heutige Firma.

Llull, Ramón [span. ʎul] ↑ Lullus, Raimundus.

Llyn Tegid [engl. lɪn'tɛgɪd] (Bala Lake), größter See in Wales, im Snowdonia, 7 km lang, 1 km breit, 162 m ü. d. M.

Llywelyn [engl. lə'wɛlɪn], walis. Adelsschlecht, erster bed. Vertreter war L. ap Ior-

werth (* 1194, † 1240), der sich im Zuge der polit. Wirren von 1215 die Herrschaft über fast ganz W-Wales sicherte. Sein Enkel, L. ap Gruffydd (* 1246, † 1282), führte als einziger walis. Herrscher den Titel „Prince of Wales".

lm, Einheitenzeichen für ↑ Lumen.

LM [engl. 'ɛl'ɛm] (LEM), Abk. für engl.: Lunar [Excursion] Module, zweistufige, aus Abstiegsstufe und Aufstiegsstufe bestehende Mondlandefähre des Apollo-Programms für zwei Mann Besatzung; Höhe 6,985 m, Breite 9,498 m (diagonal über die Landebeine).

ln, Funktionszeichen für natürl. ↑ Logarithmus.

Loa [afrikan.], Gatt. der Filarien, bes. bekannt durch die Wanderfilarie (↑ Filarien).

Loach, Kenneth [engl. loʊtʃ], * Nuneaton 17. Juni 1936, brit. Filmregisseur. - Drehte zunächst Filme fürs Fernsehen, u. a. „Poor Cow - geküßt und geschlagen" (1968); gründete eine eigene Produktionsfirma, bei der er u. a. „Kes" (1970) und „Familienleben" (1971) herausbrachte. Gilt als sozialkrit. engagierter Regisseur, der in seinen Filmen das Leben von Durchschnittsmenschen zu ergründen und zu erklären versucht.

Loa-Loa-Infektion (Loiase, Loa-Loa-Filariose), durch Wanderfilarien (↑ Filarien) hervorgerufene Erkrankung (Kalabarbeule, Augenbindehautentzündung).

Loasa, Gatt. der zweikeimblättrigen Pflanzenfam. **Loasagewächse** (Loasaceae; 15 Gatt. mit rd. 250 Arten) mit mehr als 90 Arten in M- und S-Amerika; aufrechte oder windende Kräuter oder Halbsträucher mit weißen, gelben bis roten oder mehrfarbigen Blüten; z. T. Zierpflanzen.

Lob [engl.], Ball im Tennis, Badminton und Volleyball, der weich und hoch über den Gegner hinweggeschlagen („gelobbt") wird.

Lobärpneumonie [griech.], einen oder mehrere Lungenlappen befallende ↑ Lungenentzündung.

Lobatschewski, Nikolai Iwanowitsch, * Nischni Nowgorod (= Gorki) 1. Dez. 1792, † Kasan 24. Febr. 1856, russ. Mathematiker. - Prof. in Kasan; entwickelte ab 1826 unabhängig von C. F. Gauß und J. Bolyai das erste System einer nichteuklid. Geometrie.

Löbau, Krst. im Lausitzer Bergland, Bez. Dresden, DDR, 268 m ü. d. M., 18 500 E. U. a. Textil- und Bekleidungsind., Klavierbau. - Um 1220 in planmäßiger Anlage als Handelsplatz gegründet. - Got. bzw. spätgot. sind die Kirchen Sankt Nikolai (13./14. Jh.) und Sankt Johannis (15. Jh.); barockes Rathaus (nach 1711) mit Laubengang.

L., Landkr. im Bez. Dresden, DDR.

Lobby [engl. 'lɔbɪ; engl., zu mittellat. lobia „Galerie, bedeckter Gang"], 1. Bez. für die Wandelhalle im brit. Unterhaus, im Kapitol in Washington und in anderen Parlamentsgebäuden, in der die Abg. zu Gesprächen mit Wählern und Interessenten zusammentreffen, die nicht Mgl. einer parlamentar. Körperschaft sind und kein Reg.amt innehaben; 2. Bez. für die Gesamtheit der **Lobbyisten. Lobbyismus** (engl. lobbying) bezeichnet Versuche v. a. von Vertretern von Interessenverbänden, durch Einwirkung auf Parlamentarier bzw. Kontakte mit Mgl. von Reg. und Verwaltung Einfluß auf Gesetzgebung und Verwaltung zu nehmen.

Löbe, Paul, * Liegnitz 14. Dez. 1875, † Bonn 3. Aug. 1967, dt. Politiker (SPD). - 1899 Schriftleiter der Breslauer „Volkswacht"; 1919 Vizepräs. der Weimarer Nationalversammlung; 1920–33 MdR, 1920–24 und 1925–32 Reichstagspräs.; 1933 und (nach dem 20. Juli) 1944 inhaftiert; 1945 Gegner der Vereinigung von SPD und KPD; 1948/49 Mgl. des Parlamentar. Rates, bis 1953 MdB; seit 1954 Leiter des „Kuratoriums Unteilbares Deutschland".

Lobelie (Lobelia) [nach M. Lobelius], Gatt. der Glockenblumengewächse mit über 350 Arten in den gemäßigten und wärmeren Zonen; meist Kräuter oder Halbkräuter mit zygomorphen, um 180° gedrehten Blüten. Eine bekannte Zierpflanze ist die Art **Blaue Lobelie** (Lobelia erinus), eine dichtwüchsige, bis 25 cm hohe Sommerblume aus Südafrika mit himmelblauen, violetten oder weißen Blüten; Blütezeit Frühjahr bis Herbst.

Lobelin [nach M. Lobelius], giftiges Alkaloid einiger Lobelienarten; wirkt nikotinähnl. und regt reflektor. das Atemzentrum an.

Lobelius, Matthias, eigtl. M. de l'Obel, * Rijssel 1538, † Highgate bei London 3. März 1616, niederl. Botaniker. - Beschrieb v. a. die belg.-niederl. Flora; einer der bedeutendsten Kräuterbuchautoren des 16. Jh.; gilt als einer der Wegbereiter der Pflanzensystematik.

Loben [griech.] ↑ Lobenlinie.

Lobenlinie (Sutur), bes. bei fossilen Ammoniten eine gewundene bis gezackte Verwachsungslinie der Scheidewände der Gehäusekammern mit der äußeren Gehäusewand. An der L. unterscheidet man **Sättel** (Ausbuchtungen in Richtung Gehäusemündung) und **Loben** (Ausbuchtungen entgegengesetzt zur Gehäusemündung).

Lobenstein, Krst. an der Lemnitz, Bez. Gera, DDR, 503 m ü. d. M., 5 400 E. Moorbad. - Das 1250 erstmals bezeugte L. war vielleicht 1278 schon Stadt; 1647 wurde L. Residenz von Reuß-L., das 1848 mit Gera und Schleiz zum Ft. Reuß jüngere Linie vereinigt wurde. - Ruine der ma. Burg L.; barockes Schloß (Anfang des 18. Jh.).

L., Landkr. im Bez. Gera, DDR.

Lobito [portugies. luˈβitu], Hafenstadt in Angola, 60 000 E. Werften, Fischverarbeitung, Zementfabrik u. a. Ind.; Ausgangsort der Benguelabahn; ☸. - Gegr. 1905.

Lobkowitz, Wenzel Eusebius Reichsfürst von, Hzg. von Sagan, * 20. Jan. 1609, † Roudnice nad Labem 22. April 1677, östr. Mini-

ster. - 1665–74 als Obersthofmeister leitender Min. Kaiser Leopolds I., befürwortete eine Verständigungspolitik mit Ludwig XIV. in der span. Erbfolgefrage.

Lobus [griech.], in der *Anatomie*: Lappen, lappenförmiger Teil eines Organs (z. B. der Leber); ein kleiner, läppchenförmiger Teil wird **Lobulus** genannt.

Lobwasser, Ambrosius, * Schneeberg 4. April 1515, † Königsberg (Pr) 27. Nov. 1585, dt. Dichter. - Seine Psalmenübertragung nach der frz. Bearbeitung von Marot und Beza (1565 abgeschlossen, 1573 gedruckt) war mehr als zwei Jh. maßgebend; bed. Kirchenlieder.

Locarno [italien. loˈkarno], Hauptort des Bez. L. im schweizer. Kt. Tessin, am N-Ende des Lago Maggiore, 209 m ü. d. M., 14 300 E. Heilklimat. Kurort, Observatorium. - In karoling. Zeit Königshof; entwickelte sich im Hoch-MA zur Stadt; wurde im 12. Jh. Bezirk der Stadtrepublik Como; bildete 1315–42 einen eigenen Staat; 1513 von den Eidgenossen besetzt; 1814–78 einer der 3 Hauptorte des Tessins. - Bed. Kirchen sind u. a. San Francesco (14. und 16. Jh.), San Vittore in Muralto (aus karoling. Zeit; heute v. a. 17. und 19. Jh.); über L. die Wallfahrtskirche Madonna del Sasso (17. Jh.), Schloß (v. a. 15./16. Jh.) mit Roman. Museum und Hans-Arp-Stiftung.

Locarnopakt (Locarnoverträge) [italien. loˈkarno], am 16. Okt. 1925 in Locarno abgeschlossener Sicherheitspakt, entstanden nach dem Scheitern des Genfer Protokolls von 1924, durch das Frankr. den Bestand des Versailler Vertrags auf der Grundlage eines Systems der kollektiven Sicherheit im Rahmen des Völkerbundes festigen wollte. Großbrit. begünstigte den von Stresemann vorgelegten Plan eines regionalen Sicherheitspakts zur Garantie der dt. W-Grenzen, machte aber den Eintritt Deutschlands in den Völkerbund zur Bedingung. In dem von Großbrit. und Italien garantierten Hauptvertrag (Westpakt, Rheinpakt) verzichteten Deutschland, Belgien und Frankr. auf eine gewaltsame Revision der dt.-belg. und der dt.-frz. Grenzen; eine entsprechende Garantie für die O-Grenze („Ostlocarno") verhinderte Stresemann. Mit Polen und der ČSR schloß Deutschland Schiedsverträge ab, die eine gewaltsame Revisionspolitik ausschließen sollten. Im Schlußprotokoll wurde Deutschland, dem die Aufnahme in den Völkerbund mit Großmachtstatus zugesagt wurde, die Ablehnung einer Teilnahme an Völkerbundssanktionen gegen Sowjetrußland freigestellt.

  Jacobson, J.: Locarno diplomacy, Germany and the West 1925–1929. Princeton (N. J.) 1972. - Locarno u. die Weltpolitik. Hg. v. H. Rößler. Gött. u. a. 1969.

Locatelli, Pietro Antonio, * Bergamo 3. Sept. 1695, † Amsterdam 30. März 1764, italien. Violinist und Komponist. - Schüler Corellis, ließ sich 1729 in Amsterdam nieder; einer

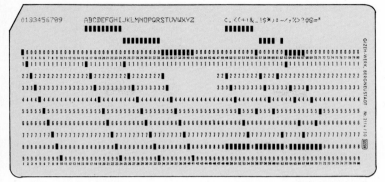

Lochkarten. Ziffern, Buchstaben und Sonderzeichen im Hollerithcode

der bedeutendsten Violinvirtuosen seiner Zeit; komponierte u. a. Concerti grossi, Konzerte und Sonaten für Violine.

Loccum, ehem. Zisterzienserabtei, ↑ Rehburg-Loccum.

Loccumer Vertrag, am 19. März 1955 in den ehem. Zisterzienserabtei Loccum geschlossener Kirchenvertrag zw. den fünf Landeskirchen Niedersachsens und dem Land Nds. zur rechtl. Regelung staatl.-kirchl. Zusammenarbeit in Fragen, die die Vertragspartner gemeinsam betreffen.

Lochamer Liederbuch (Locheimer L.), Liederhandschrift im Besitz der Berliner Staatsbibliothek, benannt nach einem der ersten Besitzer, Wölflin von Lochamer; geschrieben 1452/53 (mit Nachträgen bis 1460). Gilt als Hauptquelle des dt. bürgerl. Liedes der 1. Hälfte des 15. Jahrhunderts.

Lochauge, ↑ Auge.

Lochband, svw. ↑ Lochstreifen.

Locher, Jakob, gen. Philomusus, * Ehingen (Donau) Ende Juli 1471, † Ingolstadt 4. Dez. 1528, dt. Humanist. - Lieblingsschüler von S. Brant, dessen „Narrenschiff" er ins Lat. übersetzte („Stultifera navis", 1497), wodurch er zur weiten Verbreitung dieses Werkes beitrug; besorgte 1498 die erste Horaz-Ausgabe in Deutschland.

Lochfraß, charakterist. Fraßbild verschiedener Käferlarven und Schmetterlingsraupen an Pflanzenblättern, wobei die Blattspreite durchlöchert wird.

Lochien [griech.] (Lochialsekret, Wochenfluß), das anfangs blutige, dann seröse und schließl. schleimig-weiße Absonderung aus der Gebärmutter während der ersten Tage und Wochen nach einer Geburt.

Lochiometra [griech.], Stauung des Wochenflusses, der Absonderung aus der Gebärmutter nach der Entbindung. Durch Bakte-

rientoxine kommt es zu einer leichten Verlaufsform des ↑ Wochenbettfiebers.

Lochkamera ↑ Camera obscura.

Lochkameraauge, svw. Lochauge (↑ Auge).

Lochkarten (Maschinenlochkarten), zur Dateneingabe in die elektron. Datenverarbeitung (EDV) verwendete Datenträger in Kartenform. Ziffern (0–9) werden durch eine einzelne Lochung, Buchstaben und Sonderzeichen durch Lochkombinationen verschlüsselt. Eine L. auf der Grundlage des meist verwendeten Hollerithcodes hat 80 Spalten (für 80 Zeichen auf 82,5 × 187,3 mm großer L.) und 12 Zeilen (Zwölfer-, Elfer- oder auch x-Zeile und zehn Zifferzeilen). Am oberen Kartenrand erscheint meist das Zeichen usw. im Klartext. *L.stanzer* dienen zum Stanzen von L. und als [Daten]ausgabegerät, *L.leser* als [Daten]eingabegerät bei EDV-Anlagen (Lesevorgang: ausgestanztes Loch läßt Licht auf Photozelle fallen oder zwei elektr. Kontakte sich berühren).

◆ (Nadellochkarte, Handlochkarte) eine manuelle Sortierung und Auswahl aus [Loch]karteien mit Hilfe von Nadeln ermöglichende Lochkarte. Bei der **Schlitzlochkarte** werden die Verbindungsstege zw. zwei oder mehreren Löchern herausgestanzt und Langlöcher mit je nach ihrer Lage unterschiedl. Bedeutung gebildet. Bei der **Kerb-** oder **Randlochkarte** werden längs der Ränder zwei- oder mehrreihig angebrachte Löcher zum Kartenrand hin geöffnet (gekerbt). In beiden Fällen werden [Sortier]nadeln durch die Löcher gewünschter Bedeutung geschoben, das Kartenpaket wird angehoben, so daß die entsprechend gelochten bzw. gekerbten L. herausstehen oder herausfallen.

◆ (Lochticket, Lochschriftticket) gelochter Datenträger, der z. B. als Warenetikett Preis, Warenart, Größe, Farbe usw. verschlüsselt und in Klarschrift enthält. An der Registrierkasse wird u. a. das Verkaufsdatum aufgedruckt; durch zentrale Auswertung (EDV) ist

191

Lochlehre

eine laufende Bestandskontrolle möglich.

Lochlehre ↑Lehre.

Lochner, Stephan, * Meersburg (?) um 1400, † Köln 1451, dt. Maler. - Beeinflußt vom ↑Meister von Flémalle (Lehrjahre in den Niederlanden?); bedeutendster spätgot. Maler der Kölner Schule. Kostbarkeit und Leuchtkraft der Farbe verbinden sich mit zunehmend überzeugender Gestaltung des Räumlichen. - Abb. Bd. 5, S. 178.

Werke: Dreikönigsaltar im Kölner Dom (um 1440), Darbringung im Tempel (1447 datiert; Darmstadt, Hess. Landesmuseum), Jüngstes Gericht (um 1435; Köln, Wallraf-Richartz-Museum), Veilchenmadonna (um 1439; Köln, Diözesanmuseum), Rosenhagmadonna (um 1448; Köln, Wallraf-Richartz-Museum).

Loch Ness [engl. lɔkˈnɛs] ↑Ness, Loch.

Lochsäge ↑Säge.

Lochschriftticket, svw. Lochticket (↑Lochkarten).

Lochsirene ↑Sirene.

Lochstickerei (Madeirastickerei), Weißstickerei, bei der umstickte Löcher zu Mustern geordnet sind.

Lochstreifen (Lochband), in der Fernschreib-, Datenverarbeitungs- und Steuerungstechnik verwendete maschinell lesbare Datenträger. Die Zeichen werden als Lochkombination (bis zu 5 Löcher beim Fünfercode oder 5-Kanal-L.) quer zur Laufrichtung durch Hand- oder Empfangslocher in den Papierstreifen gestanzt, der außerdem eine aus kleineren Löchern bestehende Vorschublochreihe (außerhalb der Streifenmitte) erhält. Die **Lochstreifenkarte** ist ein stapelfähiger L. größerer Breite und begrenzter Länge zur Verwendung in Datenerfassungsplätzen und Datenübertragungssystemen und zur Eingabe in Datenverarbeitungsanlagen.

Lochticket ↑Lochkarten.

Lochwalzwerk ↑Walzen.

Lochziegel ↑Mauerziegel.

Lochzirkel (Innentaster), zirkelähnl. Instrument (mit nach außen abgewinkelten Schenkelspitzen) zum Kontrollieren von Bohrungen.

Lochstreifen. Schlüssel der Fernschreibzeichen

Locke, John [engl. lɔk], * Wrington bei Bristol 29. Aug. 1632, † Oates (Essex) 28. Okt. 1704, engl. Philosoph. - Arbeitete als Sekretär und Hausarzt bei adligen Gönnern; bekleidete z. T. hohe polit. Ämter, die ihn in Intrigen verwickelten, so daß er nach Paris und Montpellier (1672–75) und in die Niederlande (1683–89) auswandern mußte. - L. ist der Begründer und einflußreichste Vertreter des ↑Empirismus und der Erkenntniskritik der Aufklärung. Nach ihm sind Ursprung der Erkenntnis die einfachen, passiv empfangenen „Ideen", die aus der (äußeren) „Sinneswahrnehmung" oder aus der (inneren) „Reflexion" auf das eigene Denken und Wollen oder aus beiden stammen. In „Two treatises of government" (1690) erklärte L. Gleichheit, Freiheit und Recht auf Unverletzlichkeit von Person und Eigentum zu obersten Rechtsgütern. Der Friede wird durch eine auf allg. Zustimmung beruhende polit. Gemeinschaft mit einem obersten Schiedsrichter (Monarch, Oligarch oder demokrat. Vertretung) gesichert (↑auch Gesellschaftsvertrag). L. trat für die Trennung von Legislative und Exekutive ein. Das Volk soll die ihm gemäße Regierungsform bestimmen, und die Freiheit aller Glaubensbekenntnisse soll garantiert sein. Seine Staatstheorie hat die amerikan. Unabhängigkeitserklärung von 1776, den frz. Verfassungsentwurf von 1791 sowie den bürgerl.-liberalen Verfassungsstaat überhaupt entscheidend mitgeprägt. Die Gewichtung von individueller Freiheit und kollektiver Gleichheit wirkt auf den Demokratiebegriff des repräsentativen Parlamentarismus bis in die Gegenwart nach. - *Weitere Werke:* Brief über die Toleranz (1689), Versuch vom menschl. Verstand (1690).

📖 *Hahn, J.: Der Begriff der „property" bei J. L. Ffm. 1984. - Thiel, M.: Lockes Theorie der personalen Identität. Bonn 1983. - Euchner, W.: Naturrecht u. Politik bei J. L. Ffm. 1979. - Baumgartner, W.: Naturrecht und Toleranz. Untersuchungen zur Erkenntnistheorie u. polit. Philosophie bei J. L. Würzburg 1979. - Cranston, M.: J. L. A biography. Harlow u. London Neuauflage 1969.*

Lockergesteine ↑Gesteine.

Lockheed Aircraft Corp. [engl. ˈlɔkhiːd ˈɛəkrɑːft kɔːpəˈreɪʃən], amerikan. Un-

		0	5	4 Löcher				3 Löcher				2 Löcher			1 Loch		
5		•	•	• • •	• • •	• •	• • •	•	• •	• • •		•	• •			•		
4		•		• • • •	• •	• • •	• •	• •		• • •	•	• •	•	•			•	
3		•	•	•	• •	• •	•	•	• •		•	•		• •	•			•
2		•		• •	• •	• • •	• •	•	• • •	•	• •			• •	•	•		
1		•		• •	• •	•	• • •	• • •		• •	• • •	•		•				•
• Strom	A...	V	X	Q	K	M	G	P	C	B	Y	F	W	J	U	O	H	N	L	R	I	Z	D	S	A	T	<	ZW≡	E
kein Strom		=	/	1...	1	(	.	⊟	0	:	?	6	□	2	⏁	7	9	⊠	,	)	4	8	+	✳	'	-	5	ZW≡	3
		32	29	22	24	30	17	11	13	7	16	3	2	25	6	23	10	21	15	8	14	12	18	9	26	4	19	1	20	27	31	28	5

ternehmen der Luft- und Raumfahrtind., Sitz Burbank (Calif.), gegr. 1916 als Loughead Aircraft Manufacturing Co., seit 1916 jetzige Firma. Die L. A. C. entwickelte u. a. Passagier-(Constellation, Super Constellation, L-1011 TriStar) und Militärflugzeuge (Transporter: C-141 Starlifter, C-5 A Galaxy; Kampfflugzeuge: F-104 und F-104 G Starfighter; Hubschrauber: A-H-56 A Cheyenne).

Lockjagd, wm. Bez. für eine Jagdform, bei der Wild durch Nachahmung seiner typ. Laute angelockt wird.

Lockspitzel, svw. ↑Agent provocateur.

Lockstoffe, (Attraktanzien, Attractants) natürl. oder synthet. Duftstoffe (Sexualduftstoffe, Ester, äther. Öle u. a.), durch die man Schädlinge anlockt, um sie durch Giftstoffe oder in Fallen vernichten zu können.
◆ duftende, z. T. narkot. wirkende, zum Aufgelecktwerden durch den Partner bestimmte tier. Ausscheidungen.

Lockvogelwerbung, Werbung durch Herausstellung bes. preisgünstiger Artikel, die in dem Kunden die [irrige] Auffassung erwekken, auch die übrigen Artikel des Sortiments seien in einer entsprechenden Weise kalkuliert; nur zulässig (und dann keine L.), wenn solche Artikel, z. B. als *Sonderangebote,* bes. gekennzeichnet sind; sonst unlauterer Wettbewerb.

Lockyer, Sir (seit 1897) Norman [engl. 'lɔkjə], * Rugby (Warwickshire) 17. Mai 1836, † Salcombe Regis (Devonshire) 16. Aug. 1920, brit. Astrophysiker. - Prof. in London; errichtete das Hill Observatory in Sidmouth; erfand eine Methode zur Beobachtung von Sonnenprotuberanzen und entdeckte im Sonnenspektrum das (von ihm so benannte) Element Helium.

Locle, Le [frz. lɔ'bkl], Hauptort des Bez. Le L. im schweizer. Kt. Neuenburg, im Kettenjura, 922 m ü. d. M., 12 000 E. Bed. Zentrum der schweizer. Uhrenindustrie. - 1150 erstmals erwähnt; großen Aufschwung nahm Le L. durch frz. Glaubensflüchtlinge (v. a. nach 1685), die die Uhrenfabrikation einführten. - Barocke Pfarrkirche mit spätgot. Frontturm (1520–25); Château des Monts (18. Jh.) mit bed. Uhrensammlung.

loco [lat.], kaufmänn. für: am Ort, hier; greifbar, vorrätig; in Verbindung mit einer Ortsbezeichnung: „ab", z. B. loco Berlin: „ab Berlin".

loco citato [lat.], Abk. l. c., am angeführten Ort (Stelle eines Buches).

loco sigilli [lat.], Abk. l. s. oder L. S., anstelle des Siegels (auf Abschriften).

Locus [lat. „Ort"] (Mrz. Loci), auf die aristotel. Topik und Rhetorik zurückzuführender Begriff zur Kennzeichnung eines formalen heurist. Verfahrens zur Suche und Auffindung von Argumenten zur Beweisführung oder Herstellung von Begründungszusammenhängen, wobei die Loci (griech. Topoi

[↑Topos]) als Strukturmuster mögl. Argumente bestimmt werden können, die eine umfassende Erörterung des Problems gewährleisten soll.

Lod, Stadt 20 km sö. von Tel Aviv-Jaffa, Israel, 39 000 E. U. a. Elektroind., Motorenbau, Olivenverarbeitung; internat. ✈ Ben Gurion Airport. - L. ist das antike **Lydda,** das seit 1479 v. Chr. belegt ist und im 4. Jh. Bischofssitz wurde; sollte 1947 arab. bleiben, wurde aber 1948 von Israel erobert. - Georgskirche (12. Jh.; 1870 z. T. wiederhergestellt), angrenzende Moschee mit Bauteilen des byzantin. Vorgängerbaues.

Lode (Lohde) [niederdt.], Bez. für junge, meist einmal umgepflanzte Schößlinge, die zur Anpflanzung von Waldbeständen dienen.

Lodemann, Jürgen, * Essen 28. März 1936, dt. Schriftsteller und Literaturkritiker. - Verf. realist.-hintergründiger Prosa, die in lebensvollen Gesellschaftsschilderungen den sozialen Hintergrund analysiert, u. a. „Anita Drögemöller und Die Ruhe an der Ruhr" (R., 1975), „Lynch und Das Glück im Mittelalter" (R., 1976), „Phantast. Plastikland und rollendes Familienhaus" (Reisetagebuch, 1977). Mit „Im Deutschen Urwald" (1978) beschäftigt sich L. mit der Kulturängstlichkeit der bundesdt. Fernsehanstalten. - *Weitere Werke:* Familienferien im Wilden Westen (Reisetagebuch, 1978), Gemüsekrieg (Kinderbuch, 1979), Siegfried (1986).

Loden, Barbara [engl. 'loʊdn], * Marion (North Carolina) 1936, † New York 5. Sept. 1980, amerikan. Schauspielerin und Regisseurin. - Seit 1957 am Broadway; spielte u. a. die Maggie in A. Millers „Nach dem Sündenfall" (1964); Filmdebüt in „Wilder Strom" (1960), inszeniert von E. Kazan, mit dem sie seit 1967 verheiratet war. Nach „Fieber im Blut" (1961) produzierte und inszenierte L. selbst, u. a. „Wanda" (1970), eine nuancenreiche Studie über eine Frau aus der Unterschicht.

Loden [zu althochdt. lodo „grobes Wollzeug"], Streichgarnware in Leinwand- oder Köperbindung; wasserabstoßend imprägniert, grün, braun, grau gefärbt oder meliert. *Tuch-L.* oder *Bozener L.* hat kurzen Flor; für Jäger-, Wander- und Sportkleidung. *Strich-L.* oder *Hirten-L.* hat auf der rechten Warenseite langen, eng anliegenden Flor; für Mäntel und Umhänge. *Kamelhaar-L.* ist ein bes. leichter und weicher L.stoff aus reinen Kamelhaargarnen oder mit Wollkammgarn in der Kette.

Loderer, Eugen, * Heidenheim an der Brenz 28. Mai 1920, dt. Gewerkschafter. - 1969–72 stellv. Vors. der IG Metall, seit 1972 deren Vors., 1973–83 Präs. des Internat. Metallgewerkschaftsbundes (IMB); Mgl. der SPD seit 1951; war 1979 Mitglied des Europ. Parlaments.

Lodge [engl. lɔdʒ], Henry Cabot, * Boston 12. Mai 1850, † Cambridge (Mass.) 9. Nov. 1924, amerikan. Historiker und Politiker (Republikaner). - 1880/81 Mgl. des Repräsentantenhauses von Massachusetts; 1886–93 Kongreßabg.; 1893–1924 Senator; 1918 Vors. des Auswärtigen Ausschusses; Gegner W. Wilsons in der Frage des Völkerbundsbeitritts der USA; konservativ-nat. Politiker und Vertreter einer imperialist. Außenpolitik.

L., Henry Cabot, * Nahan (Mass.) 5. Juli 1902, † Beverly (Mass.) 27. Febr. 1985, amerikan. Politiker (Republikaner). - Enkel von Henry Cabot L.; Journalist; 1936–44 und 1946–53 Senator; 1953–60 Chefdelegierter der USA bei den UN; 1963/64 und 1965–67 Botschafter in Süd-Vietnam, 1968/69 in der BR Deutschland; 1969 Chefdelegierter bei den Pariser Vietnamverhandlungen; 1970–77 Beauftragter des Präs. beim Hl. Stuhl.

L., Sir (seit 1902) Oliver, * Penkhull (Staffordshire) 12. Juni 1851, † Lake (bei Salisbury) 22. Aug. 1940, brit. Physiker. - Prof. in Liverpool und Birmingham. Wies (etwa gleichzeitig mit H. Hertz) 1887/88 stehende elektr. Wellen in Drähten nach.

Lodi, italien. Stadt an der Adda, Lombardei, 80 m ü. d. M., 43 300 E. Kath. Bischofssitz; archäolog. Museum, Pinakothek; bed. Zentrum der Nahrungsmittelind.; Majolikafertigung. Nahebei Erdgasvorkommen mit Stickstoffproduktion. - Das antike **Laus Pompeia** (89 v. Chr. röm. Munizipium) lag an der Stelle des heutigen **Lodi Vecchio;** 1110 und 1158 von den Mailändern zerstört, erstand durch Kaiser Friedrich I. Barbarossa am rechten Addaufer neu; verlor im Verlauf der Kämpfe zw. Ghibellinen und Guelfen seine Unabhängigkeit an Mailand, dessen Geschicke es weiterhin teilte. - In der **Schlacht von Lodi** wurden am 10. Mai 1796 die Österreicher von Napoléon Bonaparte geschlagen. - Dom (12. Jh.), im Innern barockisiert; bed. die Kirche Incoronata in lombard. Renaissance (1488 ff.).

Lodovico, männl. Vorname, italien. Form von Ludwig.

Łódź [poln. ɥutɕ] (dt. Lodz [lɔtʃ]), Hauptstadt des Verw.-Geb. (Woiwodschaft) Ł., Polen, im Bereich der Wasserscheide zw. Weichsel und Warthe, 205 m ü. d. M., 848 500 E. Sitz eines kath. Bischofs; Univ. (gegr. 1945), TH, Hochschulen für Medizin, Wirtschaft, bildende Künste, Musik, Theaterwiss. und Film; Museen, Theater, Filmateliers; botan. Garten. Beherrschender Ind.zweig ist die Textilind., daneben auch Maschinenbau, Elektro-, chem. und Nahrungsmittelindustrie.

Geschichte: 1332 als Dorf erwähnt, 1423 mit Magdeburger Recht ausgestattete Stadt; gehörte 1793–1807 zu Preußen, dann zum Hzgt. Warschau, seit 1815 zu Rußland (Kongreßpolen); von der Reg. Kongreßpolens zum Standort der Textilind. bestimmt (Niederlassungen ab 1815). Die Zusammenballung von Arbeitskräften und Kapital (1911 Standort

von 53 % aller Ind.betriebe Polens) führte zu schweren sozialen Spannungen (1892 Łódźer Aufstand, erster allg. Streik in Polen; 22.– 24. Juni 1905 Arbeiteraufstand, einer der Höhepunkte der russ. Revolution von 1905); unter dt. Besetzung im 1. Weltkrieg durch Demontagen betroffen; gehörte 1939–45 als **Litzmannstadt** zum Reichsgau Wartheland; im Ghetto der Stadt kamen etwa 300 000 Juden in „Säuberungsaktionen" um.

Loerke, Oskar ['lœrkə], * Jungen bei Marienwerder 13. März 1884, † Berlin 24. Febr. 1941, dt. Dichter. - Wirkte vorbereitend und anregend für die moderne Lyrik. Er ließ die Dinge durch das poet. Wort „sich selbst aussprechen", verzichtete auf Allegorie und bildhaften Vergleich. Als Erzähler grüblerisch, als Essayist von Musikalität bestimmter Interpret von Dichtern und Musikern. - *Werke:* Die heiml. Stadt (Ged., 1921), Der längste Tag (Ged., 1926), Pansmusik (Ged., 1929), Atem der Erde (Ged., 1930), Der Silberdistelwald (Ged., 1934), Der Wald der Welt (Ged., 1936).

Loest, Erich, * Mittweida (Sachsen) 24. Febr. 1926, dt. Schriftsteller. - 1957–64 wegen Kritik an der SED-Führung inhaftiert, lebt seit 1981 in der BR Deutschland; ist um ein realistisch-krit. Bild der DDR bemüht. - *Werke:* Jungen, die übrig bleiben (1950), Sliwowitz und Angst (1965), Völkerschlachtdenkmal (1984), Zwiebelmuster (1985), Saison in Key West (1986).

Loetscher, Hugo ['lœtʃər], * Zürich 22. Dez. 1929, schweizer. Schriftsteller. - Verbindet - um Gegenwärtiges zu exemplifizieren - in seinen dramat. Werken (u. a. „Schichtwechsel", 1960) und Romanen („Die Kranzflechterin", 1964; „Noah-Roman einer Konjunktur", 1967) Realistisches mit der Form der Parabel. - *Weitere Werke:* Zehn Jahre Fidel Castro (Reportage, 1969), Der Immune (R., 1975), Die Papiere des Immunen (R., 1986).

Loewe ['løːvə], Carl, * Löbejün bei Halle/Saale 30. Nov. 1796, † Kiel 20. April 1869, dt. Komponist. - Gilt als der Schöpfer der neueren Ballade in der Musik, deren Hauptmerkmale die Wahrung der stroph. Gliederung, volkstüml. eingängige Melodik, Verwendung von Leitmotiven und tonmaler. Klavierbegleitung sind. Neben etwa 400 Balladen komponierte er sechs Opern, 17 Oratorien, zwei Sinfonien und Klaviermusik.

L., Frederic, eigtl. Friedrich Löwe, * Wien 10. Juni 1904, amerikan. Komponist östr. Herkunft. - Schüler von d'Albert und Busoni; seit 1924 in den USA; komponierte v. a. Musicals, von denen „My fair Lady" (1956; Text von A. J. Lerner) den größten Erfolg wurde.

Loewi, Otto ['løːvi], * Frankfurt am Main 3. Juni 1873, † New York 25. Dez. 1961, dt.-amerikan. Physiologe und Pharmakologe. - Prof. in Graz, ab 1939 am University College of Medicine in New York; Arbeiten

v. a. über das vegetative Nervensystem. Entdeckte 1921, daß die Übermittlung von Nervenimpulsen zu Erfolgsorganen auf chem. Weg erfolgt. 1936 erhielt er zus. mit Sir H. H. Dale den Nobelpreis für Physiologie oder Medizin.

Löffel, Schöpfgerät aus schalenförmiger Vertiefung (Laffe) und Stiel, gebräuchl. für Zubereitung und Genuß von Speisen und für den handwerkl. Umgang mit Flüssigkeiten. L. aus Knochen und Holz sind seit dem Neolithikum belegt. Metallene L. wurden lange nur zu rituellen Zwecken verwendet, seit dem 13. Jh. als Zinn-L. auch zum Essen. Der heute bei Tisch gebräuchl. L. mit flachem Stiel bürgerte sich im Zuge der Übernahme frz. Eßkultur seit etwa 1650 ein und wurde Teil des Eßbestecks.
◆ *wm. Bez.* für die Ohren von Hasen und Kaninchen.

Löffelbagger ↑ Bagger.

Löffelente ↑ Enten.

Löffelfuchs ↑ Füchse.

Löffelkraut (Lungenkresse, Cochlearia), Gatt. der Kreuzblütler mit 25 Arten auf der Nordhalbkugel; Rosettenpflanzen mit weißen oder violetten Blüten und Schötchenfrüchten. In M-Europa kommt auf salzhaltigen Böden das **Echte Löffelkraut** (*Löffelkresse*, Cochlearia officinalis) mit löffelförmigen Blättern vor.

Löffelstöre (Vielzähner, Polyodontidae), Fam. der Störe mit zwei Arten in N-Amerika und China: der planktonfressende, fast völlig ausgerottete **Löffelstör** (Amerikan. Löffelstör, Schaufelrüßler, Polyodon spathula; bis 1,8 m groß; im Stromgebiet des Mississippi; Eier werden zu Kaviar verarbeitet) und der dunkelolivfarbene **Schwertstör** (Chin. Schwertstör, Schwertrüßler, Psephurus gladius; bis über 3,5 m lang; Kopf groß, mit schwertförmig verlängertem Fortsatz).

Löffler, Friedrich, * Frankfurt/Oder 24. Juni 1852, † Berlin 9. April 1915, dt. Bakteriologe und Hygieniker. - Mitarbeiter R. Kochs am Kaiserl. Gesundheitsamt in Berlin; entdeckte die Erreger verschiedener Infektionskrankheiten (u. a. Rotz und Rotlauf); 1884 gelang L. die Züchtung des Diphterieerregers.
L., Martin, * Bad Cannstatt (= Stuttgart) 25. Jan. 1905, † Stuttgart 4. Febr. 1987, dt. Jurist. - Führender dt. Presserechtler; Vorsitzender der Dt. Studiengesellschaft für Publizistik. - *Werke:* Das dt. Presserecht, Kommentar (1955), Der Verfassungsauftrag der Presse - Modellfall Spiegel (1963), Ehrenschutz unter Hinblick auf die Massenmedien (1967).

Löffler (Plataleinae), Unterfam. großer, hochbeiniger, vorwiegend weißer, in Kolonien brütender Ibisse mit 6 Arten der Alten und an Gewässern großer Teile der Alten und Neuen Welt; mit langem, am Ende löffelartig verbreitertem Schnabel. In Europa kommt nur der **Gewöhnl.** Löffler (Löffelreiher, Platalea leucorodia) vor: 85 cm lang; weiß mit

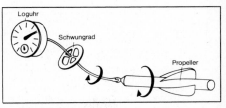

Patentlog. Schematische Darstellung

gelbl. Brust, schwarzem Schnabel und schwarzen Beinen; nistet im Röhricht.

Lofotinseln (Lofoten), Inselkette in N-Norwegen, durch den Vestfjord vom Festland getrennt, 1 350 km². Die L. sind durch Fjorde und Buchten stark gegliedert, bis 1 161 m hoch, die Gipfel z. T. vergletschert. Die Bev. lebt überwiegend vom Kabeljaufang.

log, Zeichen für den ↑ Logarithmus.

Log (Logge) [engl., eigtl. „Holzklotz" (der an der Logleine hinter dem Schiff hergezogen wurde)], Gerät zum Messen (**Loggen**) der Schiffsgeschwindigkeit. Man unterscheidet: 1. **Handlog,** ein aufrecht im Wasser an einer Leine auf der Stelle schwimmendes Holzbrett; die Leine ist mit Markierungsknoten versehen; man zählt die pro Minute auslaufenden Knoten (daher die seemänn. Bez. Knoten bei Geschwindigkeitsangaben); 2. **Patentlog,** eine an einer Leine mitgeschleppte, sich drehende Schraube; die Anzahl der Seemeilen wird direkt von einer Meßuhr abgelesen; 3. **Staudrucklog:** Bei verschiedenen Geschwindigkeiten ändern sich die hydrodynam. Druckverhältnisse am Schiffsboden; durch Messung der Druckdifferenzen wird die Geschwindigkeit bestimmt. - Alle beschriebenen Arten messen die Relativgeschwindigkeit des Schiffes zum Wasser, die wegen der Meeresströmung nicht mit der wahren Schiffsgeschwindigkeit über dem Meeresboden ident. ist.

log..., Log... ↑ logo..., Logo...

Logan, Mount [engl. 'ləʊɡən], mit 5 951 m höchster Berg Kanadas, in den Saint Elias Mountains; Erstbesteigung 1925.

Loganbeere [nach dem amerikan. Juristen J. H. Logan, * 1841, † 1928] (Rubus loganobaccus), nordamerikan. Kultursorte der Brombeere.

Loganiengewächse [nach dem amerikan. Juristen J. Logan, * 1674, † 1751] (Loganiaceae), Pflanzenfam. mit rd. 30 Gatt. und über 800 v. a. trop. und subtrop. Arten; meist Holzpflanzen mit gegenständigen, ganzrandigen Blättern und röhrigen bis glockigen Blüten; viele alkaloidreiche Heil- und Giftpflanzen, u. a. ↑ Brechnußbaum.

Logarithmenpapier, für die graph. Darstellung bestimmter mathemat. Zusammenhänge verwendetes Zeichenpapier mit ei-

Logarithmus

nem aufgedrucktem Netz zweier sich rechtwinklig schneidender Geradenscharen, wobei den Abständen der einzelnen Geraden eine logarithm. Teilung zugrunde liegt.

Logarithmus [zu griech. lógos „Wort, Verhältnis, Berechnung" und arithmós „Zahl"], Umkehrfunktion der Exponentialfunktion $y = a^x$, geschrieben $x = \log_a y$ oder (wieder mit x als unabhängiger Variabler) $y = \log_a x$. Damit wird jeder positiven reellen Zahl x bei einer festen **Basis** (Grundzahl) $a \neq 1$ diejenige Zahl y zugeordnet, mit der man a potenzieren muß, um x zu erhalten. So ist beispielsweise $\log_2 16 = 4$, denn es gilt $2^4 = 16$; entsprechend ist $\log_{10} 1\,000 = 3$, denn $10^3 = 1\,000$. Die Zahl x heißt der zum L. gehörende **Numerus**. - Für jede positive reelle Basis $a \neq 1$ und positive Zahlen x_1, x_2 gilt:

$$\log_a(x_1 \cdot x_2) = \log_a x_1 + \log_a x_2,$$
$$\log_a(x_1/x_2) = \log_a x_1 - \log_a x_2,$$
$$\log_a x^n = n \cdot \log_a x.$$

Insbes. gilt stets: $\log_a 1 = 0$, $\log_a a = 1$. Logarithmen mit der Basis e ($= 2,71828...$; ↑e) heißen **natürl. Logarithmen,** diejenigen mit der Basis 10 *gewöhnl.*, *dekad.*, *Briggssche* oder **Zehnerlogarithmen,** solche mit der Basis 2 *Dual-* oder **Zweierlogarithmen.** Man schreibt statt $\log_e x$ meist ln x (Logarithmus naturalis) oder einfach log x, statt $\log_{10} x$ im allg. lg x, für $\log_2 x$ meist ld x (Logarithmus dualis). Die Bed. des L. als Rechenhilfe liegt darin, daß auf Grund der angeführten Regeln die Multiplikation und Division von Zahlen auf die Addition und Subtraktion ihrer Logarithmen zurückgeführt werden kann (prakt. Anwendung ↑Rechenschieber). Zum Übergang vom Numerus zum L. und umgekehrt benutzt man *Logarithmentafeln,* in denen die [dekad.] L. tabelliert sind. - Als **Mantisse** bezeichnet man die hinter dem Komma bzw. Punkt stehenden Ziffern; sie sind gleichlautend für die [dekad.] L. von Zahlen, die sich nur in Potenzen von 10 unterscheiden: lg 200 = 2.30103; lg 20 = 1.30103; lg 2 = 0.30103; lg 0,2 = 0.30103 − 1 usw.
📖 *Bindel, E.: Logarithmen für Jedermann. Stg.*

Logarithmus. Graph der dekadischen (rot) und der natürlichen Logarithmusfunktion (blau)

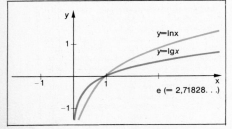

[2] *1983.* - *Kusch, L.: Fünfstellige Logarithmen u. Zahlentafeln. Essen* [4] *1976.*

Logasthenie, Gedächtnisstörung, die sich in Form von Sprachstörungen durch Verdrehen oder Vergessen von Wörtern äußert.

Logau, Friedrich Freiherr von, Pseud. Salomon von Golaw, *Dürr Brockuth bei Strehlen (Niederschlesien) Juni 1604, † Liegnitz 24. Juli 1655, dt. Dichter. - Gilt mit seinen prägnanten satir. Sinngedichten, in denen er scharfe Kritik am moral. und religiösen Verfall und an der sozialen Ungerechtigkeit seiner Zeit übte, als bedeutendster Epigrammatiker des Barock.

Logbuch (Schiffstagebuch, Journal), auf Seeschiffen gesetzl. vorgeschriebenes Tagebuch, in das alle für die Seefahrt wichtigen Ereignisse und Beobachtungen eingetragen werden müssen.

Loge [ˈloːʒə; frz., zu mittellat. lobia „Galerie"], kleiner, durch Seitenwände abgeteilter Raum mit mehreren Sitzplätzen im Kino oder Theater.
◆ zunächst der abgeschlossene Raum, dann die dort zur Arbeit versammelte Freimaurer-Bruderschaft selbst, endlich die Form, der Name der rechtl. einem Verein entsprechenden Gesellschaft von Freimaurern.

Logenmeister [ˈloːʒən], der Meister vom Stuhl der Großen Landesloge der Freimaurer von Deutschland.

Logge, sww. ↑Log.

Logger (Lugger) [niederl.], mittelgroßes Fischereifahrzeug, früher segel-, heute motorgetrieben, für die Schleppnetz- oder Ringwadenfischerei.

Loggia [ˈlɔdʒa; italien., zu ↑Loge], nach vorn offene, gewölbte Bogenhalle, entweder selbständiger Bau oder Teil eines Gebäudes.

Logia Jesu [griech. „Sprüche Jesu"] (Logien Jesu), Sammlung von Worten Jesu, die aber auch jüd. Sprichwörter und Neubildungen der urchristl. Gemeinde enthält. Die Spruchsammlung (auch Logien- oder Redenquelle, meistens mit „Q" [= Quelle] bezeichnet) wird vor der sog. Zweiquellenhypothese als die 2. Quellenschrift neben Mark. angesehen, die von Matth. und Luk. benutzt wurde.

Logica antiqua [lat. „alte Logik"], Richtung der früheren scholast. Logik, die nur eine Kommentierung der jeweils bekannten Schriften des Aristoteles und deren Kommentatoren zuließ. Im Ggs. dazu entwickelten ab etwa 1250 die „Terministen" mit der **Logica moderna** eine auch eigenständige Logikarbeit, indem sie v. a. sprachphilosoph. Probleme einbezogen.

...logie [zu griech. lógos „Wort"], Nachsilbe in Zusammensetzungen mit der Bed. „Kunde, Wissenschaft".

Logik [griech.], allg. Bez. für das nach bestimmten, allg. als ↑logisch akzeptierten oder zu akzeptierenden Regeln verfahrende Denken und Handeln; i. e. S. die Theorie des log. Zusammenhangs von ↑Aussagen bzw. log. wahren ↑Aussageformen als Lehre vom **Begriff**, vom **Urteil**, vom **Schluß** und seiner Anwendung. Im Unterschied hierzu baut die **formale Logik** unter Verwendung mathemat. Begriffsbildungen und Methoden die L. als ↑Logikkalkül auf; d. h. insbes., jeder Bezug auf außerlog. Realitäten und bestimmte Bedeutungsinhalte wird ausgeschaltet. Zum Aufbau der formalen L. müssen deshalb die Aussagen zuerst „normiert" („standardisiert") und dann „symbolisiert" („formalisiert") werden. So wird die log. einfache Elementaraussage (etwa: Sokrates ist ein Mensch) zu $s \in P$ (s: Eigenname; $\in$: Kopula; P: Prädikator) normiert. Die bei der Normierung anstelle der Wörter der natürl. Sprache verwendeten Zeichen machen von den natürl. Sprachen unabhängig. Aus Aussagen werden *Aussageschemata*, die nur noch den schemat. Aufbau wiedergeben ohne Bezug auf die Bed. der urspr. auftretenden Wörter. Allein Aussageschemata sind Gegenstand der Untersuchung des Zusammenhangs von Aussagen bzw. der Zusammensetzung von Aussagen. - In der **klassischen Junktorenlogik** erfolgen die endl. (junktorenlog.) Zusammensetzungen mit Hilfe der ↑Wahrheitstafeln, so daß die Zusammensetzungen wieder wertdefinit, d. h. entscheidbar „wahr" oder „falsch", sind. Bei der Kalkülisierung der klass. Junktoren-L. wird davon ausgegangen, ob die Aussageschemata den Wahrheitswert „wahr" oder „falsch" haben. Ausgehend von geeigneten einfachen log. Implikationen oder ↑Tautologien (Grundtautologien, auch log. Axiome gen.), werden alle übrigen log. Implikationen oder Tautologien durch rein schemat. verfahrende Kalkülregeln abgeleitet. Die wichtige Regel der Transitivität (des erlaubten Übergehens von... zu...; Symbol $\Rightarrow$) der Folgerungsbeziehung $A \prec B$ (aus A folgt B); $B \prec C \Rightarrow A \prec C$ (wenn aus $A B$ und aus $B C$ folgt, dann ist es erlaubt, überzugehen: aus A folgt C) erlaubt z. B., von zwei gültigen log. Implikationen $A \prec B$ und $B \prec C$ zu den dann gültigen log. Implikation $A \prec C$ überzugehen; mit der ↑Abtrennungsregel für Tautologien B; $B \rightarrow C \Rightarrow C$ (wenn B, dann C, dann ist es erlaubt, auf C überzugehen) läßt sich aus den Tautologien B und $B \rightarrow C$ die Tautologie C herstellen. - Führt man in den bisher betrachteten Bereich wertdefiniter Aussagen auch unendl. (quantorenlog.) Zusammensetzungen an, nämlich die Allaussagen oder Generalisationen $\bigwedge\limits_{x} A(x)$ (für alle x gilt A) und die Manchaussagen, Existenzaussagen oder Partikularisationen $\bigvee\limits_{x} A(x)$ (es gibt mindestens ein x, für das A gilt), so ist wegen der dabei auftretenden unendl. Wahrheitstafeln die Wertdefinitheit aller Aussagen nicht mehr gesichert. Unterstellt man die Wertdefinitheit aller Aussagen und erkennt man folgerichtig das ↑Tertium non datur (ein Drittes ist ausgeschlossen) als

allgemeingültig für beliebige quantorenlog. Aussageschemata an, so treibt man **klassische Quantorenlogik**. Verzichtet man auf die Annahme der Wertdefinitheit und untersucht statt dessen den log. Zusammenhang dialogdefiniter Aussagen, indem man sie durch ein präzises Argumentationsverfahren *(Dialog)* charakterisiert, so erhält man die effektive Quantoren-L. in ihrer Fassung als **dialogische Logik**, die so die **klassische Logik**, d. h. die L. der wertdefiniten, also entscheidbar wahren oder falschen Aussagen, ablöst (als konstruktiv [↑Konstruktivität] aufgebaute Theorie des formalen Argumentierens, Beweisens und Schließens auch **konstruktive Logik** genannt). Neben der Junktoren- und Quantoren-L. (↑auch Junktor, ↑Quantor) werden auch noch auf klass. Grundlage die **Klassenlogik** und die **Relationenlogik** zur Behandlung von ↑Klassen bzw. ↑Relationen von Gegenständen kalkültheoret. erörtert, im Unterschied zur **Inhaltslogik** als der L. rein intensionaler Verknüpfungen. Die so gewonnenen L.kalküle werden außer auf der Basis der Wahrheitswerte „wahr" und „falsch" auch auf nichtklass. Basis aufgebaut (↑Semantik) oder gleich als nichtklass. L.kalküle konzipiert (↑auch strenge Implikation, ↑Minimalkalkül). Die Deutung der Werte bei *mehr-*(als zwei-)*wertigen Logiken* ist umstritten: Eine L. mit unendl. vielen Werten kann im kontinuierl. Fall als ↑Wahrscheinlichkeitslogik und im diskreten Fall als effektive L. gedeutet werden. Von den mehrwertigen Logiken sind die ↑Modallogiken zu unterscheiden. Die **kombinatorische Logik** ist variablenfrei, um so die bei der Substitution von Variablen auftretenden Schwierigkeiten zu vermeiden. In der **induktiven Logik**, der Lehre der (induktiven) [Schluß]verfahren bzw. -methoden, wird von Aussagen über einen oder mehrere Gegenstände eines Gegenstandsbereichs über die übrigen Gegenstände desselben Bereichs geschlossen, z. B. der Schluß von Aussagen über die Vergangenheit auf Aussagen über die Zukunft. - Die L. hat, v. a. als formale L., wegen ihrer Grundforderung der Eindeutigkeit und ihres hohen Grades an Effizienz in formalisierbaren Bereichen große Bed. für die Technik (z. B. Computertechnik) und Grundlagenforschung (z. B. mathemat. Grundlagenforschung, Sprachanalyse). - Vorstufen von L.kalkülen für die Aussagen- und Junktoren-L. finden sich bereits in der Stoa und im MA (↑auch Syllogistik). Die moderne Entwicklung beginnt im 19. Jh. Die Grundlagen schufen G. Boole und A. De Morgan, die die algebraische Struktur der Klassen- und Relationen-L. erkannten. G. Frege gelang die erste vollständige Kalkülisierung der Klassen- bzw. Quantorenlogik. Ihre Anwendung bei G. Peano, B. Russell und A. N. Whitehead führte zur allg. Anerkennung der formalen Logik. V. a. der mathemat. Grundlagenstreit zw. dem

Logikelemente

Logizismus B. Russells, dem Formalismus D. Hilberts und dem Intuitionismus E. J. Brouwers wirkte auf die L. zurück. Die Kritik Brouwers an der Allgemeinheit des ausgeschlossenen Dritten führte über die effektive L. zur Relativierung der bis dahin beherrschenden klass. Logik.

📖 *Menne, A./Öffenberger, N.: L. bei Aristoteles. Hildesheim 1985. - Bochenski, J. M.: Formale L. Freib. ⁴1978. - Frege, G.: Schrr. zur L. u. Sprachphilosophie. Hg. v. G. Gabriel. Hamb. ²1978. - Pukas, D.: Die L. in der Welt. Ffm. 1978. - Günther G.: Idee u. Grundr. einer nicht-Aristotel. L. Hamb. ²1978. - Fritz, K. v.: Schrr. zur griech. L. Stg. 1978. 2 Bde. - Ziehen, P.: Lehrb. der L. Bln. u. New York Nachdr 1974. - Kamlah, W./Lorenzen, P.: Log. Propädeutik oder Vorschule des vernünftigen Redens. Mannheim ²1973.*

Logikelemente, aus elektron., elektromechan. oder pneumat. Bau- und Schaltelementen zusammengesetzte techn. Anordnungen, die durch Verknüpfung von mehreren digitalen Eingangssignalen (z. B. $-9V$ = logisch wahr [L]; 0V = logisch unwahr [O]) zu einem eindeutig zugeordneten Ausgangssignal die Ausführung bestimmter log. Grundfunktionen bzw. -verknüpfungen ermöglichen. Derartige L. sind die heute v. a. aus Halbleiterbauelementen zusammen mit anderen Schaltelementen als integrierte Schaltkreise aufgebauten UND-, ODER- und NICHT-Schaltglieder oder Gatter (Konjunktion, Disjunktion und Negation) oder NAND (negierte UND-Gatter; Exklusion) und NOR-Gatter (negierte ODER-Gatter) der Datenverarbeitung, die als *log. [Grund- oder Elementar]schaltungen* der Schaltalgebra (bzw. Datenverarbeitung) bezeichnet werden. Mehrere L. werden zur Verwirklichung komplizierterer log. Funktionen zu *Logikbausteinen* oder *logischen Netzen* zusammengesetzt.

Logikkalkül, Kalkül der formalen Logik, ein formales System von Grundzeichen und Regeln zur Gewinnung und Erzeugung von ↑logisch wahren Aussagen auf Grund log. Folgerung.

Logis [lo'ʒi; frz., zu loger „beherbergen"], 1. Unterkunft, Wohnung; 2. Mannschaftsraum auf Schiffen.

logisch [griech.], 1. Bez. für ein folgerichtiges, schlüssiges, gültiges Denken, das als solches v. a. an der nach den Schlußregeln richtigen Verknüpfung von Aussagen erkennbar ist; 2. svw. die Logik betreffend; 3. allg.-sprachl. svw. einleuchtend, offenkundig, selbstverständlich.

logische Partikeln, Wörter oder Zeichen, mit deren Hilfe aus endl. oder unendl. vielen Aussagen neue Aussagen log. zusammengesetzt werden (↑Junktor, ↑Quantor).

logischer Atomismus, eine von B. Russell unter Berufung auf den „Tractatus"

Wittgensteins entwickelte Lehre, nach der jeder Gegenstand durch geeignete „log. Konstruktion" aus begriffl. unanalysierbaren Einheiten, den sog. log. Atomen, aufgebaut werden soll. Es war aber letztl. unmögl., die Existenz solcher Einheiten nachzuweisen.

logischer Empirismus (log. Positivismus, Neopositivismus) ↑analytische Philosophie.

logischer Schluß, Ableitung von Aussagesätzen aus anderen Aussagesätzen unter richtiger Anwendung der ↑Schlußregeln.

Logismus [griech.], i. e. S. philosoph. Bez. für einen Vernunftschluß; i. w. S. die Auffassung, daß die Welt log. aufgebaut sei. - ↑auch Panlogismus.

Logistik [frz., zu loger „einquartieren"], die Lehre von der Planung, der Bereitstellung und dem Einsatz der für militär. Zwecke erforderl. Mittel und Dienstleistungen zur Unterstützung der Streitkräfte und/oder die Anwendung dieser Lehre; erstreckt sich innerhalb der NATO auf materielle Versorgung und Materialerhaltung, Transport und Verkehrswesen, Transport von Verwundeten und Kranken und deren Lazarettunterbringung, Bauausführung und Anlagen, Kommunikationsbereich und administrative Tätigkeiten.

Logizismus [griech.], 1. in der *Erkenntnistheorie* die Betonung des Vorrangs des Logischen gegenüber dem Psychologischen, Irrationalen u. a.; 2. in der *mathemat. Grundlagenforschung* eine Richtung, die in der Mathematik ledigl. eine höher entwickelte Logik sieht. Der L. vertritt die These von der Definierbarkeit aller mathemat. Begriffe durch rein log. Begriffe und die Begründbarkeit aller mathemat. Sätze durch rein log. Schlußweisen. - Vertreter des L.: G. W. von Leibniz, G. Frege, B. Russell, W. V. O. Quine.

logo..., Logo..., log..., Log... [zu griech. lógos „Wort"], Bestimmungswort von Zusammensetzungen mit der Bed. „Wort, Rede, Vernunft".

LOGO, eine der natürl. engl. Sprache angeglichene Programmiersprache, die v. a. für den computerunterstützten Unterricht entwickelt wurde.

Logogramm, Schreibung eines ganzen Wortes durch ein oder mehrere Schriftzeichen, die nicht Lautzeichen (Silbenzeichen oder Buchstaben) sind.

Logographen [griech.], Bez. für att. jurist. geschulte Redner, die Gerichtsreden für prozessierende Bürger verfaßten, die diese dann vor Gericht vortrugen. Bedeutendster Logograph war ↑Lysias.

Logogriph [griech.], Buchstabenrätsel, bei dem durch Wegnehmen, Hinzufügen oder Ändern eines Buchstabens ein neues Wort entsteht; z. B. Mut, Gut, Wut.

Logone [frz. lɔ'gɔn], linker Nebenfluß des Schari, Republik Tschad; entsteht (2 Quellflüsse) 45 km ssö. von Laï, z. T. Grenzfluß gegen Kamerun, mündet bei N'Djamena; mit dem linken Quellfluß **Mbéré** 965 km lang. In Überschwemmungsgebieten Reisanbau; bed. Fischerei.

Logopädie [griech.], Lehre von den Sprach- und Sprechstörungen sowie deren Behandlung durch den **Logopäden**.

Logos [griech.], 1. zentraler Begriff der griech. und hellenist. Philosophie: *erkenntnistheoret.* und *log.* allg. Bez. einer Rede, die mit dem Anspruch auf Wahrheit, Nachprüfbarkeit, Vernünftigkeit und Richtigkeit verbunden ist, so etwa bei Platon und Aristoteles; *naturphilosoph.-metaphys.* bei Heraklit das ordnende Prinzip des Kosmos; ähnl. in der Stoa das dynam., schöpfer. und ordnende Prinzip, das sich als vernünftig und mächtig (Feuer, Weltvernunft, Gott) der Welt mitteilt, indem es in jedes Lebewesen den Keim, den Samen des L. (L. spermatikos) legt. Der *L. spermatikos* bewirkt, daß alles Geschehen in der Welt sich nach dem göttl. Plan (Vorsehung) vollzieht. Wie der göttl. L. den Makrokosmos, bestimmt die menschl. Vernunft Denken und Handeln des Mikrokosmos Mensch nach göttl. Plan. Bei Philon von Alexandria ist L. svw. „Wort Gottes" und „göttl. Vernunft". Im hierarch. System Plotins ist der L. der „Vernunft" („Nus") untergeordnet, hat aber teil an der göttl. Vernunft, die er der Natur und dem Menschen mitteilt. In der Gnosis wird der L. personifiziert als unveränderl., vernunftbegabtes, ewiges göttl. Wesen, das als leibl. Verkörperung in die Welt tritt. - 2. Im *Christentum* allg. svw. „Wort" und „Wort Gottes", speziell das christl. Kerygma bzw. das Evangelium; im Johannesevangelium christolog. Hoheitstitel für die Person Jesu: Der L. ist das präexistente göttl. Wesen, das fleischgeworden ist und Heilsfunktion für den Menschen ausübt. Die christl. L.lehre wurde durch das Trinitätsdogma (Christus ist Gott von Anfang an und zugleich wahrer Mensch) auf dem Konzil von Chalkedon (451) abgeschlossen.

   Rehn, R.: Der L. der Seele. Wesen, Aufgabe u. Bedeutung der Sprache in der platon. Philosophie. Hamb. 1982. - *Keller, W.: Die L.lehre v. Heraklit bis Diogenes.* Stg. ²1976.

Logroño [span. lo'yroɲo], span. Stadt am oberen Ebro, 111 000 E. Verwaltungssitz der Region La Rioja; u. a. Nahrungsmittel-, Textil-, Schuhind. - Got. Stiftskirche (v. a. 15. Jh.) mit Barocktürmen; Ebrobrücke (1183).

Lohblüte (Fuligo varians), Schleimpilz mit bis handgroßen, vielkernigen, querwandlosem, auffällig dottergelbem Plasmakörper; auf faulendem Eichenlaub im Wald.

Lohe [eigtl. „Abgeschältes, Losgelöstes"] (Gerberlohe), in der Lederherstellung Bez. für zerkleinerte pflanzl. Gerbstoffe.

Löhe, [Johann Konrad] Wilhelm, * Fürth 21. Febr. 1808, † Neuendettelsau 2. Jan. 1872, dt. luth. Theologe. - Seit 1837 Pfarrer in Neuendettelsau, wo er 1854 ein Diakonissenmutterhaus gründete. Aus seiner seelsorger. und missionar. Arbeit an dt. Auswanderern entstand 1853 die ↑Neuendettelsauer Missionsgesellschaft; wirkte auf die bayr. luther. Erneuerungsbewegung.

Lohengrin, ma. Sagengestalt; Sohn des Gralskönigs Parzival, wird mit einem von einem Schwan gezogenen Nachen einer bedrängten Fürstin von Brabant als Helfer zugesandt, muß sie aber wieder verlassen, nachdem sie gegen das Verbot verstoßen hat, ihn nach seiner Herkunft zu fragen. Dichter. gestaltet von Wolfram von Eschenbach am Schluß des „Parzival". Ähnl. erscheint die L.sage auch im „Jüngeren Titurel" Albrechts von Scharfenberg (um 1270); breiter ist die Darstellung im „Sängerkrieg auf der Wartburg" (1283–90). Die Erneuerung des Stoffes im 19. Jh. geht im wesentl. auf R. Wagner (romant. Oper „L.", 1850) zurück.

Lohenstein, Daniel Casper von (seit 1670), eigtl. Daniel Casper, * Nimptsch bei Reichenbach (Eulengebirge) 25. Jan. 1635, † Breslau 28. April 1683, dt. Dichter. - Bedeutendster dt. Dramatiker des Spätbarock. Bed. ist die Fortentwicklung des schles. Kunstdramas in seiner Tragödie „Sophonisbe" (1680): mitreißende Handlung, lebhafte Sprache und geschickte Versbehandlung. Sein [unvollendetes] Hauptwerk, der Roman „Großmütiger Feldherr Arminius oder ..." (1689/90) zeigt ein erstaunl. Maß an Erfindungsgabe, leidet aber an der Überfülle von Wissensstoff und abstruser Gelehrsamkeit.

Lohkrankheit, bei Obstgehölzen gelegentl. bei Wasserüberschuß im Boden auftretende Erkrankung der äußeren Borkenschichten, die sich schwärzen und als trockenes Pulver abfallen.

Lohmeyer, Ernst, * Dorsten 8. Juli 1890, † nach dem 16. Febr. 1946 (Tag und Ort unbekannt), dt. ev. Theologe. - 1920–35 Prof. für N. T. in Breslau, ab 1935 in Greifswald. Als Rektor der Univ. am 16. Febr. 1946 von der sowjet. Besatzungsmacht verhaftet und nicht mehr zurückgekehrt. Bed. Exeget, behandelte v. a. das Verhältnis von Glaube und Geschichte.

Lohn [eigtl. „(auf der Jagd oder im Kampf) Erbeutetes"], jedes Einkommen, das eine Vergütung von Arbeitsleistungen darstellt *(Arbeits-L.)*; L. empfangen also nicht nur die oft als L.empfänger bezeichneten Arbeiter, sondern auch Beamte und Angestellte. I. w. S. kann auch das Einkommen wirtsch. Selbständiger (z. B. Gage eines Künstlers) als L. bezeichnet werden. Zu unterscheiden ist zum einen zw. Geld- und Natural-L., zum anderen zw. Real- und Nominal-L. **Geldlohn,** die übl. Form des Arbeitsentgelts, ist die in Geld ausgedrückte Leistung des Arbeitgebers. **Naturallohn** dagegen besteht in Sachgütern; er ist nur begrenzt zulässig (↑auch Trucksystem).

Lohnabschläge

Nominallohn ist ohne Berücksichtigung der Kaufkraft in Währungseinheiten ausgedrückter Geld-L., wogegen beim **Reallohn** die Kaufkraft durch Division des Nominal-L. durch einen Preisindex berücksichtigt wird. Als *L.systeme* sind zu unterscheiden: 1. **Zeitlohn,** die Zahl der gearbeiteten Stunden wird ohne Berücksichtigung der in dieser Zeit erbrachten Leistung bezahlt; 2. **Leistungslohn,** die L.höhe ergibt sich als Produkt aus der Leistung und dem für eine Leistungseinheit (Stück) vereinbarten Stücklohnsatz (↑Akkordarbeit); 3. **Soziallohn,** die L.höhe wird mitbestimmt durch die soziale Bedürftigkeit (z. B. Kinderzahl).
In der Praxis werden für die L.bildung *L.gruppen,* bei tarifl. Regelung Tarifgruppen genannt, gebildet, die durch festgelegte Merkmale voneinander unterschieden sind. Die verschiedenen Tätigkeiten sind entsprechend einzugruppieren, d. h. einer Gruppe zuzuordnen. Die L.höhe innerhalb der Gruppen kann sich noch einmal nach der Zahl der Tätigkeitsjahre unterscheiden. Häufig wird auch eine dieser Gruppen herausgegriffen und zur Grundlage für die L.bildung der anderen Gruppen dadurch gemacht, daß der für diese Gruppe festgelegte L. als **Ecklohn** gleich 100 gesetzt wird, die anderen L. in Prozent dieses Eck-L. ausgedrückt werden.
📖 *Wielinski, N.: Einf. in die Abrechnung v. Löhnen u. Gehältern. Ludwigshafen 1986. - Brinkmann, G.: Die Entlohnung der Arbeit. Stg. 1984. - Linde, R.: L. u. Leistung. Gött. 1984. - Maier, Walter: Arbeitsanalyse u. L.gestaltung. Stg. 1983. - Gaul, D.: Der Arbeits-L. Düss.* [2]*1980.*

Lohnabschläge ↑Lohngleichheit.
Lohnarbeit ↑Kapitalismus (↑ auch Marxismus).
Lohnaufrechnung, Aufrechnung einer Forderung gegen die Lohnforderung des Arbeitnehmers durch den Arbeitgeber. L. darf lt. § 394 BGB nicht gegen den pfändungsfreien Betrag des Lohnes erfolgen.
Löhne, Stadt in NRW, an der Mündung der Else in die Werre, 58 m ü. d. M., 37 000 E. Möbel- und Bekleidungsind., Metall-, Kunststoffverarbeitung.
Lohne (Oldenburg), Stadt in Nds., im südl. Oldenburg. Münsterland, 34 m ü. d. M., 19 000 E. Kunststoff-, Metallverarbeitung, Verarbeitung von landw. Produkten. - 1907 Stadtrecht.
Lohner, Helmut, * Wien 24. April 1933, östr. Schauspieler. - Engagements u. a. in Wien, Zürich, Berlin und bei den Salzburger Festspielen; erfolgreich durch sensible Rollengestaltung und Vielseitigkeit; auch Film- und Fernsehrollen (u. a. „Tarabas", 1982, „Flucht ohne Ende", 1984).
Lohnfabrikation, die Be- und Verarbeitung von Waren für andere, sofern das Gewerbe nicht handwerksmäßig betrieben wird.

Lohnfondstheorien [...fõ...] ↑Lohntheorie.
Lohnfortzahlung, Verpflichtung des Arbeitgebers nach dem Gesetz über die Fortzahlung des Arbeitsentgelts im Krankheitsfalle und über die Änderungen des Rechts der gesetzl. Krankenversicherung *(Lohnfortzahlungsgesetz),* auch dem erkrankten Arbeiter für die Dauer von sechs Wochen bei Arbeitsunfähigkeit den Lohn weiterzuzahlen, und zwar vom ersten Tag der Erkrankung an. Der Arbeiter erhält damit statt wie bisher Krankengeld (von der Versicherung) und Krankengeldzuschuß (vom Arbeitgeber) einen Krankenlohn, der vom Arbeitgeber gezahlt wird, und ist damit den Angestellten gleichgestellt. Sonderregelungen: kurzfristig beschäftigte Arbeiter, geringfügig beschäftigte Arbeiter, Arbeiterinnen, die Anspruch auf Mutterschaftsgeld nach § 200 Reichsversicherungsordnung oder nach § 13 Abs. 2 des Mutterschaftsgesetzes haben, und Heimarbeiter. Die Pflicht zur L. entsteht nur durch Arbeitsunfähigkeit infolge Krankheit und entfällt bei Verschulden des Arbeitnehmers. Die Dauer der L. von sechs Wochen wird bei erneuter Krankheit innerhalb von 12 Monaten nur dann berührt, wenn es sich um dieselbe Krankheit handelt. Die Arbeitsunfähigkeit ist dem Arbeitgeber unverzügl. anzuzeigen, für eine längere Erkrankung ist vor Ablauf des 3. Tages eine ärztl. Bescheinigung einzureichen.
Lohngleichheit, der sich aus Art. 3 GG ergebende Grundsatz, wonach bei gleicher Arbeit Mann und Frau der gleiche Lohn-(Gehalts-)Anspruch zusteht. Auf Grund dessen dürfen in Tarifverträgen keine *Lohnabschläge* für Frauen vorgesehen werden. Durch niedrige Arbeitsplatzbewertungen, die zur Bildung von sog. **Leichtlohngruppen** führen, wird dieser Grundsatz häufig umgangen, da diese nicht an das Geschlecht, sondern an die Tätigkeit anknüpfen, die aber fast ausschließlich von Frauen ausgeübt wird.
Im *östr.* und *schweizer.* Recht gibt es den Grundsatz der L. nicht.
Lohngruppen ↑Lohn.
Lohnpfändung (Gehaltspfändung), Art der Zwangsvollstreckung durch Pfändung einer Geldforderung nach §§ 829 und 832 ff. ZPO. Der Gläubiger kann auf Grund eines Vollstreckungstitels die Lohn- oder Gehaltsforderung des Arbeitnehmers gegen den Arbeitgeber pfänden. Das Arbeitseinkommen ist gemäß §§ 850 bis 850 i ZPO jedoch nur begrenzt pfändbar (pfändungsfreier Betrag). Für das *östr.* und *schweizer. Recht* gilt Entsprechendes.
Lohn-Preis-Spirale, Bez. für das Wechselspiel zwischen Löhnen und Preisen in dem Sinn, daß die Unternehmer gestiegene Löhne zur Rechtfertigung von Preiserhöhungen heranziehen, die Gewerkschaften wiederum

ihre Lohnforderungen mit erhöhten Preisen begründen.

Lohnquote, Anteil des Volkseinkommens, der auf den Produktionsfaktor Arbeit entfällt; der Anteil des Produktionsfaktors Kapital wird als **Profitquote** bezeichnet. Lohn- und Profitquote sind komplementär, d. h. je größer die eine Quote, desto kleiner ist die andere. Nach sozialist. Ausbeutungs- und Verelendungstheorien (J. K. Rodbertus, K. Marx) hat die L. trotz Erhöhung der Arbeitsproduktivität eine sinkende Tendenz (Gesetz der fallenden L.). Statist. Untersuchungen zeigen jedoch eine langfristige Konstanz der L. bei gleichzeitiger Steigerung des Realeinkommens.

Lohnsteuer ↑ Einkommensteuer.

Lohnsteuerbescheinigung, dem Arbeitnehmer vom Arbeitgeber am Ende eines Jahres auszuhändigende Bescheinigung über Dauer der Beschäftigung, Höhe des Arbeitsentgelts, über die einbehaltene Lohn- und Kirchensteuer, über sonstige Abgaben sowie über einen evtl. rückerstatteten Betrag aus dem bereits vorgenommenen Lohnsteuerjahresausgleich.

Lohnsteuerjahresausgleich ↑ Einkommensteuer.

Lohnstopp, staatl. Verbot von Lohnerhöhungen; ein Mittel der Wirtschaftspolitik, das v. a. in wirtschaftl. und polit. Krisenzeiten, i. d. R. als Lohn- und Preisstopp, angewendet wird.

Lohnsummensteuer ↑ Gewerbesteuer.

Lohntheorie, Teil der Wirtschaftswiss., der die Bestimmungsgründe für die Lohnhöhe und ihre Veränderung untersucht. - Zu den bekanntesten L. zählen: 1. **Existenzminimumtheorie,** nach der der Lohn der natürl. Preis des Faktors Arbeit ist, d. h. daß der Lohn gerade die langfristigen Reproduktionskosten deckt; im Sinne dieser, v. a. von Ricardo entwickelten Theorie sprach z. B. Lassalle vom „ehernen Lohngesetz"; 2. **Lohnfondstheorien,** ebenfalls bereits von der klass. Nationalökonomie entwickelte Theorien, nach denen ein für die Entlohnung der Arbeiter verfügbarer Teil des liquiden Kapitals, der Lohnfonds, feststeht, dessen Höhe sich aus den jeweils zu Konsumgütern ausreifenden Anteilen des Sozialprodukts ergibt; bei feststehendem Lohnfonds ist der Lohnsatz umso niedriger, je größer die Anzahl der Arbeiter; 3. Grenzproduktivitätstheorie, angewendet auf den Faktor Arbeit; 4. Keynessche L., eine v. a. von Kaldor im Rahmen der Keynesschen Theorie entwickelte Verteilungstheorie; 5. **Machttheorien,** die in Ansätzen bereits in der klass. Nationalökonomie begegnen, wonach die Kapitalbesitzer auf Grund ihres Klassenmonopols Anteile vom vollen Arbeitsertrag einbehalten können; heute werden v. a. sog. „*Bargaining*"-(Verhandlungs-) Ansätze diskutiert, die die Bestimmung der Lohnhöhe

durch Tarifverhandlungen untersuchen, wobei die Verhandlungsstrategien der Tarifpartner und Machtfaktoren wie z. B. der Organisationsgrad der Arbeitnehmer eine Rolle spielen.

In der Theoriegeschichte lassen sich freilich die einzelnen L. nicht strikt voneinander trennen; es sind vielmehr vielfache Übernahmen einzelner Ansätze anderer Theorien in jeweils neue L.erfolgt. So basiert z. B. die Marxsche L. zwar auf der Existenzminimumtheorie Ricardos, unterscheidet sich jedoch von ihr u. a. darin, daß Marx das Malthussche Bevölkerungsgesetz ablehnte, andererseits seine Verelendungstheorie mit einbezog.

Lohnzahlungspflicht, die Pflicht des Arbeitgebers zur Zahlung der vereinbarten Vergütung nach § 611 Abs. 1 BGB; sie ist die *Hauptpflicht* des Arbeitgebers (Hauptpflicht des Arbeitnehmers ist die Arbeitspflicht).

Lohr a. Main, Stadt am rechten Mainufer, Bay., 161 m ü. d. M., 16 900 E. Staatl. Forstschule; Metallverarbeitung, Glashütte. - Lange vor der Erstnennung (1296) bestand der Ort (1331 Stadt) als Hauptort der Grafschaft Rieneck (bis 1559). - Roman. Pfarrkirche (13. Jh.) mit spätgot. Chor und Turm (15. Jh.); Schloß (15./16. Jh.).

Lohse, Eduard, * Hamburg 19. Febr. 1924, dt. ev. Theologe. - 1956-64 Prof. für N. T. in Kiel, 1964-71 in Göttingen; seit 1971 Landesbischof der Ev.-Luth. Landeskirche Hannovers; 1975-78 Leitender Bischof der VELKD und seit Mai 1979 Vorsitzender des Rates der EKD. - *Werke:* Die Ordination im Spätjudentum und im N. T. (1951), Die Offenbarung des Johannes (1960), Die Auferstehung Jesu (1964), Umwelt des N. T. (1971).

L., Richard Paul, * Zürich 13. Sept. 1902, schweizer. Maler und Graphiker. - Vertreter der konkreten Kunst, seit 1938 reine Horizontal-Vertikal-Kompositionen.

Loiase [afrikan.], svw. ↑ Loa-Loa-Infektion.

Loiblpaß ['lɔybəl] ↑ Alpenpässe (Übersicht).

Loipe [norweg.], Langlaufbahn, Langlaufspur im Skisport.

Loir [frz. lwa:r], linker Nebenfluß der Sarthe, Frankr.; entspringt in der sö. Perche, mündet nördl. von Angers; 311 km lang.

Loire [frz. lwa:r], Dep. in Frankreich.

L., größter Fluß Frankreichs, entspringt (2 Quellbäche) im sö. Zentralmassiv, fließt nach N parallel zum O-Rand des Zentralmassivs z. T. in tekton. angelegten Becken, ab Nevers in weitem Bogen durch das sw. Pariser Bekken, quert dann das südl. Armorikan. Massiv und mündet mit über 48 km langem Ästuar bei Saint-Nazaire in den Golf von Biskaya; 1 020 km lang.

Loire-Atlantique [frz. lwaratlã'tik], Dep. in Frankreich.

Loireschlösser

Loireschlösser [frz. lwa:r], im Tal der L. und an ihren Nebenflüssen liegen zahlr. bed. Schlösser aus dem MA, z. B. in Angers, sowie zahlr. Renaissanceschlösser, u. a.: Amboise, Azay-le-Rideau, Blois, Chambord, Chaumont-sur-Loire, Chenonceaux, Ussé, Valençay, Villandry.

Loiret [frz. lwa'rɛ], Dep. in Frankreich.

Loir-et-Cher [frz. lware'ʃɛːr], Dep. in Frankreich.

Loisach, linker Nebenfluß der Isar am SW-Fuß des Wettersteingebirges, Österreich, quert die Bayer. Voralpen, durchfließt den Kochelsee, mündet bei Wolfratshausen; 120 km lang.

Loiseleuria [nach dem frz. Botaniker J. L. A. Loiseleur-Deslongchamps, * 1775, † 1849], svw. ↑ Alpenheide.

Loisy, Alfred [frz. lwa'zi], * Ambrières (Marne) 18. Febr. 1857, † Ceffonds (Haute-Marne) 1. Juni 1940, frz. kath. Theologe. - 1881 Prof. für bibl. Exegese am Institut Catholique in Paris, 1893 wegen seiner Bibelkritik amtsenthoben, 1900 Prof. für Religionsgeschichte in Paris, ab 1904 am Collège de France. L., der als „Vater des Modernismus" gilt, wurde 1908 exkommuniziert, nachdem seine Programmschrift „L'évangile et l'église" (1902) bereits 1903 indiziert worden war.

Loja [span. 'lɔxa], span. Stadt in den Betischen Kordillere, 22 300 E. Nahrungsmittelind., Gipsmühlen. - 890 erwähnt, wegen seiner strateg. Bed. für Granada von den Mauren stark befestigt, 1486 von Aragon erobert. - Kirche San Gabriel (1552 ff.); Ruinen einer maur. Festung.

L., Hauptstadt der südecuadorian. Prov. L., in einem innerandinen Becken, 2 225 m ü. d. M., 86 200 E. Kath. Bischofssitz; Univ. (seit 1943), TH, Musikhochschule.

L., Prov. in S-Ecuador, an der Grenze gegen Peru, 12 033 km², 359 000 E (1982), Hauptstadt Loja. Angebaut werden Zuckerrohr, Bananen, Kaffee und Zitrusfrüchte, in höheren Lagen Getreide. Hauptverkehrslinie ist die Carretera Panamericana.

Lo-Johansson, Ivar [schwed. 'luː.juːhanson], * Ösmo (Södermanland) 23. Febr. 1901, schwed. Schriftsteller. - Bevorzugtes Thema seiner Werke ist das Los der sozial benachteiligten und unterdrückten Landarbeiter; seine Großstadtromane behandeln das Problem der Anpassungsschwierigkeit der landflüchtigen Jugend. - *Werke:* Monna ist tot (R., 1932), Kungsgatan (R., 1935), Traktorn (R., 1943), Von Hof zu Hof (autobiograph. R., 1953), Lyckan (R., 1962), Furstarna (En., 1974).

Lok, Kurzwort für Lokomotive.

lokal [zu lat. locus „Ort"], örtl., örtl. beschränkt; in der *Grammatik:* einen Ort angebend; als Umstandsbestimmung (Adverbiale) des Ortes gebraucht, z. B. „Das Auto fährt *dort*".

Lokal [lat.], Gaststätte, Restaurant; Raum, in dem eine Zusammenkunft stattfindet.

Lokaladverb ↑ Adverb.

Lokalanästhesie ↑ Anästhesie.

Lokalelement ↑ Korrosion.

Lokalfarbe, svw. ↑ Lokalton.

Lokalgötter, Gottheiten, deren Wirksamkeit auf einen bestimmten Raum begrenzt ist und die nur an diesem Platz kult. Verehrung genießen.

Lokalgruppe, völkerkundl. Bez. für eine kleine soziale Einheit.

Lokalisation [lat.], allg. svw. örtl. Zuordnung, Begrenzung, genaue Lagebestimmung; z. B. in der Medizin die L. eines Krankheitsherds im Körper; **lokalisieren,** zuordnen, eingrenzen.

Lokalsatz (Ortssatz), Nebensatz, der eine Raumergänzung oder freie Raumangabe angibt, z. B. „Die Kinder spielen (dort), *wo der Weg in den Wald führt*"; tritt im Dt. nur als Relativsatz auf.

Lokalstück, Theaterstück, das lokale Eigentümlichkeiten (meist) einer Stadt (seltener einer Landschaft), d. h. Typen, Dialekt, lokale Sitten und Verhältnisse, spiegelt.

Lokaltermin, ein gerichtlicher Termin, der außerhalb des Gerichtsgebäudes stattfindet (§ 219 ZPO). Ein L. wird i. d. R. deshalb abgehalten, damit sich das Gericht durch Einnahme eines Augenscheins, d. h. durch unmittelbare Wahrnehmung, ein eigenes Tatsachenurteil z. B. über den Tatort bilden kann.

Lokalton (Lokalfarbe), in der Malerei die einem Gegenstand eigene Farbe, die weder durch Modellierung, Schattierung oder tonige Angleichung verändert ist; u. a. ein Charakteristikum ma. Malerei.

Lokativ [zu lat. locus „Ort"], Kasus, der die räuml. Lage „in, an, bei, auf etwas" angibt; Reste der urspr. eigenen Form in der indogerman. Grundsprache haben sich z. B. noch im Griech. und Lat. erhalten.

Lokatoren (Locatoren) [zu lat. locus „Stelle, Ort"], im MA (bes. in der deutschen Ostsiedlung) Unternehmer, die im landesbzw. grundherrl. Auftrag Dorf- oder Stadtgründungen durchführten, die Siedler anwarben und die Grundstücke verteilten.

Lokeren [niederl. 'loːkərə], belg. Stadt an der Durme, 5 m ü. d. M., 33 000 E. Museen; u. a. Textilind.; kleiner Hafen. - Erhielt 1550 Marktrecht. - Barockkirche Sint-Laurentius (17. und 18. Jh.); Rokokorathaus (1761).

Loki, Gestalt der nordgerman. Mythologie, steht im Grenzbereich zw. Göttern und Dämonen. Seine äußere Gestalt ist wandelbar. Als Stute gebiert er das Roß Sleipnir. Als Lachs stürzt er sich in einen Wasserfall, um der Bestrafung durch die Götter zu entgehen. Sein Wesen und sein Verhältnis zu den Göttern ist zwiespältig. Mit der Riesin Angurboda erzeugt er drei dämon. Wesen: die Midgardschlange, die Todesgöttin Hel und den Wolf Fenrir, der beim Weltende die Sonne verschlingt. V. a. ist L. der Feind Baldrs, dessen Ermordung durch den blinden Hödr er veranlaßt. Damit leitet er den Untergang der Götter ein, denen es zunächst gelingt, L. an einen Felsen zu fesseln. Er befreit sich und wird in der Götterdämmerung der Anführer der Mächte der Vernichtung, fällt aber im Kampf mit dem Gott Heimdall.

Lokogeschäft [lat./dt.], an den Warenbörsen abgeschlossenes Geschäft, das sofort zu erfüllen ist. - Ggs. Termingeschäft.

Lokomobile [lat.], fahrbare Dampfmaschinenanlage (veraltet).

Lokomotion [lat.], die aktive ↑Fortbewegung bei Tieren und beim Menschen.

Lokomotive [zu engl. locomotive (engine) „sich von der Stelle bewegende (Maschine)" (von lat. locus „Ort" und movere „bewegen")] (Lok) ↑Eisenbahn.

Lokris, Name zweier Landschaften M-Griechenlands: die ozol. L. am Golf von Korinth, die eoische oder opunt. L. am Golf von Euböa.

Lokroi (lat. Locri Epizephyrii), griech. Kolonie beim heutigen Locri (Prov. Reggio di Calabria, Italien). Die Blüte der aristokrat. regierten Stadt hielt bis ins 6. Jh. n. Chr. an.

Lo Kuang-chung (Luo Guanzhong) [chin. lуɔɡu̯andʒʊŋ], * etwa 1330, † 1400 (?), chin. Dichter. - Sein Roman „Shui-hu chuan" (dt. 1934 u. d. T. „Die Räuber vom Liang-shan Moor") ist eine Umarbeitung und Erweiterung der frühesten Fassung des von Shih Nai-an (12. Jh.) stammenden Romans.

Lola, aus dem Span. übernommener weibl. Vorname, Koseform von Dolores oder Carlota (↑Charlotte); Weiterbildung: Lolita.

Lolch [zu lat. lolium „Trespe"] (Weidelgras, Raigras, Raygras, Lolium), Gatt. der Süßgräser mit rd. 40 Arten in Eurasien und N-Afrika; einjährige oder ausdauernde Ährengräser; Ährchen in zwei Zeilen, vielblütig und mit nur einer Hüllspelze; Unkräuter, Futter- und Rasengräser, u. a.: **Engl. Raigras** (Dt. Weidelgras, Ausdauernder L., Lolium perenne), 30–60 cm hoch, dunkelgrün, horstbildend; häufig auf Weiden und an Wegrändern. **Italien. Raigras** (Lolium multiflorum), mit zahlr., 10–20blütigen Ährchen. **Taumellolch** (Lolium temulentum), bis 1,2 m hoch, Ähren über 20 cm lang; Früchte giftig.

Lolland [dän. 'lɔlan'], dän. Ostseeinsel, 1 243 km²; besteht überwiegend aus Grundmoränen; intensive landw. Nutzung. **Rødbyhavn** im S ist der dän. Endpunkt der Vogelfluglinie; Verbindung mit Falster durch zwei Straßen und eine Eisenbahnbrücke.

Lollarden [niederl.-engl., eigtl. „die Murmler"], Bez. für die Anhänger J. Wyclifs, die als Laienprediger dessen Lehre in vergröberter Form verbreiteten; rd. 50 Jahre nach Wyclifs Tod ausgerottet.

Gina Lollobrigida und Gérard Philipe in dem Film „Fanfan, der Husar" (1951)

Löllingit [nach der Gemeinde Lölling in Kärnten (Österreich)] (Arsenikalkies, Arseneisen) ↑Arsen.

Lollobrigida, Gina [italien. lollo'bri:dʒida], * Subiaco bei Rom 4. Juli 1927 (nach eigenen Angaben 1932), italien. Filmschauspielerin und Photographin. - Seit 1946 beim Film; war in den 1950er Jahren populärste Filmschauspielerin Italiens; internat. Erfolge bes. wegen ihrer Attraktivität und Wärme ihres Spieles v. a. in volkstüml. Rollen wie „Fanfan, der Husar" (1951), „Die Schönen der Nacht" (1952), „Schach dem Teufel" (1953), „Der Glöckner von Notre Dame" (1956), „Die Puppen" (1964), „Matalo" (1971); arbeitete u. a. in Rom, Hollywood, Paris und London. Zog sich Anfang der 1970er Jahre vom Film zurück und ist heute eine erfolgreiche Photographin („Mein Italien", 1974).

Lolo, Stamm in Zaïre, ↑Mongo.

L., Gebirgsvolk tibeto-birman. Sprache; lebten urspr. unter dem Namen **Lahu** in S-China, wanderten vom 16. Jh. ab in N-Laos und N-Vietnam ein.

Lom, bulgar. Stadt an der Donau, 40–50 m ü. d. M., 32 500 E. Hafen; Zentrum eines Weinbau- und Gemüseanbaugebiets. - In röm. und byzantin. Zeit **Almus;** 583 von den Slawen zerstört; beheilt auch im MA den Stadtcharakter; hieß bis 1878 **Lom Palanka.**

Lomami, linker Nebenfluß des Kongo, entspringt im westl. Shaba, mündet bei Isangi, etwa 1 500 km lang.

Loma Mountains [engl. 'loʊmə: 'maʊntɪnz], Gebirge im NO von Sierra Leone, im Bintimani, der höchsten Erhebung des Landes, 1 948 m hoch.

Lomavegetation [zu span. loma „Hügel"], Bez. für die Kräuter- und Strauchflora im Küstennebelbereich der peruan.-chilen. Wüsten.

Lombardei, italien. Region und Großlandschaft in N-Italien, 23 857 km²,

Lombarden

8,89 Mill. E (1985), Hauptstadt Mailand. Die L. reicht von den Hochalpen im N über das norditalien. Seengebiet und die niedrigeren Bergamasker und Brescianer Alpen, bis an den Po im S. Dank intensiver Landw., Nutzung der Wasserkraft, die Ind. nach sich zog, eine der dichtest besiedelten und wirtschaftsstärksten Regionen Italiens. **Geschichte:** Das Gebiet der L. wurde Ende des 5. Jh. v. Chr. von Kelten besiedelt. 222 konnten die Römer das Flachland erobern (Gallia Cisalpina), das Alpengebiet erst endgültig unter Augustus; gehörte dann teils zur Transpadana (westl. des Oglio), teils zu Venetia (östl. des Oglio). Nach Zerfall des Weström. Reiches, der Herrschaft Odoakers, der Ostgoten und Byzantiner wurde das Gebiet Kernland des Reiches der Langobarden. Kam 774 unter die Herrschaft der Franken. Ende des 11. Jh. erlangten die Städte der L. (Pavia, Mailand, Cremona, Como u. a.) kommunale Selbständigkeit. Im 13. Jh. Ausbildung von Signorien, die an die Stelle der Kommunen traten. Die Vormachtstellung gewann Mailand (seit 1395 Hzgt.). Venedig brachte den östl. Teil der L. an sich (im Frieden von Lodi 1454 bestätigt). 1535 kam das Hzgt. Mailand als Reichslehen an Spanien; fiel 1714 an Österreich, 1797 an Frankr. (Bestandteil der Zisalpin. bzw. Italien. Republik, seit 1805 des Napoleon. Kgr. Italien). 1815 Vereinigung der L. mit Venetien zum Königreich Lombardo-Venetien, Österreich angegliedert, das 1859 die L. an Sardinien verlor.

Lombarden [italien., zu lat. Langobardus „Langobarde"], urspr. Bez. für christl. Kaufleute v. a. aus lombard. Städten, die unter Umgehung des kirchl. Zinsverbots hochverzinsl. (bis über 40 %) Geld- und Pfandleihgeschäfte vornahmen. Seit Ende des 12. Jh. in W-Europa verallgemeinernde Bez. für italien. Kaufleute.
◆ in der *Baugeschichte* Bez. für die ma. oberitalien. Bildhauer, die nördl. der Alpen, z. B. am Speyerer Dom, die Bauskulpturen schufen.

Lombardenbund, 1167 geschlossenes Bündnis oberitalien. Städte, das sich gegen die Politik Kaiser Friedrichs I. in Reichsitalien und die Beschlüsse des Ronkalischen Reichstags (1158) richtete.

Lombardgeschäft [nach den ↑ Lombarden], Kreditgewährung gegen die Verpfändung von wertbeständigen, leicht realisierbaren Sachen. Der echte **Lombardkredit** ist kurzfristig und wird als Darlehen über eine runde Summe zur Überwindung vorübergehender finanzieller Anspannungen oder zur Überbrückung des Zeitraums bis zum Verkauf der verpfändeten Ware gewährt. Von einem Lombardkredit spricht man aber auch, wenn zur Sicherung eines Kredits Waren oder Wertpapiere verpfändet werden. Während beim Kontokorrentkredit das Kreditverhältnis auf die Kreditwürdigkeit abgestellt ist, steht beim L. die Güte des Pfandes im Vordergrund. Am häufigsten ist der **Effektenlombard** (Papiere sind in Verwahrung der kreditgebenden Bank, Festsetzung einer risikolosen Beleihungsgrenze: Aktien etwa 50 %, festverzinsl. Werte etwa 75 % des Kurswertes). Der **Wechsellombard** kommt fast nur zw. den Kreditinstituten und der Dt. Bundesbank vor. Der **Warenlombard** wird insbes. von Banken in großen Hafenstädten gepflegt. Auch die Lombardierung von Getreide und anderen Grundnahrungsmitteln im Rahmen der Vorratshaltung zur Sicherstellung der Lebensmittelversorgung ist von Bedeutung.

Lombardi, Bez. für die Bildhauer- und Baumeisterfamilie ↑ Lombardo.

Lombardkredit ↑ Lombardgeschäft.

Lombardo, Pietro, * Carona am Luganer See um 1435, † Venedig 1515, italien. Baumeister und Bildhauer. - Hauptmeister der venezian. Frührenaissance; wohl in Florenz ausgebildet, reiche polychrome Marmordekorationen (Santa Maria dei Miracoli, 1481–89; Fassade der Scuola di San Marco, 1488–90).

L., Tullio, * um 1455, † Venedig 17. Nov. 1532, italien. Bildhauer. - Sohn von Pietro L.; schuf v. a. das Renaissancegrabmal des Dogen Andrea Vendramin in Santi Giovanni e Paolo in Venedig (vollendet 1494, urspr. für Santa Maria dei Servi).

Lombardsatz (Lombardzinsfuß), der von der Dt. Bundesbank festgesetzte Zinssatz für bei ihr in Anspruch genommene Lombardkredite; liegt i. d. R. 1 % über dem Diskontsatz. Durch L. und Diskontsatz kann die Dt. Bundesbank die Geldmengen beeinflussen (↑ Diskontpolitik).

Lombardus, Petrus ↑ Petrus Lombardus.

Lomber (L'hombre) [frz., zu span. el hombre „der Mann"], Kartenspiel zw. 3–5 Personen, gespielt mit 40 Blatt (frz. Karten ohne 8, 9, 10); um 1430 in Spanien aufgekommen, später in ganz Europa verbreitet.

Lombok, eine der Kleinen Sundainseln, Indonesien, östl. von Bali, 4 692 km², bis 3 726 m hoch, Hauptort Mataram. - Bildete im 15. Jh. häufig ein Streitobjekt zw. den Fürsten von Makassar, Sumbawa und Bali; kam 1740 unter balines. Herrschaft; 1894 offiziell Niederl.-Indien angegliedert; gehört heute zur indones. Prov. West-Nusa-Tenggara.

Lombroso, Cesare, * Verona 18. Nov. 1836, † Turin 19. Okt. 1909, italien. Mediziner und Anthropologe. - Prof. in Pavia und Turin; Begr. der Kriminologie; Aufsehen erregte er v. a. durch seine These, daß die Ursache von Verbrechen in erbl. physiopsych. Anomalien des Täters zu suchen sei. Bekannt wurde auch seine Untersuchung über „Genie und Irrsinn" (1864).

Lomé [ˈloːme, frz. lɔˈmeˀ], Hauptstadt von Togo, an der Bucht von Benin, 366 500 E. Verwaltungssitz der Région Maritime und des

Distr. L.; Kultur- und Handelszentrum des
Landes; kath. Erzbischofssitz, Univ. (seit
1970), togoisches Forschungsinst., sozialwiss.
Inst., Tropeninst., Goethe-Inst. Erdölraffinerie, Konsumgüterind., moderner Hafen, Eisenbahnlinien ins Hinterland; internat. ✈. -
Seit 1897 Hauptstadt (anfängl. des dt. Schutz-
gebietes Togo).

Lommatzsch, Erhard, * Dresden 2.
Febr. 1886, † Frankfurt am Main 20. Jan.
1975, dt. Romanist. - Prof. in Berlin, Greifswald und Frankfurt; bed. Arbeiten v. a. zur
älteren roman. Sprach- und Literaturgeschichte. - *Werke:* Provenzal. Liederbuch
(1917), Geschichten aus dem alten Frankreich
(1947–49), Leben und Lieder der provenzal.
Troubadours (2 Bde., 1957–59).

Lommatzscher Pflege, Kerngebiet des
Mittelsächs. Hügellandes zw. Elbe und Frei-
berger Mulde, DDR; fruchtbare Böden.

Lomnitz-Klamroth, Marie Louise, geb.
Klamroth, * Moskau 14. Dez. 1863, † Leipzig
17. Mai 1946, dt. Blindenbibliothekarin. -
1894 Mitbegründerin und später Direktorin
der Dt. Zentralbücherei für Blinde in Leipzig;
veröffentlichte 1930 ein „Lehrbuch der systemat. Punktschrift-Typographie nebst fach-
techn. Hinweisen", mit dem sie eine Reform
des Blindenbuchwesens einleitete.

Lomond, Loch [engl. lɔk 'loʊmənd],
größter See Schottlands, in den sw. Grampian
Montains, 38 km lang, in S bis 8 km breit.

Lomonossow, Michail Wassiljewitsch,
* Denissowka (= Lomonossowo, Gebiet
Archangelsk) 19. Nov. 1711, † Petersburg 15.
April 1765, russ. Universalgelehrter und
Dichter. - 1745 Prof. der Chemie an der Akad.
der Wiss. in Petersburg. Forschungsarbeiten
zur Geographie, Kartographie, Geologie,
Meteorologie, Mineralogie, Metallurgie,
Astronomie, Physik und Chemie. Er formulierte u. a. bereits das Gesetz von der Erhaltung der Stoffmenge bei chem. Reaktionen,
war Anhänger der Atomistik und erklärte
die Wärme als von der Bewegung und Reibung der Stoffteilchen herrührend. - L.
schrieb auch Idyllen, Tragödien und Oden,
die, von frz. und dt. Vorbildern beeinflußt,
den umfangreichsten Teil seines Werkes aus-
machen. Von großer Bed. für die Normierung
der russ. Literatursprache ist seine „Russ.
Grammatik" (1755), in der er u. a. seine aus
der Antike übernommene Stiltheorie auf russ.
Sprachverhältnisse übertrug.

Lomonossow, sowjet. Stadt an der S-
Küste des Finn. Meerbusens, RSFSR,
40 000 E. Seefahrtschule; metallverarbeitende
Ind. - Bauten des 18. Jh. sind das Schloß (russ.
Barock) des Fürsten Menschikow, das Palais
Peters III., der frühklassizist. Pavillon und
das sog. Chin. Palais Katharinas I.

Lomonossow-Universität Moskau,
die 1775 gegr. Univ. Moskaus, benannt nach
M. W. ↑Lomonossow. Altes Universitätsge-

Lomonossow-Universität Moskau

bäude 1786–93, neuer Gebäudekomplex in
prunkhaftem Repräsentationsstil 1949–53 auf
den Leninbergen erbaut; 1978 28 850 Studenten sowie über 20000 Fernstudenten, Lehr-
körper 3700 Wissenschaftler.

Łomża [poln. 'wɔmʒa], poln. Stadt am
Narew, 100 m ü. d. M., 47 100 E. Hauptstadt
des Verw.-Geb. L.; kath. Bischofssitz; Verarbeitung landw. Produkte. - 1418 Stadtrechte.
Durch Handelsprivilegien im 16. Jh. eine der
größten Städte Masowiens. - Spätgot. Kathedrale (15./16. Jh.).

Lonchocarpus [griech.], Gatt. der
Schmetterlingsblütler mit rd. 150 Arten im
trop. Amerika, in Afrika und Australien;
Bäume und holzige Lianen mit Fiederblättern. Einige Arten mit hohem Gehalt an Rote-
non in den Wurzeln werden im Amazonasgebiet zur Herstellung von Fisch- und Pfeilgiften
angepflanzt.

London, Fritz ['lɔndɔn, engl. 'lʌndən],
* Breslau 7. März 1900, † Durham (N. C.) 30.
März 1954, amerikan. Physiker dt. Herkunft. -
Prof. in Durham (N. C.); L. gelang es 1927
(gemeinsam mit W. Heitler), die homöopolare
↑chemische Bindung auf wellenmechan.
Grundlage zu erklären. Ab 1934 war er maßgebl. an der Entwicklung einer phänomenol.
log. Theorie der Supraleitung beteiligt (**Lon-
don-Lauesche Theorie).**

L., George [engl. 'lʌndən], eigtl. G. Burn-
stein, * Montreal 30. Mai 1919, † Armonk
(N. Y.) 24. März 1985, amerikan. Sänger (Baß-
bariton) russ. Abkunft. - Sang seit 1949 an der
Wiener Staatsoper, an der Metropolitan Opera in New York und an zahlr. anderen Bühnen
sowie bei Festspielen (Bayreuth, Salzburg);
v. a. Wagner- und Mozart-Interpret.

L., Jack [engl. 'lʌndən], eigtl. John Griffith,
später J. G. London (nach seinem Stiefvater),
* San Francisco 12. Jan. 1876, † Glen Ellen
(Calif.) 22. Nov. 1916 (Selbstmord), amerikan.

London

Schriftsteller. - Führte ein abenteuerl. Leben als Fabrikarbeiter, Goldsucher, Landstreicher, Seemann und als Berichterstatter während des Russ.-Jap. Krieges. Beeinflußt u. a. von Kipling und Stevenson, schrieb er v. a. Tiergeschichten und naturalist.-romant. Abenteuerromane, denen oft eigene Erlebnisse zugrunde liegen und die z. T. in der Südsee und in Alaska spielen; daneben auch sozialkrit., polit.-utop. Romane.

Werke: Der Sohn des Wolfs (E., 1900), Wenn die Natur ruft (R., 1903; 1956 u. d. T. Der Ruf der Wildnis), Der Seewolf (R., 1904), Wolfsblut (E. 1905), König Alkohol (autobiograph. R., 1913), Die Meuterei auf der Elsinore (R., 1914).

London ['london, engl. 'lʌndən], Hauptstadt von Großbrit. und Nordirland, beiderseits der hier etwa 250 m breiten unteren Themse. Groß-L. hat eine Fläche von 1 580 km² mit 6,76 Mill. E und ist seit 1965 verwaltungsmäßig in 32 Stadtbezirke (Boroughs)

und die autonome, 2,7 km² große City gegliedert. Die City hat nur 5 400 E, aber etwa 500 000 Arbeitsplätze. Bereits Ende des 16. Jh. war L. die größte Stadt Englands mit rd. 500 000 E. Bis etwa 1800 erfolgte eine stetige Bev.zunahme zur Millionenstadt. Die Einwohnerzahl der City ging seit Mitte des 19. Jh. zurück, jedoch nahm die der Vororte zu. 1939 hatte L. 8,5 Mill. E. Nach dem 2. Weltkrieg zogen v. a. Inder, Pakistani, Bengalen und Schwarze aus dem Commonwealth zu. Um den Bev.überhang aufzunehmen, wurden nach 1945 auch im Raum L. mehrere neue Städte (↑ New Towns) geschaffen. L. ist Sitz der Reg., des Parlaments, des Königshauses, eines anglikan. Bischofs und eines kath. Erzbischofs sowie der wichtigsten wiss. Gesellschaften. L. verfügt über drei Univ. von denen die Univ. of L. die älteste ist (gegr. 1836), über zahlr. Hochschulen und Akad. (für Technik, Handel, Kunst) und zahlr. Forschungsinst., viele Museen, Galerien und Bibliotheken, u. a. das British Museum, das Victoria and Albert Museum, das Naturkundemuseum, die National Gallery, die Tate Gallery; die British Museum Library besitzt 8–9 Mill. Bde. Neben zwei großen Opernhäusern und dem National Theatre mit 3 Bühnen gibt es rd. 50 Theater und 5 große Orchester. Außer den großen Parkanlagen wie Hydepark, Kensington Gardens, Regent's Park u. a. bestehen viele kleine Parks, ein botan. Garten (Kew Gardens) und ein Zoo.

Wirtschaft und Verkehr: L., ein Zentrum des Welthandels, ist einer der wichtigsten Börsenplätze der Erde, Sitz vieler Banken, Versicherungen, Schiffahrtslinien und Ind.unternehmen. Einige Ind.zweige haben ihre traditionellen Standorte beibehalten, z. B. die Diamantenschleifereien (Hatton Gardens), während die feinmechan., die Druck- und Elek-

London. Piccadilly Circus (links) und Tower Bridge (1886–94)

troind. in neue Ind.zonen am Stadtrand abwanderten. Zw. den Weltkriegen entstand flußabwärts Zement-, Papier- und Autoindustrie. Nach dem 2. Weltkrieg wurden ein großer Raffineriekomplex und petrochem. Werke etwa 40 km flußabwärts von Tower Bridge errichtet. Durch zwei große Auktionshäuser wurde L. nach 1945 Weltzentrum des Kunsthandels. - Der innerstädt. Verkehr wird durch U-Bahn (1890 wurde die 1. Linie erbaut), Omnibusse und Taxis bewältigt. Dem Eisenbahnverkehr stehen 8 große Fernbahnhöfe zur Verfügung, die durch eine Buslinie miteinander verbunden sind. Das Hafengebiet umfaßt 148 km Fahrwasser in der Themse, rd. 16 km² Hafenanlagen mit 57 km Kailänge. Ende der 1960er Jahre wurde Tilbury, 25–30 km flußabwärts von Tower Bridge, zum Containerterminal ausgebaut, es ist außerdem Passagierhafen für die Überseelinienverkehr. Noch weiter flußabwärts liegen mehrere Ölhäfen, die von Tankern bis 90 000 t angelaufen werden können. Neben den ⚓ Gatwick und Stansted besteht der internat. ⚓ L.-Heathrow im W der Stadt.

Geschichte: Die erste nachweisbare Siedlung ist das röm. Militärlager **Londinium** (61 n. Chr.), das bald eine bed. Handelsstadt und unter Septimius Severus befestigte Hauptstadt der Prov. Britannia Superior (bzw. unter Diokletian Hauptstadt einer der 4 spätröm. brit. Prov.) wurde; Bischofssitz um 314 nachgewiesen (604 neuerrichtet, 1659 anglikan. Bistum, 1688 apostol. Vikariat, 1850 Schaffung des kath. Erzbistums Westminster und des Bistums Southwark). Nach dem Abzug der Römer (Anfang des 5. Jh.) und während der allmähl. Eroberung Englands durch Angeln und Sachsen war L. lange unbedeutend. Sein Wiederaufstieg begann unter den Königen von Kent. 871–878 war L. dän. und wurde dann von Alfred d. Gr. von Wessex gewonnen. Die Könige Knut I., d. Gr. (⚭ 1016–35) und Eduard der Bekenner (⚭ 1042–66) residierten in Westminster. Unter Heinrich I. (⚭ 1100–35) löste L. endgültig Winchester als Hauptstadt Englands ab. Wesentlicher war, daß es auf der Grundlage des zum Handel gewonnenen Reichtums (1157 hatten sich z. B. Kaufleute der Hanse im Stalhof am Themseufer niedergelassen) weitgehend seine Unabhängigkeit und Selbstverwaltung als Stadtrepublik, die nur dem König unterstand, wahren konnte (das Amt des Bürgermeisters besteht seit 1192). Der wirtsch. Aufstieg beschleunigte sich im 16. Jh. durch die Gründung der ersten großen Handelskompanien und die Eröffnung der ersten Warenbörse (1567). 1665 forderte die Pest in L. 68 500 Todesopfer. 1666 vernichtete ein Großfeuer etwa ⁴/₅ des City, doch minderte das nicht die polit. und wirtsch. Führungsposition der Hauptstadt. Die Bev. wuchs stetig und schließl. sprunghaft: 1666: 0,5 Mill., 1821:

1,2 Mill., 1901: 6,6 Mill. E. Die Weltausstellung in L. 1851 unterstrich die Bed. des viktorian. Großbrit. als führendes Ind.land und die Rolle von L. als Zentrum des brit. Empire. Das räuml. Wachstum der Stadt, die sich seit Elisabeth I. (⚭ 1558–1603) über die Mauern der City ausdehnte, verstärkte sich mit der Industrialisierung (Ausbau zum größten brit. Hafen 1808–28) und der Schaffung öffentl. Verkehrsmittel im 19. Jh. (Anlage der 1. Eisenbahnlinie nach Greenwich 1836). Schon im 1. Weltkrieg von dt. Bombenangriffen betroffen, erlitt L. im 2. Weltkrieg schwere Bombenschäden (bes. City und Hafen).

Bauten: Wilhelm I., der Eroberer (⚭ 1066–87) baute teilweise auf, teilweise innerhalb der in röm. Zeit im 1. Jh. n. Chr. angelegten Stadtmauer den ältesten Teil des Tower (White Tower), zu dem noch die im normann. Stil erbaute Chapel of Saint John, der Wakefield Tower (13. Jh.) und der Bloody Tower (13./14. Jh.) gehören. Die Zunahme des Handels erforderte den Bau einer Steinbrücke (1176 begonnen; einzige Themsebrücke bis ins 18. Jh.), die bis 1832 bestand. Zu den ältesten Kirchen von L. gehört der Rundbau der Templerkirche (1185 geweiht; mehrfach umgestaltet). Der kunsthistor. bedeutendste Bau des MA ist ↑ Westminster Abbey. Das Großfeuer von 1666 zerstörte 89 Kirchen und 13 200 Häuser. Der Wiederaufbau erfolgte in Anlehnung an das. Straßennetz. Von der Gebäudesubstanz aus der Zeit vor dem Brand blieb nur wenig erhalten; die im Perpendicular style erbaute Guildhall (etwa 1411–39; restauriert) konnte zwar wiederhergestellt werden, von den Kirchen aber blieben nur 14 erhalten, während 55 durch C. Wren, größtenteils im Stil des engl. Barock, neu erbaut wurden; sein Hauptwerk ist die Saint Paul's Cathedral (1675–1711) im palladian. Stil mit 110 m hoher Tambourkuppel, als einzige der 32 bis zum 2. Weltkrieg erhaltenen Wren-Kirchen in diesem Krieg nicht zerstört wurde. Aus der Zeit vor 1666 stammen Teile des Lambeth Palace (13.–19. Jh., nach 1945 restauriert), der Londoner Residenz des Erzbischofs von Canterbury. Im 17. Jh. war vor Wren I. Jones tätig, für die Banqueting Hall (1619–22) als letzten Rest des ehemal. Whitehallpalastes sowie den Marktplatz von Covent Garden (1631–38) schuf. Im 17. Jh. entstanden auch die ersten der großen, für L. typ. Plätze, wie Leicester Square (1635), Bloomsbury Square (1665), Soho Square (1681). Weitere folgten im 18. Jh. (Bedford Square, 1775–80). Unter den Palästen und Herrenhäusern des 18. Jh. ist bes. der Buckingham Palace (1705 begonnen; mehrfach umgebaut und erweitert) zu nennen. Die Regency-Periode (Anfang des 19. Jh.) hinterließ deutl. Spuren im Stadtbild von L., v. a. durch die Tätigkeit von J. Nash, auf den die Anlage von Regent's Park sowie die beiden daran an-

London

schließenden „Park Villages" zurückgehen. Um diese Zeit wurden auch der Hyde Park angelegt und die klassizist. Gebäude des University College L., der National Gallery und des British Museum erbaut. Die größte städtebaul. Entwicklung erfuhr L. z.Z. Königin Viktorias (⌂ 1837–1901). Den bedeutendsten Einfluß auf die Stadtentwicklung hatte der Bau der Eisenbahnen, der zur Entstehung des breiten Gürtels viktorian. Vorstädte in einförmiger Bauweise führte. Noch erhaltene Bauten aus viktorian. Zeit sind ferner verschiedene Bahnhöfe, z.B. King's Cross Station (1851/52), Paddington Station und Saint Pancras Station. Die bedeutendsten im neugot. Stil errichteten Bauten sind die Parlamentsgebäude (1840 ff.), ein Komplex, dessen östl. Hauptfront 275 m lang ist und der von dem 50 m hohen Big Ben überragt wird, Law Courts (1868–82), das Albert Memorial (1863–72) und die Tower Bridge (1886–94); das Opernhaus Covent Garden entstand 1858 (E. M. Barry). Mit dem Kristallpalast (1851 von J. Paxton) begann die Zeit der aus Eisen und Glas konstruierten Bauten. Einer der wenigen Bauten des engl. Jugendstils ist Whitechapel Art Gallery (1897 von C. Harrison Townsend). Seit 1870 setzte in größerem Umfang der Bau von Wohnblocks für die Arbeiterbev. ein. Die ersten Untergrundbahnen wurden 1890 erbaut. Bed. Bauten des frühen 20. Jh. sind Admiralty Arch, der vom Trafalgar Square zur Paradestraße, The Mall, und damit zum Buckingham Palace führt, sowie New Scotland Yard und County Hall. Beim Wiederaufbau nach den Zerstörungen des 2. Weltkriegs wurde die Wohndichte verringert, Teile der Bev. siedelten in neue Wohnanlagen außerhalb der Grafschaftsgrenzen über. Es entstanden 8 Trabantenstädte (New Towns), bestehende Städte wurden planmäßig ausgebaut. Im Wiederaufbau der City wurde zum erstenmal das ma. Straßennetz in einigen Teilen grundsätzl. geändert und die Beschränkung der Bauhöhe aufgehoben. Der erste repräsentative Großbau nach dem Krieg war das Festspielhaus, das im Zusammenhang mit der großen Ausstellung von 1951 erbaut wurde. In den 1960er Jahren erfolgte der Bau der Queen Elizabeth Hall in Gußbetonbauweise. Dicht daneben wurde ab 1969 das National Theatre errichtet (1976 eröffnet). Weitere moderne Bauten sind der 189 m hohe Post Office Tower (1966 fertiggestellt), das Hilton-Hotel (1961–63) und die Hayward Art Gallery (1963–68). 1982 wurde in der nördl. City das Barbican-Kulturzentrum mit Musikhochschule, Theater, Kunsthalle, Konzertsaal, Kirche, Gymnasium und Univ. eröffnet.

📖 *Nowel, I.: L. Biographie einer Weltstadt.* Köln 1986. - *L. Das Bild einer europ. Metropole.* Hg. v. N. Kohl. Ffm. 1978. - *Entmayr, W.: Der Hafen v. L.* Wien 1977. - *Höfle, G.: Das Londoner Stadthaus.* Hdbg. 1977. - *Muggli, H. W.:*

Greater L. u. seine New Towns. Basel 1968. - *Martin, J. E.: Greater L. An industrial geography.* London 1966. - *Brooke, B.: Art in L.* London 1966. - *Eades, G. E.: Historic L.* London 1966. - *Brown, I.: L. An illustrated history.* London 1965.

L., kanad. Stadt in der Prov. Ontario, am Thames River, 266 300 E. Sitz eines kath. und eines anglikan. Bischofs; Univ. (gegr. 1878); Zoo. Wirtschaftszentrum des westl. Ontario; Bahnknotenpunkt, ✕. - Gegr. 1826, Town seit 1848, City seit 1854. Der wirtsch. Aufschwung begann 1853 mit dem Bau einer Eisenbahn; in Port Stanley Ḥafen am Eriesee.

Londonderry, Robert Stewart, Viscount Castlereagh, Marquis of [engl. 'lʌndəndərɪ] ↑Castlereagh, Robert Stewart, Viscount, Marquis of Londonderry.

Londonderry [engl. lʌndən'dɛrɪ], Stadt in Nordirland, 51 200 E. Verwaltungssitz des Distr. L., Univ. College (gegr. 1965), Sitz eines anglikan. und eines kath. Bischofs. Textil- und Möbelind., Schiffbau, Erdölraffinerie, Nahrungsmittelind.; Hafen am Foyle. - Um 546 gründete der hl. Columban das Kloster Derry, das Sitz eines Bistums wurde; der Ort bildete bis 1568 eine der Hauptfestungen gegen die Iren; 1604 Stadtrecht; kam 1613 in den Besitz der Stadt London, wurde in L. umbenannt und City. - Anglikan. Kathedrale (1633 und 19. Jh.), kath. Kathedrale (1873); Stadtmauer mit Bastionen und Toren (1614).

Londoner Akte 1954 ↑Londoner Konferenzen Protokolle und Verträge (Londoner Neunmächtekonferenz).

Londoner Becken, geolog. Mulde in SO-England mit der Stadt London im Beckentiefsten.

Londoner Deklaration ↑Londoner Konferenzen, Protokolle und Verträge (Londoner Seerechtskonferenz).

Londoner Empfehlungen (1948) ↑Londoner Konferenzen, Protokolle und Verträge (Londoner Sechsmächtekonferenz).

Londoner Flottenabkommen, svw. ↑Deutsch-Britisches Flottenabkommen 1935.

Londoner Konferenzen, Protokolle und Verträge, Bez. für verschiedene Konferenzen, die in London stattfanden, für Protokolle, die in London unterzeichnet, und für Verträge, die dort abgeschlossen wurden:

Protokoll (3. Febr. 1830): Griechenland wurde als unabhängige Erbmonarchie unter dem Schutz der 3 Großmächte Großbrit., Frankr. und Rußland anerkannt.

Konferenz 1831: Am 26. Juli wurde die Unabhängigkeit Belgiens bestätigt und seine Neutralität garantiert. Der Vertrag wurde erst im *Londoner Protokoll (19. April 1839)* nach Teilung Luxemburgs und der Prov. Limburg durch Belgien und die Niederlande angenommen.

Protokolle 1850, 1852: Im 1. Protokoll (2. Aug. 1850) forderten am Ende des 1. Dt.-Dän.

Krieges Österreich, Großbrit., Frankr., Rußland, Schweden und Norwegen die Erhaltung des dän. Gesamtstaates, garantierten dessen Integrität aber nicht. Im 2. Protokoll (8. Mai 1852) regelten die Signatarmächte des 1. Protokolls die Thronerbfolge im Gesamtstaat Dänemark.

Vertrag 1867 ↑ Luxemburg (Geschichte).
Protokolle 1871 und Konferenz 1871 ↑ Pontuskonferenz.
Seerechtskonferenz (Dez. 1908–Febr. 1909): Beschloß die *Londoner Deklaration*, die das geltende Seekriegsrecht kodifizierte, aber mangels Ratifizierung nie formell in Kraft trat. Als nat. Prisenrecht von mehreren Staaten anerkannt.
Botschafterkonferenz (Dez. 1912–Jan. 1913 und 20.–30. Mai 1913): Erreichte einen Präliminarfrieden (30. Mai) zw. der Türkei und Bulgarien, Griechenland, Montenegro und Serbien, der aber noch nicht zu einer Beendigung der Balkankriege führte.
Geheimvertrag (26. April 1915): Abgeschlossen zw. der Tripelentente und Italien vor dem italien. Kriegseintritt. Italien wurden u. a. Brennergrenze, Dalmatien und Souveränität über den Dodekanes zugesagt.
Konferenzen 1921: Die Konferenzen (dt.-alliierte: 1.–7. März; Oberster Rat: 30. April–5. Mai) über Fragen der Reparationen endeten mit dem *Londoner Ultimatum*, das eine dt. Reparationsschuld von 132 Mrd. Goldmark und eine jährl. Abgabe von 26 % auf die Ausfuhr festsetzte.
Konferenz (5.–16. Aug. 1924): Beschloß den Dawesplan (↑ Dawes, C. G.).
Flottenkonferenz (21. Jan.–22. April 1930): Großbrit., Japan, Frankr., Italien und die USA schlossen einen Fünfmächtevertrag, nach dem bis 1936 auf den Schlachtschiffbau verzichtet und der U-Bootbau beschränkt wurde. Ein Dreimächtevertrag zw. Japan, Großbrit. und den USA betraf den Bau von Kreuzern, Zerstörern und U-Booten.
Abkommen (8. Aug. 1945): Die 4 Siegermächte (USA, Großbrit., Frankr., UdSSR) einigten sich über das Vorgehen gegen die Hauptkriegsverbrecher und errichteten das Internat. Militärtribunal zur Aburteilung der Kriegsverbrechen und der Verbrechen gegen den Frieden und die Menschlichkeit (↑ Nürnberger Prozesse).
Sechsmächtekonferenz (23. Febr.–5. März 1948 und 20. April–1. Juni 1948): Frankr., Großbrit. und die USA einigten sich auf eine gemeinsame staatl. Ordnung für die westl. Besatzungszonen und verabschiedeten die *Londoner Empfehlungen*, die am 7. Juni publiziert und deren Inhalt in die *Frankfurter Dokumente* (1. Juli) übernommen wurde. Sie ermächtigten die Min.präs. der dt. Länder, eine verfassunggebende Versammlung einzuberufen, und sahen u. a. eine internat. Kontrolle des Ruhrgebiets vor.

Neunmächtekonferenz (28. Sept.–3. Okt. 1954): Belgien, die BR Deutschland, Frankr., Großbrit., Italien, Kanada, Luxemburg, die Niederlande und die USA ermöglichten die Inkraftsetzung des Deutschlandvertrags und den Beitritt der BR Deutschland zur NATO. In der **Londoner Akte** verzichtete die BR Deutschland auf Herstellung atomarer, chem. und bakteriolog. Waffen auf ihrem Territorium und auf Anwendung von Gewaltmitteln zur Erreichung der dt. Wiedervereinigung. Großbrit., Kanada und die USA sicherten die Stationierung von Streitkräften in Europa zu.
Konferenzen 1956 ↑ Sueskonferenzen.
Londoner Protokolle ↑ Londoner Konferenzen, Protokolle und Verträge.
Londoner Schuldenabkommen (Londoner Vertrag 1953), Abkommen über dt. Auslandsschulden vom 27. 2. 1953, völkerrechtl. Regelung der Anerkennung und Tilgung der dt. Auslandsschulden seit dem 1. Weltkrieg durch die BR Deutschland gegenüber (urspr.) 18 anderen Staaten; durch die BR Deutschland angenommen mit Gesetz vom 24. 8. 1953, in Kraft getreten am 16. 9. 1953. - Die Gewährung der vollen Souveränitätsrechte an die BR Deutschland machte die Klärung der Frage, ob sie als Rechtsnachfolgerin des Dt. Reichs anzusehen sei, nötig; die Rechtsnachfolge hatte sich auch auf die öffentl. und privaten Schulden des Dt. Reichs und seiner Bürger zu erstrecken. Die Gesamtverpflichtung der BR Deutschland wurde auf 14 450 Mill. DM festgelegt. Bes. geregelt wurden Tilgung und Verzinsung der Dawesanleihe, der Younganleihe, der Zündholzanleihe (Kreugeranleihe), der Schuldverschreibungen der Konversionskasse, anderer Auslandsanleihen sowie der Marshallplanhilfe. Die Wiederherstellung der internat. Kreditwürdigkeit trug der BR Deutschland noch im selben Jahr die Mitgliedschaften im Internat. Währungsfonds und in der Internat. Bank für Wiederaufbau und Entwicklung ein. Die Vorkriegsschulden des Bundes betrugen am 31. 12. 1986 rd. 116 000 DM.

London-Heathrow [engl. ˈlʌndənˈhi:θrou], internat. Flughafen im westl. London.
London School of Economics and Political Science [engl. ˈlʌndən ˈsku:l əv i:kəˈnɔmɪks ənd pəˈlɪtɪkəl ˈsaɪəns], 1895 gegr. Hochschule, die sich den Gesellschaftswissenschaften i. w. S. widmet; 1900 der Univ. London eingegliedert.
Londrina, brasilian. Stadt im Bundesstaat Paraná, 600 m ü. d. M., 284 000 E. Kath. Bischofssitz; Univ. (gegr. 1971); Kaffeeinst.; Zentrum eines der bedeutendsten Kaffeeanbaugebiete Brasiliens. - Gegr. 1932; starker dt., jap. und slaw. Bevölkerungsanteil.
Longa [lat. „lange (Note)"], musikal. Notenwert der ↑ Mensuralnotation.
Longanbaum [chin./dt.] (Drachenauge,

Longane, Nephelium longana), Seifenbaumgewächs in M- und S-China; bis 10 m hoher Baum mit gelbl. Blüten in Rispen und mit bis 2,5 cm großer Nußfrucht (**Longanfrucht**) mit eßbaren Samenmantel umgebenem Samen; in den Tropen und Subtropen als Obstbaum kultiviert.

Long Beach [engl. 'lɔŋ 'bi:tʃ], Stadt 30 km südl. von Los Angeles, Kalifornien, 361 300 E. College; Seebad; Fischerei- und Erdölhafen; Zentrum eines Erdölgebiets; Schiffbau, Herstellung von Flugzeug-, Raketen- und Autoteilen u. a., ♨. - 1887 gegründet.

L. B., Stadt im SO des Bundesstaats New York, 33 000 E. Pendlerwohngemeinde von New York.

Longdrink [engl.], mit Soda-, Mineraloder Eiswasser verlängertes alkohol. Getränk.

Longe ['lõːʒə; lat.-frz. „Leine, Leitseil" (zu long „lang")], etwa 7–9 m lange, in das Kinnstück der Trense eingeschnallte Leine, an der der Dresseur das Pferd im Kreis um sich laufen läßt.

Longfellow, Henry Wadsworth [engl. 'lɔŋfɛloʊ], * Portland (Maine) 27. Febr. 1807, † Cambridge (Mass.) 24. März 1882, amerikan. Dichter. - Aufenthalte in Frankr., Italien, Spanien und Deutschland; 1836–54 Prof. für moderne Sprachen an der Harvard University. Seine Versepen „Evangeline" (1847) und „Das Lied von Hiawatha" (1855) ragen aus einer Anzahl Epen, die ihre Themen aus der amerikan. Geschichte oder der indian. Mythologie nehmen, heraus. L. schrieb wenig persönl., formal vollendete Lyrik; daneben bed. Übersetzungen.

Longhena, Baldassare, * Venedig 1598, † ebd. 18. Febr. 1682, italien. Baumeister und Bildhauer schweizer. Abkunft. - Entwickelte aus dem Spätstil Palladios und Sansovinos einen spezif. venezian. Barockstil, Hauptwerk ist die Kirche Santa Maria della Salute (1631–87).

Longhi, Pietro, eigtl. P. Falca, * Venedig 1702, † ebd. 8. Mai 1785, italien. Maler. - Malte nach 1740 kleinformatige venezian. Genreszenen von gelegentl. anekdot. zugespitzter Charakterisierung.

Longhorn [engl.] (Langhorn, Criollo), braun, rot oder schwarz geschecktes Rind mit langen (♀♀ bis 60 cm, ♂♂ bis 1 m), im Bogen nach vorn schwingenden Hörnern und langer, dichter Behaarung; heute v. a. in M- und S-Amerika.

Long Island [engl. 'lɔŋ 'aɪlənd] ↑Bahamas.

L. I., zum Bundesstaat New York gehörende Insel, parallel der Küste von Connecticut, USA, 190 km lang, bis 32 km breit, durch die Meeresstraße **Long Island Sound** vom Festland getrennt. Die Bezirke Brooklyn und Queens der Stadt New York liegen auf L. I. Zahlr. Seebäder v. a. an der S-Küste. - 1609

bei der Suche nach der Nordwestpassage entdeckt, urspr. im W von Delaware, im O von Metoac bewohnt. Die niederl. Kolonien wurden 1664 von den Engländern übernommen. Im Unabhängigkeitskrieg mußten die Amerikaner nach der Niederlage in der Schlacht von L. I. (26./27. Aug. 1776) die Insel räumen, die bis 1784 brit. besetzt blieb. Auch im Brit.-Amerikan. Krieg konnten die Briten L. I. besetzen und halten.

longitudinal [lat.], in der Längsrichtung verlaufend, längsgerichtet; die geograph. Länge betreffend.

Longitudinalwellen (Längswellen), Wellen, bei denen die Schwingungsrichtung der schwingenden Teilchen des Ausbreitungsmediums (bzw. die Richtung des Schwingungsvektors) mit der Ausbreitungsrichtung übereinstimmt (z. B. Schallwellen).

Longo, Luigi, * Fubine (Prov. Alessandria) 15. März 1900, † Rom 16. Okt. 1980, italien. Politiker. - Seit 1919 Mgl. der Partito Socialista Italiano (PSI); 1921 Mitbegr. der Partito Comunista Italiano (PCI); 1926 Mgl. des ZK, 1931 des Politbüros der PCI; ab 1927 im Exil; 1933–35 Vertreter der PCI in der Komintern; im Span. Bürgerkrieg generalinspekteur der Internat. Brigaden; 1943–45 Kommandant der kommunist. Partisanengruppen in N-Italien; 1945–64 stellv. Generalsekretär, 1964–72 Generalsekretär, seit 1972 Präs. der PCI.

Longos, griech. Prosaiker des 3. (?) Jh. aus Lesbos. - Bekannt allein durch „Daphnis und Chloe", den bedeutendsten erhaltenen griech. Roman, der auf die Schäferpoesie des Rokoko bed. Einfluß ausgeübt hat.

Longseller ↑Bestseller.

Longwy [frz. lõ'wi], frz. Stadt, Dep. Meurthe-et-Moselle, 17 300 E. Zentrum des nördl. lothring. Eisenerzbeckens mit Eisen- und Stahlind. L. entstand um 680 erbaute Burg und war im MA Hauptort einer Gft. Seit 1679 französisch.

Lonicera [nach dem dt. Botaniker A. Lonitzer, * 1528, † 1586], svw. ↑Geißblatt.

Lönnbohm, Armas Eino Leopold [schwed. ˌlœnbuːm], finn. Schriftsteller, ↑Leino, Eino.

Lon Nol, * im Verw.-Geb. Prey Veng 13. Nov. 1913, † Fullerton (Calif.) 17. Nov. 1985, kambodschan. Marschall und Politiker. - 1955–66 Verteidigungsmin. und Generalstabschef, 1966/67 Min.präs.; 1967–69 Erster Vizepräs., 1969–71 Min.präs. und Verteidigungsmin.; 1970 führend am Sturz des Staatschefs Norodom Sihanuk beteiligt; 1971/72 nomineller Min.präs.; ab 1972 Staatspräs. und Oberbefehlshaber (1972/73 auch Min.präs.); trat angesichts des Vorrückens der Roten Khmer auf Phnom Penh 1975 zurück und floh ins Ausland.

Lönnrot, Elias [schwed. ˌlœnruːt], * Sammatti (Nyland) 9. April 1802, † ebd. 19.

März 1884, finn. Schriftsteller und Volkskundler. - Prof. der finn. Sprache und Literatur in Helsinki; sammelte in Karelien und Estland die dort mündl. tradierten altfinn. Volkslieder (rd. 75 000 Verse) und schuf aus ihrem Material das Epos ↑„Kalevala". Seine Sammlung „Kanteletar" (1840/41) enthält eine Auswahl lyr. und balladenhafter Volksdichtungen. Noch heute von wiss. Bed. ist sein finn.-schwed. Wörterbuch (1866–80).

Löns, Hermann, * Culm bei Bromberg 29. Aug. 1866, ✗ bei Reims 26. Sept. 1914, dt. Schriftsteller. - Seine Skizzensammlungen „Mein grünes Buch" (1901), „Mein braunes Buch" (1906), „Was da kreucht und fleucht" (1909), „Mümmelmann" (1909) sind von der Liebe zur Lüneburger Heide geprägt; schrieb auch dem Volkslied verpflichtete Lyrik und volkstüml. Romane aus der Welt der niedersächs. Bauern.

Lonsdale, Michel [frz. lõs'dal], * 1931, frz. Filmschauspieler. - Seine hintergründige Komik und die Fähigkeit zur Darstellung v. a. zwielichtiger Typen zeigte sich bes. in „Die Braut trägt schwarz" (1967), „Das Mädchen mit dem Cello" (1973), „Das Gespenst der Freiheit" (1974), „Monsieur Klein" (1976), „Die unglaubliche und traurige Geschichte" (1983).

Lons-le-Saunier [frz. lõslɔsɔ'nje], frz. Stadt am Rand des Plateaujura, 20 100 E. Verwaltungssitz des Dep. Jura; u. a. Herstellung von Brillen, Uhren, Spielwaren.

Loofs, Friedrich, * Hildesheim 19. Juni 1858, † Halle/Saale 13. Jan. 1928, dt. ev. Theologe. - 1882 Prof. für Kirchengeschichte in Leipzig, ab 1887 in Halle/Saale. Anhänger A. Ritschls und Gegner der dialekt. Theologie; bekannt durch zahlr. Monographien zur alten Kirchengeschichte und dogmengeschichtl. Werke.

Look [engl. lʊk], amerikan. Illustrierte, 1937 begr.; erreichte in den 1960er Jahren eine Auflage von über 7,5 Mill. (zuletzt 6,5 Mill.); 1971 aus ähnl. Gründen wie Life eingestellt; 1979 neubegründet.

Look [engl. lʊk „Aussehen"], Bez. für eine Moderichtung bzw. -erscheinung, z. B. „Safari-Look", „Mao-Look".

Looping [engl. 'lu:pɪŋ; zu to loop „eine Schlinge, Schleife machen"], Kunstflugfigur, Überschlag nach oben oder unten aus der Normal- oder der Rückenfluglage. - Abb. Bd. 12, S. 266.

Loos, S, Adolf, * Brünn 10. Dez. 1870, † Wien 22. Aug. 1933, östr. Architekt. - Nach dem Studium in Dresden gab ein Aufenthalt in Chicago L. entscheidende Anregungen. Seine auf Sachlichkeit fußende und auf jedes Ornament verzichtende Architektur ist von kub. Elementen bestimmt, die Flächen werden durch Verwendung kostbarer Materialien gestaltet. - *Werke:* „Haus Steiner" (1910) und „Haus am Michaelerplatz" in Wien

(1910/11), „Haus Tristan Tzara" in Paris (1925).

L., Anita [engl. lu:s], * Sisson (Calif.) 26. April 1893, † New York 18. Aug. 1981, amerikan. Schriftstellerin. - Verfaßte zahlr. Filmdrehbücher (meist iron. Romanzen); später v. a. Romane, von denen „Blondinen bevorzugt" (1925) weltweiten Erfolg hatte.

L., Cécile Ines, eigtl. I. Cäcilia L., * Basel 4. Febr. 1883, † ebd. 21. Jan. 1959, schweizer. Schriftstellerin. - Behandelte in ihren Romanen meist Frauen- und Kinderschicksale, u. a. „Matka Boska" (R., 1929), „Leute am See" (E., 1951).

Lop Buri, thailänd. Stadt 120 km nördl. von Bangkok, 36 900 E. Verwaltungssitz des Verw.-Geb. L. B.; Zentrum eines Agrargebiets; Eisen- und Stahlwerk. - Ruinen von turmartigen Khmertempeln des 12.–14. Jh.; ehem. Königspalast (17. Jh.).

Lope de Vega, Félix ['lo:pe de 've:ga, span. 'lope ðe 'βeγa] ↑Vega Carpio, Lope Félix de.

López [span. 'lopes], Carlos Antonio, * Asunción 4. Nov. 1790, † ebd. 10. Sept. 1862, paraguay. Politiker. - Seit 1844 diktator. regierender Staatspräs., verbesserte die Verwaltung, baute die erste Eisenbahn; schuf ein Heer nach preuß. Muster.

L., Francisco Solano, * Asunción 24. Juli 1827, † am Río Aquidabán 1. März 1870 (ermordet), paraguay. Politiker. - Sohn von Carlos Antonio L.; ab 1862 Staatspräs. mit diktator. Vollmachten; begann 1865 einen imperialist. Krieg gegen Argentinien, Brasilien und Uruguay.

López de Ayala, Pe[d]ro [span. 'lopeð ðe a'jala], * Vitoria (Prov. Álava) 1332, † Calahorra bei Logroño 1407, span. Dichter und Chronist. - Verfaßte bed. Chroniken über die Zeit der 4 kastil. Könige, unter denen er hohe Staatsstellungen innehatte („Cronicas de los reyes de Castilla", hg. 1779–82). In seinem literar. Hauptwerk, dem satir. Lehrgedicht „Rimado de palacio" (um 1385, hg. 1829), geißelt er den Sittenverfall seiner Zeit.

López de Ayala y Herrera, Adelardo [span. 'lopeð ðe a'jala i ɛ'rrɛra], * Guadalcanal bei Sevilla 1. Mai 1828, † Madrid 30. Dez. 1879, span. Schriftsteller und Politiker. - Mehrmals Min., Präs. der Cortes; vorwiegend Dramatiker; ausgehend von der Romantik (histor. Versdramen), trat er seit Mitte der 1850er Jahre mit realist. Stücken (u. a. „Consuelo", 1878) über moral. und soziale Themen hervor.

López de Gómara, Francisco [span. 'lopeð ðe 'γomara], * Gómara bei Soria 2. Febr. 1511, † ebd. um 1566, span. Geschichtsschreiber. - Verfaßte die „Historia general de las Indias" (1552), die wegen unerwünschter Darstellung der Eroberung Mexikos verboten wurde.

López Domínguez, José [span. 'lopeð

ðo'miŋɛθ], * Marbella 29. Nov. 1829, † Madrid 27. Okt. 1911, span. Offizier und Politiker. - An der Revolution vom Sept. 1868 beteiligt; 1883 und 1892–95 Kriegsmin., 1906 Ministerpräsident.

López Mateos, Adolfo [span. 'lopez ma-'teɔs], * Atizapán de Zaragoza 26. Mai 1910, † Mexiko 22. Sept. 1969, mex. Politiker. - Generalsekretär des Partido Revolucionario Institucional, 1952–57 Arbeitsmin., 1958–64 Staatspräsident.

López-Portillo y Pacheco, José [span. 'lopespɔr'tijo i pa'tʃeko], * Mexiko 16. Juni 1920, mex. Jurist und Politiker. - Prof. für Staatstheorie, später für polit. Wiss.; seit 1959 Mgl. des Partido Revolucionario Institucional; 1973–75 Finanzmin.; 1976–82 Staatspräsident.

López y Fuentes, Gregorio [span. 'lopeθ i'fuentes], * auf der Hacienda El Mamey (Veracruz) 17. Nov. 1897, † Mexiko 11. Dez. 1966, mex. Schriftsteller und Journalist. - Schloß sich 1914 der Revolution an. In seinen bedeutendsten Werken, den Romanen „Campamento" (1931), „Tierra" (1932), „Mein General" (1934) und „El Indio" (1935) behandelt er die Zeit der Revolution.

Lophiodon [griech.], ausgestorbene, nur aus dem europ. Eozän bekannte Gatt. tapirähnl., schweine- bis nashorngroßer Unpaarhufer; Leitfossil des mittleren Eozäns, Funde bes. im Geiseltal.

Lop Nor, ehem. abflußloser Salzsee im östl. Tarimbecken, China, 780 m ü. d. M., rd. 2 500 km², seit einigen Jahren ausgetrocknet; veränderte in geschichtl. Zeit mehrmals seine Lage. Im Gebiet des L. N. liegt das chin. Kernwaffenversuchsgelände.

Loranthaceae [lat./griech.], svw. ↑ Mistelgewächse.

Echter Lorbeer. Blätter und Blüten

Lorbeer [zu althochdt. lorberi „Beere des Lorbeerbaums" (von lat. laurus mit gleicher Bed.)] (Laurus), Gatt. der Lorbeergewächse mit zwei Arten: **Echter Lorbeer** (L.baum, Laurus nobilis), bis 12 m hoher Baum mit bis 10 cm langen, längl.-lanzenförmigen, ledertigen Blättern, die getrocknet als Küchengewürz (Lorbeerblätter) verwendet werden. Charakterbaum des Mittelmeergebietes. **Kanar. Lorbeer** (Laurus canariensis), mit großen, hellgrünen Blättern; verbreitet auf den Kanar. Inseln und Madeira. - Bei den Griechen war der Echte L. dem Apollon heilig. Er galt als Zeichen des Sieges und Ruhmes in Sport und Krieg und fand bei Sühneriten, Wahrsagungen u. a. rituelle Verwendung.

Lorbeerbaum ↑ Lorbeer.

Lorbeergewächse (Lauraceae), Pflanzenfam. mit rd. 30 Gatt. und über 2 000 trop. und subtrop. Arten; meist Bäume oder Sträucher; mit einfachen, lederartigen Blättern und kleinen Blüten in häufig rispigen Blütenständen; einsamige Beeren- oder Steinfrüchte; Obst-, Gewürz-, Heil- und Zierpflanzen, u. a. Avocato, Kampferbaum, Lorbeer, Zimtbaum.

Lorbeeröl (Oleum Lauri), aus den Früchten des Echten Lorbeers gewonnenes grünes Öl; wird medizin. als Rheumamittel, ferner als Schutzmittel gegen Insekten verwendet.

Lorbeerrose (Kalmie, Kalmia), Gatt. der Heidekrautgewächse mit 8 Arten in N-Amerika und auf Kuba; immergrüne Sträucher mit ganzrandigen, meist lanzenförmigen Blättern und schwach glockigen Blüten in Dolden oder Doldentrauben. Eine bekanntere Art ist die **Breitblättrige Lorbeerrose** aus dem östl. N-Amerika mit etwa 2 cm großen, hellrosa Blüten und giftigen Blättern.

Lorbeerwald, in der Vegetationsgeographie Bez. für eine Pflanzenformation, die zw. Hartlaubwald und Regenwald einzuordnen ist. Vorherrschende Pflanzen sind 10–40 m hohe Bäume mit relativ großen, festen, längl. bis ovalen, glänzend dunkelgrünen Blättern.

Lorber, Jakob, * Altkanischa (serbokroat. Kanjiža) bei Maribor 22. Juli 1800, † Graz 24. Aug. 1864, östr. theosoph. Mystiker. - Verfaßte nach einer Audition im März 1840 insgesamt 25 Bände seiner „Neuoffenbarung", in denen er neben Berichten über das Leben Jesu bes. kosmolog.-gnost., anthroposoph., soteriolog. Vorstellungen entwickelte. Seine Anhänger bildeten die „Neu-Salems-Vereinigung", als L.-Gesellschaft 1945 neugegr. mit v. a. missionar., karitativ-prakt. Zielsetzung.

Lorca, Federico García ↑ García Lorca, Federico.

Lorca, span. Stadt in der Betischen Kordillere, 60 600 E. Wirtsch. Mittelpunkt eines Agrargebiets. - Unter den Westgoten Bischofssitz; seit 780 arab., 1243 an Kastilien. - Stiftskirche San Patricio (1550 ff.); maur. Burg über der Altstadt.

Lorch, seit 1939 Stadtteil von Enns (Oberösterreich); geht auf eine kelt. Siedlung zurück, erhielt um 50 n. Chr. eine röm. Militärstation (**Lauriacum**), wurde unter Caracalla Munizipium, im 5. Jh. Bischofssitz; vor 500 von den Römern aufgegeben, um 700 von den Awaren zerstört, Ende 8. Jh. neu besiedelt (wohl eine karoling. Pfalz).

L., hess. Stadt an der Mündung der Wisper in den Mittelrhein, 86 m ü. d. M., 4 600 E. Weinbau. - L. erhielt früh Bedeutung als Umschlagplatz zur Umgehung des für die Schiffahrt gefährl. Binger Lochs und entwickelte schon im 13. Jh. städt. Charakter; 1885 Stadtrecht. - Got. Pfarrkirche Sankt Martin mit roman. W-Turm; Hilchenhaus (1546 ff.); Burg Nollich (14. Jh.).

L., Stadt an der Rems, Bad.-Württ., 281 m ü. d. M., 9 400 E. U. a. metall- und holzverarbeitende Ind. - Das röm. Kastell **Laureacum** lag an der Grenze von Rätien und Obergermanien. Die bei L., dessen Marienkirche (heute ev. Pfarrkirche, 1474 neu erbaut) auf das frühe MA zurückgeht, im 11. Jh. als stauf. Hauskloster gegründete Benediktinerabtei diente im 12./13. Jh. zeitweilig als Grablege der Staufer; 1535 wurde das Kloster aufgehoben. 1865 Stadtrecht. - Roman. Kirche der ehem. Benediktinerabtei (Langhaus und Westbau 11. Jh.) mit spätgot. Chor.

Lorchel (Helvella), Gatt. der Schlauchpilze; Fruchtkörper gegliedert in Stiel und Hut, der gelappt, gebuchtet oder unregelmäßig gefaltet sein kann. Die bekannteste Art ist die ↑ Frühlorchel.

Lorcher Fälschungen ↑ Pilgrim.

Lord [lɔrt, engl. lɔːd; zu altengl. hláford „Herr" (von hláf „Brot" und weard „Schutzherr")], Abk. Ld; Adelstitel in Großbrit., bezeichnet alle Peers (einschl. der anglikan. Bischöfe) und dient als (halboffizielle) Anrede (immer für einen Baron) der Adligen, außer für den Archbishop und Duke. Auch der älteste Sohn eines Duke und Marquess, der zu Lebzeiten seines Vaters einen niederen Adelstitel führt, wird mit L. angeredet. Die Richter an hohen Gerichtshöfen werden mit „my L." angeredet. Das brit. Oberhaus heißt House of Lords. L. erscheint auch in Verbindung mit zahlr. Amtstiteln, z. B.: **First Lord of the Admiralty,** „Erster L. der Admiralität", bis 1864 der Marinemin.; **First Lord of the Treasury,** „Erster L. des Schatzamtes", Titel des Premiermin.; **Lord [High] Chancellor,** „Lord-[groß]kanzler", Abk. des Oberhauses; **Lord Privy Seal,** „Lordsiegelbewahrer", Inhaber des kleinen königl. Siegels, seit 1884 Min. ohne Geschäftsbereich; **Lord President of the Council,** Präs. des Geheimen Staatsrates (mit Kabinettsrang); **Lord Mayor,** Titel der Oberbürgermeister von London und von 12 anderen Städten. - **Lordship:** Würde eines L., auch die damit verbundene Herrschaft (Grundbesitz). - Im religiösen Sprachgebrauch steht „The L." entsprechend dem dt. „Herr" für Gott.

Lord Chancellor [engl. 'lɔːd 'tʃɑːnsələ] ↑ Lord.

Lordgroßkanzler ↑ Lord.

Lord High Chancellor [engl. 'lɔːd 'haɪ 'tʃɑːnsələ] ↑ Lord.

Lord Howe Island [engl. 'lɔːd 'haʊ 'aɪlənd], die größte Insel einer austral. Inselgruppe in der Tasmansee, 13 km², bis 865 m ü. d. M.; Wetterstation; Pflanzen- und Tierwelt stehen unter Naturschutz.

Lordkanzler ↑ Lord.

Lordose [griech.] ↑ Wirbelsäulenverkrümmung.

Lord Privy Seal [engl. 'lɔːd 'prɪvɪ 'siːl] ↑ Lord.

Lordprotektor (engl. Lord Protector), in England der Titel des Reichsregenten, so 1547–52 von Edward 1. Hzg. von Somerset, dem Regenten für Eduard VI., 1653–58 von Oliver Cromwell und 1658/59 von dessen Sohn Richard Cromwell.

Lordship [engl. 'lɔːdʃɪp] ↑ Lord.

Lordsiegelbewahrer (Geheimsiegelbewahrer) ↑ Lord.

Lore, weibl. Vorname, Kurzform von Eleonore.

Lore [engl.], kleiner, meist kippbarer Schienenwagen für die Beförderung von Schüttgütern in Bergwerken, Steinbrüchen u. a.

Loreley (Lorelei), von C. Brentano unter dem Eindruck einer Rheinreise geschaffene Phantasiegestalt eines schönen Mädchens, das die Männer anzieht und ihnen Unglück bringt (Ballade von der Lore Lay in seinem Roman „Godwi", 1801). Um diesem Fluch zu entgehen, stürzt es sich von einem Felsen in den Rhein. Die bekannteste Version schuf H. Heine (Gedicht, 1824; vertont von F. Silcher).

Loreley, fast senkrechter Schieferfelsen, der sich 132 m hoch am rechten Ufer des Rheins oberhalb von Sankt Goarshausen erhebt.

Loren, Sophia [italien. 'lɔːren], eigtl. Sofia Scicolone, * Rom 20. Sept. 1934, italien. Filmschauspielerin. - Kam über Schönheitskonkurrenzen zum Film; entwickelte sich bes. in der Zusammenarbeit mit V. de Sica und gefördert von ihrem späteren Ehemann C. Ponti (∞ seit 1957 bzw. 1966) zu einer wandlungsfähigen Charakterdarstellerin in dramat. und kom. Rollen; u. a. „Die Frau vom Fluß" (1955), „Die Millionärin" (1960), „Und dennoch leben sie" (1961), „Hochzeit auf italienisch" (1965), „Sonnenblumen" (1969), „Die Frau des Priesters" (1971), „Verstecktes Ziel" (1978), „Blood feud" (1981). - Abb. S. 214.

Lorengar, Pilar, eigtl. Pilar Lorenza García, * Zaragoza 16. Jan. 1928, span. Sängerin (Sopran). - Feierte große Erfolge bei Auslandsgastspielen (Paris, London, Wien, Chicago,

Sophia Loren
(1979)

Konrad Lorenz
(1973)

Peter Lorre
(um 1960)

New York u. a.) und bei Festspielen (Glyndebourne, Salzburg); seit 1959 Mgl. der Städt. (Dt.) Oper Berlin; v. a. in Mozart-Opern erfolgreich.

Lorentz, Hendrik Antoon, * Arnheim 18. Juli 1853, † Haarlem 4. Febr. 1928, niederl. Physiker. - Prof. in Leiden; lieferte 1875 auf der Grundlage der Maxwellschen Theorie eine Erklärung der Brechung und Reflexion des Lichts. Ab 1892 entwickelte er seine Theorie der Elektronen und sagte die Aufspaltung von Spektrallinien im Magnetfeld voraus, die von P. Zeeman experimentell bestätigt wurde. Nobelpreis für Physik 1902 (mit P. Zeeman).

L., Lore, geb. Schirmer, * Mährisch-Ostrau 12. Sept. 1920, dt. Kabarettistin. - Gründete 1947 zus. mit ihrem Mann Kay L. (* 1920; ∞ seit 1944) das polit. Kabarett „Das Kom(m)ödchen" in Düsseldorf.

Lorentz-Kontraktion [nach H. A. Lorentz] (Längenkontraktion), Verkürzung eines mit der Geschwindigkeit v in Längsrichtung bewegten Stabes um den Faktor $\sqrt{1-(v/c)^2}$ (von einem ruhenden Bezugssystem aus beobachtet; c Lichtgeschwindigkeit). Die L.-K. ergibt sich als Folgerung aus der speziellen ↑ Relativitätstheorie.

Lorentz-Kraft [nach H. A. Lorentz], die Kraft F, die auf eine Ladung Q wirkt, wenn diese sich mit der Geschwindigkeit v in einem Magnetfeld (magnet. Induktion B) bewegt: $F = Q [v \times B]$.

Sie wirkt senkrecht zur Bewegungsrichtung und zur Richtung der B-Feldlinien und bewirkt die magnet. ↑ Ablenkung der Ladung.

Lorentzsche Elektronentheorie [nach H. A. Lorentz] ↑ Elektronentheorie.

Lorentz-Transformation [nach H. A. Lorentz], eine lineare Transformation der Raum-Zeitkoordinaten zweier gleichförmig gegeneinander bewegter Bezugssysteme, bei der der durch die quadrat. Form $\Delta x^2 + \Delta y^2 + \Delta z^2 - c^2 \Delta t^2$ (c Lichtgeschwindigkeit) gegebene Abstand zweier Weltpunkte, speziell der Abstand vom Koordinatenur-

sprung, invariant bleibt. Bewegen sich die beiden räuml. Bezugssysteme gleichförmig mit der Geschwindigkeit v entlang der gemeinsamen x-Achse gegeneinander, so erhält man die sog. *spezielle L.-T.*

$$x' = (x - \beta ct)/\sqrt{1-\beta^2}, \quad y' = y, \quad z' = z,$$
$$t' = (t - \beta x/c)/\sqrt{1-\beta^2} \text{ mit } \beta = v/c.$$

Sie geht für $v \ll c$ in die ↑ Galilei-Transformation über. - Die L.-T. ist grundlegender Bestandteil der speziellen ↑ Relativitätstheorie; sie bringt zum Ausdruck, daß in gleichförmig gegeneinander bewegten Bezugssystemen dasselbe Gesetz der Lichtausbreitung gilt.

Lorenz, männl. Vorname, Nebenform von ↑ Laurentius.

Lorenz, Konrad, * Wien 7. Nov. 1903, östr. Verhaltensforscher. - Prof. in Königsberg (Pr), Münster und München. 1951–54 Leiter der Forschungsstelle für Verhaltensphysiologie des Max-Planck-Instituts für Meeresbiologie. Anschließend stellvertretender, 1961–73 Direktor am Max-Planck-Institut für Verhaltensphysiologie in Seewiesen bei Starnberg. Seit 1973 leitet L. die Abteilung Tiersoziologie am Institut für vergleichende Verhaltensforschung der Östr. Akad. der Wiss. in Wien. - Begr. der modernen ↑ Verhaltensforschung; bei seinen Untersuchungen über instinktives Verhalten (insbes. bei der Graugans) erforschte L. u. a. ↑ Auslösemechanismus und ↑ Auslöser sowie die individuelle und stammesgeschichtl. Entwicklung des den Tieren angeborenen Verhaltens. Weiterhin entdeckte er das Phänomen der ↑ Prägung. Zus. mit N. Tinbergen klärte L. in den 1930er Jahren viele Grundbegriffe der vergleichenden Verhaltensforschung und erhielt 1973 (gemeinsam mit N. Tinbergen und K. von Frisch) den Nobelpreis für Physiologie oder Medizin. - Große Publizität erreichte L. als wiss. Schriftsteller.

Werke: Er redete mit dem Vieh, den Vögeln und den Fischen (1949), Das sogenannte Böse.

Zur Naturgeschichte der Aggression (1963), Über tier. und menschl. Verhalten. Aus dem Werdegang der Verhaltenslehre. Gesammelte Abhandlungen (1965), Die acht Todsünden der zivilisierten Menschheit (1973), Die Rückseite des Spiegels. Versuch einer Naturgeschichte menschl. Erkennens (1973).

L., Max, eigtl. M. Sülzenfuß, * Düsseldorf 10. Mai 1901, † Salzburg 11. Jan. 1975, dt. Sänger (Heldentenor). - Sang als Wagner-Interpret seit 1930 bei den Bayreuther Festspielen und an den bedeutendsten Opernhäusern der Welt.

Lorenzen, Paul, * Kiel 24. März 1915, dt. Mathematiker und Philosoph. - 1952 Prof. in Bonn, 1956 in Kiel, seit 1962 in Erlangen, Mitbegründer der sog. „Erlanger Schule" und Hauptvertreter der konstruktiven Wiss.theorie; bed. Arbeiten zur Metamathematik, zur formalen Logik bzw. dialogischen Logik sowie zur konstruktiven Logik und Konstruktivität. - *Werke:* Einführung in die operative Logik und Mathematik (1955), Formale Logik (1958), Method. Denken (1968), Konstruktive Logik, Ethik und Wissenschaftstheorie (1973; mit O. Schwemmer), Konstruktive Wissenschaftstheorie (1974), Grundbegriffe der techn. u. polit. Kultur (1985).

Lorenzetti, Ambrogio (A. di Lorenzo), italien. Maler der 1. Hälfte des 14. Jh. - Bruder von Pietro L.; nachweisbar in Siena 1319–47 (mit Unterbrechungen). Um 1320 und - entscheidend für seine künstler. Entwicklung - 1327–32 in Florenz; danach mit seinem Bruder in Siena tätig (Fresken in Santa Maria della Scala; 1335); schuf 1338/39 sein bed. Hauptwerk: Wandbilder im Palazzo Pubblico von Siena mit Allegorien und Folgen des guten und schlechten Regiments.

L., Pietro, italien. Maler des 13./14. Jh. - Nachweisbar in Siena 1280 bis 1344. Schuf wohl 1326–30 einen lebendigen und zugleich pathet.-monumentalen Freskenzyklus in Assisi, danach stark von Giotto beeinflußte Werke, u. a. „Humilitas-Polyptychon" (1341[?]; Florenz, Uffizien) sowie die „Geburt Mariä" (1335–42; Siena, Museo dell'Opera del Duomo).

Lorenz-Kurve [nach dem amerikan. Statistiker M. O. Lorenz] ↑ Einkommensverteilung.

Lorenzo de' Medici [italien. 'mɛ:ditʃi] ↑ Medici, Lorenzo I de'.

Lorenzo di Credi, * Florenz 1459, † ebd. 12. Jan. 1537, italien. Maler. - Schüler und Gehilfe Verrocchios. Schuf spröde, zarte und vornehme Altarbilder mit klaren Renaissancearchitekturen. - *Werke:* Maria, das Kind anbetend, mit dem Johannesknaben (um 1480, Karlsruhe, Staatl. Kunsthalle), Verkündigung (um 1480–85, Florenz, Uffizien), Venus (ebd.).

Lorenzo Monaco, eigtl. Piero di Giovanni, * Siena um 1370, † Florenz um 1425, italien. Maler. - Kamaldulenser ab

Ambrogio Lorenzetti,
Pax und Fortitudo (1338/39).
Ausschnitt aus dem Fresko
„Das gute Regiment". Siena,
Palazzo Pubblico

1391; nachweisbar in Florenz zw. 1388 und 1422; Vertreter des ↑ Weichen Stils der internat. Gotik, seine Figuren zeigen zart kolorierte Gewänder und ein weiches, schwingendes Faltenwerk; u. a. „Anbetung der Könige" (1418–22; Florenz, Uffizien), Fresken mit Szenen aus dem Marienleben in Santa Trinità, Florenz (nach 1422).

Lorestan, Verw.-Geb. in Iran, im nördl. Sagros- und Kuhrudgebirge, 31 000 km², 1,126 Mill. E, Hauptstadt Chorramabad; Erdölvorkommen.

Loreto, [italien. loˈre:to] italien. Stadt in den Marken. nahe der adriat. Küste, 127 m ü. d. M., 10 700 E. Kath. Bischofssitz; einer der bedeutendsten Marienwallfahrtsorte. - Ent-

Lorenzo Monaco, Flucht
nach Ägypten (1405–10).
Altenburg, Staatliches
Lindenau-Museum

Loriot, Karikatur (um 1968).
Autotypie

stand um die hier verehrte Santa Casa (hl. Haus von Nazareth), die nach der Legende (seit dem 15. Jh. nachweisbar) am 7. Sept. 1295 von Engeln nach L. gebracht wurde. 1468 begann man mit dem Bau der Basilika über der Santa Casa. Papst Sixtus V. erhob L. 1584 zum Bischofssitz und 1586 zur Stadt. Die Wallfahrt nach L. geht wohl auf eine bereits am Ende des 12. Jh. nachweisbare Marienkirche an der Stelle des heutigen Heiligtums zurück.

L., [span. lo'reto] Dep. im nö. Peru, 478 336 km², 445 000 E, Hauptstadt Iquitos. Reicht von der Andenabdachung bis weit in das Amazonasgebiet hinein.

Lorgnon [lɔrn'jõ:; frz., zu lorgner „anschielen"], Bez. für ein Monokol mit Stiel (sog. Stieleinglas); auch svw. **Lorgnette,** eine Stielbrille mit zwei Gläsern ohne Ohrbügel.

Lorient [frz. lɔ'rjã], frz. Stadt an der breton. S-Küste, Dep. Morbihan, 62 600 E. Marineschule; Schiffahrtsmuseum; Schiffbau und -reparaturen, Maschinenbau, Autoind.; Fischereihafen. - Im MA bestand auf der Halbinsel von L. das Dorf **Kervérot.** Eine 1666 gegr. Niederlassung der Compagnie des Indes Orientales (*L'Orient*) wurde ab 1670 zur Stadt und zum Kriegshafen ausgebaut. 1738 Stadtrecht. Im 2. Weltkrieg dt. besetzt und zu einer bed. U-Boot-Basis ausgebaut (1941/42); 1943 fast völlig zerbombt.

Loriot [lori'o:], eigtl. Vicco von Bülow, * Brandenburg/Havel 12. Nov. 1923, dt. satir. Zeichner. - Wurde bekannt durch sein „Knollennasenmännchen"; in Zeichnungen, Zeichentrickfilmen und (v. a. in seiner Fernsehserie „Cartoon" [1968-73]) schauspielerischen Darstellungen versucht er, bürgerl. Verhal-

tensweisen auf humorvolle Art zu karikieren und ihre Auswüchse aufzuzeigen; veröffentlichte zahlr. Cartoonbände.

Loris [niederl.-frz.] (Lorisidae), Fam. nachtaktiver, etwa 25-40 cm langer, baumbewohnender Halbaffen mit 5 Arten in den Wäldern des trop. Asiens und Afrikas; mit Greifhänden bzw. -füßen und großen Augen. - Zu den L. gehören u. a.: **Plumplori** (Nycticebus coucang), etwa 35 cm lang, Schwanz stummelförmig; Fell plüschartig dicht und weich, überwiegend bräunl., mit rotbraunem Rückenstreif. **Potto** (Perodicticus potto), etwa 35 cm lang; mit dichtem, gelbbraunem Fell und spitzen Nackenhöckern. **Schlanklori** (Loris tardigradus), etwa 25 cm lang, Schwanz stummelförmig; schlank mit dichten, rötlichgrauem bis gelblichbraunem Fell.

Loris [malai.] (Trichoglossinae), Unterfam. sperling- bis taubengroßer, meist bunter Papageien mit rd. 60 Arten auf Neuguinea und in Australien; ernähren sich v. a. von Früchten und Nektar. Zu den L. gehört u. a. die Gatt. **Glanzloris** (Chalcopsitta) mit 5 Arten; Gefieder glänzend, nicht sehr bunt gefärbt, Schwanz breitfederig; Schnabel schwarz.

Loriti, Heinrich, schweizer. Humanist, ↑ Glareanus, Henricus Loriti.

Lornsen, Boy, * Keitum (= Sylt-Ost) 7. Aug. 1922, dt. Kinderbuchautor. - Seine Bücher regen die Phantasie und Kreativität der Kinder an. Viele seiner Erzählungen spielen an der Nordseeküste, z. B. die Geschichten um den Jungen Willewitt und seinen Freund Fischermann (zusammengefaßt in „Wasser, Wind und Willewitt", 1984).

Lörrach, Krst. im Tal der Wiese, Bad.-Württ., 294 m ü. d. M., 40 700 E. Textil-, Nahrungs- und Genußmittelind. - 1102 erstmals erwähnt. Die Burg **Rötteln** oberhalb von L. (Oberburg 1259 erstmals genannt, 1678 zerstört) war der Sitz der Herren von Rötteln, die 1315 den Ort den Markgrafen von Hachberg-Sausenberg schenkten; 1682 bzw. 1756 Stadtrecht. Papierherstellung und Textildruck machten um die Mitte des 19. Jh. L. zu einem der ersten industriellen Schwerpunkte in Baden.

L., Landkr. in Baden-Württemberg.

Lorrain, Le [frz. lɔ'rɛ̃] ↑ Claude Lorrain.

Lorraine [frz. lɔ'rɛn] ↑ Lothringen.

Lorre, Peter, * Rosenberg (tschech. Ružomberok, Mittelslowak. Gebiet) 26. Juni 1904, † Los Angeles-Hollywood 23. März 1964, östr.-amerikan. Schauspieler. - Begann seine Filmkarriere 1931 in Fritz Langs „M - eine Stadt sucht einen Mörder". Nach seiner Emigration nach Hollywood (1933) übernahm er zahlr. Filmrollen, meist undurchsichtige Bösewichter. - Abb. S. 214.

Lorris, Guillaume de, frz. Dichter, ↑ Rosenroman.

Lorsch, hess. Stadt in der Oberrheinebene, 98 m ü. d. M., 10 700 E. Mittelpunkt des Tabakbaus im S des Hess. Rieds, außerdem Obst- und Spargelanbau. - Wohl 764 Gründung eines Benediktinerklosters in Altenmünster, das der erste Abt 772 Karl d. Gr. unterstellte (seit 774). Die großzügig ausgestattete Reichsabtei wurde zu einem hervorragenden Träger ma. Kultur (Lorscher Codex, Lorscher Annalen, bed. Bibliothek). 1232 dem Erzbischof von Mainz übertragen, der L. zu einer Prämonstratenserpropstei machte; 1461 an Kurpfalz verpfändet, 1555 aufgehoben (Bibliothek der Heidelberger „Palatina" eingegliedert). L. besitzt seit 1964 Stadtrecht. - Von der Benediktinerabtei sind nur noch drei Joche der Vorkirche (etwa 1141-48, restauriert) der ehem. karoling. Basilika und die berühmte karoling. Torhalle (774; Steinmosaikverkleidung) mit got. Steildach (14. Jh., restauriert) erhalten. - Abb. S. 218.

Lortz, Joseph Adam, * Grevenmacher (Luxemburg) 13. Dez. 1887, † Luxemburg 21. Febr. 1975, dt. kath. Theologe. - Prof. für Kirchengeschichte in Braunsberg (Ostpr.), Münster und Mainz. Führend in der kath. Forschung zur Reformationsgeschichte; wirkte bahnbrechend für ein neues kath. Lutherbild; mit M. Laros und M. J. Metzger Wegbereiter der Una-Sancta-Bewegung. - *Werke:* Geschichte der Kirche in ideengeschichtl. Betrachtung (1930, ^{23}1965), Die Reformation in Deutschland (1939).

Lortzing, Albert, * Berlin 23. Okt. 1801, † ebd. 21. Jan. 1851, dt. Opernkomponist. - Neben seiner Theatertätigkeit als Schauspieler und Sänger in Detmold und Leipzig und ab 1844 als Kapellmeister in Leipzig, Wien und Berlin komponierte L. zahlr. Liederspiele und Opern. Seine großen Erfolge, die kom. Opern „Die beiden Schützen", „Zar und Zimmermann" (beide 1837), „Der Wildschütz" (1842), „Der Waffenschmied" (1846) und die romant. Zauberoper „Undine" (1845), sind noch heute beliebt.

Los [zu althochdt. hliozan „wahrsagen"], in der *Religionsgeschichte* weit verbreitete Form des Orakels, das drei Funktionen haben kann: Es entscheidet als „verteilendes L." (jurist. Streitfälle; mit Hilfe des „beratenden L." werden Zeitpunkt und Form geplanter Unternehmungen ermittelt; schließl. dient es als „wahrsagendes L." der Erkundung der Zukunft. Weitverbreitete, auf wenige Grundformen reduzierbare Verfahren mant. Losens suchen, durch Schütteln, Werfen, Ziehen usw. verdeckter L.instrumente (Bohnen, Steinchen, Stäbchen, Tafeln, Würfel u. a.) und häufig durch Anlegung fester Interpretationsschemata für das erhaltene L., Auskunft über Verborgenes oder Zukünftiges zu erhalten. - Seit der Antike bekannt und verbreitet sind die Buch-L. (Buchorakel; homer. L., Bibel-L.), bei denen durch Würfeln, blindes Aufschlagen bzw. Hinweisen auf eine Textstelle das Orakel

gefunden wurde. Kompliziertere L.techniken beschreiben die ma. und neuzeitl. Losbücher, die häufig mit astrolog. Bezug umfangreiche Orakellisten enthalten. Bestimmte L.termine (↑ Lostage wie Weihnachten, die Zwölften, Neujahr, Lichtmeß u. a.) spielen insbes. in der Wetterprognostik eine große Rolle bis in die Gegenwart.

◆ ↑ Lotterielos.

◆ bestimmte Mengeneinheit: 1. im Produktionsbereich die Menge einer Sorte oder Serie, die jeweils in die Fertigung gegeben wird, ohne daß eine Unterbrechung des Fertigungsprogramms oder eine Umstellung der Anlagen erforderl. wird; 2. bei Auktionen die Mindest[waren]menge, für die ein Zuschlag erfolgen kann.

Los, Îles de [frz. ildə'lo:s], Inselgruppe im Atlantik, vor der Küste Guineas bei Conakry; Fischerei und Bauxitabbau.

Los Alamos [engl. lɔs'æləmoʊs], Ort 40 km nw. von Santa Fe, New Mexico, USA, 2 286 m ü. d. M., 17 000 E. Kernforschungslabor. - In dem seit 1943 in Besitz der amerikan. Bundesreg. befindl. Gebiet wurde die am 16. Juli 1945 in New Mexico zur Explosion gebrachte Atombombe entwickelt.

Los Angeles [lɔs 'ɛndʒələs, engl. lɔs 'ændʒılıs], Stadt am Pazifik, SW-Kalifornien, USA, 2,97 Mill. E., städt. Agglomeration L. A.-Long Beach 9,5 Mill. E. Sitz eines kath. Erzbischofs, eines anglikan. und eines methodist. Bischofs; mehrere Univ., Colleges; Kunsthochschule; Observatorium und Planetarium; Bibliotheken, Kunst-, histor., naturkundl. Museum. Größte Ind.stadt westl. des Mississippi, v. a. Flugzeug- und Filmind. (↑ Hollywood). Nach Detroit größtes Zentrum der Automobilmontage in den USA. Drittgrößtes Finanz- und Handelszentrum der USA. Endpunkt von 3 transkontinentalen Eisenbahnlinien und mehrerer Autobahnen. Große Schiffahrtsunternehmen verbinden die Stadt mit Übersee. 3 Großflughäfen; kreuzungsfreies innerstädt. Autobahnnetz, welches das Zentrum (Kreuzung in 4 Ebenen) radial mit dem San Fernando Valley, dem Hafen und den Städten der Metropolitan Area verbindet.

Geschichte: 1781 als span. Missionssiedlung gegr.; zeitweise Hauptstadt von Oberkalifornien. 1846 von Soldaten der USA im mex. Krieg besetzt; entwickelte sich nach Entdeckung von Gold (1848) am Fuße der Sierra Nevada rasch zu einem der unsichersten Plätze der USA; 1850 City; 1892 wurde erstmals Erdöl gefunden; 1914 wurde der Ausbau des Hafens in San Pedro abgeschlossen. Nach Eingemeindung zahlr. Nachbargemeinden umschließt das Stadtgebiet von L. A. auch mehrere Städte, wie Santa Monica, Beverly Hills und San Fernando, die wirtsch. und kulturell als Teile von L. A. zu betrachten sind, verwaltungsmäßig aber ihre Selbstän-

los Ángeles

digkeit bewahren konnten. 1932 Austragungsort der olymp. Sommerspiele, die für 1984 erneut in L. A. vorgesehen sind.

Bauten: Älteste Kirche ist die Old Mission Church (1814–22); Music Center (1964) mit mehreren großen Sälen; in mehreren Stadtvierteln moderne Verwaltungsgebäude, deren höchstes das 60stöckige United California Bank Building (1973/74) ist.

📖 *Breindel, P./Breindel, M.: L. A.* Köln 1980. - *Mayer, R.: L. A. A chronological and documentary history.* Dobbs Ferry (N. Y.) 1978.

los Ángeles, Victoria de, span. Sängerin, ↑Ángeles, Victoria de los.

Losbaum (Clerodendrum), Gatt. der Eisenkrautgewächse mit rd. 400 Arten, v. a. im trop. Asien und in Afrika; kleine Bäume oder Sträucher mit langröhrigen Blüten in Rispen, Doldentrauben oder Köpfen; z. T. prächtige Zierpflanzen.

Löschen, Entladen eines Schiffes im Löschhafen mit Hilfe von Kränen, Elevatoren, Containerbrücken oder an ↑Löschköpfen.

Löschkalk ↑Kalk.

Löschkopf ↑Tonbandgerät.

◆ Einrichtung zum Löschen bestimmter Massengutfrachter, speziell von Tankern. Über einen L. werden die Rohrverbindungen zw. Tanker und landseitigem Tanklager (mit der Pumpenstation) hergestellt. Löschköpfe sind oft in *Löschbrücken* integriert, die vom Land aus an das tiefe Fahrwasser herangebaut werden, um auch Großtankern ein Löschen ihrer Ladung zu ermöglichen.

Loschmidt, Joseph, *Putschirn bei Karlsbad 15. März 1821, †Wien 8. Juli 1895, östr. Chemiker und Physiker. - Ab 1872 Prof. in Wien. Arbeiten u. a. zur kinet. Gastheorie, Thermodynamik, Elektrodynamik, Optik

und Kristallographie. 1865 berechnete L. erstmals die Größe der Luftmoleküle und ihre Anzahl pro Volumeneinheit (L.-Zahl bzw. L.-Konstante; ↑Avogadro-Konstante).

Löschmittel ↑Feuerlöschmittel.

Löschpapier, svw. ↑Fließpapier.

Löschung, im *Registerrecht* eine Eintragung, die die Wirkungen einer früheren Eintragung (z. B. im Handelsregister, im Grundbuch) aufhebt. Im Grundbuch wird die L. durch rotes Unterstreichen des zu löschenden Textes gekennzeichnet.

löschungsfähige Quittung, die vom Gläubiger eines Grundpfandrechts ausgestellte, öffentl. beglaubigte Quittung, auf Grund deren der Grundstückseigentümer das Grundpfandrecht löschen oder auf sich umschreiben lassen und abtreten oder verpfänden kann. Aus ihr muß sich ergeben, daß, wann und von wem gezahlt worden ist.

Löschungsvormerkung, die Vormerkung zur Sicherung des Anspruchs auf (auf Löschung im Grundbuch eintretende) Aufhebung einer Grundstücksbelastung. Berechtigter ist meist ein nachrangiger Grundpfandgläubiger, dessen Rang sich bei Aufhebung eines vorrangigen Grundpfandrechts verbessert.

Loseblattausgabe, Bez. für eine Veröffentlichung, die in Einzelblättern (oder Karteikarten) erscheint und period. durch Nachträge und Berichtigungsblätter ergänzt werden kann (häufig bei Gesetzausgaben u. ä.).

Löser, große braunschweig. Schaumünzen aus Silber im Wert von 2 bis 16 Talern, geprägt im 16./17. Jh.; der Name ist eine Verballhornung von Portugalöser.

Lösermagen, svw. ↑Blättermagen.

Losey, Joseph Walton [engl. 'lu:zɪ], *La Crosse (Wisc.) 14. Jan. 1909, †London 22. Juni 1984, amerikan. Regisseur. - Inszenierte 1947 B. Brechts „Galileo Galilei" in Los Angeles und New York. Drehte v. a. in Großbrit. (oft in Zusammenarbeit mit H. Pinter) subtile psycholog., teilweise sozial engagierte Filme wie „Der Diener" (1963), „Modesty Blaise - die tödl. Lady" (1965), „Accident - Zwischenfall in Oxford" (1966), „Der Mittler" (1970), „Das Mädchen und der Mörder - Die Ermordung Trotzkis" (1971), „Ein Puppenhaus" (1973), „Monsieur Klein" (1976).

Losfest ↑Purim.

Lošinj [serbokroat. ˌlɔʃiːnj], jugoslaw. Adriainsel, mit ↑Cres durch eine Drehbrücke verbunden, 74 km², bis 588 m ü. d. M.

Loslaßschmerz ↑Blinddarmentzündung.

Loslau ↑Wodzisław Śląski.

Löslichkeitsprodukt, Formelzeichen L, Produkt der Konzentrationen der Kationen und Anionen eines Elektrolyten in einer gesättigten wäßrigen Lösung bei konstanter Temperatur.

Löß [geprägt 1823 von dem dt. Geologen

Lorsch. Karolingische Torhalle (774)

K. C. von Leonhardt, * 1779, † 1862 (vermutl. zu alemann. lösch „locker")], aus Trocken- oder Kältewüsten ausgewehtes Sediment, lokker, mehlfein. Besteht aus durchschnittl. 60–70% Quarz, 10–30% Kalk, 10–20% Tonerdesilicaten. L. ist sehr standfest, daher sind tiefe Schluchten und Hohlwege typ., ebenso die Anlage von Höhlenwohnungen und Vorratsräumen. L. umgibt gürtelartig die im Pleistozän vergletscherten Räume; er enthält Landschnecken, Reste von Moschusochsen, Rens, Nagetieren sowie Artefakte und Skelettreste von Menschen. Unter den nacheiszeitl. Klimaverhältnissen verwittert L. zu braunem L.lehm; der dabei gelöste Kalk wird in tieferen Zonen in Konkretionen, den sog. L.kindeln wieder ausgefällt.

Losski, Nikolai Onufrijewitsch, * Kreslawka bei Witebsk 6. Dez. 1870, † Saint-Geneviève-des-Bois 24. Jan. 1965, russ. Philosoph. - Prof. in Petersburg bzw. Petrograd (1922 ausgewiesen), ab 1950 in Los Angeles. Rückte die Intuition in den Mittelpunkt seiner Erkenntnistheorie und vertrat einen Intuitionismus, der aufbaut auf unmittelbarem, unreflektiertem Erfassen der Außenwelt; seiner Logik legt L. die unmittelbare Evidenz bestimmter Begriffe zugrunde.

Lößnitz, Landschaft entlang dem nördl. Elbufer zw. Dresden und Meißen; wärmste Gegend Sachsens mit Obst-, Wein- und Gemüsebau.

Lossprechung, svw. ↑ Absolution.

Lost [Kw.], svw. ↑ Senfgas.

Lostage, bestimmte Tage des Jahres, die in der volkstüml. Überlieferung als bed. für die Wettervorhersage, als günstig oder ungünstig für den Beginn oder die Verrichtung bestimmter Arbeiten gelten. Zu den bekanntesten L. gehören Lichtmeß (2. Febr.), Petri Stuhlfeier (22. Febr.), Siebenschläfer (27. Juni) und die zwölf Tage zwischen Weihnachten und Dreikönig (↑ Zwölften).

Lost generation [engl. ˈlɔst dʒɛnəˈreɪʃən „verlorene Generation"], von G. Stein geprägte Bez. für eine Gruppe amerikan. Schriftsteller der Zwanziger Jahre, die das Erlebnis des 1. Weltkrieges pessimist. gestimmt und desillusioniert hatte. Zur Gruppe der L. g. werden gerechnet: E. E. Cummings, M. Cowley, J. Dos Passos, F. S. Fitzgerald und E. Hemingway. Die Bez. wurde auch auf europ. Schriftsteller der Zeit nach dem 1. Weltkrieg ausgedehnt (E. M. Remarque, E. Toller, W. E. S. Owen, A. Huxley).

Losung, (Parole, früher Feldgeschrei) *militär.* Bez. für das tägl. wechselnde Erkennungswort (Kennwort), durch das sich angerufene Soldaten dem Posten gegenüber ausweisen.

◆ im *Protestantismus* der von N. L. Graf von Zinzendorf entwickelte, seit der 2. Hälfte des 19. Jh. allg. unter ev. Christen verbreitete Tagesspruch der Herrnhuter Brüdergemeine.

Besteht aus der aus einer alttestamentl. Spruchsammlung losförmig gezogenen eigentl. L. und einem frei gewählten neutestamentl. Lehrtext.

Losung (Gelöse), wm. Bez. für den artspezif. geformten Kot des Wildes und der Hunde.

Lösungen, homogene Gemenge verschiedener Stoffe, bei denen die Zerteilung und gegenseitige Durchdringung bis in einzelne Moleküle, Atome oder Ionen geht. Das Mengenverhältnis zw. dem Lösungsmittel *(Solvens)* und dem gelösten Stoff ist dabei veränderl.; es wird durch die ↑ Konzentration der L. angegeben. L. können in allen Aggregatzuständen vorkommen. Unter Lösungen i. e. S. werden L. von Feststoffen in Flüssigkeiten verstanden. Die in Gramm angegebene **Löslichkeit** ist diejenige Menge eines Stoffes, die sich in einer bestimmten Menge eines bestimmten L.mittels bei einer bestimmten Temperatur lösen läßt. Bei festen Stoffen wird sie meist mit steigender Temperatur größer. Eine **gesättigte Lösung** enthält bei einer bestimmten Temperatur die höchstmögl. Menge eines gelösten Stoffes. Ist mehr Substanz gelöst, als der Löslichkeit bei dieser Temperatur entspricht, ist die L. **übersättigt** (bei Zusatz von Kristallisationskeimen oder beim Rühren setzt sich der überschüssige Anteil der gelösten Substanz in amorpher oder kristalliner Form ab). Kann das L.mittel noch mehr von der zu lösenden Substanz aufnehmen, spricht man von einer **ungesättigten Lösung.** Die beim Lösen freiwerdende oder verbrauchte Energie nennt man **Lösungswärme.** Durch die Zugabe der gelösten Substanz wird der Dampfdruck des L.mittels verringert. Dies bedingt einen erniedrigten Gefrierpunkt (das Salzwasser der Ozeane gefriert erst bei Temperaturen unter − 1 °C), einen erhöhten Siedepunkt sowie ein höheres spezif. Gewicht. Dadurch kann eine Molekülmassenbestimmung des gelösten Stoffes durchgeführt werden.

Lösungsdruck (Lösungstension), Bez. für die Tendenz von Metallen, in Form positiver Ionen in ein sie umgebendes Lösungsmittel zu diffundieren. Der L. ist bei unedlen Metallen größer als bei edlen Metallen.

Lösungsglühen ↑ Wärmebehandlung.

Lösungsmittel, die Substanz, in der ein Stoff gelöst wird (↑ Lösungen); i. e. S. anorgan. oder organ. Flüssigkeiten wie Wasser, Alkohole, Glykole, Äther, Kohlenwasserstoffe, Dimethylsulfoxid, Dimethylformamid.

Lösungsmittelvergiftungen, hauptsächl. durch organ., techn. verwendete Lösungsmittel wie Benzol und Halogenkohlenwasserstoffe (durch Einatmen der Dämpfe, Benetzen der Haut oder Aufnahme über den Magen-Darm-Trakt) hervorgerufene Schädigungen, vorwiegend des Nervensystems, Gefäßsystems, des Blutes (Hämolyse), der Leber, Niere und Lunge. Schädigungen durch Ben-

Lösungswärme

zol sowie durch Halogenkohlenwasserstoffe sind melde- und entschädigungspflichtig.

Lösungswärme ↑ Lösungen.

Los-von-Rom-Bewegung, romfeindl. Bewegung Ende des 19. Jh.; propagierte mit teils antichristl. Tendenzen die Lösung der Österreicher von Rom („Los von Rom"), vom „undeutschen" Katholizismus und den Übertritt zum Protestantismus bzw. zum Altkatholizismus. Analog zu dieser erst 1945 zum Stillstand gekommenen östr. Bewegung werden auch andere Bestrebungen zur Gründung romfreier kath. Kirchen L.-v.-R.-B. genannt.

Lot, Gestalt des A. T., nach 1. Mos. 11, 27 Neffe Abrahams, mit dem er nach Kanaan zog. Bei der Zerstörung Sodoms gerettet, während seine Frau zurückbleibt und zur Salzsäule erstarrt (1. Mos. 19). Stammvater der Moabiter und Ammoniter durch Verbindung mit seinen Töchtern.

Lot, Dep. in Frankreich.

L., rechter Nebenfluß der Garonne, entspringt in den Cevennen, mündet bei Aiguillon, 481 km lang.

Lot [eigtl. „Gewicht aus Blei"], (Senklot, Senkblei) an einer dünnen Schnur aufgehängtes konisches Metallstück, das bei freiem Herabhängen durch die Schnur die Schwerkraftrichtung (Senkrechte, Lotrechte) anzeigt.
◆ Gerät zum Messen der Wassertiefe vom Schiff aus. Die verbreitetsten Formen sind das Hand-L. (Bleigewichtsstück von 3–5 kg an einer mit Markierungen versehenen Leine) und das ↑ Echolot.
◆ in der *Mathematik* eine Gerade, die auf einer anderen Geraden oder Ebene senkrecht steht.
◆ alte Masseneinheit unterschiedl. Größe; urspr. $1/32$ Pfund (ca. 15,6 g), später $1/30$ Pfund (ca. 16,7 g).
◆ beim ↑ Löten verwendetes Metall.

Lota, chilen. Stadt am Golf von Arauco, 61 000 E. Nahe L. die Hauptkohlengrube Chiles, Kupferschmelze.

Lotabweichungen ↑ Lotrichtung.

Löten [zu ↑ Lot], Verfahren zum Verbinden verschiedener metall. Werkstoffe mit Hilfe eines geschmolzenen Zusatzmetalls (**Lot**), dessen Schmelztemperatur unterhalb derjenigen der Grundwerkstoffe liegt. Die Grundwerkstoffe werden benetzt, ohne geschmolzen zu werden. Die Benennung der Lötverfahren richtet sich nach der Arbeitstemperatur (**Weichlöten:** unter 450 °C; **Hartlöten:** über 450 °C), nach dem Verwendungszweck (*Verbindungs-L.* oder *Auftrag-L.,* letzteres zur Erzielung glatter Oberflächen), nach der Art der Wärmequelle (*Kolben-L., Flammen-L.*). Das Lot wird meist in Form von Stäben oder Drähten mit und ohne Flußmittel[seele] oder als Paste verwendet. *Lötmittel zum Weichlöten:* Niedrig schmelzende (180–220 °C) Legierungen auf Blei-, Antimon- und Zinnbasis; z. B. *Weichlot* (**Lötzinn**), *Schnellot* mit 60 %

Zinn und Kolophonium als Flußmittel, bes. für elektron. Schaltungen. *Lötmittel zum Hartlöten:* Unlegiertes Kupfer, Messing- und Silberlote und für Leichtmetalle *Hartlote* auf der Basis von Aluminium, Silicium, Zinn und Cadmium. Teilweise wird unter Zusatz von pasten- oder pulverförmigen *Flußmitteln* (z. B. *Lötfett*) gearbeitet, die die Werkstückoberfläche reinigen, die Benetzbarkeit und den Lötfluß verbessern und die Bildung von Oberflächenfilmen verhindern sollen. **Lötwasser,** eine wäßrige Lösung von Zinkchlorid (und Salmiak), wird zur Entfernung von Oxidschichten verwendet. Bei dem elektr. **Widerstandslöten** werden Lot, Flußmittel und Werkstück zw. Elektroden aus Kupfer oder Wolfram erhitzt und miteinander verbunden, beim **Induktionslöten** erfolgt die Lötung dagegen unter Einwirkung des elektr. Feldes eines hochfrequenten Wechselstroms. Das **Tauchlöten** ist ein Verfahren der industriellen Massenfertigung. Mit elektron. Bauteilen fertig bestückte Platinen (gedruckte Schaltungen) werden kurz in ein Zinnbad eingetaucht, wodurch in einem Arbeitsgang alle Lötstellen hergestellt werden. Die sich auf der Oberfläche des geschmolzenen Lötzinns bildende Oxidschicht wird durch ständiges Umpumpen beim sog. **Schwallöten** zerstört. Das Eintauchen der Platinen erfolgt dort, wo das zurückströmende Zinn („Schwall") an die Oberfläche des Zinnbads trifft. Zum Weichlöten werden meist elektr. (z. T. auch mit Gas) beheizte **Lötkolben,** *Lötpistolen, Schnell-Löter* (bes. kurze Anheizzeit), *Lötstifte* und *Lötnadeln* (für feinste Lötarbeiten z. B. an gedruckten oder Mikroschaltungen) verwendet. **Lötlampen** (zum Hart- und Weichlöten) werden mit Benzin oder Gas (z. B. Propan, Butan) betrieben. Gas-, Gebläse- oder Schweißbrenner dienen bes. zum Hartlöten.

📖 *Krist, T.:* Schweißen, Schneiden, L. Darmstadt ³1984. - *Strauss, R.:* Das L. f. den Praktiker. Mchn. ²1984. - *Schiffer, H. J.:* L. u. Schweißen leicht gemacht. Köln 1983.

Lot-et-Garonne [frz. lɔtega'rɔn], Dep. in Frankreich.

Loth, Wilhelm, *Darmstadt 24. Sept. 1920, dt. Bildhauer. - Auf starken Volumenwerten basierende, seit den 60er Jahren abstrakte Plastik.

Lothar, alter dt. männl. Vorname (zu althochdt. hlut „laut", „berühmt" und heri „Heer").

Lothar, Name von Herrschern:
Röm. Kaiser:
L. I., *795, †Kloster Prüm 29. Sept. 855, Mitkaiser (seit 817), Röm. Kaiser (840–855). - Ältester Sohn Ludwigs I., des Frommen; 817 Mitkaiser. L. verteidigte diese Vorrangstellung im Konflikt mit dem Vater und den Brüdern Ludwig (II.), dem Deutschen, Pippin I. und Karl II., dem Kahlen. 841 in der

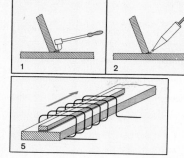

Löten. Gebräuchliche Lötverfahren
(von links): 1 Weichlöten,
2 Hartlöten mit der Gasflamme,
3 Tauchlöten,
4 Widerstandslöten mit
Kupferelektroden,
5 Induktionslöten

Schlacht bei Fontenoy Karl und Ludwig unterlegen, sicherte sich im Vertrag von Verdun (843) neben Italien ein Mittelreich, teilte diesen Machtbereich 855 unter seine Söhne auf. Hl. Röm. Reich:

L. III. von Supplinburg, * 1075 (?), † Breitenwang (Tirol) 3. (4.?) Dez. 1137, Hzg. von Sachsen (seit 1106), König (seit 1125), Kaiser (seit 1133). - Gegen stauf. Thronansprüche wurde L. nach dem Tod Kaiser Heinrichs V. zum König gewählt. Den Ausschlag zu seinen Gunsten gab die 1127 durch die Vermählung seiner Erbtochter Gertrud mit Hzg. Heinrich X., dem Stolzen, von Bayern besiegelte Verbindung mit den Welfen, die gleichzeitig den stauf.-welf. Gegensatz begründete. Im Konflikt mit den Staufern (1127 Gegenkönigtum Konrads [III.]) setzte sich L. 1135 durch. Im N und O festigte er die Oberhoheit des Reiches und förderte die dt. Ostsiedlung. Der Ausbau der welf. Hausmacht sollte dem dt. Königtum eine starke territoriale Machtbasis schaffen; dieser Ansatz scheiterte, als statt des Welfen Heinrich der Staufer Konrad Lothars Nachfolge antrat.

Lotharingien:

L. II., * um 835, † Piacenza 8. Aug. 869, König (seit 855). - Zweiter Sohn Kaiser Lothars I., der ihm den nördl. Teil seines fränk. Mittelreiches zusprach, das nach ihm **Lotharingien** gen. wurde. 863 konnte L. sein Gebiet um Teile des Reiches seines verstorbenen Bruders Karl erweitern.

Lothar, Ernst, eigtl. E. Müller, * Brünn 25. Okt. 1890, † Wien 30. Okt. 1974, östr. Schriftsteller und Regisseur. - 1938–46 in der Emigration (USA); ab 1946 Regisseur in Wien und Salzburg. Von A. Schnitzler beeinflußter Erzähler; Gesellschafts- und Zeitdarstellungen aus der Zeit nach dem Zusammenbruch der Donaumonarchie. - *Werke:* Mühle der Gerechtigkeit (R., 1933), Der Engel mit der Posaune (R., dt. 1946), Das Wunder des Überlebens (Erinnerungen, 1960).

L., Hanns, eigtl. Hans Lothar Neutze, * Hannover 10. April 1929, † Hamburg 10. März 1967, dt. Schauspieler. - Bühnenengagements in Hannover, Frankfurt am Main und Hamburg. Beliebter Darsteller des dt. Unterhaltungsfilms der 1960er Jahre, u. a. „Der letzte Zeuge" (1960).

L., Mark, * Berlin 23. Mai 1902, † München 6. April 1985, dt. Komponist. - Schüler u. a. von F. Schreker und E. Wolf-Ferrari; 1934–44 musikal. Leiter am Preuß. Staatstheater in Berlin, 1945–55 am Bayer. Staatstheater in München. Komponierte erfolgreiche Opern, u. a. „Schneider Wibbel" (1938), „Rappelkopf" (1958), „Der widerspenstige Heilige" (1968), auch Kammermusik, Lieder, Schauspiel- und Filmmusik.

L., Rudolf, eigtl. R. Spitzer, * Budapest 23. Febr. 1865, † nach 1933 (in der Emigration verschollen), östr. Schriftsteller und Kritiker. - Gründete in Berlin 1912 das Komödienhaus; schrieb Erzählungen, Lustspiele, Opern- und Operettentexte. - *Werke:* Tiefland (Opernlibretto, 1904), Der Herr von Berlin (R., 1910), Besuch aus dem Jenseits (Dr., 1931).

Lotharingien ↑Lothar II., ↑Lothringen.

Lothian Region [engl. ˈloʊðjən ˈriːdʒən], Verw.-Geb. in Schottland.

Lothringen, von Hzg. Adalbert 1047 begr. Dyn., die in Lothringen bis 1431 herrschte. Die weibl. Erbfolge 1431 und der Übergang der Herrschaft an die Nebenlinie L.-Vaudémont 1473 nach deren Vereinigung mit der Hauptlinie waren v. a. durch die Stände Lothringens gesichert. Der Widerstand der L.-Vaudémont gegen den Anschluß Lothringens an Frankr. 1634/70 scheiterte endgültig 1736, als der spätere Kaiser Franz I. Stephan auf sein Hzgt. verzichtete und zugleich die Dyn. der Habsburg-Lothringer begründete.

Lothringen (Lorraine), Region in NO-Frankr., 23 547 km², 2,32 Mill. E (1982), Hauptstadt Nancy. Die Region entspricht etwa den oberen Stromgebieten ihrer Hauptflüsse Maas, Mosel und Saar und erstreckt sich westl. nach O bis zu den Argonnen. L. gliedert sich in mehrere Einzellandschaften. Die westl. Hälfte zw. Argonnen und Moselhöhen ist eine Schichtstufenlandschaft in Fortsetzung des

Lothringer Kreuz

Pariser Beckens und umfaßt das Barrois, die Maashöhen und die Ebene der Woëvre. Östl. der Moselhöhen folgt das Lothring. Plateau. Weder vom Boden noch vom Klima her weist L. günstige Voraussetzungen für die Landw. auf. Traditionelles Anbauprodukt ist Getreide, jedoch verlagert sich das Schwergewicht allmähl. auf Milchwirtschaft und damit verbundene Zunahme des Grünlands. Der Weinbau, der sich v. a. im Moseltal findet, wird mehr und mehr durch Obstbau verdrängt. L. ist reich an Wäldern (33 % der Oberfläche). Etwa 90 % der Bev. leben in städt.-industriellen Ballungszonen, es gibt jedoch nur wenige große Städte, so Nancy, Metz, Thionville, Épinal und Longwy. Das lothring. Steinkohlenbecken ist die Fortsetzung des Saarbeckens; die geförderte Kohle wird in Kokereien, Wärmekraftwerken und in der kohlechem. Ind. verwendet. Große Bed. haben die oolith. Eisenerzlager, die in zwei Becken zw. Longwy und Pont-à-Mousson sowie westl. von Nancy, vorkommen. Bergbau und Schwerind. haben z. Z. aber mit großen wirtsch. Schwierigkeiten zu kämpfen. Außerdem besitzt L. reiche Vorkommen an Steinsalz östl. von Nancy, verwendet für die Herstellung von Soda, Salzsäure, Schwefelsäure, Natriumsulfat, Kunstdünger u. a. Traditionell ist Baumwollspinnerei und -weberei in den Vogesentälern, daneben Lederwaren-, Glas-, Nahrungsmittelind. sowie große Brauereien.

Geschichte: Der Raum zw. Schelde, Maas, Rhein und Saôneniederung, der bei der Teilung des karoling. Mittelreichs Lothars I. 855 an seinen Sohn Lothar II. fiel (**Lotharingien**) kam nach vorübergehender Teilung (870/879/880) an das Ostfränk. Reich (911–925 beim Westfränk. Reich). Otto I. d. Gr., übertrug das Hzgt. L. seinem Bruder Brun I., Erzbischof von Köln. Nach dessen Tod (965) Teilung: Brun hatte bereits für Ober-L. (das Moselland) einen Stellvertreter mit herzogl. Gewalt eingesetzt (Friedrich I., Ardennerhaus, Linie Bar); seit 977 entstanden auch ein eigener Hzg. in Nieder-L. (Niederrhein- und Maasgebiet); zunächst westfränk. Karolinger, seit 1012 das Ardennerhaus, Linie Verdun. Nach dem Erlöschen der Verduner Linie (1100) zerfiel Nieder-L. unter Lothar III. in die Hzgt. Brabant und Limburg; der 1139 dem Haus Brabant übertragene Dukat Nieder-L. blieb gegenüber den aufsteigenden Territorialgewalten (Köln, Lüttich, Geldern, Kleve, Hennegau, Namur, Jülich) bedeutungslos. Die Pfalzgrafen den alten Hzgt. L. (urspr. Sitz Aachen) verlegten ihre Macht rheinaufwärts in die spätere Kurpfalz. Die Bez. L. haftete schließl. an Ober-L.; hier kam die Herzogsgewalt nach dem Aussterben der Linie Bar (1033) und dem kurzen Zwischenspiel der Linie Verdun (1033–44) 1047 an das später sog. Haus Lothringen, doch auch hier entstanden Sondergebiete (Bar, Vaudémont, Luxem-

burg, Saarbrücken, Saarwerden, Bistümer Metz, Toul, Verdun). Als 1431 das herzogl. Haus im Mannesstamm erlosch, kam L. durch die Heirat der Erbtochter an René I. von Anjou (Vereinigung mit Bar und [1473] Vaudémont). In der Auseinandersetzung mit Karl dem Kühnen von Burgund behauptete René II. mit Hilfe der Habsburger und der Schweizer Eidgenossen die lothring. Selbständigkeit (Sieg bei Nancy 1477). Mit der Besetzung von Metz, Toul und Verdun durch Heinrich II. von Frankr. (1552) verstärkte sich der seit dem 14. Jh. dominierende frz. Einfluß. Nach Gebietsabtretungen an Frankr. 1661/97 mußte Franz I. Stephan, Gemahl der Kaiserin Maria Theresia, 1736/37 L. gegen die Toskana eintauschen. Das Hzgt. diente als Entschädigung für den poln. Exkönig Stanislaus I. Leszczyński (Schwiegervater Ludwigs XV.) und fiel nach dessen Tod vertragsgemäß an Frankr. (1766). Während der Frz. Revolution Aufteilung in die Dep. Moselle, Meurthe, Meuse und Vosges. 1871 wurden Teile der Dep. Moselle (mit Metz) und Meurthe mit dem Elsaß zum dt. Reichsland Elsaß-Lothringen zusammengeschlossen, mußten im Versailler Vertrag aber an Frankr. zurückgegeben werden. 1941–45 unterstand das Dep. Moselle zus. mit der Saarpfalz dt. Verwaltung. Seit 1973 ist L. eine Region.

📖 *L. Lands des Grenzlandes. Hg. v. M. Parisse. Saarbrücken 1982. - Reitel, F.: Krise u. Zukunft des Montandreiecks Saar-Lor-Lux. Ffm. u. a. 1980. - Études géographiques sur la Lorraine. Paris 1979. - Elsaß u. L. Mchn. 1977. - Mohr, W.: Gesch. des Hzgt. L. Saarbrücken u. Trier 1976 ff. Bis 1986 4 Tle. erschienen.*

Lothringer Kreuz ↑ Kreuzformen.

lothringische Reform (Gorzer Reform, Gorzer Bewegung), eine im 10. Jh. vom Kloster ↑ Gorze ausgehende monast. Erneuerungsbewegung nach dem Verfall des Kloster- und Stiftswesens im 9. Jh.; strenge Beachtung der Benediktregel und Betonung mönch. Askese.

Loti, Pierre, eigtl. Julien Viaud, * Rochefort 14. Jan. 1850, † Hendaye (Pyrénées-Atlantiques) 10. Juni 1923, frz. Schriftsteller. - Bereiste als Marineoffizier fast alle Meere. Schilderte in zahlr. exot. Romanen, Novellen und Reisebeschreibungen v. a. den Nahen und Fernen Osten. - *Werke:* Aziyadeh (R., 1879), Der Spahi (R., 1881), Islandfischer (R., 1886), Madame Chrysanthème (R., 1887).

Lotion [lo'tsjo:n, engl. 'louʃən; zu lat. lotio „das Waschen"], flüssiges Kosmetikum zum Reinigen, Erfrischen und Pflegen der Haut.

Lötkolben ↑ Löten.

Lötlampe ↑ Löten.

Lotophagen [griech. lōtophágoi „Lotosesser"], ein der nordafrikan. Küste beheimatetes Märchenvolk (Totenvolk?) der griech. Mythologie, in dessen Gebiet die Flotte des Odysseus verschlagen wird. Als dessen Gefährten von dem Lotos kosten, schwindet ihre Erinnerung an die Heimat, und Odysseus muß sie mit Gewalt wieder auf die Schiffe bringen.

Lotosblume [griech./dt.] (Nelumbo), Gatt. der Seerosengewächse mit zwei Arten; Wasserpflanzen mit aus dem Wasser ragenden, großen schildförmigen Blättern und langgestielten, bis 35 cm großen Blüten mit zahlr. Kron- und Staubblättern; mehrere lose, in die oben verbreiterte Blütenachse eingesenkte, einsamige Nußfrüchte. Die bekannteste Art ist die **Ind.** Lotosblume (Nelumbo nucifera), im wärmeren Asien von Japan und NO-Australien bis zum Kasp. Meer; mit rosa oder weißen Blüten und eßbaren, bis haselnußgroßen Früchtchen; in mehreren Sorten kultiviert. - Die L. war als kosm. Symbol und als Attribut von Gottheiten bedeutsam, v. a. in der ägypt. Kosmogonie und in der ind. Mythologie.

Lotospflaume ↑ Lotuspflaume.

Lotpunkt, svw. ↑ Orthopol.

Lotrichtung, die Richtung der Schwerkraft bzw. die Richtung beim freien Fall. Sie wird meist mit Hilfe eines Senklotes oder einer Wasserwaage bestimmt. **Lotschwankungen** sind die durch Gezeitenkräfte bewirkten, zeitl. period. Abweichungen der L. gegenüber einer mittleren Lage; sie betragen maximal etwa 0,01 Bogensekunden. **Lotabweichungen** beruhen auf unterschiedl. Dichteverteilung im Erdmantel. Es sind zeitl. konstante Abweichungen der L. von der geometr. Normalen auf den durch astronom. und geodät. Verfahren ermittelten ↑ Äquipotentialflächen des Schwerefeldes der Erde.

Lötrohr, rechtwinkliges Metallrohr mit Mundstück; wird in die Flamme z. B. eines Bunsenbrenners gehalten. Beim Blasen entsteht eine Stichflamme mit bes. feiner Spitze; Verwendung früher bes. bei Goldschmiedearbeiten.

Lötrohranalyse, qualitatives chem. Vorprüfungsverfahren mit Hilfe eines Lötrohres, bei dem die zu untersuchenden Substanzen der Einwirkung einer oxidierenden oder reduzierenden Flamme ausgesetzt werden. Die Schmelzrückstände lassen Rückschlüsse auf die untersuchte Substanz zu.

Lötschbergtunnel, 14,6 km langer Eisenbahntunnel, unterfährt den 2 690 m hohen **Lötschenpaß** in den Berner Alpen (Schweiz).

Lötschental, rechtes Seitental des oberen Rhonetals im schweizer. Kt. Wallis.

Lotschwankungen ↑ Lotrichtung.

Lotse [niederl., zu engl. loadsman „Geleitsmann, Steuermann" (zu load „Straße")], amtl. zugelassener Berater der Schiffsführung auf bestimmten, schwierig zu befahrenden Wasserstraßen, auf denen aus Sicherheitsgründen L. an Bord genommen werden müssen (L.pflicht). Der L. hat neben dem höchsten

Befähigungsnachweis (Patent) für das jeweils zu führende Schiff durch Sonderausbildung genaueste Kenntnisse seines Bereichs (Fluß-[mündung], Kanal, Hafen u. a.).

Lotsenfisch ↑ Stachelmakrelen.

Lotte, weibl. Vorname, Kurzform von Charlotte.

Lotter, Melchior, d. Ä., * Aue um 1470, † Leipzig 1. Febr. 1549, dt. Buchdrucker. - Druckte 1517 in Leipzig Luthers Thesen, 1519 errichtete er in Wittenberg eine Filiale, die sein Sohn *Melchior L. d. J.* (* um 1490, † um 1528) leitete.

Lotterie [niederl., zu lot „Los"], Glücksspiel, an dem sich mehrere Spieler mit Einsätzen (meist in Geld) beteiligen und der Gewinner nach einem vom Veranstalter (L.unternehmer) aufgestellten Spielplan durch ein völlig oder überwiegend auf den Zufall abgestelltes Verfahren ermittelt werden. Der **Lotterievertrag,** der i. d. R. durch den Kauf eines L.loses zustande kommt, ist verbindlich, wenn die L. behördl. genehmigt ist oder keiner Genehmigung bedarf.

Nach der Art des Gewinns unterscheidet man Geld-L. (= L. im engeren Sinn) und Sach- oder Waren-L. (= *Ausspielungen*) sowie gemischte Geld- und Sach-L. (ebenfalls Ausspielungen genannt). Nach den L.systemen unterscheidet man Ziehungs-, Totalisator- und Losbrieflotterien. Die *Ziehungs-L.* werden in einfache Ziehungs-L. und in Klassen-L. (mehrere, zeitl. getrennte Ziehungen [= Klassen]), die *Totalisator-L.* werden in Zahlen-L. (*Lotto),* in den Fußballtoto (einschließl. der Auswahlwette) und in das Rennquintett (Pferdetoto und -lotto), die *Losbrief-L.* werden in Losbriefgeld-L., in Losbriefausspielungen und gemischte [Geld- und Waren]losbrief-L. (z. B. Tombola, Glückshafen) eingeteilt. In der BR Deutschland unterliegen im Inland veranstaltete öffentl. L. und Ausspielungen der *L.steuer* in Höhe von $16^2/_3$ % des Nennwerts (§ 17 Rennwett- und L.gesetz). *L.gewinne* unterliegen nicht der Einkommensteuerpflicht; L.einsätze sind keine Betriebsausgaben, L.gewinne keine Betriebseinnahmen.

Geschichte: Als Erfinder des *Lottos* gilt der Genueser Ratsherr Benedetto Gentile (16. Jh.). In Genua war es üblich, fünf Senatoren aus 90 Wahlfähigen durch das Los zu bestimmen; entsprechend wurde das erste Lotto 5 aus 90 gespielt. Im 17. Jh. breitete sich das Lotto in Italien, im 18. Jh. in ganz Europa aus (in Deutschland zuerst in Bayern [1735], danach in Preußen [1763] und in Köln [1770]). Nach 1945 lagen die Neuanfänge des Lottos in Berlin (1953; zunächst 5 aus 90), es folgten Nordrhein-Westfalen, Bayern, Schleswig-Holstein und Hamburg (6 aus 49); 1959 waren im Dt. Lottoblock (einheitlich 6 aus 49) alle Länder der BR Deutschland und Berlin (West) vertreten. - Die ältesten bekannten *Ziehungs-L.* wurden in Florenz (1530) und in Amsterdam (1540) veranstaltet. In den Niederlanden kam wenig später die *Klassen-L.* auf, die auch bald in Deutschland Verbreitung fand (1610 in Hamburg). - *Ausspielungen,* reine Waren-L. (Tombolen) und gemischte Geld- und Waren-L. (Glückshäfen) sind seit dem 15. Jh. (u. a. in Augsburg) belegt.

Lotterielos, die Verkörperung einer Gewinnchance; i. d. R. ein Wertpapier in der Form eines Inhaberpapiers. Der Aussteller des L. verspricht allein dem Inhaber dieses Papiers eine Leistung. Nur wer das Papier besitzt, ist zur Ausübung des in ihm verbrieften Rechtes berechtigt, wobei zugunsten des Besitzers vermutet wird, daß er Eigentümer des L. ist, er also der wirklich Berechtigte aus dem Papier ist.

Lotti, Antonio, * Venedig (?) im Febr. 1666, † ebd. 5. Jan. 1740, italien. Komponist. - 1687 Sänger, 1692 Organist, 1736 Kapellmeister an San Marco in Venedig, 1717–20 am Dresdner Hof; schrieb v. a. Kirchenmusik.

Lotto, Lorenzo, * Venedig um 1480, † Loreto nach dem 1. Sept. 1556, italien. Maler. - U. a. tätig in Bergamo (1513–26) und Venedig (1526–32 und 1545–49); charakterist. ist seine oft eigenwillige Farbwahl, Lichtführung, dramat. Auffassung und psycholog. Sicht; führte die Kunst der Hochrenaissance in einen expressionist. Manierismus. - *Werke:* Maria mit Kind und Heiligen (1513; Bergamo, San Bartolomeo), Andrea Odoni (1527; Hampton Court Palace), Almosenverteilung des hl. Antonius (1542; Venedig, Santi Giovanni e Paolo).

Lotto [italien., zu frz. lot „Los"], Gesellschaftsspiel, bei dem Karten mit Zahlen oder Bildern durch dazugehörige Karten bedeckt werden müssen, die aus einem Beutel gezogen werden.

◆ Kurzbez. für die Zahlenlotterie in der BR Deutschland (↑ auch Lotterie).

Lotung, Messung der Wassertiefe durch Peilstock, Handlot *(direkte L.)* oder Wasserdruckmessung bzw. Schallaufzeitmessung beim Echolot *(indirekte L.).* - ↑ auch Lot.

Lotus [griech.-lat.], svw. ↑ Hornklee.

Lotuspflaume (Lotospflaume, Dattelpflaume, Diospyros lotus), Ebenholzgewächs aus der Gatt. Diospyros; heim. von W-Asien bis Japan; im Mittelmeergebiet eingebürgert; Obst- und Zierbaum mit unscheinbaren, rötl. oder grünlichweißen Blüten und kirschgroßen, anfangs gelben, später blauschwarzen, stark gerbstoffhaltigen, zubereitet jedoch eßbaren Früchten (in O-Asien als Obst geschätzt).

Lötwasser ↑ Löten.

Lotz, Ernst Wilhelm, * Culm 6. Febr. 1890, ✕ Bouconville (Aisne) 26. Sept. 1914, dt. Lyriker. - Bed. Frühexpressionist, schrieb erot. und fortschrittl. polit. Gedichte; auch Zeichner.

Louisdor (1641)

Lotze, Rudolf Hermann, * Bautzen 21. Mai 1817, † Berlin 1. Juli 1881, dt. Physiologe und Philosoph. - Prof. für Philosophie in Leipzig, Göttingen und in Berlin. Versuchte in der Tradition von Leibniz und Kant in seiner Metaphysik die mechanist. Naturauffassung mit Religion in Einklang zu bringen: Der persönl. Geist Gottes und die Welt der „persönl. Geister" (der Menschen) sind das wahrhaft Wirkliche.

Lotzer, Sebastian, * Horb am Neckar um 1490, † nach 1525, dt. reformator. Laientheologe. - Bekannt v. a. durch die „Zwölf Artikel" der Bauernschaft, die Programmschrift der Bauernkriege, die er zusammen mit C. Schappeler verfaßte.

Lötzinn, svw. Weichlot (↑ Löten).

Loubet, Émile [frz. lu'bɛ], * Marsanne (Dep. Drôme) 31. Dez. 1838, † Montélimar (Dep. Drôme) 20. Dez. 1929, frz. Politiker. - 1876–85 gemäßigter republikan. Abg.; als Min.präs. (1892) mußte er infolge des Panamaskandals zurücktreten; 1899–1906 Staatspräsident.

Loudon ['laʊdɔn] ↑ Laudon.

Lough [engl. lɔk], ir. für See oder Fjord.

Loughborough [engl. 'lʌfbərə], engl. Stadt 15 km nnw. von Leicester, Gft. Leicester, 47 700 E. TU; Bau von Flugzeugteilen, Motoren, Maschinen u. a., Wirkwarenind. - Siedlung aus vorröm. Zeit; im „Domesday Book" (1086) genannt; seit 1888 Stadtrecht.

Louis ['luːi, frz. lwi], männl. Vorname, frz. Form von Ludwig.

Louis, Joe [engl. 'luːɪs], eigtl. Joseph L. Barrow, * Lexington (Ala.) 13. Mai 1914, † Las Vegas 12. April 1981, amerikan. Boxer. - 1937–49 Weltmeister im Schwergewicht; erlitt in 71 Kämpfen als Berufsboxer nur drei Niederlagen.

Louis blanc [frz. lwi'blã, eigtl. „blanker Ludwig"](Louisblanc), frz. Silbermünze, ↑ Écu.

Louis Bonaparte [frz. lwibɔna'part] ↑ Ludwig, König von Holland.

Louisdor (frz. Louis d'or) [lui'doːr, eigtl. „goldener Ludwig"], die frz. Hauptgoldmünze vor Einführung des Franc-Systems; geschaffen 1640, in zahlr. Formen (sog. Sonnen-L., Schild-L. usw.) geprägt bis 1793 bei absinkendem Goldgehalt, doch steigendem Inlandskurs (10–24 Livres und mehr); gewann als Handelsmünze auch im Ausland, bes. in Deutschland, weite Verbreitung und wurde von zahlr. Fürstenhöfen nachgeahmt.

Louise (Luise) [lu'i:zə, frz. lwi:z, engl. lu:'i:z, niederl. lu:'i:zə], weibl. Vorname (weibl. Form von † Louis).

Louis Ferdinand ['lu:i], eigtl. Friedrich Ludwig Christian, Prinz von Preußen, * Friedrichsfelde (= Berlin) 18. Nov. 1772, ✕ bei Saalfeld/Saale 10. Okt. 1806, preuß. General. - Neffe Friedrichs d. Gr.; zeichnete sich im 1. Koalitionskrieg 1792 bei Mainz und 1794 in der Pfalz als Heerführer aus. Vor der Schlacht von Jena und Auerstedt 1806 fiel er als Kommandant der preuß. Vorhut.

L. F., Prinz von Preußen, * Potsdam 9. Nov. 1907. - Seit 1938 ∞ mit Kira Kirillowna, Großfürstin von Rußland (* 1909, † 1967); seit 1951 Chef des Hauses Hohenzollern.

Louisiadearchipel [engl. lʊ'i:zɪæd], Gruppe von etwa 80 Inseln vor der SO-Spitze Neuguineas (Papua-Neuguinea), insgesamt rd. 2 200 km².

Louisiana [luizi'a:na, engl. lʊɪzi'ænə], Bundesstaat im S der USA, 125 674 km², 4,44 Mill. E (1983), Hauptstadt Baton Rouge.

Landesnatur: Das Staatsgebiet umfaßt das Mississippidelta und einen 200–300 km breiten Streifen der westl. Golfküstenebene. Im NW erreicht das flache Land mit 163 m seinen höchsten Punkt. Eine in SW-NO-Richtung ziehende Schichtstufe gliedert die leicht gewellte westl. Küstenebene in zwei Teile. Große wirtsch. Bed. besitzen die Schwefellagerstätten in den über 200 in der Küstenebene aufgedrungenen Salzdomen. Das Klima ist subtrop. feuchtwarm mit heißen, schwülen Sommern. Gelegentl. treten trop. Wirbelstürme auf.

Vegetation, Tierwelt: L. gehört zur südl. Nadelwaldzone der USA mit weiter Verbreitung von Mischwäldern (Eiche, Hickory, Kiefer). Im SW schließen die Grasländer der Prärie an. Die period. oder dauernd überschwemmten Teile des Deltas tragen Zypressen, Tupelobäume und Sumpfzedern. Dort gibt es Alligatoren, Bisamratten und zahlr. Wasservögel. Der Braune Pelikan wurde fast ganz ausgerottet. Die Küstengewässer sind sehr fischreich.

Bevölkerung, Wirtschaft, Verkehr: Die L.franzosen bilden auch heute noch die größte fremdsprachl. Gruppe in den USA. Mehr als ¹/₃ der Bev. sind Schwarze und Angehörige anderer Minderheiten. Ein Großteil der Bev. lebt in den drei größten Städten New Orleans, Baton Rouge und Shreveport. L. hat 5 Univ., 11 Colleges und 53 staatl. Handelsschulen. - Die Hauptprodukte der Landw. sind Baumwolle, im Mississippidelta und am Red River

angebaut, und Zuckerrohr, dessen Hauptanbaugebiet in den USA sich zw. Baton Rouge und New Orleans erstreckt. Außerdem werden Reis, Gemüse, Bataten und Tabak angebaut. Die Rinderzucht (v. a. Milchwirtschaft) gewinnt zunehmend an Bed. - Führender Wirtschaftszweig ist der Bergbau. Neben Erdöl und Erdgas werden Schwefel und Steinsalz gefördert. Am tiefen Mississippiufer entstand ein großer Komplex von petrochem. Betrieben und Aluminiumhütten. Weitere Bed. besitzen die Nahrungsmittel- und holzverarbeitende Ind.; Ind.zentrum ist New Orleans, das auch eine bed. Rolle im Fremdenverkehr spielt und der zweitgrößte Seehafen der USA ist. - Das Eisenbahnnetz umfaßt 5 920 km, das Highwaynetz 84 000 km. L. verfügt über 240 ⚓.

Geschichte: Nach Erwerb des westl. Teils der frz. Kolonie Louisiane 1803 wurde das amerikan. Territorium L. 1804 eingerichtet; nach Annexion des westl. Teils des span. Westflorida (1810) um Teile der Neuerwerbung erweitert; 1812 als 18. Staat in die Union aufgenommen. Die N-Grenze gegen Mississippi wurde noch 1812 revidiert, 1819 die W-Grenze festgelegt. Nachdem sich L. 1861 den Konföderierten Staaten von Amerika angeschlossen hatte, wurde im Verlauf des Sezessionskrieges die Mississippimündung mit New Orleans 1862 von Truppen der Union erobert und während des gesamten Krieges gehalten; bis 1876 von Bundestruppen besetzt. 1866–71 Brennpunkt der Ku-Klux-Klan-Aktivität. Die in der Verfassung von 1868 garantierten Rechte der Schwarzen wurden durch neue Verfassungen im 19. und 20. Jh. aufgehoben und unterdrückt.

📖 *Du Pratz, L.:* History of L. Baton Rouge *(La.) 1972.*

Louisiane [frz. lwi'zjan], ehem. frz. Kronkolonie in N-Amerika, die das gesamte Flußsystem des Mississippi umfaßte. 1682 nahm R. R. Cavelier de La Salle an der Mündung des Mississippi beide Stromufer für Frankr. in Besitz; zu Ehren König Ludwigs XIV. von Frankr. nannte er das Gebiet L.; 1717 erwarb die frz. Westind. Kompanie die 1684 ausgestellten Rechtstitel auf L. (Gründung von New Orleans 1718; Anbau von Zuckerrohr, Reis und Baumwolle im Mississippidelta mit Hilfe schwarzer Sklaven), das 1731 Kronkolonie wurde. Noch vor Abschluß des Friedens von Paris (1763), in dem Frankr. seinen Kolonialbesitz in N-Amerika an Großbrit. abtreten mußte, kam der westl. des Mississippi gelegene Teil von L. 1762 in span. Besitz. L. östl. des Mississippi gelangte mit dem Ende des Unabhängigkeitskrieges (1783) in den Besitz der USA. Das westl. L. erwarb Frankr. 1800 von Spanien und verkaufte es 1803 an die USA.

Louis Philippe [frz. lwifi'lip] (Ludwig Philipp), * Paris 6. Okt. 1773, † Claremont

Louis-quatorze

Park (Surrey) 26. Aug. 1850, Hzg. von Chartres, König der Franzosen (1830–48). - Zunächst General der frz. Revolutionsarmee, lebte nach seinem Übertritt zu den Österreichern (1793) als Hzg. von Orléans im Exil; 1817 kehrte er endgültig nach Paris zurück; er unterhielt dort enge Kontakte zur großbürgerl.-liberalen Opposition, die seine Proklamation zum König der Franzosen betrieb (1830). Nach anfängl. Reg. mit liberalen Min. erhielt die Politik des „Bürgerkönigs" durch die Berufung C. P. Périers und F. Guizots eine konservative Orientierung. Zunehmend reaktionäre Innen- und Außenpolitik entfremdete L. P. dem Bürgertum; durch die Februarrevolution 1848 gestürzt; lebte bis zu seinem Tod als Graf von Neuilly im brit. Exil.

Louis-quatorze [frz. lwika'tɔrz „Ludwig XIV."], Stil zur Zeit Ludwigs XIV., d. h. Stil der frz. Klassik des Barockzeitalters („classicisme"), der für zwei Jh. in ganz Europa v. a. für repräsentative Profanbauten, insbes. Schloßbauten (Prototyp Versailles) bestimmend wurde. In der Innenausstattung prunkvolle, schwere Möbel, Leuchter, Spiegel, Gobelins.

Louis-quinze [frz. lwi'kɛ̃:z „Ludwig XV."], Stil zur Regierungszeit Ludwigs XV., verfeinerter und eleganter Rokokostil; charakterist. ist die Ornamentik (Rocaille, Chinoiserie), Intarsien, Bronzebeschläge; v. a. für Innenausstattungen verwendeter Begriff.

Louis-seize [frz. lwi'sɛ:z „Ludwig XVI."], frühklassizist. Stil zur Regierungszeit Ludwigs XVI. Bestimmend war außer der klass. frz. Tradition die Orientierung an der Antike.

Louisville [engl. 'lu:ısvıl], Stadt in N-Kentucky, am Ohio, 141 m ü. d. M., 298 700 E. Sitz eines kath. Erzbischofs und eines anglikan. Bischofs; Univ. (gegr. 1798); Colleges und theolog. Seminare; Kunstmuseum; philharmon. Orchester. L. ist das wichtigste Ind.-zentrum in Kentucky; Herstellung von alkohol. Getränken, Fleischkonserven, Metall-, chem. u. a. Ind. - Gegr. 1778, nach dem Unabhängigkeitskrieg zu Ehren Ludwigs XVI. in L. umbenannt; 1828 City.

Loulan [chin. bulan], von S. Hedin 1900 entdeckte Ruinenstadt im östl. Tarimbecken in NW-China; 177 v. Chr. erstmals erwähnt, 77 v. Chr. chin. Besitz; als **Krorainna** blühende Stadt des Reiches der Kuschan.

Lounge [engl. laʊndʒ; zu lounge „faulenzen"], Gesellschaftsraum in einem Hotel.

Lourdes [frz. lurd], frz. Stadt am N-Rand der Pyrenäen, Dep. Hautes-Pyrénées, 400 m ü. d. M., 17 400 E. Pyrenäenmuseum. Marienwallfahrtsort; hier hatte B. Soubirous 1858 mehrere Marienerscheinungen, die 1862 kirchl. bestätigt wurden. Gebaut wurden ab 1864 eine neugot. Kirche und die neuroman.-byzantin. Rosenkranzkirche (1885–89); 1958

wurde die unterird. Pius-X.-Basilika geweiht. Jährl. Pilgerzahl: über 2 Mill.; rd. 60 Heilungen wurden bisher von der kath. Kirche als Wunder anerkannt.

Loure [lu:r; frz.], vom 13. bis 16.Jh. in Frankreich gebräuchl. Bez. für Sackpfeife.
◆ von der Spielweise des Instruments hergeleiteter Tanz im gemäßigten ⁶/₄-Takt mit charakterist. Auftakt, der Ende des 17.Jh. Eingang in die frz. Opern- und Ballettmusik fand und von dort in die ↑Suite übernommen wurde.

Lourenço Marques [portugies. lo'rẽsu 'markıʃ] ↑Maputo.

Loussier, Jacques [frz. lu'sje], *Angers 26. Okt. 1934, frz. Pianist und Komponist. - Schrieb Chansons, Film-, Fernseh- und Ballettmusiken; wurde bekannt mit dem 1959 gegr. Trio „Play Bach" mit C. Garros (*1931; Schlagzeug) und P. Michelot (*1928; Baß), das Werke J. S. Bachs - meist ohne große Eingriffe in die kompositor. Substanz - unterhaltsam „verjazzt".

Louvain [frz. lu'vɛ̃], belg. Stadt, ↑Löwen.

Louvière, La [frz. lalu'vjɛ:r], belg. Gem. am Canal du Centre, 133 m ü. d. M., 76 500 E. La L. ist zentraler Ort des Kohlenreviers Centre im südbelg. Kohlenfeld; heute liegt der wirtsch. Schwerpunkt auf Eisen- und Stahlindustrie sowie Fahrzeugbau.

Louvois, François Michel Le Tellier, Seigneur de Chaville, Marquis de [frz. lu'vwa], *Paris 18. Jan. 1641, †Versailles 16. Juli 1691, frz. Kriegsminister. - Leitete ab 1668 das Kriegsministerium, anfangs gemeinsam mit seinem Vater, M. Le Tellier (1603–85). Die von beiden durchgeführte Heeresreform machte das frz. Heer zur ersten Militärmacht Europas. L. setzte die Reunionen (1679–81) in Gang, befahl die Verwüstung der Pfalz (1689) und organisierte die Dragonaden.

Louvre [frz. lu:vr], ehem. königl. Schloß in Paris, seit 1793 Museum. Franz I. ließ ab 1546 auf den Grundmauern der ma. Vorgängeranlagen ein Renaissanceschloß beginnen, von dem der S-Flügel des Innenhofs (Cour Carrée) mit Bauplastik von J. Goujon erhalten ist. Erst im 17. Jh. wurde die Cour Carrée vollendet (1624 ff. W-Flügel mit Pavillon de L'Horloge von J. Lemercier; 1659–74 N- und O-Flügel von L. Le Vau); statt einer barocken Schaufassade wurde 1667 ff. von C. Perrault die O-Fassade als klassizist. Kolonnade errichtet. Das von Katharina von Medici ab 1563 erbaute Palais des Tuileries (nicht erhalten) wurde 1595–1608 entlang der Seine mit dem alten L. verbunden (ab 1661 als Galerie d'Apollon von C. Le Brun ausgestattet). Unter Napoleon I. und Napoleon III. wurde der N-Flügel errichtet.

Louÿs, Pierre [frz. lwis], eigtl. Pierre-Félix Louis, *Gent 10. Dez. 1870, †Paris 4. Juni 1925, frz. Dichter. - Schrieb u. a. die kunstvoll antikisierenden, die griech. Sinnenfreude verherrlichenden Gedichte der Sammlung „Lieder der Bilitis" (1894), die er als Übersetzung einer griech. Dichterin des 6. Jh. ausgab, und den Roman „Aphrodite" (1896).

Lovćen [serbokroat. 'lɔːvtɛɛn], jugoslav. Bergmassiv, z. T. Nationalpark, in der Hochkarstzone der Dinariden, fünf Gipfel, höchster 1 749 m, auf dem zweithöchsten (1 657 m) Mausoleum für Peter II. Petrović Njegoš (Petar II.). Am W- und N-Hang verläuft die **Lovćenstraße,** eine wichtige Paßstraße zw. Cetinje und Kotor, 1876–81 erbaut.

Lovell [engl. 'lʌvəl], Sir (seit 1961) Bernard, * Oldland Common (Gloucestershire) 31. Aug. 1913, brit. Physiker und Astronom. - Direktor der von ihm gegr. Nuffield Radio Astronomy Laboratories in Jodrell Bank (Cheshire), ab 1951 auch Prof. in Manchester. L. maß erstmals Geschwindigkeiten und Entfernungen von Meteoriten mit Radar. 1951–57 errichtete er in Jodrell Bank das erste voll bewegl. Radioteleskop mit Parabolspiegel (76,2 m ø).

L., James Arthur, * Cleveland (Ohio) 25. März 1928, amerikan. Astronaut. - Unternahm unter Kommandant F. Borman mit „Gemini 7" 1965 einen Raumflug (zwei Wochen, 206 Erdumläufe, erstes Rendezvous-Manöver); war auch an den Raumflügen von „Apollo 8" (1968, erste Mondumkreisung) und (als Kommandant) von „Apollo 13" (1970, vorzeitiger Abbruch) beteiligt.

Low, Sir (seit 1962) David [engl. loʊ], * Dunedin (Neuseeland) 7. April 1891, † London 19. Sept. 1963, brit. Karikaturist. - Erfinder der Figur des „Colonel Blimp"; arbeitete als polit. Karikaturist 1927–50 für den „Evening Standard", dann für den „Guardian".

Löw, der Hohe Rabbi, eigtl. Löwe Juda Ben Bezalel, genannt Maharal von Prag, * wahrscheinl. Posen um 1525, † Prag 1609, jüd. Theologe und Kabbalist. - Ab 1573 Rabbiner in Prag; Mittelpunkt zahlr. jüd. Legenden; stand in dem Ruf eines Wundertäters und galt als Verfertiger eines ↑Golems.

L., Immanuel, * Szeged 20. Jan. 1854, † Budapest Aug. 1944, ungar. Rabbiner und Orientalist. - Sohn von Leopold L.; legte bahnbrechende Arbeiten zu den in der rabbin. Literatur angeführten Realien vor und beschäftigte sich mit Problemen der hebr. und aram. Lexikographie.

L., Leopold, * Černá Hora (Südmähr. Gebiet) 22. Mai 1811, † Szeged 13. Okt. 1875, ungar. Rabbiner und jüd. Gelehrter. - Rabbiner in Szeged; setzte sich für die Emanzipation der Juden in Ungarn und für Reformen des jüd. Kultus ein. Beschäftigte sich v. a. mit der Geschichte der Juden in Ungarn und mit der Erforschung der jüd. Altertumskunde.

Low Church [engl. 'loʊ 'tʃəːtʃ], Richtung innerhalb der ↑anglikanischen Kirche, die sich im Unterschied zur High Church den prot. Nonkonformisten annäherte; seit Mitte des 19. Jh. Bez. für die ↑Evangelicals.

Löwe ↑Sternbilder (Übersicht).

Löwe [zu griech.-lat. leo mit gleicher Bed.] (Panthera leo), urspr. in ganz Afrika (mit Ausnahme der zentralen Sahara und der großen Regenwaldgebiete) und vom Balkan über weite Teile Vorder- und S-Asiens verbreitete überwiegend nachtaktive Großkatze; seit rd. 200 v. Chr. in SO-Europa, seit etwa 1865 im südl. S-Afrika (**Kaplöwe**) und seit 1920 nördl. der Sahara (**Berberlöwe** [Panthera leo leo]) ausgerottet; in Asien heute auf das ind. Gir-Reservat beschränkt (**Ind. Löwe**); Körperlänge etwa 1,4 (♀) bis 1,9 m (♂); Schwanz etwa 0,7–1 m lang, mit einer dunklen Endquaste; Schulterhöhe bis über 1 m; Fell kurzhaarig, graugelb bis tief ockerfarben, ♂ mit gelber bis rotbrauner oder schwarzer Nacken- und Schultermähne, die sich längs der Bauchmitte fortsetzen oder auch weitgehend bis ganz fehlen kann; ♀ stets mähnenlos, mit weißl. Bauchseite; Jungtiere dunkel ge-

Louvre. Nordflügel mit den Pavillons Colbert, Richelieu und Turgot (von links nach rechts), von Louis Visconti und Hector Lefuel (1852–57)

fleckt. Die Brunstzeit ist bei L. nicht jahreszeitl. festgelegt. Nach etwa 105 Tagen Tragzeit werden meist zwei bis vier Jungtiere geboren, die nach etwa einem Jahr selbständig zu werden beginnen und nach 3 Jahren voll erwachsen sind. - L. können bis 20 Jahre (in Gefangenschaft sogar über 30 Jahre) alt werden. - Kreuzungen zw. L. und Tiger werden als *Liger* (Löwen-♂ und Tiger-♀; meist mit blasser Tigerzeichnung auf braungelbem Grund) bzw. *Tigon* (Tiger-♂ und Löwen-♀; Streifenzeichnung mehr oder minder verwaschen) bezeichnet.

Symbolik: Der L., „König der Tiere", ist bei vielen Völkern des Altertums Sinnbild herrscherl. oder göttl. Macht, in Ägypten als Sphinx, in Mesopotamien als hl. Tier der Ischtar, bei den Achämeniden als königl.-religiöses Symbol. Der L. als Wächterfigur wurde z. B. in Mykene übernommen, als herrscherl. Symbol ist er in zahlr. Wappen des Abendlandes eingegangen (z. B. Braunschweiger L.). In der hinduist. Mythologie ist ein Mann-L. die 4. Inkarnation Wischnus († Awatara). Das Säulenkapitell des Königs Aschoka aus Sarnath mit vier L. ist ind. Staatswappen. Im Christentum kann der L. Satan und Antichrist verkörpern, der geflügelte L. bedeutet in der Apokalypse Babylon, ist aber auch die Symbolfigur des Evangelisten Markus. Er symbolisiert auch die Herrschaft Christi, das göttl. Wort, den Christus-Logos, die göttl. Barmherzigkeit. Der L. ist Attribut des Kirchenlehrers † Hieronymus.

 Schaller, G. B.: The Serengeti lion. A study of predator-prey relations. Chicago (Ill.) 1972. - *Sälzle, K.: Tier u. Mensch, Gottheit u. Dämon. Mchn. 1965.*

Lowell [engl. 'loʊəl], Amy, * Brookline (Mass.) 9. Febr. 1874, † ebd. 12. Mai 1925, amerikan. Lyrikerin. - Hauptvertreterin der Imagisten in Amerika; schrieb u. a. „Men, women and ghosts" (Ged., 1916), „Pictures of the floating world" (Ged., 1919).

L., James Russell, * Cambridge (Mass.) 22. Febr. 1819, † Elmwood bei Cambridge (Mass.) 12. Aug. 1891, amerikan. Schriftsteller. - Prof. für Literatur und moderne Sprachen an der Harvard University; 1877–80 Gesandter in Spanien, 1880–85 in Großbrit. Neben Longfellow einer der bedeutendsten Lehrer und Autoren der USA. Er begann mit aggressiver, zeitkrit. Dichtung oft satir. Prägung, in der er sich u. a. für die Sklavenbefreiung einsetzte, so in den im Yankeedialekt verfaßten „Biglow papers" (Verssatiren, 1848–67); wandte sich einem am Viktorianismus orientierten Konservatismus zu.

L., Percival, * Boston 13. März 1855, † Flagstaff (Ariz.) 12. Nov. 1916, amerikan. Astronom. - Gründete und leitete das nach ihm benannte *L. Observatory* in Flagstaff; seine Arbeitsgebiete waren Planetentopographie (Entdeckung der „Marskanäle", 1906) und

spektroskop. Untersuchungen von Sternen und Nebeln.

Lowell [engl. 'loʊəl], Stadt in NO-Massachusetts, USA, 92 400 E. Univ. (1975), Lehrerseminar; Kunstmuseum; bed. Zentrum der Textilind. - Gegr. 1653, 1826 Town, 1836 City.

Löwen (amtl. niederl. Leuven, frz. Louvain), belg. Stadt an der Dijle, 35 m ü. d. M., 84 900 E. Kulturelles, Handels- und Verwaltungszentrum für O-Brabant und das südl. Kempenland. Zwei kath. Univ. (seit 1970), die aus der 1425 gegr. urspr. kath. Univ. hervorgingen, Akad. der Schönen Künste; anthropolog. Forschungszentrum; mehrere Museen. Die Ind. ist v. a. nördl. von L. am Kanal zum Rupel angesiedelt. - Entwickelte sich aus einer Handelsniederlassung bei einer Burg der Grafen von L.; im 12. Jh. ummauert; 1425 Gründung der Univ., die L. zum geistigen Mittelpunkt der damaligen Niederlande machte (Ende 18. Jh. geschlossen, 1834 als kath. Univ. neu gegr.). - Die Kirche Sint-Pieters, das Rathaus und die Univ. sind Bauten der Brabanter Gotik.

Löwenäffchen (Leontideus), Gatt. rd. 50 cm langer (einschließl. Schwanz bis 90 cm messender) Krallenaffen in den Regenwäldern SO-Brasiliens; mit an Kopf und Schulter mähnenartig verlängertem Fell. Von den 3 (von der Ausrottung bedrohten) Arten sind am bekanntesten: **Goldgelbes Löwenäffchen** (Großes L., Leontideus rosalia; Fell einheitl. goldfarben) und **Goldkopflöwenäffchen** (Leontideus chrysomelas; metall. schillernd schwarz, Goldfärbung v. a. an Kopf, Nacken und Extremitäten).

Löwengesicht (Leontiasis), Veränderung des Gesichts zu löwenartigem Aussehen durch krankhaft vermehrtes Knochenwachstum.

Löwenherz, Richard † Richard I. Löwenherz, König von England.

Löwenmaul [mit Bezug auf die Blütenform] (Löwenmäulchen, Antirrhinum), Gatt. der Rachenblütler mit rd. 40 Arten in N-Amerika und im Mittelmeergebiet; Kräuter oder Halbsträucher mit einzelnen, achselständigen oder an Zweigenden in Trauben stehenden Blüten mit „Gaumen" und vorn am Grund sackförmig erweiterter Kronröhre. Die bekannteste Art ist das **Gartenlöwenmaul** (Antirrhinum majus), das in vielen Sorten kultiviert wird.

Löwenstein, Stadt auf einem Sporn der bis 595 m hohen, stark bewaldeten **Löwensteiner Berge,** einem Teil des Schwäb.-Fränk. Schichtstufenlandes, Bad.-Württ., 385 m ü. d. M., 2 800 E. Weinbau; holzverarbeitende Ind., Mineralbrunnen. - Die 1123 angelegte Burgsiedlung erhielt 1287 Stadtrecht.

Löwenstein-Wertheim, südd. Fürstengeschlecht, begr. durch Kurfürst Friedrich I. von der Pfalz, an dessen Sohn Ludwig (* 1463, † 1524) 1476 die Gft. Löwenstein ging.

Durch Heirat kamen u. a. die Gft. Wertheim, Rochefort und Montaigne an das Haus, das sich um 1600 Grafen von L.-W. nannte; Nebenlinien sind *L.-W.-Virneburg* (1611, seit 1812 gefürstet) und die 1711 in den Reichsfürstenstand erhobene Linie *L.-W.-Rochefort;* 1806 wurden beide Linien mediatisiert.

Löwenthal, Leo (Lowenthal), *Frankfurt am Main 3. Nov. 1900, dt.-amerikan. Soziologe. - Seit 1956 Prof. in Berkeley; Arbeiten zur Propagandaforschung, u. a. „Agitation und Ohnmacht" (mit N. Gutermann, 1949), und zur Literatursoziologie, u. a. „Erzählkunst und Gesellschaft" (1971).

L., Richard, Pseud. Paul Sering, *Berlin 15. April 1908, dt. Politikwissenschaftler. - Emigrierte 1935 nach Großbrit., arbeitete bis 1959 v. a. als Journalist in London; seit 1961 Prof. an der Freien Univ. Berlin; zahlr. Beiträge zu Problemen der Weltpolitik, des Kommunismus, der modernen Demokratie und der Hochschulpolitik.

Löwenzahn [vermutl. nach den spitzgezähnten Blättern], (Kuhblume, Taraxacum) Gatt. der Korbblütler mit rd. 70 z. T. sehr formenreichen Arten, hauptsächl. in den gemäßigten Zonen; gelbblühende, milchsaftführende Rosettenpflanzen mit gezähnten Blättern und Blütenkörbchen aus Zungenblüten auf rundem, hohlem, blattlosem Schaft. In M-Europa kommt v. a. der **Gemeine Löwenzahn** (*Kuhblume, Kettenblume, Ringelblume,* Taraxacum officinale) vor.
◆ (Leontodon) Gatt. der Korbblütler mit rd. 60 Arten in Europa, Z-Asien und im Mittelmeergebiet; Rosettenpflanzen mit meist schwach bis buchtig gezähnten Blättern. Häufige Arten sind: **Herbstlöwenzahn** (Leontodon autumnalis) mit grundständigen, tief fiederteiligen Blättern, goldgelben Zungenblüten und unterseits rötl. gestreiften Randblüten; auf Weiden und Kulturrasen. **Hundslattich** (Nikkender L., Leontodon nudicaulis) mit schwarz gerandeten Blütenhüllblättern; auf feuchten Wiesen, Heiden und Dünen.

Lower Avon [engl. 'loʊə 'ɛɪvən] ↑Avon.

Lowestoft [engl. 'loʊstɔft], engl. Hafenstadt und Seebad an der Nordsee, Gft. Suffolk, 55 200 E. Fischereiforschungsinst., Theater. Wichtigster Fischereihafen von East Anglia. - 1066 als bed. Fischerort erwähnt, bekam 1308 Markt-, 1885 Stadtrecht.

Lowetsch, bulgar. Stadt im nördl. Vorland des Balkans, 210 m ü. d. M., 49 800 E. Hauptort des Verw.-Geb. L.; Lederind., Maschinen- und Fahrzeugbau, Weinkellereien. - L. entstand an der Stelle des röm. **Melta.** Die Reste des röm. Kastells über der Stadt wurden im MA zu einer bulgar. Festung ausgebaut.

Łowicz [poln. 'ʊɔvitʃ], poln. Stadt an der mittleren Bzura, 80 m ü. d. M., 24 000 E. Maschinenbau und Nahrungsmittelind., Bahnknotenpunkt - Kollegiatskirche (15. Jh. und

17. Jh.) mit Grabmälern poln. Erzbischöfe; ehem. Piaristenkirche (17. Jh.).

Lowie, Robert Harry [engl. 'loʊɪ], eigtl. R. Heinrich L., *Wien 12. Juni 1883, †Berkeley 21. Sept. 1957, amerikan. Ethnologe. - Schüler von F. Boas; 1921-50 Prof. in Berkeley. Hatte an der Weiterentwicklung der kulturanthropolog. Schule maßgebl. Anteil.

Löwith, Karl, *München 9. Jan. 1897, †Heidelberg 24. Mai 1973, dt. Philosoph. - Seit 1952 Prof. in Heidelberg. Seinen philosophiehistor. Arbeiten mit Schwerpunkt im 19. Jh. liegt die anthropolog. These zugrunde, daß den Menschen als Naturwesen jede transzendentale Erkenntnis versagt ist. Dadurch brachte L. die Geschichte der Metaphysik und Geschichtsphilosophie ins Wanken, indem er deren unhaltbare theolog. Herkunft nachzuweisen versucht. - *Werke:* Nietzsches Philosophie der ewigen Wiederkehr des Gleichen (1935), Weltgeschichte und Heilsgeschehen (1948), Abhandlungen (1966), Gott, Mensch und Welt in der Metaphysik von Descartes bis zu Nietzsche (1967).

Lowitz, Siegfried, *Berlin 9. Sept. 1914, dt. Schauspieler. - Profilierter Bühnendarsteller; bes. populär durch zahlr. Inspektor- und Kommissarrollen bei Film und Fernsehen (u. a. bis 1986 in 100 Folgen der Serie „Der Alte").

Low-key-Technik [engl. 'loʊˌki: „niedere Tonart"], photograph. Positivtechnik, mit der nur aus dunklen Bildtönen aufgebaute Bilder erzielt werden. - Ggs. ↑ High-key-Technik.

Lowlands [engl. 'loʊləndz], Senkungszone in M-Schottland, zw. den Highlands im N und den Southern Uplands im S, erstreckt sich 50-80 km breit vom Firth of Clyde im W bis zur O-Küste im Bereich Stonehaven/ Dunbar.

Lowry [engl. 'laʊərɪ], Malcolm, *Merseyside (Cheshire) 28. Juli 1909, †Ripe (Sussex) 27. Juni 1957, engl. Schriftsteller. - Sein Hauptwerk ist der mehrfach umgearbeitete, wegen seiner Chiffresprache schwer zugängl. Roman „Unter dem Vulkan" (1947) über den letzten Lebenstag eines Trinkers.

L., Thomas Martin, *Low Moor (Bradford, Yorkshire) 26. Okt. 1874, †Cambridge 2. Nov. 1936, brit. Physikochemiker. - 1912-20 Prof. in London, danach in Cambridge; entwickelte 1923 (unabhängig von J. N. Brønsted) die Säure-Base-Theorie.

Loxodrome [zu griech. loxós „seitwärts gebogen, schräg" und drómos „Lauf"], Kurve auf der Kugeloberfläche, die alle Längenkreise unter dem gleichen Winkel schneidet.

loyal [loa'jaːl; frz., zu lat. legalis „gesetzlich"], treu gegenüber der herrschenden Gewalt, der Reg., dem Vorgesetzten; die Interessen anderer achtend; vertragstreu; anständig.

Loyalisten [loaja...; frz.], 1. die Anhänger König Jakobs II. von England; 2. im Nord-

Loyaltyinseln

amerikan. Unabhängigkeitskrieg die Kolonisten, die für das Verbleiben bei Großbrit. eintraten.

Loyaltyinseln [engl. 'lɔɪəltɪ] (frz. Îles Loyauté), Gruppe von Koralleninseln im sw. Pazifik, gehören zum frz. Überseeterritorium Neukaledonien, 2 072 km².

Loyang (Luoyang) [chin. lʊɔ-jaŋ], chin. Stadt am Loho, 951 000 E. Fachhochschule für Landmaschinenbau; Museum für Urgeschichte; Bau von Traktoren, Kugellagern, Zementind. u. a.; an der Bahnlinie Tschengtschou-Sian. - L. war die östl. Hauptstadt unter der Chou-Dyn. bis etwa 770 v. Chr., von da bis um 225 v. Chr. alleinige Hauptstadt, desgleichen unter der Östl. Han-Dyn., den Wei am Ende des 5. Jh. und zeitweilig unter den Sui am Ende des 6. Jh. (damals ein buddhist. Zentrum). - Buddhist. Weißpferdtempel (15./16. Jh.) mit dreizehnstöckiger Ziegelpagode (5./6. Jh. ?); etwa 14 km südl. buddhist. Grottentempel ("Drachentor"; Ende 5. Jh.– etwa 700).

Loyola, Ignatius von [lo'jo:la] ↑Ignatius von Loyola.

Lozère [frz. lo'zɛ:r], Dep. in Frankreich.

Lozère, Mont [frz. mõlo'zɛ:r], mit 1 702 m die höchste Erhebung der Cevennen, Frankreich.

LP [ɛl'pe:], Abk. für engl.: long-playing record „Langspielplatte", ↑Schallplatte.

LPG, Abk. für: ↑landwirtschaftliche Produktionsgenossenschaft.

Lr, chem. Symbol für ↑Lawrencium.

l. s., Abk. für: ↑loco sigilli.

L-Schale, die zweite Elektronenschale (von innen) im ↑Atommodell. Sie wird von allen Elektronenzuständen mit der Hauptquantenzahl $n = 2$ gebildet.

Lübeck mit Sankt Marien, dem Holstentor, der Petrikirche (von links)

LSD, Abk. für **L**ysergsäure**d**iäthylamid, ein kristallines Pulver, ein Abkömmling der Lysergsäure, die als natürl. Bestandteil der Mutterkornalkaloide vorkommt. Schon geringe Dosen (0,5–1,5 μg pro kg Körpergewicht) rufen bewußtseinsverändernde, langandauernde (6–12 Stunden) Wirkungen hervor: Halluzinationen, intensiver wahrgenommene Sinnesempfindungen, heitere, ruhige, friedvolle Stimmungen; charakterist. für die LSD-Wirkung sind ferner die Fehleinschätzung der eigenen Fähigkeiten, das Fehlen jegl. objektiver Urteilskraft sowie angstvolle, grauenhafte Rauscherlebnisse (sog. Horror-trips). Diese können sich nach Wochen wiederholen, ohne daß die Droge erneut eingenommen wurde (Echorausch, Flashback). LSD wird häufig als Rauschgift mißbraucht und führt zur psych. Abhängigkeit. Obwohl keine körperl. Abhängigkeit und keine körperl. Entzugserscheinungen auftreten, können doch psych. und körperl. Schäden nicht ausgeschlossen werden.

L-Serie, die Gesamtheit der Spektrallinien der charakterist. Röntgenstrahlung, die beim Übergang eines in einem höheren Energiezustand befindl. Elektrons auf einen freien Platz der L-Schale ausgestrahlt werden.

LSI, Abk. für engl. large scale integration (↑Mikroprozessor).

L-S-Kopplung (Russell-Saunders-Kopplung, normale Kopplung, Spin-Bahn-Kopplung), eine Art der Kopplung von Elektronen im Atom bzw. Nukleonen im Atomkern, die dann auftritt, wenn die Wechselwirkung zw. Bahndrehimpuls und Spin (Spin-Bahn-Kopplung) jedes Teilchens klein ist gegenüber der Kopplung zw. allen Bahn- bzw. allen Spinmomenten untereinander.

LTH, Abk. für: luteotropes Hormon (↑Geschlechtshormone).

Lu, chem. Symbol für ↑Lutetium.

Lü, zu den Thai gehörender Volksstamm

im S der chin. Prov. Yünnan, in Birma, Laos, Thailand und N-Vietnam.

Lualaba ↑ Kongo (Fluß).

Luanda, Hauptstadt von Angola, an der Atlantikküste, 700 000 E. Verwaltungssitz des Distr. L., kath. Erzbischofssitz; Univ. (gegr. 1962), Angolamuseum mit Nationalbibliothek, geolog. und ethnolog. Museum, erdmagnet. Observatorium. Bed. Handels- und Ind.-zentrum mit internat. Messe; u. a. Textil- und Nahrungsmittelind., Walzwerk, Erdölraffinerie. Wichtigster Hafen des Landes mit 426 km langer Eisenbahn ins Hinterland; internat. ✵. - 1576 als Hauptstadt von Angola gegr.; erhielt 1822 den vollen Rang einer Prov.hauptstadt.

Luang Prabang, Stadt in Laos, an der Mündung des Nam Khan in den Mekong, 350 m ü. d. M., 44 200 E. Verwaltungssitz des Verw.-Geb. L. P.; Sitz des Oberhauptes der laot. Buddhisten und eines apostol. Vikars; Zentrum eines Landw.gebiets; Herstellung von Textilien; Fischerei, Salzgewinnung. - Seit 1353 Hauptstadt (Muong Swa oder Chieng Dong Chieng Thong gen.) des laot. Reiches Lanchang, dessen erster Herrscher, Fa Ngum, die Buddhastatue Phra bang („Goldener Buddha") aufstellen ließ, nach der die Stadt ihren heutigen Namen erhielt; nach Teilung des Landes 1694 Hauptstadt des Reiches, kam 1836 unter thailänd. Oberherrschaft; Königsresidenz auch nach der frz. Annexion, ab 1917 wieder für ganz Laos. - Zahlr. buddhist. Tempel (16.–19. Jh.).

Luangwa, linker Nebenfluß des Sambesi in NO-Sambia, mündet als Grenzfluß gegen Moçambique, rd. 800 km lang. Am Mittellauf der *L. Valley National Park,* das wildreichste Tierreservat der Erde.

Luanshya [lu:'a:nʃja], Stadt im Kupfergürtel von Sambia, 1 300 m ü. d. M., 132 200 E. Bergbauzentrum mit bed. Kupfermine; Endpunkt einer Stichbahn von Ndola.

Luapula, Grenzfluß zw. Sambia und Zaïre, entfließt dem Bangweolosee, mündet in den Mwerusee, etwa 550 km lang.

Luba, Bantustamm in SO-Zaïre; v. a. Waldlandpflanzer; bed. Kunsthandwerk, u. a. Masken und Statuetten. - Wohl im 16. Jh. Gründung des L.reiches durch einen König aus dem Songestamm. Ende des 19. Jh. wurde das einst mächtige Reich aufgeteilt.

Lubac, Henri de [frz. ly'bak], * Cambrai 20. Febr. 1896, frz. kath. Theologe und Jesuit. - 1929 Prof. für Fundamentaltheologie und Religionsgeschichte am Institut catholique in Lyon; Vorkämpfer der ↑ Nouvelle théologie; 1983 zum Kardinal erhoben.

Lubango (früher Sá da Bandeira), Distr.-hauptstadt in SW-Angola, 1 770 m ü. d. M., 32 000 E. Kath. Erzbischofssitz; ethnolog. Museum; landw. Handelszentrum.

Lübbecke, Stadt am N-Rand des Wiehengebirges, NRW, 110 m ü. d. M., 21 700 E.

Museum; Tabakwaren-, Bekleidungs-, Möbel-, Maschinen-, Papier-, Nahrungsmittelind.; Hafen am Mittellandkanal. - 775 als sächs. Siedlung erstmals gen. 1279 befestigt und zur Stadt erhoben. - Pfarrkirche (12. und 14. Jh.), am Markt ein ehem. Burgmannshof (1735), Fachwerkhäuser (18. und 19. Jh.). - Sw. von L. liegt die *Babilonie,* eine ausgedehnte Befestigungsanlage, deren Anfänge ins 1. Jh. v. Chr. zurückreichen.

Lübben, Landkr. im Bez. Cottbus, DDR.

Lübbenau/Spreewald, Stadt an der Spree, Bez. Cottbus, DDR, 60 m ü. d. M., 21 000 E. Spreewaldmuseum; Gemüsebau, Gurkenverarbeitung; Fremdenverkehr. - Entstand bei einer 1301 bezeugten Burg. - Klassizist. ehem. Schloß mit Park und Orangerie; barocke Pfarrkirche (1744).

Lübben/Spreewald, Krst. in der Niederlausitz, Bez. Cottbus, DDR, 55 m ü. d. M., 14 400 E. Verwaltungssitz des Landkr. Lübben; Textil-, Metallwaren-, Pappen- und Baustoffind. - Erstmals 1150 erwähnt, um 1220 Magdeburger Recht. - An bed. Bauten sind erhalten: die Stadtkirche Sankt Nikolai (16. Jh.), das ehem. Schloß (1682) und das ehem. Ständehaus (1717).

Lubbers, Rudolph Frans Marie [niederl. 'lʏbərs], * Rotterdam 7. Mai 1939, niederl. Politiker. - 1973–77 Wirtschaftsmin., seit 1979 Fraktionsvors. der Christen Democratisch Appèl (CDA) in der 2. Kammer; Min.präs. seit Nov. 1982.

Lubbock [engl. 'lʌbək], Stadt in NW-Texas, USA, 990 m ü. d. M., 174 200 E. Techn. College. Handelsplatz für Baumwolle; Cottonölgewinnung u. a. Ind.zweige. - Gegr. 1891.

Lübeck, Vincent, * Padingbüttel (Landkr. Wesermünde) im Sept. 1654, † Hamburg 9. Febr. 1740, dt. Komponist. - Als Organist seit 1674 in Stade und seit 1702 an Sankt Nikolai in Hamburg tätig; bed. Orgellehrer, komponierte Orgelwerke und Kantaten.

Lübeck, Stadt an der Trave und, im Ortsteil **Travemünde,** an der Ostsee, Schl.-H., 0 – 15 m ü. d. M., 211 000 E. Medizin. Hochschule, Musikhochschule, Fachhochschule u. a. für Bauwesen, Elektrotechnik und physikal. Technik, Norddt. Orgelschule, Museen, Theater. Die Wirtschaft wurde bis Ende des 19. Jh. durch Handel und Hafen bestimmt. Rückgang nach Eröffnung des Nord-Ostsee-Kanals, deshalb Anfang des 20. Jh. Aufbau einer modernen Ind., v. a. Werften, holzverarbeitende Betriebe, Hochofenwerk, Guanowerke, Verpackungs- und Fischverarbeitungsind., Marzipanherstellung; gleichzeitig Ausbau des Fracht- und Passagierhafens. Der Ortsteil Travemünde ist Seebad mit Spielkasino, Kongreßort, Fährhafen für Skandinavien. *Geschichte:* Vorgängersiedlung von L. war **Alt-Lübeck** an der Mündung der Schwartau in die Trave; entstand im 11. Jh. als Zentrum

des wend. Wagrien bei einer aus dem 10. Jh. stammenden wend. Ringburg (wend. **Liubice**); im 11. und 12. Jh. Ausgangspunkt der Christianisierung der Wenden, zw. Wenden, Deutschen und Dänen umstritten; 1138 zerstört und aufgegeben. Die 1143 gegr. Kaufmannssiedlung wurde nach Zerstörungen 1158/59 durch Heinrich den Löwen neu gegr; 1160 wurde das Bistum Oldenburg (Holstein) nach L. verlegt. Das der Stadt verliehene Soester Recht wurde umgestaltet und als lüb. Recht an über 100 Städte verliehen. 1188 erhielt L. durch Privileg eine Garantie seiner Rechte und seines Landgebietes. 1226 wurde L. Reichsstadt und blieb (außer 1811–13, unter frz. Herrschaft) bis 1937 selbständig. Bed. westl. Hafen der Ostsee, Schnittpunkt wichtiger Handelsstraßen, wurde L. bald Austauschplatz zw. europ. Festland und Ostseeraum. Bündnisse zw. L. und norddt. Fürsten, See- und Handelsstädten führten zur Gründung der dt. Hanse, deren Führung L. übernahm (seit 1358 Hansetage in L.). Blütezeit der Stadt in der 2. Hälfte 14. Jh. (1397: Wasserweg zur Elbe durch Kanalisierung von Stecknitz und Delvenau). 1529/31 Einführung der Reformation. Die vom Wortführer des Bürgerausschusses, Bürgermeister J. Wullenwever, eingeleitete „Grafenfehde" gegen Dänemark brachte den Verlust des polit. Einflusses im Ostseeraum. Blieb nach 1806 als „Freie und Hansestadt" selbständig, wurde 1815 Mgl. des Dt. Bundes, 1871 des Dt. Reiches. Ging 1937 unter Verlust seiner Exklaven an das preuß. Schleswig-Holstein über.
Bauten: Der Dom im S der Stadt ist eine bed. dreischiffige got. Backsteinhallenkirche (13./14. Jh., 1942 ausgebrannt, ab 1961 restauriert; bed. Triumphkreuz, 1477, von B. Notke). Sankt Marien am Marktplatz (13./14. Jh.) ist eine der bedeutendsten Kirchen der norddt. Backsteingotik, hochgot. Umgangschor (um 1260–80), Doppelturmfassade (1350 vollendet, 1942 ebenfalls ausgebrannt, restauriert). Neben zahlr. weiteren Kirchen und Klöstern (Petrikirche, 14.–16. Jh., Katharinenkirche, 13./14. Jh., Augustinerinnenkloster, heute Sankt-Annen-Museum) auch bed. Profanbauten: Das Heilig-Geist-Hospital (2. Hälfte des 13. Jh.), ↑Holstentor, Rathaus aus glasiertem Backstein (Altes Haus, 1230 ff., 1298–1308 Umbau, 1360 erweitert und Langes Haus, 1298–1308, erweitert durch den Kriegsstubenbau, 1442–44, Renaissancelaube, 1570/71). Bürgerhäuser, u. a. das „Behnhaus" (1779–83) und das „Buddenbrookhaus" (Fassade 1758).

📖 *Brix, M.: Nürnberg u. L. im 19. Jh. Mchn. 1981. - L.-Schrifttum 1900–1975. Bearb. v. Gerhard Meyer u. A. Graßmann. Mchn. 1976. - L. Die Altstadt als Denkmal. Hg. v. M. Brix. Mchn. 1975. - Krabbenhöft, G.: Verfassungsgesch. der Hansestadt L. Lübeck 1969.*

L., ehem. Bistum, 1160 entstanden durch Verlegung des 948 gegr. Bistums von Oldenburg (Holstein) nach L. als Suffragan des Erzbistums Bremen-Hamburg. Residenz war seit dem Ende des 13. Jh. Eutin. Infolge der Reformation wurde das Hochstift L. ev. geistl. Ft. unter Administratoren aus dem Haus Holstein-Gottorf, ab 1773 Besitz der gottorf. Grafen bzw. Herzöge von Oldenburg; 1803 säkularisiert. Der oldenburg. Landesteil L. wurde 1937 der preuß. Prov. Schleswig-Holstein eingegliedert.

Lübecker Bucht, sw. Teil der Mecklenburger Bucht der Ostsee, greift zw. der Halbinsel Wagrien und die mecklenburg. Küste 30 km tief in das Landesinnere ein.

lübisches Recht, Bez. für das Recht der Reichsstadt Lübeck und seines Stadtrechtskreises (über 100 Städte des Ostseeraumes). Das nach dem Magdeburger Recht bedeutendste dt. Stadtrecht hielt sich v. a. außerhalb Deutschlands bis ins 20. Jh.

Lubitsch, Ernst, * Berlin 29. Febr. 1892, † Los Angeles-Hollywood 30. Nov. 1947, dt.-amerikan. Filmregisseur. - Begann 1911 bei M. Reinhardt als Schauspieler; erste Filmregie 1914, zunächst Filmkomödien wie „Ein fideles Gefängnis" (1917), „Die Austernprinzessin" (1919), „Kohlhiesels Töchter" (1920), dann v. a. histor. Ausstattungsfilme wie „Die Augen der Mumie Ma" (1918), „Madame Dubarry" (1919), „Anna Boleyn" (1920), „Das Weib des Pharao" (1921); arbeitete u. a. mit P. Negri, H. Porten, E. Jannings und H. Liedtke zusammen. Ging 1922 nach Hollywood, wo er v. a. geistreich-frivole Gesellschaftskomödien drehte. L. verstand es beispielhaft, sprachl. Witz im Stummfilm auszudrücken, z. B. „Das verlorene Paradies" (1924), „Lady Windermeres Fächer" (1925), „Drei Matrosen in Paris" (1926). Nach der Entwicklung des Tonfilms drehte L. zahlr. Musikfilme sowie iron.-satir. Komödien wie „Blaubarts achte Frau" (1938), „Ninotschka" (1939), „Sein oder Nichtsein" (1942), der gegen der ausschließl. satir. Darstellung des NS kritisiert wurde.

Lübke, Heinrich, * Enkhausen (= Meschede) 14. Okt. 1894, † Bonn 6. April 1972, dt. Politiker. - 1926–33 Direktor der Dt. Bauernschaft; 1931–33 preuß. MdL (Zentrum); nach 1933 zeitweise verhaftet; trat 1945 der CDU bei; 1946–49 MdL, 1947–52 Ernährungs- und Landwirtschaftsmin. von NRW; 1949/50 und 1953–59 MdB; schuf als Bundesmin. für Ernährung, Landw. und Forsten (1953–59) den Grünen Plan; 1959–69 Bundespräs.; setzte sich bes. für die Entwicklungshilfe ein; befürwortete eine große Koalition.

Lübker, Friedrich, * Husum 18. Aug. 1811, † Flensburg 10. Okt. 1867, dt. klass. Philologe. - Erster Hg. des heute noch benutzten „Reallexikons des class. Alterthums" (1853–55, [8]1914).

Lublin, Stadt in O-Polen, 180 m ü. d. M., 320 200 E. Hauptstadt des Verw.-Geb. L.;

kath. Bischofssitz; Univ. (gegr. 1944), kath. Univ. (gegr. 1918), Hochschulen für Medizin und Landw., Museum, Metallverarbeitung, Fahrzeugbau, Nahrungsmittel- u. a. Ind. **Geschichte:** Die bei einer im 12. Jh. belegten poln. Burg entstandene Siedlung erhielt 1317 Magdeburger Stadtrecht, 1383 ein Handelsprivileg; ab 1413 Versammlungsort des poln. und lit. Adels. Die Union von Lublin (1569) brachte die Vereinigung von Polen und Litauen. 1587 wurde L. Sitz des Krontribunals für Kleinpolen; war Zentrum der Renaissance und der Reformation in Polen. Kam 1795 an Österreich, 1809 an das Hzgt. Warschau, 1815 zu Kongreßpolen. 1915–18 Sitz des östr. Generalgouvernements Polen; ab 1918 poln. Woiwodschaftssitz. - Im Stadtteil **Majdanek** befand sich 1943/44 ein nat.-soz. Konzentrations- und Vernichtungslager, 1941 als Lager für sowjet. Kriegsgefangene errichtet; von den rd. 500 000 Häftlingen wurden etwa 250 000 (nach anderen Schätzungen 360 000) Menschen (meist Juden) ermordet; heute Gedenkstätte und Museum. **Bauten:** Zahlr. histor. Bauwerke, u. a. Schloß der Jagellonen (14. Jh., der Neubau 1824–26), Schloßkapelle (14./15. Jh.), Stadttore (14. und 16. Jh.), Rathaus (1389 ff.; 1579) und Dominikanerkirche Sankt Stanislaus (1342, später umgebaut), Kathedrale (16. Jh.).

Lubliner Komitee ↑ Polnisches Komitee der Nationalen Befreiung.

Lubumbashi [lubum'baʃi], Hauptstadt der Prov. Shaba, Zaïre, nahe der Grenze gegen Sambia, 1 230 m ü. d. M., 451 300 E. Mittelpunkt des zaïr. Kupfergürtels mit modernem Stadtbild; Sitz eines kath. Erzbischofs und eines orth. Metropoliten, von Ind.unternehmen und Handelsorganisationen; Univ. (gegr. 1955); Regionalmuseum; Bergwerk mit Erzaufbereitung und -verhüttung; Bahnstation, internat. ✈. - 1910 gegründet.

Lübz, Krst. an der Elde, Bez. Schwerin, DDR, 6 800 E. Maschinenbau, Nahrungsmittelind. - Entstand neben der 1308 erbauten Eldenburg, zw. 1456 und 1506 Stadt. - Spätgot. Stadtkirche (um 1570).

L., Landkr. im Bez. Schwerin, DDR.

Luca, antiker Name von ↑ Lucca.

Lucanus, Marcus Annaeus ↑ Lukan.

Lucas, George [engl. 'luːkəs], * Modesto (Calif.) 14. Mai 1944, amerikan. Filmregisseur, Produzent. - Drehte u. a. „American Graffiti" (1973), „Krieg der Sterne" (1977), „Das Imperium schlägt zurück" (1979), „Die Rückkehr der Jedi-Ritter" (1983).

Lucas van Leyden [niederl. 'lyːkɑs fɑn 'lɛjdə], eigtl. L. Huyghensz., * Leiden um 1489 oder 1494, † ebd. vor dem 8. Aug. 1533, niederl. Maler und Kupferstecher. - Lückenhaft überliefertes Werk, von Bed. waren für ihn Dürer sowie seit 1522 J. Gossaert, im manierist. Spätwerk Einflüsse M. Raimondis und Jan Scorels. Wegbereiter verschiedener

Genregattungen. Sein Kupferstichwerk „David vor Saul", um 1508/09, „Ecce homo", 1510, „Die Milchmagd", 1510, wirkte nach auf Rembrandt. - *Weitere Werke:* Die Schachpartie (um 1508; Berlin-Dahlem), Das Jüngste Gericht (Triptychon, 1526/27; Leiden, Stedelijk Museum), Heilung des Blinden von Jericho (1531; Leningrad, Eremitage). - Abb. Bd. 12, S. 277.

Lucas Garcia, Fernando Romeo [span. 'lukaz ɣar'sia], * 1925, guatemaltek. General und Politiker. - 1975/76 Verteidigungsmin.; 1978–82 Präs. Guatemalas.

Lucca, italien. Stadt am Serchio, Toskana, 19 m ü. d. M., 89 300 E. Hauptstadt der Prov. L.; kath. Erzbischofssitz; Gemäldegalerie, Museen, Bibliotheken, Staatsarchiv, Theater; Handelsstadt mit Textil-, Seiden-, Papier-, Nahrungs- und Genußmittelindustrie. **Geschichte:** In der Antike **Luca,** entstand als ligur. Siedlung; ab 177 v. Chr. latin. Kolonie, ab 89 Munizipium. Unter den Langobarden (seit etwa 570) und in der fränk. Periode Hauptstadt von Tuszien; erreichte durch das Statut von 1308 und die Vertreibung des Adels durch die Popolanen polit. Macht; behielt mit einer kurzen Unterbrechung seine republikan. Verfassung bis 1799, als es unter frz. Herrschaft kam; fiel 1815 als Hzgt. an Maria Luise von Etrurien, 1847 an das Groß-Hzgt. Toskana. **Bauten:** Dom (12.–15. Jh.; roman. Fassade 1204 vollendet, Apsis 1308 ff., Inneres 1372 ff.; bed. Ausstattung), San Frediano (12. Jh.), San Michele in Foro (11.–14. Jh.), Paläste (15.– 18. Jh.), u. a. Villa Guinigi (heute Museum).

Lucera [italien. lu'tʃeːra], italien. Stadt in Apulien, 240 m ü. d. M., 33 100 E. Kath. Bischofssitz; Museum, Bibliothek; bed. Agrarmarkt. - In der Antike als **Luceria** eine der bedeutendsten Städte Apuliens; 314 v. Chr. röm. Kolonie; 663 von Konstans II. eingenommen und zerstört; von Kaiser Friedrich II. zu einer der stärksten Festungen seines Reiches ausgebaut und mit Sarazenen besiedelt, nach deren Vertreibung und Ausrottung durch Karl II. von Anjou 1300 entstand die Neustadt Santa Maria, in der v. a. Provenzalen angesiedelt wurden; schwere Schäden durch Erdbeben 1456; von Ferdinand I. von Neapel 1463/64 belagert und eingenommen; 1648–92 Republik. - Kastell Kaiser Friedrichs II. (1233; 1269–83 mit Mauerring mit zahlr. Türmen umgeben), frühgot. Dom (um 1300). Nahe L. ein großes röm. Amphitheater.

Luch (Mrz. Lüche, Lücher) [niederdt.], Bez. für Wiesenflächen auf Flachmoorboden in den brandenburg. Jungmoränengebieten.

Lüchow [...ço], Krst. im Wendland, Nds., 37 m ü. d. M., 9 100 E. Verwaltungssitz des Landkr. L.-Dannenberg; Museum; Wetterstation des Dt. Wetterdienstes, Überseefunkempfangsstelle. - 1158 erstmals erwähnt, 1203 als Stadt bezeichnet; nach einem großen

Stadtbrand (1811) auf regelmäßigem Grundriß neu erbaut.

Lüchow-Dannenberg [...ço], Landkr. in Niedersachsen.

Luchs ↑Sternbilder (Übersicht).

Luchse [zu althochdt. luhs, eigtl. „Funkler" (nach den Augen)] (Lynx), Gatt. bis 1,1 m langer, hochbeiniger Katzen, v. a. in Wäldern und Halbwüsten Eurasiens und N-Amerikas; vorwiegend nachtaktive gelblich- bis rotbraune, häufig dunkel gefleckte Raubtiere mit kleinem, rundl. Kopf, langen Pinselohren, auffallendem Backenbart und Stummelschwanz. - L. ernähren sich von Säugetieren. Man unterscheidet zwei Arten: **Nordluchs** (Gewöhnl. L., Lynx lynx), einschließl. Schwanz bis 1,3 m lang; war früher in den Wäldern fast ganz N-Eurasiens und N-Amerikas verbreitet, ist heute durch intensive Bejagung in weiten Teilen ausgerottet; Fell dunkel gefleckt (v. a. bei der span. Unterart **Pardelluchs**, Lynx lynx pardinus) oder undeutl. gefleckt (bei der Unterart **Polarluchs** oder Kanad. L., Lynx lynx canadensis). Z. Zt. versucht man, den Nord-L. im Nationalpark Bayer. Wald als „Gesundheitspolizei" für die stark angewachsenen Rotwildbestände einzusetzen. Ihm sehr ähnl., jedoch etwas kleiner ist der **Rotluchs** (Lynx rufus) im mittleren und südl. N-Amerika; Fell rötlichgrau bis braun, mit dunkler Fleckung, Bauchseite und Schwanzspitze weiß.

Luchsspinnen (Scharfaugenspinnen, Oxyopidae), Fam. etwa 6–10 mm großer, vorwiegend rotbrauner Spinnen mit rd. 300 Arten, v. a. in den Tropen und Subtropen (in M-Europa eine Art); mit hochentwickelten Augen; erjagen ihre Beute im Sprung.

Luchterhand Verlag, Hermann, ↑Verlage (Übersicht).

Lucia (Luzia) ['lu:tsia], weibl. Vorname, weibl. Form von Lucius; frz. Form Lucie.

Lucia ['lu:tsia], hl., Märtyrerin (keine sicheren histor. Angaben). Die im 5./6. Jh. verfaßte Vita läßt L. in der Zeit der Diokletian. Verfolgung leben: Nach einer Vision am Grab der hl. Agatha gelobt sie Jungfräulichkeit und Armut. Von ihrem Verlobten denunziert, übersteht sie alle Martern, bis man ihr schließl. ein Schwert durch die Kehle stößt. Nach späteren Fassungen hat sie sich die Augen ausgerissen und ihrem Verlobten auf einer Schüssel geschickt. - In der Kunst meist mit Schwert und Halswunde dargestellt.

Lucić, Hannibal [serbokroat. 'lu:tsitɕ], * Hvar um 1485, † ebd. 14. Dez. 1553, kroat. Dichter. - Verfaßte das erste originale Schauspiel der kroat. Literatur („Robinja" (Die Sklavin, hg. 1556).

Lucidarius, Titel des ältesten bedeutenderen mittelhochdt. Prosadenkmals, eines Kompendiums geistl. und weltl. Wissens; entstanden um 1190 (im Auftrag Heinrichs des Löwen).

Lucien [frz. ly'sjɛ̃], frz. männl. Vorname, frz. Form von Lucianus; weibl. Form Lucienne.

Lucifer ↑Luzifer.

Luciferine (Luziferine) [zu lat. lucifer „Licht bringend"], Sammelbez. für eine heterogene Gruppe von Substanzen, die bei leuchtenden Pflanzen und leuchtenden Tieren auftreten; sie werden unter dem Einfluß von spezif. Enzymen, den *Luciferasen* oxidiert. Die dabei freiwerdende Energie wird überwiegend in Form von Licht ausgestrahlt.

Lucilius, Gajus, * Suessa (Aurunca) um 180 (?), † Neapel 102/101, röm. Satirendichter. - Großgrundbesitzer; etwa ab 160 in Rom. Seine „Saturae", in verschiedenen Versmaßen, bes. in Hexametern geschrieben, geißeln in kraftvoller und lebendiger Sprache scharf und freimütig die Mißstände des polit., wirtsch. und literar. Lebens.

Lucius (Luzius), männl. Vorname (zu lat. lux „Licht").

Lucius III., * Lucca, † Verona 25. Nov. 1185, vorher Ubaldo Allucingoli, Papst (seit 1. Sept. 1181). - Zisterzienser; als Papst in Rom von republikan. Revolten bedrängt; gewann 1184 Kaiser Friedrich I. Barbarossa für den Kreuzzug und zum gemeinsamen Vorgehen gegen Katharer und Waldenser.

Luckau, Krst. in der Niederlausitz, Bez. Cottbus, DDR, 65 m ü. d. M., 6900 E. Nahrungsmittelind. - Entstand in der 1. Hälfte des 13. Jh. als dt. Marktsiedlung. - Erhalten sind große Teile der ma. Stadtbefestigung; spätgot. Nikolaikirche (14./15. Jh.), Rathaus aus dem 16., Bürgerhäuser aus dem 17. Jh. **L.,** Landkr. im Bez. Cottbus, DDR.

Lücke, Paul, * Schöneborn (= Gemeinde Marienheide [bei Gummersbach]) 13. Nov. 1914, † Erlangen 10. Aug. 1976, dt. Politiker. - Seit 1945 Mgl. der CDU; MdB 1949–72; als Bundesmin. für Wohnungswesen, Städtebau und Raumordnung (1957–65) bes. bemüht um die Einführung eines sozialen Miet- und Wohnungsrechts; trat als Innenmin. (1965–68) zurück, als die von den Parteien der Großen Koalition vereinbarte Wahlrechtsreform nicht zustande kam.

Luckenwalde, Krst. an der Nuthe, Bez. Potsdam, DDR, 50 m ü. d. M., 26 900 E. Jugendsportschule; Theater; u. a. metall- und holzverarbeitende Ind. - Entstand bei einer Burg; erhielt 1430 städt. Rechte. - Spätgot. Pfarrkirche (16. Jh.; später ausgebaut). **L.,** Landkr. im Bez. Potsdam, DDR.

Luckhardt, Wassili, * Berlin 22. Juli 1889, † ebd. 2. Dez. 1972, dt. Architekt. - Nach dem Tode seines Bruders Hans L. (* 1890, † 1954) führte er die gemeinsamen, v. a. in den 20er Jahren in Berlin entwickelten Bauvorstellungen kontinuierl. weiter, u. a. Landesversorgungsamt in München (1957), Bremer Parlamentsgebäude (1962–69).

Luckner, Felix Graf von, * Dresden 9.

Juni 1881, † Malmö 13. April 1966, dt. Seeoffizier. - Durchbruch im 1. Weltkrieg mit dem Hilfskreuzer „Seeadler" die brit. Blockade und kaperte im Atlantik eine große Anzahl alliierter Schiffe; verfaßte abenteuerl. Erlebnisberichte (u. a. „Seeteufel", 1921) und Memoiren.

Lucknow ['lʌknaʊ], Hauptstadt des ind. Bundesstaates Uttar Pradesh, an der Gumti, 120 m ü. d. M., 896 900 E. Univ. (gegr. 1921), mehrere Forschungsinst., Museum. Bed. Kunsthandwerk, ferner Textil-, Papier- und Zuckerind.; Eisenbahnwerkstätten; botan. Garten. - War Prov.hauptstadt des Mogulreiches, ab 1775 Hauptstadt des Kgr. von Oudh, das 1856 von den Briten annektiert wurde. - Schiit. Kultstätten, u. a. Große Imambara (1784), Kleine Imambara (1842–47). Paläste, Moscheen, Mausoleen im Mogulstil; zahlr. Parkanlagen.

Lucretia (Lukretia), weibl. Vorname, weibl. Form von ↑ Lucretius.

Lucretia (Lukretia), nach der röm. Sage Gattin des Lucius Tarquinius Collatinus (Ende des 6. Jh. v. Chr.), die, von Sextus Tarquinius, dem Sohn des Königs Tarquinius Superbus, vergewaltigt, Selbstmord verübte. Dies soll der Anlaß zum Sturz des röm. Königtums gewesen sein. Der themenreiche L.-Stoff fand Eingang in Dichtungen u. a. bei Petrarca, Dante, Boccaccio, H. Sachs und Shakespeare; auch häufiges Bildmotiv seit der Renaissance (L. Cranach d. Ä.).

Lucretius (Lukretius), männl. Vorname lat. Ursprungs, eigtl. „der aus dem Geschlecht der Lukretier".

Lucretius Carus, Titus ↑ Lukrez.

Lucrezia Borgia ↑ Borgia, Lucrezia.

Lucullus, Lucius Licinius (Lukullus), * um 117, † um 57, röm. Politiker und Feldherr. - Nach Durchlaufen der Ämterlaufbahn (74 Konsul) erhielt L. bei Ausbruch des 3. Mithridat. Krieges (74–63) die Prov. Kilikien, Asia und Bithynien, von denen aus der Krieg zu führen war. Nach einer Meuterei des röm. Heeres 68 wurde L. abberufen und trat nur noch 61–59 gegen Cäsar und Pompejus polit. hervor. Sein Reichtum erlaubte L. eine überaus luxuriöse Lebensführung (sprichwörtl. z. B. lukull. Mahl).

Lucy [engl. 'luːsɪ], engl. Form des weibl. Vornamens Lucia.

Luden, Heinrich, * Loxstedt (Landkr. Wesermünde) 10. April 1778, † Jena 23. Mai 1847, dt. Historiker. - Ab 1806 Prof. in Jena; übte mit seinen nat. und liberalen Gedanken großen Einfluß auf die entstehenden Burschenschaften aus.

Ludendorff, Erich, * Gut Kruszewnia bei Posen 9. April 1865, † Tutzing 20. Dez. 1937, dt. Heerführer. - 1908–12 im Großen Generalstab, bei Ausbruch des 1. Weltkrieges Oberquartiermeister im Armeeoberkommando 2; hatte seit der Eroberung Lüttichs und

dem Sieg bei Tannenberg (1914) als fakt. Leiter der dt. Kriegsführung im Osten legendären Ruf; 1916 als 1. Generalquartiermeister neben Hindenburg mit der eigtl. militär. Gesamtleitung des Krieges beauftragt, ergriff die Initiative für volle wirtsch. Mobilmachung, erzwang 1917 den uneingeschränkten U-Boot-Krieg und trug im Juli 1917 maßgebl. zum Sturz des Reichskanzlers T. von Bethmann Hollweg bei. Bis zum Spätsommer 1918 vermochte L. die Führung der dt. Politik zu bestimmen und setzte auch im Frieden von Brest-Litowsk die Kriegszielforderungen der Militärs durch. Polit. wollte er, unter Mißachtung der Friedensresolution des Reichstages (1917), bis zum militär. Zusammenbruch innere soziale und polit. Reform durch Expansion ersetzen. Trat nach militär. Scheitern überstürzt zurück und forderte Ende Sept. 1918 einen sofortigen Waffenstillstand. Am 26. Okt. 1918 verabschiedet; nach 1919 einflußloser Außenseiter auf dem völk. Flügel der dt. Rechten (Teilnehmer am Hitlerputsch 1923) und, teils unter dem Einfluß seiner Frau Mathilde [* 1877, † 1966], polit. Sektierer.

Lüdenscheid, Krst. im Sauerland, NRW, 320–440 m ü. d. M., 73 600 E. Verwaltungssitz des Märk. Kr.; Museen; vielseitige Metall- und Kleineisenind., Elektro- u. a. Ind. - 1067 erstmals erwähnt; hatte seit 1114 eine Burg; Hauptort des kurköln. Vests L.; wurde 1268 befestigt und erhielt Stadtrechte verliehen. - Klassizist. Pfarrkirche (1826), Schloß Neuenhof (nach 1693).

Luder, wm. Bez. für jedes tote Tier, das als Köder für Raubwild verwendet wird.

Lüderitz, Franz Adolf, * Bremen 16. Juli 1834, † in der Oranjemündung 24. Okt. 1886 (ertrunken), dt. Kaufmann und Kolonialpionier. - Kaufte 1883 den Hafen Angra Pequena (heute Lüderitz) mit Hinterland. Die Erklärung des Reichsschutzes 1884 für das L. gehörende Gebiet bedeutete den Beginn amtl. dt. Kolonialpolitik.

Lüderitz, Gem. an der L.bucht, Namibia, 6 600 E. Museum; Meerwasserdestillieranlage; Hafen; Konservenfabriken, Bootsbau. Handelszentrum für das Diamantensperrgebiet, das sich um L. erstreckt. - Zur Geschichte ↑ Lüderitz, Franz Adolf.

Lüderitzbucht, Bucht des Atlantiks am südl. Küstenabschnitt Namibias. - 1487 von B. Diaz entdeckt und Angra das Voltas, später (bis ins 19. Jh.) Angra Pequena gen.

Lüders, Günther, * Lübeck 5. März 1905, † Düsseldorf 1. März 1975, dt. Schauspieler und Regisseur. - Engagements u. a. in Dessau, Berlin, Düsseldorf und Bochum; 1960–63 Schauspieldirektor in Stuttgart. Charakterdarsteller (z. B. Polonius in Shakespeares „Hamlet"), auch kom. Rollen (bes. im Film); trat auch als Rezitator auf (Ringelnatz).

L., Heinrich, * Lübeck 25. Juni 1869, † Badenweiler 7. Mai 1943, dt. Indologe. - 1903

Prof. in Rostock, 1908 in Kiel, ab 1909 in Berlin; ab 1920 Sekretär der Preuß. Akademie der Wiss.; arbeitete v. a. auf den Gebieten Epigraphik, buddhist. und ep. Literatur. - *Werke:* Bruchstücke buddhist. Dramen (1911), Philologica Indica (1940), Varuṇa (2 Bde., hg. 1959).

L., Marie-Elisabeth, * Berlin 25. Juni 1878, † ebd. 23. März 1966, dt. Politikerin. - 1912–18 Tätigkeit in Wohlfahrtsverbänden und im preuß. Kriegsministerium als Leiterin der Frauenarbeitszentrale; 1919 Mgl. der Weimarer Nat.versammlung, bis 1932 MdR (DDP). 1948–50 Mgl. des Abg.hauses in Berlin (West), Mgl. des Magistrats, 1953–61 MdB (FDP); setzte sich für die Emanzipation der Frau, für eine Reform des Jugendwohlfahrts-, Familien- und Strafrechts sowie für den Abrüstungsgedanken ein; zahlr. Schriften.

Ludger, männl. Vorname, Nebenform von Luitger.

Ludger, Bischof, ↑Liudger.

Ludhiana, Stadt im ind. Bundesstaat Punjab, 247 m ü. d. M., 606 300 E. Landw.-univ. von Punjab; Handelszentrum an der Eisenbahnlinie Amritsar–Delhi; Textil- und metallverarbeitende Ind. - L. kam 1806 an das Sikhreich, wurde nach dem 1. Sikhkrieg 1845/46 brit. und Distrikthauptstadt.

Lüdinghausen, Stadt im südl. Münsterland, NRW, 51 m ü. d. M., 18 000 E. Nahrungsmittel-, Textil- u. a. Ind. - Ben. nach Bischof Liudger von Münster. - Spätgot. Pfarrkirche (1507 ff.). Wasserburg Vischering (13. Jh. und später), Altstadt mit dreieckigem Grundriß.

Ludmilla, weibl. Vorname slaw. Ur-

Ludovisischer Thron. Flötenspielerin

sprungs (zu russ. ljud „Volk" und milaja „die Angenehme").

Ludmilla (Ludmila, Lidmila), hl., * um 860, † Tetín bei Beroun 15. Sept. 921 (?), Hzgn. von Böhmen. - Erste christl. böhm. Fürstin, Großmutter Wenzels I., des Heiligen, Landespatronin Böhmens. L. wurde von heidnischen Gegnern getötet.

Ludolf von Sachsen, * um 1300, † Straßburg 10. April 1377, dt. Mystiker. - Dominikaner, ab 1340 Kartäuser. In seiner weitverbreiteten „Vita Jesu Christi" verarbeitete L. die Erbauungsliteratur des MA und gab prakt. Anleitungen zur Meditation, von der v. a. Ignatius von Loyola stark geprägt wurde.

Ludolfinger ↑Liudolfinger.

Ludolph van Ceulen, dt.-niederl. Mathematiker, ↑Ceulen, Ludolph van.

Ludolphsche Zahl [nach L. van Ceulen], gelegentl. verwendete Bez. für die Zahl ↑Pi (π).

Ludovico, italien. Form des männl. Vornamens Ludwig.

Ludovisischer Thron, nach dem Fundort im Park der ehem. Villa Ludovisi in Rom ben. griech.-ion. frühklass. Marmorrelief (um 470/60, heute Rom, Thermenmuseum), die Front zeigt wohl Aphrodite; der ursprüngl. Zweck (Thron, Altarteil?) ist ungewiß.

Ludus [lat. „Spiel, Zeitvertreib"], 1. öffentl. Fest- und Schauspiel im alten Rom; 2. geistl. Spiel des MA.

Ludwig, alter dt. männl. Vorname (zu althochdt. hlut „laut", „berühmt" und wig „Kampf, Krieg").

Ludwig, Name von Herrschern:
Röm. Kaiser:
L. I., der Fromme, * Casseneuil (Lot-et-Garonne) 778, † bei Ingelheim am Rhein 20. Juni 840, Mitkaiser (seit 813), Kaiser (seit 814). - Dritter Sohn Karls d. Gr., 781 Unterkönig für Aquitanien; nach dem Tod seiner Brüder Karl und Pippin alleiniger Erbe des Fränk. Reiches, 814 Alleinherrscher, 816 zum Kaiser gekrönt. 830 wandten sich seine Söhne aus erster Ehe, Lothar I., Pippin I. und Ludwig (II.), der Deutsche, gegen ihn, nachdem er die Nachfolgeregelung zugunsten des jüngeren Sohnes Karl II., des Kahlen, geändert hatte. L. war zweimal von den älteren Söhnen abgesetzt (830; 833–834), doch führten Widerstände im Klerus und Zwistigkeiten zw. den Brüdern zu seiner Wiedereinsetzung; unter seiner Herrschaft erreichte die karoling. Reform ihren Höhepunkt.

L. II., * um 825, † bei Brescia 12. Aug. 875, König von Italien (seit 844), Kaiser (seit 850/855). - Ältester Sohn Kaiser Lothars I.; 850 vom Papst zum Kaiser gekrönt, nach dem Tod des Vaters alleiniger Kaiser, jedoch ohne Oberhoheit über die anderen fränk. Teilreiche. Erfolgreiche Kämpfe gegen die Sarazenen (871/872).

L. III., der Blinde, * um 882, † 928 (?), König

von Niederburgund (seit 887) und Italien (900–905), Kaiser (901–905). - Sohn König Bosos von Niederburgund und Irmingards, Tochter Kaiser Ludwigs II.; versuchte, seinem Reich Italien anzugliedern; wurde 905 von Berengar I. geblendet.
Hl. Röm. Reich:
L. IV., der Bayer, * um 1283, † Kloster Fürstenfeld (= Fürstenfeldbruck) 11. Okt. 1347, Röm. König (seit 1314), Kaiser (seit 1328). - Wittelsbacher; in zwiespältiger Wahl gegen den Habsburger Friedrich den Schönen zum Röm. König erhoben, dessen Niederlage bei Mühldorf am Inn (1322) L. das Übergewicht sicherte, doch mußte L. 1325 Friedrich († 1330) infolge seines Konflikts mit dem Papsttum als Mitkönig anerkennen. Johannes XXII. erkannte sein Königtum nicht an, weil er es nicht bestätigt hatte und L. zudem die als Ketzer verurteilten polit. Gegner des Papstes in Italien unterstützte. In seinen Appellationen (1324) bestritt der kurz zuvor gebannte König dem Papst die Rechtsgrundlage für seine Entscheidung und warf ihm Ketzerei vor. 1328 ließ sich L., beraten von Marsilius von Padua, von Vertretern des röm. Volkes zum Kaiser krönen, die Absetzung des Papstes verkünden und einen Gegenpapst (Nikolaus [V.]) erheben. Diese Politik erwies sich als Fehlschlag. Die gemeinsame Front mit den Reichsständen (u. a. Kurverein von Rhense, 1338) zerbrach jedoch bald, als L. sein Bündnis mit England (1337) aufgab zugunsten eines Freundschaftsvertrages mit Philipp VI. von Frankr. (1341), von dem er sich eine Vermittlung an der Kurie erhoffte. Außerdem machte er sich durch rigorose Hausmachtpolitik (Griff nach Tirol, Holland-Seeland-Hennegau) die Reichsfürsten zu Gegnern. So hatte die päpstl. Politik (Klemens VI.) Erfolg mit der Erhebung des Luxemburgers Karl von Mähren (des späteren Kaisers Karl IV.) zum Gegenkönig (11. Juli 1346), dem aber erst der Tod des Wittelsbachers den Weg zur Herrschaft öffnete.
☐ *Schwöbel, H. O.: Der diplomat. Kampf zw. L. dem Bayern u. der Röm. Kurie im Rahmen des kanon. Absolutionsprozesses. 1330–1346. Weimar 1968.*
Baden:
L. Wilhelm I., * Paris 8. (18.?) April 1655, † Rastatt 4. Jan. 1707, Markgraf (seit 1677). - Kämpfte erfolgreich ab 1683 gegen die Osmanen („Türkenlouis") und 1693 im Pfälz. Erbfolgekrieg als Oberbefehlshaber der Reichsarmee gegen die Franzosen; gründete Stadt und Schloß Rastatt neu.
Bayern:
L. I., der Kelheimer, * Kelheim 23. Dez. 1174, † ebd. 15. Sept. 1231, Hzg. (seit 1183). - Anhänger der Staufer; 1226 zum Reichsverweser ernannt; fiel von Kaiser Friedrich II. ab und wurde ermordet.
L. II., der Strenge, * Heidelberg 13. April 1229, † ebd. im Febr. 1294, Hzg. (seit 1253). - Regierte zuerst zus. mit seinem Bruder, Heinrich I., teilte 1255 das Erbe und erhielt Oberbayern, die rhein. Pfalz und die Kurwürde; förderte die Wahl Rudolfs von Habsburg zum Röm. König.
L. IV., ↑ Ludwig IV., der Bayer, Kaiser des Hl. Röm. Reiches.
L. V., ↑ Ludwig der Ältere, Markgraf von Brandenburg.
L. VI., Hzg., ↑ Ludwig der Römer, Markgraf von Brandenburg.
L. I., * Straßburg 25. Aug. 1786, † Nizza 29. Febr. 1868, König (1825–48). - Sohn König Maximilians I. Joseph; baute München zur Kunststadt aus (Residenzausbau, Pinakotheken, Propyläen u. a.); trat für den griech. Freiheitskampf ein (sein Sohn Otto wurde 1832 König von Griechenland); seine anfängl. liberale Politik zeigte zunehmend reaktionäre Tendenzen. Die wachsende Opposition gegen L., verstärkt durch die Affäre um die Tänzerin Lola Montez, zwang ihn während der Märzrevolution 1848 zum Rücktritt.

Ludwig II., König von Bayern (1876)

L. II., * Schloß Nymphenburg 25. Aug. 1845, † im Starnberger See bei Schloß Berg 13. Juni 1886 (ertrunken), König (seit 1864). - Sohn Maximilians II., nahm 1866 am Krieg gegen Preußen teil, ergriff nach außen die Initiative zur Kaiserproklamation 1871. Das Versprechen Bismarcks, L. großzügige finanzielle Hilfe zu leisten, erlaubte ihm die Fortführung seiner Bauleidenschaft (u. a. die Schlösser Neuschwanstein, Herrenchiemsee); Mäzen R. Wagners; verfiel 1886 in geistige Umnachtung, drei Tage nach der Regentschaftsübernahme durch Prinz Luitpold (10. Juni 1886) starb L. mit dem Psychiater A. von Gudden im Starnberger See.
L. III., * München 7. Jan. 1845, † Sárvár (Ungarn) 18. Okt. 1921, König (1913–18). - Nachfolger seines Vaters Luitpold als Prinzregent (seit 1912), ließ sich 1913 zum König proklamieren; mußte 1918 außer Landes gehen.

Ludwig

Bayern-Landshut:
L. IX., der Reiche, * 23. Febr. 1417, † 18. Jan. 1479, Hzg. (seit 1450). - Kämpfte gegen Albrecht III. Achilles von Brandenburg (1462 Sieg bei Giengen); förderte Handel und Gewerbe, gründete 1472 die Univ. Ingolstadt.

Brandenburg:
L. der Ältere, * 1315, † Zorneding 18. Sept. 1361, Markgraf (1323–51), als Ludwig V. Hzg. von Bayern (seit 1347). - Wurde nach dem Aussterben der brandenburg. Askanier mit der Mark belehnt, die er 1351 seinen Brüdern abtrat. Durch seine Heirat mit Margarete Maultasch (1342) gewann L. Tirol.

L. der Römer, * München 1330, † Berlin Anfang 1365, Markgraf (seit 1351), als Ludwig VI. Hzg. von Bayern (1347–51). - Als Vormund seines jüngeren Bruders Otto regierte L. bis 1360 prakt. allein. Sicherung der Kurwürde durch die Goldene Bulle (1356); 1363 Erbvertrag mit Kaiser Karl IV., der diesem bei kinderlosem Tod von L. und Otto die Nachfolge in Brandenburg zusicherte.

Deutscher Orden:
L. von Erlichshausen, † Königsberg (Pr) 4. April 1467, Hochmeister (seit 1450). - Mußte im 2. Thorner Frieden 1466 die Oberhoheit des poln. Königs anerkennen.

Frankreich:
L. IV., der Überseeische, * 921, † Reims 10. Sept. 954, König (seit 936). - Sohn Karls III., des Einfältigen, heiratete 939 Gerberga, eine Schwester Ottos I., d. Gr., der ihn zus. mit Hugo d. Gr. von Franzien zuerst bekämpfte, dann aber gegen Hugo unterstützte.

L. VI., der Dicke, * 1081, † Paris 1. Aug. 1137, König (seit 1108). - Sohn Philipps I.; bereits 1098/1100 zum König gewählt und Mitregent, sicherte den Frieden innerhalb der Krondomäne durch die Niederwerfung der Barone der Île de France; leitete durch Verstärkung des königl. Einflusses in den Ländern der Kronvasallen den Aufstieg des kapeting. Königtums ein.

L. VII., der Junge, * 1120, † Paris 18. Sept. 1180, König (seit 1137). - Nahm 1147–49 am 2. Kreuzzug teil; verursachte 1152 durch Annullierung seiner Ehe mit Eleonore von Aquitanien, die den späteren Heinrich II. von England heiratete, den Verlust des W und SW von Frankr. und legte den Grund zu langen Konflikten mit England.

L. VIII., der Löwe, * Paris 5. Sept. 1187, † Montpensier 8. Nov. 1226, König (seit 1223). - Versuchte 1216 vergebl., England in Besitz zu nehmen; 1226 griff er in die Albigenserkriege ein und begr. die Herrschaft der frz. Krone in S-Frankreich.

L. IX., der Heilige, * Poissy 25. April 1214 (?), † vor Tunis 25. Aug. 1270, König (seit 1226). - Baute Krondomäne und Zentralverwaltung aus (Kontrolle der königl. Amtsträger, Teilung der Curia regis in königl. Rat, Parlament und Rechnungshof); förderte das Rechtswesen (Verbot des Gottesurteils und der Fehde [1258]) und erreichte 1259 von Heinrich III. von England den Verzicht auf die Normandie u. a. Gebiete sowie den Lehnseid für die engl. Besitzungen in SW-Frankreich. Nahm an mehreren Kreuzzügen teil (1248–54; 1270); geriet 1250/51 in Ägypten in Gefangenschaft, erlag vor Tunis mit einem großen Teil seines Heeres einer Seuche; 1297 heiliggesprochen (Fest: 25. August).

L. XI., der Grausame, * Bourges 3. Juli 1423, † Plessis-les-Tours 30. Aug. 1483, König (seit 1461). - Konspirierte als Dauphin mit dem Hochadel gegen seinen Vater Karl VII. Seine despot. Herrschaft als König forderte die Lehnsfürsten unter Karl dem Kühnen von Burgund zur Vereinigung in der „Ligue du bien public" heraus. Den Burgunderhzg. schaltete L. durch polit. Geschick aus. Im Vertrag von Arras (Dez. 1482) konnte er gegen den späteren Kaiser Maximilian I. der frz. Krone das Artois und die Franche-Comté sichern; bis 1475 zog L. die Cerdagne und das Roussillon, 1481 Anjou, Maine und die Provence an sich. Die monarch. Staatsgewalt stärkte er durch Schwächung des Pariser Parlaments und die wirtschaftl. Förderung des Bürgertums.

L. XII. von Orléans, * Blois 27. Juni 1462, † Paris 1. Jan. 1515, König (seit 1498). - Heiratete in 2. Ehe die Witwe Karls VIII., Anna von Bretagne, erhob Anspruch auf Mailand, dessen Hzg. Ludwig er 1499/1500 vertrieb. Ein Vertrag mit Ferdinand II. von Aragonien sicherte ihm das Kgr. Neapel; beteiligte sich 1508 an der Liga von Cambrai und besiegte 1509 die Republik Venedig bei Agnadello. Die von Papst Julius II. gegr. Hl. Liga von 1511 vertrieb ihn aus Mailand (1513). Der durch seine Innenpolitik beliebte König führte den Beinamen „Vater des Volkes".

L. XIII., * Fontainebleau 27. Sept. 1601, † Saint-Germain-en-Laye 14. Mai 1643, König (seit 1610). - Unterstand zunächst der Regentschaft seiner Mutter Maria von Medici und kam erst 1617 fakt. an die Macht. 1624 berief er A.-J. du Plessis, Hzg. von Richelieu, zum leitenden Minister und deckte dessen erfolgreiche Politik (Verwaltungsreform, expansive Außenpolitik, Adelsgesetzgebung) gegen die Opposition. In seiner Reg.zeit setzten sich Absolutismus und Merkantilismus endgültig durch.

L. XIV., gen. Sonnenkönig (frz. Roi Soleil), * Saint-Germain-en-Laye 5. Sept. 1638, † Versailles 1. Sept. 1715, König (seit 1643). - Bis 1661 unter der Regentschaft der Königinmutter Anna von Österreich. Seine Selbstherrschaft begann auf der Höhe der Erfolge der Politik Richelieus und Mazarins. Kraft seiner starken Herrscherpersönlichkeit prägte L., selbst in seiner polit. Erfahrung früh entscheidend beeinflußt durch den Aufstand der Fronde gegen das absolutistische Königtum, den

Machtstaat des Absolutismus, der durch eine Zentralreg. mit jeweils 3 bis 4 v. a. bürgerl. Min. (Colbert, Le Tellier, Louvois, Lionne, Pomponne), durch Konzentration der Verwaltung, Entmachtung der Parlamente, Steigerung der materiellen Mittel des Staates (Merkantilismus) und anfangs auch durch gesellschaftl. Mobilität gekennzeichnet war. Neben vielbewunderten Leistungen (u. a. Schloßbau von Versailles seit 1661) standen verhängnisvolle Entscheidungen: Eroberungskriege (1667–97) forderten den Widerstand der europ. Mächte heraus, die der frz. Expansion Grenzen setzten; die auf ein Staatskirchentum zielende Kirchenpolitik führte zu Auseinandersetzungen mit dem Papsttum und dem Jansenismus und zu erneuter Hugenottenverfolgung (Revokationsedikt von Fontainebleau, 1685). Der Niedergang der absolutist. Monarchie wurde sichtbar im Span. Erbfolgekrieg (1701–13/14): L. erreichte zwar z. T. seine dynast. Ziele, Frankr. stand jedoch vor dem Staatsbankrott, und die Aufrechterhaltung unhaltbar gewordener gesellschaftl. Strukturen sollte eine Hauptursache der Frz. Revolution werden.

📖 *Schwesig, B. R.: L. XIV. Rbk. 1986. - Bernier, O.: L. XIV. Dt. Übers. Zürich 1986. - Lewis, W. H.: L. XIV. Mchn. 1984. - Méthivier, H.: Le siècle de Louis XIV. Paris* ⁴*1966.*

L. XV., * Versailles 15. Febr. 1710, † ebd. 10. Mai 1774, König (seit 1715). - Urenkel Ludwigs XIV., stand unter der Vormundschaft Hzg. Philipps II. von Orléans (bis 1723), überließ die Reg. 1726–43 Kardinal A. H. de Fleury. Günstlings- und Mätressenwirtschaft (Marquise de Pompadour, Gräfin Dubarry) hinderten L. daran, die innen- und außenpolit. Probleme (Ggs. Adel/Bourgeoisie, Zerrüttung der Staatsfinanzen und Verluste im Siebenjährigen Krieg) zu bewältigen.

L. XVI., * Versailles 23. Aug. 1754, † Paris 21. Jan. 1793 (hingerichtet), König (1774–92). - Konnte trotz hervorragender Minister

Ludwigsburg. Schloß mit Gartenanlage

Ludwig XIV., König von Frankreich

wie A. R. J. Turgot die Ansätze einer aufgeklärten Reformpolitik nicht realisieren und die drohende Finanz- und Staatskrise nicht meistern. Der offene Widerstand der privilegierten Stände (Notabelnversammlung) zwang L. 1789 zur Einberufung der Generalstände, die den Weg zur Frz. Revolution öffneten. Nach anfängl., erzwungener Sanktionierung der Revolution wollte sich L. nicht mit der Stellung eines konstitutionellen Monarchen abfinden. Er wurde am 21. Sept. 1792 für abgesetzt erklärt, vom Nationalkonvent zum Tode verurteilt und guillotiniert.

L. (XVII.), eigtl. Karl Ludwig, * Versailles 27. März 1785, † Paris 8. Juni 1795, Dauphin (seit 1789). - 2. Sohn Ludwigs XVI., wurde mit der königl. Fam. ab Aug. 1792 gefangengehalten und starb in der Gefangenschaft. Zweifel am Tod und die Behauptung, der Dauphin sei entkommen, riefen zahlreiche Abenteurer auf den Plan, die sich für ihn ausgaben (am glaubwürdigsten der dt. Uhrmacher K. W. Naundorf[f]).

L. XVIII., gen. le Désiré, * Versailles 17. Nov. 1755, † Paris 16. Sept. 1824, Graf von Provence, König (seit 1814/15). - Bruder Ludwigs XVI. Während der Frz. Revolution in Koblenz, beanspruchte nach der Hinrichtung Ludwigs XVI. die Regentschaft für den von

Ludwig

ihm zum König ausgerufenen Ludwig (XVII.). 1814 zog er als legitimer Thronfolger in Paris ein und errichtete eine konstitutionelle Monarchie.

L. Philipp ↑ Louis Philippe, König von Frankreich.

Holland:

L. (Louis Bonaparte), * Ajaccio 2. Sept. 1778, † Livorno 25. Juli 1846, König (1806–10). - Bruder Napoléon Bonapartes, der ihn 1805 zum Generalgouverneur von Piemont und im Juni 1806 zum König von Holland ernannte; geriet v. a. wegen der Anwendung der Kontinentalsperre in Konflikt mit dem Kaiser, so daß er am 1. Juli 1810 die Reg. niederlegte.

Mailand:

L. (Ludovico Sforza), * Vigevano 27. Juli 1452, † Loches 27. Mai 1508, Hzg. (1494–99). - Erhielt 1494 vom späteren Kaiser Maximilian I. Mailand als Reichslehen; 1499 von Ludwig XII. von Frankr. vertrieben, 1500 nach Frankr. verbracht, wo er im Haft starb. Bed. Mäzen (Leonardo da Vinci) und Bauherr.

Ostfränk. Reich:

L. (II.), der Deutsche, * um 805, † Frankfurt am Main 28. Aug. 876, König (seit 843). - Erhielt 817 als Unterkönigtum Bayern; beteiligte sich an der Absetzung seines Vaters Ludwigs I., des Frommen, bekämpfte aber auch den Machtanspruch seines ältesten Bruders, Kaiser Lothars I., gegen den er sich 841/842 mit Karl dem Kahlen verbündete. Mit seinen Gebietserwerbungen in den Verträgen von Verdun (843) und Meerssen (870) bahnte er die eigenständige Entwicklung des Ostfränk. Reiches an.

L. (IV.), das Kind, * Öttingen (= Altötting) 893, † 24. Sept. 911, König (seit 900). - Sohn Kaiser Arnulfs von Kärnten; nach dessen Tod als letzter ostfränk. Karolinger unter dem Einfluß Erzbischof Hattos I. von Mainz gewählt; seine Unmündigkeit begünstigte die Entstehung neuer Stammesherzogtümer.

Thüringen:

L. II., der Eiserne, * um 1128, † auf der Neuenburg bei Freyburg/Unstrut 14. Okt. 1172, Landgraf (seit 1140). - Kämpfte 1165 gegen den Erzbischof von Mainz, Konrad von Wittelsbach, 1166–68 gegen Heinrich den Löwen. Der Schmied von Ruhla soll L. gemahnt haben, gegen den gewalttätigen Adel vorzugehen *("Landgraf, werde hart!")*.

L. IV., der Heilige, * 28. Okt. 1200, † Otranto 11. Sept. 1227, Landgraf (seit 1217). - Seit 1221 ∞ mit Elisabeth von Thüringen; versuchte, mit Unterstützung Kaiser Friedrichs II. die Markgrafschaft Meißen und die Lausitz zu gewinnen.

Ungarn:

L. I., der Große, * Visegrád 5. März 1326, † Trnava 10. Sept. 1382, König von Ungarn (seit 1342) und Polen (seit 1370). - Sicherte erfolgreich die ungar. Oberhoheit über die nördl. Balkanländer; unter seiner Regierung

hatte Ungarn die größte Ausdehnung.

Ludwig, Carl, * Witzenhausen 29. Dez. 1816, † Leipzig 24. April 1895, dt. Physiologe. - Prof. in Marburg, Zürich, Wien und Leipzig. L. verstand die Physiologie als Wiss. von der Physik und Chemie des lebenden Organismus. Mit seinen Forschungen und seinem „Lehrbuch der Physiologie des Menschen" (2 Bde., 1852–56) begr. er die quantitativ-exakte Richtung der Physiologie. Seine Hauptarbeitsgebiete waren Kreislaufphysiologie, Physiologie der Atmung und des Stoffwechsels, Neurophysiologie und physiolog. Chemie. Darüber hinaus entwickelte er Methoden des physiolog. Experimentierens am isolierten Organ.

L., Christa, * Berlin 16. März 1928, östr. Sängerin (Mezzosopran). - Kam über Frankfurt am Main, Darmstadt und Hannover 1955 an die Wiener Staatsoper; interpretiert v. a. Werke von Mozart und R. Strauss, auch Liedsängerin (Schubert, Mahler).

L., Emil, urspr. E. Cohn, * Breslau 25. Jan. 1881, † Moscia bei Ascona 17. Sept. 1948, dt.-schweizer. Schriftsteller. - Ab 1932 schweizer. Staatsbürger; ab 1940 in den USA. Verfaßte spannende, psychologisierende Romanbiographien um das Schicksale großer Männer (Napoleon, Goethe, Bismarck, Roosevelt, Stalin); auch Dramatiker, Erzähler und Übersetzer.

L., Otto, * Eisfeld (Landkr. Hildburghausen) 12. Febr. 1813, † Dresden 25. Febr. 1865, dt. Dichter. - Prägte Begriff und Stil des poet. Realismus; bed., psycholog. meisterhaft gestaltete realist. Erzählungen, v. a. „Zw. Himmel und Erde" (1856) und humorvolle Dorfgeschichten, u. a. „Die Heiterethei" (1857) mit Auswirkungen auf die Heimatkunst. Seine Dramen, von denen nur die Tragödie „Der Erbförster" (1853) erfolgreich war, litten unter der Neigung von L. zur ständigen Reflexion und theoret. Auseinandersetzung um Gesetze, Prinzipien und Technik der dramat. Kunstform. Polemisierte gegen Schillers Dramen.

L., Paula, * Altenstadt (Vorarlberg) 5. Jan. 1900, † Darmstadt 27. Jan. 1974, östr. Lyrikerin, Malerin und Schauspielerin. - Lebte 1938–53 in der Emigration, zuletzt in Brasilien. Emotionale, nuancenreiche Lyrik und Prosa von expressiver Sprachkraft, bes. „Die selige Spur" (Ged., 1920), „Traumlandschaft" (Prosa, 1935).

L., Walther, * Bad Oeynhausen 17. März 1902, † Lahr 15. Mai 1981, dt. Sänger (lyr. Tenor). - 1932–45 Mgl. der Städt. Oper Berlin, dann umfangreiche Konzerttätigkeit und Operngastspiele (v. a. als Mozart-Interpret); 1955–67 Prof. an der Hochschule für Musik in Berlin; seit 1971 als Lehrer tätig.

Ludwigsburg, Krst. im N des Großraums Stuttgart, Bad.-Württ., 291 m ü. d. M., 77 100 E. PH, staatl. Sportschule, REFA-Inst.: Schloß-, Heimatmuseum, Schloßtheater;

Zentralstelle der Landesjustizverwaltungen zur Aufklärung nationalsozialistischer Verbrechen; Landesstelle für Naturschutz und Landschaftspflege; Gartenschau „Blühendes Barock" (seit 1954), Schloßfestspiele. Führend sind metallverarbeitende Betriebe sowie Elektro-, Textil-, Nahrungs- und Genußmittelind.; Porzellanmanufaktur. - 1699 wurde mit dem Bau eines Jagdschlosses begonnen, das bald Sommerresidenz (bis 1816) wurde; nach 1715 erfolgte die Anlage einer Stadt auf regelmäßigem Grundriß (1718 Stadtrecht); 1724–33 und 1764–75 alleinige Residenz. - Das ehem. königl. Schloß ist der größte nach Versailler Vorbild entstandene Barockbau Württembergs (1704 ff.) mit Innenausstattung im Barock-, Rokoko- und Empirestil. Die Stadtkirche und die Kirche der Reformierten stammen aus dem 18. Jh. - Abb. S. 239.

L., Landkr. in Bad.-Württ.

Ludwigsburger Porzellan, Porzellan der 1758 von Herzog Karl Eugen von Württemberg in Ludwigsburg gegr. Manufaktur. G. F. Riedel schuf in der Blütezeit (1759–79) die Geschirrdekore, J. C. W. Beyer u. a. die Porzellanfiguren im Übergang vom Rokoko zum Klassizismus.

Ludwigshafen, Landkr. in Rhld.-Pf.

Ludwigshafen am Rhein, Stadt am Oberrhein, gegenüber von Mannheim, Rhld.-Pf., 95 m ü. d. M., 154 500 E. Verwaltungssitz des Landkr. Ludwigshafen; mehrere Fachhochschulen, mehrere Museen, u. a. Hack-Museum (v. a. Kunst), Schillergedenkstätte Oggersheim, Theater. Größtes Unternehmen ist die BASF. Neben der chem. Ind. auch Metallverarbeitung sowie Nahrungsmittel- und Getränkeind.; Binnenhafen. - Als Brükkenkopf der Festung Mannheim 1607 erbaut, ab 1720 erweitert, ab 1804 geschleift; ab 1822/24 wurde der Hafen angelegt; erhielt 1843 den Namen König Ludwigs I. von Bayern; 1859 Stadt; wuchs seit Gründung der BASF (1865) sowie weiterer Firmen und durch zahlr. Eingemeindungen (Friesenheim 1892, Mundenheim 1899, Maudach 1938 u. a.) zum bed. Ind.zentrum heran. - Der Stadtkern wurde nach Zerstörungen im 2. Weltkrieg planmäßig wieder aufgebaut. An ihn schließt sich nach N das Werksgelände der BASF an. Hochstraße über den neuen Hauptbahnhof mit mächtigem Pylon (1969), Rathaus (1979).

Ludwigslied, althochdt. Fürstenpreislied eines unbekannten rheinfränk. Verf. auf den Sieg des frz. Königs Ludwig III. über die Normannen (881). Verbindet das german. Heldenideal mit christl. Vorstellungen; Endreim anstelle des bis dahin übl. Stabreimes; ältestes erhaltenes histor. Lied der dt. Literatur. In einer Handschrift des 9. Jh. überliefert.

Ludwigslust, Krst. im sw. Mecklenburg, Bez. Schwerin, DDR, 36 m ü. d. M., 13 600 E. Maschinenbau, Druckerei, Baustoffind., Mol-

kerei. - Entstand durch Ausbau eines herzogl. Jagdhauses zur Residenz (1764–1837, Nebenresidenz bis 1918). Der sich an die Residenz anlehnende Marktflecken erhielt 1876 Stadtrecht. - Schloß (1772–76) mit Großer Kaskade, Schloßkirche und Parkanlage (im 19. Jh. umgestaltet).

L., Landkr. im Bez. Schwerin, DDR.

Ludz, Peter Christian, * Stettin 22. Mai 1931, † bei Traubing (Landkr. Starnberg) 1. (?) Sept. 1979 (Selbstmord), dt. Politikwissenschaftler. - Prof. in Berlin, Bielefeld, seit 1973 in München. Arbeiten zur Methodologie und Ideologiekritik der Sozialwiss., Marxismus-, DDR- und Totalitarismusstudien.

Lueger [lu'e:gər, 'lu:εgər], Karl, * Wien 24. Okt. 1844, † ebd. 10. März 1910, östr. Politiker. - Schuf die Christlichsoziale Partei; gehörte zu den Verfassern des Linzer Programms (1885). Seine Verknüpfung von christl.-sozialen Ideen mit Interessenvertretung von Kleingewerbe und Mittelstand, verbunden mit einem scharfen Antisozialismus und Antisemitismus, sicherte seiner Partei in Wien und den Alpenländern eine Massenbasis. Als Bürgermeister von Wien (seit 1897) betrieb L. vorausschauende Kommunalpolitik (Kommunalisierung von Gas und Wasser; Schul- und Klinikbau), scheiterte jedoch an dem Versuch, den sterilen Konservatismus der Christlichsozialen auf den Weg zu einer umfassenden Reichsreform zu führen.

L., Otto, * Tengen 13. Okt. 1843, † Stuttgart 2. Mai 1911, dt. Ingenieur. - Ab 1895 Prof. für Wasserbau an der TH Stuttgart; Begründer und erster Hg. des „Lexikons der gesamten Technik und ihrer Hilfswiss." (1894–99, [4]1960–72).

Lufft, Hans, * Amberg (?) 1495, † Wittenberg 1. oder 2. Sept. 1584, dt. Buchdrucker. - Seit 1522 in Wittenberg ansässig, 1566–76 (alternierend) regierender Bürgermeister; druckte u. a. 1534 die 1. Ausgabe der ganzen Bibel in der Übersetzung Luthers.

Luft, Friedrich, * Berlin 24. Aug. 1911, dt. Schriftsteller und Kritiker. - Wurde nach 1945 als „die Stimme der Kritik" beim RIAS Berlin bekannt; 1945–55 Feuilletonredakteur der „Neuen Zeitung", seit 1955 Chefkritiker der „Welt" in Berlin; schrieb amüsant-zeitkrit. Essays, theaterkrit. Werke, Biographien, Filmdrehbücher.

Luft, das die Erde umgebende Gasgemisch (Zusammensetzung ↑ Atmosphäre), dessen Gasanteile im allg. nur wenig variieren; über Städten und Industriegebieten können jedoch die Anteile der L. an Kohlendioxid und Schwefeldioxid stark erhöht sein (↑ Luftverunreinigungen). Große Bed. für das Leben auf der Erde haben der durch den Kohlendioxid- und Wasserdampfgehalt bedingte Schutz vor zu großer Wärmeabstrahlung sowie der durch die Ozonschicht bewirkte Strahlenschutz. Die **Luftdichte** (von reiner, trockener L.) beträgt bei einem Druck von 1013,2 hPa und bei 0 °C 1,292 · 10⁻³ g/cm³ (= 1,292 g/l).

Luft... ↑auch Aero...

Luftalarm ↑Alarm.

Luftäquivalent, die Dicke einer Luftschicht, die die gleiche Abbremsung atomarer Teilchen bewirkt wie eine Schicht gegebener

Luftbild. Vergleich von Aufnahmen des gleichen Objekts in verschiedenen Aufnahmetechniken. Panchromatischer Schwarzweißfilm mit Gelbfilter mit Interpretation (dunkle Konturierung; oben), Color-Umkehrfilm Kodak Ektachrome Aero mit UV-Filter (Mitte) und Kodak Ektachrome (Infrared Aero mit Gelbfilter; unten)

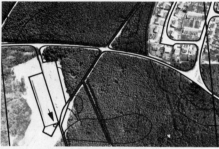

Dicke der untersuchten Substanz. Gelegentl. wird auch die Dicke einer Materieschicht, deren Bremswirkung der von 1 cm Luftweg gleichkommt, als L. bezeichnet.

Luftbefeuchter, meist elektr. betriebenes Gerät zur Steigerung der Luftfeuchtigkeit in [Wohn]räumen. L. haben einen Wasserbehälter und arbeiten nach folgenden Prinzipien: 1. *Verdunsten,* z. B. Wasserbehälter am Heizkörper oder L. mit Ventilator; verdunstete Menge abhängig von der Lufttemperatur und -feuchte; 2. *Verdampfen,* Wasser wird elektr. erhitzt und verdampft unbegrenzt; 3. *Zerstäuben:* Wasser wird unabhängig vom Zustand der Raumluft zu feinstem Nebel zersprüht.

Luftbetankung (Flugbetankung), Betankung eines [Kampf]flugzeugs während des Fluges durch ein Tankflugzeug; erfolgt über ein elast. Rohr mit Trichtermundstück, in das ein Gegenmundstück des aufzutankenden Flugzeugs automat. einkuppelt.

Luftbild, photograph. Aufnahme eines Teils der Erdoberfläche von einem Luftfahrzeug aus, i. w. S. auch von Satelliten. L. sind wichtig in der Photogrammetrie, in der Luftaufklärung und haben sich als bed. Hilfsmittel der verschiedensten Wiss. erwiesen, z. B. in der Geomorphologie und Geologie, in der Archäologie, der Meteorologie, der Ozeanographie; sie werden ferner u. a. zur Herstellung topograph. Karten und bei der Trassenfestlegung von Straßen verwendet.

Luftbildarchäologie, etwa seit dem 1. Weltkrieg angewandtes Verfahren, um durch Aufnahmen aus der Luft archäolog. Tatbestände zu klären, wobei sich auch überwachsene Überreste infolge schwächeren Bewuchses deutl. abzeichnen; überflutete Städte können heute ebenfalls erkannt werden.

Luftbinder ↑Bindemittel.

Luft-Boden-Raketen ↑Raketen.

Luftbombardement, nach Völkerrecht das Abwerfen von Sprengstoffen und ähnl. zerstörend wirkender Mittel aus Luftfahrzeugen im Kriegsfalle. Die Haager Landkriegsordnung hat das L. gegen unverteidigte Orte untersagt; diese Bestimmung wird seit dem 2. Weltkrieg nicht mehr beachtet.

Luftbrücke, Versorgung durch Luftfahrzeuge; notwendig, wenn der Land- oder Seeweg durch natürl. oder künstl. Hindernisse versperrt ist oder wenn schnell große Entfernungen überbrückt werden sollen. - Während der Berliner Blockade wurde Berlin (West) auf Initiative L. D. Clays vom 26. Juni 1948–12. Mai 1949 durch eine L. versorgt: in fast 200 000 Flügen wurden 1,44 Mill. t Güter eingeflogen.

Luftdruck (atmosphär. Druck), der Druck, den die Lufthülle der Erde infolge ihrer Gewichtskraft ausübt. Der L. beträgt im Mittel im Meeresniveau (NN) 1013,2 hPa, wobei Werte zw. 930 und 1070 hPa auftreten können. Mit zunehmender Höhe nimmt der L. ab (↑barometrische Höhenformel). Aus Gründen der Vergleichbarkeit aller gemessenen L.werte müssen diese auf die Temperatur von 0 °C (Temperaturkorrektion), auf die Höhe des Meeresspiegels (Höhenkorrektion) und auf die unter 45° Breite herrschende Normalschwere (Schwerekorrektion) reduziert werden. In der Meteorologie wird ein Gebiet mit hohem L. als Hoch, mit niedrigem L. als Tief bezeichnet. Die Wechselwirkung zw. Hochs und Tiefs bestimmen wesentl. das Wettergeschehen.

Luftdrucktendenz (Barometertendenz), in der Meteorologie Bez. für die Art (gleichbleibend, fallend oder steigend) und den Betrag der Luftdruckänderung in den letzten drei Stunden vor der Beobachtung.

Luftdruckwaffen, im Schießsport verwendete Schußwaffen (**Luftgewehr, Luftpistole**), bei denen Bleigeschosse oder Haarbolzen (Kaliber 4 bis 5 mm) durch den Druck der (durch einen Kolben komprimierten) Luft ihre Anfangsgeschwindigkeit erhalten.

Luftdusche, Einblasen von Luft durch die Ohrtrompete in den Mittelohrraum zu diagnost. oder therapeut. Zwecken (u. a. Verbesserung des Hörvermögens bei Tubenverschluß).

Luftelektrizität (atmosphär. Elektrizität), Sammelbez. für alle natürl. elektr. Erscheinungen, die in der Erdatmosphäre auftreten. Unter dem Einfluß radioaktiver Strahlung, der Höhenstrahlung und kurzwelliger Sonnenstrahlung werden in der Erdatmosphäre ständig Ladungsträger (Luftionen) erzeugt. Unter normalen Bedingungen (d. h. ohne Gewitter) existiert in der Atmosphäre ein elektr. Feld *(luftelektr. Feld)*, dessen Feldstärke an der Erdoberfläche etwa 100 V/m beträgt und mit wachsender Höhe [exponentiell] abnimmt. Der ständigen Ladungsträgererzeugung entspricht ein elektr. Vertikalstrom zur Erde, dessen Stromdichte bei schönem Wetter rund $3 \cdot 10^{-16}$ A/cm^2 beträgt. - ↑auch Gewitter.

Lüftelmalerei (Lüftlmalerei), Bez. für die Malerei an den Fassaden bayr. Häuser und Kirchen des Alpengebiets, v. a. des 18.Jh. (insbes. in Oberammergau und Mittenwald).

Luftembolie, das Eindringen von Luft in die Blutbahn mit den Folgen einer ↑Embolie.

Lüfter, svw. ↑Ventilator.

Luftfahrt, die Benutzung des Luftraums durch bemannte - i. w. S. auch durch unbemannte - Luftfahrzeuge und alle damit zusammenhängende Tätigkeiten, Einrichtungen und Techniken. Man unterscheidet heute gewöhnl. drei große Bereiche: Die *allg. L.* umfaßt den außerhalb des Fluglinienverkehrs durchgeführten Flugbetrieb; dazu gehört die Geschäftsreisefliegerei ("Business flying"), der Charterflugbetrieb, die Landwirtschafts- und Luftbildfliegerei (zus. mit einigen anderen Flugdiensten auch als *Arbeits-L.* bezeichnet), die Sportfliegerei, der Schulflugbetrieb u. a. Den zweiten großen Bereich stellt die *Linienverkehrs-L.* dar. Diesen beiden Bereichen, unter dem Oberbegriff *Zivil-L.* zusammengefaßt, wird als dritter die *militär. L.* gegenübergestellt.

Da es keine scharfe Grenze zw. Atmosphäre und freiem Weltraum gibt, ist auch die L. nicht klar von der Raumfahrt abgrenzbar. Die Übergangszone beginnt bei etwa 15 000 m und reicht bis etwa 200 km Höhe. Während man mit Ballons schon verhältnismäßig früh in große Höhen vorstieß (J. A. C. Charles schon 1783 bis in rund 3 000 m), stand bei der eigtl. Luft-„Fahrt" mit der Entwicklung des Luftschiffs und der Vervollkommnung des Flugzeugs die Überwindung größerer Entfernungen im Vordergrund des Interesses. 1919 überquerte G. H. Scott erstmals den Nordatlantik mit einem Luftschiff (R 34) in beiden Richtungen, noch im gleichen Jahr gelang J. Alcock und A. Whitten-Brown die erste Atlantiküberquerung in einem Flugzeug (zweimotoriger Doppeldecker Vickers-Vimy), 1927 C. Lindbergh der aufsehenerregende Flug New York–Paris in 33 $^1/_2$ Stunden mit der Ryan NYP „Spirit of St. Louis". - Ab Mitte der 30er Jahre zeigte sich immer deutlicher die Überlegenheit des Flugzeugs gegenüber dem Luftschiff, das ab 1937 fast vollständig verdrängt wurde. Der rasch entwickelnden L. stand inzwischen eine Vielzahl unterschiedlichster Flugzeugtypen zur Verfügung, vom leichten einmotorigen Doppeldecker in Holzbauweise mit Stoffbespannung bis zu großen, mehrmotorigen Verkehrsflugzeugen in Ganzmetallbauweise und Flugbooten. Der 2. Weltkrieg führte zur Entwicklung einer großen Anzahl schneller, wendiger Flugzeugtypen (Jagdflugzeuge) wie auch schwerer Transport- bzw. Bombenflugzeuge mit großer Reichweite und hoher Zuladung. Nachdem schon 1939 das erste durch ein Luftstrahltriebwerk angetriebene Flugzeug zu seinem Erstflug gestartet war (Heinkel He-178), begann ab 1941 die Erprobung des ersten in Serie hergestellten Jagdflugzeugs mit Strahlantrieb (Messerschmitt Me-262). In der Zivil-L. kam der Strahlantrieb nur zögernd zur Anwendung. Das erste „Düsenverkehrsflugzeug" (De-Havilland-Comet) wurde 1952 in Dienst gestellt; in den folgenden 20 Jahren wurde praktisch der gesamte Mittel- und Langstrecken-Linienflugbetrieb auf Maschinen mit Strahlantrieb umgestellt. - 1947 wurde erstmals ein Flug mit Überschallgeschwindigkeit durchgeführt (1 080 km/h mit dem Versuchsflugzeug Bell X-1). Mit der Entwicklung des brit.-frz. Überschallflugzeugs „Concorde" und der sowjet. Tupolew Tu-144 wurde dieser Bereich auch der Zivil-L. eröffnet (planmäßige Passagier-Linienflüge seit 1976

Luftfahrt-Bundesamt

bzw. 1977). - ↑auch Flugzeug (Geschichte).
📖 *Illustrierte Gesch. der L.* Mchn. 1979. -
Lochner, W.: *Weltgesch. der L.* Würzburg
²1976. - Streit, K. W.: *Gesch. der L.* Würzburg
1976. - Schmidt, Heinz A.: *Lex. der L.* Stg.
1972.

Luftfahrt-Bundesamt ↑Bundesämter
(Übersicht).

Luftfahrtkarten (Fliegerkarten), Sammelbez. für alle in der Luftfahrt verwendeten, nach Aufgabenbereich unterschiedl. Spezialkarten. In der Zivilluftfahrt spielen die sog. Flugsicherungskarten eine bes. Rolle.

Luftfahrtmedizin (Flugmedizin), medizin. Spezialgebiet, das sich mit der Untersuchung der gesundheitl. Auswirkungen und Anforderungen der Luftfahrt und Weltraumfahrt beschäftigt; neben der Erforschung der physiolog., biotechn., radiolog. und anderen Bedingungen des Fluges liegt das Schwergewicht auf der klin. Überwachung des fliegenden Personals, auf der ärztl. Betreuung der Flugpassagiere und der Flugunfallmedizin.

Luftfahrtrecht, Gesamtheit der nat. und internat. Normen, die den Luftverkehr betreffen. Das L. der BR Deutschland wird v. a. im LuftverkehrsG i. d. F. vom 14. 1. 1981 normiert, daneben im Gesetz über Rechte an Luftfahrzeugen vom 26. 2. 1959, in der Luftverkehrsordnung i. d. F. vom 14. 11. 1969, in der Luftverkehrszulassungsordnung i. d. F. vom 13. 3. 1979 sowie in weiteren techn. Verordnungen. Die internat. Regeln sind das Abkommen über die Internat. Zivilluftfahrt und den Durchflug im Internat. Fluglinienverkehr vom 7. 12. 1944 und das Warschauer Abkommen vom 12. 10. 1929 zur Vereinheitlichung von Regeln über die Beförderung im internat. Luftverkehr.

Luftfahrzeug, Fahrzeug, das ohne mechan. Unterstützung vom Erdboden abheben und sich in der Luft bewegen kann; Unterteilung der verschiedenen L.typen nach dem spezif. Gewicht in: *L. leichter als Luft* (L. mit aerostat. Auftrieb), z. B. Ballon und Luftschiff, und *L. schwerer als Luft* (L. mit aerodynam. Auftrieb), z. B. Flugzeuge.

Luftfahrzeughaftung (Luftverkehrshaftung), Haftung für Schäden an Menschen und Sachen, die beim Betrieb eines Luftfahrzeugs entstehen. Das LuftverkehrsG unterscheidet zw. 1. der L. für solche Personen und Sachen, die nicht im Luftfahrzeug befördert werden, und 2. der L. aus dem Beförderungsvertrag. In beiden Fällen ist der Halter des Luftfahrzeugs ohne Rücksicht auf sein Verschulden verpflichtet, den entstandenen Schaden zu ersetzen. Die *L. aus dem Beförderungsvertrag* erstreckt sich auf Schäden, die ein Fluggast an Bord eines Luftfahrzeugs oder beim Ein- und Aussteigen an seiner Person sowie an denjenigen Sachen erleidet, die er an sich trägt oder mit sich führt, oder die an Frachtgütern und aufgegebenem Reisege-

päck während der Luftbeförderung entstehen. Für *Postsendungen* gilt nur Postrecht. Für *militär. Luftfahrzeuge* gelten darüber hinaus Sonderregeln. Für sog. *Überschallschäden* (z. B. Schock, Sachschäden, die durch den Überschallknall verursacht werden) gelten grundsätzl. die gleichen Regelungen.
Ist der Schaden bei einer *internat. Luftbeförderung* entstanden, so gilt das *Warschauer Abkommen* vom 12. 10. 1929.
In *Österreich* und in der *Schweiz* gelten dem dt. Recht weitgehend entsprechende Regelungen.

Luftfahrzeugrolle, beim Luftfahrt-Bundesamt geführtes Register, in das Luftfahrzeuge eingetragen werden, die im ausschließl. Eigentum dt. Staatsangehöriger stehen; neben der Verkehrszulassung Voraussetzung dafür, daß ein dt. Luftfahrzeug verkehren darf.

Luftfederung ↑Federung.

Luftfeuchtigkeit (Luftfeuchte), der Wasserdampfgehalt der Luft, meist angegeben als Prozent des bei der herrschenden Temperatur maximal möglichen Wasserdampfgehaltes (relative L.). Bei einer relativen L. von 100 % ist die Luft mit Wasserdampf gesättigt; überschüssiger Wasserdampf kondensiert zu Tröpfchen. Absolut trockene Luft (0 % L.) wird selbst über Wüsten und bei sehr tiefen Temperaturen nicht angetroffen. Die L. wird mit ↑Hygrometern gemessen.

Luftfilter, Einrichtung zur Abscheidung von Verunreinigungen aus der Luft; Bestandteil jeder Klimaanlage und vieler Lüftungsanlagen. Trockenfilter aus Kunststoff, Glasfaser, Papier oder Textilien bestehen aus einzelnen Zellen, die eine labyrinthartige Struktur haben *(Labyrinthfilter)*, in der sich der Staub verfängt. - Eine wichtige Rolle spielen L. zur Reinigung der Verbrennungsluft von [Kfz.-] Motoren. Beim *Naß-L.* durchströmt die Luft mehrere Lagen einer ölbenetzten Füllung aus Metallgeflecht oder Fasermaterial, beim *Ölbad[luft]filter* reißt die strömende Luft aus einem Ölbad Öltröpfchen mit, so daß der Filtereinsatz mit einem Ölfilm überzogen und der Staub festgehalten wird; *Papierfilter* besitzen auswechselbare Patronen aus Filterpapier mit bes. Imprägnierung.

Luftflottenkommando ↑Luftwaffe.

Luftfracht, 1. mit Luftfahrzeugen beförderte Güter; 2. der für den Transport der Güter zu entrichtende Preis. Die Tarife für L. *(L.raten)* werden in der Regel von der IATA festgesetzt.

Luftgas (Generatorgas) ↑Generator.

Luftgewehr ↑Luftdruckwaffen.

Lufthansa ↑Deutsche Lufthansa AG.

Lufthoheit, Hoheitsgewalt des Staates an der Luftsäule über seinem Territorium einschließl. der angrenzenden Hoheitsgewässer, geregelt durch Art. 1,2 des Abkommens vom 7. 12. 1944 über die Internat. Zivilluftfahrt.

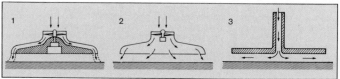

Luftkalk, svw. ↑Calciumoxid.

Luftkissen (Luftsack, Air-bag), Sicherheitsvorrichtung für Kfz-Insassen: Ein zusammengefaltetes Kunststoffkissen vor dem Fahrer (in der Lenkradmitte) und dem Beifahrer (im Armaturenbrett), das bei einem Aufprall des Fahrzeugs in Bruchteilen von Sekunden vor den Insassen ballonartig aufgeblasen wird. Die Auslösung erfolgt durch einen Sensor, der auf die ruckartige Verzögerung des Fahrzeugs anspricht.

Luftkissenfahrzeug (Bodeneffektgerät, Schwebegerät), Spezialfahrzeug, das von einem Kissen komprimierter Luft zw. dem Geräteboden und dem Untergrund (Land, unwegsames Gelände oder Wasseroberfläche) getragen wird; bes. gut geeignet für den Einsatz als Geländefahrzeug in Sumpf- und seichten Küstengebieten sowie als Fähre (wegen der gegenüber einem Schiff höheren Reisegeschwindigkeit). Ein L. kann nur in kleinem Abstand vom Untergrund schweben oder fliegen, da in größerer Höhe das Luftkissen nicht mehr aufrechterhalten werden kann. - Nach Art der Erzeugung und Abdichtung des Luftpolsters unterscheidet man: 1. **Ringstrahlgerät** (häufigste Bauart): der von einer ummantelten Luftschraube erzeugte Luftstrahl wird durch einen Schlitz am Umfang des Gerätebodens ausgeblasen, wodurch das Luftpolster erzeugt und gleichzeitig gegenüber der Umgebungsluft abgedichtet wird; 2. **Vollkammergerät:** die gesamte Fläche des Gerätebodens wird als Ausströmquerschnitt verwendet; der erzielbare Polsterdruck ist niedriger als beim Ringstrahlgerät; 3. **Luftfilmgerät:** Luft wird

Luftkissenfahrzeug. Oben: „Hovercraft SR. N6" (Beförderungskapazität 58 Personen); unten: 1 Ringstrahlgerät, 2 Vollkammergerät, 3 Luftfilmgerät

mit hohem Druck zw. der glatten Unterseite und dem ebenfalls glatten Untergrund nach außen geblasen; wegen der erforderl. ebenen Flächen und des geringen Bodenabstands (Bruchteile eines Millimeters) eignet sich dieses Verfahren nur für schienengeführte L.; Verwendung auch zur Verschiebung schwerer Werkstücke auf Werkzeugmaschinentischen. - Der für die Fortbewegung des L. benötigte Schub wird überwiegend durch zusätzl. Luftschrauben erzeugt; die Steuerung erfolgt durch angeblasene Ruder oder schwenkbare Luftschrauben.

Geschichte: 1877 erhielt Sir J. Thornycroft ein Patent für den Vorschlag, die Reibung zw. einem Schiffskörper und dem Wasser durch ein Luftkissen zu vermindern. Seine Idee ließ sich jedoch damals noch nicht verwirklichen. 1955 erhielt C. Cockerell das erste Patent für den L. und gründete 1956 die „Hovercraft Development Ltd.". 1959 wurde ein Versuchsfahrzeug (SR. N1) in Betrieb genommen und im Ärmelkanal erprobt. 1978 Inbetriebnahme der z. Z. größten L. (**„Hovercraft"**) im Fährbetrieb zw. Boulogne-sur-Mer bzw. Calais und Dover.

Luftknolle, svw. ↑Pseudobulbus.

Luftkorridore, Bez. für die drei jeweils 20 Meilen (International nautical miles) breiten Luftverkehrswege, die Berlin (West) mit der BR Deutschland verbinden: Hamburg–

Luftkrankheit

Berlin, Bückeburg–Berlin, Frankfurt am Main–Berlin.

Luftkrankheit ↑Bewegungskrankheit.

Luftkrieg, der militär. Einsatz von Flug- und Flugabwehrgeräten. Der Kampf in und aus der Luft ist bestimmt durch die bes. Eigenschaften der L.mittel: Geschwindigkeit, Reichweite, Beweglichkeit, Zerstörungskraft, Eindring- und Anpassungsvermögen. Hauptaufgaben der Luftstreitkräfte sind: Luftangriff, Luftverteidigung, Luftaufklärung und Lufttransport. Allg. Zielsetzung ist die Erringung und Behauptung der Luftherrschaft oder Luftüberlegenheit. Zweck des *takt*. L. ist die Unterstützung der Land- und Seestreitkräfte durch Ausschaltung der feindl. Kräfte auf dem Kriegsschauplatz. Der *strateg*. L. zielt auf die Zerstörung entscheidender Teile des gegner. Gesamtpotentials.

Im 1. Weltkrieg wurden Luftschiffe und Flugzeuge zur Aufklärung und Unterstützung der Bodentruppen eingesetzt. Danach entwarf der italien. General Douhet die Theorie von der entscheidenden Rolle des L. durch Einsatz strateg. Bomber. Im 2. Weltkrieg hatten Luftangriffe wesentl. Anteil an den größeren Operationen (Landungen der Alliierten in Sizilien, in Italien und in der Normandie). Die dt. Niederlage in der „Luftschlacht um England" führte 1940/41 zum Verzicht auf dt. Invasionspläne. Ohne kriegsentscheidende Bed. blieben Terrorangriffe auf die Zivilbev. in den Städten, die schon im Span. Bürgerkrieg begonnen hatten (Guernica) und mit den Atombomben-Abwürfen über Hiroshima und Nagasaki ihre verheerendste Wirkung erzielten. Im Vietnamkrieg führten die USA große Flächenbombardements durch. Mit der Entwicklung von Nuklearwaffen, interkontinentalen Raketen (ICBM) und unbemannten programmgelenkten Fluggeräten sowie mit der Verwendung von Raumflugkörpern wurden dem L. neue Dimensionen eröffnet.

Luftkühlung, Art der Kühlung bes. von Verbrennungskraftmaschinen. Die Oberfläche der zu kühlenden Motorteile (z. B. Zylinder und -kopf) ist durch Kühlrippen vergrößert, so daß die vorbeistreichende Luft (Fahrtwind bei Motorrädern u. a. oder Gebläseluft bes. bei stationären Motoren) die entstehende Wärme besser abführen kann.

Luftkurort ↑Kurort.

Luftlandetruppen, Truppenteile, die durch Absprung mit dem Fallschirm aus Flugzeugen abgesetzt oder mit Transportflugzeugen oder -hubschraubern gelandet werden und hierfür bes. ausgebildet, gegliedert und ausgerüstet werden; können schnell verlegt werden und unverzügl. in den Kampf eingreifen, kämpfen wie Jäger und brauchen deshalb nach der Landung meist Unterstützung durch schwere Waffen; Gerät und Material werden abgeworfen oder gelandet; zuerst 1934 von der Sowjetunion aufgestellt.

Luft-Luft-Raketen ↑Raketen.

Luftmasse, in der Meteorologie Bez. für eine große Luftmenge mit einheitl. Eigenschaften (Temperatur, Feuchtigkeit u. a.), die sie erwirbt, wenn sie längere Zeit über einem Gebiet der Erdoberfläche lagert (z. B. arkt. L. oder subtrop. Luftmasse).

Luftmine, dünnwandige, große Flugzeugbombe, die v. a. durch den Detonationsdruck wirkt.

Luftpiraterie [dt./griech.-italien.], Sammelbez. für die widerrechtl. Inbesitznahme von Luftfahrzeugen (**Flugzeugentführungen**) während des Fluges oder in unmittelbarem Zusammenhang mit diesem (mittels Nötigung oder sonstiger Einschüchterung) oder für sonstige widerrechtl. Akte, insbes. Sabotageakte, gegen die Zivilluftfahrt. L. erfolgt meist aus polit. Motiven; zu ihrer Bekämpfung werden auf *internat. Ebene* v. a. die drei Abkommen von Tokio (1963), Den Haag (1970) und Montreal (1971) angewandt, die u. a. dafür sorgen sollen, daß jeder Luftpirat, unabhängig vom Begehungsort, zur Verantwortung gezogen wird. In der *BR Deutschland* wird mit Freiheitsstrafe nicht unter 5 Jahren bestraft, wer an Bord eines im Flug befindl. Luftfahrzeuges Gewalt oder Nötigung anwendet, um die Herrschaft über dieses Luftfahrzeug zu erlangen. Ebenso wird der Schußwaffengebrauch oder das Unternehmen bestraft, eine Explosion oder einen Brand herbeizuführen, um ein Luftfahrzeug oder seine Ladung zu zerstören (§ 316c StGB). Daneben kommen als Straftatbestände Freiheitsberaubung und Geiselnahme (↑Geiseln) in Betracht.

Luftpost, nach der Postordnung Briefe, Postkarten, Blindensendungen, Päckchen, Postanweisungen oder Pakete, die [auf Verlangen des Absenders] im Auslandsverkehr mit Flugzeugen befördert werden und für die eine bes. L.gebühr erhoben wird.

Luftpumpe ↑Sternbilder (Übersicht).

Luftpumpe ↑Pumpen.

Luftreifen ↑Reifen.

Luftreinhaltung, Teilbereich des Umweltschutzes, dessen Durchsetzung in zahlr. (auch landesrechtl.) Normen angestrebt wird. Die wichtigsten Vorschriften enthält das Bundesimmissionsschutzgesetz vom 15. 3. 1974. *Immissionen* im Sinne dieses Gesetzes sind u. a. auf Mensch und Tier, Pflanzen und andere Sachen einwirkende ↑Luftverunreinigungen. Dieses Gesetz sowie die zu seiner Durchführung erlassenen VO, ferner die Vielzahl von landesrechtl. Vorschriften und die entsprechenden Verwaltungsvorschriften geben den verantwortl. Behörden die Möglichkeit, Emissionen zu begrenzen und so Mensch und Umwelt vor Immissionen zu schützen. Bes. Bedeutung hat die am 22. 6. 1983 in Kraft getretene VO über Großfeuerungsanlagen (**GroßfeuerungsanlagenVO**), durch die die Schadstoffemission aller mit fossilen Brenn-

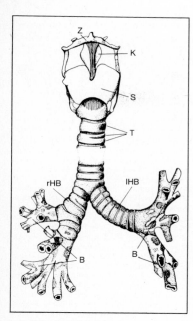

Luftröhre. Vorderansicht der menschlichen Luftröhre: B Bronchien, K Kehldeckelknorpel, IHB linker Hauptbronchus, rHB rechter Hauptbronchus (verläuft steiler abwärts als der linke), S Schildknorpel des Kehlkopfs, T Trachealknorpel, Z Zungenbein

stoffen befeuerten Anlagen ab 50 Megawatt (bei Gas ab 100 Megawatt) Feuerungswärmeleistung scharfen Emissionsbegrenzungen unterworfen werden. Praktisch der gesamte Industriebereich wird durch die Erste Allg. VerwaltungsVO zum Bundesimmissionsschutzgesetz (Techn. Anleitung zur Reinhaltung der Luft - **TA Luft**) erfaßt, deren Neufassung vom 1. 3. 1986 höchstzulässige Grenzwerte für alle vorkommenden Schadstoffe festlegt. Weitere Maßnahmen, die die Belastung der Luft durch Schadstoffe eindämmen sollen, sind die Einführung von Abgasgrenzwerten für Kraftfahrzeuge (Einführung von ↑ Abgaskatalysatoren), die Einführung von bleifreiem Benzin und die [geplante] Emissionsminderung bei Hausfeuerungsanlagen.
⟐ *Luftverunreinigungen.*

Luftröhre (Trachea), 10–12 cm lange Verbindung zw. Kehlkopf und Lunge. An ihrem Ende teilt sie sich gabelförmig in zwei Äste, die Hauptbronchien, die zu den Lungen-

flügeln führen. Die L. ist von einem Knorpelskelett umgeben, das sie (im Ggs. zur Speiseröhre) immer offenhält. Innen ist sie mit einem Flimmerepithel ausgekleidet, das Staubteilchen und Bakterien mit Schleim zum Kehlkopf befördert, wo er dann abgehustet wird.

Luftröhrenschnitt, svw. ↑Tracheotomie.

Luftröhrenwurm, svw. ↑Rotwurm.

Luftsäcke, blasenartige, zartwandige Aussackungen der Lungenwand bei Vögeln; dienen hauptsächl. der Verringerung des spezif. Gewichtes des Vogelkörpers und als Reservoir zur Erleichterung und Intensivierung der Atmung während des Fluges.

Luftsauerstoffelement, Weiterentwicklung des Leclanché-Elements (↑elektrochemische Elemente), bei dem durch einen (als Katalysator wirkenden) Kohlestab tretender Sauerstoff den beim Entladevorgang an der Zinkelektrode entstehenden Wasserstoff oxidiert; Elektrolyt ist Kalilauge.

Luftschall ↑Schall.

Luftschiff, Luftfahrzeug, bei dem die Auftriebserzeugung durch ein Traggas (Wasserstoff bzw. Helium) erfolgt, das leichter als Luft ist. Die für die Vorwärtsfahrt erforderl. Vortriebskraft wird von Luftschrauben erzeugt; sie werden von Flugmotoren angetrieben, die in am L.körper angebrachten Motorgondeln untergebracht sind. Zur Steuerung dienen aerodynam. wirkende Ruder des am Heck befindl. Höhen- bzw. Seitenleitwerks. Für Besatzung u. Fluggäste ist unterhalb des L.vorderteils eine großräumige Gondel vorhanden, die auch den Führerraum enthält. Man unterscheidet drei L.arten: **Pralluftschiffe** erhalten ihre Form durch den inneren Überdruck des Füllgases; er wird durch bes. Luftsäcke *(Ballonets)* erzeugt, die selbst wieder durch Gebläse unter Druck gehalten werden. Außer den Gondeln, Motoren und Steuerflächen sind keine festen Bauteile vorhanden. **Halbstarre Luftschiffe** besitzen zusätzl. einen sog. Kielträger, an dem Motoren- und Fahrgastgondeln angebracht sind. Die bekanntesten L. sind die **Starrluftschiffe;** zur äußeren Formgebung haben sie ein starres Innengerüst aus Leichtmetall, das mit einem beschichteten Textilgewebe überzogen ist; dem höheren Gewicht steht eine bessere Manövrierfähigkeit gegenüber. Das Traggas ist in bes. Gaszellen enthalten, die innerhalb des Innengerüstes aufgehängt sind.

Geschichte: Als erster versuchte der Franzose H. Giffard 1852 einen Ballon durch eine Dampfmaschine anzutreiben. Von den vielen L.konstrukteuren waren v. a. A. von Parseval mit seinem Prall-L., J. Schütte und K. Lanz mit ihren Starr-L. mit Holzgerüst (ab 1909) erfolgreich, insbes. aber F. Graf von Zeppelin mit seinem ab 1900 gebauten Starr-L. mit Aluminiumgerüst, den „Zeppelinen". Nach

Luftschleuse

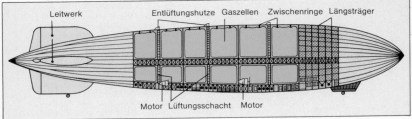

Luftschiff. Querschnitt durch
ein starres Luftschiff (oben)

Einsätzen mehrerer „Zeppeline" im 1. Weltkrieg brachte H. Eckener 1924 das L. LZ 126 im ersten Transatlantikflug ohne Zwischenlandung in die USA. Es folgten die großen Verkehrsluftschiffe LZ 127 („Graf Zeppelin"; Rundflug um die Erde) und LZ 129 („Hindenburg"; brannte am 6. Mai 1937 in Lakehurst aus; damit endete der L.bau in Deutschland).
📖 *Gütschow, F.: Das L. Gesch., Technik, Zukunft. Stg. 1985. - Petter, G./Garau, B.: Ballons u. Zeppeline. Würzburg 1980. - Clausberg, K.: Zeppelin. Die Gesch. eines unwahrscheinl. Erfolgs. Mchn. 1979.*

Luftschleuse, luftdicht abschließbarer, kammerartiger Verbindungsraum zw. 2 Räumen mit unterschiedl. Luftdruck, der den Druckausgleich zw. den Räumen verhindert.

Luftschlucken, svw. ↑Aerophagie.

Luftschiff LZ 127
„Graf Zeppelin" über der
Luftschiffwerft in Friedrichshafen.
In der Halle LZ 129 „Hindenburg"
im Bau (Photo aus dem Jahre 1936)

Luftschraube (Propeller), System von zwei bis fünf radial an einer Nabe angeordneten, verwundenen, tragflügelartigen Flächen (L.blätter), die bei Rotation Schub in Achsrichtung erzeugen. L. dienen v. a. zur Vortriebserzeugung für Luftfahrzeuge, deren Fluggeschwindigkeiten im Unterschallbereich liegen. Durch die Drehbewegung der L. wird der von den L.blättern erfaßte Luftstrom beschleunigt, wodurch sich als axiale Reaktionskraft der L.schub ergibt. Als Antriebsquelle werden Flugmotoren oder auch Turbopropriebwerke verwendet. Für kleinere Fluggeschwindigkeit wird die L. gelegentlich wie ein Gebläse mit einer ringförmigen Ummantelung umgeben *(Mantel-L.),* wodurch der Wirkungsgrad verbessert werden kann. Um über einen größeren Fluggeschwindigkeitsbereich gute Wirkungsgrade zu erhalten, ist es notwendig, den Blatteinstellwinkel der jeweiligen Fluggeschwindigkeit anzupassen. Während kleinere Flugzeuge mit einer sog. Einstellschraube auskommen, deren Blatteinstellwinkel unverändert bleibt, haben größere und schnellere Flugzeuge eine *Verstell-L.;* durch die elektr. oder hydraul. Blattverstellung kann der zu jedem Flugzustand (z. B. Start, Steigflug, Reiseflug) günstigste Einstellwinkel vom Piloten direkt oder gekoppelt mit der Triebwerksleistungsregelung eingestellt werden.

Luftschutz, Schutz von Menschen und Sachen vor Angriffen aus der Luft; in der BR Deutschland ist der zivile L. Aufgabe des Bundes und Teil des umfassenderen ↑Zivilschutzes.

Luftspeicher-Gasturbinenkraftwerk ↑Kraftwerke.

Luftspiegelung, Erscheinung in der Atmosphäre, bei der ein entfernter Gegenstand mehrfach, z. T. auch auf dem Kopf stehend, gesehen wird. Ursache der L. ist eine Totalreflexion von Lichtstrahlen an der Grenzfläche zw. Luftschichten unterschiedl. Temperatur und damit unterschiedl. opt. Dichte. Beispiel für eine L. ist die ↑Fata Morgana. L. nach unten (unterste Luftschichten wärmer als die darüberliegenden) heißen in der Seemannssprache **Kimmung.**

Luftspitze, Maschinenstickerei, bei der der zu bestickende Baumwollstoff mit Säure

Die Bildunterschrift am oberen Rand lautet:
Leitwerk   Entlüftungshutze   Gaszellen   Zwischenringe   Längsträger
Motor   Lüftungsschacht   Motor

behandelt (karbonisiert) wird, das Stickgarn jedoch nicht; bei der nachfolgenden Erhitzung fällt der karbonisierte Stoff heraus, die Stickerei erscheint als durchbrochene Spitze.

Luftsport (Flugsport), Sammelbez. für sportl. Wettbewerbe mit Flugkörpern wie Freiballonsport, Flugmodellsport, Motorflugsport, Segelflugsport; auch der **Fallschirmsport** zählt zu dieser Sportart, die aus Geschicklichkeits- und Präzisionswettbewerben besteht. Bei Wettkämpfen sind zu unterscheiden: *Zielspringen* (Einzel- und Vierermannschaft aus 1 000 m Höhe), *Stilspringen* und *Relativspringen* (für Vierer- und Achtergruppen aus 2 000 m Höhe). Im freien Fall werden Geschwindigkeiten bis zu 200 km/h erreicht. Im Ziel- und Stilspringen seit 1951 Welt-, seit 1975 Europameisterschaften; im Relativspringen seit 1975 Weltmeisterschaften.

Luftstrahltriebwerk (Düsentriebwerk), ein „luftatmendes" Flugtriebwerk, bei dem die Vortriebserzeugung durch einen durch eine Düse ausgestoßenen heißen Abgasstrahl [zusätzl. durch einen stark beschleunigten Luftstrahl] erzeugt wird. Man unterscheidet Staustrahltriebwerke, Pulso- oder Verpuffungstriebwerke und - in der Luftfahrt am weitesten verbreitet - Turboluftstrahltriebwerke (↑ Triebwerke).

Lufttorpedo ↑ Torpedo.

Lufttransformator ↑ Transformator.

Lufttüchtigkeitsforderungen, Mindestforderungen, die bei Entwurf, Herstellung und Betrieb von Luftfahrzeugen und sonstigem Luftfahrgerät zu beachten sind. Die L. werden unterteilt in: 1. Betriebs- und Wartungsvorschriften, 2. Flugleistungs- und Flugeigenschaftsanforderungen, 3. Bauvorschriften und 4. Prüfvorschriften.

Luft- und Raumfahrtindustrie, Zweig der Investitionsgüterind., in dem Flugzeuge, Raketen, Satelliten u. a. Flugkörper sowie Ausrüstungen für zivile und militär. Zwecke entwickelt und hergestellt werden. Die Entwicklung des Zivilluftverkehrs und die meist staatl. geförderten bzw. finanzierten Forschungs- und Fertigungsprogramme für militär. Zwecke in Verbindung mit starkem weltweitem Konkurrenzdruck führten zu einer Forschungsintensität, deren Ergebnisse weit über den Bereich der Luft- und Raumfahrt hinaus von Bed. sind und zu wichtigen techn. Neuentwicklungen führten. - Weltweit führend in der L.- u. R. sind die USA, die den größten Teil des zivilen Flugzeugmarktes beherrschen, und die UdSSR. Die wichtigsten Projekte, an denen dt. Unternehmen der L.- u. R. beteiligt sind, sind die Verkehrsflugzeuge vom Typ Airbus, die Kampfflugzeuge Tornado und Alpha Jet, das Mehrzweckflugzeug Dornier 228, die Hubschrauber BO 105 und BK 117, ferner das europ. Raketensystem Ariane, Forschungs- und Nachrichtensatelliten,

Raumstationssysteme u. a. Mit Forschungsarbeiten auf dem Gebiet der L. u. R. befaßt sich v. a. die Dt. Forschungs- und Versuchsanstalt für Luft- und Raumfahrt e. V. (DFVLR).

Lüftungstechnik, Teilgebiet der Technik, das sich mit der Lufterneuerung in Wohn-, Büro-, Versammlungsräumen, Fabrikhallen u. a. befaßt (↑ auch Grubenbewetterung). Bei der freien Lüftung erfolgt der Luftwechsel allein durch Temperaturunterschiede zw. Raum und Umgebung oder durch Windeinfluß (u. a. durch Fenster, Schächte und Dachaufsätze). - Bei *Lüftungsanlagen* erfolgt der Luftwechsel durch Ventilatoren: Bei *Entlüftungsanlagen* wird die Luft aus dem Raum herausgefördert, im Raum entsteht ein Unterdruck, so daß durch Fugen und Türen Frischluft nachströmen kann. Bei *Belüftungsanlagen* entsteht im Raum ein gewisser Überdruck, die Raumluft entweicht durch Türen, Fenster und Fugen. Da man Frischluft verwendet, muß die eingeblasene Luft im Winter mit einem Lufterhitzer erwärmt werden. Bei einer *Be- und Entlüftungsanlage,* bei der sowohl Luft in den Raum hinein als auch aus ihm herausgefördert wird, erfolgt vielfach eine Luftbehandlung (z. B. Erwärmen, Kühlen, Befeuchten, Entfeuchten, Filtern), doch wird im Gegensatz zu Klimaanlagen der Raumluftzustand nicht geregelt.

Luftverkehr, Zweig der Verkehrswirtschaft, der die Beförderung von Personen, Gütern (Luftfracht) und Post (Luftpost) auf dem Luftweg zum Gegenstand hat. Der **Linienverkehr** ist an feste Flugpläne und Tarife gebunden. Der nichtplanmäßige gewerbl. L. unterliegt der Einzeldisposition und umfaßt Reiseflugverkehr, Trampverkehr, Anforderungsverkehr sowie Rund-, Gesundheits-, Luftbild-, Werbe-, Schlepp- und Schädlingsbekämpfungsflüge. Der **Bedarfsverkehr** für geschlossene Gruppen wird als Charterverkehr, die Beförderung von Personen und Gütern mit Privatflugzeugen als **Eigenverkehr** bezeichnet. Aus der Sicht des Reisenden lassen sich Einzelflug- und Gruppenflugreisen unterscheiden. - Bes. Merkmale des L. sind die große Schnelligkeit, die im Vergleich zur Verkehrsleistung große Sicherheit und der Fahrgastkomfort auf der einen und hohe Transportkosten sowie gewisse Unsicherheiten bezüglich der Pünktlichkeit auf der anderen Seite. Kennzeichnend für den L. ist der hohe Fixkostenanteil, der von der Transportentfernung unabhängig ist, so daß eine günstige Preisgestaltung bzw. Rentabilität von einer hohen Auslastung der Flugzeuge und langen Flugstrecken abhängt.

Entwicklung: *1. Weltluftverkehr:* Der erste Passagierflug mit einem Flugzeug fand 1908 statt. Nach dem 1. Weltkrieg erfolgten zahlr. Gründungen von L.gesellschaften. 1919 wurde die IATA gegründet. Die Eröffnung des nordatlant. Postdienstes 1936/37 markiert das

Luftverkehrsgesetz

LUFTVERKEHR
Verkehrsleistungen der führenden internat. Verkehrsflughäfen 1984 (* 1983)

	Flug-gäste in Mill.	Fracht in 1000 t		Flug-gäste in Mill.	Fracht in 1000 t
Chicago-O'Hare	45,7	615,0	Houston Internat.	12,8	109,3
Atlanta-Hartsfield	39,0	311,7	Rom, Leonardo da Vinci	11,7	161,7*
Los Angeles Internat.	34,4	740,3	Detroit, Metropolitan	11,7	81,7
Dallas-Fort Worth	32,3	283,7	Mexiko	11,5	106,2
New York, J. F. Kennedy	29,9	1 120,7	Amsterdam	10,6	438,2
London-Heathrow	29,1	541,4	Seattle, Tacoma Internat.	10,5	170,9
Denver, Stapleton Internat.	28,8	–	Athen	10,3	86,3
Tokio-Haneda	26,3	295,0	Philadelphia Internat.	10,3	115,2
San Francisco Internat.	24,2	390,1	Madrid-Barajas	10,2	163,9
New York, Newark	23,7	206,8	Las Vegas, McCarran Internat.	10,1	11,6
New York, La Guardia	20,3	42,6	Hongkong, Kai Tak	9,5	417,1
Boston, Logan Internat.	19,4	278,3	Minneapolis Internat.	9,4*	90,8*
Miami Internat.	19,3	488,5	Palma de Mallorca	9,1	24,9
Frankfurt am Main	18,3	686,4	Tokio-Narita	8,9	717,5
Paris-Orly	17,2	205,2	Kopenhagen	8,9	147,3
Honolulu Internat.	16,6	199,2	Orlando Internat.	8,7	27,9
Osaka	16,4*	253,1*	Zürich-Kloten	8,7	204,8
Saint Louis Internat.	16,2	47,5*	Stockholm-Arlanda	8,6	59,0
Washington Nat.	14,8	16,9	Charlotte, Douglas Internat.	8,6	86,2
London-Gatwick	14,0	143,1	Phoenix Internat.	8,6*	40,3*
Paris, Charles de Gaulle	13,6	506,4	Sydney, Kingsford Smith	8,4*	159,0*
Toronto Internat.	13,6*	189,5*	Singapur Changi	8,4	294,4
Pittsburgh Internat.	13,4	40,3			

Ende der vorangegangenen Pionierzeit des L. Der zivile L. entwickelte sich auf Grund des techn. Fortschritts während und nach dem 2. Weltkrieg außerordentl. stark. Zw. 1962 und 1972 lag die durchschnittl. jährl. Zuwachsrate des Verkehrsaufkommens im Welt-L. bei etwa 17 % im Passagier- und bei etwa 19 % im Frachtverkehr, in den folgenden Jahren flachten die Zuwachsraten etwas ab. - *2. Deutschland:* 1917 wurde die Dt. Luftreederei AG gegr., die am 5. Febr. 1919 die erste öffentl. Fluglinie Berlin–Leipzig–Weimar eröffnete. Die von H. Junkers gegr. Flugzeugwerke betätigten sich nach dem 1. Weltkrieg auch im Luftverkehr. 1926 ging die Junkers Luftverkehrs AG gemeinsam mit dem Konkurrenzunternehmen Aero Lloyd-AG in der damals gegr. Lufthansa auf (↑auch Deutsche Lufthansa, ↑Luftverkehrsgesellschaften [Übersicht]).

📖 *Hänsel, W.: Der internat. Personen-L. Gießen 1984. - Moser, S./Maeder, H.: Startklar. Ein Blick hinter die Kulissen des L. Schwäbisch Hall 1981. - Zantke, S.: ABC des L. Ein Lex. der internat. kommerziellen Zivilluftfahrt. Hamb.* [4]*1979. Rells, K. J.: Klipp u. klar. 100 × L. Mhm. 1978.*

Luftverkehrsgesetz, BG i. d. F. vom 14. 1. 1981, das die öffentl.-rechtl. Anforderungen an Luftfahrzeuge, Luftfahrtpersonal, Flugplätze, Luftfahrtunternehmen und -veranstaltungen und den Luftverkehr sowie die Haftpflicht für Schäden im Zusammenhang mit der Luftfahrt regelt.

Luftverkehrshaftung, svw. ↑Luftfahrzeughaftung.

Luftverunreinigungen, allg. Bez. für sämtl. festen, flüssigen und gasförmigen Substanzen, die in der sog. „reinen" Luft nicht oder nur in äußerst geringen Mengen enthalten sind. Derartige Stoffe können durch natürl. Vorgänge (biolog. Abbauprozesse, Vulkanausbrüche, Staubstürme) oder durch menschl. Tätigkeit (insbes. durch Verbrennungsprozesse in Heizungen, Kraftwerken, Müllverbrennungsanlagen u. a., Kfz.-Abgase, Kernwaffenversuche) in die Luft gelangen, wo sie sich bis zu einem gewissen Grad infolge der natürl. Konvektion meist rasch verteilen und damit z. B. den biolog. Verarbeitungsprozessen (v. a. durch Bodenbakterien) zugeführt werden. Zu einem großen Problem wurden die L. in den letzten Jahrzehnten, weil mit steigender Bevölkerungsdichte, zunehmender Industrialisierung, größerer Verkehrsdichte usw. die Konzentration der L. über Ballungs- und Ind.gebieten stark anstieg und häufig Werte erreicht, bei denen Beeinträchtigungen und Schädigungen bei Mensch, Tier und Pflanzen, bei Bauwerken u. a. auftre-

LUFTVERKEHRSGESELLSCHAFTEN. STAND 1986 (Auswahl)

Gesellschaft[1], Sitz	Gründungs-jahr[2]	Anzahl der Flugzeuge	beförderte Passagiere (Mill.)	Frachttonnen-kilometer (Mill.)
Aer Lingus (EI), Dublin	1936	23	1,8	87,7
Aeroflot (SU)[3], Moskau	1923	..	112,2	2 744,9
Air Canada (AC), Montreal	1965 (1937)	119	10,9	752,0
Air France (AF), Paris	1933	102	12,5	2 406,7
Air-India (AI), Bombay	1953 (1932)	20	1,8	407,1
ALITALIA (AZ)[6], Rom	1946	65	12,8	786,0
American Airlines (AA), Dallas	1934	280	41,2	530,7
Austrian Airlines (OS), Wien	1957 (1923)	13	1,5	19,3
British Airways (BA), London	1974 (1939, 1946)	142	16,9	1 306,7
Deutsche Lufthansa (LH), Köln	1953 (1926)	143	15,9	2 561,7
EL AL, Israel Airlines (LY), Tel Aviv	1949	21	1,5	597,0
Finnair (AY)[4], Helsinki	1923	33	3,1	84,3
Iberia, Lineas Aéreas de España (IB), Madrid	1927	85	13,2	557,0
JAL, Japan Air Lines (JL)[4], Tokio	1953	85	15,7	2 517,1
JAT, Jugoslovenski Aerotrans-port (JU), Belgrad	1947	30	3,1	84,4
KLM, Royal Dutch Airlines (KL), Amsterdam	1919	52	5,4	1 418,0
LOT, Polish Airlines (LO), Warschau	1929	40	1,9	10,5
Pan American World Airways – Pan Am (PA), New York	1927	108	13,0	1 085,4
Philippine Airlines (PR), Manila	1941 (1932)	34	4,6	233,2
Qantas Airways (QF), Sydney	1920	29	2,6	681,0
SABENA (SN), Brüssel	1923 (1919)	24	2,1	580,9
SAS, Scandinavian Airlines System (SK)[4], Stockholm-Bromma	1946	83	10,7	396,5
South African Airways (SA), Johannesburg	1934	40	4,2	411,5
Swissair, Schweizerische Luft-verkehrs AG (SR), Zürich	1931	49	6,8	685,9
TAP, Air Portugal (TP), Lissabon	1944 (1934)	28	2,0	133,4
TWA, Trans World Airlines (TW), New York	1926	149	20,9	...
United Airlines (UA), Chicago	1926	325	38,1	925,9
VARIG, Brazilian Airlines (RG), Rio de Janeiro	1927	66	4,8	704,9

[1] in Klammern die internat. gebräuchl. (z. B. in Flugplänen) Abkürzungen; [2] Gründungsjahr von Vor-gängergesellschaft(en) in Klammern; [3] Angaben geschätzt; [4] 1982; [5] einschl. 17 Maschinen der Condor Flugdienst GmbH; [6] einschl. der Daten der ALITALIA-Tochtergesellschaft ATI.

ten. Eine Erhöhung der Konzentration kann durch vermehrte Zufuhr (Emission), örtl. begrenzt auch durch bestimmte Wetterlagen (Inversion), die die rasche Verteilung der L. verhindern, bewirkt werden. In den Dunstglocken über Städten und Ind.gebieten wurden z. B. Mengen von 500 000 Fremdteilchen pro cm^3 Luft gefunden; die vergleichbaren Werte über freiem Land bzw. über Meer und Gebirge liegen bei einigen 1 000 bzw. einigen 100 Teilchen pro cm^3 Luft. - L. sind v. a. Stäube (Flugasche, Ruß usw.), Schwefeloxide, Schwefelwasserstoff, Stickstoffoxide, Ammoniak, Kohlenoxide, Kohlenwasserstoffe und Ozon; daneben können örtlich Chlorwasser-

stoff, Fluorverbindungen, Chlor und andere Substanzen auftreten. Unter den genannten L. haben Schwefeldioxid (SO_2), Kohlenmonoxid (CO), Stickstoffmon- und -dioxid (NO/NO_2), Kohlenwasserstoffe (C_nH_m) und Stäube weitaus die größte Bedeutung. In der Technik wurden zahlr. Methoden und Verfahren entwickelt, durch die das Austreten von L. (Emissionen) verhindert oder wenigstens verringert wird. Hier sind v. a. die Verfahren zur Abtrennung von Stäuben aus Gasströmen (Entstaubung) sowie von gas- oder dampfförmigen Nebenbestandteilen aus techn. Gasen (Gasreinigung, z. B. ↑Entschwefelung von Rauchgasen) zu nennen, ferner alle Metho-

den, bei denen Abgase durch direkte oder katalyt. Oxidation beseitigt werden (z. B. Abfakkeln von Raffinerieabgasen, katalyt. Oxidation von Geruchsstoffen, katalyt. Abgasreinigung im ↑Abgaskatalysator). - Zum Recht ↑Luftreinhaltung (↑auch Immissionsschutz).
□ *Luftverunreinigungen durch Kraftfahrzeuge in der BR Deutschland. Stand u. Trend. Hg. v. B. Seifert. Stg. 1986. - Techn. Anleitung zur Reinhaltung der Luft (TA Luft) vom 27. Febr. 1986. Erste allg. Verwaltungsvorschrift ... Köln 1986. - Deposition von L. in der BR Deutschland. Hg. v. Umweltbundesamt. Bln. 1985.*

Luftwaffe, Teilstreitkraft; Gesamtheit der zum Kampf in der Luft und möglicherweise im erdnahen Weltraum, zu Luftangriffen und deren Abwehr bestimmten Verbände sowie deren Bodenanlagen und Unterstützungsverbände, soweit sie nicht zum Heer bzw. zur Marine gehören.
Die dt. L. als Teilstreitkraft der Bundeswehr ist in 3 Kommandobereiche gegliedert: Unter dem **Luftflottenkommando** sind alle fliegenden und bodengestützten Einsatzverbände für Luftverteidigung und -angriff zusammengefaßt (4 *L.divisionen*), dem **L.unterstützungskommando** unterstehen die für die Unterstützung der Einsatzverbände erforderl. logist. Verbände und Ausbildungseinrichtungen, das **L.amt** ist zuständig für zentrale Aufgaben wie Lufttransport, Flugsicherheit u. a.

Luftwaffenattaché ↑Militärattaché.

Luftwaffenschulen, militär. Ausbildungsstätten der Teilstreitkraft Luftwaffe in der Bundeswehr z. Z.: Offizierschule der Luftwaffe (Fürstenfeldbruck), Truppendienstl. Fachschule der Luftwaffe (Iserlohn), Techn. Schule der Luftwaffe 1, 2 und 3 (Kaufbeuren, Lager Lechfeld und Faßberg), Sanitätsschule der Luftwaffe (Giebelstadt), Logist. Fachschule der Luftwaffe (Erding), Schule für Wehrgeophysik (Fürstenfeldbruck), Raketenschule der Luftwaffe USA (Fort Bliss, Texas), Fachschule der Luftwaffe für Wirtschaft (Iserlohn), Fachschule der Luftwaffe für Elektronik (Kaufbeuren), Fachschule der Luftwaffe für Maschinenbau (Faßberg).

Luftwäscher ↑Klimatechnik.

Luftwege (Atemwege, Respirationstrakt), Sammelbez. für Nasen-Rachen-Raum, Luftröhre mit (Kehlkopf) und Bronchien, wobei man einen den Kehlkopf noch einschließenden *oberen Luftweg* von einem *unteren Luftweg* unterscheidet.

Luftwiderstand (aerodynam. Widerstand), die entgegen der Bewegungsrichtung eines sich relativ zur Luft (oder zu einem anderen Gas) bewegenden Körpers wirkende Kraft. Der L. ist von der Form des Körpers, seinem Querschnitt senkrecht zur Strömungsrichtung (sog. „*Schattenquerschnitt*“), der Relativgeschwindigkeit zw. Körper und Gas und der Dichte des strömenden Mediums abhängig. - ↑auch Fahrwiderstand.

Luftwurzeln, im Ggs. zu Erdwurzeln oberird. auftretende, meist sproßbürtige Wurzeln verschiedener Pflanzen mit unterschiedl. Funktionen als Haftwurzeln, Atemwurzeln und Stelzwurzeln. Bei Epiphyten dienen sie der Befestigung und der Wasser- und Nährstoffversorgung.

Luftzerlegung, techn. Verfahren, bei dem durch Rektifizieren von flüssiger Luft die Bestandteile der Luft voneinander getrennt werden; es wurde 1901 erstmals von C. von Linde durchgeführt und dient heute in großem Umfang zur Gewinnung von Sauerstoff, Stickstoff und Edelgasen.

Lug, ir. Hauptgott, Herr der Künste, des Handwerks und der Kriegstechnik. Sein Fest, *Lugnasad,* wurde am 1. Aug. gefeiert.

Luganer See, See am S-Rand der Alpen (Schweiz und Italien), 35 km lang, bis 3 km breit, 271 m ü. d. M., bis 288 m tief. An den Ufern zahlr. Kur- und Ferienorte.

Lugano, Hauptort des Bez. L. und größte Stadt im schweizer. Kt. Tessin, am N-Ufer des Luganer Sees, 273–335 m ü. d. M., 27 700 E. Kath. Bischofssitz; Museen, heilklimat. Kurort. - Im 6. Jh. erstmals als befestigter Flecken erwähnt; besaß seit dem 10. Jh. einen in ganz Europa berühmten Markt; geriet 1335 unter die Herrschaft Mailands; 1512 von den Eidgenossen besetzt; 1798 ging von L. die Tessiner Freiheitsbewegung aus: eine provisor. Reg. und der Anschluß an die Schweiz wurden ausgerufen. - Kathedrale mit Frührenaissancefassade (1517), Wallfahrtskapelle Madonna di Loreto (1524, erweitert im 18. Jh.); mehrere Barockpaläste, klassizist. Stadthaus (1840–44).

L., Bistum, ↑katholische Kirche (Übersicht).

Luganski, Kasak, Pseud. des russ. Schriftstellers und Folkloristen Wladimir Iwanowitsch ↑Dal.

Lugdunensis (Gallia L.) ↑Gallien.

Lugdunum, antiker Name von ↑Lyon.

Lüge, bewußt falsche Aussage oder unwahre Behauptung (im Ggs. zum Irrtum). Für L. gibt es unterschiedl. Beweggründe (etwa Angst, Geltungsbedürfnis, Berechnung, Höflichkeit bzw. Rücksichtnahme). Beim Kind kann man nicht von L. sprechen, sofern es zw. der Realität und den Produkten seiner Phantasie noch nicht unterscheiden kann. - Übermäßige Neigung zur L. ist bei Erwachsenen Ausdruck einer psych. Fehlentwicklung, die v. a. mit Erziehungsfehlern zusammenhängt. In patholog. Form äußert sich die Neigung zur L. im Krankheitsbild der *Pseudologia phantastica* (Neigung, phantast., jedoch z. T. glaubwürdig erscheinende Geschichten zu erzählen).

Lügendetektor, Bez. für ein Gerät, das kontinuierl. ablesbare Aufzeichnungen über den Verlauf der Herzströme, der Atemfrequenz, des Blutdrucks und der Hautfeuchtigkeit einer befragten Person macht. Der L.

soll dadurch die Erregung anzeigen, die auftreten kann, wenn jemand versucht, das Wissen um einen Sachverhalt (z. B. eine kriminelle Handlung) zu verbergen oder zu verfälschen. Die Sicherheit der mit dem L. erzielten Befunde ist umstritten. In der BR Deutschland, in Österreich und in der Schweiz ist die Verwendung eines L. bei gerichtl. Ermittlungsverfahren nicht erlaubt.

Lügendichtung, Dichtung, bei der im Unterschied zu anderen phantast., märchenhaften oder symbol.-allegor. Dichtungen (Märchen, Legende, Fabel usw.) die Fiktion als Lüge, als spieler. Affront gegen einen von Dichtung ohnedies nicht einlösbaren Wahrheitsanspruch erkannt wird. Dabei ist L. stets an histor. Wirklichkeitsbegriffe und Wahrhaftigkeitsansprüche gebunden, die durch ihre radikale Umkehrung ins Unglaubhafte zugleich kritisiert oder karikiert werden können. Im **Lügenroman** wird das Lügen zum dichter. Verfahren gemacht, z. B. durch die Perspektive der Ich-Erzählung wie in den „Wunderbaren Reisen" Münchhausens. Dieser Gattung stehen zahlr. Werke gegenüber, die in der Person des verlogenen Aufschneiders das Lügen als menschl., moral. defektes Verhalten mit satir. oder kom. Absicht darstellen, z. B. Rabelais' „Gargantua", Gryphius' „Horribilicribrifax Teutsch", C. Reuters „Schelmuffsky", Daudets „Tartarin von Tarascon".

Lugger [engl.], svw. ↑ Logger.

Luginbühl, Bernhard, * Bern 16. Febr. 1929, schweizer. Bildhauer. - Oft humorvoll-iron., z. T. sehr große abstrakte Eisenplastiken, Zeichnungen, Kupferstiche.

Lugné-Poe [frz. lyne'po], eigtl. Aurélien François Marie Lugné, * Paris 27. Dez. 1869, † Villeneuve-lès-Avignon (Gard) 19. Juni 1940, frz. Regisseur. - In dem von ihm gegr. Théâtre de l'Œuvre (1893–1929) förderte er das symbolist. und impressionist. Theater. Beispielgebend waren seine Ibsen-, Hauptmann- und Maeterlinck-Inszenierungen; brachte A. Jarry, R. Rolland und P. Claudel auf die Bühne.

Lugo, span. Stadt in Galicien, 465 m ü. d. M., 74 000 E. Hauptstadt der Prov. L.; kath. Bischofssitz; Nahrungsmittel- und chem. Ind. - Das röm. *Lucus Augusti* wurde 460 durch die Sweben zerstört; seit 755 gehörte L. zum Kgr. Asturien. - Roman. Kathedrale (12., 15.–18. Jh.), Rathaus mit Rokokofassade; über 2 km lange Stadtmauer (z. T. 3. Jh., erneuert im 14. Jh.).

Lugoj [rumän. 'lugoʒ] (dt. Lugosch), rumän. Stadt im Banat, 125 m ü. d. M., 49 000 E. Museum; Nahrungsmittelind., Seidenspinnerei. - Entwickelte sich bei der im 12. Jh. erwähnten Festung; Mitte des 16. Jh. zur königl. Freistadt erhoben. - Barocke orth. Kathedrale (18. und 19. Jh.).

Lugones Argüello, Leopoldo [span. lu'ɣones ar'ɣuejo], * Villa María del Río Seco (Prov. Córdoba) 13. Juni 1874, † Buenos Aires 19. Febr. 1938 (Selbstmord), argentin. Dichter. - Einflußreicher modernist. Lyriker; verherrlichte v. a. Nation und Landschaft Argentiniens.

Lugosch ↑ Lugoj.

Lugosi, Bela, eigtl. Béla L. Blasko, * Lugoj 29. Okt. 1884, † Los Angeles 17. Aug. 1956, amerikan. Schauspieler ungar. Herkunft. - Emigrierte 1919 über Deutschland in die USA, wo er als Theater- und Filmschauspieler arbeitete. Sensationeller Erfolg als Dracula-Darsteller auf der Bühne (1927) und im Film (1931).

Luhmann, Niklas, * Lüneburg 8. Dez. 1927, dt. Soziologe. - Prof. in Bielefeld seit 1968; Vertreter des sozialwiss. Systemtheorie; Arbeiten zur Industrie-, Rechts- und polit. Soziologie; schrieb u. a. „Funktionen und Folgen formaler Organisation" (1964), „Grundrechte als Institution" (1965), „Theorie der Gesellschaft oder Sozialtechnologie" (1971; mit J. Habermas), „Rechtssoziologie" (1972), „Funktion der Religion" (1977).

Lu Hsün (Lu Xun) [chin. lucyn], eigtl. Chou Shu-jen, * Shaohsing (Tschekiang) 25. Sept. 1881, † Schanghai 19. Okt. 1936, chin. Schriftsteller und Literaturkritiker. - Realist.-sozialer Erzähler; begründete die neue chin. Erzählkunst in der literaturfähig gemachten Umgangssprache; führend in der 4.-Mai-Bewegung von 1919; wandte sich in seinen Novellen, u. a. „Die wahre Geschichte des Ah Queh" (1922) und Aufsätzen „Der Einsturz der Lei-feng-Pagode" (dt. 1973) gegen die Reste des Feudalismus und die Ausplünderung des Volkes.

Luigi [italien. lu'iːdʒi], italien. Form des männl. Vornamens Ludwig.

Luik [niederl. lœyk] ↑ Lüttich.

Luini, Bernardino, * Luino (Prov. Varese) (?) 1480/90, † Mailand vor dem 1. Juli 1532, italien. Maler. - Steht mit ausgewogenen Kompositionen in der lombard. Tradition und in der Nachfolge Leonardo da Vincis.

Luis [span. luis, portugies. luiʃ], span. und portugies. Form des männl. Vornamens Ludwig.

Luise, eindeutschende Schreibung von ↑ Louise.

Luise, Name von Herrscherinnen:
Frankreich:
L. von Savoyen, * Pont-d'Ain (Ain) 11. Sept. 1476, † Grez-sur-Loing (Seine-et-Marne) 22. Sept. 1531, Hzgn. von Angoulême (seit 1515). - 1515/16 und 1525/26 Regentin für ihren Sohn Franz I. von Frankr., bereitete den Abschluß der Liga von Cognac vor (1526) und handelte 1529 den Frieden von Cambrai aus.
Preußen:
L. Auguste Wilhelmine Amalie, * Hannover 10. März 1776, † Schloß Hohenzieritz bei Neustrelitz 19. Juli 1810, Königin. - 1793 ∞ mit dem späteren König Friedrich Wilhelm

Luise Ulrike

III., Mutter der späteren Herrscher Friedrich Wilhelm IV. und Wilhelm I. Auf ihr Betreiben kam es 1805 zu einer Annäherung Preußens an Rußland. Nach der Schlacht von Jena und Auerstedt mußte sie nach Königsberg (Pr) und Memel fliehen und versuchte im Juli 1807 in Tilsit in einem Gespräch mit Napoleon I. vergebl., die Friedensbestimmungen für Preußen zu mildern. Sie unterstützte die Reformen Steins und Hardenbergs, wobei ihr Engagement und ihre Lebensweise große moral. Wirkung hatten, die, durch ihren frühen Tod verstärkt, zur Überhöhung in der nat. Legende führte.

Schweden:

L. Ulrike, * Berlin 24. Juli 1720, † Gut Svartsjö auf der Insel Svartsjö 16. Juli 1782, Königin. - Schwester Friedrichs II., d. Gr., ∞ seit 1744 mit dem späteren König Adolf Friedrich von Schweden; gründete 1753 in Stockholm die Akad. der schönen Literatur und Geschichte.

Luitgard, alter dt. weibl. Vorname (zu althochdt. liut „Volk"; Bed. des 2. Bestandteils unklar).

Luitger, alter dt. männl. Vorname (zu althochdt. liut „Volk" und ger „Speer").

Luitpold, alter dt. männl. Vorname, Nebenform von Leopold.

Luitpold, * Würzburg 12. März 1821, † München 12. Dez. 1912, Prinzregent von Bayern. - Übernahm angesichts der geistigen Umnachtung Ludwigs II. und Ottos I. am 10. Juni 1886 die Regentschaft.

Luitprand ↑ Liutprand.

Luiz [portugies. luiʃ], portugies. Form des männl. Vornamens Ludwig.

Luján [span. lu'xan], argentin. Stadt 50 km westl. von Buenos Aires, 29 m ü. d. M., 29 000 E. Einer der bedeutendsten Wallfahrtsorte Südamerikas mit neugot. Basilika.

Luk [niederdt.], svw. ↑ Luke, insbes. seemänn. Bez. für kleinere Einstiegsöffnung im Deck.

Lukács, György (Georg [von]) [ungar. 'luka:tʃ], * Budapest 13. April 1885, † ebd. 4. Juni 1971, ungar. Philosoph und Literaturwissenschaftler. - Seit 1918 Mgl. der Kommunist. Partei Ungarns; in der ungar. Räterepublik zuständig für das Unterrichtswesen. Nach deren Ende kam L. über Wien und Moskau 1931 nach Berlin; 1933 wieder in Moskau; 1945-58 Prof. für Philosophie in Budapest. Bed. Vertreter einer am Roman des bürgerl.-krit. Realismus orientierten marxist. Literaturtheorie und einer auf einer literar. Widerspiegelungstheorie basierenden Ästhetik. L. hatte großen Einfluß auf die Literatur der sozialist. Länder, obwohl er in z. T. durch Selbstkritik abgeschwächtem Ggs. zur offiziellen Literaturtheorie (auch zur Politik) stand infolge seiner Forderung nach einer „demokrat." Diktatur. L. war einer der intellektuellen Führer des Ungarnaufstands 1956 und Kultus-Min. unter I. Nagy; seither verfemt. Beeinflußte auch die westeurop. Neue Linke. - *Werke:* Geschichte und Klassenbewußtsein (1923), Ästhetik (1963), Zur Ontologie des gesellschaftl. Seins (hg. 1971-73), Heidelberger Philosophie der Kunst (hg. 1974).
📖 *Pasternack, G.: G. L. Späte Ästhetik und Literaturtheorie. Königstein i. Ts. 1985. - Renner, R. G.: Ästhet. Theorie bei G. L. Mchn. 1976. - Raddatz, F. J.: G. L. Rbk. 1972.*

Lukan (Marcus Annaeus Lucanus), * Córdoba (Spanien) 3. Nov. 39, † Rom 30. April 65, röm. Dichter. - Neffe des Philosophen Seneca; beteiligte sich an der Pison. Verschwörung und nahm sich auf Befehl Neros das Leben. Sein pathet. Epos „Pharsalia" oder „Bellum civile" (10 Bücher, unvollendet) über den Bürgerkrieg zw. Cäsar und Pompejus steht im Ggs. zur Monarchie verherrlichenden „Äneis" Vergils, da L. v. a. für die republikan. Freiheit eintritt.

Lukanien (lat. Lucania), antike Landschaft in S-Italien, heute etwa die Region Basilicata.

Lukanischer Apennin, Teil des südl. Apennins, von den Monti Picentini im N bis zur Cratisenke im S, bis 2 271 m hoch.

Lukas (Lucas), männl. Vorname lat. Ursprungs, eigtl. wohl „der aus Lukanien Stammende".

Lukas, hl. (L. der Evangelist), Heidenchrist, Mitarbeiter des Apostels Paulus (Philem. 24). - Nach Kol. 4, 14 war L. Arzt, nach 2. Tim. 4, 11 weilte er beim gefangenen Apostel in Rom; L. galt schon in der alten Kirche als Verfasser des Lukasevangeliums und der Apostelgeschichte. Aus dem Begleiter des Paulus wurde in der späteren Legende ein Augenzeuge Jesu, einer der 70 Jünger und Maler der ↑ Lukasbilder. - Fest: 18. Okt.

Lukas van Leyden ↑ Lucas van Leyden.

Lukas von Prag, * Prag um 1460, † Altbunzlau (= Brandýs nad Labem-Stará Boleslav) 11. Nov. 1528, böhm. Theologe. - Schloß sich 1494 den Böhm. Brüdern an, als deren Organisator, Bischof und Wortführer, v. a. gegen Rom und Luther, er seit 1500 wirkte.

Lukasbilder, Christus- und Marienbilder, die die Legende dem Evangelisten Lukas zuschreibt, so die Christusdarstellung im Oratorium Sancta Sanctorum in Rom (6. und 7. Jh.), sowie zahlr. Bilder der Gottesmutter in byzantin. Stil (Hodegetria).

Lukasevangelium, Abk. Luk., drittes Evangelium im N. T., beschreibt Leben und Wirken Jesu. Die Beherrschung griech. Sprache und Stilformen weisen den Verfasser im Unterschied zu den anderen Synoptikern als einen gebildeten hellenist. Schriftsteller aus. Als Quellen werden im L. das Markusevangelium, die dem L. und Matthäusevangelium gemeinsame Logienquelle (↑ Logia Jesu) und eine nur ihm eigene Quelle, Sondergut genannt, benutzt. - Durch die Erfahrung der

Parusieverzögerung (↑ Parusie) wird die Erwartung des Reiches Gottes von der Terminfrage gelöst; die urspr. Naherwartung rückt so in ferne Zukunft. Dabei entwirft Lukas die Idee der Heilsgeschichte. Das L. war für Heidenchristen bestimmt und entstand zw. den Jahren 80 und 90.

Lukasgilden, spätmittelalterl. Malergilden, die den Evangelisten Lukas als Schutzpatron verehrten.

Lukasiewicz, Jan [poln. ɣukaˈʦɛvitʃ], * Lemberg 21. Dez. 1878, † Dublin 13. Febr. 1956, poln. Philosoph und Logiker. - 1911 Prof. in Lemberg, 1920–23 und 1926–44 in Warschau, 1946 in Dublin. Neben Leśniewski einer der Begründer der Warschauer Schule der modernen Logik.

Luke (Luk) [niederdt., eigtl. „Verschluß"], verschließbare Öffnung im Dach, Fußboden oder in einer Mauer; kleine Einstiegs- und Ausstiegsöffnung.

◆ Öffnung im Deck oder in der Bordwand eines Schiffes zum Betreten oder Beladen. Früher waren die Lade-L. klein mit hohem L.süll (Umrandung), heute geht der Trend zu möglichst großen Glattdecksluken.

Lukenziegel, svw. ↑ Gaupenziegel.

Lukian von Samosata, * Samosata (= Samsat, Verw.-Geb. Malatya, Türkei) zw. 120 und 125, † Ende des 2. Jh., griech. Satiriker. - Syrer; urspr. Bildhauerlehrling; dann Rhetor; durchreiste als Wanderredner Kleinasien, Griechenland, Italien, Gallien; schließl. Sekretär beim Statthalter von Ägypten. Polemisierte in geistvoll-witzigen Schriften gegen das überlieferte Bild der Religion, den Aberglauben, die Eitelkeit von Philosophen, Literaten und Rhetoren, von Reichen und Mächtigen seiner Zeit. Für seine Satiren bevorzugte er die Form des Dialogs, später die des Briefes.

Lukmanierpaß ↑ Alpenpässe (Übersicht).

lukrativ [lat., zu lucrare „gewinnen"], gewinnbringend, einträglich.

Lukretia (Lucretia, Lukrezia), weibl. Vorname, weibl. Form von ↑ Lucretius.

Lukrez (Titus Lucretius Carus), * zw. 99 und 94, † 10. Okt. 55 (?) v. Chr. (Selbstmord), röm. Dichter. - Sein hexametr. philosoph. Lehrgedicht „De rerum natura" (Die Natur der Dinge) ist eine Darstellung der epikureischen materialist.-mechanist. Naturphilosophie, insbes. des Atomismus. Mit der Erkenntnis der naturgesetzl. Zusammenhänge können nach L. nicht nur die irrigen myth. Vorstellungen von - strafend und belohnend - das Leben des Menschen bestimmenden Göttern beseitigt, sondern auch die Menschen von der Furcht vor dem Tode und dem Schicksal befreit werden. Die Möglichkeit von Freiheit für den Menschen sichert L. bes. dadurch, daß er den Zufall streng als Ursachlosigkeit bestimmt. Durch seine kraftvolle, altertüml. Sprache und die lebendige Darstellung hat L. auf spätere lat. Lehrgedichte, u. a. auf Ver-

gils „Georgica", großen Einfluß ausgeübt.

Lukrezia ↑ Lukretia.

Lukrezia Borgia ↑ Borgia, Lucrezia.

Lukuga, rechter Nebenfluß des Lualaba, Zaïre, Abfluß des Tanganjikasees, 320 km lang.

lukullisch [lat., nach ↑ Lucullus], üppig (von Speisen gesagt), erlesen.

Lukullus ↑ Lucullus.

Luleå [schwed. ˈlʉːlɔɔ], schwed. Stadt an der Mündung des Luleälv in den Bottn. Meerbusen, 66 500 E. Hauptstadt des Verw.-Geb. Norrbotten; luth. Bischofssitz; TH, Museum, Bibliothek; Garnison; Elektrostahlwerk, Erzhafen. - Erhielt 1621 Stadtrecht.

Luleälv [schwed. ˈlʉːlɔˈɛlv], Fluß in Nordschweden, entspringt nahe der norweg. Grenze (zwei Quellflüsse), mündet bei Luleå in den Bottn. Meerbusen; 450 km lang.

Lullabies [engl. ˈlʌləbaız; zu to lull „einlullen"] (Einz. Lullaby), engl. Bez. für Wiegenlieder oder für deren Refrains.

Lullus (Lul), hl., * Wessex (England) um 710, † Hersfeld (= Bad Hersfeld) (?) 16. Okt. 786, angelsächs. Missionar und Bischof. - Benediktiner, folgte 738 Bonifatius nach Deutschland und wurde 754 dessen Nachfolger als Bischof von Mainz.

Lullus, Raimundus, sel., * Palma 1232/33 (1235?), † Bougie (= Bejaïa) oder Tunis 1315 oder 1316, katalan. Dichter, Theologe und Philosoph. - L. lehrte mit Unterbrechungen zw. 1283 und 1313 in Paris und Montpellier. Ab 1263 unternahm er den Versuch, die alleinige Wahrheit der christl. Lehre zu erweisen und v. a. die arab. Welt zu missionieren. 1276 gründete er die Missionsschule von Miramar (Mallorca). Nach Auffassung L.' muß der Glaube durch den Verstand unterstützt werden, der die Glaubenswahrheiten aus den Prinzipien a christl. Universalwiss., der „Ars magna" streng deduziert. In der Philosophie wandte sich L. gegen den Averroismus und die Lehre von der doppelten Wahrheit. Wegen seiner umfassenden enzyklopäd. Werke wurde er als „Doctor illuminatus" (der erleuchtete Gelehrte) bezeichnet; der an ihn anknüpfende „Lullismus" gilt als eine der großen Strömungen der span. Philosophie. Der katalan. Sprache verhalf L. durch seinen philosoph. Roman „Blanquerna" (1282–87), durch zahlr. erzählende Schriften und Gedichte zum Rang einer Literatursprache.

Lully, Jean-Baptiste [frz. lylˈli], eigtl. Giovanni Battista Lulli, * Florenz 28. Nov. 1632, † Paris 22. März 1687, frz. Komponist italien. Herkunft. - Ab 1646 in Paris, von Ludwig XIV. 1653 zum Komponisten seiner Instrumentalmusik ernannt. 1661 Oberintendant der königl. Kammermusik, beherrschte seit 1672 mit dem Openpatent („Académie royale de musique") das Musikleben. In Zusammenarbeit mit seinen Librettisten I. de Benserade (Ballet de cour), Molière (Comé-

Lulu

die-ballet) und P. Quinault (Tragédie lyrique) schuf er die frz. Oper und damit einen auch für seine Nachfolger gültigen musikal. frz. Nationalstil, mit der Festlegung des Typus der frz. Ouvertüre und der (aus Teilen seiner Opern zusammengestellten) Orchestersuite einen bes. Stil der Orchestermusik, der noch im 18. Jh. (u. a. bei J. S. Bach) maßgebend war.

Lulu, weibl. Vorname, Kurzform von Namen, die mit „Lu-" beginnen.

Lumachelle [italien. luma'kɛlle, frz. lyma'ʃɛl; zu lat.-italien. lumaca „Schnecke"], ein aus Muschel- und Schneckenschalen bestehendes Kalkgestein; wegen des großen Porenvolumens häufig Speichergestein von Erdöl.

Lumbago [lat. „Lendenlähmung"], svw. ↑ Hexenschuß.
◆ (Kreuzlähmung) in der *Veterinärmedizin* Bez. für eine meist 12 bis 24 Stunden anhaltende Muskelstarre (Lähmung im Bereich der Nachhand v. a. beim Pferd), die nach mehrtägiger Stallruhe bei sehr kohlenhydratreicher Fütterung; auch nach übermäßig langer, schwerer Muskelarbeit.

Lumbalgegend [lat./dt.], svw. ↑ Lende.

Lumbalgie [lat./griech.], Kreuz- und Lendenschmerzen; i. e. S. svw. ↑ Hexenschuß.

Lumbalpunktion [lat.] (Spinalpunktion, Lendenstich), Einstich in den Wirbelkanal bzw. den Liquorraum; u. a. zur Entnahme von Hirn-Rückenmarks-Flüssigkeit, Liquordruckmessung und Anästhesie.

Lumbeckverfahren [nach dem Erfinder E. F. Lumbeck, * 1886, † 1979], [automat.] Klebebindeverfahren in der Buchbinderei. Der Rücken des Buchblocks wird abgefräst und mit Leim benetzt; im gleichen Arbeitsgang wird der vorbereitete Einband um den geklebten Buchblock gelegt, der dann mit dem Buchblock beschnitten wird; **lumbecken,** im Lumbeckverfahren binden.

Lumberjack [engl. 'lʌmbə‚dʒæk; eigtl. „Holzfäller"], blousonartige Jacke.

Lumbricus [lat.] ↑ Regenwürmer.

Lumen [lat. „Licht"], Einheitenzeichen lm, SI-Einheit des Lichtstromes. *Festlegung:* 1 Lumen (lm) ist gleich dem Lichtstrom, den eine punktförmige Lichtquelle mit der Lichtstärke 1 Candela (cd) gleichmäßig nach allen Richtungen in den Raumwinkel 1 Steradiant (sr) aussendet: 1 lm = 1 cd · sr.
◆ in der *Anatomie* Bez. für Innendurchmesser, lichte Weite eines röhrenförmigen Hohlorgans (z. B. des Darms).

Lumen naturale [lat. „natürl. Licht"], v. a. in der scholast. Philosophie verwendeter Terminus zur Bez. des der Vernunft eigenen Erkenntnisvermögens im Unterschied zum **Lumen supranaturale,** dem „übernatürl. Licht" der Offenbarung.

Lumet, Sidney [engl. 'lu:mɪt], * Philadelphia 25. Juni 1924, amerikan. Regisseur. - Zunächst Fernsehregisseur. Seine frühen naturalist. Filme thematisieren v. a. Konflikte aus menschl. Egozentrik und Besessenheit wie „Die 12 Geschworenen" (1957), „Der Mann in der Schlangenhaut" (1960), „Der Pfandleiher" (1964), „Ein Haufen toller Hunde" (1965). Seit den 1970er Jahren drehte er auch Thriller wie „Serpico" (1973), „Mord im Orient-Express" (1974), „Hundstage" (1975), „Network" (1976), „Power" (1986).

Lumière, Louis Jean [frz. ly'mjɛːr], * Besançon 5. Okt. 1864, † Bandol (Var) 6. Juni 1948, frz. Chemiker und Fabrikant. - Begründete 1883 zusammen mit seinem Bruder Auguste L. (* 1862, † 1954) eine Fabrik für photograph. Platten in Lyon und entwickelte 1895 das moderne kinematograph. Verfahren (ruckhafter Filmlauf). Mit der Autochromplatte führte L. 1903 ein prakt. farbphotograph. Verfahren ein.

Luminanzsignal [lat.] ↑ Fernsehen.

Lumineszenz [zu lat. lumen „Licht"] (Leuchtanregung), Sammelbegriff für alle Leuchterscheinungen, die nicht auf hoher Temperatur der leuchtenden Substanz beruhen. Die Lichtaussendung erfolgt dabei nach einer vorausgegangenen Anregung durch Bestrahlen mit sichtbarem oder ultraviolettem Licht (*Photo-L.*), mit Röntgen- oder Gammastrahlen (*Röntgen-L.*) oder mit radioaktiver Strahlung (*Radio-L.*). Daneben können aber auch chem. Vorgänge (*Chemo-L.*), das Einwirken elektr. Felder bzw. elektr. Entladungsvorgänge (*Elektro-L.*) u. a. die Ursache von L. sein (↑ Fluoreszenz, ↑ Phosphoreszenz).

Lumineszenzdiode (Leuchtdiode, LED), eine Halbleiterdiode mit einem in Durchlaßrichtung betriebenen p-n-Übergang solcher Dotierung, daß bei Injektion von Ladungsträgern infolge Rekombination [Licht]strahlung abgegeben wird, z. B. bei Galliumphosphid-L. rotes bzw. grünes Licht, wenn das Galliumphosphid (GaP) mit Zink und Sauerstoff bzw. mit Stickstoff dotiert ist. Die Strahlungsleistung ist dem Diodenstrom proportional, so daß eine Intensitätsmodulation möglich ist. Rasterförmig angeordnete L. dienen z. B. als Ziffernanzeigevorrichtungen.

Luminogen [lat./griech.], svw. ↑ Aktivator.

Lummen [nord.] (Uria), Gatt. oberseits schwarzer, unterseits weißer Alken mit zwei Arten, v. a. auf steilen, einsamen Felsinseln der Nordmeere (auch Helgoland), die sie in großen Kolonien nisten. Etwa 45 cm groß ist die **Dickschnabellumme** (Uria lomvia); sie legt nur ein einziges, großes, birnenförmiges Ei. Knapp über 40 cm lang ist die **Trottellumme** (Uria aalge); unterscheidet sich von der sonst sehr ähnl. Dickschnabel-L. durch den schlankeren Schnabel.

Lummer, Otto, * Gera 17. Juli 1860, † Breslau 5. Juli 1925, dt. Physiker. - Prof.

256

in Breslau; bestätigte zus. mit E. Pringsheim experimentell das Wiensche Verschiebungsgesetz und das Plancksche Strahlungsgesetz.

Lummer-Brodhun-Würfel [nach den dt. Physikern O. Lummer und E. H. Brodhun, * 1860, † 1938] ↑ Photometer.

Lump [niederl.] ↑ Seehase.

Lumpenfische (Lappenfische, Icosteiformes, Malacchthyes), Ordnung der Knochenfische mit der einzigen, nur wenige Arten umfassenden Fam. *Icosteidae* im N-Pazifik; etwa 45–200 cm lang, seitl. stark abgeflacht; Tiefseebewohner.

Lumpenproletariat, marxist. Begriff für die unterste Gesellschaftsschicht im Kapitalismus: besteht aus deklassierten und demoralisierten Personen (z. B. Gelegenheitsarbeiter, Verbrecher, Prostituierte), die - da ohne Klassenbewußtsein - zum polit. Kampf für die Emanzipation des Proletariats unfähig sind.

Lumumba, Patrice Emergy, * Katako-Kombe (Prov. Kasai-Oriental) 2. Juli 1925, † in der Prov. Katanga (= Shaba) 17. Jan. (?) 1961, kongoles. Politiker. - 1958 Mitbegr. des „Mouvement National Congolais"; 1959/60 in Haft, jedoch zur Kongo-Konferenz in Brüssel hinzugezogen; wurde im Juni 1960 erster Min.präs. der Demokrat. Republik Kongo (heute Zaïre); am 5. Sept. 1960 von Staatspräs. Kasawubu abgesetzt und verhaftet; unter ungeklärten Umständen ermordet; 1966 zum Nat.helden erklärt.

Luna, röm. Mondgöttin. In Kult und Darstellung erscheint L. häufig mit Sol (Sonne) verbunden.

Luna [lat. „Mond"], Bez. für unbemannte Mondsonden und -satelliten, die von der UdSSR entwickelt wurden. - ↑ auch Lunochod.

lunar [lat.], den Mond betreffend.

Lunar Excursion Module [engl. 'luːnə ıks'kɜːʃən 'mɔdjuːl] ↑ LM.

Lunar Orbiter [engl. 'luːnə 'ɔːbıtə „Mondumkreiser"], Bez. für unbemannte Mondsatelliten, die von den USA zur Erkundung von Landeplätzen für die Apollo-Raumflüge sowie die wiss. Erforschung des mondnahen Raumes entwickelt wurden; fast die gesamte Mondoberfläche wurde photograph. erfaßt.

Lunar Society [engl. 'luːnə sə'saıətı „Mondgesellschaft"], von M. Boulton 1766 gegr. Gesellschaft brit. Naturforscher, Gelehrter, Künstler und Schriftsteller, die monatl. einmal (der besseren Möglichkeit des Heimwegs wegen in einer Vollmondnacht) in Birmingham zwanglos zusammenkamen, um Informationen und Meinungen auszutauschen. Zu diesen sog. **Lunatikern** zählten u. a. E. Darwin, W. Withering, J. Watt, J. Priestley, J. Baskerville, T. Day, J. Wedgwood. Die L. S. bestand bis 1791.

Lunatismus [lat.], svw. ↑ Schlafwandeln.

Lunatscharski, Anatoli Wassiljewitsch

Trottellummen

[russ. luna'tʃarskij], * Poltawa 23. Nov. 1875, † Menton (Alpes-Maritimes) 26. Dez. 1933, russ.-sowjet. Politiker, Literatur- und Kunstwissenschaftler und Schriftsteller. - 1895 Mgl. der Sozialdemokrat. Arbeiterpartei Rußlands; 1898–1904 wegen revolutionärer Tätigkeit in Verbannung; 1906–17 Emigration (Italien, Frankr., Schweiz), in engem Kontakt mit führenden Bolschewiken, v. a. mit Lenin. Nach der Oktoberrevolution 1917–29 Volkskommissar für das Bildungswesen, danach mit der Aufsicht über die wiss. Institute beauftragt; er verband in der Bildungspolitik marxist. Ideen mit überlieferten Vorstellungen der vorrevolutionären russ. und internat. Reformpädagogik. 1933 zum Botschafter in Madrid ernannt, starb er auf der Reise dorthin. L. war ein Förderer und bed. Theoretiker der proletar. Literatur (entwickelte wesentl. Elemente des sozialist. Realismus), lehnte jedoch die aus ideolog. Gründen geforderte Vernachlässigung der Klassiker ab. In dt. Übersetzung erschienen u. a. „Die Revolution und die Kunst" (dt. 1962) und „Das Erbe" (dt. 1965). Verfaßte auch Dramen nach histor. und mytholog. Motiven.

Lunceford, Jimmie [engl. 'lʌnsfəd], eigtl. James Melvin L., * Fulton (Missouri) 6. Juni 1902, † Seaside (Oregon) 13. Juli 1947, amerikan. Jazzmusiker (Saxophonist, Orchesterleiter). - Gründete 1927 in Memphis ein eigenes Orchester (während der 30er Jahre eine der führenden Big Bands der Swingära).

Lunch [engl. lʌntʃ, eigtl. „Brocken, Bissen"], engl. Bez. für die um die Mittagszeit eingenommene Mahlzeit; **lunchen,** den L. einnehmen.

Lund, schwed. Stadt 20 km nö. von Malmö, 80 500 E. Luth. Bischofssitz, Univ.

257

Lunda

(gegr. 1668), Museen, Glasforschungsinst., Handschuhfabrik, Buchdruckereien. - 1019 vom dän. König Knut II., d. Gr., gegr.; wurde 1048 Bischofs- und 1103(–1516) Erzbischofssitz (für ganz N-Europa) und damit geistl. Zentrum Skandinaviens für das restl. MA; kam 1658 an Schweden; 1716–18 Residenzstadt. - Roman. Domkirche (1145 geweiht).

Lunda, ehem. Reich in Zentralafrika, entstanden Ende 16. Jh., den Flüssen Kwango und Sankuru; bis zur belg. Besitznahme unabhängig.

Lunda, Bantustamm in S-Zaïre, NO-Angola und NW-Sambia; v. a. Waldlandpflanzer.

Lundaschwelle, südl. Randschwelle des Kongobeckens, bis 1 637 m hoch.

Lundemis, Menelaos, * Konstantinopel 1915, † Athen 21. Jan. 1977, neugriech. Schriftsteller. - 1947–57 wegen seiner polit. Überzeugung in Gefängnissen und Konzentrationslagern; 1957–73 im Exil. Seine populären Romane und Erzählungen schildern das entbehrungsreiche Leben der sozial Schwachen und polit. Verfolgten.

Lundkvist, Nils Artur, * Oderljunga (Schonen) 3. März 1906, schwed. Schriftsteller und Literaturkritiker. - Gründete 1929 die literar. Gruppe „Fem Unga". Seine Gedichte sind Äußerungen eines intensiven Daseinserlebens. Später vom Surrealismus beeinflußt; schrieb auch Essays, Reiseberichte, u. a. „Der verwandelte Drache" (1955) über die VR China, und Romane.

Lüneburg, Haus, Linien und Ft. der Welfen. **Altes Haus Lüneburg:** Entstanden durch die Teilung des Hzgt. Braunschweig-Lüneburg, begr. das Ft. L., das zw. Elbe, Weser und Altmark, den Bistümern Hildesheim und Verden ausgebildet wurde. Das Erlöschen des Mannesstammes zog den **Lüneburger Erbfolgekrieg** nach sich (1371–88), bei dem sich die Linie Wolfenbüttel des Alten Hauses Braunschweig durchsetzen konnte. Durch Teilung der Braunschweiger Lande (1409–28) entstand das **Mittlere Haus Lüneburg,** das im Besitz des Ft. blieb. 1569 spaltete sich die Nebenlinie Dannenberg ab, die das Neue Haus Braunschweig begr.; die Hauptlinie (ab 1569 **Neues Haus Lüneburg**) konnte ihr Herrschaftsgebiet beträchtl. erweitern: u. a. Erwerb der Gft. Hoya (1582) und Diepholz (1585), 1617 Grubenhagen, 1635 Calenberg. Aus dem Teilft. Calenberg (seit 1636) ging 1692 das Kurft. Hannover hervor.

Lüneburg, Krst. an der Ilmenau, Nds., 17 m ü. d. M., 59 900 E. Verwaltungssitz des Reg.-Bez. und Landkr. L.; Hochschule und Fachhochschule, Ostakad.; Museum für das Ft. L., Ostpreuß. Jagdmuseum, Ratsbücherei, Stadttheater; Metallverarbeitung, chem. und Holzind.; Gewinnung von Düngekalk und Kieselgur. Die Saline stellte 1980 ihre Produktion ein; die Sole dient Heilzwecken.

Geschichte: An die um 950 von Hermann Billung auf dem Kalkberg gegen die Wenden errichtete Grenzburg und das 955 gegr. Michaeliskloster schloß sich eine Burgsiedlung (956 erwähnt) an, die dank der gleichzeitig erwähnten Saline und der Gunst Heinrichs des Löwen, der das 1247 bestätigte Stadtrecht verliehen haben soll, das benachbarte Bardowick überflügelte. Im MA wichtigster Handelsplatz zw. Hamburg und Hannover. Bis 1371, als die Städter die Burg zerstörten, Residenz der Welfen im Besitz des Gesamthauses. Erlebte im 14.–16. Jh. als führendes Mgl. der Hanse seine wirtsch. Blüte. 1639 wurden die Welfen wieder Stadtherren und brachen die Selbständigkeit der Stadt.

Bauten: Zahlr. Backsteinbauten mit charakterist. Giebeln (im wesentl. Renaissance), got. sind die Sankt-Johannis-Kirche (14./15. Jh.) und die Michaeliskirche (1376–1418). Das Rathaus besteht aus einer Reihe von Bürgerhäusern (Gotik bis Barock); Kran am alten Hafen (18. Jh.). - In L.-Lüne ehem. Benediktinerinnenkloster (in Kirche und Stiftsgebäuden bed. Bildteppiche).

L., Landkr. und Reg.-Bez. in Nds.

Lüneburger Heide, Geestlandschaft im Norddt. Tiefland, zw. den Urstromtälern von Elbe im N und Aller im S. Die rd. 7 200 km² große, sich in NW–SO-Richtung erstreckende Grundmoränenplatte mit Sanderflächen und Hochmooren wird von mehreren Endmoränenzügen überragt. Die urspr. Wälder wurden schon früh vernichtet und durch Zwergstrauchheiden mit Wacholder ersetzt, so daß die L. H. zum größten Heidekrautgebiet in Deutschland wurde. Wiederaufforstung v. a. mit Kiefern. Die typ. Heidelandschaft ist heute noch anzutreffen, u. a. im Naturpark L. H. In mittel- bis großbäuerl. landw. Betrieben werden v. a. Kartoffeln, Roggen und Hafer angebaut; Rinderhaltung. Von wirtsch. Bed. sind Kieselgurlagerstätten, Salz- und Gipslager sowie Erdölvorkommen. Die L. H. ist Naherholungsgebiet für die Großstädte Hamburg, Bremen und Hannover.

Lüneburger Ratssilber, Schalen, Pokale, Münzbecher, großer und kleiner Gießlöwe u. a. aus den Jahren 1443–1620, aus dem Besitz der Stadt Lüneburg (heute im Berliner Kunstgewerbemuseum).

Lünen, Stadt am N-Rand des Ruhrgebiets, NRW, 45 m ü. d. M., 84 200 E. Theater, Hüttenind. seit 1826; Maschinen-, Apparateund Fahrzeugbau, Kabelwerk, chem.-pharmazeut. Ind.; seit dem Rückgang des Steinkohlenbergbaus (um 1960) Ansiedlung von Textil- und Lederind.; Großkraftwerk; Häfen am Datteln-Hamm-Kanal. - **Altlünen** entstand um eine Kirche (1018); Markt 1195 bezeugt. Die 1336 gegr. Neustadt erhielt 1341 Stadtrecht. - Pfarrkirche (16. Jh.), klassizist. Schloß Buddenburg (1845).

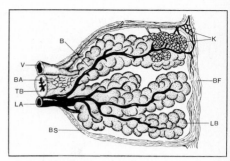

Lungenegel

Lünersee ↑Stauseen (Übersicht).
Lünette [frz., eigtl. „kleiner Mond" (zu
lat. luna „Mond")], bogenförmiges abgeschlossenes, häufig dekoriertes Feld über Türen und Fenstern; bes. im Barock.
◆ an Drehbänken, Fräs- und Schleifmaschi-
nen zum Verhindern des Durchbiegens langer
Werkstücke benutzte, mit Rollen versehene
Vorrichtung, die das Werkstück abstützt.
Lunéville [frz. lyne'vil], frz. Stadt in Lothringen, Dep. Meurthe-et-Moselle, 21 500 E.
Museen; Fayencemanufaktur, Textil-, Spiel-
zeug-, Elektronik-, Konservenind. - Seit dem
10. Jh. Hauptort einer Gft., 1244 an Lothringen; 1638 von Franzosen erobert und zerstört,
dann wiederaufgebaut; seit 1766 frz. - Der
Friede von L. (1801) zw. Frankr. und Kaiser
Franz II. für Österreich und das Hl. Röm.
Reich beendete mit dem Frieden von Amiens
(1802) in Weiterführung des Friedens von
Campoformio den 2. Koalitionskrieg. Die Ba-
tav., die Helvet. und die Ligur. Republik wurden von Österreich anerkannt, Frankr. erhielt
das linke Rheinufer (↑auch Reichsdeputa-
tionshauptschluß). - Ehem. Residenzschloß
(1702–06), Rokokokirche Saint-Jacques
(1730–47).
Lungau, Gebiet um die obere Mur, sö.
Teil des östr. Bundeslandes Salzburg.
Lunge [zu althochdt. lunga, eigtl. „die
leichte"] (Pulmo), paariges Atmungsorgan
der Lurche, Reptilien, Vögel und Säuger. Ent-
wicklungsgeschichtl. entsteht die L. als einer
Ausstülpung des Vorderdarms und tritt erstmals bei den Lungenfischen auf.
Die *L. des Menschen* besteht aus zwei
kegelförmigen, in das Brustfell eingeschlossenen **Lungenflügeln,** die den größten Teil des
Brustraums ausfüllen. Sie sind durch die
Luftröhre und die beiden Hauptbronchien
miteinander verbunden. Der rechte Lungen-
flügel ist in drei, der linke in zwei **Lungenlappen** unterteilt. Die mit Lungenfell (↑Brustfell)
überzogenen L.lappen sind bei der Atmung
gegeneinander und gegen die mit Brustfell
ausgekleidete Brustkorbinnenwand leicht
verschiebbar, wodurch eine ausreichende und
gleichmäßige Beatmung der L. erreicht wird.
Zu jedem L.lappen gehört eine große Bron-
chie mit begleitender L.arterie. Die Hauptbronchien teilen sich beim Eintritt in die L.
in mehrere kleine Äste (Bronchien), diese wiederum in noch kleinere (Bronchioli) auf. Die
kleinsten Kapillaren gliedern sich dann in
die **Lungenbläschen** (Alveolen) auf. Die rd.
300–450 Mill. L.bläschen beider L.flügel haben jeweils einen Durchmesser von etwa 0,2
mm. Ihre Gesamtoberfläche beträgt 80–120
m². Nur in diesen von einem dichten Blutka-
pillarnetz eingeschlossenen L.bläschen tritt
Sauerstoff auf Grund seines höheren Partial-
drucks durch die Kapillarwand ins Blut, während gleichzeitig Kohlendioxid aus dem gleichen Grund vom Blut in die L.bläschen abge-

Lunge. Lungenläppchen einer
Säugetierlunge (B Bronchus,
BA Bronchialarterie, BF Brustfell,
BS Bindegewebsseptum zwischen
den Lungenläppchen,
K Kapillargefäße, LA Lungenarterie,
LB Lungenbläschen,
TB Terminalbronchus, V Vene)

geben wird. Die Wandung zw. dem Kapillar-
netz der L.bläschen enthält sog. Nischenzel-
len, die Bakterien, Staub und ähnl. durch
Phagozytose aufnehmen und verarbeiten
können.
📖 *Ulmer, W., u. a.: Die Lungenfunktion.* Stg.
⁴1986. - *Rieben, F. W./Fritz, D.: Lungen- u.
Bronchialkunde.* Darmst. 1985. - *Murray, J. F.:
Die normale L.* Dt. Übers. Stg. 1978.
◆ Atmungsorgan von unterschiedl. Bau- und
Funktionsprinzip bei Wirbellosen, z. B. Tra-
cheen-L. (↑Fächertracheen) bei Spinnentie-
ren, ↑Wasserlungen bei Seewalzen, die
Mantelhöhle bei Lungenschnecken.
Lungenabszeß, eitrige Einschmelzung
von Lungengewebe meist im Gefolge einer
(bakteriellen) Lungenentzündung.
Lungenblähung, svw. Lungenemphy-
sem (↑Emphysem).
Lungenblutkreislauf ↑Blutkreislauf.
Lungenblutung, Blutung im Bereich der
Lunge mit blutigem Auswurf *(Bluthusten),*
v. a. bei Tuberkulose, Bronchialkarzinom,
Lungenverletzungen.
Lungenbraten, östr. Bez. für Braten aus
dem Lendenstück.
Lungenchirurgie, operative Eingriffe an
Lungen, Bronchien und Rippenfell haupt-
sächl. bei Lungenkrebs, Lungenabszeß und
tuberkulösen Herden; Teilgebiet der Thorax-
chirurgie. Diese Eingriffe müssen wegen des
Unterdrucks im Brustfellraum z. T. in Unter-
druckkammern durchgeführt werden. - Zu
den Eingriffen der L. zählen auch das Anlegen
von Spül- oder Saugdrainagen, die transpleu-
ral ausgeführte Bronchusresektion und die
Probeexzision.
Lungenegel (Paragonismus), Gatt. in der
Lunge von Säugetieren parasitierender Saug-

Lungenembolie

würmer. Die Eier werden ausgehustet oder verschluckt und mit dem Kot ausgeschieden. Die Larven entwickeln sich in Süßwasserschnecken (erster Zwischenwirt), anschließend in Flußkrebsen und Süßwasserkrabben (zweiter Zwischenwirt); der Endwirt (v. a. Raubtiere, Haushund, Hauskatze, aber auch Schwein und Mensch) infiziert sich v. a. durch Verzehr von rohem infiziertem Krebsfleisch.

Lungenembolie ↑Embolie.

Lungenemphysem (Lungenblähung) ↑Emphysem.

Lungenentzündung (Pneumonie), Sammelbez. für alle Entzündungen der Lunge. Sind einzelne Läppchen beteiligt, spricht man von **Bronchopneumonie** (herdförmige L.), ist ein oder sind mehrere Lungenlappen ganz befallen, von **Lappenpneumonie** (lobäre L.). Die klass. akute Lappenpneumonie wird sehr häufig durch Pneumokokken (seltener durch den Friedländer-Bazillus, Strepto- oder Staphylokokken) verursacht. Sie beginnt ganz plötzl. mit Schüttelfrost, gleichmäßig hohem Fieber, Husten, Brustschmerzen, beschleunigter Atmung, stark erhöhtem Puls und Fieberbläschen. Der Auswurf ist vom zweiten bis dritten Tag an bluthaltig-rostbraun. Horchen und Beklopfen ergeben typ. Veränderungen des Klopfschalls und des Atemgeräusches. Zw. dem fünften und zehnten Tag kommt es zu einem Fieberabfall. - Die Lungengefäße sind am ersten und zweiten Krankheitstag durch Bakteriengifte gelähmt und blutüberfüllt. Blutflüssigkeit, rote Blutkörperchen und Gerinnungsstoffe treten in die Lungenbläschen aus. Anschließend treten auch weiße Blutkörperchen aus, die roten Blutkörperchen werden aufgelöst und vom zehnten Tag an mit dem verflüssigten Inhalt der Lungenbläschen in die Blutbahn aufgenommen (Heilungsphase). Durch die Behandlung mit Antibiotika kann die Erkrankung schon im Frühstadium abgefangen werden. Auch die Sterblichkeit wurde von rd. 20 % auf etwa 3 % gesenkt. Gefährdet sind v. a. die Altersgruppen unter 2 und über 45 Jahren. Auch mögl. Komplikationen wie eitrige Brustfellergüsse oder Lungenvereiterungen sind seltener geworden.

Bei der Bronchopneumonie treten, meist in beiden Lungenflügeln, rings um die Bronchien herum viele kleine Entzündungsherde auf. Sie beginnt auch nicht plötzl. wie die Lappenpneumonie, außerdem fehlen die Brustschmerzen. Das Fieber schwankt, der Auswurf ist eitrig-schleimig. Diese Form der L. tritt meist als Komplikation anderer Krankheiten, v. a. der Bronchitis, oder als Begleitkrankheit bei Masern, Keuchhusten und ähnl. auf. Ursächl. ist oft die Entzündung kleiner Bronchien, wodurch eine Gruppe von Lungenbläschen luftleer und so zum Ausgangspunkt der Entzündung wird. - Im Ggs. zur Bronchopneumonie beginnt die **Virus-**

pneumonie plötzl. wie die Lappenpneumonie. Sie dauert i. d. R. 5–8 Tage und spricht im Ggs. zu den beiden anderen Erkrankungen nicht auf Antibiotika an.
📖 *Schmidt, Wolfgang: Ärztl. Rat f. Bronchial- u. Lungenkranke. Stg. 1977.*

Lungenenzian ↑Enzian.

Lungenfell ↑Brustfell.

Lungenfibrose, Vermehrung des Zwischenzellbindegewebes in der Lunge mit entsprechender Behinderung des Gasaustausches und verminderter Dehnbarkeit der Lunge.

Lungenfische (Lurchfische, Dipnoi, Dipneusti), eine dem Unterdevon bekannte Ordnung der Knochenfische mit sechs rezenten Arten (u. a. ↑Djelleh und ↑Schuppenmolch) in Australien, S-Amerika und Afrika; die paarigen Flossen sind blatt- oder fadenförmig; Skelett weitgehend knorpelig; Atmung durch Kiemen und Lungen. Die rezenten L. sind ausschließl. Süßwasserbewohner.

Lungenflechte (Lobaria pulmonata), unregelmäßig gelappte, große Laubflechte (10–45 cm Durchmesser) von graugrüner Farbe; auf Rinden und Holz; in der Volksmedizin früher als Heilmittel bei Lungenleiden verwendet; von M-Europa bis in die Subarktis verbreitet.

Lungenfunktionsprüfung, klin. Verfahren zur Bestimmung der Leistungsfähigkeit der Lunge hinsichtl. Atemmechanik und Gasaustausch. Hierzu zählt u. a. die Bestimmung der ↑Vitalkapazität.

Lungengangrän (Lungenbrand), mehr oder weniger ausgedehnter Zerfall von Lungengewebe, meist durch die Beteiligung von anaeroben Bakterien an einem infektiös-entzündlichen Prozeß (Lungenentzündung, Lungenabszeß) hervorgerufen; Therapie: Gabe von Antibiotika, u. U. operative Behandlung.

Lungeninduration (Lungenverhärtung), Verhärtung des Lungengewebes durch Bindegewebswucherung. - ↑auch Lungenfibrose.

Lungeninfarkt, infolge Unterbrechung der Blutzufuhr auftretende Gewebsveränderungen und Entzündungen mit Übergreifen auf das Rippenfell, Fieber, atemabhängigem Schmerz und charakterist. Geräuschbefund.

Lungenkollaps ↑Pneumothorax.

Lungenkrankheiten, die wichtigsten, zum großen Teil organspezif. L. sind Lungenentzündung, Lungentuberkulose, Lungenabszeß, Lungengangrän, Lungenemphysem, die Staublungenerkrankungen, Stauungslunge und Lungenödem, Lungenembolie und Lungeninfarkt. L. i. w. S. sind Bronchitis, Bronchialasthma, Rippenfellentzündung und Lungenkrebs (meist Bronchialkrebs).

Lungenkraut (Pulmonaria), Gatt. der Rauhblattgewächse mit 12 Arten in Eurasien; niedrige, behaarte Stauden mit meist blauen, purpurfarbenen, anfangs auch rötl. Blüten in Trugdolden. Die bekannteste Art ist das **Echte Lungenkraut** (Pulmonaria officinalis) mit weißfleckigen Grundblättern; stellenweise in Laubwäldern; früher als Volksheilmittel bei Lungenleiden verwendet.

Lungenkrebs, i. w. S. alle bösartigen Geschwülste der Lunge; umfaßt Primärtumoren, die meist von den Bronchien ausgehen (Bronchialkrebs), und aus der Umgebung (Speiseröhre, Brustfell) fortgeleitete und in die Lunge absiedelnde Krebsgeschwülste. L. ist in 95% der Fälle ein **Bronchialkrebs,** eine bösartige Geschwulst der Bronchialschleimhaut, die, von den Luftröhrenverzweigungen ausgehend in die Umgebung wuchert, dort Bronchialäste verlegt, Lungenbläschen zerstört und in Lymphbahnen und Blutgefäße eindringt. Tochtergeschwülste entstehen in nahe gelegenen Lymphknoten (fast 80% aller Fälle) und, mit dem Blutstrom verschleppt, in Leber, Gehirn, Nieren, Nebennieren, Knochen und v. a. in der Wirbelsäule (insgesamt über 60% aller Fälle). Hinter verlegten Bronchien wird das Lungengewebe nicht mehr belüftet, es fällt in sich zus., kann sich chron. entzünden und vereitern. Der Tod tritt durch inneres Verbluten, Ersticken, allg. Auszehrung oder durch die Folgen von Tochtergeschwülsten ein. **Krankheitszeichen** sind anfangs trockener Husten, später mit eitrigem und blutigem Auswurf, Fieber, Gewichtsverlust, Brustschmerzen und Atemnot.

Eine der **Hauptursachen** ist vermutl. das Rauchen von Zigaretten. Inzwischen konnten über 1 000 verschiedene chem. Substanzen im Zigarettenrauch nachgewiesen werden. Ein großer Teil davon liegt in Form von lungengängigen Feinstaubpartikeln vor, die beladen mit krebserregenden Kohlenwasserstoffen in die Lungenbläschen gelangen. - Laut Statistik erhöhen bis zu 20 Zigaretten tägl. die Krebsgefahr um das 4fache, über 40 Zigaretten nach Angaben des Terry-Reports im Vergleich zu Nichtrauchern um das 43fache. Pauschal wird für Raucher eine rd. 30mal größere L.gefahr angegeben. Neben Rauchern sind bes. Arbeiter gefährdet, die im Uranbergbau tätig sind (die radioaktiven Strahlen verursachen den sog. Schneeberger L.), sowie Arbeiter, die mit Asbest, Chrom und Nickel umgehen müssen. Auch die Dunstglocke über Ind.städten, die zahlr. kanzerogene Substanzen enthält, begünstigt die Entstehung von L.; schließl. soll die chron. Bronchitis durch die ständige Reizung der Bronchialschleimhaut eine wichtige Rolle spielen.

Der Bronchialkrebs ist heute das häufigste Geschwulstleiden des Mannes und steht zahlenmäßig als Todesursache unter den Karzinomen an erster Stelle (in der BR Deutschland sterben jährl. rd. 20000 Menschen daran). Der Häufigkeitsgipfel liegt um das 60. Lebensjahr. - Zur Behandlung ↑ Krebs.

⚏ *Lung cancer. Hg. v. C. W. Scaratino. Bln. u. a. 1985. - Lung cancer. Hg. v. M. Mizell u. P. Correa. Weinheim 1984.*

Lungenkreislauf ↑ Blutkreislauf.

Lungenlose Salamander (Lungenlose Molche, Plethodontidae), Fam. der Schwanzlurche mit über 180 Arten, hauptsächl. in Amerika sowie im südöstlichsten Teil Frankr., in N-Italien und auf Sardinien; Lungen fast stets vollständig rückgebildet; überwiegend Gebirgsbewohner in und an Bächen, im Boden, in Höhlen oder baumbewohnend; meist zieml. klein (etwa 4 cm bis wenig über 20 cm lang); u. a. ↑ Brunnenmolche, ↑ Schleuderzungenmolche.

Lungenödem, akutes Krankheitsbild infolge Durchtränkung der Lunge mit seröser Flüssigkeit, die aus den Lungenkapillaren austritt. Ursachen: Blutstauung im Lungenblutkreislauf, Linksinsuffizienz des Herzens, tox.-infektiöse und allerg. Lungenerkrankungen. Symptome: Atemgeräusche, blutigschaumiger Auswurf, Atemnot.

Lungenresektion, operative Entfernung von Lungengewebe.

Lungenschnecken (Pulmonata), Überordnung größtenteils landbewohnender, zwittriger Schnecken mit meist gut entwickeltem Gehäuse; Mantelhöhle erweitert, mit Blutgefäßnetz, als Lunge dienend; Öffnung verschließbar; meist wird atmosphär. Sauerstoff aufgenommen; rd. 35000 Arten; zwei Ordnungen: ↑ Landlungenschnecken und ↑ Wasserlungenschnecken.

Lungenseuche (Pleuropneumonie), ansteckende, fieberhafte, in 50–80% der Fälle tödl. verlaufende Lungen- und Brustfellentzündung des Rindes, verursacht durch das Bakterium Mycoplasma mycoides; kommt noch in Afrika, Asien, S-Amerika und Australien vor.

Lungenstauung ↑ Stauungslunge.

Lungentuberkulose, i. d. R. chron. verlaufende Lungenerkrankung nach Infektion mit dem „Tuberkelbazillus" Mycobacterium tuberculosis; häufigste Form der ↑ Tuberkulose beim Menschen.

Lungenwürmer, (Metastrongylidae) Fam. erwachsen in der Lunge parasitierender Fadenwürmer. Die Larven entwickeln sich in Wirbellosen, auch in niederen Wirbeltieren oder im Freien. Die mit der Nahrung aufgenommenen Jungwürmer gelangen durch die Darmwand und über die Blut- und Lymphbahnen in die Lunge des Endwirtes, wo sie vom Blut leben und katarrhal.-entzündl. Veränderungen hervorrufen *(Metastrongylose)*. ◆ allg. Bez. für eine Vielzahl in den Atemwegen vieler Tiere parasitierender Fadenwürmer, die die ↑ Lungenwurmseuche hervorrufen.

Lungenwurmseuche (Lungenwurmkrankheit), bei wildlebenden und Haustieren (Schweine, Wiederkäuer, v. a. Schafe)

Lungshankultur

auftretende Erkrankung durch Befall der Lungen mit Lungenwürmern; Symptome: schmerzhafter Husten, Atembeschwerden, Anämie und Abmagerung, die bei Haustieren ohne medikamentöse Behandlung zum Tode führen kann.

Lungshankultur, nach Lungshan (Longshan), östr. von Tsinan. Prov. Schantung, China, ben. spätneolith. Kultur (3. Jt. und Anfang 2. Jt. v. Chr.), Kerngebiet im mittleren und östl. China; kennzeichnend ist die Lungshankeramik (↑chinesische Kunst); steht am Übergang zur altchin. Hochkultur der Shangzeit.

Lungwitz, Hans, * Gößnitz 19. Okt. 1881, † Berlin 24. Juni 1967, dt. Neurologe. - Entwickelte eine von ihm als ↑Psychobiologie („Lehrbuch der Psychobiologie", 8 Bde., 1933–56) bezeichnete medizin. Anthropologie.

Lunik [russ., zu lat. luna „Mond"], Bez. für die ersten sowjet. Raumflugkörper, die 1959 für unbemannte Mondflüge eingesetzt wurden.

lunisolar [lat.-engl.], Mond und Sonne betreffend.

Lunker [zu rhein. lunken „hohl werden"], beim Gießen von Metallen infolge Volumenabnahme im erstarrenden Gußstock entstehende Hohlräume. Da L. zu Schwierigkeiten bei der Verarbeitung führen und die Festigkeitseigenschaften stark mindern, ist man bemüht, ihre Entstehung durch gießtechn. Maßnahmen (Flüssighalten des Blockkopfes) zu vermeiden.

Lunochod [lunɔ'xɔt; russ. „Mondgänger" (zu lat. luna „Mond")], Bez. für das im Rahmen der sowjet. Mondforschung eingesetzte, von der Erde aus gesteuerte Mondfahrzeug mit einer Vielzahl von Meß- und Beobachtungsgeräten. L. 1 wurde am 17. Nov. 1970 mit Luna 17 im Mare Imbrium des Mondes abgesetzt und legte insgesamt 10,54 km zurück; L. 2 landete mit Luna 21 am 16. Jan. 1973 am O-Rande des Mare Serenitatis und legte bis zum Abschluß des Programms (Anfang Juni 1973) 37 km zurück.

Luns, Joseph [niederl. lʏns], * Rotterdam 28. Aug. 1911, niederl. Politiker. - 1938–52 im diplomat. Dienst; Mgl. der Katholieke Volkspartij bis 1972; 1952–56 Min. ohne Geschäftsbereich im Außenministerium, 1956–71 Außenmin.; Verfechter der westeurop. Integration unter brit. Einschluß; 1971–84 Generalsekretär der NATO.

Lunte [eigtl. „Lappen, Fetzen"], aus Flachs oder Hanffasern gedrehte, mit Bleiacetat getränkte, langsam glimmende Schnur, die früher zum Zünden von Feuerwaffen diente.
◆ wm. Bez. für den Schwanz des Fuchses und Marders.

Lunula (Mrz. Lunulae) [lat. „kleiner Mond"], halbmondförmiger Halskragen der frühen Bronzezeit, der bes. in goldener Aus-

führung auf Irland, seltener im übrigen W-Europa vorkommt.
◆ (Möndchen) in der *Anatomie* Bez. für kleine, halbmondförmige Strukturen an oder in Organen.

Lun-Yü (Lunyu) [chin. „ausgewählte Aussprüche"], Quelle für die Lehren des Konfuzius, aufgezeichnet von seinen Schülern und in der Hanzeit (206 v. Chr. bis 220 n. Chr.) zu einem der kanon. Texte des Konfuzianismus erklärt.

Lunz am See, niederöstr. Marktgemeinde am S-Rand der Eisenwurzen, 600 m ü. d. M., 2300 E. Heimatmuseum; Holzverarbeitung; Sommerfrische am **Lunzer See,** an dessen O-Ende die Biolog. Station L. - Spätgot. Pfarrkirche (15. Jh.) mit Gnadenbild „Maria im goldenen Sessel".

Luo Nilotenstamm in W-Kenia und N-Tansania, am O-Ufer des Victoriasees; Savannenpflanzer und Viehzüchter; sprechen Dhe Lwo, eine Sprache der Schari-Nil-Gruppe.

Lupe [frz.] (Vergrößerungsglas), Sammellinse mit kurzer Brennweite zur Vergrößerung des Sehwinkels, unter dem ein Betrachter einen Gegenstand sieht. Befindet sich der Gegenstand in der Brennebene der L., dann gilt für die Vergrößerung: $V = 0,25/f = D/4$ (f Brennweite in Metern, D Brechkraft in Dioptrien). Die maximale Vergrößerung, die sich mit einer L. erreichen läßt beträgt ca. 20–25. Für spezielle Zwecke gibt es eine Vielzahl verschiedener L.formen, bei denen die Sam-

Leuchtlupe mit Batteriebetrieb (vierfache Vergrößerung);
unten: binokulare Kopflupe mit hochklappbarem Linsenträger
(zwei- bis dreifache Vergrößerung)

mellinse häufig auch durch ein sammelndes Linsensystem (zur Korrektur von Abbildungsfehlern) ersetzt ist. Die **Meß-** oder **Feinmeßlupe** ist z. B. mit einer in zehntel Millimeter unterteilten Skala versehen; sie liefert eine 8- bis 10fache Vergrößerung. Bei der v. a. in der Textilindustrie verwendeten **Fadenzähllupe** ist das Gesichtsfeld durch eine [quadrat.] Blende begrenzt (Vergrößerung 6- bis 10fach). Zur möglichst blendfreien Betrachtung eines Gegenstandes wird die **Leuchtlupe** benutzt, bei der eine einfache L. mit einer Beleuchtungseinrichtung kombiniert ist. Eine bes. L.art stellen die für eine Betrachtung mit beiden Augen vorgesehenen **Binokularlupen** dar. Sie müssen so konstruiert sein, daß Konvergenz und Akkomodation des Augenpaares in Einklang stehen. Nur in diesem Fall kann der Beobachter die beiden Bilder zur Deckung bringen und erhält einen räuml. Eindruck.

Lupenphotographie, Technik der photograph. Nahaufnahme, die im Bereich der Abbildungsmaßstäbe 1 : 1 bis etwa 25:1 arbeitet.

Luperca, röm. Göttin, Gemahlin des ↑ Faunus.

Lupine (Lupinus) [lat., zu lupus „Wolf"], Gatt. der Schmetterlingsblütler mit rd. 200 Arten, hauptsächl. in Amerika, einige Arten im Mittelmeergebiet; vorwiegend Kräuter oder Halbsträucher mit meist gefingerten Blättern, mehrfarbigen Blüten in Trauben und oft ledrigen, dicken Hülsen. L. sind bes. für die Landwirtschaft wichtig (u. a. als Grünfutter, zur Bodenaufschließung, zur Gründüngung und als Stickstofflieferant durch Knöllchenbakterien), ferner als Wildfutter und als Gartenzierpflanzen. Wichtige Arten sind u. a.: **Gelbe Lupine** (Lupinus luteus), bis 70 cm hoch, mit gelben, wohlriechenden Blüten; Blätter 5–12zählig gefingert; auf sandigen Wiesen. **Schmalblättrige Lupine** (Blaue L., Lupinus angustifolius), mit 5–9fiedrigen Blättern, blauen Blütentrauben und kurzen, zottig behaarten Hülsen. **Vielblättrige Lupine** (Dauer-L., Stauden-L., Lupinus polyphyllus), bis 1,5 m hoch, mit 13–15zähligen Blättern und meist blauen Blüten. **Weiße Lupine** (Lupinus albus), mit 5–7zähligen Fiederblättern und weißen Blüten; auf Korsika heim. - Heute fast ausschließl. angebaut werden bitterstofffreie oder -arme Zuchtformen, die sog. *Süßlupinen,* die v. a. als Körnerfutter für Mastschweine und Milchvieh verwendet werden.

Lupinenalkaloide, bitter schmeckende, giftige Alkaloide, die in Lupinen (nicht in den für Futterzwecke gezüchteten Sorten) enthalten sind, z. B. *Lupinidin,* $C_{15}H_{26}N_2$.

Lupolen ⓦ [Kw.], Kunststoff der Polyäthylengruppe (↑ Kunststoffe [Übersicht]).

Lupot, Nicolas [frz. ly'po], * Stuttgart 4. Dez. 1758, † Paris 14. Aug. 1824, frz. Geigenbauer. - Berühmtestes Mitglied der Geigenbauerfamilie L.; ab 1794 in Paris; wurde wegen der Ähnlichkeit seiner Instrumente mit denen seines Vorbilds der „frz. Stradivari" genannt.

Luppe, roher, schlackehaltiger Eisenbzw. Stahlklumpen; Rohmaterial für die Stahlerzeugung nach dem Siemens-Martin-Verfahren und für Elektrostahlherstellung. ◆ hohlzylinderförmiges Zwischenprodukt bei der Verformung von Walzstahlblöcken zu nahtlosen Rohren.

Lupulin [lat.] ↑ Hopfen.

Lupulon [lat.] ↑ Hopfen.

Lupus [lat.] (Wolf) ↑ Sternbilder (Übersicht).

Lupus erythematodes [lat./griech.], svw. ↑ Erythematodes.

Lupus vulgaris [lat.] ↑ Hauttuberkulose.

Lurçat, Jean [frz. lyr'sa], * Bruyères (Vosges) 1. Juli 1892, † Saint-Paul (Alpes-Maritimes) 6. Jan. 1966, frz. Maler und Kunsthandwerker. - Seine Bed. liegt in der Wiederbelebung des künstler. Wandteppichs. Leuchtend farbige Teppiche mit surrealist. Elementen.

Lurche [zu niederdt. lork „Kröte"] (Amphibien, Amphibia), Klasse wechselwarmer, knapp 1 cm bis (maximal) über 1,5 m langer, fast weltweit verbreiteter Wirbeltiere (↑ Anamnioten) mit über 3 000 rezenten Arten in den Ordnungen ↑ Blindwühlen, ↑ Schwanzlurche, ↑ Froschlurche; Körper langgestreckt bis plump; Haut nackt, drüsenreich, nicht selten bunt gefärbt, mit nur dünner, regelmäßig gehäuteter Hornschicht; meist vier Gliedmaßen; Schwanz lang bis vollkommen rückge-

Jean Lurçat, Die große Drohung (Ausschnitt; 1957).
Angers, Musée des Tapisseries

Luren (um 800 v. Chr.). Fundort Tellerup auf Fünen. Kopenhagen, Nationalmuseet

bildet; Herz ohne Trennwand; Verlauf der Aortenbögen bei Larven noch fischähnl., bei erwachsenen Tieren ist ein Lungenkreislauf ausgebildet. Die L. leben überwiegend in feuchten Biotopen, wobei die Ei- und Larvenentwicklung sowie die Begattung sich fast stets im Wasser vollziehen. Einige Arten verlassen das Wasser zeitlebens nicht (z. B. Krallenfrösche), einige sind durch direkte Entwicklung völlig vom Wasser unabhängig geworden (z. B. Alpensalamander). Manche Arten treiben Brutpflege, einige sind lebendgebärend. Die Larven haben innere oder äußere Kiemen. - Die ältesten Formen sind (als älteste Landwirbeltiere) aus dem Devon bekannt.

Lurchfische, svw. ↑Lungenfische.

Lure [nord.], ein zur Familie der Hörner gehörendes, nord. Blasinstrument aus Bronze der german. Vorzeit (13. bis 7. Jahrhundert v. Chr.). Die L. besteht aus einem leicht konischen, S-förmig gewundenen und gedrehten Rohr aus mehreren Teilen (Länge über 2 m), das mit einem Mundstück angeblasen wird und in einem flachen Zierteller ausläuft. Der Tonumfang reicht bis zum 12. Überblaseton. L. wurden oft als symmetr. Paare gleicher Länge gefunden, was auf das Vorbild von Tierhörnern weist. Über die Spielweise dieser

Kultinstrumente wurden zahlr. Vermutungen angestellt, u. a. daß zwei oder mehr L. derselben Stimmung wechselnd vier oder fünf Töne spielten, wodurch ein in sich bewegter Klang (wie beim Geläut von Kirchenglocken) entstand.

Luren, Volksstamm im nördl. Sagrosgebirge, Iran; Hirtennomaden, schiit. Muslime.

Lurex ⊚ [Kw.], bändchenförmige, mit Aluminium metallisierte Flachgarne, die einen Metallglanzeffekt zeigen.

Luria, Isaak [Ben Salomon], gen. Ari, * Jerusalem 1534, † Safed (= Zefat, Galiläa) 15. Juli 1572, jüd. Mystiker, Kabbalist. - Lebte zunächst in Kairo, ab 1569 in Safed. Im Mittelpunkt seiner Kabbala stehen die Lehre von der „Selbstbeschränkung" Gottes, durch die die Erschaffung des Universums ermöglicht wurde, und von der „Welt der Vollendung", die in messian. Zeit anbrechen wird. Asket. Übungen und bußfertige Erfüllung der religiösen Gebote sind von bes. Wichtigkeit.

L., Salvador, * Turin 13. Aug. 1912, amerikan. Mikrobiologe italien. Herkunft. - Prof. am Massachusetts Institute of Technology in Boston. L. arbeitete v. a. über Bakteriophagen. Für seine Erkenntnisse über den Vermehrungsmechanismus der Viren und deren genet. Struktur erhielt er (zus. mit M. Delbrück und A. Hershey) 1969 den Nobelpreis für Physiologie oder Medizin.

Luristanbronzen, gegossene oder getriebene Bronzegerätschaften mit reicher figürl. (Tiere) Dekoration: Waffen, Äxte, Pferdegeschirr, bes. Trensen, sog. Standarten (Gebrauch unbekannt), Scheibenkopfnadeln, Schmuck und Gefäße. Grabbeigaben des 2.- 1. Jt. v. Chr. am Lorestan.

Lusaka, Hauptstadt von Sambia, im südl. Zentrum des Landes, 1 280 m ü. d. M., 538 500 E. Sitz eines kath. Erzbischofs und eines anglikan. Bischofs; Univ. (eröffnet 1965), Hochschule (Oppenheimer College) für Sozialwiss.; Forschungszentrum für Bodenschätze; Nationalbibliothek, Theater. Tabakauktionen; Textil-, Nahrungsmittelind., Zigarettenfabriken, Herstellung von Schuhen, landw. Geräten, Kunstdünger, Kfz.montage u. a. Ind.betriebe. An der Benguela-Beira-Bahn; internat. ✈. - Hat seinen Namen nach dem Häuptling Lusaaka, der an der Stelle der heutigen Stadt L. seinen Kral erbaut hatte. Seit Fertigstellung der Eisenbahn (1905) Entstehung einer Stadt; 1913 Municipality, 1935 Hauptstadt von Nordrhodesien, das 1964 als Sambia unabhängig wurde.

Luschin von Ebengreuth, Arnold, * Lemberg (= Lwow) 26. Aug. 1841, † Graz 6. Dez. 1932, östr. Rechtshistoriker und Numismatiker. - 1873–1912 Prof. in Graz; Begründer der östr. Reichsgeschichte als akadem. Diszipin und bahnbrechender numismat. Forscher.

Lusen, von einem Blockmeer bedeckter,

waldfreier Gipfel im Hinteren Bayer. Wald, 1371 m hoch.

Luser, svw. ↑ Lauscher.

Luserke, Martin, * Berlin 3. Mai 1888, † Meldorf 1. Juni 1968, dt. Pädagoge. - 1910–24 Leiter der Freien Schulgemeinde Wickersdorf, 1924–35 eines Landerziehungsheims auf Juist („Schule am Meer"). L. pflegte v. a. Sport, Musik und das Laienspiel. Schrieb neben theoret. Arbeiten u. a. Bühnenmanuskripte und Seegeschichten.

Lushai Hills [engl. ˈluːʃaɪ ˈhɪlz], bis 2164 m hohes Bergland im ind. Unionsterritorium Mizoram.

Lusignan [frz. lyziˈɲã], frz. Adelsgeschlecht aus Poitou, seit dem 10. Jh. urkundl. bekannt. Aus ihm gingen viele Könige der Kreuzfahrerstaaten hervor.

Lusitania, nach *Lusus,* dem sagenhaften Ahnherrn der Portugiesen ben., von Augustus 27 v. Chr. von Hispania ulterior abgetrennte röm. Prov.; entsprach im wesentl. dem heutigen Portugal; Hauptort *Augusta Emerita* (= Mérida); gehörte bis 712 n. Chr. zum Westgotenreich, fiel dann an die Araber.

Lusitania-Zwischenfall, die Versenkung des brit. Passagierschiffs „Lusitania", das auch eine Munitionsladung an Bord hatte, 1915 durch ein dt. U-Boot. Da sich unter den mit dem Schiff untergegangenen 1200 Menschen auch über 100 Amerikaner befanden, verschärfte sich die antidt. Stimmung in den USA.

Lust, angenehm erlebte Grundqualität einer Empfindung, v. a. bei Erfüllung eines psych. Antriebs (bes. im sexuellen Bereich).

Lüst, Reimar, * Barmen (= Wuppertal) 25. März 1923, dt. Physiker. - Prof. in München, 1971–84 Präs. der Max-Planck-Gesellschaft, seit 1984 Generaldirektor der Europ. Weltraumorganisation (ESA). Arbeitsgebiete: Weltraumforschung, Astro-, Plasmaphysik.

Lustenau, östr. Marktgemeinde in Vorarlberg, 404 m ü. d. M., 18000 E. Sitz der Vorarlberger Obst- und Gemüseverwertungsgenossenschaft; Stickereibetriebe. - 887 Erstnennung; seit 1902 Markt.

Lüster [italien.-frz., eigtl. „Glanz" (zu lat. lustrare „beleuchten")], svw. ↑ Kronleuchter. ◆ Bez. für leichte, glänzende, dichte Gewebe aus lüstrierten Baumwollgarnen, im Schuß auch Alpaka- oder Mohairwolle; auch aus Reyon.

Lüsterklemme, mehrpolige Schraubklemme zum Anschluß der Verdrahtung eines elektr. Gerätes an die Stromzuführung.

Lustig, Arnošt, * Prag 21. Dez. 1926, tschech. Schriftsteller. - 1942–45 im KZ in Theresienstadt, Auschwitz und Buchenwald; lebt heute in den USA. Schildert in Erzählungen und Novellen das Schicksal von jüd. Häftlingen in den Konzentrationslagern und von Menschen, die mit den Schrecken des vergangenen Krieges fertig werden müssen,

u. a. „Nacht und Hoffnung" (En., 1958), „Demanten der Nacht" (En., 1958), „Totengebet für Katharina Horowitz" (Nov., 1964), „Miláček" (Der Liebling, R., 1969), „Die Ungeliebte. Aus dem Tagebuch einer Siebzehnjährigen" (1979).

lustige Person (komische Person), Bühnenfigur, urspr. Bauerntölpel, clownartiger Spaßmacher, begegnet unter verschiedenen Namen und nat. Ausprägungen, z. B. ↑ Arlecchino, ↑ Harlekin, ↑ Pickelhering, ↑ Hanswurst. Meist zur allg. Erheiterung prahlsüchtig, derb, dumm- und tölpelhaft.

Lustmord, vorsätzl. ↑ Tötung zur Befriedigung des Geschlechtstriebes.

Lustprinzip (Lust-Unlust-Prinzip), nach S. Freud das dem ↑ Realitätsprinzip antagonist. gegenüberstehende Prinzip, nach dem das ↑ Es arbeitet: die Triebe und Bedürfnisse drängen auf ihre (sofortige) Befriedigung und zielen auf einen möglichst großen Lustgewinn.

lüstrieren [lat.-frz.], Garne durch Appretieren mit anschließendem Bürsten und Strecken glänzend machen. Seidengarne werden mit trockenem Dampf behandelt.

Lustrum (Lustration) [lat.], in der röm. Religion ein Sühne- und Reinigungsopfer, bei dem die Opfertiere um die zu entsühnenden Personen oder Sachen geführt wurden. V. a. bezeichnete man mit L. die Weihung der nach dem ↑ Zensus neu konstituierten röm. Bürgerschaft. Da Zensus und L. alle fünf Jahre stattfanden, bezeichnete man mit L. auch diesen Zeitraum.

Lustspiel, dt. Übersetzung des Wortes „Comedia", erstmals 1536 im Titel eines anonymen Stückes, dann erst wieder im 17. Jh. gebraucht (Gryphius), seit dem 18. Jh. allg. (Gottsched) und mit Komödie synonym verwendet.

Lut, nur am Rand besiedelte flachwellige Sand- und Steinwüste mit Salztonebenen im S des inneriran. Hochlandes, sö. der Dascht e Kawir, etwa 50000 km².

Lüta (Lüda, amtl. chin. Dalian), chin. Stadt an der S-Spitze der Halbinsel Liaotung, umfaßt die beiden Städte **Talien** und **Port Arthur** (Lüshun) sowie die der Küste vorgelagerten Changshan-Inseln, 1,45 Mill. E. TU, Fachhochschulen für Maschinenbau, Seeverkehr und Medizin, Erdölinst.; wichtigster Hafen der Mandschurei (Außenhandels- und Küstenverkehr) mit Werften, Lokomotiv- und Waggonbau, Stahlwerk, Erdölraffinerie, Chemiekombinat u. a. Ind.betrieben; Kur- und Badeort. *Port Arthur,* in einer Felsenbucht am Eingang zum Pohaigolf, liegt 30 km sw. von Talien, in strateg. wichtiger Lage. Marinestützpunkt, Exporthafen. - Port Arthur, 1894 von den Japanern erobert, wurde 1898 mit Talien (Dairen) für 25 Jahre an Rußland verpachtet, 1904/05 erneut von Japan besetzt und im Vertrag von Portsmouth (1905) mit Talien Japan zugesprochen; bis 1945 unter jap. Verwaltung. Der durch den chin.-sowjet. Freundschaftsvertrag der Sowjetunion zugesicherte Flottenstützpunkt Port Arthur wurde 1955 an China zurückgegeben.

luteinisierendes Hormon (Luteinisierungshormon) [...te-i...; lat./griech.] ↑ Geschlechtshormone.

luteotropes Hormon, svw. ↑ Prolaktin.

Lutetia, antiker Name von ↑ Paris.

Lutetium [nach Lutetia] (früher Cassiopeium), chem. Symbol *Lu* (früher Cp), sehr seltenes Metall aus der Reihe der ↑ Lanthanoide im Periodensystem der chem. Elemente; Ordnungszahl 71, mittlere Atommasse 174,97, Siedepunkt 3 395 °C, Schmelzpunkt 1 663 °C, Dichte 9,84 g/cm³. L. wurde 1907 unabhängig voneinander entdeckt von G. Urbain und C. F. Auer von Welsbach. Es wird in der Technik als Cermischmetall verwendet.

Lütgendorf, Karl, * Brünn 15. Okt. 1914, † bei Schwarzau (Niederösterreich) 9. Okt. 1981 (Selbstmord), östr. General (seit 1966) und Politiker. - 1971-77 östr. Bundesminister für Verteidigung (parteilos); trieb während seiner Amtszeit die Heeresreform voran, die am Vorbild des schweizer. Milizsystems orientiert ist; war wegen seiner eigenwilligen Konzeptionen stark umstritten.

Lütgens, Rudolf, * Hamburg 25. Juli 1881, † ebd. 13. Dez. 1972, dt. Geograph. - 1928-48 Prof. in Hamburg; grundlegende Arbeiten zur Wirtschaftsgeographie.

Martin Luther. Gemälde von Lucas Cranach d. Ä. und Gehilfen (1529). Florenz, Uffizien

Lüth, Paul, * Perleberg 20. Juni 1921, † Knüllwald 6. Aug. 1986, dt. Mediziner und Publizist. - Landarzt; Lehrbeauftragter für medizinische Soziologie an der Univ. Mainz. L. erarbeitete insbes. Modelle gemeindebezogener Gesundheitssicherung wie Sozialstationen, Kooperation Arzt und Sozialarbeit, Selbsthilfegruppen bei chron. Krankheiten und Rehabilitation. Schrieb u. a.: „Krit. Medizin. Zur Theorie-Praxis-Problematik der Medizin und der Gesundheitssysteme" (1972), „Das Krankheitenbuch. Die wichtigsten Krankheiten - ihre Ursachen und Therapien" (1978).

Luthardt, Christoph Ernst, * Maroldsweisach (Landkr. Haßberge) 22. März 1823, † Leipzig 21. Sept. 1902, dt. ev. Theologe. - 1854 Prof. für systemat. Theologie in Marburg, 1856 für N. T. und systemat. Theologie in Leipzig. L. gehört zu den bedeutendsten Vertretern des Luthertums in den theolog. Auseinandersetzungen des 19. Jh., v. a. mit dem Liberalismus.

Luther, Hans, * Berlin 10. März 1879, † Düsseldorf 11. Mai 1962, dt. Jurist und Politiker (parteilos, DVP-nahe). - 1918-22 Oberbürgermeister von Essen; als Reichsernährungs- (1922/23) und Reichsfinanzmin. (1923-25) maßgebl. an der Überwindung der Inflation wie am Abschluß des Dawesplans beteiligt; schloß als Reichskanzler (Jan. 1925-Mai 1926) gemeinsam mit G. Stresemann den Locarnopakt ab; verfolgte als Präs. der Reichsbank (1930-33) in der Weltwirtschaftskrise einen Deflationskurs; 1933-37 Botschafter in den USA; nach 1945 Berater in Fragen des staatl. und wirtsch. Wiederaufbaus, 1953 Vorsitzender eines Ausschusses zur Neugliederung des Bundesgebietes, seit 1958 Präs. des „Vereins für das Deutschtum im Ausland".

L., Martin, * Eisleben 10. Nov. 1483, † ebd. 18. Febr. 1546, dt. Reformator. - *Herkunft, Jugend, Mönchszeit:* L. war der zweite Sohn des Bergmanns Hans Luther. Die Eltern, deren Lebensführung durch eisernen Fleiß und Sparsamkeit wie durch die normale spät-ma. Frömmigkeit gekennzeichnet war, bemühten sich, dem Sohn unter finanziellen Opfern eine Ausbildung zu geben, die diesem den sozialen Aufstieg erlaubte. Das Ziel schien beinahe erreicht, L. nach erfolgreicher Absolvierung des Grundstudiums an der Erfurter Univ. und dem Erwerb des Magistergrads sich 1505 in die jurist. Fakultät einschreiben ließ. Wenige Monate danach (am 17. Juli 1505) trat L. ins Erfurter Augustiner-Eremitenkloster ein. Den äußeren Anlaß hatte das Erlebnis eines schweren Gewitters und Blitzeinschlags (bei Stotternheim) gegeben, anläßl. dessen L. das Gelübde ablegte: „Hilf du, hl. Anna, ich will ein Mönch werden". L. wählte also von Anfang an, entsprechend der Radikalität seiner Lebensauffassung, die sich mit den übl. Kompromissen nicht begnügte, den Weg, der nach der Kirchenlehre mit Sicherheit zur Versöhnung mit Gott und zur Heiligkeit führt, das Ausscheiden aus der Welt und die „evangel. Vollkommenheit" des Klosterlebens. Um seine Klosterzeit ranken sich zahlr. Legenden, kath. (L. sei ein schlechter Mönch gewesen, voller Widerspenstigkeit, sittl. Mängel usw.) wie ev. (man habe L. im Kloster bes. schikaniert, ihn am Lesen der Bibel gehindert usw.). Beide treffen nicht zu, vielmehr ist L. - von außen gesehen - ein durchaus „erfolgreicher" Mönch gewesen, der seinen Weg über Profeß, Priesterweihe, Theologiestudium und Dozententätigkeit in Wittenberg zum Amt des Klosterpredigers, zum Distriktsvikar und schließl. zur Nachfolge des Generalvikars Staupitz in dessen Amt als Prof. in der theolog. Fakultät Wittenberg (22. Okt. 1512) machte. Dennoch waren die Klosterjahre für L. eine Zeit voller Anfechtungen. Er verschärfte die Askese immer mehr, aber trotzdem wußte er sich nach der mit aller Sorgfalt, manchmal mehrmals am Tag, abgelegten Beichte und der Lossprechung durch den Beichtvater immer noch als Sünder vor Gott, der - wie L. meinte - seine Gerechtigkeit als Maßstab an die Menschen anlegt, so daß sich seine Verzweiflung ständig mehrte, bis er fürchtete, zu den von Gott nicht zum Heil Berufenen zu gehören.

Durchbruch zur Reformation: Diese Prädestinationsangst und Furcht vor dem gerechten, die Sünder strafenden Gott, bestimmten auch noch seine Wirksamkeit als Prof. der Schriftauslegung in Wittenberg, das seit 1511 zu seinem dauernden Aufenthaltsort wurde. In seinen Vorlesungen interpretierte er die Psalmen (1513–15), den Römer- (1515/16), Galater- (1516/17) und Hebräerbrief (1517/18), wobei er immer bes. mit deren Aussagen über die Gerechtigkeit Gottes und des Menschen rang. Röm. 1,17 (im Evangelium wird die Gerechtigkeit Gottes offenbart) geriet ihm immer mehr zum Stein des Anstoßes. Nach jahrelangen inneren Kämpfen wurde ihm schließl. zur erlösenden Gewißheit, daß die Gerechtigkeit Gottes („iustitia Dei") nicht die Gerechtigkeit ist, die Gott als Maßstab an den Menschen anlegt („iustitia activa"), sondern die er dem Menschen um dessen Glaubens willen schenkt („iustitia passiva"). Die Gerechtigkeit des Menschen ist also nicht seine Leistung, sondern Gnade Gottes, der seinen Sohn für die Menschheit am Kreuz zu ihrer Erlösung geopfert hat (↑ auch Rechtfertigung). Diese Erkenntnis, das sog. **Turmerlebnis** (weil im Turmzimmer des Wittenberger Klosters gewonnen, wobei der genaue Zeitpunkt nicht sicher ist), begründete den grundsätzl., nicht den prakt. Durchbruch zur Reformation. Dieser begann mit dem Ablaßstreit und dem Anschlag der L. am 31. Okt. 1517 publizierten 95 Thesen (auch hier sind Einzelheiten umstritten). In der Zustimmung zu den 95

Thesen äußerte sich der seit Generationen in Deutschland angestaute Protest gegen den Verkauf der Seligkeit gegen Geld, gegen die verweltlichte und ihrer eigtl. Aufgabe entfremdete Kirche. Von da an fand die Reformation eine rasche Verbreitung.

Krisen und Auseinandersetzungen: Bis zur Gestaltwerdung der Reformation in einem verfaßten Kirchenwesen bedurfte es der Loslösung von der Autorität des Papsttums und der kath. Kirche. Kirche - sie begann in der Leipziger Disputation mit J. Eck von 1519 und setzte sich fort in den „Hauptschriften" von 1520 -, v. a. aber der Zugänglichmachung der Bibel für alle (sie begann mit der Übersetzung des N. T. auf der Wartburg, dem sog. **Septembertestament** von 1522). Bis 1525 dauerte dieser Prozeß an, von 1526 ab wurde, zunächst in Kursachsen, das neue Kirchenwesen einheitl. ausgestaltet. Alle Versuche der kath. Kirche und des Kaisers, diese Entwicklung aufzuhalten (Ketzerprozeß, Bannandrohungsbulle), blieben vergebl.; für die weitere Entwicklung war es bedeutsam, daß L. Freunde am kursächs. Hof hatte (z. B. G. Spalatin) und der Kurfürst sich trotz allem bereit fand, L. insgeheim zu schützen. Die 1521 erfolgte Verhängung des endgültigen Banns wie der Reichsacht kam nur in den Territorien des Kaisers (habsburg. Erblande) oder überzeugt kath. Fürsten zur Wirkung, anderswo leisteten die Stände mindestens hinhaltenden Widerstand. Selbst da, wo behördl. Zwang herrschte, konnte der neue Glaube nicht ausgerottet werden, überall sonst breitete er sich mit zunehmender Kraft aus; in dem Augenblick, in dem die kath. Herrscher in Brandenburg und Sachsen starben, fielen beide Gebiete der Reformation zu. - Gefährlicher als diese ständige latente Bedrohung durch den Katholizismus waren jedoch die inneren Auseinandersetzungen im Protestantismus selbst. Als L. auf der Wartburg in Sicherheit gebracht worden war, zeigte sich, welchen Einfluß der „linke Flügel" der Reformation, Spiritualisten und Täufer, selbst in Wittenberg gewinnen konnte, wo A. Karlstadt mit seinen Schriften und theolog. Anschauungen Initiator von schweren Auseinandersetzungen über das Abendmahl geworden war *(Abendmahlsstreit),* die den inneren Zusammenhalt der Reformation gefährdeten. Dazu kam 1525 die Auseinandersetzung zw. L. und Erasmus über den freien Willen, die erhebl. Teile des dt. Humanismus der Reformation entfremdete.

Polit. Wirkung: Im vollen Vertrauen darauf, daß sich die äußere Gestaltung des Gemeindelebens und des Lebens des einzelnen nach der neuen Lehre in der Gesellschaft aus der von ihm verkündigten Freiheit des Evangeliums von selbst regeln werde, nahm L. zu gesellschaftl. und polit. Fragen nur gelegentl. und auf Drängen (meist des Adels) Stellung, zumal er sich selbst als prophet. Prediger verstand und keinerlei polit. Interessen verfolgte, so daß seine polit. Äußerungen oft widersprüchl., aber fast immer von der gleichen Radikalität wie seine theolog. sind; v. a. seine Haltung zum Bauernkrieg, den L. aus eigener Anschauung nur aus dessen mitteldt. Phase kannte, ist zwiespältig und polit. äußerst folgenreich gewesen. Während L. zunächst die Bewegung der Bauern als Kampf um die Freiheit des Evangeliums verstand und infolgedessen an den Adel zur Reform appellierte, verkehrte sich seine Auffassung im weiteren Verlauf zur radikalen Verurteilung des Vorgehens der Bauern bis hin zur Aufforderung, zu „...würgen, stechen, heimlich oder öffentl. ... weil nicht Giftigeres, Schädlicheres, Teuflischeres sein kann als ein aufrührer. Mensch" („Wider die räuber. und mörder. Rotten der Bauern", 1525). Aber auch hier muß man L. zugute halten, daß er (seinem theolog. Anliegen treu bleibend) im Aufruhr eine Gefahr für das Evangelium sah, weniger eine soziale Revolution. Dennoch zeigt sich gerade darin eine polit. Grundüberzeugung L., die - später in der Zweireichelehre systematisiert - zum Prinzip der Moral und der polit. Ethik des gesamten Luthertums bis in die Gegenwart wurde: die Überzeugung, daß ohne obrigkeitl. Ordnung, die als Setzung Gottes zur Weltregierung gewissermaßen sakralisiert und dadurch unangreifbar wird („Von weltl. Obrigkeit ...", 1523; „Ob Kriegsleute auch seligen Standes sein können", 1526), auch die Freiheit des Evangeliums nicht mögl. sei. In Verbindung mit der in der Rechtfertigungslehre begr. Glaubensüberzeugung, daß das Evangelium grundsätzl. nicht von menschl. Seite zu regeln ist, führte dies auch dazu, daß alles, was in irgendeiner Form organisiert werden muß, in die Zuständigkeit des weltl., d. h. letztl. obrigkeitl. Bereichs fällt, also auch die sichtbare Form der Kirche, woraus sich notwendig die Überantwortung der Kirchenordnung an den Staat ergab. - ↑ auch landesherrliches Kirchenregiment, ↑ Summepiskopat, ↑ Visitation, ↑ Zweireichelehre.

Literar. Werk und Bed. für die dt. Sprache: Das umfangreiche literar. Werk L. steht ganz unter dem Vorzeichen der Auslegung der Schrift: in seinen Vorlesungen für die Theologen, in seinen Predigten (die in zahlr. Drucken verbreitet wurden) für die christl. Gemeinde, in seinen Trost- und Erbauungsschriften. Seine Streitschriften dienen ebenfalls zunächst der Befreiung des Evangeliums von der Knechtschaft durch das Papsttum, das sich und menschl. Institutionen an seine Stelle gesetzt hat, und dann der Verteidigung der „reinen Lehre". Daß die Übersetzung der Bibel allem voransteht, wofür L. die manchmal unerschöpfl. scheinende Kraft seines Lebens eingesetzt hat, steht ohne Zweifel. 1521 begann er mit der Übersetzung des N. T., die 1522 in erster Fassung erschien. Stück für Stück folgten die anderen Bücher der Bibel, bis sie 1534 als Ganzes in neuer Übersetzung vorlag („Biblia, das ist, die gantze Heilige Schrifft, Deudsch. D. Mart. Luth."). Immer wieder, bis an den Ausgang seines Lebens, hat L., von seinen Wittenberger Weggenossen unterstützt, daran weitergearbeitet - diese Bibelübersetzung war Grundlage und Wegbereiterin der Reformation. Daneben gilt sie als eines der wichtigsten Denkmäler der dt. Sprach- und Literaturgeschichte. L. ist zwar nicht der Schöpfer der dt. Hochsprache, er hat sie aber meisterhaft gestaltet und entscheidend zu ihrer Durchsetzung beigetragen. Er schloß sich an bereits ausgebildete überregionale Sprachformen an, an die Sprache der sächs. Kanzlei und an die Traditionen der mitteldt. myst.-erbaul. Prosaliteratur. In Lautstand, Orthographie, Flexion (volle Endungen), Wortschatz und Syntax wurde außerdem gemeinsam mit den Druckern seiner Werke ein Mittelweg zw. den bestehenden Schreibdialekten angestrebt. Trotzdem wurde den oberdt. Lesern immer ein erklärendes Glossar mitgeliefert für Wörter, die erst später Allgemeinbesitz wurden. L. schuf anschaul. Komposita wie „Blutgeld, Denkzettel, Feuereifer" u. a., einprägsame Redensarten wie „Dorn im Auge", er setzte Fremdwörter ins Deutsche um („Richtschnur" für „Kanon"), machte aber auch Fremdwörter in der dt. Sprache geläufig („Fieber, Laterne, Person") und verhalf einem religiös motivierten Bed.wandel zum Durchbruch bei Wörtern wie „Arbeit, Beruf, Glaube" usw. Für die Wirkungsgeschichte seiner Sprache (**Lutherdeutsch**) war bedeutsam, daß kein Werk vorher eine so umfassende Verbreitung über das gesamte dt. Sprachgebiet und in allen Ständen gefunden hatte. Sein Hauptwerk, die Bibelübersetzung, blieb z. T. für Jh. das einzige größere Familienbuch. Seine Werke hatten nicht nur auf die weitere Ausbildung einer dt. literar. Prosa entscheidenden Einfluß, sondern legten auch den Grund für eine überregionale dt. Hochsprache.

🕮 *Friedenthal, R.:* L. Sein Leben u. seine Zeit. Mchn. [13] 1985. - *M. L. im Spiegel heutiger Wiss. Hg. v. K. Schäferdiek. Bonn 1985. - Das L.erbe in Deutschland. Hg. v. H. Süssmuth. Düss. 1985. - Ebeling, G.: Lehre u. Leben in Luthers Theologie. Wsb. 1984. - Gregor-Dellin, M.: L. Mchn. 1983. - L. u. die Folgen. Hg. v. H. Löwe u. C. J. Roepke. Mchn. 1983. - L. in der Neuzeit. Hg. v. Bernd Moeller. Gütersloh 1983. - L. kontrovers. Hg. v. Hans J. Schultz. Stg. 1983. - Diwald, H.: L. Bergisch Gladbach 1982. - Loewenich, W. v.: M. L. Der Mann u. das Werk. Mchn. 1982. - Lohse, B.: M. L. Eine Einf. in sein Leben u. sein Werk. Mchn. [2] 1982. - Olivier, D.: Luthers Glaube. Stg. 1982. - Lienhard, M.: Luthers christolog. Zeugnis. Gött. 1980. - Zur Mühlen, K. H.: Reformatorische Vernunftkritik u. neuzeitl. Denken. Tüb. 1980. - Haendler, G.: Amt u.*

Gemeinde bei L. im Kontext der Kirchengesch. Stg. 1979. - Ebeling, G.: L. Einf. in sein Denken. Tüb. ³1978. - Volz, H.: M. Luthers dt. Bibel. Hamb. 1978. - Weier, R.: Das Theologieverständnis M. Luthers. Paderborn 1976. - Scholl, H.: Reformation u. Politik. Stg. 1976. - Ohlig, R.: Die Zwei-Reiche-Lehre Luthers in der Auslegung der dt. luth. Theologie der Gegenwart seit 1945. Bern u. Ffm. 1974. - Stein, W.: Das kirchl. Amt bei L. Wsb. 1974. - Hahn, S.: Luthers Übersetzungsweise im Septembertestament v. 1522. Hamb. 1973. - Iserloh, E.: L. u. die Reformation - gestern u. heute. Aschaffenburg 1973. - Heckel, J.: Lex charitatis. Eine jurist. Untersuchung über das Recht in der Theologie M. Luthers. Köln ²1973. - Lutherprozeß u. Lutherbann. Hg. v. R. Bäumer. Münster (Westf.) 1972.

Lutheraner, Mgl. der ev.-luth. Kirchen; L. unterscheiden sich von den ↑Reformierten v. a. durch die theolog. Interpretation des Abendmahls.

Luther-Gesellschaft, 1918 gegr. Gesellschaft zur Förderung der Erforschung von Leben und Theologie Luthers. Zeitschriften: „Luther. Mitteilungen der L.-G." (1919–41, 1953 ff.), „Luther-Jahrbuch" (1919–41; 1953 ff.).

lutherisch, Kurzbez. für ↑evangelisch-lutherisch.

lutherische Freikirchen, im 19. Jh. entstandene Kirchen, deren älteste aus Protest gegen die vom Kgr. Preußen eingeführte ↑Union gebildet wurde (↑Altlutheraner). Die meisten l. F. schlossen sich 1972 zur ↑Selbständigen Evangelisch-Lutherischen Kirche zusammen.

lutherische Kirchen, die durch die Reformation Luthers entstandenen Volks-, Landes- oder Nationalkirchen, z. T. als Freikirchen, bes. in den USA. Sie sind zum größten Teil im ↑Lutherischen Weltbund zus.-geschlossen. Obgleich in bezug auf gottesdienstl. Ordnung, Lehre und Kirchenverfassung verschieden, bilden die l. K. eine im Bekenntnis zu Person und Werk Jesu Christi und in der Bindung an die Bibel geeinte Gemeinschaft. Von den luth. Bekenntnisschriften werden in den l. K. das ↑Augsburger Bekenntnis und der „Kleine Katechismus" Luthers anerkannt. Die l. K. in Deutschland sind Gliedkirchen der Ev. Kirche in Deutschland und sind in der Vereinigten Ev.-Luth. Kirche in Deutschland [Abk. VELKD] zusammengeschlossen.

Lutherischer Weltbund, Abk. LWB, internat. Vereinigung luth. Kirchen, am 1. Sept. 1947 durch Vertreter von Kirchen aus 49 Ländern in Lund gegr.: dem LWB gehören (1986) 104 Mgl.kirchen (über 55 Mill. Mgl.) an. - Lehrgrundlage des LWB sind A. T. und N. T., die ökumen. Bekenntnisse, das ↑Augsburger Bekenntnis und Luthers „Kleiner Katechismus". - Als seine *Aufgaben* sieht der

LWB: Förderung der Verkündigung des Evangeliums, Verstärkung der Einigkeit unter den luth. Kirchen, Mitarbeit in den ökumen. Bestrebungen sowie die Sorge um die Beseitigung menschl. Nöte. - *Organisation:* Der LWB gliedert sich in: 1. Die *Vollversammlung.* Sie tritt alle sechs Jahre zus., ihre Vertreter werden von den Mgl.kirchen gewählt und wählt den Präs. und entscheidet über die Arbeit des LWB. 2. Das *Exekutivkomitee* (22 Mgl.) wird von der Vollversammlung gewählt. Es tritt einmal im Jahr zus. und überwacht die Arbeit des LWB zw. den Vollversammlungen. Es wählt den Generalsekretär, der die Geschäfte in dieser Zeit leitet. 3. Jede Mgl.kirche wählt Personen in das *Nationalkomitee,* das für den LWB Aufgaben zu erfüllen hat und dem Exekutivkomitee Bericht erstattet. 4. Die *Kommissionen* werden entweder von der Vollversammlung oder vom Exekutivkomitee eingerichtet, um bestimmte Aufgaben auszuführen. - Präs. ist seit 1984 der Bischof Zoltan Káldy († 1987), Generalsekretär seit 1985 Gunnar J. Staalsett (Norwegen).

Lutherrock, seit dem 19. Jh. von luth. Geistlichen getragener, einreihiger, schwarzer, hochgeknöpfter Gehrock.

Luthertum, Bez. für die von den luth. Kirchen und ihren Mgl. vertretene Glaubens- und Lebenshaltung. Als *Kirchentum* ist das L. geprägt durch: 1. die Bindung an die Bibel; 2. die autoritative Geltung der luth. Bekenntnisschriften; 3. den Kirchentypus der Territorial- und Freikirche, die nur das Amt der Wortverkündigung als gottgegeben anerkennt; 4. den Großteil der luth. Kirchen umfassenden Zusammenschluß im luth. Weltbund. - Versteht man unter L. die vom Glauben geprägte *geistige Haltung,* so ist diese mit den folgenden Merkmalen zu beschreiben: 1. ein Menschenbild, das von der Einheit der menschlichen Person ausgeht, die als das schöpfungsmäßige Gegenüber Gottes angesehen wird; 2. das Verständnis von Freiheit, das als Befreiung des Gewissens von jeder Gesetzlichkeit zu deuten ist zum Dienst am Nächsten verpflichtet; 3. die Auffassung des Staates als der gottgewollten Ordnungsmacht; 4. die der Auffassung von dem Unterschied von Gesetz und Evangelium entsprechende strikte Scheidung von Politik und Religion.

Lüthi, Max, * Bern 11. März 1909, schweizer. Literaturwissenschaftler und Volkskundler. - Seit 1968 Prof. an der Univ. Zürich; verdient um die literaturwiss. Märchenforschung (u. a. „Märchen", 1961).

Luthuli, Albert John, * in Rhodesien 1898, † Stanger 21. Juli 1967, südafrikan. Politiker. - Lehrer; 1935 zum Häuptling von Groutville (Natal) gewählt, 1952 von der südafrikan. Reg. abgesetzt; schloß sich 1946 dem Afrikan. Nat.kongreß an, dessen Präs. ab 1952; protestierte gegen die Apartheidpolitik und propagierte den gewaltlosen Kampf für die Rassengleichheit; 1956 wegen angebl. Hochverrats verhaftet, ab 1959 zu Zwangsaufenthalt in Stanger verurteilt; erhielt 1961 den Friedensnobelpreis für 1960. L. war der geistige Führer der südafrikan. Farbigen und einer der bedeutendsten Pazifisten.

Lutizen ↑ Liutizen.

Lütje Hörn, in der Entstehung begriffene Insel im Wattengebiet östl. von Borkum.

Lütjens, Günther, * Wiesbaden 25. Mai 1889, ✕ sw. von Irland 27. Mai 1941, dt. Admiral. - Führte als Flottenchef die Schlachtschiffe „Gneisenau" und „Scharnhorst" ab Dez. 1940 im Handelskrieg im Nordatlantik; im Mai 1941 mit der „Bismarck" untergegangen.

Luton [engl. lu:tn], engl. Stadt 45 km nnw. von London, 164 000 E. Automobil-, Flugzeug- und Elektroindustrie. ✄.

Lutosławski, Witold [poln. luto'suafski], * Warschau 25. Jan. 1913, poln. Komponist. - Einer der bedeutendsten poln. Komponisten seiner Generation. Er komponierte u. a.: Konzert für Orchester (1954), Trauermusik für Streichorchester (1955), „Jeu vénitiens" für Orchester (1961), „Trois poèmes d'Henri Michaux" für Chor und Orchester (1963), Cellokonzert (1970), Präludium und Fuge für 13 Solostreicher (1972).

Lütschinental, Talschaft in den Berner Alpen, Schweiz, gliedert sich in das Tal der **Weißen Lütschine** mit dem Kurort Lauterbrunnen und das Tal der **Schwarzen Lütschine** mit dem Kurort Grindelwald.

Lutte ↑ Grubenbewetterung.

Lüttich (amtl. frz. Liège, niederl. Luik), belg. Stadt am Zusammenfluß von Ourthe und Maas, 60–180 m ü. d. M., 202 300 E. Verwaltungssitz der Prov. L., kulturelles Zentrum Walloniens; kath. Bischofssitz; Univ. (gegr. 1817), Kunstakad., Handelshochschule, königl. Musikkonservatorium, Priesterseminar; Sternwarte, Forschungszentren für Kohlenbergbau, Metallurgie und Hydrologie, Abteilung des belg. Kernforschungsinst.; u. a. Museum für wallon. Kunst; Bibliotheken, Staatsarchiv; Theater, Oper; botan. Garten. Mittelpunkt eines bed. Wirtschaftsraums mit Börse, Handels- und Ind.messen. Heute v. a. Eisen- und Stahlind., Waggonbau, Waffenproduktion, chem., Baustoff-, Reifenind.; die Versorgung der Ind. erfolgt größtenteils über die Maas, über Juliana- und Albertkanal; der Hafen ist erreichbar für kleinere Seeschiffe. **Geschichte:** Die Stadt entwickelte sich als kirchl. Zentrum, nachdem der Sitz des Bistums Maastricht-Tongeren 717/718 nach L. verlegt worden war; außerdem entstand eine Kaufmannssiedlung; erlangte im Hoch-MA überregionale wirtsch., kulturelle und polit. Bedeutung. 1888–92 zur Festung ausgebaut, spielte in beiden Weltkriegen eine große Rolle bei der belg. Maasverteidigung.

Bauten: Roman. sind die Kirchen Saint-Barthélemy (11./12. Jh.) mit berühmtem Taufbekken und Saint-Denis (11. Jh.) mit got. Chor; hochgot. u. a. die Kathedrale Saint-Paul (13. und 14. Jh.) und die Kirche Sainte-Croix (13. Jh.); spätgot. Saint-Jacques mit roman. Narthex (12. Jh.) und Renaissanceportal. Barockes Fürstbischöfl. Palais (1737) und Rathaus (1714–18), moderne Kongreßhalle (1958) und Univ.gebäude (1962 ff.).

L., Prov. in O-Belgien, 3 862 km², 992 400 E (1985), Verwaltungssitz L.; überwiegend Frz., nahe der belg.-dt. Grenze auch Dt. sprechende Bev.; fast die gesamte Prov. gehört zum Einzugsgebiet der Maas. Vorherrschend sind Haufendörfer (Haspengau, Condroz), Streusiedlungen (Herver Land) und locker bebaute Dörfer (Ardennen). Mit Ausnahme der Ind.gebiete um Lüttich, Huy und Verviers hat L. überwiegend ländl. Charakter; Anbau von Getreide und Zuckerrüben.

L., ehem. geistl. Ft.; seit 717/718 Bistum; 980 Fürstbistum; vom 10. bis 14. Jh. Ausbau des Stiftsgebiets (Erwerb von Looz, Franchimont u. a.); Mitte 16. Jh. Gebietsverluste des Ft. an neu gegr. Bistümer; 1801 an Frankr. abgetreten; kam 1815 an die Vereinigten Niederlande, 1831 an Belgien.

Lutz, männl. Vorname, Kurzform von Ludwig.

Lutz [nach dem östr. Eiskunstläufer A. Lutz, * 1899, † 1918], Sprung beim Eiskunstlauf und Rollkunstlauf; Beginn mit einem Bogen rückwärts-einwärts, Einstechen der Zakke des Spielfußes, nach Absprung volle Drehung in der Luft.

Lützelsoon ↑ Hunsrück.

Lützen, Stadt in der Leipziger Tieflandsbucht, Bez. Weißenfels, DDR, 123 m ü. d. M., 4 500 E. - In der **Schlacht bei L.** am 16. Nov. 1632 kämpften die Schweden unter Gustav II. Adolf gegen die Kaiserlichen unter Wallenstein. Die Schlacht endete mit einem Rückzug Wallensteins.

Lützow, Ludwig Adolf Wilhelm Freiherr von ['lytso], * Berlin 18. Mai 1782, † ebd. 6. Dez. 1834, preuß. General (seit 1822). - Bildete im Febr. 1813 in Breslau das **Lützowsche Freikorps (Schwarze Schar),** dem u. a. J. von Eichendorff, F. L. Jahn und K. T. Körner angehörten; schließl. 3 000 Mann stark, am 17. Juni 1813 bei Leipzig großenteils vernichtet; erreichte wegen seiner Teilnehmer eine große Bedeutung.

Luv [niederl., eigtl. „Ruder(seite)" (nach dem Hilfsruder, mit dem früher die Schiffsstevern gegen den Wind gehalten wurde)], die dem Wind zugekehrte Seite eines Schiffes, einer Erhebung oder eines Gebäudes; Richtung, aus der der Wind kommt. - Ggs. ↑ Lee.

luven [niederl.] (anluven), mit dem Schiff „höher an den Wind gehen", d. h. den Kurs in einen spitzeren Winkel zur Windrichtung legen. - Ggs. ↑ abfallen.

luvgierig, bei starkem Wind mit dem Bug in den Wind drehend.

Luwisch, Sprache der Luwier, die spätestens Anfang des 2. Jt. v. Chr. in Kleinasien einwanderten und Lykien und N-Kilikien besiedelten; bildet mit dem Hethitischen und dem Palaischen die hethit.-luw. (anatol.) Gruppe der indogerman. Sprachen; nur auf Keilschrifttafeln aus Boğazkale überliefert.

Lux [lat. „Licht"], Einheitenzeichen lx, SI-Einheit der ↑ Beleuchtungsstärke. *Festlegung:* 1 Lux ist gleich der Beleuchtungsstärke, die auf einer Fläche herrscht, wenn auf 1 m^2 der Fläche gleichmäßig verteilt der Lichtstrom 1 Lumen (lm) fällt: 1 lx = 1 lm/m^2.

Luxation [lat.], svw. ↑ Verrenkung.

Luxberger, Lorenz ↑ Luchsperger, Lorenz.

Luxembourg [frz. lyksã'bu:r] ↑ Luxemburg.

Luxemburg, Rosa, *Zamość 5. März 1870, † Berlin 15. Jan. 1919 (ermordet), dt. Politikerin poln. Herkunft. - Schloß sich als Gymnasiastin in Warschau der Arbeiterbewegung an, mußte 1889 nach Zürich emigrieren, 1893 Mitbegr. der internationalist. „Sozialdemokratie der Kgr. Polen und Litauen (SDKPiL)"; 1898 durch Scheinehe dt. Staatsbürgerin, Übersiedlung nach Berlin und Eintritt in die SPD bei gleichzeitiger Tätigkeit für die SDKPiL, die sie 1904–14 im Internat. Sozialist. Büro der Zweiten Internat. vertrat. 1907–14 Dozentin an der Parteischule der SPD in Berlin, führte 1914 mit K. Liebknecht die linke Opposition gegen den Krieg an, 1915–18 mit Unterbrechung inhaftiert, Mitinitiatorin der „Gruppe Internationale" (Spartakusbund). L. bekämpfte früh als führende Vertreterin des linken SPD-Flügels den Revisionismus E. Bernsteins („Sozialreform oder Revolution?", 1899), sah in der Spontaneität der Massen, v. a. in der spontanen Aktion des Massenstreiks („Massenstreik, Partei und Gewerkschaften", 1906) eine Voraussetzung für eine soziale Revolution im Ggs. zur zentralist. Parteikonzeption Lenins, wandte sich gegen die prakt. Praxis der Bolschewiki nach der Oktoberrevolution („Freiheit nur für die Anhänger der Reg., nur die Mgl. einer Partei... ist keine Freiheit. Freiheit ist immer nur Freiheit des anders Denkenden." [„Die russ. Revolution", 1922]) und setzte sich für die Räterepublik ein. Mitbegr. der KPD (1918), nach dem Spartakusaufstand verhaftet und von Freikorpsoffizieren ermordet.

📖 *Wilde, H.: R. L. Mchn. 1986. - Heimann, F.: R. L. Die Geschichte der R. L. und ihrer Zeit. Weinheim* [5] *1981. - Geras, N.: R. L. Dt. Übers. 1979.*

Luxemburg (amtl. frz. Luxembourg), Hauptstadt des Großhzgt. L., Verwaltungssitz des Distr. L., an der Alzette, 230–380 m ü. d. M., 76 100 E. Amtssitz des Großherzogs,

der Reg., diplomat. Vertretungen, Sitz des Europ. Gerichtshofes, der Europ. Investitionsbank, Depotstandort der NATO; kath. Bischofssitz; internat. Fakultät für vergleichende Wiss., Technikum, medizin. Fakultät, Konservatorium, zahlr. Forschungsinst., Nationalmuseum, Gemäldegalerie, Staatsarchiv, Nationalbibliothek, Oper, Theater; Hörfunk- und Fernsehsender. Wichtigste Handelsstadt des Landes, mit 115 Bankniederlassungen, Groß- und Kleinhandelsunternehmen, Ind. und Fremdenverkehr; internat. ⚓.

Geschichte: Ein kelt. Oppidum und eine röm. Siedlung standen an der Stelle des heutigen L.; die bei dem fränk. Kastell **Lucilinburhuc** nach 963 erbaute **Lützelburg** („kleine Burg") wurde Stammsitz des Grafenhauses L. und Ausgangspunkt der Stadtbildung. Es entstanden die Oberstadt L. und die Unterstädte **Grund, Pfaffental** und **Clausen,** deren Ringmauern im 11. und 14. Jh. beträchtl. erweitert wurden. 1224 erhielt die Siedlung Stadtrecht. Spanier, Österreicher und Franzosen (u. a. Vauban) verstärkten die Festung und paßten sie dem jeweils neuesten Stand der Geschütztechnik an. 1815 wurde L. dt. Bundesfestung und erhielt eine preuß. Besatzung. Zw. 1867/83 wurde ein Großteil der Festungsanlagen geschleift. Im 20. Jh. erlangte L. Bed. als Sitz des Europ. Stahlkartells (1926) und der EGKS (Montanunion; ab 1952).

Bauten: Spätgot. Kathedrale Notre-Dame mit Renaissanceportal (17. Jh.), großherzogl. Palais (1572 als Rathaus erbaut, im 19. Jh. weitgehend umgebaut). Von Festungswerken sind u. a. die sog. span. Türme (16. Jh.) erhalten.

Luxemburg

(amtl.: Grand Duché de Luxembourg, Grousherzogdem Letzeburg, Großherzogtum Luxemburg), konstitutionelle Erbmonarchie in W-Europa, zw. 49° 27′ und 50° 11′ n. Br. sowie 5° 44′ und 6° 32′ ö. L. **Staatsgebiet:** L. grenzt im O an die BR Deutschland, im W an Belgien, im SW an Frankr. **Fläche:** 2586 km^2. **Bevölkerung:** 365 900 E (1985), 141,5 E/km^2. **Hauptstadt:** Luxemburg. **Verwaltungsgliederung:** 3 Distr. mit 12 Kantonen. **Amtssprachen:** Französisch, Letzebuergesch, Deutsch. **Nationalfeiertag:** 23. Juni. **Währung:** Luxemburg. Franc (lfr) = 100 Centimes (c). **Internat. Mitgliedschaften:** UN, NATO, OECD, EG, WEU, Europarat, Benelux, GATT. **Zeitzone:** MEZ (mit Sommerzeit).

Landesnatur: L. hat Anteil an mehreren Landschaftsräumen. Im N liegt das Ösling (Teil der Ardennen). Es ist eine Rumpftreppenlandschaft mit ihren 400–559 m Höhe, die von der Sauer und ihren Nebenflüssen tief zerschnitten ist. Das Ösling fällt treppenförmig ab zum Gutland, das zum Schichtstufenland des Pariser

Luxemburg

Beckens gehört. Es liegt meist unter 400 m Höhe. Wirtsch. bes. wichtig ist die Schichtstufe des Dogger (Eisenerze). Eine dritte Landschaftseinheit bildet das Moseltal mit Wein- und Obstbau.

Klima: L. liegt im Übergangsbereich zw. ozeanischem und kontinentalem Klima mit langen, kühlen Wintern und milden Sommern.

Vegetation: Die urspr. Vegetation besteht im Ösling aus Eichenwald, im äußersten NW auch Rotbuchenwald, im Gutland aus Eichen-Hainbuchen-Wald, auf Sandsteinböden auch Eichen-Birkenwald.

Bevölkerung: Umgangssprache ist Letzebuergesch, eine moselfränk. Mundart, die auch als offizielle Sprache anerkannt ist. Daneben werden die frz. und die dt. Sprache verwendet. Rd. 95 % der Bev. bekennen sich zur röm.-kath. Kirche. Das natürl. Bev.wachstum ist niedriger als der Wanderungsüberschuß. Rd. 25 % der Bev. sind Ausländer, überwiegend Italiener, Deutsche und Franzosen. Schulpflicht besteht von 6–15 Jahren. Das Bildungswesen ist zweisprachig (Deutsch vom 1., Französisch vom 2. Grundschuljahr an). Die Mehrzahl der luxemburg. Studenten studiert in Frankreich.

Wirtschaft: Bei der Landw. überwiegt die Viehzucht und daher auch das Dauergrünland sowie der Anbau von Futtergetreide und -früchten. Wichtigste Sonderkultur ist der Weinbau im Moseltal. 32 % der Landfläche werden von Wald eingenommen. - Wichtigster Bodenschatz sind die Eisenerze (Minette mit einem Eisengehalt von 20–35 %), deren Abbau die Grundlage der luxemburg. Schwerind. bilden. Um der Exportabhängigkeit der Stahlwerke entgegenzuwirken, entstanden in jüngster Zeit Kunststoff-, Kunstfaser-, Arzneimittelfabriken und ein Reifenwerk. Das Kraftwerk Vianden ist das größte Pumpspeicherwerk Europas.

Außenhandel: Es besteht eine Wirtschaftsunion mit Belgien. Die BR Deutschland ist der wichtigste Partner, daneben die anderen Nachbarländer. Eingeführt werden Rohstoffe, elektr. und nichtelektr. Maschinen, Apparate und Geräte, Metall- und Textilerzeugnisse, Bekleidung, Transportmittel. Ausgeführt werden v. a. Metall und Metallerzeugnisse.

Verkehr: Das Eisenbahnnetz ist 270 km, das Straßennetz 5 157 km lang. Einzige schiffbare Wasserstraße ist die Mosel (in L. 37 km), Hafen in Mertert, dessen wichtigste Umschlaggüter Rohstoffe für die Eisen- und Stahlind. sind. Östl. der Hauptstadt internat. ✈, der von 10 ausländ. Fluggesellschaften und der nat. LUXAIR angeflogen wird.

Geschichte: In einer Kernlandschaft Lothringens bildete sich im 10. Jh. eine Gft., deren Grafen sich nach der 963 erbauten Lützelburg benannten. 1214 gelangte die Gft. L. an den späteren Hzg. Walram II. von Limburg. Dessen Urenkel, Graf Heinrich IV. von L., wurde

als Heinrich VII. 1308 Röm. König und erwarb 1310 das Kgr. Böhmen. 1354 erhob der spätere Kaiser Karl IV. L. zum Hzgt. unter der Herrschaft seines Sohnes Wenzel, der es 1355 mit Brabant vereinigte. 1441/43 wurde L. an Hzg. Philipp den Guten von Burgund verkauft. Mit dem größten Teil Burgunds fiel es 1477/93 an das Haus Österreich und kam 1555 an die span. Habsburger, gehörte aber als Teil des Burgund. Reichskreises weiterhin zum Hl. Röm. Reich. 1659 ging der südl. Teil an Frankr. verloren, das restl. Gebiet erhielt 1714 Österreich, 1795 Frankr. Auf dem Wiener Kongreß wurde L. zum Großhzgt. erhoben und dt. Bundesstaat, blieb aber bis 1890 mit dem oran. Königshaus in Personalunion verbunden. 1830 bestimmte die Territorialregelung zw. Belgien und den Niederlanden die Abtretung des größeren westl. Landesteils an Belgien. 1843 trat L. dem Dt. Zollverein bei. Der Versuch Napoleons III., das nach 1866 selbständige Großhzgt. zu erwerben (**Luxemburg-Krise**), endete mit der Neutralisierung des Landes (*Londoner Vertrag 1867*). Das Großhzgt. blieb bis 1919 jedoch im Zollverein. Während im 1. Weltkrieg die Reg. im Amt blieb, ging sie nach neuerl. dt. Besetzung im Mai 1940 ins Exil; L. wurde dem Gau Moselland eingegliedert. Nach 1945 wurde L. ein festes Glied der atlant. und westeurop. Gemeinschaft. Seit Juni 1945 ist es Mgl. der UN, und war Gründungsmgl. u. a. des Brüsseler Paktes (1948), der NATO (1949), der Montanunion (1951) und der EWG (1957). 1948 gab L. seine Neutralitätsverpflichtung auf. Das zw. L., Belgien und den Niederlanden 1958 geschlossene Abkommen über die „Union Économique Benelux" (Benelux) trat 1960 in Kraft. - Das bis 1975 kontinuierl. Wirtschaftswachstum wurde durch die einsetzende Wirtschaftskrise v. a. im Stahlbereich unterbrochen. Mit Hilfe von Notstandsarbeiten konnte die Zahl der Arbeitslosen jedoch auf einem niedrigen Niveau gehalten werden.

Politisches System: Nach der Verfassung von 1868 ist das Großhzgt. L. eine konstitutionelle Erbmonarchie mit parlamentar.-demokrat. Reg.system. *Staatsoberhaupt* ist der Groß-Hzg. (seit 1964 Jean), dessen formalrechtl. Stellung sehr stark ist (u. a. Gesetzesinitiative, Recht auf Parlamentsauflösung, Oberbefehl über die Streitkräfte). Er beruft als *Exekutiv*organ die Reg., die - unter Leitung des Staatsmin. - vom Vertrauen des Parlaments abhängig ist. Die *Legislative* liegt beim Einkammerparlament, der Abg.kammer (64 auf 5 Jahre gewählte Mgl.). Es besteht Wahlpflicht ab dem 18. Lebensjahr. Als beratendes Organ fungiert der aus 21 Mgl. bestehende Staatsrat, dessen Mgl., z. T. vom Parlament vorgeschlagen, vom Groß-Hzg. ernannt werden. In der Abg.kammer sind 7 *Parteien* vertreten, v. a.: Christl.-Soziale Partei (25 Sitze), Sozialist. Arbeiterpartei (21 Sitze), Demokratische Partei (14 Sitze). Kommunistische Partei, Grüne (je 2 Sitze). Es gibt eine allgemeine (Conféderation Générale du Travail du Luxembourg [C.G.T.]) und eine christl. *Gewerkschaftsbewegung* (Letzeburger Chreschtleche Gewerkschaftsbond [L.C.G.B.]). *Verwaltung:* L. ist in 3 Distrikte mit 12 Kt. unterteilt. Die Distrikte werden durch Staatsbeamte, die Gemeinden von ernannten Bürgermeistern geleitet. Die *Rechts*prechung beruht auf dem Code Napoléon; der Gerichtsaufbau ist dreistufig und kennt Friedensgerichte, Distriktgerichte und ein Obergericht. Die *Streitkräfte* bestehen aus einer rd. 720 Mann starken Freiwilligenarmee; außerdem gibt es 470 Mann Gendarmerie.

🕮 *Salentiny, F.:* Das ist L. Stg. *1981.* - *Schmit, G./Wiese, B.:* Luxembourg in Karte und Luftbild. *Luxemburg 1981.*

Luxemburg, Prov. im SO von Belgien, 4440 km², 224400 E (1985), Hauptstadt ist Arel.

Luxemburger, europ. Dyn. Das ältere Haus der *Lützelburger,* nach 963 von Graf Siegfried I. begr., erlosch 1136. Dem jüngeren Haus der L. gelang der Aufstieg zum Röm. Königtum/Kaisertum (ab 1308), 1310 der Gewinn der böhm. Wenzelskrone. Als die L. 1437 im Mannesstamm ausstarben, löste sich ihr Herrschaftskomplex auf Grund dynast. Verbindung v. a. mit den Habsburgern auf.

Luxemburgisch, moselfränk. Mundart (↑ deutsche Mundarten), Sprechsprache aller Bevölkerungsschichten Luxemburgs, z. T. auch in angrenzenden Gebieten. Über lokalen Formen steht eine vereinheitlichte und schriftfähig gemachte Sprache, das „Letzebuergesch", das neben Frz. und Dt. offizielle Sprache Luxemburgs ist.

Luxeuil-les-Bains [frz. lyksœjle'bɛ̃], frz. Heilbad am W-Rand der Vogesen, Dep. Haute-Saône, 306 m ü. d. M., 10 000 E. Stark radioaktive, 36–52 °C warme Quellen. - Die warmen Quellen waren schon den Römern bekannt. Das röm. **Luxovium** wurde 450 von Attila zerstört. Am selben Ort gründete Columban d. J. um 590 ein Kloster, von dem aus er seine iroschott. Niederlassungen im Fränk. Reich leitete. 732 von den Arabern zerstört, wurde das Kloster unter Karl d. Gr. als Benediktinerabtei wieder aufgebaut. Es wurde eines der bedeutendsten Klöster des MA und war vom 11. bis 16.Jh. Reichsabtei. 1790 wurde es aufgehoben. Der um das Kloster entstandene Ort bekam 1291 Stadtrecht. - Reste als galloröm. Zeit. Ehem. Abteikirche Saint-Pierre (13. und 14.Jh.) mit Kreuzgang, ehem. Residenz der Äbte (16. und 18.Jh.; jetzt Rathaus), Häuser der Gotik und Renaissance.

Luxmasse (Lautamasse), zur Entschwefelung von Leuchtgas oder Synthesegas verwendetes Gemisch aus Eisenoxid und Alkalihydroxiden oder Kalk.

Luxor (arab. Al Uksur), Stadt in Oberägypten, am rechten Nilufer, südl. von Kina, 40 000 E. Museum; Institut Pasteur; Fremdenverkehr. ⚜ - L. liegt ebenso wie Karnak auf dem ehem. Wohngebiet der pharaon. Hauptstadt Theben. Berühmt ist der von Amenophis III. erbaute und von Ramses II. erweiterte Tempel des Gottes Amun. Beide Tempel waren durch eine neuerdings teilweise freigelegte Sphinxallee verbunden.

Luxsekunde, Maß für die Lichteinwirkung bei der ↑ Belichtung einer photograph. Schicht. Die Belichtung beträgt 1 Luxsekunde (lx s), wenn 1 Sekunde lang die Beleuchtungsstärke 1 Lux vorhanden war.

Luxuria [lat.] ↑ Fahrlässigkeit.

luxuriös [lat.], aufwendig ausgestattet, prunkvoll; verschwenderisch.

Luxus [lat. „üppige Fruchtbarkeit, Ausschweifung"], Konsum oder sonstiger Aufwand, der, nach Maßgabe histor. oder regional spezifischer, jedoch sich verändernder Normen, das gesellschaftl. betrachtete Notwendige oder Übliche übersteigt.

Luynes, Charles d'Albert, Hzg. von [frz. lɥin], *Pont-Saint-Esprit 5. März 1578, †Longueville 15. Dez. 1621, frz. Politiker. - Günstling Ludwigs XIII.; wirkte bei der Entmachtung des Marquis d'Ancre mit, dessen Vermögen und Ämter er sich aneignete; ab 1617 eigtl. Leiter der frz. Politik.

Luzán y Claramunt, Ignacio de [span. lu'θan i klara'mun], *Zaragoza 28. März

Luxor. Papyrusbündelsäulen des Tempels des Gottes Amun

1702, † Madrid 19. Mai 1754, span. Schriftsteller. - Führte mit seiner „Poética o reglas de la poesía ...“ (1737) den frz. Klassizismus in die span. Dichtkunst ein; auch Lyriker.

Luzern, Hauptstadt des schweizer. Kt. L., am Ausfluß der Reuß aus dem Vierwaldstätter See, 436 m ü. d. M., 60 600 E. Kath. theolog. Fakultät, Technikum; Museen, u. a. Verkehrsmuseum, Planetarium; Sitz der Schweizer. Unfallversicherungsanstalt und des Eidgenöss. Versicherungsgerichtes. L. ist der wichtigste Ind.standort des Kt., u. a. Feinmechanik, Apparatebau, Bekleidungsind., Brauereien, graph. Gewerbe; Kongreßstadt, Fremdenverkehr, internat. Musikfestwochen, Ruderregatten, Freilichtspiele, Gletschergarten.

Geschichte: Das um 700 entstandene Kloster im Hof kam um 840 in den Besitz der Benediktinerabtei Murbach (bei Colmar). Aus einem Dorf entwickelte sich die Stadt L. (1175/78). Der Streit zw. Welfen und Staufen endete für L. 1252 mit einer Vereinbarung, dem „geschworenen Brief“, Grundgesetz des alten L.; 1291 wurde es an die Habsburger verkauft, 1332 schloß es seinen Bund mit den Waldstätten. 1415 wurde L. auch rechtl. aus dem habsburg. Machtgebiet gelöst. Beteiligte sich am großen eidgenöss. Beutezug gegen die Habsburger und eroberte Sursee, Sankt Urban, Michelsamt, Richensee, Meienberg und Villmergen mit den übrigen Orten Mellingen, Bremgarten und Baden. Seit 1524 förderte L. den Zusammenschluß der kath. Orte und wurde im 16. Jh. Zentrum der kath. Eidgenossenschaft. Im Innern bildete sich das Patriziat immer stärker aus. 1798 wurde L. Hauptstadt der Helvet. Republik und war 1808, 1819–20 sowie 1825/26 eidgenöss. Vorort.

Bauten: Die Hofkirche Sankt Leodegar wurde nach Brand 1633–44 wiederaufgebaut (erhalten die spätgot. W-Türme); ehem. Franziskanerkirche (13. und 16. Jh.); Jesuitenkirche (1666–77), Renaissancerathaus (1599–1606); ma., Renaissance- und Barockhäuser; Holzbrücken, u. a. die überdachte Kapellbrücke (14. Jh.; erneuert) mit Bilderzyklus und achteckigem Wachtturm; Löwendenkmal (1820/21) von B. Thorvaldsen. Von der Stadtbefestigung sind Türme und Mauern auf Musegg (14.–16. Jh.) erhalten.

📖 *Messmer, K./Hoppe, P.: Luzerner Patriziat. Luzern 1976. - Lauber, C.: L. Bern* ²*1963. - L. - Ein Stadtb. Hg. v. L. Achermann u. a. Luzern* ²*1960.*

L., Kanton im Schweizer Mittelland, 1 494 km², 303 900 E, Hauptstadt Luzern. - L. liegt überwiegend im Alpenvorland, dessen Relief von der Eiszeit geprägt wurde. Im SO hat der Kt. einen kleinen Anteil am Zuger See und einen großen am Vierwaldstätter See. Der Anteil an den Alpen beschränkt sich auf den W-Hang der Pilatuskette und die S-Flanke des Rigi. L. ist stark landw. geprägt, auch wenn

weniger als 15 % der Bev. in der Landw. tätig sind. Feldfutterbau überwiegt, nur an günstigen Stellen Obst- und Weinbau. Wichtigste Ind.zweige sind Maschinenbau, Textilind., Holzverarbeitung, Papierind.; bed. Fremdenverkehr.

Geschichte: Der Kt. L. entstand 1803 im wesentl. aus dem früheren Untertanengebiet der Stadt L. Nach Wiederherstellung des alten Patriziats besaß die Stadt ein starkes Übergewicht über die Landschaft. Nach Durchsetzung einer liberalen Verfassung 1831 kam es zu einer konservativen Verfassungsrevision. Gehörte 1845–47 zum Sonderbund.

Verfassung: Nach der Verfassung des Kt. L. vom 29. Jan. 1875 (mit Änderungen) liegt die Exekutive beim vom Volk auf 4 Jahre gewählten Regierungsrat (7 Mgl.). Die Legislative bilden der vom Volk auf 4 Jahre gewählte Große Rat (170 Mgl.) und das Volk (fakultatives Volksreferendum).

Luzerne [frz., letztl. zu lat. lucere „leuchten“ (wegen der glänzenden Samen)] ↑ Schneckenklee.

Luzia ↑ Lucia.

luzid [zu lat. lucidus „hell“], klar, verständlich; **Luzidität,** Durchsichtigkeit, Verständlichkeit.

Luzifer (Lucifer) [lat. „Lichtbringer“], in der röm. Mythologie der Morgenstern, Sohn der Aurora, der Göttin der Morgenröte. Da Jes. 14, 12 einen in die Unterwelt gestürzten Engel erwähnt, der als „Sohn der Morgenröte“ bezeichnet wird, und die Luk. 10, 18 diesen Engelfall mit ↑ Satan verbindet, kam es zu der Identifizierung L. mit dem bibl. Satan. Während der Christianisierung Skandinaviens wurde L. gelegentl. mit ↑ Loki gleichgesetzt.

Luzius ↑ Lucius.

Luzk, Hauptstadt des sowjet. Gebiets Wolynien im NW der Ukrain. SSR, 167 000 E. Fakultät der Lemberger polytechn. Hochschule, PH; Museum; Theater, Philharmonie; Auto-, Kunstleder- u. a. Ind. - L. wird erstmals 1085 als Stadt erwähnt; eine der wichtigsten befestigten Städte Wolyniens. Im 12 Jh. Hauptstadt eines Teilfürstentums; Anfang des 14. Jh. durch Litauen erobert, seit Mitte des 16. Jh. im Staatsverband Polen-Litauen; nach der 3. Teilung Polens (1795) Krst. im Generalgouvernement Wolynien (russ.). 1919 von Polen erobert und bis 1939 polnisch. - Barocke Kathedrale (1754), Synagoge (17. Jh.), Schloß Ljubart (13., 14.–16. Jh.).

Luzon [lu'son, span. lu'θon], größte der philippin. Inseln, N–S-Erstreckung 830 km, bis 240 km breit, 104 684 km², 19,9 Mill. E. Im N erstrecken sich längs der O- und W-Küste Gebirge, die im W, im Mount Pulog, 2 928 m ü. d. M. erreichen. Zw. ihnen liegen die Tieflandsgebiete des Cagayantals und der Zentralebene. Der südl. Teil der Insel ist als schmale, stark gekammerte Halbinsel mit buchtenreichen Küsten ausgebildet. - Der starken Gliederung entsprechen Unterschiede des trop. Klimas; die Zentralebene bleibt jährl. etwa 5–6 Monate ohne Niederschlag, während die Niederschlagsmengen in den Gebirgen z. T. auf über 3 000 mm im Jahr ansteigen. Von Taifunen werden v. a. die nördl. Küstengebiete heimgesucht. Der trop. Regenwald, die urspr. Vegetationsform, ist durch den Menschen weitgehend zurückgedrängt worden. - An Bodenschätzen werden v. a. Eisen- und Chromerze abgebaut, außerdem Gold-, Kupfer- und Nickelerzvorkommen sowie Kohlenbergbau. - Bevorzugte Anbaugebiete sind die Zentralebene (Reisanbau) und das Cagayantal im N mit dominierendem Tabakbau; die Hauptanbaugebiete für Manilahanf liegen auf der sö. Halbinsel, für Zuckerrohr im SW und in der Zentralebene. - In Manila finden sich die wichtigsten und meisten Ind.betriebe der Insel. Der größte Teil der Bev. gehört zu den Altmalaien, die v. a. Naßreisbau in charakterist. Terrassenanlagen betreiben. In Rückzugsgebieten leben Negritos.

Luzonstraße [lu'sɔn], Meeresstraße zw. der philippin. Insel Luzon im S und Taiwan im N, etwa 380 km breit.

Luzzatto, Moses Chajim, * Padua 1707, † Akko (= Akka) 16. Mai 1746, hebr. Mystiker und Dichter. - Themat. der italien. allegor.-dramat. Schule verpflichtet, hat er die spätere hebr. Literatur stilist. entscheidend beeinflußt. Bekannt sind u. a. die Schrift „Der Weg der Frommen" (1740) und das Drama „Lob der Gerechten" (1743).

Lw, früheres chem. Symbol für ↑ Lawrencium.

Lwoff, André, * Allier (Hautes-Pyrénées) 8. Mai 1902, frz. Mikrobiologe. - Prof. an der Sorbonne in Paris, danach Leiter des Krebsforschungsinstituts in Villejuif. Für die Entdeckung von Genen, die die Aktivität anderer Gene steuern (fördern oder hemmen), erhielt er 1965 (zus. mit F. Jacob und J. Monod) den Nobelpreis für Physiologie oder Medizin.

Lwow, Georgi Jewgenjewitsch Fürst, * Dresden 2. Nov. 1861, † Boulogne-Billancourt 8. März 1925, russ. Politiker. - 1914 Vors. des Gesamtverbandes der Semstwokörperschaften. Bei der Februarrevolution als Parteiloser März–Juli 1917 Min.präs. der Provisor. Regierung.

Lwow ↑ Lemberg.

lx, Einheitenzeichen für ↑ Lux.

LXX [im röm. Zahlensystem Zeichen für „70"], Abk. für ↑ Septuaginta.

Lyallpur ['laɪəlpʊə] (heute amtl. Faisalabad), pakistan. Stadt am Zwischenstromland von Chenab und Ravi, 1,09 Mill. E. Landw.univ. (seit 1961), Colleges; Verarbeitung landw. Erzeugnisse. - Gegr. 1892.

Lyasen [zu griech. lýein „lösen"], eine Hauptgruppe der Enzyme, die die Spaltung größerer Moleküle in zwei Teile oder die Verknüpfung zweier unterschiedl. Moleküle ohne Mitwirkung von ATP katalysieren.

Lyautey, Louis Hubert Gonzalve [frz. ljo'tɛ], * Nancy 17. Nov. 1854, † Thorey (Meurthe-et-Moselle) 21. Juli 1934, Marschall von Frankr. (seit 1921). - 1903 Gouverneur von Algerien; 1912–16 und 1917–25 Generalresident von Marokko.

Lycée [frz. li'se (zu ↑ Lyzeum)], in Frankr. der gymnasialen Oberstufe der BR Deutschland entsprechende dreijährige höhere Schule, und zwar als humanist. (*L. classique*), neusprachl. (*L. moderne*) und mathemat.-naturwiss. (*L. technique*) L.; Abschluß: Bakkalaureat.

Lychee [chin.] ↑ Litschibaum.

Lycksele [schwed. 'lyksələ], Stadt am Umeälv in N-Schweden, 14 500 E. Zentrum des südl. schwed. Lappland; Straßenknotenpunkt. Zur Großgemeinde gehört der Bergwerksort Kristineberg (Kupfererz- und Schwefelkiesabbau und Anreicherung).

Lycopodium [griech.-lat. „Wolfsfüßchen"], svw. ↑ Bärlapp.

Lycra ® [Kw.], Bez. für eine hochelast. Faser auf der Basis von Polyurethanen.

Lydgate, John [engl. 'lɪdgeɪt], * Lydgate (Suffolk) um 1370, † Kloster Bury Saint Edmunds 1451 (?), engl. Dichter. - Mönch in Bury Saint Edmunds; einige Zeit Hofdichter. Hinterließ ein ungewöhnl. vielfältiges Werk, formal gewandt, jedoch langatmig und moralist.-didaktisch, u. a. „The siege of Thebes" (Versroman, entstanden 1420–22, gedruckt 1500).

Lydia, weibl. Vorname griech. Ursprungs, eigtl. „die aus Lydien Stammende".

Lydien (Maionia; Mäonien), histor. Landschaft in W-Kleinasien zw. Mysien, Phrygien und Karien; Hauptort Sardes; im 2. Jt. v. Chr. lassen sich myken. wie inneranatol. Kultureinflüsse nachweisen; Ausdehnung des lyd. Machtbereichs unter den Mermnaden (Gyges, Alyattes, Krösus) bis zum Halys; 547 pers., in hellenist. Zeit pergamen., kam 133 zur röm. Prov. Asia, war unter Diokletian eigene Provinz.

Lydisch, zur hethit.-luw. (anatol.) Gruppe der indogerman. Sprachen gehörende Sprache der Lyder in W-Kleinasien, die v. a. in etwa 80 Inschriften, hauptsächl. aus Sardes, bezeugt ist.

lydische Kunst, durch die Funde von Sardes im 20. Jh. bekannt gewordene Kunst Lydiens aus dem 7./6. Jh.; von der Kunst der kleinasiat. Griechen beeinflußt. Charakterist. die hügelförmigen Grabbauten; hochentwickeltes Kunstgewerbe: Bemalte Terrakottafriese (Bauschmuck), Keramikgefäße, Metall-, Teppich-, Lederwaren, geringe Reste von Steinplastik. Die berühmte Goldschmiedekunst verwendete die Granulation, Krösus stiftete kostbare Gold- und Silbergeschenke

Lydische Kunst. Löwe
(um 600 v. Chr.). Manisa,
Archäologisches Museum

nach Delphi. I. w. S. auch die Kunst vor und nach der lyd. Reichsbildung.

lydischer Kirchenton, auf dem Grundton f stehende ↑Kirchentonart.

Lyell, Sir (seit 1840) Charles [engl. 'laɪəl], *Kinnordy (Schottland) 14. Nov. 1797, †London 22. Febr. 1875, schott. Geologe. - Zunächst Jurist, dann Privatgelehrter. L. widerlegte die Katastrophentheorie G. Cuviers und begründet zus. mit K. von Hoff den Aktualismus. Sein Hauptwerk sind die „Principles of geology" (1830–33).

Lykaon, myth. König von Arkadien, der samt seinen 50 Söhnen von Zeus mit dem Blitz erschlagen wird, da er dem zu Tisch geladenen Gott das Fleisch eines geschlachteten Knaben vorgesetzt hat.

Lykaonien (lat. Lycaonia), histor. Gebiet in Inneranatolien, westl. und südl. des Tuzgölü, Türkei; Hauptstadt war Ikonion (= Konya). - Im Achämenidenreich zur Satrapie Phrygien gehörig, 189 v. Chr. pergamen., 129 römisch.

Lykien (lat. Lycia), histor. Gebiet im Westtaurus zw. dem Golf von Fethiye und dem

Lykische Kunst. Reliefplatte des Harpyienmonuments in Xanthos (um 480 v. Chr.). London, British Museum

Golf von Antalya, Türkei. Die Abgeschlossenheit der Landschaft durch hohe Gebirgsmassive erklärt die Sonderform lyk. Kultur und Sprache. Seit etwa 540 v. Chr. pers., 189 rhod., 168 frei, 43 n. Chr. röm. Provinz.

Lykisch, zur hethit.-luw. (anatol.) Gruppe der indogerman. Sprachen gehörende Sprache der Lykier in SW-Kleinasien, die in zwei Dialekten bekannt ist. Bezeugt ist sie v. a. in etwa 160 Steininschriften und weit über 100 Münzlegenden (in ↑lykischer Schrift) aus dem 5./4. Jh.

lykische Kunst, Kunst in Lykien (6.– 4. Jh.) von starker Eigenart, wenn auch nicht unbeeinflußt von ostgriech. Kunst, bes. in der Skulptur bzw. Reliefkunst: Felskammergräber mit architekton. Fassaden, v. a. in Xanthos, Myra und Telmessos, Pfeiler- oder Turmgräber, z. B. das sog. Harpyienmonument in Xanthos. Bed. Grabmonumente um 400 v. Chr. sind das Heroon von Trysa (Gölbası), das Nereidenmonument in Xanthos sowie das Heroon von Limyra.

Lykischer Taurus ↑Taurus.

lykische Schrift, von den Lykiern verwendete Buchstabenschrift, die aus einem westgriech. Alphabet (vielleicht dem von Rhodos) entlehnt und um einige Zusatzzeichen (darunter zwei für Nasalvokale) vermehrt worden ist; sie umfaßt 29 Zeichen und wird (bis auf einige Münzlegenden) rechtsläufig geschrieben.

Lykurg (lat. Lycurgus), sagenhafter Begründer der spartan. Verfassung. - L. soll, vom Orakel von Delphi beauftragt, die polit. und sozialen Verhältnisse geordnet haben, gelegentl. wird ihm auch die Einführung des Ephorats zugeschrieben.

Lyly (Lilly), John [engl. 'lɪlɪ], *Weald (Kent) 1553 oder 1554, □London 30. Nov. 1606, engl. Dichter. - Seine Komödien zeichnen sich durch geistreiche und geschliffene Dialoge aus und waren von großem Einfluß auf die engl. Bühne des 16. Jh. Literar. Bed. erlangte L. durch den ersten engl. Bildungsroman, „Euphues: the anatomy of wit" (1578), und dessen Fortsetzung „Euphues and his England" (1580), womit L. die Stilrichtung des Euphuismus begründete.

Lyman-Serie [engl. 'laɪmən; nach dem

amerikan. Physiker T. Lyman, * 1874, † 1954], Spektralserie des atomaren Wasserstoffs; ihre Linien werden von Wasserstoffatomen emittiert, deren Elektron nach Anregung von einem energet. höher liegenden Energiezustand (Hauptquantenzahl $n \geqq 2$) in den Grundzustand ($n = 1$) zurückkehrt. Die Spektrallinien der L.-S. liegen im Ultraviolett; für die Wellenzahlen $\tilde{\nu} = 1/\lambda$ gilt die Serienformel $\tilde{\nu} = R_H(1 - 1/m^2)$ mit $m = 2, 3, 4, ...$, wobei R_H die ↑Rydberg-Konstante des Wasserstoffs und m die sog. Laufzahl ist.

Lymantriatyp [griech.], nach der Verteilung der Geschlechtschromosomen der Typ, bei dem die ♂♂ zwei X-Chromosomen, die ♀♀ ein x- und ein Y-Chromosom in ihren Körperzellen haben; z. B. Schmetterlinge und Vögel.

Lymnaeidae [griech.], svw. ↑Schlammschnecken.

Lymphadenitis, svw. ↑Lymphknotenentzündung.

Lymphangiektasie [...gi-εk...; lat./griech.], krankhafte Erweiterung einzelner Lymphgefäße.

Lymphangiom (Lymphgefäßgeschwulst), gutartige *Gefäßgeschwulst* aus Lymphgefäßzellen an Haut und Schleimhäuten.

Lymphangiopathie [lat./griech.], (Lymphgefäßerkrankung), zusammenfassende Bez. für krankhafte Veränderungen der Lymphgefäße. Zu den *primären L.* zählen die *obliterierende L.,* eine fortschreitende Verödung von Lymphgefäßen in unterschiedl. Körperregionen (meist der Beine), deren Ursache unbekannt ist, ferner die Lymphangiektasien. Folgen dieser primären L. sind zunehmende Stauung und Übertritt von Lymphflüssigkeit in das umgebende Gewebe sowie schließl. Ödem. *Sekundäre L.* entstehen nach Verletzungen, bei Entzündungen, durch Tumoren oder andere krankhafte Veränderungen (z. B. Abflußhindernisse durch Parasiten, wie bei Bilharziose). Die *Lymphangitis* (Lymphgefäßentzündung) ist eine Entzündungsreaktion der Lymphgefäße auf eindringende Erreger.

lymphatisch [lat.], die Lymphe betreffend.

lymphatische Diathese (lymphat. Konstitution, Lymphatismus), bes. ausgeprägte Reaktionsbereitschaft des lymphat. Systems, mit Neigung zu Schleimhautkatarrhen, chron. Schwellungen der lymphat. Organe des Rachenrings, Milzschwellung u. a.

lymphatischer Rachenring (lymphoepithelialer Rachenring), lymphozytenreiches Gewebe im Bereich der Mundhöhle und des oberen Schlundes; Teil des ↑Lymphsystems.

Lymphatismus [lat.], svw. ↑lymphatische Diathese.

Lymphdrüsen, fälschl. Bez. für die Lymphknoten (↑Lymphsystem).

Lymphdrüsentuberkulose, svw. ↑Lymphknotentuberkulose.

Lymphe [zu lat. lympha „Quell-, Flußwasser"], eiweiß- und lymphozytenhaltige, klare, blutplasmaähnl. Körperflüssigkeit der Wirbeltiere (einschließl. Mensch), die durch Filtration aus den Blutkapillaren in die Zellzwischenräume gelangt und von dort durch das ↑Lymphsystem abgeleitet wird. Die L. versorgt die Gewebe mit Nahrungsstoffen und entfernt nicht verwertbare Substanzen, außerdem hat sie (durch die Lymphozyten) Schutzfunktion. Beim Menschen werden tägl. rd. zwei Liter L. gebildet und (v. a. über den Milchbrustgang) in das Venensystem zurückgeführt.

Lymphgefäße, Bez. für die Gefäße des Lymphsystems.

Lymphgefäßentzündung, svw. Lymphangitis, ↑Lymphangiopathie.

Lymphgefäßerkrankung, svw. ↑Lymphangiopathie.

Lymphgefäßgeschwulst, svw. ↑Lymphangiom.

Lymphknoten ↑Lymphsystem.

Lymphknotenentzündung (Lymphadenitis), entzündl. Reaktion der Lymphknoten auf z. B. Krankheitserreger, Tumorzellen, Röntgenstrahlen.

Lymphknotentuberkulose (Lymphdrüsentuberkulose), tuberkulöse Erkrankung der (einzelnen) Lymphknotengruppen im Einzugsgebiet eines tuberkulösen Erstinfekts. - Zur Behandlung der L. ↑Tuberkulose.

lympho..., Lympho... [zu lat. lympha „Fluß-, Quellwasser"], Bestimmungswort in Zusammensetzungen mit der Bed. „Lymphe...".

Lymphödem, teigige Gewebsschwellung (Stauungsödem) infolge Verlegung der Lymphwege oder mangelnder Lymphresorption.

lymphoepithelialer Rachenring [lat./griech./dt.], svw. ↑lymphatischer Rachenring.

Lymphogranuloma inguinale [lat.] (Lymphopathia venerea, vierte Geschlechtskrankheit), seltene, durch Geschlechtsverkehr übertragbare, bes. in den Tropen vorkommende Infektionskrankheit des Menschen (Chlamydieninfektion). Bis zu vier Wochen nach der Ansteckung treten als Primäraffekt kleine, juckende Bläschen in der Genitalregion auf. Gleichzeitig oder Wochen später bilden sich derbe, schmerzhafte, meist einseitige Lymphknotenschwellungen in der Leistengegend aus.

Lymphogranulomatose [lat.] (Sternberg-Paltauf-Krankheit, Hodgkin-Krankheit),' Auftreten bösartiger Granulome des lymphat. Systems.

Lymphographie, röntgenolog. Darstellung von Lymphbahnen und Lymphknoten nach Kontrastmittelinjektion.

Lymphokine, von Zellen vermittelte,

Lymphopenie

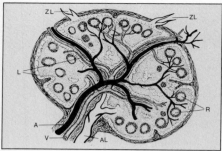

Lymphsystem. Lymphknoten
eines Säugetiers (A Arterie,
AL abführendes Lymphgefäß,
L Lymphbahnen, R Rindenfollikel,
V Vene, ZL zuführendes
Lymphgefäß)

spezif. Immunreaktionen auslösende, nicht zu
den Immunglobulinen zählende Stoffe, deren
Bildung von Lymphozythen ausgeht.

Lymphopenie (Lymphozytopenie) [lat./
griech.], krankhafte Verminderung der Lym-
phozytenzahl.

Lymphopoese [lat./griech.], Bildung der
Lymphe aus in den Gewebsspalten gepreßter
Blutflüssigkeit.

◆ (Lymphozytopoese) die Bildung von Lymphozyten im lymphat. Apparat, bes. in
Lymphknoten, Milz und Gaumenmandeln.

Lymphosarkom, bösartig verlaufende
Erkrankung des lymphat. Gewebes.

Lymphostase [lat./griech.], svw.
↑ Lymphstauung.

Lymphozystiskrankheit [lat./griech./
dt.], eine durch Viren verursachte Fisch-
seuche; mit perlenartigen Knötchen und
himbeerförmigen Wucherungen auf Haut und
Flossen der betroffenen Fische.

Lymphozyten [lat./griech.] ↑ Blut.

Lymphozytopoese [lat./griech.] ↑ Lymphopoese.

Lymphozytose [lat./griech.], die (krankhafte) Vermehrung der Lymphozyten im peripheren Blut.

Lymphstauung (Lymphostase), Stillstand der Lymphe im Bereich der abführenden Lymphwege infolge Abflußbehinderung,
bes. häufig an den unteren Extremitäten.

Lymphsystem, das L. besteht aus dem
Lymphgefäßsystem und den lymphat. Organen. Das **Lymphgefäßsystem** ist im wesentl.
ein Abflußsystem zur Ableitung der Lymphe.
Es stellt (neben dem Blutgefäßsystem) ein
zweites Röhrensystem dar, das in der Körper-
peripherie mit einem dichten Netzwerk von
Lymphkapillaren beginnt. Die Lymphkapillaren, deren Wand aus Endothelzellen besteht, beginnen gewebsseitig blind und führen
über Leitgefäße, die zur Festlegung der
Strömungsrichtung bereits mit Klappen ausgestattet sind, in größere Transportgefäße von
venenähnl. Wandaufbau. Diese peripheren
Lymphgefäße führen die Lymphe in einer den
Venen parallelen Richtung über Sammelgefä-
ße, die zentralen Lymphstämme, in das Venensystem des Blutkreislaufs. Die Fortbewegung der Lymphe wird v. a. durch rhythm.
Zusammenziehung der mit glatter Muskulatur versehenen Lymphgefäßwände bewirkt.
Zu den **lymphat. Organen** gehören außer den
Lymphknoten die Milz, der Thymus und die
Gaumen- und Rachenmandeln. - In das
Lymphgefäßsystem sind die **Lymphknoten**
eingebaut. Sie sind 0,2–2 cm groß, oft
bohnenförmig und von einer bindegewebigen
Kapsel umgeben. Die peripheren Lymphgefäße treten durch die Kapsel in den Lymphknoten ein. Die zugeführte Lymphe fließt dann
durch bes. Lymphbahnen zu den weniger
zahlr. abführenden Lymphgefäßen. Lymphknoten sind „Siebe" bzw. Abfangfilter mit der
Fähigkeit zur Phagozytose. Sie sind ferner
(als Bestandteil des Immunapparates) zur
Produktion von Lymphozyten und zur Teilnahme an Immunreaktionen befähigt.

📖 *Loose, D. A.: Lymphologie. Reinbek 1985. -
Culclasure, D. F.: Das Abwehrsystem. Dt.
Übers. Weinheim* ²*1983. - Rusznyak, J., u.a.:
Lymphologie. Stg.* ²*1969.*

Lymphzellen, svw. Lymphozyten
(↑ Blut).

Lynch, Benito [span. lintʃ], * Buenos
Aires 25. Juni 1885, † La Plata 23. Dez. 1951,
argentin. Schriftsteller ir. Abkunft. - Meister
des Pampa- und Gauchoromans, u.a. „Die
Geier von La Florida" (1916), „El romance
de un gaucho" (1933), „Cuentos criollos"
(E.en, 1940).

L., John Mary [engl. lintʃ], gen. Jack L.,
* Cork 15. Aug. 1917, ir. Politiker. - Jurist;
seit 1948 Abg. (Fianna Fáil); 1959
Erziehungs-, 1959–65 Handels- und Ind.-,
1956/66 Finanzmin.; setzte sich als Premiermin. (1966–73) bes. für die Wiedervereinigung
der beiden Teile Irlands und den Beitritt Irlands zu den EG ein; 1973–77 Oppositions-
führer, 1977–79 erneut Premierminister.

Lynchjustiz [lynç; engl., wohl nach
dem nordamerikan. Pflanzer und Friedens-
richter C. Lynch, * 1736, † 1796], die außerge-
setzl., sich oft unmittelbar an die Tat anschließende Bestrafung des Täters durch einen einzelnen oder eine Gruppe; der Täter wird entweder mißhandelt oder auf grausame Weise
getötet. Die L. richtete sich seit dem Sezessionskrieg hauptsächl. gegen farbige Straftä-
ter in den Südstaaten der USA; in den Jahren
1889–1960 fielen dort mehr als 4 800 Menschen (davon waren 70 % Farbige) Lynch-
morden zum Opfer.

Lynd, Robert Staughton [engl. lınd],
* New Albany (Ind.) 26. Sept. 1892, † Warren

(Conn.) 1. Nov. 1970, amerikan. Soziologe. - Prof. an der Columbia University 1931–60; Untersuchungen der Sozialstruktur und des Wertsystems einer durchschnittl. amerikan. Stadt mittlerer Größe (Muncie, Ind.): „Middletown" (1929) und „Middletown in transition" (1937).

Lynen, Feodor, * München 6. April 1911, † ebd. 6. Aug. 1979, dt. Biochemiker. - Seit 1954 Direktor des Max-Planck-Instituts für Zellchemie in München; arbeitete hauptsächl. über den Cholesterin- und Fettsäurestoffwechsel. 1951 gelang ihm die Isolierung der „aktivierten Essigsäure" († Enzyme) aus Hefezellen. Er erhielt 1964 (zus. mit K. Bloch) den Nobelpreis für Physiologie oder Medizin.

Lyng, John Daniel Frystenberg, * Drontheim 22. Aug. 1905, † Oslo 18. Jan. 1978, norweg. Politiker. - Jurist; 1945–53 und 1958–65 Abg. im Storting, 1958–65 Fraktionsvors. der Konservativen Partei; Aug./Sept. 1963 Min.präs.; 1965–70 Außenminister.

Lyngbykultur [dän. 'løŋby:'] (Bromme-L.), nach der Fundstelle Nørre-Lyngby (N-Jütland) ben. endpaläolith. Kulturgruppe in N-Deutschland und S-Skandinavien; gekennzeichnet durch die sog. Lyngbyspitzen (kräftige gestielte Feuersteinspitzen) und Rengeweihbeile.

Lyngenfjord, Fjord in Nordnorwegen, 85 km lang, bis 309 m tief.

Lynx [griech.] (Luchs) † Sternbilder (Übersicht).

lyo..., Lyo... [zu griech. lýein „lösen"], Bestimmungswort in Zusammensetzungen mit der Bed. „Lösung..., löslich".

Lyon [frz. ljõ], frz. Stadt an der Mündung der Saône in die Rhone, 413 100 E. Hauptstadt der Region Rhône-Alpes, Verwaltungssitz des Dep. Rhône, zweitgrößtes Kultur- und Wirtschaftszentrum Frankr.; kath. Erzbischofssitz; drei Univ., Akad. der Wiss., Literatur und Kunst, mehrere Hochschulen, u. a. für Kernphysik, internat. Krebsforschungszentrum, Goethe-Inst., Observatorium; Museen, u. a. Textilmuseum; Theater, Oper; botan. Garten, Zoo. Wirtschafts- und Handelszentrum mit Börse und Fachmessen. Traditionelle Seidenind., führendes frz. Zentrum für synthet. Fasern und Kunststoffe sowie Hütten-, Stahl-, chem. und pharmazeut. Werke, Maschinenbau, Lkw-Werk, Nahrungsmittelind., Binnenhafen, internat. ✈.

Geschichte: L. (lat. **Lugdunum**), am Ort zweier kelt. Niederlassungen, 43 v. Chr. von den Römern als **Colonia Copia Claudia Augusta** zur Kolonie erhoben, wurde Hauptstadt der Prov. Lugdunensis und war bis ins 4. Jh. der Mittelpunkt der Tres Galliae. Eine christl. Gemeinde ist seit 177 bezeugt, bald darauf ein Bischof bzw. Erzbischof, der Primas von Gallien wurde. 461 von den Burgundern, 534 von den Franken erobert; kam 879 zum Kgr.

Niederburgund. Stand seit dem 9. Jh. unter der Herrschaft der Grafen des *Lyonnais,* dann des Erzbischofs. 1245 und 1274 Konzilsort. Fiel 1307/12 mit dem Lyonnais an Frankr.; 1320 volles Stadtrecht. Wurde ein Zentrum der Tuchverarbeitung. Die Messen von L. (seit 1419) waren zeitweilig die wichtigsten in Europa. Vor der Frz. Revolution Hauptstadt der Prov. Lyonnais, 1523–1696 Sitz des Parlaments von Dombes. Die Eingliederung in das Dep. Rhône-et-Loire 1790 verstärkte die Gegnerschaft der Bürger gegen das revolutionäre Regime in Paris (1793 blutig niedergeschlagener Aufstand).

Bauten: Theater, Odeon und Aquädukte der galloröm. Stadt. Bed. Kirchen, u. a. Kathedrale Saint-Jean (12.–15. Jh.), Saint-Martin d'Ainay (geweiht 1107), Saint-Nizier (15./16. Jh.), über der Stadt Notre-Dame de Fourvière (1871–94). Bed. Profanbauten sind u. a. das Rathaus (1646–65), das ehem. Hôtel Dieu (18./19. Jh.), das Palais des Arts (17. Jh.). Der Bellecourplatz ist eine geschlossene rechteckige Anlage (um 1800); zahlr. Bauten des 16. und 17. Jh. in der Altstadt.

📖 *Atlas et géographie de la France moderne: La Région Lyonnaise. Paris 1976. - Bitsch, H.: Das Erzstift L. zw. Frankr. u. dem Reich im hohen MA. Gött. u. a. 1971. - Gerner, H.: L. im Frühma. Köln 1968.*

Lyon, Konzile von [ljõ], in Lyon abgehaltene Konzile: Das 1. Konzil (= 13. ökumen. Konzil) fand vom 28. Juni bis 17. Juli 1245 unter Innozenz IV. statt und war von etwa 100 Bischöfen v. a. aus Frankr. und Spanien besucht. Das Konzil verabschiedete Dekrete über das kirchl. Prozeßrecht, die Wirtschafts- und Verwaltungsreform des kirchl. Besitzes, die Kreuzzugsfrage und die Hilfe für das Lat. Kaiserreich. Am 17. Juli wurde Friedrich II. als Kaiser abgesetzt, wodurch der Streit zw. Kaiser und Papst verschärft wurde. - Das 2. Konzil (= 14. ökumen. Konzil) tagte vom 7. Mai bis 17. Juli 1274 unter Papst Gregor X. Konzilsthemen waren: Hilfe für Jerusalem, Union mit den Griechen, die Kirchenreform. Mehr als 200 Bischöfe nahmen teil. Für den kommenden Kreuzzug bewilligte das Konzil den Zehnten aller kirchl. Einkünfte für sechs Jahre. Am 24. Juni trafen die Gesandten des byzantin. Kaisers Michael VIII. Palaiologos ein. Sie erkannten den Primat der röm. Kirche, das † Filioque, die Lehre vom Fegefeuer und die sieben Sakramente an. Die Union mit den Griechen hatte jedoch keinen Bestand.

Lyonnais [frz. ljo'nɛ], frz. histor. Landschaft, umfaßte die Gebiete um Lyon und Teile von Beaujolais; gehört heute zu den Dep. Loire und Rhône. - Bildete im MA eine Gft.; 1154/73–1312 im Besitz der Erzbischöfe von Lyon, kam anschließend an die französ. Krone.

Lyons, John [engl. 'laɪənz], * Manchester

23. Mai 1932, brit. Sprachwissenschaftler. - 1964 Prof. für allg. Linguistik in Edinburgh, seit 1976 in Sussex; einer der führenden Theoretiker der modernen Linguistik. – *Werke:* Structural semantics (1963), Einführung in die moderne Linguistik (1968), Neue Perspektiven der Linguistik (1970, Hg.), Semantics (1977).

lyophil, leicht löslich (Ggs.: *lyophob*).

Lyophilisation [griech.], svw. ↑Gefriertrocknung.

Lyra, Nikolaus von, frz. scholast. Theologe, ↑Nikolaus von Lyra.

Lyra [griech.] (Leier) ↑Sternbilder (Übersicht).

Lyra [griech.], griech. Musikinstrument aus der Familie der ↑Leier, im Unterschied zur ↑Kithara mit schalenförmigem Resonanzkörper. Dieser bestand urspr. aus einem Schildkrötenpanzer, der später durch Nachbildungen aus Holz ersetzt wurde, daneben auch aus einem Tierschädel oder dessen Nachahmung. Die Jocharme waren geschwungen (zunächst Tierhörner?) oder gerade. Terpandros (7. Jh. v. Chr.) soll die Saitenzahl von fünf auf sieben erhöht haben; es gab zwar auch (wohl nicht nur in der Frühzeit) dreisaitige Lyren. Die L., die wohl spätestens aus dem 9. Jh. v. Chr. stammt, ist seit 600 namentl. bekannt und galt im Zeitalter des Hellenismus als Attribut der Dichter und Sänger.

◆ Streichinstrument der Volksmusik in Griechenland, Bulgarien, Dalmatien, dessen Schallkörper einer längs gehälfteten Birne gleicht und ohne eigtl. Hals in die Wirbelplatte übergeht. Die über einen flachen Steg laufenden drei bis vier Saiten werden z. T. gleichzeitig gespielt.

Lyraspieler mit Plektron auf einem attischen Mischkessel (um 440 v. Chr.). Berlin-Charlottenburg, Antikenabteilung

◆ in Militärkapellen ein Instrument mit lyraförmigem Rahmen, in dem Stahlplatten lose angebracht sind, die mit einem Hämmerchen geschlagen werden.

◆ beim Flügel das Pedalgestell in Form einer Lyra.

Lyriden [griech.], ein permanenter Meteorstrom, dessen scheinbarer Radiant im Sternbild Lyra (Leier) liegt.

Lyrik [zu griech. lyrikós „zum Spiel der Lyra gehörig"], erwuchs wie auch in anderen Kulturkreisen aus der Einbettung in den Mythos und entwickelte im Lauf ihrer Geschichte einen großen Formenreichtum, wobei die urspr. Bindung an Gesang und Musik nie gänzl. verlorenging (↑Lied). Im 18. Jh. als *3. Hauptgattung der Poesie* (neben Epik und Drama) klassifiziert (↑Dichtung); wird zwar bis heute verschiedentl. als Urform der Dichtung angesprochen, läßt aber im Hinblick auf die Vielfalt ihrer histor., kulturell und gesellschaftl. unterschiedl. ausgeprägten Erscheinungsweisen keine einheitl. und vollständige Begriffsbestimmung zu. Der lange Zeit vorherrschende, an Goethezeit und Romantik orientierte **Lyrikbegriff** (stimmungshafte Verschmelzung von Subjekt und Objekt als Ergebnis der Verinnerlichung der gegenständl. Wirklichkeit) ist heute zunehmender Kritik ausgesetzt; neue Definitionsversuche wollen v. a. die Wesensbestimmung von L. als empfindsam-subjektiver Ausdruck von Unmittelbarkeit, Gemüt, Gefühl in ihrer Gültigkeit histor. eingeschränkt wissen.

Elemente der Lyrik sind in bezug auf die *äußere Form:* Rhythmus, Vers, Metrum, Reim, Strophe, Bild, der *inneren Form* entsprechend: Konzentration, Abbreviatur komplexer Verhältnisse, Sinnverdichtung und Bedeutungsintensität.

Arten der Lyrik lassen sich unterscheiden 1. nach dem Gegenstand *(Liebes-L., polit., geistl. L., Natur-L.),* 2. nach dem Grad der lyr. Gestaltung (vom *Lied* bis zur rational durchgeformten *Kunst-L.,* bei der das Rhetor.-Artist. dominiert) und 3. nach Maß und Art des Anteils der dichter. Subjektivität (extrem gesteigert in der *konkreten Poesie*). Weniger radikal ist der Vorrang des Subjektiven in der *Stimmungs-L.,* in der die subjektive Empfindung das Objektive durchdringt und auflöst, um so die Verschmelzung von Ich und Wirklichkeit zu gestalten. Häufig mit ihr gleichgesetzt wird die *Erlebnis-L.,* die die Einheit von Subjekt und Objekt nicht nur als gefühlvolles Ineinanderfließen, sondern auch als bewußte Einstellung des Ich auf erfahrene Wirklichkeit zeigt. Als ein Überindividuell-Allgemeines erscheint das Gegenständliche in der *hymn. L.,* die auch noch die leidenschaftl.-enthusiast. Subjektivität als Ergriffensein von einer höheren Lebensmacht, einer Idee, einem Objektiv-Allgemeingültigen darstellt. Im Unterschied zu den Gedichten der *Lehrdichtung* bietet die *Gedanken-L.* philosoph.-theoret. Gegenstände immer unter der Perspektive persönl. Betroffenheit. Fließend sind die Übergänge zur *Ode.* Als Gegenpol zur konkreten Poesie und zur Stimmungs-L. versucht das *Dinggedicht* ein Gegenständliches in seinem Wesen objektiv-neutral zu erfassen.

Geschichte: In *China* war L. die höchstgeachtete Form der Dichtung, ebenso auch in *Japan;* zur religiös-hymn. Dichtung *Indiens* kam später lehrhafte Spruchdichtung und L. mit erot. Inhalten. In *Ägypten* wurde hymn. Dichtung gepflegt. Enthusiast.-hymn. ist die *hebräische L.,* die im MA in der L. des span. Judentums erneut aufblühte. Die *arab. L.* des MA enthält Totenklagen, Kriegs- und Liebeslieder, auch Spruchdichtung.

Die abendländ. L. beginnt bei den *Griechen* vorwiegend als Festdichtung zu den verschiedensten Anlässen. Zur L. i. e. S. zählt nur das zur Leier gesungene Lied (Melik): die dor. Chor-L. und die von einem Einzelinterpreten vorgetragene monod. Lyrik (heute rechnet man zur griech. L. auch die Jambendichtung, Elegie und Epigramm). Unter dem Einfluß der hellenist. steht die *röm. Lyrik,* bes. von Catull, Tibull, Properz, Ovid, Horaz, Martial. Auf antik.-christl. Bildungstraditionen gründete die zunächst noch überwiegend lat. *L. des MA;* seit dem 9./10. Jh. geistl. Gesänge und Lehrdichtung sowie weltl. Vagantendichtung; daneben Entwicklung der nationalsprachl. Dichtung sowohl als geistl. L. als auch unter dem Einfluß der höf. Kultur des Rittertums als Minnesang, nach Aufkommen des Bürgertums der Meistersang.

Die nationalsprachl. *italien.* L. entwickelte zu den übernommenen provenzal. Formen (Kanzone, Sestine) das Sonett und das Madrigal. Höhepunkte dieser Formen waren die Dichtungen Dantes und Petrarcas. Bed. Lyriker der Folgezeit sind Michelangelo, Tasso (16. Jh.), Metastasio (18. Jh.) und im 19. Jh. Leopardi, dann Carducci, D'Annunzio, Ungaretti, Montale. - Die *frz. L.* nach Villon (15. Jh.) war zunächst italien. beeinflußt, griff dann antike Motive und Formen auf (Ronsard, Pléiade); weitreichende Bed. hatte die frz. L. erst mit der die Moderne einleitenden L. Baudelaires und des Symbolismus (Rimbaud, Verlaine, Lautréamont, Laforgue); bed. Lyriker auf der Wende zum und im 20. Jh. sind Valéry, Apollinaire, Saint-John Perse, Char. Über Frankr. hinaus wirkten Vertreter des Dada und Surrealismus (Aragon, Éluard). - Auch die *engl. L.* stand zunächst unter italien. Einfluß (engl. Sonett); sie entwickelte sich über Euphismus, E. Spenser, Shakespeare, die metaphys. Dichter und Milton zur frz. beeinflußten L. des 18. Jh. (Pope), dann zur empfindsamen (Thomson, Gray, Akenside), später volkstüml. (Burns) und romant. L. (Blake, Byron, Shelley, Keats), im späteren 19. Jh. zur L. Tennysons, Brownings, Swinburnes, Hopkins, Thompsons. Die bedeutendsten Lyriker des 20. Jh. sind W. B. Yeats, T. S. Eliot und W. Auden; Einflüsse nordamerikan. Lyriker (E. A. Poe, W. Whitman, E. Dickinson, E. Pound, A. MacLeish) hatten dabei unterschiedl. Bedeutung. - Die L. der Humanisten in *Deutschland* war Gelehrtendichtung nach lat. Mustern; im Zusammenhang mit der Reformation entstanden prot. Kirchenlieder, Volkslieder. Im Barock wurden Gesellschaftsdichtung (Opitz, Weckherlin, Dach, Fleming, Harsdörffer, Zesen, Hofmannswaldau, Lohenstein, Logau) und religiöse L. (Catharina R. von Greiffenberg, Czepko, Gryphius, Spee, Gerhardt, Angelus Silesius) vereinigt. Auf Grund wachsenden Leserpublikums und vermehrter Publikationsmöglichkeiten (moral. Wochenschriften) stärkere Differenzierung im 18. Jh.: Gedanken-L. und Lehrdichtung (Brockes, Haller, E. von Kleist), rokokohafte Gesellschafts-L. (Hagedorn, Gleim, Uz, Wieland), L. der Empfindsamkeit mit pietist. Einflüssen (Gellert), Klopstocks L. (Göttinger Hain), die mit ihrer Befreiung des Gefühls zur Wegbereiterin des Sturm und Drang wurde (Herder: Volkslieder, der junge Goethe, Lenz, Hölty, Bürger). Die Zeit der eigtl. Klassik dauerte nur kurz (Goethe, Schiller, Hölderlin). An die spekulativ-idealist., religiöse L. der Frühromantik (Novalis, Brüder Schlegel) knüpften die Modernen an, nachdem die naturinnige Stimmungs-L. der Hoch- und Spätromantik (Brentano, Eichendorff) durch eine teils eher gedankl. orientierte, teils ins Private gewendete (Mörike, Grillparzer, Lenau), dann realist. (Annette von Droste-Hülshoff, Hebbel, Storm, Keller), formkünstler. (Platen, Rückert) und sozialkrit.-polit. L. (Heine, Junges Deutschland) abgelöst wurde. Neben der symbol. (C. F. Meyer) steht die sog. Epigonen-L. (Münchner Dichterkreis), gegen die der Naturalismus antrat (Conradi, Holz) ebenso wie der Symbolismus (George; z. T. Hofmannsthal, Rilke). Um die Jh.wende Aufkommen impressionist. L. (Liliencron), dann Arbeiterdichtung unter dem Einfluß von Naturalismus und Expressionismus (Engelke, Lersch, Dehmel), letzterer in vielfältigen Richtungen: polit. Aktivismus (Becher), experimenteller Dada, Bürgerschrecks-L. (früher Benn, früher Brecht), kosm. Naturpoesie (Mombert), Visionen und Sozialutopien (Ehrenstein, Goll), imaginativ-melanchol. Verinnerlichung, Magisches (Trakl, Heym, Else Lasker-Schüler). Später Ablösung durch Natur-L. (Loerke), religiöse L. (R. A. Schröder), polit. L. (Brecht, Weinert; chauvinist.-rassist. nat.-soz. L.). Nach 1945 gab es in den Westzonen neben einer eher rückwärts gewandten Richtung die sog. Kahlschlag-L. (Eich, Schnurre); in der sowjet. Zone zunächst lyr. Verarbeitung der unmittelbaren Vergangenheit, d. h. Faschismus, Krieg (Becher, Hermlin, Huchel). Nach 1949 wurde in der *BR Deutschland* die hermet. Lyrik in 3 Richtungen weiterentwickelt, innerhalb derer die dt. L. den Anschluß an die lyr. Weltsprache der Moderne gewann: die Artistik im Sinne Benns, die naturmag. L. in der Nachfolge Loerkes und Lehmanns und der (metaphys.) Surrealismus (Celan, Bachmann). Anfang der 1960er Jahre setzte die Weiterentwicklung der gesellschaftskrit. L. Brechts ein, die ihren Höhepunkt in der „APO"-Zeit hatte (Enzensberger, Fried, Reinfrank, Vesper, Delius, Astel, Karsunke, Zahl); daneben sprachexperimentelle L. (Gomringer, Heißenbüttel, Mon, Jandl, Rühm, Pastior). Einflüsse der angloamerikan. Poesie seit der Beat generation mit starker Betonung der subjektiven Erfahrung zeigten sich Anfang der 1970er Jahre v. a. bei Brinkmann, Born und Theobaldy. Der um die Mitte der 1970er Jahre einsetzende sog. lyr. Subjektivismus ist jedoch in dem Maße politischer als die nordamerikan. Pop-L., indem das lyr. Ich mehr an den gesellschaftl. Verhältnissen als an seinen privaten Schwierigkeiten leidet (z. B. Theobaldy, Wohmann, Heuer, Herburger, Ursula Krechel [* 1947]). - Nachdem in der *DDR* 1952 der sozialist. Realismus zur verbindl. Literaturdoktrin erhoben worden war, mündete das Aufbruchspathos in dessen totale Ideologisierung, dem sog. Aufbaugedicht (Kuba). Später entwickelte sich eine breitere und differenziertere polit. L. sowie das Naturgedicht (Huchel, Bobrowski, Kunert). Sprachexperimentelle L. fehlt jedoch völlig. Bed. Lyriker der DDR wie Biermann, Jentzsch, Kirsch, Kunze und Reinig, die sich über sprachl.-ästhet. Form-Inhalt-Forderungen der SED hinwegsetzten, die gesellschaftl.-öffentl. Verhältnisse als Intimfragen der Individuen faßten und die übergreifenden Prozesse hinsichtl. ihrer Wirkung auf den einzelnen hin befragten, wurden (nicht zuletzt wegen der daraus resultierenden Systemkritik) zur Publikation im Ausland und später zum Verlassen der DDR gezwungen.

📖 Hartung, H.: Dt. L. seit 1965. Mchn. 1985. - Haefner, G.: Impulse der engl. L. Hdbg. 1985. - Asmuth, B.: Aspekte der L. Wsb. ⁷1984. - Etkind, E.: Russ. L. von der Oktoberrevolution bis zur Gegenwart. Mchn. 1984. - Gnüg, H.: Entstehung u. Krise lyr. Subjektivität. Stg. 1983. - Haupt, J.: Natur u. L. Stg. 1983. - Gesch. der dt. L. vom MA bis zur Gegenwart. Hg. v. W. Hinderer. Stg. 1983. - Papst, W.: Frz. L. des 20. Jh. Bln. 1983. - Russ. L. heute. Interpretationen, Überss. Hg. v. E. Reissner. Mainz 1983. - Austermühl, E.: Poet. Sprache u. lyr. Verstehen. Hdbg. 1981. - Hocke, G. R.: Manierismus in der Lit. Rbk. 1978. - Paulus, R./Steuler, U.: Bibliogr. zur dt. L. nach 1945. Wsb. ²1977.

Lys, Jan [lıs] ↑ Liss, Johann.

Lysander, ✕ Haliartos 395 v. Chr., spartan. Feldherr. - 407 Sieger über die athen. Flotte bei Notion (am Golf von Kuşadası, Türkei); erzwang nach der Kapitulation Athens dort die Machtergreifung der 30 Tyrannen.

Lyse [griech.], (Lysis) langsamer, kontinuierl. Fieberabfall.

◆ (Lysis) Auflösung von Zellen (z. B. von Bakterien, Blutkörperchen) nach Zerstörung ihrer Membran.

◆ Oberbegriff für den Vorgang des Lösens einer Substanz in einem gasförmigen, flüssigen oder festen Lösungsmittel und der damit verbundenen Spaltung ihrer Moleküle in einzelne Bestandteile.

Lysekil [schwed. ‚ly:sǝtçi:l], schwed. Hafenstadt am Skagerrak, 7 200 E. Ozeanograph. Inst. der Univ. Göteborg, meeresbiolog. Station der Schwed. Wiss.gesellschaft und zoolog. Inst. der Univ. Uppsala; Motorenwerke, Erdölraffinerie.

Lysergsäurediäthylamid [Kw.] ↑ LSD.

Lysias, * Athen zw. 450 und 440, † um 380, griech. Rhetor. - Schrieb als Logograph Gerichtsreden für andere (nur die Rede „Gegen Eratosthenes" hielt er in eigener Sache); seine schlichte Diktion wurde Stilmuster der Attizisten; erhalten sind 34 Reden.

lysigen [griech.] ↑ rhexigen.

Lysimachos, * um 361, ✕ 281, hellenist. König von Thrakien. - Truppenführer Alexanders d. Gr.; war in die Kriege der Diadochen (305 König) verwickelt; er baute sein Machtgebiet bis zur Donaumündung aus und bemächtigte sich 301 großer Teile Kleinasiens; 285 nach Vertreibung des Pyrrhus auch Herrscher Makedoniens.

Lysimeter [griech.], Gerät für wasser- und landwirtschaftswiss. Untersuchungen zur Messung des Niederschlags, zur Bestimmung der Verdunstung von Boden und Pflanzen.

Lysin [zu griech. lýsis „Auflösung"] (L-2,6-Diaminocapronsäure), Abk. Lys, für den Menschen essentielle Aminosäure (Tagesbedarf von etwa 1,6 g); fördert das Knochenwachstum und regt die Zellteilung und Nukleotidsynthese an. L. wird heute in größeren Mengen künstl. hergestellt und als Zusatz zu Futtermitteln, z. B. für Mastgeflügel, verwendet.

Lysine [zu griech. lýsis „Auflösung"], Gruppe von Antikörpern, die Bakterien und Blutzellen auflösen können.

Lysiodie [griech.] ↑ Magodie.

Lysipp von Sikyon (Peloponnes), * 400/390, griech. Bronzebildhauer. - Seine Schaffenszeit (etwa 370–300) erstreckt sich über die gesamte spätklass. Zeit. Sein Proportionssystem, mit dem er Polyklets Kanon zu überwinden suchte, soll er in einer Statue des „Kairos" musterhaft verwirklicht haben. Außer Götterbildern v. a. Statuen öffentl. Persönlichkeiten. Im Original erhalten sind neben der Polydamasbasis in Olympia v. a.

ein Bronzeathlet (Malibu [Calif.], Museum der Paul Getty Foundation), als Kopie sein Apoxyomenos (Vatikan. Sammlungen).

Lysis [griech. „Auflösung"] ↑ Lyse.

Lysistrate, Titelfigur einer Komödie von Aristophanes (411 v. Chr.); L. ruft die Frauen Griechenlands auf, sich so lange ihren Männern zu verweigern, bis diese den Peloponnes. Krieg beendet haben. Das Thema wurde, in abgewandelter Form, bis in die Neuzeit immer wieder bearbeitet.

Lysithea (J X), ein Mond des Planeten Jupiter; Durchmesser rd. 20 km.

lysogen [griech.], Prophagen bzw. ↑ temperente Phagen enthaltend; von Zellen bzw. Bakterien gesagt, die durch solche Bakteriophagen infiziert sind.

Lysol ⓦ [Kw.] (Kresolseifenlösung, Cresolum saponatum), rotbraune, nach Phenol riechende ölige Flüssigkeit, die in 0,5 bis 5 %igen Lösungen zur Desinfektion und Wundbehandlung dient.

Lysosomen [griech.], zytoplasmat. Organellen in zahlr. tier., auch in pflanzl. Zellen; bläschenartige Gebilde (etwa 0,4 μm Durchmesser), Abschnürungen des endoplasmat. Retikulums, bestehend aus einer Membran, die zahlr. hydrolisierende Enzyme einschließt. Die L. spielen eine wichtige (abbauende) Rolle bei der intrazellulären Verdauung, bei autolyt. Prozessen und bei Entzündungsvorgängen.

Lysozyme [griech.], Enzyme (Glykosidasen) bei Viren und in zahlr. tier. und menschl. Geweben, Organen (z. B. Nieren, Milz), Sekreten und Exkreten (z. B. Speichel, Nasenschleim, Tränenflüssigkeit), auch im Hühnereiweiß und in Pflanzen. L. vermögen die Mureinschicht der Bakterienzellwände anzugreifen und sind daher wichtig für die Abwehr bakterieller Infektionen.

Lyssa [griech.], svw. ↑ Tollwut.

Lyssenko, Trofim Denissowitsch, * Karlowka bei Poltawa 29. Sept. 1898, † Moskau 20. Nov. 1976, sowjet. Agrarbiologe und Agronom. - Leitete das Moskauer Inst. für Genetik der sowjet. Akademie der Wissenschaften. Er entwickelte die ↑ Vernalisation und eine dialekt.-materialist. Vererbungslehre, nach der erworbene Eigenschaften vererbt werden sollen. Zur Zeit Stalins bestimmte L. maßgebl. die Richtung der sowjet. biolog. Forschung und erhielt hohe Staatsauszeichnungen.

Lyttelton [engl. 'lɪtltən] ↑ Christchurch.

Lytton, Edward George Earle L., Baron L. of Knebworth, Bulwer-L. [engl. lɪtn] ↑ Bulwer-Lytton, Edward George Earle L., Baron L. of Knebworth.

Lyzeum [griech.-lat., nach dem Lykeion, einer athen. Lehrstätte], in Deutschland veraltete Bez. für höhere Mädchenschule; Eindeutschung für Lycée.

LZB, Abk. für: Landeszentralbank.

M

M, der 13. Buchstabe des dt. Alphabets (im lat. der zwölfte), im Griech. μ (My; ∿, ∧, M), im Nordwestsemit. (Phönik.) ⌇ (Mem). Bezeichnet den bilabialen Nasalkonsonanten [m]. Das semit. und griech. Zeichen hat jeweils den Zahlwert 40; im röm. Zahlensystem ist ⊂|⊃, woraus erst im MA „M" wurde (wohl beeinflußt von *mille*), das Zeichen für 1 000.

◆ (Münzbuchstabe) ↑ Münzstätten.

M, Abk.:

◆ für **Mark** (Münze).

◆ für **Messier**-Katalog (↑ Messier, Charles).

◆ für lat. **Marcus, Magister** u. a.; M' Abk. für lat. **Manius.**

M, Kurzzeichen:

◆ (Einheitenzeichen) für die absolute ↑ Helligkeit.

◆ (Vorsatzzeichen) für ↑ Mega... (10^6 = 1 Million, in der EDV 2^{20} = 1 048 576).

◆ (Formelzeichen) für die ↑ Mach-Zahl.

m, Kurzzeichen:

◆ (Einheitenzeichen) für die Längeneinheit ↑ Meter.

◆ (Einheitenzeichen) für die Zeiteinheit Minute (bei Angaben eines Zeitpunkts hochgesetzt, [m]).

◆ (Einheitenzeichen) für die scheinbare Helligkeit.

◆ (Vorsatzzeichen) für ↑ Milli... (10^{-3} = $1/_{1000}$).

m-, Abk. für: ↑ meta-.

m., Abk. für: ↑ Maskulinum.

M., Abk. für: ↑ Monsieur.

M', Abk. für ↑ Mac.

mA, Einheitenzeichen für Milliampere (1 mA = $^1/_{1\,000}$ Ampere).

Ma, kleinasiat. Mutter- und Kriegsgöttin.

Ma, Formelzeichen für die ↑Mach-Zahl.

M. A., Abk. für: Magister Artium (↑Magister).

Mäander [nach Maïandros, dem griech. Namen des Flusses Büyük Menderes nehri], mehr oder weniger regelmäßig ausschwingende Flußschlingen. M. entstehen durch Pendeln des Stromstriches. **Wiesenmäander** bilden sich nur bei geringem Gefälle oder großer Schuttführung. Sind M. in ein Bergland eingeschnitten, so spricht man von **Talmäandern.** Sie entstanden durch die erodierende Tätig-

Mäander. Freie Mäander der Wümme in Norddeutschland

Maar. Gemündner Maar in der Eifel

keit des fließenden Wassers gleichzeitig mit der allmähl. Anhebung des Gebiets.

◆ rechtwinklig gebrochenes oder spiralenartiges (**Laufender Hund**) Ornamentband; schon jungpaläolith. Motiv, im Neolithikum v. a. im donauländ. Kreis, in der griech. Antike vorrangiges Schmuckelement.

Maanshan (Ma-an-shan) [chin. maanʃan], chin. Stadt am unteren Jangtsekiang, etwa 100 000 E. Bed. Zentrum der Eisen- und Stahlindustrie.

Maar [zu lat. mare „Meer"], durch vulkan. Gasexplosion entstandene, rundl., trichterförmige Vertiefung in der Erdoberfläche; oft von einem niedrigen Wall aus Lockermaterial umgeben; z. T. mit Wasser erfüllt; Vorkommen z. B. in der Eifel und auf der Schwäb. Alb.

Maarianhamina ↑Mariehamn.

Maarri, Al ↑Abul Ala Al Maarri.

Maas (frz. Meuse), Fluß in W-Europa, entspringt bei Langres (Frankr.), durchfließt Frankr., Belgien und die Niederlande und mündet zus. mit dem Rhein im Rhein-M.-Delta in die Nordsee, 890 km lang (nach anderen Angaben zw. 860 und 971 km, je nach Annahme der Mündung). Die M. bildet im Unterlauf, in Verbindung mit parallelen Kanälen, eine Wasserstraße von rd. 330 km Länge für Schiffe bis 2 000 t. Größter Hafen ist Lüttich.

Maashöhen, bewaldeter Höhenzug unmittelbar östl. des oberen Maastales zw. Commercy und Dun-sur-Meuse in O-Frankr., bis 412 m hoch. Am W-Fuß liegt Verdun.

Maaß, Hermann, * Bromberg 23. Okt. 1897, † Berlin 20. Okt. 1944 (hingerichtet), dt. Politiker (SPD). - 1924–33 Geschäftsführer des „Reichsausschusses der dt. Jugendverbände", dann Vertrauensmann der illegalen Arbeiter- und Gewerkschaftsjugend; aktiv an den Bemühungen um ein Attentat auf Hitler beteiligt.

Maass, Edgar, * Hamburg 4. Okt. 1896, † Paterson (N. J.) 6. Jan. 1964, dt. Schriftsteller. - Bruder von Joachim M.; 1926–34 und ab 1938 in den USA. Schrieb zunächst Kriegsdichtung, u. a. „Novemberschlacht" (E., 1935), „Verdun" (R., 1936), später histor.-biograph. Romane wie „Der Arzt der Königin" (engl. 1947; dt. 1950), „Der Fall Daubray" (1957, 1965 u. d. T. „Eine Dame von Rang").

M., Joachim, * Hamburg 11. Sept. 1901, † New York 15. Okt. 1972, dt. Schriftsteller. - Emigrierte 1939 in die USA; nach 1951 zeitweise in der BR Deutschland. Bed. v. a. als Erzähler; von T. Mann beeinflußte histor. und Zeitromane, u. a. „Der Widersacher" (1932), „Der Fall Gouffé" (1952), auch Erzählungen („Zw. Tag und Traum", 1961), Lyrik, Essays, Übersetzungen.

Maastricht [niederl. ma:s'trɪxt], niederl. Stadt an der Maas, 46–111 m ü. d. M., 114 600 E. Verwaltungssitz der Prov. Limburg; pädagog. Akad., Limburg. Architekturakad., Staatsakad. für Gebrauchskunst,

Konservatorium, Studienseminar des Franziskanerordens, theolog. Fakultät der Jesuiten, Hotelfachschule, medizin. Fakultät, Museen, u. a. modernes naturhistor. Museum. Handelszentrum, Verkehrsknotenpunkt (Straßen, Eisenbahnen, Kanäle); u. a. Keramik- und Glasind.; Papierherstellung.

Geschichte: Vor 50 n. Chr. entstand an einem alten Maasübergang eine röm. Niederlassung, die im 3. Jh. durch Anlage eines Kastells befestigt wurde. Nach der Völkerwanderung war M. der erste befestigte Platz im Gebiet der Niederlande. Verlegung des Bischofssitzes von Tongern nach M. Ende des 4. Jh. Ab 1284 bis in die Zeit der Frz. Revolution teilten sich die Herzöge von Brabant und die Fürstbischöfe von Lüttich in die Herrschaft über die Stadt, 1621 traten die Generalstaaten in die Rechte Brabants ein. In der Folgezeit zu einer der stärksten europ. Festungen ausgebaut, um die Vereinigten Niederlande gegen Angriffe von S her zu verteidigen.

Bauten: Ruinen aus röm. Zeit; roman. sind die Kirchen Sint-Servaas (10. Jh. und 12. Jh.) und Onze-Lieve-Vrouwe (kurz nach 1000 und 12. Jh.); got. Sint-Jans (14./15. Jh.) und Sint-Mathias (14./15. Jh.). Altes Rathaus (16. Jh.); Neues Rathaus (17. Jh.), modernes Konservatoriumsgebäude (1965).

Maat [ägypt.], zentraler altägypt. Begriff, häufig als Göttin der Wahrheit personifiziert; umfaßt sowohl natürl. als auch staatl. und zwischenmenschl. Ordnungen.

Maat [niederdt., eigtl. „Tischgenosse"], urspr. Gehilfe des Steuermanns oder des Bootsmanns auf Segelschiffen, dann Bez. für die Unteroffiziere der dt. Kriegsmarinen. - ↑ auch Tafel Dienstgradbezeichnungen.

Maazel, Lorin [engl. mɑːzl], * Paris 6. März 1930, amerikan. Dirigent. - 1965 in Berlin Generalmusikdirektor der Dt. Oper und bis 1974/75 Chefdirigent des Radio-Symphonie-Orchesters, 1971/72 auch Chefdirigent des New Philharmonia Orchestra London, 1972-82 des Cleveland Orchestra; 1982-84 Direktor der Wiener Staatsoper, dirigiert seitdem das Sinfonieorchester von Pittsburg (Pa.).

Mabel [engl. ˈmeɪbəl], engl. weibl. Vorname, Kurzform von Amabel (zu lat. amabilis „liebenswürdig").

Mabillon, Jean [frz. mabiˈjõ], * Saint-Pierremont 23. Nov. 1632, † Paris 27. Dez. 1707, frz. Benediktiner (seit 1654) und Historiker. - Führendes Mgl. der Kongregation der Mauriner, durch sein Werk „De re diplomatica" Begr. der wiss. Urkundenlehre und Paläographie.

Mably, Gabriel Bonnot de [frz. maˈbli], * Grenoble 14. März 1709, † Paris 23. April 1785, frz. Schriftsteller. - Wandte sich mit scharfer Gesellschaftskritik gegen die frz. absolutist. Monarchie und den Merkantilismus. Seine frühsozialist. Gesellschaftslehre stellte das Bild einer einfachen bäuerl. Welt der von

Dekadenz und Klassengegensätzen gekennzeichneten Gegenwart gegenüber. Gegner der Physiokraten, verurteilte das Privateigentum und setzte dagegen den naturrechtl. begr. utop. Entwurf einer Gütergemeinschaft. Hatte mit seiner Forderung nach Volkssouveränität, Gewaltentrennung, Ausweitung der staatsbürgerl. Rechte und Einberufung der Generalstände großen Einfluß auf die Akteure der Frz. Revolution.

Mabuse, Jan [frz. maˈbyːz], fläm. Maler, ↑ Gossaert, Jan.

Mabutschi, gen. Kamo M., * Kamo (Präfektur Kioto) 1697, † Edo (= Tokio) 31. Okt. 1769, jap. Philologe. - Schöpfer der jap. Schriftsprache; verfaßte Kommentare zu den bed. klass. Werken der jap. Literatur und wandte sich gegen den chin. Einfluß auf die jap. Kultur.

Mabuyen (Mabuya) [indian.-span.], v. a. in Afrika und S-Asien, auch in Indonesien, M- und S-Amerika verbreitete Gatt. eidechsenähnl., prächtig gefärbter Skinke.

Mac [engl. mæk; schott. „Sohn"], Abk. M', Mc; erster Bestandteil von Familiennamen (↑ auch unter Mc...), die auf gäl. Patronymika in Irland und Schottland zurückgehen; seltener ein Titel.

Macao ↑ Macau.

Macapá, Hauptstadt des brasilian. Bundesterritoriums Amapá, am linken Ufer der Amazonasmündung, 137 700 E. Verarbeitung landw. Erzeugnisse, Holzwirtschaft; nahebei Abbau der bedeutendsten Manganerzvorkommen Brasiliens.

MacArthur, Douglas [engl. məˈkɑːθə], * Little Rock (Ark.) 26. Jan. 1880, † Washington 5. April 1964, amerikan. General. - 1930-35 Chef des Generalstabs des Heeres; leitete als Oberbefehlshaber der alliierten Streitkräfte im SW-Pazifik ab 1942 die Operationen gegen Japan, nahm 1945 die jap. Kapitulation entgegen, wurde Chef der Besatzungstruppen und Leiter der Militärreg.; 1950 Oberbefehlshaber der UN-Streitkräfte im Koreakrieg, 1951 von Präs. Truman seines Postens enthoben, da er den Krieg auf China auszudehnen drohte.

Macau [portugies. mɐˈkaʊ] (Macao; chin. Aomen). chin. Territorium unter portugies. Verwaltung in Ostasien, 15,5 km², 343 000 E (1984), Hauptstadt M. (Santo Nome de Deus de Macau).

Landesnatur: M. liegt im SW des Perlflußästuars, es umfaßt eine 5,4 km² große Halbinsel an der S-Küste der chin. Festlands sowie die ihr vorgelagerten Inseln Taipa (3,5 km²) und Coloane (6,6 km²). Das Relief ist überwiegend hügelig. Das Klima ist trop.-sommerfeucht unter Einfluß des SO-Monsuns.

Bevölkerung, Wirtschaft, Verkehr: Rd. 91 % der überwiegend chin. Bev. leben in der Stadt M., z. T. auf Wohnbooten, Amtssprachen sind Portugies. und Chin. Rd. 77 % sind Buddhisten, rd. 9 % Katholiken. - Die Wirtschaft

Macaulay

wird vom Fremdenverkehr (Spielkasinos, Hunderennen, Grand-Prix-Rennen), Handel (v. a. Transit- und Goldhandel), Ind.produktion (Textil- und Bekleidungsind., Streichhölzer, Feuerwerkskörper, Tabakwaren, Fischkonserven u. a.) und Hochseefischerei bestimmt. Zahlungsmittel ist die Pataca (Pat.) = 100 Avos = 0,2412 DM (Februar 1987). - M. ist durch Fährverkehr (Tragflügel- und Motorboote) und Hubschrauber mit dem 65 km östl. liegenden Hongkong verbunden.

Geschichte: Das Gebiet des heutigen M. wurde durch die Portugiesen, die hier 1597 die Stadt M. als ältesten europ. Handelsposten in China gründeten, erschlossen und entwickelt; seit 1680 unter einem portugies. Gouverneur; Portugal zahlte zunächst eine Pacht für das Gesamtgebiet von M., erklärte aber 1849 die Unabhängigkeit des Hafens, von China erst 1887 vertragl. anerkannt. Nach 1842 (Friedensvertrag von Nanking) verlor M. durch die rasche Entwicklung Hongkongs für den Chinahandel an Bed., erlangte statt dessen internat. Ruf als Rauschgift-, Schmuggel- und Glücksspielzentrum. Erst 1951 formell zur portugies. Überseeprov. erklärt, sah sich M. durch interne kommunist. Unruhen 1966/67, die von der Kulturrevolution in der VR China inspiriert waren, zu offiziellen Zugeständnissen an den pekingfreundl. Teil seiner Bev. gezwungen. Die Revolution in Portugal 1974 und die dort folgenden Reg.wechsel wirkten sich in zusätzl. polit. Eigenständigkeit M. aus. Am 31. Dez. 1975 endete mit dem Abzug der Garnison die militär. Präsenz Portugals in M., am 17. Febr. 1976 trat ein Autonomiestatut in Kraft, das der bisherigen Überseeprov. volle innere Autonomie gewährt und ihre Bez. in „Territorium von M." wandelt. Die VR China, die M. als chin. Gebiet unter portugies. Verwaltung betrachtet, akzeptierte in den letzten Jahren den Status quo und lud 1978 den von Lissabon ernannten Gouverneur zu einem offiziellen Besuch ein.

Politische Verhältnisse: Das Territorium von M. hat volle innere Autonomie unter portugies. Souveränität. Die Reg. liegt bei einem Gouverneur, der vom portugies. Staatspräs. (dem er auch verantwortl. ist) ernannt wird und über große exekutive Vollmachten verfügt, und bei bis zu 5 Staatssekretären, die gleichfalls vom portugies. Staatspräs. auf Vorschlag des Gouverneurs ernannt werden. Es gibt einen Konsultativrat (10 Mgl.), dem der Gouverneur vorsteht. Die Legislative liegt bei der Gesetzgebenden Versammlung (17 Mgl., davon 6 direkt gewählt, 6 indirekt gewählt, 5 vom Gouverneur ernannt; Legislaturperiode 3 Jahre). Polit. Parteien bestehen nicht, nur Bürgervereinigungen.

📖 *Kuar Yu-Chien/Häring-Kuan, P.: Hongkong, M., Kanton, Shenzen.* Stg. 1986. - *Da Silva, E. T.: A brief guide to the M. economy, 1976.* Macao 1977.

Macaulay [engl. mə'kɔ:lɪ], Dame (seit 1958) Rose, * Cambridge 1. Aug. 1881, † London 30. Okt. 1958, engl. Schriftstellerin und Kulturkritikerin. - Verurteilte Kulturoptimismus und Fortschrittsgläubigkeit der traditionsbefangenen engl. Gesellschaft. Verfaßte Lyrik, Reiseberichte, Essays und Romane, z. B. „Gefährl. Jahre" (1921), „Irrwege" (1926), „Tante Dot, das Kamel und ich" (1956).

M., Thomas Babington, Baron M. of Rothley (seit 1857), * Rothley Temple (Leicestershire) 25. Okt. 1800, † Kensington (= London) 28. Dez. 1859, brit. Politiker, Historiker und Schriftsteller. - 1830 liberaler Unterhausabg., 1839–41 Kriegsmin.; v. a. als bed. Historiker der Viktorian. Zeit bekannt geworden.

Macbeth [engl. mək'bεθ], ✗ Lumphanan (Aberdeen) 1057, König von Schottland (seit 1040). - Besiegte 1040 Duncan I. und trat dessen Nachfolge an; mußte 1054 Teile des südl. Schottland an Malcolm III. abtreten und fiel im Kampf gegen ihn. - Trauerspiel von W. Shakespeare, Oper von G. Verdi.

Mac Bride, Séan [engl. mək'braɪd], * Paris 26. Jan. 1904, ir. Jurist und Politiker. - Wurde 1928 Stabschef der IRA; gründete 1946 die Republikan. Partei; 1947–58 Unterhausabg., 1948–51 Außenmin.; 1961–74 Präs. von Amnesty International; 1963–70 Generalsekretär der Internat. Juristenkommission; 1973–76 UN-Kommissar für Namibia; seit 1977 Vors. der UNESCO-Studiengruppe zu Kommunikationsproblemen; erhielt 1974 den Friedensnobelpreis (mit E. Sato).

Macchia ['makia] ↑ Macchie.

Macchie ['makiə; italien., zu lat. macula „Fleck"] (Macchia, Maquis), Gebüschformation der feuchteren, küstennahen Hügel- und niederen Gebirgslagen des Mittelmeergebietes; gebildet aus Sträuchern und niederen Bäumen (1–5 m hoch) mit immergrünen, derben oder nadelförmigen Blättern (Hartlaubgehölze, Echter Lorbeer, Zistrosen). Mit zunehmender Trockenheit geht die M. in offene, niedere, heideartige Strauchformationen über (↑ Tomillares, ↑ Garigue, ↑ Phrygana).

Mac Donagh, Thomas [engl. mək'danə], * Cloughjordan (Tipperary) 1878, † Dublin 3. Mai 1916, ir. Dichter. - Zählt zu den Hauptvertretern der kelt. Renaissance; verfocht die kulturelle Eigenständigkeit Irlands; wurde als einer der Führer des ir. Osteraufstandes (1916) von den Engländern erschossen.

Macdonald, Étienne Jacques Joseph Alexandre [frz. makdɔ'nald], Hzg. von Tarent (seit 1809), * Sancerre (Cher) 17. Nov. 1765, † Courcelles-sur-Vesles (Aisne) (?) 25. Sept. 1840, frz. Marschall (seit 1809). - Seit 1795 General der frz. Revolutionsarmee; kämpfte erfolgreich in den Koalitionskriegen; unterlag am 26. Aug. 1813 Blücher an der Katzbach. Durch Ludwig XVIII. zum Pair erhoben.

M., Ross [engl. mək'dɔnəld], eigtl.

Kenneth Millar.* Los Gatos bei San Francisco 13. Dez. 1915, † Santa Barbara (Calif.) 11. Juli 1983, amerikan. Schriftsteller. - Seit 1938 ∞ mit der Romanautorin M. Millar; Verf. zahlr. Romane um den Detektiv Lew Archer, der in Erledigung seiner Aufträge unwillentl. auch die glänzende Fassade neureichen Spießertums zum Einsturz bringt; u. a. „Sprungbrett ins Nichts" (1956), „Die wahre Mrs. Wychely" (1961), „Der Untergrundmann" (1971).

MacDonald, James Ramsey [engl. mək'dɔnəld], * Lossiemouth bei Elgin 12. Okt. 1866, † auf einer Seereise nach S-Amerika 9. Nov. 1937, brit. Politiker. - 1893 Mitbegr. der Labour Party, 1906 Unterhausabg., 1911–14 Fraktionsvors., Jan.–Nov. 1924 Premiermin. des ersten Labourkabinetts, 1929 erneut Premiermin.; bildete in der Weltwirtschaftskrise 1931 eine nat. Koalitionsreg., wobei ihm jedoch die Mehrheit der Labour Party nicht folgte; trat 1935 zurück.

Macdonnell Ranges [engl. mək'dɔnəl 'rɛindʒɪz], O–W streichende Gebirgsketten in Z-Australien, 420 km lang, bis 65 km breit, bis 1 510 m hoch.

MacEachen, Allan Joseph [engl. mə'kɛkən], * Inverness (Nova Scotia) 6. Juli 1921, kanad. Politiker. - Wirtschaftswissenschaftler; 1953–58 und seit 1962 Unterhausabg. für die Liberale Partei, 1967/68, 1970–74 und seit 1976 deren Fraktionsführer im Unterhaus; 1958–62 wirtsch.polit. Sonderberater L. Pearsons; 1963–70 Min. in verschiedenen Ressorts; 1970–74 und 1976–79 Präs. des Privy Council; 1974–76 Außenmin.; 1976–79 und seit März 1980 stellv. Premiermin. (1980–82 zugleich Finanzmin., 1982–84 Außenminister).

Macedo, Joaquim Manuel de [brasilian. ma'sedu], * São João de Itboraí bei Niterói 24. Juni 1820, † Rio de Janeiro 11. April 1882, brasilian. Dichter. - Erster bed. brasilian. Erzähler, dessen Gesellschaftsromane noch heute populär sind; auch Dramatiker und Lyriker (u. a. „A nebulosa", 1857).

Maceió [brasilian. mase'iɔ], Hauptstadt des brasilian. Bundesstaates Alagoas, auf einer Halbinsel zw. Atlantik und Lagune, 375 800 E. Kath. Erzbischofssitz; Univ. (gegr. 1961); Handelszentrum mit Fischereihafen.

Mäcenas ↑ Maecenas.

Macerata [italien. matʃe'ra:ta], italien. Stadt in den Marken, 311 m ü. d. M., 43 600 E. Verwaltungssitz der Prov. M.; kath. Bischofssitz; Univ. (gegr. 1290), Museum, Gemäldegalerie, Staatsarchiv; Handelszentrum. - Entstand nahe der von Septimius Severus gegr. und 408 von Alarich zerstörten Stadt **Helvia Recina;** im 12. Jh. Kommune, wurde durch Papst Johannes XXII. Bischofssitz und Stadt (1320) sowie Sitz des päpstl. Legaten für die Marken. - Renaissancekirche Santa Maria delle Vergini (16. Jh.); spätbarocker Dom.

Mach, Ernst, * Turany (Mittelslowak. Gebiet) 18. Febr. 1838, † Haar (bei München) 19. Febr. 1916, östr. Physiker. - 1864 Prof. in Graz, 1867 in Prag, ab 1895 in Wien. Wies 1860 bei der experimentellen Erzeugung des ↑ Doppler-Effekts die Abhängigkeit der Schallwellenfrequenz von der Bewegung der Schallquelle nach. Er entwickelte die wichtigsten Methoden der Stroboskopie und führte 1876 Messungen der Fortpflanzungsgeschwindigkeit verschiedener Schall- und Explosionswellen durch. Photographierte 1887 erstmals Luftverdünnungen und -verdichtungen an fliegenden Projektilen und entdeckte dabei die nach ihm ben. ↑ Machschen Wellen. In seinem Werk „Die Mechanik in ihrer Entwicklung histor.-krit. dargestellt" (1883) entwarf M. auch seine Lehre der Denkökonomie; Erkenntnisprozesse werden dabei als Spezialfälle biolog. günstiger Prozesse betrachtet, in denen durch Bereitstellung abstrakter Nachbildungen oder Herstellungsregeln die ökonom. zwecklose Wiederholung schon geleisteter Denkarbeit vermieden wird. - *Weitere Werke:* Opt.-akust. Versuche (1873), Erkenntnis und Irrtum (1905), Kultur und Mechanik (1915), Die Prinzipien der physikal. Optik (1921).

📖 *Bradley, J.: Machs Philosophie der Naturwiss. Dt. Übers. Stg. 1974. - Blackmore, J. T.: E. M. His work, life, and influence. Berkeley (Calif.) 1972.*

Mach, Kurzbez. für ↑ Mach-Zahl.

Mácha, Karel Hynek, * Prag 16. Nov. 1810, † Litoměřice 5. Nov. 1836, tschech. Dichter. - Hauptvertreter der tschech. Romantik; sein zum Lyr. tendierendes Werk (Epos, Prosa [Novellen, fragmentar. histor. Romane] und Drama) verbindet Neigung zur Spekulation und leidenschaftl., sensibles Temperament. Als Hauptwerk gilt das Versepos „Máj" (1836).

Machado de Assis, Joaquim Maria [brasilian. ma'ʃadu di a'sis], * Rio de Janeiro 21. Juni 1839, † ebd. 29. Sept. 1908, brasilian. Dichter. - Bedeutendster brasilian. Prosaist seiner Zeit. Entwickelte gegenüber Realismus und Naturalismus eine psychologisierende, sarkast.-iron. gefärbte Schilderung individueller und gesellschaftl. Probleme, u. a. „Die nachträgl. Memoiren des Bras Cubas" (R., 1881), „Der Irrenarzt" (En., 1882), und „Dom Casmurro" (R., 1900).

Machado Guimarães, Bernardino Luis [portugies. mɐ'ʃaðu ɣimɐ'rɐ̃jʃ], * Rio de Janeiro 28. März 1851, † Lissabon 28. April 1944, portugies. republikan. Politiker. - Mehrfach Min., Staatspräs. 1915–17 und 1925/26.

Machado y Ruiz, Antonio [span. ma-'tʃaðo i 'rrųiθ], * Sevilla 26. Juli 1875, † Collioure (Pyrénées-Orientales) 22. Juli 1939, span. Dichter. - Einer der bedeutendsten span. Dichter des 20. Jh.; Schüler und Freund von Rubén Darío; im Span. Bürgerkrieg Republikaner, starb auf dem Weg ins Exil. Schrieb neben Theaterstücken und Essays zur Theorie der Dichtung v. a. das einfache Leben, die kastil. Landschaft und das Schicksal Spaniens thematisierende Lyrik.

Machala [span. ma'tʃala], Hauptstadt der Prov. El Oro im südl. W-Ecuador, 117 200 E. Univ. (gegr. 1969). Landw. Handelszentrum, Bananenexport über den 3 km entfernten Hafen **Puerto Bolivar**.

Machandel [niederdt. „Wacholder"], svw. Heidewacholder (↑ Wacholder).

Machar, Josef Svatopluk, * Kolín bei Prag 29. Febr. 1864, † Prag 17. März 1942, tschech. Dichter. - 1891–1918 Bankbeamter in Wien; 1919–24 Generalinspektor der tschech. Armee. Hauptvertreter des tschech. Realismus; subjektivist., romant. Frühdichtung mit Neigung zu [iron. gefärbtem] Skeptizismus; wandte sich später der sozialkrit. Dichtung und der polit. Satire zu; vertrat eine antichristl., heidn.-antike Weltanschauung. Von seinem 9teiligen ep. Zyklus „Das Gewissen der Zeit" erschienen Dt. Bd. 1: „Im Strahl der hellen Sonne" (1905), Bd. 2: „Gift aus Judäa" (1906), Bd. 3: „Barbaren" (1912).

Machatschek, Fritz, * Wischau (= Vyškov, ČSSR), 22. Sept. 1876, * München 25. Sept. 1957, dt. Geograph. - Prof. in Prag, Zürich, Wien, München und Tucumán. Sein Hauptarbeitsgebiet war die Geomorphologie, daneben länderkundl. Arbeiten.

Machault, Guillaume de ↑ Guillaume de Machault.

Machatschkala, Hauptstadt der Dagestan. ASSR innerhalb der RSFSR, am W-Ufer des Kasp. Meers, 293 000 E. Univ. (1957 gegr.), PH, polytechn., landw., medizin. Hochschule, Zweigstelle der Akad. der Wiss. der UdSSR; Museen; Theater, Philharmonie; Maschinenbau und Metallverarbeitung, chem. und Textilind. Fischverarbeitung, Weinkellerei; nahebei Erdölförderung; einer der Haupthäfen am Kasp. Meer; ⚓. - Entstand 1844 als Festung; seit 1857 Hafenstadt.

Mache (Fabrik), in der *Numismatik* Bez. für die Eigenschaften einer Münze, die sich aus der techn. Seite ihrer Herstellung ergaben, im Unterschied zu den künstler. Eigenschaften (Stil).

Machel, Samora [portugies. mɐ'ʃɛl], * im Distrikt Gaza (Moçambique) Okt. 1933, † 19. Okt. 1986 (Flugzeugabsturz), afrikan. Politiker. - Wurde 1966 Führer der Guerillastreitkräfte der FRELIMO, 1970 ihr Präs., 1975 Staats- und Reg.chef in Moçambique.

Machen, Arthur [engl. 'meɪtʃən], eigtl. A. Llewellyn Jones, * Caerleon (Monmouthshire) 3. März 1863, † Beaconsfield bei London 15. Dez. 1947, walis. Schriftsteller. - Schrieb neben Essays und autobiograph. Werken makabre Erzählungen myst. und romant. Charakters, u. a. „Die leuchtende Pyramide und andere Geschichten ..." (1923).

Machiavelli, Niccolò [italien. makja'vɛlli], * Florenz 3. Mai 1469, † ebd. 22. Juni 1527, italien. Schriftsteller und florentin. Staatsdiener. - Stammte aus einer verarmten Beamtenfam., wurde 1498 Sekretär in der mit auswärtigen Angelegenheiten und Militärfragen befaßten zweiten Staatskanzlei der Republik Florenz, wenig später auch Kanzler des „Rates der Zehn". In seinen in dieser Stellung verfaßten Berichten an die Signoria über zahlr. diplomat. Missionen sind die später systematisierten Thesen bereits enthalten. 1506 schuf M. - von der militär. strateg. Unbrauchbarkeit landfremder Söldnertruppen überzeugt - in Florenz eine Bürgerwehr auf der Basis allg. Wehrpflicht, die aber schon beim ersten Einsatz versagte. Nach der verlorenen Schlacht bei Prato (1512) seines Amtes enthoben, im Zusammenhang mit einer Verschwörung schuldlos eingekerkert und gefoltert, zog sich M. nach seiner Freilassung 1513 mit seiner Fam. auf sein Gut San Casciano bei Florenz zurück. Im folgenden Jahrzehnt entstanden die meisten seiner polit., militär. und belletrist. Schriften. 1519–27 übertrugen ihm die Medici wieder verschiedene, meist unpolit. Aufgaben, u. a. den Auftrag, eine Geschichte der Stadt Florenz zu schreiben („Historie fiorentine", 1531, dt. 1788 u. d. T. „Historien von Florenz").

Niccolò Machiavelli

Lehre: Den in ihren moral. Grundannahmen scheinbar unvereinbaren polit. und militär. Schriften von M. liegt ein gemeinsames Erkenntnisinteresse zugrunde: die theoret. Durchdringung einer als unzureichend beurteilten polit. Praxis mit dem Ziel, diese zu verändern. In „Il principe" (entstanden 1513; dt. 1804 u. d. T. „Der Fürst") fragt M. nach den Bedingungen erfolgreicher Politik. Seine empir.-systemat. Untersuchungen zwingen M. zum Bruch mit der Tradition christl.-metaphys. Staatstheorie. Mit dem antiker Ethik verpflichteten Begriff der „virtù" tritt an die Stelle der christl. *Tugenden* des Herrschers als Voraussetzung dauerhafter polit. Herrschaft dessen Fähigkeit, polit. *Macht* zu erwerben und zu erhalten und - unter dem Aspekt des fremdbeherrschten Italien - die nat. Einheit herzustellen. Die Frage nach der Erhaltung des Staates ist für M. so zentral, daß er den Herrscher unter der Voraussetzung des Staatsnotstandes („necessità") vom Zwang, nach eth. Normen zu handeln, befreien will. Damit begründete M., ohne schon den Begriff zu verwenden, die Lehre von der Staatsräson. Die *individuelle „virtù"* des Herrschers wird durch den Fortbestand der von ihm eingerichteten polit. Ordnung zur Quelle einer durch Erziehung vermittelten *kollektiven „virtù",* die als polit. Kultur über den zukünftigen Zustand des Gemeinwesens entscheidet. Daher besteht zw. dem als „Handbuch für Tyrannen" mißverstandenen „Il principe" und den am republikan. Prinzip ausgerichteten „Discorsi sopra la prima deca di Tito Livio" (entstanden 1513–21; dt. 1776 u. d. T. „Unterhaltungen über die erste Dekade der röm. Geschichte des Livius" [„Vom Staate"]) auch keine Unvereinbarkeit.

📖 *Freyer, H.: M. Weinheim* [1]*1986. - Buck, A.: M.* Darmst. *1985. - Münkler, H.: M.* Ffm. [2]*1985. - Strnad, A. A.: N. M. Gött. 1984. - König, R.: M. Bln. 1984. - Joly, M.: Macht u. Recht, M. contra Montesquieu. Dt. Übers.* Hamb. [2]*1979. - Sternberger, D.: Machiavellis „Principe" und der Begriff des Politischen. Wsb.* [2]*1975.*

Machiavellismus [makia...], 1. zusammenfassende Bez. für die polit. Theorien N. Machiavellis; 2. von den Gegnern Machiavellis verbreitete abwertende Bez. für eine über alle sittl. Rücksichten sich hinwegsetzende skrupellose Interessenpolitik; 3. allg. Bez. für eine durch keinerlei moralische Bedenken gehemmte Machtpolitik.

Machismo [ma'tʃismo; zu lat.-span. macho „männlich"], übersteigertes Männlichkeitsgefühl, Männlichkeitswahn.

Machland, Ebene am linken Ufer der Donau zw. Ennsmündung und Strudengau, von den Donaunebenflüssen Aist und Naarn durchflossen.

Machmeter [nach E. Mach], Bordinstrument von schnellen Flugzeugen zur Messung und Anzeige der [Flug-]Mach-Zahl. Der sich in einem Prandtl-Rohr ausbildende Druck wird in eine Druckmeßdose geführt, deren Verformung auf einen Zeiger übertragen wird.

Machorka [russ.], stark nikotinhaltiger Pfeifen-, auch Zigarettentabak.

Machpelahöhle ↑Hebron.

Machscher Kegel ↑Machsche Wellen.

Machsche Wellen [nach E. Mach], Druckwellen, die von einem in Luft, allg. in einem Gas bewegten (z. B. Geschoß, Flugzeug) oder angeströmten Körper (z. B. im Windkanal) ausgehen. Erfolgt die relative Bewegung mit Überschallgeschwindigkeit, dann

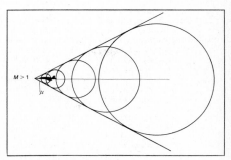

Machsche Wellen. Schematische Darstellung des Machschen Kegels

entsteht ein als Überschallknall wahrnehmbarer Verdichtungsstoß (**Kopfwelle,** vergleichbar mit der Bugwelle eines Schiffes), der in größerer Entfernung in die M. W. übergeht. Die Wellenfront (Einhüllende) der M. W. wird als **Machscher Kegel** (Mantel eines Kreiskegels) bezeichnet. Der halbe Öffnungswinkel ist der sog. **Machsche Winkel** μ, für den $\sin \mu = 1/M$ gilt mit der ↑Mach-Zahl M.

Machsor [hebr. „Zyklus"], im übl. Sprachgebrauch Bez. für das jüd. Gebetbuch, das die Gebetsordnung für die Festtage mit den zugehörigen Texten und Dichtungen enthält.

Macht, Verhältnis der Über- und Unterordnung zw. Personen, Gruppen, Organisationen oder Staaten. M. bedarf im Unterschied zur Herrschaft und zur Autorität nicht der Anerkennung der von ihr Betroffenen. In den *Sozialwiss.* gilt auch heute noch Max Webers Definition: M. ist „die Chance, innerhalb einer sozialen Beziehung den eigenen Willen auch gegen Widerstreben durchzusetzen, gleichviel, worauf diese Chance beruht." Widerstreben der M.betroffenen, das sich in Widerstandsverhalten ausdrückt, führt zur Anwendung von Gewalt, mitunter von den Unterworfenen durch Gegengewalt beantwortet. Dann entscheidet die „M. des Stärkeren". Die Grundlagen der M. und die Motive für ihre Anwendung sind vielfältig. Die Verhaltensforschung versucht (mit Tierexperimenten) nachzuweisen, daß die Erringung von M. (über andere Lebewesen) als Bedürfnis nach Selbsterhöhung, Selbstbestätigung im sozialen Konflikt nach Selbstbehauptung, ein allg. Antrieb in den sozialen Beziehungen sei. V. a. marxist. Theorien der polit. Ökonomie gehen von dem Nachweis aus, daß M. aus entgegengesetzten materiellen [Klassen]interessen erwächst und darum jegl. Erscheinungsform von M. auf ökonom. M.verhältnisse zurückgeführt werden kann. Grundlagen von M. können sein: phys. oder psych. Überlegenheit, Wissensvorsprung,

Mächtigkeit

höhere Informiertheit, überlegene Organisationsfähigkeit und entsprechend höhere Effizienz, Charismaglaube und Angst bei den Unterworfenen. In allen auf Demokratie und bestimmte Grundrechte der Menschen ausgerichteten Gesellschaften besteht das Problem, wie M.verhältnisse durch Recht, Gesetz, Verfassung und öffentl. Kontrolle in institutionalisierte und damit anerkannte und kalkulierbare Herrschaft überführt werden können. Dasselbe Problem berührt heute die Organisation der zwischenstaatl. Beziehungen verschiedener Staaten und Staatenblöcke. Kein Gesellschaftssystem mit komplexer Sozialorganisation kann zum Schutz seiner Ordnung darauf verzichten, mit dem Staat ein „Monopol phys. Gewaltsamkeit" (Max Weber) zu errichten, um durch M.mittel staatl. Gewalt (Gerichte, Polizei, Militär, Strafanstalten) einen polit. ermittelten „Allgemeinwillen" oder die Rechte von Bürgern gegen andere Bürger durchzusetzen oder die äußere Sicherheit des polit.-sozialen Systems zu gewährleisten. Neben den polit. M.strukturen in Staat, Wirtschaft, Gesellschaft bestimmen mannigfache M.strukturen - die Behauptung von (z. B. in Rollen von Mann, Eltern, Lehrern begründeter) M.positionen sowie der Auf- und Ausbau von M.positionen - vielfach und wesentl. die Handlungen der Menschen und die zwischenmenschl. Beziehungen in allen Lebensbereichen (Ehe, Familie, Beruf, Kirche usw.). Die M. findet zumindest theoret. ihre Grenzen in den Normen und Kontrollsystemen der *Ethik* und des Rechts, die allerdings auch als sublime Instrumente der M.ausübung mißbraucht werden können. Die Bewertung der M. in der Ethik reicht von Extrempositionen radikaler Ablehnung (z. B. in der Ethik bestimmter Typen des Anarchismus) über mittlere Positionen, die M. als eth. neutral qualifizieren und zur Aufrechterhaltung der Ordnung für notwendig erachten, bis zur Extremposition radikaler Bejahung und Verherrlichung der M. als obersten Wert in der Wertehierarchie (z. B. bei Nietzsche „Wille zur Macht").
In der *Religionswiss.* wird der Glaube an eine M. oder **Kraft**, die sich entweder mit bestimmten Personen verbindet oder Gegenständen anhaftet, meist mit dem melanes. Begriff ↑Mana gekennzeichnet. M. ist, also nicht als pantheist. Größe zu fassen, sondern stellt ein zauberhaftes Fluidum dar, dessen Verständnis innerhalb der sog. Primitivreligionen am ehesten mit der Wirkung von elektr. Kraft verglichen werden kann. - Im *A. T.* ist M. (hebr. kabod) eine Eigenschaft, die nur Gott zukommt und deshalb zuweilen für ihn selbst stehen kann. Daneben kennt die Bibel (A. T. und N. T.) sog. „*Mächte*" (auch „Mächte und Gewalten"), die jedoch immer gottfeindl. sind, d. h. im Dienst des Satans stehen („Mächte der Finsternis") und sich infolgedessen nur

negativ, in Krankheit, Besessenheit, Sünde u. a. äußern (↑ auch Dämon). Ihre Gegenspieler als positive „Mächte" heißen ↑Engel. Die „M." der bösen „Mächte" wurde durch die Erlösungstat Jesu Christi endgültig gebrochen, was sich bei seiner Parusie offenbaren wird. - Die M. im rationalen, polit. und sozialeth. Sinne ist in *christl.-theolog. Wertung* nie autonome M., sondern immer und in jeder Form - als M. des Staates, der Eltern usw. - von Gott als „Amt" (Luther: „Stand") verliehen und deshalb ihm verantwortlich.

📖 *Popitz, H.: Phänomene der M. Tüb. 1986. - Richter, H. E.: Der Gotteskomplex. Rbk. 1986. - Arendt, H.: M. u. Gewalt. Dt. Übers. Mchn.* [5] *1985. - Meier, Kurt: Interesse, M. u. Einfluß. Meisenheim 1979. - Hammer, F.: M. Königstein im Taunus. 1979. - Coleman, J. S.: M. u. Gesellschaftsstruktur. Dt. Übers. Tüb. 1979. - Wissen u. M. Hg. v. O. Molden. Wien 1979. - Kraus, W.: Kultur u. M. Mchn. 1978. - Popitz, H.: Prozesse der M.bildung. Tüb.* [3]*1976. - Luhmann, N.: M. Stg. 1975. - Russell, B.: M. Dt. Übers. Wien 1973.*

Mächtigkeit, Dicke einer Gesteinsschicht, eines Flözes oder Ganges.
◆ Verallgemeinerung des Anzahlbegriffs auf Mengen mit unendl. vielen Elementen (unendl. Mengen); Zwei Mengen *A* und *B* werden als *gleichmächtig* oder *von gleicher M.* ($A \sim B$) bezeichnet, wenn es eine umkehrbar eindeutige Zuordnung zw. den Elementen von *A* und *B* gibt.

Machtstreben (Machttrieb), auf die Beherrschung der Umwelt gerichtetes psych. Antrieb; in der Individualpsychologie A. Adlers Grundantrieb des menschl. Handelns; nach F. Nietzsche der alleinige Trieb alles Lebendigen (sog. Wille zur Macht). Unter den persönlichkeitstyp. „Lebensformen" E. Sprangers befindet sich auch der „Machtmensch", als dessen Charakteristikum das M. gilt.

Machuca, Pedro [span. maˈtʃuka], * Toledo, † Granada 1550, span. Baumeister. - Vor 1520 Ausbildung in Italien. Erbaute den Hochrenaissancepalast Karls V. auf der Alhambra in Granada (1527 ff.).

Machu Picchu [span. ˈmatʃu ˈpiktʃu], Ruinenstadt der Inka im südl. Z-Peru, nw. von Cuzco, auf einem Bergsporn über dem linken Ufer des Río Urubamba, 1911 entdeckt. Zu den Tempelbauten der Stadt gehört der sog. Torreón, ein annähernd halbkreisförmiger Turm aus regelmäßigem Quadermauerwerk, der einen heiligen Felsen umschließt. M. P. wurde um 1450 errichtet.

Mach-Zahl [nach E. Mach], Formelzeichen *Ma* (oder *M*), der Quotient aus der Geschwindigkeit *v* eines sich in einem (kompressiblen) Medium bewegenden Körpers und der Schallgeschwindigkeit *c* in diesem Medium:

$$Ma = \frac{v}{c}$$

Bei $Ma = 1$ fliegt also beispielsweise ein Flugzeug mit Schallgeschwindigkeit, bei $Ma = 2$ mit doppelter Schallgeschwindigkeit in der betreffenden Luftschicht. Da die Schallgeschwindigkeit von den meteorolog. Verhältnissen abhängt, ist die Geschwindigkeit eines z. B. mit $Ma = 1$ fliegenden Flugzeugs nicht immer und überall gleich groß.

Macías Nguema [span. ma'θias eŋ'gema], 1973–79 amtl. Name für ↑Bioko.

Macià y Llusá, Francisco [katalan. mə'sja i ʎu'za], * Villanueva y Geltrú 21. Okt. 1859, † Barcelona 25. Dez. 1933, katalan. Politiker. - Erwirkte die Errichtung der Republik Katalonien, war deren erster Präsident.

MacInnes, Helen [engl. mə'kınɛs], * Glasgow 7. Okt. 1907, † New York 30. Sept. 1985, schott.-amerikan. Schriftstellerin. - Verfasserin wirkungsvoll aufgebauter, psycholog. nuancenreicher Kriminal- und Spionageromane, u. a. „Auftrag in Venedig" (1963), „Das Spiegelbild" (1966), „In Salzburg stirbt nur Jedermann" (1968), „Botschaft aus Malaga" (1974).

Macintyre River [engl. 'mækıntaıə 'rıvə], Quellfluß des ↑Darling.

Mack, Heinz, * Lollar bei Gießen 8. März 1931, dt. Licht- und Objektkünstler. - Wurde bekannt mit feingerippten Metallreliefs, die je nach Standpunkt veränderte Ansichten zeigen, und schuf großangelegte Lichträume; u. a. „Sahara Projekt" (1968), „Wasserwolke" (München, 1972).

Mackay, John Henry [engl. mə'kaı], * Greenock (Schottland) 6. Febr. 1864, † Berlin 21. Mai 1933, dt. Schriftsteller. - Begann als Lyriker, wandte sich dann sozialen Themen zu; vertrat später unter dem Einfluß M. Stirners einen individuellen Anarchismus („Die Anarchisten", R., 1891).

Mackay [engl. mə'kaı], austral. Stadt an der O-Küste von Queensland, 48 800 E. Zuckerforschungsinst., Zentrum des größten austral. Zuckerrohranbaugebietes. Hafen, Eisenbahnen ins Hinterland, ⚓. - Seit 1918 City.

Macke, August, * Meschede 3. Jan. 1887, ✗ Perthes-lès-Hurlus (Champagne) 26. Sept. 1914, dt. Maler. - Nach 1907 wiederholte Reisen nach Paris, wo er von Cézanne, den Fauves und Delaunay beeinflußt wurde. Stellte 1911 als Mgl. des „Blauen Reiter" aus. 1914 unternahm M. zus. mit P. Klee eine Reise nach Tunis. In den in Afrika entstandenen Aquarellen wird das Licht zum eigenwertigen Medium seiner Kunst.

Mackeben, Theo, * Stargard i. Pom. 5. Jan. 1897, † Berlin 10. Jan. 1953, dt. Komponist. - Komponierte Opern, Operetten, Orchesterwerke, Konzerte, wurde aber v. a. bekannt mit seinen Filmmusiken (etwa 60), u. a. „Tanz auf dem Vulkan" (1938), „Bel ami" (1939), „Der große Zapfenstreich" (1952).

Mackensen, August von (seit 1899), * Haus Leipnitz bei Bad Schmiedeberg 6. Dez.

August Macke, Vor dem Hutladen (1913). Privatbesitz

1849, † Burghorn bei Celle 8. Nov. 1945, dt. Generalfeldmarschall (seit 1915). - Seit 1880 im Generalstab; kämpfte im 1. Weltkrieg in Ostpreußen und Polen, leitete 1915 den Feldzug in Serbien, danach in Rumänien (dort 1918 Militärgouverneur); 1933 zum preuß. Staatsrat ernannt.

M., Fritz, * Greene bei Kreiensen 8. April 1866, † Bremen 12. Mai 1953, dt. Maler, Bildhauer und Graphiker. - Mitbegr. der Künstlerkolonie Worpswede, stellte Landschaft und Menschen von Worpswede dar.

M., Lutz, eigtl. Ludwig M., * Bad Harzburg 15. Juni 1901, dt. Volkskundler und Sprachforscher. - Prof. in Riga, Gent und Posen. Zahlr. Arbeiten zur dt. Volkskunst, zur Fachsprachenforschung und zum dt. Wortschatz („Dt. Wörterbuch", [12]1986).

Mackenzie [engl. mə'kɛnzi], Sir (seit 1895) Alexander Campbell, * Edinburgh 22. Aug. 1847, † London 28. April 1935, engl. Komponist. - 1888–1924 Direktor der Royal Academy of Music in London; komponierte Chorkantaten, Oratorien, Opern sowie zahlr. Instrumentalwerke.

M., Sir (seit 1952) Compton, eigtl. Edward Montague Compton M., * West Hartlepool bei Durham 17. Jan. 1883, † Edinburgh 30. Nov. 1972, engl. Schriftsteller. - Stellte in seinen von der kath. Lehre beeinflußten Romanen die Haltlosigkeit bes. der jungen Generation dar; schrieb auch humorist. Romane, z. B. „Das Whisky-Schiff" (1947).

Mackenzie King, William Lyon [engl. mə'kɛnzɪ 'kɪŋ], * Berlin (= Kitchener, Prov. Ontario) 17. Dez. 1874, † Ottawa 22. Juli 1950, kanad. Politiker. - 1900–08 stellv. Arbeitsmin.; 1908–50 Abg., 1919–48 Führer der Liberalen im Unterhaus; leitete 1921–30 und 1935–48 als Premiermin. Maßnahmen zur Beseitigung der Arbeitslosigkeit ein und verfolgte eine auf die Selbständigkeit Kanadas gerichtete Politik.

Mackenzie Mountains [engl. mə'kɛnzɪ 'maʊntɪnz], Gebirgszug im äußersten W der Northwest Territories, Kanada, im NW auf das Yukon Territory übergreifend; nördlichster Teil der Kordilleren; bis 2762 m hoch.

Mackenzie River [engl. mə'kɛnzɪ 'rɪvə], Strom in NW-Kanada, entfließt dem Großen Sklavensee, mündet mit großem Delta (36 000 km²) in die Beaufortsee (Nordpolarmeer), 1 903 km lang, mit dem Hauptzufluß zum Großen Sklavensee, dem Slave River/Peace River und dessen Quellfluß Finlay River 4 241 km lang, zweitlängster Fluß N-Amerikas, Einzugsgebiet 1,8 Mill. km²; von Juli–Mitte Okt. schiffbar; Erdgasvorkommen im Deltagebiet. - 1789 von dem schott. Entdecker A. Mackenzie (* 1764, † 1820) entdeckt und bis zur Mündung befahren.

Mackinder, Sir (seit 1920) Halford John [engl. mə'kɪndə], * Gainsborough (Lincolnshire) 15. Febr. 1861, † Parkstone (Dorset) 6. März 1947, brit. Geograph und Politiker. - Einer der Hauptbegründer der modernen Geographie in Großbrit., die er in Oxford, Reading und London lehrte; 1910–22 Unterhausabgeordneter, 1919/20 brit. Hochkommissar in S-Rußland. Erstbesteiger des Mount Kenya (1899).

Mackintosh, Charles Rennie [engl. 'mækɪntɔʃ], * Glasgow 7. Mai 1868, † London 10. Dez. 1928, schott. Architekt und Kunsthandwerker. - Seine Jugendstilwerke (Architektur, Möbel) zeigen neuartige Proportionierung bei einer flächenbetonenden, geometr. Formengestaltung. - *Bauten:* School of Art (Glasgow, 1897 ff.), Villa Windy Hill (Kilmacolm, westl. von Glasgow, 1899–1901), Hill House (Helensburgh, 1902/03). In Deutschland wurde sein Entwurf „Haus eines Kunstfreundes" (veröffentlicht in Darmstadt, 1901) bes. wichtig.

MacLaine, Shirley [engl. mə'klɛɪn], eigtl. S. Maclean Beaty, * Richmond (Va.) 24. April 1934, amerikan. Schauspielerin. - Zunächst am Broadway; hatte im Film bes. Erfolg in kom. Charakterrollen, u. a. „Das Appartement" (1960), „Das Mädchen Irma La Douce" (1962). In den 1960er Jahren starkes (sozialpolit.) Engagement: setzte sich u. a. für die Abschaffung der Todesstrafe und für die Beendigung des Vietnamkrieges ein. Schrieb 1977 die Autobiographie „Raupe mit Schmetterlingsflügeln". - *Weitere Filme:* Infam (1961), Ein Fressen für die Geier (1969), Am Wende-

punkt (1977), Zeit der Zärtlichkeit (1983), Highway 2 (1983).

Shirley MacLaine (1978)

Maclaurin, Colin [engl. mə'klɔ:rɪn], * Kilmodan (Argyllshire) im Febr. 1698, † Edinburgh 14. Juni 1746, schott. Mathematiker. - Prof. in Edingburgh; bed. Arbeiten zur Geometrie und Differentialrechnung.

Maclaurinsche Reihe [engl. mə'klɔ:rɪn; nach C. Maclaurin] ↑Taylor-Reihe.

MacLean, Alistair [engl. mə'klɛɪn], eigtl. Ian Stuart, * Glasgow 21. April 1922, † München 2. Febr. 1987, schott. Schriftsteller. - Schrieb tatsachenberichtähnl. Romane, u. a. „Die Männer der ‚Ulysses'" (1955), „Die Kanonen von Navarone" (1956), „Eisstation Zebra" (1965), „Circus" (1975), „Fluß des Grauens" (dt. 1983).

MacLeish, Archibald [engl. mə'kli:ʃ], * Glencoe (Ill.) 7. Mai 1892, † Boston 20. April 1982, amerikan. Schriftsteller. - 1949 bis 1962 Prof. für Rhetorik an der Harvard University. Seine frühe pessimist.-skept. Verdichtung zeigt Einflüsse E. Pounds und T. S. Eliots; später polit.-soziale Themen, u. a. in dem Versdrama „Panic" (1935), dem Vershörspiel „Der Fall der Stadt" (1937) und in „Spiel um Job" (Dr., 1958), in dem er das Schicksal Hiobs in die amerikan. Gegenwart projiziert. Pulitzerpreis 1933 und 1952.

Macleod [engl. mə'klaʊd], Iain Norman, * Skipton (North Yorkshire) 11. Nov. 1913, † London 20. Juli 1970, brit. Politiker. - Seit 1950 konservatives Mgl. des Unterhauses; Gesundheits- (1952–55), Arbeits- (1955–59), Kolonialmin. (1959–61); 1961–63 Führer des Unterhauses und Parteivors.; 1970 Schatzkanzler.

M., John, * Cluny (Pertshire) 6. Sept. 1876, † Aberdeen 16. März 1935, kanad. Physiologe brit. Herkunft. - Prof. in Cleveland (Ohio), Toronto und Aberdeen; arbeitete zuerst über den Kohlenhydratstoffwechsel, ab 1905 v. a. über die Zuckerkrankheit. Für seine Beteiligung an dem 1921 von F. G. Banting und C. H. Best geführten Nachweis, daß Insulin den Blutzuckerspiegel senkt, erhielt er 1923 (zus. mit Banting) den Nobelpreis für Physiologie oder Medizin.

Mac Leod, Fiona [engl. mə'klaʊd], eigtl. William Sharp, * Paisley 12. Sept. 1855, † Schloß Maniace am Ätna (Sizilien) 12. Dez. 1905, schott. Schriftsteller. - Schrieb unter seinem streng gehüteten, weibl. Pseudonym neuossian. Romane, u. a. „Das Reich der Träume" (1899), „Iona. Die Insel der hl. ir. Männer" (1901) mit visionären Zügen und kelt.-heidn. Elementen sowie Dramen und ep.-lyr. Dichtungen oft myst. Inhalts.

Mac-Mahon, Marie Edme Patrice Maurice Comte de [frz. makma'õ], Hzg. von Magenta (seit 1859), * Schloß Sully bei Autun 13. Juni 1808, † Schloß La Forêt (Loiret) 17. Okt. 1893, frz. Marschall (seit 1859) und Politiker. - Nahm als General am Krimkrieg teil, kämpfte 1857 erfolgreich gegen die Kabylen und 1859 gegen Österreich. Geriet im Dt.-Frz. Krieg nach der Kapitulation von Sedan in Gefangenschaft. Im Frühjahr 1871 schlug er die Pariser Kommune nieder und wurde dadurch zum Symbol einer konservativen Ordnung. 1873 zum 2. Präs. der Dritten Republik gewählt, scheiterte an der Uneinigkeit der Rechten und am Widerstand der radikalen Republikaner; trat 1879 zurück.

Macmillan, Harold [engl. mək'mɪlən], * London 10. Febr. 1894, † Haywards Heath (West Sussex) 29. Dez. 1986, brit. Politiker. - 1924–29 und 1931–64 konservativer Abg. im Unterhaus; 1940–42 parlamentar. Sekretär im Beschaffungsministerium; 1942–45 Ministerresident im Alliierten Hauptquartier in Algier; 1945 Min. für Luftfahrt, 1951–54 für Wohnungsbau und lokale Verwaltung, 1954/55 für Verteidigung; 1955 Außenmin., 1955–57 Schatzkanzler; 1957–63 Premiermin.; bemühte sich erfolgreich um eine Verbesserung der durch die Sueskrise angespannten Beziehungen zu den USA; seine Bemühungen um den brit. Beitritt zur EWG scheiterten 1963 am Veto Frankr.; förderte maßgebl. das Atomteststoppabkommen (1963); leitete nach seinem Rücktritt (1963) das Verlagshaus Macmillan Publishers Limited.

Macmillan Publishers Limited [engl. mək'mɪlən 'pʌblɪʃəz 'lɪmɪtɪd] ↑Verlage (Übersicht).

Mâcon [frz. mɑ'kõ], frz. Stadt in Burgund, 38 400 E. Verwaltungssitz des Dep. Saône-et-Loire; Handelszentrum für die westl. Bresse das Weinbaugebiet des Mâconnais. - Kelt. Siedlung der Äduer, in der Römerzeit Stadt (**Matisco**); Anfang des 13. Jh. Stadtrecht; das im 5. Jh. gegründete Bistum wurde 1790 aufgehoben. - Reste der roman.-got. ehem. Kathedrale (jetzt Museum); Rathaus (18. Jh.; z. T. Museum).

Mâconnais [frz. mɑkɔ'nɛ], histor. Gebiet und burgund. Weinbaulandschaft um Mâcon, am NO-Rand des Zentralmassivs, Frankr. -

Die Gft. M. bestand seit dem 9. Jh., 1239 an den frz. König verkauft, kam 1435 an Burgund, 1482 erstmals (vorübergehend habsburg.), 1529 endgültig an Frankreich.

Mâconnais-Weine [frz. makɔ'nɛ], weiße Burgunder der Pinot-Chardonnay-Traube aus dem Mâconnais.

Macovescu, George, * Joseni (Kreis Mureş) 28. Mai 1913, rumän. Diplomat und Politiker. - 1961–72 stellv. Außenmin.; seit 1972 Außenmin.; auch schriftsteller. tätig; seit 1977 Vors. des rumän. Schriftstellerverbandes.

Macpherson, James [engl. mək'fɑːsn], * Ruthven (Inverness) 27. Okt. 1736, † Besitztum Belville (Inverness) 17. Febr. 1796, schott. Dichter. - Vertreter der Vorromantik; die 15 von ihm 1760 veröffentlichten „Fragments of ancient poetry", die er als Übersetzungen alter gäl. Lieder des blinden Helden und Sängers Ossian ausgab und dessen Text er später ins Schott.-Gälische übersetzte, um ein Original vorzutäuschen, beeinflußten in Deutschland den Sturm und Drang, bes. Goethe, Herder und später Hölderlin.

Macrochires [griech.], svw. ↑Seglerartige.

Macropodidae [griech.], svw. ↑Känguruhs.

Macula [lat. „Fleck"], in der *Anatomie* fleckförmiger Bezirk an oder in einem Organ; z. B. der gelbe Fleck im Auge.

Macumba ↑Makumba.

MAD, Abk. für: ↑Militärischer Abschirmdienst.

Madách, Imre [ungar. 'mɔda:tʃ], * Alsósztregova 21. Jan. 1823, † ebd. 5. Okt. 1864, ungar. Dichter. - Aus altem ungar. Adel, Kalvinist; bis 1848 Notar. Sein Hauptwerk ist das großangelegte philosoph. Gedicht „Die Tragödie des Menschen" (1861), das Weg und Schicksal des Menschen vom Sündenfall bis zum Jüngsten Tag beschreibt.

Madagaskar

(amtl.: République Démocratique de Madagascar, Repoblika Demokratika Malagasy), Republik im Ind. Ozean, zw. 11° 40' und 25° 35' s. Br. sowie 43° und 50° 30' ö. L. **Staatsgebiet:** Es umfaßt die Insel Madagaskar mit vorgelagerten kleinen Inseln, 400 km vor der südl. O-Küste Afrikas. **Fläche:** 587 041 km². **Bevölkerung:** 10,0 Mill. E (1985). 17,1 E/km². **Hauptstadt:** Antananarivo. **Verwaltungsgliederung:** 6 Prov. **Amtssprachen:** Frz. und Malagassi. **Nationalfeiertage:** 26. Juni (Unabhängigkeitstag) und 14. Okt. (Tag der Republik). **Währung:** Madagaskar-Franc (FMG) = 100 Centimes (c). **Internat. Mitgliedschaften:** UN, OAU; der EWG assoziiert. **Zeitzone:** Moskauer Zeit, d. i. MEZ + 2 Std.

Landesnatur: Die 1 580 km lange, bis 580 km breite Insel M. ist überwiegend ein gebirgiges

Madagaskar

Hochland, das nach O steil, nach W allmähl. zu den Küsten abfällt. Die O-Küste ist, abgesehen von der Baie d'Antogil im NO, eine fast gerade, lagunenreiche Ausgleichsküste. Auf eine schmale Küstenebene folgt der Steilanstieg in Bruchstufen zum Hochland, das etwa $^3/_4$ der Insel einnimmt. Es liegt, von tiefen Tälern durchzogen, in 800–1 600 m Höhe und wird von vulkan. Massiven überragt. Der Maromokotro, im N von M., ist mit 2 876 m die höchste Erhebung der Insel. Die westl. Küstenebene wird durch zahlr. Buchten, Flußmündungen, Deltas und Inseln gegliedert. Alle Küsten werden auf weite Strecken von Korallenriffen begleitet.

Klima: Es ist trop., jedoch differenziert je nach Höhe und Lage zum SO-Passat. Die O-Seite hat ganzjährig Niederschläge (1 500–4 000 mm/Jahr). Der im Regenschatten liegende Hauptteil von M. hat eine winterl. Trockenzeit (April–Okt.) und eine sommerl. Regenzeit. Der SW ist Trockengebiet mit unregelmäßigen Niederschlägen.

Vegetation: Der im O, an der NW-Küste und in höheren Gebirgslagen urspr. trop. Regenwald wurde z. T. infolge Brandrodung durch eine kräuterreiche Sekundärvegetation ersetzt. Im Hochland sind Savannen verbreitet, im SW findet sich Dornstrauchsavanne.

Tierwelt: M. bildet mit einigen Inseln ein eigenes tiergeograph. Verbreitungsgebiet, die madagass. Subregion, für die Halbaffen, Schleichkatzen, Borstenigel, Madagaskarratten u. a. typ. sind. Vögel und Schmetterlinge sind mit zahlr. Arten vertreten. Größtes Tier ist das in den Flüssen lebende Krokodil.

Bevölkerung: Die sprachl. einheitl. Bev. setzt sich aus etwa 20 größeren Stammesgruppen zus., die überwiegend malaiisch-indones. Herkunft sind. Führend sind mit rd. 26 % die Merina. Zw. den Hochland- und Küstenbewohnern, die z. T. afrikan. Herkunft sind, bestehen alte Stammesgegensätze, die sich auch in Innenpolitik und Wirtschaft auswirken. Die Anhänger traditioneller Religionen überwiegen, rd. 30 % sind Christen, rd. 5 % Muslime. Schulpflicht besteht von 6–14 Jahren. In der Hauptstadt gibt es ein Technikum, eine Handelsschule, eine Schule für Landvermessung sowie eine Univ. (gegr. 1961).

Wirtschaft: Wichtigster Zweig ist die Landw. Zur Selbstversorgung werden, z. T. in Wechselfeldbau mit bis zu 15jähriger Brache, Reis, Maniok, Mais, Bataten, Erdnüsse, Hülsenfrüchte, Gemüse u. a. angebaut. Exportorientiert ist der Anbau von Kaffee, Tabak, Vanille, Gewürznelken, Pfeffer, Zuckerrohr u. a. Die meist halbnomad. betriebene Viehzucht hat trotz hohen Bestands keine große Bed., die Zebuhaltung erfolgt fast nur zu kult. Zwecken und aus Prestigegründen. Im trop. Regenwald finden sich wertvolle Holzarten, doch sind die Waldgebiete ungenügend erschlossen. Wiederaufgeforstet wird v. a. im Hochland

für den Brenn- und Bauholzbedarf. Für den Export spielt nur Raphiabast eine Rolle. Die Fischereiwirtschaft beschränkt sich auf Süßwasserfischerei sowie Krabbenfischerei in Küstennähe. M. verfügt über vielfältige Bodenschätze (Chromerze, Graphit, Uran, Phosphate, Bauxit, Teersande, Marmor, Edelsteine, Glimmer, Steinkohle, Gold u. a.), doch werden sie nur z. T. ausgebeutet. Die verarbeitende Ind. umfaßt außer der Erdölraffinerie von Toamasina eine Zementfabrik, 2 Schuhfabriken, Betriebe der Nahrungs- und Genußmittel-, der Textilind. sowie der Metallverarbeitung und Papierfabrikation; außerdem besteht ein Lkw- und Omnibus-Montagewerk.

Außenhandel: Wichtigstes Exportgut ist Kaffee, gefolgt von Gewürznelken und Vanille (M. ist weltweit der Haupterzeuger) sowie Sisal, Fleisch, Krabben, Reis, Zucker, Tabak, äther. Öle und Riechstoffe, Marmor u. a., eingeführt werden Maschinen, Apparate, Nahrungsmittel, Brennstoffe, Kfz. u. a. Wichtigste Partner sind die EG-Länder (von denen Frankr. an 1. Stelle steht) sowie die USA, Japan und Saudi-Arabien.

Verkehr: Die 2 madagass. Eisenbahnlinien haben zusammen eine Schienenlänge von 884 km. Das Straßennetz von 49 638 km ist während der Regenzeit z. T. nicht befahrbar. Der fast 700 km lange Canal des Pangalanes, der die Lagunen der O-Küste miteinander verbindet, ist eine bed. Wasserstraße. Wichtig ist auch die Küstenschiffahrt. Größte Seehäfen sind Toamasina an der O-Küste und Mahajanga an der W-Küste. Neben etwa 200 Landeplätzen gibt es 4 größere ✈, darunter den internat. ✈ nahe der Hauptstadt.

Geschichte: Die ersten Einwohner auf M. dürften afrikan. Ursprungs gewesen sein. Etwa seit der Zeitwende wanderten Malaien ein: an der NW-Küste errichteten Araber, wohl im 10. Jh. n. Chr., Handelsniederlassungen. Nach der Entdeckung 1500 landeten 1506 die ersten Portugiesen auf M. Bis zum Beginn des 19. Jh. scheiterten alle Versuche der Portugiesen, Niederländer, Briten und Franzosen, die Insel in Besitz zu nehmen. Anfang des 19. Jh. gelang dem Merinareich die Unterwerfung prakt. der gesamten Insel. Unter dem Einfluß europ. Missionare und Kaufleute errichtete König Radama I. (🜨 1810–28) einen Staat nach europ. Vorbild. 1885 errichtete Frankr. sein Protektorat, das es aber erst nach harten Kämpfen (1894–97) durchsetzen konnte. 1896 wurde M. zur Kolonie erklärt, die letzte Königin mußte abdanken. 1905, 1915 und 1929 kam es zu Aufständen. Nach der frz. Niederlage im 2. Weltkrieg 1940 schloß sich die Verwaltung in M. der Reg. in Vichy an. Um einer jap. Besetzung zuvorzukommen, eroberten brit. und südafrikan. Truppen 1942 die Insel und übergaben sie 1943 dem Freien Frankr. General de Gaulles. 1945 gründeten madagass. Politiker das

Mouvement Démocratique de Rénovation Malgache (MDRM), das für M. Autonomie forderte. Die im Rahmen der Frz. Union 1946 gewährte Autonomie enttäuschte und verbitterte die Madagassen. 1947 kam es unter der Führung des MDRM zu einem Aufstand, der etwa 80 000 Menschen das Leben kostete und von Frankr. mit Waffengewalt unterdrückt wurde. 1957 erhielt das Land beschränkte innere Autonomie, 1958 wurde die selbständige Republik M. innerhalb der Frz. Gemeinschaft ausgerufen, 1960 wurde M. unabhängig. Bis Mai 1972 beherrschte die Parti Social Démocrate (PSD) unter P. Tsiranana das polit. Leben von M.; als es dann zu schweren Unruhen gekommen war, verhängte General Ramanantsoa das Kriegsrecht über die Insel, hob die Verfassung auf und ließ sich durch eine Volksabstimmung für 5 Jahre unbeschränkte Vollmachten übertragen. Das Amt des Staatspräs. wurde abgeschafft, die Nat.versammlung aufgehoben. Nach längerer polit. Krise übergab Ramanantsoa Anfang Febr. 1975 die Macht an Oberst R. Ratsimandrava, der aber wenige Tage später bei einem Attentat den Tod fand. Die Reg. übernahm ein aus Offizieren zusammengesetzter Militärrat, der im Juni den bisherigen Außenmin., Oberst D. Ratsiraka, zum Staats- und Reg.chef (Präs. des Obersten Revolutionsrates) wählte. Im Dez. 1975 wurden durch Referendum eine neue Verfassung, eine auf Gedanken Mao Tse-tungs und des nordkorean. Staatspräs. Kim Il Sung basierende „Sozialist. revolutionäre Charta" und die Ernennung Ratsirakas zum Staatspräs. (für 7 Jahre; Wiederwahl im Nov. 1982) angenommen. 1977 wurde D. Rakotoarijaona zum Min.präs. ernannt.

Politisches System: Nach der durch Referendum vom 21. Dez. 1975 angenommenen Verfassung ist M. ausgerichtete demokrat. Republik. *Staatsoberhaupt* und oberster Inhaber der *Exekutive* ist der Staatspräs., verfassungsgemäß vom Volk auf 7 Jahre gewählt, zugleich Präs. des Obersten Revolutionsrates, dessen Mgl. er bestimmt ($^1/_3$ auf Grund einer Liste der Nat. Volksversammlung). Der Staatspräs. ernennt einen Min.präs. und auf dessen Vorschlag die Minister. Oberstes Organ der *Legislative* ist die Nationalversammlung (137 für 5 Jahre vom Volk gewählte Abg.). Die im Parlament vertretenen *Parteien* sind in der Nat. Front für die Verteidigung der sozialist. madagass. Revolution zusammengeschlossen; deren stärkste Gruppe, die den polit. Kurs bestimmt, vom Staatspräs. geleitet wird und im Parlament über 117 Sitze verfügt, ist die zugleich marxist. und madegass.-traditionalist. orientierte „Avant-garde de la Révolution Malgache" (AREMA). Es gibt 4 *Gewerkschaft*sbünde mit insgesamt über 130 000 Mgl. *Verwaltung*smäßig ist M. in 6 Prov. gegliedert, die von Provinzialräten regiert werden. Bes. Bed. gewinnen die seit

1973 eingerichteten rd. 11 000 sog. Fokonolona als traditionelle lokale ländl. Selbstverwaltungseinheiten. Das frz. *Recht* der Kolonialzeit wird seit 1962 in eigenen Gesetzbüchern abgewandelt. Der Gerichtsaufbau gliedert sich in Gerichte 1. Instanz, den Appellationsgericht (dem auch die Strafgerichtsbarkeit untersteht) und als höchste Berufungsinstanz den Obersten Gerichtshof. Die *Streitkräfte* umfassen 21 100 Mann (Heer: 20 000; Marine: 600, Luftwaffe: 500). Außerdem gibt es 8 000 Mann paramilitär. Kräfte. - Karte S. 296.

📖 Dörr, W./Wodtcke, A.: M. Köln 1985. - Sick, W. D.: M. Darmst. 1979. - Archer, R.: Madagascar depuis 1972: la marche d'une révolution. Paris 1976. - Starck, D.: Die Säugetiere M.s, ihre Lebensräume u. ihre Gesch. Wsb. 1974. - Rauh, W.: Über die Zonierung u. Differenzierung der Vegetation Madagaskars. Wsb. 1973. - Deschamps, H.: Histoire de Madagascar. Paris ^{4}1972. - Guilcher, A./Battistini, R.: Madagascar, géographie régionale. Paris 1968.

Madagaskarbecken, Meeresbecken im Ind. Ozean, bis 6400 m tief.

Madagaskarigel ↑Borstenigel.

Madagaskarmungos (Galidiinae), Unterfam. nachtaktiver, bis 40 cm langer Schleichkatzen mit sieben Arten auf Madagaskar; überwiegend Waldbewohner.

Madagaskarpalmen, Bez. für einige säulenförmige Arten der Hundsgiftgewächsgatt. ↑Pachypodium; werden als Freiland- und Topfpflanzen kultiviert.

Madagaskarpflaume ↑Flacourtie.

Madagaskarratten (Inselratten, Nesomyinae), Nagetierunterfam. (Fam. Wühler) mit 14 mäuse- bis rattengroßen Arten auf Madagaskar; meist großohrig und langschwänzig.

Madagaskarrücken, untermeer. Schwelle im Ind. Ozean, in südl. Fortsetzung der Insel Madagaskar, bis 945 m u. d. M. aufragend.

Madagaskarstrauße (Riesenstraußvögel, Aepyornithes), ausgestorbene Unterordnung der Straußenvögel auf Madagaskar. Die flugunfähigen M. sind die größten (bis zu 400 kg schwer und bis 3 m hoch) bisher bekannt gewordenen Vögel (legten 30 cm große Eier mit einem Inhalt von 7 Litern). Der **Madagaskarstrauß** (Aepyornis maximus) soll noch vor 1 000 Jahren gelebt haben.

Madagassen, Bez. für die Staatsbürger von Madagaskar.

Madagassisch ↑Malagassi.

Madam [engl. 'mædəm], Abk. Mdm., engl. Anrede für eine Frau (im Gespräch).

Madame [frz. ma'dam „meine Dame"], Abk. Mme., frz. Anrede für eine Frau.

◆ Prädikat für die Töchter des frz. Königs (in Verbindung mit dem Vornamen) und (ohne Attribut) für die Schwägerin und die älteste Tochter des Königs.

Madame Verté

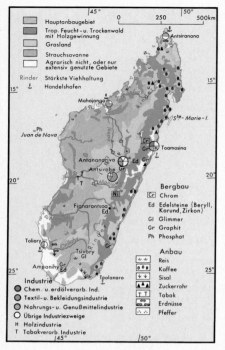

▨	Hauptanbaugebiet
▨	Trop. Feucht- u. Trockenwald mit Holzgewinnung
▨	Grasland
▨	Strauchsavanne
□	Agrarisch nicht, oder nur extensiv genutzte Gebiete
Rinder ⚓	Stärkste Viehhaltung
	Handelshafen

Bergbau

Cr	Chrom
Ed	Edelsteine (Beryll, Korund, Zirkon)
Gl	Glimmer
Gr	Graphit
Ph	Phosphat

Anbau

⥮⥮	Reis
♦♦♦	Kaffee
▼▼▼	Sisal
▲▲▲	Zuckerrohr
T T	Tabak
⊞⊞	Erdnüsse
∴∴	Pfeffer

Industrie

⬤	Chem. u. erdölverarb. Ind.
⬤	Textil- u. Bekleidungsindustrie
⬤	Nahrungs- u. Genußmittelindustrie
○	Übrige Industriezweige
H	Holzindustrie
T	Tabakverarb. Industrie

Madagaskar. Wirtschaftskarte

Madame Verté [frz. madamvɛrˈte] ↑Birnen (Übersicht).

Madariaga y Rojo, Salvador de [span. maðaˈrjaɣa i ˈrrɔxo], *La Coruña 23. Juli 1886, †Muralto bei Locarno 14. Dez. 1978, span. Schriftsteller. - 1921–27 Leiter der Abrüstungskommission des Völkerbundes, 1928–31 Prof. für span. Literatur in Oxford, 1931 span. Botschafter in Washington, 1932 in Paris, 1936–71 in England im Exil; lebte seit 1972 in der Schweiz; 1976 Prof. in Madrid. Schrieb in span., engl. und frz. Sprache Romane, u. a. „Das Herz von Jade" (1942) „Krieg im Blut" (1957), „Satanael" (1967), Lyrik, Dramen, Biographien, u. a. „Cortés, Eroberer Mexikos" (1941) „Bolivar" (1951), Darstellungen der span. und span.-amerikan. Kultur, eine Analyse der histor. Entwicklung Spaniens von 1898 an, v. a. aber krit. Arbeiten und Essays zur Völkerpsychologie, über internat. polit. Beziehungen, über seine Konzeption des Liberalismus. Memoiren: „Morgen ohne Mittag. Erinnerungen 1921–36" (1973).

Mädchenauge (Schöngesicht, Wanzenblume, Coreopsis), Gatt. der Korbblütler mit mehr als 100 Arten, v. a. in Afrika und im trop. Amerika; Kräuter mit großen, endständigen Blütenköpfchen, z. T. beliebte Zierpflanzen.

Mädchenhandel, svw. ↑Frauenhandel.

Mädchenschulwesen, in Mitteleuropa ein mehr oder weniger histor. Begriff, da heute im Bildungsplan und vielfach auch durch Koedukation im allgemeinbildenden Schulwesen im Unterricht keine geschlechtsspezif. Unterschiede bestehen. Es gibt allerdings berufl. Schulen, die speziell auf traditionell weibl. Tätigkeiten ausgerichtet sind (↑frauenberufliche Schulen). Frauenbildung war nicht immer selbstverständlich, eine prakt. Erziehung im Hause schien ausreichend. Erste Ansätze für eine schul. Erziehung der Mädchen finden sich in den Frauenklöstern des MA. Im 16. Jh. trugen v. a. die Ursulinen, im 17. Jh. neben vereinzelten weltl. Bildungseinrichtungen (Marquise de Maintenon, A. H. Francke) v. a. die Engl. Fräulein eine schul. Ausbildung der Töchter des Adels; im Laufe des 18. und 19. Jh. entstanden private **höhere Töchterschulen** für das Bürgertum. Den entscheidenden Durchbruch erzielte in Deutschland um die Jh.wende die Frauenbewegung unter H. Lange. 1908 wurde das höhere M. in Preußen geregelt: Auf dem Lyzeum baute das 2jährige Oberlyzeum (seit 1926 Frauenoberschule) oder das 3jährige Oberlyzeum (höheres Lehrerinnenseminar) oder die Studienanstalt auf, die zur Hochschulreife führte. Die übrigen Länder folgten. Neu traten v. a. berufl. orientierte Schulen hinzu. Die „dt. Oberschule" 1925 wurde gleichermaßen für Jungen und Mädchen eingerichtet; nach 1945 wurde die Sonderform der Frauenoberschule immer mehr zurückgedrängt, das Abitur war allg. angestrebter Abschluß der höheren (Mädchen)schule.

Mädchen- und Frauensport, i. w. S. Sammelbegriff für alle von Mädchen und Frauen betriebenen Sportarten, deren Spektrum ab dem 20. Jh. im Zuge der gesellschaftl. Gleichstellung der Frau immer mehr zunahm. Wurden seit der Jh.wende vereinzelt Wettkämpfe im Schwimmen, Tennis, Wasserspringen, Fechten und Eiskunstlauf ausgetragen, z. T. auch ins olymp. Programm aufgenommen (leichtathlet. Frauenwettbewerbe jedoch erst 1928), betreiben Mädchen und Frauen heute fast alle Sportarten bis hin zu Fußball und vereinzelt auch Boxen. I. e. S. Bez. für die Art der sportl. Betätigung, die spezif. Belange und Situationen (Berufstätigkeit, Hausarbeit, Schwangerschaft, Kinder) inhaltl. und organisator. berücksichtigt.

Maddalena, La, italien. Insel zw. Sardinien und Korsika; 20,1 km², 146 m hoch; Hauptort La M.; durch einen Damm mit Caprera verbunden.

Maddrell-Salz, weißes, kristallines, wasserunlösl. Natriumpolyphosphat, das nach Schmelzen (oberhalb von 620 °C) und Abschrecken in ↑Graham-Salz übergeht.

Made, Bez. für die fußlosen Larven der Bienen, Fliegen, einiger sich im Holz entwikkelnder Käfer und anderer Insekten; mit ausgebildeter bis z. T. völlig rückgebildeter Kopfkapsel.

made in ... [engl. ˈmɛɪd ɪn „hergestellt in"], von Großbrit. 1887 eingeführte Herkunftsbez. für Waren zum Schutz der heim. Ind.; später auch von anderen Staaten angewendet. Nach den Einfuhrvorschriften verschiedener Länder ist diese Kennzeichnung obligatorisch.

Madeira [maˈdeːra, portugies. mɐˈðɐjrɐ], Hauptinsel der M.gruppe im Atlant. Ozean, Portugal, 740 km², Hauptstadt Funchal. M. ist vulkan. Ursprung, bis 1862 m hoch. Das Klima ist extrem maritim mit geringen tägl. und jährl. Temperaturschwankungen und hoher Luftfeuchtigkeit. Wichtige Wirtschaftszweige sind die Landw. (Anbau von Wein, Zuckerrohr, Bananen, Gemüse), Fischerei, Herstellung von Stickereien und Flechtwaren sowie Fremdenverkehr. - Portugiesen entdeckten 1418 Porto Santo; Heinrich der Seefahrer ließ die unbewohnten Inseln kolonisieren;↑1801 und 1807–14 im Krieg gegen Napoleon I. von brit. Truppen besetzt.

Madeirastickerei [maˈdeːra], svw. ↑Lochstickerei.

Mädelegabel, Gebirgsstock der Allgäuer Alpen, südl. von Oberstdorf, 2645 m hoch; über die M. verläuft die dt.-östr. Grenze.

Madeleine [frz. maˈdlɛn], frz. Form des weibl. Vornamens Magdalena.

Madeleine, La [frz. lamaˈdlɛn], vorgeschichtl. Fundort, ↑Magdalénien.

Mademoiselle [frz. madmwaˈzɛl „mein Fräulein"], Abk. Mlle., frz. Anrede für Fräulein.
◆ frz. Prädikat für die älteste Tochter des Bruders des Königs.

Maden, türk. Ort im Äußeren Osttaurus, 16 000 E. Nahebei Kupfererzabbau und -verhüttung, 20 km östl. Abbau des größten geschlossenen türk. Chromerzvorkommens.

Madenfresser ↑Madenhacker.

Madenhacker, (Crotophaginae) Unterfam. schwarzer, insektenfressender Kuckucke in offenen Landschaften Amerikas; mit hohem, seitl. zusammengedrücktem Schnabel. Eine bekannte Art ist die dohlengroße, bräunlichschwarze, violett schimmernde **Madenfresser** (Ani, Crotophaga ani).
◆ (Buphaginae) Unterfam. kurzschnäbeliger, Stare in den Steppengebieten südl. der Sahara; befreien Großwild und -vieh von Zecken, Bremsenmaden u.a.

Madenkrankheit (Madenfraß, Myiase, Myiasis), durch parasitierende Fliegen- oder Wurmlarven verursachte Erkrankung bei Wirbeltieren (auch beim Menschen), v.a. im Bereich der Haut, von Wunden und des Darmkanals.

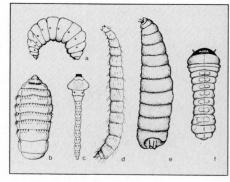

Made. Verschiedene Larvenformen (a Bienenmade, b Larve der Pferdemagenbremsfliege, c Prachtkäferlarve, d Hundeflohlarve, e Stubenfliegenlarve, f Hausbocklarve)

Madenwurm (Springwurm, Pfriemenschwanz, Afterwurm, Kinderwurm, Enterobius vermicularis), weltweit verbreiteter, bis 12 mm langer, weißer Fadenwurm (♂♂ kleiner, mit eingerolltem Hinterende); harmloser Parasit im menschl. Dick- und Blinddarm, v.a. bei Kindern; Eiablage außerhalb des Darms im Bereich des Afters, meist nachts (Juckreiz). Infektion durch Eier oder die mit dem Kot ausgeschiedenen, eiertragenden ♀♀, v.a. über unsaubere Fingernägel, Wäsche, Lebensmittel sowie durch Inhalation von Staub, der die Eier mitführt. - Abb. Bd. 6, S. 313.

Maderna, Bruno, * Venedig 21. April 1920, † Darmstadt 13. Nov. 1973, italien. Komponist und Dirigent. - Ab 1954 Dozent der Darmstädter Ferienkurse, 1956–67 Leiter des Internat. Kammerensembles Darmstadt, seit 1972 Chefdirigent von Radio Mailand. Bekannt als Dirigent v.a. neuer und avantgardist. Musik und durch seine Kompositionen im Bereich serieller und klangl. neuer Techniken, u.a. „Musica su due dimensioni" für Flöte, Schlagzeug und elektron. Klänge (1952–58), „Syntaxis" (1958, elektron.), Oper „Hyperion II" (1964), Violinkonzert (1970), Oper „Satiricon" (1973).

Maderno, Carlo (C. Maderna), * Capolago bei Lugano 1556, † Rom 30. Jan. 1629, italien. Baumeister schweizer. Herkunft. - Schüler D. Fontanas, der zweigeschossigen, durch Säulen und Pilaster gegliederten, giebelgekrönten Front von Santa Susanna in Rom (vollendet 1603) schuf er die typ. Kirchenfassade des Frühbarock. Ab 1603 Baumeister von Sankt Peter; an Michelangelos Zentralbau fügte er Langhaus mit Vorhalle und Fassade.

Madersperger, Joseph, * Kufstein 6.

Mädesüß

Okt. 1768, † Wien 2. Okt. 1850, östr. Schneider. - Konstruierte um 1840 die erste brauchbare Nähmaschine (nach dem Zweifadensystem; Prinzip der Fadenverschlingung).

Mädesüß [niederdt.] (Filipendula), Gatt. der Rosengewächse mit 10 Arten in der nördl. gemäßigten Zone; Stauden mit weißen oder purpurfarbenen Blüten in spirrenartigen Blütenständen. Eine in Deutschland häufige Art ist das 1–2 m hohe, weißblühende **Echte Mädesüß** (Filipendula ulmaria) auf feuchten Wiesen und an Ufern.

madeszent (madidant) [lat.], in der Medizin: nässend (z. B. von Geschwüren gesagt).

Madhya Pradesh ['madja pra'deʃ], Bundesstaat in Z-Indien, 442 841 km², 52,1 Mill. E (1981; 94 % Hindus), Hauptstadt Bhopal. M. P. erstreckt sich über weite Bereiche des nördl. Dekhan, größtenteils zw. 300 und 900 m ü. d. M.; nur einige W–O verlaufende Gebirgszüge ragen darüber hinaus, wie die Satpura Range und die Vindhya Range, die durch den Grabenbruch der Narbada voneinander getrennt sind. Klimat. nimmt M. P. eine Übergangsstellung zw. den feuchtesten und trockensten Teilen des Subkontinents ein. In der Landw. arbeiten 70% der Bev.; M. P. verfügt über reiche Bodenschätze (Kohle, Eisen- und Manganerz, Diamanten). Wichtig sind die Textil- und Nahrungsmittel- sowie die Schwerind.; traditionelles Töpferhandwerk. - Entstand im Zuge der Reorganisation der Bundesstaaten 1956 im wesentl. aus Teilen der ehem. Bundesstaaten Madhya Bharat, Vindhya Pradesh und dem seit Beginn des 18. Jh. bestehenden Fürstenstaat Bhopal.

Madianiter, svw. ↑ Midianiter.

madidant, svw. ↑ madeszent.

Madie (Madia) [...i-ɛ; span.], Gatt. der Korbblütler mit 18 Arten im westl. N-Amerika und in Chile; Kräuter mit kleinen Blütenkörbchen aus Zungen- und Röhrenblüten. Die wichtigste Art ist die auch in S-Europa angebaute **Ölmadie** (Madia sativa), deren Früchte das als Speise- und Brennöl verwendete **Madiöl** liefern.

Madinat As Salam ↑ Bagdad.

Madinat Habu (Medinet Habu), Ruinenstätte einer befestigten Tempelanlage Ramses' III. in Theben-West. Reliefs mit sakralen und histor. Darstellungen.

Madison, James [engl. 'mædɪsn], * Port Conway (Va.) 16. März 1751, † auf dem Landsitz Montpelier bei Orange (Virginia) 28. Juni 1836, 4. Präsident der USA (1809–17). - Einer der Führer der Unabhängigkeitsbewegung; entwarf 1781 auf dem Verfassungskonvent die Grundlage der Verfassung der USA. Zu ihrer Durchsetzung schrieb er mit A. Hamilton und J. Jay „The Federalist". Als Mgl. des Repräsentantenhauses (1789–97) betrieb er die Erweiterung der Verfassung um die Bill of Rights. M. wurde als Kopf der oppositionellen Republikan. (der

späteren Demokrat.) Partei 1801–09 Außenmin. und 1809 Präs. (Wiederwahl 1812). Den Brit.-Amerikan. Krieg (1812–14) beendete er durch den Genter Frieden. Die Gründung der 2. Nationalbank und die Einführung eines Schutzzolles (1816) gaben seiner Politik eine nationalist. Richtung im Sinne der Federalist Party.

Madison [engl. 'mædɪsn], Hauptstadt des Bundesstaats Wisconsin, USA, 260 m ü. d. M., 170 600 E. Sitz eines kath. und eines methodist. Bischofs; Univ. (gegr. 1848), kath. College; histor. Bibliothek, histor. Museum; chem., Möbel- und Nahrungsmittelind.; Verkehrsknotenpunkt, ✈. - Gegründet 1836 als Hauptstadt des Territoriums Wisconsin.

Madjaren [...'dʒa:...] ↑ Magyaren.

Madjarisch [...'dʒa:...] ↑ Ungarisch.

Madonna [italien. „meine Herrin" (urspr. Anrede an vornehme Frauen); zu lat. domina „Herrin"], Bez. für Maria, die Mutter Jesu.

Madras, Hauptstadt des ind. Bundesstaats Tamil Nadu, an der Koromandelküste, 3,27 Mill. E. Sitz eines anglikan. Bischofs, eines kath. Erzbischofs und der Theosoph. Gesellschaft; Univ. (gegr. 1857), TH, Reaktorforschungszentrum, Inst. für mathemat. Wiss., Musikakad., Goethe-Inst.; Bibliotheken, bed. Museen. Überregionales Bildungszentrum und Handelsplatz; Ind.standort: neben traditioneller Teppichknüpferei, Textil- und Lederind. u. a. chem., metallverarbeitende, Glas-, Zement-, Ziegelei- und Gummiind., Tabakmanufakturen, Filmstudios; künstl. angelegter, wichtiger Hafen; internat. ✈. - 1639 gegr.; Von M. aus wurde 1707 und ab 1753 die Verwaltung der engl. Ostind. Kompanie in Bengalen kontrolliert. 1746–48 frz. besetzt. - Schiwa- und Wischnutempel (beide 16. Jh.), Fort Saint George mit Marienkirche (1680); Strandpromenade Marina mit zahlr. Denkmälern.

M., früherer Name des ind. Bundesstaats ↑ Tamil Nadu.

Madre de Dios [span. 'maðre ðe 'ðjɔs] Dep. im sö. Peru, 78 403 km², 33 000 E (1981), Hauptstadt Puerto Maldonado.

Madre de Dios, Río [span. 'rrio 'maðre ðe 'ðjɔs], linker, größter Nebenfluß des Río Beni, entspringt in SO-Peru, mündet in N-Bolivien bei Riberalta, rd. 1 100 km lang.

Madreporenplatte [italien.-frz./dt.] (Siebplatte), siebartig durchlöcherte Skelettplatte der Stachelhäuter; ermöglicht einen langsamen Flüssigkeitsaustausch zw. dem umgebenden Meerwasser und dem ↑ Ambulakralsystem.

Madrid [ma'drɪt, span. ma'ðrið], Hauptstadt von Spanien, auf der Südmeseta, 640 m ü. d. M., 3,21 Mill. E. Verwaltungssitz der Region M.; kath. Erzbischofssitz; 2 Univ. (gegr. 1508 [in Alcalá de Henares, 1836 nach M. verlegt] bzw. 1968), Päpstl. Univ., TH, Fernuniv., Bergakad., Musikakad., Sitz der Königl. Span.

Madrid. Plaza de España mit dem Denkmal des Cervantes Saavedra im Vordergrund

Akad., des Rates für wiss. Forschung, zahlr. geistes- und naturwiss. Gesellschaften und Forschungsinst. sowie internat. Kulturinst.; Atombehörde; Nat. Histor. Archiv, Nationalbibliothek, Museen (u. a. Prado und Museum für zeitgenöss. Kunst); Observatorium; botan. Garten, Zoo. Wirtsch. und kulturelles Zentrum des Landes. Bed. Baugewerbe, metallverarbeitende, chem., elektrotechn. und Nahrungsmittelind., Verkehrsknotenpunkt, U-Bahn, internat. ⚓.

Geschichte: Als maur. Festung (**Majerita**) 939 erstmals erwähnt. Nach deren erneutem Verlust an die Araber 1083 endgültig zurückerobert. Mauren und Juden wohnten danach in einem separaten Stadtteil, der heute noch Morería heißt. 1309 traten die Cortes erstmals in M. zusammen. Die kastil. Könige Johann II. und Heinrich IV. residierten häufig in M. Als König Philipp II. von Spanien M. 1561 zur Hauptstadt seines Reiches machte, verlegte er den ständigen Sitz der Cortes von Toledo nach M. Im Span. Erbfolgekrieg bezog M. gegen die Habsburger Stellung und wurde von brit. und portugies. Truppen besetzt (1706). Stand 1808–13 unter der Herrschaft von Joseph Bonaparte (seit 1808 als Joseph I. König von Spanien). Während der Karlistenkriege (1833–39, 1847–49, 1872–76) Schauplatz heftiger Kämpfe. Im Span. Bürgerkrieg erlitt die Stadt, in der sich die Republikaner bis zur Kapitulation am 28. März 1939 halten konnten, schwere Zerstörungen. - Im **Frieden von Madrid**, der 1526 zw. Karl V. und Franz I. von Frankr. geschlossen wurde, verzichtete der frz. König, seit der Schlacht von Pavia

(1525) Gefangener des Kaisers, auf das Hzgt. Burgund und alle Ansprüche auf Mailand, Genua und Neapel, widerrief nach seiner Freilassung diesen Frieden, mußte aber 1529 im Frieden von Cambrai die 1526 unterzeichneten Bedingungen bestätigen.

Bauten: 1738 ließ Philipp V. nach Entwurf F. Invaras den Königspalast neu errichten. Tiepolo malte den Thronsaal aus. König Philipp III. ließ die - schulebildende - Plaza Mayor mit umlaufendem Laubengang anlegen. Die Jesuiten erbauten in barockem bzw. klassizist. Stil die Kirchen San Isidro (1622–64) und San Francisco el Grande (1776–85). Die Eremitage San Antonio de la Florida (1792–98) hat Goya 1798 mit Fresken ausgemalt. Das Abgeordnetenhaus (1850 eingeweiht), die Banco de España (1884–91), die Plaza de España mit dem Denkmal Cervantes Saavedras (1927) und die Plaza Puerta del Sol prägen das Stadtbild. 1970 wurde der ägypt. Tempel von Dabaud (3. Jh. v. Chr.) aufgestellt. - Nw. von M. liegt der ↑Escorial.

Madrid Hurtado, Miguel de la, * Colima 12. Dez. 1934, mex. Politiker. - Jurist; 1975–79 Staatssekretär im Finanzministerium, 1979–82 Min. im Präsidialamt; seit Dez. 1982 Staatspräsident.

Madrigal [italien.], seit Anfang des 14. Jh. in Italien bezeugte volkssprachl. Gattung gesungener *Lyrik*, im 14. Jh. noch meist polem., satir. und moral., doch, bes. unter dem Einfluß der Dichtung Petrarcas, bald bukol.-idyll. Liebesdichtung. Ältere M. zeigen Einstrophigkeit aus 2 bis 3 Terzetten und 1 bis 2 angeschlossenen Reimpaaren; im 16. Jh. wurde das M. formal weitgehend freier; ist es länger als das 14zeilige Sonett, spricht man von **Madrigalon**. Ende des 16. Jh., v. a. aber im 17. Jh., wurde wieder eine verbindlichere

Madura

Form (13 Zeilen, in 3 Terzette und 2 Reimpaare gegliedert) üblich. Als musikgebundene Gattung war das M. die wichtigste Textform der barocken Oper und des Oratoriums, jedoch bes. in der Anakreontik und Romantik selbständige literar. Gattung.

In der *Musik* wird schärfer als in der Literatur das M. des 14. Jh. von dem des 16. Jh. geschieden. Das M. des 14. Jh. ist eine meist zwei- bis dreistimmige Vokalkomposition, die sich durch eine textadäquate musikal. Form (zwei bis drei Terzette mit gleicher Musik und ein davon unterschiedenes Schlußritornell) und reiche Melismatik auszeichnete (Hauptvertreter sind Iacopo da Bologna und F. Landini). Das M. des 16. und 17. Jh. wurde unter dem Einfluß der kunstvollen frz. Chansons vornehml. von fläm. Komponisten zur wichtigsten Gattung der weltl. Vokalpolyphonie entwickelt. Es ist vier- oder mehrstimmig, strebt nach reicher harmon. Ausgestaltung und tonmaler. Klangeffekten, gelegentl. in zykl. Folgen oder dramat. Formen. Über die fläm. Komponisten A. Willaert, J. Arcadelt und P. Verdelot kam diese M.kunst nach Italien, wo sie v. a. von A. Gabrieli, C. de Rore, L. Marenzio, Don C. Gesualdo und C. Monteverdi gepflegt wurde. Bed. Madrigalisten des 16. und frühen 17. Jh. waren in Frankr. Janequin, in Deutschland J. Gallus, L. Lechner, H. L. Haßler, C. Demantius und H. Schütz, in England W. Byrd, T. Morley und J. Wilbye. Palestrina und O. di Lasso komponierten auch geistl. Madrigale. Im 20. Jh. wurde die urspr. solist. Vokalmusik der M., zumal in der Jugendmusikbewegung, als Chormusik gepflegt. Neue M. komponierten u. a. P. Hindemith und E. Pepping.

⊔ *Fütterer, M.: Das M. als Instrumentalmusik. Regensburg 1982. - Musch, H.: C. Festa als M.komponist. Baden-Baden 1977. - Einstein, A.: The Italian madrigal. Engl. Übers. Princeton (N. J.) 1949. 3 Bde. - Vossler, K.: Das dt. M. Gesch. seiner Entwicklung ... Weimar 1898. Nachdr. Wsb. 1972.*

Madura, indones. Insel in der Javasee, vor der östl. N-Küste Javas, 4 563 km² einschließl. vorgelagerter Inseln), 2,5 Mill. E, Hauptort Pamekasan. Die bis 471 m hohe Insel ist dicht bevölkert.

Madurai, ind. Stadt am Fuß der Ostghats, 148 m ü. d. M., 817 600 E. Sitz eines kath. Erzbischofs und eines anglikan. Bischofs; Univ. (gegr. 1966). Neben Coimbatore führender Ind.standort von Tamil Nadu. - M., die alte Hauptstadt des Pandja-Reiches (bis 1310; mit Unterbrechungen), gewann erst wieder mit der Gründung der Najakadynastie von M. im 16. Jh. an Bed. - Von 4 riesigen Tortürmen überragte, 260 × 220 m große Tempelstadt (1623–60) mit Schiwa- und Minakschitempel (beide im wesentl. 17. Jh.); in der NO-Ecke befindet sich die 1 000-Säulen-Halle (um 1560). - Abb. S. 302.

Maebaschi, jap. Stadt auf Hondo, 265 200 E. Verwaltungssitz der Präfektur Gumma; Univ. (gegr. 1949). Nördlichste Stadt des Ind.gebiets Keihin. - Erste Siedlung im MA an einer Flußbrücke über den Tone.

Maecenas, Gajus Cilnius [mε...] (Mäcenas), *13. April um 70, †Rom 8 v. Chr., Freund des Kaisers Augustus. - Vertrat seit 36 ohne offizielles Amt mehrfach Augustus in Rom. Sein Vermögen verwendete er zur Förderung röm. Dichtertalente (Horaz, Vergil, Properz).

Maedi, durch RNS-Viren verursachte, meldepflichtige, tödl. verlaufende chron. Lungenentzündung der Schafe.

Maekawa, Kunio (K. Mayekawa), *Niigata 14. Mai 1905, †Tokio 27. Juni 1986, jap. Architekt. - Studium in Tokio und Paris, 1928–30 bei Le Corbusier; erster Vertreter der modernen Architektur in Japan. - *Werke:* Konzerthalle und Bibliothek in Jokohama (1954), Festhallen in Kioto (1960) und Tokio (1961), Museum (1971) und Ausstellungshalle (1975) in Omija, Museum für Ostasiat. Kunst in Köln (1977).

Maerlant, Jacob van [niederl. 'ma:rlɑnt], *bei Brügge um 1235, †Damme bei Brügge nach 1291, niederl. Dichter. - Bed. Vertreter des Bürgertums in der ma. niederländ. Literatur; verfaßte Ritterromane, Lehrgedichte, u. a. über die Staatskunst, die Naturwiss. und die bibl. Geschichte.

Maestà [maɛs'ta; lat.-italien. „Majestät"] ↑ Mariendarstellungen.

maestoso [maɛs...; italien.], musikal. Vortragsbez.: majestät.; oft zusammen mit einer Tempovorschrift, z. B. allegro m., lento maestoso.

Maestra, Sierra [span. 'sjɛrra ma'estra], die höchste Gebirge Kubas, im SO der Insel, im Pico Turquino 1 972 m hoch.

Maestro [italien., zu lat. ↑ Magister], svw. Meister, Künstler; in Italien inoffizieller Titel für Komponisten, Dirigenten, Lehrer an Konservatorien.

Maeterlinck, Maurice [frz. mɛtɛr'lɛ:k, niederl. 'ma:terlɪŋk], *Gent 29. Aug. 1862, †Orlamonde bei Nizza 6. Mai 1949, belg. Schriftsteller. - Ging 1886 nach Paris, wo er durch die Aufführung seines Dramas „Prinzessin Maleine" (1889) berühmt wurde. - Als Lyriker und Dramatiker einer der bedeutendsten Vertreter des Symbolismus, der bes. in seinem frühen dramat. Werk den Menschen in einer Situation zeigt, in der er von einem blinden Schicksal, dem Tod, überrascht wird und ihm hilflos ausgeliefert ist, bes. („Der Eindringling" (1890), „Die Blinden" (1891), „Zu Hause" (1894). Auch naturphilosoph. Schriften. Erhielt 1911 den Nobelpreis für Literatur.

Mäeutik [zu griech. maieutikḗ (téchnē) „Hebammenkunst"], auf Platon zurückgehende Bez. für die von Sokrates angewandte

Methode, einem Gesprächspartner durch geschicktes Fragen zu neuen (d.h. ihm bisher unbewußten), durch eigenes Nachdenken gewonnenen Erkenntnissen zu verhelfen.

Maffei, Francesco Scipione, * Verona 1. Juni 1675, † ebd. 11. Febr. 1755, italien. Dramatiker und Gelehrter. - Verfaßte kulturhistor. und archäolog. Arbeiten, bes. über Verona; löste sich mit der Tragödie „Merope" (1713) von den frz. Vorbildern und leitete die Entwicklung eines eigenständigen italien. Dramas ein.

Mafia (Maffia) [italien., eigtl. „Prahlerei"], eine im 18.Jh. in Sizilien (v.a. infolge langer Fremdherrschaft, schwacher Staatsgewalt und Fortdauer des Feudalismus) entstandene Gruppenbildung zum Selbstschutz und zur illegalen Bereicherung (für Neapel ↑Camorra). Die Mgl. der M. (**Mafiosi**) übten dank verwandtschaftl. und der durch die Abhängigkeit einer Klientel gegebenen Beziehungen unter Gewaltandrohung gegenüber der Bev. und erpresser. Druck auf Verwaltung, Polizei und Justiz eine parastaatl. Gegengewalt aus, die sie örtl. zum Ordnungsfaktor und eigtl. Herrschaftsträger machte. Es bildete sich eine mafiose Subkultur heraus, die durch ein bestimmtes Sozialverhalten (omertà „Schweigen", vendetta „Rache"), weniger durch straffe, geheimbundartige Organisation gekennzeichnet war. Vom Faschismus zeitweilig unterdrückt, ist die M. heute als kriminelles Bindeglied zw. Besitz und Arbeit, Bürger und Staat (z.B. Bauind., Großmärkte, Prostitution, Rauschgifthandel) über große Teile S-Italiens verbreitet. Durch sizilian. Einwanderer im 19.Jh. in die USA übertragen, bilden mafiose Elemente den harten Kern der amerikan. Verbrecherwelt (↑Cosa Nostra).

▫ Hess, H.: M. Zentrale Herrschaft u. lokale Gegenmacht. Tüb. 1986. - Puzo, M.: Der Pate/ Mamma Lucia. Mchn. 1986. - Raith, W.: Die ehrenwerte Firma. Der Weg der italien. M. vom Paten zur Ind. Bln. 1983.

mafisch [Kw.] ↑felsisch.

Mafra, portugies. Stadt 30 km nw. von Lissabon, 7 100 E. - Über der Stadt die größte portugies. Klosteranlage (1717–35).

Magadan, sowjet. Gebietshauptstadt in der RSFSR, in NO-Sibirien, 138 000 E. Polytechn. Hochschule, PH, Forschungsinst.; Theater; Herstellung von Bergbauausrüstungen, Leder- u.a. Industrie, Werft, Hafen am Ochotskischen Meer. - 1933 im Zusammenhang mit der Erschließung der Kolyma-Goldfelder gegründet.

Magadha, histor. Landschaft im heutigen ind. Bundesstaat Bihar; Ursprungsland von Buddhismus und Dschainismus; wurde zum Kernland des Reiches der Maurja und der Guptareiches.

Magalhães, Fernão de [portugies. mɐɣɐ'ʎɐjʃ] (Magellan; span. Fernando de Magallanes), * in der Prov. Trás-os-montes e

Alto Douro um 1480, ✕ auf der Philippineninsel Mactan (bei Cebu) 27. April 1521, portugies. Seefahrer. - Bereiste 1505 Goa, Cochin und Quilon, wobei er Kenntnis über die Molukken als Ursprungsländer der Gewürze erhielt. Kaiser Karl V. bewilligte ihm fünf Schiffe für eine Westfahrt zu den Gewürzinseln (Abreise am 20. Sept. 1519). M. erreichte die Bucht von Rio de Janeiro am 13. Dez. und gelangte am 21. Okt. 1520 zu der nach ihm benannten M.straße; erreichte am 6. März 1521 die Ladronen (= Marianen) und am 16. März die Lazarusinseln (= Philippinen). Nach seinem Tode gelang seinem Nachfolger Juan Sebastián Elcano die Rückreise nach Spanien. - Mit dieser ersten Weltumsegelung war die Kugelform der Erde erwiesen.

Magalhāesstraße [portugies. mɐɣɐ-'ʎɐjʃ] (Magellanstraße), sturm- und nebelreiche Meeresstraße zw. Atlantik und Pazifik, zw. dem südamerikan. Festland und Feuerland, 600 km lang, 3–30 km breit. - 1520 von Magalhāes entdeckt; chilen. Hoheitsgebiet mit freier Durchfahrt für Schiffe aller Nationen. Seit 1976 Erdölförderung.

Magazin [arab.-italien.], Vorratshaus; Lagerraum [für Bücher]; Laden.
◆ Bez. und Titel[bestandteil] period. Zeitschriften (erstmals 1731 in Großbrit.), heute auch von Hörfunk- und Fernsehsendungen; insbes. Bez. für anspruchslosere, illustrierte Unterhaltungs- oder zweckgebundene (auch polit.) Zeitschriften (Hobby-, Sex-, Jugend-M. usw.) und für polit., wirtsch. oder locker unter einem Obertitel zusammengefügte, von einem Moderator betreute Sendungen in Hörfunk und Fernsehen.
◆ Patronenkammer in Mehrladegewehren, Maschinenwaffen und Pistolen.

Magda, weibl. Vorname, Kurzform von Magdalena.

Magdalena (Magdalene), aus der Bibel übernommener weibl. Vorname hebr. Ursprungs.

Magdalena [span. maɣða'lena], Dep. in N-Kolumbien, am Karib. Meer, 23 188 km², 760 600 E (1985), Hauptstadt Santa Marta.

Magdalena, Río [span. 'rrio maɣða'lena], größter Strom Kolumbiens, entspringt in der Zentralkordillere, fließt zw. Zentral- und Ostkordillere nach N, im nördl. Tiefland teilt er sich in mehrere Arme, vereinigt sich mit dem Río Cauca und mündet in einem breiten Delta in das Karib. Meer, 1 540 km lang, davon 1 300 km schiffbar.

Magdalenenberg ↑Villingen-Schwenningen.

Magdalénien [magdaleni'ɛ̃ː; frz.], nach dem Fundort La Madeleine (Gemeinde Tursac, Dordogne) ben. jungpaläolith. Kulturstufe W- und M-Europas (etwa 15 000–9 000 v.Chr.), die auf das Solutréen folgte; v.a. gekennzeichnet durch Geräte aus Knochen, Elfenbein und Rengeweih, weniger durch Stein-

geräte; Höhepunkt und Abschluß der paläo-
lith. Kunstentwicklung (bes. typ. feine Gravie-
rungen von Mensch und Tier auf Felswänden
und Knochengeräten sowie Malereien und
Kleinplastiken); wichtige weitere Fundorte:
u.a. Les Combarelles, Font-de-Gaume,
Niaux, Trois-Frères, Altamira, Petersfels bei
Engen, Keßlerloch bei Thayngen; wegen der
großen Bed. des Rens (häufig dargestellt) in
der älteren Forschung auch als „Rentierzeit"
bezeichnet.

Magdalensberg (Helenenberg), Berg am
Rande des Zollfelds (Kärnten), Österreich; auf
dem 1 058 m hohen Gipfel ein nor. Oppidum
(gegr. im 2. Jh. v. Chr.), hangabwärts ein Sub-
urbium (1. Jh. v. Chr.); der antike Name der
etwa 3 km² großen polit. und wirtsch. bed.
Bergstadt ist unbekannt.

Magdeburg, Hauptstadt des Bez. M.,
DDR, an der mittleren Elbe, 54 m ü. d. M.,
289 000 E. Techn. Univ., PH, Medizin. Akad.,
Staatsarchiv; Schwermaschinenbau, Werft,
chem., Nahrungs-, Genußmittelind., Gas-
werk; Elbhafen.
Geschichte: Burg und Siedlung M. wird erstmals 805 als bed. Handelsplatz gen.; nach
937 stiftete Otto I. das Moritzkloster und errichtete 968 das Erzbistum M.; Verleihung
des Marktrechts 965; in der 2. Hälfte des
12. Jh. bes. Blüte des Handels (Fernhandel
mit Getreide, Salz, Kupfer, Silber), die Stadt
begann sich von der erzbischöfl. Herrschaft
zu lösen (1244 Rat bezeugt, 1294 Schultheißen-
amt von der Stadt erworben). Das 1188 erstmals kodifizierte **Magdeburger Recht** gewann
v. a. im 13. Jh. weiteste Verbreitung. Bei der
Eroberung durch Tilly 1631 brannte die Stadt
nieder. 1680 fiel M. mit dem erzbischöfl. Territorium an Brandenburg; 1679–1740 zur

Madurai. Skulpturen an einem
Torturm des Murakshitempels
(17. Jh.)

stärksten Landesfestung ausgebaut; wurde
1815 Hauptstadt der Prov. Sachsen; seit 1952
Bezirkshauptstadt.
Bauten: Nach fast völliger Zerstörung der
Innenstadt im 2. Weltkrieg sind u. a. wiederhergestellt worden: der Magdeburger Dom,
die roman. Klosterkirche Unser Lieben Frau-
en (um 1064 begonnen; nach Brand 1188 wiederaufgebaut; 1220–40 got. eingewölbt), die
Nikolaikirche (1821–24; von K. F. Schinkel
entworfen). Vor dem barocken Rathaus
(1651–98) der Magdeburger Reiter (um 1240;
Original im Kulturhistor. Museum).
*M. u. seine Umgebung. Bearb. v. L. Gumpert.
Bln ³1981. - Gesch. der Stadt M. Hg. v. H. As-
mus. Bln. 1975.*

M., Bez. im W der DDR, 11 526 km², 1,25
Mill. E (1985), Hauptstadt M. Den N des Bez.
nimmt die ↑Altmark ein; nach SW schließt
sich die Wiesenniederung des Drömling an.
Das unfruchtbare Endmoränengebiet der
Letzlinger Heide setzt sich jenseits der Elbaue
im Fläming fort. Zw. Harzvorland und Elbe
breitet sich beiderseits der Bode die Magdeburger Börde aus. Sie ist das bedeutendste
Ackerbaugebiet des Bez.; neben Kiefernfor-
sten im mittleren und östl. Teil des Bez. treten
im Harz randl. auch Buchen- und Buchen-Ei-
chen-Mischwälder bis zu 400 m Höhe, in den
höheren Lagen vorwiegend Fichtenwälder
auf. - Braunkohle wird nur noch in Wulfers-
dorf abgebaut. Stein- und Kalisalze werden
bei Staßfurt und Zielitz gewonnen, Erdgas
in der Altmark, Kalk im Mittelharz und
nördl. Harzvorland; Eisenerze werden nicht
mehr abgebaut. Im ehem. Salzbergwerk bei
Bartensleben werden radioaktive Abfälle gelagert; Kernkraftwerk bei Stendal. Wichtigstes
Ind.zentrum ist die Stadt Magdeburg.

M., 968 als kirchl. Zentrum für die Gebiete
östl. der Elbe gegr. ehem. Erzbistum, zu dessen Kirchenprov. die Bistümer Brandenburg,
Havelberg, Meißen (bis 1399), Merseburg, Po-

sen (bis um 1000), Zeitz und ab 1420 Lebus gehörten und das sich als Erzdiözese links der Elbe von Eilenburg bis zur Ohremündung erstreckte. Das weltl. Territorium umfaßte die Magdeburger Börde und Halle/Saale, jeweils mit umliegenden Gebieten, den Bereich zw. Elbe und Havel bis zum Plauer See sowie das Land Jüterbog; fiel 1680 als Hzgt. an Brandenburg.

Magdeburger Börde, etwa 930 km² große Landschaft westl. der Elbe im Bez. Magdeburg, DDR, 80–130 m ü. d. M., von einer bis zu 2 m mächtigen Lößdecke überzogen, auf der sich überall Schwarzerde entwikkelte. Das subkontinentale Klima bietet gute Wachstumsbedingungen für eine äußerst intensive und ertragreiche Landwirtschaft (v. a. Weizen, Gerste, Zuckerrüben).

Magdeburger Dom, anstelle eines otton. Baus 1209 ff. errichtet. Während in der Schwere der Formen der spätstauf. Stil weiterlebt, sind Grund- und Aufriß von der frz. Gotik übernommen: dreischiffige Querhausbasilika mit Chorumgang, Kapellenkranz und Doppelturmfassade (erst 1520 vollendet). Eine Besonderheit ist die Chorumgangsempore. Bed. Bauplastik (u. a. kluge und törichte Jungfrauen, um 1245) und erzbischöfl. Grabdenkmäler. - Abb. S. 304.

Magdeburger Halbkugeln ↑Guericke, Otto von.

Magdeburger Recht ↑Stadtrechte.

Magdeburger Zenturien, Kurzbez. für das von M. ↑Flacius konzipierte und organisierte erste prot. Kirchengeschichtswerk („Historia ecclesiastica ...", 8 Bde., 1559–74), das die einzelnen Jh. nach gleichen Fragestellungen untersucht.

Mägdefrau, Karl, *Jena 8. Febr. 1907, dt. Botaniker. - Prof. in Straßburg, München und Tübingen; bed. Arbeiten zur Paläobotanik („Paläobiologie der Pflanzen", 1942), daneben zur „Geschichte der Botanik" (1973) und Ökologie.

Magellan ↑Magalhães, Fernão de.

Magellanfuchs (Colpeo, Dusicyon culpaeus), bis 1,2 m langer, wolfsähnl., langschnauziger, bräunlichgrauer Fuchs in den südamerikan. Halbwüsten und den Anden südl. des Äquators; mit langem, buschigem Schwanz.

Magellangans ↑Halbgänse.

Magellansche Wolken [nach F. de Magalhães], zwei zu den sog. irregulären Galaxien zählende ↑Sternsysteme am Südhimmel, die mit bloßem Auge sichtbar sind; Begleiter des Milchstraßensystems. In der in den Sternbildern Dorado und Mensa liegenden **Großen Magellanschen Wolke** (Winkeldurchmesser rund 8°) werden ausgedehnte Emissionsnebel und absorbierende interstellare Materie beobachtet. Die im Sternbild Tucana liegende **Kleine Magellansche Wolke** (Winkeldurchmesser rund 2,5°) ist weniger stark

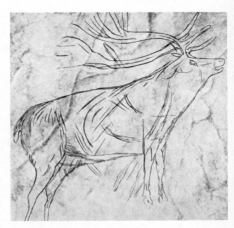

Magdalénien. Ritzzeichnung eines Hirsches. Altamira

durch interstellare Materie strukturiert. Mit über 170 000 Lichtjahren Entfernung sind die M. W. die uns am nächsten stehenden Galaxien und deshalb Hauptobjekt der Galaxienforschung.

Magellanstraße ↑Magalhãesstraße.

Magelone, Gestalt der provenzal. Sagen-

Große (oben) und Kleine Magellansche Wolke

Magen

Magdeburger Dom

tradition, im 15. und 16. Jh. auch des frz. und dt. Volksbuches; behandelt die Geschichte von der Liebe, der Trennung und dem Wiedersehen von M. und ihrem Geliebten, dem Grafen Peter von Provence.

Magen (Ventriculus, Stomachus, Gaster), erweiterter, meist muskulöser Abschnitt des Verdauungskanals, der auf die Speiseröhre folgt. In ihm wird die aufgenommene Nahrung gespeichert und durch den M.saft so weit aufbereitet, daß sie als Speisebrei (Chymus) in den Dünndarm weitergeleitet werden kann. Erweiterungen, in denen Nahrung nur gespeichert, durch Speichel enzymat. aufbereitet oder mechan. zerkleinert wird, sind dann Vormägen, wenn ein eigentl. M. noch folgt (z. B. Honig-M. der Bienen, Pansen, Netz- und Blätter-M. beim Wiederkäuer-M.; Kropf der Vögel) oder die Mitteldarm die Aufgaben der M. übernimmt (Insekten). - *Wiederkäuermagen:* Einen bes. kompliziert gebauten M. haben die Wiederkäuer. Er besteht aus den vier Abschnitten Pansen, Netz-M., Blätter-M. und Lab-M. Die ersten drei dienen als Vor-M. Die Nahrung gelangt zunächst wenig zerkaut in den **Pansen** (Rumen, Zotten-M.), wird dort durchgeknetet und durch Bakterien teilweise abgebaut. Anschließend wird sie zur Zerkleinerung und Durchmischung zw. Pansen und **Netzmagen** (Haube; hat netzartige Falten) hin- und hergeschleudert. Der Netz-M. befördert die Nahrung portionsweise durch rückläufige peristalt. Bewegungen der Speiseröhre wieder in die Mundhöhle.

Hier wird sie mehrfach gekaut (*Wiederkäuen,* Rumination), reichl. mit Speichel versetzt und erneut geschluckt. Der Nahrungsbrei gelangt nun in den ↑Blättermagen und von dort in den **Labmagen** (Abomasus), in dem die eigentl. Verdauung erfolgt.

Der M. des Menschen ist C-förmig, etwa 20 cm lang und hat ein Fassungsvermögen von rd. 1,5 Liter. Man unterscheidet den **Magenmund** (Kardia), den **Magengrund** (Fundus), den **Magenkörper** (Korpus) und den **Magenpförtner** (Pylorus). Die **Magenwand** ist 2–3 mm stark und besteht aus vier Schichten (von außen nach innen): Tunica serosa, Muskelschicht, Unterschleimhautbindegewebe und Tunica mukosa *(Magenschleimhaut).* Letztere hat drei Drüsenarten, die Schleim, das hormonartige Gastrin und Enzyme bilden. Der von der M.schleimhaut produzierte **Magensaft** ist eine wasserklare, saure, verdauungsfördernde und keimtötende Flüssigkeit mit von den Schleimdrüsen abgesondertem, alkal., in Salzsäure unlösl. Schleim, Salzsäure, und den Verdauungsenzymen Kathepsin und Pepsin. Dieser M.schleim kann die Salzsäure binden, so daß ihm eine wichtige Schutzfunktion gegen die Selbstverdauung der M.schleimhaut zukommt. Außerdem schützt er sie vor mechan., enzymat. und therm. Schädigung. Die M.salzsäure denaturiert Eiweiß und schafft ein optimales Milieu für die Wirkung des Pepsins. Ferner tötet sie mit der Nahrung eindringende Bakterien ab und regt schließl. nach Übertritt in den Darm die Bauchspeicheldrüse zur Sekretion

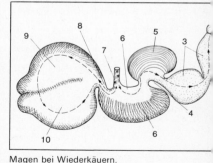

Magen bei Wiederkäuern.
1 Zwölffingerdarm, 2 Pylorus,
3 Labmagen, 4 Blättermagenrinne,
5 Blättermagen, 6 Netzmagen,
7 Speiseröhre, 8 Netzmagen-
Pansen-Rinne, 9 linker
oberer Pansensack, 10 rechter
unterer Pansensack

an. Das Pepsin geht unter Einwirkung der Salzsäure in seine aktive Form über. Für die Kohlenhydratverdauung werden im M. keine Enzyme gebildet. Die kohlenhydratspalten-

den Enzyme des Speichels wirken aber so lange noch weiter, wie der M.inhalt noch nicht mit Salzsäure vermengt ist. Die fettspaltende Lipase wird nur in geringen Mengen gebildet. Fette durchwandern den M. daher im allg. unverdaut. In der M.schleimhaut wird auch der ↑ Intrinsic factor gebildet, der die Resorption des für die Blutbildung wichtigen Vitamins B_{12} ermöglicht. - Bereits in Ruhe sondert der M. geringe Mengen von Verdauungssäften ab. Diese Ruhesekretion von rd. 10 cm^3 pro Stunde kann nach Nahrungsaufnahme bis auf 1 000 cm^3 ansteigen. Die M.sekretion kann auf nervösem Weg schon durch den Anblick oder den Geruch von Speisen gesteigert werden, aber auch psych. Erregung kann zu vermehrter Sekretion führen. Sobald die Speisen in den Mund gelangen und gekaut werden, kommt es zu einer weiteren Steigerung.
☐ *Hdb. der inneren Medizin. Bd. 3. Tl. 2: M. Hg. v. L. Demling. Bln. u. a. 1974.*

Magenausheberung, Entleerung des Magens durch Ansaugen des Inhaltes mittels eines durch Mund oder Nase über die Speiseröhre eingeführten Schlauches.

Magenbitter, Trinkbranntweine mit 40 Vol.-% Alkohol (Magenliköre 35 Vol.-%), die bittere und aromat. pflanzl. Extraktstoffe enthalten.

Magenblutung (Gastrorrhagie), durch Schädigung der Magenwand (bes. bei Magengeschwür, Magenkrebs) oder Schleimhaut ausgelöste Blutung ins Magenlumen; mit Bluterbrechen, Blutstühlen, bei starker Blutung Kreislaufschock.

Magenbremsen, svw. ↑ Magendasseln.

Magen-Darm-Kanal (Magen-Darm-Trakt), der mit dem Magen beginnende, mit dem After ausmündende Teil des menschl. Darmtrakts.

Magen-Darm-Katarrh ↑ Darmentzündung.

Magendasseln (Magenfliegen, Magenbremsen, Gasterophilidae), Fliegenfam. mit rd. 30 (in M-Europa etwa 10) rd. 10–15 mm großen, meist pelzig behaarten Arten; Vollinsekten mit reduzierten Mundwerkzeugen (Nahrungsaufnahme nur als Larve). Die Larven entwickeln sich als Blutsauger im Magen und Darm von Warmblütern, Verpuppung am Boden.

Magendurchbruch (Magenperforation), Durchbruch eines tiefen Magengeschwürs durch die Magenwand, meist in die freie Bauchhöhle; mit plötzl. einsetzendem heftigen Schmerzen, Erbrechen, Bauchdeckenspannung und Schocksymptomen; erfordert sofortige Operation.

Magenerkrankungen, meist von der Magenschleimhaut ausgehende Erkrankungen des Magens wie der ↑ Magenkrebs, das Magengeschwür oder die Magenschleimhautentzündung. Das **Magengeschwür** ist eine akute oder chron. Geschwürbildung im Bereich des Magens; die wesentl. Ursache des pept. Magengeschwürs ist der Kontakt der Magenwand mit dem verdauungswirksamen Magensaft. Die **Magenschleimhautentzündung** (Gastritis) äußert sich im akuten Fall zunächst in Völlegefühl, Appetitlosigkeit, Aufstoßen, Übelkeit, Erbrechen und in brennenden, drückenden, krampfartigen Schmerzen in der Magengegend; spätere Symptome sind: trockener Mund, schleimiger Geschmack und Unverträglichkeit selbst kleiner Mengen von Speisen und Getränken. - Zur Behandlung genügt in harmlosen Fällen oft eine kurzfristige Hungerdiät (Kamillentee, Zwieback). - Die *chron. Magenschleimhautentzündung* kann sich bei Wiederholung aus der akuten Form entwickeln. Die chron. Entzündungen und Reizzustände der Magenschleimhaut können häufig auch ohne erkennbare Anlässe (zu heiße bzw. kalte Speisen oder Getränke, Säuren, Laugen, bestimmte Medikamente) und ohne Beschwerden vorkommen (vermutl. begünstigt durch Streß, Nikotin- und Alkoholmißbrauch, schlechtes Kauen der Nahrung, übertriebenes Würzen der Speisen u. ä.). Zu den endogenen Auslösefaktoren zählen manche Stoffwechselerkrankungen und hormonelle Störungen. - Zur Behandlung der chron. M. werden entzündungshemmende und krampflösende Medikamente sowie den Säuregehalt des Magens regulierende Enzympräparate gegeben.

Magenfistel, operativ angelegte röhrenförmige Verbindung zwischen dem Magen und einem Darmteil oder der Bauchdeckenoberfläche (äußere M.; v. a. zur künstl. Ernährung).

Magenfliegen, svw. ↑ Magendasseln.

Magengeschwür (Ulcus ventriculi) ↑ Magenerkrankungen.

Magenkrampf (Gastralgie, Gastrodynie), heftiger, krampfartiger Magenschmerz; meist mit Erbrechen verbunden; bei Magengeschwüren und -geschwülsten, seltener unmittelbar psychogen bedingt.

Magenkrebs (Magenkarzinom, Carcinoma ventriculi), bösartige, von der Schleimhaut des Magens ausgehende Geschwulst; nach dem Lungenkrebs der zweithäufigste bösartige Tumor. M. kommt bei Männern doppelt so häufig vor wie bei Frauen, mit einem Häufigkeitsgipfel im 6. Lebensjahrzehnt. Die Ursachen sind weitgehend unbekannt; u. a. spielen wahrscheinl. Umweltfaktoren und Eßgewohnheiten eine Rolle. Charakterist. sind die Entstehung des M. im Gefolge einer chron. schrumpfenden Magenschleimhautentzündung und das gehäufte Auftreten bei perniziöser Anämie. Nach einem Frühstadium, das längere Zeit auf die Schleimhaut und das Unterschleimhautbindegewebe des Magens beschränkt ist (Heilungsaussichten bei Frühoperation

90 %), kommt es zum geschwürigen Zerfall und/oder infiltrierenden Wachstum mit Tochtergeschwülsten. - Die ersten Anzeichen eines M. sind derart unauffällig, daß die Erkrankung gewöhnl. erst im fortgeschrittenen Stadium erkannt wird. Nach leichtem Druck- und Völlegefühl kommt es zu Müdigkeit, Appetitlosigkeit, Gewichtsverlust, brennenden oder ziehenden Schmerzen, Widerwillen gegen bestimmte Speisen (bes. Brot und Fleisch), Übelkeit und zu wiederholtem Erbrechen. - Die Therapie besteht in einer möglichst frühzeitigen teilweisen oder vollständigen Entfernung des Magens (↑ Magenresektion). Bei Stenosen (bes. Magenpförtnerverschluß) kommen Erleichterungsoperationen in Frage.

◫ *Nagayo, T.: Histogenesis and precursors of human gastric cancer. Bln. u.a. 1986. - Amgwerd, R./Hammer, B.: Der M. Bern 1971.*

Magenmund ↑ Magen.

Magenperforation, svw. ↑ Magendurchbruch.

Magenresektion, teilweise oder vollständige operative Entfernung des Magens bei therapieresistenten, wiederholt blutenden Geschwüren oder bösartigen Geschwülsten des Magens bzw. des Zwölffingerdarms. Bei einer Totaloperation wird die Speiseröhre anschließend mit dem Dünndarm vereinigt; als Magenersatz kann u.U. eine Dünndarmschlinge zwischengeschaltet werden.

Magensaft ↑ Magen.

Magenschleimhaut ↑ Magen.

Magenschleimhautentzündung (Gastritis) ↑ Magenerkrankungen.

Magenschließmuskel ↑ Pylorus.

Magenspiegel (Gastroskop) ↑ Endoskope.

Magenspülung, wiederholtes Auswaschen des Magens z.B. mit physiolog. Kochsalzlösung mit Hilfe eines Magenschlauches; v.a. bei akuten Vergiftungen.

Magenta [italien. ma'dʒɛnta], italien. Stadt in der Lombardei, 138 m ü.d.M., 23 700 E. - Bekannt durch die Schlacht vom 4. Juni 1859, in der die Österreicher den vereinigten Franzosen und Piemontesen unter Mac-Mahon unterlagen und daraufhin die Lombardei räumten.

Magenta [ma'dʒɛnta; italien., nach der gleichnamigen italien. Stadt], blaßroter Farbton; einer der Grundfarbtöne für den Dreifarbendruck (↑ Drucken); meist als Purpur bezeichnet.

◆ svw. ↑ Fuchsin.

Magenwürmer (Trichostrongylidae), Fam. der Fadenwürmer; etwa 8 mm bis 3 cm lange Parasiten im Magen-Darm-Trakt zahlr. Tiere. Von den verschiedenen, die *Magenwurmkrankheit* verursachenden Arten ist bes. verbreitet und gefürchtet der bei Lämmern v.a. im Labmagen blutsaugende, oft dichte Klumpen bildende **Große Magenwurm** (Roter Magenwurm, Haemonchus contortus; 1–3

cm lang; die roten ♀♀ spiralig weiß geringelt).

Magerkohle, Steinkohle mit nur 6 bis 14 % flüchtigen Bestandteilen in der wasser- und aschefreien Substanz und einem Heizwert von rd. 35 400 kJ/kg.

Magermilch, entrahmte [Kuh]milch mit einem Gehalt von 0,1–0,3 % Fett, rd. 3,4 % Eiweiß und 4,8 % Milchzucker.

Magerøy [norweg. ˌmaːgərœj], Insel in Nordnorwegen, 288 km²; durch Fjorde stark gegliedert; größte Siedlung Honningsvåg. Auf M. liegen das ↑ Nordkap und ↑ Knivskjelodden, der nördlichste Punkt Europas.

Magersucht, allg. jeder extreme, stark die Lebenskraft einschränkende Gewichtsverlust, u.a. durch Mangelernährung, Abzehrung, psychogen bedingte Appetitlosigkeit (↑ Pubertätsmagersucht), Nebennierenrindeninsuffizienz (↑ Addison-Krankheit), Schilddrüsenüberfunktion, Hypophysenerkrankungen.

Maggia [italien. 'maddʒa], Zufluß des Lago Maggiore, im schweizer. Kt. Tessin, entspringt im Lago di Naret, mündet in einem Delta am N-Ende des Sees, 56 km lang.

Maggid [hebr. „Sprecher, Erzähler"], Verkünder; jüd. Ehrentitel; erbaul. Prediger und Schriftdeuter.

Maggikraut [nach dem schweizer. Industriellen J. Maggi, *1846, †1912], svw. ↑ Liebstöckel.

Maggini, Giovanni Paolo [italien. mad-'dʒi:ni], *Botticini Sera bei Brescia 25. Aug. 1580, †Brescia (?) nach 1630, italien. Geigenbauer. - Schüler von Gasparo da Salò; bedeutendster Vertreter der Brescianer Geigenbauschule; baute v.a. Violinen mit ausgesprochen warmem, dunklem Ton.

maggiore [ma'dʒo:re; lat.-italien. „größer"], in der Musik svw. Durakkord, Durtonart (mit großer Terz); *Maggiore* zeigt den Durteil eines in einer Molltonart stehenden Stückes (Marsch, Tanz, Rondo u.ä.) an.

Maghemit [Kw.], brauner, stark magnet. ↑ Hämatit; von kub. Kristallstruktur.

Maghreb [arab. „Westen"], Bez. für den W-Teil der arab.-muslim. Welt (Tunesien, N-Algerien und Marokko). **Maschrik,** die Bez. für die östl. Gebiete, ist dagegen nicht mehr in Gebrauch.

Maghrebinisch-Arabisch (Nordafrikan.-Arab.), eine der Hauptdialektgruppen der ↑ arabischen Sprache.

Magie [altpers.-griech.-lat.], zusammenfassende Bez. für Praktiken, mit denen der Mensch seinen eigenen Willen auf die Umwelt in einer Weise übertragen will, die nach naturwiss. Betrachtungsweise irrational erscheint. Allg. gilt von mag. Praktiken, daß die mit ihrer Hilfe intendierte Wirkung vermeintl. dadurch zustande kommt, daß zw. dem Subjekt einer mag. Handlung und ihrem Objekt ein außerrationaler Abbildungs- und/oder Kausalitätszusammenhang angenommen oder hergestellt wird. Theoret. lassen sich zwar Religion und M. in der Weise voneinander abgrenzen, daß innerhalb der Religion der Mensch sich einer schicksalsbestimmenden (göttl.) Macht unterwirft, mit Hilfe der M. jedoch die Welt und die Natur aus eigener Kraft lenken und beeinflussen will (z. B. Leben und Tod, Gesundheit und Krankheit, Fruchtbarkeit und Dürre); tatsächl. aber werden in den meisten Religionen mag. Praktiken vollzogen, auch dann, wenn diese offiziell verboten sind oder als nicht mag. interpretiert werden. Diese Vermengung von Religion und M. findet sich v. a. in dem für den Volksglauben oft typ. mag. Umgang mit eigtl. religiösen, v. a. kult. Phänomenen, die oft im Ggs. zum offiziellen religiösen Verständnis mag. interpretiert und verwendet werden (**Aberglaube**). - Hinsichtl. der Zielsetzung ihrer sehr vielfältigen Anwendung wird zw. schwarzer und weißer M. unterschieden: Unter *schwarzer M.* versteht man Handlungen, die die Schädigung eines einzelnen oder einer Gruppe beabsichtigen, während die *weiße M.* nur die Praktiken umfaßt, die ohne schädigende Intention zur Mehrung von Gütern irgendwelcher Art eingesetzt werden.

📖 *Das große Buch der M. Hg. v. S. Bosanko. Mchn. 1985. - Levi, E.: Gesch. der M. Basel 1985. - M. u. Religion. Beitr. zu einer Theorie der M. Hg. v. L. Petzoldt. Darmst. 1978. - Biedermann, H.: Handlex. der mag. Künste v. der Spätantike bis zum 19. Jh. Graz 1968. - Seligmann, K.: Das Weltreich der M. Dt. Übers. Stg. 1958.*

Magier [alterss.-griech.-lat.], nach Herodot urspr. der mit priesterl. und mant. Aufgaben betraute Angehörige einer der sechs Sippen des med. Reiches. - Im griech. Text des N. T. (Matth. 2, 1 ff.) werden die Weisen aus dem Morgenland (↑ Drei Könige) als M. bezeichnet, womit auf ihre astrolog. Kenntnisse verwiesen wird. - Religionswiss. wird der Begriff allg. zur Bez. des Inhabers übernatürl., „mag." Fähigkeiten verwendet (↑ Magie).

Maginot, André [frz. maʒiˈno], * Paris 17. Febr. 1877, † ebd. 7. Jan. 1932, frz. Politiker. - 1910–32 Abg. der demokrat. Linken, 1913/14 Staatssekretär im Kriegsministerium, 1917 und 1928/29 Kolonial-, 1920–24 Pensionsmin.; als Kriegsmin. (1922–24 und 1929–32) schuf er das Heeresgesetz (1928) und die nach ihm ben. **Maginotlinie,** ein v. a. von General L. Guillaumat (* 1863, † 1940) entworfenes, 1929–32 gebautes Befestigungssystem an der frz. NO-Grenze, das v. a. aus Festungswerken, Panzerhindernissen und befestigten Stellungen bestand und urspr. 2 befestigte Regionen im Elsaß und in Lothringen umfassen, nicht eine kontinuierl. Verteidigungslinie darstellen sollte.

magisch, die ↑ Magie betreffend, geheimnisvoll, bannend; zauberhaft.

magischer Realismus ↑ neue Sachlichkeit.

magisches Auge, als Abstimmanzeigeröhre verwendete Elektronenstrahlröhre.

magisches Denken, Form des prälog. Denkens; kausale Vorgänge werden dabei weitgehend noch als geheimnisvoll erlebt und so gedeutet, als seien sie durch Rituale, Beschwörungshandlungen, Zauberpraktiken usw. zu beeinflussen.

magisches Dreieck ↑ magisches Viereck.

magisches Fünfeck ↑ magisches Viereck.

magisches Quadrat, quadrat. Zahlenschema mit n^2 von natürl. Zahlen belegten Feldern, in dem bestimmte Gesetzmäßigkeiten herrschen. Beim *vollkommenen* m. Q. ist die Summe S_n der Zahlen in einer waagerechten Zeile, einer senkrechten Spalte oder einer Diagonalen stets gleich: $S_n = {}^1/_2 n \, (n^2 + 1)$. Ein m. Q. für $n^2 = 9$ Elemente ist das aus China kommende sog. Saturnsiegel mit der Summe 15:

4	9	2
3	5	7
8	1	6

Maginotlinie

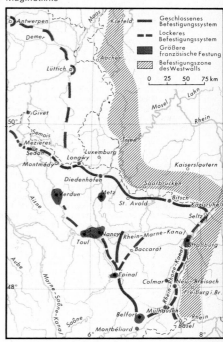

Geschlossenes Befestigungssystem

Lockeres Befestigungssystem

Größere französische Festung

Befestigungszone des Westwalls

0   25   50   75 km

magisches Viereck

Das bekannteste m. Q. für $n^2 = 16$ Elemente ist das aus A. Dürers Kupferstich „Melencolia I" stammende mit der Summe 34:

16	3	2	13
5	10	11	8
9	6	7	12
4	15	14	1

M. Q. lassen sich für jede Zahl $n \geq 3$ darstellen. Haben nur die Elemente jeder Zeile und jeder Spalte - jedoch nicht jeder Diagonalen - dieselbe Summe, so heißt das Quadrat *semimagisch*. - Die m. Q. galten als Symbol der Harmonie. Sie dienten dem mag. Weltverständnis und wurden in Form von Siegeln auf Amuletten benutzt.

magisches Viereck, Zielsystem der Wirtschaftspolitik, bestehend aus den Zielen Vollbeschäftigung, Geldwertstabilität, außenwirtschaftl. Gleichgewicht (**mag. Dreieck**), angemessenes und stetiges Wirtschaftswachstum (m. V.) sowie gerechte Einkommens-[und Vermögens]verteilung (**mag. Fünfeck**). Die „Magie" dieser Zielsysteme liegt darin, daß die einzelnen Ziele, die ja gleichzeitig verwirklicht werden sollen, um so schwerer erreicht werden, je besser eines dieser Ziele verwirklicht wird; in der prakt. Wirtschaftspolitik wird demzufolge nicht versucht, jedes Einzelziel vollständig zu erreichen, sondern das jeweilige Zielsystem zu optimieren.

magische Zahlen, Bez. für die Protonen- oder Neutronenzahlen 2, 8, 20, 28, 50, 82 und 126 bestimmter Atomkerne. Wenn die Protonen- oder die Neutronenzahl eines Kerns gleich einer mag. Zahl ist, so ist in ihm nach dem Schalenmodell die äußerste Protonen- oder Neutronenschale abgeschlossen. Solche sog. mag. Kerne zeichnen sich gegenüber anderen Kernen durch bes. Eigenschaften aus, z. B. größere Bindungsenergie, kleinerer Kernradius.

Magister [lat. „Vorsteher, Leiter, Lehrer"], alter Universitätsgrad (M. Artium Liberalium „Meister der freien Künste"; Abk. M. A. oder A. L. M.), der die Lehrberechtigung einschloß. Daneben wurde der Doktortitel gebraucht, seit dem 16. Jh. der M.titel auf die artist. (philosoph.) Fakultät beschränkt. Sie ging aber schließl. auch zum Doktortitel über. In Großbrit. hielt sich der Titel als Universitätsabschluß bis heute: Master of Arts (M. A.) und Master of Science (M. Sc.; M. S.) nach 5–6 Jahren Studium, auch in den USA qualifiziert. Titel (neben anderen „Master's degrees" in zahlr. Fachrichtungen). In Östr. blieb der M.grad lebendig für Pharmazeuten und ist seit 1966 allg. eingeführt (gleichgestellt mit Diplom und Lizenziat). In der BR Deutschland ist der **M. Artium** (M. A.) für geisteswiss. Fächer 1960 allg. eingeführt worden (Univ.examen). Er setzt ein 8semestriges Studium voraus, eine schriftl. Arbeit (Magisterarbeit) sowie eine (z. T. schriftl.) Prüfung in einem Hauptfach und zwei Nebenfächern. - ↑auch Akademische Grade (Übersicht).

Magister militum [lat. „Heeresmeister"], oberstes militär. Amt (Reichsfeldherr) im Röm. Reich seit Konstantin I. (ab 416 mit Patriziuswürde). Es gab die Ämter des Magister equitum (Reiterei) und des Magister peditum (Infanterie). In der röm. Republik war dagegen der **Magister equitum** ein Gehilfe und Stellvertreter des Diktators.

Magistrale [lat.], Hauptverkehrslinie, Hauptverkehrsstraße (bes. in einer Großstadt).

Magistrat [lat. (zu ↑Magister)], im antiken Rom Bez. für das durch Volkswahl in den Komitien verliehene ordentl. staatl. Ehrenamt („honos") und seinen Inhaber. Daneben standen die durch Ernennung bestellten außerordentl. M. (Diktator). Alle ordentl. Ämter waren durch jährl. Wechsel, die meisten durch Kollegialität mit gleicher Amtsbefugnis („par potestas") und manche durch das Verbot der ununterbrochenen Wiederwahl gekennzeichnet.
◆ ↑Gemeindevorstand.

Magistratsverfassung, Gemeindeverfassung, nach der die Gemeindeverwaltung durch ein Kollegialorgan (Magistrat, Gemeindevorstand) geleitet wird. Es besteht aus dem (Ober-)Bürgermeister als Vorsitzendem und Beigeordneten oder Stadträten. - ↑auch Gemeindeverfassungsrecht.

Magliabechi, Antonio [italien. maʎʎaˈbeːki], * Florenz 28. Okt. 1633, † ebd. 27. Juni 1714, italien. Gelehrter. - Bibliothekar Cosimos III. de' Medici. Seine rd. 30 000 Bände umfassende Privatbibliothek wurde 1747 als Biblioteca Magliabechiana dem Publikum zugängl. gemacht und bildete den Grundstock der späteren Biblioteca Nazionale Centrale in Florenz.

Magma [griech. „geknetete Masse, dicke Salbe"], Bez. für die Gesteinsschmelze im oberen Erdmantel und in der Erdkruste, die in erstarrtem Zustand die magmat. Gesteine bildet. Nach der stoffl. Zusammensetzung unterscheidet man saure (granit.) und basische (basalt.) Magmen (über bzw. unter 55 % Kieselsäuregehalt). Saure Magmen entstehen durch Aufschmelzen von Krustenmaterial, das in die Tiefe absinkt, auch durch Vermischung solcher Schmelzen mit aufsteigendem bas. M., das den oberen Erdmantel bildet. Saures M. dominiert im Bereich der Kontinente, bas. M. findet sich v. a. am Boden der Ozeane und in tiefgreifenden Bruchzonen. Jede Förderung von M. beruht auf einer Störung des Gleichgewichts auf Grund veränderter Druck- und Temperaturverhältnisse. Bleibt das M. dabei in der Erdkruste stecken, entstehen Plutone († Plutonismus), erreicht es die Erdoberfläche, dann bilden sich Vulkane († Vulkanismus). Bei der Erstarrung eines M. verändert sich sein Stoffbestand, die flüchtigen Bestandteile reichern sich in einer Restschmelze an. Mit dieser, in mehreren Phasen ablaufenden sog. Differentiation ist u. a. die Entstehung von Erzlagerstätten verknüpft.

magmatische Gesteine [griech./dt.] ↑ Gesteine.

Magmatite [griech.], svw. magmatische ↑ Gesteine.

Magna Carta (M. C. libertatum „große Urkunde der Freiheiten"; engl. The Great Charter), am 15. Juni 1215 (Datum der Urkunde; endgültige Einigung am 19. Juni) auf der Wiese von Runnymede (bei Staines, Surrey) zw. König Johann ohne Land und Vertretern der aufständ. Barone sowie der Kirche abgeschlossener Vergleich in 63 Artikeln. Die Forderungen der Aufständischen betreffen im wesentl. die rechtl. Sicherung der Vasallen (u. a. gegen Mißbrauch der königl. Justiz und der lehnsrechtl. Verpflichtungen; Regelung der Erhebung von Schuld- und Hilfsgeldern) und sind selbst da, wo sie auf eine Rechtssicherung nichtfeudaler Gruppen (Schutz der Bauern und Kaufleute, Bestätigung der städt. Freiheiten, Begünstigung Londons) abzielen, zumeist mit einem Eigeninteresse der Barone verknüpft. Jedem Freien wird in Art. 39 zugestanden, daß er nicht willkürl. verfolgt, sondern nur durch seine Standesgenossen und nach dem Gesetz des Landes abgeurteilt werden kann. Art. 61 bestellt zur Wahrung der verbrieften Freiheiten gegenüber dem König einen Kontrollausschuß von 25 Baronen und institutionalisiert damit das feudale Widerstandsrecht. So ist die M. C. in erster Linie Satzung geltenden Lehnsrechts, aber ihre schon früh einsetzende Umdeutung zum Dokument des werdenden Parlamentarismus entbehrt nicht einer gewissen Berechtigung, insofern ein Machtausgleich zw. Königtum und Aristokratie erreicht wurde, der das polit. Kräftespiel über die Kategorie des Rechts stellte, den Gedanken der Repräsentation aufgriff und dadurch in die Zukunft wirkte.

📖 *Mitteis, H.: Der Staat des hohen MA.* Wien u. Köln ⁹1974. - *Holt, J. C.: M. C. Cambridge* Neuausg. 1965 (mit Bibliogr.).

magna cum laude [lat. „mit großem Lob"] ↑ Doktor.

Magnago, Silvius [italien. maɲ'na:go], * Meran 5. Febr. 1914, italien. Politiker. - Jurist; Mgl. der Südtiroler Volkspartei (SVP), 1949–60 Präs. des Südtiroler Landtags und des Regionalrats der Region Trentino-Tiroler Etschland, seit 1957 Vors. der SVP, seit 1960 Landeshauptmann von Südtirol; unter seiner Mitwirkung wurde 1961–69 zw. Österreich und Italien das „Paket" zur Lösung der Südtirolfrage ausgehandelt.

Magna Graecia ['grɛ:tsia; lat.] ↑ Großgriechenland.

Magna Mater [lat. „Große Mutter"], mytholog. Bez. für eine urspr. Muttergottheit, v. a. aber Beiname der ↑ Kybele.

Magnani, Anna [italien. maɲ'na:ni], * Rom 7. März 1908, † ebd. 26. Sept. 1973, italien. Schauspielerin. - Seit 1934 beim Film; internat. bekannt wurde sie als eindrucksvolle Darstellerin des italien. Neoverismus, v. a. durch den Film „Rom - offene Stadt" (1945); verkörperte sehr oft den Typ der „Frau aus dem Volk", z. B. in den Filmen „Amore" (1948), „Vulcano" (1949), „Die goldene Karosse" (1953), „Die tätowierte Rose" (1956), „Die Hölle in der Stadt" (1959), „Mamma Roma" (1962), „Satyricon" (1968), „1870" (1973).

Anna Magnani (1971)

Magnasco, Alessandro [italien. maɲ'nasko]. * Genua 1667, † ebd. 12. März 1749, italien. Maler. - Lernte in Mailand (dort bis 1703 und 1712–35). Schuf bizarre Landschaften und weite, merkwürdig irreale Interieurs mit fahrendem Volk, Soldaten, Nonnen oder Mönchen; charakteristisch der nervöse Pinselstrich und die unruhige Beleuchtung.

Magnat [zu lat. magnus „groß"], Bez. 1. für den grundbesitzenden Hochadel; 2. in neuerer Zeit für Inhaber wirtsch. Macht (Ölmagnat); 3. für geistl. und weltl. Würdenträger in O-Mitteleuropa. - *Ungarn:* erbl. Titel der Angehörigen hochadliger Geschlechter und Mgl. der 1. Kammer des ungar. Reichstages (**Magnatentafel**). *Polen:* 1. die z. T. bes. privilegierte Adelsschicht, 2. hohe geistl. und weltl. Würdenträger (Senatoren).

Magnentius, Flavius Magnus, *wohl Ambianum (= Amiens) um 303, † Lugdunum (= Lyon) 11. Aug. 353, röm. Gegenkaiser (seit 350). - Von brit.-fränk. Herkunft; riß die westl. Reichshälfte und Illyrien an sich (Ermordung Konstans' I.); wurde von Konstantius II. bei Mursa besiegt (28. Sept. 351), beging Selbstmord.

Magnes, Judah Leon, * San Francisco 5. Juli 1877, † New York 27. Okt. 1948, Rabbi-

Magnesia

ner und israel. Politiker. - Nach Rabbinat und Engagement in jüd. Organisationen siedelte M. 1922 nach Palästina über. Mitarbeiter C. ↑ Weizmanns, erster Kanzler der Hebr. Univ. Jerusalem, ab 1935 bis zu seinem Tod deren Präsident. Polit. vertrat er die Errichtung eines Zwei-Nationen-Staats in einem ungeteilten Land.

Magnesia, Name antiker griech. Städte in Kleinasien:

M. am Mäander (genauer an dessen Nebenfluß Lethaios), nahe beim heutigen Söke; der Sage nach von Ansiedlern aus der gleichnamigen thessal. Landschaft gegr.; wohl ab 465 v. Chr. Zufluchtsort des Themistokles, um 400 neu gegr.; berühmtes ion. Artemisheiligtum.

M. am Sipylos, das heutige türk. ↑ Manisa.

Magnesia, antike thessal. Landschaft, ↑ Magnesische Halbinsel.

Magnesia [griech.], svw. ↑ Magnesiumoxid.

Magnesia alba [griech./lat. „weiße Magnesia"] (basisches Magnesiumcarbonat, Magnesiaweiß), weißes, lockeres, in Wasser unlösl. Pulver, das aus bas. Carbonaten des Magnesiums besteht. Verwendung u. a. als Füllmittel für Gummi, Kautschuk, Papier, als Rohstoff für die Herstellung von Zahnpasten und Körperpudern, medizin. als mildes Neutralisationsmittel für überschüssige Magensäure (Antacidum).

Magnesiasteine (Magnesitsteine), aus über 80 % Magnesiumoxid bestehende hochfeuerfeste Steine, die z. B. für die Auskleidung elektr. Öfen, zur Ausmauerung von Öfen in der Zement- und Glasind., im Metallhüttenwesen usw. verwendet werden.

Magnesische Halbinsel (neugriech. Chersonisos Magnisias), gebirgige Halbinsel an der O-Küste Griechenlands, umschließt den Pagasäischen Golf im O und S. - Die antike **Magnesia** war Mgl. der delph. Amphiktyonie, polit. von Thessalien, seit Philipp II. von Makedonien abhängig.

Magnesit [griech.] (Bitterspat), Mineral von meist weißer Farbe, auch glasglänzend bis durchscheinend, gelb, braun oder schwärzlich; chem. MgCO$_3$. Mohshärte 4–4,5. Dichte um 3,0 g/cm^3. Oft zusammen mit anderen Carbonaten wie Dolomit, Siderit, Calcit. Man unterscheidet *Kristall-M.* und *dichten M.* Kristall-M. bildet wirtsch. bed. Lagerstätten, v. a. in Österreich, Jugoslawien, UdSSR, Indien, USA, die meist durch Tagebau erschlossen sind. Dichter M. ist meist weiß und aus urspr. gelförmigem Zustand kristallisiert; wichtiger Rohstoff für Magnesium und Magnesiumverbindungen, feuerfeste Steine und Futterstoff für Thomasbirnen.

Magnesitbinder (Magnesiamörtel, Magnesiazement, Sorelzement), Mischung aus Magnesiumoxid und einer konzentrierten Lösung von Magnesiumchlorid; erstarrt steinartig unter Bildung bas. Magnesiumchloride;

M. werden unter Zumischen neutraler Füllstoffe zur Herstellung künstl. Steine verwendet.

Magnesitsteine, svw. ↑ Magnesiasteine.

Magnesium [griech.], chem. Symbol Mg; metall. Element aus der II. Hauptgruppe des Periodensystems der chem. Elemente (Erdalkalimetall). Ordnungszahl 12; mittlere Atommasse 24,305, Schmelzpunkt 648,8 °C, Siedepunkt 1 090 °C, Dichte 1,74 g/cm^3. Das silberglänzende, sehr reaktionsfähige, unedle Leichtmetall wird von schwachen Säuren aufgelöst und verbrennt mit blendend weißem Licht (Verwendung als Blitzlicht und in der Pyrotechnik) zu Magnesiumoxid. M. kommt in Form von Silicaten (Asbest, Meerschaum, Olivin, Serpentin, Talk), Carbonaten (Magnesit, Dolomit), als Bestandteil von Salzlagern und im Meerwasser vor. Gewonnen wird es durch Schmelzelektrolyse aus M.chlorid. M. wird als Legierungsbestandteil, Treibstoffzusatz (in Raketen), Reduktionsmittel und zur Herstellung von ↑ Grignard-Verbindungen verwendet. Bei vielen Stoffwechselvorgängen ist das Spurenelement M. als Aktivator notwendig; eine Erhöhung des M.spiegels im Blut bewirkt eine Verminderung der Nerven- und Muskelerregbarkeit bis zur Lähmung (Winterschlaf von Säugetieren). In den Pflanzen ist M. im Chlorophyll enthalten; es wird in Form von Verbindungen Düngemitteln zugesetzt.

Magnesiumcarbonat, weißes, in Wasser sehr schwer lösl. Pulver der chem. Zusammensetzung MgCO$_3$; in Wasser, das viel Kohlendioxid (CO$_2$) gelöst enthält, geht es über in das leichter lösliche *Magnesiumhydrogencarbonat (Magnesiumbicarbonat)*, Mg(HCO$_3$)$_2$, das für temporäre Härte des Wassers mitverantwortl. ist. M. spaltet sehr leicht CO$_2$ ab und geht dabei in ↑ Magnesia alba über; in der Natur kommt M. in großen Mengen als Magnesit vor, ferner in Form des Doppelsalzes Dolomit.

Magnesiumchlorid, farbloses, stark hygroskop., leicht wasserlösl. Salz; wird aus Wasser als Hexahydrat, MgCl$_2$·6H$_2$O, erhalten; findet sich in der Natur gelöst im Meerwasser (etwa 4 g/l) und in Salzseen; kristallisiert kommt es in den Kaliumsalzlagerstätten v. a. als Karnallit vor; im großtechn. Umfang wird (wasserfreies) M. bei der Gewinnung von Magnesium aus Magnesit durch Reaktion mit Kohle und Chlor hergestellt.

Magnesiumfluorid, MgF$_2$, das Magnesiumsalz der Flußsäure; ein weißes, kristallines, in Wasser prakt. unlösl. Pulver; wird für die Oberflächenvergütung opt. Gläser verwendet; als in dünner Schicht aufgedampft die Reflexion vermindert.

Magnesiumhydrogencarbonat ↑ Magnesiumcarbonat.

Magnesiumlegierungen, Legierungen, die als Hauptbestandteil Magnesium enthalten. M. zeichnen sich durch gute Korrosionsbeständigkeit sowie durch verbesserte Festigkeitswerte bei geringem spezif. Gewicht aus und lassen sich leicht verarbeiten. Sie werden daher bes. im Flugzeug- und Automobilbau verwendet.

Magnesiumoxid (Bittererde, Magnesia), weißes, in Wasser unlösl. Pulver der chem. Zusammensetzung MgO, das beim Verbrennen von Magnesium oder von Magnesiumverbindungen, je nach Brenntemperatur als kaust. Magnesia, Magnesia usta (bei 700–800 °C) und Sintermagnesia (bei über 1 400 °C) entsteht.

Magnesiumsilicate, die Magnesiumsalze der Kieselsäuren; in der Natur weitverbreitete, z. T. gesteinsbildende Minerale; verwendet v. a. als Füllstoffe für Malerfarben.

Magnesiumsulfat, $MgSO_4$, das Magnesiumsalz der Schwefelsäure; eine sehr hygroskop. Verbindung, die vier stabile Hydrate (mit 1, 6, 7 bzw. 12 Wassermolekülen je Molekül M.) bildet. In der Natur kommt M. als Kieserit ($MgSO_4 \cdot H_2O$) und als *Bittersalz* ($MgSO_4 \cdot 7\ H_2O$) vor. Es dient als Textilhilfsmittel, Beiz-, Imprägnier- und Abführmittel.

Magnet [zu griech. lithos magnḗtēs „Magnetstein", eigtl. „Stein aus Magnesia"], ein Körper, der in seiner Umgebung ein Magnetfeld erzeugt. Man unterscheidet zw. M., die ihre Kraft ohne äußere Erregung beliebig lange behalten *(Dauer-* oder *Permanentmagnete)*, und ↑ Elektromagneten. Das Magnetfeld, das ein M. in seiner Umgebung aufbaut, entspringt fast vollständig aus zwei Bereichen an seinen Enden, den sog. *Magnetpolen.* Ein frei drehbar angeordneter stabförmiger M. stellt sich im erdmagnet. Feld so ein, daß der eine Pol *(Nordpol)* nach Norden weist und der andere *(Südpol)* nach Süden. Zw. den Polen verschiedener M. bestehen Kraftwirkungen: Gleichartige Pole stoßen sich ab, ungleichartige ziehen sich an. Zerbricht man einen Magneten in zwei Teile, so bilden sich an der Bruchstelle Magnetpole heraus in der Art, daß jeder Teil einen vollständigen M. mit je einem Nord- und einem Südpol darstellt. Dauermagneten verlieren ihre magnet. Eigenschaften, wenn man sie stark erschüttert oder erhitzt († Curie-Temperatur). - Abb. Bd. 7, S. 16.

Magnetabscheider (Magnetscheider), Anlage zum Trennen magnet. Stoffe (insbes. Minerale) von nichtmagnetischen. Häufig verwendete Bauarten sind der *Trommelscheider,* bei dem ein Elektromagnet in einer rotierenden Trommel die magnet. Bestandteile an der Außenwand festhält und auf diese Weise abtrennt, und der *Bandscheider,* bei dem das gemahlene Gut mit einem Bandförderer zw. den Polen eines Elektromagneten hindurchläuft.

Magnetband, Kunststoffstreifen mit einer magnetisierbaren Schicht aus ferrimagnet.

Material (z. B. aus Eisen(III)-oxid), auf dem Informationen aller Art in Form von magnet. Aufzeichnungen (unterschiedl. magnetisierte Bereiche) gespeichert werden können. Die in Magnetbandgeräten verwendeten M. sind 12,7 mm breit (= $^1/_2$ inch bzw. Zoll), 25 μm dick, bis etwa 1 100 m lang und haben meist 9 Spuren; Speicherdichten bis 200 Bit/cm.

Magnetbandgerät, zur Ein- und Ausgabe von Daten sowie als Speicher in elektron. Datenverarbeitungsanlagen verwendetes Gerät, in dem die (zuvor in elektr. Impulse umgewandelten) Daten mit Hilfe des Magnetkopfes auf ein am vorbeibewegtes Magnetband in Form von (unterschiedl.) Magnetisierungen übertragen werden. Wird umgekehrt das Magnetband am Magnetkopf vorbeibewegt, so wird entsprechend der lokalen Magnetisierung des Bandes eine Spannung induziert, die eine Rückgewinnung der ursprüngl. Information ermöglicht.

Magnetblasenspeicher ↑ Magnetspeicher.

Magneteisenstein, svw. ↑ Magnetit.

Magnetfeld (magnetisches Feld), durch Magnete oder bewegte elektr. Ladungen erzeugtes ↑ Feld, das Kraftwirkungen auf Magneten bzw. elektr. Strömen vermittelt und durch die *magnet. Feldstärke H* als zugehöriger Feldgröße beschrieben wird. Durch *H* und die *magnet. Induktion B* ist der magnet. Zustand des Raumes und der darin befindl. Materie vollständig bestimmt. Der Quotient aus den Beträgen von magnet. Induktion und magnet. Feldstärke im Vakuum wird als *magnet. Feldkonstante (Induktionskonstante)* μ_0 bezeichnet: $B = \mu_0 H$. Im materieerfüllten Raum gilt: $B = \mu\mu_0 H$, worin μ eine materialabhängige Konstante ist, die als *relative Permeabilität* bezeichnet wird.

Magnetfeldtherapie, auf der Anwendung schwacher Magnetfelder oder in Verbindung mit dadurch induzierten Wechselfeldern beruhendes, ambulant durchführbares Therapieverfahren bei Pseudarthrose, verzögerter Knochenbruchheilung u. a.

Magnetfeldwiderstände (Magnetowiderstände), Halbleiterwiderstände aus Wismut oder Indiumantimonid, die ihren elektr. Widerstand stark unter dem Einfluß eines Magnetfeldes ändern (z. B. Mistor, Feldplatte). Sie werden zur Messung von Magnetfeldern sowie als kontakt- und stufenlos steuerbare Widerstände verwendet.

Magnetfilm, perforiertes Magnetband in den Breiten 16, 17,5 oder 35 mm, das in der Filmtechnik als vom Bildstreifen unabhängiger Tonaufzeichnungsträger in speziellen Tonaufnahmegeräten *(Magnettonkameras)* verwendet wird.

Magnetik [griech.], die Lehre vom ↑ Magnetismus.

Magnetikum [griech.], eine Substanz als Träger magnet. Eigenschaften.

magnetische Anomalie, Abweichungen des Magnetfeldes der Erde vom normalen magnet. Dipolfeld (↑Erdmagnetismus); sie können u. a. auf dem Vorhandensein örtl. begrenzter magnetitreicher Gesteine beruhen und spielen daher eine bed. Rolle in der Lagerstättenforschung.

magnetische Bildaufzeichnung ↑Videorecorder.

magnetische Feldkonstante ↑Magnetfeld.

magnetische Feldstärke ↑Magnetfeld.

magnetische Induktion (magnetische Flußdichte), Bez. für die vektorielle Größe **B**, die zus. mit der magnet. Feldstärke **H** den magnet. Zustand des Raumes vollständig beschreibt (↑Magnetfeld).

magnetische Kernresonanz, svw. ↑Kerninduktion.

magnetische Kernresonanzspektroskopie, svw. ↑NMR-Spektroskopie.

magnetische Kühlung, svw. ↑adiabatische Entmagnetisierung.

magnetische Linse ↑Elektronenoptik.

magnetische Quantenzahl (Achsenquantenzahl) ↑Quantenzahlen.

magnetischer Fluß ↑Induktionsfluß.

magnetisches Moment, das Dipolmoment eines Magneten, i. e. S. eines atomaren Systems. Magnet. M. sind in manchen Stoffen permanent vorhanden (sog. Elementarmomente) und werden überdies durch Magnetfelder in allen Substanzen induziert (↑Diamagnetismus). Aus der Quantentheorie hat sich ergeben, daß m. M. grundsätzl. im Zusammenhang mit Drehimpulsen auftreten. Nicht nur die Bahn-, sondern auch die Eigendrehimpulse (Spins) der verschiedenen Elementarteilchen erzeugen magnet. M., die letztl. alle magnet. Effekte verursachen.

magnetische Sterne, Sterne, bei denen an der Aufspaltung der Spektrallinien infolge des Zeeman-Effekts ein Magnetfeld nachgewiesen wurde; die magnet. Flußdichte kann bis 0,6 Tesla erreichen, wobei auch eine Veränderlichkeit der Feldstärke und sogar ein Umpolen der Magnetfelder beobachtet wird *(magnet. Veränderliche).*

Magnetisierung [griech.], die Zustandsänderung, die Materie beim Einbringen in ein ↑Magnetfeld erfährt; auch Bez. für die physikal. Kenngröße *M* dieses Prozesses, die als der Quotient aus dem magnet. Moment eines Körpers und seinem Volumen definiert ist: Die Zurückführung einer ferromagnet. Substanz in den völlig unmagnet. Zustand bezeichnet man als *Ent-* oder *Abmagnetisierung.* Sie kann z. B. durch Erhitzen der Substanz über die ↑Curie-Temperatur erfolgen.

Magnetisierungskoeffizient [...koεf...], svw. ↑Suszeptibilität.

Magnetisierungskurve (Hystereseschleife), die graph. Darstellung des Zusammenhangs von magnet. Induktion **B** und magnet. Feldstärke **H** bzw. von Magnetisierung **M** und magnet. Feldstärke **H** bei Ferromagneten.

Magnetisierungsstrom, der elektr. Strom, der zum Aufbau des Magnetfeldes in einer Spule oder Spulenanordnung (z. B. in elektr. Maschinen oder Transformatoren) notwendig ist.

Magnetismus [griech.], Eigenschaft aller Stoffe, im Felde eines Magneten Kraftwirkungen zu erfahren. Die Wirkungen, die von Magneten ausgehen, sind an keinen materiellen Träger gebunden und können auch durch das Vakuum vermittelt werden; sie werden beschrieben durch das magnet. Feld (↑Magnetfeld), von dem der Magnet umgeben ist. Die in der Natur vorkommenden Arten magnet. Verhaltens teilt man ein in solche, die mit einer magnet. ↑Phasenumwandlung verbunden sind, und solche, die keine derartige Umwandlung zeigen; man bezeichnet die erstgenannten als *„stark magnet.",* die zweiten als *„schwach magnet."* Eigenschaften. Den schwach magnet. Eigenschaften gemeinsam ist der für weite Bereiche der Temperatur gültige lineare Zusammenhang $M = \chi H$ zw. Magnetisierung **M** und magnet. Feldstärke **H** über die Suszeptibilität χ, der allerdings auch bei einigen stark magnet. Eigenschaften (↑Antiferromagnetismus) auftritt. Demzufolge können schwach magnet. Substanzen keine spontane Magnetisierung, d. h. keine Magnetisierung ohne äußeres erregendes Magnetfeld zeigen. Bei ihnen unterscheidet man phänomenolog. zw. diamagnet. Substanzen (Diamagneten) mit negativer und paramagnet. Substanzen (Paramagneten) mit positiver Suszeptibilität. Der **Diamagnetismus** rührt davon her, daß Magnetfelder die Bewegungen der elektr. geladenen Bausteine der Materie, vorwiegend der Elektronen der Atomhülle beeinflussen und dadurch ein magnet. Moment in der Materie induzieren, das ohne Magnetfeld nicht vorhanden ist. Der **Paramagnetismus** hingegen beruht darauf, daß im atomaren Aufbau einer Substanz ungepaarte Elektronen in nicht abgeschlossenen Elektronenschalen auftreten und die Drehimpulse der Elektronen sich daher nicht kompensieren können. Es treten in natürl. Weise magnet. Momente auf, die sich anteilig aus Bahn- und Spinmoment zusammensetzen und als Elementardipole oder -magnete oder als Elementarmomente bezeichnet werden. Paramagnete sind nun solche Substanzen, in denen die verschiedenen Elementardipole keine Kopplung aneinander besitzen; durch die Wärmebewegung sind diese im feldfreien Fall statist. so verteilt, daß sich ihre Wirkungen makroskop. herausmitteln. Nach Anlegen eines Magnetfeldes erfolgt jedoch eine Ausrichtung dieser

Momente in Feldrichtung, die zu einer makroskop. Magnetisierung führt. Während schwach magnet. Verhalten der Materie in allen Aggregatzuständen auftritt, sind die stark magnet. Eigenschaften an den kristallinen Zustand gebunden. Sie haben ihre Ursache darin, daß wie beim Paramagnetismus in einer Substanz Elementardipole vorhanden sind, die sich aber nicht mehr unabhängig voneinander bewegen können, sondern durch starke, nur quantenmechan. zu beschreibende Austauschkräfte aneinander gekoppelt sind. Diese auf dem ↑Austausch beruhenden Wechselwirkungen bedingen die energet. Auszeichnung gewisser regelmäßiger Anordnungen der Elementardipole, die nur am absoluten Nullpunkt der Temperaturskala rein vorliegen und bei höheren Temperaturen mehr und mehr gestört werden. So begünstigt der Austausch beim ↑Ferromagnetismus die Parallelstellung aller Elementardipole, so daß sich deren magnet. Momente am absoluten Nullpunkt zu einem maximalen Wert, der Sättigungsmagnetisierung, aufsummieren. Demzufolge kann ein Ferromagnet auch ohne äußeres Magnetfeld eine spontane Magnetisierung besitzen; eine Beschreibung des Zusammenhangs zw. Magnetisierung und magnet. Feldstärke ist nicht mehr über eine lineare Beziehung (mit einer feldstärkeunabhängigen Suszeptibilität als Proportionalitätsfaktor) möglich.

Geschichte: Die älteste Erwähnung des M. ist für Thales bezeugt, der den M. einer anziehenden „Seele" im Magneten zuschrieb. Aristoteles sah im M. eine Übermittlung der „Kraft" des Magneten auf das ihn umgebende Medium Luft. In China waren magnet. Eigenschaften des Eisens vermutl. schon im 2. Jh. v. Chr. bekannt. - Erste genauere Untersuchungen des M. erfolgten im MA (Erklärungsversuche vom Erdmagnetismus). Die neuzeitl. Lehre vom M. begründete W. Gilbert in seinem Werk „De magnete ..." (1600). Mit dem Coulombschen Gesetz für Magnetpole war die Gesetzmäßigkeit magnet. Kräfte erstmals formuliert. 1820 folgte die Entdeckung des Elektromagnetismus durch H. C. Ørsted und die Formulierung des Biot-Savartschen Gesetzes. Eine Theorie des M. stellte 1824 D. Poisson mit einem Flüssigkeitsmodell auf. A. M. Ampère wies die magnet. Eigenschaften stromdurchflossener Spulen nach und entwickelte 1825 die Vorstellung von der elektr. Natur des M. (molekulare Dauerströme). 1845 entdeckte M. Faraday den Diamagnetismus als Eigenschaft aller Stoffe und unterschied ihn von Para-M.; W. Weber entwikkelte eine Theorie auf der Grundlage der Ampèreschen Molekularströme. Eine erste Theorie des M. auf der Basis der Elektronentheorie stellte 1905 P. Langevin auf; sie lieferte eine Erklärung für den Dia- und Paramagnetismus und deren Temperaturverhalten. P. Weiss postulierte die Existenz einer spontanen Magnetisierung in bestimmten Bereichen (Weisssche Bezirke). Eine exakte Theorie lieferte jedoch erst die Quantentheorie (erstmals 1928 von W. Heisenberg auf den Ferromagnetismus angewandt). 1938 wurde der Antiferromagnetismus nachgewiesen. Ab etwa 1940 erfolgte die Entwicklung ferrimagnet. Stoffe.

📖 *Mattis, D. C.: The theory of magnetism. Bln. u. a.* [1-2]*1981-85. 2 Bde. - Heber, G.: Einf. in die Theorie des M. Wsb. 1982. - Reichel, K./Schiffel, R.: Praktikum der Magnettechnik. Der M. in Theorie u. Praxis. Eine moderne Übersicht. Mchn. 1980. - Kirenski, L. W.: M. Dt. Übers. Weinheim 1969. - Hdb. der Physik. Hg. v. S. Flügge. Bd. 18, 1: M. Bln. u. a. 1968.*

◆ (Heilmagnetismus) ↑Mesmerismus.

Magnetit [griech.] (Magneteisenstein), Mineral von schwarzer, metall. glänzender Farbe, Fe_3O_4 bzw. $FeO \cdot Fe_2O_3$. Namengebend ist sein natürl. Magnetismus. Mohshärte 5,5, Dichte 5,2 g/cm³. Vorkommen in massiger Form, dann als magmat. Bildung. Wichtigstes Eisenerz. Lagerstätten u. a. in Skandinavien, USA, UdSSR (Ural); außerdem in den meisten bas. Ergußgesteinen, durch deren Verwitterung zu M.sanden („Seifen") kommt, und in Metamorphiten.

Magnetkies (Pyrrhotin, Magnetopyrit), ferromagnet. Mineral von bronzener Farbe, FeS. Mohshärte 4, Dichte 4,6 g/cm³. Wichtig nur zus. mit dem Nickelerz ↑Pentlandit. V. a. in Tiefengesteinen der Gabbrofamilie (Sudbury, Kanada); häufig auch in Eisenmeteoriten.

Magnetkompaß ↑Kompaß.

Magnetkopf, Vorrichtung an Anlagen zur magnet. Informationsspeicherung (z. B. im Tonbandgerät), der die zuvor in elektr. Impulse bzw. Wechselspannungen umgewandelte Information durch Umwandlung in ein magnet. Wechselfeld (nach dem Prinzip des Elektromagneten) auf ein magnet. Speichermaterial (Magnetonträger) in Form unterschiedl. Magnetisierungen „aufschreibt" und umgekehrt (Umwandlung der gespeicherten Magnetisierungen durch Induktion in elektr. Wechselspannung) zu „lesen" gestattet; auch ein Löschen der Information ist möglich. Je nach Funktion unterscheidet man Schreib- (Aufnahme-, Sprechkopf), Lese- (Wiedergabe, Hörkopf) und Löschkopf, die auch kombiniert sein können.

Magnetmine ↑Mine.

Magnetnadel ↑Kompaß.

Magnetochemie [griech./arab.], Teilgebiet der physikal. Chemie, das sich mit der Untersuchung magnet. Stoffeigenschaften für die Lösung chem. Probleme befaßt. Die M. liefert einen wichtigen Beitrag zur Aufklärung der Bindungsverhältnisse und Elektronenkonfigurationen in den Molekülen; sie benötigt nur sehr kleine Stoffmengen zur Untersuchung; mit ihrer Hilfe gelang u. a. der

Magnetogasdynamik

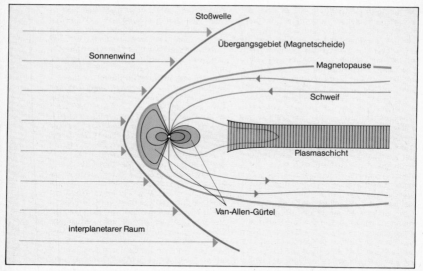

Magnetosphäre. Schema ihres Aufbaus

Nachweis von freien Radikalen und die Aufklärung von Reaktionsmechanismen.

Magnetogasdynamik [griech.] ↑ Magnetohydrodynamik.

Magnetohydrodynamik [griech.], Teilgebiet der Physik, das die Wechselwirkung zw. Magnetfeldern und strömenden, elektr. leitfähigen Flüssigkeiten (M. i. e. S.) oder Gasen (**Magnetogasdynamik**), speziell von Plasmen (**Magnetoplasmadynamik**), untersucht.

magnetohydrodynamischer Generator ↑ MHD-Generator.

magnetohydrodynamische Wellen, infolge einer Kopplung mechan. und elektromagnet. Kräfte entstehende Wellen in einem Plasma, auf das ein [homogenes] Magnetfeld einwirkt. Je nach Phasengeschwindigkeit unterscheidet man ↑ Alfvén-Wellen, schnelle und langsame *magnetohydrodynam. Schallwellen (magnetoakust. Wellen)*.

magnetokalorischer Effekt [griech./lat.], von magnet. Zustandsänderungen der Materie herrührende Temperaturänderung. Am übersichtlichsten liegen die Verhältnisse bei Paramagneten, bei denen eine Magnetisierung stets mit einer Temperaturerhöhung verbunden ist. Diesen Effekt nutzt man prakt. zur Erzeugung tiefster Temperaturen (↑ adiabatische Entmagnetisierung).

Magnetometer [griech.], Geräte zur Ausmessung von ↑ Magnetfeldern, zur Messung der Polstärke von Magneten sowie zur Prüfung der magnet. Eigenschaften von Stoffen. M. werden insbes. in der Geophysik zur Erforschung des Erdmagnetismus und der geolog. Struktur des oberflächennahen Untergrundes bei der Lagerstättenforschung verwendet.

Magneton [griech.], das Verhältnis der Beträge des magnet. Moments μ eines auf einer Kreisbahn umlaufenden Teilchens der Masse m und Ladung $-e$ (e elektr. Elementarladung) und seines in Einheiten von $\hbar = h/2\pi$ (h Plancksches Wirkungsquantum) gemessenen Drehimpulses j

$$\mu = -\frac{|\boldsymbol{\mu}|}{|\boldsymbol{j}|} = -\frac{-e\hbar}{2mc}.$$

Ist m die Elektronenmasse ($m = m_e$), so spricht man vom *Bohrschen Magneton* μ_B, im Falle der Protonenmasse m_p vom *Kern-Magneton* μ_N, das um den Faktor 1837 kleiner als μ_B ist. - Das M. erweist sich als natürl. Einheit für den fundamentalen quantenmechan. Zusammenhang von magnet. Moment und mechan. Drehimpuls.

Magnetooptik [griech.], die Lehre von der Einwirkung magnet. Felder auf die Emission, die Ausbreitung und die Absorption von Licht (↑ magnetooptische Effekte).

magnetooptische Effekte, Sammelbez. für alle Erscheinungen, die auf der Beeinflussung des Lichtes durch magnet. Felder beruhen; sie treten nur auf, wenn sich das Licht in einem materiellen Medium ausbreitet. Unter der Einwirkung eines magnet. Feldes wird die Polarisationsebene linear polarisierten Lichts, das sich in Richtung der magnet. Feldlinien ausbreitet, in allen (auch den opt. nicht aktiven) Substanzen gedreht (**Faraday-Effekt, Magnetorotation**). Eine extrem starke Drehung der Polarisationsebene tritt bei Frequenzen bzw. Wellenlängen auf, die in der Nähe von Absorptionsstellen im Spektrum der durchstrahlten Substanz liegen (**Macaluso-Corbino-Effekt**). Dort beobachtet man auch eine extrem starke magnet. Doppelbrechung. Zu diesen äußeren m. E. kommen die m. E., die auf der Einstellung magnet. Atomoder Molekülmomente in die Richtung des magnet. Feldes beruhen (sog. **Einstelleffekte**). An ferromagnet. Materialien tritt der **magnetooptische Kerr-Effekt** auf, die Veränderung der Polarisationsverhältnisse bei der Reflexion an den polierten Polen eines Magneten. Ein weiterer Einstelleffekt ist der **Cotton-Mouton-Effekt (magnetische Doppelbrechung)**, der ein völliges Analogon zur elektr. Doppelbrechung, dem elektroopt. Kerr-Effekt, darstellt; tritt er in kolloidalen Lösungen auf, so bezeichnet man ihn auch als **Majorana-Effekt**.

Magnetopyrit [griech.], svw. ↑ Magnetkies.

Magnetorotation [griech./lat.] ↑ magnetooptische Effekte.

Magnetosphäre [griech.], ein die Erde umgebender, auf der sonnenabgewandten Seite stromlinienförmiger Bereich, in dem das erdmagnet. Feld die Bewegung der in ihm befindl. bzw. in ihn hineingelangenden elektr. geladenen Teilchen bestimmt. Verantwortl. für die Entstehung der innen von der Ionosphäre, außen von der sog. Magnetopause begrenzten M. ist der Sonnenwind. Dieser stetig von der Sonne kommende Teilchenstrom „komprimiert" das erdmagnet. Feld auf der sonnenzugewandten Seite und läßt es auf der sonnenabgewandten Seite schweifförmig auslaufen. Teil der M. sind die *Van-Allen-Gürtel*, in denen hochenerget. Teilchen durch das Erdmagnetfeld gespeichert werden.

Magnetostatik [griech.], Teilgebiet der Magnetik, das sich mit den zeitl. konstanten Magnetfeldern befaßt. In der M. wird der räuml. Verlauf von Magnetfeldern in der Umgebung von Dauermagneten und von stationären Strömen sowie die Kraftwirkungen derartiger Felder untersucht.

Magnetostriktion [griech./lat.], Bez. für alle von Magnetisierungsprozessen herrührenden Änderungen der geometr. Abmessungen von Körpern. Die Erscheinungen lassen sich einteilen in volumeninvariante Gestaltsänderungen (M. i. e. S., *Joule-Effekt, Gestalts-M.*) und forminvariante Volumenänderungen *(Volumenmagnetostriktion).*

Magnetotaxis [griech.], eine im Magnetfeld erfolgende Orientierung[sbewegung] bestimmter Tiere (Honigbiene, Vögel, Delphine).

Magnetpol ↑ Magnet.

Magnetpulververfahren, Verfahren der zerstörungsfreien Werkstoffprüfung ferro-

magnet. Materialien: In Öl aufgeschwemmtes Eisenpulver haftet am magnetisierten Prüfkörper v. a. an Rissen, die sich an oder dicht unter der Oberfläche befinden.

Magnetron [griech.] ↑ Laufzeitröhren.

Magnetscheider, svw. ↑ Magnetabscheider.

Magnetschwebebahnen (Magnetschienenbahn), in der Entwicklung befindl. Schnellbahnsysteme, bei denen räderlose Fahrzeuge mit Hilfe von Magnetfeldern an oder auf eisernen Fahrschienen schwebend entlanggeführt werden, wobei hohe Fahrgeschwindigkeiten (bis 500 km/h) angestrebt werden. Zum Antrieb werden ↑ Linearmotoren verwendet. Man unterscheidet im wesentl. zwei Systeme. Beim *elektromagnet. System* entsteht beim Einschalten der im Fahrzeug unterhalb der Tragschiene angeordneten Elektromagneten (Tragmagneten) zw. ihnen und den Tragschienen eine starke magnet. Anziehungskraft, die das Fahrzeug einige Zentimeter anhebt; Führungsmagnete halten das Fahrzeug in einem durch Sensoren kontrollierten exakten Abstand zu den seitl. Führungsschienen. Um Versetzungen (z. B. durch Sturmböen) auszugleichen, ist eine sehr schnelle Regelung (des Spulenstroms bzw. der Magnetfeldstärke) erforderlich. Bei einer anderen Version des elektromagnet. Systems wird das Fahrzeug schwebend entlang einer in der Mitte der Fahrspur befindl. T-förmigen Schiene geführt. Beim *elektrodynam. System* erzeugen im Fahrzeug eingebaute Elektromagnete starke Magnetfelder, die während der Fahrt elektr. Ströme in den längs der Strecke angebrachten Aluminiumplatten induzieren; die mit diesen Strömen verknüpften Magnetfelder sind [nach dem Lenzschen Gesetz] den von den Fahrzeugmagneten erzeugten Magnetfeldern entgegengerichtet und heben das Fahrzeug je nach Geschwindigkeit in stabiler Lage bis zu 20 cm hoch; durch eine ähnl. Induktionswirkung wird die Führung des Fahrzeugs erreicht. Wegen der erforderl. hohen Stromstärken (bis zu 500 kA) müssen supraleitende Magnete verwendet werden. Abb. S. 316.

Magnetspeicher (magnetische Speicher), in der elektron. Datenverarbeitung Bez. für Speichersysteme, bei denen die Magnetisierung ferro- und ferrimagnet. Materialien zur Speicherung von Daten ausgenutzt wird. Bei **magnetischen Digitalspeichern,** wie z. B. den Dünnschichtspeichern, den Ferritkern-, Magnettrommel-, Magnetband- und [Magnet]plattenspeichern, ermöglichen die beiden magnet. Zustände bistabiler magnet. Bauelemente (Ferritkerne, Transfluxoren) bzw. kleiner magnetisierbarer Magnetbandoder Magnetplattenbereiche die Speicherung von Dualzahlen. Bei **magnetischen Analogspeichern,** meist Magnetbänder, wird eine eindeutige Zuordnung zw. Signal und Remanenz

Magnettonträger

Magnetschwebebahn „Transrapid"

durch Ausnutzung der idealen Magnetisierungskurve erreicht. Als **magnetomotorische Speicher** werden solche M. bezeichnet, bei denen der mit dem magnet. Speichermaterial versehene (nichtmagnet.) Träger eine Relativbewegung zu einer als Lese-Schreib-Einrichtung arbeitenden Magnetkopfeinheit ausführt; zu ihnen zählen die **Magnetbandspeicher** (typ. Speicherkapazität eines **Magnetbandes** [Tape] 40 Mill. Bytes bzw. Zeichen), die **Magnettrommelspeicher** (bis zu 130 Mill. Zeichen), die **Magnetplattenspeicher** mit rotierenden **Magnetplatten** bzw. sog. **Floppy Disks** sowie die **Magnetkartenspeicher,** bestehend aus mehreren Magazinen mit je etwa 200 flexiblen **Magnetkarten** von 10 cm × 30 cm Größe, die 256 Datenblocks zu 650 Zeichen speichern können. **Magnetblasenspeicher** enthalten dünne Einkristallschichten aus ferrimagnet. Material, in denen bei der Dateneingabe zylindr. geformte Domänen (*Magnetblasen* mit 5 μm ∅), die gegenüber ihrer Umgebung entgegengesetzt magnetisiert sind, auf in das Material eingeritzten Permalloystreifen bewegt werden; Speicherdichte zw. 1 und 4 Mill. Bit/cm^2.

Magnettonträger, Sammelbez. für magnetisierbare Materialien, die in der Hörfunk-, Fernseh- und Filmtechnik zur Aufnahme und Speicherung von Schallereignissen verwendet werden. M. sind vorwiegend bandförmig (Magnetband, Tonband), werden aber auch in Form von Folien, Trommeln und Platten (Magnettrommeln bzw. -platten) und Scheiben verwendet.

Magnettonverfahren ↑Film (Prinzip des Tonfilms).

Magnetzündanlage ↑Zündanlage.

Magnifikat (Magnificat) [lat. „(meine Seele) rühmt (den Herrn)"], urchristl. Gesang, der im N. T. Maria, der Mutter Jesu, zugeschrieben wird (Luk. 1, 46–55). Ben. nach dem ersten Wort des lat. Textes. Seinen liturg. Platz hat es bes. im Stundengebet (in der Vesper) gefunden. - Für die abendländ. Musikgeschichte wurden seine mehrstimmigen Vertonungen bedeutsam (Guillaume Dufay, Orlando di Lasso, Palestrina), manchmal zw. einstimmigem Choral und mehrstimmigem Chorsatz alternierend (Josquin Desprez, Adam von Fulda) oder zu Kantaten erweitert (J. S. Bach).

Magnitogorsk, sowjet. Stadt am O-Abfall des Südl. Ural, RSFSR, 421 000 E. Hochschule für Metallurgie, PH, Museum; Theater. Bed. Zentrum des Eisenerzbergbaus und der Eisenverhüttung. - M. entstand 1929–31 beim Bau des Eisenhüttenkombinats.

Magnitude [lat.], dimensionslose Größe zur Charakterisierung der Stärke von Erdbeben, die aus der Bodenamplitude, der Periode der Erdbebenwelle und einer Eichfunktion berechnet wird. Das bisher stärkste gemessene Erdbeben hatte die M. 8,6.

Magnitudo [lat. „Größe"], Einheitenzeichen m oder mag, Maß für die ↑Helligkeit eines Gestirns.

Magnolie (Magnolia) [nach dem frz. Botaniker P. Magnol, * 1638, † 1715], Gatt. der M.gewächse mit rd. 80 Arten in O-Asien, im Himalaja und in N- und M-Amerika; sommer- oder immergrüne Bäume oder Sträucher mit einfachen, ungeteilten Blättern und einzelnen endständigen, oft sehr großen Blüten. Mehrere Arten sind beliebte Zierbäume und -sträucher, z. B. **Sternmagnolie** (Magnolia stellata), bis 3 m hoher Strauch mit verkehrt-eiförmigen, bis 10 cm langen Blättern und duftenden, weißen Blüten; **Tulpenmagnolie** (Magnolia soulangiana), mit auf-

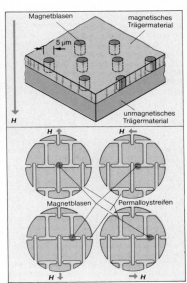

Magnetspeicher. Oben: Teilansicht einer Scheibe mit 256 000-bit-Magnetblasenspeicherchip mit Anschlußrahmen (oben rechts Ausschnitt eines 1-Megabit-Magnetblasenspeichersystems); rechts: Aufbau eines Magnetblasenspeichers in einem vertikalen magnetischen Feld (*H*; oben) und Blasentransport auf Permalloystreifen in einem rotierenden magnetischen Feld

rechten, innen meist weißen, außen mehr oder weniger stark rosafarbenen Blüten.

Magnoliengewächse (Magnoliaceae), Pflanzenfam. mit mehr als 200 Arten, hauptsächl. im gebirgigen S- und O-Asien und vom atlant. N-Amerika bis nach S-Amerika; Bäume und Sträucher mit oft sehr großen, vielfach einzelnstehenden Blüten; Zierpflanzen; bekannte Gatt. sind Magnolie und Tulpenbaum.

Magnum [lat.], Bez. für die Flaschengröße 1,6 Liter.

Magnum (Magnum photos), 1947 von R. Capa, H. Cartier-Bresson und D. Seymour gegr., genossenschaftl. organisierte Agentur freischaffender Photojournalisten aus verschiedenen Nationen. Hauptsitz New York.

Magnus, männl. Vorname lat. Ursprungs, eigtl. „der Große".

Magnus ['maɡnʊs, norweg. 'maŋnus], Name norweg. Könige:

M. I., der Gute, * 1024, † in Dänemark 25. Okt. 1047, König von Norwegen (seit 1035), König von Dänemark (seit 1042). - Von den Norwegern aus dem russ. Exil zurückgeholt; durch Erbvertrag auch König von Dänemark, das er 1043 gegen die Wenden verteidigte.

M. VI. Lagabøter („Gesetzesverbesserer"), * Tønsberg 1. Mai 1238, † Bergen 9. Mai 1280, König (seit 1263). - Stellte die Rechtseinheit Norwegens her (1274 Landrecht, Stadtrecht), mußte aber der Kirche u. a. eigene Gerichtsbarkeit zugestehen (1277).

Magnus (Sankt Mang, Maginald), hl., * um 699, † Füssen um 772, rätoroman. Missionar. - Wirkte ab 746 als Missionar im Allgäu; gründete die Benediktinerabtei Sankt Mang in Füssen.

Magnus, Heinrich Gustav, * Berlin 2. Mai 1802, † ebd. 4. April 1870, dt. Physiker und Chemiker. - Prof. in Berlin; erforschte u. a. Strömungen von Gasen und Flüssigkeiten (1852 entdeckte er den ↑ Magnus-Effekt). Seine chem. Untersuchungen betrafen v. a. Tellur, Selen und Platin.

M., Kurt, * Kassel 28. März 1887, † Wiesbaden 20. Juni 1962, dt. Rundfunkpionier. - Als Mgl. des Aufsichtsrats des Vox-Konzerns 1923 führend beteiligt an der Gründung der ersten dt. Rundfunkanstalt (Funk-Stunde AG); 1925-33 geschäftsführender Direktor der Reichs-Rundfunk-Gesellschaft; wirkte nach 1945 beim polit. Aufbau in Hessen und für den Hess. Rundfunk.

Magnus-Effekt [nach H. G. Magnus], das Auftreten einer „Querkraft" (senkrecht zur Achse und zur Anströmrichtung) bei ei-

Magnus-Effekt (schematisch)

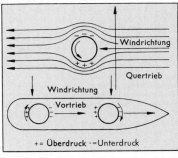

+= Überdruck -=Unterdruck

Mago

nem um seine Achse rotierenden und senkrecht zur Achse angeströmten Zylinder (Flett-
ner-Rotor [↑Flettner, A.]).

Mago, † 203 v. Chr., karthag. Feldherr. -
Jüngerer Bruder Hannibals, unter dem er
218–216 in Italien kämpfte; führte anschließend den span. Krieg bis 206.

Magodie [griech.] (Lysodie), altgriech.
Gattung der niederen Lyrik; mim.-gest. Dar-
stellung kom.-vulgärer Typen (Betrunkener,
Kupplerin) durch einen Schauspieler.

Magot [frz., ben. nach Magog] (Berber-
affe, Macaca sylvanus), einzige außerhalb
Asiens lebende Art der Makaken in Marokko,
Algerien und auf dem Felsen von Gibraltar
(„Gibraltaraffe"): Körper gedrungen, etwa
60–75 cm lang, Schwanz stummelförmig, Fell
dicht, braun; gesellige Bodenbewohner.

Magritte, René [frz. ma'grit], * Lessines
21. Nov. 1898, † Brüssel 15. Aug. 1967, belg.
Maler. - Begann als abstrakter Maler, unter
dem Einfluß der Bilder G. de Chiricos bezog
er die gegenständl. Welt ein und seit etwa
1927 kam er zu einer surrealist. Formsprache,
in der er die Realität durch irreale Kombinationen von Motiven und Farbgebung ver-
fremdet. Umfangreiches Werk, auch Wandmalereien (Kasino von Knokke-le-Zoute,
1953). - Abb. S. 320.

Magubane, Peter, * Vrededorp bei Johannesburg 18. Jan. 1932, südafrikan. schwarzer Photojournalist. - Seit 1965 für die Johan-
nesburger „Rand Daily Mail", inzwischen
auch für „Time" tätig. Seine erschütternden
und schockierenden Reportagen über das Leben unter den Gesetzen der Apartheid in Südafrika erhielten internat. Anerkennung („Ma-
gubanes Südafrika", 1978).

Magula, neugriech. Bez. für einen durch
Siedlungsschutt aufgehöhten Hügel aus vorgeschichtl. Zeit.

Magyaren [ma'dʒaːrən] (Madjaren), ein
dem finn.-ugr. Sprachkreis zugehöriges Volk,
das, von der Gegend des Ural abwandernd,
vermischt mit einer türk. Oberschicht, seit
896 das mittlere Pannonien, das Kerngebiet
des heutigen Ungarn, besetzte. Die Reste der
hier lebenden Völker (Germanen, Slawen
u. a.) wurden assimiliert. Die Mongoleneinfäl-
le im 13. Jh. und die Türkenkriege brachten
große Bev.verluste; bis zum Ende des 19. Jh.
blieben die M. im alten Ungarn in der Minderheit. Durch die Assimilierung von Nicht-
magyaren (**Magyarisierung**) vergrößerte sich
im 19./20. Jh. der Anteil der M. erheblich.
Die Magyarisierung ging z. T. ohne Zwang
vonstatten, wurde aber nach 1848 offiziell betrieben. Maßnahmen waren u. a. der ausschließl. Gebrauch der ungar. Sprache in den
Schulen und als Amtssprache und Namensän-
derung. Im heutigen Ungarn sind rd. 97 %
der Bev. M.; Gruppen von M. leben außerdem
im S der Slowakei, in Rumänien, Jugoslawien
und Nordamerika. - Karte S. 320.

Magyarisch [ma'dʒaːrɪʃ] ↑ungarische
Sprache.

Magyarisierung [madʒa...] ↑Magyaren.

Mahabad [pers. mæhɑ'bɑːd], iran. Stadt
südl. des Urmiasees, 1 460 m ü. d. M., 35 000 E.
Zentrum eines ländl. Gebiets. - M. war
Hauptstadt der am 4. April 1946 gegründeten
Republik M., des ersten Staatswesens der
Kurden, das bald von Iran erobert wurde.

Mahabalipuram, südl. von Madras gele-
gener Ort, ehem. Seehafen des Pallawa-Rei-
ches; es sind v. a. hinduist. Baudenkmäler aus
der Mitte des 7. Jh. erhalten. Fünf Rathas
(Tempelwagen), insbes. der Dharmaraja-Ra-
tha, wurden Vorbild für den drawid. Tempel-
bau. Sie sind aus Felsmonolithen gehauen;
eines der großen Felsenreliefs stellt die Askese
Ardschunas dar; außerdem u. a. Höhlentem-
pel und der Ufertempel (um 700). - Abb. S. 322.

Mahabharata [Sanskrit „der große
(Kampf) der Nachkommen des Bharata"],
ind. Sanskritepos aus 18 Büchern und einem
Anhang, das in der Legende als Werk des
Wjasa gilt, tatsächl. jedoch über Jh. gewach-
sen ist. Die ältesten Teile sind vorbuddhist.
(eine Inschrift aus dem 6. Jh. kennt das M.
in seinem heutigen Umfang von über 100 000
Doppelversen). Im Mittelpunkt steht ein Heldenepos (Kämpfe der Nachkommen des Bharata, der Kaurawas gegen die Pandawas), eingefügt sind Göttersagen, Tierfabeln und
religiös-philosoph. Gesänge bzw. Lehrgedichte, z. B. die „Bhagawadgita" im 6. Buch sowie
lehrhafte Abschnitte, die das M. zum Lehrbuch des Dharma machen. Das M., dessen
Episoden oft den Stoff für die klass. Sanskrit-
dichtung abgaben, ist eine bed. Quelle des
frühen Hinduismus.

Mahadewa [Sanskrit „großer Gott"],
Beiname ↑Schiwas.

Mahagoni [indian., 1762 geprägt von C.
von Linné], urspr. Bez. für das erstmals zu
Beginn des 18. Jh. von den Westind. Inseln
nach Europa eingeführte rotbräunl., feste
Holz des Zedrachgewächses Swietenia mahagoni („echtes M.", *Insel-M.*, *Westind. M.*, *Ku-
ba-M.* u. a.), das v. a. zur Herstellung von
Massivmöbeln verwendet wurde. Im 19. Jh.
kam das aus M- und S-Amerika stammende
hellere Holz der Art Swietenia macrophylla
(*Festland-M.*, *Honduras-M.*, *Tabasco-M.* u. a.)
hinzu, das heute v. a. im Möbel- und Bootsbau
verwendet wird.

Mahajana-Buddhismus [Sanskrit
„großes Fahrzeug"], in den ersten nachchristl.
Jh. entstandene Richtung des ↑Buddhismus,
die v. a. in N-Indien (daher auch „nördl. Buddhismus"), Tibet, Zentralasien und China,
von wo sie nach Korea und Japan (Amidis-
mus, Zen-Buddhismus) gelangte, heim. war. -
↑auch Hinajana-Buddhismus.

Mahajanga (früher Majunga), Hafenstadt
an der NW-Küste Madagaskars, 85 000 E.
Verwaltungssitz der Prov. M.; kath. Bischofs-

sitz; Nahrungsmittelindustrie.

Mahalla Al Kubra, Al, ägypt. Stadt im Nildelta, 292 900 E. Bedeutendstes Textilwerk Ägyptens.

Mahanadi, Fluß auf dem nö. Dekhan, Indien, entspringt an der W-Flanke der Ostghats, fließt zunächst in nördl., dann östl. Richtung, durchbricht die Ostghats, mündet unterhalb von Cuttack in den Golf von Bengalen, 900 km lang; mehrfach gestaut.

Maharadscha [Sanskrit „großer König"], ind. Herrschertitel, Großft.; die Frau des M. führt den Titel **Maharani.**

Maharashtra [...'raʃtra], Bundesstaat in W-Indien, 307 762 km², 62,7 Mill. E (1981), Hauptstadt Bombay. M. hat Anteil am schmalen Saum der Konkanküste, am Steilabfall der Westghats und am Hochland von Dekhan. Das Klima wird vom Monsun geprägt. Die Niederschlagsmengen schwanken je nach Lage, sie sind am höchsten in den Westghats (maximal 6 226 mm). 82 % der Bewohner sind Hindus, 8 % Muslime, 7 % Buddhisten. An der Konkanküste wird Reis angebaut, auf dem Dekhan im O überwiegend Weizen und Baumwolle, im W Hirse. Die immergrünen Regenwälder in den Westghats sowie die Monsumwälder auf dem Dekhan enthalten wertvolle Nutzhölzer. An Bodenschätzen besitzt M. Manganerze, Kalkstein- und Salzvorkommen. Massive Ind.ballung in und um Bombay, v. a. Textil-, Elektro-, Glas-, chem., Seifen-, Zucker- und Papierind.

Maharischi Mahesch Jogi, ind. Mönch unbekannten Alters. - Angebl. zunächst Physiker, der nach seinen Aussagen in einem Kloster im Himalaja Erkenntnisse erlangte, auf Grund derer er am 1. Jan. 1958 in Madras seine Schule der ↑ Transzendentalen Meditation begründete.

Mahatma [Sanskrit „dessen Seele groß ist"], ind. Ehrentitel für Weise und Heilige, der auch M. K. ↑Gandhi beigelegt wurde.

Mahdi [arab. 'maxdi], eigtl. Al Imam Al M. [„der rechtgeleitete ↑ Imam"], der von den Muslimen (seit dem 8. Jh.) am Ende der Zeiten erwartete Erneuerer des Islams, der dessen Einheit und Ordnung überall auf der Welt verwirklicht und damit den Jüngsten Tag vorbereitet. Nach den Lehren der Schiiten wird der von ihnen verehrte, verborgene 12. Imam am Zeitende als der M. wiederkehren. Wiederholt beanspruchten religiöse Führer des Islams die M.würde.

Mahdi, Al [arab. al'maxdi], eigtl. Muhammad Ahmad Ibn Abd Allah, * Al Channak bei Dongola 1844, † Omdurman 22. Juni 1885, islam. Führer im Sudan. - Hervorgegangen aus dem Derwischorden der Sammanija; gab sich als der verheißene Mahdi aus und führte sie nach ihm ben. **Mahdi-Aufstand** im Sudan gegen die ägypt. Reg. an. Mit seiner fanat. Anhängerschaft erklärte er 1881 den Glaubenskrieg gegen alle, die sich ihm nicht

anschlossen. Die Mahdisten vernichteten 1883 die ägypt. Armee, am 26. Jan. 1885 eroberten sie Khartum und konnten erst nach dem Tod von Al M. durch Lord Kitchener 1898 der angloägypt. Herrschaft unterworfen werden.

Mähdrescher (Kombine, Combine), meist selbstfahrende Getreidevollerntemaschine. Moderne *Selbstfahrer-M.* sind mit Ährenheber, Halmteiler und Haspel ausgerüstet. Eine Einzugsschnecke bringt das Erntegut zur Mitte, wo ein Kettenförderer es dem Dreschapparat zuführt. Der Dresch- und Reinigungsvorgang ist der gleiche wie bei der ↑ Dreschmaschine; das Korn wird über einen Sortierzylinder den Absackstutzen zugeleitet; der *Absackstand* bietet Raum für 8 bis 10 gefüllte Getreidesäcke. Heute überwiegt die Bergung im *Körnertank,* der mit einer Förderschnecke über den schwenkbaren Rüssel entleert wird. Die Spreu wird auf den Acker geblasen; das Stroh kann mit einer Anbaupresse in Ballen gebunden werden. - Abb. S. 323.

Mahe (frz. Mahé), ehem. frz. Kolonialenklave an der Malabarküste von SW-Indien, in frz. Besitz 1725–1954, seitdem Teil des ind. Unionsterritoriums Pondicherry; umfaßte die Stadt M. und einige umliegende Dörfer; in kolonialer Zeit Bed. als Handelsplatz für Kokosnüsse und Pfeffer.

Mahé [engl. mə'(h)ɛɪ, frz. ma'e], Hauptinsel der ↑ Seychellen.

Mahen, Jiří [tschech. 'mahɛn], eigtl. Antonín Vančura, * Čáslav (Mittelböhm. Gebiet) 12. Dez. 1882, † Brünn 22. Mai 1939 (Selbstmord), tschech. Schriftsteller. - Mit seinem impressionist. Werk (Lyrik, Romane, Erzählungen, Essays) bed. Repräsentant des tschech. „Poetismus". Dt. erschienen u. a. „Anglergeschichten" (1921).

Mahican [engl. mə'hi:kən] (Mohikaner), Gruppe von Indianerstämmen am oberen Hudson River, USA. Die M. verkauften ihr Land an die Weißen (ab 1664) und wanderten nach W, wo sie in anderen Algonkinstämmen aufgingen.

Mah-Jongg ⓦ (Ma-Jongg) [ma'dʒɔŋ; chin. „Spatzenspiel"], urspr. chin. Spiel, das auch in Europa und den USA (der Amerikaner J. P. Babcock führte 1925 feste Regeln ein) beliebt ist. Gespielt wird von den 4 nach den Windrichtungen benannten Teilnehmern mit 136 bis 144 Spielsteinen in Dominosteingröße oder mit Spielkarten. Ziel des Spiels ist es, aus den Steinen, die in verschiedene Serien aufgeteilt sind, bestimmte „Spielbilder" zusammenzustellen.

mahlen ↑Mühle.

Mahler, Gustav, * Kalischt (= Kaliště, Mähren) 7. Juli 1860, † Wien 18. Mai 1911, östr. Komponist und Dirigent. - Studierte am Konservatorium in Wien und bei A. Bruckner; u. a. 1897–1907 Direktor der Wiener

René Magritte, Die Beschaffenheit der Menschen I (1933). Privatbesitz

Kompositionstechniken vorweg. Seine Musik ist nie als absolute Musik zu verstehen; sie ist stets Trägerin außermusikal. Ideen, die teilweise und zeitweilig den Kompositionen auch in Form von Programmen vorangestellt waren. Seine Frau Alma **Mahler-Werfel** (* 1879, † 1964), seit 1902 mit ihm ∞, schrieb seine Biographie und gab seine Werke heraus. - **Werke:** *Sinfonien:* 1. D-Dur (1884–88); 2. c-Moll, mit Sopran-, Altsolo, Chor (1887–94); 3. d-Moll, mit Altsolo, Frauen- und Knabenchor (1893–96); 4. G-Dur, mit Sopransolo (1899/1900); 5. cis-Moll (1901/02); 6. a-Moll (1903–05); 7. e-Moll (1904/05); 8. Es-Dur, mit drei Sopran- und zwei Altsoli, Tenor-, Bariton- und Baßsolo, Knabenchor und zwei gemischten Chören (1906/07); „Das Lied von der Erde", Sinfonie für Tenor- und Alt-(oder Bariton-)Stimme und Orchester (1907/08; H. Bethge); 9. D-Dur (1909/10); 10. Fis-Dur (1910, Fragment). - *Lieder mit Orchester:* „Lieder eines fahrenden Gesellen" (1883–85); Lieder aus „Des Knaben Wunderhorn" (1888–99); „Kindertotenlieder" (1901–04; F. Rückert). - *Chorwerk:* „Das klagende Lied" (1878–99, verschiedene Fassungen). - *Lieder mit Klavier* (darunter auch Klavierfassungen der Orchesterlieder).

🕮 *Silbermann, A.:* Lübbes Mahler-Lex. Bergisch Gladbach 1986. - *Lea, H. A.: G. M.* Bonn 1985. - *Eggebrecht, H. H.:* Die Musik G. Mahlers. Mchn. 1982.

Mahlsand, svw. ↑Treibsand.

Mahlzähne, svw. Backenzähne (↑Zähne).

Mähmaschine, landw. Maschine zum Mähen bes. von Gras und Grünfutter; fahrbar, selbstfahrend oder in Form einer Anbaumaschine (Zapfwellenantrieb). Das *Mähwerk* besteht aus einem hochklappbaren Mähbalken (Finger-, Schneidebalken) und dem von einer Kurbel hin- und herbewegten Messer mit nahezu dreieckförmigen Messerklingen (beim Doppelmessermähwerk zwei gegenläufige Messer). Der **Motormäher** benutzt seinen 4–10 PS starken Motor sowohl zum Antrieb des Mähmessers als auch zur eigenen Fortbewegung; er wird an Holmen geführt und ist auch noch an steilen Hängen

Hofoper, 1898–1901 auch Leiter der Wiener Philharmoniker. 1907 wurde M. Gastdirigent der New Yorker Metropolitan Opera und 1909 zusätzl. Leiter der neu gegr. Philharmonic Society. - In seinen Interpretationen bemühte sich M. um eine Herausarbeitung der kompositor. Struktur um jeden Preis, wobei er sich nicht scheute, Kompositionen zu retuschieren. Sein kompositor. Schaffen konzentriert sich auf die Gatt. Sinfonie und Lied. Insgesamt ist sein Werk der Romantik verpflichtet; harmon. verbleibt er innerhalb des tonalen Rahmens; doch erhalten die traditionellen Momente durch ihre unkonventionelle Art der Verwendung eine neue Wirkung und Bedeutung. Seine Werke nehmen - verdeckt von scheinbar Trivialem - viele moderne

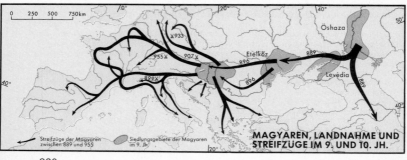

Streifzüge der Magyaren zwischen 889 und 955

Siedlungsgebiete der Magyaren im 9. Jh.

MAGYAREN, LANDNAHME UND STREIFZÜGE IM 9. UND 10. JH.

einzusetzen. Beim **Kreiselmäher** *(Scheiben-* oder *Tellermäher)* rotieren Trommeln, die unten mit je zwei oder vier schwenkbaren Messerklingen besetzt sind; sie legen das Mähgut in lockeren Schwaden ab. - ↑auch Rasenmäher.

Mahmud II. [max'mu:t] (türk. Mahmut [türk. mah'mut]), * Konstantinopel 20. Juli 1784, † ebd. 1. Juli 1839, osman. Sultan (seit 1808). - Reformierte mit Hilfe europ. Offiziere (u. a. H. von Moltke) das Heer; mußte im Frieden von Adrianopel die Unabhängigkeit Griechenlands anerkennen. Unter ihm begann die Auflösung des Osman. Reiches.

Mahmud von Ghazni [max'mu:t] (M. der Große), * 1. Nov. 971, † Ghasna (= Ghazni) 30. April 1030, Beherrscher eines vorderasiat. Reiches. - Aus der Dyn. der Ghasnawiden; 998 vom Kalifen als Sultan anerkannt; wurde zum Beherrscher fast des ganzen Iran und eroberte große Teile des heutigen Pakistan, Afghanistan und N-Indien bis zum Ganges; sein Hof wurde Zentrum von Wiss. und Literatur.

Mahmud Abd Al Baki [max'mu:t] (türk. Mahmut Abdülbaki [türk. mah'mut abdylba:'ki]; Baki), * Konstantinopel 1526 oder 1527, † ebd. 7. Nov. 1600, türk. Dichter. - Richter; seine Dichtungen (v. a. sein Diwan) zeichnen sich durch meisterhafte Beherrschung der Form, hohe Musikalität, Gedankentiefe und geschliffene Sprache aus.

Mähne [zu althochdt. mana, eigtl. „Nakken, Hals"], in der *Biologie* Bez. für stark verlängerte Hals- bzw. Nacken- oder Kopfhaare bei verschiedenen Säugetieren (z. B. Pferde, Löwenmännchen, Mähnenrobbe, Mähnenwolf).

Mähnenfuchs, svw. ↑Mähnenwolf.

Mähnengerste (Hordeum jubatum), Gerstenart aus N-Amerika; einjähriges, 40–70 cm hohes Gras mit 5–12 cm langer, überhängender Ähre und langen, grünen, nach der Spitze zu rosa bis violett gefärbten Grannen; beliebtes Ziergras.

Mähnenhirsch (Cervus timorensis), 130–215 cm lange, 80–110 cm schulterhohe, gesellig lebende Hirschart auf den Sundainseln, z. T. eingebürgert in Australien, Neuseeland, Neukaledonien; Fell meist dicht und zottig, beim ♂ an Hals und Nacken meist mähnenartig verlängert.

Mähnenratte (Lophiomys imhausi), 25–35 cm langes Nagetier, v. a. in O-Afrika; mit schwarzweißer Längszeichnung und buschigem Schwanz.

Mähnenrobbe ↑Robben.

Mähnenspringer (Mähnenschaf, Ammotragus lervia), Art der Böcke (Unterfam. Ziegenartige) in felsigen Trockengebieten N-Afrikas; Körperlänge des ♂ bis 165 cm, Schulterhöhe bis 100 cm, ♀ kleiner; fahlbraun; ♂ mit sehr langer, hellerer Mähne an Halsunterseite und Brust; beide Ge-

schlechter haben große, sichelartig nach hinten und außen geschwungene Hörner; sehr gute Kletterer und Springer.

Mähnenwolf (Mähnenfuchs, Chrysocyon brachyurus), schlanke, rotbraune bis rötlichgelbe, hochbeinige Art der Hundeartigen, in Savannen und Trockenbuschwäldern des mittleren und östl. S-Amerika; Körperlänge bis über 1 m, Schulterhöhe bis 85 cm; Schwanz buschig, mit weißer Spitze; Kopf schlank, spitzschnauzig, mit großen Ohren; längere, schwarze Behaarung längs des Nackens und der Rückenmitte; frißt Kleintiere und Früchte.

Mahnung, Aufforderung des Gläubigers an den Schuldner, die fällige Leistung zu erbringen; ihrer Rechtsnatur nach keine Willenserklärung, sondern eine Rechtshandlung. Die M. ist zumeist Voraussetzung dafür, daß der Schuldner in Verzug gerät. Klageerhebung und Zustellung eines Mahnbescheids (früher: Zahlungsbefehl) stehen der M. gleich.

Mahnverfahren, vereinfachtes (beschleunigtes) Verfahren nach §§ 688 ff. ZPO, um dem Gläubiger schnell (v. a. ohne mündliche Verhandlung) und billig einen Vollstreckungstitel zu verschaffen. Es beginnt mit dem Antrag des Gläubigers beim dafür zuständigen Amtsgericht (zuständig: Rechtspfleger) auf Erlaß eines Mahnbescheids (früher: Zahlungsbefehl) gegen den Schuldner, sofern der Anspruch auf Zahlung einer bestimmten Geldsumme geht. In dem vom Gericht neuerdings auch maschinell durch Datenverarbeitungsanlagen erlassenen **Mahnbescheid** wird dem Antragsgegner aufgegeben, die Schuld zu zahlen oder binnen einer Frist von längstens zwei Wochen mit Zustellung Widerspruch zu erheben. Durch [formlose] Erhebung des Widerspruchs wird das M. in das normale streitige Verfahren übergeleitet. Wird kein Widerspruch eingelegt, so ergeht auf Antrag des Antragstellers frühestens nach 2 Wochen ein Vollstreckungsbescheid (Exekution), gegen den der Antragsgegner Einspruch einlegen kann wie gegen ein Versäumnisurteil. Mit der Einreichung des Gesuchs um Erlaß eines Mahnbescheids wird die Verjährung unterbrochen.

Im *östr. Recht* gilt eine dem dt. Recht entsprechende Regelung. In der *Schweiz* hat die ↑Betreibung ähnl. Funktionen wie das Mahnverfahren.

Mahón [span. ma'ɔn], span. Hafenstadt, Hauptort von Menorca (Balearen), 20 500 E. Kriegshafen, Schuhfabrikation, Textil-, Nahrungsmittelind. - M., röm. **Portus Magonis,** wurde 1708 von den Briten besetzt, 1718 Freihafen, seit 1802 spanisch. - Alter Stadtteil um die Kirche Santa María (1287; 1748 wiederaufgebaut); megalith. Baudenkmal.

Mahonie (Mahonia) [nach dem amerikan. Gärtner B. McMahon, * 1775, † 1816], Gatt. der Sauerdorngewächse mit rd. 90 Arten

Mahr

Mahabalipuram. Felsenrelief
„Die Askese Ardschunas"

in O-Asien, N- und M-Amerika; meist immergrüne Sträucher; Blätter meist dornig gezähnt; Blüten gelb, in büscheligen, vielblütigen Trauben oder Rispen; Früchte meist blau. Viele Arten werden als Ziersträucher kultiviert.

Mahr ↑Alp.

Mahraun, Arthur [ma'raun, 'ma:raun], * Kassel 30. Dez. 1890, † Gütersloh 27. März 1950, dt. Offizier und Politiker. - Gründer des Jungdt. Ordens (1920; dessen Hochmeister) und der Volksnat. Reichsvereinigung (1930); nach 1933 als Verleger tätig; warb nach 1945 erfolglos für die Einführung von „Nachbarschaften" als sozialreformer. Institutionen.

Mähren, histor. Gebiet in der mittleren ČSSR; v. a. Mittelgebirgscharakter, daneben Becken- und Niederungslandschaften, wie z. B. das Marchfeld. Über die Mähr. Pforte hat das von der March zur Donau hin entwässernde M. Verbindung zur Schles. Tieflandsbucht.

Geschichte: Die bis in die Mitte des 1. Jh. v. Chr. hier ansässigen Kelten wurden abgelöst durch die sueb. Quaden, denen in der Zeit der Völkerwanderung neue german. Völker folgten (Heruler, Rugier und Langobarden), bis etwa im 6. Jh. slaw. Stämme einwanderten. Im 9. Jh. (bis 906) bestand das Großmähr. Reich. Um 1029 fiel M. an Böhmen; diese lehnsrechtl. Bindung blieb auch bestehen, als 1182 Kaiser Friedrich I. M. reichsunmittelbar machte und zur Markgft. erhob.

1349–1411 war M. luxemburg. Sekundogenitur, dann fiel es an den böhm. König Wenzel, nach dessen Tod an den späteren Kaiser Sigismund, der M. 1423 seinem Schwiegersohn Herzog Albrecht V. von Österreich überließ. Nach dem Untergang König Ludwigs II. von Ungarn in der Schlacht bei Mohács (1526) kam M. endgültig an Österreich. Im 19. Jh. stand der nat. Kampf zw. Deutschen und Tschechen im Vordergrund. 1905 kam es zum **mährischen Ausgleich** (Übereinkunft nach dem Prinzip nat. Personalautonomie mit Bildung entsprechender Selbstverwaltungskörperschaften). Am 28. Okt. 1918 wurde M. ein Teil der ČSR.

Mahrenholz, Christhard, eigtl. Christian Reinhard M., * Adelebsen (Landkr. Göttingen) 11. Aug. 1900, † Hannover 15. März 1980, dt. ev. Theologe und Musikwissenschaftler. - Seit 1930 Musikdezernent im Landeskirchenamt Hannover und seit 1946 auch Honorarprof. für Kirchenmusik an der Univ. Göttingen. M. war maßgebl. beteiligt an der Fertigstellung des Gesangbuchs der EKD; zahlr. Arbeiten zur Kirchenmusik, zu Orgelbau und Liturgie.

Mährische Brüder ↑Böhmische Brüder.

Mährische Pforte, Senke zw. den Ostsudeten und den Westbeskiden, ČSSR, Teil der europ. Wasserscheide. Schon zur Römerzeit wurde die M. P. von einer bed. Fernstraße (Bernsteinstraße) benutzt.

mährischer Ausgleich ↑Mähren.

Mährisch-Ostrau, bis 1945 dt. Name für ↑Ostrau.

Mährisch-Weißkirchen ↑Hranice.

Mai [lat.], der wohl nach dem altital. Gott Maius, der als Beschützer des Wachstums verehrt wurde, ben. 3. Monat des altröm. und 5. Monat des Julian. Kalenders mit jeweils 31 Tagen. In M-Europa wird über **Maibrauchtum** ab 1200 berichtet (Formen des Frühlingsbegrüßens in *M.feiern, M.gängen, M.ritten*). In Italien wurden seit dem Anfang des 13. Jh. Umfahrten mit Blumenwagen abgehalten, für 1244 ist in England die „Einführung des Frühlings" bezeugt. Im Umkreis der Hanse bildete sich die Gestalt des *M.grafen* aus. Grüne Zweige und Bäumchen (*Maien*), die während der seit dem 13. Jh. bezeugten Feier des Maibegrüßens als *Schmuckmaien* dienten oder als *Ehren-* oder *Liebesmaien* verschenkt wurden, sind die histor. Vorläufer des **Maibaums.** Von diesen Maien, wie sie auch zu anderen Zwecken und Terminen gebraucht werden (*Erntemai, Kirchenmai, Hochzeitsmai, Richtmai*) zu unterscheiden sind die eigtl. Maibäume, d. h. bis auf den Wipfel entastete, geschmückte und in die Erde gerammte Bäume. Sie werden erstmals zu Anfang des 16. Jh. in Franken erwähnt mit der Funktion als Ortsbaum, Tanzbaum, Wirtsbaum (Zeichen des Ausschanks), Rechtsbaum (Markt-, Kirchweih-, Friedensschutz). - ↑auch Erster Mai.

Maia, Bergnymphe der griech. Mythologie, älteste der ↑Plejaden; von Zeus Mutter des Hermes.

Maiandacht, in der kath. Volksfrömmigkeit die (tägl.) Marienandacht im Mai. Aus dem italien. Barock stammend, verbreitete die M. sich im 19. Jh. allg.; gegenwärtig zurückgehend.

Maiano, Benedetto da ↑Benedetto da Maiano.

M., Giuliano da ↑Giuliano da Maiano.

Maiaufstände ↑Märzrevolution.

Maibaum ↑Mai.

Maiblume, volkstüml. Bez. für einige im Mai blühende Pflanzen, u. a. Maiglöckchen und Waldmeister.

Maiblumentierchen (Carchesium), Gatt. trichterförmiger, gestielter, festsitzender Wimpertierchen (Fam. Glockentierchen); bilden strauchartig verzweigte, oft einige Zentimeter große Kolonien auf Wasserpflanzen, Steinen u. a.

Maiden [engl. mɛɪdn, eigtl. „Jungfrau"], im Pferderennsport Bez. für ein noch siegloses Pferd.

Maiden Castle [engl. 'mɛɪdnkɑːsl] ↑Dorchester.

Maidstone [engl. 'mɛɪdstən], engl. Stadt im Weald, 72 300 E. Verwaltungssitz der Gft. Kent; Versuchsanstalt für Gartenbau; Museum, Kunstgalerie, Markt für Obst und Hopfen; Papier- und Druckereiind., Landmaschinenbau, Brauereien. - M., vermutl. sächs. Ursprungs, war vom 11. Jh. bis zur Reformation Sitz der Erzbischöfe von Canterbury. Es kam 1537 an die engl. Krone, erhielt 1549 und

Mähdrescher (Selbstfahrer)

Maikäfer

1559 Stadtrecht. - Kirche und College All Saints (beide Ende 14. Jh.), Chillington Manor House (16. Jh.), Rathaus (18. Jh.), zahlr. Wohnhäuser des 15. Jahrhunderts.

Maiduguri, nigerian. Stadt sw. des Tschadsees, 189 000 E. Hauptstadt des Bundesstaats Bornu, kath. Bischofssitz, Univ. (gegr. 1975); Tschadseeforschungsinstitut, landw. Versuchsstation; Gerbereien; bed. Handelszentrum zw. Nomaden und der seßhaften Bev.; Eisenbahnendpunkt, ✈. - Ging aus einem 1907 angelegten brit. Militärposten hervor.

Maiensäß, im Rahmen der Almwirtschaft die Zwischenweide, die während des Frühjahrsauftriebes von den Herden genutzt wird.

Maier, Reinhold, * Schorndorf 16. Okt. 1889, † Stuttgart 19. Aug. 1971, dt. Politiker. - Rechtsanwalt; 1924–33 württ. MdL (DDP),

Körnerelevator
Strohschüttler
Entleerungsschnecke
Kurzstrohsieb
Haspel
Kettenförderer
Körnersieb
Körnerschnecke Gebläse
Dreschtrommel
Halmteiler
Federzinken
Mähwerk
Dreschkorb
Einzugsschnecke

1930–32 württ. Wirtschaftsmin.; 1932/33 MdR.; 1945 maßgebl. an der Gründung der Demokrat. Volkspartei beteiligt; 1945–52 Min.präs. von Württemberg-Baden, 1952/53 von Bad.-Württ., an dessen Bildung er maßgebl. Anteil hatte; 1953–56 und 1957–59 MdB; 1957–60 Bundesvors., danach Ehrenvors. der FDP.

Maier-Leibnitz, Hermann Heinrich (Heinz), *Esslingen am Neckar, 28. März, 1911, dt. Physiker. - Prof. in Heidelberg (1949–52) und an der TU München, 1967–71 auch Direktor des Inst. Max von Laue - Paul Langevin in Grenoble, 1974–79 Präs. der Dt. Forschungsgemeinschaft. Arbeiten zur Kernphysik sowie zur Anwendung der Neutronen- und Gammastrahlen zur Erforschung der festen und flüssigen Materie.

Maier Verlag KG, Otto ↑Verlage (Übersicht).

Maifeld, sw. Teil des Mittelrhein. Bekkens, zw. Mayen und unterer Mosel.

Maifisch, Name mehrerer Fische: 1. Alse, 2. Finte, 3. Perlfisch.

Maigesetze, Bez. 1. für die 4 Gesetze 1873–75, mit denen der Kulturkampf auf seinen Höhepunkt geführt wurde; 2. für die Gesetze vom Mai 1868 in Österreich-Ungarn, die dem Konkordat von 1855 grundsätzl. widersprachen.

Maiglöckchen (Convallaria), Gatt. der Liliengewächse mit der einzigen, geschützten Art *Convallaria majalis;* meist in lichten Laubwäldern Eurasiens und N-Amerikas; bis 20 cm hohe Staude; Blätter grundständig, ellipt.; Blüten in Trauben, nickend, grünlichweiß, wohlriechend; Beeren rot. - Das M. ist durch den Gehalt an Glykosiden (Convallatoxin, Convallamarin) giftig.

Maihofer, Werner, *Konstanz 20. Okt. 1918, dt. Jurist und Politiker. - Prof. an der Univ. des Saarlandes ab 1955, in Bielefeld seit 1970; Mgl. der FDP seit 1969, des Parteipräsidiums seit 1970; Vors. der Programmkommission der FDP für die Freiburger Thesen zur Gesellschaftspolitik; 1972–74 Bundesmin. für bes. Aufgaben, 1974–78 Bundesmin. des Innern.

Maikäfer (Melolontha), in N- und M-Europa bis M- und Kleinasien verbreitete Gatt. der Laubkäfer mit drei einheim. (18–30 mm großen) Arten; mit siebenblättriger Fühlerkeule beim ♂ und sechsblättriger beim ♀ und seitl. scharf begrenzten, weißbehaarten Flecken auf den Sterniten; Kopf und Halsschild schwarz oder braunrot, Flügeldecken meist braungelb. - M. sind Kulturschädlinge, die als Käfer v. a. im Mai Blätter von Laubhölzern, als Larven (Engerling) Wurzeln fressen. Die Larvenentwicklung dauert in M-Europa durchschnittl. vier Jahre. Durch intensive Bekämpfung sind M. heute selten geworden. - Abb. S. 323.

Maikop, Hauptstadt des Adyg. Autono-

men Gebiets, RSFSR, am N-Rand des Großen Kaukasus, 138 000 E. PH, adyg. Forschungsinst. für Ökonomie, Sprache, Literatur und Geschichte; Heimatmuseum; Theater; Nahrungs- und Genußmittelind.; sw. liegt das 1911 entdeckte **Maikoper Erdölgebiet.** - Gegr. 1857. - Bei M. liegt der 1897 geöffnete, 11 m hohe *Maikop-Kurgan* (2. Hälfte des 3. Jt. v. Chr.), ein Fürstengrab der Kubankultur; in zwei der Grabkammern reiche Funde.

Maikow, Nil (Nikolai), russ. Mönch, ↑Nil Sorski.

Maikraut, svw. Waldmeister (↑Labkraut).

Mailand (italien. Milano), Hauptstadt der Lombardei, in der nördl. Poebene, 122 m ü. d. M., 1,5 Mill. E. Sitz zahlr. Behörden und eines kath. Erzbischofs; 2 Univ. (gegr. 1920 bzw. 1923), Handelshochschule, Polytechnikum, zahlr. Inst. und Akad.; bed. Kunstsammlungen und Gemäldegalerien (Pinacoteca di Brera), Bibliotheken (Ambrosiana), Archive; mehrere große Theater (u. a. Teatro alla Scala). Bedeutendste Wirtschaftsmetropole Italiens: das Schwergewicht liegt auf den metallverarbeitenden Betrieben und im Maschinenbau, gefolgt von der Textil- und Bekleidungsind., chem. Ind. u. a. Ind.zweigen; Drukkerei- und Verlagszentrum. Zahlr. Banken, Versicherungsgesellschaften, Handelshäuser, internat. Messen. Verkehrsknotenpunkt (Eisenbahnen, Autobahnen, Kanäle); 2 ⚓.

Geschichte: Das antike **Mediolanum** ist wohl Erbe einer etrusk. Siedlung und entstand nach Zerstörung durch die Kelten (396 v. Chr.) als Hauptort der Insubrer neu. 222/194 v. Chr. von den Römern unterworfen, 89 Munizipium, 49 mit röm. Bürgerrecht ausgestattet, seit Hadrian Colonia; seit Diokletian Sitz des Vicarius von Italien und bis 402 fast immer kaiserl. Residenz. In M. einigten sich 313 Konstantin d. Gr. und Licinius auf ein den Christen entgegenkommendes religionspolit. Programm (sog. **Mailänder Edikte** oder **Toleranzedikte** von Mailand: Freiheit des Gottesdienstes, Rückgabe der konfiszierten Güter). Die Kirche von M. gewann durch Bischof Ambrosius hohes Ansehen und entwickelte eine gewisse Selbständigkeit gegenüber Rom. 452 wurde M. von den Hunnen verwüstet, 539 von Ostgoten zerstört, 569 langobard., 774 fränk. (ab 961 von kaiserl. Statthaltern regiert). Die revolutionäre Bewegung der Pataria im 11. Jh. kennzeichnet den Beginn der Entwicklung zu kommunaler Selbstverwaltung. 1162 zerstörte Kaiser Friedrich I. Barbarossa M. fast vollständig. Wenig später übernahm M. jedoch die Führung des Lombardenbundes. Nach einem erbitterten Ringen zw. den guelf. Torre und den ghibellin. Visconti kamen letztere 1310 an die Macht und dehnten ihren Herrschaftsbereich über den größten Teil der Lombardei und benachbartes Gebiet aus (seit 1395 Hzgt. M.). Der

Expansionsdrang von M. führte zu den **Mailänder Kriegen** (1426/27, 1431–33, 1435/37–41, 1446–54), in denen es Venedig im Bündnis mit anderen italien. Staaten gelang, seinen Festlandbesitz erhebl. auszuweiten. Nach dem Tod des letzten männl. Visconti (1447) erklärte sich M. zur „Republik des hl. Ambrosius", doch schwang sich schon 1450 Francesco Sforza zum neuen Machthaber auf. Unter Ludwig (Ludovico il Moro) erlebte die Renaissancekultur in M. ihre höchste Entfaltung, doch erhoben die frz. Könige Ansprüche auf M. und bemächtigten sich zeitweilig des Hzgt. (1499–1512, 1515–21, 1524/25). Nach dem Tod des letzten Sforza (1535) kam M. an die span., 1714 an die östr. Habsburger. Ab 1797 war es Hauptstadt der Zisalpin. Republik, ab 1805 des napoleon. Kgr. Italien. 1815–59 östr., dann an Savoyen und damit zu Italien.
Bauten: Sant'Ambrogio ist die Mutterkirche der Lombardei, vom hl. Ambrosius 386 gegr. (roman. Bau 1098–1128 bzw. 1196; karoling. Goldaltar, 9. Jh.). Der große got. Dom (1386 ff.; 15./16. Jh.) aus weißem Marmor ist mit 135 Fialen und etwa 250 Statuen ausgestattet, im Innern fünf Schiffe und 3 Querschiffe mit 52 Säulen, Apsis 15./16. Jh. Die Kirche des ehem. Dominikanerklosters, Santa Maria delle Grazie (1465–98), hat eine Kuppel von Bramante, im Refektorium das „Abendmahl" von Leonardo da Vinci (1495–97; schlechter Zustand). Weitere Renaissancebauten: Portinari-Kapelle der alten Kirche Sant'Eustorgia, das Castello Sforzesco (1450 ff.), Palazzo Marino (1560, heute Rathaus). Arco della Pace (1860) im Park Sempione. Das Stadtbild ist heute überwiegend modern, u. a. Pirelli-Hochhaus (G. Ponti, L. Nervi, 1960), Verwaltungsgebäude der Olivetti-Werke (1954), Institut Marchiondi (V. Viganò, 1959). - Abb. S. 326.

Mailänder Edikte ↑ Mailand (Geschichte).
Mailänder Kriege ↑ Mailand (Geschichte).
◆ (Ennetbergische Feldzüge), eidgenöss. Feldzüge in die Lombardei im 15./16. Jh., durch die die Gebiete des heutigen Kt. Tessin (sog. Ennetbergische Vogteien) sowie das Veltlin mit Bormio und Chiavenna an die Eidgenossenschaft gelangten.
Mailer, Norman [engl. 'meɪlə], * Long Branch (N. Y.) 31. Jan. 1923, amerikan. Schriftsteller und Journalist. - Wurde 1944 Soldat; schrieb nach seiner Heimkehr den kraß realist., antimilitarist. Kriegsroman „Die Nackten und die Toten" (1948), der großes Aufsehen erregte; schrieb gesellschaftskrit. Romane, Essays und Reportagen (u. a. gegen den Vietnamkrieg und gegen Nixon).
Weitere Werke: Der Hirschpark (R., 1955), Der Alptraum (R., 1965), Nixon in Miami und die Belagerung von Chicago (Bericht,

1968), Auf dem Mond ein Feuer (Bericht, 1970), ... und nichts als die Wahrheit. Essays, Studien, Glossen (1973), Marilyn Monroe. Eine Biographie (1973), Der Kampf (R., 1975), Gnadenlos. Das Lied vom Henker (R., 1979), Über Frauen und Anmut (R., 1980), Frühe Nächte (R., dt. 1983), Harte Männer tanzen nicht (R., dt. 1984).
Maillard-Reaktion [frz. ma'ja:r; nach dem frz. Biochemiker L. C. Maillard, * 1878, † 1936], z. B. beim Backen und Braten auftretende Reaktion in eiweißhaltigen Lebensmitteln, die auf einer Umsetzung von Aminosäuren mit reduzierenden Zuckern beruht und unter Abspaltung von Kohlendioxid zur Bildung von geschmacksverbessernden, braunen Substanzen *(Melanoiden)* führt.
Maillart [frz. ma'ja:r], Louis, gen. Aimé M., * Montpellier 24. März 1817, † Moulins 26. Mai 1871, frz. Komponist. - Komponierte sechs seinerzeit beliebte Opern, von denen heute nur noch „Das Glöckchen des Eremiten" (1856) bekannt ist.
M., Robert, * Bern 6. Febr. 1872, † Genf 5. April 1940, schweizer. Ingenieur. - Pionier im Stahlbetonbau, entwickelte 1908 die unterzugslose Pilzdecke und konstruierte mehr als 40 Brücken, u. a. die Thurbrücke bei Felsegg, Kt. Sankt Gallen (1933), die Arvebrücke bei Genf (1936) sowie die als Stabbogenbrücke ausgeführte Schwandbachbrücke bei Hinterfultingen, Kt. Bern (1933).
Maillol, Aristide [frz. ma'jɔl], * Banyuls-sur-Mer (Pyrénées-Orientales) 8. Dez. 1861, † ebd. 27. Sept. 1944, frz. Bildhauer, Maler und Graphiker. - Schloß sich 1893 den Nabis an und schuf bis 1900 Wandteppiche im Jugendstil. Danach schnitzte er Holzstatuetten, ging jedoch bald zu großen Tonmodellen für Bronzeguß und Steinwerken über. Er schuf v. a. weibl. Akte, die durch klass. Ruhe und eine klare, in sich geschlossene Plastizität auszeichnen. Bed. Graphik, v. a. Holzschnittfolgen in knappem Umrißstil. - Abb. Bd. 7, S. 219.
Mail order [engl. 'meɪl 'ɔ:də „Postauftrag"], postal. erteilte Bestellung [im Versandhandel].
Maimana, Stadt in NW-Afghanistan, 900 m ü. d. M., 38 300 E. Verwaltungssitz der Prov. Fariab; Museum; ein Zentrum der Karakulschafzucht; Teppichherstellung.
Maimon, Salomon, * Sukowiborg (Litauen) um 1753, † Nieder-Siegersdorf bei Freystadt i. Niederschles. 22. Nov. 1800, jüd. Philosoph. - Ausbildung zum Rabbiner; seit 1779 in Deutschland, meist in Berlin. Setzte sich mit Kants „Kritik der reinen Vernunft" auseinander und führte sie fort. „Dinge an sich" als hinter den Erscheinungen stehende und sie verursachende Gegenstände, seien „Un-Dinge", denn die Grundunterscheidung „Kausalität" sei eine Leistung des Subjekts. M. lehnt die Tren-

Mailand. Domplatz mit dem Dom
(rechts) und einem Reiterstandbild
König Viktor Emanuels II.

nung Kants von Sinnlichkeit und Verstand
ab, da die Anwendung von Kategorien auf
sinnl. Erfahrung nicht begründet werden kön-
ne. - *Werke:* Versuch über Transcendentalphi-
losophie (1790), Krit. Untersuchungen über
den menschl. Geist (1797).

Maimonides, Moses, eigtl. Rabbi Mose
Ben Maimon, gen. Rambam, * Córdoba 30.
März 1135, † Al Fustat (= Kairo) 13. Dez.
1204, jüd. Philosoph, Gelehrter und Arzt. -
Lebte ab 1165 in Ägypten, wo er als Arzt
und Repräsentant der ägypt. Judenheit tätig
war. M. gilt als der bedeutendste jüd. Reli-
gionsphilosoph des MA. Zugleich genießt er
als Kodifikator der jüd. religiösen Gesetzes
höchste Anerkennung. Seine Hauptwerke
sind: 1. Der Kommentar zur Mischna, in
dem er die 13 Glaubensartikel formulierte,
die später Aufnahme in das jüd. Gebetbuch
gefunden haben. 2. Eine „Wiederholung der
Lehre", in der er das religiöse Gesetz- und
Traditionsgut systematisierte. 3. „More nebu-
kim" (Führer der Unschlüssigen, Verwirrten).
In diesem zentralen Werk der ma. jüd. Reli-
gionsphilosophie sucht M. einen Ausgleich
zw. Aussagen des Aristotelismus und jüd.
Glaubenslehren herbeizuführen, wobei er
auch neuplaton. Elemente übernimmt. M. hat
auf die christl. Scholastik stark eingewirkt,
v.a. Thomas von Aquin und Albertus Magnus. In seinen medizin. Schriften folgte M.
weitgehend den Anschauungen Galens.
 📖 *Ben-Chorin, S.: Jüd. Glaube. Strukturen
einer Theologie des Judentums anhand des Mai-
monid. Credo. Tüb.* ²*1979. - Maier, Johann:
Gesch. der jüd. Religion. Bln.; New York 1972.*

 Main, rechter Nebenfluß des Rheins, in
Bay., Bad.-Württ. und Hessen, entsteht aus
dem Zusammenfluß von **Weißem Main** (entspringt am Ochsenkopf im Fichtelgebirge)
und **Rotem Main** (entspringt in der nördl.
Fränk. Alb) bei Kulmbach, mündet bei
Mainz, 524 km lang, davon 396 km schiffbar;
mehrfach gestaut (Kraftwerke). Große Bed.
gewinnt der M. durch den Ausbau des Rhein-
M.-Donau-Großschiffahrtsweges.

 Mainardi, Enrico, * Mailand 19. Mai
1897, † München 10. April 1976, italien. Vio-
loncellist und Komponist. - Hervorragend als
Solist und Kammermusiker, seit 1952 auch
als Dirigent; Komponist v. a. von Cellower-
ken, Hg. von J. S. Bachs Cellosuiten.

 Mainau, 44 ha große Insel im Bodensee
(Überlinger See) mit mildem Klima; Blumen-
und Pflanzenschau in Gartenanlagen und im
Schloßpark. - Kam 724 zum Kloster Reiche-
nau; 1272–1805 war as Kommende M.
Deutschordensgebiet; fiel dann an Baden; seit
1932 im Besitz des schwed. Grafen L. Berna-
dotte.

 Main-Donau-Kanal (Europakanal),
Teilstück des ↑Rhein-Main-Donau-Groß-
schiffahrtswegs zw. Main und Donau.

 Maine [frz. mɛn], histor. Gebiet in W-
Frankr., zw. der Normandie im N, dem Or-
léanais im O, der Touraine und Anjou im
S und der Bretagne im W. - In fränk. Zeit
entstand aus dem röm. Pagus Cenomanicus
die Gft. M., die an das Haus Anjou fiel, zeitweilig engl. war und 1481 Besitz der frz. Krone
wurde.

 M. [engl. mɛin], Bundesstaat im NO der
USA, 86 027 km², 1,15 Mill. E (1983), Hauptstadt Augusta.

Landesnatur: Das Staatsgeb. umfaßt drei natürl. Landschaftseinheiten, das im N an Kanada angrenzende New England Upland (ein
durch die pleistozäne Vereisung überformtes
seenreiches Plateau), die im W bis zu 1 606 m
aufragenden White Mountains und die stark

gegliederte 3 800 km lange Atlantikküste mit ihrem unmittelbaren Hinterland. Das Klima ist kühl-gemäßigt und v. a. im SO maritim beeinflußt mit hohen Niederschlägen.
Vegetation, Tierwelt: Mehr als 80 % der Fläche werden von Wald, v. a. Nadelwald (Kiefern, Fichten) eingenommen. - Die Fauna ist sehr artenreich: u. a. Rotwild, Elch, Schwarzbär, Luchs, Stachelschwein, Skunk und Waldmurmeltier.
Bevölkerung, Wirtschaft, Verkehr: Die Siedlungsentwicklung verlief nur zögernd; Einwanderer waren in erster Linie Briten, aber auch Deutsche und Schweden. Mit nur 0,3 % ist der Anteil der Farbigen sehr gering. Weniger als die Hälfte der Bev. lebt in Städten. Neben zwei Univ. bestehen staatl. und v. a. kirchl. Colleges. - In der Fischerei dominiert wertmäßig die Anlandung von Hummern. Bedeutendstes Anbauprodukt der stetig zurückgehenden Landw. ist die Kartoffel; viele Betriebe sind auf Hühnermast, Milchwirtschaft oder Gemüsebau spezialisiert. Der große Waldreichtum bildet die Grundlage für die bed. Holzverarbeitung. Dominierender Ind.-zweig ist die Papierind. (rd. 50 Papierfabriken), mit Abstand folgen Lederverarbeitung, Nahrungsmittelind. und die stark rückläufige Textilind. - Das Eisenbahnnetz umfaßt rd. 2 400 km, das Highwaynetz rd. 6 400 km. In M. gibt es 37 offizielle ⚑.
Geschichte: G. Caboto entdeckte 1497 die Küste des heutigen M. und begründete die engl. Besitzansprüche auf das von Algonkin besiedelte Gebiet. Frz. Siedlungsversuche im frühen 17. Jh. scheiterten; endgültige europ. Besiedlung ab Ende der 1630er Jahre. Das Land wurde zu Ehren der Gemahlin des engl. Königs Karl I., der die frz. Prov. Maine gehörte, M. gen.; 1677 erwarb die Massachusetts Bay Company die Kolonie; seitdem zunehmend härter werdende Kriege mit dem von den Franzosen unterstützten Algonkin. 1820 Aufnahme von M. als 23. Staat in die Union. Im 19. Jh. ließen sich im nördl. M. viele Frankokanadier nieder, u. a. weil die N-Grenze gegen die heutige kanad. Prov. Quebec bis 1842 nicht fixiert war.
Maine de Biran [frz. mɛndəbi'rã], eigtl. Marie François Pierre Gonthier de Biran, * Bergerac 29. Nov. 1766, † Paris 16. Juli 1824, frz. Philosoph. - 1809 Mgl. der gesetzgebenden Kammer, 1814/15 der Restaurationskammer; urspr. beeinflußt vom Sensualismus, verband in Auseinandersetzung mit diesem einen Voluntarismus - das Kartes. „Cogito ergo sum" („ich denke, also bin ich") ersetzte er durch ein „Volo ergo sum" („ich will, also bin ich") - mit dem Spiritualismus der frz. Tradition und baute auf dieser Basis seine Metaphysik auf; Einfluß bei Bergson.
Maine-et-Loire [frz. mɛnɛ'lwaːr], Dep. in Frankreich.
Mainfranken, Bez. für die beiderseits des mittleren Mains zw. Bamberg und Aschaffenburg gelegenen fränk. Landschaften in Bay. und Bad.-Württ. - In karoling. Zeit Königsgut; kam 1815 zu Bayern, Teile nach 1945 an Baden-Württemberg.
Mainhardter Wald, zentraler Teil des Schwäb.-Fränk. Schichtstufenlandes, westl. von Schwäb. Hall, bis 572 m hoch, zentraler Ort Mainhardt (4 200 E.).
Main-Kinzig-Kreis, Landkr. in Hessen.
Mainland [engl. 'mɛɪnlənd], Hauptinsel der ↑ Orkneyinseln.
M., Hauptinsel der ↑ Shetlandinseln.
Mainlinie, Bez. für die durch den Main bestimmte Grenzlinie zw. N- und S-Deutschland, im 19. Jh. oft als Scheidelinie des preuß. und des österr. Einflußgebietes gefordert; S-Grenze des Norddt. Bundes.
Main-Spessart, Landkr. in Bayern.
Mainstream [engl. 'mɛɪn,striːm „Hauptstrom"], im Jazz Bez. für Gestaltungsprinzipien und Musiker, die stilist. keiner einzelnen Epoche eindeutig zuzuordnen sind, dabei aber die wesentl. „zeitlosen" Elemente des Jazz (Improvisation, Swing usw.) bes. prägnant repräsentieren.
Main-Tauber-Kreis, Landkr. in Bad.-Württemberg.
Main-Taunus-Kreis, Landkr. in Hessen.
Maintenon, Françoise d'Aubigné, Marquise de (seit 1675) [frz. mɛt'nõ], * Niort 27. Nov. 1635, † Saint-Cyr 15. April 1719, Geliebte und 2. Gemahlin Ludwigs XIV. - Ab 1652 ∞ mit dem Dichter Paul Scarron; 1669 Erzieherin der Kinder Ludwigs XIV. und der Marquise de Montespan; verdrängte diese in der Gunst des Königs, der sie 1683 (?) heiml. heiratete; förderte dessen klerikale Politik.
Mainz, Landeshauptstadt von Rhld.-Pf., am NO-Abfall des Rheinhess. Hügellandes zum Rhein, gegenüber der Mainmündung, 82-135 m ü. d. M., 188 200 E. Verwaltungssitz des Landkr. M.-Bingen; kath. Bischofssitz; Univ. (1476 erstmals, 1946 wiedergegr.), Fachhochschulen, Priesterseminar, Akad. der Wiss. und der Literatur, Dt. Fernsehakad., Max-Planck-Inst. für Chemie, Museen (u. a. Gutenberg-Museum, Röm.-German. Zentralmuseum); Verwaltungssitz des ZDF. Metallverarbeitende, chem., Papier-, Zementind., Wein- und Sektkellereien; Rheinhäfen.
Geschichte: M. geht auf eine kelt. Siedlung zurück und wurde 13 v. Chr. als röm. Militärlager gegr. (44 n. Chr. als **Mogontiacum** erstmals bezeugt). Die zum Militärlager gehörende Siedlung entwickelte sich auf Grund der günstigen Verkehrslage zum bed. Handels- und Ankerplatz. Das um 297 erstmals als „civitas" bezeichnete und befestigte M. war Hauptstadt der um 300 neugebildeten Prov. Germania Prima. Der kulturelle und wirtsch. Wiederaufstieg nach der Völkerwanderungszeit vollzog sich unter den Bischöfen von M.

Mainz

(seit 346 bezeugt). Seit 747/782 war M. Erzbistum. Die Stadt hatte Fernhandelsverbindungen bis in den Orient, verlor aber ihre Stadtfreiheit 1462 nach Eroberung durch Erzbischof Adolf II. und wurde kurmainz. Residenz und Landstadt; 1476 wurde die Univ. gegr.; zw. dem 15. und 18. Jh. fand ein systemat. Ausbau der Festungsanlagen statt, der 1735 im wesentl. abgeschlossen war. Die militär. Bed. von M. nahm zu, während die wirtsch. Bed. sich nach Frankfurt am Main verlagerte. Unter frz. Herrschaft (1798–1814) fand ein noch stärkerer Ausbau als Bollwerk gegen das damalige Reichsgebiet statt. 1816 fiel M. an Hessen-Darmstadt und wurde dt. Bundesfestung (1815–66). Wirtsch. Entwicklung und Ausdehnung der Stadt waren bis um die Wende zum 20. Jh. v. a. durch den Festungsgürtel sehr beeinträchtigt.

Bauten: Ausgenommen Sankt Christoph sind die im 2. Weltkrieg zerstörten ma. und barokken Kirchen wiederhergestellt worden, u. a. Sankt Stephan (Hallenkirche, v. a. 1. Hälfte des 14. Jh., Kreuzgang 1499 vollendet); Sankt Quintin (um 1288 bis gegen 1330, Altarbild von F. A. Maulpertsch); Ev. Johanniskirche (im Kern karoling. Bau, 891 ff., Westchor um 1320, spätere Umbauten), Sankt Peter (Neubau 1749–56), Karmeliterkirche (14. Jh.). Die Profanbauten wurden bei der Wiederherstellung im Innern z. T. umgebaut: ehem. kurfürstl. Schloß im Renaissancestil (1627–78 und 1687–1752; heute Röm.-German. Zentralmuseum), ehem. Deutschordenskommende (1730–37; heute Landtag), Schönborner (1668), Jüngerer Dalberger (1715–18), Osteiner (1747–52) und Bassenheimer Hof (1750–55). Reste der ma. Stadtbefestigung (Eiserner Turm; Holzturm, wiederaufgebaut); Renaissancebrunnen (1526) auf dem Marktplatz; modernes Rathaus (Entwurf A. Jacobsen, Ausführung O. Weitling, 1971–74) († auch Mainzer Dom).

⸫ *Kulturdenkmäler in Rheinland-Pfalz. Bd. 2/1 Stadt M. Stadterweiterungen des 19. u. frühen 20. Jh.* Düss. 1986. - *Festschr. Dt. Geographentag. Mainz 1977: M. und der Rhein-Main-Naheraum.* Mainz 1977. - *Stephan, E.: Das Bürgerhaus in M.* Tüb. 1974. - *Gesch. der Stadt M.* Hg. v. A. Ph. Brück u. L. Falck. Düss. 1972ff.

M., ehem. Bistum und geistl. Kur-Ft.; das seit 346 bezeugte, wohl schon seit dem 1. Jh. bestehende Bistum wurde 746 von Bonifatius übernommen; sein Nachfolger Lullus wurde 781/782 Erzbischof. Der Erzbischof von M. war zugleich Primas Germaniae, Erzkanzler des Reiches (ständig seit 965) und gehörte seit dem Ende des 12. Jh. zu den Kurfürsten; er führte das Direktorium auf dem Reichstag (seit dem 17. Jh.), im Kurfürstenkollegium und bei den Königs- bzw. Kaiserwahlen. Bis zur Mitte des 14. Jh. umfaßte die Kirchenprov. M. 14 Bistümer: Konstanz, Eichstätt, Speyer, Straßburg, Worms, Würzburg, Augs-

burg, Chur, Halberstadt, Hildesheim, Olmütz, Paderborn, Prag und Verden; 1343 verlor M. die Metropolitangewalt über Prag und Olmütz. Die territoriale Machtstellung des Erzstifts wurde durch den Niedergang des Reiches im 14. Jh., v. a. aber durch die **Mainzer Stiftsfehde** (1461–63) zw. Adolf II. von Nassau und Diether von Isenburg um das Erzstift (Sieg Adolfs II.) und durch die Reformation beeinträchtigt. Im Verlauf der Koalitionskriege mußten die linksrhein. Gebiete Frankr. preisgegeben werden; 1803 wurde das Ft. säkularisiert. Preußen erhielt Erfurt, das Eichsfeld und die thüring. Besitzungen, andere Teile fielen an Hessen-Darmstadt, Hessen-Kassel und Nassau; den Rest des Erzstifts erhielt Karl Theodor, Reichsfrhr. von Dalberg als Kurerzkanzler und Fürstprimas des Rheinbundes.

M., Bistum, nach der Aufhebung des Erzbistums M. 1821 als Suffragan von Freiburg im Breisgau wiedererrichtet († auch katholische Kirche [Übersicht]).

Mainz-Bingen, Landkr. in Rhld.-Pfalz.

Mainzer Dom, einer der drei großen roman. Kaiserdome am Rhein. Anstelle eines Vorgängerbaus aus dem 11. Jh. (Treppentürme am Ostchor erhalten) gegen 1100 ff. als doppelchörige, dreischiffige Basilika mit Querhaus erbaut. 1239 Erneuerung der Mittelschiffgewölbe und Westbau (nach Brand 1767 von F. I. M. Neumann wiederhergestellt). Ausstattung: bed. Grabdenkmäler der Erzbischöfe vom 13. bis 19. Jh. Fragmente vom Westlettner des Naumburger Meisters (1243) im *Diözesanmuseum* (im ehem. Kreuzgang von 1410.

Mainzer Reichslandfriede, von Kaiser Friedrich II. 1235 in Mainz erlassenes Reichsgesetz, das neben einer Einschränkung des Fehdewesens die Straffung der Reichsgewalt und die Sicherung der ihr verbliebenen Hoheitsrechte zum Ziel hatte; bildete ein Gegengewicht zu den Fürstenprivilegien.

Maiorescu, Titu Liviu, *Craiova 27. Febr. 1840, †Bukarest 1. Juli 1917, rumän. Schriftsteller, Philosoph und Politiker. - Ab 1872 Prof. für Philosophie in Jassy, ab 1884 in Bukarest; erfolgreicher Politiker, 1912–14 Min.präs.; vertrat eine idealist. Philosophie nach dem Vorbild der dt. Idealismus; führendes Mgl. der Junimea; gilt als eigtl. Begr. und größter Vertreter der rumän. Literaturkritik, Reformator der rumän. Orthographie.

Maipilz, †Mairitterling.

Mairenke (Schiedling, Seelaube, Chalcalburnus chalcoides mento), bis etwa 30 cm langer Karpfenfisch in den Seen und Flüssen des westl. Asien und SO-Europas, westl. Verbreitung bis zur oberen Donau; Körper schlank, Oberseite dunkelgrün, stahlblau schimmernd, Seiten aufgehellt, silberglänzend, Bauch weißl.; Speisefisch, aber nur in SO-Europa von wirtsch. Bedeutung.

Mairet, Jean [de] [frz. mɛ'rɛ], ≈ Besançon 10. Mai 1604, † ebd. 31. Jan. 1686, frz. Dramatiker. - Erhob im Vorwort zu seiner Tragikomödie „Silvanire" (1631) als einer der ersten die Forderung nach den drei Einheiten. „Sophonisbe" (1635) gilt als die erste regelmäßige frz. Tragödie vor Corneille.

Mairitterling (Maipilz, Tricholoma georgii), bes. unter Haselnußsträuchern, oft in Hexenringen wachsender Blätterpilz; Hut weißl., wellig verbogen; Lamellen sehr eng, dünn und blaß; Stiel weißgelbl., faserig; eßbar.

Maironis, eigtl. Jonas Mačiulevičius-Mačiulis, *Pasandravis bei Raseiniai 2. Nov. 1862, †Kaunas 28. Juni 1932, litauischer Dichter. - Kath. Priester, ab 1922 Prof. für Moraltheologie in Kaunas. Mit seiner romant.-idealisierenden Dichtung (Lyrik, Versepen) wurde er zu einem der Wegbereiter des litauischen nat. Erwachens und übte großen Einfluß auf die Moderne aus.

Mais [indian.-span.] (Kukuruz, Türk. Weizen, Welschkorn, Zea), Gatt. der Süßgräser mit der einzigen, nur als Kulturform bekannte Art *Zea mays;* Heimat M- und S-Amerika; bis 2 m hohe Pflanze mit einhäusigen Blüten, ♂ Blüten in Rispen, ♀ in von Hüllblättern *(Lieschen)* umgebenen Kolben; Früchte *(Maiskörner)* in Längszeilen am Maiskolben, weiß, gelb, rot oder blau. M. ist eine der wichtigsten, heute weltweit verbreiteten Kulturpflanzen der (wärmeren) gemäßigten Zone. Die zahlr. Varietäten und Formen werden in folgende Großgruppen zusammengefaßt: *Weich-M. (Stärke-M.),* mit mehligen Körnern, v. a. zur Gewinnung von Stärke und Alkohol sowie als Futtermittel; *Puff-M. (Perl-M., Reis-M.)* mit stark wasserhaltigen Körnern, v. a. zur Herstellung von M.flocken (Corn flakes) und Graupen; *Zucker-M.,* unreife Kolben als Gemüse; *Zahn-M. (Pferdezahn-M.)* mit eingedrückten Körnern (wichtige Welthandelsform); *Hart-M. (Stein-M.),* v. a. angebaut an den Anbaugrenzen (z. B. M-Europa) und dort Grundlage für die Herstellung landesübl. Nahrungsmittel (Polenta, Tortilla u. a.) sowie von M.stärke und Traubenzucker. In M-Europa wird M. meist als Futterpflanze in verschiedener Form verwendet (Silo-M., Grün-M., Körner-M.). Einige Varietäten, v. a. buntblättrige, werden auch als Zierpflanzen kultiviert.
Geschichte: Bereits in vorkolumb. Zeit war der M.anbau fast über den ganzen amerikan. Kontinent verbreitet (Kultivierung im Tal von Tehuacán in Mexiko bereits um 5000 v. Chr.). Erst nach der Entdeckung Amerikas kam der M. nach Europa.
Wirtschaft: Die Weltproduktion betrug 1984 rd. 454 Mill. t; davon entfielen auf: Amerika rd. 253 Mill. t., Asien rd. 102 Mill. t., Europa rd. 75 Mill. t., Afrika rd. 23 Mill. t., UdSSR rd. 13 Mill. t.

Mainzer Dom

📖 *Zscheischler, J., u. a.: Handbuch M. Ffm. ³1984.*

Maische, ein zucker- und/oder stärkehaltiges, breiiges Gemisch als Grundlage alkohol. Gärprozesse. Die M. für die Weinherstellung entsteht durch Mahlen der Weintrauben, für die Bierherstellung wird geschrotetes Malz mit Wasser gemischt.

Maisflocken, svw. ↑Corn flakes.

Maiskäfer (La-Plata-Maiskäfer, Calandra zeamais), weltweit verschleppter, 3-5 mm langer Rüsselkäfer mit braun glänzendem, punktnarbigem Körper und vier helleren Flecken auf den Flügeldecken; Larve und Käfer schädl. an Mais und Weizen.

Maiskeimöl, durch Quellen und Pressen von Maiskeimen gewonnenes goldgelbes (bei Extraktion rötl.) Speiseöl.

Maisonette [mɛzo'nɛt; lat.-frz., eigtl. „kleines Haus"] (Maisonnette, Maisonettewohnung), zweistöckige Wohnung in einem [Hoch]haus, mit eigener Treppe innerhalb der Wohnung.

Maisons-Laffitte [frz. mɛzõla'fit], frz. Stadt im nw. Vorortbereich von Paris, Dep. Yvelines, 22 600 E. Pferderennbahn. - Seit dem MA Hauptort einer Herrschaft, die 1658 Mark-Gft. wurde. - Schloß im Übergangsstil von Renaissance zum Barock (heute Museum).

Maistre, Joseph [Marie] Graf von [frz. mɛstr], *Chambéry 1. April 1753, †Turin 26. Febr. 1821, frz. Diplomat, Staats- und Geschichtsphilosoph. - Gegner der Frz. Revolution; floh 1793 nach Lausanne; 1802-07 sardin. Gesandter in Petersburg; vertrat einen

Maiszünsler

kath.-restaurativen Monarchismus ohne Verfassung und forderte höchste geistl.-weltl. Macht für den Papst.

Maiszünsler (Hirsezünsler, Ostrinia nubialis), mit Ausnahme Australiens weltweit verschleppte, etwa 3 cm spannende Schmetterlingsart (Fam. Zünsler) mit beim ♂ zimtbraunen und gelb quergestreiften, beim ♀ okkergelben und rot gezeichneten Vorderflügeln; wird durch Larvenfraß v. a. in den Stengeln von Mais, Hopfen, Hanf und Hirse schädlich.

Maitani, Lorenzo, * Siena um 1275, † Orvieto im Juni 1330, italien. Baumeister, Bildhauer und Glasmaler. - Nach Tätigkeit in Siena 1310 nach Orvieto berufen, wo er die Oberleitung der Dombauhütte übernahm. M. gilt als der Schöpfer der schulebildenden Domfassade, vermutl. ist auch der bed. plast. Schmuck der Fassade (Portal, Basreliefs) sein Werk.

Maître [frz. mɛtr; zu lat. magister (↑ Magister)], frz. für Gebieter, Herr; Lehrer; Meister, Vorgesetzter; Titel vor dem Namen jurist. Amtspersonen, Rechtsanwälten und Notaren; **Maître de plaisir,** Leiter des Unterhaltungsprogramms bei gesellschaftl. Veranstaltungen.

Maitreja ↑ Buddha.

Maiunruhen 1968 ↑ Frankreich (Geschichte, Die 5. Republik).

Maiwurm ↑ Ölkäfer.

Maizena Ⓦ [Kw.], fein gemahlene, aus Mais gewonnene Speisestärke.

Maizière, Ulrich de [frz. dəmɛˈzjɛːr], * Stade 24. Febr. 1912, dt. General. - In der dt. Wehrmacht Oberstleutnant im Generalstab; 1951 Militärsachverständiger bei den europ. Verteidigungsberatungen; 1955 Leiter der militärpolit. Abteilung in der „Dienststelle Blank", dann im Verteidigungsministerium; 1958–60 Truppenkommandeur; entwickelte und verfocht als Leiter der Schule für Innere Führung der Bundeswehr (1960–62) und als Kommandeur der Führungsakad. der Bundeswehr (1962–64) die Konzeption vom „Staatsbürger in Uniform". 1964–66 Inspekteur des Heeres, 1966–72 Generalinspekteur der Bundeswehr.

Maja, weibl. Vorname, entstanden aus einer Nebenform (Marja) von Maria.

Maja, rechter Nebenfluß des mittleren Aldan, in O-Sibirien, 1 053 km lang, davon 500 km schiffbar.

Maja [Sanskrit], im „Weda" den Göttern zugeschriebene Zauberkraft. In der späteren ind. Philosophie ist M. die Illusion der Realität.

Majakowski, Wladimir Wladimirowitsch [russ. mɐjɪˈkɔfskij], * Bagdadi (= Majakowski bei Kutaissi, Grusin. SSR) 19. Juli 1893, † Moskau 14. April 1930 (Selbstmord), russ.-sowjet. Dichter. - Mitbegründer und Haupträpräsentant des russ. Futurismus. Hatte schon früh Kontakt mit der revolutio-

nären Bewegung in Rußland; gehörte 1912 zu den Unterzeichnern des futurist. Manifests u. d. T. „Eine Ohrfeige dem allg. Geschmack" (↑ auch LEF). 1915 erschien das programmat. Poem „Wolke in Hosen"; ebenfalls gegen den Kapitalismus gerichtet sind die Versdichtungen „Krieg und Welt" (1917) und „Ein Mensch" (1918). Als Propagandist einer sozialist. Umgestaltung der Gesellschaft verherrlichte M. die Oktoberrevolution in der „Ode an die Revolution" (1918), in dem Gedicht „Linker Mensch" (1918) und in dem Drama „Mysterium buffo" (1918), eines der ersten Massenschauspiele, das auf sowjet. Bühnen zur Aufführung kam. M., der 1915–19 Malerei und Architektur studiert hatte, nutzte die polit. Zeichnung als Werbe- und Kampfmittel für Kommunismus und Sowjetsystem. Als Leiter des Künstlerkollektivs „Okna Rosta" schuf er im Auftrag der russ. Telegrafenagentur über 500 Plakate, zu denen er eigene Texte verfaßte (sog. ROSTA-Fenster). Sie fanden in der UdSSR, aber auch im Ausland weite Verbreitung und trugen im Zusammenwirken mit seinen Dichtungen „150 000 000" (Ged., 1921), „Wladimir Iljitsch Lenin" (Poem, 1924), „Gut und schön!" (Poem, 1927) viel zur Ausbreitung der kommunist. Idee bei. Spätere Gedichte thematisierten den sozialist. Aufbau des Landes, auch auftretende Fehlentwicklungen sowie Erfahrungen, die er auf seinen zahlr. Vortragsreisen im westl. Ausland (u. a. Deutschland, Frankr., USA) gemacht hatte. Seine parteil., sozialist. engagierte Kunst- und Literaturauffassung kommt u. a. in den Gedichten „Tagesbefehl Nr. 2 an die Kunstarmee" (1922) und „Gespräch mit dem Steuerinspektor über die Dichtkunst" (1926) zum Ausdruck. Gegen Spießertum und Bürokratismus wenden sich seine letzten Stücke, die Komödie „Die Wanze" (1928) und das Drama „Das Schwitzbad" (1929). Heute gilt M. auch als Begründer der sowjet. Kinderlyrik, der seine Gedichte mit bes. Berücksichtigung des kindl. Auffassungsvermögen verfaßte, u. a. „Was ist gut und was schlecht?" (1925), „Das Feuerpferdchen" (1927), „Was werde ich?" (1928).

📖 *Storch, W.: Vladimir Majakovskij. Velber 1969. - Ripellino, A. M.: Majakowskij u. das russ. Theater der Avantgarde. Dt. Übers. Köln 1964.*

Majapahit [indones. madʒaˈpa-ɪt], indones. Großreich (1293 bis etwa 1520), entstanden in O-Java, dehnte sich im 14. Jh. auf die Halbinsel Malakka und den gesamten indones. Archipel aus; nach 1389 Zerfall des Reiches.

Majdanek, ehem. Konzentrationslager, ↑ Lublin.

Majdanpek [serbokroat. ˌmaːjdampɛk], jugoslaw. Bergbauort, 120 km osö. von Belgrad. In der Umgebung gibt es Eisenerz-, Kupfererz-, Silbererz-, Bleierz-, Zinkerz-, Pyrit- und Goldvorkommen. Eisenbahnendpunkt, Güterseilbahn zur Donau. - Bereits um 4 500 v. Chr. wurde hier nach Erz geschürft.

Majerová, Marie [tschech. 'majɛrɔva:], eigtl. M. Bartošová, * Úlvaly bei Prag 1. Febr. 1882, † Prag 16. Jan. 1967, tschech. Schriftstellerin. - Schilderte in realist. Romanen und Novellen die Welt der Arbeiter und gestaltete mit psycholog. Feinheit Frauencharaktere. - *Werke:* Platz der Republik (R., 1914), Die Sirene (R., 1935), Bergmannsballade (R., 1938), Der entzauberte Garten (En., 1951).

Majestas Domini [lat. „Herrlichkeit des Herrn"], Darstellung des in einer Mandorla thronenden Christus, umgeben von den vier Evangelistensymbolen, auch den 4 großen Propheten oder Aposteln (karoling., v. a. roman. Kunst), in der Form der ↑ Deesis im Rahmen von Weltgerichtskompositionen bis ins 17. Jh. tradiert.

Majestät [zu lat. maiestas „Größe, Erhabenheit"], im Röm. Reich Bez. für die Erhabenheit der Götter; Attribut des röm. Volkes bzw. des Staates *(maiestas populi Romani),* später des Kaisers *(maiestas principis).* Als kaiserl. Ehrentitel wurde M. seit der Spätantike gebraucht und von den karoling. Kaisern, erst in der Neuzeit auch von Königen übernommen.

◆ Erhabenheit, Größe.

Majestätsbrief (9. Juli 1609), von Kaiser Rudolf II. zur Sicherung Böhmens dessen kath. und prot. Ständen und königl. Städten verbrieftes Recht freier Religionsausübung und der bes. Rechtsvertretung.

Majestätsrechte, urspr. alle dem Herrscher zustehenden Hoheitsrechte; später im Unterschied zu den staatl. Hoheitsrechten die persönl. Rechte des Fürsten: Unverletzlichkeit, Unverantwortlichkeit, Ehrenrechte.

Majestätsverbrechen (Majestätsbeleidigung; Crimen laesae maiestatis), im *röm. Recht* polit. Verbrechen gegen die „maiestas populi Romani" bzw. „maiestas principis" (↑ Majestät); seit der *fränk. Zeit* jedes gegen den König und das Reich (Land) gerichtete Verbrechen. - ↑ auch Beleidigung.

Majolika [italien., nach der span. Insel Mallorca] ↑ Fayence.

Major [span., zu lat. maior „größer"], Stabsoffiziersdienstgrad, ↑ Dienstgradbezeichnungen (Übersicht).

Majoran [majo'ra:n, 'ma:jora:n; mittellat.], (Majorana) Gatt. der Lippenblütler mit sechs Arten, fast nur im östl. Mittelmeergebiet; behaarte Kräuter und Halbsträucher; Blüten in köpfchenförmigen Scheinähren. Eine bekannte Gewürzpflanze ist der weißblühende **Echte Majoran** (Meiran, Wurstkraut, Majorana hortensis). M. wird seit altägypt. Zeit vielseitig (u. a. schon als Gewürz- und Heilmittel) verwendet. In M-Europa wird M. wahrscheinl. erst seit dem Spät-MA angepflanzt.

◆ (Wilder M.) ↑ Dost.

Majorana-Effekt [nach dem italien. Physiker Q. Majorana, * 1871, † 1957] ↑ magnetooptische Effekte.

Majorante [lat.], die einer gegebenen Reihe $\sum_{n=0}^{\infty} d_n$ zugeordnete Vergleichsreihe $\sum_{n=0}^{\infty} p_n$ mit positiven Gliedern p_n, für die $|a_n| \leq p_n$ für alle n gilt. Die vorgegebene Reihe selbst bezeichnet man als Minorante dieser Vergleichsreihe. - *M.kriterium:* Eine Reihe konvergiert, wenn es zu ihr eine konvergente M. gibt; sie divergiert, wenn es zu ihr eine divergente Minorante gibt.

◆ eine reelle Funktion $g(x)$ mit gleichem Definitionsbereich D wie eine vorgegebene Funktion $f(x)$, für die $f(x) \leq g(x)$ für alle $x \in D$ gilt. Entsprechend nennt man eine Funktion $h(x)$ *Minorante* von $f(x)$, wenn $h(x) \leq f(x)$ für alle $x \in D$ gilt.

Majorat [zu lat. maior „größer"], 1. Erbfolgeordnung, nach der von mehreren (männl.) Verwandten der Älteste berufen wird (Ggs. **Minorat,** Jüngstenrecht); 2. Bez. für ein gebundenes Vermögen, das dem M. unterliegt.

Majorette [frz. maʒo'rɛt], junges Mädchen in Uniform, das bei festl. Umzügen paradiert.

majorisieren [zu lat. maior „größer"], überstimmen, beherrschen.

Majoristen [zu lat. maior „größer"], in der kath. Kirche bis 31. Dez. 1972 (Abschaffung der niederen Weihen) die Träger höherer Weihen mit Verpflichtung zu Zölibat und Breviergebet.

Majorität [frz., zu lat. maior „größer"], allg. jede Mehrheit, i. e. S. Stimmenmehrheit in Gesellschaften, insbes. Aktien-M. bei der AG. Man unterscheidet *einfache* M., d. h. 50 % der Stimmen und mehr, und *qualifizierte* M., d. h. 75 % der Stimmen und mehr. Die M. kann durch eine Person oder durch eine Gruppe ausgeübt werden.

Majunga [frz. maʒɛ̃'ga] ↑ Mahajanga.

Majuskeln [zu lat. maiusculus „etwas größer"], Großbuchstaben der Schriften des lat. Alphabets (heute auch **Versalien).** *Majuskelschriften* bestehen nur aus Großbuchstaben, d. h. gleich hohen Buchstaben, z. B. die ↑ Kapitalis und die ↑ Unziale.

MAK ↑ MAK-Wert.

makaber [zu frz. danse macabre „Totentanz"], düster, schaurig; unheiml.; unangebracht.

Makadam [nach dem schott. Straßenbauingenieur J. L. McAdam, * 1756, † 1836], Straßenbelag; urspr. schichtweise gewalzte Steinschlagschichten, heute Fahrbahndecken aus grobkörnigem Gestein (Schotter, Split) und bituminösen Bindemitteln (**Asphaltmakadam)** bzw. Teer (**Teermakadam).**

Makaken (Macaca) [afrikan.-portugies.], Gatt. der Meerkatzenartigen mit 12 Arten

Mäkäle

im südl. Asien, östl. bis Japan und im westl. N-Afrika sowie auf Gibraltar; Körperlänge etwa 40–75 cm; Schwanz fehlend bis etwa körperlang; Gestalt gedrungen, mit kräftigen Extremitäten, oft deutl. Gesäßschwielen; Schnauze etwas verlängert, alte ♂♂ oft mit starken Überaugenwülsten. M. bilden Gruppen mit meist strenger Rangordnung; boden- oder baumbewohnend, gute Schwimmer; einige Arten spielen als Versuchstiere in der medizin. Forschung eine bedeutende Rolle. Bekannte Arten: **Rhesusaffe** (Macaca mulatta), in S- und O-Asien; etwa 50–65 cm lang, Schwanz 20–30 cm lang; mit bräunl. Fell und roten Gesäßschwielen; Bestände durch Massenfang für die chem. und pharmazeut. Ind. stark dezimiert. **Schweinsaffe** (Macaca nemestrina), in S-Asien, auf Sumatra und Borneo; etwa 60 cm lang, Schwanz etwa 15–20 cm lang; henkelförmig gekrümmt; Fell olivbraun, unterseits heller; mit kurzem Backenbart. **Javaneraffe** (Macaca irus), in Mangrovewäldern SO-Asiens und der Sundainseln; etwa 50 cm lang; Fell oberseits olivbraun, unterseits grau. Die Untergatt. **Hutaffen** (Zati) hat je eine Art in Vorderindien und auf Ceylon; mit langer Kopfbehaarung, die von der Scheitelmitte nach allen Seiten gerichtet ist.

Mäkäle, Stadt in N-Äthiopien, 200 km ssö. von Asmara, 2062 m ü. d. M., 61 600 E. Verwaltungssitz der Prov. Tigre.

Makalu, Gipfel im Himalaja, auf der nepales.-chin. Grenze, 8 481 m hoch; Erstbesteigung 1955.

Makame [arab., eigtl. „Sitzung, Zusammenkunft"], arab. rhetor.-poet. Kunstform in metr. freier Reimprosa mit Verseinlagen, Sinnsprüchen und häufiger Verwendung seltener Wörter, literar. Zitate usw. Meister der M. war ↑ Hariri. - Zum musikal. Begriff ↑ Maqam.

Makarenko, Anton Semjonowitsch [russ. ma'karinkɐ], * Belopolje (Gebiet Sumy) 13. März 1888, † Moskau 1. April 1939, ukrain.-sowjet. Pädagoge. - Gründete und leitete in den 20er Jahren Arbeitskolonien zur Resozialisierung verwahrloster Jugendlicher (↑ Besprisornyje) und entwickelte eine Theorie der Erziehung, nach der eine moral. und soziale Erziehung nur als „Kollektiverziehung" im Rahmen eines tätigen und inhaltsreichen Lebens mit immer neuen Zukunftsperspektiven mögl. ist. - *Werke:* Der Weg ins Leben - Ein pädagog. Poem (R., 1933–35), Ein Buch für Eltern (1937), Flaggen auf den Türmen (R., 1938).

Makarikarisalzpfanne, ausgedehnte Salzwüste in NO-Botswana; im S Abbau von Soda und Natriumsulfat.

Makarios III. [neugr. ma'karjɔs], eigtl. Michail Christodulos Muskos, * Pano Panajia (Distrikt Pafos) 13. Aug. 1913, † Nikosia 3. Aug. 1977, griech.-orth. Theologe und zypr. Politiker. - 1948–50 Bischof von Kition; seit 1950 Erzbischof von Zypern und Ethnarch, arbeitete etwa ab 1955 mit J. Griwas und der EOKA zur Befreiung der Insel zusammen; 1956/57 von den Briten auf die Seychellen verbannt; als Staatspräs. der Republik Zypern (seit 1960) um die Unabhängigkeit der Insel, Neutralität und einen gewissen Ausgleich der Gegensätze zw. griech. und türk. Zypern bemüht; geriet zunehmend in Konflikt mit Griwas; im Juli 1974 von den griech. Offizieren der zypr. Nationalgarde gestürzt, floh ins Ausland; kehrte im Dez. 1974 nach Zypern zurück und übernahm wieder das Amt des Staatspräsidenten.

Makarismus [zu griech. makarismós „Seligpreisung"] (Mrz. Makarismen), eine in der klass. griech. Literatur wie auch im A. T. und N. T. (v. a. in der Bergpredigt) geläufige Stilform, die Menschen wegen ihres gegenwärtigen oder zukünftigen Segens profaner und religiöser Art preist.

Makarow, Stepan Ossipowitsch [russ. ma'karef], * Nikolajew 8. Jan. 1849, ✕ bei Port Arthur (= Lüta) 13. April 1904, russ. Admiral und Ozeanograph. - 1886–89 hydrograph. Forschungen im nördl. Pazifik; 1896 Vizeadmiral, 1899 Hafenkommandant von Kronstadt; mit dem von ihm konstruierten Eisbrecher „Jermak" unternahm M. 1901 eine Expedition nach Franz-Joseph-Land.

Makart, Hans, * Salzburg 29. Mai 1840, † Wien 3. Okt. 1884, östr. Maler. - Seine großformatigen histor. und allegor. Bilder sind in der Zeichnung kraftlos, aber von ungemein prunkvoller Farbwirkunk. Seine dekorative Auffassung (Neubarock) beeinflußte Theater, Mode, Wohnkultur und Kunstgewerbe.

Makassar ↑ Ujung Pandang.

Makassaren, jungmalaiisches Kulturvolk im sw. Celebes; außer in der Landw. v. a. in der Schiffahrt und im Handel tätig.

Makassarstraße, Teil des Australasiat. Mittelmeeres, verbindet die Celebes- mit der Javasee; im S zahlr. Inseln und Riffe.

Makedonien (Mazedonien) [...iɛn], südlichste der Teilrepubliken Jugoslawiens, 25 713 km², 1,99 Mill. E (1984), Hauptstadt Skopje. M. ist ein Gebirgsland mit meist glazial überformten, bis 2 753 m hohen Gebirgsstöcken und dazwischenliegenden Becken, die durch schluchtartige Täler und verkehrsgünstige Pässe miteinander verbunden sind. Klimat. ist M. durch Sommertrockenheit gekennzeichnet. Die Bewohner sind zu 67% Makedonier. Makedonisch ist Schrift- und Amtssprache. Daneben leben in M. Albaner, Türken, Serben, Zigeuner, Aromunen, Bulgaren, Montenegriner und Griechen. Das wichtigste Anbauprodukt ist Weizen, gefolgt von Mais, Roggen, Tabak, Kartoffeln, Zuckerrüben, Baumwolle, Reis und Mohn; Wein- und Obstbau; Schafhaltung. M. ist relativ reich an Bodenschätzen (Blei-, Zink-, Chrom-, Eisenerze, Braunkohle, Asbest u.a.), doch wird der Abbau durch die schlechte Verkehrserschließung behindert. Die Ind. umfaßt Metallverarbeitung, Nahrungsmittel- und Textilindustrie.

M. (Makedonia), Region in N-Griechenland, Teil der südosteurop., histor. Großlandschaft M., 34 177 km², 2,12 Mill. E (1981). Hauptstadt Saloniki.

M., histor. Großlandschaft in SO-Europa, an der Griechenland, Jugoslawien und Bulgarien Anteil haben. M. ist ein Schollenland, in dem bis 2 900 m hohe Gebirgszüge größere Becken voneinander trennen. Die größten Städte sind Saloniki, Skopje, Bitola, Prilep und Serrä.

Geschichte: Antike: Das antike M. war in histor. Zeit gegliedert in *Niedermakedonien* (um den Thermaischen Golf) und *Obermakedonien* zw. oberem Axios (= Vardar) und Halikamon (= Aliakmon), dazu das Hinterland der Chalkidike und seit Philipp II. das Gebiet bis zum Strymon (= Struma); Hauptstadt war Aigai, seit dem 5./4.Jh. Pella. Staatsform war die Monarchie mit offensichtl. aus der Einwanderungszeit tradierten, bei Machtzunahme des Königs zurücktretenden typ. Merkmalen wie Heeresversammlung und Adelsgefolgschaft. Fortdauernde Feudalisierung mit Hilfe eroberten Landes bedeutete polit. und soziale Stabilisierung und Stärkung der Monarchie. Die polit. Entwicklung endete mit der makedon. Vorherrschaft in Griechenland unter Philipp II. (⌖ 359–336) und Alexander d. Gr. (⌖ 336–323). Von 323–289 unter der Dyn. des Antipater und ab 276 der der Antigoniden verlor M. seine Vorrangstellung an Rom. Im *1. Makedon. Krieg* 215–205 mußte Philipp V. auf ein Bündnis mit Karthago verzichten. Die im *2. Makedon. Krieg* erworbene Eroberungen mußten 197 wieder abgetreten werden. Der *3. Makedon. Krieg* war ein Präventivkrieg Roms (172/171–168) und endete mit der Zerschlagung von M. in 4 selbständige Staaten; ab 148 war M. röm. Prov. - Mittelalter: Im 4.Jh. n.Chr. gehörte M. zum Byzantin. Reich; Anfang 7.Jh. wurde es von Awaren geplündert und von Slawen besetzt. Seit 8.Jh. selbständiges Thema des Byzantin. Reichs, blieb M. Schauplatz ständiger Angriffe: Bulgaren (773; 976–1018 makedon. Zarenreich; 1197 Ft. von Dobromir Chris), Uzen (1064), Normannen (1081), Petschenegen (1122), Kreuzfahrer (1204), Serben (1282; 1330), Katalanen (1308). Ab 1317 gehörte M. zum Osman. Reich und spielte bis ins 19.Jh. keine nennenswerte Rolle. - Neuzeit: Die Bemühungen der Bulgaren, sich vom Osman. Reich zu lösen, schlossen M. mit ein, das im Frieden von San Stefano (1878) dem autonomen Bulgarien zugeschlagen wurde, auf dem Berliner Kongreß (1878) aber beim Osman. Reich verblieb. Die Folge waren gegen die osman. Herrschaft ge-

richtete Unruhen und Aufstände, die sich dann in Auseinandersetzungen zw. Griechenland und Bulgarien fortsetzten (**makedonische Frage**). Nach dem 2. Balkankrieg (1913) fiel der größte Teil von M. an Serbien und Griechenland; 1918 behielt Jugoslawien die an Serbien gefallenen Teile. Auch in den 1920er Jahren gab es immer wieder Aufstände makedon. Unabhängigkeitsbewegungen. Nach dem 2. Weltkrieg wurde die sozialist. Republik M. als Teil Jugoslawiens geschaffen. Auch nach 1945 beanspruchte Bulgarien makedon. Gebiete für sich und findet sowjet. Unterstützung, während Jugoslawien die Anerkennung einer makedon. Minderheit in Bulgarien fordert.

📖 *Errington, M.: Gesch. Makedoniens.* Mchn. 1986. - *Wirth, G./Will, W.: Gesch. Makedoniens.* Stg. 1985/86. 2 Bde. - *Ostrogorsky, G.: Gesch. des byzantin. Staates.* Mchn. ²1980.

Makedonier, den Bulgaren nahestehende südslaw. Bev. mit eigener Sprache in SO-Europa, v.a. in Jugoslawien (insbes. in der Teilrepublik Makedonien).

Makedonisch, indogerman. Sprache der Makedonen im antiken Griechenland, die nur aus Namen und etwa 150 Wörtern bekannt ist; trotz Gemeinsamkeiten mit dem benachbarten Griech. kann das M. nicht als griech. Dialekt angesehen werden.
◆ zur südl. Gruppe der slaw. Sprachen gehörende Sprache der Makedonier in Jugoslawien mit etwa 1,3 Mill. Sprechern; eine der 3 Amtssprachen Jugoslawiens.

Makedonische Kriege ↑Makedonien (Geschichte).

makedonische Literatur ↑jugoslawische Literatur.

Makedorumänen ↑Aromunen.

Makejewka [russ. maˈkjejifkɐ], sowjet. Stadt im Donbass, Ukrain. SSR, 448 000 E. Bauingenieurhochschule, 3 Technika, Heimatmuseum. Bed. Ind.- und Bergbaustadt. - Entstand 1899 beim Bau eines Hüttenwerkes.

Makeni, Prov.hauptstadt in Sierra Leone, 26 800 E. Kath. Bischofssitz; Handelszentrum landw. Erzeugnisse.

Make-up [meːkˈap, engl. ˈmeɪkʌp „Aufmachung"], deckende kosmet. Mittel bzw. ihr Auftrag auf die Gesichtshaut, soll den Teint verfeinern, farbl. beleben, das Gesicht durch Schatten ausdrucksvoller und u.U. interessant erscheinen lassen; *übertragen* für Aufmachung eines Gegenstandes.

Maki-E [jap.], Streubild (↑Lackarbeiten).

Makifrösche, Bez. für mehrere baumbewohnende Frösche, z.B. die Greiffrösche und die Affenfrösche.

Makimono [jap.], für die ostasiat. Kunst typ. Form der Querrolle, die von rechts nach links aufgerollt wird und in einzelnen Abschnitten betrachtet werden kann; entwickelte sich aus der Schriftrolle.

Makis [Malagassi-frz.], svw. ↑Lemuren.

Makkabäer, Beiname des Judas Makkabäus. Der Name ging auf seine Brüder und Mitkämpfer über und gewann in der Neuzeit starken Symbolwert für die jüd. Selbstbehauptung. Als Bez. für die von Simon (↤ 143–135) begr. hohepriesterl., seit Aristobulos I. (104/103) oder Alexander Jannäus (↤ 103–76) auch königl. Dynastie hat sich der von Josephus Flavius und Mischna bezeugte Name Hasmonäer eingebürgert, der auf den Namen des Urgroßvaters des Mattathias zurückgeht.

Makkabäerbücher, Abk. Makk., vier alttestamentl. Bücher, von denen die ersten beiden zu den Apokryphen zählen (kath.: deuterokanon. Bücher) und die übrigen zu den Pseudepigraphen (kath.: Apokryphen); entstanden im 2./1. Jh. v. Chr. Ihr Inhalt befaßt sich mit den jüd. Freiheitskämpfen gegen die syr. bzw. ägypt. Herrschaft und erhebt die Forderung zur Reinerhaltung des jüd. Religionsgesetzes.

Makkabäische Brüder, Heilige, alttestamentl. Märtyrer. - Erlitten zus. mit ihrer Mutter in der Zeit der ersten Makkabäeraufstände das Martyrium. Seit dem 5. Jh. als Heilige verehrt.

Makkabäus, Judas ↑ Judas Makkabäus.

Makkabiade [hebr.], in vierjährigem Zyklus (jeweils ein Jahr nach den Olymp. Spielen) stattfindende jüd. Sportveranstaltung mit olymp. Programm; 1932 erstmals in Tel Aviv ausgetragen.

Makkabia [hebr., nach den Makkabäern], Name jüdischer Sportvereine oder -verbände. In Deutschland „Makkabi. Jüd. Turn- und Sportverband in Deutschland e. V." (Mgl. im Dt. Sportbund als Anschlußorganisation), gegr. 1921 in Berlin, wiedergegr. 1965 in Düsseldorf, Sitz Düsseldorf.

Makkaroni [italien.], lange, röhrenförmige ↑ Teigwaren.

makkaronische Dichtung (maccaron. Dichtung), kom. Dichtung, deren Wirkung auf der spieler. Verschmelzung zweier Sprachen beruht, wobei die eine v. a. das grammat. und syntakt. Grundgerüst liefert, dem das Wortmaterial aus der anderen Sprache angepaßt wird. Nach Vorläufern in der Spätantike hatte diese Art scherzhafter Gelehrtendichtung (meist Parodie oder Satire) ihre Blütezeit im Humanismus des 15./16. Jh.; Grundlage war das Lat., durchsetzt mit Elementen der westeurop. Volkssprachen.

Makler (Mäkler) [niederdt., zu maken „machen, handeln"], allg. ein Gewerbetreibender, der Gelegenheiten zum Abschluß von Verträgen nachweist und Verträge vermittelt (↑ auch Handelsmäkler); i. e. S. der **Immobilienmakler,** der gewerbsmäßig den Abschluß von Verträgen über Grundstücke, grundstücksgleiche Rechte, gewerbl. Räume und Wohnungen vermittelt oder die Gelegenheit zum Abschluß solcher Verträge nachweist;

er braucht eine gewerberechtl. Erlaubnis (§ 34c Gewerbeordnung).

Maklergebühr, svw. ↑ Courtage.

Maklervertrag (Mäklervertrag), Vertrag, in dem sich jemand verpflichtet, einem anderen (dem Makler) für den Nachweis der Gelegenheit zum Abschluß oder für die Vermittlung eines Vertrages ein Erfolgshonorar (den **Maklerlohn**) zu zahlen; dabei besteht im allg. weder für den Makler die Verpflichtung, tätig zu werden, noch für den anderen die Pflicht, das angebotene Geschäft abzuschließen; anders ist es, wenn dem Makler *Alleinauftrag* erteilt ist. Aufwendungen sind nur bei Vereinbarung zu ersetzen (§ 652 BGB).

Mako [Maori] ↑ Makrelenhaie.

Mako [nach Mako (Maho) Bei, dem Hauptförderer des ägypt. Baumwollanbaus im 19. Jh.], Bez. für feinste, leicht glänzende, ungebleicht gelbl. ägypt. Baumwolle; auch Bez. für Web- und Wirkwaren aus Makogarnen.

Makonde, Bantustamm in SO-Tansania und N-Moçambique. Ihre alte Holzschnitzereikunst (Masken) wurde in Tansania wiederbelebt (mit neuen Motiven).

Makondeplateau [...to:], bis 700 m hohes, dicht besiedeltes Plateau im äußersten SO von Tansania.

Makoré [mako're:; afrikan.-frz.] ↑ Hölzer (Übersicht).

makr..., Makr... ↑ makro..., Makro...

Makramee [italien., zu arab. miqram „bestickter Schleier"], alte, urspr. arab. Knüpfarbeit, bei der nicht zwei Fäden miteinander, sondern ein [Knüpf]faden über einen Einlagefaden geknüpft wird.

Makrelen [niederl.] (Scombridae), Fam. schlanker, spindelförmiger Knochenfische, hauptsächl. in trop. und subtrop. Meeren, z. T. sehr weit wandernd, schwarmbildend; Schuppen fehlend oder klein; zwei Rückenflossen, hinter der zweiten sowie hinter der Afterflosse vier bis neun fahnenartige Flössel; Schwanzflosse tief ausgeschnitten; Kopf groß, spitzschnauzig; z. T. von großer wirtschaftl. Bed., u. a. die bis 50 cm lange, im nördl. Atlantik (einschließl. Nord- und Ostsee) vorkommende **Makrele** (Scomber scombrus); Rücken dunkel blaugrün bis dunkelbraun mit gekrümmten, bläulichschwarzen Querbinden, Seiten matt silbrig, Band weiß; Speisefisch, der frisch, geräuchert und als Konserve verwendet wird. Bekannt sind außerdem ↑ Bonito und ↑ Thunfische.

Makrelenartige (Makrelenfische, Scombroidei), mit rd. 100 Arten in allen Meeren (bes. der trop. und subtrop. Regionen) verbreitete Unterordnung der Barschartigen; bis mehrere Meter lange Knochenfische mit spindel- bis torpedoförmigem, kleinschuppigem oder schuppenlosem Körper. Zu den M. gehören u. a. die ↑ Makrelen und der bis über 4 m lange **Schwertfisch** (Xiphias gladius);

Rücken blauschwarz, Seiten graublau, Bauchseite weiß; Oberkiefer schwertförmig verlängert, Zähne bei erwachsenen Tieren völlig rückgebildet; Speisefisch.

Makrelenhaie (Heringshaie, Isuridae), Fam. etwa 3–12 m langer, in allen Meeren vorkommender Haifische, die fast alle dem Menschen gefährl. werden können; Körper langestreckt, spindelförmig; Schwanzstiel sehr schlank mit seitl. Längskiel; Schwanzflosse weitgehend symmetr.; Hochseebewohner, lebendgebärend. Einige Arten sind Speisefische, u. a. der etwa 3,5 m lange und bis 500 kg schwere **Mako** (Isurus oxyrhynchus); mit dunkelgrauem bis graublauem Rücken, weißem Bauch und sehr kleiner zweiter Rükkenflosse und Afterflosse. 1,5–3 m lang wird der im nördl. Atlantik und im Mittelmeer, auch in der Nord- und Ostsee vorkommende **Heringshai** (Lamna nasus); Färbung blauschwarz bis dunkelgrau, Unterseite weißl.; Stirn nasenartig spitz und vorn ausgezogen. Das Fleisch kommt als *Kalbfisch, Karbonadenfisch* oder *Seestör* in den Handel. Die einzige Art der Gatt. *Weißhaie* ist der meist 5–6 m lange **Weißhai** (Carcharodon carcharias); Rücken blei- bis bläulich grau, Unterseite weißl.; Brustflosse groß.

Makrelenhechte (Scombresocidae), Fam. bis etwa 50 cm großer, sehr langgestreckter, schlanker Knochenfische mit 4 hochseebewohnenden Arten; 5–7 Flössel hinter der Rücken- und Afterflosse, Schnauze schnabelförmig ausgezogen; z. B. **Atlantischer Makrelenhecht** (Scombresox saurus).

makro..., Makro..., makr..., Makr... [zu griech. makrós „groß"], Bestimmungswort von Zusammensetzungen mit der Bed. „lang, groß".

Makrobiotik [griech.], von C. W. ↑ Hufeland geprägter Begriff für die Kunst, das Leben zu verlängern (z. B. durch Anwendung verschiedener Medikamente, Hormone, aber auch durch geeignete Ernährung und Lebensführung).

makrocyclische Verbindungen, aus mehr als 12 Kohlenstoffatomen bestehende, ringförmige Verbindungen, z. B. makrocycl. Ketone (Muscon, Zibeton), die als Duftstoffe in der Natur vorkommen.

Makrogefüge, ohne Mikroskop erkennbarer Aufbau metall. Werkstoffe, Gesteine u. a.

Makroglobulinämie [griech./lat./griech.], Vermehrung von hochmolekularen Eiweißbestandteilen im Blutserum, die v. a. die Aufgabe von natürl. ↑ Antikörpern erfüllen (u. a. bei chron. Infekten).

Makroklima, svw. Großklima (↑ Klima).

Makrokosmos, Weltall, Universum; Ggs. Mikrokosmos.

Makrolidantibiotika, zusammenfassende Bez. für Antibiotika mit einem vielgliedrigen Lactonring; i. e. S. Antibiotika der Erythromyzingruppe. M. werden von Streptomyzeten gebildet und wirken gegen grampositive und -negative Kokken sowie Rickettsien durch Hemmung der Proteinsynthese.

Makrolide [Kw.] (makrocyclische Lactone), Lactone (innere Ester) von langkettigen ω-Hydroxycarbonsäuren. M. sind Bestandteile von Makrolidantibiotika (z. B. Erythromyzin) und natürl. vorkommenden Duftstoffen.

Makromelie [griech.], abnorme Größe einzelner oder aller Gliedmaßen.

Makromoleküle, Moleküle, die aus mehr als 1 000 Einzelmolekülen (Monomeren) bestehen und Molekulargewichte über 10 000 haben.

Fast alle synthet. M. haben ein einfaches Bauprinzip: in ihnen wiederholt sich period. ein und dieselbe Gruppe *(Hochpolymere);* natürl. M. können dagegen einen sehr unregelmäßigen Aufbau haben (z. B. Proteine). M. sind linear (↑ Kettenmoleküle), flächig oder räuml. gebaut; bei vernetzten M. sind die Ketten durch Molekülbrücken oder Wasserstoffbrücken verbunden. Alle ↑ Kunststoffe bestehen aus M. sowie zahlr. Naturstoffe wie Nukleinsäuren, Stärke und Zellulose.

Makron, att. Vasenmaler des strengen rotfigurigen Stils, tätig etwa 495–457, v. a. für den Töpfer Hieron. Bemalte fast ausschließl. Schalen.

Makron [griech.], svw. ↑ Parsec.

Makronen [italien.-frz.], Gebäck aus Eiweiß, Zucker und Mandeln, Kokosraspeln *(Kokos-M.),* Nüssen *(Nuß-M.).*

Makroobjektiv ↑ photographische Objektive.

Makroökonomie, Teilgebiet der Wirtschaftstheorie, bei dem gesamtwirtschaftl. Zusammenhänge auf der Basis von Globalgrößen, die aus der Zusammenfassung (Aggregation) der Wirtschaftssubjekte und der ökonom. Einzelphänomene hervorgehen, untersucht werden. Derartige Aggregate sind z. B. die privaten Haushalte, die Unternehmer, der Export oder das Sozialprodukt. Auf makroökonom. Ansätzen basieren z. B. die Kreislauf-, Konjunktur- und Wachstumstheorie. - Ggs. ↑ Mikroökonomie.

makroökonomische Markttheorie ↑ Geldtheorie.

Makrophyllen [griech.], großflächige, häufig gegliederte und gestielte, mit Nervatur ausgestattete Blätter der Farne (Wedel) und Samenpflanzen. - ↑ auch Mikrophyllen.

Makrophysik, Bez. für die Teilbereiche der Physik, die den atomaren Aufbau der Materie nicht in ihre Betrachtungen einbeziehen. - Ggs. ↑ Mikrophysik.

Makrophotographie, in der Photographie der Aufnahmebereich der vergrößernden Abbildung (in Originalgröße und größer); der Abstand zw. Objektiv und Filmebene wird z. B. durch ein ↑ Balgengerät oder ringförmige Abstandsstücke (Zwischentuben) vergrößert

Makropoden

(Auszugsverlängerung) und dadurch das Abbildungsverhältnis entsprechend geändert.

Makropoden [griech.] (Großflosser, Macropodinae), Unterfam. der Labyrinthfische in den Gewässern SO-Asiens; Rücken-, After- und Schwanzflossen stark vergrößert. Einige M. sind beliebte Aquarienfische, z. B. der bis 10 cm lange **Paradiesfisch** (Großflosser, Macropodus opercularis), der in China, Taiwan, Korea und im südl. Vietnam vorkommt; ♂ mit prächtiger roter und blauer bis blaugrüner Zeichnung und sehr lang ausgezogenen Flossen; ♀ blasser, Flossen kürzer; ♂ baut Schaumnest. Zu den M. gehört auch die Gatt. ↑ Kampffische.

Makropsie [griech.] (Megalopsie), Sehstörung mit falscher Größenwahrnehmung (Größersehen); Ursachen: Akkommodationsstörungen, beginnende Netzhautablösung oder -entzündung, raumverdrängende Prozesse im Gehirn, verschiedene Vergiftungen (einschließl. Rauschmitteleinwirkungen), psychopatholog. Zustände.

makroskopisch [griech.], ohne opt. Hilfsmittel mit bloßem Auge erkennbar. - Ggs. mikroskopisch.

Makrosmaten [griech.] ↑ Geruchssinn.

Makrosoziologie, Teilbereich der Soziologie, der die Strukturen und Gesetzmäßigkeiten des Aufbaus, der Entwicklung und Veränderung großer gesellschaftl. Einheiten (Organisationen, Institutionen, kollektive Prozesse) untersucht, soweit sie das Verhalten von Individuen und kleinen Gruppen bestimmen.

Makrozustand, Bez. für den physikal. Zustand eines Vielteilchensystems, der im Ggs. zum Mikrozustand durch thermodynam. Zustandsgrößen wie z. B. Temperatur, Druck und Volumen gekennzeichnet ist. Die Beschreibung des M. ist Gegenstand der Thermodynamik.

Makrozyten [griech.], abnorm große Erythrozyten bei bestimmten Krankheiten, z. B. bei Lebererkrankungen, Anämie.

Maktar [frz. mak'ta:r; arab. 'maktar], Ort in N-Tunesien, 50 km sö. von Le Kef, 950 m ü. d. M., rd. 6 000 E. - Zahlreiche bedeutende Ruinen, u. a. Triumphbogen zu Ehren Trajans (116 n. Chr.).

Makua, Bantustamm im nördl. Küstengebiet von Moçambique und in SO-Tansania; Savannenpflanzer (Hirse, Mais, Bohnen).

Makulatur [zu lat. macula „Fleck"], in graph. Gewerbe Bez. für nicht einwandfreie Druckbogen; **makulieren,** zu Makulatur machen, einstampfen.

Makumba (Macumba), neue Religion Brasiliens mit zahlenmäßig nur schwer erfaßbarer Anhängerschaft; auch Bez. für deren Kulthandlung. In der M. werden Gottheiten westafrikan. Herkunft mit bibl. Gestalten und kath. Heiligen, zuweilen auch mit indian. Numina identifiziert (Synkretismus). Einge-

teilt werden diese Gottheiten in die beiden Klassen der gütigen Orixá und der bösen Exú. Der gütige Oxalá, der Schöpfer und Himmelsherr, wird z. B. Jesus Christus gleichgesetzt, die Meeresgöttin Yemanjá der Maria und der indian. Flußnixe Jára. - Zur Ekstase führende Kulte werden auf „terreiros" (Höfe), speziellen Kultplätzen, vollzogen. Sie sind mit der Darbringung von Opfern verbunden, die mit „despacho" (Absendung) bezeichnet werden. Bevorzugte Opfergaben sind geröstete Maiskörner und getötete Hähne. Ausgeprägt ist der Spiritismus der M., der mediale Verbindung mit Geistern vornehml. zu therapeut. Zwecken erstrebt, da Krankheiten als von bösen Geistern verursacht gelten. Die M. tendiert in neuester Zeit zu einem organisator. Zusammenschluß kirchenähnl. Charakters. Häufig sind die Grenzen zu anderen synkretist. Religionen Brasiliens wie Umbanda und Candomblé fließend.

Makura no soschi [„das Kopfkissenbuch"], älteste Sammlung der jap. „suihitsu"-Literatur (skizzenhafte Aufzeichnungen), wohl zw. 995 und 1020 von der Hofdame Sei Schonagon verfaßt.

Makurdi, nigerian. Stadt am Benue, 67 000 E. Hauptstadt des Bundesstaats Benue; kath. Bischofssitz; landw. Handelszentrum; Eisenbahn- und Straßenbrücke über den Benue, Hafen, ✈.

MAK-Wert [Abk. für: maximale Arbeitsplatzkonzentration], Grenzkonzentration gas-, dampf- oder staubförmiger Substanzen, die als noch erträgl. (nicht gesundheitsschädl.) am Arbeitsplatz bei achtstündiger Arbeit angesehen werden kann. Sie wird bei 20 °C und 1 013 mbar gemessen und in ppm (d. h. cm^3 Gas je m^3 Luft) oder mg/m^3 (d. h. mg Substanz je m^3 Luft) Luft angegeben. MAK-Werte werden in der BR Deutschland von einer Kommission der Dt. Forschungsgemeinschaft ermittelt und vom Bundesministerium für Arbeit und Sozialordnung veröffentlicht (z. Z. für etwa 500 Substanzen).

Mal, in Zusammensetzungen auftretendes Wort mit der Bed. „sich abhebende Stelle, Zeichen, Fleck", z. B. Denkmal, Muttermal. ◆ bes. gekennzeichnete Stelle innerhalb eines Spielfeldes; dient als Ablauf- bzw. Abwurfmarke oder als Zielmarkierung.

Malabaren, eine drawid. Sprache sprechendes ind. Volk im Bereich der Malabarküste.

malabarische Liturgie ↑ Thomaschristen.

Malabarküste, monsuntrop. SW-Küste Indiens zw. Goa und Kap Comorin. Die Flachküste wird geprägt durch Nehrungen und dahinter langsam verlandende Brackwasserhaffe oder davor liegende Strandwälle.

Malabarspinat (Ind. Spinat, Basella alba), Basellengewächs aus O-Indien; mit fleischigen, ei- oder herzförmigen Blättern und

MAK-Werte einiger Stoffe

	mg/m³		mg/m³
Aceton	2 400	Magnesiumoxid (Feinstaub)	6
Acetonitril	70	Mangan	5
Acrylsäuremethylester	18	Methanol	260
Ammoniak	35	Nikotin	0,5
Anilin	8	Parathion (E 605)	0,1
Äthanol	1 900	Phosgen	0,4
Baumwollstaub	1,5	Quecksilberverbindungen (organ.)	0,01
Blei	0,1	Schwefeldioxid	5
Brom	0,7	Schwefelsäure	1
Butanol	300	Schwefelwasserstoff	15
Chlor	1,5	Stickstoffdioxid	9
chlorierte Biphenyle (Chlorgehalt 54%)	0,5	Tetrachlorkohlenstoff	65
		Tetrahydrofuran	590
Chlorwasserstoff	7	Titandioxid (Feinstaub)	6
Cyanide	5	Trichloräthylen	270
DDT	1	Trinitrotoluol	1,5
Eisenoxid (Feinstaub)	6	Vinylacetat	35
Formaldehyd	1,2	Wasserstoffperoxid	1,4
Jod	1	Xylidin	25
Kohlendioxid	9 000	Xylol	440
Kohlenmonoxid	33	Zinkoxid (Rauch)	5
Kupfer (Rauch)	0,1	Zinnverbindungen (organ.)	0,1
Kupfer (Staub)	1	Zirkonverbindungen	5

unscheinbaren, weißen, violetten oder roten Blüten in kleinen Ähren; in den Tropen und Subtropen kultiviert und als Gemüse und Salat verwendet.

Malabo (früher Santa Isabel), Hauptstadt von Äquatorialguinea, an der N-Küste der Insel Bioko (früher Fernando Póo), 37 500 E. Verwaltungsfachschule, wichtigster Hafen des Landes, internat. ⚓. - 1820 von Briten gegr., 1827–43 als Port Clarence brit. Flottenstützpunkt.

Malabsorption [lat.], u. a. durch Mangel an Verdauungsenzymen und Schleimhautschäden bedingte ungenügende Nährstoffresorption aus dem Dünndarm. - ↑auch Sprue.

Malachias, in der Vulgata Name für ↑Maleachi.

Malachias, hl. (altir. Maol M'Aedoc), *Armagh um 1094/95, †Clairvaux 1148, ir. Erzbischof. - 1123–27 Bischof von Connor; 1129 Erzbischof von Armagh, 1137 Bischof von Down. Im Auftrag von Papst Innozenz II. wirkte er für die röm. Reform der ir. Kirche. Auf einer Romreise lernte er Bernhard von Clairvaux kennen und führte die Zisterzienser nach Irland. - Aus einer mißverstandenen Stelle der von Bernhard von Clairvaux verfaßten Vita entstand um 1590 die Fälschung der sog. „Weissagung des Malachias": 112 Sinnsprüche über Päpste von Cölestin II. (1143) bis zum angebl. letzten Papst Petrus II.

Malachit [zu griech. maláchē „Malve" (mit Bezug auf die Farbe der Blätter)], Mineral von in Kristallen schwarzgrüner, in dichten Kristallaggregaten smaragdgrüner Farbe.

Chemisch $Cu_2[(OH)_2CO_3]$. Mohshärte 4, Dichte 4,0 g/cm³. Häufiges Kupfererz, in Lagerstätten meist zus. mit anderen Kupfermineralen. Wirtsch. wichtige Vorkommen in Afrika, Australien, USA, UdSSR (Ural); Schmuckstein. - Abb. S. 338.

Malachitgrün, grüner, wasserlösl. Triphenylmethanfarbstoff, der v. a. zum Färben von Tinten, Wachsen, Farbbändern, Kugelschreiberpasten und Kunstfasern dient.

Malacostraca [griech. „Weichschalige"] (Höhere Krebse), Unterklasse der Krebstiere mit rd. 18 000 Arten von unter 1 cm bis etwa 60 cm Körperlänge; Segmentzahl meist konstant (stets acht Brust-, meist sechs, selten sieben Hinterleibssegmente); Extremitäten des Brustabschnitts fast immer als Schreitbeine ausgebildet; Chitinpanzer häufig sehr stark entwickelt, oft mit Kalkeinlagerung; im Meer und Süßwasser, seltener landbewohnend; bekannte Ordnungen: Heuschreckenkrebse, Leuchtkrebse, Zehnfußkrebse, Flohkrebse, Asseln.

malade [frz., zu lat. male habere „sich schlecht befinden"], unpäßlich; unwohl, krank.

mala fide [lat. „in bösem Glauben"], im Recht: in schlechtem (bösem) Glauben, arglistig, trotz besseren Wissens (↑auch guter Glaube).

Málaga ['ma:laga], span. Hafenstadt an der Costa del Sol, 10 m ü. d. M., 503 300 E. Verwaltungssitz der Prov. M.; kath. Bischofssitz; Univ. (gegr. 1972), Hochschule für Musik und für darstellende Künste; Museum. M. ist der

Malagassi

Malachit

wichtigste Hafen Andalusiens. Nahrungsmittel-, Getränkeind., Weinkellereien, Eisen- und Stahlwerke, Schiffbau, Erdölraffinerie, chem. sowie Textilind., Fremdenverkehr. - Das antike **Malaca**, im 12. Jh. v. Chr. vom phönik. Tyrus als Handelskolonie angelegt, fiel 205 v. Chr. an die Römer (Munizipium unter den Flaviern), 571 n. Chr. an die Westgoten; 711 arab., 1018–57 unter der Hammudiden-Dyn. Hauptstadt eines unabhängigen Kgr.; 1487 vom Kath. Königspaar zurückerobert. - Die arab. Alcazaba (8. und 9. Jh.; später verändert) steht in Verbindung mit der Festung Gibralfaro (v. a. 14. Jh.). An der Stelle einer Moschee Renaissancekathedrale (1588 geweiht; 1719 ff. erneuert); modernes Rathaus (1924).

Malagassi (Malagas[s]y, Madagassisch), zu den indones.-malaiischen Sprachen gehörende Sprache der Madagassen auf Madagaskar mit mehreren Dialektgruppen (O-, W- und Z-Gruppe), die strukturell übereinstimmen, im Lautbestand und Wortschatz jedoch Unterschiede aufweisen. Das im Bereich der Hauptstadt Antananarivo gesprochene *Merina* (auch *Hova*) dient als offizielle Schrift- und Literatursprache.

Malagaweine [nach der span. Prov. Málaga], in besseren Qualitäten aus Pedro-Ximenez- und Muskatellertrauben gekelterte süße, gespritete span. Südweine.

Malagueña [mala'genja; span.], in der Musik: 1. lokale Bez. für ↑ Fandango; 2. ein in S-Spanien beheimatetes, gefühlsbetontes Lied in freiem Rhythmus; 3. alter span. Tanz.

Malaien, die indones. Sprachen sprechenden Völker und Stämme in Südostasien und auf Madagaskar, insges. etwa 170 Mill. Menschen. Die M. gehören im wesentl. dem palämongoliden Zweig der mongoliden Rasse an, gegliedert in 3 große Gruppen. Die **Primitivmalaien** leben von Jagd, Sammelwirtschaft und Fischerei. Entsprechend einfach sind Behausung (Windschirme, kleine Pfahlbauten), Kleidung (Schurz aus Baststoffen) und Bewaffnung (Blasrohr, Pfeil und Bogen) sowie Gesellschaftsordnung. - Die **Altmalaien** betreiben Feldbau. Man unterscheidet eine ältere Gruppe mit vorherrschendem Anbau von Knollenfrüchten und Sagogewinnung und eine jüngere mit Reisanbau, Kokospalmen-, Bananen- und anderen Kulturen, Tierhaltung (Hunde, Hühner, Schweine), wenig Jagd und Sammelwirtschaft, aber Fischerei; die Behausung ist meist ein rechteckiger Pfahlbau. Weberei und Flechterei sind ebenso wie Metallverarbeitung z. T. seit alter Zeit entwickelt. - Die **Jungmalaien** stellen den Hauptteil (90 %) der M.; Wirtschaft (v. a. Naßreisanbau mit Pflug und Büffel, Fischerei, Schiffahrt) und Technik (Weberei, Flechterei, Färberei, Waffen- und Goldschmiedehandwerk u. a.) sind bei ihnen hoch entwickelt.

Malaienbär (Biurang, Helarctos malayanus), bis etwa 1,4 m lange und maximal 70 cm schulterhohe Bärenart in SO-Asien, auf Sumatra und Borneo; Fell kurz, glatt, schwarz, helle Schnauze und weißl. bis orangegelbe Brustzeichnung; Vorderfüße mit langen, sichelförmigen Krallen; guter Kletterer; ernährt sich von Pflanzen, Kleintieren und bes. Honig.

Malaiisch, zur SW-Gruppe der indones.-malaiischen Sprachen gehörende Sprache der Halbinsel Malakka, dem Riau-Archipel und O-Sumatra. Die ältesten Inschriften stammen aus der 2. Hälfte des 7. Jh. n. Chr. M., aus dem sich die ↑ Bahasa Indonésia herleitet und in dem seit dem 15. Jh. umfangreiche Literatur vorliegt, ist seit 1967 die Staatssprache von Malaysia (Bahasa Kebangsaan oder Bahasa Melayu).

Malaiische Halbinsel ↑ Malakka, Halbinsel.

Malaiischer Archipel (Australasien, Insulinde), die Inselwelt zw. dem südostasiat. Festland sowie Australien und Neuguinea.

Malaise [frz. ma'lɛz(ə)], Unbehagen, unbefriedigende Situation.

Malaita, eine der Salomoninseln, 3 885 km², bis 1 303 m hoch.

Malajalam, zu den drawid. Sprachen gehörende Sprache in SW-Indien mit etwa 20 Mill. Sprechern und eigener Schrift (↑ indische Schriften); offizielle Sprache des ind. Bundesstaates Kerala; M. entwickelte sich ab 1000 n. Chr. aus einem Dialekt des Tamil.

Malakal, Prov.-Hauptstadt der Südregion der Republik Sudan, am Weißen Nil, 386 m ü. d. M., 11 000 E. Kath. Bischofssitz; Veterinärstation; Papierind.; Nildampferstation, ⌀.

Malakka ↑ Melaka.

Malakka, Halbinsel (Malaiische Halbinsel), Halbinsel in Südostasien, zw. der Andamanensee und der Malakkastraße im W sowie dem Golf von Thailand und dem Südchin. Meer im O, 1 500 km lang, an der schmalsten Stelle 40–50 km breit. Birma, Thailand und Malaysia haben Anteil an der H. M.; sie wird von einem bis 2 190 m hohen Gebirgssystem durchzogen, dem vielfach Hügelländer vorgelagert sind, die in weithin versumpfte Küstenebenen überleiten. Die

Halbinsel liegt im Bereich der immerfeuchten Tropen. Trop. Regenwald bedeckt den größten Teil, Mangrove umsäumt Teile der W-Küste. - In Rückzugsgebieten leben noch negrit. und weddide Stämme sowie Primitivmalaien. Vorherrschend sind heute die Jungmalaien. Chin. Händler kamen im 19. und 20. Jh. in großer Zahl, v. a. mit der Ausbreitung des Zinnerzbergbaus. Bei Einführung der Kautschukkultur durch Europäer kamen viele Inder als Arbeitskräfte auf die H. Malakka.

Malakka-Sprachen, Bez. für die den Mon-Khmer-Sprachen in der austroasiat. Sprachfamilie nahestehenden Sprachen kleinerer ethn. Gruppen auf der Halbinsel Malakka, unterteilt in die ältere Malakkagruppe (auch *Protomalakkisch*) mit den Dialekten *Semang* und *Senoi* und die jüngere Malakkagruppe *(Berisi-Djakum)*; viele Stämme sprechen heute jedoch Malaiisch.

Malakkastraße, Meeresstraße zw. der Halbinsel Malakka und Sumatra, verbindet das Südchin. Meer mit der Andamanensee.

Malakophyllen [griech.], weichblättrige Pflanzen, deren Blätter mit einem dichten toten Haarfilz als Verdunstungsschutz überzogen sind und die daher Trockenperioden überdauern können (z. B. viele Rachen- und Lippenblütler). - Ggs. ↑Sklerophyllen.

Malakozoologie [griech.] (Weichtierkunde, Malakologie), Teildisziplin der Zoologie, die sich mit dem Körperbau, Verhalten und der systemat. Gliederung der Weichtiere befaßt.

Malamud, Bernard [engl. ˈmæləməd], * New York 26. April 1914, † ebd. 18. März 1986, amerikan. Schriftsteller. - Gilt neben S. Bellow und P. Roth als Hauptvertreter des (realist.) jüd. Romans in den USA; bed. u. a. „Der Gehilfe" (1957), „Der Fixer" (R., 1966). - *Weitere Werke:* Bilder einer Ausstellung (En., 1969), Die Mieter (R., 1971), Rembrandts Hut (En., 1973).

Malamut [nach dem Eskimostamm M.] (Alaskan Malamut), Rasse 56–64 cm schulterhoher, langhaariger Nordlandhunde mit schrägstehenden, mandelförmigen Augen, Stehohren und buschiger, über dem Rücken eingerollter Rute; Farben: schwarz, weiß und wolfsgrau; Schlittenhund.

Malan, Daniel François [afrikaans məˈlɑŋ], * Farm Allesverloren bei Riebeek-Wes (Kapprovinz) 22. Mai 1874, † Stellenbosch 7. Febr. 1959, südafrikan. Prediger und Politiker. - 1924–33 Innenmin. der Südafrikan. Union; nach 1934 Führer der „gereinigten" Nat. Partei in der Opposition; 1948–54 Min.präs. und Außenmin.; vertrat v. a. eine radikale Politik der Rassentrennung.

Malang, indones. Stadt in O Javas, 450 m ü. d. M., 511 800 E. Kath. Bischofssitz; Univ. (gegr. 1963), landw. Forschungsinst.; botan. Garten; Herstellung von Zigaretten, Tonwaren und Seife, Eisenbahnreparaturwerkstatt.

Garnison, nahebei Luftwaffenbasis. - Sö. das Grabmonument Candi Kidal (um 1240).

Malanje [portugies. məˈlãʒɪ], Distr.-hauptstadt in N-Angola, 1 151 m ü. d. M., 32 000 E. Kath. Bischofssitz; land- und forstwirtsch. Versuchsstation; Handelszentrum; Eisenbahnendpunkt, ⌗.

Malankaren ↑ Thomaschristen.

Malaparte, Curzio, eigtl. Kurt Erich Sukkert, * Prato 9. Juni 1898, † Rom 19. Juli 1957, italien. Schriftsteller. - 1928–31 Leiter der Zeitung „La Stampa"; zunächst Anhänger der Faschisten, später von ihnen verhaftet und 1933 auf die Lipar. Inseln verbannt; Kriegsberichterstatter. Erregte Aufsehen durch seine dynam. geschriebenen, polem. Kriegs- bzw. Nachkriegsromane „Kaputt" (1944) und v. a. „Die Haut" (frz. 1949, italien. 1950, dt. 1950), in denen er schonungslos - oft mit Neigung zur Schilderung von Obszönität und Grausamkeit - in expressionist. Bildern Szenen menschl. Erniedrigung darstellt. - *Weitere Werke:* Blut (R., 1937), Verdammte Toskaner (Prosa, 1956).

Malaria [italien., eigtl. „schlechte Luft"] (Sumpffieber, Wechselfieber, Helodes), durch Arten der zu den Sporentierchen gehörenden Gatt. Plasmodium hervorgerufene, von Malariamückenarten übertragene, v. a. in wärmeren Ländern vorkommende, meldepflichtige Infektionskrankheit. Die unreifen Sporenformen *(Sporozoiten, Sichelkeime)* der M.erreger gelangen beim Stich mit dem Speichel der Mücken in den menschl. Organismus und reifen hauptsächl. in der Leber heran (Gewebsformen der M.plasmodien). Während dieser ein- bis sechswöchigen Phase (Inkubationszeit) treten keine Krankheitserscheinungen auf. Die ausgereiften M.erreger *(Schizonten)* teilen sich ungeschlechtl. *(Schizogonie)* in *Merozoiten* (Agameten), werden ins Blut ausgeschwemmt und befallen die roten Blutkörperchen. In diesen entwickeln sie sich wiederum zu *Schizonten* (Blutplasmodien, Ringformen), die sich durch ungeschlechtl. Teilung zu jeweils 8–12 Merozoiten vermehren. Schließl. kommt es zur Zerstörung der Erythrozyten und damit zum Fieberanfall. Die freigewordenen Merozoiten dringen in neue Erythrozyten ein, in denen sich diese Entwicklung nach einem bestimmten, für die verschiedenen M.formen charakterist. Rhythmus wiederholt. Nach 4–5 solcher Vermehrungszyklen entstehen in den roten Blutkörperchen Geschlechtsformen *(Gamonten, Gametozyten)*, die im menschl. Körper nicht weiter vermehren können. Gelangen diese mit aufgenommenem menschl. Blut in den Magen der Malariamücke (Hauptwirt), so entstehen aus ♂ Mikro- und ♀ Makrogameten *(Gamogonie)*. Die befruchteten weibl. Gameten dringen in die Magenwandzellen ein, wo aus ihnen durch Mehrfachteilung Sporozoiten entstehen; diese wandern in die Leibeshöhle, die Hämolym-

Malariamücken

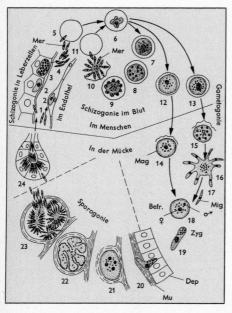

Malaria. Entwicklungskreislauf des Malariaplasmodiums:
1 Stich der Mücke, Sporozoit dringt in die Leber oder Endothelzelle ein, 2 Parasit wächst heran, 3 Schizogonie, 4 Merozoiten (Mer), 5 Mer dringt in rotes Blutkörperchen ein, 6 wie 2, 7–10 Schizogonie, 11 wie 5, 12 ♀ und 13 ♂ Gametozyt, 14 Ausbildung des Makrogameten (Mag), 15 und 16 der Mikrogameten (Mig) im Darm der Mücke, 17 Mikrogamet (Mig), 18 Befruchtung (Befr.), 19 Zygote (Zyg), 20 Zyg wandert durch Darmepithel (Dep) in Muskelschicht (Mu), 21 Kernvermehrung, 22 Kerne lagern sich an Plasmaoberfläche an, 23 Austreten der Sporozoiten (Spor), 24 Spor dringen in Speicheldrüse der Mücke ein. Die durchgezogene Linie trennt Stadien in verschiedenen Wirten; die gestrichelten Linien trennen Stadien an verschiedenen Orten innerhalb eines Wirtes

phe und in die Speicheldrüsen der Mücke. Damit ist der Entwicklungszyklus des M.plasmodiums beendet. Die Entwicklung der Sporozoiten ist von der Umgebungstemperatur abhängig; bei Temperaturen unter 15 °C setzt sie völlig aus. Daher ist die M. v. a. auf Gebiete zw. 60° n. Br. und 40° s. Br. beschränkt.

Man unterscheidet drei M.formen: Die *M. tertiana* (*Dreitagefieber*, Tertiana; Erreger: Plasmodium vivax) kommt auch in gemäßigten Zonen vor; Schizontenentwicklung innerhalb von 48 Stunden; Fieberanfall jeweils nach einem fieberfreien Tag. - *M. quartana* (Quartana; Erreger: Plasmodium malariae): Fieberanfall alle 72 Stunden. - Bei der *M. tropica* (Tropika; Erreger: Plasmodium falciparum, Plasmodium immaculatum), der eigtl. und auch gefährlichsten M. aller warmen Länder, treten die Fieberattacken in unregelmäßigen Abständen auf.

Die Krankheit beginnt meist uncharakterist. grippeartig mit Kopf- und Gliederschmerzen und nachfolgendem unregelmäßigen Fieber. Als Begleiterscheinungen treten Blutarmut, Milz- und Leberschwellung bzw. -schäden, Gewichtsabnahme, auch Herzmuskelschäden auf. - Die *Behandlung der M.* richtet sich gegen die primären Gewebsformen in der Leber (z. B. mit Proguanil und Pyrimethamin), gegen die Merozoiten und die Schizonten im Blut und in den Erythrozyten (z. B. mit Chloroquin) und gegen die Gameten (mit Prima-

quin). In M.gebieten ist außer prophylakt. Medikamentation der Schutz durch Mückennetze und die Verwendung von Insektiziden von bes. Bedeutung. - Die M. ist neben der Amöbenruhr die häufigste Tropenkrankheit. Sie ist trotz energ. Bekämpfung nach wie vor in fast allen trop. Ländern stark verbreitet. ⌑ *M. - Immunology and immunpathology.* Hg. v. D. P. Spira u. C. L. Greenblatt. Basel 1977. - Jantsch, M.: *Die M. Ein geschichtl. Überblick.* Wien 1948.

Malariamücken (Fiebermücken, Gabelmücken, Anopheles), Gatt. der Stechmücken mit rd. 200 Arten in der Nähe seichter, stehender Gewässer v. a. der Tropen. Etwa 50 Arten können als Überträger der Malaria gefährl. werden.

Mälarsee, mit 1 140 km² drittgrößter See Schwedens, westl. von Stockholm, bis zu 60 m tief, entwässert über den kurzen **Norrström** in die Ostsee.

Malaspinagletscher [engl. mæləs-'piːnə], einer der größten Vorlandgletscher der Erde, in S-Alaska, bis 42 km lang.

Malate [lat.], die sauer oder neutral reagierenden Salze und Ester der ↑Äpfelsäure.

Malatesta, italien. Dynastenfam., die 1333–1503 Rimini, zeitweise auch Teile des Kirchenstaates beherrschte. Bekannt: **M.,** Gianciotto, † Pesaro 1304, Gemahl der ↑Francesca da Rimini, die er um 1284 zus. mit seinem Bruder Paolo wegen Ehebruchs ermordete.

Malatya, türk. Stadt im Äußeren Osttaurus, 900 m ü. d. M., 179 100 E. Hauptstadt des Verw.-Geb. M.; Textil- und Nahrungsmittelind., Zementfabrik. - 1838 gegründet; nahebei die Ruinen des 1938 verlassenen Eski M. (byzantin. und seldschuk. Reste) und des **Arslan Tepe,** der altoriental. Stadt Milid (späthethit. und assyr. Reste).

Malawi

(amtl.: Republic of M.), Republik in Südostafrika, zw. 9° und 17° 10′ s. Br. sowie 32° 40′ und 36° ö. L. **Staatsgebiet:** Es grenzt im N an Tansania, im O, S und SW an Moçambique, im W an Sambia. **Fläche:** 118 494 km², davon 24 404 km² Wasserfläche. **Bevölkerung:** 7,1 Mill. E (1985), 59,6 E/km². **Hauptstadt:** Lilongwe. **Verwaltungsgliederung:** 3 Regionen. **Amtssprachen:** Englisch und chi-Chewa. **Nationalfeiertag:** 6. Juli (Unabhängigkeitstag). **Währung:** Malawi-Kwacha (MK) = 100 Tambala (t). **Internat. Mitgliedschaften:** UN, OAU, Commonwealth; der EWG assoziiert. **Zeitzone:** Osteurop. Zeit, d. i. Mitteleurop. Zeit + 1 Std.

Landesnatur: M. erstreckt sich im südl. Teil des Ostafrikan. Grabensystems, im sog. Njassagraben, rd. 840 km lang von N nach S mit einer Breite von 80–160 km. Die Grabensohle wird vom Njassasee und dem Tal des Shire, seinem Abfluß, eingenommen. Mit markanter Bruchstufe erheben sich westl. davon weite Hochebenen in 1 200–1 400 m Höhe, die etwa ²/₃ des Landes einnehmen. Sie werden von zahlr. inselartigen Gebirgsmassiven überragt, die bis 3 000 m ü. d. M. erreichen.
Klima: Das Klima ist trop. mit einer Regenzeit (Nov.–April). Im N sind 7–8 Monate, im S 5–6 Monate feucht.
Vegetation: Je nach Höhenlage, Böden und Klima breitet sich Wald-, Busch- oder Grasland aus.
Tierwelt: Die urspr. Tierwelt (Antilopen, Elefanten, Löwen, Leoparden, Zebras, Affen u. a.) hat sich nur in den Wildreservaten erhalten können.
Bevölkerung: 99,7 % der Bev. gehören zu Bantustämmen, 0,2 % sind Asiaten, 0,1 % Europäer. Fast die Hälfte sind Anhänger traditioneller Religionen, 40 % sind Christen, 12 % Muslime. Es besteht keine Schulpflicht, doch besuchen rd. 60 % aller Kinder eine Grundschule, in Zomba besteht eine Univ. (gegr. 1964).
Wirtschaft: Wichtigster Zweig ist die Landw.; 80 % der genutzten Fläche ist sog. „customary land", das den Stämmen gehört und von den Häuptlingen für eine Nutzungsperiode an die Familien verteilt wird. Im Durchschnitt werden auf weniger als 2 ha Land von einer Familie für die Eigenversorgung Mais, Reis, Süßkartoffeln, Jams, Maniok, Gemüse u. a. angebaut. Die Viehwirtschaft spielt eine geringere Rolle. 3 % sind „freehold land", d. h. es gehört

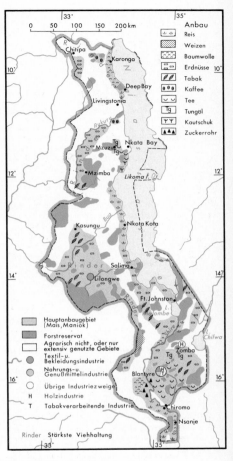

Malawi. Wirtschaftskarte

Unternehmern, die v. a. in Plantagen für den Export Tabak, Tee, Zuckerrohr, Erdnüsse, Baumwolle u. a. anbauen. Der Staat besitzt rd. 17 % der Landesfläche; dieses sog. „public land" umfaßt die Nationalparks und Staatsforste. Große Aufforstungsgebiete liegen im N des Landes. Der Fischfang dient der Eigenversorgung. Zahlr. Malawier arbeiten als Gastarbeiter vor allem im Bergbau in der Republik Südafrika und in Simbabwe. M. ist arm an Bodenschätzen, die zudem wegen Transportschwierigkeiten kaum abgebaut werden. Die Ind. verarbeitet landw. Produkte. Die im Aufbau befindl. Konsumgüterind. ist auf den Binnenmarkt ausgerichtet.

341

Malawisee

Außenhandel: Ausgeführt werden Tabak, Tee, Erdnüsse, Baumwolle, Rohzucker u. a., eingeführt Fahrzeuge, nichtelektr. und elektr. Maschinen und Geräte, chem. Erzeugnisse, Garne und Textilwaren, Erdölprodukte, Vieh und Fleisch u. a. Wichtigster Partner ist Großbrit., gefolgt von der Republik Südafrika.

Verkehr: Über die Eisenbahn, die in M. eine Streckenlänge von 789 km hat, besteht Verbindung zu den Hafenstädten Beira und Nacala in Moçambique. Das Straßennetz ist rd. 11 000 km lang, davon ist nur ein Teil ganzjährig befahrbar. Auf dem Njassasee wird Binnenschiffahrt betrieben. Die Fluggesellschaft Air Malawi versieht den Inlandsdienst und den Auslandsdienst; internat. ✈ bei Lilongwe (Kamezu) und Blantyre.

Geschichte: Nachdem D. Livingstone den Njassasee entdeckt und die umliegenden Gebiete erforscht hatte (1859–63), versuchten schott. Missionare ab 1875 gegen die Sklavenjäger vorzugehen. Die ersten europ. Zentren waren Livingstonia am Njassasee und Blantyre im Shirehochland. 1883 wurde ein brit. Konsul für das Shirehochland ernannt, 1891 das Protektorat British Central Africa errichtet. Erst 1895 konnte die brit. Verwaltung die Sklavenjäger unterwerfen und das Land unter Kontrolle bringen. 1907 erhielt das Protektorat den Namen Njassaland, ein Gouverneur wurde ernannt sowie legislative und exekutive Räte geschaffen, in denen jedoch nur Europäer vertreten waren. Anfang 1915 erhoben sich christianisierte Afrikaner gegen die Weißen und forderten die Unabhängigkeit. Der Aufstand wurde schnell unterdrückt. Die zahlenmäßig schwachen weißen Siedler drängten auf einen Anschluß an Südrhodesien, während die brit. Reg. bis zum 2. Weltkrieg vorher die Afrikaner in Njassaland zumindest bis zur Selbstreg. führen wollte. 1953 sollte die Zentralafrikan. Föderation mit den beiden Rhodesien gebildet, wogegen die Afrikaner in Njassaland sich erbittert wehrten. Nach dem Sieg der Malawi Congress Party bei den ersten allg. Wahlen 1961 übernahm H. K. Banda 1963 das Amt des Premiermin. von Njassaland. Ende 1963 wurde die Föderation aufgelöst. Njassaland wurde 1963 als M. unabhängig, zunächst als Monarchie unter der brit. Krone, seit 1966 als Republik innerhalb des Commonwealth. Unter der Führung des Staatspräs. Banda (seit 1966) behielt M. seitdem eine westl. orientierte Politik. Die von Banda eingeleiteten freundschaftl. Beziehungen zu Portugal und Südafrika trugen ihm heftige Kritik durch den radikalen Flügel seiner Partei ein und brachten M. wiederholt in scharfen Gegensatz zu den anderen schwarzafrikan. Staaten. 1977 lamte Banda vorübergehend das Kabinett aufgelöst und alle Exekutivgewalt selbst übernommen.

Politisches System: Nach der Verfassung vom 6. Juli 1966 ist M. eine präsidiale Republik im Commonwealth. *Staatsoberhaupt* und Inhaber der *Exekutive* ist der Staatspräs. (seit 1966 H. K. Banda, 1971 auf Lebenszeit gewählt), zugleich Partei- und Reg.chef und Oberbefehlshaber der Streitkräfte. Er ernennt und entläßt ohne Mitwirkung des Parlaments die Mgl. des Kabinetts, das unter seinem Vorsitz tagt. Die *Legislative* liegt beim Einkammerparlament, der Nat.versammlung (87 auf 5 Jahre gewählte Mgl. und bis zu 15 vom Staatspräs. ernannte Mgl.). Einzig zugelassene *Partei* ist die 1959 gegr. Malawi Congress Party (MCP). *Verwaltung*smäßig ist M. in 3 Regionen mit 24 Distrikten gegliedert, die zentral verwaltet werden. Die *Rechts*ordnung stellt eine Mischung aus brit. und überliefertem afrikan. Recht dar. Die *Streitkräfte* sind rd. 5 000 Mann stark. Paramilitär. Kräfte umfassen rd. 1 000 Mann.

📖 *Lienau, C.: M. Geographie eines unterentwickelten Landes. Darmst. 1981. - Blaschnek, W. R./Dequin, H.: M. Ten years of progress and development. Hamb. 1980. - Pachai, B.: M. The history of the nation. New York 1973. - Stobbs, A.: The physical environment of Southern M. Zomba 1973.*

Malawisee ↑ Njassasee.

Malaysia

(amtl.: Persekutuan Tanah Malaysia; engl. Federation of Malaysia), monarchistischer Staatenbund in Südostasien, zw. 0° 51′ und 7° 51′ n. Br. sowie 99° 38′ und 119° 15′ ö. L. **Staatsgebiet:** Westmalaysia umfaßt den Südteil der Halbinsel Malakka einschließl. vorgelagerter Inseln und grenzt im N an Thailand, im S an Singapur; Ostmalaysia besteht aus Sarawak und Sabah, es nimmt den N-Teil von Borneo ein und grenzt an Indonesien und Brunei. **Fläche:** 329 749 km². **Bevölkerung:** 15,5 Mill. E (1985), 47,2 E/km². **Hauptstadt:** Kuala Lumpur. **Verwaltungsgliederung:** 13 Gliedstaaten; Kuala Lumpur ist unabhängiges Bundesterritorium. **Amtssprache:** Malaiisch, in Sarawak auch Englisch. **Staatsreligion:** Islam (nur in West-M.). **Nationalfeiertage:** 31. Aug. (Freiheitstag) und 16. Sept. (Malaysiatag). **Währung:** Malaysischer Ringgit (M$) = 100 Sen (c). **Internationale Mitgliedschaften:** UN, Commonwealth, ASEAN, ASPAC, Colombo-Plan, GATT. **Zeitzonen:** in Westmalaysia MEZ + 6 Std. in Ostmalaysia MEZ + 7 Std.

Landesnatur: West- und Ost-M. werden durch das Südchin. Meer voneinander getrennt. Die Entfernung zw. den nächstgelegenen Küsten beträgt rd. 600 km. West-M. wird, in Fortsetzung der hinterind. Gebirge, von einem Gebirgssystem durchzogen, das nach S zu an Höhe verliert. Den parallel verlaufenden Bergketten sind Hügelländer vorgelagert, diesen wiederum versumpfte Küstenebenen.

Auch Nordborneo ist von weithin versumpften Schwemmlandebenen begleitet. Landeinwärts überwiegen in Sarawak zertalte Rumpfflächen, die von einzelnen Bergzügen überragt werden, in Sabah stark zerschnittenes Gebirgsland; es erreicht im Kinabalu, dem höchsten Berg von M. und ganz Südostasien, 4101 m ü. d. M.

Klima: M. besitzt innertrop., immerfeuchtes Klima. Von Okt./Nov.–März dauert der NO-Monsun, von Mai/Juni–Sept. der SW-Monsun. Die Niederschlagsmengen erreichen z. T. Werte bis über 6000 mm/Jahr. Die tägl. und jährl. Temperaturschwankungen sind gering, die relative Luftfeuchtigkeit hoch, sie schwankt zw. 68 und 98 %.

Vegetation: Über 70 % der Gesamtfläche werden von immergrünem trop. Regenwald mit seiner charakterist. Höhenstufung eingenommen. Die Tiefland- und Submontanwälder weisen wertvolle Nutz- und Edelholzbestände auf, in den am Rand gelegenen Ebenen Küsten- und Sumpfwäldern z. T. Mangroven.

Tierwelt: Die für den trop. Regenwald typ. Tiere sind auch in M. verbreitet. Auf Borneo kommen überdies der selten gewordene Orang Utan hinzu, der Malaienbär und in Höhlen nistende Salanganen, deren Nester regelmäßig „geerntet" werden für Schwalbennestersuppe.

Bevölkerung: In allen Landesteilen überwiegen die Malaien, die in zahlr. ethn. Gruppen aufgegliedert sind (insgesamt rd. 60 %) und die Chinesen (insgesamt rd. 31 %). In Sabah leben rd. 22 % Indonesier, in West-M. rd. 10 % Inder und Pakistaner. Etwa 50 % der Gesamtbev. sind Muslime, rd. 7 % Christen. Die Inder sind überwiegend Hindus, die Chinesen Konfuzianer und Buddhisten. Chinesen, Inder und Indonesier wanderten v. a. von Ende des 19. Jh. bis in die 1930er Jahre ein. Auf Grund der bestehenden Malaiisierung und der Einkommensunterschiede bestehen zw. den polit. herrschenden, überwiegend aber auf dem Land lebenden Malaien und den im Wirtschaftsleben führenden Chinesen starke Spannungen. 82 % der Gesamtbev. leben in West-M. auf rd. 40 % der Staatsfläche. Bes. dicht besiedelt ist die W-Küste Malakkas (Zinnabbau und Kautschukplantagen). Die Geburtenrate ist in allen Gliedstaaten hoch (1985: 3,0 %). Schulpflicht besteht von 6–15 Jahren. Unterrichtssprachen sind Malaiisch, Engl., Chin. oder Tamil. Bis 1982 soll Bahasa Malaysia Hauptunterrichtssprache werden. M. verfügt über 6 Universitäten.

Wirtschaft: Nur etwa 13 % der Gesamtfläche werden landw. genutzt, wobei auf Plantagen 35 % der kultivierten Fläche entfallen. M. ist führend in der Welt in der Kautschukproduktion (bei der etwa 50 % aus Kleinpflanzungen stammen) und in der Palmölproduktion. Der Inlandsbedarf an Lebensmitteln kann voll völlig in Land gedeckt werden.

Reis muß zusätzl. eingeführt werden. Die Schweine- und Geflügelhaltung sowie die Fischerei decken den Eigenbedarf. Die Holzgewinnung hat sich in den letzten Jahren vervielfacht. Die wichtigsten Bodenschätze sind Zinnerz (in West-M.) und Erdöl sowie Erdgas (auf Borneo, auch off-shore). Der Aufbau der Industrie seit den 60er Jahren hat seine Schwerpunkte im Raum Kuala Lumpur und Penang. Größter Betrieb ist das Stahlwerk in Prai.

Außenhandel: Wichtigste Partner sind die EG-Länder (bei denen die BR Deutschland an 1. Stelle steht, gefolgt von Großbrit. Japan, Singapur, die USA, Australien, China u. a. Die BR Deutschland kauft v. a. Rohkautschuk, Schnittholz, Palmöl, Rohzinn in M., sie liefert nichtelektr. und elektr. Maschinen, Apparate und Geräte, Kfz., feinmechan. und opt. Erzeugnisse, Kunststoff und -harze, Kunstdünger u. a. nach Malaysia.

Verkehr: Das Schienennetz ist in West-M. 2082 km, in Sabah 148 km lang. Das Straßennetz hat eine Gesamtlänge von 42357 km, davon 23341 mit Asphalt- und Betondecke. In Sarawak sind die Flüsse von großer Bed. für den Personen- und Güterverkehr. Wichtigste Häfen sind George Town, Port Kelang, Johor Baharu, Kuantan, Kuching, Bintulu, Kota Kinabalu. Die 1971 gegründete nat. Fluggesellschaft Malaysian Airline System (MAS) bedient das inländ. Streckennetz und fliegt im internat. Verkehr über 20 Ziele an. Kuala Lumpur und Penang haben internat. ✈.

Geschichte: Die Geschichte der Halbinsel Malakka während des 7.–14. Jh. vollzog sich im Rahmen der Geschichte der indones. Großreiche Sriwijaja und Majapahit. Paramesjwara, ein aus Sumatra geflüchteter Prinz, faßte gegen 1400 in Malakka Fuß, baute es, gestützt auf Freundschafts- und Beistandsbündnisse u. a. mit den chin. Ming-Dyn., die ihm den Königstitel verlieh, zum bedeutendsten Umschlagplatz des West-Ost-Handels aus und verhalf dem Islam zur Ausbreitung schließl. über die gesamte Halbinsel. Unter Paramesjwaras Nachfolgern übte das Sultanat Malakka seine Herrschaft bis zur N-Grenze des gegenwärtigen M. aus, nachdem die Thai in blutigen Kriegen aus dem Lande vertrieben worden waren. 1511 eroberten die Portugiesen Malakka und bauten die Stadt zu einer der mächtigsten Festungen SO-Asiens aus. 1641 fiel die Stadt nach langen, wechselvollen Kämpfen in niederl. Hand. Zw. den Herrschern des Malakkareiches, die ihre Residenz schließl. nach Johore verlegt hatten, und den Fürsten der angrenzenden Staaten kam es zu ständigen krieger. Auseinandersetzungen um die Vormachtstellung im Malaiischen Archipel. 1786 schloß die brit. Ostind. Kompanie mit dem Sultan von Kedah einen Pachtvertrag für die dem Festland vorgelagerte kleine Insel Penang, 1795 besetzte Groß-

Malaysia

Malaysia. Übersichtskarte

brit. Malakka, 1824 erwarb es vom Sultan von Johore die Insel Singapur, auf der bereits 1819 eine Handelsniederlassung errichtet worden war. Diese 3 zu den „Straits Settlements" zusammengefaßten und der Verwaltung der ind. Kolonialreg. unterstehenden brit. Besitzungen wurden 1867 Kronkolonien. Zur Sicherung ihrer Interessensphäre auf der Halbinsel gliederten die Briten bzw. 1873/88 die Sultanate Perak, Selangor, Pahang und Negri Sembilan in ein System von Protektoraten ein, die von brit. Residenten überwacht wurden. 1895 wurden diese in die „Federated Malay States" unter die Kontrolle eines von der brit. Reg. ernannten Generalresidenten umgewandelt. Johore als dem mächtigsten malaiischen Staat wurde größere Autonomie zugestanden (Schutzvertrag 1885). Die Sultanate Perlis, Kedah, Kelantan und Trengganu, über die Thailand bis 1909 die Oberhoheit ausgeübt hatte, bildeten (bis 1947) mit Johore die Gruppe der „Unfederated Malay States". Nach der Niederlage Japans, das im 2. Weltkrieg Malaya 1942–45 besetzt hatte, sah sich die ins Land zurückgekehrte brit. Verwaltung vor beträchtl. Schwierigkeiten gestellt: Forderungen der nat.bewußten malaiischen Führungsschicht nach größerer staatl. Selbständigkeit, die sich zudem gegen den übermäßig starken Einfluß der den gesamten Handel und die Wirtschaft beherrschenden chin. Unternehmer und Kaufleute wandte; eine Gefahr für die polit. und gesellschaftl. Ordnung drohte durch das von Peking gesteuerte chin. Proletariat in den Gummiplantagen und Bergwerken. Als 1948 die 1946 gegr. Malayan Union in die Federation of Malaya (Malaiischer Bund; die 9 Sultanate mit den brit. Besitzungen Penang und Malakka) überführt wurde, brachen von der VR China unterstützte bewaffnete kommunist.

Aufstände aus, die erst nach mehrjährigem Dschungelkrieg (bis 1960) endgültig niedergeschlagen werden konnten. 1957 wurde Tunku Abdul Rahman, der Führer der aus malaiischen, chin. und ind. Gruppen zusammengesetzten Alliance Party, erster Premiermin. des Malaiischen Bundes, innenpolit. bemüht um einen Ausgleich der zw. den verschiedenen ethn. Gruppen bestehenden tiefen Ggs., insbes. um die Integrierung der wirtsch. mächtigen chin. Minderheit. Außenpolit. verfolgte diese Reg. einen westl. ausgerichteten, antikommunist. Kurs. Am 16. Sept. 1963 wurde auf Betreiben Tunku Abdul Rahmans die Federation of M. proklamiert, der neben einem Teil des ehem. Brit.-Nordborneo (Sabah und Sarawak) mit überwältigender Zustimmung seiner Wählerschaft auch Singapur eingegliedert wurde. Aus Protest gegen das „neokolonialist." M. eröffnete die indones. Reg. unter Staatspräs. Sukarno zunächst eine propagandist., später wirtsch. und militär. „Konfrontation" (1963), die nach der Entmachtung Sukarnos (1965/66) beendet wurde. Wegen unüberbrückbarer Spannungen zw. Malaien und Chinesen, die 1964 zu schweren Zusammenstößen in Singapur führten, trat Singapur 1965 aus M. aus und gehört seitdem als souveräner Staat dem Commonwealth an. 1968 kam es zw. M. und den Philippinen wegen deren Ansprüche auf Sabah zu heftigen polit. Auseinandersetzungen. 1969 brachen in Kuala Lumpur und anderen Städten blutige Unruhen zw. Malaien und Chinesen aus. Nach Ausrufung des Ausnahmezustands stellte der Nat. Notstandsrat unter Leitung von Tun Abdul Razak Ruhe und Ordnung wieder her, das zeitweilig suspendierte Parlament nahm 1971 seine Tätigkeit wieder auf. M. steuert einen gemäßigten, neutralen und blockfreien Kurs. 1978/79 kam es erneut zu gewaltsamen Auseinandersetzungen zw. verschiedenen Bev.gruppen. M. ist stark betroffen von der Fluchtbewegung aus Indochina, insbes. aus Vietnam.

Politisches System: Der Bundesstaat M. ist nach der Verfassung vom 16. Sept. 1963 eine parlamentar. Wahlmonarchie. *Staatsoberhaupt* und oberster Inhaber der *Exekutive* ist der von den 9 Fürsten (Sultane) der „Konferenz der Herrscher" aus ihrer Mitte für 5 Jahre gewählte König (ab 1984 der Sultan von Johore). Er hat den Oberbefehl über die Streitkräfte und das Recht zur Auflösung des Repräsentantenhauses. Die Konferenz der Herrscher (die Fürsten und Gouverneure der Gliedstaaten) hat ein Mitspracherecht u. a. bei der Ernennung höchster Beamter und bei Verfassungsänderungen. Der vom König ernannte Premiermin., der das Vertrauen des Repräsentantenhauses besitzen muß, und die Min. bilden die Reg. Die *Legislative* liegt beim Parlament, das aus dem König, dem Senat (58 Mgl.; je 2 gewählte Vertreter der 13 Gliedstaaten und 32 vom König ernannte Senatoren; Amtsdauer: 6 Jahre), der in der Gesetzgebung nur aufschiebendes Veto hat, und dem Repräsentantenhaus (154 auf 5 Jahre gewählte Abg.), besteht. Beherrschende polit. Kraft im *Partei*wesen ist die Nat. Front („Barisan Nasional"), ein Zusammenschluß von 11 Organisationen (u. a. Unitee Malays National Organization, Malaysian Chinese Association), die sich mit Erfolg um einen Ausgleich zw. den verschiedenen Volksgruppen bemüht. Wichtigste Oppositionsparteien sind die Democratic Action Party, die einen demokrat. Sozialismus verfolgt, und die islam.-konservative Partai Islam. Größter *Gewerkschafts*verband ist der Malaysian Trades Union Congress (rd. 320000 Mgl.). *Verwaltungs*mäßig besteht M. aus dem Bundesterritorium Kuala Lumpur und 13 Gliedstaaten, von denen 9 durch Fürsten (Sultane), 4 durch Gouverneure regiert werden. Jeder Gliedstaat hat eine eigene Verfassung, ein Parlament und eine Reg. Im *Rechts*wesen beruhen Strafrecht und wesentl. Teile des Schuld- und Handelsrechts auf dem brit. und dem brit.-ind. Recht; Familien- und Erbrecht hängen von der Religions- bzw. Stammeszugehörigkeit ab. Oberstes Gericht ist der Bundesgerichtshof, der als Verfassungsgericht und als oberste Berufungsinstanz fungiert. Es gibt 2 High Courts (1 für West-Malaysia, 1 für Sabah und Sarawak), darunter Session Courts und Magistratsgerichte. Die *Streitkräfte* haben eine Gesamtstärke von rd. 110000 Mann (Heer 90000, Luftwaffe 11000, Marine 9000). Paramilitär. Kräfte sind über 350000 Mann stark.

📖 *Kühne, D.: M. Stg.* 1980. - *Ooi Jin-Bee: Peninsular M. London* 1976. - *Kühne, D.: Urbanisation in M. Wsb.* 1976. - *Geology of the Malay Peninsula. Hg. v. D. J.: Gobbett u. C. S. Hutchinson. New York* 1973. - *Ryan, N. J.: The cultural heritage of Malaya. Kuala Lumpur* [2]*1971.* - *Kennedey, J.: A history of Malaya A. D.*

1400-1959. London; New York [2]*1970.* - *Scott, J. C.: Political ideology in M. Reality and the beliefs of an elite. New Haven (Conn.)* 1968.

Malazie [griech.], svw. ↑ Erweichung.

Malbaum, wm. Bez. für einen Baum, an dem sich das Wild nach dem Suhlen reibt.

Malbork ↑ Marienburg (Westpr.).

Malchen ↑ Melibocus.

Malchin [mal'çi:n], Krst. zw. Malchiner und Kummerower See, Bez. Neubrandenburg, DDR, 11000 E. Zuckerfabrik, Holz-, Baustoffind. - 1236 erstmals als Stadt bezeugt. - Die Innenstadt wurde 1945 fast völlig zerstört. Erhalten sind 2 Tore der ma. Stadtbefestigung.

M., Landkr. im Bez. Neubrandenburg, DDR.

Malchus [nach M., dem Diener des Hohenpriesters, dem Petrus ein Ohr abschlägt (Joh. 18, 10)], kurzes, breites, einschneidiges Krummschwert des Spät-MA.

Malcolm III. [engl. 'mælkəm], * um 1031, ✕ bei Alnwick (Northumberland) 1093, König von Schottland (seit 1058). - Sohn Duncans I.; nach seinem Sieg über Macbeth (1057) in Scone zum König erhoben. Förderte den anglonormann. Kultureinfluß, wahrte aber die schott. Unabhängigkeit.

Malcolm X [engl. 'mælkəm 'ɛks], eigtl. Malcolm Little, * Omaha 19. Mai 1925, † New York 21. Febr. 1965 (ermordet), amerikan. schwarzer Bürgerrechtler. - Wurde während eines Gefängnisaufenthalts (1946-52) Anhänger, später einer der Führer der Black Muslims, mit denen er sich Ende 1963 überwarf; begr. die Organization of Afro-American Unity.

Maldive Islands [engl. 'mældaɪv 'aɪləndz], Inselgruppe im Ind. Ozean, ↑ Malediven.

Maldonado, Hauptstadt des Dep. M. in Uruguay, an der Atlantikküste, 22200 E. Kath. Bischofssitz; Handelszentrum, geschützter Hafen.

M., Dep. im SO Uruguays, am Atlantik, 4705 km², 76200 E, Verwaltungssitz Maldonado.

Male [engl. 'ma:leɪ], Hauptstadt der Malediven, auf der gleichnamigen Hauptinsel des M.atolls, 37500 E. Reg.gebäude, Moschee.

Mâle, Émile [frz. ma:l], * Commentry (Allier) 2. Juni 1862, † Château Chaalis (Oise) 6. Okt. 1954, frz. Kunsthistoriker. - Prof. an der Sorbonne, 1923 Direktor der Académie de France in Rom; 1927 Mgl. der Académie française. Zahlr. ikonograph. Arbeiten über ma. Kunst.

Maleachi (Malachias, Buch M.), das letzte Buch der zwölf „kleinen Propheten" des A. T., aus der ersten Hälfte des 5. Jh. v. Chr., der Verfasser ist anonym. Das Buch befaßt sich vorwiegend mit kult. Mißständen und Fragen des Opfers.

Maleate (Maleinate) [lat.] ↑ Maleinsäure.

Malebranche, Nicole [frz. mal'brã:ʃ],

345

Malediven

*Paris 6. Aug. 1638, † ebd. 13. Okt. 1715, frz. Philosoph. - Oratorianer; einer der Hauptvertreter des Okkasionalismus. Versucht eine Lösung des Problems des kartes. Dualismus der Substanzen Geist („res cogitans") und Körper („res extensa"), zw. denen nach M. keinerlei Kausalzusammenhang bestehe und somit auch keine unmittelbare Erkenntnisbeziehung mögl. sei. Erkenntnis ohne Gott ist unmöglich. Indem M. die Ansicht vertritt, Gott als das „primum esse ontologicum" sei unmittelbar erkennbar, ist er einflußreicher Vorläufer des Ontologismus. - M. betonte die Identität des philosoph. und theolog. Wahrheitsprinzips, wobei er der Vernunft vor dem Glauben Priorität einräumt. - *Werke:* Sechs Bücher von der Wahrheit oder von der Natur des menschl. Geistes ... (1674–78), Entretiens sur la métaphysique et sur la religion (1688), Traité de l'amour de dieu (1697).

Malediven

(amtl. Divehi raajje), Republik im Ind. Ozean, zw. 7° 06' n. Br. und 0° 42' s. Br. sowie 72° 33' rd 73° 44' ö. L. **Staatsgebiet:** Umfaßt die rd. 600 km sw. von Ceylon gelegene Inselgruppe der M., die sich über ein Gebiet von 760 km N–S- und maximal 130 km O–W-Ausdehnung erstrecken. **Fläche:** 298 km². **Bevölkerung:** 181 500 E (1985), 609,1 E/km². **Hauptstadt:** Male. **Verwaltungsgliederung:** 19 Bez. **Amtssprache:** Divehi. **Staatsreligion:** Islam. **Nationalfeiertage:** 26. Juli (Unabhängigkeitstag), 11. Nov. (Tag der Republik). **Währung:** Rufiyaa (Rf) = 100 Laari (L). **Internat. Mitgliedschaften:** UN, Colombo-Plan. **Zeitzone:** MEZ +4 Std.

Landesnatur: Die dem M.rücken aufsitzende Inselgruppe besteht aus 19 Atollen mit rd. 2 000 Inseln und Eilanden, die selten mehr als 2,5 m ü. d. M. aufragen. 203 Inseln sind bewohnt.
Klima: Es herrscht trop. Monsunklima mit hoher relativer Luftfeuchtigkeit.
Bevölkerung: Die Malediven stammen von Singhalesen und Arabern ab. Sie sind sunnit. Muslime. Die Analphabetenquote beträgt etwa 17%. Die Hauptstadt verfügt über 4 Mittelschulen.
Wirtschaft: Haupterwerb sind die Fischerei und Fischverarbeitung. Die Vermarktung von Fisch ist Staatsmonopol. Für den Eigenbedarf werden Taro, Hirse, Mais, Maniok, Bataten, Zwiebeln, Melonen u. a. angebaut. Wichtigste Nutzpflanze ist die Kokospalme (Gewinnung von Kopra, Kokosfasern, Kokosnußöl), daneben Brotfrucht-, Granatapfelbaum, Bananen u. a.; Ziegen- und Geflügelhaltung. Das Handwerk stellt Kokosmatten, Seil-, Lackarbeiten und Schnitzereien her. Kaurischnecken und Muscheln werden gesammelt

und zu Schmuck verarbeitet. Der seit 1972 entwickelte Fremdenverkehr erbringt fast die Hälfte der Einnahmen und wird weiter ausgebaut. 1984 besuchten 84 000 Gäste (mehr als 25% Deutsche) die Inseln.
Außenhandel: Trocken-und Frischfisch, Kokosnußprodukte, Muscheln und Trepang werden nach Indien, Malaysia, Sri Lanka, den arab. Ländern und Japan verkauft. Eingeführt werden Reis, Gemüse, sowie Bedarfsgüter aller Art, letztere v. a. aus Singapur.
Verkehr: Zw. den Inseln verkehren Segel- und Motorboote sowie z. T. Flugzeuge. Regelmäßige Schiffsverbindung mit Colombo (Sri Lanka). Internat. ⊠ auf Hulule, nahe der Hauptstadt.
Geschichte: Die M. standen unter buddhist. Einfluß, bis die Araber im 12. Jh. den Islam einführten. Ein 1518 von Portugiesen unternommener Kolonisierungsversuch scheiterte; 1645 stellten sich die Inseln unter den Schutz der Niederländer auf Ceylon; 1887 schloß das M.-Sultanat einen Schutzvertrag mit Großbrit. Mit der Unabhängigkeit Ceylons, an das die M. angeschlossen waren, erhielten die Inseln die innere Selbstverwaltung, 1965 völlige Souveränität. Den urspr. bis 1986 gepachteten Stützpunkt Gan verließen die Briten bereits 1976. Seither gehören die M. zu den blockfreien Staaten.
Politisches System: Nach der Verfassung vom 11. Nov. 1968 sind die M. eine Republik. *Staatsoberhaupt* und Träger der *Exekutive* ist der vom Volk auf 5 Jahre gewählte Präs. (seit 1978 M. A. Gayoom). Er ernennt die Reg. unter Führung des Premiermin. (1975 abgeschafft). Die *Legislative* beim Parlament (48 Mgl., von denen 40 auf 5 Jahre gewählt, 8 vom Präs. ernannt werden). Nur das Parlament hat das Recht, Kandidaten für das Präs.amt vorzuschlagen. *Parteien* und Gewerkschaften haben keine Bed. im polit. Leben. *Verwaltung:* Die M. sind in 19 Bez. gegliedert. Es gilt islam. *Recht.*
📖 *Heyerdahl, T.: Fua Mulaku. Reise zu den vergessenen Kulturen d. M.* Gütersloh 1986. - *Eibl-Eibesfeldt, I.: Der M. Mchn* ²1985.

Maledivennuß, svw. ↑Seychellennuß.
Malefiz [lat.], Missetat, Verbrechen; in Zusammensetzungen als Verstärkung gebraucht, z. B. Malefizkerl.
Maleinsäure [lat./dt.] (cis-Äthylendicarbonsäure), farblose, kristalline, wasserlösl. Dicarbonsäure, die bei Erhitzen unter Abspaltung von Wasser in ihr Anhydrid übergeht. M. und M.anhydrid werden zur Herstellung von Kunststoffen (z. B. ↑Polyester) verwendet. Die Salze und Ester der M. heißen **Maleate.** Die trans-Form der M. ist die ↑Fumarsäure.
Malekiten ↑Malikiten.
Malekula [engl. mɑːˈleːˈkuːlɑː] (frz. Mallicolo), mit 1 166 km² die zweitgrößte Insel der Neuen Hebriden, ↑Vanuatu.
Malenkow, Georgi Maximilianowitsch

[russ. melin'kɔf], *Orenburg 8. Jan. 1902, sowjet. Politiker. - Seit 1920 Mgl. der KPdSU; ab 1938 persönl. Sekretär Stalins, seit 1939 zugleich Mgl. und Sekretär des ZK der KPdSU und Leiter der Kaderverwaltung; Mgl. des Politbüros und stellv. Min.präs. ab 1946. Nach Stalins Tod 1. Parteisekretär und Min.präs., wurde M. von seinem Posten an der Parteispitze schon im Sept. 1953 durch N. S. Chruschtschow verdrängt und als Reg.-chef 1955 durch N. A. Bulganin ersetzt; 1957 als „Parteifeind" aller Ämter enthoben.

Malente, Gem. auf einer Landbrücke zw. Dieksee und Kellersee in der Holstein. Schweiz, Schl.-H., 36 m ü. d. M., 10 400 E. Sportschule; Kneippheilbad und Luftkurort. - Frühgot. Feldsteinkirche mit Holzbalkendecke und Spätrenaissancekanzel; Fachwerkhäuser.

Malepartus, in der Tierfabel und wm. Bez. für den Fuchsbau.

Malerbuch vom Berge Athos, Handbuch der byzantin. Malerei, endgültige Fassung 1701–32, reicht z. T. ins 10. Jh. zurück (z. B. Maltechnik, Anordnung der Malerei im Kirchenraum).

Malerei, Flächenkunst, im Unterschied zu den dreidimensionalen Künsten Plastik und Architektur und zur Zeichnung und Graphik. Sie kann flächig, aber auch räuml.-illusionist. angelegt sein (v. a. eine abendländ. Erscheinung). Nach Art des Bildträgers unterscheidet man v. a. Wand-, Tafel- und Buchmalerei. Die Wandmalerei tritt am frühesten auf; sie hat ihren Ursprung in Kult und Mythos, so die altsteinzeitl. Felsbilder und die M. in oriental. Hochkulturen; bei ihnen handelt es sich v. a. um Leimfarben-M.; auch die Technik der ↑ Freskomalerei wird schon früh verwendet, um dann nach langem Gebrauch einer Mischtechnik aus Fresko- und Secco-M. in der Renaissance bevorzugt zu werden. Die Wand- bzw. ↑ Deckenmalerei wird seit dem 17. Jh. mit Kalkkaseinfarben ausgeführt. Von der antiken Tafelmalerei haben sich v. a. Mumienporträts erhalten, die in ↑ Enkaustik gemalt sind. Die antike Tradition der Tafel-M. setzt sich in den byzantin. ↑ Ikonen fort, während ↑ westl. Abendland die ↑ Wandmalerei und ↑ Buchmalerei führend waren, die wie die Ikonen ausschließl. der Vergegenwärtigung religiöser Inhalte dienten. Seit dem 12. Jh. kommt das Tafelbild als Altarbild auf, es wurde als ↑ Temperamalerei auf Holztafeln ausgeführt. Wie auch in der Buch-M. wurden die Hintergründe vergoldet (mit Blattgold belegt); darin verdeutlicht sich das Bestreben ma. M., die Figuren in ihren geistigen Beziehungen zu einer übersinnl. Sphäre darzustellen. Erst im 15. Jh., in dem das Tafelbild die Vormachtstellung erhält, die es bis in die Gegenwart behält, wird durch die veränderte Einstellung zur Diesseitigkeit der Goldgrund verdrängt. Giotto gilt als eigtl. Erfinder des Tafelbilds (als kompositionell in sich geschlossene Einheit). Im 15. Jh. kommt als Bildträger die in Holzrahmen gespannte Leinwand auf; als Farbträger eine Mischtechnik von Tempera- und Ölfarben. Die schon seit Giotto einsetzende Entwicklung der Erfassung körperl. und räuml. Realität wird durch neue Mittel (Zentralperspektive in der Renaissance, reine ↑ Ölmalerei im 17. Jh. in den Niederlanden) ausgebaut. M. mit Ölfarben erlaubt eine verfeinerte Charakterisierung der Stofflichkeit, hat Leuchtkraft und Tiefe und ermöglicht eine kontinuierl.-atmosphär. Einheit der Darstellung (venezian. Malerei). Diese maler. Auffassung prägt z. B. auch das barocke Gesamtkunstwerk. Neben religiösen werden seit dem 16. Jh. zunehmend weltl. Themen dargestellt. Porträt, Genre, Stilleben und Landschaft werden zu neuen Gattungen der M. Im 20. Jh. wird mit der abstrakten M. eine reine Kunstwelt aufgebaut, Farbe, Linie und Fläche sind autonome Gestaltungsmittel. - ↑ auch Aquarell, ↑ Gouache.
📖 *Doerner, M.:* Malmaterial. ... *Stg.* [16]*1985. - Kindlers M.lex. Nachdr. Köln 1979. - Die große Enzyklopädie der M. Hg. v. H. Bauer u. a. Nachdr. Freib. 1977.*

Maler Müller, dt. Dichter und Maler, ↑ Müller, Friedrich.

Malermuschel ↑ Flußmuscheln.

Malerstaffelei ↑ Sternbilder (Übersicht).

Malesherbes, Chrétien Guillaume Lamoigne de [frz. mal'zɛrb], *Paris 6. Dez. 1721, † ebd. 22. April 1794 (hingerichtet), frz. Minister. - 1750–71 und 1774/75 Präs. des Finanzgerichtshofs; förderte die Verbreitung der frz. Enzyklopädie. 1775/76 betrieb er Justizreformen und 1787/88 die Durchsetzung eines Toleranzedikts. Verteidiger Ludwigs XVI. vor dem Nat.konvent.

Malesien [...i-ɛn] ↑ paläotropisches Florenreich.

Maleta, Alfred, *Mödling 15. Jan. 1906, östr. Politiker. - 1945–75 Abg. im Nat.rat (ÖVP), 1951–60 Generalsekretär seiner Partei, seit 1960 Vors. des Östr. Arbeiter- und Angestelltenbundes; 1962–70 Präs., 1970–75 Vizepräs. des Nat.rats.

Malewitsch, Kasimir Sewerinowitsch [russ. ma'ljevit∫], *Kiew 23. Febr. 1878, † Leningrad 15. Mai 1935, sowjet. Maler und Kunsttheoretiker. - Seit 1912 Verbindung zu avantgardist. Kreisen; 1915 schrieb er das Manifest „Vom Kubismus zum Suprematismus" und stellte das „Schwarze Quadrat auf weißem Grund" (1913, Leningrad, Staatl. russ. Museum) aus. 1916 bediente er sich v. a. vertikaler und horizontaler Elemente und reiner Farben; 1917–18 monochrome (weiße) Phase. Auch dreidimensionale Konstruktionen. Er verstand den Suprematismus oder Konstruktivismus als Entsprechung zum revolutionären und techn. Zeitalter. Entwarf insbes. auch Architekturmodelle, die sog.

347

Malfatti

„Planiten"; lehrte in Moskau, Witebsk und Leningrad. 1926 in Weimar, 1927–29 in Berlin. - Abb. Bd. 1, S. 52.

Malfatti, Franco Maria, * Rom 13. Juni 1927, italien. Politiker (DC). - Seit 1958 Abg.; 1968/69 Min. für staatl. Beteiligungen, 1969/70 Postmin.; 1970–72 Präs. der EG-Kommission; 1973–78 Erziehungs-, 1978/79 Finanz-, 1979/80 Außenminister.

Malgrund (Grundierung), auf den Bildträger aus Geweben, Holz, Metall oder anderen Werkstoffen aufgetragene Füll- und Klebestoffe, um die Poren zu schließen und den Untergrund weniger saugfähig zu gestalten. Verwendet werden hierfür Kasein, tier. und pflanzl. Leime und solche auf Kunstharzbasis, denen Füllstoffe zugesetzt werden (Kreide, Gips, Kaolin, Marmormehl). Zum Abdecken können Deckfarben (Zinkweiß, Bleiweiß, Titanweiß) beigegeben werden, denn der M. beeinflußt die Wirkung der Farben. Zusätzl. Isolierung durch wässrige Bindemittel, Harzessenz- oder Alkoholfirnisse.

Malherbe, François de [frz. ma'lɛrb], * in oder bei Caen 1555, † Paris 16. Okt. 1628, frz. Dichter und Literaturtheoretiker. - Ab 1609 offizieller Hofdichter. Bereitete mit seinen Reformbemühungen um die frz. Literatur den frz. Klassizismus vor; vertrat eine vernunftbeherrschte Dichtung; wandte sich mit dem klaren, einfachen Stil seiner Oden und Sonette gegen die sprachl. und metr. Freiheiten der Pléiade (u. a. in „Consolation à Monsieur Du Perrier", 1599).

Malheur [ma'lø:r; frz., zu lat. malus „schlecht" und augurium „Vorzeichen"], Unglück, Mißgeschick.

Mali

(amtl.: République du Mali), Republik in Westafrika, zw. 10° und 25° n. Br. sowie 12° 10′ w. L. und 4° 15′ ö. L. **Staatsgebiet:** M. grenzt im westl. N und nördl. W an Mauretanien, im NO an Algerien, im O an Niger, im S an Niger, Burkina Faso, Elfenbeinküste und Guinea, im äußersten W an Senegal. **Fläche:** Rd. 1,24 Mill. km². **Bevölkerung** 7,9 Mill. E (1985), 6,4 E/km². **Hauptstadt:** Bamako. **Verwaltungsgliederung:** 7 Regionen. **Amtssprache:** Französisch. **Nationalfeiertag:** 22. Sept. **Währung:** CFA-Franc = 100 Centimes (c). **Internationale Mitgliedschaften:** UN, OAU, ECOWAS, CEAO, OMVS; der EWG assoziiert. **Zeitzone:** MEZ − 1 Std.

Landesnatur: M. hat von N nach S Anteil an den Landschaftsräumen der Sahara, des Sahel und des Sudan. Es ist überwiegend ein Tafelland, dessen weite Ebenen nur von einzelnen Zeugenbergen bis 1 000 m ü. d. M. überragt werden. Im S liegt das ausgedehnte Nigerbecken. Der Niger fließt in einem großen Bogen durch M., er fächert sich zw.

Sansanding und Timbuktu auf Grund des geringen Gefälles zu einem großen Binnendelta auf, das der wichtigste Lebensraum von M. ist. Im äußersten W quert der obere Senegal das Land, im NO erhebt sich das wüstenhafte Bergland Adrar des Iforas.

Klima: Entsprechend der großen N–S-Erstreckung hat M. Anteil am Wüstenklima der Sahara im N über Halbwüstenklima bis zum feuchttrop. Klima im S.

Vegetation: Dem Klima entsprechend findet sich im N Wüste, auf sie folgt Trocken- und Dornstrauchsavanne, im S Feuchtsavanne.

Tierwelt: In den Steppen leben u. a. Elefanten, Löwen, Leoparden, Gazellen, Strauße. Der Niger ist fischreich.

Bevölkerung: Ihre Mehrheit besteht aus Völkern und Stämmen der seßhaften Sudaniden, deren größte in M. die Bambara, Malinke, Senufo und Soninke sind. Im N leben die halb- und vollnomad. Tuareg, am Senegal die Fulbe. Rd. 50 % sprechen Mandesprachen, rd. 20 % Gursprachen, rd. 20 % Ful. 65 % sind Muslime, 5 % Christen, daneben bestehen traditionelle Religionen. 75 % der Bev. leben im S. Wegen der seit 1969 anhaltenden Trockenheit im Sahel mußten die Tuareg ihren Lebensraum verlassen. Sie leben z. T. in Lagern. Schulpflicht besteht von 6–15 Jahren. Die Analphabetenquote ist hoch (90%).

Wirtschaft: Wichtigstes Landw.gebiet ist das Binnendelta des Niger. Hier werden ²/₃ der Reis- und ¹/₃ der Baumwollernte erbracht. Die Dürre im Sahel hat die Ernten der Grundnahrungsmittel (Hirse, Reis, Maniok) empfindl. getroffen; rd. 50 % des Viehbestands kam um. Da die letzten Pflanzen am Wüstenrand von Ziegen abgefressen und von Menschen als Brennmaterial ausgerissen wurden, rückte die Sahara allein im Jahre 1973 um rd. 50 km nach S vor. Unter dem Wassermangel leiden auch die Fischerei, die Flußschiffahrt, die Wasserversorgung und z. T. die Energiegewinnung. An Bodenschätzen werden Salzvorkommen an der Sahara bei Taoudeni ausgebeutet. In Ind.betrieben werden landw. Erzeugnisse verarbeitet sowie Zement, Ziegel, landw. Maschinen, Metallwaren und Zigaretten hergestellt. Eines der größten Sonnenkraftwerke der Erde wurde 200 km südl. von Timbuktu 1978 in Betrieb genommen.

Außenhandel: Ausgeführt werden Baumwolle, Erdnüsse, Fisch, eingeführt Fahrzeuge, mineral. Brennstoffe, Maschinen und Geräte, Zukker, Arzneimittel, Düngemittel u. a. Wichtigste Partner sind die EG-Länder (bei denen Frankr. an 1. Stelle steht), die Republik Elfenbeinküste, die UdSSR, Sambia, China u. a.

Verkehr: Die Eisenbahn hat eine Streckenlänge von 646 km, das Straßennetz von rd. 13 000 km, davon rd. 1 800 km asphaltiert. Schiffbar sind (nicht ganzjährig) Niger, Senegal und Bani. Die nat. Fluggesellschaft Air Mali versieht den Inlandsdienst und den Auslandsdienst zu den Nachbarstaaten; internat. ⚔ bei Bamako.

Geschichte: Das ehem. westsudan. Reich M. entstand um 1100 aus einem kleinen Ft. der Malinke. Bis 1234 konnte sich M. an den unteren Gambia ausbreiten. Ab dem 15. Jh. zerfiel dieses Reich. Erst das 19. Jh. brachte eine neue islam. Staatengründung. Dem Eindringen frz. Truppen wurde heftiger Widerstand geleistet, so daß Frankr. erst 1893 Timbuktu besetzen konnte; die Kämpfe gegen die Tuareg zogen sich bis in die 1920er Jahre hin. Frankr. überführte seine Kolonie Soudan (seit 1904) 1946 in die Frz. Union. Die Bemühungen, eine große westafrikan. Föderation (Mgl.: Dahomey, Soudan, Haute-Volta, Sénégal) zu schaffen, brachten als Ergebnis die von Sénégal und Soudan gebildete Föderation M., die 1959 als selbständige Republik der Frz. Gemeinschaft beitrat, jedoch schon 1960 auseinanderbrach. Die ehem. Kolonie Soudan behielt den Namen M. bei. Unter Staats- und Reg.chef M. Keita betrieb M. eine am sozialist. Lager orientierte Innen- und Außenpolitik, näherte sich seit 1965 jedoch wieder Frankr. und den westl. orientierten Nachbarrepubliken. Im Nov. 1968 wurde Präs. Keita zum Rücktritt gezwungen; seither regierte ein „Militärkomitee für die nat. Befreiung". Seit März 1977 bereitete die neugegr. Union Démocratique du Peuple Malien (UDPM) die Übernahme der Reg.geschäfte durch eine Zivilreg. vor. Die Präsidentschafts- und Parlamentswahlen im Juni 1979 beendeten die Militärherrschaft. Ein Putschversuch im Jan. 1981 scheiterte.

Politisches System: Nach der Verfassung vom 2. Juni 1974 ist M. eine Republik. *Staatsoberhaupt* und oberster Inhaber der *Exekutive* ist der vom Volk für 6 Jahre gewählte Präs. (seit 1979 M. Traoré). Die *Legislative* liegt bei der Nat.versammlung, deren 82 Abg. für 3 Jahre gewählt werden. Einzige zugelassene *Partei* ist die Union Démocratique du Peuple Malien (UDPM). *Verwaltungs*mäßig ist M. in 7 zentral verwaltete Regionen gegliedert. Die *Recht*sprechung beruht auf frz. Vorbild und kennt Regional- und Magistratsgerichte sowie einen Obersten Gerichtshof. Die *Streitkräfte* umfassen rd. 4 950 Mann (Heer 4 600, Luftwaffe 300, Marine 50); es gibt rd. 12 000 Mann paramilitär. Kräfte.

📖 *Krings, T.: Sahel, Senegal, Mauretanien, M., Niger. Köln 1982. - Atlas du M. Hg. v. M. Traoré, G. Monnier, G. Laclavère. Paris 1980. - Barth, H. K.: Der Geokomplex Sahel. Unterss. im Sahel Malis. Tüb. 1977. - Ernst, K.: Tradition u. Fortschritt im afrikan. Dorf: soziolog. Probleme der nichtkapitalist. Umgestaltung der Dorfgemeinde in M. Bln. 1973.*

Malia (Mallia), griech. Ort an der N-Küste von Kreta, östl. von Iraklion, 2 500 E. Östl. des Dorfes wurde eine (zerstörte) minoische Stadt freigelegt; außer engen Wohnvierteln

und dem Marktplatz Palast (um 1700 v. Chr., z. T. über dem Vorgängerbau von etwa 1800 v. Chr.).

Malibran, María Felicità [frz. mali'brã], geb. García, * Paris 24. März 1808, † Manchester 23. Sept. 1836, span.-frz. Sängerin (Sopran). - Schwester von M. P. R. García; sang als gefeierte Primadonna u. a. in London, New York, Paris und an italien. Opernhäusern.

Malide, Bez. für die dunkelhäutigen Weddiden († Wedda).

Malignität [lat.], in der Medizin: Bösartigkeit, bes. von Tumoren gesagt; **maligne,** bösartig.

Malik, Adam, * Pematangsiantar (N-Sumatra) 22. Juli 1917, † Bandung 5. Sept. 1984, indones. Politiker. - Seit 1956 Abg. im Parlament; 1959–62 Gesandter in der UdSSR und in Polen, 1963–65 Handels-, 1966–77 Außenmin.; 1977/78 Präs. des Parlaments und des Beratenden Volkskongresses; ab 1978 Vizepräs. von Indonesien.

M., Jakow Alexandrowitsch, * Charkow 6. Dez. 1906, † Moskau 11. Febr. 1980, sowjet. Diplomat. - 1942–45 Botschafter in Tokio, 1948–53, erneut 1968–76 bei den UN, 1953–60 in London; 1946–53 und ab 1960 stellv. Außenminister.

Malik Ibn Anas, * Medina um 710, † ebd. 795, islam. Rechtsgelehrter. - In seinem Werk „Al muwatta" (= der gebahnte Pfad), dem ältesten jurist. Werk des Islams, sammelte er die rechtl. und rituellen Normen, die sich nach dem Tod Mohammeds in Medina ausgebildet hatten.

Malikiten (Malekiten), Anhänger der nach Malik Ibn Anas ben. Schulrichtung der islam. Gesetzeslehre; sie betonen bes. das durch das Idschma sanktionierte Gewohnheitsrecht. Die M. sind in den islam. Gebieten Afrikas verbreitet.

Malinalco, mex. Ort im Staat México, im zentralen Hochland bei Toluca de Lerdo, 2 500 m ü. d. M.; 125 m über M. liegt eine aus dem Felsen herausgehauene ehem. Kultstätte der Azteken (um 1500–15).

Malines [frz. ma'lin] † Mecheln.

Malinke, bed. Volk der Sudaniden in Westafrika, sprechen eine Mandesprache; überwiegend Savannenpflanzer. Die M. waren Träger des Reiches Mali.

Malinowski, Bronislaw Kaspar [engl. mæli'novski], * Krakau 7. April 1884, † New Haven (Conn.) 16. Mai 1942, brit. Ethnologe poln. Herkunft. - Lehrtätigkeit in Großbrit. und den USA; Forschungen in Neuguinea und Melanesien. Begr. die moderne ethnograph. Feldforschung.

M., Rodion Jakowlewitsch [russ. mɐli'nofskij], * Odessa 23. Nov. 1898, † Moskau 31. März 1967, sowjet. Marschall (seit 1944). - Im Winter 1942/43 Befehlshaber an der Donfront, eroberte 1944 Rumänien und Ungarn, befehligte 1945 die Fernostarmee; galt nach

Stalins Tod als Parteigänger Chruschtschows, ab 1956 Mgl. des ZK der KPdSU, 1956/57 Oberbefehlshaber der Landstreitkräfte; ab 1957 Verteidigungsminister.

Malipiero, Gian Francesco, * Venedig 18. März 1882, † Treviso 1. Aug. 1973, italien. Komponist. - Komponierte in gemäßigt modernem, von älterer italien. Musik beeinflußtem Stil etwa 20 Opern, Ballette, Konzerte, Orchester-, Kammer- und Vokalmusik. Gab die Werke Monteverdis (1926–42) und A. Vivaldis (ab 1947) heraus.

maliziös [lat.-frz.], hämisch, boshaft.

Mallarmé, Stéphane [frz. malar'me], * Paris 18. März 1842, † Valvins (Seine-et-Marne) 9. Sept. 1898, frz. Dichter. - Einer der Begründer und einflußreichsten Vertreter des frz. Symbolismus. 1863–93 Gymnasiallehrer für Englisch. Zu seinem Freundeskreis zählten u. a. P. Verlaine, É. Verhaeren, P. A. Valéry, A. Gide, S. George. M. schrieb - zunächst unter dem Einfluß C. Baudelaires und dann der parnass. Schule - Lyrik, die die einfachen Dinge „entdinglicht", d. h. des konventionellen Realzusammenhanges beraubt und mit Geheimnis, Assoziations und Suggestionskraft auflädt, um so als Spannungsträger das absolute Sein zu enthüllen; eine Deutung ist jedoch durch die verschiedenen Bedeutungsschichten sehr schwierig, wenn nicht gar unmögl.; für seine dichter. Technik sind u. a. charakterist.: die Verkürzung des Vergleichs durch Fortlassung des Vergleichsgegenstandes, das Abweichen von der normalen frz. Wortfolge, die Verwendung seltener, dem Wörterbuch entnommener Ausdrücke, der Verzicht auf Interpunktion. Bed. sind auch seine dichtungstheoret. Schriften.

Werke: Herodias (3 Ged.-Fragmente, veröffentlicht 1869, 1913 und 1926). Der Nachmittag eines Fauns (Ged., 1876, vertont von Debussy), Ein Würfelwurf hebt den Zufall nicht auf (Lyrik, 1. Fassung 1897, 2. Fassung hg. 1914), Igitur (Prosafragment, hg. 1925).

ꟿ *Hölz, K.: Destruktion u. Konstruktion. Ffm. 1980. - Elwert, W. T.: M. entre la tradition et le vers libre. In: Elwert: Studien zu den roman. Sprachen u. Literaturen. Bd. 4. Wsb. 1971.*

Malle, Louis [frz. mal], * Thumeries (Nord) 30. Okt. 1932, frz. Filmregisseur. - Arbeitete zunächst als Dokumentarfilmer mit J. Y. Cousteau („Welt des Schweigens", 1955) zusammen. In eigener Regie drehte er den Kriminalfilm „Fahrstuhl zum Schafott" (1957). Wurde mit den Filmen „Zazie" (1960), „Privatleben" (1962) einer der führenden Regisseure der frz. Neuen Welle. Internat. erfolgreich wurden „Viva Maria!" (1965), „Herzflimmern" (1971), „Lacombe Lucien" (1974), „Black Moon" (1975) und „Pretty Baby" (1978), „Atlantic City" (1980), „Gottes eigenes Land" (1986).

Mallea, Eduardo [span. ma'jea], * Bahia Blanca 14. Aug. 1903, † Buenos Aires 12. Nov.

1982, argentin. Schriftsteller. - Im diplomat. Dienst; bed., psycholog. fundierte Romane, z. B. „Die Bucht des Schweigens" (1940), „Alles Gras verdorrt" (1941).

Mallein [lat.], keimfreies Filtrat von Rotzbakterien; dient, unter die Haut injiziert, zur Diagnose von ↑ Rotz (positiv: erhöhte Temperatur und allerg. Hautreaktion).

Malleolus [lat.], svw. ↑ Knöchel; **malleolar,** zum Knöchel gehörend.

Mallet-Joris, Françoise [frz. malɛ-ʒɔ'ris], * Antwerpen 6. Juli 1930, belg. Schriftstellerin. - Gibt in ihren realist. Romanen in kühler, distanzierter Sprache entlarvende Analysen menschl. Gefühle und gesellschaftl. Verhaltens; u. a. „Die Verlogenen" (1956), „Mein Haus hat keine Wände" (1970), „Die junge Allegra" (1978), „Le rire de Laura" (1985). Seit 1970 Mgl. der Académie Goncourt.

Malleus [lat.], svw. ↑ Rotz.
◆ ↑ Hammer (Gehörknöchelchen).

Mallia, griech. Ort, ↑ Malia.

Mallkante [niederl./dt.], im Schiffbau Bez. für eine Profilkante, die an ein Blech angrenzt, z. B. zw. Spant und Außenhaut. M. dienen als Bezugslinien für die Vermessung.

Mallorca [ma'jɔrka, span. ma'ʎɔrka], mit 3 618 km^2 größte Insel der ↑ Balearen, Spanien, an der NW-Küste bis 1 445 m hoch, Hauptstadt Palma.

Malloum, Félix [frz. ma'lum], * Fort Archambault (= Sarh) 10. Sept. 1932, tschad. General und Politiker. - Wurde 1968 Chef des Militärkabinetts beim Präsidialamt, 1971 Chef des Generalstabs, 1972 Oberbefehlshaber der Streitkräfte; wegen angebl. Putschversuchs 1973 verhaftet, durch Staatsstreich 1975 wieder befreit; 1975–79 Vors. des Obersten Militärrates, Staats- und (bis 1978) Reg.chef.

Mallungen [niederdt.], seemänn. 1. svw. unregelmäßige Winde; 2. Bez. für den äquatorialen Kalmengürtel (↑ Kalmen).

Malm [engl.] (Weißer Jura), jüngste Abteilung des Jura (↑ Geologie, Formationstabelle).

Malmberg, Bertil [schwed. ,malmbærj], * Härnösand 13. Aug. 1889, † Stockholm 11. Febr. 1958, schwed. Schriftsteller. - 1917–26 in München; von S. George und O. Spengler beeinflußt, setzte er sich in seiner Lyrik bes. mit einer von Untergangsstimmungen erfüllten, chaot. Gegenwart auseinander. Spät auch modernist. (surrealist.) Lyrik, die zum Vorbild für die junge Generation wurde. Schrieb außerdem Dramen, Erzählungen, Essays, Memoiren.

Malmberget [schwed. ,malmbærjət] ↑ Gällivare.

Malmedy ['malmedi] (amtl. Malmédy), ostbelg. Gemeinde in den Ardennen, 331 m ü. d. M., 10 000 E. Papierind., Gerbereien, Baugewerbe; Fremdenverkehr. - M. gehörte bis 1920 zum Dt. Reich. ↑ auch Eupen-Malmedy.

Malmignatte [malmın'jatə; italien., eigtl. „böser Blutsauger"] (Latrodectus tredecimguttatus), etwa 1 cm große Kugelspinne in S-Europa (mit Ausnahme des W), NO-Afrika und in weiten Teilen Asiens; Hinterleib schwarz; ♀ mit meist 13 leuchtend roten Flekken; Giftspinne, deren Biß auch für den Menschen gefährl. sein kann.

Malmö, schwed. Stadt am Sund gegenüber von Kopenhagen, Hauptstadt des Verw.-Geb. Malmöhus, 229 400 E. Musikhochschule, zahnärztl. Fakultät, Museen, 3 Theater; Messen; Werft, Flugzeugbau, Textil-, Bekleidungs-, Nahrungs- und Genußmittelind., Erdölraffinerie, Hafen mit 10,5 km Kailänge; Fähre nach Kopenhagen, Bahnknotenpunkt, ⌘. - Seit dem 12. Jh. belegt, besitzt seit dem 13. Jh. Stadtrecht, war im MA eine bed. hanseat. Handelsstadt. Die 1434 errichtete Burg **Malmöhus** wurde 1537–42 zur Festung ausgebaut (nach Brand [1870] 1928–32 restauriert). 1658 kam M. zu Schweden. - Got. Peterskirche (um 1300–46), Renaissancerathaus (1545/46).

Maloche [jidd.], umgangssprachl. für: schwere (körperl.) Arbeit.

Maloideae [lat./griech.], svw. ↑ Apfelgewächse.

Malojapaß ↑ Alpenpässe (Übersicht).

Malonsäure [lat./dt.] (Propandisäure), farb- und geruchlose, kristalline, wasserlösl. Dicarbonsäure mit der Summenformel $CH_2(COOH)_2$. **Malonate** sind die sauren oder neutralen Salze und Ester; letztere werden zur Herstellung von Barbituraten (↑ Barbitursäure) verwendet.

Malory, Sir Thomas [engl. 'mælərı], * in Warwickshire Anfang des 15. Jh., † London 14.(?) März 1471, engl. Schriftsteller. - Sein Prosawerk, dessen Originaltitel „The book of king Arthur and his knights of the round table" später vom Drucker W. Caxton in „Le morte d'Arthur" (auch „Le morte Darthur"; vollendet um 1469/70, gedruckt 1485; dt. 1913) geändert wurde, ist eine zusammenfassende Bearbeitung aller vorhandenen Artussagen nach frz. Vorlagen.

Malossol [russ.] ↑ Kaviar.

Malouel, Jean [frz. ma'lwɛl] (Jan Maelwael), * Nimwegen vor 1370, † Dijon im März 1415, niederl.-frz. Maler. - Großvater der Brüder von ↑ Limburg. 1398 Hofmaler der burgund. Herzöge in Dijon. Zuschreibung der „Großen runden Pieta" (um 1400; Paris, Louvre), ein bed. Werk des Weichen Stils, das realist. Elemente mit frz. Eleganz vereint.

Malpass, Eric Lawson [engl. 'mælpæs], * Derby 14. Nov. 1910, engl. Schriftsteller. - Verf. erfolgreicher idyll. Familienromane, u. a. „Morgens um sieben ist die Welt noch in Ordnung" (1965), „Wenn süß das Mondlicht auf den Hügeln schläft" (1967), „Und doch singt die Amsel" (dt. 1983).

Malpighi, Marcello, * Crevalcore bei Bo-

logna 10. März 1628, † Rom 29. Nov. 1694, italien. Anatom. - Leibarzt von Papst Innozenz XII.; Prof. in Bologna, Pisa und Messina. M. war einer der Begründer der modernen mikroskop. Anatomie. Er erforschte die allg. Gewebsstruktur und zog Vergleiche zw. pflanzl. und tier. Gewebe. 1661 beschrieb er erstmals die Feinstruktur des Lungengewebes und bestätigte im gleichen Jahr durch Entdeckung der Kapillaren W. Harveys Vorstellung vom großen Blutkreislauf.

Malpighi-Gefäße [nach M. Malpighi] (Malpighische Gefäße, Vasa malpighii), Ausscheidungsorgane der auf dem Land lebenden Gliederfüßer; frei in die Leibeshöhle ragende, meist unverzweigte Blindschläuche (2–150), die am Übergang des Mitteldarms in den Enddarm münden. Die M.-G. entziehen dem Blut v. a. Abbauprodukte des Eiweißstoffwechsels, bauen sie zu Harnsäure, Harnstoff, Carbonaten, Oxalaten um und scheiden sie in den Darm aus.

Malplaquet [frz. malpla'kɛ], Teil der frz. Gemeinde Taisnières-sur-Hon, Dep. Nord, 10 km nw. von Maubeuge; hier siegten am 11. Sept. 1709 im Span. Erbfolgekrieg die östr., preuß. und brit. Truppen über die Franzosen.

Malraux, André [frz. mal'ro], * Paris 3. Nov. 1901, † Créteil bei Paris 23. Nov. 1976, frz. Politiker und Schriftsteller. - 1923 Teilnehmer einer archäolog. Expedition nach Kambodscha, 1925–27 in China (über seine Beziehungen zur Kuomintang und Teilnahme am chin. Bürgerkrieg besteht keine Klarheit). In seinen frühen Romanen „Eroberer" (1928) und „So ist der Mensch" (1934), die die Aufstände in Kanton und Schanghai schildern, drückt M. als erster Grundgedanken und Grundstimmungen des Existentialismus der Nachkriegszeit aus, preist den Heroismus der Revolution als Nachweis der Freiheit und Würde menschl. Existenz. 1936 nahm M. auf republikan. Seite als Kommandeur einer Fliegerstaffel am Span. Bürgerkrieg teil, literar. gestaltet in dem Roman „Hoffnung" (1937). 1939 Austritt aus der frz. KP; wurde im 2. Weltkrieg Soldat; nach seiner Flucht aus dt. Kriegsgefangenschaft 1940–44 Mgl. der Résistance; 1945/46 und 1958 Informationsmin. C. de Gaulles, 1947–53 Generalsekretär und Leiter des gaullist. „Rassemblement du Peuple Français", 1959–69 Kultusmin. M., der nach dem Krieg durch seine polit. und literar. Veröffentlichungen großen Einfluß ausgeübt hatte, beschäftigte sich in zahlr. Studien v. a. mit philosoph. und ästhet. Problemen. So versuchte er z. B. in seiner umstrittenen „Psychologie der Kunst" (1947–50; umgearbeitet und z. T. gekürzt, 1951 mit einem eingeschobenen vierten Teil erschienen u. d. T. „Stimmen der Stille") den Entwurf einer Universalgeschichte der Kunst.

Weitere Werke: Die Lockung des Westens (Essay, 1926), Der Königsweg (R., 1930), Goya

Malsteine

(Essay, 1948), Anti-Memoiren (1967), Eichen, die man fällt (Autobiogr., 1971), Lazare (Autobiogr., 1974), Das Haupt aus Obsidian. Über Picasso und die Macht der Kunst (1974).
Malsteine ↑ Masseben.

Malta

(amtl.: Repubblika ta' Malta, Republic of Malta), parlamentar. Republik auf der Maltes. Inselgruppe im zentralen Mittelmeer, zw. 35° 48′ und 36° 05′ n. Br. sowie 14° 10′ und 14° 35′ ö. L. **Staatsgebiet:** Die Inselgruppe (M., Gozzo, Comino und einige kleine, unbewohnte Inseln) liegt 93 km von der sizilian. und 288 km von der nordafrikan. Küste entfernt. **Fläche:** 316 km². **Bevölkerung:** 332 000 E (1984), 1 050,6 E/km². **Hauptstadt:** Valletta. **Verwaltungsgliederung:** 6 Bez. **Amtssprachen:** Maltesisch, Englisch. **Nationalfeiertag:** 8. Sept. **Währung:** Maltes. Lira (Lm) = 100 Cents (c) = 1 000 Mils (m). **Internationale Mitgliedschaften:** UN, Commonwealth, Europarat, GATT; der EWG assoziiert. **Zeitzone:** MEZ.

Landesnatur: Die Maltes. Inseln sind Reste einer Landbrücke zw. Sizilien und Nordafrika. Die Insel M. steigt pultschollenförmig von NO nach SW bis 253 m Höhe an und fällt steil mit einer Kliffküste zum Meer ab. Der größte Teil ist verkarstet. Nur im N und NO finden sich Becken, die landw. genutzt werden. Von der Insel M. ist die Insel Gozzo durch einen 5 km breiten Meeresarm, in dem die Insel Comino liegt, getrennt.
Klima: Die Sommer sind trocken-heiß, die Winter mild mit zyklonalen Regenfällen. Im Mai und von Mitte Sept.–Mitte Okt. tritt der Schirokko auf.
Vegetation: Neben Garigue sind eingeführte Pflanzen bestimmend: Johannisbrotbaum, Aleppokiefer, Feigenkaktus, Agave, Oleander, Olive.
Tierwelt: Die Inseln sind Rastplätze für Zugvögel. Einheim. kommen v. a. Nagetiere, Zwergfledermäuse, Insekten und Vögel vor.
Bevölkerung: Sie wird v. a. durch roman. Volkscharakter sowie arab. und brit. Einflüsse geprägt. Die Bev. ist überwiegend röm.-kath. Es besteht allg. Schulpflicht von 6–16 Jahren. Das Schulwesen ist nach engl. Vorbild aufgebaut. M. verfügt über eine TH und eine Univ. (Jesuitengründung 1592, Univ.rang 1769).
Wirtschaft: Die Landw. spielt eine untergeordnete Rolle. Von Bed. ist die Blumenzucht. Geflügel, Schweine, Ziegen, Rinder, Schafe und Pferde werden gehalten. Waldflächen fehlen. Die Fischerei beschränkt sich auf küstennahe Gewässer. Außer Salz und Natursteinen hat M. keine Bodenschätze. Der Energiebedarf wird überwiegend aus Erdölimporten gedeckt. Wichtigster Wirtschaftszweig ist das Dienstleistungsgewerbe, erst für den Johanniterorden, nach 1800 für den brit. Militärstützpunkt, nach der Unabhängigkeit für den Fremdenverkehr; daneben Nahrungsmittel- und Textilindustrie.
Außenhandel: Ausgeführt werden Textilwaren, Plastikwaren, Obstkonserven, Frühkartoffeln, Blumen, elektr. und elektron. Waren, Spielzeug, eingeführt Textilwaren, Erdöl, chem. Erzeugnisse, Maschinen und Geräte, Kfz., Kunststoffe, Kunstharze, Lebensmittel u. a. Wichtigste Handelspartner sind die EG-Länder, die USA, Schweden, Japan u. a.
Verkehr: Das Straßennetz ist 1 310 km lang. Zw. M. und Gozzo verkehrt eine Fähre, nach Catania auf Sizilien Schiffsverbindung. Wichtigster Hafen ist Grand Harbour. In Luqa auf M. moderner ✈.
Geschichte: M. war seit etwa 5000 v. Chr. besiedelt und eines der Zentren der mediterranen Megalithkulturen. Seit 1000 v. Chr. war es phönik., ab 218 v. Chr. röm. Kolonie; 533 n. Chr. wurde es byzantin.; 870 eroberten es die muslim. Aghlabiden, deren sprachl. und kultureller Einfluß lange nachwirkte. 1091 beendete der normann. Graf Roger I. von Sizilien ihre Herrschaft. 1530 belehnte Kaiser Karl V. den von Rhodos vertriebenen Johanniterorden mit M. Die Folgezeit war durch ständige Kämpfe mit den Osmanen gekennzeichnet. Die Ordensherrschaft beendete Napoléon Bonaparte 1798 zu Beginn seiner ägypt. Expedition. 1800 gelang es den Maltesern mit Hilfe der brit. Flotte in einem Aufstand, die Franzosen zu vertreiben. Im Frieden von Amiens (1802) unterstellte sich das maltes. Nat.versammlung Großbrit. und verhinderte die Rückgabe der Insel an den Ritterorden. 1814 wurde M. brit. Kronkolonie und Flottenstützpunkt. Die Verfassung von 1921 garantierte eine beschränkte Selbstverwaltung, wurde aber auf Grund von Unruhen 1930–32 und 1933–36 ausgesetzt. Die Verfassung von 1947 brachte M. die volle Autonomie, das - nach gescheiterten Versuchen in den 1950er Jahren - 1964 unabhängiges Mgl. des Brit. Commonwealth und 1974 unabhängige parlamentar. Republik wurde. Durch die auf Wahrung der außenpolit. Unabhängigkeit bedachte Politik der regierenden Labour Party ergaben sich in der Folgezeit schwere Konflikte mit Großbrit., das bis 1979 seine Truppen abzog. Die Opposition boykottierte 1982/83 das Parlament wegen Zweifeln an der Rechtmäßigkeit der Wahl vom Dez. 1981. 1984/85 kam es zum Streit zw. Staat und Kirche über die kirchl. Privatschulen.

Politisches System: M. ist seit Dez. 1974 eine unabhängige parlamentar. Republik im Commonwealth. *Staatsoberhaupt* ist der auf repräsentative Funktionen beschränkte Staatspräs. (seit 1982 A. Barbara). Die *Exekutive* liegt bei der dem Parlament kollektiv verantwortl.

Reg. unter Führung des Premiermin. Die *Legislative* wird durch das Repräsentantenhaus wahrgenommen (65 für 5 Jahre gewählte Mgl.). Von den *Parteien* vertritt die maltes. Labour Party einen demokrat. Sozialismus und ist außenpolit. um Unabhängigkeit vom westl. Bündnissystem bemüht, während die Nationalist Party für eine engere Bindung Maltas an den Westen eintritt. Über 50 % der Arbeitnehmer sind in mehr als 50 Einzel-*gewerkschaften* organisiert, von denen 24 der Confederation of Malta Trade Unions angeschlossen sind Die *Recht*sprechung ist vom Code Napoléon, von brit. und italien. Recht beeinflußt. Es gibt Zivil- und Polizeigerichte als Unterinstanz und Berufungsgerichte als Oberinstanz. Die *Streitkräfte* umfassen 775 Mann, paramilitär. Kräfte rd. 900 Mann.
📖 *Tetzlaff, I.: M. u. Gozo. Felseninseln, Urzeittempel u. Malteserburgen. Köln* ³*1984.* - *Blouet, B.: The story of M. London Neuaufl. 1981.* - *Gerada, E./Zuber, C.: M.: An island republic. Paris 1979.* - *Hughes, Qu.: M. Dt. Übers. Mchn. 1972.* - *Vossmerbäumer, H.: M. Ein Beitrag zur Geologie u. Geomorphologie des zentralmediterranen Raumes. Würzburg 1972.*

Maltafieber (Febris undulans, Gibraltarfieber, Mittelmeerfieber), weltweit verbreitete, durch das Bakterium Brucella melitensis verursachte, meist von Ziegen übertragene ↑ Brucellose. Beim Menschen kommt es zur Lymphknoten- und Milzschwellung, wellenförmigem Fieberverlauf und häufig auch zu Nerven- und Muskelschmerzen.

Maltase [zu nlat. maltum „Malz"], Enzym aus der Gruppe der Hydrolasen, das die α-glykosid. Bindung von Maltose, Rohrzucker und andere α-glykosid. gebundene Disaccharide spaltet; kommt in allen pflanzl. und tier. Zellen mit Stärke- bzw. Glykogenumsatz, in Hefen, Gerstenmalz und im Darm- und Pankreassaft vor.

Malte, aus dem Dän. übernommener männl. Vorname, dessen Bed. unklar ist.

Malter [eigtl. „die auf einmal gemahlene Menge Korn"], alte dt. Raumeinheit unterschiedl. Größe; als Hohlmaß für Getreide in Baden z. B. 1,5 hl, im Großherzogtum Hessen 1,28 hl, in Preußen 6,955 hl; als Raummaß für Holz z. B. in Braunschweig 1,859 m³.

Malteser, bis 25 cm lange Varietät des ↑ Bichon; mit weißem, langhaarigem Fell.

Malteserkreuz ↑ Johanniterkreuz, ↑ Kreuzformen.

Malteserkreuzgetriebe, ein Sperrgetriebe, das eine schrittweise aussetzende Bewegung bei weiterlaufendem Antriebsglied erzeugt, z. B. beim Filmtransport im Filmprojektor.

Malteserorden (Malteser), seit der Verlegung des Ordenssitzes von Rhodos nach Malta (1530) Name des ↑ Johanniterordens und seit 1859 v. a. für dessen kath. Zweig. 1879 stellte Papst Leo XIII. die Großmeister-

würde des M. wieder her; der M. weitete seine karitative Tätigkeit internat. aus. 1953 wurde der M. kirchl. als religiöser und souveräner Orden anerkannt, jedoch dem Hl. Stuhl unterstellt. 1953 wurde von den dt. Assoziationen des M. und dem Dt. Caritasverband der *Malteser-Hilfsdienst* (Abk. MHD) gegr., der mit freiwilligen Helfern und Helferinnen Aufgaben im Sanitätsbereich, im Katastrophenschutz und in der Unfallhilfe versieht.

Maltesisch (Malti), zur arab. Gruppe der semit. Sprachen gehörende Sprache auf den Maltes. Inseln mit lat. Schrift; Gemeinsamkeiten mit der ostarab. und den maghrebin. Mundarten; stark vom Italien. beeinflußt.

Maltesische Inseln ↑ Malta.

Malthus, Thomas Robert [ˈmæltəs, engl. ˈmælθəs], * The Rookery bei Guildford 27. Febr. 1766, † Bath 23. Dez. 1834, brit. Nationalökonom und Sozialphilosoph. - War zunächst Pfarrer (ab 1797); 1805 Prof. für Geschichte und polit. Ökonomie in Haileybury (Hertfordshire); berühmt durch seine Bevölkerungstheorie (↑ Malthusianismus). - *Werke:* Über die Bedingungen und Folgen der Volksvermehrung (1789), Grundsätze der polit. Ökonomie mit Rücksicht auf ihre prakt. Anwendung (1820).

Malthusianismus [nach T. R. Malthus], Bevölkerungstheorie, nach der die mögl. Größe der Bev. durch die Menge der verfügbaren Nahrungsmittel begrenzt und bestimmt wird. Zwar gab es bereits vor Malthus eine Reihe von Untersuchungen über den Zusammenhang zwischen Nahrungsmittelspielraum und Bevölkerungswachstum, weithin bekannt und Gegenstand teilweise heftiger theoret. Kontroversen wurde diese Theorie jedoch erst in der Formulierung von Malthus, der sich ausdrücklich gegen die bis dahin weitverbreitete Auffassung wandte, das Bevölkerungswachstum sei sicheres Zeichen der Wohlfahrt eines Volkes. Der zentrale Punkt bei Malthus ist die Annahme, die Bev. wachse in geometr. Progression, also gleichbleibenden Wachstumsraten, die Nahrungsmittel ließen sich dagegen nur in arithmet. Progression, d. h. mit gleichbleibenden absoluten Zuwächsen, also sinkenden Wachstumsraten vermehren. Bei den Hemmungen für das Bevölkerungswachstum betont Malthus selbst neben „natürl. Hemmungen" (höhere Sterblichkeit durch Nahrungsmittelmangel) v. a. die moral. Hemmungen, d. h. die geschlechtl. Enthaltsamkeit. Unter dem Einfluß des M. kam es frühzeitig, bes. in den USA, zur Propagierung einer Geburtenkontrolle. Unbeschadet der Kritik am M., daß die unterstellten Gesetzmäßigkeiten so schlicht nicht zu formulieren sind, da zum einen die Bestimmungsgründe des Bevölkerungswachstums weit vielschichtiger sind und eine geometr. Zunahme der Bevölkerung z. B. in den modernen Industriestaaten nicht vorliegt, zum anderen die An-

Maltose

nahme einer arithmet. Zunahme der Nahrungsmittel nicht zu beweisen ist, blieb der M. und v. a. die aus ihm abgeleitete Forderung nach einer Geburtenkontrolle mit dem Problem des großen Bevölkerungswachstums vor allem in unterentwickelten Staaten bis heute aktuell.

📖 *Schumpeter, J. A.: Gesch. der ökonom. Analyse. Gött. 1965. - Eversley, D. E. C.: Social theories of fertility and the Malthusian debate. Oxford 1959.*

Maltose [zu nlat. maltum „Malz"] (Malzzucker), beim Stärkeabbau entstehender Zucker aus zwei Molekülen D-Glucose in α-glykosid. Bindung. Strukturformel:

maltrātieren [lat.-frz.], mißhandeln, quälen.

Maluentum ↑ Benevent.

Malus [lat.] ↑ Apfelbaum.

Malus [lat. „schlecht"], nachträgl. Prämienzuschlag bei schadenreichem Verlauf von Versicherungen. - ↑dagegen Bonus.

Malvasier (Malmsey), Rebsorte, die u. a. in Madeira angebaut wird für einen Likörwein gleichen Namens.

Malve (Malva) [lat.], Gatt. der Malvengewächse mit rd. 30 Arten in Eurasien und N-Afrika, einige Arten in Amerika eingeschleppt und verwildert; Kräuter oder Halbsträucher mit meist großen, teller- bis trichterförmigen Blüten in verschiedenen Farben; z. T. Zierpflanzen. Eine häufig in M- und S-Europa verwildert vorkommende Art ist die bis 1 m hohe **Moschusmalve** (Malva moschata); Stengel und Blätter rauh behaart; Blüten weiß oder rosenrot, nach Moschus duftend. In Eurasien und N-Afrika wächst die 0,25 bis 1,5 m hohe **Wilde Malve** (Roßpappel, Malva sylvestris); mit großen, purpurroten Blüten; Ruderalpflanze. Das gleiche Verbreitungsgebiet hat die bis 50 cm hohe **Wegmalve** (Käsepappel, Malva neglecta); rauh behaart, mit rötl. oder weißen Blüten; Unkraut. - Im Altertum wurden M.arten als Gemüse angebaut. Die Blätter wurden auch zu Heilzwecken, die Blätter und Blüten der Wilden Malve und der Wegmalve werden u. a. für Teemischungen verwendet.

Malvengewächse (Malvaceae), Pflanzenfam. mit über 1 500 weltweit verbreiteten Arten v. a. in den Tropen; Kräuter, Sträucher und Bäume mit meist ansehnl. Blüten in Blütenständen oder einzelstehend; bekannte Gatt. sind u. a. Schönmalve, Stockmalve, Malve, Trichtermalve; z. T. Zierpflanzen; auch Nutzpflanzen, darunter die Baumwollpflanze.

Malvinen ↑ Falklandinseln.

Malz [eigtl. „weiche Masse"], aus Getreide, v. a. Gerste hergestelltes Ausgangsprodukt zur Herstellung von Bier u. a. Spirituosen, Nährpräparaten und M.kaffee. Die Getreidekörner werden durch Einweichen in Wasser angequollen und keimen in 8 bis 11 Tagen bei geregelter Temperatur *(Grünmalz)*, wobei die Stärke enzymat. zu Maltose u. a. niedermolekularen Zuckern abgebaut wird. Das Grün-M. wird durch Trocknen in *Darrmalz* übergeführt; dadurch entstehen spezif. Farb- und Aromastoffe.

Mälzel (Mälzl), Johann Nepomuk, *Regensburg 15. Aug. 1772, †La Guayra (Panama) 21. Juli 1838, dt. Instrumentenbauer. - Ab 1792 in Wien tätig; bekannt als Erfinder der heute gebräuchl. Form des ↑Metronoms.

Malzkaffee, Getreidekaffee aus gekeimter, getrockneter und gerösteter Gerste.

Malzwein (Maltonwein), durch Vergärung von Malzwürze mit Weinhefe hergestelltes weinähnl. Getränk.

Malzzucker, svw. ↑ Maltose.

Mamaia, rumän. Badeort am Schwarzen Meer, nördl. Vorort von Konstanza.

Mamas and the Papas, The [engl. ðə 'mama:z ənd ðə 'papa:z], amerikan. Rockmusikgruppe 1965–68 und 1971, bestehend aus den Sängerinnen C. Elliot (*1941, †1974) und M. Gilliam (*1944) sowie den Sängern und Instrumentalisten J. Phillips (*1943; Klavier, Gitarre, Trompete) und D. Doherty (*1941; Trompete, Gitarre, Baßgitarre, Baß); hatten in Kalifornien als eine der ersten Hippie-Bands mit Folk-Rock große Erfolge.

Mambas [afrikan.] (Dendroaspis), Gatt. schlanker, bis 4 m langer Giftnattern mit vier überwiegend tagaktiven, baum- und gebüschbewohnenden Arten in Afrika (mit Ausnahme des N); angriffsfreudig, sehr gefürchtet; Gift (auch für den Menschen) sehr gefährlich. Am bekanntesten sind die **Grüne Mamba** (Dendroaspis viridis; W-Afrika; bis über 2,5 m lang, grün mit schwarz gesäumten Schildern) und die **Schwarze Mamba** (Dendroaspis polylepis; O- und S-Afrika; mit bis 4 m Länge größte afrikan. Giftschlange; oliv- bis schwarzbraun).

Mambo [vermutl. kreol.], südamerikan.-kuban. Gesellschaftstanz im $^4/_4$-Takt, der in Europa nach 1950 zeitweilig in Mode war.

Mamelucken (Mamluken) [italien., zu arab. malaka „besitzen"], urspr. Militärsklaven türk., kaukas. oder slaw. Herkunft, die seit dem 9. Jh. in den islam. Ländern einen großen Teil der Heere stellten. Aus ihnen gingen 2 herrschende Oberschichten in Ägypten und Syrien hervor. 1250 kam die türk. M.dyn. der *Bahriten* an die Macht, unter deren Herrschaft Ägypten mit Syrien einer der mächtigsten Staaten des Vorderen Orients wurde. Baibars I. (⚰ 1260–77) verhinderte ein weiteres Vordringen der Mongolen, Kalaun (⌓ 1279–90) beseitigte die letzten Stützpunkte der Kreuzfahrerstaaten in Syrien und Palästina. Mit Faradsch Ibn Barkuk (⌓ 1382–99) gelangten die tscherkess. *Burdschiten* zur Herrschaft, denen keine Dyn.-gründung gelang. Sie verloren ihr Reich 1517 an die Osmanen, blieben aber als Feudalherren weiterhin bestimmender Faktor, bis sie 1811 einem Massaker zum Opfer fielen.

Mamertiner [„Marssöhne"], nach dem osk. Kriegsgott Mamers ben. kampan. Söldner des syrakus. Tyrannen Agathokles, die nach dessen Tod 288 Messina besetzten; ihre Hilfegesuche an Rom und Karthago gaben Anlaß zum 1. Pun. Krieg.

Mamertus, hl., † um 477 (?), Erzbischof von Vienne (seit etwa 461). - An der gall. Kirchenpolitik seiner Zeit maßgebl. beteiligt; volkstüml. gilt M. als einer der ↑Eisheiligen.

Mamilla [lat.], svw. Brustwarze bzw. Zitze.

Mamin-Sibirjak, Dmitri Narkissowitsch, eigtl. Mamin, * Wissimo-Schaitanski bei Nischni Tagil 6. Nov. 1852, † Petersburg 15. Nov. 1912, russ. Schriftsteller. - Seine sozialkrit., antikapitalist. Romane behandeln oft das Thema der demoralisierenden Wirkung des Geldes und stellen die zum Untergang verurteilte die Dorfgemeinschaft (Mir) dar; u. a. „Das Bergnest" (R., 1884), „Gold" (R., 1892), „Korn" (R., 1895).

Mamluken ↑Mamelucken.

Mammakarzinom [lat./griech.], svw. ↑Brustkrebs.

Mammalia [lat.], svw. ↑Säugetiere.

Mammatuswolke [zu lat. mammatus „mit Brüsten versehen"], bes. Wolkenform mit an der Unterfläche abwärts gerichteten beutelförmigen Quellungen.

Mammeibaum [indian.-span./dt.] (Echter M., Mammibaum, Mammey, Mammea americana), in W-Indien heim. und in den Tropen, v. a. im trop. Amerika, kultivierter Baum der Gatt. Mammea; Früchte (**Mammeiäpfel,** Aprikosen von Santo Domingo) rötlichgelb, mit goldgelbem, aprikoseähnl. schmeckendem Fruchtfleisch.

Mammillaria [lat.], svw. ↑Warzenkaktus.

Mammographie [lat./griech.], röntgenolog. Untersuchung der weibl. Brust (mit weichen Röntgenstrahlen).

Mammologie [lat./griech.], Säugetierkunde; Teilgebiet der Zoologie, das sich mit der Erforschung der Säugetiere befaßt.

Mammon [aram. „Besitz, Habe"], im Sprachgebrauch von Mischna, Talmud sowie im N. T. abschätzige Bez. für Geld und Reichtum.

Mammoplastik (Mammaplastik) [lat./griech.] ↑plastische Chirurgie.

Mammoth Cave [engl. 'mæmǝθ 'kɛɪv], eines der größten Höhlensysteme der Erde, nö. von Bowling Green (Kentucky, USA).

Die Gesamtlänge ist noch unbekannt; Ende 1978 waren 320 km vermessen.

Mammut ↑Mammute.

Mammutbaum, (Sequoiadendron) Gatt. der Sumpfzypressengewächse mit der einzigen Art **Riesenmammutbaum** (Sequoiadendron giganteum) im westl. N-Amerika, in 1 500–2 500 m ü. d. M.; bis 135 m hoher Baum mit säulenförmigem Stamm (ø bis 12 m); Borke rissig, hell rotbraun; Krone pyramidenförmig; Nadeln schuppenförmig. Die ältesten bekannten M. sind zw. 3 000 und 4 000 Jahre alt. Der M. wird in Europa als Parkbaum angepflanzt (älteste Exemplare um 1870 gepflanzt).

◆ (Sequoia) Gatt. der Sumpfzypressengewächse mit der einzigen Art Küstensequoia.

Mammute [russ.-frz.] (Mammonteus, Mammuthus), Gatt. gegen Ende des Pleistozäns (in Asien vor etwa 10 000 Jahren) ausgestorbener, bis 4 m hoher Elefanten in den Steppen Eurasiens und N-Amerikas. Am bekanntesten ist das nur in Kälteregionen vorkommende **Kältesteppenmammut** (*Mammut* i. e. S., Mammonteus primigenius) mit dichter, langer Behaarung und bis 5 m langen, gebogenen oder eingerollten Stoßzähnen. Im sibir. Bodeneis sind vollständig erhaltene Exemplare gefunden worden. - I. w. S. werden alle großen, jedoch südlichere Regionen bevorzugenden Steppenelefanten des Pleistozäns mit M. bezeichnet (z. B. Archidiskodon meridionalis [„Südelefant"]).

Mammuthöhle ↑Dachsteinhöhlen.

Mammuthus [russ.], svw. ↑Mammute.

Mamoré, Río [span. 'rrio mamo're], rechter Quellfluß des Río Madeira in N-Bolivien, rd. 1 500 km lang.

Mamsell [kurz für ↑Mademoiselle], Bez. für eine Angestellte in Gaststätten, die für die Zubereitung und Ausgabe von kalten und warmen Speisen zuständig ist.

Man, Felix H., eigtl. Hans Baumann, * Freiburg im Breisgau 30. Nov. 1893, † London 30. Jan. 1985, dt. Photograph. - Einer der Begründer des Photojournalismus. Arbeitete seit 1929 für die „Münchner Illustrierte Presse" (v. a. Photointerviews mit bed. Künstlern, Schriftstellern und Politikern wie M. Liebermann, B. Shaw, M. Slevogt, Strawinsky, Mussolini). Emigrierte 1943 nach London und war da Chefreporter bei „Picture Post", für die er 1948 die erste Farbphotoreportage machte.

M., Hendrik de (De), belg. Politiker und Sozialpsychologe, ↑De Man, Hendrik.

M., Herman de, urspr. Salomon H. Hamburger, * Woerden 11. Juli 1898, † Schiphol bei Amsterdam 14. Nov. 1946, niederl. Schriftsteller. - Befaßte sich in seinen realist. Romanen, u. a. „Die steigende Flut" (1925), Heilig Pietje de Booy (1940), mit den religiösen Problemen der Bauern in Südholland.

Man [engl. mæn], autonome brit. Insel in der Irischen See, 572 km², 64 700 E (1981),

Hauptstadt Douglas. Ozean. Klima. Im Bergland extensive Schafweidewirtschaft, in den Randgebieten Milchwirtschaft, Gartenbau, Anbau von Hafer und Kartoffeln. Wichtigster Wirtschaftszweig ist der Fremdenverkehr.

Geschichte: Das antike **Mona** oder **Monapia**, im MA **Eubonia**, wurde 798 von Normannen besetzt, die 1113 ein normann. Kgr. errichteten. 1266 kam die Insel an Schottland, 1346 wurde sie engl. Lehen. Seit 1736 war M. im Besitz der Murrays, Hzg. von Atholl, die die Souveränitätsrechte an die brit. Krone verkauften.

Verfassung: Die Insel M. untersteht seit 1765 der brit. Krone, ohne staatsrechtl. zu Großbrit. und Nordirland zu gehören. Es gilt die Verfassung von 1961 (Isle of M. Constitution Act). An der Spitze der *Exekutive* steht der Lieutenant-Governor, der von der brit. Königin ernannt und vom Legislative Council beraten wird. Die *Legislative* liegt beim Parlament (Court of Tynwald), dem der Lieutenant-Governor (seit 1973 Sir John Paul), der Legislative Council (10 Mgl.) und das House of Keys (24 vom Volk gewählte Abg.) angehören. Vom brit. Parlament erlassene Gesetze haben nur Gültigkeit, wenn sie direkt auf M. bezogen werden.

📖 *Stenning, E. H.: Portrait of the Isle of M. London. Neuaufl. 1984.*

M. [frz. man], Stadt am SO-Fuß des Mont Tonkoui, Elfenbeinküste, 346 m ü. d. M., 50 300 E. Verwaltungssitz des Dep. M., kath. Bischofssitz; Handelszentrum eines Agrargebietes (v. a. Kaffee, Tee). ⚒.

Mana [melanes. „das außerordentl. Wirkungsvolle"], in der Religionswiss. übl. Begriff zur Bez. übernatürl. ↑Macht, die in vielen, auch nichtmelanes. Kulturen als zentrale religiöse Größe begegnet.

Mänaden [griech.] (Bacchantinnen, Lenai), Begleiterinnen des Gottes ↑Dionysos.

Manado, indones. Hafenstadt auf der nö. Halbinsel von Celebes, 217 200 E. Verwaltungssitz der Prov. Nordcelebes; kath. Bischofssitz; Univ. (gegr. 1961), Zweig der islam. Univ. von Yogyakarta; Handelszentrum.

Management [engl. 'mænɪdʒmənt; zu italien. maneggiare „handhaben" (von lat. manus „Hand")], 1. Leitung, Führung von Betrieben und anderen sozialen Systemen. Das M. ist Inbegriff der Ausübung von Leitungsfunktionen und kennzeichnet einen Tätigkeitsbereich, der die Betriebspolitik durch Planung und das Treffen von Grundsatzentscheidungen, die Durchsetzung dieser Entscheidungen durch Erteilung von Anweisungen (Befehlen) und die Kontrolle umfaßt; 2. die Gruppe der leitenden Angestellten, der Manager.

Managementmethoden [engl. 'mænɪdʒmənt], alle Führungstechniken, die unter Hervorhebung eines bestimmten Merkmals zum Ziel haben, die Durchführung von Managementaufgaben effizienter zu gestalten, die Leistungen der jeweiligen Organisationsmgl. zu erhöhen und die Anpassungsfähigkeit einer Organisation an Veränderungen der Umwelt zu gewährleisten.

Die wichtigsten M. sind: **Management by objectives:** In einem mehrstufigen Zielbildungsprozeß werden für alle Instanzen einer Organisation operationale Ziele definiert. Die Mittel und Maßnahmen zur Zielerreichung werden von den Geführten weitgehend selbst bestimmt. Die Geführten tragen die volle Verantwortung für den ihnen übertragenen Aufgabenbereich. Der Grad der Zielerreichung wird in relativ kurzen Zeitabständen durch Soll-Ist-Vergleiche kontrolliert. Durch diese M. wird die Leistungsmotivation erhöht; die Aufgabenbereiche sind durch die jeweiligen Ziele unmittelbar miteinander verknüpft. - **Management by exception:** Vollverantwortl. Delegation von Routineaufgaben an nachgeordnete Mitarbeiter. Kooperative Festlegung von Zielen für alle Instanzen durch Schaffung von Leistungsstandards und Toleranzgrenzen, bei deren Über- und Unterschreitung eine Einschaltung des Managers zu erfolgen hat. Das sog. Top-Management kann sich somit auf die Entscheidung von Ausnahmefällen beschränken. - **Management by system:** Basierend auf der Erkenntnis, daß in Organisationen Verwaltungstätigkeiten absolut und auch in Relation zu anderen Aufgabenbereichen ständig zunehmen, sucht diese M. die Verwaltungstätigkeit durch Systematisierung zu effektivieren. Zu diesem Zweck werden z. B. Verfahrensordnungen für die einheitl. Durchführung wiederkehrender Tätigkeiten geschaffen.

Manager ['mænɪdʒər; engl. 'mænɪdʒə (↑Management)], unternehmer. Persönlichkeit, die meist keinen rechtl. Anteil am Unternehmenskapital hat, jedoch weitgehende Verfügungsgewalt und Entscheidungsbefugnis besitzt; auch Bez. für [geschäftl.] Betreuer von Berufssportlern und Künstlern.

Managerkrankheit ['mænɪdʒər], volkstüml. Bez. für eine Erkrankung v. a. des Herz-Kreislauf-Systems infolge dauernder körperl. und psych. Überbeanspruchung und dadurch verursachter vegetativer Störungen.

Managua [span. ma'naɣua], Hauptstadt von Nicaragua, am S-Ufer des Lago de M., 55 m ü. d. M., 615 000 E. Verwaltungssitz des Dep. M.; kath. Erzbischofssitz; Universidad Centro-Americana (Sektion Nicaragua; gegr. 1961), TU, mehrere Akad.; Lehrerseminar, Militärakad., ethnolog. Inst.; Nationalarchiv, -bibliothek, -museum. Wichtigster Ind.standort des Landes, an der Carretera Interamericana, Bahnstation, internat. ✈. - Seit 1858 Hauptstadt Nicaraguas; nach dem Erdbeben von 1931 wieder aufgebaut, durch das schwere Erdbeben vom 23. Dez. 1972 erneut fast völlig zerstört (5 000–6 000 Tote); der Wiederaufbau ist noch nicht weit fortgeschritten; erhalten blieb die Kathedrale (spätes 18. Jh.).

Manama, Al, Hauptstadt des Emirats Bahrain, erstreckt sich über 2 km an der NO-Küste der Insel Bahrain, 122 000 E. Oasenwirtschaft; Bootsbau.

Manasse (Menasse) **Ben Israel,** * auf Madeira 1604, † Middelburg (Niederlande) 20. Nov. 1657, jüd. Gelehrter. - Kam in seiner Kindheit nach Amsterdam, wo er 1626 eine hebr. Druckerei gründete. Stand u. a. mit Rembrandt, Grotius und Königin Christine von Schweden in Verbindung. Sein Buch „Esperança de Israel" (= Hoffnung Israels, 1650) widmete er dem engl. Parlament, um die Wiederzulassung der seit 1290 aus England vertriebenen Juden zu erreichen (was ab 1655 mögl. wurde). Marran. Herkunft, war M. der erste jüd. Gelehrte, der über bibl. und rabbin. Literatur v. a. für Nichtjuden schrieb.

Manat, Al, altarab. Gottheit des Schicksals und des Todesgeschicks. Ihr Hauptheiligtum, ein schwarzer Stein, befand sich nördl. von Mekka. Neben Al Lat und Al Ussa genoß sie im vorislam. Mekka großes Ansehen.

Manatis [karib.-span.] (Rundschwanzseekühe, Rundschwanzsirenen, Lamantine, Trichechidae), Fam. bis etwa 4,5 m langer Seekühe mit drei sehr ähnl. Arten in der Karib. See und in W-Afrika (bes. in Küstennähe); Körper meist einfarbig grau bis braun; Höchstgewicht 680 kg. Im Ggs. zu nahezu allen anderen Säugetieren haben M. nur sechs Halswirbel und (im erwachsenen Zustand) ausschließl. Backenzähne, die (wie beim Elefanten), wenn sie abgenutzt sind, ausfallen und von hinten durch neue ersetzt werden.

Manaus, Hauptstadt des brasilian. Bundesstaates Amazonas, am Rio Negro, 32 m ü. d. M., 611 800 E. Kath. Erzbischofssitz; Univ. (gegr. 1965), nat. Forschungsinst. für Amazonas; Theater; botan. Garten, Zoo. Handels- und Ind.zentrum mit Freihafen; internat. ⚓. - 1660 unter dem Namen **São José do Rio Negro** gegr.; 1852 als **Vila do Lugar da Barra** Hauptstadt des neuen Bundesstaates Amazonas; heutiger Name seit 1939. - Von der Blütezeit während des Kautschukbooms zeugen Prachtbauten im Stil des 19. Jh., v. a. das Theater mit 1 200 Plätzen.

Manbidsch [ˈmambitʃ], Ort in N-Syrien, 80 km nö. von Aleppo, 15 000 E. Verwaltungsmittelpunkt und Marktort eines ländl. Gebietes. - In der Antike als **Hierapolis** bed. Kultort der Fruchtbarkeitsgöttin Atargatis (Tempel 53 v. Chr. zerstört); in röm. Zeit zur Festung ausgebaut, 636 von den Arabern eingenommen; 974 bis zur Wiedereroberung durch die Araber (1088) unter byzantin. Herrschaft.

Mancha [span. ˈmantʃa], span. Landschaft im SO der Südmeseta, eine Hochfläche bis 700 m, im N und S bis 1 000 m ü. d. M.

Extrem mediterranes Kontinentalklima; die sommerl. Trockenzeit dauert 4–5 Monate. Die M. ist ein Gebiet natürl. Steppenvegetation, in höheren Lagen Steineichengemeinschaft, im Übergangsgebiet zum Iber. Randgebirge Schwarzkiefer und Lusitan. Eiche.

Manche [frz. mãːʃ], Dep. in Frankreich.

Manchester [engl. ˈmæntʃɪstə], Stadt in NW-England, 50 m ü. d. M., 449 200 E. Verwaltungssitz der Metropolitan County Greater M.; anglikan. Bischofssitz; Univ. (gegr. 1903), University of M. Institute of Science and Technology, M. Business School, Musikschule, College of Art and Design; staatl. Computerzentrale; Museen, Kunstgalerie, Bibliotheken; Goethe-Inst., Handels-u. Finanzzentrum der Textilind. von Lancashire. Neben Liverpool das größte Einkaufszentrum NW-Englands, nach London das größte Pressezentrum des Landes. Die traditionelle Textilind. wurde im 19. Jh. erweitert um chem., Bekleidungsind., Schwer-, Textil- und Werkzeugmaschinenbau, Elektro-, pharmazeut. Ind., Tabakverarbeitung u. a. Binnenhafen am Manchester Ship Canal, ⚓. **Geschichte:** Ging aus dem röm. Kastell **Mancunium** hervor; seit Anfang 7. Jh. angelsächs.; nach der Zerstörung durch die Dänen (870) Wiederaufbau 920; 1229 Marktrecht; 1330 brachten Flamen die Textilind. nach M.; 1761 wurde der Kanal zu den Kohlefeldern von Worsley fertiggestellt; ab 1785 betrieb man Webstühle, ab 1789 Spinnereien erstmals mit Dampfmaschinen; 1830 Eröffnung der Eisenbahnlinie nach Liverpool; 1838 Stadtrecht. **Bauten:** Das Stadtbild von M. ist von viktorian. Repräsentativbauten geprägt, u. a. Rathaus (1877), Königl. Börse (1874; restauriert), Kathedrale im Perpendicular style (restauriert).

M., Stadt am Merrimack River, Bundesstaat New Hampshire, USA, 70 m ü. d. M., 90 800 E. Kath. Bischofssitz; College. Bedeutendstes Handels- und Ind.zentrum in New Hampshire. - M. entstand 1722, 1846 City.

Manchester [manˈʃɛstə; nach dem gleichnamigen brit. Stadt], schwerer Rippensamt aus Baumwolle, meist in Schußatlasbindung; u. a. für Sportanzüge, Kostüme und Möbelbezüge.

Manchestertum [engl. ˈmæntʃɪstə; nach der brit. Stadt Manchester, dem Zentrum dieser Richtung im 19. Jh.], abwertende Bez. für den extremen wirtsch. Liberalismus des frühen 19. Jh., der das freie Spiel der wirtsch. Kräfte ohne jegl. staatl. Eingriffe als Grundprinzip der außenwirtsch. (Freihandelslehre) und v. a. auch der binnenwirtsch. Ordnung fordert. In Deutschland haben das aus der Tradition des Kameralismus herrührende wirtsch. Übergewicht des Staates und das Gewicht der sozialen Frage (ab 1848) die Ausprägung des Liberalismus zum M. verhindert.

Manching

Manching, Gem. 8 km sö. von Ingolstadt, Bay., 9 700 E. Flugzeugbau, Militärflugplatz. - Östl. des Ortskerns lag ein kelt. Oppidum (wahrscheinl. Hauptort der Vindeliker); Funde aus der Mittel- und Spät-La-Tène-Zeit, ab 1938 bzw. 1955 planmäßig untersucht: 380 ha große Anlage, von annähernd kreisförmiger Mauer umgeben. Die Zerstörung der Stadtanlage wird mit der röm. Besetzung des Voralpenlandes in Verbindung gebracht.

Manco Cápac [span. 'maŋko 'kapak], sagenhafter Gründer der Inka-Dyn. (um 1200) und der Stadt Cuzco.

Mandäer [zu mandäisch mandā „Erkenntnis"], die Anhänger einer gnost. Religionsgemeinschaft, deren Lehre, ähnl. wie im Manichäismus, durch die Annahme eines Widerstreits zw. der Lichtwelt und dem stoffl. Bereich der Finsternis geprägt ist. Die menschl. Seele, die der himml. Lichtwelt entstammt, aber auf der Erde durch die Materie gefesselt ist, erlangt die Erlösung durch Erkenntnis dieses Zustandes. Unter den kult. Mitteln, die die Erlösung fördern sollen, nimmt die möglichst oft in fließendem Wasser zu vollziehende Taufe eine vorrangige Stellung ein. Die hl. Schriften der M. (heute etwa 4 000 Anhänger, v. a. am Pers. Golf) sind in Mandäisch verfaßt und im 7./8. Jh. kanonisiert worden.

Mandäisch ↑ Aramäisch.

Mandala [Sanskrit „Kreis"], abstrakte oder bildhafte Darstellung zur Meditationshilfe im Tantrismus. Neben Zeichen oder Bildern von Heiligen können die meist viereckigen M. auch Silbenzeichen enthalten. Die Herstellung des M. ist an feste Regeln gebunden. Seine Entstehungsgeschichte ist weitgehend unklar.

Mandalay [mændə'leɪ], Stadt in Z-Birma, am Irawadi, 76 m ü. d. M., 417 300 E. Verwaltungssitz der Prov. M.; kath. Erzbischofssitz; Univ. (gegr. 1964), Colleges für Kunst, Musik und Drama; Bibliotheken; Galerie, Kunstmuseum. Nach Rangun die wirtschaftsstärkste Stadt des Landes; Flußhafen, Eisenbahnbrücke über den Irawadi, 🚢. - 1857 als Nachfolgerin der Hauptstadt Sagaing in Erfüllung einer Prophezeiung Buddhas gegr.; war letzte Hauptstadt des Kgr. Birma; 1879 in **Fort Dufferin** umbenannt; unter brit. Herrschaft Verwaltungshauptort von Oberbirma; im 2. Weltkrieg jap. besetzt, bei der Eroberung durch die Briten 1945 fast völlig zerstört.

Mandant [lat.] (Klient), Auftraggeber, insbes. eines Rechtsanwalts.

Mandarin [Sanskrit-malai.-portugies.], europ. Bez. für die chin. Staatsbeamten, die die polit. und soziale Führungsschicht des traditionellen China bildeten. In ihr Amt gelangten sie v. a. durch Ablegung von Staatsprüfungen oder z. B. auch durch Ämterkauf; mit der Revolution von 1911/12 brach der Stand der M. zusammen.

Mandarin [Sanskrit-malai.-portugies.], 1. Bez. für die Verkehrssprache hoher chin. Administrationsbeamter seit dem 15. Jh.; nach 1911 versuchte man, auf der Grundlage des M. eine allgemeinverbindl. Nationalsprache zu schaffen; 2. im engl.-amerikan. Sprachgebrauch Bez. für das heutige Idiom Pekings.

Mandarine [span.-frz.], im Durchmesser 5–6 cm große, gelbl. bis orangefarbene Frucht des v. a. in Japan, China, den USA, in S-Amerika und im Mittelmeergebiet kultivierten **Mandarinenbaums** (Citrus reticulata); Strauch oder kleiner Baum mit lanzenförmigen Blättern und duftenden, weißen Blüten in Büscheln. Die Schale der M. läßt sich im allg. leicht abziehen; das Fruchtfleisch ist süß und sehr aromat.; breitblättrige Formen des Mandarinenbaums liefern die mehr rötl., sehr kleinen **Tangerinen** (kernarm), großblättrige Formen die frühreifen, samenlosen **Satsumas.** Vermutl. aus Kreuzungen von Sorten der M. entstand die heute im westl. N-Afrika angebaute **Klementine,** die sehr süß und meist kernlos ist; Schale schwer ablösbar; erste im Herbst auf den Markt kommende Zitrusfrucht. - **Tangelos** sind die Früchte einer in Florida gezüchteten Kreuzung zw. Grapefruit- und M.baum; mit erfrischend bitterem Geschmack; werden wegen ihrer dünnen Schale nicht exportiert.

Mandat [lat., zu mandare „anvertrauen"], im *röm. Recht* 1. eine Vertragsform, in der sich ein Vertragspartner zur unentgeltl. Ausführung eines Auftrags im Interesse des Auftraggebers oder eines Dritten verpflichtete; 2. Dienstanweisung des Kaisers an seine Beamten.

◆ in der *Geschichtswiss.* ↑ Urkunde.

◆ Amt und Auftrag des Abgeordneten. Im Repräsentativsystem gilt das **freie Mandat,** d. h., die Abg. sind an Weisungen nicht gebunden (Art. 38 GG). Das **imperative Mandat,** d. h. das Mandat eines an die Weisung seiner Partei, seiner Wähler oder einer Interessengruppe gebundenen Abg. spielt im Rahmen der direkten Demokratie und des Rätesystems eine bed. Rolle. Beim **polit. Mandat** geht es um die Frage, ob Zwangskörperschaften (z. B. Ärztekammern, Studentenausschüsse [↑ Hochschulpolitik]) mit eng umgrenzten gesetzl. Aufgaben berechtigt sind, im Namen ihrer Mitglieder Erklärungen zu allg. polit. Fragen abzugeben.

◆ (Mandatsgebiet) nach dem 1. Weltkrieg von der Türkei oder vom Dt. Reich abgetrenntes Gebiet, das einem bes. Verwaltungssystem unterstellt wurde, welches von einigen Siegermächten unter Aufsicht des Völkerbundes ausgeübt wurde (Art. 22 Völkerbundssatzung). M. durften nicht annektiert werden, mußten uneigennützig verwaltet werden (Verbot der wirtsch. Ausbeutung) und unterstanden der Regelungsgewalt des Völkerbundes. Man unterschied A-, B- und C-Mandate. A-

Mandaten (Irak, Palästina/Transjordanien sowie Syrien und Libanon) wurde die staatl. Unabhängigkeit fest in Aussicht gestellt, sie besaßen eine vom Mandatar beaufsichtigte Selbstverwaltung; die **B-Mandate** (Kamerun, Togo, Tanganjika, Ruanda-Urundi) unterstanden im Rahmen der vom Völkerbund erlassenen Richtlinien einer bes. Verwaltung des Mandatars, während die **C-Mandate** (Südwestafrika und die Inseln im Pazifik) nach den Gesetzen des Mandatars als integrierender Bestandteil seines Gebietes zu verwalten waren.

Mandel [frz. mã'dɛl], Ernest, * Frankfurt am Main 4. April 1923, belg. Wirtschaftswissenschaftler dt. Herkunft. - Während des 2. Weltkriegs deportiert und bis 1945 in Zuchthäusern und Lagern gefangengehalten. 1954–1963 Sachverständiger beim belg. Gewerkschaftsbund FGTB. In vielen Veröffentlichungen und Gastvorträgen an Univ. vertritt M. eine marxist. polit. Ökonomie trotzkist. Prägung; Sekretär der trotzkist. „Vierten Internationale". - *Werke:* Marxist. Wirtschaftstheorie (1962), Entstehung und Entwicklung der ökonom. Lehre von Karl Marx (1968), Der Spätkapitalismus. Versuch einer marxist. Erklärung (1973), Kritik des Eurokommunismus (1977).

M., Georges, eigtl. Louis Rothschild, * Chatou (Yvelines) 5. Juni 1885, † Fontainebleau 15. Juli 1944, frz. Politiker. - Einflußreichster Berater Min.präs. Clemenceaus 1917–20; Abg. 1919–24 und 1928–40; widersetzte sich als Kolonialmin. 1938–40 und Innenmin. 1940 der Kapitulation vor der NS-Politik; von der Miliz der Vichy-Reg. ermordet.

Mandel [zu althochdt. mandala (von griech. amygdálē)], Samen der Steinfrüchte des ↑ Mandelbaums.

◆ svw. ↑ Geode.

Mandelbaum, (Prunus amygdalus) ein Rosengewächs; verbreitet vom westl. M-Asien bis Iran und Syrien, kultiviert und z. T. verwildert im O-Asien, im Mittelmeergebiet und in den wärmeren Gebieten Europas und Amerikas; kleiner Baum oder Strauch mit weißen, im Frühling vor den Blättern erscheinenden Blüten; Frucht eine abgeflacht-eiförmige, samtig behaarte, trockene Steinfrucht mit einem glatten Steinkern (im Handel als Krachmandel bezeichnet), der jeweils nur einen einzigen Samen, die **Mandel,** enthält. Mandeln haben etwa bis zu 50 % fettes Öl und 25–35 % Eiweißstoffe. Die süßen Mandeln enthalten darüber hinaus noch etwa 10 % Zucker, aber (im Ggs. zu den ↑ bitteren Mandeln) nur geringste Mengen Amygdalin. Sie werden bei der Süßwarenherstellung (u. a. für Marzipan) verwendet oder roh gegessen. Durch Pressen gewinnt man ↑ Mandelöl, die Preßrückstände ergeben die ↑ Mandelkleie.

◆ (Mandelbäumchen, Prunus triloba) kleiner Strauch in China; als Zierstrauch oft hochstämmig veredelt, mit zahlr. rosettig gefüllten, rosafarbenen Blüten.

Mandelentzündung, svw. ↑ Angina.

Mandelkleie, bei der Gewinnung von Mandelöl anfallendes Mandelmehl, das als mildes Hautreinigungsmittel Verwendung findet.

Mandeln (Tonsillen, Tonsillae), anatom. Bez. für mandelförmige Gewebslappen oder mandelförmige Organe; u. a. Gaumenmandel, Rachenmandel, Zungenmandel; meist volkstüml. Kurzbez. für die ↑ Gaumenmandeln.

Mandelöl, hellgelbes, geruchloses, fettes Öl aus den Samen des Mandelbaums.

Mandelschildlaus, svw. ↑ Maulbeerschildlaus.

Mandelschtam [russ. mɛndilj'ʃtam], Leonid Isaakowitsch, * Mogiljow 4. Mai 1879, † Moskau 27. Nov. 1944, russ.-sowjet. Physiker. - Ab 1925 Prof. in Moskau; Arbeiten u. a. zur Quanten- und Relativitätstheorie; Mitentdecker des ↑ Raman-Effektes.

M., Ossip Emiljewitsch, * Warschau 15. Jan. 1891, † Wladiwostok 27. Dez. 1938, russ.-sowjet. Dichter. - Bed. Vertreter der Akmeisten; seine teilweise schwer zugängl. Dichtung, u. a. „Die ägypt. Briefmarke" (E., 1928), war bes. an der klass. Antike orientiert. Auch hervorragender Literaturkritiker und -theoretiker.

Mander, Carel (Karel) van, * Meulebeeke im Mai 1548, † Amsterdam 2. Sept. 1606, niederl. Maler und Kunstschriftsteller. - 1573–77 in Italien, 1583–1603 in Haarlem; Lehrer von F. Hals. Wichtig sind nicht seine [Historien]-bilder, sondern die Biographiensammlung „Het schilder-boeck" (1604; 2. Ausg. 1616–18), dessen 3. Band niederl. und dt. Malern gewidmet ist (großer Quellenwert).

Mandesprachen, Untergruppe der Niger-Kongo-Sprachen in W-Afrika mit etwa 7 Mill. Sprechern. Die Einteilung in (nördl.) *Mande-tan* und (südl.) *Mande-fu* (nach dem jeweiligen Zahlwort für „zehn") wurde 1958 durch die Klassifikation in eine nw. und eine sö. Gruppe ersetzt.

Mandibeln [lat.] (Oberkiefer, Vorderkiefer), erstes, urspüngl. mehrgliedriges Mundgliedmaßenpaar der Gliederfüßer als Kauwerkzeug.

Mandibula [lat.], svw. Unterkiefer (↑ Kiefer); **mandibulär** (mandibular), zum Unterkiefer gehörend.

Mandibulare [lat.], der urspr. knorpelige primäre Unterkiefer der Wirbeltiere (bleibender Unterkiefer der Knorpelfische). Bei den Säugetieren (einschließl. Mensch) wird als Rest des M. nur noch der ↑ Meckel-Knorpel angelegt.

Mandibulata [lat.], mit rd. 800 000 Arten artenreichste Abteilung der Gliederfüßer, die die Krebstiere, Tausendfüßer und Insekten umfaßt; mit ein oder zwei Paar Antennen

(Fühlern), hinter denen als erstes Mundgliedmaßenpaar die Mandibeln folgen.

Mandioka [indian.], svw. ↑Maniok.

Mandl (Mändl), Michael Bernhard, * Prag
(?) um 1660, † Salzburg 23. April 1711, östr.
Bildhauer. - Seine Werke, v. a. die Pferdebän-
diger der Hofmarstallschwemme (1695) sind
Hauptwerke des Salzburger Hochbarock.

Mandola [italien.] (span. Mandora), ein
wahrscheinl. spätestens seit dem 12. Jh. in Europa bekanntes, aus dem Orient stammendes
lautenähnl. Zupfinstrument. Die M. unterschied sich von der Laute i. d. R. durch kleinere Gestalt, unmittelbar in den Hals überge-
henden Schallkörper, geschweiften, weniger
stark abgeknickten Wirbelkasten. Sie hatte
zunächst 4–5 Saiten und vielleicht schon seit
dem 14. Jh. auch Doppelsaiten.

Mandoline [italien.-frz.], Musikinstrument mit meist bauchigem, im Längsschnitt
etwa mandelförmigem, tiefem Schallkörper,
kurzem Hals, Wirbelplatte mit Schraubwir-
beln und vier mit Plektron gezupften Doppelsaiten aus Metall, die an der Schale des
Schallkörpers befestigt sind. Dessen Decke
ist jenseits des Steges abgeknickt und hat
ein unbekleidetes Schalloch. Die schwingende
Saitenlänge entspricht etwa der der Violine,
ebenso die Stimmung: g-d^1-a^1-e^2. Durch
schnelles Hin- und Herbewegen des Plektrons
über die Saiten entsteht der charakterist. Tre-
moloklang.

Mandora [span.], svw. ↑Mandola.

Mandorla [griech.-italien. „Mandel"],
mandelförmiger Heiligenschein um die ganze
Figur; fast nur bei Christus- (v. a. Darstellungen der Majestas Domini und der Himmelfahrt Christi) und Mariendarstellungen
vorkommend.

Mandrill [engl.] (Mandrillus sphinx), große, gedrungene Art der Meerkatzenartigen
in den Regenwäldern W-Afrikas; Körperlänge bis fast 1 m (♀ wesentl. kleiner); Schwanz
stummelförmig. Die M. bewegen sich vorwiegend am Boden fort; sie ernähren sich überwiegend von Knollen, Wurzeln und Früchten.

Mandschu, klein- bis mittelwüchsiges
Volk tungus. Abstammung in der Mandschurei, etwa 3 Mill.; heute ethn. von den Chinesen
nicht mehr zu unterscheiden.

Mandschudynastie, svw. Ch'ingdynastie (↑chinesische Geschichte).

Mandschukuo ↑Mandschurei (Geschichte).

Mandschurei, der nö. Teil Chinas, der
sich zw. Großem Chingan im W und Amur-
Ussuri-Niederung im O, Amur im N und
Gelbem Meer im S erstreckt. Landschaftl.
ein zentrales, flachwelliges Tiefland, das von
den Flüssen Sungari und Liaoho entwässert
wird und allseits von Bergländern umschlossen ist. Das Klima ist gekennzeichnet durch
lange, kalte Winter und kurze, subtrop. heiße

Sommer. Die nördl. M. besitzt schon Dauer-
frostböden. Anbau von Sojabohnen, Kau-
liang, Hirse, Sommerweizen, Gerste, Hafer,
Zuckerrüben, Reis, Mais, von Ölfrüchten,
Baumwolle, Flachs und Tabak. In der westl.
M. Weidewirtschaft (Steppengebiete); riesige
Waldbestände in den Bergländern. Reiche
Bodenschätze (Steinkohle, Eisenerze, Erdöl)
bilden die Grundlage für die Schwerind.
(„Ruhrgebiet Chinas"); außerdem Alumi-
nium-, chem., Zement-, Glas-, Papier- und
Nahrungsmittelindustrie.

Geschichte: Etwa seit dem 3. Jh. v. Chr. stand
die südl. M. unter chin. Einfluß, die übrigen
Gebiete unter Herrschaft des korean. Reichs
Koguryo bzw. von v. a. aus der Mongolei
eingedrungenen Reiterstämmen. Seit 1583
wurde die M. von der späteren chin. Man-
dschu-Dyn. beherrscht. Nach dem Boxeraufstand wurde das Land im Frieden von Portsmouth (1905) in den nördl. russ. und eine
südl. jap. Einflußphäre aufgeteilt. 1928 umfaßte die M. 4 Prov., die nach der jap. Besetzung
1931 in den 1932 geschaffenen Staat **Mandschukuo** (bis 1945) einbezogen wurden. Die
Berücksichtigung mongol. Minderheiten
führte zur Bildung einer autonomen Prov.,
deren Status auch nach 1945 gewahrt blieb.
Die Kämpfe zw. nat.chin. Truppen und der
kommunist. Befreiungsarmee endeten 1948
mit dem Sieg der Kommunisten; seit 1949/50
eine der Großregionen der VR China.

Mandschuschri, Bodhisattwa, mit einem Schwert in der Hand dargestellt; gilt
als gnädiger Zerstörer des Nichtwissens und
Erwecker der Vollkommenheiten.

Mandschusprache (mandschurische
Sprache), zu den mandschu-tungusischen
Sprachen gehörende Sprache, noch von etwa
100 000 Mandschu im N der Mandschurei
und in Sinkiang (China) gesprochen. Während der Ch'ingdynastie in China (1644–1911)
offizielle Hofsprache mit eigener Schrift.

mandschu-tungusische Sprachen
(tungusische Sprachen), Gruppe von Sprachen, die von etwa 50 000 Menschen in der
UdSSR und über 100 000 in der VR China
gesprochen werden; meistens mit den mongol.
Sprachen und den Turksprachen zu den
altaischen Sprachen gerechnet.

Mandu, Ort im ind. Bundesstaat Madhya
Pradesh, sw. von Indore. Seit 1304 Hauptstadt
muslim. Lokaldynastien, 1560/62 endgültig
dem Mogulreich unterworfen. Die im Gebiet
des ehem. Forts (zw. 1405/32 ausgebaut) erhaltenen Bauten (Grab des Hoschang Schah
[1406–40], Freitagsmoschee [1431–54], Moschee mit Siegesturm [nach 1443], Hindola
Mahal [Audienzhalle, zw. 1469–1500], Jahaz
Mahal [Palast, 2. Hälfte des 15. Jh.]) gehören
zu den bedeutendsten Denkmälern islam.
Baukunst in Indien. M. war auch ein bed.
Zentrum der Buchmalerei.